Gerstenmaier · Streit und Friede hat seine Zeit

Eugen Gerstenmaier

Streit und Friede hat seine Zeit

Ein Lebensbericht

Propyläen

Dem Gedächtnis meiner Mutter

Inhalt

NEUNZEHNTES KAPITEL
Ost und westliches Gelände

ZWANZIGSTES KAPITEL
»Gestern noch auf stolzen Rossen...«

Vorwort

In den Anfangsjahren dieses Jahrhunderts geboren, berichte ich hier, wie ich seine Geschichte an mir selber erfuhr, wie sie mir zum Schicksal wurde.

Ich habe mein Leben, mit Luther zu sprechen, in zwei Reichen gelebt, in dem Reich Gottes zur rechten und in dem zur linken Hand, auf den Schnittlinien von Kirche und Staat. Der Kirchenkampf ist nur ein Beispiel dafür. Die Erinnerung daran in diesem Buch erhebt keinen Anspruch auf Vollständigkeit, sowenig wie der Einblick in den deutschen Widerstand gegen Hitler oder meine Beiträge zur politischen Geschichte der Bundesrepublik. Auch wem es um die Vergegenwärtigung geschichtlicher Ereignisse und Zusammenhänge mehr als um Biographie geht, muß in einer Darstellung dieser Art auf Monographien verzichten. Einer solchen nähert sich in diesem Bericht noch am ehesten das relativ breite Kapitel über den Parlamentarismus im Provisorium Bundesrepublik. Es ist nicht nur eine Pflichtleistung des Mannes, der viele Jahre lang Bundestagspräsident war.

Über längere Zeit Tagebuch zu führen, ist mir nie gelungen. Die Lust und die Unbefangenheit dazu sind mir immer wieder abhanden gekommen. Im Reiche Hitlers sah ich auch deshalb davon ab, weil die Vorsicht und die Rücksicht auf andere es geboten. Für die Niederschrift dieses Buches standen mir dennoch so viele Unterlagen, Briefe, Dokumente, Aufzeichnungen und ähnliches zur Verfügung, daß ich sie in diesem Bericht bei weitem nicht ausschöpfen konnte.

Der subjektiven Erinnerung habe ich zwar nicht gerade zu mißtrauen, wohl aber kritisch zu begegnen gelernt. Deshalb waren mir die Kontrollen im Gespräch mit noch lebenden Freunden und Gefährten und ihren Unterlagen eine beträchtliche Hilfe. Für einige Partien dieses Buches gilt das vor allem von den Tagebüchern meines Freundes Heinrich Krone. Er stand über viele Jahre Konrad Adenauer besonders nahe, und er hat als Fraktionschef der CDU/CSU-Fraktion im Bundestag manches erfahren, was ich vielleicht nicht hören sollte. Ich danke ihm, daß er mir volle Einsicht in seine acht Bände »Notizen« gewährt und mir erlaubt hat, davon öffentlich Gebrauch zu machen.

Der Titel des Buches stammt aus dem Prediger Salomo: »Lieben und hassen, Streit und Friede hat seine Zeit.« So heißt der achte Vers des dritten Kapitels der kleinen Schrift im Alten Testament.

13

Für sachverständige Beratung bin ich insbesondere Dank schuldig meinen ehemaligen Mitarbeitern in der wissenschaftlichen Abteilung der Bundestagsverwaltung, Herrn Ministerialdirigenten Dr. Heinz Matthes und Herrn Regierungsdirektor Dr. Günther Bergmann. Meiner langjährigen Mitarbeiterin, Frau Christa Behrens, danke ich für ihre stetige Hilfe und unermüdliche Geduld.

Auf der Rheinhöhe, im Juli 1980.

Eugen Gerstenmaier.

ERSTES KAPITEL

Heimat und Jugend

Der Erste Weltkrieg beginnt

Sie standen vor dem ›Teckboten‹ und lasen ein Extrablatt. Eine fast feierliche Stille ging von der kleinen Gruppe aus. Das Bild war so ungewöhnlich, daß ich, ein kaum achtjähriger barfüßiger Junge, meine Beine aus dem Stadtbach zog und mich zwischen die Lesenden schob. Da standen Worte, die mir fremd waren. Aber soviel begriff ich, daß jetzt Krieg war.

War das gut? War das böse? Vor unserem Haus in der Au standen die Eltern und Nachbarn im engen Kreis zusammen. Ihre Mienen erinnerten an den Gesichtsausdruck bei Leichenbegängnissen. In unserer kleinen Stadt fanden sie in der Regel vom Trauerhaus aus statt und begannen mit dem Choral: »Wohlauf, wohlan zum letzten Gang, der Weg ist kurz, die Ruh ist lang.« Wenn ich das Lied hörte, wurde mir bang. Das Unabwendbare trat aus der Verborgenheit.

Ernst, fast scheu, gedämpften Tons faßten es die Eltern und Nachbarn an jenem warmen, schönen Sommerabend ins Auge. Was da gesprochen wurde, weiß ich nicht mehr. Aber unvergeßlich teilten sich mir der nie zuvor gekannte Ernst und die Bängnis mit, die von der Gruppe ausgingen. In den Tagen danach wandte sich dann auch bei uns das Blatt. Die gewaltige Woge, die in jenen Tagen durch Deutschland rollte, erreichte uns jedoch erst mit dem Glockengeläut der frühen Siege, mit den Dankgottesdiensten und Fackelzügen. Sie überdeckten die Bilder des Abschieds. Die Bauernsöhne der Nachbarschaft rückten mit ihren Rössern ein; laut und heiter war der Abschied, nur die verwitwete Bäuerin schluchzte, – keiner kam wieder.

Dann kam der Alltag. Der Alltag des Krieges. Mit Blumen in der Hand standen wir vor einem als Reservelazarett hergerichteten Fabrikneubau, um die ersten Verwundeten zu empfangen. Die Stimmung war munter, wie vor einem festlichen Ereignis. Als dann die Güterwagen langsam einrollten und die Entladung begann, wurde es still. Die Blumen fielen uns aus den Händen. Wir getrauten uns nicht, sie auf die Tragbahren zu werfen. Die großen durchbluteten Verbände, die Apathie der Verwundeten – darauf waren wir nicht vorbereitet. Dann kamen die Verlustlisten und die Todesanzeigen. Die württembergischen

Infanterieregimenter hatten schwere Verluste. Statt bei den Ausmärschen von Jungdeutschland mitzulaufen – sie hörten bald auf –, gingen wir in die Kriegsbetstunden, die in unserer dämmrigen Martinskirche allwöchentlich gehalten wurden. Somme, Verdun, Hartmannsweiler Kopf – die Namen des westlichen Stellungskriegs überdeckten die Siegernamen im Osten. Die große Freiwilligenwelle war verebbt. Mein Vater, meine Onkel wurden Soldaten – und wir begannen zu hungern. Sehe ich von meiner Gefängniszeit ab, dann habe ich im Ersten Weltkrieg mit meiner großen Geschwisterschar weit mehr gehungert als im Zweiten. Obwohl wir am Rande einer ländlichen Stadt lebten, hatten wir kaum mehr zu essen als die Großstädter. Meine Mutter wußte zu wirtschaften, aber je länger der Krieg währte, je mehr wir heranwuchsen, desto knapper ging es her. Geld oder Kostbarkeiten, um uns am schwarzen Markt Erleichterung zu schaffen, besaßen wir nicht. Meine Mutter hätte sich auch nicht dazu überwinden können. Die Strenge ihres vom schwäbischen Pietismus vertieften Pflichtgefühls hätte es ihr unmöglich gemacht, die Vorschriften zu verletzen. Statt dessen wurden wir angehalten zu sammeln, was Flur und Wald boten. Im Sommer gab es Obst bis in den Winter hinein, im Herbst ging es ins Ährenlesen. Wenn der Reif fiel, sammelten wir Bucheckern. Nur die Pilze blieben merkwürdigerweise tabu. Man hielt sie für zu gefährlich.

Familie

Die Ferienreise auf die Alb zu den Großeltern galt nicht gerade als Ausflug in das Paradies, aber sie wurde in den Kriegsjahren ersehnt. Sie wurde jährlich demjenigen von uns Geschwistern zuteil, der es am nötigsten hatte, aufgefüttert zu werden. Meine Familie väterlicherseits saß seit Jahrhunderten in den Dörfern der Oberämter Urach und Münsingen, in einem Landstrich, der zu Recht die Rauhe Alb genannt wird. Ihre Gersten- und Kartoffeläcker grenzten an die Halden und Fluren, die von den württembergischen Königen als Truppenübungsplatz verwendet wurden, weil ihr landwirtschaftlicher Nutzen gering war. So schön und sanft die Albhochfläche in der Sonne liegt, ihre Äcker sind steinig, ihre Wiesen bessere Schafweiden. Der Kampf um die Existenz der meist großen, kinderreichen Kleinbauernfamilien – Folge der Realteilung nach dem Code Napoléon – war hart. Es wurde schwer gearbeitet. Noch heute, nach sechzig Jahren, meine ich mein Kreuz zu fühlen, wenn ich an den langen Herbsttag denke, an dem ich mit meiner Großmutter einen großen Kartoffelacker abzuernten hatte. Der Vater meines Vaters war der Schultheiß seines Dorfes, Bauer und Handwerker, der Patriarch der Sippe und – Feuerwehrhauptmann.

In meiner Erinnerung steht er als solcher am deutlichsten vor mir. Sein Helm erinnerte mich an den der Pallas Athene. Aber der meines Großvaters war schöner. Sein Schweif war stolzer als der in der Vignette, die Gustav Schwabs ›Die schönsten Sagen des klassischen Altertums‹ schmückte, ein Buch von dem ich mich auch auf der Alb nicht trennen mochte.

Meine Großmutter mütterlicherseits war die Zuflucht meiner schwäbischen Kindheit. Derweilen mein Vater in den Schützengräben Frankreichs lag, hatte meine Mutter mit ihrer Kinderschar – am Ende waren wir acht Geschwister, fünf Brüder und drei Schwestern – alle Hände voll zu tun. Daß dabei jedes nach dem Maße seiner Kraft mit zugreifen mußte, verstand sich von selbst, und war auch ringsum in der Nachbarschaft nicht anders. Die Kinder der Bauern hatten zwar mehr zu beißen, aber sie mußten auch noch härter ran als wir halben Städter. Nicht nur an den Winterabenden saß ich darum oft bei meiner Großmutter.

Sie war eine fromme Frau. Ihre Auskünfte über zwei Themen, die mich damals besonders interessierten, waren indessen unbefriedigend. Ich hatte eine lebhafte Erinnerung an ihren vor dem Krieg verstorbenen Mann. Auf den Spaziergängen mit seinem ältesten Enkel hat mir mein Großvater Lauffer zuweilen erzählt, wie er als junger schwäbischer Infanterist bei Tauberbischofsheim auf die Preußen schoß, wie leider auch die Württemberger dort geschlagen wurden, und wie sie einige Jahre später zusammen mit den Preußen in Frankreich gesiegt haben. Nun – da ringsum Krieg war –, wollte ich wissen, wie das zugegangen war. Aber während mir der historische Zusammenhang von meiner lieben Großmama halbwegs klargemacht wurde, blieben mir die militärischen Einsichten verschlossen.

Ein wenig besser stand es um Afrika. Mein Patenonkel, ihr Sohn, hatte einige Jahre lang in Westafrika eine Faktorei geleitet. Zurückgekehrt hatte er die Wände seiner großen Diele mit Trophäen und Waffen geschmückt und damit bei dem Fünfjährigen ein Interesse geweckt, das mich nie mehr verlassen hat. Die Großmama war indessen durchaus nicht an Afrikas Folklore und Großwild interessiert. Sie machte mich stattdessen mit der Basler Mission bekannt und äußerte sich besorgt über die Nachwirkungen von Malaria und Gelbfieber – alles Themen, die meine brennende Neugier nicht recht zu befriedigen vermochten.

Das erreichte sie jedoch auf einem ganz anderen Feld. Es wurde später ein Thema meines Lebens. Sie führte mich in die Bibel ein. Unter ihren Büchern stand neben ihrer Lesebibel eine dicke alte Bilderbibel. Ihre Bilder – älter als die von Schnorr von Carolsfeld – erweckten meine Neugier nach der dazugehörigen Geschichte. Das Alte Testament erwies sich dabei als faszinierender denn das Neue. Aber schließlich kam ich doch durch beide durch. Und siehe da: dieselbe alte Frau, die zurückhaltend von irdischen Dingen sprach, wurde für ihren Enkel zur ersten großen, verständlichen Führerin durch die weite Welt der Bibel. Als sie starb, war ich dreizehn Jahre alt, und das Haus kam mir leer vor.

Der Krieg ging zu Ende. Für mich hatte er mit meinem ersten langen Ritt geendet. Das Artillerie-Regiment Nr. 5 zog von der Westfront kommend in bester Ordnung durch unsere Stadt. Wir Schulbuben bestürmten Fahrer und Reiter, uns ein Stück mitzunehmen. Plötzlich faßten mich die Fäuste eines schwäbischen Artilleristen und setzten mich auf einen der dicken Kaltblütler vor seiner Kanone. Dann ging es Ulm zu. Auf dem Rückweg hatte ich das Gefühl, ein Faß zwischen den Beinen zu haben.

Mit der Revolution war es bei uns nicht weit her. Als einige Gestalten im schwarzen Zivil mit Gewehrlauf nach unten und roter Armbinde in der Stadt herumliefen, schien sich niemand darüber aufzuhalten. Da war der Rücktritt des Königs eine andere Sache. Nicht der Abgang des Kaisers ergriff die Herzen bei uns, sondern der des Königs von Württemberg. Noch Jahre danach hing in unseren Kirchen das schlicht gerahmte Abschiedswort des Mannes, der allem großen Trara abhold war, der in seinem schönen alten Jagdschloß Bebenhausen ein zurückgezogenes Leben führte und bei dessen Beisetzung auf dem Friedhof von Ludwigsburg einige Jahre danach das Land weinte.

Ich war inzwischen konfirmiert worden und sollte und wollte unsere Realschule verlassen. Mein Vater war zwar unversehrt aus dem Krieg zurückgekehrt und aus eigener Kraft war er, der genaue und tüchtige Handwerker, zum Betriebsleiter der mittelgroßen Klavierfabrik unserer Stadt aufgestiegen. Aber für das Klavier war in jenen Jahren der immer rasender werdenden Inflation und der anbrechenden Rundfunkunterhaltung kein großer Markt mehr vorhanden. Wir hungerten zwar nicht mehr wie im Krieg, aber ich lernte den Pfennig ehren – im Widerstand gegen die Not.

Wir nahmen ohne Trauern Abschied voneinander, die Kirchheimer Realschule und ich. Sie war noch keine Vollanstalt. Aber ich durfte auch gar nicht an Abitur und Studium denken, selbst wenn ich ein glänzender Schüler gewesen wäre. Das war ich nicht. Ich kann nicht sagen, daß mir jegliches Interesse gefehlt hätte, wennschon mir manches ganz unverständlich erschien. Da lernten wir zum Beispiel nach dem Willen unseres Ploetz-Kares Vokabeln wie »la sobriété«, die Mäßigkeit, und übersetzten Geschichtchen von ihrer Notwendigkeit, derweil ich Hunger, Hunger hatte. Da konstruierten wir Dreiecke so und anders herum, aber selbst unser Rektor, bei dem ich etwas lernte, hielt es nicht für notwendig uns klarzumachen, weshalb und wozu das Ganze gut sei. Zuweilen wurde sogar der Deutschunterricht fade und die Geschichte langweilig, weil das, was ich mir an Kenntnis der Klassiker neben der Schule angeeignet hatte, lebendiger und farbiger vor mir stand als das in der Schule Dozierte.

Obwohl ich im Aufsatz ganz gut war, schrieb ich in der Untersekunda den dürftigsten meines Lebens. Ich habe das »ngg«, das »nicht ganz genügend« der alten württembergischen Zeugnisordnung, das ich dafür einhandelte, denn auch sowenig vergessen wie das Thema: »Nichtswürdig ist die Nation, die nicht ihr Alles freudig setzt an ihre Ehre.« Obwohl Friedrich Schiller der Held und Ideenbildner meiner Jugend war und ich ihm ein Leben lang die Treue hielt – »Sagen Sie ihm, daß er für die Träume seiner Jugend soll Achtung tragen, wenn er Mann sein wird« –, hier ließ mich der große Landsmann oder ich ihn völlig im Stich. Ich weiß nicht, was sich unser UT (Spitzname unseres Klassenlehrers) im Jahre des Herrn 1920 bei dem Thema im Blick auf uns Vierzehn-, Fünfzehnjährige gedacht hat. Die »Lüge von Versailles« stand zwar lebhaft in unserem Bewußtsein, das »im Felde unbesiegt« war noch nicht durchgedrungen, aber wir sangen – hin und wieder – das Deutschlandlied doch mit der trutzigen Abwandlung »und im Unglück nun erst recht«. Aber das alles reichte bei weitem nicht auch nur zu einer Anwandlung von Rachekrieg. Wie anders jedoch als mit Gewalt, mit neuem Krieg wäre denn »die Ehre« der Nation wieder herstellbar gewesen? Wie anders sollte denn »der Schandvertrag« aus der Welt geschafft werden? Zielte Schillers Wort nicht darauf? »Ihr Alles« – hieß das nicht erneut Leib und Leben, Hab und Gut des ganzen Volkes daran wagen? Und die Waffen? Alte Gewehre, eher Erinnerungsstücke als Waffen – das war doch Unsinn. Das gab die Wirklichkeit ringsum nicht her. Ich kam ins Gedränge, weil es mir unstatthaft erschien, die profane Wirklichkeit gegen den großen, geliebten, verehrten Dichter und sein erhabenes Wort ins Feld zu führen. Es klang ja auch so hinreißend. Oder sollte sein Pathos falsch sein, nur weil die äußeren Zustände und Verhältnisse derzeit anders waren?

Ich wurde damit nicht fertig. Mein Realitätsbewußtsein verweigerte den sonst üblichen zustimmenden Kommentar. Die Autorität, die hohe Autorität des Dichters, nicht die der Schule, erstickte den Widerspruch. Ngg – zu recht. Ich nahm mein Reißbrett, verkaufte meine zerfledderten Schulbücher und zog hinaus in das Leben. Es nahm sich denkbar bescheiden aus.

Lehre und Christlicher Verein Junger Männer

Zu allem, was ich als Vierzehnjähriger werden wollte, fehlten mir Geld oder Verstand, zuweilen beides. Die Reichswehr war im Werden. Ich wäre gerne Offizier geworden. Schiller und die württembergische Volksbühne – ein Wandertheater, das hin und wieder auch in unserem Städtchen spielte – brachten mich auf den Gedanken, Schauspieler zu werden. Davon getraute ich mir noch nicht einmal andeutungsweise zu reden. Vor dem Hintergrund des schwäbischen Pietismus und meiner handwerklich-bäuerlichen Umwelt hätte ich damit nur einen fatalen Hang zur Entartung kundgetan. So wurde ich Kaufmannsstift. Zwar zog mich nichts, aber auch gar nichts auf den Kontorbock. Der Gedanke an Onkel Eugens Afrika brachte indessen soviel Phantasie in den Beginn, daß ich im Frühjahr 1921 nicht ungern in dem Büro eines eher kleinen als mittleren Textilbetriebs meine Lehre antrat. Nach nicht ganz drei Jahren war ich damit fertig. Hätte es nicht die Städtische Handelsschule, eine obligate Berufsschule mit einem einzigen Lehrer, gegeben, dann hätte ich außer Ablegen und Frachtbriefschreiben in diesen drei Jahren nichts gelernt. So aber sorgte Hermann Günther, ein alles andere als langweiliger Lehrer dafür, daß wir nicht nur mit einer leidlich soliden Grundkenntnis unseres künftigen Berufs ausgestattet waren, als wir die Lehre hinter uns hatten, sondern auch einen Begriff seiner Zusammenhänge, Rechtsnormen und Gewohnheiten besaßen. Mich interessierten besonders die Grundzüge des Handelsrechts, die sich durch Günthers Beredsamkeit für mich zur ersten einigermaßen geordneten Einführung in die Welt des Rechts und des Rechtsdenkens weiteten. Nach der Bibel wurde sie zum anderen großen Thema meines Lebens. Einstweilen freilich zog mich anderes an.

Die mehr als traditionelle Kirchlichkeit meines Elternhauses und der ganzen weiteren Familie führte mich wie selbstverständlich in den Christlichen Verein Junger Männer (CVJM) unserer Stadt. Als »Jünglingsverein« pietistischen Ursprungs und pietistisch geführt wurde er von meinen Kollegen und darüber hinaus gerne bespöttelt und als »Zuckerwasserklub« abgetan. Der Spott war jedoch zu ertragen. Er war eher gutmütig und harmlos und die ernste Mahnung, im »Spott der Welt die Schmach Christi« willig zu ertragen, war in den meisten Fällen unangebracht, denn wir litten nicht darunter. Wir waren eine fröhliche Gesellschaft junger Burschen, die fast unmerklich von einer Gruppe reiferer Jahrgänge gelenkt wurden. Die meisten waren Handwerker, junge Arbeiter und Angestellte, einige höhere Schüler und Studenten dazwischen, im ganzen unakademisch und dem praktischen Leben verhaftet. Die berufliche Tüchtigkeit wurde hochgeschätzt, ja geradezu vorausgesetzt. Besonders angesehen waren unsere Holzbildhauer, die ihrerseits wieder einem strengen beruflichen Anspruch huldigten.

Erste politische Begegnung

Eine wesentliche Rolle spielten für uns in jenen frühen zwanziger Jahren einige Lehrer, die uns jeden Sonntag abend eine Bibelstunde hielten und mit denen sich die Älteren von uns im »Dienstagkranz« zum Bibelstudium trafen. Im Anschluß daran wurden dann auch die Fragen der Zeit und der Kirche erörtert. Das geschah, obwohl es an politischer Bewegtheit und wirtschaftlicher Not in jenen Jahren nicht fehlte, immer in würdiger, zurückhaltender Weise. Jedes demagogische Worte und alle parteiliche Schärfe verboten sich in diesem Kreis ganz von selbst. Ich erinnere mich an den Eindruck, den der Spiritus rector des damaligen Christlichen Volksdienstes, der Korntaler Reichstagsabgeordnete Wilhelm Simpfendörfer, auf mich machte. Ich traf ihn zum erstenmal in jenem Kreis. Seine Ausführungen, der Mentalität des Kreises völlig angemessen, wurden mit bedächtiger Zustimmung aufgenommen. Als ich auf dem Heimweg meinem Vater meine eigene milde Kritik vortrug, nahm er sie zwar freundlich auf, meinte aber, so wichtig sei das doch nicht. Dabei hatte ich mehr gefühlsmäßig als reflektierend *die* politische Schwäche des Volksdienstes getroffen: Er besaß – im strengen Sinn des Wortes – kein politisches Programm. Simpfendörfer sprach an jenem Dienstagabend im Hause des Bäckermeisters Heinzelmann am Marktplatz in Kirchheim-Teck genau das an, was ihm und seinem Volksdienst mit Paul Bausch, dem späteren Abgeordneten der CDU im Bundestag, vor allem wichtig war: eine Gesinnungsgemeinschaft. »Es soll uns jeder Machtkitzel ferneliegen; alles Träumen von großem Einfluß und Gewicht, danach haben wir nicht zu fragen, wir möchten nur die Stimme Christi durch berufene Vertreter auch in unseren Parlamenten zu Gehör bringen, ob es den anderen paßt oder nicht...«[1]

Die Größe und das Elend einer Partei derer, die »mit Ernst Christen sein wollen«, treten in diesem Wort treffend zutage. Abgesehen davon, daß eine Partei von der Struktur und Mentalität des Christlichen Volksdienstes auch bei guter Organisation vermutlich immer an der Fünf-Prozent-Klausel scheitern würde – auch der Volksdienst hätte sie nicht übersprungen –, eine politische Partei muß sich programmatisch verständlich machen. Sie muß sagen, was sie konkret *politisch* will und mit welchen Mitteln. Auch unter denen, die mit Ernst Christen sein wollen, sind zu Buche schlagende politische Differenzen durchaus denkbar. Später hieß das politische Programm des Volksdienstes dann einfach Heinrich Brüning. Dagegen hatte ich nichts einzuwenden. Ich war ihm mit den Volkskonservativen ohnehin zugefallen.

Soweit waren die Dinge jedoch noch lange nicht als Simpfendörfer bei uns erschien. Der Staat von Weimar hatte sich schwerer Gefährdung entrungen. Er war mit dem Spartakus fertig geworden, er hatte die Inflation bezwungen und einen Mann namens Hitler auf der Festung Landsberg eingesperrt. Aber in der Wirtschaft ging es nicht gut. Ich mußte jede Woche mit meinen Listen der Kurzarbeiter zum Arbeitsamt laufen um die Kurzarbeiterunterstützung auszahlen zu können. Und jede Woche wurde die Schlange der zum Stempeln erschienenen Arbeitslosen länger und länger. Die Zeit wurde unruhig und auch das Miteinander von biblischer Meditation und jugendlichem Spiel in unserem CVJM geriet in Anfechtung.

21

Sie kam nicht, noch nicht, von der Politik. Sie kam von der Jugendbewegung. Ich war noch nicht fünfzehn Jahre alt, als meine Arbeitswoche im Kontor am Montag morgen um sieben Uhr begann und am Samstag nachmittag gegen zwei Uhr endete. Mein erster Jahresurlaub belief sich auf drei Tage. Mehr als acht Jahre später zog ich in die Freiheit. Die ganz großen Tage meines Lebens kann ich wahrscheinlich an einer Hand aufzählen. Der Tag gehört dazu. Er setzte einer Phase in meinem Leben ein Ende, die ich auch heute noch für dürr, ja verloren halten würde, hätte ihr nicht die Jugendbewegung Glanz und Fülle, Schwung und Richtung gegeben.

»Wenn wir schreiten Seit an Seit«

Schon in den frühen zwanziger Jahren färbte der Stil der Jugendbewegung auch auf den CVJM ab. Bei uns in Kirchheim war davon zwar nichts zu sehen, aber auf den Bundesfesten in Stuttgart brachten der bunte Fahrtenkittel des Wandervogels und bald auch der Wimpel neue Farben in das hergebrachte Bild der unjugendlichen traditionellen Konfirmandenanzüge. Und auch im Liedgut tat sich etwas. Waren wir früher mit dem angestammten Bundeslied »Brüder, seht die Bundesfahne in den Lüften weh'n, neu belebt sollt ihr die Rechte Gottes siegen sehn...« durch die Stuttgarter Königstraße in das CVJM-Haus an der Furtbachstraße marschiert, so begannen, etwas zaghaft zunächst, allmählich auch »weltliche« Lieder zu ertönen. Ich atmete dabei auf, denn obwohl unser vielgesungenes BK-Lied unentwegt zu Bekennermut mahnte – »trifft uns auch Spott, treu unserem Gott!« –, so wurde ich meine Befangenheit und mein Unbehagen doch nur schwer los, wenn ich mich marschierenderweise im Bekennen üben sollte. Daß meine Hemmungen nicht nur auf der Scheu davor, sondern auch in der Abneigung gegen den Stil vieler dieser vom Neupietismus getragenen Lieder beruhten, ist mir zum Beispiel daran gegenwärtig, daß ich das zitierte Bundeslied schon etwas lieber mitsang, als sein Schluß: »Vorwärts, Gloria! Seht, uns winkt die Lebenskrone, Mut Halleluja!« einer wohl von dem Reichswart der CVJM Deutschlands, Erich Stange, herbeigeführten vorsichtigen Stilrevision zum Opfer fiel. Das Gloria und Halleluja schenkte er uns.

Der Durchbruch zum *Stil* der Jugendbewegung war damit freilich bei weitem nicht vollzogen. In unseren ländlichen Vereinen wurde er eigentlich nur dort zum Ereignis, wo die Christliche Pfadfinderschaft Wurzel schlug. Sie konnte im deutschen CVJM auf eine gewisse Tradition zurückgreifen. Ich erinnere mich aus frühen Kindheitsjahren an ihr Erscheinungsbild vor dem Ersten Weltkrieg. Der Südwester der Deutschen Schutztruppe in Südwest- und Ostafrika gab ihrem schlichten grauen Wanderanzug mit Bundhose das Gepräge. Die pietistische Dominante auch ihres Frömmigkeitstyps wurde überdeckt von einem profilierten nationalen Bewußtsein, das die Pfadfinderei als vormilitärische Ausbildung unreflektiert bejahte.

In meinem Elternhaus der Vorkriegszeit gingen die Kirchheimer Pfadfinderführer aus und ein. Ich erinnere mich an sie als frische, freundliche und tüchtige junge Männer. Im Ersten Weltkrieg sind sie Mann um Mann gefallen. Meine Erinnerung an sie ist insbesondere von meiner Mutter so gepflegt worden, daß sie vielleicht etwas heroisiert in meinem Bewußtsein stehen. Am deutlichsten Eugen Schöllkopf, Sohn unserer nächsten Nachbarn, mit denen wir ein Leben lang Freud und Leid teilten.

Indessen bedeutete der Einbruch der Jugendbewegung in mein von der großen Welt abgeschiedenes Dasein sehr viel mehr als einen bescheidenen Stilwandel unserer religiösen Lebensäußerung. Der Pietismus – vorwiegend in Gestalt des bei uns traditionellen schwäbischen Altpietismus – war die in den beiden Stämmen meiner Familie gelebte und gültige Frömmigkeit. Denkendorf, die Wirkungsstätte des großen Biblizisten Albrecht Bengel, und Bad Boll, der Sitz des älteren und des jüngeren Blumhardt, gehören zu meiner engeren Heimat. So weit ich zurückdenken kann, bestimmten die von diesen Großen des Reiches Gottes geprägten Denk- und Verhaltensweisen das Leben der engeren und weiteren Familie, des nahen und des weiten Freundeskreises.

Unter den vielen Gestalten jener Welt und Zeit ist mir vor allem die meines Onkels Karl, des älteren Bruders meiner Mutter, ganz unvergeßlich. Er leitete eine kleine Druckerei, er war ein pflichtbewußter Soldat gewesen, war von zarter Statur, eiserner Selbstdisziplin, humorvoll, gütig und von der tonreinen redlichen Frömmigkeit, die ihn mir – in der Sprache des Pietismus gesprochen – zum vorbildlichen Jünger Jesu machte. Sein Einfluß auf mich, den Vierzehnjährigen, war außerordentlich. Er ist nie vergangen, obwohl er nicht lange währte. Der beispielhafte Mann starb über Nacht in kräftiger Lebensmitte.

Aber auch die tiefen Eindrücke und die Dankbarkeit, die ich dem württembergischen Pietismus bewahre, konnten mich der einschneidenden Auseinandersetzung mit ihm nicht entziehen. Sie vollzog sich von außen nach innen. Sie begann mit einer lange in mir selbst unterdrückten Rebellion gegen gewisse Äußerungen seines Frömmigkeitscharakters. Die vom Neupietismus beeinflußten Lieder, eine bei aller Spiritualität doch empfindliche geistige Enge und eine unjugendliche, kleinbürgerliche Kleiderordnung ließen mir ihren Lebensstil immer fataler werden. Das schwelende Unbehagen daran verdichtete sich in mir aber erst in dem Augenblick zu gedanklicher Klarheit, als mir Wilhelm Stählins schmaler Band ›Fieber und Heil in der Jugendbewegung‹ in die Hand fiel.[2] Was ein einziges kleines Buch für ein Menschenleben bedeuten kann, ist mir an Stählins ›Fieber und Heil‹ unvergeßlich geworden. Es öffnete mir das Tor in ein weites Land. Der Mut, es zu betreten, kam mir freilich noch mehr von der Wandlung in der evangelischen Theologie jener Nachkriegsjahre. Es war die Zeit der mächtig sich entfaltenden dialektischen Theologie. Sie war das Grabgeläute der langen, mit großartigen wissenschaftlichen Leistungen zu Ende gehenden Epoche der historisierenden liberalen Theologie unter dem Patronat Adolf von Harnacks. Sie war darüber hinaus, und für mich vor allem, ein gewaltiger Stoß gegen die innere, die theologische Orientierung des Pietismus. Der junge Luther, damals mit seiner Rechtfertigungs-, später mit seiner Zweireichelehre, wurde auch mir zur Zuflucht und großen Autorität bei meiner sich anbahnenden Trennung vom Lebensstil und der Theologie des Pietismus. Sie vollendete sich schließlich in einer knappen, aber deutlichen Auseinandersetzung mit Erich Stange.

Einige Jahre zuvor an die Spitze der deutschen CVJM berufen, hatte er die überfällige Umwandlung der alten parochialen Jünglingsvereine in den CVJM moderner Prägung gefördert. Dem Ansturm der Jugendbewegung war er aber nicht gewachsen.

Der CVJM hatte frühzeitig an die Stelle der althergebrachten kirchlich-pietistischen Jugendpflege seinen Missionsgedanken gesetzt. Schon vierzig Jahre vor unserer Auseinandersetzung hatte sich der internationale CVJM in der sogenannten Pariser Basis sein Programm gegeben: Die »Mission von jungen Männern an jungen Männern« sah er als seine Berufung an. Die Parole bot wenig Berührung und deshalb auch keine hinreichende Grundlage für eine nennenswerte Auseinandersetzung mit der Jugendbewegung. Diese kultivierte ein intensives Naturerlebnis. Sie verlangte nach einer Urerfahrung des Wesenhaften, und sie huldigte einem neuen Lebensstil, der sich mit Äußerlichkeiten nicht zufrieden gab. Ihre hochgradige Zivilisationskritik begehrte nach einer Erneuerung der abendländischen Kultur. Die Hohen-Meißner-Formel der Freideutschen, die »nach eigener Bestimmung vor eigener Verantwortung mit innerer Wahrhaftigkeit ihr Leben gestalten« wollten, wurde für die Bünde der deutschen Jugendbewegung etwa das, was für die CVJM die »Pariser Basis« war.

Innerhalb der Christlichen Pfadfinderschaft gab es redliche Versuche, zwischen beidem eine Symbiose zustande zu bringen. Formkräftig und einflußreich war dabei vor allem der sächsische Führer der christlichen Pfadfinder Fritz Riebold, der mit seiner Zeitschrift dem Stil der Jugendbewegung und ihrem Liedgut Eingang in den CVJM verschaffte. Er war dabei nicht allein. Auch die aus der Jugendbewegung geborene Singbewegung tat das Ihre dazu. Aber das alles verhinderte nicht, daß sich einzelne und ganze Gruppen aus den alten Verbänden der evangelischen Jugendpflege lösten, so die »Köngener« vom BK, den Schülerbibelkreisen, und die »Christdeutschen« unter dem Gießener Professor für Praktische Theologie Leopold Cordier.[3]

24

Aus zwei Gründen hätte ich die persönliche Trennung gerne vermieden. Mein Elternhaus war mit den kirchlichen Kreisen, die den CVJM trugen, eng verknüpft; ich war in ihnen herangewachsen, und die meisten meiner Freunde gehörten dazu. Ich wollte ihnen und vor allem meiner Mutter den Tort der Trennung nicht antun. Indessen hörte ich von Seiten meiner Eltern kein Wort des Vorwurfs, nicht einmal der Mahnung. Das war keineswegs Gleichgültigkeit. Es war Großherzigkeit und Vertrauen. Ich bin meiner Mutter dafür bis heute dankbar. Sie wurde auch darin für mich beispielhaft.

Der andere Grund machte mir nicht weniger zu schaffen. Ich war nicht allein. Eine Gruppe von Gleichaltrigen und Jüngeren hing mir an und war entschlossen, mit mir zu gehen. Gut pietistisch wurde die Verantwortung für ihr Seelenheil mir angelastet ... Davor scheute ich zurück. Auch deshalb, weil in den Auseinandersetzungen jener Jahre sich in mir der Wunsch, der heiße Wunsch zu regen begann, mit dem bisherigen Entwurf meines Lebens überhaupt zu brechen, dem Stumpfsinn meines Kontors ade zu sagen und mein Leben durch die Tore der Universität hindurch unter einen anderen Horizont zu bringen. Einstweilen war das freilich nur ein geheimer, nie beredeter Gedanke. Es fehlten mir dafür nahezu alle Voraussetzungen. Ich hatte weder Abitur noch Geld, um ein Studium beginnen zu können. Die bündische Jugend, der eigene Kreis, Bücher, Fahrten, Treffen mußten ersetzen, was mir unerreichbar erschien. Wir wandten uns den Christdeutschen um Cordier zu.[4] Wir nahmen teil an ihrer Lebensart und Denkweise. Das große Gemeinschaftserlebnis der bündischen Jugend jener Jahre wurde auch uns zuteil. Die Welt hatte sich für uns geweitet, das Leben im Bund war frisch, sprühend lebendig und nahm uns mit.

Ich kann nicht sagen, daß es politisch überfrachtet war. Die Erregung der Jahre 1922/23 war abgeklungen. Hitlers Nationalsozialisten hatten wir zum erstenmal in jenen Jahren erlebt, als die württembergische SA in Skimütze, Windjacke, Koppel und Reithose zu einer Sonnwendfeier auf die Teck zog. Wir liefen – von der Turnstunde des CVJM kommend – einige Zeit mit und waren auch am anderen Vormittag, einem Sonntagmorgen, zugegen, als die Kirchheimer SA unter dem Kommando eines Malergesellen mit der Verleihung einer Fahne ausgezeichnet wurde. Von den öfters gesehenen anderen roten Fahnen unterschied sie sich durch ihr großes Hakenkreuz. Von den dabei gehaltenen Reden ist mir nichts in Erinnerung. Aber ich sehe noch immer, wie einige der auf dem Marktplatz im Carré angetretenen SA-Männer unserem braven Ratschreiber Schönleber, einem Körperbehinderten, die schwarze Melone vom Kopf schlugen, weil der Mann seinen Hut nicht rechtzeitig abgenommen hatte, als zum Schluß das Deutschlandlied angestimmt wurde. Ich hatte begonnen mitzusingen. Das Bild brachte mich zum Verstummen.

Als Hitler nach seinem Münchener Putschversuch eingesperrt war, klang die fiebrige politische Atmosphäre in unserer kleinen Stadt rasch ab. Das nationale

Bewußtsein blieb jedoch sensibler und mobiler, als es bei uns vor dem ersten Erscheinen Hitlers war.

Ich erinnere mich nicht, daß er mit seinen Ideen bei uns im Christdeutschen Bund und in den benachbarten Bünden damals eine Rolle spielte. Wir hielten unsere Kreisabende, machten unsere Fahrten, zogen zu bündischen und über-bündischen Treffen, Festen und Feiern – unvergeßlich das Maienfest des Bundes Deutscher Jugend (BDJ) mit Anna Schieber und ihrem als Chorleiter berühmten jüngeren Bruder. Und wunderschön blieb mir ein Sommerabend – einer von vielen – im Gedächtnis mit der Stuttgarter Sozialistischen Arbeiterjugend (SAJ) im Volkstanz unter den Linden vor der Heubacher Jugendherberge – in meinem späteren Wahlkreis.

Dreißig Jahre später, wenn wir in der Parlamentarischen Gesellschaft in Bonn zusammensaßen und zu später Stunde Lieder angestimmt wurden, erkannten sich die Bündischen von einst unweigerlich noch an der Art ihres Singens und der Breite ihres volksliedhaften Liedgutes. Es war jedesmal eine beglückende Wiedergeburt alter, halbverklungener, verschütteter Gemeinsamkeit quer durch alle Fraktionen.

Vom Proletariat zum Arbeitertum

Was Stählins ›Fieber und Heil‹ für die innere Orientierung meines Lebens war, wurden zwei Bücher August Winnigs für meine politische Orientierung. Die Geschichte seiner Jugend, hinreißend erzählt in seinem Buch ›Frührot‹, hatte mir eine erste tiefere Einsicht in die Geschichte der deutschen Arbeiterbewegung vermittelt.[5] Die Welt des Sozialismus war mir bis zu Winnigs ›Frührot‹ innerlich fremd geblieben. Die Welt aus der ich kam, stand ihr feindlich gegenüber. Nun entdeckte ich Züge in ihr, die mich tief ergriffen. Eine Kampfbewegung für Gerechtigkeit, eine Freiheitsbewegung pochender Herzen. Ich konnte mich über viele Unterschiede hinweg mit dem jungen sozialistischen Maurergesellen August Winnig spontan solidarisieren. Bald danach las ich sein Buch ›Vom Proletariat zum Arbeitertum‹.[6] Aus dem rebellischen Jungsozialisten war ein sozialdemokratischer Reichstagsabgeordneter und nach dem Ersten Weltkrieg der Oberpräsident von Ostpreußen geworden. In den parteiinternen Auseinandersetzungen, die der deutsche Sozialismus in den zwanziger Jahren zu bestehen hatte, trennte sich auch August Winnig von der Partei seiner Jugend. Er ging jedoch nicht nach links – was bei den Dissidenten der damaligen SPD üblich war –, er ging nach rechts. Bei einer Reichstagswahl fand sich sein Name auf der Liste einer neuen Partei, der Volkskonservativen. Ich wählte sie Winnigs wegen mit fast allen meinen jugendlichen Freunden. Kleinlaut und enttäuscht nahmen wir ihren mageren Erfolg zur Kenntnis.

Ein vielverhandeltes Thema unter den Älteren in den Bünden der Jugendbewegung war in den zwanziger Jahren Oswald Spenglers ›Untergang des Abendlandes‹. Es wurde soviel darüber diskutiert, daß ich mir die beiden Bände schließlich antiquarisch erstand und zu lesen begann. Ich will nicht davon reden, wie Spenglers Gedankenführung auf mich wirkte. Je mehr ich mich damit beschäftigte, desto weniger konnte ich mich ihr entziehen. Aber das war nicht halb so wichtig wie die Erkenntnis, daß mir zu seinem Verständnis, jedenfalls zu seinem vollen Verständnis eine hinreichende Bildung fehle. Ich schaffte den ersten Band, im zweiten blieb ich stecken. Ich sah ein, daß ich ohne eine angemessene Ausbildung auch in der Diskussion nicht frei und unbeengt mithalten könne. Ich mußte studieren. Ich begriff, daß ich ohne die Nachholung und Aufarbeitung eines breiten Stoffes, ohne die Möglichkeit mich einigermaßen in den alten Sprachen zu bewegen, ohne die sichere Handhabung der Methoden der Geisteswissenschaften in vielen Bereichen, die mich brennend interessierten, unselbständig, unfrei bleiben müsse.

Christian Moser

Studieren – ja, aber wie und was? Ein Zufall – so wird im allgemeinen herabgespielt, was zutreffender Fügung genannt wird – brachte die Entscheidung. In unserer Nähe wohnte einer meiner alten Klassenlehrer, pensioniert und etwas vereinsamt. Ich hatte an den Professor Christian Moser gemischte Erinnerungen. Er war ein engagierter, um nicht zu sagen ein vor allem in Plinius d. Ä. verbissener schwäbischer Altphilologe, der sich während des Krieges mit meiner armen, durch ihre große Kinderschar hart überforderten Mutter zeitweilig in die Aufgabe geteilt hatte, ihren Ältesten »vor der Verwahrlosung«, soll heißen vor allzu großer Nachlässigkeit in schulischen Dingen, zu bewahren. Unsere Väter waren im Krieg. Das Leben war selbst für uns Zehn- und Zwölfjährige nicht besonders lustig. Offenbar hatte mich unser »Christian«, wie wir ihn unter uns nannten, schon damals ins Herz geschlossen, denn seine Zuchtrute bekam ich zu spüren. Wahrscheinlich meinte er, das meinem vor Verdun liegenden Vater schuldig zu sein.

Jetzt, zehn Jahre später, besuchte der Ruheständler uns wieder. Ich saß im Büro, derweil der energische Mann meine Mutter mit der Frage überfiel, warum ihr Ältester denn nicht studiere. Sie sagte, was zu sagen war. Und Christian Moser ließ nichts davon gelten. Für das Abitur werde er mich schon »präparieren«[7]. Mit dem Zahlen habe es keine Eile. Wenn ich dann akademisch etabliert sei, könne man darüber sprechen. Und ein Stipendium für die Universität in der Verbindung mit dem, was ich leichter als viele andere in den Semesterferien verdienen könne, werde sich ja wohl auch noch finden. Als mir meine Mutter am Abend von diesem Gespräch berichtete, wurde ich, entgegen meinem Temperament, still. Vor meinen Augen begann sich eine neue Dimension meines Lebens aufzutun. Mit einem geheimen bedrückenden Widerstand in mir selbst mußte ich freilich allein fertig werden. Ich hatte schwere Zweifel, in vertretbar kurzer Zeit mein Ziel erreichen zu können. Ich bezweifelte meine Begabung. Schließlich sprach ich wenigstens andeutungsweise darüber mit meiner Mutter. Oh, meinte sie, sie habe mit dem Professor auch darüber gesprochen. Er habe diese Zweifel mit der Bemerkung vom Tisch gewischt: »Wenn er mit dem Spengler fertig wird, schafft er auch Abitur und Studium.« – Indessen: Ich war mit »dem Spengler« ja eben nicht fertig geworden.

Es war Frühling, als ich meinen alten Lehrer besuchte. Er hatte sich schon einen Stoff- und Unterrichtsplan für mich zurechtgelegt. Er sah vor, mich binnen einem halben Jahr für die Aufnahme in die Oberprima des humanistischen Eberhard-Ludwig-Gymnasiums in Stuttgart als ordentlichen Schüler reif zu machen. Das war knapp. Sehr knapp. Dennoch: Jetzt oder nie. Es wurde verabredet, daß ich Ende August 1929 meinen Beruf an den Nagel hängen, danach jeden Tag vormittags mit Professor Moser vier Stunden arbeiten, bis dahin aber schon neben meiner Büroarbeit her lateinische und griechische Vokabeln lernen und mich mit Mathematik befassen solle. Als ich in dem kleinen Betrieb, zu dem ich nach meiner Lehre übergewechselt war, kündigte, hielten mich meine Kollegen für leicht verrückt und meine Chefs für bodenlos leichtsinnig. Es war die Zeit der großen Arbeitslosigkeit, die zum Aufkommen Hitlers führte.

An meinem dreiundzwanzigsten Geburtstag, einem leuchtenden Hochsommertag im August, zog ich mit meinen beiden christdeutschen Freunden Hermann Bruckmann und Maria Eppinger über die Hänge der Schwäbischen Alb in ein neues Leben. Die Stunde der Freiheit und der großen Verheißung war angebrochen. Die grünen Matten, die wir bergan stiegen, erglänzten in einem Licht, wie ich es strahlender nie zuvor gesehen habe. Die Berge mit ihren Buchenwäldern und steingrauen Felsen schienen mich ans Herz zu ziehen. Jetzt sah ich selbst, daß Wahrheit und Wirklichkeit werden kann, was ich »nur« für erhabene Dichtung gehalten hatte:

>»Die Erde dampft erquickenden Geruch
> und ladet mich auf ihren Flächen ein,
> nach Lebensfreud' und großer Tat zu jagen.«

Meiner gesteigerten Lebensfreude konnten auch die griechischen Unregelmäßigen nichts anhaben. Sie wurde allerdings etwas überschattet, als ich die Entdekkung machte, daß ein Mensch, wahrscheinlich auch ein Begabterer als ich, ein durchaus begrenztes Aufnahmevermögen in einer begrenzten Zeit hat. Ich konnte – ich mußte – an einem Nachmittag oder Abend zwar seitenlang lateinische und griechische Vokabeln und Grammatik lernen, aber einige Zeit später war mir ein Teil davon wieder entschwunden. Doch dank Christian Moser hielt ich durch ohne Krampf. Einige Monate später bestand ich die Aufnahmeprüfung für die Oberprima an Württembergs Gymnasium illustre ohne Schwierigkeit. Für meinen alten Christian ein Triumph, für mich eine Ermutigung.

Im Eberhard-Ludwig-Gymnasium

Die Schule war berühmt, ihr Lehrkörper ausgezeichnet. Obwohl es mir in dem kurzen Jahr bis zum Abitur nicht gelang, das hohe Niveau der Schule in den alten Sprachen zu erreichen, war mir der Griechischunterricht unseres Rektors Binder ein Genuß. Wir lasen Platos ›Gorgias‹ und Thukydides. Bei Platon gab es keine Schwierigkeiten, aber an einigen Kapiteln des ›Peloponesischen Krieges‹ nagten auch unsere besten Graecisten in der Klasse mühsam herum. Unser Rex sprang dann in die Bresche. Mit seinen sparsamen Kommentaren, in denen er zur Sache und selten nur zu einer philologischen Einzelfrage sprach, hielt er unser Interesse an den großen klassischen Texten wach. Er stammte aus der Schule Ulrich von Wilamowitz-Moellendorffs, war selbst ein bedeutender Philologe und darüber hinaus ein glänzender Schulmann. Seine Autorität war auch in unserer Klasse eigenwilliger Köpfe ganz unbestritten.

Heilsam für mein künftiges Arbeiten war eine Erfahrung, die ich unserem Latein- und Geschichtslehrer Professor Diehl verdanke. Zur Vorbereitung einer Klausur hatte ich unter anderem auch den einschlägigen Band Sybels gelesen. Als ich mich in der Klausur seiner Version über Bismarcks Behandlung der Emser Depesche anschloß, büßte ich zwei meiner sonst üblichen guten Noten bei unserem geschätzten Diehl ein. Meine etwas entrüstete Berufung auf die Autorität des großen österreichischen Historikers half mir gar nichts. Ich mußte einsehen, daß der Schulmann Diehl, seine Oberprimaner als Erwachsene ernstnahm und ihnen eben deshalb bei seinen wissenschaftlichen Ansprüchen wenig Rabatt gewährte. Damit lehrte er mich noch auf der Schule jene kritische Vorsicht ohne die wissenschaftliche Arbeit nicht seriös ist.

Von den dürren Jahren meines Kontorlebens zog ich in dem kritisch-vornehmen Deutschunterricht Dr. Paul Ludwigs den größten Nutzen. Es zeigte sich, daß mir in jenen Jahren eine solide Kenntnis der deutschen Literatur, insbesondere der deutschen Klassiker, zugewachsen war. Unser Rektor nahm mich in

Stuttgarts Literarischen Klub mit und versuchte, mich für die Altphilologie, insbesondere für das Studium des Griechischen, zu gewinnen. Aber bei aller Liebe zu Plato – ich hatte vom Nachlernen genug. Außerdem war ich noch keineswegs frei von den halbgaren Wunschvorstellungen, die ich aus der Jugendbewegung und meiner Selfmade-Beschäftigung mit der deutschen Literatur mitbrachte und die in ihrer Mischung von Germanistik, Philosophie und Theologie kein rechtes Ziel ergaben.

Der Stuttgarter Marktplatz war in jenen Jahren der großen Arbeitslosigkeit ein Treffpunkt vieler, die nicht mehr wußten, was sie mit sich selber anfangen sollten. Sie standen stundenlang in größeren und kleineren Gruppen herum und hörten den Wort- und Rädelsführern zu, die hier den Ton angaben. Es war wie im Londoner Hydepark, nur monotoner und unentwegt politisch. Das Wort führten mehr oder weniger geschulte Kommunisten. Ich erinnere mich nicht, daß es dabei einmal ernsthaftere Zusammenstöße gegeben hätte. Die Nichtkommunisten schwiegen meist abweisend oder auch mürrisch zustimmend. Die Nationalsozialisten waren nicht auf dem Plan, von den »Bürgerlichen« war weit und breit nichts zu sehen. Ich ging hin, sooft ich konnte. Die Lust am Disput, die Neugier auf die Argumente zogen mich unwiderstehlich an. Der Stuttgarter Marktplatz der Jahre 1929/30 war jedoch etwas anderes als eine platonische Akademie.

Daß ich das theoretische Interesse der allmählich wieder politisierten Öffentlichkeit bei weitem überschätzte, merkte ich auch bei einer anderen gut bürgerlichen Veranstaltung. Im Gustav-Siegle-Haus, einem Treffpunkt des Stuttgarter Bildungsbürgertums, war ein Vortrag des Stuttgarter Arztes Friedrich Wolff über Hegel und die Gegenwart angekündigt. Friedrich Wolff hatte sich, vom Wandervogel kommend, den Kommunisten angeschlossen. Er schrieb eine griffige Feder. Seine Stücke hatten Zulauf weit über die Linken hinaus. Sein Vortrag war kultiviert, eine geschickte Werbung für den Kommunismus. Als er fertig war, wurde die Diskussion eröffnet. Aber niemand in dem vollbesetzten Saal wollte sich melden. Nach einer Ermunterung durch Wolff hob ich, weit hinten sitzend, etwas zaghaft die Hand. Ich wurde auf die Bühne gebeten, in meinem schwarzen Kittelwestenanzug mit Schillerkragen und kurzen Hosen als »Jugendbewegter« erkannt und von Wolff willkommen geheißen. Ich fragte den Redner, warum und wieso er denn die Stuttgarter im Namen ihres ehemaligen großen Mitbürgers auffordere, akkurat in die Gefolgschaft von Karl Marx zu treten. Nach Marx selbst habe er unseren Landsmann Hegel doch genau umgekehrt.[8] Einige zaghafte Hände rührten sich zum Beifall. Sie verstummten, als Friedrich Wolff zur Entgegnung ansetzte. Sie fiel über alle Maßen polemisch aus. Das Air des Dichters und Denkers, das er sich den Abend über gegeben hatte, war zerstoben. Niemand sagte mehr ein Wort. Betreten gingen die Leute nach Hause.

30

Bald danach brachten mich seine ›Matrosen von Cattaro‹ in eine ernstere Situation. Ein Agitproptrupp spielte das Stück an einem Sonntagvormittag – nach der Kirche – im Stuttgarter Schauspielhaus in der Kleinen Königstraße. Das Haus war mäßig besetzt. Ich saß oben im zweiten oder dritten Rang ziemlich allein. Das im Stil Friedrich Wolffs auf emotionale Wirkung angelegte Stück ließ mich kalt, bis zu der Szene, in der die österreichisch-ungarische Kriegsflagge vom Mast geholt und von den revolutionären Matrosen auf Deck zertrampelt wird. Ich steckte die Finger in den Mund und pfiff nach Kräften dazwischen. Damit war ich so beschäftigt und auf die Bühne fixiert, daß ich gar nicht merkte, wie das Haus unruhig wurde. Plötzlich legten sich mir von hinten ein paar Hände um den Hals und drückten so brutal zu, daß mir die Sinne zu schwinden begannen. Als ich wieder halbwegs klar war, stand ein Mann vor mir, der mir in ernstem Ton vorhielt, welche Dummheit ich begangen habe und daß es um ein Haar geschehen wäre. Ich sah den stattlich schönen Mann an und sagte »Herr Kötzle!« Überrascht blickte er mich an, erkannte mich nicht, legte die Arme um mich und brachte mich vor den Drohungen seiner wieder andrängenden Schlägertruppe zu einem Nebenausgang. Er war mein erster Lehrer in der Kirchheimer Elementarschule gewesen. Bei ihm hatte ich das ABC und Fußballspielen gelernt. Er war Rektor einer Volksschule in einem Stuttgarter Vorort geworden und hatte sich dem Kommunismus ergeben. Zehn Jahre lang hatten wir uns nicht mehr gesehen. Einige Jahre später, unter der Herrschaft Hitlers, kam er ums Leben.

Tübingen

Ich bestand das Abitur, erlangte eine Auszeichnung und ging in mein erstes Semester nach Tübingen. Für mich war die Universität eine erhabene Institution. Lange war sie mir ganz unerreichbar erschienen. Jetzt, an einem der ersten Maitage 1931, war ich zur Immatrikulation geladen. Später bedeutete mir ihr Ritual nichts mehr. Damals strebte ich froh und dankbar der neuen Aula zu. Unter meinen Papieren, die Bomben und Gestapo überstanden, fand sich eine Bestätigung jener Stunde. Darin heißt es feierlich, ich sei als akademischer Bürger der Universität Tübingen aufgenommen worden. »Er hat dem Rektor durch Handschlag gelobt, den akademischen Gesetzen Gehorsam zu leisten, den Lehrern Achtung und Ehrerbietung zu erweisen, seinen Studien mit Eifer obzuliegen und ein der Universität würdiges sittliches Leben zu führen.«

Für mich war das kein Jux. Dennoch wurde das Semester im ganzen eine Enttäuschung für mich. Das wollte ich mir zwar nicht eingestehen. Ein Semester lang saß ich in einem großen Hörsaal zwischen einer Mehrheit von studierenden Mädchen zu Füßen von Kluckhohn und hörte mit wachsender Distanz seine Vorlesungen über Rilke, »den Dichter der träumenden Mädchenseele«, über Stefan George, Schlaf und Holz und andere damals aktuelle Größen der unterschiedlichen deutschen Literatur. Von Kafka war, wenn ich mich recht erinnere, dabei keine Rede. Sein Stern zog erst auf.

Auch Windelband (der Jüngere) riß mich mit seinen Philosophievorlesungen nicht gerade vom Stuhl. Sie langweilten mich so, daß ich Karl Heims Dogmatik noch am anziehendsten, weil interessantesten fand. In jenem Semester erschien der erste Band seiner Dogmatik ›Glauben und Denken‹. Das Buch stand im Schaufenster der distinguierten Osianderschen Buchhandlung. Auf seiner Bauchbinde war zu lesen, daß man vom Erscheinen dieses Werkes an eine neue Epoche in der Geistesgeschichte der Menschheit datieren werde. Der Mann, dem die Welt diese Weissagung zu verdanken hatte, griff damit zwar daneben, aber interessant war das Buch trotzdem. In Heims Vorlesung traf ich einige meiner christdeutschen Freunde und geriet mit ihnen in eine Art Dauerdiskussion über die Möglichkeit und Grenzen menschlicher Welt- und Gotteserkenntnis. Als das Semester zu Ende ging, hatten sich meine einst so sehnsüchtigen und dementsprechend überhöhten Vorstellungen von der Universität wesentlich geläutert, und ich neigte – immer noch ohne klares Berufsziel – am meisten der Theologie zu.

Während der anschließenden langen Semesterferien kehrte ich in einem angesehenen Textilunternehmen meiner engeren Heimat wieder in den Betrieb zurück. Ich tat es als Werkstudent, entschlossen, das Studium fortzusetzen. Aber ich machte mir doch einige Gedanken, als ich gegen Ende meiner Tätigkeit zu dem Seniorchef der Firma gerufen wurde und mich seiner unerwarteten Aufforderung gegenübersah, der Universität Valet zu sagen und meine Zukunft in seinem Unternehmen zu sehen. Das wollte ich jedoch durchaus nicht, wennschon mir mein Stuttgarter Gymnasium attraktiver erschien als die ehrwürdige Tübinger Universität.

Worauf ich eigentlich hinauswollte, war mir auch in meinem zweiten Tübinger Semester nicht hinreichend klar. Paul Collmer, Leiter des Tübinger Studentenwerks, mein lebenslanger Freund seit unserer gemeinsamen CVJM-Zeit, hatte mich zur Mitarbeit im Studentenwerk angehalten.[9] Das war mir in wirtschaftlicher Hinsicht eine Hilfe. Es verband mich aber auch mit einer Institution, die mehr und mehr ein Objekt der virulent werdenden politischen Auseinandersetzung in der Studentenschaft wurde.

32

»Was hältst du von Hitler?«

Am Tisch der studentischen Mitarbeiter im ›Prinz Karl‹, der damaligen Mensa, ging es immer lebhaft zu. Aktuelle Fragen aus dem wissenschaftlichen Bereich aller Fakultäten vermischten sich mit den politischen Streitfragen der Zeit, und das hieß damals vor allem: Was hältst du von Hitler und seinem Haufen?

Mit dem Beginn der dreißiger Jahre hatte in den Bünden der Jugendbewegung, insbesondere in der national gestimmten Pfadfinderei zunächst unterschwellig, dann offen die Auseinandersetzung mit dem Nationalsozialismus begonnen. Viele von uns sahen in dem »völkischen Gedanken« ein Element, das uns mit Hitler und seinen Leuten verbinde. Ihr Ja zu Heimat und Volkstum, zu Natur und Geschichte glaubte zeitweilig in der NSDAP einen angemessenen politischen Ausdruck zu finden. Dennoch kam es nicht zu der oft erwarteten Amalgamierung der jugendbewegten Bünde mit Hitlers Partei. Der in der Jugendbewegung gepflegte Lebensstil widersprach den auf Massierung und parteipolitische Forderung gedrillten NS-Organisationen. Ihre Sprache, ihre Lieder, ihre Ideologie, ihr »Stiefelfetischismus« (Helmut Schreiner) stießen uns ab. Außerdem waren wir in den Bünden gegen die frühe parteipolitische Indoktrinierung der Jugend. In Reden und Artikeln lehnte ich sie ab.[10] Als kaum zwei Jahre später die Hitlerjugend die Bünde gewaltsam auflöste beziehungsweise »eingliederte«, schrieb mir mein Bruder Walter, damals neunzehnjährig, einen Brief in mein bewegtes Rostocker Sommersemester. »Durch ihr – der Hitlerjugend – anmaßendes Auftreten und ihre lächerliche Überheblichkeit, mit der sie über die alten Kreise und Bünde der Jugendbewegung herfällt, werden wir geradezu zur Opposition gezwungen.«[11]

Alle Proteste halfen nichts. Die freien Bünde wurden mit erheblichem Druck in die Hitlerjugend gezwungen. In meiner Heimatstadt trafen sie sich ein letztesmal in der Freiheit. Gemeinsam. Ich sprach für die Christdeutsche Pfadfinderei. Mein Text stammte nicht aus der Bibel. Er kam von Schiller.

> »Wer wird künftig deinen Kleinen lehren
> Speere werfen *und* die Götter ehren ...«

Die folgende Zeile unterdrückte ich. Die Rede sei auch so »aufrührerisch genug«, meinte einer unserer früheren besorgten Lehrer.[12]

In meinem zweiten Semester hatte mich die Studienstiftung des Deutschen Volkes als »Vorsemester« aufgenommen. Dadurch war ich meine finanziellen Sorgen los und konnte mir auch erlauben, die Universität zu wechseln. Eines Tages fiel mir eine kleine Broschüre: ›Reformation und Idealismus‹[13], der Vortrag eines mir bislang unbekannten Rostocker Ordinarius, Friedrich Brunstäd, in die Hand. Die Gedankenführung dieses Vortrags faszinierte mich derart, daß ich spornstreichs zur Tübinger Universitätsbibliothek lief und mir alles geben ließ, was dort von Brunstäd zu haben war. Viel war es gerade nicht. Aber was ich bekam, brachte mich zu dem Entschluß: im nächsten Semester ab nach Rostock.

Zu Friedrich Brunstäd nach Rostock

Ich kam vierzehn Tage zu früh, weil ich nicht beachtet hatte, daß die Mecklenburger keine Preußen sind. Sie begannen in ihrer Uni am Blücherplatz zwei Wochen später. Ich sah mir die Stadt an, fuhr in das noch sehr kühle Warnemünde, suchte mir eine Bude und langweilte mich schrecklich. Ich kannte keinen Menschen, aber ich hatte Zeit, ein arbeitsreiches und schönes Semester vorzubereiten. Mit der Germanistik machte ich noch einmal einen Versuch. Dann ließ ich sie ganz fahren. Ich hatte mich getäuscht. Sie fesselte mich immer weniger. Anders die Philosophie von Ebbinghaus und erst recht Brunstäds Religionsphilosophie und Theologie. Ich habe seinen wissenschaftlichen Weg im großen ganzen nachvollzogen. Er hatte sich als Rechtshegelianer aus der Schule Lassons habilitiert, war in Erlangen Extraordinarius für Philosophie gewesen und hatte nach dem Weggang von Paul Althaus einen Ruf auf dessen Rostocker Lehrstuhl für systematische Theologie angenommen. Das war ungewöhnlich, aber für einen Philosophen vom Schlage Brunstäds nicht unmöglich. Seine ›Idee der Religion‹ hatte er als Philosoph geschrieben, seine ›Logik‹ gleichfalls. Als ich zu ihm kam, sah er mir meine Vorliebe für Platon mit milder Kritik nach. Ihm selber galt Aristoteles als der große, leuchtende Stern der Antike. Sein Licht verblaßte ihm nie. Mich hingegen hatte Platon in Bann geschlagen. Wäre nichts als seine ›Apologie des Sokrates‹ auf uns gekommen, ich würde ihn auch heute noch zu den großen, den wahrhaft großen Wegweisern der Menschheit zählen. Und dies, obwohl ich mit seiner Staatsphilosophie nicht viel im Sinne hatte, wennschon auch dort Einsichten zu finden waren, deren Bedeutung mir in der Politik immer wieder von neuem aufging.* Wer mit dem Neuen Testament kritischen Umgang pflegen will, wie es mindestens der Theologe tun muß, braucht eine hinreichende Kenntnis des Altgriechischen. Die ganze Mühe, es zu erlernen, zahlt sich aber schon damit aus, die ›Apologie‹ im Urtext lesen zu können. Ich trug sie wochenlang mit mir herum als Werkstudent und las sie in

---

*Ich denke zum Beispiel an den Satz aus dem VII. Brief Platons, daß man Politik nicht ohne treuverbrüderte Gefährten betreiben könne. Den Streit um die Echtheit des Briefes habe ich lange verfolgt, um mich schließlich der mir von meinem Vetter Siegfried Lauffer, dem Münchener Althistoriker, vermittelten Auffassung Ulrich von Wilamowitz-Möllendorffs anzuschließen. Er sprach von der goldenen Echtheit dieses Briefes.

34

jeder freien Minute. »Lernen Sie denn das Büchle auswendig?« fragten mich unsere Arbeiter. Ich habe von der Bibel abgesehen nur Kants ›Grundlegung zur Metaphysik der Sitten‹ in ähnlicher Weise immer wieder gelesen. Als ich fast ein halbes Jahrhundert später im Fernsehen die allerdings wunderbare Aufführung des Todes des Sokrates mit dem Schweizer Schauspieler Moog in der Titelrolle sah, stand meine ganze Jugend wieder vor mir.

Friedrich Brunstäd hatte mich vom ersten Augenblick an fasziniert mit seiner Bemühung, die für mich im deutschen Idealismus kulminierende Philosophie des Abendlandes in eine Symbiose zu bringen mit dem Glauben der Christenheit in der Gestalt der lutherischen Reformation. Lange Zeit später, als ich mich etwas näher mit Thomas von Aquin beschäftigte, wunderte ich mich, wie wenig der Aquinate für den Aristoteliker und Theologen Brunstäd offenbar bedeutet hat. Verständlich wird das nur, wenn man sich vergegenwärtigt, wie sich die Distanz zwischen der katholischen und der evangelischen Theologie seit der Reformation vergrößert hat. Erst als sich beide Kirchen einem mächtigen Gegner in der Gestalt des nationalsozialistischen Staates gegenübersahen, begann ihre theologische Distanz langsam zu schrumpfen.

Jedenfalls anders als Augustin, der auch in der Schule Friedrich Brunstäds verehrt wurde, spielte der große Aristoteliker Thomas bei uns damals kaum eine Rolle. Dem Systematiker Brunstäd hatten es die altprotestantischen Dogmatiker weit mehr angetan. Ich nehme an, daß ihn vor allem ihre strenge Disziplinierung und Systematisierung der von der lutherischen Reformation ausgehenden Anstöße angezogen hat.

Mit dem Ansehen der idealistischen Philosophie war es damals trübe bestellt. Bei den Philosophen regierten über Deutschland hinaus die »Existenzialisten«, vor allem Heidegger, aber auch Jaspers. Und bei den Theologen führten die »Dialektiker« mit Barth an der Spitze ein nicht nur harsches, sondern herrisches Regiment. Nun dachte ich nicht daran, etwa für Fichte in das Feuer zu gehen, und selbst zu Hegel, für den Brunstäd focht, konnte ich verschwiegene Distanzen kaum überwinden. Mein Held war Kant, Immanuel Kant aus Königsberg. Friedrich Schiller hatte mich auf ihn gebracht. Verstehen gelehrt hat ihn mich jedoch Friedrich Brunstäd. Mit seiner Lehre des kritischen Idealismus dachte und lebte ich mich in die Philosophie des deutschen Idealismus hinein. Kants Transzendentalphilosophie wurde mir unter Brunstäds Führung denn auch zur Brücke zwischen Denken und Glauben. Ich betrat sie indessen eher zögernd als frohgemut.

Brunstäd sagte gelegentlich, daß es ihm mit dem Übergang von der Philosophie zur Theologie gegangen sei wie dem jungen Saul, der auszog, die verlorenen Eselinnen seines Vaters zu suchen und ein Königreich gefunden habe. Mir stellte sich die Sache einstweilen anders dar. Obschon ich nicht gerade von Zweifeln zerfressen wurde, blieb mir der Glaube der Christenheit an einen weltjenseitigen, personhaften Gott ein Wagnis, ein schweres Wagnis. Mein Lehrer Brunstäd bestätigte das. Er meinte jedoch, daß es auch der kritische Kopf eingehen könne, ja eingehen müsse, wenn er seine menschliche Berufung und Bestimmung erfassen wolle. Zögernd, arbeitshypothetisch trat ich darauf ein.[14]

Aus einem germanistischen Seminar, das mich langweilte, lief ich davon und ging statt dessen in das kirchenhistorische Seminar Johannes von Walters. Der mir kühl und distanziert erscheinende Balte gab mir eine Seminararbeit über die Wandlungen der Hutten-Geschichtsschreibung. Sie brachte mich zwar zum größten Teil um die herkömmlichen Attraktionen des Rostocker Sommersemesters, die sich an der Ostsee in Warnemünde ereigneten. Ich saß viele Nächte lang über den Büchern Kalkhoffs, eines Breslauer Profanhistorikers, der Hutten nach Strich und Faden verrissen hatte und den Publikationen anderer Leute, die ihm freundlicher gegenüberstanden. Gegen Ende des Semesters bekam ich meine Arbeit zurück. »Druckreif !« stand darunter. Ich muß es berichten, weil mich die Freude darüber eine ganze Nacht lang nicht schlafen ließ. Meine Zweifel an meinen wissenschaftlichen Fähigkeiten waren niedergemäht, meine definitive Aufnahme in die Studienstiftung mit ihren strengen Anforderungen und damit mein Studium erschienen mir gesichert. Als ich im nächsten Semester, im Winter 1932/33, wiederkam, fragte mich Brunstäd, ob ich nicht Senior (ein ehrenamtlicher Assistent) in seinem Seminar werden wolle, und Johannes von Walter lud mich in seine Sozietät ein, in der wir im kleinen Kreis Augustins ›Gottesstaat‹ lasen.

Der 30. Januar 1933

Am Abend des 30. Januar 1933 war ich wie so oft in Brunstäds gastlichem Hause eingeladen. Als ich eintrat, stand er am Telefon und führte – ich sah es an seiner finsteren Miene – ein unerfreuliches Gespräch. Er habe – erzählte er dann bei Tisch – mit Berlin telefoniert. Ich vermutete mit seinem Freund Treviranus, dem Schicksalsgenossen Brünings. In Berlin sei der Teufel los. Mit Fackelzügen und ähnlichem Unsinn werde Hitler gehuldigt. Hoffentlich sei der ganze Spuk bald vorbei. Mehr könne es nicht sein und werden. Auch die Nazis könnten nur mit Wasser kochen. Mit ihren Sprüchen und Redensarten sei die wirtschaftliche Misere schon gar nicht zu wenden, hingegen drohe die Gefahr, daß alle außenpolitischen Erfolge der vergangenen Jahre wieder vernichtet würden. Brunstäd versank in besorgtem Brüten. Als ich durch den stillen Seilergraben meiner Bude zustrebte, suchte ich nach trostvollen Argumenten gegen Brunstäds Pessimismus. Ich fand wenig oder nichts außer dem Gedanken, daß, wenn die Probe auf

Hitler schon unumgänglich sei, sie dann eben auch so wie mit den anderen Regierungen der Weimarer Demokratie rasch, konsequent und für die Deutschen so desillusionierend gemacht werden müsse, daß das Hakenkreuzproblem ein für allemal ausgestanden sei.

Es war ein grausamer Irrtum. Er entsprang der Vorstellungswelt meiner frommen Vorfahren und dem Horizont des gutwilligen deutschen Bildungsbürgertums. Zwar wußte die christliche Anthropologie, insbesondere die lutherische, etwas anderes und zutreffenderes von den Möglichkeiten des Bösen, aber das war – nicht nur für mich – weitgehend Theorie und ohne Erfahrung aus unserem bisherigen politischen Alltag. Gestützt wurde dieser Illusionismus allerdings auch von dem Unwillen und der Unzufriedenheit mit der innenpolitischen Situation.

Mißvergnügt und mit Abscheu mußten wir nun schon seit geraumer Zeit die Prügeleien und Straßenschlachten hinnehmen, die Kanzlerstürze und Arbeitslosenziffern, die farbigen »deutschen Tage« der Rechten und die hitzigen Aufmärsche der Kommunisten, die uns abstießen und erschreckten. Seit dem Abgang Brünings verdroß uns der ganze politische Betrieb. Ein tapferer Altonaer Pfarrer, mein späterer Freund Hans Asmussen, hatte mit gleichgesinnten Pastoren nach einem besonders blutigen Zusammenstoß, dem Altonaer Blutsonntag, sein ›Altonaer Bekenntnis‹ veröffentlicht. Er wollte damit die Kirche aus ihrer etablierten bürgerlichen Zuschauerposition herausbringen. Es wurde daraus ein Anstoß, der aber erst zu etwas führte, als die beiden Kirchen zu erkennen begannen, was es mit dem »positiven Christentum« des nationalsozialistischen Parteiprogramms in der Wirklichkeit auf sich hatte.

Zunächst sah es jedoch so aus, als ob der konservative Friedrich Brunstäd mit seinem Pessimismus haushoch widerlegt werden solle. Die öffentliche Ordnung schien repariert, die Arbeitslosigkeit war rückläufig, die Kirchen schienen das Wohlgefallen des nationalsozialistischen Staates zu genießen. In der Universität ging es weiter wie bisher. Politische Auseinandersetzungen hatte es an unserer Universität zwar auch zuvor nicht gegeben. Nur die SA bekam Zulauf, und den Distanzierteren bot der Stahlhelm so etwas wie eine Zuflucht. Die Reaktion in der Öffentlichkeit und in der Kirche auf den 30. Januar 1933 war alles in allem zwar nicht ohne Reserve und Vorsicht, im ganzen aber doch so positiv, daß man sich im kleinen Kreis etwas befremdet selber fragte, warum man denn zu dem ganzen Unternehmen Hitler kein oder wenigstens kein rechtes Vertrauen fassen könne.

Die Situation war zwiespältig und voller Widerspruch. Nach außen war davon allerdings wenig oder nichts zu merken. Die ortsbekannten Kommunisten verschwanden zwar von der Bildfläche, aber das war umso weniger ein Anstoß zur Auflehnung als weitgehend auch bei den Skeptikern die Mitteilung Glauben fand, »die Machtergreifung« Hitlers habe die Deutschen gerade noch im letzten

Augenblick vor der Herrschaft des Kommunismus gerettet. Das war eine Mär, aber sie war wenigstens von anderem Kaliber als die halbblöden Geschichtchen, die unter den Frommen im Lande umliefen. Beispiel: »Woher hat der Führer seine gewaltige Kraft?« Antwort: »Aus dem Neuen Testament. Er trägt es zerlesen und abgenutzt ständig bei sich.«

Besser, aber auch weit gefährlicher im Dienste der beginnenden Gleichschaltung, waren kirchliche Verlautbarungen, die das Kirchenvolk des Protestantismus daran erinnerten, daß beispielsweise Martin Luther das Walten Gottes in der Weltgeschichte auch im Wirken gewaltiger »Wundermänner« gesehen habe. Mit derlei Erinnerungen empfing die neue Reichsregierung, vor allem aber die Person Hitlers jene nicht gerade stille und diskrete Weihe, die das Ungewöhnliche seiner Erscheinung, seiner Methoden und Ansprüche legitimierte. Die »Deutschen Christen«, die »Glaubensbewegung« des Nationalsozialismus auf dem Boden der evangelischen Kirche, waren dann die ersten, die dieser dubiosen Mischung von gutem Willen, traditionellem Obrigkeitsglauben und verächtlichem Opportunismus im Raum der Kirche ein Ende bereiteten. Sie überhöhten jene Weihen byzantinisch mit einiger Raffinesse und viel Dummheit so sehr, daß es auch denen unter ihren Gefolgsleuten zu bunt wurde, die zeitweilig glaubten, daß »nach langer Schande Nacht« nun ein neuer Tag angebrochen sei.

In Gesprächen mit Heinrich Krone ist mir viele Jahre später deutlich geworden, daß auf katholischer Seite das Bild damals anders war. Der Zugriff gegen die Zentrumsführer – Heinrich Krone war Reichstagsabgeordneter des Zentrums gewesen – war härter und begann früher als gegen die konservativen Protestanten. Andererseits trug das überraschend schnell zwischen Papen und Nuntius Pacelli, dem späteren Papst Pius XII., ausgehandelte Konkordat viel zur Beruhigung und politischen Verführung auch kritischer Katholiken bei. Der spätere, vor allem an die Adresse des Zentrumführers Prälat Kaas gerichtete Vorwurf, daß sich das Zentrum mit dem Konkordat die Zustimmung zu Hitlers Ermächtigungsgesetz habe abkaufen lassen, drang damals noch nicht an unsere Ohren.

ZWEITES KAPITEL

Studium im Kirchenkampf

Helmut Schreiner

In der Deutschen Evangelischen Kirche ging es bald bewegt her. Die Umwandlung des lockeren Kirchenbundes der traditionellen, zumeist aus der Reformationszeit stammenden evangelischen Landeskirchen zu einer Deutschen Evangelischen Kirche hielt auch unsere hochlutherische Rostocker Fakultät für vernünftig und fällig. Geschlossen und ganz entschieden war sie jedoch dagegen, die DEK zu einem Instrument in den Händen der politischen Machthaber werden zu lassen. Zum eindrucksvollsten Rufer in dem damit anbrechenden Streit wurde bei uns in Rostock der junge, kurz zuvor berufene Ordinarius für Praktische Theologie, Helmut Schreiner. Er war Leiter des Johannesstiftes in Spandau gewesen und ein enger Freund Brunstäds. Letzterer verwaltete vom Johannesstift aus als Vorsitzender des Kirchlich-Sozialen Bundes das christlich-soziale Erbe Adolf Stoeckers.

Helmut Schreiner war einer der machtvollsten Prediger, die ich erlebte. Auf uns Studenten hatte er großen Einfluß. Er kam von den Christdeutschen. Von dorther war er mir schon lange, ehe ich in seine Kollegs und Seminare kam, ein fester Begriff. Er sah in der Säkularisierung das Grundproblem unserer Kultur. Mit dem Nationalsozialismus hatte er sich von der Kanzel, vom Lehrstuhl und vom Schreibtisch aus kritisch befaßt. Er war einer der Kriegsfreiwilligen von Langemarck, ein Patriot und sozial engagierter Konservativer. 1931 hatte er seine Schrift ›Der Nationalsozialismus vor der Gottesfrage‹ veröffentlicht.[1] Helmut Schreiner hatte nichts gegen die Berufung eines Reichsbischofs einzuwenden. Aber sein Mann hieß nicht Müller, sondern Bodelschwingh. Seine Fakultät und seine Studenten folgten ihm dabei.

Am 31. Mai 1933 veröffentlichte der ›Rostocker Anzeiger‹ ein Telegramm, das der Rostocker Studentenführer stud. jur. Trumpf an den Deutschen Evangelischen Kirchenausschuß, damals die oberste Vertretung der Evangelischen Kirche Deutschlands, gerichtet hatte. Der Ausschuß hatte Friedrich von Bodelschwingh zum Reichsbischof gewählt. Unser schnieker brauner Trumpf war ein Mann ohne jede Beziehung zur Kirche. Nun protestierte er für die »studentische

Jugend« gegen die Wahl Bodelschwinghs. Die Studenten wollten den »Kämpfer der nationalen Revolution zur Erfüllung der wahren Aufgabe der Kirche«. Die studentische Jugend stünde hinter Müller, dem Beauftragten Adolf Hitlers.

Am nächsten Morgen verfaßte ich mit Walter Foertsch, einem frischen Erlanger Burschenschafter, und einem anderen theologischen Studienfreund, Bartholdi, einen geharnischten Protest gegen den Studentenführer. Wir warfen ihm Unzuständigkeit vor und erklärten, »Wir fordern und bekennen die völlige Freiheit und Unabhängigkeit der Kirche gegenüber jeder weltlichen oder außerkirchlichen Instanz«. Dann sammelten wir Unterschriften in der Universität für ein Grußtelegramm an Bodelschwingh. Sie wurden gerne und zahlreich gegeben.

Der Gegenschlag kam prompt. Der Studentenführer verbot uns drohend jede weitere Äußerung. Im Protest zogen wir in unsere nahegelegene alte Universitätskirche, und spontan entwickelte sich eine jener Kundgebungen im gottesdienstlichen Gewand, die sich in den Monaten danach in vielen Orten ganz ähnlich wiederholten.

Wir standen in dem Kirchenschiff der schönen Backsteingotik und sangen – was sollte uns sonst als erstes einfallen: »Ein feste Burg«. Ich hatte einige Wochen zuvor auf der Kanzel dieser Kirche meine erste Predigt gehalten. Jetzt gab mir der ehemalige Oberleutnant der Reichswehr und nunmehrige stud. theol. von Amsberg einen Stoß: »Rede!« Ich zögerte, trat aber dann doch auf die Stufen zum Altarraum und sagte kurz und bündig, daß wir offenbar in eine Zeit hineinliefen, in der hingestanden werden müsse. Das gedächten wir mit Gottes Hilfe denn auch zu tun. Der Mann an der Orgel – ein Kommilitone – stimmte den Lutherchoral an »Nun bitten wir den heiligen Geist«. Wir sangen

»Du höchster Tröster in aller Not
Hilf, daß wir nicht fürchten Schand noch Tod,
Daß in uns die Sinne nicht gar verzagen,
Wenn der Feind wird das Leben verklagen.«

Am Abend auf der Kneipe beim Cors Vandalia kam mir unser Kirchgang mit seiner Liturgie übertrieben vor. Noch hatte ich keine Ahnung, wie sehr sie für viele, wie sehr sie für mich Wirklichkeit werden sollte.

Der Kampf beginnt

Der Kampf entwickelte sich rasch. Die Gleichschaltung der freien Organisationen auf den Nationalsozialismus ging fast ebenso schnell vor sich wie die der staatlichen und halbstaatlichen. Daß unser Protest gegen Trumpfs Telegramm in den Wind gesprochen war, zeigte sich schon zwei Wochen später. Die

Studentenschaft und ihre mächtig angeschwollene SA wurden aufgefordert, an einer Kundgebung des »Reichsleiters der Deutschen Christen« Hossenfelder teilzunehmen. Der Mann war ein Berliner Pfarrer, fanatischer Nationalsozialist und hatte einen Wust von politisch-kirchlichen Großmachtideen im Hirn. An einem Juniabend sprach er vor einer vollbesetzten Halle, und als er fertig war, wurde zur Diskussion aufgerufen. Es war wie einst bei Friedrich Wolff in Stuttgart. Keiner meldete sich. Hossenfelder mußte aber widersprochen werden. Ich meldete mich und gab eine Erklärung ab, deren Schärfe – »Hände weg von der Kirche!« – mit ebensoviel Beifall wie Unwillen aufgenommen wurde und deren offene Erklärung für Bodelschwingh als den »von der Kirche« erwählten Reichsbischof mir den Spitznamen Bodelschwingh eintrug. Hossenfelder war wütend. Wie wir es wagen könnten, gegen »den Vertrauensmann des Führers«, den Wehrmachtspfarrer Müller, Front zu machen!

Anderntags drückten mir zwar nicht wenige in der Universität die Hand, auch solche, die ich nicht näher kannte. Aber interessanter war, daß mein Auftreten gegen Hossenfelder auch einigen von denen gefiel, die ich zum harten Kern der Nationalsozialisten an unserer Universität zählte. Ihnen sei der ganze Schmus mit der Kirche von Anfang an zuwider gewesen. Warum? fragte ich. »Großer Gott, wir glauben's dir nicht«, war die frivole Antwort. Aber sie war wenigstens echter als das Geschwätz von der »Gottgläubigkeit«, das bald danach in der NSDAP anhob.

Trotz der stillen Resistenz, die der damalige Chef der Studienstiftung, Dr. Brügelmann, dem Nationalsozialismus entgegensetzte, bin ich mir nicht sicher, ob ich mich in der Studienstiftung hätte halten können, wenn mir nicht Enno Freerksen immer wieder zu Hilfe gekommen wäre. Er war ein schlanker, blonder Friese, Wingolfit wie Schreiner, Studienstiftler wie ich – und ein intelligenter Nationalsozialist. Unter dem Eindruck des inneren Zerfalls hatte er sich schon Jahre zuvor der NSDAP angeschlossen. Er war dabei der wache, scharfäugige, kritische Kopf geblieben, der er immer war. Mit kühler, zuweilen verächtlicher Distanz beobachtete er den Massenzulauf der »Märzgefallenen« zur NSDAP. Obwohl er mit der SPD nichts im Sinn hatte und sie entschieden bekämpfte, gab er mir gegenüber doch zu, daß in der Reichstagssitzung, in der das Ermächtigungsgesetz verabschiedet wurde, der SPD-Vorsitzende Otto Wels die mit Abstand beste Figur gemacht habe.

In der Rostocker Studentenschaft

Im Wintersemester 1933/34 wurde Enno Freerksen Studentenführer in Rostock. Ich erinnere mich nicht, daß er mir je Vorhalte gemacht hätte, obwohl ich ihm das Leben als Studentenführer nicht gerade leicht machte. Ich wurde Fachschaftsleiter der Theologen. Als er mich als solchen bald nicht mehr halten konnte, machte er mich zum Amtsleiter für Wissenschaft in der Rostocker Studentenschaft. Es sah wie eine Neutralisierung aus. Meiner Einflußnahme schadete sie jedoch nichts. Im Gegenteil. Mein Nachfolger wurde mein engster Studienfreund und getreuer Gesinnungsgenosse Wilhelm Bachmann, der Neffe unseres Neutestamentlers Friedrich Büchsel. Er begleitete mich zehn Jahre; er folgte mir in meine Berliner Ämter und Jahre, bis wir zum Schluß beide bei der Gestapo hinter Schloß und Riegel saßen.

Die Frage, die mich in jenen Monaten am meisten quälte und die mir später in Berlin auch immer wieder zu schaffen machte, war mehr als ein Problem der politischen Taktik. Sie war für mein damaliges Empfinden eine Charakterfrage. Obwohl ich in der Studentenschaft relativ exponiert war, konnte ich mich nicht entschließen, in die NSDAP oder eine ihrer Gliederungen einzutreten. Als der Druck immer stärker wurde und die Heldenberichte, die Enno Freerksen mit Selbstverleugnung auf kritische Fragen aus der NSDAP für mich abgab, nicht mehr verfangen wollten, meldete ich mich bei der Rostocker Reiter-SA.

Die Eintrittswelle war abgeflaut. Ich gedachte das Angenehme mit dem Nützlichen zu verbinden und wieder an Pferde zu kommen. Seitdem auch sie in den Dienst des Führers gestellt waren, kamen Leute wie ich nur noch schwer in den Sattel. Der Empfang bei der SA war kalt, und so blieb es. Man nahm mich als SA-Anwärter an, ich zahlte den Pflichtbeitrag, an ein Pferd kam ich aber nicht öfter als zuvor, und der sogenannte Dienst war mir nicht nur langweilig, sondern widerwärtig. Mit der Begründung, meiner Pflichten in der Studentenschaft wegen verhindert zu sein, drückte ich mich beharrlich. Ergebnis: ich wurde niemals in die SA unseres Führers aufgenommen.[2] Das war alles nicht großartig. Aber schließlich hatte ich es nicht darauf angelegt, ein früher Märtyrer zu werden, sondern das Dritte Reich recht und schlecht zu überleben wie andere Leute auch. Als Studienstiftler war ich zudem auf die Toleranz der neuen Machthaber angewiesen. Vor allem aber: der Gedanke an Widerstand, an regelrechten, konsequenten Widerstand war zu jener Zeit in meinem ganzen Erfahrungsbereich, in der Universität, in der Kirche, in der Öffentlichkeit noch nicht einmal von Ferne aufgetaucht. Gewiß, es gab Gegner des Nationalsozialismus. Aber einen Ansatz, einen Integrationsmittelpunkt für Widerstand mit dem Ziel, die Herrschaft des NS zu brechen, das gab es in meiner Umwelt damals nirgends.

Die bekennende Kirche für eine Organisation des politischen Widerstands zu halten, wäre ein Mißdeutung, sogar eine grobe. Ihre Bildung vollzog sich bemerkenswert rasch, aber man durfte ihr weder damals noch später unterstellen, daß sie auf den Sturz, auf die Beseitigung der nationalsozialistischen Herrschaft gerichtet gewesen wäre. Sie verstand sich als eine Aktion zur Abwehr staatlicher Übergriffe in den Raum der Kirche. Aber mehr als »die Freiheit der Verkündigung«, die Sicherung ihrer herkömmlichen Rechte und die Unabhängigkeit ihrer Selbstverwaltung hatte auch die bekennende Kirche zunächst nicht im Sinn. Erst der Kampf gegen die Einführung des sogenannten Arierparagraphen und Bodelschwinghs Protest gegen die Vernichtung des sogenannten lebensunwerten Lebens gaben dem Kampf der Kirche eine – indirekte – Richtung hin zum politischen Widerstand.

Die bekennende Kirche

Die beginnende Konfrontation zwischen Staat und Kirche war in der Geschichte der evangelischen Landeskirchen seit ihrem Entstehen, also seit der Reformation nirgends vorgezeichnet. Es hatte da und dort Spannungen gegeben, aber sie waren zeitlich begrenzt. Die Symbiose von Staat und Kirche war in der Gestalt der Staatskirche mit dem Landesherrn als Summus Episcopus seit Jahrhunderten gegeben. Die Mentalität des deutschen Protestantismus war davon ebenso geprägt wie seine kirchliche Verwaltung, sein Kirchen- und Staatskirchenrecht.

Das alles war eine politische Realität, die auch durch die hochoffizielle Trennung von Staat und Kirche in den Verfassungen nach dem Umsturz von 1918 nicht durchgreifend verändert worden war. Die Volkskirchen der Weimarer Republik waren so konservativ, daß jede Stimme, die sich gegen ihre Tradition erhob, auffiel. Solche Stimmen gab es zwar, aber sie blieben auf das Ganze gesehen belanglos. Dieser Zustand war ein Politikum ersten Ranges. Die verfassungsrechtliche Trennung von Thron und Altar hatte die traditionelle Staatsbejahung der Protestanten in der Substanz nicht verändert. Verfremdet und verunsichert war sie allerdings durch die Vorbehalte, die ein großer Teil gerade des evangelischen Bürgertums dem »System« der Weimarer Republik entgegenbrachte. Der Bruch mit der Vergangenheit, wie er sich vom November 1918 bis zum August 1919, das heißt von der Novemberrevolution bis zur verfassunggebenden Nationalversammlung in Weimar, vollzog, war vom geschichtsbewußten deutschen Protestantismus innerlich nicht bewältigt worden, obwohl in seiner führenden Bildungsschicht liberale Energien von Rang wirksam waren. Es war nicht nur die Abschaffung der Monarchie, die dem entgegenstand, aber sie spielte eine Rolle. Friedrich Eberts Verärgerung über die selbstherrliche

Proklamation der Republik durch seinen Genossen Philipp Scheidemann am 9. November 1918 war begründet

Die deutschen Sozialdemokraten hätten sich in den Regierungen der Weimarer Zeit wesentlich leichter getan, wenn sie die von ihnen angestrebte parlamentarische Demokratie unter dem Dach einer angestammten Monarchie hätten verwirklichen können. Vielleicht wäre ihre republikanisch gestimmte Mehrheit 1918/19 dafür nicht zu gewinnen gewesen. Im Sommer 1919 war aber anders als im Herbst 1918 bereits klar, daß die SPD auf ihren ehemaligen kommunistischen Flügel keine Rücksicht mehr zu nehmen brauchte. Er hatte ihr in den Spartakusaufständen den Kampf bis aufs Messer angesagt.

Fünfzig Jahre später wurde mir als damaligem Hausherrn des Reichstags nahegelegt, zur Erinnerung an Scheidemanns Proklamation eine Gedenktafel am Reichstag anbringen zu lassen. Es waren einige führende Sozialdemokraten, die den Wunsch vorbrachten. Ich lehnte ab mit der Begründung, daß ich jenes Ereignis auch heute noch für ein Unglück hielte, es aber der SPD überließe, mit einem formellen Antrag Scheidemanns Alleingang nachträglich zu bekräftigen. Ich hörte darauf nichts mehr.

Überrascht hat mich Heinrich Brünings späterer Bericht über das Einverständnis führender Sozialdemokraten in den Jahren 1931/32 zur Wiedererrichtung einer Monarchie. Obwohl der Reichskanzler Brüning die volle Unterstützung aller meiner Freunde besaß und einige von ihnen ihm auch persönlich nahestanden, hörte ich weder damals noch in den Jahren nach seinem Sturz darüber ein einziges Wort. Auch Treviranus und Brunstäd haben meines Wissens nie davon gesprochen. Brunstäd war Monarchist. Er war Mitglied des Zwölfmännerausschusses der Deutschnationalen gewesen, hatte sich dann im Protest gegen Hugenberg von ihnen getrennt und war mit den Volkskonservativen hinter Brüning getreten. Mein geschichtsbewußter Lehrer beklagte den Bruch von 1918, hielt es aber für unmöglich und unerwünscht, die Landesfürstentümer in Deutschland wieder herzustellen. Wahrscheinlich hätte er Brünings Pläne, die nur auf die Hohenzollern zielten, unterstützt, wenn er davon Kenntnis gehabt und gewußt hätte, daß die Führung der SPD wenigstens stillschweigend mitmachen würde. Aber von all dem war nie zwischen uns die Rede. Und auch aus den Kirchen oder Kirchenleitungen war nie ein Ton davon zu hören. Vermutlich wäre aus ihren Reihen auch kein Widerstand dagegen zu vernehmen gewesen. Die Rückkehr zur alten Ehe von Thron und Altar hätten jedoch auch in den Kirchen nur ein paar Außenseiter angestrebt.

Trotz der Bedeutung der Monarchie im traditionellen Staatsverständnis des deutschen Protestantismus war die Monarchie auch für ihn nicht von prinzipieller Bedeutung. Im Kampf gegen die Schwärmer aller Schattierungen hatten sich die Reformationskirchen vor allem am dreizehnten Kapitel des Römerbriefes orientiert. Sein Verfasser, der Apostel Paulus, war mit seiner Rechtfertigungslehre ohnehin der Polarstern der Reformation geworden. Im Kampf gegen die von der Reformation auch freigesetzten chaotischen Gewalten griff man um so lieber zu seiner hohen Autorität. Sie verordnete: »Jedermann sei untertan der Obrigkeit, die Gewalt über ihn hat.« Denn »sie ist von Gott«.

Tausend Federn sind nicht müde geworden, den Protestantismus, insbesondere den deutschen Protestantismus, wegen seiner nicht nur traditionellen, sondern auch paulinisch-prinzipiellen Staatsbejahung zu kritisieren, ja zu diskriminieren. Mit Martin Luther habe eine Entwicklung begonnen, die über Friedrich den Großen, Bismarck, Kaiser Wilhelm II. zu Hitler geführt habe. Von Barth bis Shirer wurde dieser Unsinn in der ganzen Welt verkauft. Er hat bis in die höchsten politischen Ränge hinein sogar in Deutschland offene Ohren gefunden. Als Kronzeuge der Anklage wird mehr noch als Luther der ehemalige schwäbische Theologe, der »Stiftskopf« Georg Wilhelm Friedrich Hegel zitiert. Im Dienst des preußischen Staates habe er den Staat vergottet. Für viele angeblich Gebildete ist Hegel der Spiritus rector Hitlers. Hinter der verbreiteten Anklage stehen ein finsteres Zerrbild Hegels und eine beträchtliche Unkenntnis Hitlers. Als ob der Demagoge auch nur eine ferne Ahnung der hegelschen Gedanken und Moral gehabt hätte!

Der Staat des Protestantismus

Die Staatsbejahung des paulinisch gestimmten Protestantismus gilt nicht der blinden Unterwerfung unter das Faktum Staat, Herrschaft, Macht. Sie gilt der freien Bejahung von »law and order« – Gesetz und Ordnung. Unter dem Gesetz versteht der Protestantismus das sittlich vertretbare Gesetz. Unter der Ordnung Rechtssicherheit, Gewissensfreiheit und legitime Autorität. Der Staatsbegriff des Protestantismus schließt die Heteronomie aus, womit allerdings nicht gesagt sein soll, daß es in seinem Feld nicht auch heteronome Unterwerfung gegeben habe. Seit dem Ende des Absolutismus konnte sich der deutsche Protestantismus den Staat jedoch nicht mehr anders denken, denn als sittliche Notwendigkeit. Hitlers – übrigens verfassungskonforme – »Machtergreifung« hatte eben deshalb eine so gewaltige verführerische Kraft, weil sie sich den Anschein gab, dem angeblich entarteten, zumindest gefährdeten deutschen Staat seine sittliche Qualität und Integrität wiederzugeben. Solange diese Erwartung über dem »Neuanfang« von 1933 stand, konnte jene paulinische Weisung nach ›Römer 13‹ für die große Mehrheit der deutschen Protestanten, ja der Deutschen überhaupt schwerlich zu einem existentiellen Problem werden. Erst die spätere Erfahrung mit der Herrschaft der Hitler und Himmler ließ auch in der Kirche des deutschen Protestantismus die Frage aufkommen, ob man hinter den Kulissen des NS-Staates nicht »das Tier aus dem Abgrund« der Apokalypse sehen müsse. Andererseits stieß selbst Otto Dibelius noch fast zwei Jahrzehnte nach Hitlers Ende in seiner eigenen Kirche auf scharfen Widerspruch, als er – zutreffend – erklärte, wer ›Römer 13, 1‹ auch für den »pervertierten Staat« gelten lasse, pervertiere die Weisung des Apostels selbst.[3]

Bis zur Machtübernahme Hitlers, ja eigentlich bis zum Reichskonkordat hat nur die katholische Kirche die Zugehörigkeit zur NSDAP für unvereinbar mit der Zugehörigkeit zu ihr gehalten. Auf evangelischer Seite war das Verhältnis eher indifferent. Natürlich gab es auch auf evangelischer Seite Ablehnung Hitlers. Aber sie kam weniger aus der Kirche direkt, als aus der Politik, aus den Parteien. Verbreitet war sie auch in den Bereichen der Kultur und der Intelligenz, soweit sie sich mit der Mentalität des Nationalsozialismus nicht abfinden mochten. Zum Konflikt mit den Kirchen kam es erst, als der nationalsozialistische Staat im Zug der Gleichschaltung die Besonderheit der Kirche zu ignorieren begann und sie wie alle anderen Formationen der Gesellschaft seinen Machtbedürfnissen unterwarf. Hitler und die Leute um ihn waren zu ungebildet, um in ihrem Machtrausch die sich aus der Wesensverschiedenheit der Kirchen, ihrer Tradition und Spiritualität ergebenden besonderen Tatbestände politisch angemessen beurteilen zu können und richtig mit ihnen umzugehen. Auch Relikte aus der langen, staatskirchlichen Vergangenheit standen dem entgegen. Die Zustimmung aus den Kirchen, vor allem aus den evangelischen Kirchen, die Hitler bei seinem Machtantritt entgegenklang, mußte ihn in seiner ganz unzureichenden Anschauung vom Wesen der Kirche bestärken.

Der Anfang des Dritten Reiches jedenfalls ist nicht die Geburtsstunde der bekennenden Kirche gewesen, und der Kirchenkampf in Deutschland ist auch in seinem weiteren Verlauf nicht zum Auftakt des politischen Widerstands geworden. Wilhelm Niemöller, ein Bruder Martins zum Beispiel – Parteigenosse seit 1926 –, weihte 1933 eine SA-Fahne um die andere. Heinz Kloppenburg, der spätere Mann der Bekennenden Kirche und politische Weggenosse Martin Niemöllers, organisierte die »Glaubensbewegung der Deutschen Christen« mit, und der mecklenburgische Landesbischof Heinrich Rendtorff, ein volksmissionarisch aktiver Kirchenführer, trat im Sommer 1933, als ihm die Nationalsozialisten schon ans Leder gingen, noch in die NSDAP ein. Der württembergische Landesbischof D. Theophil Wurm und sein bayerischer Amtsbruder entschieden sich zur gleichen Zeit gegen Bodelschwingh für den »Vertrauensmann des Führers«, Ludwig Müller, als Reichsbischof. Der Loyalitätsbezeugungen gegenüber Hitler aus Synoden und Kirchenleitungen war kein Ende – bis sich die Weihrauchwolken zu verziehen begannen und die Jubel- und Feierstätten zu Demonstrationsplätzen bitter Enttäuschter wurden.

Es war nicht nur das Ungestüm machtbesessener Nationalsozialisten, die als

46

»Deutsche Christen« in der Kirche rumorten, es war auch nicht nur ihre theologische und rhetorische Primitivität, die eine gegnerische Gruppe, die »Jungreformatorische Bewegung« zuerst gegen sie aufbrachte. Es war in und hinter dem allen der grenzüberschreitende Zugriff des sich entwickelnden totalen Staates, der im Sommer 1933 den Kirchenkampf in Gang brachte.[4]

Am 24. Juni 1933 setzte der Preußische Kultusminister Rust einen Staatskommissar für sämtliche Landeskirchen Preußens ein.[5] Tags darauf wurde Otto Dibelius, Generalsuperintendent der Kurmark, aus seinem Amt gejagt. In einem präzisen und würdigen Schreiben protestierte er dagegen. Er erklärte, daß er seine geistlichen Ämter weiter ausüben werde. »Man muß Gott mehr gehorchen als den Menschen.«[6] Das Verdienst, dem nun beginnenden Kampf einen organisatorischen, über das ganze Reich greifenden Rahmen gegeben zu haben, fällt Martin Niemöller zu.

Erste Begegnung mit Martin Niemöller

Nach dem Ende des Rostocker Sommersemesters 1933 nahm mich Helmut Schreiner mit zu einer Begegnung mit Freunden Niemöllers. Sie fand statt auf Veranlassung des damaligen Pfarrers an der Kaiser-Wilhelm-Gedächtniskirche in Berlin, Gerhard Jacobi, des späteren Bischofs von Oldenburg. Er war der Verfasser des verbreiteten ›Tagebuch eines Großstadtpfarrers‹. Niemöller nahm an jener Begegnung im Gemeindehaus Jacobis in der Achenbachstraße nicht teil. Jacobi war ein aufgeschlossener Konservativer, ein Patriot, der aber keinesfalls bereit war, das Maß an Vertrauen, das er auch der Regierung Hitlers zu schulden glaubte, überziehen zu lassen. Er konstatierte mit ernster Miene, daß das in den letzten sechs Monaten zu oft geschehen sei. Man könne es nicht mehr stillschweigend hinnehmen. Der ganze Kreis stimmte ihm zu. Ich gewann meinen ersten Eindruck von der Haltung und Denkweise der im Pfarrernotbund sich vereinenden Männer.

Als ich nach Hause kam, suchte ich den mir bekannten Oberkirchenrat Wilhelm Pressel auf. Er war in Tübingen Studentenpfarrer gewesen, hatte sich bei den Studenten hoher Wertschätzung erfreut und war schon geraume Zeit, ehe Hitler an die Macht kam, in dessen Partei eingetreten. Er wurde von Landesbischof Wurm als Kontaktmann der Kirche zu den neuen Machthabern eingesetzt. Er sollte vermitteln und schlichten, entspannen und verbinden.

Ebenso wie Martin Niemöller wurde Wilhelm Pressel zum frühen Symbol einer Entwicklung, die sich in den folgenden Jahren häufig vollzog und der ich im politischen Widerstand oft begegnet bin. In den sogenannten Kampfjahren der

»Bewegung« hatten sie sich der NSDAP angeschlossen, weil sie an der Integrationskraft der parlamentarischen Demokratie verzweifelten und den rasch wechselnden Reichskanzlern und ihren Parteien nicht mehr zutrauten, mit den Existenzfragen Deutschlands fertig zu werden. Den Antisemitismus der NSDAP hatten sie für eine Marotte gehalten. Hitlers ›Mein Kampf‹ lasen sie nicht. (Mich langweilte das Buch so, daß ich es kaum gelesen und wenig ernstgenommen weglegte.) Die bekannt werdenden Übergriffe in den ersten Monaten der Hitlerherrschaft entschuldigten sie nicht, aber mancher ließ gelten: wo gehobelt wird, fallen Späne.

Wilhelm Pressel wollte von solcher Spruchweisheit nichts wissen. Er reagierte scharf und wesentlich präziser auf Übergriffe als die meisten nichtnationalsozialistischen Zeitgenossen. Die »Deutschen Christen« warfen ihn denn auch prompt hinaus, so wie die Partei etwa zur gleichen Zeit Wilhelm Niemöller ausschloß.

Als Martin Niemöller zur Bildung von Pfarrernotbünden aufrief, fuhr ich wieder zu Pressel in den Stuttgarter Oberkirchenrat. Ich schlug ihm vor, einen württembergischen Zweig des Notbundes zu organisieren. Er war einverstanden, sprach mit Wurm, stellte mir Adressen zur Verfügung, und ich schrieb am 27. September 1933 an Martin Niemöller (seine Antwort vom 3. 10. siehe S. 49).

Die hier erwähnte Nationalsynode war aus Kirchenwahlen hervorgegangen, gegen die mit Recht ernste Bedenken erhoben wurden. Bodelschwingh sah keine Möglichkeit, sich gegen die Umtriebe der »Deutschen Christen« und ihre massive Unterstützung durch Partei und Staat zu behaupten. Kaum vier Wochen nach seinem Amtsantritt trat er fatalerweise zurück. »Der Vertrauensmann des Führers«, der Wehrkreispfarrer Müller, wurde auf jener Nationalsynode zum Reichsbischof gewählt.

An der Erklärung des Pfarrernotbundes, die mir Niemöller schickte, interessierte mich am meisten der Protest gegen die Einführung des sogenannten Arierparagraphen in der Kirche. Anfang September 1933 hatte die gleichgeschaltete Generalsynode der Kirche der altpreußischen Union beschlossen, die neuen Beamtengesetze sinngemäß auch auf ihre Pfarrer und Kirchenbeamte anzuwenden. Sie sollten den öffentlichen Dienst »judenfrei« machen. Die strammen »Deutschen Christen« hatten gegen diese Gesetze und ihre Anwendung auf den Kirchendienst natürlich nichts einzuwenden. Zu meiner Verwunderung wurde der Arierparagraph aber auch nicht von allen kirchlichen Gegnern der »Deutschen Christen« abgelehnt.

Wenn ich mich recht erinnere, hörte ich in jenen Wochen zum erstenmal den Namen Dietrich Bonhoeffers. Sein Freund Franz Hildebrandt stand bei meinem Lehrer Friedrich Brunstäd als scharfer Kopf und guter Lutheraner in Ansehen. Die beiden Freunde hatten sofort erkannt, daß mit dem Arierparagraphen in der Kirche die Gleichschaltung über alle Organisations- und Stilfragen der Kirche hinaus nach dem Kern ihres Wesens greife. Hildebrandt und Bonhoeffer standen

Dahlem, den 3. Oktober 1933.

Sehr verehrter Bruder Gerstenmaier!

        Herzlichen Dank für Ihre Zeilen vom 27. 9. und die darin ent
haltenden Anregungen. — Die Nationalsynode hat sich inzwischen pro =
grammässig abgewickelt. Die Erklärung, die wir im Namen von mehr als 2
2ooo Pfarrer abgegeben haben, füge ich Ihnen in der Anlage bei. An
die mir von Ihnen genannten Pfarrer schreibe ich heute. Hoffentlich
kann ich Ihnen bald mehr mitteilen. Bisher habe ich ausser Ihrem Brief
aus Württembergnoch keinen erhalten.

        In treuer Verbundenheit

                         Ihr dankbarer

Niemöller

Anlage.

Dankesschreiben von Martin Niemöller an den Autor vom 3. Oktober 1933 mit Jacobi und einigen anderen in der vordersten Linie derer, die sich erbittert darum bemühten, das der Kirche bewußt zu machen. Das erste Echo darauf war Unschlüssigkeit.

Ich erinnere mich an ein Gespräch mit meinem Rostocker Lehrer Johannes von Walter, einem tonreinen lutherischen Theologen und höchst charaktervollen Mann. Ähnlich wie Bodelschwingh und zeitweilig auch Niemöller hätte er über den Paragraphen mit sich reden lassen. Dazu konnte ich mich nicht bereitfinden. Ich vertrat mit Schärfe Bonhoeffers und Hildebrandts Position. Ich sah auch in der stark institutionalisierten Volkskirche ein Gebilde, das seiner Herkunft und seinem Wesen nach durchaus spiritueller Natur ist. Mit dem Bekenntnis zum dritten Glaubensartikel »Ich glaube an den Heiligen Geist« bekannten die Christen aller Konfessionen den souveränen und universalen Vorrang des Geistes überhaupt, sicher aber in der Kirche. Ich konnte und wollte hier keine biologische (»rassische«) Einschränkung gelten lassen wie auch immer. »Hier ist nicht Jude noch Grieche« (Gal. 3, 28).

Mein Leben lang bin ich dazu gestanden. Die Schroffheit, mit der ich auch unter nachdenklichen Freunden gegen den Arierparagraphen in der Kirche auftrat, erklärt sich mir im Rückblick allerdings auch aus der Prägung, die mir durch die Philosophie des klassischen Idealismus, die Philosophie des Geistes zugekommen war.

Ich argumentierte natürlich theologisch, aber mehr als es mir damals bewußt war, wurde der Streit um jenen fatalen Paragraphen für mich auch eine Probe auf meine philosophische Grundorientierung. Brunstäd sah es mit Wohlgefallen. Obwohl er durchaus aktiv war – er war zur großen Stütze der BK im besonders heftig entbrannten mecklenburgischen Kirchenkampf geworden –, begann er angesichts der Machtverhältnisse zu resignieren. Er sah nicht nur auf die Kirche. Er ahnte die Unabwendbarkeit des Unheils für das ganze Land. Mit finsterer Miene nahm er an den obligaten Universitätsveranstaltungen teil. Mürrisch zog er in dem zum 1. Mai befohlenen Festumzug mit. Zwischen Hoffnung und Resignation schwankend kam er von seinen Erkundungsfahrten nach Berlin zurück. Sie galten weniger dem Kirchenkampf als der Sorge um seinen Kirchlich-Sozialen Bund, vor allem aber der Ausschau nach einem Anzeichen der politischen Wende. Davon war weit und breit nichts zu sehen.

Noch war die hohe Zeit der feierlichen Loyalitätserklärungen. Selbst Niemöller und seine nächsten Freunde hatten es für richtig gehalten, ihrer Protesterklärung gegen die Nationalsynode am 15. Oktober 1933 ein Telegramm an Hitler folgen zu lassen: »Die Mitglieder des Pfarrernotbundes stehen unbedingt zu dem Führer des Volkes Adolf Hitler...« Der Wirrwarr in der Deutschen Evangelischen Kirche wurde größer und größer. Die Nationalsynode hatte in Sachen Arierparagraph keine Entscheidung getroffen.

Die »Deutschen Christen« wurden rabiat. Ihr Reichsbischof war vielen nicht forsch genug. Sie wollten Feuer unter den Kessel legen. Am 13. November 1933 platzte er. Auf einer Kundgebung im Berliner Sportpalast verlangte der Berliner Gauobmann der »Deutschen Christen« nicht nur die vollständige personelle Gleichschaltung der Kirchenleitungen und die Entfernung »aller Menschen judenblütiger Art aus unserer Kirche«. Er forderte auch »die Befreiung vom Alten Testament mit seiner jüdischen Lohnmoral, von diesen Viehhändler- und Zuhältergeschichten«. Und den »grundsätzlichen Verzicht auf die ganze Sündenbock- und Minderwertigkeitstheologie des Rabbiners Paulus«.

Das Echo war bemerkenswert. Bis weit hinein in die Reihen der »Deutschen Christen« erhob sich der Protest. Die Austritte erfolgten scharenweise. Die »Deutschen Christen« wankten ihrem Ende zu. Ludwig Müller bekam es mit der Angst zu tun. Lenkte er ein? Sogar innerhalb des Notbunds war diese Annahme verbreitet. Sie erwies sich als Irrtum. Der Graben zwischen ihm und der sich formierenden »Bekenntnisfront« wurde nur breiter und tiefer. Wurm und Meiser schlossen sich ihr an. Selbst Hitler schien es nun geraten, Kompromisse zu machen. Der Kirchenkampf wurde auch in seinen Augen allmählich ein bedenkliches Politikum. Bei einer Begegnung der Kirchenführer mit Hitler am 25. Januar 1934 hatte Göring für eine Bloßstellung Niemöllers gesorgt, indem er vor Beginn der Aussprache ein von der Gestapo abgehörtes Telefongespräch Niemöllers bekanntgab. Es war eine Dummheit, es mußte Hitler verärgern, aber ein Staatsverbrechen war es nicht. Viel heraus kam bei der Begegnung ohnehin nicht. Hitler bat, es mit seinem Müller noch einmal zu versuchen. Die lutherischen Bischöfe, Marahrens von Hannover an der Spitze, wollten sich dem nicht entziehen. Die Männer um Niemöller nahmen ihnen das als »Unterwerfung unter den Reichsbischof« übel.

Niemöllers Zorn über diesen »Verrat« ergoß sich auch über mich, obwohl ich zu dem umstrittenen Verhalten der Bischöfe nicht das mindeste beigetragen hatte. Wurm hatte mich gebeten, bei einem kurzen Aufenthalt in Berlin Martin Niemöller aufzusuchen, um ihm etwas zu bestellen, das der Landesbischof nicht gerne der Post anvertrauen wollte. Ich weiß nicht mehr, worum es sich handelte. Ich sprach bei Niemöller in Dahlem vor. Er nahm mich denkbar freundlich auf. Als ich aber auf meinen Auftrag zu sprechen kam, geriet er in Zorn und begann in einer mir befremdlichen Schärfe über die Bischöfe zu schimpfen. Ich hörte mir das zunächst unbeteiligt an und betrachtete dabei die Photographien und Wehrgehänge, die der ehemalige U-Bootkommandant hinter seinem Schreibtisch an die Wand geheftet hatte. Sie erinnerten mich daran, daß ein anständiger Fahnenjunker seinen Kommandeur nicht widerspruchslos beschimpfen lassen dürfe. Ich unterbrach Niemöller, um zu einer Schutzrede für Wurm anzusetzen. Aber ich dämpfte damit seinen Zorn keineswegs. Im Gegenteil. Er wandte sich – meine belanglose Position vergessend – gegen mich und wies mir die Tür. Betreten verließ ich das Dahlemer Pfarrhaus.

Die Episode blieb für mein persönliches Verhältnis zu Niemöller bedeutungslos. Seine Persönlichkeit hat mich immer angezogen. So wie ich Wurm gegen ihn, so habe ich ihn gegen manchen seiner grimmigen Feinde in den folgenden vierzig Jahren verteidigt. Gegen schwäbische Bürgermeister, die ihn als »Reichsfeind« denunzierten, gegen Dozenten im Dozentenlager, die ihn als »arroganten Pfaffen« schmähten, gegen Konrad Adenauer, der seine Wendung zum Pazifismus und, wie er meinte, zum Kommunismus mit Verblüffung zur Kenntnis nahm und gegen Leute, die mich wegen eines Geburtstagsartikels, den ich auf Bitten des Pfarrerblattes über Niemöller geschrieben hatte, annahmen. Daß wir uns dennoch nie mehr persönlich nahekamen, lag nicht an uns, sondern an der jeweiligen Situation.

Die theologischen Differenzen innerhalb der bekennenden Kirche wurden immer größer, obwohl aus der Versöhnung mit »Reibi« Müller nichts wurde. Am 13. März 1934 versuchte Hitler zum zweitenmal zu vermitteln. Niemöller war von Müller inzwischen in den Ruhestand versetzt worden. Wurm berichtet über das Gespräch der drei lutherischen Bischöfe mit Hitler, daß es »beiderseits mit kräftigem Stimmaufwand« geführt wurde. Meiser von Bayern erklärte Hitler nach Wurms Bericht: »Wenn Ludwig Müller sein Amt nicht niederlegt, so bleibt uns nichts übrig als Seiner Majestät allergetreueste Opposition zu werden.« Hitler nannte ihn daraufhin »Landesverräter und Volksverräter!« Wurm: »So zankten wir uns von acht Uhr abends bis zehn Uhr.«[7] Der Bericht verdient der Vergessenheit entrissen zu werden, weil er die Tatsache dokumentiert, daß Hitler selbst in Sachen Kirche zunächst nicht einfach mit dem Kopf durch die Wand wollte, und daß er auch noch auf entschiedenen Widerspruch stieß, als er schon fest in der Macht etabliert war. Nicht alle Deutschen lagen auf dem Bauch.

Den kirchengeschichtlich bedeutsamsten Beweis dafür lieferte in jenen Jahren Deutschlands sich allmählich formierende bekennende Kirche. Ende Mai 1934 trat in Barmen die erste Bekenntnissynode der Deutschen Evangelischen Kirche zusammen. Karl Barth und Hans Asmussen – ein Jahrzehnt später erbitterte Gegner – waren die theologischen Wortführer. Sie zogen eine scharfe Grenze gegen die theologischen, administrativen und personellen Einflußnahmen des Nationalsozialismus in der Kirche. Von Bedeutung blieb die nicht eben neue, aber immerhin höchst aktuelle Erinnerung der Barmer theologischen Erklärung, daß die Kirche allein auf ihren Herrn und sein Wort zu hören habe und anderen Mächten und Einflüssen kein Mitbestimmungsrecht in der Kirche gewähren dürfe.

Die Erklärung wurde in Barmen einstimmig angenommen. Sie blieb jedoch umstritten. Die Ursache dafür lag nicht in der Abweisung der politischen Intervention, sondern in dem Herrschaftsanspruch einer ganz spezifischen, nämlich der Barthschen Theologie.

Mehnert am Schandpfahl

Ich weiß nicht, welcher Idiot um diese Zeit auf die Idee kam, zur Säuberung des Vaterlandes Schandpfähle errichten zu lassen. Zu den festen Elementen der damaligen Führer- und anderer Reden gehörte die Herabsetzung der Weimarer Republik als einer »Schund- und Schmutz«-Epoche. Dem entsprach eine rüde Hetze gegen bedeutende und unbedeutende Vertreter der deutschen Literatur, soweit sie den Nationalsozialismus verwarfen oder in ihren Werken zu erkennen gaben, daß sie anderen Geistes seien. Sie konnten ihre Bücher am Schandpfahl hängen sehen. Als ich eines Tages über den Blücherplatz vor dem Hauptgebäude der Rostocker Universität ging, sah ich einen Haufen Bücher, die breit verstreut rings um einen Pfahl lagen, der von oben bis unten mit Büchern und Broschüren benagelt war. Ich sah mir an, was da herumlag und wollte schon weitergehen, als ich am Schandpfahl Klaus Mehnerts ›Die Jugend Sowjetrußlands‹ entdeckte. Zornig stieg ich über die aufgeschütteten Bücher und riß mit einem Ruck Mehnerts Buch von der Stange. Ohne viel Überlegens lief ich zur Studentenführung und machte dem für diese »Aktion« zuständigen Mann einen großen Spektakel. Seine Entschuldigung: er habe das Buch nicht gelesen und außerdem gehe mich das gar nichts an, es sei kein »kirchliches« Buch. Knurrend zog ich ab. Das Buch aber blieb vom Schandpfahl verschont.

Klaus Mehnert kam vom Eberhard-Ludwig-Gymnasium. Als ich dort hinkam, hatte er es ruhmbeglänzt bereits verlassen. Wir trafen uns zum ersten Mal bei einer Veranstaltung der Studienstiftung. Wir gehörten ihr beide an. Damals ahnten wir nichts davon, wie sich nach den Jahren des Unheils unsere Wege kreuzen und freundschaftlich verbinden sollten.

Die Reise nach Prag

Während der Sommerferien 1933 und im Frühjahr 1934 arbeitete ich als studentischer Mitarbeiter jeweils einige Wochen in der Zentrale der Studienstiftung mit. Sie befand sich im Reichsstudentenwerk in der Kaitzerstraße in Dresden. Am Schreibtisch neben mir saß ein Student der Nationalökonomie. Er hieß Schiller, Karl Schiller. Wir blickten von unseren Schreibtischen unter dem Dach über das Flaggenmeer von Dresden. Wir verstanden uns gut und diskutierten freimütig, solange es der Tag und die Arbeit zuließen. Liebenswürdig wie immer mahnte mich Karl Schiller aber eines Tages doch: »Vorsicht! Oder wollen Sie konzentriert werden?« An die dreißig Jahre später vereidigte ich ihn als Bundesminister für Wirtschaft.

Am 1. April 1934 stieg ich auf dem Dresdner Hauptbahnhof in den Schnellzug Berlin-Prag. Der Zug war vollbesetzt, dennoch war es in ihm bedrückend still. Die Ursache: Männer in der schwarzen Uniform der SS kontrollierten die Pässe. Viele Reisende saßen blaß und tonlos vor den Kontrolleuren. Erst als der Zug über die tschechische Grenze gerollt war, löste sich die krampfhafte Anspannung. Einige begannen zu weinen, andere fingen halblaut zu sprechen an. Es waren Berliner Juden. Vor der alten Synagoge in Prag sprach mich am Abend ein jüngerer Mann an. Ich hielt ihn für einen deutschen Juden. Er war im gleichen Zug gewesen. Ich sprach offen über die für uns Deutsche beschämende Situation der in den Klauen der Angst halbgelähmten Emigranten. Aber er war kein Jude, sondern ein deutscher Philosoph, der im Begriff war sich zu habilitieren. Er meinte, das nationale Interesse verbiete eine Kritik solcher Art. Ich wechselte das Thema. Wir sprachen über Aristoteles.

Zürich 1934 – der »Röhmputsch«

Im Sommersemester 1934 ging ich nach Zürich. Ich wollte in der Distanz zu dem Betrieb an den deutschen Universitäten und im deutschen Kirchenkampf mir definitiv darüber klar werden, wohin mein Weg gehen solle. Die Frage war – das zeigte sich bald – reine Theorie. Die Entscheidung war bereits gefallen. Schritt um Schritt war ich tiefer in die Theologie und in die Kirche hineingewandert. In Griesebachs philosophischem Oberseminar wurde es mir immer langweiliger. Fragen ohne Herausforderung, Ästhetizismus, für mich ohne Gewicht. Genau umgekehrt war es bei Emil Brunner. Sein Seminar galt dem Bekenntnisproblem der Reformationskirchen. Ich schrieb eine etwas langwierige Untersuchung zum Begriff des Dogmas auf evangelischem Boden. Sie war kein Erfolg wie die kirchengeschichtliche bei Johannes von Walter, aber Brunner forderte mich in seiner kritischen Bewertung auf, ihn zu besuchen. Dieser Besuch am Züriberg wurde zum Anfang einer festen Freundschaft und der Grund zu einer Dankbarkeit, die ich diesem großen Theologen bis an mein Ende bewahren werde.

In jenem reichen Sommersemester veröffentlichte Brunner eine schmale Schrift. Sie führte den Titel ›Natur und Gnade – zum Gespräch mit Karl Barth‹[8]. Brunner wollte damit nicht in die deutsche Kirchenpolitik hineinsprechen. Er meinte ein Thema der Theologie an sich, das allerdings durch Barths höchstpersönliche Theologie einerseits und durch die oft vordergründige praktisch-theologische Aufarbeitung des Umschwungs in Deutschland andererseits hohe Aktualität gewonnen hatte. Barths Theologie reduzierte sich mehr und mehr auf eine Christologie, die nicht ohne Verbiegung und Gewaltsamkeit auskommen konnte. Theologische Fakultäten und Kirchenleitungen, auch solche, in denen die »Deutschen Christen« nichts zu bestellen hatten, griffen umgekehrt zu einer Theologie des Ersten Artikels, um sich mit den Leitideen des Nationalsozialismus von Blut und Boden, Rasse und Volkstum positiv auseinandersetzen zu können. Das mißglückte zwar auch deshalb, weil das theologische Gespinst unter der Belastung des Kirchenkampfes rasch zerschliß und die führenden Köpfe des Nationalsozialismus – nicht nur die Himmler und Rosenberg – bald auf derlei kirchliche Hilfsdienste pfiffen. Der politische Effekt aber lief doch zunächst auf so etwas wie eine kirchliche Legitimierung nationalsozialistischer Ideen hinaus.

Zum Beispiel sagte Martin Niemöller in seiner Erntedankfestpredigt 1933 darüber: »Wir haben eine vergessene Wahrheit wieder neu entdeckt und haben ein Recht, uns dessen zu freuen … Beruf und Stand, Rasse und Volkstum gelten uns heute wieder als Gegebenheiten; sie stellen Forderungen an uns, und wir können uns ihnen nicht entziehen. Und so haben wir uns gewöhnt, von der Neuentdeckung der Schöpfungsordnung, vom wiedergefundenen ersten Artikel zu sprechen: Ich glaube, daß mich Gott geschaffen hat …«[9]

Zwei Jahre später freilich schlägt sich die Enttäuschung Niemöllers auch in seiner Theologie nieder. Er strebt Barths Einseitigkeit zu. Der Mißbrauch der natürlichen Theologie, der Lehre von einer Gotteserkenntnis auch außerhalb der Offenbarung Jesu Christi, hatte das uralte, von allen christlichen Konfessionen anerkannte christliche Lehrstück auch bei Nichtbarthianern verdächtig gemacht. Emil Brunner hatte den Mut, ohne Rücksicht auf die ihm von zwei Seiten drohende Mißdeutung, den Sinn und die Wahrheit der Lehre von der allgemeinen Offenbarung wieder in Erinnerung zu bringen. Er tat es in der Form eines »Gesprächs« mit Karl Barth.

Sie waren alte Freunde und Weggefährten aus den Anfangszeiten der sogenannten dialektischen Theologie. Sie hatte die lange herrschende historisierende liberale Theologie abgelöst. Deren großartige wissenschaftlichen Leistungen waren unbestritten. Aber davon kann eine predigende und kämpfende Kirche nicht leben. Karl Barth und Emil Brunner hatten die Theologie machtvoll zu ihrer eigentlichen Sache gerufen: dem zu predigenden Wort Gottes. Die natürliche Theologie hätte darüber nicht in Verruf geraten müssen. Barth hatte ihr jedoch in seiner christologischen Monotonie jede theologische Relevanz abgesprochen. Er hatte das Phänomen des Religiösen überhaupt als einen Übergriff, als Hybris des Menschen bezeichnet, der »sich damit Gott verfügbar« machen wolle.

Barth war mir in meiner persönlichen Auseinandersetzung mit dem Pietismus eine Hilfe gewesen. Seine Übertreibungen« waren mir jedoch nicht nur unverständlich, sie wurden mir auch ärgerlich. Gott wird nicht gelobt durch die Erniedrigung des Menschen.

Die theologische Auseinandersetzung über das Recht der natürlichen Theologie beziehungsweise der allgemeinen Offenbarung im Raum der Kirche war durch die Barthsche Theologie schon vor dem Kirchenkampf unvermeidlich geworden. Nach dem 30. Januar 1933 geriet die theologische Reflektion darüber jedoch in ein Stolperfeld, das sie sehr erschwerte, aber erst recht notwendig machte. Im Sommer 1934 war die Diskussion darüber – nicht zuletzt auch dank der ›Barmer Theologischen Erklärung‹ – so verfahren, daß, wer die Geltung des ökumenischen Lehrstücks von der allgemeinen Offenbarung verfocht, sich damit theologisch disqualifizierte und sich verdächtig machte, kirchlich unzuverlässig zu sein.

In dieser Situation schrieb Emil Brunner sein tapferes Büchlein. Seine Begründung: »Es ist der Kirche unter keinen Umständen erlaubt, aus kirchenpolitischen Erwägungen heraus – und wären sie an sich noch so berechtigt – klare biblische Lehren zu verketzern oder auch nur in den Hintergrund zu rücken, wie dies neuerdings in gewissen synodalen Erklärungen geschehen ist.«[10] Das ging auf Barmen. Aber es ging vor allem auf Karl Barth.

Einige Wochen nach dem Erscheinen von Brunners Schrift, zeigte er mir eine Postkarte von Barth. Es war eine knappe Bestätigung der ihm von Brunner übersandten Broschüre. Sie schloß: »Tief betrübt. Karl Barth.« Bald folgte auch die öffentliche Antwort Barths. Sie stand knapp und schneidend unter dem Titel: »Nein«. – Der Bruch war da. Er sollte mir Jahre danach viel Ungemach bereiten.

Der Ball nach der Revolte

Am Abend des 30. Juni 1934 tanzten wir auf einem Sommerfest der Deutschen Studentenschaft am Ufer des Züricher Sees, im Kasino Zürich-Horn. Ich hatte vorgeschlagen, eines jener Laienspiele aufzuführen, die wir in den Jahren der Jugendbewegung bei ähnlichen Anlässen spielten. Die Erinnerung an den Waffenspruch der SA, »Blut und Ehre«, hatte mich auf Martin Luserkes »Blut und Liebe« gebracht, ein Stückchen, das der mit Humor begabte Verfasser ein »Ritterschauerdrama« nannte. Ich hatte befürchtet, daß mein Vorschlag als Verunglimpfung des SA-Spruchs abgelehnt würde. Aber niemand war auf diesen Gedanken gekommen. Das Spiel ging über die Bühne. Während des anschließenden Tanzes wurden Extrablätter ausgerufen. Ihre Schlagzeile: »Reichswehr und Polizeiaktion gegen die SA«.[11] Mit einem Putsch hatte der »blutige« Vorgang zwar nichts zu tun. Göring und Goebbels verkauften ihn jedoch als einen niederträchtigen bewaffneten Aufstandsversuch des homosexuellen SA-Chefs und seiner gleichgestimmten Freunde. Er sei nur durch

Hitlers persönliches Eingreifen im letzten Augenblick verhindert worden. In Wahrheit war es ein Massenmord Hitlers und seiner SS-Garde an einer Reihe seiner eigenen Gefolgsleute und Gegner. Es mag sein, daß sie sich nicht hinreichend an der erbeuteten Staatsmacht beteiligt glaubten oder einiges anders im Kopf hatten als ihr Führer. Für Hitler, Goebbels, Göring und Himmler war es eine erwünschte Gelegenheit, alte Rechnungen zu begleichen. Totale Staaten – Stalin hatte es vorexerziert – säubern gern. Dabei mußten auch Leute wie Schleicher, Gregor Strasser und viele andere, die mit Röhm nichts zu tun hatten, über die Klinge springen. Für viele wurde es ein schwerer Schock. Wennschon Röhm und seiner Clique nicht nachgeweint wurde – der Rechtsstaat, den auch viele unter Hitlers Gefolgsleuten gemeint hatten, war erwürgt. Hitler hatte sich als »obersten Gerichtsherrn« bezeichnet, die Morde für rechtens erklärt und ihre Verfolgung der Justiz entzogen. Der 30. Juni 1934 hätte zur Geburtsstunde des deutschen Widerstandes werden müssen. Er wurde es nicht. Er wurde es auch für mich nicht. Er bekräftigte nur meinen Entschluß, in den Dienst der Kirche zu treten.

Der 30. Juni 1934 verführte manchen ausländischen Beobachter zu einer illusionären Beurteilung der Lage in Deutschland. In Zürich wurde von vielen die Meinung laut, Hitler könne seines Lebens nicht sicher sein. Eines nicht fernen Tages werde er von einem wirklichen Putsch doch gefressen. Ich widersprach. Nicht weil ich bessere Informationen hatte, sondern weil ich an die Lüge vom Röhmputsch nicht glauben konnte.

Ich hatte fast so etwas wie ein schlechtes Gewissen, als ich von einem geselligen Abend bei dem um seine Studenten väterlich besorgten Professor Gut nach Hause ging. Die Prognosen waren durchweg darauf hinausgelaufen: Das dauert nicht mehr lange. Ich setzte dagegen: Sie »werden weiter marschieren, bis alles in Scherben fällt«... Das sollte ich begründen. Ich stand dabei allein und hatte keinen Erfolg. Aber Professor Gut machte das Beste daraus. In dem Bericht, den ich für die Studienstiftung brauchte, schrieb er, daß ich die Lebenskraft des neuen Deutschland überzeugend dargelegt hätte. Die Persilschein-Ära hatte begonnen.

Im Hauptquartier der Ökumenischen Bewegung

Nach dem Ende des Semesters, im Juli 1934, fuhr ich nach Genf. Adolf Keller, damals Generalsekretär der ökumenischen Bewegung, hatte zu seinem ersten ökumenischen Seminar eingeladen. Für mich war es die erste ökumenische Begegnung. Ich lernte dabei einen Mann kennen, der von großer Bedeutung für mein künftiges Leben werden sollte. Hans Schönfeld war der junge Direktor der Forschungsabteilung des ökumenischen Rats. Er war ein deutscher Nationalökonom und Theologe, im Nebenamt Vikar der Deutschen Evangelischen Gemeinde in Genf. Am Rande der Stadt bewohnte er ein kleines Haus mit seiner gastfreundlichen Frau Santi. Von hohen Sommerastern umrankt bot es uns neben den Vorlesungen und Seminaren einen sehr anziehenden Rahmen zu endlosen Gesprächen. Hans Schönfelds Vorlesungen rissen mich nicht vom Stuhl. Seine Güte und seine vollendete Hingabe an die ökumenische Sache machten jedoch einen unvergeßlichen Eindruck auf mich. Er riskierte – ich bin nicht der einzige Zeuge – in den folgenden Jahren sein Leben hundertmal für das, was er seinem Amt an praktischen Konsequenzen schuldig zu sein glaubte. Er wurde der wichtigste, wahrscheinlich auch der fähigste Kurier und Verbindungsmann des deutschen Widerstandes zu den ausländischen Kirchen im Krieg. Er wurde zum Helfer für viele in Deutschland und in den besetzten Gebieten.

Ohne ihn wäre die amtliche Verbindung der Deutschen Evangelischen Kirche zum Ökumenischen Rat und den meisten seiner Kirchen während des Krieges nicht durchzuhalten gewesen. Er war bei all dem ein deutscher Patriot von großer Lauterkeit.

Er wollte sein Land nicht verraten. Er tat alles für die Kirche, er riskierte seinen Kopf für sein ökumenisches Amt und alles, was er besaß, für den deutschen Widerstand. Er unterschied beharrlich zwischen Deutschland und Hitler.

Die Welt um den Genfer See war wie ein Paradies. In Adolf Kellers Seminar trafen sich ältere Semester aus deutschen, skandinavischen, holländischen und französischen Fakultäten, zumeist Theologen, mit jungen amerikanischen Dozenten, mit anerkannten Wissenschaftlern wie Wilhelm Dibelius, dem Heidelberger Neutestamentler, und Experten der sich durchbildenden Ökumene wie Visser t'Hooft. Die »deutsche Frage« spielte damals in den Vorlesungen und Seminaren noch so gut wie keine Rolle. Unter den deutschen Teilnehmern wurden die üblichen Kirchenkampffragen erörtert, aber auch das ging schon deshalb piano vor sich, weil die Position der »Deutschen Christen« nur vorsichtig von Einzelnen vertreten wurde. Die Regie wurde von dem Großmeister der frühen Ökumene, Adolf Keller, hervorragend gehandhabt. Er kannte die Kirchen der Welt und ihre maßgebende Führungsschicht wie kein anderer. Er war ein Deutschschweizer von ungewöhnlichem Einfühlungsvermögen, der seinen festen eigenen Standpunkt in vorbildlicher Weise mit der Toleranz gegenüber anderen zu vertreten wußte. Die tiefsitzende Abneigung gegen Deutschland (nicht nur gegen den Nationalsozialismus), die seinem Nachfolger eigen war, blieb Adolf Keller selbst dann fremd, als die Welt Deutschland und Hitler schlankweg identifizierte.

Rom – zum ersten Mal

Mit einem Studienfreund zusammen fuhr ich im Herbst 1934 von Genf nach Rom. Das in der deutschen Literatur viel besungene Bildungserlebnis wurde auch mir zuteil, wenn auch gedämpfter als den deutschen Klassikern und Romantikern. Ich will hier nicht von Michelangelo, Raffael, Brabante sprechen. Ich möchte aber ein Wort über den Eindruck sagen, den Luca Signorelli mit seinen Wandgemälden im Dom zu Orvieto auf mich, den Theologen, machte. Seine Auferstehung der Toten hat mich jahrelang beschäftigt. Sie war für mich weit mehr als Michelangelos Jüngstes Gericht in der Sixtinischen Kapelle des Vatikans eine Herausforderung. Michelangelos Gemälde erschien mir – anders übrigens als seine Erschaffung Adams – als gemalter Mythos. Bis heute ist es mir nicht gelungen, Signorellis Totenauferstehung ohne Zwang in der gleichen Kategorie unterzubringen.

Obwohl ich nicht aus der Schule Bultmanns, des großen Entmythologisierers, stamme, sind zweihundert Jahre Bibelkritik auch an mir nicht spurlos vorübergegangen. Der Schutzpanzer, mit dem der Pietismus sich gemeinhin gegen die ätzende Kraft der Bibelkritik umgibt, hat bei mir nicht recht gehalten. Große Biblizisten wie Martin Kähler, aus dessen Schule mein Lehrer und Freund Helmut Schreiner stammte, oder Adolf Schlatter, den ich selber erlebte, haben ihn zwar immer wieder ausgebessert, aber er behielt Risse und viele mehr als lindenblattgroße Löcher. Sie boten der mich bedrängenden, zeitweilig aber auch befreienden Bibelkritik hinreichend wirksame Ansatzpunkte.

Mehr als Schlatters ausgedehntes theologisches Werk, tiefer als Bultmanns Exegesen beschäftigte mich in jenen Jahren Albert Schweitzers ›Geschichte der Leben-Jesu-Forschung‹. Sein Stil, seine Darstellungskunst faszinierten mich so sehr, daß ich mich zum Schluß fragte, ob sie oder der theologische Gehalt des Buches mich gewonnen hatten. Als ein unaussprechliches Geheimnis werden die Gefolgsleute Jesu »erfahren wer er ist.« Trotz der Macht, ja Gewalt der geschichtlichen Umstände bin ich mehr in der Reflexion als »aus Glaubensgehorsam« Theologe geworden. Im Dom zu Orvieto konfrontierte mich Luca Signorelli mit der Vitalität, der brachialen Vitalität, die christlichem Glauben innewohnen kann. Signorelli stoppte meine so leicht und gerne in das Symbolhafte, Mentale gehende Reflexion mit seiner gewaltig sinnenhaften Vergegenwärtigung einer biblischen Zentralaussage. Die »Auferstehung der Toten und ein ewiges Leben« stellt das apostolische Glaubensbekenntnis der Christenheit als souveräne, der reflektierenden Kraft entzogene Glaubensaussage an den Schluß. Transzendenz – und zwar gewiß nicht im total verbogenen jasperschen Sinn der immanenten Ich-Du-»Transzendenz«, sondern Transzendenz im Sinne der weltjenseitigen und weltüberlegenen Realität eines »personhaften« Gottes sind das Credo und – die Anfechtung der Christenheit mehr als alles andere. Die

Wandgemälde Signorellis bedeuteten natürlich auch mir keine vorweggenommene Reportage vom Ende aller Tage, aber sie vergegenwärtigten mir in unvergeßlicher Weise die christliche Botschaft von der Ewigkeit des sterblichen Menschen in seiner individuellen Personhaftigkeit. Die prallen Leiber, die da aus der Erde brechen, verkünden: Die Ewigkeit ist weder gespenstisch noch gestaltlos, das ewige Leben ist nicht Auflösung der Individualität im abstrakt Allgemeinen, sondern ihre Vollendung in der neuen Welt Gottes.

Benommen trat ich wieder in das Licht des italienischen Sommertags. Wir fuhren nach Rom. Einige Tage später durften wir an einer der Audienzen teilnehmen, die der Papst Rombesuchern regelmäßig gewährt. Ich kam später in anderer Position noch mehrfach in den Vatikan. An jenen ersten Empfang bei Pius XI. denke ich dennoch immer wieder zurück. Mein protestantisches Pathos – damals noch übertrieben stilisiert durch Conrad Ferdinand Meyers ›Huttens letzte Tage‹ – bekam in jener Audienz einen Riß. Der Empfang fand in einem der kleineren Säle des Vatikans statt. Wir waren nicht besonders viele, etwa vierzig bis fünfzig, zumeist sicher fromme Katholiken. Die Zulassung war uns von der Deutschen Botschaft beim Heiligen Stuhl verschafft worden. Wir hatten einen Revers unterschrieben, daß wir uns dem vatikanischen Zeremoniell der öffentlichen Audienz unterwerfen würden. Aber entweder hatte ich mir das nicht richtig vergegenwärtigt oder wieder vergessen. Jedenfalls sträubte sich mir das Gefieder als die Hofchargen damit begannen, uns gegenüber dem Thronsessel des Papstes im offenen Carré aufzustellen und uns bedeuteten, daß wir kniend dem Papst den Ring zu küssen hätten.

Ich wollte weder knien noch küssen. Der Papst zog ein. Er setzte sich erst gar nicht auf seinen Sessel. Er sprach einige italienische Sätze, die nicht übersetzt wurden, erteilte den Segen und ging dann der knienden Reihe entlang, jedem Hand und Ring zum Kusse reichend. Ich kam mit meinem protestantischen Bewußtsein darüber so ins Gedränge, daß ich mich gänzlich unheroisch weit weg wünschte. Mein sächsischer Studienfreund Helmut Schiek Theologe wie ich und ansonsten eher salopp, kniete brav und fromm, nur ich stand, zwar noch tiefer gebückt als ich es später in Japan lernte, als einziger noch auf meinen Fußsohlen. Ich schielte der näherrückenden päpstlichen Hand entgegen, versuchte noch tiefer zu gehen und hatte schließlich alle Aussicht darüber nach vorn auf den Bauch zu fallen. Pius XI. bewahrte mich davor. Mit der Linken beförderte er mich auf ein Knie, derweil seine Rechte mir den Ring Petri an die Nase rieb. Es ging eilig zu und die Audienz war denn auch gleich darauf zu Ende. Ich zog davon wie ein begossener Pudel, belacht von meinem sächsisch-lutherischen Bekenner.

Es lag nicht nur daran, daß wir wenig Geld hatten, wir erwanderten uns Rom und seine Umgebung vor allem deshalb, weil wir in der Jugendbewegung die Erfahrung gemacht hatten, daß alle erwanderten Bilder länger stehen und mehr

Tiefe haben als die mit dem Auto erfahrenen. Ich kam später noch oft nach Italien mit Flugzeug und Auto. Was ich dabei »erfuhr«, war viel, sehr viel schwächer, flüchtiger, verhuschter als alles, was ich oft mit erheblicher Mühe erwanderte. Das galt von der Landschaft natürlich im besonderen. Aber auch von der Kultur. Wer nach langer Wanderung, »Fahrt« sagten wir dazu in der bündischen Jugend, Schritt um Schritt einem begehrten Ziel zuwandert, kommt mit größerer Sammlung, geballterer Erwartung und vielleicht auch mit größerer Sehschärfe. Wenn ich im abgedunkelten Auditorium maximum der Züricher Universität dem Zeigestock des alten Wölfflin folgte, habe ich mich freilich immer wieder gefragt, warum ich denn erst bei seinen Worten Dinge sah, die ich mir in Schwaben erwandert, und aufmerksam besichtigt hatte. Aber nun meinte ich vieles mir längst Bekannte erstmals mit Bewußtsein zu sehen. Ich erinnere mich allerdings nicht, daß es mir auf Sedelmayers Exkursionen durch die norddeutsche Backsteingotik ganz so gegangen wäre wie vor dem von Wölfflin gezeigten Lichtbild. Bei ihm sah ich mehr.

Engelbert Dollfuß ermordet

Müde von Rom machte ich auf dem Rückweg an der italienischen Riviera halt. Santa Margaritta war nicht oder noch nicht überlaufen, und am Strand hatte man seine Ruhe. Eines Tages schwamm ich hinaus und legte mich auf eines der im Wasser schaukelnden Docks. Ich war allein, und es ging mir gut. Plötzlich hörte ich aufgeregte Rufe. Eine Dame mittleren Alters schwamm auf das Dock zu. Sie rief immer ärgerlicher werdend: »Karl, Karl komm sofort! Es gibt Krieg!« Ich stand auf. Sie entschuldigte sich, am Dock hängend. Sie suche ihren Mann, sie müßten sofort abreisen. Ich fragte nach dem Grund der Aufregung. Dollfuß, der österreichische Bundeskanzler, sei ermordet worden. Und Mussolini mache mobil. Ich sprang ins Wasser. Am Abend setzte ich mich in den Rapido, den D-Zug, und fuhr Deutschland zu. Der Zug war voll besetzt. Zwischen einer umfänglichen Italienerin und einem Priester bekam ich noch ein Plätzchen. Die Unterhaltung ging laut und hurtig allein um die Frage, ob es Krieg mit Hitler gebe.

Mitten in der Nacht gab es auf einer Station einen langen Halt. Auf dem Nachbargeleise rollte schließlich ein langer Militärzug nordwärts. Für einen Moment trat Schweigen ein. Der Priester griff nach seinem Brevier. Zur Sammlung kam er nicht. Die Dicke führte das Wort. »Ermordet auf Befehl von Hitler!« Niemand fragte, woher sie das wisse. Niemand widersprach. Von »Achse« keine Spur. Am Morgen in Genua sah die italienische Presse entsprechend aus.

Unter Bedenken ging ich nach Deutschland zurück. Ich wußte, daß ich mich damit für das schwerere Leben entschied. Brunner hatte mir angeboten in Zürich zu bleiben. Aber ich hätte kein gutes Gewissen dabei gehabt. Ehe ich wieder nach Rostock fuhr, machte ich meinen nun schon üblich gewordenen Besuch im Oberkirchenrat in Stuttgart. Der württembergische Landesbischof war in seiner Wohnung eingesperrt in einer Art Schutzhaft, wie damals die willkürlichen Festnahmen wahrheitswidrig genannt wurden. Pressel fragte mich, ob ich es riskieren wolle, den Bischof dennoch zu besuchen. Ich sagte ja, marschierte in die Silberburgstraße 127 und wurde in das Arbeitszimmer Wurms geschleust. Als die beiden Gestapowächter sich auf dem Flur nach mir umsahen war ich schon verschwunden. Das Zimmer des Bischofs betraten sie nicht. Man kann nicht sagen, daß der Stuttgarter Gestapochef Stahlecker gegen den Bischof scharf vorgegangen wäre. Er stammte aus einer württembergischen Juristenfamilie, war aus dem höheren Polizeidienst in die Gestapo gekommen, und angenehm war ihm die ganze Geschichte nicht. Jahre später gab er ein Gastspiel als Chef der Informationsabteilung im Auswärtigen Amt. Dort war ich ihm unterstellt. In Stuttgart kannte ich ihn noch nicht.

Der Kirchenkampf hatte sich in den Sommermonaten 1934 beträchtlich verschärft. Der übelste Handlanger des Reichsbischofs war der »Rechtswalter« Jäger. Der immer wacklige Reichsbischof war Wachs in seiner Hand. Er bildete die Nationalsynode um und versuchte mit seinem Kirchengesetz vom 9. August 1934 die noch intakten, relativ unabhängigen Landeskirchen der Herrschaft des Reichsbischofs zu unterwerfen. In Württemberg setzte er Wurm ab, berief einen »geistlichen Kommissar« und schickte sich an, mit diesem »Deutschen Christen« meine heimatliche Landeskirche gleichzuschalten. Das ging gänzlich schief. Die Wogen des Protestes gingen so hoch, daß sich Hitler auf Vorschlag seines schwäbischen Außenministers von Neurath entschloß, die Bischöfe erneut zu empfangen. Nach Wurms Bericht wurde bei dieser Begegnung nicht ge- schrien. Hitler hatte die Lust an seinem Reichsbischof offenbar verloren. Als dessen Rücktritt erneut gefordert wurde, habe Hitler lebhaft ausgerufen: »Kann er ja machen, wer hindert ihn daran? Ich bin nicht verwandt und nicht verschwägert mit ihm, ich beziehe keine Subvention von ihm. Er kann machen, was er will!«[12]

»Herr Reichsbischof, treten Sie zurück«

Leider erhielt ich damals – inzwischen wieder in Rostock – keinen hinreichenden Bericht von diesem Gespräch. Hätte ich es gekannt, hätte ich mich vielleicht

62

nicht dazu entschlossen, in einem offenen Brief den Reichsbischof zum Rücktritt aufzufordern. Viele, vor allem meiner theologischen Mitstudenten waren ziemlich aufgeregt aus den Sommerferien in das Semester zurückgekehrt. Sie hatten an den Protestkundgebungen der gegen den Reichsbischof und seinen »Rechtswalter« aufgebrachten Gemeinden teilgenommen. Es zeigte sich: Jäger hatte die Walze überdreht. Selbst brave Marschierer, die in »unserem Führer« noch wie selbstverständlich das Heil Deutschlands sahen, waren bereit, gegen den Reibi auf die Barrikaden zu gehen.

Ich setzte mich mit einigen von ihnen zusammen und entwarf mit ihnen einen Brief, den ein Erlanger Kommilitone, Paul Seifert, ein SS-Mann, und ich mitunterzeichneten. Einige hundert Rostocker Studenten unterschrieben ihn, Erlanger und Hallenser Studenten schlossen sich an. Am 22. November 1934 schickten wir den Brief ab. Einige Tage darauf wurden Seifert und ich von der Gestapo in Rostock verhaftet. Damit hatten wir eigentlich nicht gerechnet. Der Brief war so abgefaßt und ganz darauf angelegt, daß ihn vor allem auch die Parteigenossen und SA-Leute unterschreiben konnten. Wenn wir viele Unterschriften haben wollten, mußte das politische Risiko der Unterschrift auf ein Minimum reduziert werden. Noch wichtiger aber war, dem Reichsbischof und seinem Stab einen Beweis dafür zu liefern, daß er nun auch von denen aufgegeben werde, deren er bislang sicher zu sein glaubte. Das Kalkül war richtig und ging schließlich auch auf – dennoch war ich nicht ohne Mitgefühl für den selbst von seinem »Führer« und seiner Garde Preisgegebenen. Dreißig Jahre später machten mir ausgerechnet ein paar Rechtsradikale den Vorwurf, in jenem Brief die Sprache des damaligen Nationalsozialismus gesprochen zu haben. Aber das focht mich weder 1934 noch dreißig Jahre später an. Es war nicht *mein* politisches Credo, das ich seinerzeit formulierte, es war eine taktische, politische und vor allem kirchenpolitische Notwendigkeit. Ähnliche Fälle sollten später für mich noch öfter wiederkehren.*

Obwohl ich mit dem festen Entschluß aus der Schweiz nach Deutschland zurückgekehrt war, mich ganz meinem Studium zuzuwenden – ich studierte immer noch in zwei Fakultäten –, machten jener Brief und seine Folgen das fraglich. Ich geriet in eine Auseinandersetzung mit einem SS-Mann und rabiaten Rosenberganhänger, der die inzwischen üblich gewordenen Beschimpfungen alles Christlichen und aller Theologen in einer besonders rüden Weise öffentlich übernommen hatte. Ich fuhr ihm zusammen mit einigen anderen Theologen so in die Parade,[13] daß es zu den damals noch üblichen, mit dem Säbel auszutragenden Ehrenhändeln kam. Detlev von Walter, Sohn unseres Kirchenhistorikers

---

* Aus Halle erhielt ich einen zustimmenden Brief vom 13. Dezember 1934 mit hundertfünfzig Solidaritätserklärungen. Er stammte von einem stud. theol. Heinrich Albertz. Jahrzehnte später war er der Regierende Bürgermeister von Berlin (siehe Seite 65).

und streitbarer VDSter, trat als erster an. Wer jedoch nicht erschien, war der schwarzuniformierte blonde Germane. Am Mittag war in den Aushängen der Rostocker schlagenden Verbindungen am schwarzen Brett der Universität zu lesen, daß der cand. phil. Gerhard Schinke – so hieß der Mann – in »Waffenverruf« erklärt sei.

Welche Bewandtnis es mit dem Charakter dieses Gefolgsmannes in der schwarzen Schar unseres Führers hatte, wurde auch anderweitig bekannt. Am schmählichsten in dem Prozeß gegen den katholischen Prälaten Leffers in Rostock. Schinke hatte ihn zusammen mit einer gleichermaßen auf germanische Ehre gestimmten Freundin besucht und ihm unter der Vorspiegelung falscher Tatsachen unvorsichtige Äußerungen entlockt. Schinke denunzierte Leffers, und dieser wanderte, ich weiß nicht für wie lange, in das Gefängnis. Vierzig Jahre später fand sich der germanische Ehrenmann erneut in der Reihe meiner Widersacher ein.

»Anstiftung zum bewaffneten Aufruhr«

Der mecklenburgische Reichsstatthalter Hildebrandt hielt mich für einen Aufrührer. Schwarz auf weiß sah ich das freilich erst zehn Jahre später, am Mittag des 21. Juli 1944 im Hauptquartier Himmlers in der Prinz-Albrecht-Straße in Berlin. Der vernehmende Sturmbannführer Neuhaus legte mir eine über mich geführte Akte vor. Nach den Personalnotizen war da zu lesen: Im November 1934 von der Gestapo in Rostock verhaftet wegen der »Anstiftung zum bewaffneten Aufruhr«. Neuhaus sarkastisch: »Damals haben Sie es zum erstenmal versucht.« Ich sagte wahrheitsgemäß nein.

Damals schickte »Vögenteich« – unser Spitzname für den Schweriner Reichsstatthalter – ein Kommando Schutzpolizei nach Rostock, lud die Chargierten der Verbindungen auf das dortige Ständehaus, ließ sie scharf verwarnen und zeigte uns auch sonst die Zähne.

Ich bin Hildebrandt 1933 gelegentlich begegnet. Auf dem Vögenteichplatz in Rostock mußten wir uns seine Tiraden anhören. Sie waren unbehauen und langweilig. Bei Trinkereien im kleineren Kreis, so bei dem Rektor der Universität, war er weit zurückhaltender als viele seiner Begleiter. Daß man nicht mit ihm reden konnte, lag an seiner Beschränktheit, an seiner Scheu vor allem »Akademischen« und an der Unsicherheit des ehemaligen Landarbeiters. Fritzi Schulenburg sagte mir Jahre später, daß er auf dem Gut seines Vaters ein ordentlicher Mann gewesen sei.

Einstweilen »saß ich ein«. Als ich zehn Jahre später, in einer unvergleichlich

Evangelische Theologiestudenten   Halle a.d.Saale, den 13.12.34.
der Universität Halle-Wittenberg.

1 Anlage

        Hierdurch teilen wir Ihnen ergebenst mit,
daß sich 150 Theologiestudenten an der Univer -
sität Halle-Wittenberg unterschriftlich mit der
in dem Schreiben der studentischen Theologen -
schaften Rostock und Erlangen vom 23.11.34
(s. Anlage) dem Herrn Reichsbischof vorgelegten
Forderung, von seinem Amte zurückzutreten,
solidarisch erklärt haben.

        Die Zahl der Unterschriften ist pfarrämtli
beglaubigt.

        I. H. u. A.

[signature]   *[signature]*
stud.theol.   (stud.theol.

An

Herrn cand. theol. G e r s t e n m a i e r

R o s t o c k

Brief von Heinrich Albertz an den Autor vom 13. Dezember 1934 (siehe Seite 63, Fußnote) ernsteren Situation, wieder hinter Schloß und Riegel kam, empfand ich das Eingesperrtsein kaum. Aber hier bei der Gestapo in Rostock traf es mich mit einer ganz unerwarteten Wucht. Dabei ging es mir gar nicht so übel. Ich wurde von einem älteren, offensichtlich aus der Polizei übernommenen Kommissar eingehend, aber ohne Drohung und Beschimpfung vernommen. Ich bekam bald Blumen und Obst von dem großgewordenen Freundeskreis draußen in die Zelle geliefert, und unsere baldige Entlassung wurde sicher durch die Sympathie beschleunigt, wenn nicht bewirkt, die Görings einflußreicher Adjutant, Gritzbach, den zum Säbel greifenden Theologen entgegenbrachte. Zu ihm war Professor von Walter geeilt, als es ernst wurde. Entscheidend war aber doch wohl, daß man im Herbst 1934 das Unternehmen Ludwig Müller und Co, in der Spitze der Machthaber satt hatte.

Die Universität eröffnete gegen meine Gefährten und mich ein Disziplinarverfahren. Worauf würde es hinauslaufen? Im Freundeskreis gab es bedenkliche Mienen; bei den anderen vermutlich auf Verweis; bei dem Rädelsführer Gerstenmaier möglicherweise aber Relegierung, also Studienverbot an allen deutschen Universitäten und Hochschulen. Die Studienstiftung suspendierte mich. Ich verstand, daß ihr keine andere Wahl blieb. Sie hatte mich nie zu gängeln versucht. Meine Lehrer sprangen hilfreich ein.

Einige Monate später endete das Verfahren für die anderen Mitangeklagten mit einer Art Verweis, für mich mit einem glatten Freispruch. Das Ergebnis hatte ich dem jungen Rostocker Ordinarius für Handelsrecht, Walter Hallstein, zu verdanken. Ich hatte ihn im Hause Brunstäd kennengelernt. Er galt als ungewöhnlich scharfsinniger Jurist, als hervorragender Unterhändler und als ein Mann, der mit dem Regime überhaupt nichts im Sinne habe. In dem Universitätsgericht spielte er eine große Rolle. Sie wurde ihm allerdings auch nicht schwer gemacht. Unter den Mitgliedern des Disziplinargerichts war kein fanatischer Parteigänger des »Führers« zu finden.

Im Herbst 1935 machte ich in Rostock Examen. Am Reformationstag, dem 31. Oktober, legte ich nach einer langen Prüfung in allen Fächern vor der theologischen Fakultät den Lehreid auf die lutherischen Bekenntnisschriften ab und wurde danach zum Lizentiaten der Theologie promoviert.

Brunstäd lud mich zum Essen ein. Bei ihm hatte ich meine Dissertation geschrieben zur Frage der allgemeinen Offenbarung. Die ganze Nacht hindurch zechten wir im Kreis der getreuen Freunde. Als es Tag wurde, packte ich meine Koffer. Ein reicher, randvoller Abschnitt meines Lebens war vollendet. Er hatte mir mehr gebracht, als ich auf meinem Kirchheimer Kontorbock jemals erträumte. Und sogar die Studienstiftung – damals an erstklassige Leistungen ihrer Mitglieder gewöhnt – war zufrieden. Ich konnte ihr das Optimum melden.

DRITTES KAPITEL

Heißer Sommer

Stadtvikar in Gaildorf

Der Leiter des Kirchlichen Außenamtes, Bischof Theodor Heckel, ein Schüler
Brunstäds aus seiner Erlanger Zeit, suchte im Herbst 1935 einen oder zwei
Hilfsarbeiter zur wissenschaftlichen Vorbereitung der für den Sommer 1937 in
Aussicht genommenen Oxforder und Edinburgher Weltkirchenkonferenzen. Er
hatte sich an Friedrich Brunstäd gewandt. Dieser legte mir nahe, Heckels
Angebot anzunehmen und mich gleichzeitig auf die Habilitation in Rostock
vorzubereiten. Die Fakultät hatte mich dazu eingeladen. Nun hatte ich zwar
keinen Einblick in Heckels Berliner Amt, aber ich war in Genf und auch
innerhalb der bekennenden Kirche immer wieder auf Kritik am Kirchlichen
Außenamt gestoßen. Zudem war ich mir nicht sicher, ob mir die Arbeit in Berlin
hinreichend Zeit für die Habilitationsschrift lassen werde.

Der Landesbischof von Württemberg, D. Theophil Wurm, behob sie. Ich
hatte mich bei der von ihm geführten Kirchenleitung zum Dienst gemeldet. Nun
entschied er, ich solle mir zuerst einige Monate lang in einer württembergischen
Gemeinde einen Eindruck vom Pfarramt verschaffen und dann den – zeitlich
beschränkten – Auftrag des Kirchlichen Außenamtes annehmen.

Anders als die meisten norddeutschen Landeskirchen ordiniert die württembergische ihren Pfarrernachwuchs schon bei Antritt des Vikariats. In der
Hauptkirche meiner Heimatstadt, in der ich getauft und konfirmiert worden
war, wurde ich auch ordiniert. Einer der – Taufpaten ähnlichen –»Zeugen« war
dabei der Leiter des Stuttgarter Lutherstifts, Pfarrer Karl Sträb. Ich hatte in dem
Stift, einem »Pfarrsöhneheim« während meines Stuttgarter Gymnasialjahres
gewohnt und von Pfarrer Sträb viel freundschaftliche Hilfe erfahren. Er war einer
von den vielen schwäbischen Pfarrern, die, mit einer grundsoliden, vor allem
altsprachlichen Bildung ausgestattet, als Frontoffiziere die Materialschlachten
des Ersten Weltkriegs überstanden hatten, und danach mit Hingabe ihren
Gemeinden dienten. Bei einem Fliegerangriff auf Stuttgart wurde der treffliche
Mann mit dem größten Teil seiner Familie einige Jahre später unter den
Trümmern des Lutherstifts begraben.

67

Ich wurde Stadtvikar in Gaildorf, einem kleinen früheren Oberamtsstädtchen Württembergs an der Grenze zum Hohenlohischen. Außer zwei Schlössern und einer hübschen waldreichen Landschaft wies es keine Besonderheiten auf, wenn man davon absieht, daß der einzige »ständige« Geistliche Gaildorfs, der den Kirchenkreis verwaltende Dekan ist. Ich bezog die Vikarswohnung im Dekanat, aß angemessen schwäbisch mit den »unständigen« jungen Akademikern zusammen im Nebenzimmer des Gasthofs ›Post‹ und wurde von Rösle, der ständigen Vikarsbetreuerin, bedient. Für die oft wechselnden Vikare war das alte Mädchen als Auskunftsperson unentbehrlich. Sie war etwas einfältigen Gemüts, aber sie war eine treue Seele, und sie wußte nicht nur, wo »der Herr Stadtvikar« dies und das im Städtchen kaufen müsse, sie wußte auch über die politische Einstellung der Gaildorfer Prominenz Bescheid. Sie wolle niemand »etwas Böses« nachsagen. Im Allgemeinen tat sie das auch nicht, dafür war aber das Kräuseln ihrer Lippen, wenn dieser oder jener Name fiel, so beredt, daß es der Worte nicht mehr bedurfte.

Auf den ersten Blick boten Stadt und Gemeinde das Bild der heilen Welt. Das Leben verlief äußerlich in den althergebrachten Geleisen. Dazu trug bei, daß es nur wenig Industrie am Ort gab, daß der alte Graf Pückler (»Erlaucht«) mit seiner Frau, einer gebürtigen Prinzessin und darum »Durchlaucht«, mit seinem eigenen Forstamt von Gaildorf aus einen großen Waldbesitz regierte und daß auch der selten anwesende Graf Bentinck, der das andere Schloß bewohnte, am Hergebrachten festhielt.

Der Gaildorfer Nationalsozialismus war nicht aggressiv. Der Kreisleiter, ein beschränkter Mann, verfügte über zu wenig Verstand, um mit dem Goebbelschen Gift hantieren zu können. Als ich ihn auf Wunsch meines Dekans einmal besuchte, ließ er allerdings erkennen, daß die Kirche im allgemeinen und ich im besonderen ihm verdächtig seien. Die Kirche gehöre »zu den überstaatlichen Mächten«, wie auch Juden, Freimaurer, Papsthörige und so weiter. Und ich sei immerhin schon eingesperrt gewesen. Der Steckbrief war am Laufen. Ich wurde ihn nie mehr los. – Damals ärgerte ich mich darüber. Ich bedeutete ihm, daß ich mich als Patriot von ihm nicht übertreffen ließe und auch Kommunisten schon die Stirn gezeigt habe. Das war töricht und unnütz. Wäre ich länger in dem Städtchen geblieben, wäre es zu härteren Zusammenstößen gekommen.

Die Gemeinde war im großen ganzen noch herkömmlich kirchlich. Die Gottesdienste waren gut besucht. Ich hatte an der Volksschule Religionsunterricht, oft den Konfirmandenunterricht und die sonntägliche »Christenlehre« zu geben. Sie hatte ich besonders gern. Die jungen Leute waren damals gehalten, noch zwei Jahre lang nach der Konfirmation am frühen Sonntagnachmittag zu einer Art erweitertem Konfirmandenunterricht in der Kirche zu erscheinen. Auch Erwachsene nahmen häufig als Zuhörer daran teil. Mich reizte das Gespräch mit dieser Jugend. Sie war durchaus autoritär erzogen. Diese Erziehung fand trotz Hitlerjugend und Schule am nachhaltigsten in den Familien statt. Die schwäbischen Handwerker und Bauern, aber auch die Arbeiterfamilien hielten »auf Zucht und Ordnung«. Es waren schaffige Leute, die auf »ihr Sach« sahen. Ihre Kinder lieferten sie Jahrgang um Jahrgang in der Schule und in der Kirche an in der Erwartung, daß Schulmeister und Pfarrer etwas Rechtes aus ihnen machten. Es wurde brav gelernt, aber das Gespräch, das Lehrgespräch, das ich suchte, war noch sehr entwicklungsbedürftig.

In den Volksschulklassen, in die ich kam, fanden sich zumeist frische, eher nüchterne als phantasievolle Kinder, darunter nicht eben viele, aber doch einige auffällige Begabungen. Als ich den katechetisch nicht gerade einfachen dritten Glaubensartikel zu behandeln hatte und zum Eingang leichthin fragte, was oder wer denn »heilig« sei, kam prompt die Antwort: »Der Herr Dekan«. Er war mein unmittelbarer Vorgesetzter. Ein hochgewachsener, liebenswürdiger Mann aus einer alten württembergischen Theologenfamilie, ausgestattet mit der in diesen Akademikerfamilien heimischen humanistischen Bildung. Auch an meinem Dekan fiel mir auf, was ich an seiner Generation mit gleichem Bildungsweg oft beobachtet habe, das Übergewicht der rezeptiven vor der produktiven Bildung. Man konnte sich darauf verlassen, im Gespräch auf eine solide, oft profunde historische Gelehrsamkeit zu stoßen, der gegenüber die systematische produktive Denkleistung abfiel. Die Manöverkritik an meinen sonntäglichen Leistungen fand in der Regel am Montagnachmittag statt auf ausgedehnten Spaziergängen mit meinem Dekan in den Limpurger Bergen. Er war ein geduldig bemühter Mann, der sich mit seinen Sonntagspredigten bis zur Erschöpfung abquälte. Obwohl er gute Examina gemacht hatte – sonst wäre er kein württembergischer Dekan geworden –, blieb er mit seinen Predigten meist auf der Strecke. Er setzte passabel an, entwickelte sein Thema ordentlich, in der zweiten Hälfte aber machte er Schiffbruch. Dennoch war er in der kleinen Stadt durchaus angesehen. Er nahm sein Amt unendlich ernst. Vom Streit aller Art, auch vom Kirchenkampf nahm er jedoch weiten Abstand. Erst lange nachdem ich Gaildorf verlassen hatte, begann ich ihn tiefer zu verstehen. Er war offenbar schon zu meiner Zeit von einer sich langsam entwickelnden unheilbaren Geisteskrankheit überschattet.

Aus den theologischen Gesprächen mit ihm zog ich keinen Nutzen. Dennoch erfuhr ich in Gaildorf, daß Thomas von Aquins Definition zutrifft: Die Theologie ist eine praktische Wissenschaft. Im Unterricht und beim Predigen lernte ich vieles dazu. Das Feld, das ich im Gedanken an die Theologie immer am meisten gescheut hatte, die Seelsorge, stellte mich in Gaildorf denn auch vor die schwerste, für mich schwerste, Hürde. Ich hätte meinem Dekan gerne jede Predigt abgenommen, wenn er mich dafür von der Krankenhausseelsorge freigestellt hätte. Aber den Gefallen tat er mir nicht. Und das war gut so.

Offenbar gehörte es zur feststehenden Ordnung in Gaildorf, daß der Vikar die

Betreuung des kleinen Bezirkskrankenhauses übernahm. Der Chefarzt, ein älterer kinderloser Chirurg, aus einem Pfarrhaus stammend, war das, was damals »ein alter Kämpfer« genannt wurde. Er war in den zwanziger Jahren Adolf Hitler zugelaufen, weil er Deutschland »verkommen« sah. Bei feierlichen Anlässen sah man ihn in der Uniform eines für Gaildorfer Verhältnisse hohen SA-Führers. Er war wortkarg, seine Diakonissen aber liebten und schätzten ihn. Innerhalb gewisser Grenzen konnte man mit ihm auch recht offene politische Gespräche führen und am Sonntag saß er mit seiner freundlichen Frau meist in der Kirche.

Das alles war nicht schwierig. Schwierig war für mich das Gespräch am Krankenbett. Unter den Männern befanden sich damals immer einige, die unser Doktor im Dienst der NS-Ideologie vom »gesunden Erbgut« zwangssterilisiert hatte. Sie waren zumeist verdrossen und waren auch auf »die geistliche Obrigkeit« nicht gut zu sprechen. Bei den Frauen gab es solche Schwierigkeiten nicht. Dafür begehrten sie oft einen Trost für ihre bedrängte Seele, den ich unerfahrener junger Mann, ich reflektierender, mental gestimmter Intellektueller aus eigenem gar nicht zu bieten vermochte. Am meisten Angst hatte ich vor dem intimen religiösen Gespräch unter vier Augen. Das, was mir später in der Politik ein Greuel war, die Distanzlosigkeit, machte mich im seelsorgerlichen Gespräch und Gebet sehr befangen. Die Bibel und das Gesangbuch wurden mir zur großen Hilfe. Ich war nur ihr schlichter Bote. Für mich eine Befreiung.

Bald ging ich gern ins Krankenhaus. Zuweilen passierten freilich auch Dinge, die mich mehr Selbstüberwindung kosteten als der Auftritt vor einer feindseligen Massenversammlung. An einem strahlenden Frühlingstag war ich unterwegs zum Kirgel, dem Aussichtsberg der Stadt. Ich war kaum aus der Stadt heraus, als mir eine Radfahrerin nacheilte und mich dringend in das Krankenhaus rief. Eine Bäuerin, dem Alter nach in der Mitte des Lebens, Witwe mit einer Kinderschar, sei nach einer geglückten Operation in eine Krise geraten und nicht mehr zu retten. Ich solle sie auf das Sterben und ihre herbeieilenden Kinder und Angehörigen auf den Abschied vorbereiten. Draußen blühte ein herrlicher Tag. In diesem Zimmer aber wurde gestorben. Da zählt theologische und philosophische Gelehrsamkeit wenig.

Daß sich unser braver Chefarzt auch täuschen konnte, erfuhr ich bald danach in einem anderen Fall. Er schickte mich zu einer seiner Patientinnen mit dem Auftrag ihr beizubringen, daß es binnen kurzem mit ihr zu Ende gehe. Sie war ein kräftiges Bauernmädchen Mitte der Dreißig. Mit ihren langen schwarzen Zöpfen lag sie eher fröhlich als bedrückt in ihrem Bett und machte gar keinen sterbenden Eindruck. Ich druckste herum, sagte dies und sagte das und schlug schließlich einen auf das Sterben gestimmten Bibeltext auf. Kaum hatte ich zu lesen begonnen, als sie mich unterbrach, leicht erschreckt, aber höchst energisch: »Herr Stadtvikar, ja meinen Sie denn, daß ich sterben müsse?« Ich sagte Ja. Die

Bäuerin präzis und ohne einen Hauch von Zweifel: »Das ist nicht wahr. Ich werde gesund.« Als ich fünfzehn Jahre später wahlredend durch meinen Kreis zog, klatschte sie mir zu.

Ich war ein Lernender und fand, daß ich mich auch dann und dort in die überlieferte Sitte zu fügen hätte, wo sie mir zuwider war. So ging es mir eigentlich nur in dem Stück, den ich den Gaildorfer Totenkult nannte. Um die zu meiner Zeit in Gaildorf üblichen Beisetzungsfeierlichkeiten zu verstehen, muß man sich vergegenwärtigen, daß damals in der Regel noch zu Hause im eigenen Bett gestorben wurde. Die Beisetzung begann mit einer kurzen liturgischen Feier am Sarg im Sterbezimmer. Dann wurde der Sarg vor das Haus getragen. Dort gab es eine zweite feierliche liturgische Handlung. Dann wurde der Sarg auf den von Pferden gezogenen Leichenwagen gehoben und durch die Stadt auf den am Stadtrand gelegenen Friedhof gefahren. Der Trauerzug zog hinterher. Wenn sich alles am Grab versammelt hatte, begann der eigentliche Beisetzungsgottesdienst. Mir kam das ein bißchen viel vor, aber ich verschluckte meine Kritik solange, bis ich mich einmal ernstlich ärgerte. Krankenhaus und Friedhof lagen an entgegengesetzten Hängen am Rande der Stadt. Eines Tages sollte ich einen Säugling beisetzen. Ich wurde zum Krankenhaus bestellt, traf dort aber keine Angehörigen, sondern nur eine ältere rüstige Frau, die Leichenbesorgerin. An einem schwarzen Riemen hatte sie sich den kleinen Sarg um den Hals gehängt. Ich stand da in Talar und Barett. Die Alte warf einen Blick auf mich, drehte sich um und zog mitten auf der Hauptstraße dem Ende aller menschlichen Wege zu. Ich ging in dem feierlich gemessenen Schritt, den die Leichenbesorgerin auch in diesem Fall für angemessen hielt, als einziger hinter ihr. Ein Trauergeleit passiert üblicherweise kommentarlos. Das war mir damals nicht beschert. Die Passanten stutzten, dann folgten die Kommentare. »Der Stadtvikar tut mir leid.« Das war der freundlichste. Halbversteckt hinter Grabsteinen zeigten sich dann zwei Mädchen. Offenbar die ledige Mutter und eine ihr ergebene Seele. Ich konnte sie nicht bewegen, an das kleine Grab zu treten. Als ich auf sie zutrat, liefen sie davon. Für den Gaildorfer Stadtvikar eine Einübung im Stande der Demut.

Mit einem Stoecker-Vortrag in der überfüllten Fraschhalle Gaildorfs nahm ich meinen Abschied von dem Städtchen. Als Bundestagsabgeordneter sah ich es nach dem Krieg wenig zerstört wieder. Mit dem neuen Dekan führte ich in dem alten, mir wohlvertrauten Amtszimmer ein Gespräch. Er war ein vorsichtiger Herr. Über Politik wollte er nicht sprechen und von den Gaildorfer Zeiten vor dem Krieg wußte er so gut wie nichts. Das pücklersche Schloß war weggebombt. Mein ehemaliger Dekan hatte hoffnungsvolle Söhne in Rußland verloren und saß verdämmernd in einem Irrenhaus. Vorbei.

Nach den Osterfeiertagen fuhr ich nach Berlin. Mit meinem Leben ging es wie mit der Jahreszeit: Es ging auf den Sommer zu. Er wurde heiß.

Mit der ›Verordnung des Reichsbischofs betreffend die kirchliche Auslandsarbeit‹ vom 21. Februar 1934 wurde »die Errichtung des Kirchlichen Amtes für Auswärtige Angelegenheiten bei der Deutschen Evangelischen Kirche (Kirchliches Außenamt)« bekanntgegeben. Die gequollene Bezeichnung war leider nicht der einzige Geburtsfehler dieses neuen Amtes. Viel schlimmer war, daß der Mann, der die Verordnung erließ, weder im Inland noch im Ausland einen hinreichenden kirchlichen Kredit besaß. Über die sachliche Berechtigung, ja Notwendigkeit einer relativ selbständigen Auslandsabteilung in der Kirchenleitung und Kirchenverwaltung konnte kein Zweifel bestehen. Die deutschen evangelischen Auslandsgemeinden bedurften der Betreuung durch die Heimatkirche. Die Beziehungen zu den damals noch existierenden deutschen Volkskirchen mußten fortlaufend gepflegt werden.

Und die ökumenische Bewegung hatte ein Stadium erreicht, das die verfaßten Kirchen selbst in Anspruch nahm. Seit der Stockholmer Weltkirchenkonferenz von 1925 konnten und sollten die intensiver werdenden Verbindungen der nationalen Kirchen nicht mehr freien Organisationen allein überlassen werden. Der nicht kirchenamtliche freie Weltbund für internationale Freundschaftsarbeit der Kirchen hatte unerläßliche Pionierdienste geleistet. Aber jetzt waren die Kirchen selbst an der Reihe. Die Arbeit des Kirchlichen Außenamtes war deshalb ganz angemessen auf diese drei Bereiche abgestellt.

Der Mann, der sie organisierte und bis gegen Kriegsende geleitet hat, war ein bayerischer Lutheraner. Theodor Heckel stammte aus einem konservativen fränkischen Pfarrhaus. Als junger Offizier hatte er den Ersten Weltkrieg überstanden. Aus einem bayerischen Pfarramt war er als Referent für die deutschen Auslandsgemeinden in das Kirchenbundesamt nach Berlin delegiert worden. Der Reichsbischof Müller hatte ihn mit der Amtsbezeichnung Bischof in das neue Amt übernommen, ein Makel, der Theodor Heckel in der bekennenden Kirche und damit auch in weiten Kreisen des ausländischen Kirchentums nie vergeben wurde und der ihn auch in den lutherischen Landeskirchen zeitweilig suspekt machte. Auf der Treysaer Kirchenkonferenz von 1945 wurde er durch die dort gebildete neue Leitung der Evangelischen Kirche in Deutschland aus seinem Amt gefeuert. Seinem noblen bayerischen Landesbischof Hans Meiser hat er seine Rehabilitierung zu verdanken. Mir gefielen an Heckel vor allem sein heiterer Charme und sein durchgebildetes Interesse an nahezu allen Fragen der Wissenschaft, die in seinen Gesichtskreis traten. Er hatte eine gediegene Biographie über den bayerischen Kirchenführer von Harless geschrieben. Eher historisch gestimmt, konnte er sich auch mit Leidenschaft in die Fragen der systematischen Theologie, in Dogmatik und Ethik vertiefen. Er war ein einfallsreicher und sehr empfindsamer Mann, obwohl man ihm das nicht ansah.

An den seiner Fürsorge anvertrauten Auslandsgemeinden und volksdeutschen Kirchen hing er mit großer Liebe, wie er überhaupt ein warmherziger Mann war. Großen Einfluß auf ihn besaß sein älterer Bruder, Johannes Heckel. Der bedeutende Jurist und profunde Historiker der Reformationszeit hat die Liebe zur Juristerei auch auf seinen jüngeren Bruder übertragen. Theodor Heckel war ein auf Harmonie gestimmter Mensch. Wennschon nicht von allen, so doch von den meisten geliebt zu werden, war ihm ein Bedürfnis. Geriet er in die kämpfende Front oder wurde er selber attackiert, so verdüsterte sich sein ansonsten freundliches Wesen tagelang. Theologisch und kirchenpolitisch zählte er sich zu der jungreformatorischen Bewegung, einer von dem wiederentdeckten jungen Luther inspirierten theologischen Denkrichtung. Sie distanzierte sich von dem eigenwilligen Calvinismus Barths ebenso wie von der Entmythologisierung Bultmanns und dem Liberalismus Harnacks. Martin Luthers theologia crucis übte den stärksten Einfluß auf sie aus. In der Auseinandersetzung mit der Politisierung der Kirche orientierte sie sich streng an Luthers Lehre von den beiden »Reichen Gottes zur rechten und zur linken Hand«.

Für meine eigene theologische und politische Orientierung wurde diese durchdringende Erkenntnis Luthers, daß die Welt mit der Bergpredigt weder regiert werden könne noch dürfe, daß die politische Gewalt und Ordnung ihre eigene, göttlich legitimierte Berufung habe, von großer normativer Bedeutung. Bei Theodor Heckel verband sich dieselbe Erkenntnis Luthers allerdings sehr viel mehr als bei mir mit dem paulinischen »seid untertan der Obrigkeit«. An Hitlers Stil und Herrschaft paßte dem bayerischen Theologen vieles überhaupt nicht. Er hatte aber eine durch seine Erziehung vertiefte, nie überwundene Scheu, auch nur innerlich in eine entschiedene Abwehr – geschweige gar Angriffsstellung – zu »der Obrigkeit« zu gehen. Dazu kam, daß er von Natur eher ängstlich war. Kühnheit war sein Fall nicht.

Den auf den Sturz des Regimes abzielenden Widerstand lehnte der Bischof bis weit in den Krieg hinein aber auch deshalb ab, weil er nach der Wiederherstellung der »Weimarer Zustände« kein Verlangen hatte. Als Patriot, der er war, hatte er mit Bewunderung wahrgenommen, wie sich Hitlers Politik der Stärke auf die Weltgeltung Deutschlands auswirkte. Das sollte sich zwar später auch im Bewußtsein Theodor Heckels erheblich ändern, aber zunächst hatte er es für seine »nationale Pflicht« gehalten, das neue Regime in Deutschland gegen seine ausländischen Kritiker in Schutz zu nehmen.

Wie es damit bestellt war, hatte ich in Zürich und im Genfer ökumenischen Seminar Adolf Kellers selbst erlebt. Unter den ausländischen Nationalkirchen fanden sich viele grundsätzliche Gegner Hitlers. Nicht wenige davon sahen in der bekennenden Kirche, insbesondere soweit sie von Niemöller und Barth repräsentiert wurde, allzu naiv die Speerspitze eines sich formierenden politischen Widerstands, zuweilen vielleicht auch so etwas wie eine »fünfte Kolonne«.

Heckels leitender Gesichtspunkt in den Wirren des Kirchenkampfes war es, die ihm anvertrauten Auslandsgemeinden und volksdeutschen Kirchen von diesen Auseinandersetzungen fernzuhalten. Das war nicht nur berechtigt, es war notwendig. Viele dieser Gemeinden lebten in einem labilen politischen Gleichgewicht in einer Umgebung, die dem Deutschen Reich reserviert bis feindselig gegenüberstand. Vielleicht erklärt sich daraus das zumeist überhöhte nationale Bewußtsein, das in diesen deutschen »Kolonien« und Gemeinden gepflegt wurde. Es entstammte nicht einer nationalen Hybris, sondern dem Willen zur kulturellen Selbstbehauptung, hinter dem oft ein verschwiegenes Heimweh steckte. Der »Verein für das Deutschtum im Ausland« tat alles, um diesen Willen zu erhalten und zu stärken. Er hatte schon vor 1933 eine kräftige Stütze im Auswärtigen Amt. Dessen Kulturpolitische Abteilung stellte beträchtliche Mittel bereit, ohne die das zumeist gut ausgebaute deutsche Schulwesen im Ausland nicht in der Breite und auch nicht in der Qualität hätte erhalten werden können. Auch die Auslandsarbeit der beiden großen Kirchen Deutschlands fand dabei kräftige Unterstützung.

Die dem Kirchlichen Außenamt aus dem Etat der Deutschen Evangelischen Kirche zufließenden Mittel deckten seinen Gesamtaufwand nicht. Seine Auslandsarbeit blieb auf staatliche Mittel angewiesen. Als der freie Devisenverkehr aufhörte, wurde das Amt zudem von der regelmäßigen Devisengenehmigung abhängig. Ohne sie wäre der größte Teil unserer Auslandspfarrer sofort in eine unhaltbare Lage geraten. Nicht einmal der Beitrag der Deutschen Evangelischen Kirche an den Ökumenischen Rat hätte ohne sie abgeführt werden können. Insoweit also war das Kirchliche Außenamt in einem weit höheren Maß als die etablierten Landeskirchen auf den Goodwill der Reichsbehörden angewiesen. In den Köpfen seiner Kritiker zählte das so gut wie nicht, während es meinem neuen Chef nicht selten den Schlaf raubte.*

---

* Th. Heckel geriet in unlösbare Zwänge. Er gab seinem Dienst an der deutschen evangelischen Auslandsdiaspora den Vorrang vor den ökumenischen Verpflichtungen, hielt aber an beidem fest. Wenn sich Heckel das Leben hätte einfach machen wollen, hätte er sich erst gar nicht auf die Wahrnehmung ökumenischer Pflichten einlassen dürfen. Er hätte sie denen überlassen sollen, die sich dazu für berufen und legitimiert hielten. Solche Leute gab es. Aber keiner von ihnen hätte die institutionelle Verbindung der Deutschen Evangelischen Kirche mit dem Ökumenischen Rat legal aufrecht erhalten können. Keiner davon wäre zum Beispiel in der Lage gewesen, die finanziellen Zuwendungen der DEK an das von Visser t'Hooft geleitete Generalsekretariat in Genf zu transferieren. Daß den Genfern daran gelegen war, ist verständlich. Rückblickend frage ich mich jedoch, ob Hans Schönfeld, der deutsche Theologe und Volkswirt, der seit Soederbloms Zeiten die Forschungsabteilung des Ökumenischen Rats in Genf leitete, dem Kirchlichen Außenamt – und sich selbst – mit der Aufrechterhaltung der amtlichen Verbindung nicht zuviel zugemutet hat. Ich sehe den frühen Tod dieses unvergeßlich opferbereiten Mannes in diesem Zusammenhang.[1]

Auch heute, nach vielen Jahren, sind die meisten Kritiker des alten Kirchlichen Außenamtes und ihre Nachbeter noch nicht bereit, Heckels Zwangslage in Rechnung zu stellen, seine Motive unvoreingenommen zu prüfen und zu würdigen, seine Prätentionen und Schwachheiten in Vergleich zu setzen mit dem, was seine kirchenpolitischen Gegner und seine theologischen Verdammer zur gleichen Zeit verkorksten, von menschlicher Nachsicht und christlicher Barmherzigkeit gar nicht zu reden.

Von all dem hatte ich kaum eine Ahnung, als ich im April 1936 in das Kirchliche Außenamt kam. Genau genommen kam ich gar nicht in das Amt, sondern in eine kleine Nebenstelle, die sich mit der Vorbereitung der ökumenischen Konferenzen von 1937 zu befassen hatte. Bis zum Kriegsbeginn 1939 lag die Verantwortung für die ökumenischen Beziehungen der Deutschen Evangelischen Kirche in der Hand des Oberkonsistorialrats Friedrich Wilhelm Krummacher, des späteren Bischofs von Pommern, und von D. Heckel.*

Hätte ich – was ich nie getan habe, weil die Zeit dafür verpaßt war und es mir auch gar nicht in den Sinn kam – die Freistellung des Kirchlichen Außenamtes von seinen ökumenischen Pflichten vorgeschlagen, Krummacher hätte mit Entschiedenheit widersprochen. Heckel wäre dafür vielleicht zu gewinnen gewesen. Als ich kam, konnte darüber nicht mehr geredet werden, obwohl und weil das Unglück schon passiert war. Ich erkannte es erst nach und nach.

Das Kirchliche Außenamt, dem Reichsbischof unmittelbar unterstellt, trat mit demselben politischen Fuß und Takt an, der damals und noch lange danach auch der bekennenden Kirche aller Schattierungen zu eigen war. Die politische Loyalität gegenüber »Führer und Reich« wurde in allen möglichen und unmöglichen Verlautbarungen auch der bekennenden Kirche bekundet. Daran nahmen innerhalb Deutschlands allenfalls die seit dem 30. Januar 1933 Erniedrigten und Beleidigten Anstoß. Und sie waren stumm. Ganz anders aber standen die Dinge im Ausland. Dort gab es eine Fronde gegen Hitler und sein Regime, die sich nach dem 30. Juni 1934 – dem Ende des Rechtsstaates – immer mehr verschärfte.

Einige Wochen danach ging Heckel mit Krummacher zu einer ökumenischen Konferenz auf die dänische Insel Fanö. Ihr politisches Gespür war unterentwickelt, sonst hätten sie sich sagen müssen, daß sie mit niemandem als dem angeschlagenen Reibi im Rücken unweigerlich einer Niederlage entgegengingen. Sie kamen auf Fanö schon als Belastete an. Auf der Sitzung des Exekutivkomitees des Weltrates für praktisches Christentum im September 1933 war bereits die Frage aufgeworfen worden, ob mit der Deutschen Evangelischen Kirche unter Müller nicht gebrochen werden müsse. Hauptvorwurf war das in der Tat

---

* Krummacher kam aus der Kirche des Rheinlandes. Er trug einen in der Kirche berühmten Namen und war, wie mir schien, für Heckel politisch unentbehrlich. Er war der einzige PG im Kirchlichen Außenamt. Hätte er nicht hin und wieder das Parteiabzeichen am Revers getragen, hätte man darauf freilich kaum schließen können.

unvertretbare Verhalten der »offiziellen« Kirche in der Judenfrage. Heckel hatte sich, einer Weisung von Professor Fezer folgend – er war der angesehene Ephorus des Tübinger Stiftes und damals Mitglied der Reichskirchenleitung –, darum bemüht, den Bruch zu vermeiden, und er hatte auch der Neuorganisation der ökumenischen Studienarbeit ohne Vorbehalt zugestimmt. In den Augen der Ausländer aber war und blieb Heckel eben ein Vertreter des Reichsbischofs und damit ein Bekämpfer, ja Verfolger der wahren Kirche Deutschlands, der bekennenden Kirche.

Heckel war in die falsche Front geraten. Als er mit seinen Beratern nach Fanö kam, zurrte er sich darin fest.*

Er lief in sein Unglück. Wie ich meine ohne Not. Der Ökumenische Rat für Praktisches Christentum faßte in Fanö eine Entschließung zur kirchlichen Lage in Deutschland, die den Tatbeständen in Kirche und Staat durchaus angemessen war, sie nicht übertrieb, die deutsche Delegation aber, auch wenn sie aus lauter waschechten Barthianern bestanden hätte, in eine ausweglose politische Situation bringen mußte. Heckel und seine Mitarbeiter standen vor der Wahl, zuzustimmen und dann daheim gefeuert zu werden, möglicherweise ins Konzentrationslager zu wandern oder zu widersprechen. Sie taten das letztere mit der dubiosen Erklärung, »daß die allgemeinen Verhältnisse im heutigen Deutschland der Verkündigung des Evangeliums viel mehr Möglichkeiten geben als zuvor«. Das konnte im Sommer 1934 eigentlich niemand mehr sagen, der die Lage kannte. Jedenfalls:

Bischof Heckel war von da an in der ökumenischen Welt so gut wie ruiniert. Auch einsichtige Männer in der Ökumene vermochten die Pleite von Fanö nie mehr völlig zu reparieren. Meine Zugehörigkeit zum Kirchlichen Außenamt blieb stets eine Belastung meiner ökumenischen Arbeit und wurde noch viele Jahre später zu Material für jede Verleumdung. Ich bin mir nicht sicher, ob ich

---

* Dem für die bekennende Kirche eingeladenen Präses Koch von Westfalen hatte die Gestapo so viele Steine in den Weg geworfen, daß er praktisch nicht reisen konnte. Gegen dessen Teilnahme in Fanö votierte im Grunde aber auch der scharfäugige Lutheraner Georg Merz, Herausgeber von ›Zwischen den Zeiten‹, einer führenden kirchlichen Zeitschrift von hohem Niveau. Er schrieb an den Präses, daß man mit gutem Grund erklären könne, daß Heckels Delegation »in ihrer Gesamtheit die deutsche evangelische Christenheit vertritt«. Keiner davon sei Deutscher Christ. »Keinesfalls aber könnte ich es gutheißen«, fährt Merz fort, »wenn bei dieser Gelegenheit die auswärtigen Kirchen, die uns zum größten Teil in ihrer Lehre genauso fern stehen wie die Kirchenlehrer der Deutschen Christen, irgendwie meinen sollten, sie könnten durch ein Gutachten oder gar durch einen Beschluß die Lage der Deutschen Kirche beurteilen. Wir würden auch kirchlich falsch handeln, wenn wir meinten, daß uns in den Vertretern der Auslandskirchen nicht auch politische Mächte gegenübertreten«. Aus mehreren Gründen war dagegen nicht viel zu sagen. Nur hätte der brillante Bayer seinem Landsmann Theodor Heckel raten sollen, sich gegen die Gestapo mit dem lauteren Präses zu solidarisieren und sich damit einer unmöglichen Situation in Fanö zu entziehen. Das aber tat Georg Merz nicht.

nicht in den württembergischen Kirchendienst zurückgekehrt wäre, hätte ich diese Situation im Frühjahr 1936 wirklich gekannt.

Bei Wilhelm Zoellner in der Marchstraße

Mit jugendlichem Elan traten Bachmann und ich vereint in Berlin an. Das erste war eine Überraschung. Heckel hatte Bachmann, der die Edinburgher Konferenz vorbereiten sollte, als Adjutanten – heute würde man sagen als persönlichen Referenten – an den Vorsitzenden des Reichskirchenausschusses, den alten Generalsuperintendenten D. Wilhelm Zoellner ausgeliehen. Ich wurde gebeten, mich ebenfalls in die Kirchenkanzlei zu verfügen und dem alten Herrn mit Redeentwürfen zur Seite zu stehen. Wilhelm Bachmann traf das heitere Los, mich das schwarze. Heckel hatte meine kirchenpolitische Kunstfertigkeit erheblich überschätzt. Ich saß an einem Schreibtisch in der Marchstraße, nahe dem Knie, nahm an vielen Gesprächen der von dem Ausschuß berufenen neuen Referenten teil, erfuhr dabei alles mögliche, nur was ein altgedienter preußischer Generalsuperintendent in die verworrene kirchenpolitische Lage hinein sagen solle und vor allem wie das, was ich dazu meinte, in den Originalton Zoellners zu bringen sei – das sagte mir keiner.

Der alte Herr behandelte mich mit großem Wohlwollen. Am besten verständigte ich mich in meinen Entwürfen mit ihm über die standfesten lutherischen Passagen, während er meine ins Politische gehenden Formulierungen meist als zu abstrakt oder zu kantig ablehnte. Die Begegnung mit Zoellner war für mich die Begegnung mit dem alten preußischen Kirchenregiment großen Stils. Ich bewunderte ihn zusammen mit Wilhelm Bachmann, und wir verstummten vor der Mühsal und Redlichkeit, mit der sich der alte Herr immer von neuem an die Arbeit machte, die Treue gegenüber der Kirche, der er ein Leben lang gedient hatte, mit der Loyalität gegenüber dem Staat zu verbinden.

Sang- und klanglos war der Reichsbischof Ludwig Müller Mitte 1935 in der Versenkung verschwunden. Hitler hatte den Minister ohne Geschäftsbereich, Kerrl, zum Reichskirchenminister ernannt. Er hatte nicht den Auftrag, aus der Deutschen Evangelischen Kirche eine staatlich gelenkte Reichskirche zu machen. Er wollte – das war zunächst der politische Sinn des Unternehmens – wieder Ruhe herstellen. Kerrl war bemüht, die Befugnisse des Reichsbischofs auf einen Ausschuß überzuleiten, der zwar aus Männern verschiedener kirchenpolitischer Richtungen zusammengesetzt, aber so beschaffen sein sollte, daß er die größtmögliche Aussicht habe, eine innere Einigung der zerstrittenen Kirche zustande zu bringen. Bodelschwingh und andere untadelige Kirchenmänner wurden zu Rate gezogen. Zum Vorsitzenden wurde D. Zoellner bestellt. Er ist gescheitert.

Ein Stück Mitverantwortung dafür muß die Dahlemer Bekennende Kirche um Niemöller, Bonhoeffer, Böhm und andere auf sich nehmen. Die Kirchenausschüsse seien »die spanische Wand, hinter der die Kirche erdolcht werden solle«. Mit solchen und ähnlichen Sprüchen wurde in der Dahlemer Bekennenden Kirche gegen Zoellner Front gemacht. Er gab sich bittere Mühe. Von den »intakten« lutherischen Kirchen vorsichtig unterstützt, konnte er auch Erfolge erzielen. Aber dann zeigte sich, daß in Hitlers Führerkorps durchaus nicht alle nach derselben Pfeife tanzten. Wie ein schwelender Waldbrand hatten sich in der NSDAP die Kirchenfeindschaft und die gehässige Ablehnung des Christentums ausgebreitet. Himmlers schwarzes Korps stellte den harten Kern der gegenchristlichen Phalanx. Als die Gestapo im Februar 1937 Zoellner in Lübeck daran hinderte, die Kanzel zu betreten, trat er zurück. Die Ausschüsse lösten sich auf. Sie hatten die Deutschen Christen weithin aus ihren kirchenamtlichen Positionen geworfen, aber an der Einstellung zu den Kirchenausschüssen hatte sich die bekennende Kirche bis zum Bruch unter sich selbst zerstritten.

Als einen Pfahl im Fleisch empfanden Heckel wie Krummacher die Bemühung der Dahlemer Bekennenden Kirche. Beide waren Institutionalisten. Heckel als bayerischer Lutheraner, Krummacher als ein Mann der Altpreußischen Union. An Müller und ähnlichen Figuren lag ihnen nichts. Die Deutschen Christen hielten sie für ein Unglück. In der Institution Deutsche Evangelische Kirche sahen sie jedoch das alle verpflichtende Dach, den zu respektierenden Rechtsrahmen der »Heilsanstalt« evangelische Kirche in deutschen Landen. Das Kirchliche Außenamt war ihnen ein Teil davon. Der Anspruch der Dahlemer, die wahre Kirche zu sein, erschien ihnen häretisch.

Wurm war ebenso wie einige ausländische Kirchenführer, zum Beispiel Bischof Berggrav von Norwegen und der schwedische Erzbischof Eidem, der Meinung, daß die Dahlemer Bekennende Kirche ihre Ansprüche übertreibe.*

Tatsächlich hatten die Barthschen Heerscharen einen Doktrinarismus entwickelt, der auch bei größtem Respekt vor ihrem Engagement für einen selbständigen, freiheitsliebenden Kopf immer weniger erträglich wurde.

Wer in der Kirche die Unterwerfung unter *eine* theologische Schule betreibt,

---

* In der Rückschau hat Bischof Wurm über die verhängnisvolle Unduldsamkeit der Dahlemer Bekennenden Kirche geurteilt: »Als tiefste Ursache dafür, daß der Zwiespalt zwischen den beiden Teilen der bekennenden Kirche nicht zu beseitigen war, sehe ich nicht die Gegensätzlichkeit, sondern die allzu große Verwandtschaft der ›Jungen‹ Kirche mit dem totalitären Staat. Gerade weil sie auch totalitär dachte, konnte sie auf irgendeine mittlere Linie sich nicht einlassen. Je stärker sie ihren Auftrag im Lichte Barthscher Gedanken sah, desto weniger konnte sie innerhalb der Kirche Toleranz im Sinne des Liberalismus gewähren. Entweder ganz oder gar nicht, entweder in absoluter Kampfstellung oder in Unterwerfung.«[2]

zerstört die Kirchengemeinschaft. Die Lutheraner taten sich in ihrem Lutherischen Rat zusammen und schlugen sich recht und schlecht durch. Ich wäre gerne in ihre Berliner Zentrale gegangen. Aber Wurm und mein eigenes Gewissen sagten mir, daß ich zunächst einmal auf dem Platz zu bleiben habe, auf den ich gestellt war.

Chamby 1936

Daß ich von dem Gelände, in dem sich dieser Platz befand, wenig Ahnung hatte, ging mir auf bei der ökumenischen Konferenz in Chamby (Schweiz). Von dem Tauziehen, das wochenlang vor Beginn der Konferenz am 21. August 1936 zwischen dem Vorsitzenden des Reichskirchenausschusses und dem Kirchlichen Außenamt einerseits und der Dahlemer Bekennenden Kirche andererseits stattgefunden hatte, wußte ich nicht viel. Ich sah damals nur den Kampf mit einem militant kirchenfeindlichen Staat heraufziehen. Ich glaubte nicht, daß mit den theologischen und kirchenpolitischen Verhaltensweisen der damaligen Kirche ein hinreichender Widerstand gegen die sich langsam zum Angriff auf den Bestand der Kirche formierenden Kräfte des nationalsozialistischen Staates organisiert werden könne.

Ich hatte den Versuch unterstützt, mit diesem Staat in Frieden zu leben. Ich hatte sein Wahrheitsmoment gewissenhaft und tolerant erwogen. Ich hatte mich in meiner eigenen theologischen Arbeit bemüht, die theologische Relevanz von Volk und Staat, von Rasse und Geschichtlichkeit zu erfassen. Ich war kein Nationalsozialist, aber ich gab mir Mühe, obwohl mir vieles überhaupt nicht paßte, ein loyaler Deutscher zu sein. Aber es gab Grenzen. Die Botschaft der Bibel stand nicht zur Disposition des Staates und die Kirche des dritten Glaubensartikels auch nicht. Das brauchte ich nicht erst von Barth oder Niemöller zu lernen. Das wußte ich schon vorher. – Jetzt schien es mir an der Zeit, die zermürbenden Kontroversen in der ringenden Kirche einzustellen, das Auge auf den gemeinsamen Feind zu richten und etwas Praktisches zu tun. Mir schwebte eine internationale Beobachtungs- und Informationsstelle vor, die nicht Greuelmärchen, sondern verläßliche Nachrichten über die tatsächliche Entwicklung im kirchlichen und weltanschaulichen Feld Deutschlands, aber auch anderer Staaten mit ähnlichen Problemen bringen sollte. Sie sollte sich eng verbinden mit einer kirchlichen Hilfsorganisation, einem ökumenischen Hilfswerk für emigrierte Juden und andere Opfer staatlichen Terrors, und sie sollte schließlich eine möglichst gewichtige, anrufbare Spitze haben, die in der Lage wäre zu intervenieren oder international abgestimmte Interventionen auch politischer Instanzen des Auslands in Gang zu bringen. Die Katholiken hatten den Vatikan. Aber wir?

Der Gedanke der direkten Intervention machte mir am meisten Schwierigkeiten. Ausländer in unsere kirchlichen Angelegenheiten hineinreden zu lassen, war auch mir nicht sympathisch. Aber wenn aus der Ökumene mehr als eine Sache in Papier werden und wenn es in Deutschland wirklich so ernst werden sollte, wie mir der und jener zuraunte, der mehr als ich davon wissen mußte, dann mußten die Zeit und die Chancen dafür genutzt werden. Chamby hielt ich für eine solche Chance. Ich täuschte mich in allen Stücken.

Als ich einige Zeit vor der Konferenz zu Bischof Heckel marschierte und ihm meine Gedanken vortrug, war er sprachlos. Er bedeutete mir, ich sei wohl im Begriff, wahnsinnig zu werden. Auch Brunstäd war nicht zu gewinnen. Ausländische Interventionen in die deutsche Politik organisieren? Das ging dem Mann, der viele Jahre gegen solche Interventionen im besiegten Deutschland gekämpft hatte, gänzlich gegen den Strich.

Daß ich in Chamby mit einer Idee dieser Art nicht die mindeste Chance haben würde, zeigte sich schon in dem ersten Diskussionsbeitrag von deutscher Seite. Otto Dibelius wollte keine Resolution der Konferenz zur Judenfrage haben. Auch der Präses von Westfalen, D. Koch, nicht. Und Zoellner erst recht nicht. Sie wollten sich keiner Situation aussetzen wie der, in der sich Heckel in Fanö verfangen hatte.* Das war taktisch nicht dumm – aber ich fragte mich doch: Wenn das Salz dumm wird, womit soll man salzen? Dietrich Bonhoeffer, schon damals ein Mann hohen Ansehens in der Ökumene, war dabei. Er sagte kein Wort.

Auf einer Fahrt durch das schöne Land in seinem offenen Wagen klagte ich Schönfeld meinen Kummer. Er meinte, daß unter den Deutschen keiner, unter den Ausländern aber vielleicht doch der eine oder andere bereit wäre, auf meine Idee einzugehen. Er gab mir den Rat, einmal bei dem dänischen Bischof Amundsen vorzufühlen. Ich tat es. Es wurde ein langes Gespräch. Der Bischof meinte, einiges von dem, was ich im Sinne habe, würde durch die im Ausbau befindliche Genfer Zentrale geschehen.[3] Zum anderen erwarte er von der Oxforder Weltkirchenkonferenz im Sommer 1937 eine Förderung, aber sehr viel mehr halte er nicht für realisierbar, jedenfalls zur Stunde nicht. Dann kam ein langes Gespräch zur Situation Heckels und seines Amtes. Es war über Jahre hinweg das einzige menschlich freundliche und um Verständnis bemühte christli-

* Ausgerechnet Dr. Böhm, der ökumenische Sprecher der Dahlemer Bekennenden Kirche, berichtet rühmend und zutreffend, »daß es im wesentlichen dem Verhalten und den Reden der Mitglieder der Bekennenden Kirche zuzuschreiben ist, daß am Ende der Konferenz eine Resolution in diesem Sinne *nicht* gefaßt wurde, daß vielmehr eine Resolution einstimmig angenommen wurde (also auch mit Heckels Stimme) die zu Rassen- und Minderheitenfragen ganz allgemein Stellung nahm«.[4]

che Gespräch, das ich in der Ökumene darüber erlebte. Einige Monate später starb der großherzige Bischof.

Der Umgangston der beiden deutschen Gruppen untereinander war kalt, wenn auch höflich. Nur Koch machte eine Ausnahme. Zoellner war eine Brücke, wenn er auch von den Dahlemern meist ebenso geschnitten wurde wie Heckel. Der damalige Schatzmeister der Genfer Zentrale sprach Bachmann und mich als Kammerdiener Heckels an, und Siegmund-Schultze, ein verdienter Ökumeniker und grimmiger Hasser Heckels, wollte unbedingt einen Krimi zusammenreimen, indem er sich mit der frei erfundenen Behauptung wichtig machte, ich hätte ihn im Gespräch mit einem Nichtdeutschen zu belauschen versucht.[5]

Die Weltkirchenkonferenzen von 1937

Je mehr ich mich in das Thema der Oxforder Konferenz »Kirche, Volk und Staat« hineinarbeitete, desto mehr begann sich auch Heckel dafür zu interessieren. Unsere Vorstellungen über die zu behandelnden Themen gingen oft auseinander, über die Mitarbeiter auch. Rosenberg und das Propagandaministerium von Goebbels hatten begonnen, sich besonders auf die Oxforder Konferenz einzuschießen und durch dubiose Figuren einen jämmerlichen Brei nationalsozialistischen »Gedankenguts« verspritzen zu lassen. Ich war für scharfe Zurückweisung. Mein kluger Chef jedoch für Nichtbeachtung und loyale Haltung gegenüber dem Staat. Wir rauften uns zusammen, auch wenn mir das, was ich für ein politisches Zugeständnis hielt, meist zu weit ging. Heckels Argument: »Wollen Sie gedruckt oder verboten werden?« Ich sollte einen Band deutscher Beiträge zu dem Konferenzthema herausbringen. Der Band erschien mit einer Einleitung des Bischofs, einer Reihe staats- und völkerrechtlicher Abhandlungen, einigen theologischen Beiträgen unter anderem von Althaus und Brunstäd, und einem zwischen Heckel und mir lange umstrittenen Beitrag des Biologen Otmar von Verschuer. Ich hielt diese Abhandlung für mindestens überflüssig, Heckel für optisch nützlich. Ich suchte den Biologen in seinem Frankfurter Institut auf, legte ihm die Situation dar und fand in ihm einen Mann, der weitab von Rassenfanatismus sich seit langem mit Fragen der Genetik beschäftigte. Warum er in den Ruf gekommen war, Rassist zu sein, ist mir nicht klar geworden. Er schrieb seinen Beitrag. Unter normalen Verhältnissen wären gegen seine Publikation begründete Einwände nicht zu erheben gewesen. Aber mir mißfiel die – an sich leere – Geste gegenüber dem Regime.

Ein anderer Beitrag mißfiel mir erst recht. Heckel hatte die volksdeutschen Kirchenführer dazu veranlaßt, eine Erklärung gegen den Bolschewismus abzugeben. Heute würde ich eine solche Erklärung jederzeit begrüßen und unterstützen. Obwohl ich im Jahre 1936 den Bolschewismus für noch schlimmer als den Nationalsozialismus hielt, wollte ich auch diese Erklärung nicht aufnehmen. Sie war nicht leer – die volksdeutschen Bischöfe hatten recht. Sie sind durchweg Opfer des militanten Kommunismus geworden. Den in Oxford versammelten Kirchenmännern brauchte jedoch die Ablehnung des Bolschewismus nicht erst beigebracht zu werden. Im Unterschied zu heute gab es unter ihnen wahrscheinlich keinen, der damit etwas im Sinne hatte. Auch dieser Beitrag war weit mehr im Blick auf die deutsche Zensur als aus den in der Sache liegenden Gründen aufgenommen worden. Ich hatte eine theologische Abhandlung beigesteuert über »Die Kirche und die Kirchen«, in der ich versuchte, das kirchliche Kernproblem der Ökumene anzusprechen.[6]

Eines Morgens rief mich Herr Rennebach, der Leiter des Furche-Verlags, an und teilte mir betreten mit, die Gestapo sei bei ihm gewesen, habe das Buch verboten und die Auslieferung der bereits gedruckten und gebundenen Exemplare untersagt. Ich war verdutzt. Damit hatte ich nicht gerechnet. Waren dem Band nicht alle Schneidezähne gezogen? Wie konnte dies passieren? Dann lachte ich schallend und lief in die Jebensstraße zu Bischof Heckel. Der aber lachte gar nicht. Krummacher und Wahl, der Jurist des Amtes, wurden herbeigerufen, und dann ging es an die Erörterung der Rettungsmaßnahmen. Ich weiß nicht, wem es schließlich gelang, den Band nach einiger Zeit – für die Vorlage in Oxford zu spät – wieder loszueisen. Am meisten freute sich darüber Rennebach und danach Heckel.

Die Attacken Rosenbergs gegen die Konferenzen zogen die Aufmerksamkeit weit mehr auf sich als unsere Beiträge. Er beschimpfte uns als »protestantische Rompilger«. So wenig Rosenberg im engeren Kreis um Hitler zu bestellen hatte, seit jener Polemik wurde die Bereitschaft in den obersten und mittleren Reichsbehörden immer geringer, unsere ökumenische Arbeit unbehelligt zu lassen.

Sechs Wochen vor dem Beginn der Oxforder Konferenz am 12. Juli 1937 wußten wir, daß unsere Arbeit für die Katz war. Am 26. Mai hatte Marahrens als dienstältester Landesbischof an das Auswärtige Amt, am 3. Juni in derselben Eigenschaft an den Lordbischof von Chichester geschrieben. Dem Bischof schrieb er: »Wir hatten uns um die Bildung einer einheitlichen Vertretung der Deutschen Evangelischen Kirche, die unter meiner Leitung stehen sollte, mit Erfolg bemüht. Zu unserem schmerzlichen Bedauern wird sich die Beschickung der Konferenz nicht durchführen lassen.«[7]

Bachmann und ich hatten in unserem Abseits in der Knesebeckstraße noch keine Kenntnis von diesem Schreiben, als die Gestapo bei uns erschien, um uns die Pässe abzufordern. Eine Begründung wurde nicht gegeben. Krummacher erklärte uns ohne die mindeste Aufregung, »der Führer und Reichskanzler« habe den Wunsch, daß sich die Deutsche Evangelische Kirche an den Konferenzen nicht beteilige. Wir ließen unserer Empörung freien Lauf. Wir wurden zur Mäßigung ermahnt. Außerdem wurde uns empfohlen, von der Wegnahme unserer Pässe kein Aufhebens zu machen, wenn wir sie wiedersehen wollten. Damals waren wir nicht nur enttäuscht, sondern verbittert. Später mußten wir einsehen, daß auch eine geschlossene deutsche Delegation – sie wäre ein Wunder gewesen – mindestens auf der Oxforder Konferenz in eine Situation geraten wäre, die nicht zu meistern war, es sei denn, sie hätte *jedes* Risiko auf sich genommen. Die aktualisierte Thematik lief auf die Konfrontation der Kirchen und der Christenheit mit dem staatlichen Totalitarismus hinaus.

In den Studienpapieren der Konferenz war die Lage noch relativ vorsichtig umschrieben worden mit dem Smendschen Begriff der Integration. Die fortschreitende Desintegration von Staat und Gesellschaft werde mit staatlichen Reintegrationsversuchen umzukehren versucht. Aber manche dieser Versuche hätten durchaus totalitären Charakter. Das war zutreffend. In ihrer Bewertung gingen die Meinungen jedoch nicht nur in Deutschland auseinander. Die bekennende Kirche, auch ihr Dahlemer Flügel, war nicht gewillt, sich in eine politische, nicht einmal in eine gesellschaftspolitische Diskussion ziehen zu lassen, obwohl das Konferenzthema dies nahezu unvermeidlich machte. Sie war ebenso darauf bedacht wie das Kirchliche Außenamt, der nationalsozialistischen Regierung gegenüber loyal zu erscheinen.

In Oxford indessen blitzte das große Konfliktsthema unserer Zeit unverkennbar und unvermeidbar immer wieder auf: die unüberbrückbare Kluft zwischen dem totalen Staat und der an der Bibel orientierten Christenheit und ihren Kirchen. Aufgenommen, systematisch aufgenommen wurde es damals jedoch nur »studienweise«. Die an sich fällige geistige Kriegserklärung an den staatlichen Totalitarismus wurde vermieden. Die Kriegsallianzen des Zweiten Weltkrieges und die sich nach ihm in der Ökumene vollziehenden theologischen und politischen Verwerfungen zugunsten der mehr oder weniger auf den Kommunismus gestimmten sogenannten Befreiungsbewegungen sorgten dann dafür, daß das Thema bis heute nicht mehr scharf und klar zum Thema der Ökumene wurde. Soweit es gegen Hitler und die Deutschen ging, fehlte es zwar auch später nicht an dieser Klarheit. Soweit es um den Kreml und seine Satelliten ging, hielt man es mit der Vorsicht, mit »der Differenzierung« und schließlich mit der Verurteilung des »Antikommunismus« als einer »faschistoiden Geisteshaltung«.

Es mag sein, daß das Weltbewußtsein in jenem Sommer 1937 noch nicht soweit war, das Thema des heraufziehenden Zweiten Weltkrieges und der zweiten Hälfte dieses Jahrhunderts in den Verlautbarungen der Oxforder Weltkirchenkonferenz zu erkennen. Es mag auch sein, daß die ökumenische Realität und die Fragen ihrer weiteren Durchgestaltung in jenem Sommer und in jenem Kreis vordringlicher, konkreter und einstweilen interessanter erschienen. Jedenfalls in der Weltöffentlichkeit erregten die beiden Konferenzen von Oxford und

Edinburgh bei weitem nicht die Aufmerksamkeit, die der schwedische Erzbischof Nathan Söderblom mit seiner Stockholmer Weltkirchenkonferenz 1925 erzielt hatte. Der Anstoß, den er damit allen nichtrömisch-katholischen Kirchen in der Welt gegeben hat, wurde in Oxford und Edinburgh aber immerhin kunstvoll – wenn man die inneren Schwierigkeiten bedenkt – aufgefangen, verwandelt und verstärkt. Die organisatorisch-konstruktive Weiterbildung der ursprünglich freien, nicht von kirchlichen Institutionen getragenen ökumenischen Bewegung in die Richtung auf einen institutionalisierten Weltkirchenbund war denn auch das eigentliche Ergebnis dieser Konferenzen.

Es kam zu einer Übereinkunft, die zur Bildung eines Vierzehnerausschusses führte, der je zur Hälfte von der ökumenischen Bewegung für praktisches Christentum und der Weltkonferenz für Glauben und Kirchenverfassung beschickt wurde. In diesem Ausschuß darf man die Urform des auf der Weltkirchenkonferenz von Amsterdam 1948 dann vollendeten Weltrats der Kirchen (auch Ökumenischer Rat genannt) sehen.

Heckel, schwankend zwischen freundschaftlicher Heiterkeit und düsterer Abweisung, erörterte seine auswärtige Kirchenpolitik so ausschließlich mit seinen Oberkonsistorialräten Krummacher und Wahl, daß mir monatelang unklar blieb, will er nun hinein oder hinaus. Bei Tisch hörte ich gelegentlich Bemerkungen, die darauf schließen ließen, daß er einen Sitz in dem ökumenischen Vierzehnerausschuß anstrebe. Als er einige Wochen nach den Konferenzen, im August 1937, nach London fuhr, um – dank der Vermittlung des damaligen Erzbischofs von York, William Temple – an der Sitzung dieses Vierzehnerausschusses teilzunehmen, glaubte ich, daß die definitive Entscheidung für die zukünftige Teilnahme des Kirchlichen Außenamtes an der ökumenischen Arbeit gefallen sei. Heckel hatte in London erklärt, es sei unser Wunsch, grundsätzlich das Beste für die ökumenischen Beziehungen der Kirchen zu tun, auch der deutschen evangelischen Gesamtkirche.

Vom 15. März 1938 stammt jedoch ein Vermerk Krummachers über eine Besprechung mit dem damaligen Leiter der Kulturpolitischen Abteilung des Auswärtigen Amtes, in dem es heißt, daß es sich empfehle, »in den Beziehungen zu den großen ökumenischen Organisationen gegenwärtig weder die Brücken abzubrechen noch die Brücken zu betreten«. Daher empfehle sich deutsche Nichtbeteiligung und Einreichung eines Gutachtens, in dem »die Gründe gegen das geplante World Council in eindeutiger Weise zusammengefaßt werden«.

Ein Gutachten dieser Art kam mir zwar nie zu Gesicht, aber die Folge des törichten Bürokratenrezepts war, daß sich das Kirchliche Außenamt an der Konferenz des Vierzehnerausschusses in Utrecht im Mai 1938 uninteressiert zeigte. Dessen Beschlüsse waren jedoch von organisatorischer und personeller Bedeutung. Der wichtigste war, Willem Adolf Visser t'Hooft zum Generalsekretär des werdenden Weltkirchenbundes zu bestellen. Das lag nahe. Der Holländer hatte, aus dem Weltbund der Christlichen Studentenvereine kommend, schon damals eine beachtliche Position in der ökumenischen Bewegung inne. Er hatte auf die Vorbereitung und auf den Ablauf der Oxforder Weltkirchenkonferenz einen bedeutenden Einfluß genommen. Er war ein entschiedener Jünger Karl Barths. Die theologischen und kirchenpolitischen Einlassungen des Calvinisten waren von Barth geprägt, seine Weltkenntnis und seine große Sprachbegabung gaben diesen Einlassungen jedoch meist eine gefälligere Form als sie dem Basler Theologen eigen war. Eine brillante Intelligenz machte ihn darüber hinaus zu einem Kirchendiplomaten, der es auch mit den dafür erzogenen Mitgliedern der römischen Kurie aufnehmen konnte. Politisch habe ich ihn zu den Gegnern Deutschlands gezählt. Gerechterweise konnte man von einem Mann seiner geistigen und theologischen Prägung während des Dritten Reiches auch nichts anderes erwarten. Wir haben manches Jahr miteinander zu tun gehabt. Ich erinnere mich nicht, daß es dabei jemals Streit zwischen uns gegeben hätte. Ich kann aber auch nicht sagen, daß wir uns besonders nahegekommen wären.

Schönfeld suchte mich dafür zu gewinnen, die Berufung Visser t'Hoofts im Kirchlichen Außenamt zu vertreten. Er kannte Heckels sachliche und persönliche Vorbehalte gegen diese Berufung. Der Bischof war damit auch nicht ganz allein. Der weise Kirchenfürst William Temple hatte geschrieben:»Ich mißtraue Visser t'Hooft, weil er so sehr engagiert ist, wenngleich alle meine Sympathien auf der Seite derer sind, die er unterstützt.«[8] Schönfelds dringende Bitte zu erfüllen, kostete auch mich einige Überwindung. Visser t'Hooft war so ganz anders als mein väterlicher Freund Adolf Keller. Heckel paßte die Berufung nicht. Aber ein Einspruch unterblieb.

Nach dem Scheitern Zoellners mit seinem Reichskirchenausschuß stand das Kirchliche Außenamt wieder allein. In der Führung der NSDAP begannen sich die entschieden kirchenfeindlichen Kräfte durchzusetzen. Die Deutsche Evangelische Kirche als Institution befand sich in einem erbarmungswürdigen Zustand innerer Zerrissenheit. Das Kirchliche Außenamt stand zwischen allen Feuern. In der Ökumene hatte es noch immer mehr Feinde als Freunde. Heckel und Krummacher wehrten sich gegen die Unterwerfung unter den Barthianismus und ein nichtkatholisches Weltkirchenregiment, das, von Angelsachsen, Holländern und Franzosen getragen, nach Heckels Meinung kein annähernd hinreichendes Verständnis für die Situation Deutschlands und der deutschen Kirchen aufzubringen vermochte.*

* Wie sehr er sich zwischen zwei Feuern sah, zeigt ein Brief Heckels an Bischof Melle, den deutschen Methodistenbischof, der an der Oxforder Konferenz teilnehmen durfte. Heckel erinnert Melle daran,»daß wir nur unter größten Mühen unsere ökumenische Arbeit, die nicht populär ist... unter den heutigen Umständen aufrecht erhalten. Es gibt Stellen, die nur auf die Gelegenheit warten, die ökumenische Arbeit der Kirche als untragbar zu beseitigen.« Das war uneingeschränkt wahr.

Vielleicht wäre es Heckel und Krummacher doch noch gelungen, in der ökumenischen Welt mehr als toleriert zu werden, wenn sie sich in ihrer ökumenischen Politik zur Stabilität durchgerungen hätten. Ihr vorsichtiges Bekenntnis zur Ökumene war auch subjektiv zutreffend. Aber es blieb labil.

Eine erzbischöfliche Rede und ihre Folgen

Nach Hitlers ruchlosem Überfall auf die Tschechoslowakei im Frühjahr 1939 hatte der Erzbischof von Canterbury im Oberhaus eine Rede gehalten, in der er seine Regierung zu einem Waffenbündnis mit der Sowjetunion aufforderte. Heckel gab dazu eine etwas gequälte Erklärung ab. Ich wurde an ihrer Ausarbeitung nicht beteiligt. Dem radikalen Flügel der Deutschen Christen war diese Stellungnahme bei weitem nicht genug. Sie gaben eine eigene Erklärung heraus. Die einstweilige Leitung des Ökumenischen Rates antwortete darauf mit einer von Barth entworfenen Gegenerklärung.

Hans Schönfeld hatte davor gewarnt, weil die politische Seite der Sache die Deutsche Evangelische Kirche in eine schwierige Lage bringe. Visser t'Hooft hatte Schönfelds Rat in den Wind geschlagen. Natürlich war es dem Ökumenischen Rat wie jedem Christen erlaubt, die rüden und häretischen Auslassungen jener Godesberger Erklärung zurückzuweisen. Wenn es sich aber um eine förmliche Kundgebung einer ökumenischen Gemeinschaft handelte, deren Mitglied wir waren und die wir in Deutschland seit Jahr und Tag gegen tausend Angriffe und Schwierigkeiten verteidigten, dann hatten wir einen begründeten Anspruch darauf, vorher zumindest gehört zu werden. Das war nicht nur Heckels und Krummachers Standpunkt. Es war auch der meine. Die amtliche Stellungnahme der einstweiligen Leitung des Ökumenischen Rates gebe der Auslassung einiger Deutscher Christen zudem »eine falsche Bedeutung«. Sie habe kein gesamtkirchliches Gewicht.

Das entsprach dem Tatbestand. Dennoch war der Vorgang von mehr als vorübergehender Bedeutung. Er brachte meines Wissens zum erstenmal in der Geschichte des Ökumenischen Rates die Frage auf, ob dem Genfer Generalsekretariat oder der Repräsentanz des Ökumenischen Rates ein Recht auf Intervention in die Angelegenheiten einer Mitgliedskirche auch dann zugestanden werden solle oder müsse, wenn diese Intervention ohne, ja gegen die Leitung der betreffenden Kirche erfolge. Ich dachte an die Ideen, mit denen ich drei Jahre zuvor nach Chamby gezogen war, und war mit mir selbst uneins. Ich kam indessen zu dem Schluß, daß Visser t'Hooft uns rechtzeitig hätte in das Vertrauen ziehen müssen.

Wie schwierig indessen eine generelle Antwort darauf ist, läßt sich am ehesten am Beispiel der Kirchen hinter dem Eisernen Vorhang dartun. Der Verzicht der EKiD auf den immer wiederholten, scharfen Protest gegen die Unterdrückung dieser Kirchen durch ihre totalitären kommunistischen Machthaber hat mich lange geärgert. Die auch in der freien Welt betriebene Vernebelung ihres Zustands als verfolgte Kirchen hat mich erbittert – aber ich zaudere, wenn es um Interventionen von außen geht, die den Verfolgten möglicherweise keine Hilfe, sondern zusätzliche Belastung bringen. Zwischen Wahrheit und Liebe in solchen Fällen abzuwägen, ist ein schweres Geschäft. Aber deshalb darf nicht von vornherein darauf verzichtet werden. Für eine verfolgte Kirche mag es leichter sein, wenn geharnischte Proteste aus dem Ausland ohne ihr Zutun oder Mitwissen zustande kommen. Das kann jedoch nicht zur Regel werden, und schon gar nicht dort, wo vertrauliche Kontakte über die Grenzen weg möglich sind. Sie müssen wahrgenommen werden. Die Erfahrung zeigt, daß die betroffene Kirche sonst noch mehr in kaum lösbare Zwänge gerät.

Am 9. Oktober 1976 veröffentlichten der Rat und die Kirchenkonferenz der Evangelischen Kirche in Deutschland eine Stellungnahme zu der kirchlichen Situation in Mitteldeutschland nach dem Protesttod des Pfarrers Brüsewitz. Es heißt darin, »nach dem Urteil der Kirchen in der DDR bedeute es keine Hilfe, wenn ihr Verhalten von der Bundesrepublik aus an politischen Maßstäben gemessen werde. Die Christen in der DDR haben einen Anspruch darauf, von ihren eigenen Voraussetzungen her beurteilt zu werden.«

Das Kirchliche Außenamt hat sich während der ganzen Zeit der nationalsozialistischen Herrschaft akkurat darum bemüht. Es setzte sich damit jeder Mißdeutung aus. Der Ökumenische Rat hatte bis zum 20. Juli 1944 die Möglichkeit, mit der vielgestaltigen Deutschen Evangelischen Kirche Fühlung zu halten. Das war das Verdienst Hans Schönfelds. Nicht nur im Mai 1939 setzte sich Genf darüber hinweg. Es drohte der Bruch.

Sechs Wochen später saßen sich Visser t'Hooft und Heckel im Kirchlichen Außenamt gegenüber. Das vierstündige Gespräch verlief freundlicher, als ich erwartet hatte. Bischof Heckel hatte sich in den Vorgesprächen mit Krummacher und mir davon überzeugen lassen, daß wir die Verbindung mit der Ökumene aus zwingenden kirchlichen, aber auch aus wohlerwogenen politischen Gründen nicht abreißen lassen dürften. Es sei unsere Pflicht, das immer monotoner werdende Bild eines entchristlichten Deutschland, wie es im öffentlichen Bewußtsein des Auslands mehr und mehr aufscheine, wahrheitsgemäß zu korrigieren. Und es sei unser legitimes kirchliches *und* politisches Interesse, der Vereinsamung des deutschen Protestantismus in der Welt entgegenzuwirken. Krummacher unterstützte diese Thesen.

Heckel hörte sich unsere Vorschläge mit gefurchter Stirne an. Resigniert warf er ein, daß Canterbury, Visser t'Hooft und ähnliche Leute es schon noch dahin brächten, daß das Kirchliche Außenamt von der Gestapo geschlossen werde, unsere Auslandspfarrer verhungerten und die volksdeutschen Kirchen zum ungeschützten Operationsfeld der »Volksdeutschen Mittelstelle« – einer von dem SS-Obergruppenführer Berger geleiteten nationalsozialistischen Organisation – werde. Als er am Abend nach Hause fuhr, war mir durchaus zweifelhaft, ob das Gespräch am Tag darauf irgend etwas nützen werde.

Der Gewinn des Gesprächs beruhte darin, daß die Kontroverse um die Canterbury-Rede und die Godesberger Erklärung praktisch beigelegt wurde, wennschon Visser t'Hooft zäh seine These verfocht, daß die Leitung des Ökumenischen Rates das Recht haben müsse, Stellung zu nehmen zu Fragen, die auf das Herz der Ökumene zielten. Das war und blieb unbestritten. Heckel war nicht auf Streit gestimmt. Seine Forderung auf angemessene Vertretung der Deutschen in der ökumenischen Führung brachte er jedoch überforciert vor. Der Diplomat Visser t'Hooft erklärte korrekt, daß er Heckels Wünsche erst seinem Leitungsgremium vortragen müsse und stellte die Antwort für September in Aussicht.

Noch wichtiger vielleicht als dieses Gespräch war Visser t'Hoofts Gespräch mit Hanns Lilje und dem ökumenischen Referenten in der Dahlemer Bekennenden Kirche Böhm. Beide erklärten dem Generalsekretär, daß das einzige Organ, das reguläre und verbindliche Beziehungen zwischen Deutschland und der Ökumene ermöglichen könne, das Kirchliche Außenamt sei. Böhms und Liljes Urteil über die Bedeutung des Amtes war um so gewichtiger, als beide zu seinen Kritikern gezählt werden mußten. Weil ich die Lage genau so sah, hielt ich es für meine Pflicht, zu bleiben, wo ich war. Die strukturelle Schwäche des Kirchlichen Außenamts hat Lilje in seinem Gespräch mit Visser t'Hooft im Juni 1939 treffend mit der Bemerkung gekennzeichnet, daß Bischof Heckel zwar eine Dienststelle, aber keine Kirche vertrete.

Zur Tragik Theodor Heckels gehörte in der Tat, daß er vor der Ökumene als Vertreter der Deutschen Evangelischen Kirche auftrat und auch als solcher auftreten mußte. Seit dem Ende des Reichskirchenausschusses aber besaß die Deutsche Evangelische Kirche keine legitime Leitung mehr. Heckels Bereitschaft und sein Wille, so gut es ging in seinem Sachbereich in die Bresche zu treten, funktionierte bis zum Schluß in allen Arbeitsgebieten seines Amtes bis auf die ökumenischen Beziehungen. Aber er übernahm sich und sein Amt, sobald er die Autorität, die einer intakten DEK zustand, ausländischen Kirchen gegenüber in Anspruch nahm. Er war mehr als der Chef einer Verwaltungsstelle, aber es wurde ihm weder im Innern noch im Ausland abgenommen, wenn er eine Vertretungsbefugnis in Anspruch nahm, die nur von einer intakten verfassungsmäßigen Kirchenleitung und Nationalsynode hätte gedeckt werden können. Mir ist nicht sicher, daß Theodor Heckel sich dieser strukturellen Schwäche seines Amtes klar bewußt wurde. Er improvisierte immer von neuem, um sie auszugleichen. Oft strengte er sich dabei über das vernünftige Maß hinaus an. Daraus erklären sich seine zuweilen überzogenen Forderungen auf die Vertretung der DEK im ökumenischen Bereich. Sie entstammen nicht einer persönlichen Machtgier, sondern dem Willen, die Pflichten seines Amtes und die Belange der DEK auch gegen die Gewalt der Umstände wahrzunehmen.

England am Vorabend des Zweiten Weltkriegs

Im Juli 1939 fand in dem Palace des Erzbischofs von York eine Studienkonferenz der Forschungsabteilung des Ökumenischen Rates statt. Das Thema stand einerseits noch im Zeichen der Oxforder Weltkirchenkonferenz, andererseits befaßte es sich mit der Weiterbildung des Ökumenischen Rates. Auf der Fähre von Vlissingen nach Harwich beobachtete ich kleine, gedämpft sprechende Grüppchen von Deutschen. Hinten am Heck stand ein älteres Ehepaar. Die Frau hob die Hand in die Sonne. Ihr Ehering funkelte. »Den habe ich durchgebracht«, sagte sie zu ihrem Mann. Emigranten. In jenem Sommer vor dem Kriegsbeginn war der Strom der Emigranten wie ich ihn im Frühjahr 1934 auf der Reise nach Prag gesehen habe, nur noch ein Rinnsal. Die rassisch verfolgten Deutschen hatten es immer schwerer, aus Deutschland herauszukommen, und viele der Älteren unter ihnen hielten das Schicksal, das sie in ihrem Vaterland Deutschland erwartete, für ganz undenkbar.

Eric Fenn, ein englischer Pfarrer, Direktor beim BBC wollte mich sprechen. Ich kannte ihn von mehreren Studienkonferenzen her. Er lud mich in sein Haus an den Familientisch. Wir aßen den besten Turkey meines Lebens. Dann gab es ein Gespräch, das den ganzen Nachmittag und den halben Abend füllte. Es ging um Canterburys Oberhaus-Rede und Heckels Reaktion darauf. Die Aufforderung des Erzbischofs zur Bundesgenossenschaft mit den Sowjets war für viele brave Bürger und Christen auch in England und in der Welt shocking. Ich stimmte mit Rev. Fenn hingegen darin überein, daß die an Hitlers Adresse gerichtete glaubhafte Androhung eines Zweifrontenkriegs noch am ehesten der Erhaltung des Friedens dienen könne. Auf den Gedanken, daß Hitler den Engländern und Franzosen, die sich kurz darauf in Moskau um ein Militärbündnis bemühten, den Rang ablaufen könnte, kamen wir beide nicht.

Fenns Bericht über die Wirkung der Rede zeigte, daß trotz der Einreden, die Zustimmung groß war. Die Rede hatte der lange schwelenden Kritik und geistig-religiösen Ablehnung des Nationalsozialismus gewisse Konturen gegeben und zwar weit über England hinaus. Sie gab dem zornig-entschlossenen politischen Protest gegen den Bruch des Münchner Abkommens so etwas wie einen weltweiten sittlich-religiösen Hintergrund. Auf den letzten großen Bastionen der abendländischen Kultur wurden die Stellungen bezogen. Dies war auch mein Eindruck von einem Gespräch mit Arnold Toynbee im Chatham-House. Ich weiß nicht mehr, wie es zu diesem Gespräch gekommen ist. Der schon damals berühmte Kulturphilosoph hatte mich zum Tee gebeten. Der Tisch stand neben einem Ofen. Er heizte Toynbees Arbeitszimmer und den als Leseraum dienenden Vorsaal. Die Wand bei dem Ofen war durchbrochen. Eine nützliche Einrichtung, wenn man sparsam heizen will, aber bedenklich, wenn man neben dem Mauerdurchbruch heikle, um nicht zu sagen gefährliche Gespräche führen soll.

Nach einer knappen Unterhaltung über Oswald Spengler kam die Rede auf die Lage der Kirchen in der Welt, die fortschreitende Säkularisierung und den drohenden Krieg. Ich vertrat die Überzeugung, daß Hitler den Krieg vielleicht nicht unbedingt wolle, daß er ihn aber riskieren werde und ihn schon vor München einkalkuliert gehabt habe. Mein Gastgeber gab nicht zu erkennen, ob oder daß er Kenntnis besitze von den mehrfachen, in denselben Sommerwochen in London geführten Gesprächen deutscher Oppositioneller wie Goerdeler, Kleist-Schmenzin und anderer. Sie hatten einem Teil der politischen Prominenz Englands für den Herbst Hitlers Angriffskrieg vorausgesagt, und sie hatten sich bemüht, scharfe englische Warnungen auszulösen. Das war nach meinem Eindruck nicht überflüssig, aber ich wußte damals nichts davon, und ich stieß bei meinen vorwiegend kirchlichen Gesprächspartnern auch nicht auf Anzeichen, daß sie etwas davon wußten.

Als ich das Chatham-House wieder verließ, merkte ich, daß mir ein Mann in kurzem Abstand folgte. Ich blieb an der nächsten Bushaltestelle stehen. Er kam auf mich zu, sprach mich in Deutsch an, nannte einen Namen, den ich kaum verstand, und berichtete, daß er mein Gespräch mit Toynbee von A bis Z mitgehört habe.

Eine Emigrantenexistenz

Er sei Emigrant, lebe seit einem Jahr in Hammersmith, und wenn ich ein wenig Zeit für ihn erübrigen könne, möchte ich doch bei ihm essen. Der Mann sah ein wenig abgerissen aus. Ich war mißtrauisch, aber irgend etwas an ihm wirkte vertrauenerweckend. Schon um zu erkennen, mit wem ich es zu tun habe, schlug ich vor, er möge mein Gast in einem von ihm zu wählenden Lokal sein. Er warf einen kurzen Blick auf seinen Anzug, dann kam er mit dem Einwand, das sei für das Gespräch, das er mit mir führen möchte, zu riskant, London wimmle von Spionen. Ich folgte ihm.

In dem heruntergekommenen, unaufgeräumten Zimmer, in das er mich führte, gab es einige spärliche Hinweise auf bessere Tage, die er in Schlesien erlebt habe. Er briet zwei Steaks, ziemlich kunstfertig wie mir schien, und während des Essens eröffnete er mir, daß er mich für einen Gegner des National-sozialismus halte, jedenfalls würde das, was er von mir bei Toynbee gehört habe, ausreichen für das Konzentrationslager, vielleicht für den Galgen. Wir könnten also ganz offen reden. Von sich selber berichtete er nicht viel. Aber was er sagte, reichte aus, um mich ein für allemal von dem Gedanken an Emigration abzu-bringen.

Ich hatte nie ernstlich daran gedacht, auch wenn der Gedanke in trüben Stunden bei mir auftauchte. Mein Schlesier erzählte, daß er Halbjude sei. Zur Kirche habe er wenig Beziehung gehabt, sie sei ihm auch in Schottland, wo er es mit einer Geflügelfarm versucht habe, fremd geblieben. Düster war es auch mit seinen Familienverhältnissen bestellt. Die Nonchalance, die ihn umgab, hielt ich für im Leid gehärteten Gleichmut. Sie war aber wohl mehr eine Folge seiner Einsamkeit.

Der Krieg sei unabwendbar. Aber er verspreche sich nichts davon. Bis Hitler aufgebe, sei mehr als die Hälfte Europas kaputt. Ob er nicht nach Amerika weiterziehen wolle, fragte ich. Wozu? meinte er, das sei sinnlos. So sehr hänge er nicht mehr am Leben, und in der Emigration sei es schließlich überall dasselbe. Außer dem Blick in die innere Seite der Emigration brachte mir der Abend die Begegnung mit einem Mann, der in der Mitte des Lebens schon jenseits der Verzweiflung lebte. Ich habe seinen Namen vergessen. Nie mehr habe ich etwas von ihm gehört. Die Erinnerung an ihn aber hat mich nie mehr verlassen.

Als ich Eric Fenn wiedersah, erzählte ich ihm von der Begegnung. Er bestätigte, daß kirchliche und gewerkschaftliche Kreise und Gruppen sich vielerorts darum bemühten, den Emigranten mit Rat und Tat zur Seite zu stehen. Er nannte George Bell, den Lordbischof von Chichester, und einige andere. Der BBC-Direktor sprach mich auf eine Frage an, die mit dem Emigran-tenproblem zu tun hatte, wenn auch nur am Rande. Er wollte wissen, wie ich über vom BBC in deutscher Sprache gesendete Gottesdienste dächte. Ich sagte ihm, daß mir der Plan einstweilen wichtiger sei als seine Durchführung. Ich bat ihn, damit einverstanden zu sein, daß ich in dem formellen Reisebericht, den ich daheim zu erstatten hatte, über die Absicht des BBC so berichte, daß daraus die Aufforderung werde, die aus dem deutschen Rundfunk verdrängten gottes-dienstlichen Sendungen wieder einzuführen.

In der Sache selbst war ich, was den BBC anbetraf, zurückhaltend. Fenn, den legitime missionarische und diakonische Motive mehr als politische bewegten, hatte sich nicht vergegenwärtigt, daß zum Beispiel die Kranken und Alten, die er mit seinen deutschsprachigen Gottesdiensten auch erreichen wollte, daran hängen blieben, daß das Abhören fremder Sender unter Strafe gestellt war. Größer aber noch seien meine Bedenken gegen die vielleicht ganz unbeabsichtigte Vermischung der Predigt mit politischer Propaganda. Paul Tillichs predigt-ähnliche Sendungen aus den USA während des Krieges an seine deutschen Freunde haben meine damaligen Bedenken bestätigt.*

In York

Das Ergebnis der europäisch-amerikanischen Studienkonferenz in dem alten erzbischöflichen Palais in York war nach meinem Gefühl unerheblich. Dennoch gehört die Erinnerung an jene Tage zu meinen letzten großen Eindrücken von England und dem englischen way of life vor dem Zweiten Weltkrieg. In York ging es in jenen Sommerwochen vor dem Ausbruch des Krieges noch wesentlich ruhiger zu als in London. Der Zorn über Hitlers Bruch des Münchener Abkommens hatte sich gelegt. An seine Stelle war die feste Entschlossenheit getreten, das nächste Mal in den Krieg zu gehen. Nach dem Dinner saßen wir abends in der Halle vor dem Kamin. Die Gespräche, die an diesen Abenden geführt wurden, bewegten mich mehr als die gelehrten Diskussionen der Konferenz.

Ich erinnere mich an einen Admiral der Navy, der von seinen Erlebnissen in der Skagerrakschlacht berichtete, das mit Hitler abgeschlossene Flottenabkommen (Begrenzung der deutschen Seestreitkräfte auf fünfunddreißig Prozent der britischen) lobte, seine Sympathien für Hitlers Leistungen bis zum Münchener Abkommen offen bekundete und mir schließlich mit der größten Liebenswürdigkeit erklärte, daß beim geringsten weiteren Übergriff Hitlers alle Kanonen der zivilisierten Welt gegen Deutschland losgingen. Ich fragte ihn, was oder wen er darunter verstehe. Er präzisierte: Frankreich, die USA und das gesamte britische Empire. Ich fragte: »Auch Indien?« Antwort: »Indien, Asien, Australien, Afrika.« »Ich werde es zu Hause ausrichten«, sagte ich dem Admiral. Er selbst war selbst für englische Verhältnisse ungewöhnlich gelassen. Der Grund: »Wissen Sie, ich kenne einige Ihrer führenden Nazis. Wenn England in den Krieg eintritt, ist er am anderen Tag aus.«

Der Mann gehörte nicht zu den Konferenzteilnehmern. Er war einer der Gäste, die am Abend häufig mit uns an der erzbischöflichen Tafel saßen. Ich fragte den Erzbischof, ob die Meinung des Admirals charakteristisch für die

---

* In meinem Reisebericht, der wie gewöhnlich dem Reichskirchenministerium und dem Auswärtigen Amt zugeleitet wurde, habe ich die Sache denn auch mit dem geschilderten Antrag zur Sprache gebracht. Fünfunddreißig Jahre später hat die Bonner Staatsanwaltschaft auf Veranlassung einiger Leute, die ich den Helfershelfern der Pankower Kommunisten zurechne, geprüft, ob darin nicht eine Förderung der nationalsozialistischen Propaganda zu sehen sei.

92

Stimmung in der englischen Armee und Marine sei. Er lud mich zu einem Gang in den Garten ein. Ich habe William Temple immer bewundert, ja geliebt. Zufällig war ich bei einer kleineren ökumenischen Tagung mit ihm in ein Gespräch über Plato gekommen.

Jetzt in York erzählte er mir von seiner Studienzeit, seinen philologischen und historischen Neigungen und Studien – ein Gespräch, das wesentlich anders verlief als die vergleichbaren Gespräche unter deutschen Theologen. Wenn nicht gerade die Kirchenpolitik die theologischen Diskussionen überdeckte, so gingen sie weit eher um die Kontroversen der systematischen Theologie als um die klassische Antike. William Temple war kein Mann der theologischen Kontroverse. Nach Gestalt und Naturell ein heiterer Pykniker, als Gelehrter auf breitem Fundament stehend, im Gespräch verbindlich und humorvoll. Ich fragte mich, welche besondere Begabung ihn in das hohe Amt gebracht habe und kam zu dem Ergebnis, daß es wohl die Summe seiner zweifellos brillanten intellektuellen und charakterlichen Fähigkeiten gewesen ist.

Nun, beim Gang durch den Garten, kam er zur Lage und zu meiner Frage. Er wußte, in welcher Klemme ich mich in meiner kirchlichen Position in Deutschland befand. Ich hatte auch nicht den Eindruck, daß er meinen freimütigen politischen Einlassungen einen Zweifel entgegenbrachte. In der Sache bestätigte er den Admiral. Er tat es zurückhaltend. Von der Canterbury-Rede wurde nicht gesprochen. Nach dem Gespräch gab es für mich aber keinen Zweifel mehr darüber, daß im englischen Parlament eine erdrückende Mehrheit zum Krieg entschlossen war, wenn Hitlers Übergriffe nicht aufhörten. Ich stieß nirgends auf ein Anzeichen dafür, daß von Hitlers geheimer Rede vor den Oberkommandierenden, die im Hoßbachprotokoll festgehalten wurde, etwas bekannt geworden war. Entweder wußten die Herren von Kleist, von Schlabrendorff – er war in jenem Sommer auch in London – und Goerdeler nichts davon, oder sie wollten davon keinen Gebrauch machen.

Nach London zurückgekehrt, lief ich mitten in eine große Luftschutzübung hinein. Feuerwehren und Krankenwagen waren aufgefahren, mächtigen Rauch entwickelnde Feuerwerkskörper gaben der Szene einen Anstrich von Ernst – dennoch wirkten die beflissenen freiwilligen Helfer mit ihren Stahlhelmen und noch mehr die in topfrischen Rotekreuz-Trachten hin- und hereilenden Helferinnen auf mich mehr wie die Komparsen in einer Spielfilmszene denn als die Vorboten grimmigen Ernstes. Als solche erschienen mir mehr die auf den vielen kleinen Plätzen und Yards Gewehrgriffe übenden jungen Männer. Sie trugen Zivil. Ihr Training sah nicht besonders gefährlich aus, signalisierte in seiner Stille und Sachlichkeit aber eine eherne Entschlossenheit.

Das Gespräch mit William Temple ließ mir keine Ruhe. Ich ging zur deutschen Botschaft. Der Zufall wollte es, daß ich in einer der kleinen ruhigen Straßen in ihrer Nähe dem Lordbischof von Chichester begegnete. George Bell war unterwegs zu seinem Club, dem bei Gelehrten und beim hohen Klerus beliebten Athenee. Ich sagte ihm, daß ich von York käme und es für meine Pflicht halte, unsere Botschaft auf den Ernst der Lage hinzuweisen. Sieben Jahre später gingen wir zusammen wieder durch die gleiche Straße. Ich war sein Gast in Chichester gewesen und begleitete ihn nun zum Athenee. Hinter uns lag, was wir im Sommer 1939 nicht nur geahnt und befürchtet, sondern vorausgesehen hatten, wenn auch nicht in seinem Umfang und in seiner schrecklichen Tiefe.

In der Botschaft empfing mich der Geschäftsträger Theo Kordt. Der Botschafter sei in Berlin. Ich sah mich in Kordts Dienstzimmer um. Auf dem Kaminaufsatz stand eine Photographie von Goebbels mit eigenhändiger Widmung. Ich wurde vorsichtig, berichtete aber korrekt von meinen Gesprächen. Die Äußerungen des Admirals regten Kordt weder an noch auf. Als ich aber über das Gespräch mit dem Erzbischof berichtete, hörte er gespannt zu. Seine erste Reaktion war: »Sie müssen sofort nach Berlin fliegen und sich bei dem Außenminister melden.« Ich bezweifelte, daß ich von Ribbentrop empfangen werde, außerdem könne ich mir nicht vorstellen, daß das, was ich zu berichten habe, für ihn einen Neuigkeitswert habe. Man brauche ja nur durch die Straßen Londons zu gehen, um sich einen Reim auf das Kommende zu machen. Theo Kordt sah es ein. Ich verabschiedete mich von ihm mit dem Eindruck, mit einem Mann gesprochen zu haben, der sich keinerlei Illusionen machte, der tat was er konnte, um das Unheil zu verhindern, der sich dabei nach Bundesgenossen umsah, der aber völlig machtlos war.

Am Abend des gleichen Tages ging ich mit Nils Ehrenström, dem schwedischen Kollegen Schönfelds in der Genfer Forschungsabteilung, in eines der großen Kinos in der Londoner City. Es gab einen richtigen Reißer: ›Confessions of a Nazy spy‹. Er paßte zu den Bildern des Tages und zu der Stimmung ringsum. Ehrenström, der vorzüglich deutsch spricht, raunte mir beim Verlassen des Kinos zu: »Lassen Sie uns englisch sprechen.« Mir wurde klar, daß der kommende Krieg keineswegs nur gegen Hitler und seinen Anhang geführt werden würde, sondern gegen Deutschland mit allem, was es sei und habe. Nur die höchst mangelhafte Weltkenntnis der braven und tumben Binnendeutschen unter den Kritikern Hitlers konnte zu der oft noch während des ganzen Krieges gepflegten Illusion führen, daß die Welt im Krieg säuberlich zwischen Deutschland und seinen Beherrschern unterscheiden werde. Das taten einige der geistigen und moralischen Eliten unter beträchtlichen Schwierigkeiten. Zu ihnen zählten in England mit Sicherheit der Lordbischof von Chichester – sein Briefwechsel mit Gerhard Leibholz[9], der als Emigrant in London lebte, beweist es – und William Temple, der bald darauf Erzbischof von Canterbury und damit Primate of all England wurde. In Amerika waren es hauptsächlich deutsche Emigranten, die den Unterschied unentwegt verfochten, wie ihre zutreffende Kritik an Shirers nach dem Krieg erschienenen Buch über den Nationalsozialismus beweist.

In Berlin zurück, meldete ich mich pflichtgemäß bei dem für das Kirchliche Außenamt zuständigen Leiter der Kulturpolitischen Abteilung des Auswärtigen Amtes, Dr. von Twardowski. Er hörte mich ruhig an, ohne Fragen oder Einwand. Dann meinte er, daß ich mich zu Kordts Bitte richtig verhalten habe. Er bezweifle, daß mich der Minister angehört hätte oder überhaupt hören wolle. Er werde darüber aber berichten. Ich hörte nichts mehr, keinen Ton. Das sieben Jahre später gegen Ribbentrop von dem Gerichtshof der Sieger in Nürnberg gefällte Todesurteil kann ich nicht billigen. Aber wenn sich ein Außenminister soviel Ignoranz leistet, wie es dieser Mann mindestens bis zum Ausbruch des Krieges getan hat, dann kann er sich nicht auf Befehlsnotstand berufen. Er mußte sich sagen, daß er dafür eines Tages gehängt werde.

VIERTES KAPITEL

Gefeuert

Habilitation in Rostock

Wilhelm Bachmann und ich betrachteten unseren Auftrag im Kirchlichen Außenamt nach dem Ende der Weltkirchen-Konferenzen als erledigt. Er wollte eine Zeitlang nach England gehen, und ich wollte mich um meine Habilitation kümmern. Mein württembergischer Bischof war nicht dafür, daß ich Berlin verlasse. Unter dem 23. Juli 1937 bevollmächtigte er mich, »bis auf weiteres im Auftrag der württembergischen Landeskirche deren Anliegen und Interessen bei den kirchlichen und staatlichen Stellen in Berlin zu vertreten«.

Ich fuhr nach Rostock und besprach mich mit meiner Fakultät. Helmuth Schreiner war entlassen. Seit seiner profunden Kritik am Nationalsozialismus war er der NSDAP ein Dorn im Auge. Die Frage wurde erörtert, ob und wie ich an seiner Stelle in Rostock amtieren und lehren könne. Ich sah keine Möglichkeit, ausgerechnet eine Professur der praktischen Theologie wahrzunehmen. Dazu gehörte eine längere Tätigkeit im Pfarramt. Mein relativ kurzes Vikariat schien mir keine hinreichende Voraussetzung zu sein für die Übernahme gerade des Lehrstuhls innerhalb der Universitätstheologie, der wie kein anderer eine breite Erfahrung im geistlichen, mehr als im akademischen Amt erfordert. Diese Bedenken waren indessen ohnehin belanglos, denn bald stellte sich heraus, daß ich – zumindest in Rostock – unter nationalsozialistischer Herrschaft niemals mit einer Dozentur, gleich welcher Art, würde rechnen dürfen. Obwohl ich alle Bedingungen der Promotion und der Habilitation sowohl nach dem alten Recht der Rostocker Theologischen Fakultät wie nach den neuen Vorschriften der ersten und der zweiten Reichshabilitationsordnung des Dritten Reiches erfüllt hatte, wurde mir die Ausübung der Venia legendi, des Rechts, Vorlesungen zu halten, zuerst in Mecklenburg, später auch in Berlin und in Münster/Westfalen verweigert. Der Privatdozent war abgeschafft, es gab nur noch Staatsdozenten.*

---

* Das alte Recht der Universitäten, nicht nur zu promovieren, sondern auch zu habilitieren, daß heißt eine Lehrtätigkeit an der Universität zu verleihen, hatte der totale Staat an sich gerissen. Er hatte dem Recht der Fakultäten die dafür verlangte wissenschaftliche Leistung zu prüfen, ein staatliches Genehmigungsverfahren übergeordnet. Die üblichen

97

Bischof Heckel hatte mir in der Annahme, daß es sich um eine verhältnismäßig kurzfristige Überbrückung handle, angeboten, in meinem Büro zu bleiben, an der Studienarbeit in der Ökumene mitzuarbeiten, mich aber hauptsächlich mit meiner Habilitationsschrift zu befassen. Wäre nicht der nun beginnende Kampf um die Ausübung meiner akademischen Rechte gewesen, so würden die beiden Jahre nach den großen ökumenischen Konferenzen zu den ruhigsten meines Lebens zählen. Der Kirchenkampf war abgeflaut. An den Händeln innerhalb der bekennenden Kirche weiterhin teilzunehmen, fehlte mir alle Lust. Auch im Kirchlichen Außenamt war die Lage entspannt.

Unter dem Titel ›Die Kirche und die Schöpfung‹ hatte ich meine Habilitationsschrift vorgelegt. Die vorgeschriebene wissenschaftliche Aussprache hatte in Rostock stattgefunden. Ich war lic. theol. habil., aber ich wartete vergeblich auf die von der Universität auszustellenden Dokumente. Alle Mahnungen halfen nichts. Meine Fakultät war empört, aber auch ihre Vorstellungen nützten nichts.

Wenn ich es recht bedenke, habe ich es allein Theodor Heckel zu verdanken, daß mir die Theologische Fakultät der Berliner Friedrich-Wilhelm-Universität erlaubte, die inzwischen vorgeschriebenen Lehrproben bei ihr zu machen und die Venia legendi bei ihr auszuüben. Was mich in der ökumenischen Welt immer bitterer belastete, meine Verbindung zum Kirchlichen Außenamt, war mir in der von Axel Seeberg im wesentlichen bestimmten Fakultät eine Hilfe. Die große Zeit dieser Fakultät war seit Harnacks Abgang dahin, aber etwas vom alten Glanz war noch da. Der große Kirchenhistoriker Lietzmann war unangefochten geblieben. Er hatte sich weder politisch, noch kirchenpolitisch exponiert. Ein Einschlag der »Deutschen Christen« hatte sich allerdings auf dem Lehrstuhl für systematische Theologie, also gerade in meinem Fach, bemerkbar gemacht, und auch Axel Seeberg hatte geglaubt, der Zeit seine Reverenz erweisen zu sollen. Der größere Name seines Vaters Erich, der neben Harnack viele Jahre lang an derselben Fakultät gelehrt hatte, überstrahlte zwar den seines Sohnes, aber Axel stand zumindest an denkerischer Originalität seinem Vater nicht nach. Seine nicht historische, sondern systematische Fragestellung »Wer ist Christus?« regte mich lebhaft an. Der praktische Theologe, Leonhardt Fendt, war einer der großen Prediger Berlins. Er predigte im Deutschen Dom am Gendarmenmarkt. Sein durch und durch gearbeiteter Text und die nur ihm eigene Didaktik haben mich immer von neuem fasziniert.

---

akademischen Grade konnten zwar wie zuvor erworben und mit der Habilitation auch der neugeschaffene Grad eines Dr. habil. erlangt werden. Die Ausübung der damit nur noch theoretisch erworbenen Venia legendi aber machte der Staat von seiner ausdrücklichen Genehmigung abhängig. Sie wiederum mußte in einem gesonderten Verfahren nachgesucht werden. Die entscheidende Instanz dafür war nur nach außen hin der Reichsminister für Erziehung, Wissenschaft und Volksbildung. In Wahrheit entschied eine Parteiinstanz der NSDAP, der Stellvertreter des Führers in München.

Ehe ich in dieser Fakultät meine Probevorlesungen halten durfte, mußte ich den Besuch des Dozentenlagers nachweisen. Meine Bemühungen, dafür einberufen zu werden, blieben fruchtlos. Ich konnte die formelle Urkunde der Rostocker Universität nicht vorlegen. Zwar besaß ich eine Bestätigung ihrer theologischen Fakultät, daß ich ordnungsmäßig habilitiert und den Grad eines lic. theol. habil. erlangt hätte, aber das Reichsministerium für Wissenschaft, Erziehung und Volksbildung stand auf dem Standpunkt, daß ich die formelle Bestätigung der Universität vorlegen müsse. Ich fuhr wieder nach Rostock. Der Rektor ließ sich nicht sprechen, der Chef der Universitätsverwaltung war abweisend, redete sich auf dies und das hinaus, bis er mir schließlich bedeutete, diese Sache gehe über seine, ja über die Rostocker Zuständigkeiten überhaupt hinaus. Er handle nur nach Weisung. Der Reichsstatthalter Hildebrandt nahm Rache.

In das Dozentenlager kam ich dennoch. Professor Hans Koch war damals Ordinarius für Osteuropakunde in Königsberg. Er war mit Bischof Heckel befreundet. Ihre gemeinsame Basis war die Pflege des Volksdeutschtums. Heckel zog ihn oft als Berater heran. Er stammte aus der Diaspora Galiziens, war Theologe von Haus aus, ein umsichtiger, kluger Mann, den später auch Konrad Adenauer als Ostexperten heranzog. Hans Koch erfreute sich auch im Reichsministerium Rust eines beträchtlichen Ansehens. Eines Tages wurde er von dem Ministerium aufgefordert, ein Dozentenlager zu leiten. Koch sagte zu. Heckel bat ihn, meine Einberufung zum gleichen Lager zu veranlassen. Trotz der Mecklenburger Sperre, die unüberwunden blieb, erreichte Koch meine Zulassung. Krankheit hinderte ihn im letzten Augenblick jedoch daran, selbst nach Tännich zu gehen. An seiner Stelle erschien ein anderer Königsberger Ordinarius, Professor Plattner. Er war geraume Zeit vor dem Einmarsch Hitlers in Österreich aus Graz emigriert, weil er sich in einer mir unklar gebliebenen Weise mit der Regierung in Wien überworfen hatte. Er war ein engagierter Nationalsozialist, Physiologe mit wenig Artikulationsfähigkeit insbesondere in der geisteswissenschaftlichen Diskussion. Aber er war zurückhaltend, etwas unösterreichisch steif und mir gegenüber distanziert wohlwollend. Erst nachdem das vierwöchige Lager vorbei war, kam mir der Gedanke, daß Koch ihn auf mich aufmerksam gemacht haben könnte.

Das Dozentenlager gehört für mich zu dem wenigen, das im Dritten Reich mit einigem Vorbehalt gelobt werden konnte. Fernab der Welt waren im Oktober 1937 in dem ehemaligen Thüringer Jagdschlößchen Tännich einundfünfzig junge Dozenten und Habilitanten zusammengezogen. Es waren alle Fakultäten vertreten. Den größten Teil stellten die Mediziner. Die organisatorische Leitung lag bei einem älteren Obersturmbannführer der SA. Ein wenig rauhbeinig, aber sonst eher gutmütig, ließ er uns freien Lauf, was freilich nicht bedeutete, daß wir das Lager nach Belieben hätten verlassen können. Ein junger drahtiger Sportlehrer nahm uns jeden Vormittag hinreichend vor, was uns nur gut tat. Dann kam die Dozentenakademie. Jeden Tag hatte ein anderer von uns eine Vorlesung aus seinem Fachgebiet zu halten. Es war nicht gestattet, dazu irgendein Hilfsmittel in Gestalt von Büchern, Manuskripten und dergleichen beizuziehen. Der Mann sollte zeigen, daß er sein Gebiet im Kopf habe. Das war ausgezeichnet. Die Themenwahl war frei. Wenn ich mich recht erinnere, wurden drei Themen von jedem Akademieteilnehmer eingereicht, und der Akademieleiter wählte am Tag vor dem Auftritt eines davon aus. Die Vorbereitung war also kurz. Es sollte ohne Notizen frei gesprochen und ebenso diskutiert werden. Das wurde zwar nicht immer ganz erreicht, aber der Annäherungswert lag sehr viel höher als später im Bundestag. Nur einmal las ein Altphilologe, Heinrich Bischoff, seine Vorlesung wörtlich vom Blatt. Er wurde deshalb hart kritisiert. Ich verteidigte ihn mit der Begründung, daß ein so geschliffener Text, ein so brillanter Stil makellos wie es geschah nur wiedergegeben werden könne, wenn er vorher wie eine Theaterrolle auswendig gelernt werde. Das aber könne doch hier nicht der Sinn der Sache sein. Plattner ließ den Mann passieren. Ich war auch später im Bundestag kein unbedingter Verfechter der freien Rede.

In der Dozentenakademie war es damit besser, weil jeder von etwas sprach, das er genau im Kopf hatte. Nur meinen Freund Kurt Kramer, Physiologe aus der Schule Reins, brachte ich etwas in Schwierigkeit, weil ich ihm eingeredet hatte, über die Systematik der Medizin als Wissenschaft zu sprechen. Ein Thema dieser Art war unseren Medizinern fremd. Mißtrauisch hoben sie die Köpfe, als sie das Thema hörten, nachdenklich und skeptisch lieferten sie nur dürre Diskussionsbeiträge dazu. Kurt Kramer war ziemlich unglücklich, aber er hatte immerhin den Versuch gemacht, in einer Akademie, die zu einem Drittel aus Medizinern bestand, den gedanklichen Zusammenhang der Medizin, ihre Entelechie, nicht nur die Organisation einer medizinischen Fakultät zur Darstellung zu bringen.

Beim ersten Appell stand ich neben ihm. Ich musterte ihn vorsichtig. Wir lagen auf derselben Stube und kamen rasch ins Gespräch. Es begann distanziert und mit aller Vorsicht. Aber bald hatten wir heraus, wes Geistes Kinder wir waren. Er war bis in die Tiefen seines Instinkts ein Gegner des Nationalsozialismus, seiner Ideen und Emotionen mehr noch als seiner Politik. Er brachte mich sogleich mit einem seiner Freunde zusammen, der ebenfalls von Heidelberg kam, der vitaler als Kurt Kramer und demzufolge Chirurg war.

Er hieß Rudolf Zenker und war Oberarzt bei dem berühmten Kirschner in Tübingen und Heidelberg. Er sollte später dessen Berühmtheit erreichen. Erst im längeren Gespräch erkannte ich, daß in dem jungen, kraftvollen Chirurgen ein subtiler Wissenschaftler steckte. Die Politik war seine Sache nicht. Aus Gründen, die ich in seiner konservativen Herkunft suchte, hatte er aber

100

auch keine innere Beziehung zu dem Regime, in dessen Klauen wir steckten.

Neben einigen katholischen Theologen – ich erinnere mich an Fleckenstein und Ziegler – war ich der einzige evangelische Theologe in jenem Tännicher Lager. Als man sich etwas besser kannte, wurde ich von nicht wenigen auf die Kirche und den Kirchenkampf angesprochen. Dabei sah ich, daß das, was mich in den vergangenen zwei Jahren am meisten gequält hatte, die Auseinandersetzungen innerhalb der Kirche und in der bekennenden Kirche, hier so gut wie gar nicht interessierte. Alle Fragen und Gespräche – und sie gab es unentwegt bei Tag und bei Nacht – liefen, soweit sie sich auf die Kirche bezogen, auf die Zukunft des Christentums in Deutschland hinaus. Hier, in Tännich, wurde deutlich, wie weit und tief sich jener Waldbrand binnen zwei Jahren durchgefressen hatte, der von Rosenberg und seinen »Deutschgläubigen« gelegt worden war. In der Studentenschaft hatte ich es mit ihm erstmals zu tun bekommen, hier, unter der jungen Dozentenschaft, wurde er zum großen Kampfthema.

Kramer, Zenker, mir und unseren gleichgestimmten Gesprächspartnern kam bald der Verdacht, daß zwischen die Tännicher Dozentenschar Elemente geschleust waren, die mit wissenschaftlicher Arbeit unmöglich etwas zu tun haben konnten. Wir hielten sie für Gestapo-Spitzel. Sie hatten es unter uns schon deshalb schwer, weil sie gar nicht imstande waren, den Vorlesungen und Diskussionen in der Dozentenakademie zu folgen. Viel ernster und gefährlicher als diese primitiven Handlanger Himmlers waren seine Gefolgsleute, die, soweit sie wissenschaftlich gebildet und artikulationsfähig waren, sich mehr und mehr in die Defensive gedrängt fühlten.

Unter den Vorschlägen, die ich für meine eigene Vorlesung einreichte, hatte ich auch das Thema »Die Lehre von der Erbsünde« aufgeführt. Ich wollte damit durchaus offensiv ein Thema aufnehmen, das auch denen, die sich dem Christentum verbunden fühlten, Beschwerden verursachte. Plattner wählte das Thema. Das Interesse war groß. Mit Spannung wurde dem Vortrag, mit noch größerer Spannung der anschließenden Diskussion entgegengesehen. Es wurde ein Vortrag über die Geschichtlichkeit des Menschen, ein Abriß der christlichen Anthropologie in der Konfrontation mit dem aufgeputzten, unwirklichen und unwahren, damals gängigen heroischen Menschenbild. Die Diskussion brachte nicht viel. Ein verhältnismäßig schüchterner Versuch, den Realismus des biblischen Menschenbildes als Ausdruck seiner rassisch minderwertigen Umwelt hinzustellen, blieb ohne jedes Echo. Am Abend trafen wir uns mit den Gleichgesinnten im Wachhaus. Zenker hatte Wache. Als Symbol seines Amtes trug er ein altes Seitengewehr am Koppel. Skeptisch verwies er auf den Waffenspruch an dessen Schloß. »Gott mit uns!« Zenker: »Stimmt er noch?«

Gegen Ende der vier Lagerwochen war es freilich nicht mehr sehr lustig. Ein

Volkswirtschaftler, protegiert vom Büro Ribbentrop oder einem ähnlichen nationalsozialistischen Unternehmen, hatte sich aufgerafft und begann mit steigender Härte die Kampfpositionen der Nazi-Ideologie zu verfechten. Das kameradschaftliche Klima wurde kühl, im Gespräch zeigte sich wieder jene Zurückhaltung, die bei der Behandlung weltanschaulicher Fragen an den Universitäten üblich geworden war.

Versuchung

Ich war mir bewußt, daß ich mich in diesen vier Wochen nicht gerade vorteilhaft für meine akademische Karriere verhalten hatte. Aber das taktische Finassieren war mir verhaßt, wennschon auch ich an taktischem Verhalten ohne viel schlechtes Gewissen das aufzubringen bereit war, was mir unbedingt notwendig erschien. Es war mir eher ästhetisch als moralisch zuwider. Daß ich in Tännich aber summa summarum an taktischer Leistung zu wenig erbracht hatte, erwies sich am Schluß, als ich zu dem Akademieleiter gerufen wurde. Der etwas gehemmte Mann sagte mir, daß er mich unmöglich empfehlen könne, jedenfalls nicht für eine theologische Dozentur. Dafür sei ich »zu gefährlich«. Aus meinen Papieren habe er jedoch gesehen und mein Verhalten in der Akademie habe es bestätigt, daß ich auch eine philosophische Dozentur ausüben könne. Er würde bedauern, wenn mein Lehrtalent der Universität verlorenginge. Er schlage mir vor, mich umzumelden zu den Philosophen. Bei Bäumler in Berlin könne ich sicher ankommen, dort würde auch in absehbarer Zeit ein Extraordinariat zur Verfügung stehen.

Plattners kritische Freundlichkeit brachte mich in Verlegenheit. Ich sagte schließlich, daß mich nur die Einladung meiner Rostocker Theologischen Fakultät auf den Gedanken gebracht habe zu habilitieren, daß ich mich für seine Vorschläge bedanke, daß mir Bäumler aus der Fachliteratur bekannt sei, daß ich aber loyalerweise zuerst mit meiner Rostocker Fakultät sprechen müsse. Ohne ihre Zustimmung könne ich nicht gut in eine philosophische Fakultät gehen. Plattner war enttäuscht. Ich verabschiedete mich mit der Erklärung, daß ich mich nach der Rücksprache in Rostock melden würde.

Je näher ich Berlin kam, desto unbehaglicher wurde mir. Ich machte mir den Vorwurf, eine Ausrede gebraucht zu haben. Ich genierte mich, in Rostock Aug' in Auge mit meinen alten Lehrern etwas vorzutragen, das doch nach Fahnenflucht aussah. Das Häuflein der Verfolgten verlassen – Schmach und Schande! Dennoch fuhr ich wieder nach Rostock. Brunstäd würde mich verstehen. Er war ja selber in zwei Fakultäten zu Hause. In normalen Zeiten hätte es mir auch nicht viel ausgemacht, in der philosophischen Fakultät zu lehren. Ich hätte schon aus wirtschaftlichen Gründen jeden ersten Ruf annehmen müssen, gleichgültig aus welcher Fakultät er gekommen wäre. Aber jetzt stand die Sache in einer ganz anderen Dimension.

Brunstäd hörte mich nachdenklich an. Er hatte für Bäumler nichts weiter übrig. Dessen Verlautbarungen klangen ihm zu sehr nach dem Pathos des Staatsphilosophen, der vom Lehrstuhl Hegels spricht. Das hielt der Hegelianer Brunstäd für Krampf. Und Trennung von der Theologie? Ernstes Schweigen. – Ich lief zu Jördens, dem Universitätsverwalter, und machte Spektakel wegen meiner noch immer nicht zugestellten Urkunden. Umsonst. Dann fuhr ich wieder nach Berlin.

Bäumler und die Philosophen hatte ich abgeschrieben. Ich bezweifelte, daß dies mein Weg sei. Desertieren wollte ich nicht. Heckel, sonst nicht gerade zum Optimismus geneigt, sprach mir Mut zu. Er meinte, ich dürfe den Kampf um die Dozentur in Berlin nicht aufgeben.

Österreichs Heimkehr

Er schlug mir vor, einige Zeit nach Cambridge zu gehen, und ich war schon drauf und dran, es zu tun, als ich eine Einladung der Wiener Evangelischen Theologischen Fakultät erhielt, während der Semesterferien im Frühjahr 1938 eine Vorlesungsreihe bei einer evangelischen Akademikerveranstaltung in Wien zu übernehmen. Die Einladung kam lange vor dem Beginn der Frühjahrsferien. Zunächst mußte ich Paßschwierigkeiten überwinden, aber schließlich klappte alles. Ich war rechtzeitig zur Stelle. Der Ferienkurs begann. Am 10. März las ich vor einem Auditorium, das von Alt und Jung besetzt war. Am 11. März war die Wiener Universität geschlossen. Ein Ultimatum Hitlers zwang den österreichischen Bundeskanzler Schuschnigg zum Rücktritt. Die Stadt kochte. Auf dem Ring und in der Kärntnerstraße zogen die demonstrierenden Nationalsozialisten mit lauten Droh- und Schmährufen auf der einen Seite der Straße entlang. Auf der anderen Seite zog der Zug der Gegendemonstranten in entgegengesetzter Richtung. Dazwischen stand die Polizei. Ich habe nicht gesehen, daß es zu Prügeleien kam. Die Polizei, insbesondere die berittene Polizei, fuhr mit ihren langen Gummiknüppeln rechtzeitig dazwischen.

Ich wohnte in einem kleinen Hotel am Tegetthofplatz. Als ich nach dem Frühstück auf die Straße trat, begegnete ich einem Berliner Schupo mit Hund. Das Bild fiel mir nicht auf. Ich war vom Berliner Tiergarten daran gewöhnt. Aber dann kam mir zum Bewußtsein, daß ich nicht in Berlin, sondern in Wien sei. Ich lief dem Polizisten nach und fragte ihn nach dem Wieso, Woher, Warum. Er war ein freundlicher Mann. Er fragte, ob ich die letzten Stunden verschlafen hätte und gab mir den Rat, mich zum Ballhausplatz zu begeben. Wien hatte sich verwandelt. Statt Demonstranten waren nur Jubler mit Hakenkreuzen zu sehen. In der Nähe des Bundeskanzleramtes war kaum vorwärts zu kommen. Aber die Männer in Uniform, die da geschäftig aus- und eingingen, waren dem deutschen Auge vertraut. Es waren SS-Chargen jeden Ranges. Als ich in ein Restaurant trat, sah ich, wie einige österreichische Polizeibeamte in Uniform auf einen Mann einsprachen, der Hakenkreuzarmbinden in der Hand hielt. Der Mann zauderte. Die Beamten rissen ihm die Binden fast aus der Hand und streiften sie eilig über ihren Uniformrock.

Am Abend war ich von einem Ordinarius der Fakultät in die Oper eingeladen. Die Vorstellung lief ab wie immer. Als ich mit dem Ehepaar nach Schluß die große Treppe betrat, sahen wir durch die offenen Türen einen mächtigen Fackelzug in dichten Reihen über den Ring marschieren. Der Zufall wollte es, daß zur gleichen Zeit mit mir im selben Hotel auch einige Ökumeniker wohnten. Ich kannte nur einen von ihnen: Professor Adolf Keller. Wir begrüßten uns herzlich und gingen zusammen zum Café Heinrichshof gegenüber der Oper. Wir wollten sehen, was sich so begab. Was sich begab, war peinlich. Ich hatte es in Deutschland, oder, wie es hier hieß: im Altreich, so nie erlebt. Jeden Augenblick sprang ein der Ekstase naher Schreier auf einen Stuhl, reckte den Arm in die Luft, brüllte »dem Führer ein dreifaches Siegheil«, und jedermann fühlte sich verpflichtet, aufzustehen und mitzuschreien. Unerträglich wurde die Geschichte, wenn gesungen wurde. Und das geschah oft. Zumeist das Horst-Wessel-Lied. Als ich drohende Worte hörte, weil mein freundlicher Schweizer, Adolf Keller, zwar immer mitaufstand, aber niemals den Arm zum Hitlergruß erhob, drängte ich zum Lokalwechsel. Es war überall das gleiche.

Gegen Abend stand ich in der Volksmenge vor dem Palais des Kardinals Theodor Innitzer. Drohungen wurden gebrüllt, Steine flogen – die Fassade stand unbewegt. Kein Fenster, keine Tür öffnete sich. Die meisten neben mir waren Gaffer, ohne drohende Haltung. Aber vor uns gab es offenkundig einen zur Gewaltsamkeit entschlossenen Haufen. Angeekelt ging ich zum Tegetthof.

Dann kam der »Führer«. Eingekeilt mit einem Grüppchen Professoren und dem damaligen evangelischen Jugendpfarrer Österreichs, Georg Traar, stand ich am Ring im Gedränge. Der Orkan, der Hitler entgegenschlug, war von einer Art, die mich bestürzte, die ich nie zuvor und nie danach erlebt habe. Vielleicht in Kalkutta, als mich Nehru einmal einlud, an einer Massenkundgebung teilzunehmen, auf der er reden sollte.

Als ich in Wien meine österreichischen Freunde beim Einzug Hitlers ermahnte, sich nicht gänzlich zu vergessen, sagte mir der liebenswürdigste mit Tränen in den Augen: »Sie wissen nicht, was das für uns bedeutet. Sie haben immer im

Reich gelebt!« Ich verstummte. Der österreichische Jubel jener Tage galt nicht dem Nationalsozialismus. Er galt dem vereinten Deutschland. »Ein Volk, ein Reich, ein Führer!« Das letztere war die am wenigsten wichtige Entscheidung für Deutschland – deshalb wurde die Enttäuschung danach so bitter.

Ich war nicht von ungefähr nach Wien eingeladen worden. Man wollte sich einen Eindruck bilden. Denn in absehbarer Zeit sollte der Systematiker der Evangelisch-Theologischen Fakultät emeritiert werden. Damit war es nun auch vorbei.

Tod einer Mutter

Über Ostern 1938 war ich in meinem Elternhaus in Württemberg. Am Ostermontag machten wir einen langen Spaziergang auf die Kirchheimer Alb. Meine Mutter fühlte sich nicht recht wohl und blieb zu Hause. Als wir zurückkamen, lag sie mit hohem Fieber zu Bett. Die Ärztin war bedenklich. Ich verschob meine Rückkehr nach Berlin. Als sich ihr Zustand etwas besserte, drängte sie mich, unbesorgt um sie zu reisen. Ich nahm Abschied. Als ich sie drei Tage später wiedersah, lag sie bereits im Sarg. Ich hielt ihr die Grabrede: »Gott hat einen hellen Schein in unser Herz gegeben« – aus dem Zweiten Korintherbrief des Apostels Paulus. An ihrem Grab standen neben unserem Vater ihre drei Töchter und vier ihrer fünf Söhne. Drei trugen Soldatenuniform, der fünfte war in Chile, ausgewandert in der Zeit der großen Arbeitslosigkeit. Wenn ich sagen soll, was meine Mutter für uns, für mich lebenslang bedeutet hat, so kann ich sagen, daß Gott uns mit ihr einen hellen Schein ins Herz gegeben hat. Er ist nie verblaßt. Wir setzten sie bei mit dem machtvollen Choral: »Wachet auf, ruft uns die Stimme«. Ein, zwei Jahre später war ich dankbar dafür, daß sie der Sorge um ihre Söhne und den Schwiegersohn, einen mecklenburgischen Pfarrer und Infanterieoffizier, enthoben war.

Das Referat für die evangelisch-theologischen Fakultäten im Rust-Ministerium hatte ein junger Regierungsrat inne. Er hieß Schwarz und sprach, wenn er ins Plaudern geriet, Berliner Dialekt. Ein Parteiabzeichen sah ich nie an ihm, aber ich ging im Gespräch mit ihm davon aus, daß er ein verläßlicher Gefolgsmann »des Führers« sei. Er nahm sich Zeit für mich, wenn ich ihn besuchte. Meine Chancen beurteilte er ernst, aber nicht aussichtslos. Von Bäumler wurde nicht gesprochen. Ich glaube, er beschaffte schließlich meine Urkunden aus Rostock. Jedenfalls waren sie eines Tages da, und er stimmte den Probevorlesungen zu.

Sie wurden ungünstig angesetzt in der Mittagszeit von eins bis zwei Uhr c. t.

Der mittelgroße Hörsaal war mäßig besetzt. Neben den Vertretern der Fakultät, einer bescheidenen Zahl neugieriger Studenten, einigen Freunden und Bekannten fanden sich einige Gesichter, die mich in kühler Distanz argwöhnisch beäugten und sich hin und wieder eine Notiz machten. Nach der dritten Vorlesung stand Professor Stolzenburg, der Dekan der Fakultät, auf, reichte mir die Hand und sagte, er würde sich freuen, wenn ich bald lesen würde. Das weitere würde ich vom Rektor oder vom Reichswissenschaftsminister hören.

Ich hörte nichts, absolut nichts. Immer wieder suchte ich meinen Regierungsrat im Rust-Ministerium auf, zutreffender gesagt heim. Er wußte nur, daß die Unterlagen für meine Ernennung zum Dozenten wie intern vorgeschrieben zum »Stellvertreter des Führers« nach München, soll heißen zur NSDAP, gegangen seien. Die Ernennung könne erst erfolgen, wenn von dort kein Einspruch eingelegt werde. Bitte abwarten! Ich tat es. Was blieb mir auch übrig. Aber ich lief im Abstand einiger Wochen immer wieder zu dem geduldigen Schwarz.

Daß ich sein Wohlwollen gefunden hatte, bewies mir eines Tages der Besuch des Dekans der Evangelisch-Theologischen Fakultät von Münster/Westfalen. Er kam in mein Büro, um mich zu fragen, ob ich nicht den Lehrstuhl für Systematische Theologie in seiner Fakultät vertretungsweise zu versehen bereit sei. Wenn sich das einigermaßen anlasse, könne ich bald auch mit der definitiven Berufung rechnen. Ich war überrascht. Aus dem Gespräch, in dem ich meine Situation offen darlegte und meine Skepsis nicht verbarg, ergab sich, daß er von Schwarz auf mich aufmerksam gemacht worden war. Schwarz habe meine Chancen nicht so schlecht beurteilt.

Gefeuert

Wie es damit indessen bestellt war, erfuhr ich ein halbes Jahr später. Der Führer des NS-Dozentenbundes der Universität Berlin lud mich vor. Er reichte mir weder die Hand noch nannte er seinen Namen. Am Schreibtisch sitzend blätterte er in einer Akte. Dann faßte er mich ins Auge und sagte mir kurz und bündig, der Stellvertreter des Führers habe meine Zulassung zur Dozentur abgelehnt. Aus politischen Gründen. Ich fragte wieso und warum? Der Mann wurde scharf: »Weil Sie ein unversöhnlicher Gegner des Führers und der Bewegung sind.« Viel wußte ich darauf nicht zu sagen. Aber auch wenn ich das gekonnt hätte, genützt hätte es mir gar nichts. Der Mann war nicht willens, mich anzuhören und schon gar nicht, mit mir zu diskutieren, wie das Schwarz im Ministerium stets tat. Dennoch versuchte ich es. Er wurde grob. Er fing an zu brüllen, forderte mich auf, den Raum und die Universität sofort zu verlassen und drohte, den SA-Sturm der Universität gegen mich mobil zu machen, wenn ich es noch einmal wagen würde, das Haus zu betreten.

Grußlos ging ich. Ich setzte mich in dem an die Dorotheenstraße grenzenden Hof der Universität auf eine Bank und überdachte meine Lage. Sie war schlimmer, als ich befürchtet hatte. Am Nachmittag meldete ich mich bei Schwarz im Rust-Ministerium. Er war voller Anteilnahme. Aber er hielt es nicht für möglich, gegen den Bescheid der Partei aus München aufzukommen. Er befürchtete überhaupt, daß den theologischen Fakultäten der Nachwuchs mehr und mehr beschnitten werde. Auch mit den Habilitationen an diesen Fakultäten werde es schwieriger. Er wisse zum Beispiel, daß der Lizentiat abgeschafft werde, eines Tages vielleicht gar nicht mehr geführt werden dürfe. Er rate mir deshalb, ihn umzuwandeln. Ich berichtete ihm den Verlauf des »Gesprächs« mit dem Dozentenführer und fragte ihn nach dessen Namen und Fakultätszugehörigkeit. Er war Dozent für »Landwirtschaftschemie« und hieß Landt. Zum Ordinarius oder Extraordinarius hatte er es noch nicht gebracht. Offenbar suchte er durch »politischen« Eifer zu erreichen, was ihm durch wissenschaftliche Leistung bislang nicht geglückt war.

Dreißig Jahre später hatte ich es mit dem Mann noch einmal zu tun. Den Namen hatte ich inzwischen vergessen, und ich wußte auch nicht mehr sicher, ob er Gaudozentenbundführer war oder nicht. Aber ich erinnerte mich an sein Fach. Er war nicht der Gaudozentenbundführer, sondern nur sein Stellvertreter. Das bot dem ehemaligen wirklichen Gaudozentenbundführer, einem Ordinarius der Technischen Hochschule in Charlottenburg die willkommene Chance, eine Darstellung abzugeben, in der ich indirekt des Schwindels geziehen wurde. Der ›Spiegel‹ nahm sie auf.

Ich verabschiedete mich von Schwarz. Fünfundzwanzig Jahre später besuchte er mich in Bonn. Schwerkriegsversehrt war er aus Rußland heimgekehrt. Dem höheren Dienst hatte er Valet gesagt. Er war ein bildender Künstler geworden und hatte es als solcher zu etwas gebracht. Nachträglich begriff ich, warum ich es in der Berliner Behördenwüste seinerzeit nicht mit einem Bürokraten oder NS-Funktionär, sondern mit einem lebendigen Menschen zu tun hatte. Ohne mein Wissen hat Theodor Heckel es später noch einmal über Kerrls Kirchenministerium versucht, mich auf einen Berliner Lehrstuhl zu bringen. Es war Krieg, und Heckel meinte, nun habe sich doch allerhand geändert. Es war ein Irrtum. In diesem Punkt hatte sich nichts geändert.

Geändert hatten sich inzwischen aber nicht nur die Zeit und die Welt, geändert hatte sich in mir selbst etwas. Seit dem 30. Januar 1933 lebte ich in einem inneren Zwiespalt. Über Monate und Jahre hinweg empfand ich ihn einmal stärker, einmal schwächer, ganz verließ er mich nie. Der Umgang des neuen Regimes mit der Kirche, der Massenmord vom 30. Juni 1934, die sich verschärfenden Auseinandersetzungen mit den Anhängern Rosenbergs, die Diskriminierung der Juden und aller Andersdenkenden hatten meine von Anfang an vorhandenen Zweifel an Hitler und seinen Leuten immer mehr vertieft. Aber diese Zweifel und die ihnen folgende innere Distanzierung vom Regime Hitlers haben mich doch nicht davon abbringen können, im Reiche Hitlers nach einem Lehrstuhl zu trachten.

Die Entscheidung, von der ich jetzt zu berichten habe, fiel – ich kann sie auf den Tag und fast auch auf die Stunde datieren – Monate bevor feststand, daß mir ein Lehrstuhl unter der Regierung der NSDAP immer verwehrt sein würde. Mit persönlicher Rache hat sie nichts zu tun. Sie entstammte allein der Einsicht in eine unausweichliche Notwendigkeit.

Am Abend des 29. September 1938 saß ich in einer Gesellschaft jüngerer Leute in einem der großen Restaurants beim Bahnhof Zoo in Berlin-Charlottenburg. Das Gespräch war dem schweren Ernst des Tages nicht angemessen, aber seine Schatten machten sich immerhin geltend. Krieg? – »Keine Rede von Krieg! Der Führer wird es auch dieses Mal wieder schaffen!« Das war die oberflächliche Reaktion der optimistisch gestimmten Mehrheit. Ich beteiligte mich nicht an dem Palaver. Ich wartete auf den Rundfunk. Der Betrieb in dem Restaurant und auf der Straße war wie an jedem anderen Tag. Ich bin mir nicht einmal sicher, ob ich ein sorgenvolles Gesicht sah. Aber ich erinnere mich noch genau, unter welcher Spannung ich selber stand. Ich konnte mir nicht recht vorstellen, daß ein Mann wie Daladier, der damalige Ministerpräsident Frankreichs, mit Hitler in München einen faulen Kompromiß machen werde. Ich hatte seine Äußerungen vor München im französischen Rundfunk sooft ich konnte abgehört. Ich war ihm nie begegnet, aber was er sagte und wie er es sagte, hatte mich für ihn eingenommen. Ich hoffte zwar, daß uns und der Welt der Friede erhalten bleibe; aber ich hoffte ebenso stark, daß in dieser Münchner Begegnung Hitler endlich einmal bezwungen werde. Sollte er sich wieder durchsetzen, so bedeutete dies nach meiner festen Überzeugung über kurz oder lang doch den Krieg, den großen Krieg.

Als dann der Rundfunk das Münchner Abkommen meldete, wurde es in dem Lokal doch still. Aber kaum war die Meldung vorüber, ging es wieder weiter wie zuvor. »Was haben wir gesagt? Der Führer schafft es immer.« Ich ging zu Fuß nach Hause. Ich wohnte bei einem jungen schwäbischen Ehepaar in der Goethestraße in Charlottenburg. Er war ein zum Studium an die Technische

Hochschule kommandierter aktiver Offizier, Pionierhauptmann und Pfarrerssohn. Wir waren befreundet. Das junge Paar war verreist. Ich war allein. Solange es auf französischen und englischen, schweizerischen und niederländischen Wellenlängen etwas zu hören gab, saß ich bis gegen Morgen vor dem Radio meines Hauptmanns. Als es sich gar nicht mehr lohnen wollte, drehte ich zurück auf den Deutschlandsender und schaltete ab. Dann stand ich auf. Es war mir zur Gewißheit geworden: Dieser Tag ist eine letzte uns Deutschen gewährte Chance. Sie wird nicht lange dauern. Der Mann riskiert den Krieg. Er will ihn. Der Mann muß weg.

Teils mit Mitleid, teils mit einem Anflug von Verzweiflung habe ich in den folgenden Jahren respektable Leute des deutschen Widerstandes angehört, wenn sie Pläne und Vorstellungen vortrugen, die darauf hinausliefen, Hitler zwar mit Gewalt, aber nicht durch Mord zu beseitigen. Unglücklich ging ich in jener Nacht zu Bett. Ich sah keinen Ausweg mehr: Hitler mußte umgebracht werden. Keiner seiner Paladine würde ihn ersetzen können. Dennoch erschien mir schon in jener Nacht nicht sicher, daß Hitlers Ende auch das Ende der nationalsozialistischen Herrschaft sein werde. Aber ohne seine Beseitigung war an das Ende dieser Herrschaft nicht zu denken.

Ich hatte keine Ahnung davon, daß, während ich an jenem Rundfunkgerät drehte, ein – nach allem was ich später darüber erfuhr – für dieselbe Nacht präzis vorbereiteter militärischer Schlag gegen die nationalsozialistische Herrschaft abgeblasen werden mußte, weil das Abkommen mit Daladier, Chamberlain und Mussolini dem Stoß gegen den erneut siegreichen Hitler den Boden, ja die Luft entzogen hatte. Ich kannte damals nicht einen der zur Tat entschlossenen Männer. Ich kannte keinen, der zu ihnen oder auch nur zum weiteren Kreis um sie eine persönliche Verbindung besaß. Ich war allein. Aber ich wußte fortan wenigstens über mich selbst Bescheid.

So seltsam es klingt: Bis zum Abend des 29. September 1938 hielt ich es für möglich, dem Regime zwar innerlich mit angemessener kritischer Distanz gegenüberzustehen, aber dennoch ein loyaler Deutscher und ein Christ zu sein, der sich nicht mit der Frage auseinanderzusetzen brauchte, ob er selbst mit seiner eigenen Person eine Tat befürworten, mitermöglichen und mitdurchführen müsse, gegen die sich sein eigenes Innere, sein Gefühl und sein Gewordensein sträubten. Ich habe miterlebt, wie sich enge, vertraute Freunde nur unter Qualen in einem monatelangen, zuweilen jahrelangen Prozeß dazu durchrangen. Bei mir geschah es in einigen Nachtstunden vom 29. zum 30. September 1938 in der einsamen Wohnung im vierten Stock eines Hauses in Charlottenburg.

In den Wochen danach habe ich mich gefragt, warum ich so spät erst zu dieser Einsicht gekommen bin. Natürlich spielte dabei, im Unterbewußtsein vielleicht mehr noch als im Bewußtsein, der Abscheu vor dem Mord eine große Rolle und auch die Scheu vor dem Risiko, dem persönlichen Risiko, war nicht gering. Die gewaltsame Beseitigung Hitlers nur zu wünschen und diesen Wunsch in der Hoffnung mit sich zu tragen, daß andere, mit denen man selber nichts zu tun habe, das traurige Geschäft schon noch zur rechten Zeit besorgten – dafür konnte man zwar Verständnis haben, aber Wert hatte es keinen. Im Gegenteil: es begann mir verächtlich zu werden. Die Einsicht verlangte die Konsequenz. Man – nein ich – mußte selbst mitantreten.

Nicht zur Entschuldigung, sondern allein des besseren Verständnisses wegen muß in diesem Zusammenhang ein Blick geworfen werden auf die politische Leistung, mindestens auf die außenpolitischen Erfolge Hitlers bis zu jenem Septemberende 1938. Ein vernünftiger Deutscher und ein anständiger Europäer kann auch heute nicht hoch genug von der weitsichtig angelegten Politik Stresemanns und dem europäischen Konzept des damaligen französischen Ministerpräsidenten Briand denken. Die geduldige Fortsetzung dieser Politik, wie sie Brüning betrieb, hätte vielleicht zur Grundlage eines vereinten Europa geführt und damit den Versailler Vertrag obsolet gemacht. Das ist jedoch eine Hypothese. Tatsache ist, daß es Hitler überlassen blieb, mit dem verhaßten Versailler Friedensvertrag von 1919 definitiv aufzuräumen.

Der schwäbische Pietismus besaß und besitzt durchaus nicht nur jenes quietive Verhältnis zur Welt, das ihm von den Unkundigen so gerne zum Vorwurf gemacht wird. In unserer Familie wurde Gaugers ›Licht und Leben‹ mit Aufmerksamkeit und Zustimmung gelesen. Die politischen Einlassungen des Herausgebers dieser Wochenschrift, meist pointiert national und konservativ, hatten einen beachtlichen Einfluß auf unsere »Stillen im Lande«. Aber auch dort, wo diese Stillen wirklich still blieben – politisch engagierte sich ein erheblicher Teil von ihnen –, traten sie doch zumindest bei *einem* Thema tief überzeugt mit zum Protest an: im Kampf gegen die Kriegsschuldlüge. Der Artikel 231 des Versailler Vertrags hatte »Deutschland und seine Verbündeten als Urheber für alle Verluste und alle Schäden verantwortlich« gemacht, die Deutschlands Kriegsgegner »infolge des Krieges, der ihnen durch den Angriff Deutschlands und seiner Verbündeten aufgezwungen wurde, erlitten haben«. Zur Unterzeichnung des Vertrages hatte die Reichsregierung eine Erklärung veröffentlicht, in der es hieß, daß sie »mit Erschütterung ersehe«, daß Deutschlands Gegner entschlossen seien, »auch die Annahme derjenigen Friedensbedingungen mit äußerster Gewalt zu erzwingen, die ... den Zweck verfolgen, dem deutschen Volk seine Ehre zu nehmen«. An der Formulierung jener Artikel waren bemerkenswerterweise maßgebend mitbeteiligt die Vertreter der USA, unter ihnen ein in Deutschland noch lange unbekannt bleibender Mann namens John Foster Dulles. Als Zugeständnis an die Amerikaner war als Teil I in den Versailler Vertrag die Völkerbundsatzung aufgenommen. Niemand dachte offensichtlich daran, in welch düsterem Licht damit den Geschlagenen und

Entehrten die neue große Friedenshoffnung der Welt, der Völkerbund, präsentiert wurde.

Als Hitler im Oktober 1933 den Austritt Deutschlands aus dem Völkerbund wegen der uns in Rüstungsfragen verweigerten Gleichberechtigung vollzog, hörte ich keine einzige Stimme der Kritik. Auch unter denen, die ihm kritisch gegenüberstanden, gab es meist Zustimmung. Niemöller gratulierte telegrafisch. Das entsprach der durchgängig emotionalen Aufnahme dieser Entscheidung Hitlers. Daß damit der erste Schritt aus der in der zweiten Hälfte der Weimarer Republik europäisch-westlich orientierten Politik Deutschlands getan wurde, kam der Öffentlichkeit gar nicht zum Bewußtsein. Selbst die Kündigung des Locarno-Vertrages am 7. März 1936 wurde nicht als ein entscheidender Schritt aus dem Westverbund der deutschen Politik begriffen. Die von Hitler betriebene Aufhebung des Versailler Vertrages fand eine weit größere Zustimmung im deutschen Volk, als sie der erfolgreichen Revisionspolitik Stresemanns und Brünings je zuteil geworden war. Der gewagte Einmarsch deutscher Truppen in die nach den Artikeln 42 bis 44 des Versailler Vertrages entmilitarisierte Zone des Rheinlandes gefiel auch mir. Allerdings: Sie gefiel deshalb, weil sie gutgegangen war.

Rückblick auf die Revision von Versailles

Der Revisionismus der Weimarer Politiker hatte jede Einseitigkeit zu vermeiden gesucht. Er strebte die Änderung des in der Tat unhaltbaren Versailler Vertrags im Einvernehmen mit den Vertragspartnern an. Am 7. März 1936 zeigte Hitler der Welt, daß er sich nicht nur im Innern, in den Fragen der inneren Politik Deutschlands über fundamentale Grundsätze des Rechtsstaats hinwegsetze, sondern daß er auch im Bereich des Völkerrechts das zu tun gedenke, was er allein für richtig und durchsetzbar halte. Es war nur konsequent, wenn er deshalb mit dem Marschbefehl in das Rheinland den Locarno-Vertrag kündigte. Der Vertrag hatte die Neutralisierung des Rheinlandes ausdrücklich bestätigt, hatte sie aber mit einer Grenzgarantie zwischen Frankreich – Belgien einerseits und Deutschland andererseits verknüpft. Der tiefere Sinn des Vertrags bestand im übrigen darin, das Feld der Verständigung zwischen Frankreich und Deutschland für eine gemeinsame europäische Politik zu bereiten. Der Vertrag durfte deshalb nicht nur nach rückwärts gelesen werden, er mußte auch als ein in die Zukunft weisendes Instrument gehandhabt werden. Hitler dachte nicht daran. Er las ihn nur nach rückwärtsgewandt, und so fiel der Vertrag dem bewunderten und selbst im Ausland bestaunten Revisionismus Hitlers sang- und klanglos zum Opfer. Die Bilder vom Marsch deutscher Regimenter, die mit klingendem Spiel über die ihnen bislang verbotenen Rheinbrücken marschierten, faszinierten auch Hitlers deutsche Kritiker so, daß ihnen die Erinnerung an den Locarno-Vertrag und seinen geschichtlichen Sinn entschwand.

Ein Jahr zuvor hatte es immerhin noch besorgte Mienen gegeben, als sich die Reichsregierung von den Rüstungsbeschränkungen des Versailler Vertrags losgesagt und die Wiedereinführung der allgemeinen Wehrpflicht verfügt hatte. Am Nachmittag des Tages stand ich mit Paul Collmer auf der Königstraße in Stuttgart. Extrablätter wurden ausgerufen. Wir warfen einen Blick darauf und sahen uns an, besorgt und schweigend. Über der Stadt hingen grauschwarze Wolken. Schillers Kassandra fiel mir ein: »Und des Donners Wolken hängen schwer herab auf Ilion.« Einer von uns sagte: Das ist der Anfang eines von Hitler geführten Krieges. Die Stimmung der großen Mehrheit in Deutschland traf freilich der Anfang des beziehungsreichen Gedichtes besser: »Freude war in Trojas Hallen«. War sie im März 1935 noch gedämpft, ein Jahr später, nach dem Marsch über die Rheinbrücken, loderte sie empor. Neunzig Prozent oder mehr sagten ja zur Politik Adolf Hitlers.

Als Krönung seiner ersten vier Jahre Regierung zog Hitler am 30. Januar 1937 die deutsche Unterschrift unter dem Versailler Vertrag feierlich und formell zurück. Es war nur noch eine eher theatralische Geste, aber sie gefiel auch mir. Der »Schandvertrag« war aus der Welt, ohne daß auch nur eine der Siegermächte von 1918 Hitler in den Arm gefallen wäre. Sie hatten es nicht einmal versucht. Die schrecklichste Wirkung jenes Vertrags sehe ich in der erdrückenden Belastung des Versuchs, nach der Niederlage von 1918 einen lebensfähigen normalen freiheitlichen Rechtsstaat der Deutschen zu Stand und Wesen zu bringen. Der Versailler Vertrag war eine wesentliche Ursache für das Aufkommen Hitlers.

Im Januar 1935 hatte sich das Saargebiet in freier Volksabstimmung für die Rückkehr in das Deutsche Reich ausgesprochen. Einundneunzig Prozent hatten für Deutschland gestimmt. Am 11. März 1938 ließ Hitler deutsche Divisionen in Österreich einmarschieren, am 13. März wurde der Anschluß, den der Versailler Vertrag einst ausdrücklich verboten hatte, vollzogen und vier Wochen später wiederum mit überwältigenden Mehrheiten in Österreich und in Deutschland bestätigt. Gegen das alles hatten auch wir, meine Gesinnungsgenossen und ich, wenig oder nichts einzuwenden gehabt. Vieles haben auch wir begrüßt, und auch wir hätten es gefeiert, wenn nicht andere, düstere Ereignisse wie die nationalsozialistische Kirchenpolitik, die immer brutaler werdende Verfolgung aller Kritiker und Gegner, die Gerüchte über die Zustände in den Konzentrationslagern und persönliche Erfahrungen, wie sie mir zuteil wurden, uns daran gehindert hätten. Aber nun war der Versailler Vertrag beseitigt, viele seiner Folgen waren überwunden, die Deutschen waren vereint. Jedem Nachdenklichen mußte im Herbst 1938 klar sein, daß jeder weitere Griff Hitlers über die nun gezogenen

Grenzen hinaus, nicht mehr darauf rechnen konnte, von der Welt in reuiger Erinnerung an die Fehler von Versailles hingenommen zu werden. Der Krieg war programmiert. Er würde kommen – es sei denn, aus Hitler würde ein Bismarck mit einem saturierten Deutschland. So aber sah es trotz Hitlers Friedensreden nicht aus. Ich gehöre zu der großen Masse der Deutschen, die von den sogenannten Hoßbach-Protokollen von 1937 mit Hitlers Kriegsplänen erst nach dem Krieg Kenntnis bekamen. Ich kannte auch nicht die Gründe, die den Chef des deutschen Generalstabs, Ludwig Beck, im Juli 1938 zum Rücktritt veranlaßten. Ich lernte ihn erst einige Jahre später kennen.

Als ich nach dem Münchner Abkommen bei Tisch im Landwehrkasino die Bemerkung machte, das nächste werde der Krieg sein, stieß ich auf ein beinahe beleidigtes Schweigen. Dann gab es Protest. Ob ich dem Führer grundsätzlich mißtraue? Ob ich Hitlers feierliche Erklärung, die Abtretung des deutsch besiedelten Sudetenlandes sei die letzte Revisionsforderung, nicht gehört habe? Ich hatte sie gehört. Nicht im Sportpalast, aber im Radio. Bis zum Zustandekommen des Münchner Abkommens einige Tage darauf hielt ich sie für eine leere Propagandarede. Aber jetzt, nach der Unterschrift Daladiers und Chamberlains – ich weiß nicht warum mir der englische Gentleman so viel weniger Eindruck machte als sein französischer Kollege –, überkamen mich doch wieder Zweifel. Schließlich war Hitler ja kein Blödling. Seine Rechnung war bislang immer aufgegangen. Er mußte sich selber sagen, daß ein Zweifrontenkrieg – und das würde es werden – sein Untergang würde.

Auf einem Sonntagnachmittag-Spaziergang mit der Familie Heckel im Grunewald kam es zu einem langen Gespräch mit dem Bischof. Heckel meinte, daß man ohne ein Mindestmaß an Vertrauen auch gegenüber der Regierung vielleicht vegetieren, aber nicht leben und arbeiten könne. Die Intellektuellen müßten sich der Gefahr bewußt sein, daß die Reflexion, die Dauerreflexion, die nüchterne Sicht auf die Realität verstelle. Daß die Fixierung auf eine mögliche, aber unbewiesene Vorstellung zur Ignorierung der Wirklichkeit und damit in ein unfruchtbares Abseits führe. Das sei meine spezifische Gefahr. Rührend war seine Schlußbemerkung: »Sehen Sie, ich habe neulich abends meiner Frau von Ihren Befürchtungen erzählt. Sie sagte, sie habe die Führerrede von A bis Z angehört. Es sei unmöglich, einer so offenen und feierlichen Erklärung zu mißtrauen.«

Ich mißtraute schon nicht mehr. Ich war überzeugt, daß alles Schwindel sei. Die Rede und das Abkommen. Aber es war eine Überzeugung mit Anfechtungen. Am liebsten wäre ich davongelaufen. Irgendwohin, nach Afrika oder Amerika. Der Kampf um die Dozentur, die Verpflichtungen gegenüber dem kirchlichen Amt und die Rücksicht auf meine große, zum Teil noch in der Ausbildung befindliche Geschwisterschar verwehrten mir, darüber weiter nachzudenken.

Nachdenklich kritisch war auch mein Freund, der Hauptmann Gerhard Kentner, mit seiner jungen Frau, einer hübschen Bürgerstochter aus Schwäbisch-Hall, zurückgekehrt. Ich bat ihn, mir behilflich zu sein, ein Reiterregiment zu finden, in dem ich Reserveoffizier werden könne. Ich verband damit mehrere Absichten. Ich war 32 Jahre alt und hatte das Gefühl, daß bei mir eine durchgreifende körperliche Überholung nach der Schreibtischexistenz der letzten Jahre fällig sei. Sodann wollte ich wenigstens etwas vorbereitet sein auf das, was mich vermutlich ohnehin erwartete. Wenn ich dabei wählen durfte, wählte ich das Pferd.

Im Hintergrund aber stand das Bedürfnis, wenigstens einen bescheidenen persönlichen Faden zur Armee zu gewinnen, ohne die mir jeder Gedanke an eine Änderung der deutschen Situation illusionär erschien. Wir kamen auf die Fürstenwalder Ulanen. Zunächst wurden Bedenken laut, weil ich Brillenträger sei, aber sie wurden ohne Mühe beseitigt. Ich sollte im Frühjahr, spätestens im Herbst 1939 mit der Ausbildung anfangen. Als es soweit war, wurde die Einberufung ohne mein Zutun rückgängig gemacht. »Die Soldaten des Führers« hatten inzwischen anderes zu tun, als Freiwillige auszubilden.

Im März 1939 bewies Hitler Deutschland und der Welt, daß auf sein Wort nichts zu geben, daß er ein brutaler Schwindler sei. Er zerschlug die Tschechoslowakei. Damit verließ er den Boden, auf dem er bislang operiert hatte. Die Beseitigung des Versailler Vertrages und seiner Ungerechtigkeiten, die Inanspruchnahme des Selbstbestimmungsrechts auf alten deutschen Volksboden wie im Sudetenland, das alles konnte im Zeichen eines kaum bestreitbaren höheren Rechtes vertreten und gerechtfertigt werden. Die Zerschlagung der Tschechoslowakei aber war blanker Terror und eine Provokation, die einen Aufschrei der ganzen rechtschaffenen Welt hervorrufen mußte.

Einige Wochen danach kam ich auf die erste Fährte, die mich in den deutschen Widerstand führte. Ich hatte Paul Pagel kennengelernt, den späteren Innenminister Schleswig-Holsteins. Er war ein aus politischen Gründen zwangspensionierter Regierungsrat, der über Informationen verfügte, die er mir zugänglich machte, nachdem wir in langen Gesprächen gegenseitig zu der Überzeugung gekommen waren, daß wir einander vertrauen durften. Bei ihm begegnete ich in jenem Sommer und Herbst regelmäßig zwei anderen Männern, mit denen ich mich gut verstand: Josef Wirmer und Fritz Straßmann. Wirmer sollte in den nächsten Jahren im deutschen Widerstand noch eine bedeutende Rolle spielen, bis er in Plötzensee gehängt wurde. Straßmann, ein kluger Sozialdemokrat, blieb im Hintergrund und überlebte in der Haft der Gestapo. Der gewichtigste in unserem Quartett war Josef Wirmer. Er war ein kräftiger, stattlicher Mann, der aus den Traditionen des politischen Katholizismus kam. Er war ein beachtlicher Jurist, Rechtsanwalt mit einer Kanzlei im Zentrum der Stadt und einem Wohnhaus draußen, in Lichterfelde.

Wir sprachen es nie aus, aber wir waren uns bewußt, daß wir vier Zivilisten ohne alle Macht uns nicht als Widerständler begreifen durften. Das Wort war unter uns damals und noch lange danach überhaupt nicht in Gebrauch. Ich weiß nicht, wer es erfand. Jedenfalls als die Tiger tot waren, gab es schlagartig an allen Enden »Mitglieder des deutschen Widerstands«. Wir vier fühlten uns auch nicht als »Zelle« irgendeiner großen oder kleinen geheimen Organisation oder eines losen Verbunds. Wir sahen uns sooft wir konnten, schon zum Trost in unserer Einsamkeit. Die Zeit war leichter zu ertragen, wenn man wußte, daß man mit seiner Distanz und Ablehnung nicht allein stand zu dem, was bei Tag und Nacht auf allen Straßen, in allen Zeitungen, in jedem deutschen Rundfunksender gepriesen und verkündigt wurde. Das eigene Gedankengefüge, die Reaktion des eigenen Gefühls, entrang sich leichter der Skepsis und Resignation, wenn es sich im vertrauten Gespräch mit anderen zur Selbstkontrolle bereiten Männern behaupten konnte. Vielleicht gibt es Männer oder Frauen, die so fest und sicher in sich selber ruhen, daß die Wogen mächtiger Emotionen, das Getrommel von Demagogen sie nicht berühren können. Vielleicht, sage ich, gibt es sie. Nur – ich bin ihnen auf keiner Stufe meines Lebens, in keiner Epoche, zu keiner Zeit begegnet. Oder doch? Helmuth von Moltke? Konrad Adenauer?

In dem kleinen Kreis um Paul Pagel – nicht im sehr viel weiteren der bekennenden Kirche – fand ich seit meiner Rostocker Zeit zum erstenmal wieder im Reiche Adolf Hitlers den Trost und die Stütze, deren nicht mein Glaube, sondern mein politisches Denken bedurfte. In diesem Kreis ging es nicht, oder nur gelegentlich am Rande, um das Thema Staat und Kirche. Die vielberufene »Freiheit der Verkündigung« verschwand hinter der Furcht vor dem Untergang in einem offenbar unabwendbar gewordenen neuen Weltkrieg. Eines Abends warf ich die Frage auf: Haben wir einfach Angst, sind wir mit unserer christlichen Gewissenskultur zu domestiziert, oder fehlen uns die Nerven, ein kalkuliertes großes Abenteuer zu bejahen und zu bestehen?

Straßmanns ruhige Antwort und Wirmers Argumente beseitigten meine Zweifel. Es war kein kalkulierbares Abenteuer. Und unsere Gewissenskultur? Nun sie bestand hauptsächlich in der mehr oder weniger selbstverständlichen Bejahung einer Werttradition. Sie war herausgefordert und verlangte nach Bewährung. Wir stimmten überein, wir verstanden uns, und wir wußten dennoch alle zusammen nicht, was *wir* tun könnten, um das Unheil zu wenden. Hitler ermorden? Ja, aber wie? Wie konnte unsereiner an ihn heran? Und wenn es gelänge, was hätten wir dann? Den dicken Hermann, den wir bald darauf nur noch Meier nannten? Oder Himmler, oder am Ende den verachteten, aber dennoch nicht zu unterschätzenden Goebbels? Sie müßten alle weg, und dazu brauchte man Soldaten. Wir waren ratlos. Aber wir waren nicht ganz ohne Hoffnung. Wir hielten uns aneinander fest, und so trieben wir mit dem großen Strom dem Krieg entgegen.

Mir ist nie klar geworden, warum der unter Mitwirkung von General Halder, dem Nachfolger Becks als Generalstabschef, und der angeblichen Zustimmung von Brauchitsch (Generaloberst und Oberbefehlshaber des Heeres) für Ende September 1938 organisierte Militärputsch im Sommer 1939 unterblieb. Mir war allerdings auch nie sicher, daß der befehlsgewohnte militärische Apparat planmäßig funktionieren werde, wenn es gegen das Staatsoberhaupt und den Obersten Befehlshaber der Armee ging. Der 20. Juli 1944 hat darauf eine bestürzend negative Antwort gegeben. Dabei war die psychologische Situation im Sommer 1944 für den Sturz Hitlers wesentlich günstiger als im Sommer 1939. 1944 stand der Untergang am Horizont, und viele sahen es. 1939 gab es zwar Besorgnis, aber der Optimismus, es werde schon gutgehen, hatte die große Masse auch nach dem Schlag gegen die Tschechoslowakei nicht verlassen.

In unserem kleinen Kreis kamen wir zu dem Ergebnis, daß ein Militärputsch mit dem Ziel, die ganze etablierte Führungs- und Regierungsschicht zu beseitigen, mit großer Wahrscheinlichkeit nicht durchführbar sei. Dazu war der Nationalsozialismus auch in der Armee inzwischen zu verbreitet. Aber vielleicht wäre durch die Beseitigung Hitlers die Fahrt in den Krieg zu stoppen gewesen. Die Meinungen darüber gingen auch unter uns vier auseinander. Wir versanken in Resignation, bis wir auf die Idee kamen, uns systematisch an der Knüpfung eines Netzes von Nichtmilitärs zu beteiligen. Die zum Schlag gegen Hitler entschlossenen Soldaten sollten darauf zurückgreifen können, wann immer sie es wünschten, sei es vor, sei es nach einem Staatsstreich. Jeder von uns begann sich nach Gesinnungsgenossen umzusehen, nach Männern, die nicht nur bereit waren, auf unserer Linie zu denken, sondern auch zu handeln, wenn es sich als möglich erwies. Der Übergang in die Welt des politischen Denkens und Handelns hatte für mich begonnen.

Gedanklich war es nicht schwer, ihren Frontverlauf sich zurechtzulegen. Da waren auf der einen Seite die Vernünftigen, die Deutschlands Lebensrecht im Rahmen einer fairen und friedlichen internationalen Ordnung gesichert sehen wollten, und da waren auf der anderen Seite diejenigen, die sich allenfalls dazu verstanden, sittliche Grundsätze im privaten Bereich gelten zu lassen, im politischen aber die nationale Macht oder Vormacht zum obersten Wert alles politischen Handelns erklärten. Schon auf studentischen Tagungen in den Jahren 1933 und 1934 waren diese Fronten aufeinandergestoßen. Ihr unversöhnlicher Gegensatz war damals noch vernebelt durch das moralisch berechtigte Verlangen nach der Revision des Versailler Vertrages und nach »Arbeit und Brot«. Auf einer dieser studentischen »Schulungstagungen« spitzte sich die lebhafte und schon polemisch gefärbte Diskussion indessen so zu, daß sie mit meiner warnenden Feststellung abbrach: In der Alternative Gott oder das Volk sei die Entscheidung auch für den patriotischen Christen unwiderruflich gefallen.

FÜNFTES KAPITEL

Krieg

Aufmarsch auf dem Balkan

Einige Wochen nach der Rückkehr aus England sollte ich auf der Hohen Rinne in Siebenbürgen über Hermannstadt Vorlesungen halten auf einer volksdeutschen Theologentagung. Die Kirche der Siebenbürger Sachsen galt als die Musterkirche des traditionsbewußten Volksdeutschtums. Sie hatte dem Deutschtum in Rumänien über Jahrhunderte hin Zusammenhalt und geistige Ordnung gegeben. Ihre Bischöfe genossen in Rumänien hohes Ansehen. Im Kirchlichen Außenamt waren sie sehr respektiert. Selbstbewußt und fest in ihrer Tradition gegründet hatten sie sich den Bedrohungen des Kirchenkampfes und der ideologischen Gleichschaltung weitgehend zu entziehen vermocht. Sie hatten ihr Volk hinter sich, zeigten eine beachtliche Resistenz gegen die sonst üblichen Säkularisierungserscheinungen und galten bei uns als Ideal einer Volkskirche.

Auf der kleinen Umsteigestation Kopisch in Rumänien mußte ich stundenlang auf den Anschlußzug nach Hermannstadt warten. Der Fahrplan war völlig durcheinander. Lange Militärzüge rollten nach Norden, die Soldaten blickten schweigend in das Land. Kein Lied, kaum ein Wort war zu hören. Als ich nach Hermannstadt kam, wurde mir mit viel Bedauern mitgeteilt, daß die Tagung wegen der akuten Kriegsgefahr möglicherweise abgesagt werden müsse. Ich wartete zwei Tage, damit beschäftigt, alle erreichbaren Nachrichten zu erwischen. Dann kam ein Telegramm von Bischof Heckel. Es rief mich nach Berlin zurück. Ich fuhr mit dem nächsten Zug. Je näher ich der Reichsgrenze kam, desto länger wurden die Aufenthalte auf den großen Stationen. Der Zug fuhr durch Schlesien. In der Nähe der Grenze wurden Stellungen ausgehoben, auf den Bahnhöfen gab es stumme, zuweilen tränenreiche Abschiede der Einberufenen. In Ratibor hieß es aussteigen. Niemand konnte sagen, wann der D-Zug nach Berlin weitergehe. Am späten Abend des 31. August fand ich in einem vollbesetzten Zug noch einen Platz. Die Stimmung war denkbar gedrückt. Keiner wagte ein lautes Wort. Es wäre als taktlos empfunden worden. Der Bahnhof Friedrichstraße, auf dem wir gegen Morgen ankamen, war verdunkelt. Ich fuhr zum Savignyplatz, ging in das nächste Hotel und legte mich schlafen.

Die weit überdehnte Reise, der unabwendbar hereinbrechende Krieg, die
Sorge um die Brüder und Freunde hatten mich, obwohl ich in jenen Jahren
meines Lebens nur selten ermüdete, so mitgenommen, daß ich erst aufwachte,
als Hitlers bestbezahlter Gesangverein – wie der Reichstag in jenen Jahren
spöttisch, aber zu Recht, genannt wurde – sein Lied schon gesungen hatte. Ich
ging in das Kirchliche Außenamt und traf auf einen Theodor Heckel, der
zwischen feierlichem Ernst, bitterer Sorge und patriotischen Gefühlen schwankte. Dr. Krummacher sei eingerückt. Er habe sich als Kriegspfarrer gemeldet. Ob
ich seine Vertretung übernehmen wolle? Einstweilen jedenfalls? Es sei noch
offen, ob das ökumenische Referat aufrechterhalten werden könne, aber ich hätte
die Sache ja immer verteidigt, sei unverheiratet und, wenn ich wolle, könne ich es
versuchen. Ich sagte ja. Der Krieg war da, und ich hatte das Referat in der Hand,
für das ich dreieinhalb Jahre lang gearbeitet hatte. Einige Tage später verließ ich
mein Büro in der Knesebeckstraße und bezog Krummachers Amtszimmer im
Gebäude des preußischen Oberkirchenrats in der Jebensstraße 3.

Friedensmission in Skandinavien

Anders, ganz anders als in den Ersten Weltkrieg ging das deutsche Volk in den
Zweiten. Auch die raschen Siege im Polenfeldzug konnten die reservierte Grundstimmung nicht verändern. Sie vermochten sie zeitweilig aufzuhellen. Sie zeigten
eine Armee, die sich glanzvoll über der nicht vergessenen Niederlage von 1918
erhob. Aber auch der schnell zu Ende gehende Polenfeldzug mit Bildern von der
Einnahme Warschaus vermochten nicht die Sorge zu verdrängen, wie es werden
würde, wenn im Westen gleichwertige Waffen und Verbände sich auf dem
Schlachtfeld begegneten. Den Krieg zu stoppen, ehe er im Westen richtig
begänne, schien nun auch einem Ribbentrop geboten.

Mitte September wurde ich zu Dr. von Twardowski in das Auswärtige Amt
gebeten. Er fragte mich, ob ich bereit wäre, bei dem Erzbischof von Schweden zu
sondieren. Das Amt sei daran interessiert zu erfahren, ob der Erzbischof dafür zu
gewinnen wäre, eine Friedensinitiative zu ergreifen, wie sie sein Vorgänger
Nathan Söderblom 1917 in Gang gebracht habe. Ich zauderte. Dann sagte ich
Twardowski, daß ich mir einen Erfolg – wenn überhaupt – nur versprechen
könne, wenn ich dabei von dem Direktor der Forschungsabteilung des Ökumenischen Rates, Dr. Schönfeld, und seinem Mitarbeiter, dem Schweden Nils
Ehrenström, unterstützt würde. Das sei schon deshalb notwendig, weil ich den
Erzbischof persönlich nicht kenne und annehmen müsse, daß er die in der
Ökumene üblichen Vorbehalte gegen das Kirchliche Außenamt teile.

Twardowski war damit einverstanden ohne das sonst übliche Wenn und Aber. Das machte mich stutzig. Ich frage, von wem ich im Zweifelsfall gedeckt würde. Mit großer Wahrscheinlichkeit werde die Sache ja doch publik, dann möchte ich nicht von der Gestapo wegen Defätismus eingesperrt werden. Twardowski erklärte mir daraufhin – für seine Art ziemlich feierlich –, daß der Hintergrund der Sache auf jeden Fall geheimgehalten werden müsse. Ich könne sicher sein, daß er nicht privat zu mir spreche. Die Angelegenheit sei bis »ganz hoch oben abgesichert«. Davon dürfe aber nichts verlauten. Auch wenn ich den Erzbischof für eine Friedensaktion gewinnen könne, dürfe nicht ruchbar werden, von wem die Initiative komme. Die Sache müsse strikt ihr kirchliches Gesicht behalten. Er werde mich kriegsdienstverpflichten lassen für das Auswärtige Amt. Dies und sein Wort müßten mir doch wohl reichen. Es reichte mir. Ich wurde für das Auswärtige Amt unabkömmlich (uk) gestellt, behielt mein Büro im Kirchlichen Außenamt, erschien in den nächsten Monaten aber regelmäßig im Auswärtigen Amt.

Schönfeld war sofort für die Friedensaktion. Außerdem war ihm und Ehrenström sehr wichtig, bei dieser Gelegenheit die Kanäle für den durch den Krieg bedrohten Verkehr der Genfer ökumenischen Zentrale mit ihren Mitgliedskirchen offen zu halten. Als Reiseaufgabe war mit Twardowski vereinbart worden, eine hinreichende »Information über die augenblickliche Haltung und Stimmung in den führenden kirchlichen und akademischen Kreisen Skandinaviens« zu gewinnen. Schönfeld akzeptierte, und Ehrenström sagten wir, daß wir in Wirklichkeit eine Friedensaktion der Kirche von Schweden versuchen wollten. In der ihm eigenen bedächtigen Ruhe stimmte Ehrenström zu.

Vor der Abreise sprach ich mit meinen Freunden Pagel, Wirmer und Straßmann. Inzwischen mußte doch etwas über den Staatsstreichversuch vom September 1938 durchgesickert sein, denn sowohl Pagel wie Wirmer berichteten mit unterschiedlichen Namensangaben über eine Fronde hoher Truppenführer im Heer. Wir erörterten, ob eine geglückte Friedensaktion nicht doch nur der Rettung Hitlers dienen würde. Die Meinungen gingen etwas auseinander, aber wir wurden uns verhältnismäßig rasch darin einig, daß der Fortgang des Krieges, wenn er im Westen erst einmal richtig beginne, das noch größere Übel sei. Die Aussicht auf einen geglückten Staatsstreich sei, wenn Hitlers außenpolitische Erfolge im öffentlichen Bewußtsein zurück- und innenpolitische Schwierigkeiten zutage träten, im Frieden größer als im Krieg. Die Identifizierung der Armee mit ihrem obersten Befehlshaber sei im Krieg spontaner als im Frieden. Die Parole, daß der Krieg nur Hitler und seinen Reichsstatthaltern gelte und nicht dem deutschen Volk, sei schon deshalb nicht durchzuhalten, weil sie unzutreffend sei. Man ermutigte mich deshalb, alle Bedenken gegen die Aktion zurückzustellen. Ich solle dem Erzbischof versichern – allerdings nur, wenn er vertrauenswürdig genug sei –, daß sich in Deutschland mit Sicherheit Männer und Möglichkeiten fänden, Hitler und sein Regime über kurz oder lang zu beseitigen. »Er muß durch deutsche Hand fallen« – das seien wir uns und Deutschland schuldig.

Sorgenvoll, aber bestärkt, machte ich mich auf den Weg. Der Verlauf des Polenfeldzugs erleichterte mich einerseits, andererseits lief er meinem Auftrag ganz zuwider. Der Primas von Dänemark, Bischof Fuglsang-Damgaard, im Ersten Weltkrieg deutscher Offizier mit dem EK I, empfing uns freundlich. Von Friedensaktion war dabei jedoch keine Rede, dafür um so mehr von der Gestaltung der ökumenischen Arbeit im Krieg. Ähnlich war es bei Bischof Rohde in Lund und in Stockholm. Erst im Haus von Erzbischof Eidem in Uppsala kam ich mit dem eigentlichen Grund meiner Reise heraus.

Der Erzbischof nahm mich zwischen seinen langen Bücherwänden väterlich freundlich auf. Er war die Güte selbst. Für ihn war ich kein Gezeichneter, weil ich zum Kirchlichen Außenamt gehörte. Er hörte mich mit gesammelter Aufmerksamkeit, ja mit einer gewissen Spannung an. Aber ohne Zaudern erklärte er mir sogleich, daß er kein Nathan Söderblom sei. Der Mann, wahrscheinlich der einzige, der diese Sache in Skandinavien in die Hand nehmen könne, sei der Bischof von Oslo, Eivind Berggrav. Ich merkte, daß es zwecklos sein würde, auf den Erzbischof weiter einzudringen. Deshalb dankte ich ihm und fragte, ob er mich bei Berggrav avisieren könne. Er tat es sogleich. Anderntags waren wir in Sigtuna, um Manfred Björkquist, dem Leiter der Schul- und Ausbildungsanlagen von Sigtuna, einen Besuch zu machen.

Björkquist, der spätere Bischof von Stockholm, hatte diesen Anlagen seinen Geist und Stil gegeben. Ich erinnere mich nicht, daß wir uns politisch unterhalten hätten, auch von unserer eigentlichen Mission war kaum die Rede. Dennoch war dieser Besuch in Sigtuna für mich und die späteren Auslandskontakte des deutschen Widerstandes von wesentlicher Bedeutung. In Sigtuna empfing uns Harry Johansson. Er leitete das Nordische Ökumenische Institut, eine ökumenische Zentrale der skandinavischen Kirchen. Zusammen mit seiner jungen, ungemein liebenswürdigen und hilfsbereiten Frau bewohnte er ein altes schwedisches Holzhaus, das, ohne museal zu wirken, ein Juwel althergebrachter verfeinerter schwedischer Wohnkultur war.

Harry Johansson, bescheiden und zurückhaltend in seinem Auftreten, wurde zum Pfeiler der schmalen Brücke zwischen Deutschland und Schweden, auf der sich der deutsche Widerstand im Krieg bewegte. Ohne ihn hätte es diese Brücke vermutlich nicht gegeben. Die Literatur über den deutschen Widerstand ist kaum mehr überschaubar, die Flut der Publikationen über die Kirchen im Krieg, über Genf und die Ökumene ist groß – aber ich habe bislang nichts gefunden, was der Bedeutung dieses Mannes und seiner frei übernommenen Rolle in jener Zeit gerecht würde. Es mag sein, daß es in der skandinavischen Literatur damit besser bestellt ist – Dissertationen darüber gibt es. In die deutsch- oder englisch-

sprachige Zeitgeschichte aber ist darüber wenig und Unzureichendes gedrungen.

Ich bin mir nicht gewiß, ob wir bei jener meiner ersten Begegnung mit Harry
Johansson schon die Offenheit an den Tag legten, die wenig später zwischen uns
selbstverständlich war. Jedenfalls erwies sich der bedächtige Schwede schon in
den ersten Gesprächen als überaus nützlicher Helfer meiner Freunde Schönfeld
und Ehrenström bei der Frage, wie über Schweden der Kontakt zu den angelsächsischen und vermutlich bald auch zu den amerikanischen Kirchen aufrecht-
zuerhalten sei. Denn daß die USA bei der Ausweitung des Krieges, mit der von
Anfang an gerechnet werden mußte, auf die Seite der Gegner Deutschlands
treten würden, war uns sicher. Harry Johansson bestätigte die Richtigkeit der
Entscheidung Eidems. Er verehre ihn. Aber weitgreifende politische Aktionen –
das sei seine Sache nicht. Er rühmte Berggrav als einen temperamentvollen,
höchst selbständigen Kopf, der wie der ganze skandinavische Klerus mit der
deutschen Theologie und Wissenschaft von Jugend an vertraut sei.

Am 8. Oktober 1939 empfing er uns in seinem Bischofshaus in Oslo. Wir waren
seine Gäste. Vor Tisch gab es ein langes Gespräch, in dem Schönfeld das Wort
führte und Ehrenström assistierte. Es ging dabei hauptsächlich um Fragen der
ökumenischen Entwicklung und Organisation. Die Äußerungen des Bischofs
dazu waren weit weniger enthusiastisch als die Schönfelds und weit kritischer, als
ich es beim gleichen Thema von Seiten der führenden Ökumeniker gewöhnt war.
Am Abend kam es dann zu dem Gespräch zwischen dem Bischof und mir. Es
fand unter vier Augen statt. Ich ging skeptisch in Berggravs kleines Studio. Ich
fragte mich, ob die ganze Anstrengung überhaupt noch einen Wert habe. Bei der
Abreise in Stockholm hatte Ehrenström einige schwedische Zeitungen gekauft,
aus denen er uns die Berichte über die Hitlerrede vom 6. Oktober 1939 übersetzte. Die Presse berichtete, daß sie eine Art von Friedensangebot Hitlers enthalte.
Der ganze Duktus der Rede war jedoch von der Art, daß ich daraus nur schließen
konnte, daß Hitler und die Leute um ihn die betretene Überraschung überwunden hatten, die sie offensichtlich nach der englischen und französischen Kriegserklärung erfaßt hatte. Ich schloß jedenfalls, daß sich die politischen Voraussetzungen meiner Reise und damit natürlich auch die Intentionen des Auswärtigen
Amtes grundlegend geändert hatten. Hitler dachte gar nicht mehr daran, sich in
einer für die andere Seite auch tragbaren Weise zu vergleichen. Seine Rede war
eine kaum verkappte Aufforderung zur Unterwerfung. Die Gegner würdigten
ihn keiner Antwort.

Ich schwankte, ob ich überhaupt noch von meinem Auftrag reden solle. Dann tat
ich es doch mit dem Entschluß, Berggrav mit größter Offenheit die Situation
darzulegen, ihm auch meine Vermutungen über die neueste Lage mitzuteilen,
ihn aber dennoch zu bitten, eine Friedensaktion wie geplant in Gang zu bringen,

auch wenn sich die politische Basis, von der ich ausging, samt den Aussichten auf Gelingen geändert habe und die Kirchen allein auf sich gestellt und mit ihren Argumenten den Versuch durchführen müßten.

Berggrav sah mich schweigend an. Dann sagte er knapp und lakonisch: »Wozu? Um Hitler zu retten?« Ich sagte, daß wir damit schon beim Kern des Themas seien. Ich hätte mit einigen meiner politischen Freunde zwei Abende lang darüber gesprochen. Ich spräche in der Gewißheit, daß es auch ein anderes, allmählich sich zum Äußersten entschließendes geheimes Deutschland gäbe. Ich könne und wolle ihm keine Namen nennen. Aber ich stünde mit meinem Wort dafür ein. Er könne es am Ende von mir einfordern, wenn ich noch lebe. Ich spräche dabei weder für die Evangelische Kirche Deutschlands und schon gar nicht für mein Amt. Es würde meine Erklärung mißbilligen. Ich hätte noch nicht einmal mit Schönfeld so offen darüber gesprochen. Weniger um meinetwillen als um die Formierung der Deutschen, die Hitler stürzen wollten, nicht zu gefährden, bäte ich mit keiner Andeutung und in keiner Notiz davon etwas verlauten zu lassen. Berggrav sah mich lange an. Dann: »Woran denken Sie?« Ich war schon im Begriff zu sagen: »An Mord.«

Aber ich sagte: »An äußerste Gewalt.« Berggrav schwieg. Er zeigte keine Neigung, auf eine Friedensaktion einzugehen. Er blieb dabei, das gäbe nur eine Lebensverlängerung für Hitler und sein System. Ich setzte dagegen, daß das andere Deutschland – von Widerstand war meines Wissens nicht die Rede – eine Frist brauche und legte dann meine mit Wirmer und Pagel entwickelte Theorie dar, daß ein Staatsstreich der Armee im Krieg noch viel schwerer sei als im Frieden. Berggrav rührte sich nicht. Dann begann ich die Risiken eines sich zum Weltkrieg ausfächernden Kampfes zu umreißen. Ich sprach von der Gefahr auch für ganz Skandinavien, wenn es Hitler gelinge, die Sowjets zu einem aktiven Eingreifen zu veranlassen. Das Schicksal Ostpolens, der baltischen Provinzen sei doch eine unübersehbare Mahnung. Aber selbst wenn die Sowjets Gewehr bei Fuß stünden, würden sie am Ende unversehrt und übermächtig das zerschlagene und ausgeblutete Mittel- und Westeuropa überschatten. Was sich Skandinavien, was sich Norwegen davon versprechen könne? Berggrav blieb unbewegt.

Ich habe später bedauert, daß ich Berggravs Lebensgeschichte, seine Studienzeit in Deutschland und England, seine Freundschaft mit Johannes Müller von der Elmau, seine theologische und kirchliche Denkweise, seine politischen Stimmungen, damals nur in Umrissen kannte. Aber ich war vor der Abreise nicht auf den Gedanken gekommen, das Gespräch, das ich mit Erzbischof Eidem führen sollte und wollte, mit Bischof Berggrav führen zu müssen. Hätte ich den gütigen schwedischen Erzbischof allerdings schon vor der Aufforderung Twardowskis gekannt, hätte ich ihn nicht in die Konturen Söderbloms hineingeträumt.[1]

Berggrav beendete den Abend mit der knappen Versicherung, die Verschwiegenheit, um die ich ihn bitten mußte, werde gewahrt. Die Sache selbst aber müsse er sich eingehend überlegen. Er werde versuchen, mir morgen Antwort zu geben. Das geschah. Der andere Tag begann beim Frühstück wieder mit ökumenischen Verfahrens- und Organisationsfragen. Berggrav bezweifelte, daß die einstweilige Leitung des Ökumenischen Rates während des Krieges in ihrer derzeitigen Zusammensetzung aktionsfähig bleibe. Aber solche und ähnliche Fragen wurden nicht vertieft. Ich konnte dazu ohnehin nichts beisteuern und ging auf mein Zimmer in der Erwartung, von Berggrav im Lauf des Tages ein Nein zu hören. Ich täuschte mich. Berggrav bat mich wieder in sein enges Studio und sagte, er wolle es in Gottes Namen versuchen, vorausgesetzt, daß sein schwedischer und sein dänischer Kollege mittäten. Von Politik war dabei nicht mehr die Rede. Meine (falschen) Mutmaßungen über die Entwicklung des Krieges wurden von dem Bischof offensichtlich nicht in Zweifel gezogen. Er hat ihnen aber auch nicht ausdrücklich zugestimmt. Das war auch unwichtig. Er hielt sein Wort in jeder Hinsicht.[2]

Das Kirchenführer-Treffen in Kopenhagen

Wir verließen Berggrav mit der Zusage, uns mit ihm, Erzbischof Eidem und Bischof Fuglsang-Damgaard und möglichst auch mit William Paton, dem damals führenden Ökumeniker Englands, einige Tage später in Kopenhagen wieder zu treffen. Die Anwesenheit eines führenden englischen Kirchenmannes hielt Berggrav mit Recht für dringend notwendig. Die Aktion erforderte Verhandlungen beziehungsweise Gespräche mit beiden Seiten. Das konnte in England nur durch die Vermittlung der englischen Staatskirche ermöglicht werden. Paton sträubte sich, zu kommen. Als es Ehrenström endlich doch gelang, ihn herbeizutelegrafieren, wollte er nicht mit uns Deutschen sprechen. Schönfeld akzeptierte er schließlich als ökumenischen Funktionär, gleichsam als national geschlechtsloses Wesen, aber eine Begegnung mit mir lehnte er beharrlich ab.[3]

Das sachliche Ergebnis der Kopenhagener Beratung bestand in der Abrede, nach einer Regionalkonferenz führender skandinavischer Kirchenmänner Bischof Berggrav nach England kommen zu lassen, um ihm die Möglichkeit für eine Friedensvermittlung zu geben.

Mit dem Ergebnis meiner Reise hätte ich einigermaßen zufrieden sein können, wenn ich am Schluß der Reise noch der politisch-militärischen Situation an ihrem Anfang gegenüber gestanden hätte. Aber sie war »vom Winde verweht«, vom Sturm in Polen. Im Auswärtigen Amt war die Stimmung zwiespältig. Herr

von Twardowski war voller Anerkennung für die in Gang gebrachte Friedensbe-
mühung, während ich ihr nahezu alle Chancen absprach. Er hielt unsere
Anstrengungen nicht für nutzlos. »Im Krieg kann die Situation über Nacht eine
andere sein.« Aber auch sein Elan war angeschlagen. Den Staatssekretär sah ich
nicht. Er wahrte die Form – und schützte mich vor dem gröbsten Gesichtsverlust –, als er einige Monate später Bischof Berggrav, der nach seinen Gesprächen
in London wie versteinert nach Berlin gekommen war, zu einem freundschaftlichen Gespräch empfing und ihm auch einen Empfang durch Göring vermittelte.
Sachlich ist dabei nichts herausgekommen.

Das erfuhr ich damals allerdings nicht durch die Herren von Weizsäcker oder
Twardowski, sondern von Berggrav. Er war seit der Kopenhagener Kirchenfüh-
rerkonferenz mehrfach in England und in Berlin gewesen. Je schwieriger es mit
dem Frieden wurde, desto größere Mühe gab er sich. Ich betreute ihn während
seines Berlin-Aufenthaltes ein wenig. Am Karfreitag 1940 verabschiedete er sich
von mir. Seine Berichte über die Gespräche mit Weizsäcker und Göring waren
karg, wenn auch nicht offen negativ. So als ob er sich scheue, das Ganze für einen
Fehlschlag zu halten. Ich fühlte mich sehr in seiner Schuld und vom Auswärtigen
Amt übel desavouiert.

Die Änderung des politischen Klimas wurde täglich spürbarer. Anscheinend
hatte Hitler seine Oktoberrede selbst für ein großzügiges Friedensangebot
gehalten, was sie sicher nicht war. Jetzt, nachdem dieses angebliche Angebot
kühl ausgeschlagen worden war, galt es in Deutschland nicht mehr für opportun
von Friedensbemühungen zu reden. Selbst Twardowski meinte, ich solle in
meinem formellen Bericht damit zurückhaltend sein. Wozu ich wenige Wochen
zuvor amtlich und dringlich veranlaßt worden war, sollte ich jetzt, wenn nicht
verleugnen, so doch kaschieren. Ich tat es zornig. Weniger des Schwindels
wegen.

Ernst von Weizsäcker: »Wie man schreibt«

Der manipulierte Bericht gehörte damals zum Handwerk. Ernst von Weizsäcker,
der in jenen Jahren das Auswärtige Amt geleitet hat – der Außenminister
Ribbentrop war damit beschäftigt, im Dunstkreis Hitlers um seine Position zu
kämpfen –, schrieb in seinen 1950 erschienenen ›Erinnerungen‹: »Benützt die
Forschung Quellen des Dritten Reiches, so möge sie bedenken: Niemand kam
damals zum Ziel, wenn er nicht der herrschenden Ausdrucksweise Rechnung
trug ... Wer in jener Periode in Deutschland politisch wirken wollte, schrieb ja
nicht, um später als kluger Warner dazustehen, nicht um seine Seele zu retten. Er

sprach und schrieb in Konkurrenz mit Psychopathen und für Psychopathen. Geschichtsforscher werden das erkennen.[4]

Die Funkstille in Sachen Frieden, die ich nach der Rückkehr von meiner Skandinavienreise im Auswärtigen Amt gewahr wurde, hat mich immer wieder auf die Frage gebracht, wie es denn mit den Friedensabsichten unmittelbar nach der Kriegserklärung Englands bei der deutschen Führung tatsächlich bestellt war. Aus den inzwischen von dem Amerikaner Leonidas E. Hill herausgegebenen Tagebuchaufzeichnungen Ernst von Weizsäckers kann ich nur schließen, daß Ribbentrop mehr noch als Hitler ernsten Friedensbemühungen abgeneigt war. Dennoch zweifle ich nicht daran, daß Versuche wie die mit Berggrav anfänglich tatsächlich bis »ganz oben« abgedeckt waren.[5]

Twardowski war sogar der Meinung, daß in Schweden »und anderwärts« noch immer Friedensfühler ausgestreckt würden.

Die Informationsabteilung des Auswärtigen Amtes

Ich weiß nicht, wer auf die Idee kam, im Winter 1939/40 im Auswärtigen Amt eine »Informationsabteilung« einzurichten. Die Bezeichnung war, wie häufig in solchen Fällen und für ähnliche Bedürfnisse, ein Euphemismus. Neben Goebbels' Propagandaministerium gab es längst eine Unzahl anderer, älterer und neuerer Propagandaunternehmungen in Staat und Partei. Jetzt, im Krieg, wollte Ribbentrops AA auch nicht länger zurückstehen. Es schuf sich seinen eigenen Propagandaladen. Die feine Kulturpolitische Abteilung stellte mich zu »Inf.« ab, noch ehe das Geschäft dort richtig angelaufen war. Das beste dabei waren einige Männer, die sich in der neuen Abteilung trafen. Mein erster Chef in dem für die Abteilung in Beschlag genommenen polnischen Generalkonsulat in der Kurfürstenstraße nahe dem Berliner Lützowplatz war Dr. Günther Altenburg. Er stammte aus dem Beamtenstab des alten Auswärtigen Amtes. Liebenswürdig, akkurat und pflichtbewußt hielt er die größer und größer werdende Behörde zusammen. Sie war bunt gemischt, durchaus unhomogen und von einer südländisch anmutenden Lässigkeit.

Die Chefs der Abteilung wechselten verhältnismäßig oft. Auch der Diplomat Dr. Altenburg zeigte keine übermäßige Anhänglichkeit. Er hielt sich in der Kurfürstenstraße mit einigem Recht für zweckentfremdet. Als ich mich zum Dienstantritt bei ihm meldete, verzichtete er jedenfalls gänzlich darauf, mir irgendwelche Weisungen oder Richtlinien seiner »Politik« kundzutun. Er dedizierte mir ein Buch: ›Die anderen Waffen‹[6], empfahl mir, es zu lesen, und verabschiedete mich liebenswürdig. Ich merkte bald, daß im Vergleich zur behördenmäßig gestimmten und organisierten Kulturpolitischen Abteilung die Bürokratie hier nichts zu bestellen hatte. Mir war das recht, weil das, was mir am Herzen lag, so vielleicht eher zu erreichen war.

Ich brauchte unentwegt Visa und Devisen für immer mehr Schutzbefohlene. Heckel war es zu verdanken, daß die Devisengenehmigungen für unsere Auslandsgemeinden und ihre Pfarrer, ja sogar für unsere Beiträge an die Genfer ökumenische Zentrale immer wieder genehmigt wurden. Aber jede Auslandsreise stieß auf die größten Schwierigkeiten. Das Reichskirchenministerium war ein kleinlautes, übervorsichtiges Amt geworden, das sich noch mehr als die Konsistorien und Landeskirchenämter auf Wohlverhalten eingerichtet hatte. Es war nicht bösartig, es war nur schwach, geduckt und geduldet. Als Carl Troebs, ein nobler Mann und enttäuschter Nationalsozialist, Soldat geworden war, gab es in dem stillen Haus an der Leipziger Straße keinen mehr, der etwas riskiert hätte.

Wenn Hans Schönfeld im ökumenischen Bereich für irgendeinen Notstand – und es gab derer täglich mehr – Geld brauchte, war es nicht schwer, dafür Reichsmark aufzutreiben. Die Schwierigkeit, das Geld zu transferieren, konnte einen aber zur Verzweiflung bringen. Ähnlich stand es mit der Erlangung der Reisedevisen bei Auslandsreisen.

Bei der Informationsabteilung fand ich für meine Dauernöte nicht nur bereitwillige Ohren, sondern auch geschickte, tatkräftige Helfer. Da war Dr. Heinz Simon, ein junger Attaché mit dem silbernen HJ-Abzeichen am Revers, einem schnellen Verstand im Kopf und einer überraschenden Hilfsbereitschaft im Herzen. Er machte mich in seinem Büro mit meinem späteren Freund Adam von Trott zu Solz bekannt. Nach einer politisch mißglückten Amerikareise war er ebenfalls bei der Informationsabteilung gelandet. Als unser gemeinsamer Freund Hans von Haeften auch noch zu uns kam, gewann die problematische Abteilung sogar für einige Zeit so etwas wie einen Hauch von Seriosität. Hans von Haeften, später mit Trott und mir im Kreisauer Kreis vereint, entstammte dem Auswärtigen Dienst und war kurz vor seiner Verhaftung noch Vortragender Legationsrat I. Klasse geworden.

Wer es im alten AA zu diesem einst hochangesehenen Rang gebracht hatte, wurde ehrerbietig als »Herr Geheimrat« angesprochen. Das verlor sich in der NS-Zeit, aber geheimrätlich war Hans von Haeften ohnehin nicht. Er war ein Meister seines Fachs und liebte es auch insgeheim. Der Dienst unter Ribbentrop und Hitler bereitete diesem Sohn eines preußischen Generals aber soviel Qual und Verdruß, daß er uns eines Abends mit der Mitteilung überraschte, er beabsichtige, dem Dienst Valet zu sagen und Botanik zu studieren. Der Krieg ließ es nicht zu. Er hielt ihn in der Abteilung fest, die er verachtete. Voller Hohn sagte er mir: »Wir machen hier nur blauen Dunst! Tag für Tag!«

Nach dem 20. Juli – sein jüngerer Bruder Werner war der Adjutant Stauffenbergs – sagte er vor dem Volksgerichtshof Freislers, er sehe in Hitler das personifizierte

Böse der Weltgeschichte. Von Dr. Altenburg abgesehen – lange nach dem Krieg waren wir wieder vereint in der Leitung der Deutschen Afrika-Gesellschaft –, waren die Leiter dieser seltsamen Abteilung in der Kurfürstenstraße keine Lieblinge des Schicksals. Scheliha, ein Karrierediplomat, starb bald in eine dunkle Affaire verwickelt am Galgen; Stahlecker, SS-Brigadeführer, setzte sich auf eine von Partisanen in seinen Jeep gelegte Mine und Six, ein bedenkenloser Gefolgsmann der Hitler und Himmler, verschwand im Schutt der Niederlage.

Von mir wurde nicht eben viel verlangt. Genau besehen, bot mir die Informationsabteilung mehr als umgekehrt. Der Posten ermöglichte mir, allerdings unter Aufbietung eines zeitweilig anstrengenden Mummenschanzes, die Durchführung kirchlich-ökumenischer Aufgaben, die in anderer Form nicht mehr durchzuhalten gewesen wären.

Verbindungen zur Orthodoxie

In Absprache mit Hans Schönfeld hatte ich es übernommen, die Verbindung zu den orthodoxen Nationalkirchen offenzuhalten. Schon vor dem Krieg hatte mich ihre Struktur und zäh verteidigte Tradition angezogen. Die Studienarbeit der ökumenischen Forschungsabteilung hatte mich in Verbindung mit einigen theologischen und nichttheologischen Mitarbeitern in der russischen Emigration gebracht. Ihr Pariser Zentrum lieferte schon bei der Vorbereitung der Oxforder Weltkirchenkonferenz und danach bis in den Krieg hinein gewichtige Diskussionsbeiträge. Ohne Überstürzung holte es Rückstände der theologischen Entwicklung der slawischen orthodoxen Kirchen nach. Mit Berdjajew, Vyscheslawzev, Alexeiev, Bischof Cassian und anderen stellte die Pariser russische Emigration theologische Denker, die das Niveau eines Nichifor Crainic (Bukarest), Zankov (Sofia) oder eines Louvaris (Athen) zumindest erreichten. Durch den Krieg war jeder von ihnen von der Abkapselung bedroht. Die Ökumene aber braucht den Kontakt, der ökumenische Denker die Denkgemeinschaft, die Nationalkirche wenigstens ein Minimum an Verbindung und den Austausch mit der ökumenischen Realität. Ich tat dafür, was immer ich konnte.

Zu den erfahrensten ökumenischen Persönlichkeiten des europäischen Südostens gehörte neben dem Erzbischof von Novisad, Irenäus, Professor Stefan Zankov in Sofia. Er hatte nicht nur in der Kirche Bulgariens, von dem Metropoliten von Vraza, Paissi, kräftig unterstützt, großen Einfluß, sondern er war auch darüber hinaus eine integrierende Persönlichkeit.

In Verbindung mit der Humboldt-Stiftung entwickelten wir eine für die damaligen Verhältnisse relativ breite Stipendiatenarbeit. Ihr kirchlicher und ökumenischer Sinn bestand darin, den jungen Jeromonachen und Archimandriten der südosteuropäischen Orthodoxie, aus denen die Bischöfe hervorgingen, einen Zugang zu der deutschen Theologie zu ermöglichen. Auch wer über den letzten Sinn und Wert der kritischen theologischen Reflexion zurückhaltend dachte, empfand das Defizit an kritischer Theologie, das in den damaligen orthodoxen Nationalkirchen bestand, als bedauerlich und ökumenisch bedenklich. Diese Kirchen lebten in und mit einer reichen liturgischen Tradition, aber nur die griechische Orthodoxie stellte für das ökumenische theologische Gespräch eine hinreichend breite Teilnehmerschar. In der slawischen Orthodoxie fanden sich zwar auch außerhalb der russischen Emigration hervorragende Theologen, aber sie waren innerhalb ihrer eigenen Kirchen große Ausnahmen.

Trotz des härter werdenden Krieges und der häufiger werdenden Luftangriffe waren unsere Stipendien sehr begehrt. Vor allem im bulgarischen Klerus gab es immer eine weit größere Anzahl von Bewerbern als freie Plätze. Die Auswahl erfolgte praktisch durch die Metropoliten und theologischen Fakultäten des Südostens. Die Metropoliten, darauf bedacht, ihren bevorzugten mönchischen Nachwuchs zu fördern, mußten sich allerdings bald damit abfinden, auch junge Priester und Diakone nach Deutschland gehen zu lassen. Sie brachten nicht selten ihre Frauen mit, die sich in der Welt der deutschen Universität rasch zurechtfanden. Ihnen allen bot das Auslandsamt der Berliner Dozentenschaft, das von Dr. Baatz, einem quicken, immer freundlichen jungen Mediziner, geleitet wurde, viel Abwechslung und manche Hilfe. Selbstverständlich fühlte sich auch dieses Auslandsamt der Propaganda verpflichtet, aber man merkte davon so wenig, daß ich Baatz auch im kritischen Rückblick nur loben kann.

Schwieriger als die äußere Umstellung war für unsere orthodoxen Stipendiaten nicht in allen, aber in den meisten Fällen die Einstimmung auf die spezifisch deutsche theologische und philosophische Denkweise. Der historische Stoff wurde in der Regel mit Fleiß und ohne Schwierigkeiten aufgenommen. Probleme aber gab es fast ebenso regelmäßig im Bereich der systematischen Theologie und der Exegese, der Bibelinterpretation. Bultmann stand hoch am Horizont der deutschen evangelischen Theologie jener Jahre. Ich sah bald, daß auch die eifrigsten dieser jungen Theologen erst sorgfältig in die deutsche Universitätstheologie eingefädelt werden mußten. So oft ich konnte, faßte ich sie deshalb in Arbeitsgemeinschaften zusammen. Meine Hauptaufgabe in diesen Seminaren bestand darin, sie mit den Prämissen und Methoden der deutschen Geisteswissenschaft vertraut zu machen. Bei nicht wenigen gelang das so, daß sie gute, wissenschaftliche Leistungen erbrachten.

Als Ersatz für die mir versagt bleibende Dozentur hatte ich auch sonst da und dort zu dozieren begonnen. Die Kirchenmusikschule im Spandauer Johannesstift hatte mich eingeladen, ihren Studierenden die Grundlagen der evangelischen Dogmatik und Ethik zu vermitteln. Die durch und durch humane, kirchliche und politisch integre Atmosphäre des Johannesstifts umgab auch seine Kirchenmusikschule mit einem weiten schützenden Mantel. Unter ihm wurde nicht nur fleißig studiert und musiziert, sondern auch beachtlich komponiert. Ernst Pepping war damals die tragende Kraft der Schule.

Nicht ganz die gleiche Atmosphäre herrschte an der Sozialen Frauenschule der Inneren Mission in der Motzstraße. Unter den jungen Damen, vor denen ich dort dozierte, wurden lebhafter als im Johannesstift die Fragen der Zeit laut. Meine Hörerinnen kamen fast durchweg aus kirchlichen, konservativ gestimmten Familien. Der Nationalsozialismus als sogenannte Weltanschauung hatte keiner von ihnen soviel anzuhaben vermocht, daß es im Lehrgespräch aufgefallen wäre. Das Problem für mich bestand darin, ihr meist konventionell übernommenes Glaubensgut herauszufordern und ihm eine gewisse persönliche Note zu geben. Ich versuchte es, indem ich die Grundbegriffe und Leitlinien der lutherischen Dogmatik konfrontierte mit den Ideen der geistigen Ahnen des Nationalsozialismus und die geistige Überlegenheit des christlichen Glaubens über den Säkularismus der Zeit darstellte. Das trug mir zwar die tiefe Besorgnis der auch von mir ansonsten geschätzten Leiterin der Schule, der gütigen Frau Nietsche, ein, aber ich gewann dafür meine Hörerinnen. Eine von ihnen sogar auf Lebenszeit. Die Baltin Brigitte von Schmidt wurde meine Frau.

Trotz Dr. Altenburgs milder Hand, Adam von Trotts Gegenwart und Heinz Simons Hilfsbereitschaft konnte man auch in der Informationsabteilung des Auswärtigen Amtes nicht vergessen, daß Krieg war. An der Front im Westen war es zwar nach dem Polenfeldzug so ruhig geblieben, daß, je tiefer es in den ersten Kriegswinter ging, sich immer mehr Optimisten fanden, die mir zuraunten, Hitler habe sich doch wieder anders besonnen und sei insgeheim bereits am Verhandeln mit der anderen Seite. Nichts davon entsprach der Wahrheit. Meine Freunde und ich lebten gleich vielen anderen, die mehr wußten, in der Erwartung des großen Angriffs, und das hieß des großen blutigen Krieges. Einstweilen wurde der Krieg in der Informationsabteilung ganz so wie bei zahllosen ähnlichen nichtsnutzigen »Ämtern« mit Geschwätz und Papier gemacht.

Eines Tages wurde ich aufgefordert, einen Beitrag zu einer Broschüren-Reihe zu liefern. Es solle eine kritische Reihe über Frankreich herausgegeben werden. Eine britische Reihe war bereits im Werden. In ihr hatte Wilhelm Dibelius, der Heidelberger Neutestamentler, ein Vetter des Berliner Generalsuperintendenten Otto Dibelius, über das anglikanische Kirchentum berichtet. Nun sollte ich über ›Frankreichs Protestantismus im Krieg‹ schreiben. Herausgeber der Reihe und ihr publizistischer Betreuer war Karl Epting. Nachdem er als Leiter des Tübinger Studentenwerks hatte weichen müssen, war er nach Paris gegangen. Ich kannte ihn als einen ausgesprochen frankophilen Schwaben. Meine Frage, ob ich vor Nazizensur und ähnlichen Pressionen sicher sein könne, bejahte er.

Da ich bei der Informationsabteilung schließlich nicht unentwegt mit Wünschen meines kirchlichen Amtes kommen konnte, sondern auch einmal etwas vorzeigen mußte, was meine UK-Stellung für das Auswärtige Amt rechtfertigte, ging ich widerstrebend auf die Aufforderung ein. Im Johannesstift schrieb ich die Broschüre. Ich schrieb sie einerseits in Bewunderung für die Kampf- und Leidensgeschichte des französischen Protestantismus. Sein Beitrag zur Geschichte und Theologie der Reformation ist höchst respektabel. Mein Lehrer Friedrich Brunstäd nannte Calvin unentwegt »den größten Schüler Luthers«. Und Marc Boegner, dem Präsidenten des französischen Kirchenbundes, fühlte ich mich persönlich verbunden. Andererseits konnte und wollte ich nicht die nationalistischen, ja chauvinistischen Auslassungen und Einlassungen führender französischer Protestanten gegen Deutschland und die deutsche Kritik am Versailler Vertrag verschweigen.

Bei der Vertiefung in die Quellen ergriff mich die Hugenottengeschichte, der Heldenmut einer Marie Durand und ihrer Leidensgenossen jedoch so sehr, daß ich eine Fassung niederschrieb, von der ich am Ende selbst den Eindruck hatte, daß sie einer Herausforderung des nationalsozialistischen Staates gleichkomme. Ich überarbeitete sie, machte aus meiner Bewunderung der Hugenotten auch jetzt kein Hehl, brachte aber auch jene nationalistisch-propagandistischen Touren ins Bild. Ich zog keine Vergleiche mit den Tugenden und Sünden des deutschen Protestantismus. Ihm – nicht den Franzosen oder sonst jemand – wollte ich mit der Geschichte des französischen Protestantismus ins Bewußtsein rufen, was auch eine kleine Minderheit, selbst in der Verfolgung, für die Geschichte, für das Sein und Werden eines mächtigen Staates bedeuten kann. »Zahl und Masse bedeuten nirgends weniger als im geistigen Haushalt einer Nation.« Damit begann ich das kleine Buch. Hineingeschrieben in ein kirchenfeindliches, auf Massendemagogie gestimmtes Regime.

Als ich meine überarbeitete Fassung las, war ich mir nicht sicher, daß das Manuskript passieren würde. Ich hatte es ja nicht nur mit Dr. Epting zu tun, sondern mit Leuten, die auf die Kirche, auch auf das Kirchliche Außenamt und mich nicht gut zu sprechen waren. Deshalb setzte ich über das Manuskript das Pseudonym Allmann. Ich hatte es von Ernst Moritz Arndt entlehnt. Er hatte sich als Sprachlehrer Allmann Napoleons Häschern entzogen. Genützt hat es nichts. Das Manuskript wurde ohne mein Wissen und meine Zustimmung geändert. Fünfundzwanzig Jahre später erklärte der zuständige Mann, das sei »im Interesse des Reiches« notwendig gewesen. Zudem erschien die Reihe ebenso dumm wie beleidigend unter dem mir verheimlichten Untertitel: »Frankreich gegen die Zivilisation«. Ich sagte mir voll Grimm: einmal und nicht wieder. Im Harnackhaus zu Berlin-Dahlem tröstete mich indessen Carl Friedrich von Weizsäcker, der Sohn des Staatssekretärs, mit seiner Verwunderung, daß das Büchlein überhaupt passiert war.

Angriff im Westen

An einem Maiabend 1940 stieg ich in den Nachtschnellzug nach Stuttgart. In Berlin und im Zug deutete nichts auf ein besonderes Ereignis. Man hatte sich daran gewöhnt, daß die Front im Westen Gewehr bei Fuß stand und hatte den Gedanken an neue große Materialschlachten vor oder hinter der Maginotlinie so gut es ging verdrängt. Die Nachricht am Morgen war ein Schock. Bei dem Stuttgarter Bahnhofsfriseur, bei dem ich saß, hatte ein munterer, fast heiterer Betrieb geherrscht. Als die Rundfunkmeldung durchkam, Totenstille. Alles war wie erstarrt. Mein Barbier ließ das Messer sinken, wandte sich dem Volksempfänger zu, schüttelte den Kopf und sagte: »Was, und ich hab' gedacht, es gehe gar nicht mehr los.« Eine Männerstimme: »Haben die nicht etwas von Holland gesagt? Holland, das ist doch neutral!« In die Bedrückung mischte sich Entsetzen. Ich war unterwegs nach Ragusa, dem heutigen Dubrovnik. Eine von der slavischen Orthodoxie des Südostens getragene ökumenische Studienkonferenz sollte dort stattfinden. Sie wurde abgesagt.

Mit schweren Sorgen fuhr ich nach Berlin zurück. Der Erste Weltkrieg mit seinen Berichten und Schlachten an der Somme, vor Verdun, in den Vogesen, mit seinen Gefallenenmeldungen und mit der Erinnerung an die Tränen der Familie, der Nachbarn und Freunde trat gestochen scharf wieder in mein Bewußtsein. Drei meiner Brüder und der ganze waffenfähige Teil der weiteren Familie außer mir standen im Westen. Alle Hoffnungen auf Frieden, waren sie auch noch so blaß, sie hatten doch irgendwo gelebt – jetzt waren sie ruiniert. Und mehr als das. Der Einmarsch in Belgien war schon im ersten Krieg zum unverzeihlichen Fehler Deutschlands geworden. Der Überfall auf Holland und Belgien mußte zur Kriegserklärung Hitlers an die ganze Welt und zu einer Diskriminierung der deutschen Armee werden. Mochten sich die vernünftigen Leute in der Welt auch fairerweise sagen, daß Soldaten und Armeen nur Werkzeuge in der Hand ihrer Regierungen seien – dieser Überfall auf neutrale Nachbarn machte für mein Gefühl die deutsche Armee zum Komplizen Hitlers.

Josef Wirmer wußte seine kupfernen Kaffeekessel geschickt zu handhaben, wenn er in seiner Kanzlei am Abend in der still gewordenen Berliner Innenstadt für seine Gäste schwarzen Kaffee kochte. Ich sah ihm gewöhnlich so heiter zu, als es der graue Kriegsalltag in Berlin eben noch zuließ. Jetzt aber war nicht nur die letzte Spur von Heiterkeit weg, jetzt begann sich in unsere Düsternis auch noch Verwirrung zu mischen. Wir brüteten mehr vor uns hin, als daß wir miteinander sprachen. Die Sorge vor einer zweiten Sommeschlacht, vor einem zweiten Douaumont waren wir zwar bald los. Aber der Zusammenbruch der französischen Armee, die Flucht der Engländer aus Dünkirchen hatten alle unsere Vorstellungen von einer Front, die Hitler eisern Halt gebiete, so völlig zerrieben, daß wir nicht mehr aus und ein wußten. Das gestanden wir uns zwar nicht, aber es war die Wahrheit. Was war jetzt noch von »den Generalen« zu erwarten? Im Sommer war ich einige Tage in Genf. Schönfeld war eifrig damit beschäftigt, mit Hilfe befreundeter deutscher Militärs und der Zivilverwaltung in allen möglichen Fällen Hilfen und Abhilfen zu organisieren. Der ansonsten eher kühle Visser t'Hooft saß tief unglücklich hinter seinem Genfer Schreibtisch. »Frankreich hat keine Geschichte mehr.« Davon war ich nicht überzeugt. Von Holland sprach er wenig.

Zivile Ansätze des Widerstands

In Wirmers Haus, draußen in Lichterfelde, begegnete ich in jenem Sommer zum ersten Mal meinem späteren Freund Jakob Kaiser. Er wirkte in seinem dunkelblauen Anzug und seiner schon damals leicht getragenen Sprechweise zuerst ein wenig distanziert. Im Lauf des Gesprächs ging er aber bald aus sich heraus. Sein bedächtiger, weißhaariger Freund Max Habermann begnügte sich, ihn dann und wann zu ergänzen. Er bekräftigte Kaisers Mitteilung, daß sich aus den kirchlich gebundenen Teilen der katholischen Arbeiterschaft noch immer Kader gewinnen ließen, die für die Reorganisation einer rechtsstaatlich geordneten Gesellschaft und Wirtschaft verläßlich eingesetzt werden könnten. Habermann, einer jener sozial gestimmten, aktiven Konservativen, die im Deutschnationalen Handlungsgehilfenverband eine moderne und bildungskräftige Angestelltenorganisation geschaffen hatten, berichtete Ähnliches aus den Kreisen, denen er entstammte.

Im Unterschied zu späteren Gesprächen wurden bei jener ersten Begegnung mit Jakob Kaiser keine anderen Fragen erörtert als die, auf welches Potential an zustimmungsbereiten Arbeitern und Angestellten eine zum Umsturz entschlossene militärische Gruppe rechnen könne. Die Auskunft war gut, aber sie nützte nichts. Unsere Augen vermochten weit und breit keine Waffenträger mit hinreichender Macht und Entschlossenheit auszumachen. Schweigen und Warten hieß die Parole. Auch die Ungeduldigen mußten sich ihr unterwerfen. Der Krieg war nach dem Frankreichfeldzug wieder in eine Phase getreten, die sich ertragen ließ.

Eines Tages erhielt ich einen Brief meines Bruders Albrecht. Er lud mich ein, ihn in seinem damaligen Standort Besançon zu besuchen. Der Feldbischof beschaffte mir die erforderlichen Papiere.

Am Bahnhof von Besançon nahm mich eine Gruppe junger Offiziere aus einem württembergischen Jägerbataillon in Empfang. Sie trugen tadellose Uni-

134

formen, waren vergnügt und korrekt und ohne die Zackigkeit der Friedensjahre. Sie geleiteten mich zu der Kutsche ihrer Einheit, und ab ging es in leichtem Trab zu einer Stadtrundfahrt und einem Blick auf die Landschaft. Im Hotel und im Kasino versuchte ich den jungen Herrn auf den Zahn zu fühlen. Ich brachte das Gespräch langsam auf kirchliche Fragen. Es wurde etwas nachdenklicher, aber es gab keine kritische, geschweige gar eine ablehnende Stimme. Entweder hatten sie ihre Hitlerjugendzeit völlig vergessen, oder sie fanden, daß sich die Sprüche von damals für einen Offizier in der Uniform der Wehrmacht nicht mehr schickten. Die im Schnitt eher kirchliche Grundeinstellung des württembergischen Mittelstandes schlug deutlich durch.

Daraus war jedoch keinerlei politische Konsequenz zu ziehen. In jenem Kreis junger Soldaten jedenfalls nicht. Wie sie sich den weiteren Verlauf des Kriegs vorstellten, wollte ich wissen. Nun, man werde die britischen Inseln doch wohl erobern müssen. Die Briten wollten ja noch immer nicht einlenken. Das sei schade, aber wie man sonst zum Frieden kommen könne? Ich sagte, daß ich in diesem Fall den Kriegseintritt der USA für unvermeidlich hielte. Dann sprach ich von der Veränderung auf den Schlachtfeldern Frankreichs im Ersten Weltkrieg, als auf ihnen die amerikanischen Tanks in Rudeln erschienen. Nachdenkliches Schweigen. Aber keinen, auch nicht den bescheidensten Ansatz für eine gegen Hitler gerichtete oppositionelle Erwägung. Jeder Gedanke an einen gegen seine Führung gerichteten Gewaltakt lag jenseits ihres Horizonts.

Unter vier Augen sprach ich danach noch lange mit meinem Bruder. Er hatte seine Wehrpflicht gerade hinter sich, als es in den Krieg ging. Er hatte in derselben kritischen Distanz zu Hitlers Herrschaft verharrt, die in unserer Familie die politische Grundeinstellung ausmachte. Die Kirchheimer Hitlerjugend war ihm ein teils jugendbewegter, teils sportlicher Betrieb gewesen. Auf meine Frage, ob er eigentlich gerne Soldat sei, sagte er ja. Ich fragte warum? Seine Antwort erstaunte mich und klingt mir heute noch in den Ohren: »Weil es in der Armee noch am meisten Gerechtigkeit gibt.« In einem russischen Gefangenenlager ist er gestorben, lange nachdem die Waffen schwiegen.

Im Februar 1943 hielt ich auf Einladung des Feldbischofs einige Vorlesungen bei einem theologischen Überholungskurs der in Skandinavien stationierten evangelischen Marinepfarrer. Randers, das dänische Städtchen, machte einen ebenso unversehrten friedlichen Eindruck wie Besançon einige Jahre früher. Obwohl eine Woche zuvor die 6. Armee unter General Paulus in Stalingrad kapitulieren mußte, vermochte ich von ernsthafter Besorgnis auch in diesem Kreis wenig oder nichts zu spüren. Die Kümmernisse des durchschnittlichen deutschen Gemeindepfarrers waren diesen Kriegspfarrern, die mit ihren Schiffen und Divisionen nun seit Jahren unterwegs waren, ferngerückt. Die Armee schützte sie vor den Schikanen der braunen Funktionäre, denen sie als Zivilpfarrer oft genug preisgegeben waren. Das theologische, das wissenschaftliche Interesse war nicht erstorben in dieser Runde, aber es war gedämpft und überlagert von der nicht eben auf Reflexion gestimmten Lebenswirklichkeit der soldatischen Welt. Einerseits wirkte das auf mich wohltuend. Der Krampf, in dem sich zahllose kirchliche und theologische Diskussionen vor dem Krieg in Deutschland oft quälend verfangen hatten, war wie weggeblasen. Kirchenpolitische Gegensätze mochte es auch in diesem Kreis noch geben, aber sie traten kaum in Erscheinung. Vielleicht lag es an der Uniform, vielleicht an dem Sprachstil, jedenfalls erschien mir dieser Kreis evangelischer Theologen weit homogener und unbefangener als die meisten Gruppen kirchlicher Amtsträger, die ich in den Jahren zuvor erlebte.

Der Ton war kameradschaftlich, der persönliche Umgang offen und unverstellt. Dennoch war nach meiner Erinnerung auch in diesem Kreis ein politisches Gespräch nicht möglich. Die Frage nach dem mutmaßlichen weiteren Verlauf des Krieges kam zwar – von mir meistens angestoßen – immer wieder auf. Aber es fand sich trotz Stalingrad keine Formulierung, keine Gesprächswendung, in der der Endsieg ernstlich in Zweifel gezogen worden wäre. Ein Ansatz zu einem Gespräch über das Thema, das mir vor allem am Herzen lag, fand sich auch in diesen beinahe fröhlichen Tagen in Randers nicht. Ich berichtete dem frommen und liebenswürdigen Feldbischof Dohrmann denn, ohne meine letzte Enttäuschung auch nur anzudeuten. Der chevalereske Bischof wäre damit überfordert gewesen.

Hochzeit in Dresden

Im Herbst 1941 hatten wir in Dresden Hochzeit gemacht. Es war eine fröhliche Familienfeier im ›Italienischen Dörfchen‹ über der Elbe. Brüder, Schwager und Vettern waren von der Ostfront gekommen. Mein Schwiegervater hatte uns in der Kreuzkirche getraut. Den Ersten Weltkrieg hatte er mit seiner Frau und seinen drei kleinen Kindern in der Verbannung in Jaroslaw verbringen müssen. Jetzt hörte er mit gespannter Aufmerksamkeit den Soldatenberichten aus Rußland zu. Ihn hatten der erste Krieg und seine Folgen schon gekostet, was der zweite alle seine Standesgenossen östlich der Elbe noch kosten sollte: den weiten Besitz und eine geliebte Heimat. Am Abend, ehe ich mit meiner Frau den südwärts fahrenden D-Zug bestieg, sang er uns Mörikes »Du bist Orplid, mein Land, das ferne leuchtet,« über die dunkelnde Elbe. Es war das letzte Fest für uns in Deutschlands alter Mitte.

Den Romaufenthalt hatte ich Scheliha zu verdanken. Er leitete kurze Zeit die Informationsabteilung. Wir kannten uns kaum. Er machte einen etwas zerfahrenen Eindruck, als ich ihm vortrug, daß ich – mit Beziehungen zu den orthodoxen Nationalkirchen des Südostens befaßt – mir einen Eindruck bilden wolle von den Beziehungen Roms zu diesen Kirchen. Wozu? fragte Scheliha. Das passe doch gar nicht in die politische Linie. Doch, sagte ich, diese Kirchen hätten zwar keine Schwäche für den Kommunismus – bis jetzt –, aber sie hätten eine mehr als gefühlsmäßige Beziehung zu der einstens mächtigen russischen Orthodoxie. Meine Bemühungen galten der Abwehr kommunistischer Einflußnahmen in den Balkankirchen. Das war meine simple Platte, die ich mir zurechtgelegt hatte und die ich immer wieder laufen ließ. Sie zog im allgemeinen ausgezeichnet. Den Organisationen der NSDAP fehlten hinreichend gebildete Leute, die diese Kaschierung meiner legitimen kirchlichen Aufgabe zu durchschauen vermochten. Das Beste daran war ihr bescheidenes Wahrheitsmoment. Selbst bei den gebildeten Leuten im Auswärtigen Amt stand es mit der kirchlichen Bildung im allgemeinen beklagenswert. Es rächte sich, daß die Herren es jahrelang für schick, ja für karrierefördernd gehalten hatten, in Fragen der Kirchen und Religionen Uninformiertheit und Unkenntnis an den Tag zu legen. Die wenigen, die wie Hans von Haeften über eine solide kirchliche, ja sogar theologische Bildung verfügten und keine Renegaten waren, konnte man an zwei Händen aufzählen. Der Staatssekretär von Weizsäcker gehörte zu ihnen.

In den deutschen Botschaften draußen erregten meine Besuche und ihre Ankündigung durch das Auswärtige Amt zumeist beträchtliche Verwunderung. Manfred von Killinger, ein alter Haudegen, zur Auffrischung des angeblich müden alten Diplomatenbluts auf Parteibetreiben als Botschafter nach Bukarest entsandt, sagte mir denn auch offen, er verstehe »die in Berlin« nicht mehr. Seit Jahr und Tag wollten sie den Kirchen den Garaus machen und nun schicke man ihm einen Konsistorialrat. Den Patriarchen müsse ich allein besuchen. Er könne keine frommen Männchen machen. Er wisse nicht einmal, wie man mit einem solchen Mann rede. Als er sich seine ärgerliche Verwunderung von der Seele geredet hatte, kamen wir doch noch zu einem relativ vernünftigen Gespräch. Die subjektive Ehrlichkeit des alten Freikorpsführers gefiel mir. Er ließ keinen Zweifel daran, daß ihm »einiges« durchaus mißfallen habe – er spielte auf den Kirchenkampf und auf die Judenverfolgung an. Aber jetzt? Jetzt sei es doch eigentlich für alles zu spät. Hitlers Name fiel nicht. Als die Rumänen sich den Russen in die Arme warfen, wich Killinger nicht. Er erschoß sich.

Die Aufnahme bei Herrn von Bergen, viele Jahre lang Botschafter am Heiligen Stuhl, war im Herbst 1941 auch deshalb grundlegend anders, weil er das genaue Gegenstück zu Killinger war. Ein erstklassiger Kenner des Vatikans, auch seiner theologischen Hauptprobleme, ein deutscher Diplomat alter Schule, der seine »schwarze« Botschaft diskret und ohne den damals an anderen deutschen Botschaften üblich gewordenen aufgeblähten Apparat führte. Als ich ihn um eine Einführung am Päpstlichen Orientalischen Institut bat, wurde er allerdings zurückhaltend. Die deutschen Jesuiten, die das Institut leiteten, seien vorsichtige, distanzierte Herren. Ich sagte, das hätte ich in Rechnung gestellt. Wie sollte ein vernünftiger Kleriker im Jahre 1941 für das Regime Hitlers auch noch einen Funken von Sympathie aufbringen!

Pater Hermann, Chef des Instituts, empfing mich denn auch mit höflicher Zurückhaltung. Das Institut bot mir Einblicke, die mich in theologischer, kirchengeschichtlicher und kirchenpolitischer Hinsicht interessierten, die aber für meine eigene Arbeit und Beziehung zu den Balkankirchen und zur griechischen Orthodoxie belanglos blieben.

Schwierigkeiten im Auswärtigen Amt

Die Schönheit jener römischen Herbstwochen konnte uns nicht einmal der Aufpasser der NSDAP zerstören, der uns von Berlin nachgereist war und sich schon am Tag nach unserer Ankunft in der Hotelhalle präsentierte. Dr. Gerhard Krüger war schon vor Hitlers »Machtergreifung« Führer der Deutschen Studentenschaft geworden. Er hatte dann im Parteiapparat der NSDAP Karriere gemacht. Da es damit aber nicht weit her war, versuchte er über das Auswärtige Amt eine beachtliche Position zu erlangen. Aber trotz aller Protektion schaffte er auch das nicht. Sein intellektueller Zuschnitt war zu dürftig. So viel hatte er aber immerhin herausgefunden, daß ich kein Nazi sei. Und sein Verstand trug ihn soweit, daß er daraus schloß, mein Treiben sei nicht geheuer. Sein begründeter Argwohn wurde unterstützt von der sogenannten Abteilung »Deutschland« des Auswärtigen Amtes. In ihr hatten die Gleichschalter und Aufpasser ihre Hauptstellung bezogen. Zu ihnen gehörte auch mein alter Gegner aus dem Dozentenlager. Als wir uns im Bereich des Amtes zufällig einmal begegneten, war mir sogleich klar, was die Stunde geschlagen hatte. »Abt. D ist der Ansicht, daß G als Bekenntnisfrontler für Sonderaufträge im Ausland nicht mehr angesetzt werden kann.« So der Kommentar zu einem Warnbrief des Chefs der Sicherheitspolizei und des SD (Heydrich) über mich an das Auswärtige Amt.[7]

Ich schrieb es dem SS-Brigadeführer Dr. Stahlecker zu, daß ich daraufhin nicht schon im Frühjahr 1941 aus dem Amt flog. Ich hatte ihm meine Thesen und Parolen über die Bedeutung der südosteuropäischen orthodoxen Nationalkirchen immerhin so glaubwürdig gemacht, daß er offensichtlich für meine weitere Verwendung plädierte. Er wäre gerne Gesandter in Stockholm geworden. Er erinnere mich daran, daß er im Kirchenkampf für die »Schonung« des württembergischen Landesbischofs Wurm gesorgt und immer wieder ein Auge zugedrückt habe. Was seine Wachtposten in Wurms Wohnung anbetraf, konnte ich das aus eigener Erfahrung bestätigen. Aber sonst machte ich kein Hehl daraus, daß ich den ganzen, den vom NS-Staat angefachten Kirchenkampf für politisch ungewöhnlich dämlich hielte. Er widersprach nicht. Er meinte, daß er doch auch für die schwedische Staatskirche ein passabler deutscher Repräsentant wäre. Ob ich ihm dabei nicht helfen würde? Ich warf einen Blick auf seine Uniform. Er sah es und meinte beiläufig, die ziehe er dann ja ohnehin aus. Ich begann die oft verschwiegenen, aber enormen inneren Widerstände zu schildern, die einem Gestapo-Offizier im neutralen Ausland entgegenstünden. Verdrossen hörte er zu. Eines Tages war der SS-General verschwunden. Über Nacht. Ich hörte mich um. Himmler hatte ihn in eine Einsatzgruppe gesteckt und zur »Partisanenbekämpfung« nach Rußland geschickt. Dabei kam er um.

Unter dem 2. April 1942 mahnte Heydrich Ribbentrop erneut. Dieses Mal gab es keinen Helfer. Am 1. Juni 1942 erteilte Ribbentrop seinem Staatssekretär von Weizsäcker die schriftliche Weisung: »Ich bitte Sie, die beteiligten Abteilungsleiter vertraulich anzuweisen, daß das Auswärtige Amt künftig keinerlei Beziehungen mehr zu dem Leiter des Kirchlichen Außenamtes der Deutschen Evangelischen Kirche, Bischof D. Theodor Heckel, oder seinem Vertreter, Dr. Eugen Gerstenmaier, zu unterhalten hat.«[8]

Die Interventionen Heydrichs und die Weisungen Ribbentrops, die sich auf das Kirchliche Außenamt und meine Person bezogen, kamen mir erst zwanzig Jahre später zu Gesicht. Aber noch ehe sie von Ribbentrop unterzeichnet waren, wurden sie mir bekannt.

Eine Denkschrift für Churchill

Stockholm war in jenen Jahren ein denkbar wichtiger Kontaktplatz des anderen Deutschland geworden. Das Nordische Ökumenische Institut mit seinem Leiter Harry Johansson leistete auch dem deutschen Widerstand wesentliche Dienste. In der zweiten Maihälfte 1942 erschien Hans Schönfeld wieder in Berlin. Er kam wie immer mit einer prall gefüllten großen Aktentasche, in der er sein »ökumenisches Material« mit sich führte. Vom Standpunkt des Nationalsozialismus aus konnte vieles davon durchaus nicht als politisch koscher gelten. Aber der Nichteingeweihte konnte den politischen Gehalt dieses Materials auf Anhieb kaum beurteilen. Wichtiger war, was Schönfeld mündlich und unter vier Augen zu sagen hatte. Er berichtete – das war mir damals das Wichtigste – daß Visser t'Hooft nach England gegangen sei und dabei auch unsere Denkschrift an die britische Regierung mitgenommen habe in der Absicht, sie dem damaligen Außenminister Eden zu übergeben.

Mit dieser Denkschrift hatte es einige Schwierigkeiten gegeben. Nach dem Einmarsch in Rußland waren Hans von Haeften und Adam von Trott mit mir zu der Auffassung gelangt, daß der stürmische Vormarsch im russischen Winter 1941/42 zum Erliegen kommen werde, und daß damit der für uns qualvolle zweite Teil des Krieges beginne. Haeften insbesondere leitete aus dem Charakter Hitlers die Voraussage ab, daß dieser zweite Teil in einer Politik der verbrannten Erde enden werde. Adam von Trott fügte – im Unterschied zu den freundlicheren Erwartungen, die Helmuth von Moltke in das Verhalten Englands setzte – düster hinzu, daß er sich von dem westlichen, englisch-amerikanischen Einfluß auf die siegreichen Sowjets wenig versprechen könne. Wir glaubten, daß es deshalb jetzt, auf der Höhe der deutschen Macht, höchste Zeit sei, an die britische Regierung heranzutreten. Nach einer knappen Analyse der Situation und der zu erwartenden Entwicklung sollten die politischen Vorstellungen skizziert werden, die damals dem politischen Widerstand gegen Hitler in Deutschland gemeinsam waren. Der praktische Zweck des Ganzen war, aus London eine politische Äußerung zu erhalten, die einen Umsturzversuch der kritischen deutschen Militärs fördern konnte.

Im Gespräch zu dritt waren wir uns ganz einig. Ich wurde gebeten, eine schriftliche Vorlage zu machen. Adam von Trott sollte dann die englische Fassung liefern. Wir saßen mehrere Abende in meiner Wohnung in der Goethestraße 12 über den Entwürfen zusammen, bis wir uns auf Komma und Punkt geeinigt hatten. Hans Schönfeld nahm sie einige Zeit später mit nach Genf. Ehe er sie aber an Visser t'Hooft weitergab, ließ er unsere Freunde am deutschen Konsulat in Genf, Albrecht von Kessel und Gottfried von Nostitz, Einblick in unser Memorandum nehmen.

Hans Schönfeld hat mir später etwas zögernd berichtet, daß er mit den beiden Diplomaten übereingekommen sei, dies und das an unserer Fassung zu redigieren. Das schließliche Ergebnis dieser Bearbeitung habe ich nie zu Gesicht bekommen. Visser t'Hooft fand es jedoch so passabel, daß er versprach, es in England an den Mann zu bringen. Er kam aber erst Anfang Mai 1942 nach London. Das lange Herumliegen war kein Vorteil für unser Memorandum. Wir hatten uns im Herbst 1941 insoweit verrechnet, als die Wende im Rußlandfeldzug und damit im Zweiten Weltkrieg erst ein Jahr später, im Winter 1942/43, eintrat, weithin sichtbar mit der Niederlage von Stalingrad.

Visser t'Hooft kam bei seinem damaligen Englandbesuch jedoch gar nicht an Eden heran. Er übergab unser Papier Sir Stafford Cripps, der immerhin eine beachtliche politische Position einnahm, wenn er auch keinen Einfluß auf die Aufnahme unserer Vorschläge bei der englischen Regierung besaß. Sein positiver Hinweis auf Adam von Trott, den er persönlich kannte, verbesserte die Chancen auch nicht. Eden verdächtigte Trott, für das nationalsozialistische Deutschland zu arbeiten. Er legte das Memorandum aber immerhin seinem

Premier vor. Als ich im Juni 1945 erstmals wieder nach Genf kam, fragte ich Visser t'Hooft nach dem Ergebnis unserer gemeinsamen Bemühungen. Er berichtete, Churchill habe unserMemorandum mit dem kurzen handschriftlichen Vermerk an das Foreign Office zurückgegeben: »Very encouraging«. Veranlaßt wurde nichts. Britannien schwieg. Als ich George Bell bei meinem Besuch in Chichester davon erzählte, schüttelte er stumm den Kopf.

Über die Entstehung und die Bedeutung des Schriftstücks ist inzwischen vielerlei geschrieben worden. Vielfach falsches.

Eine zweite Mitteilung Schönfelds, die er bei jenem Berlin-Aufenthalt im Mai 1942 machte, war mir unterdessen wichtiger geworden. Er berichtete, daß er in wenigen Tagen nach Stockholm fliegen werde, um Bischof Bell zu treffen. Er werde ihm von unserem Memorandum berichten und ihm auch Aufschlüsse geben, von wem die in dieser Aufzeichnung niedergelegten Gedanken in Deutschland im wesentlichen getragen würden. Ich begleitete Schönfeld zum Flughafen Tempelhof. Wir konnten nie sicher sein, ungeschoren durch die Paß- und Zollkontrolle zu kommen. Vor dem schmalen Durchgang zur Paßkontrolle trafen wir Dietrich Bonhoeffer. Er hielt einen grünen Dienstpaß in der Hand und war sichtlich erstaunt über das Zusammentreffen. Es war keine Zeit mehr für eine längere Unterhaltung. Wir erwähnten Chichester mit keinem Wort. Beide, Schönfeld wie Bonhoeffer, passierten die Kontrollen glatt.

Die Begegnung, die die beiden in Schweden mit einem der weitblickendsten Männer auf der Seite der Kriegsgegner Deutschlands hatten – gemeinsam und getrennt –, ist oft geschildert worden. Ich kann dazu nichts beitragen. Gerhard Leibholz, der Schwager Bonhoeffers, damals Emigrant in England, hat mit der Veröffentlichung seines Briefwechsels und der Schilderung seiner Zusammenarbeit mit dem Lordbischof während des Kriegs die verbiesterte Abweisung dokumentiert, auf die die Vorschläge des deutschen Widerstandes insbesondere im Umkreis von Eden gestoßen sind. Dieselbe Ignoranz wurde den Vorschlägen und Anregungen zuteil, die Bell und Leibholz der Regierung in London nahezubringen suchten. Der Verlauf der Geschichte hat bewiesen, daß sie der alliierten Deutschland-Konzeption weit überlegen waren.[9]

In seiner als Gedächtnisstütze für Bell in Schweden niedergeschriebenen Aufzeichnung über Umfang und Charakter des deutschen Widerstandes hat Hans Schönfeld ins Volle gegriffen. Er sagte jedenfalls mehr, als wir damals belegen konnten, aber er sagte kaum etwas, was sich später nicht als zutreffend erwies. Bonhoeffer, in diesem Stück zurückhaltender, hat Schönfeld im wesentlichen bestätigt. Bonhoeffers Gewissenskultur hat den mit ihm schon seit Jahren befreundeten Bischof zweifellos von neuem tief berührt. Aber ein nachweisbarer politischer Erfolg blieb jedem der drei versagt.

Ich fuhr sooft ich ein Visum erlangen konnte, nach Schweden. Harry Johansson hatte mich mit einem Kreis führender politischer Köpfe des Landes in Verbindung gebracht. Zu ihm zählten der Chef von ›Svenska Dagbladet‹, Ivar Andersson, einige Kabinettsmitglieder, führende Bischöfe und hohe Beamte des Landes. Sie alle waren natürlicherweise daran interessiert, eigene Eindrücke von der tatsächlichen Existenz und Verhaltensweise des »anderen Deutschland« zu bekommen. Und wir waren daran interessiert, ihr Urteil über Deutschland zu differenzieren und ihre Verbindungen zur angelsächsischen Welt dem deutschen Widerstand nutzbar zu machen.[10]

Unabhängig davon gab es führende Persönlichkeiten des Landes wie den Bankier Jakob Wallenberg, die in ähnlicher Weise für Deutsche ansprechbar und hilfswillig waren.

Helmuth von Moltke hat sich in Schweden, soweit ich sehe, während des Kriegs ebenso wie ich hauptsächlich auf die Verbindungen gestützt, die uns Harry Johansson vermittelte. Theodor Steltzer hatte von Norwegen her eigene Verbindungen gepflegt, und Adam von Trott hatte der Hilfe von Inga Carlgren, späterer Frau Kempe, viel zu verdanken. Inga, einer führenden Industriellenfamilie Schwedens entstammend, charmant, großzügig, hilfsbereit, war die Schwägerin eines gemeinsamen Freundes, Heinz von Bodelschwingh. Wir werden ihm und seiner Frau Eva geb. Carlgren, in diesen Blättern noch öfter begegnen.

Als ich im Frühsommer 1942 das Auswärtige Amt verlassen mußte, drohten alle meine Verbindungen zum Ausland abzureißen. Eingeleitete Unternehmungen blieben stecken. So hatte ich dem griechischen Kultusminister, Professor Louvaris, einem profunden Kenner deutscher Kultur und Wissenschaft, zum Beispiel zugesagt, mich über Genf und andere Kanäle um die Freigabe und den Transport des in Alexandria liegenden, von Griechenland gekauften Getreides zu bemühen. Der Versuch, durch die Vermittlung des Vatikans das zu erreichen, war schon deshalb zum Scheitern verurteilt, weil sich in der Führung in Berlin kaum jemand getraute, für vom Vatikan vorgebrachte Bitten einzutreten. Dr. Altenburg, damals deutscher Gesandter im besetzten Griechenland, gab sich redliche Mühe, die bedrohlich gespannte Ernährungslage des Landes zu bessern. Aber deutsche diplomatische Aktionen hatten auf der alliierten Seite von vornherein keine oder allenfalls nur eine verschwindend geringe Aussicht auf Erfolg. Ich wollte zudem bei dieser Gelegenheit Visser t'Hoofts ökumenisches Sekretariat in eine Aktion bringen, die, wäre sie geglückt, uns auch wieder etwas Luft für unsere legitime ökumenische Arbeit hätte verschaffen können.

Stecken blieb dank Ribbentrops Erlaß auch eine von mir für die Athosmönche in Gang gebrachte Hilfsaktion. Professor Bratsiotis, ein Ordinarius der Athener

Universität und langjähriger Mitarbeiter in der ökumenischen Studienarbeit, hatte mich auf die ziemlich verzweifelte Lage der überalterten Mönche in den großen Klöstern des Athos hingewiesen. Ihre Lebensmittelversorgung war durch den Balkanfeldzug ernstlich gefährdet. Sie war nur mit Hilfe der Wehrmacht zu erreichen. In Berlin sprach ich mit Hans von Haeften darüber. Er sagte nur »Canaris«.

Damit war der Name des Mannes und seiner Institution gefallen, die mich nach dem Sturz aus dem Auswärtigen Amt auffingen. Zusammen mit Hans Schönfeld wurde ich der Abteilung I Wi (Wirtschaft) zugeteilt. Canaris hielt es für richtig, die theologischen Vögel, die ihm dergestalt zugeflogen kamen, durch seinen ungemein liebenswürdigen Stellvertreter, den General Hans Oster, einen Pfarrerssohn, vergattern zu lassen. Dieser zog als Beistand den Sonderführer in der Abwehr, Hans von Dohnanyi, heran, einen Schwager Dietrich Bonhoeffers. Die Familienzusammenhänge und die politische Einstellung der uns nun als Amtspersonen Gegenübertretenden waren uns vor dieser Begegnung wohlbekannt. Dennoch verlief sie eher steif und vor allem dank Dohnanyi hochoffiziell. Die Belehrung und anschließende dienstliche Ermahnung, die uns Herr von Dohnanyi zuteil werden ließ, fiel so aus, daß mich Hans Schönfeld wegen meines abweisenden Gesichts bei dieser Lektion kritisierte.

Die bescheidenen Ansprüche, die die Abwehr an uns beide stellte, wurden im wesentlichen von Schönfeld bestritten. Er, der Unermüdliche, machte sich in seinem Genfer Büro über die vielen Kirchenblätter aus allen Kontinenten her, die in der ökumenischen Zentrale zusammenkamen. Mit einem sicheren Blick für das wirtschaftlich möglicherweise Interessante zog der studierte Nationalökonom aus den weitverstreuten Nachrichten das aus, was am Tirpitzufer vielleicht interessierte. Mir erschienen diese oft den Lokalnachrichten entnommenen Notizen meist so belanglos, daß ich gar nicht auf die Idee gekommen wäre, sie weiter zu beachten. Die Herren am Tirpitzufer verwunderten sich jedoch häufig, wie wir an die für sie angeblich interessanten Nachrichten aus weit entlegenen Gebieten gelangen konnten, ohne Gelder für kostspielige Reisen, Spione und Zuträger auszugeben. Wir schwiegen darüber wie ein Grab und wurden dadurch nur noch ein bißchen interessanter.

Das ging ganz gut, bis der General Unruh – genannt Heldenklau – auf den Plan trat. Eines Morgens fanden jedenfalls Hans von Haeften, Adam von Trott und ich die Stellungsbefehle vor, die aus uns Schreibtischkämpfern richtige Soldaten des Führers machen sollten. Haeften, der preußische Generalssohn, reagierte am sauersten. Adam von Trott indigniert. Ich fragte mich hingegen: Was nun? Die Antwort darauf wurde mir deshalb nicht leicht, weil ich mich nicht dem Selbstvorwurf aussetzen wollte, ein Drückeberger zu sein, während Millionen andere antraten, kämpften und starben.

Hans von Haeften war der mit Verve vertretenen Meinung, daß es *unsere* patriotische Pflicht sei, am Sturze Hitlers zu arbeiten und dafür auch Kopf und Kragen zu riskieren. Die Kesselschlachten in Rußland seien ohnehin nicht mehr lange zu gewinnen. Ich besprach mich mit Karl Ludwig von Guttenberg und Justus Delbrück, zwei Mitgliedern der Abwehr, die in der Umgebung von Canaris arbeiteten und mit denen ich mich besonders gut verstand. Sie wirkten denn auch darauf hin, daß die Abwehr die Aufhebung meines Stellungsbefehls veranlaßte. Schönfeld und ich wurden für sie »uk« gestellt. Mit Dietrich Bonhoeffer waren wir nun drei Theologen unter den Fittichen von Canaris.

Die Schönfeld und mir zugeteilten Arbeitsgebiete berührten sich jedoch überhaupt nicht mit denen Bonhoeffers. Ich weiß bis heute nicht, was er dort tat und wie seine Zugehörigkeit zur Abwehr formell begründet wurde. Aber das war auch unerheblich, denn es konnte ohnehin nur der Tarnung seiner eigentlichen Funktion dienen. Sie lag in der Verbindung des Widerstands um Canaris zum Kirchentum des Auslands und zu der Bekennenden Kirche Dahlemer Observanz. Ob der Bekennenden Kirche das bewußt war, ob es von ihren führenden Köpfen gebilligt oder ignoriert wurde, entzieht sich meiner Kenntnis.

Als ich in der Aula der Frankfurter Universität bald nach dem Krieg einmal einen Vortrag hielt und aus der Beziehung auch einiger Bischöfe zum deutschen Widerstand kein Hehl machte,[11] zog ich mir die scharfe Mißbilligung eines standfesten Mannes der Bekennenden Kirche zu, der mir schrieb, daß ich die ganze Bekennende Kirche diskreditiert hätte, weil sie stets erklärt habe, keine politische, geschweige gar eine militante Opposition gegen »die Obrigkeit« zu betreiben. Der alte Landesbischof D. Wurm hingegen schrieb mir nach dem Erscheinen des Vortrags: »Ich finde die Darstellung der Entstehungsgeschichte des Hilfswerks vortrefflich und bekenne mich meinerseits unumwunden zu dem, was auf Seite acht gesagt ist, ermächtige Sie auch, sich darauf zu berufen, falls eine Anzweiflung kommt.« (Siehe Seite 145.)

›Orient und Occident‹

Etwa gleichzeitig mit meiner Ausbootung aus dem Auswärtigen Amt mußte ich auch Abschied nehmen von dem Gedanken, eine Monats- oder wenigstens Vierteljahreszeitschrift herauszubringen. Herbert Renner aus dem Wichern-Verlag verfügte über den Mantel einer eingestellten Zeitschrift ›Orient und Occident‹. Wir planten unter diesem Titel ›Beiträge zur Religionssoziologie und europäischen Geistesgeschichte‹ herauszubringen.

Die Thematik reizte mich unter mehreren Aspekten. Jede Auslandsreise, ob sie nun in den lutherischen Norden oder in den orthodoxen Südosten Europas ging, brachte mir die enge, äußerlich unerschütterte Verbindung von Volkstum

Landesbischof D. Wurm

(14a) Stuttgart-S, *9. Jan 1947*
Stafflenbergstr. 51 Fernruf 90878

[handschriftlicher Brief, weitgehend unleserlich]

Brief von Theophil Wurm an den Autor vom 9. Januar 1947

und Kirche vor Augen. In Finnland und in den Gebirgsklöstern Bulgariens stand ich am unmittelbarsten unter dem Eindruck, daß es dabei um mehr als einen Tatbestand der Tradition gehe. Der Frömmigkeitscharakter, dem ich dort begegnete, erinnerte mich bei aller Verschiedenheit des Ausdrucks stark an die Bilder und Eindrücke, die ich in früher Jugend bei den Zusammenkünften schwäbischer Pietisten gewonnen hatte. Hier trug ein starker, nach innen gewandter persönlicher Glaube eine Gemeinschaft und prägte ihre Lebensform.

Würde sie der in Gang befindlichen Erosion des christlichen Denkens und Glaubens standhalten? Der Prozeß würde über Mitteleuropa hinausgreifen. Er würde sich im Fall eines nationalsozialistischen Sieges oder einer kommunistischen Machtübernahme vielleicht stürmisch beschleunigen, aber er wäre auch im Fall einer Niederlage beider nicht überhaupt abgewandt. Die Erosion der abendländischen religiösen Traditionen und die ihnen zugrunde liegende Hauptursache, der Schwund der Glaubenskraft – das verstand ich unter Säkularisierung. In dem militanten Nationalsozialismus und dem noch militanteren Kommunismus sah ich ihre aktuellsten und bedrohlichsten Erscheinungen. Selbst ohne ihre gezielte Gegnerschaft zum christlichen Glauben und zu seinen Gemeinschaftsgebilden hätte der von ihnen entwickelte Totalitarismus den Prozeß der Vermassung potenziert und die Degeneration der Person beschleunigt.

Im Personalismus, in einem christlich verstandenen Personalismus, sah ich mit vielen Gleichgesinnten und Gleichgestimmten in den europäischen Völkern das eigentliche Produkt der christlichen Erziehung und Kultur des Abendlandes. J. Maritain übte in jenen Jahren mit seinem »Humanisme intégral« einen beträchtlichen Einfluß auf mich aus. »Bolschewismus« war uns der Sammelbegriff für alles, was kämpferisch gegen den Personalismus anging. »Boleschewistisch« nannten wir auch Erscheinungen und Gestalten, die schwer beleidigt gewesen wären, wenn sie erkannt hätten, daß wir zwischen ihrem und dem geistigen Habitus des Kommunismus keinen qualitativen Unterschied machten.

Namhafte Gelehrte, Denker und Dichter hatten ihre Mitarbeit an ›Orient und Occident‹ zugesagt. Georg Florowsky von der russischen orthodoxen Emigration in Paris hatte einen Beitrag über die Eschatologie der Ostkirche, Ulrich von Hassell über Prinz Eugens europäische Sendung, Nichifor Crainic über die orthodoxe Kulturphilosophie geliefert, und Rudolf Alexander Schröder hatte mir seinen ›Hymnus‹ zur Veröffentlichung geschickt. Ich selbst hatte unter dem Titel ›Die Zukunft der Person‹ unser Hauptthema anzusprechen versucht. Herbert Renner gab sich die größte Mühe, unser Opus durch die Zensur zu bringen und das Papier zu ergattern. Aber sein Charme war ebenso verschwendet wie die Mühe, Sorgfalt und Vorsicht der Autoren und meiner Redaktion. Es gab kein Papier, es gab nur ein rüdes Verbot. ›Orient und Occident‹ war zum zweitenmal gestorben.

Als vergeblich erwies sich auch ein anderer Versuch. Ich hatte mir monatelang Mühe gegeben, zunächst Landesbischof Wurm, dann aber auch Meiser und schließlich den Oberkirchenrat Thomas Breit, der die Berliner Geschäftsstelle des Lutherischen Rates leitete, für eine neue Eingabe der evangelischen Bischöfe Deutschlands an die Reichsregierung zu gewinnen. Briefe und Eingaben dieser Art hatte es nicht wenige gegeben seit dem Beginn des Kirchenkampfes. Aber sie galten nahezu alle »der Freiheit der Verkündigung«. Sie waren Proteste gegen Übergriffe des Staates oder der NSDAP gegen die Kirche. Die Nachrichten, die im Herbst und im Winter 1941/42 von den rückwärtigen Diensten der Ostfront durchzusickern begannen, waren jedoch oft so schauderhaft, daß ich mich bedrückt fragte, was wir dagegen tun könnten.

Ich dachte erst daran, eine Dokumentation herzustellen. Aber ich mußte bald erkennen, daß es mir unmöglich sein würde, das Material dafür authentisch und dokumentationsfähig zusammenzubringen. An dem Wahrheitsgehalt der sich häufenden Berichte über grausame Übergriffe gegen die Bevölkerung der besetzten Ostgebiete, vor allem aber über die Judenverfolgungen und Massenhinrichtungen war nicht zu zweifeln. Wurm, mit dem ich zuerst sprach, war tief deprimiert und erklärte sich nach einigem Zögern auch bereit, den Lutherischen Rat für einen Schritt bei Hitler zu gewinnen. Ich solle eine Vorlage machen. Ich schrieb:

»Im Namen Gottes erheben wir vor dem deutschen Volk und seiner Zukunft unsere Stimme mit der Bitte, die verantwortliche Führung des Reiches wolle der Verfolgung und Vernichtung wehren, der viele Männer und Frauen im deutschen Machtbereich ohne gerichtliches Urteil unterworfen werden. Nachdem die dem deutschen Zugriff unterliegenden Nichtarier in größtem Umfang beseitigt worden sind, hören wir, daß nunmehr auch die bisher verschont gebliebenen sogenannten privilegierten Nichtarier erneut in Gefahr sind, in gleicher Weise behandelt zu werden... Diese Absichten stehen ebenso wie die gegen die anderen Nichtarier ergriffenen Vernichtungsmaßnahmen im schärfsten Widerspruch zu dem Gebot Gottes und verletzen das Fundament alles abendländischen Denkens und Lebens: das gottgegebene Urrecht menschlichen Daseins und menschlicher Würde überhaupt.

In der Berufung darauf erheben wir gleichermaßen feierlich unsere Stimme gegen zahlreiche Maßnahmen in den besetzten Gebieten.

Ohne Ansehen der Nation oder der Konfession begehren wir namens der deutschen evangelischen Christenheit, daß auch den der Macht des Reiches unterworfenen Nationen und Konfessionen die volle Freiheit der Religionsausübung und eine den Grundsätzen des Rechts und der Gerechtigkeit entsprechende Behandlung gewährleistet werde.«[12]

Nach meinem damaligen Urteil war dies das mindeste, was wir hätten sagen müssen.

In einem ersten Entwurf hatte ich von Massenmorden und Vernichtungsaktionen gesprochen und mich überhaupt auf die besetzten Ostgebiete beschränkt. Aber selbst Pressel, der tapfere Wilhelm Pressel, meinte, daß wir einen Brief dieser Art im Lutherischen Rat niemals durchbekämen. Schließlich einigten wir uns auf diesen Text. Aber auch damit blieb der württembergische Bischof im Kreis seiner Amtsbrüder stecken. Auch die Herren, die ich im Lutherrat zu seinen Helfern zählte, scheinen gepaßt zu haben. Es war ihnen zu gefährlich. Der tapferste von ihnen, der Justitiar des Lutherischen Rates Martin Gauger, war in Holland von der Gestapo gefaßt worden. In einem Konzentrationslager wurde er umgebracht.

SECHSTES KAPITEL

Im Kreisauer Kreis

Der Mann von Wurm

Am 3. Juni 1942 schrieb Helmuth von Moltke an seine Frau Freya – sie saß mit ihren beiden kleinen Söhnen auf Moltkes Gut in Kreisau in Schlesien –, daß ihn »ein Mann von Wurm« besucht habe. Der Mann war ich. Wir hatten uns in Moltkes Wohnung in der Derfflingerstraße 10 verabredet. Eine bessere Hühnerstiege führte zu einer kleinen, für eine oder zwei Personen aber ausreichenden, bequemen Wohnung. Sie lag über einer von der Straße zurückstehenden Garage, war verkehrsgünstig, hatte keine nahen Nachbarn und war durchaus unauffällig.

Moltke strebte nach einer Verbindung zu den führenden Köpfen des deutschen evangelischen Kirchentums, soweit sie gegen Hitler in Stellung zu bringen waren. Bei aller Wertschätzung von Otto Dibelius, den ich in das Gespräch brachte, zog er den württembergischen Landesbischof vor. Dieser verfügte über eine größere Bewegungsmöglichkeit als der gemaßregelte Generalsuperintendent. Wurm war zwar suspekt seit den Jahren des Kirchenkampfes, aber er konnte sich über die Grenzen der württembergischen Landeskirche hinaus frei bewegen. In den lutherischen Kirchen und ihrer Berliner Repräsentanz, dem Lutherischen Rat, spielte er eine wichtige Rolle. Seine enge persönliche Freundschaft mit Hans Meiser, dem lutherischen Bischof von Bayern, glich die Schwächen aus, die der württembergischen Landeskirche in den Augen des konfessionsbewußten Luthertums seit der Reformationszeit anhafteten. Ich unterstützte Moltkes Hinneigung zu Wurm aus kirchlichen, aber auch aus politischen Gründen. Ich vertraute diesem Bischof, soweit man Menschen überhaupt vertrauen kann, und er vertraute mir.

In unserem ersten Gespräch hatte Moltke keinen Zweifel daran gelassen, daß er mit seinen Freunden einen Umsturz nicht herbeiführen könne. Vorsichtig hatte er angedeutet, daß er darüber auch zurückhaltend denke. Das freilich gefiel mir nicht, aber ich maß ihm damals keine weitere Bedeutung zu. Die Aufgabe, die Zivilisten wie uns zufalle, sei einstweilen ohnehin eine andere. Ob ein Staatsstreich oder die Niederlage der Herrschaft Hitlers ein Ende setze, man sollte jedenfalls eine durchdachte Vorstellung davon haben, mit welcher Ordnung man diesem Ende begegnen wolle. Selbst im Falle eines alliierten Sieges sollten wir Deutsche nicht passen, wenn es um eine neue Ordnung in unserem Lande gehe. Und ein geglückter militärischer Staatsstreich werde nur dann zu einem politischen Erfolg, wenn man vorher wisse, was am Tage X plus 1 geschehen müsse.

Helmuth von Moltke beschrieb damit die Aufgabenstellung, die den Kreis bis an sein Ende zusammenhielt und ihm seine besondere Note gab. Systematischer als in anderen Gruppen wurde – so scheint es mir auch heute noch – bei uns Kreisauern mehrere Jahre lang an einem darauf angelegten Konzept gearbeitet. Daß wir gegen viele Versuchungen, davon abzuweichen, im großen ganzen bei unserem Thema blieben, daß wir uns mit seinen wesentlichen Teilgebieten systematisch befaßten, ist vor allem Helmuth von Moltkes Disziplin und Konzentration zu verdanken.

So theoretisch vieles davon heute aussieht und sich auch damals ausnahm, so stand für uns außer Zweifel, daß es um ein hochverräterisches Unternehmen ging. Das Risiko war dementsprechend. Dies war der Grund, der mich zögern ließ, Moltkes Bitte um ein Gespräch mit Wurm zu entsprechen.

Zweifellos würde in dieser Begegnung die schmale Grenze zwischen dem fälligen Protest der Kirche und politischen Erwägungen überschritten werden. So sehr ich dem Protest das Wort redete, so wenig mochte ich die Kirche selbst in etwas hineinziehen, was nur im Staatsstreich enden konnte. Die Alternative Hochverrat durfte und darf der Kirche nicht zugemutet werden.

Für meine Person sah ich nur die Alternative: Martyrium oder Hochverrat. Da ich den Weg des mir nutzlos erscheinenden Martyriums nicht in Erwägung ziehen wollte, sah ich nur den anderen: Hitler mit seinen Mitteln zu begegnen – mit Gewalt.

Vor diesem Hintergrund führte ich in jenem Frühsommer 1942 die Gespräche mit meinem württembergischen Bischof. Ich sagte ihm offen, wozu ich mich für meine Person entschieden habe. Ich sagte aber auch, daß ich dafür weder sein Plazet noch das einer anderen kirchlichen Institution erbäte, weil sie mir damit überfordert erscheine. Er aber müsse wissen, in welche Gefahr, in welches Dilemma er sich als evangelischer Kirchenführer begebe, wenn er mit dem Grafen von Moltke Themen erörtere, deren politische Abzweckung die Strafverfolgung nach sich zöge, falls die Sache bekannt werde. Der Bischof hörte mich an. Seine Züge wurden gequält. Er schwieg lange. Dann sagte er: »Ich werde mit Graf Moltke sprechen. Nehmen Sie an dem Gespräch teil.«

Nicht ohne Mühe erklomm der alte Herr die Hühnerstiege in der Derfflingerstraße. Wir waren zu viert. Moltke hatte den Grafen Peter Yorck von Wartenburg dazugebeten. Es war der 24. Juni 1942. Das Gespräch begann gegen 17.00 Uhr. Wir tranken Tee. Helmuth von Moltke wollte den Bischof offensichtlich schonen. Er sprach etwas allgemein von der christlichen Orientierung des öffentlichen Lebens. Das Schulproblem, das in seinen Gesprächen mit dem hohen Klerus der katholischen Kirche meist eine Schwierigkeit war – Bekenntnis- oder christliche Gemeinschaftsschule? –, war in dem Gespräch mit Wurm kein Problem. Über die Wiederherstellung des strikten Rechtsstaats konnte es auch keine Meinungsverschiedenheit geben, und die mir von Wurm wie von Meiser immer wieder gestellte Frage: Wann tun denn die Generale etwas? unterdrückten Wurm wie Moltke in jenem Gespräch weislich. Kurzum – Helmuth von Moltke stieß in allen wichtigen Fragen, die er anschnitt, bei dem alten Herrn auf so viel Verständnis und Zustimmung, daß sich seine Vorsicht und Anspannung immer mehr lockerte. Peter Yorck und ich mischten uns nur gelegentlich in das Gespräch.

Als ich Moltke nach einigen Tagen wiedersah, war er immer noch beglückt. Vier Wochen später kam es zu einem zweiten Gespräch mit dem Bischof, das ähnlich verlief. Inzwischen hatte sich bereits ein geregelter Kontakt zwischen uns herausgebildet. Wir trafen uns mehrfach in der Woche, meist bei Moltke in der Derfflingerstraße zum Mittagessen – er war neben allem anderen auch ein guter Koch – oder am Abend bei Peter und Marion von Yorck in der Nähe des Botanischen Gartens. Sie übten eine Gastlichkeit, die nur durch ihre schlesischen Güter und deren treffliche Bewirtschaftung ermöglicht wurde.

Bei diesen Zusammenkünften lernte ich rasch den festen Kern des Kreisauer Kreises kennen. Er änderte sich nur durch den Tod. Es war ein formloser Zusammenschluß von Männern, die in unterschiedlichen Positionen standen und sehr verschiedene Wege hinter sich hatten. Da waren die beiden schlesischen Grafen Moltke und Yorck, die beiden hessischen Sozialdemokraten Mierendorff und Haubach, die Diplomaten Hans von Haeften und Adam von Trott, die Theologen Delp und Gerstenmaier, die Juristen beziehungsweise Nationalökonomen und Offiziere Paulus van Husen und Theodor Steltzer, der Pädagoge Adolf Reichwein und, eher gelegentlich als durchgehend, die beiden Freunde Horst von Einsiedel und Carl Dietrich von Trotha. Den in der einschlägigen Literatur dem Kreisauer Kreis zugezählten Persönlichkeiten Hans Peters, Hans Lukaschek, Günter Schmölders, Julius Leber, Harald Poelchau, Eduard Waetjen, Augustin Rösch und Lothar König bin ich bei diesen Zusammenkünften nie begegnet. Harald Poelchau hatte am ersten Treffen in Kreisau teilgenommen. Ich lernte ihn jedoch erst im Zuchthaus von Tegel näher kennen. Er war dort seit langem Gefängnispfarrer. Den Jesuitenpater König lernte ich hauptsächlich als Kurier zwischen unseren bayerischen Freunden und unserem Berliner Kreis kennen.*

* Aus mehreren Gründen sollte man Julius Leber nicht den Kreisauern zurechnen. Ich begegnete ihm zwar, aber er nahm an unserer Arbeit keinen unmittelbaren Anteil. Zu der zweiten Kreisauer Tagung delegierte er einen seiner nächsten Mitarbeiter, Hermann Maass. Er sollte Leber informieren.

Weit näher als die dem Kreis zugezählten, von mir dort aber nicht wahrgenommen, stand den meisten von uns Fritz-Dietlof Graf von der Schulenburg, kurz Fritzi genannt. Später, als Claus Stauffenberg aus dem Lazarett kommend in das Oberkommando versetzt wurde, trafen wir auch ihn mit seinem Bruder Berthold öfters in dem kleinen Haus in der Hortensienstraße.

Die Begegnungen des Kreises

Die zwei Jahre, die ich in und mit dem Kreis erlebte, zähle ich zu den reichsten meines Lebens. Ihre größte Intensität erlangten sie freilich für mich, als Moltke, Delp und ich im sogenannten Totenhaus von Tegel nebeneinander in Einzelzellen lagen. Im November 1943 wurden Moltke und ich in derselben Nacht ausgebombt. Peter Yorck nahm uns beide in seinem Hause auf. Zwei Monate später wurde Moltke in seinem Amt im OKW verhaftet. Damit war unser gemeinsames Leben in Freiheit beendet. Gefesselt sahen wir uns wieder. Unsere abendlichen Gespräche – sie fanden in der Regel im Hause Yorcks in der Hortensienstraße 50 in Lichterfelde-West statt – begannen mit dem Austausch von Informationen. Eine kurze Besprechung der militärischen und politischen Lage schloß sich an. Dann kam der Zustand der Opposition an die Reihe. Die ständigen Gespräche, die zwischen den Angehörigen der einzelnen mehr oder weniger locker gefügten Gruppen gepflegt wurden, gezielte oder zufällige Kontakte, gesellschaftliche Verbindungen – sie hörten nie ganz auf – und amtliche Verpflichtungen schufen ein Geflecht der Opposition, in dem ein unterschiedliches, aber im ganzen doch durchgreifendes Gefühl der Zusammengehörigkeit wirksam war. Es gab dabei Abgrenzungen, die indessen eher auf persönlicher Abneigung als auf politischen Meinungsverschiedenheiten beruhten. Diese gab es auch. Aber sie überschritten nach meiner Erfahrung niemals die Differenzen, die etwa zwischen den Parteiflügeln der großen Parteien oder zwischen Koalitionspartnern üblich sind.

Das gilt mit einer Ausnahme: dem Verhältnis zu den Kommunisten. Der Kontakt zu ihnen wurde im allgemeinen strikt abgelehnt. Dabei waren weniger polizeiliche Gesichtspunkte im Spiel. Zwar waren die Kommunisten, das zeigte sich später im Fall Leber-Reichwein, noch am ehesten mit Gestapo-Spitzeln durchsetzt. Für unsere Ablehnung waren profunde politische Gründe maßgebend. Wir beabsichtigten nicht, den Teufel mit Beelzebub auszutreiben. Wir sahen in Stalin und seinem Anhang, im Kommunismus und seinem Staatssystem eine noch üblere Ausgabe des totalitären Staates als in der Herrschaft Hitlers. Wir hatten auch nicht vergessen, daß der Kreml Hitlers Angriff auf Polen durch sein Bündnis mit Hitler erst ermöglicht hatte. Und schließlich hatten uns die Massengräber von Katyn mit den von der Tscheka ermordeten polnischen Offizieren den Beweis geliefert, daß sich das stalinistische Regime nicht gewandelt hatte.

Die historische, wissenschaftliche und literarische Beschäftigung mit den deutschen Gegnern Hitlers hat in den letzten dreißig Jahren so viel Material zutage gefördert, gesichtet und überprüft, daß ein Überblick über den deutschen Widerstand gegen Hitler im großen ganzen möglich ist. Wir wissen darüber heute jedenfalls wesentlich mehr als ein einzelner oder auch eine Gruppe in der Zeit Hitlers darüber wissen konnte, auch wenn sie noch so gut informiert zu sein glaubten. Von den Kommunisten und den ihnen zugewandten Gruppen wie der ›Roten Kapelle‹ abgesehen, kann man von vier den deutschen Widerstand im ganzen charakterisierenden Gruppen sprechen. Das ergibt einen groben, aber, wie ich glaube, richtigen Raster. Trotz der vielfachen Überlappung kann man 1. die Bürgerlichen mit einem erheblichen Anteil von Intelligenz und Großbürgertum, 2. die Soldaten, 3. die Gewerkschaftler und 4. eine Gruppe von Kirchenleuten beider Konfessionen unterscheiden.

Die historische Wahrheit gebietet es, in einer knappen Aufzählung der handelnden Personen mit Dr. Carl Goerdeler, dem ehemaligen Leipziger Oberbürgermeister und späteren Reichspreiskommissar, zu beginnen. Damit soll nicht gesagt sein, daß es nicht schon vor ihm entschiedene Gegner des Nationalsozialismus in Deutschland gegeben habe. Sie fanden sich bei den Gewerkschaften, in den Kirchen, bei der Reichswehr, in der Beamtenschaft und in der Wirtschaft, bei der Presse und in den Universitäten und in der Führung und Wählerschaft der entmachteten und auch bald aufgelösten politischen Parteien. Aber wenige davon haben eine so beharrliche und durchgängige aktive Resistenz an den Tag gelegt wie Carl Goerdeler. Im Lauf der Jahre wurde er zum Mittelpunkt eines Kreises von Großbürgern, Soldaten und Mittelständlern, die das Unbehagen über das Aufkommen Hitlers entweder nie verlassen hat oder die nach anfänglichen Sympathien für sein Regime mit steigender Furcht erkannten, daß es Deutschlands Untergang werde. Goerdeler hielt sie in einem lockeren Verbund zusammen. Die Kritik, ja Ablehnung, die er oft bis in den Widerstand hinein erfahren hat, führte zu einer Verdunklung seiner Leistung, seines politischen Wollens und schließlich auch seines Charakters.

Im Laufe vieler Jahre habe ich niemals eine negative Äußerung Adenauers über seinen ehemaligen Leipziger Kollegen Goerdeler gehört. Sie wäre auch nicht berechtigt gewesen. Denn während Adenauer aus Gründen, die hingenommen werden müssen, sich dem aktiven Widerstand verweigert hat, setzte Goerdeler, dem viele Türen im Reiche Hitlers offenstanden, seinen Kopf daran, Deutschland auf den Weg des Rechts und des Anstands zurückzuführen.

Gerhard Ritter, der große konservative Historiker, ist in seinem früh erschienenen Buch Goerdeler gerecht geworden.[1] Ich sage das auch deshalb, weil ich bei aller Ehrerbietung, mit der ich dem mutigen Mann begegnet bin, in Distanz zu ihm verharrte.

Während der Herrschaft Hitlers gab es für die Deutschen selbst niemals eine andere Möglichkeit, Deutschland wieder zu einem freiheitlichen Rechtsstaat zu machen als durch einen Staatsstreich. Das ging nur mit der bewaffneten Macht, mit der Armee. Die Reichswehr hatte, wie alle unter dem Bruch mit der Tradition leidenden Schichten und Gruppen, kein spontanes Verhältnis zu der Weimarer Republik gewonnen. Ihre Loyalität zum Staat von Weimar war in weiten Teilen eine mühsam erbrachte Pflichtleistung. Die strenge Hinwendung zum militärischen Dienst überdeckte den Mangel an Zuneigung zu dem aus dem Zusammenbruch von 1918 hervorgegangenen republikanischen Staat. Gewiß, es gab auch einige Generale, wie den Reichswehrminister Groener, die der Republik ohne Vorbehalte gegenüberstanden. Aber sie waren nicht die Regel, sondern die Ausnahme.

Vielleicht standen die meisten deutschen Offiziere, ob republikanisch oder monarchistisch gestimmt, dem aufkommenden Nationalsozialismus mit Vorbehalten gegenüber. Sie hatten keine Freude an der von einem homosexuellen Hauptmann a. D. geführten SA, der Privatarmee der NSDAP. Auch ihren Trommlern standen sie mit Reserve gegenüber. Andererseits weckten der radikale Nationalismus Hitlers in der Außenpolitik, der von ihm verkündete Wehrwille und die Aussicht auf eine auch von Hindenburg gebilligte legale Verfassungsänderung in der Reichswehr Sympathien für Hitler. Die Absicht, dem labilen Vielparteienstaat eine durchgreifendere Führung zu geben, war auch denen sympathisch, die Hitler ablehnten. Der Chef der Heeresleitung, der Generaloberst Freiherr von Hammerstein-Equord, hatte dennoch Hitler kurz vor seiner Ernennung zum Reichskanzler gesagt, daß er der Reichswehr als Kanzler unerwünscht sei. Hitler mokierte sich darüber bei Tisch, und Anfang 1934 ging Hammerstein ab. Der Tag von Potsdam (21. März 1933) war darauf angelegt, der Reichswehr und dem ganzen auf Distanz zum Nationalsozialismus gestimmten konservativen Deutschland den Eindruck zu vermitteln, daß die neuen Machthaber wieder den Anschluß an die 1918 zerbrochene Tradition anstrebten. In Wirklichkeit war das Potsdamer Schauspiel nur ein raffinierter Gleichschaltungsversuch. Sein Erfolg war beträchtlich.

Der 30. Juni 1934 mit der Ermordung des Generals von Schleicher und vieler anderer und der frevelhaften Niederlegung des Rechtsstaats zerstörte diesen Erfolg wieder. Die Reichswehr nahm das Verbrechen zwar hin (Hindenburg war sterbensmüde und starb bald darauf), aber es vergällte den Besten in der Armee die Loyalität gegenüber ihrem Staatsoberhaupt und obersten Kriegsherrn für immer. Zehn Jahre später erklärte der Generalmajor Hans Oster vor der Gestapo, daß dieser 30. Juni 1934 im Offizierskorps zum erstenmal eine scharfe, ja erbitterte Auflehnung gegen Hitler und seine Herrschaft hervorgerufen habe.[2] Es kann nicht bezweifelt werden, daß Hitlers Erfolge in den nächsten Jahren, die Rheinlandbesetzung, die Einführung der allgemeinen Wehrpflicht, die Rück-kehr der Saar und das Münchner Abkommen, die kritische Distanz zu Hitler und zu seiner Partei wieder überdeckten. Aber spätestens durch die Ereignisse des 20. Juli 1944 und die anschließenden Prozesse und Tatbestandsfeststellungen wurde bewiesen, daß auch Hitlers politische und militärische Erfolge die ganz grundsätzliche Ablehnung seiner Person, seines Anhangs, seiner Denkweise, seines Stils und seiner Taten durch führende Köpfe der deutschen Wehrmacht nicht mehr aufzuheben vermochten. Das Ermächtigungsgesetz vom Frühjahr 1933, das der parlamentarischen Demokratie in Deutschland den Abschied gab, hatten sie ohne Aufregung toleriert. Die Niederlegung des Rechtsstaats am 30. Juni 1934 haben sie nie verwunden.

In der militärischen Führung des Reiches gab es eine Reihe erstklassiger Köpfe, die für die Führung des Widerstands gegen Hitler in Frage kamen. In der Historie hat der Generaloberst Ludwig Beck inzwischen diesen Platz eingenom-men vor den Generalfeldmarschällen von Witzleben und Rommel und den Generalen Halder, Olbricht, Hoepner und anderen. Ich erlaube mir kein Urteil darüber, ob das zu Recht geschah, denn außer mit Beck und Olbricht hatte ich mit keinem von ihnen unmittelbar zu tun. Indessen steht fest, daß Beck und Goerdeler schon relativ früh sich verständigt haben. Beck warnte eindringlich in Denkschriften und in dienstlichen und privaten Gesprächen vor einer Politik, die zum Krieg führen müsse. Er hatte Kenntnis bekommen von der Ansprache Hitlers vor den Oberbefehlshabern der Wehrmachtsteile am 5. November 1937 in der Reichskanzlei (Hoßbach-Protokoll). Er hatte bald danach die sogenannte Fritsch-Krise und den Skandal um Hitlers ersten Generalfeldmarschall von Blomberg erlebt, und er wußte nun, wohin die Reise gehen werde und daß ein Verbrecher ihren Kurs bestimme. Beck trat zurück. Sein Weg führte ihn in die Illegalität, an die Spitze des deutschen Widerstands und in den Tod am 20. Juli 1944. Ludwig Becks Autorität war in den verschiedenen Gruppen des Wider-stands so groß, daß er von allen anerkannt und – anders als der ihm eng verbundene Goerdeler – als zusammenfassende Kraft empfunden wurde.

Die motorische Energie der zum Staatsstreich drängenden Soldaten kam freilich von den Jüngeren. Das waren die Tresckow, Oster, Schlabrendorff, Schulenburg, Gersdorff und – in der letzten Phase –, wie ein Meteor die Nacht unserer Verzweiflung erhellend, Claus von Stauffenberg.

Von der dritten Gruppe, den Gewerkschaftlern, weiß ich aus eigener Wahrnehmung am wenigsten. Aber ich habe immerhin das Werden der Urzelle des einheitlichen Deutschen Gewerkschaftsbundes miterlebt. So wie sich im Kirchenkampf, in der Verfolgung Protestanten und Katholiken näherkamen denn seit Jahrhunderten, so kamen sich unter dem Terror die ehemaligen freien und die christlichen Gewerkschaften, die Sozialisten und die Nichtsozialisten näher denn je zuvor. Wilhelm Leuschner und Jakob Kaiser, Max Habermann und Hermann Maass und ihre Freunde fanden sich zusammen. Dabei waren natürlich beträchtliche Meinungsverschiedenheiten zu überwinden. Vieles davon blieb einfach auf sich beruhen. Es wurde nicht ausdiskutiert, sei es, weil die Denkansätze und die Zielvorstellungen zu weit auseinanderlagen, um mit Aussicht auf eine befriedigende Einigung zusammengebracht zu werden, sei es, weil der erreichte Konsens bis auf weiteres ausreichend erschien und keiner der Gesprächsteilnehmer die prinzipielle Gemeinsamkeit mit weiteren Differenzierungen und Problematisierungen gefährden wollte.

Eine beachtliche Rolle spielte Leuschner. Er war stellvertretender Vorsitzender des (sozialistischen) Allgemeinen Deutschen Gewerkschaftsbundes gewesen. Bei uns Kreisauern genoß er hohes Ansehen, obwohl er dem Kreis nicht angehörte, an keinem seiner Gespräche teilnahm und auch sonst große Vorsicht walten ließ. Er war über unsere Ideen jedoch gut informiert. Mierendorff suchte ihn regelmäßig auf und berichtete über unsere Arbeit.

In zwei Gesprächen mit Julius Leber wurde mir deutlich, daß es in der Weimarer Zeit hin und wieder ernsthafte Spannungen zwischen den sozialistisch orientierten Gewerkschaften und der SPD gab. Ich nahm deshalb die Meinungsverschiedenheiten, von denen Mierendorff aus dem sozialistischen Lager des Widerstands berichtete, nicht allzu ernst. Unverständlich blieben mir die in der katholischen Arbeiterbewegung zuweilen heftig aufflackernden Meinungsverschiedenheiten in Gewerkschaftsfragen. Die kritischen Auslassungen Alfred Delps zum Beispiel gegen Vorstellungen des früheren Verbandssekretärs der westdeutschen katholischen Arbeitervereine, Bernhard Letterhaus, waren mir kaum verständlich.

Später, in der Bundestagsfraktion der CDU, kamen wir nie darauf zu sprechen, obwohl neben Jakob Kaiser auch der Kölner Johannes Albers, eine Säule der katholischen Arbeiterbewegung, aus den Gefängnissen des Dritten Reiches zurückgekehrt, einen sehr aktiven Anteil an der Sozialpolitik der CDU genommen hat.

Zu Beginn der fünfziger Jahre sagte Professor Brill, ein Kollege aus der

156

Bundestagsfraktion der SPD, es sei ein Irrtum, anzunehmen, daß unsere neue staatliche Ordnung auf den Erkenntnissen und dem Wollen des Widerstandes stünde. Er hatte recht. Es lassen sich zwar einige Elemente in der Politik des deutschen Widerstandes aufweisen, die den meisten seiner Gruppen gemeinsam waren und die nach dem Krieg zum ideellen Gut der großen Parteien wurden. Dazu gehört der Wille, an der Einheit des Deutschen Reiches festzuhalten und es in eine europäische Staatengemeinschaft einzubringen. Der Gedanke der europäischen Integration hat in den verschiedenen Gruppen des deutschen Widerstandes gegen Hitler ein verschiedenes Gewicht besessen, aber er wurde von allen bejaht – mit Ausnahme der Kommunisten.

Im totalen Staat Hitlers und im Zweiten Weltkrieg war die Einsicht in die Problematik, ja Unhaltbarkeit des souveränen Nationalstaatsdenkens so groß geworden, daß ein Mann wie der Paneuropäer Graf Coudenhove-Kalergi mehr und mehr ernstgenommen wurde. Als ich im Eberhard-Ludwig-Gymnasium in Stuttgart zu Beginn der dreißiger Jahre einmal von ihm sprach, wurde ich nachsichtig belächelt. Er galt vielen damals und noch lange als ein Utopist, der zudem von Patrioten nicht akzeptiert werden könne. Die hirnverbrannte Überspitzung des Nationalstaats im Denken und Handeln des Nationalsozialismus, die vitale Erfahrung der Interdependenz der meisten europäischen Staaten im Kriegsverlauf führten zu einer tiefgreifenden Wandlung der Vorstellungen über die europäische Einigung. Daß sie unerläßlich sei, war unsere gemeinsame Überzeugung. Ob und wie sie möglich werde – darüber gingen die Ansichten auseinander. Immerhin: Die Präambel des Grundgesetzes spricht mit ihrem Bekenntnis zur nationalen und staatlichen Einheit des deutschen Volkes und seinem Willen, »als gleichberechtigtes Glied in einem vereinten Europa dem Frieden der Welt zu dienen«, eine Grundüberzeugung des deutschen Widerstands aus.

Nach den Grundsatzerklärungen des Kreisauer Kreises über den künftigen Staatsaufbau soll dieser »die Einheit und die zusammengefaßte Führung des Reiches sichern und seine Eingliederung in die Lebensgemeinschaft der europäischen Völker ermöglichen«. Wir dachten dabei durchaus nicht nur an ein spirituelles Gebilde abendländischer Kultur, sondern an einen realen Staatenverbund, eine dauernde, »supranationale« europäische politische Gemeinschaft. Einen Entwurf dafür schenkten wir uns. Aus zwei Gründen. Erstens bestand am Tag X plus 1, dem Tag nach dem geglückten Staatsstreich, kein unmittelbares Bedürfnis. Zweitens hätten wir es für falsch, ja taktlos gehalten, wenn ein solcher Entwurf zuerst von uns Deutschen präsentiert worden wäre.

Es gibt auch beachtliche Einzelheiten, die aus dem Gedankengut des Widerstandes stammen und Aufnahme in das Grundgesetz fanden. Dazu gehört beispielsweise der meines Wissens später von Carlo Schmid im Parlamentarischen Rat in die Diskussion eingeführte Gedanke des konstruktiven Mißtrauensvotums.[3]

157

Mit einiger Vorsicht kann man auch in den ersten neun Worten des Grundgesetzes, nämlich in der Anrufung Gottes*, einen Reflex der inneren Orientierung des deutschen Widerstandes sehen. Der erste Entwurf der Kreisauer über die ›Grundsätze für die Neuordnung‹ vom 2. Mai 1942 hatte mit dem Satz begonnen: »Wir sehen im Christentum wertvollste Kräfte für die religiös-sittliche Erneuerung des Volkes . . .«[4] Der überarbeitete zweite Entwurf vom Oktober 1942 – jetzt im Stil einer Regierungserklärung nach dem Tod Hitlers verfaßt – begann mit den Sätzen: »Die Regierung des Deutschen Reiches sieht im Christentum die Grundlage für die sittliche und religiöse Erneuerung unseres Volkes, für die Überwindung von Haß und Lüge, für den Neuaufbau der europäischen Völkergemeinschaft. Der Ausgangspunkt liegt in der verpflichtenden Besinnung des Menschen auf die göttliche Ordnung, die sein inneres und äußeres Dasein trägt. Erst wenn es gelingt, diese Ordnung zum Maßstab der Beziehungen zwischen Menschen und Völkern zu machen, kann die Zerrüttung unserer Zeit überwunden und ein echter Friedenszustand geschaffen werden.«[5]

Eine Erklärung dieser Art wurde weit über den Kreisauer Kreis hinaus von einem breiten Einverständnis getragen. Es erklärt sich aus der Desillusionierung einer täglich wachsenden Zahl von Männern und Frauen, Alten und Jungen in allen Teilen Deutschlands. Die brennenden Städte, die Flüchtlingstrecks, die Millionenverluste von Menschenleben an der zurückgedrängten Front und in der Heimat standen in einem schreienden Gegensatz zu dem befohlenen und unentwegt suggerierten »Glauben an den Endsieg«. Mit diesem Glauben zerbrach auch der Glaube an seine Propheten und die Dauer seiner Inquisitoren Stück um Stück. Der ganze Glanz und Krampf der »nationalsozialistischen Weltanschauung« ging mit den militärischen Fronten und den Straßenfassaden der bombardierten Städte unter. Hunderttausende verloren die ihnen im Laufe der Jahre verpaßte innere Orientierung und trieben im Strudel völliger Ratlosigkeit dahin.

Da begannen nicht wenige sich des verdrängten Glaubens ihrer Kindheit und der inneren Orientierung ihrer Jugend zu erinnern. Gequält und zaghaft hoben sie ihre »Augen auf zu den Bergen, von welchen mir Hilfe kommt« (Psalm 121, 1). Eine neue Hinwendung zum Glauben der Christenheit und der Kirche wurde Ereignis.

---

* »Im Bewußtsein seiner Verantwortung vor Gott und den Menschen . . .«

158

Als ich im Sommer 1942 in den Kreisauer Kreis kam, fand ich die einheitliche – nahezu programmatische – Bejahung des christlichen Glaubens als Richtlinie der von den Kreisauern angestrebten ideellen Staatsinhalte bereits vor. Bei der Oktobertagung 1942 in Kreisau überarbeiteten wir die Grundsatzerklärung noch einmal. Ich hatte theologische und politische Bedenken gegen den apodiktischen Auftakt des letzten der oben zitierten Sätze. In den ermüdenden theologischen Auseinandersetzungen des Kirchenkampfes hatte ich auch auf die Gefahr hin, von Barth und seinen Anhängern dafür in Acht und Bann getan zu werden, die reformatorische Lehre von den Schöpfungsordnungen verteidigt. Die Lehre war durch den Mißbrauch der Deutschen Christen diskreditiert. Die Barthianer hatten sie über Bord geworfen. Ich lasse dahingestellt, welches das größere Übel ist. Jetzt aber blieb ich hängen an dem »erst, wenn es gelingt«. Das ist in keines Menschen Hand gegeben. Darum widerstrebte mir, es in ein politisches Programm, in eine menschliche Willenserklärung, aufzunehmen. Indessen: Die Nichttheologen in unserem Kreis focht das nicht an. Der Satz blieb stehen.

Auf jener Oktobertagung in Kreisau begegnete ich zum erstenmal Alfred Delp. Er war ein kraftvoller Mann, vital, witzig, gedankenreich und ausgestattet mit jener breiten profanhistorischen und kirchengeschichtlichen Bildung, die ein tragendes Element der katholischen Tradition ist. Ohne sie gibt es aber auch auf evangelischer Seite keine solide theologische Bildung. In Sachen Schöpfungsordnung, christlicher Staatslehre und Naturrecht war Alfred Delp kein narbenbedeckter Krieger wie ich. Er packte zu und ließ weder seinen theologischen Standort noch den daraus gezogenen politischen Schluß durch tausend Differenzierungen ins Diffuse auflösen. Dabei war der Jesuitenpater ein durchaus reflektierender Geist. Aber er blieb Herr seiner Reflexionen und Distinktionen. Das theologische Fundament und die kirchliche Tradition, auf denen er stand, erleichterten ihm die Arbeit in unserem Kreis, während mir die heftige Kontroverstheologie der Protestanten das Leben erschwerte.

Jahre später geriet ich in zahllosen parteiinternen Gesprächen der CDU in eine ähnliche Situation wie in jenen Kreisauer Nächten. Vielen meiner damaligen wie meiner späteren Gesprächspartner war nicht ohne weiteres klar, daß »der christliche Staat« nach den Verfassungsgrundsätzen des modernen freiheitlichen Rechtsstaats nicht zu verwirklichen ist. Die Rechtsgleichheit – ein Konstituens des Rechtsstaats – darf nicht durch bestimmte Glaubensbekenntnisse oder Denkweisen eingeschränkt oder gar von ihnen abhängig gemacht werden. Mit anderen Worten: Rechtsgleichheit und Glaubensfreiheit bedingen sich im freiheitlichen Verfassungsstaat. Delp sah das ein, und die andern wollten mit der präambelähnlichen Einleitung unserer »Neuordnung« ohnehin keine neue obligate Staatsideologie oder gar ein neues Glaubensgesetz dekretieren, sondern eine

Überzeugung zum Ausdruck bringen, die nur frei angenommen oder auch abgelehnt werden konnte.

Mich überraschte dennoch, daß auch unsere Freunde mit unkirchlicher Vergangenheit ihre ehemaligen Vorbehalte gegen die Kirchen so gründlich überwunden hatten, daß sie an meinen zurückhaltenderen Bekenntnisformeln kein Interesse zeigten.

Dafür waren noch am ehesten Adam von Trott zu Solz und vielleicht Horst von Einsiedel zu haben. Adam von Trott hatte sich weit in der Welt umgesehen. Er hatte mit einer Arbeit über Hegel juristisch promoviert, ohne sich mit dessen theologischen Interessen weiter zu befassen. In China gewann er Eindrücke von den großen Religionen des Fernen Ostens und der von ihnen geformten Lebensweise seiner Völker. Als wir uns zuerst begegneten, zeigte er in religiöser Hinsicht die ihm vertraute Überlieferung seines kultivierten Elternhauses. Sein Vater war preußischer Kultusminister gewesen in einer Zeit, als Adolf von Harnack als leuchtender Stern am Himmel der deutschen Wissenschaft stand. Das relativ neutrale, konventionelle Verhältnis Adam von Trotts zum christlichen Glauben vertiefte sich und gewann persönliche Züge, je länger wir im Kreisauer Kreis zusammen lebten. Unvergeßlich ist mir seine nachdenkliche Antwort auf meine Frage, was er denn unter Christentum verstehe. Er sagte: »Erleuchtung und Brüderlichkeit«.

Gar nicht glatt verlief in unserem Kreis – trotz des einhelligen Bekenntnisses zum christlichen Glauben – die Diskussion um die Neugestaltung der Schule. Die Diskussion über die Universitäten und Hochschulen war ohne Schwierigkeiten mit einem einvernehmlichen Programm zu Ende gebracht worden. Aber als es um die Schule ging, hatten wir es im Kreisauer Kreis mit den gleichen Meinungsverschiedenheiten zu tun, die uns einige Jahre später bei der Behandlung der Schulfrage innerhalb der CDU das Leben schwer machten. Paulus van Husen, ein standfester katholischer Westfale, Jurist und Rittmeister im OKW-Wehrmachtsführungsstab in Berlin, verfocht mit seinem trockenen Charme die vom Konkordat gedeckten maximalen Ansprüche der Katholischen Kirche auf die Bekenntnisschule im Reichsgebiet. Die meisten von uns erstrebten jedoch die christliche Gemeinschaftsschule. »Die staatliche Schule ist eine christliche Schule mit Religionsunterricht beider Konfessionen als Pflichtfach.«[6] So heißt es in einem Kreisauer Beschlußprotokoll vom Mai 1942. Eine vollständige Einigung darüber ist unter uns Kreisauern jedoch nie erzielt worden. Ein Grund dafür war die Rücksicht auf das Konkordat mit der Kurie, das, von Papen 1933 ausgehandelt, den Katholiken und der Katholischen Kirche Rechtshilfen bot, von denen gelegentlich auch wir Protestanten profitierten.

»Das Reich ist die oberste Führungsmacht des deutschen Volkes.«[7] Den Satz hatten wir auf der Herbsttagung 1942 in Kreisau an die Spitze unserer Vorstellungen über den zukünftigen Staatsaufbau gestellt. Die Diskussion darüber hatte uns zwei Jahre lang in Atem gehalten. Eine Reihe von Leitideen, die sich dabei unter uns herausbildeten, trennte uns von wesentlichen Vorstellungen anderer Gruppen des deutschen Widerstandes. Wäre er zur Macht gelangt, dann hätte sich wahrscheinlich bald gezeigt, daß diese Meinungsverschiedenheiten über die Staatsorganisation überwindbar gewesen wären. Rückblickend halte ich einige programmatische Vorstellungen, die wir damals ausbildeten, zwar für originell, aber für nicht durchführbar. Der ehemalige Generalstäbler und spätere Landrat von Rendsburg, Theodor Steltzer, war schon in früher Jugend von Constantin Frantz und seinen föderalistischen Vorstellungen beeindruckt. Er hatte bei Lujo Brentano in München studiert, hing dem liberalen General Groener an und hatte einen Tick gegen die Preußen. Schon im April 1933 wurde er von Hitlers Männern kaltgestellt. Er hatte Zeit, seinen Vorstellungen nachzugehen, bis er bei Kriegsausbruch wieder in seine roten Generalstäblerhosen gesteckt wurde. Er kam als Transportoffizier zum Befehlshaber der Wehrmacht in Norwegen, trat in enge Beziehungen zu Bischof Berggrav und übte auf Helmuth von Moltke einen beachtlichen Einfluß aus.

Den ausgeprägten Föderalismus, dem im Kreisauer Kreis gehuldigt wurde, schreibe ich vor allem Steltzer, Moltke und bis zu einem gewissen Grad auch Schulenburg zu. Steltzer und Schulenburg hatten sich mit dem Problem einer Neugliederung Preußens und des Reiches befaßt, die soweit ging, daß sie an die Auflösung Preußens und an die Um- beziehungsweise Neugliederung auch anderer deutscher Länder dachten. Ich erinnere mich, wie mich Fritzi Schulenburg eines Tages in seinem Büro in der Berliner Wilhelmstraße vor eine große handgezeichnete Karte führte, auf der die von ihm vorgesehenen Länder eingezeichnet waren. Meine Freude darüber war gedämpft, obwohl ich sonst seine Ansichten meist mit Zustimmung und sein unermüdliches Trachten nach der Tat mit einer gewissen Begeisterung unterstützte.

Der »überschaubare Bereich« sollte die Urzelle der Staatsorganisation sein. Der Reichsaufbau sollte den Grundsätzen und Bedürfnissen der Selbstverwaltung weit entgegenkommen. Die politische Willensbildung des Volkes müsse sich in Räumen vollziehen, die »für den Einzelnen überschaubar bleiben.«[8] Die Landtage und der Reichstag sollten deshalb von den Kreis- beziehungsweise Landtagen gewählt werden. Der tiefere Sinn dieses weitgehenden Verzichts auf Urwahlen lag in dem Wunsch, mit der Wiederkehr der alten Parteien auch den Parlamentarismus alter Prägung zu verhindern. Es war ein hochgestochener Personalismus, dem wir damit huldigten.

Halbwegs war uns bewußt, daß wir damit nicht den Stein der Weisen gefunden hatten. Aber unsere Abneigung gegen die Leitidee der »Alten«, das heißt Goerdelers und seiner Freunde, über kurz oder lang zu dem Weimarer Vielparteiensystem und seinem Parlamentarismus zurückzukehren, war so groß, daß wir es zumindest auf einen Versuch mit unserem System ankommen lassen wollten. Es schwante uns zwar, daß sich die Parteienbildung in den Parlamenten auch auf diesem Weg nicht überhaupt verhindern lasse. In der Paulskirche von 1848 hatte sich schon gezeigt, daß sich Fraktionen von politisch Gleichgesinnten fast von selbst bilden. Sie würden eine Basis im Wählervolk suchen. Damit wären die Parteien – von der Spitze her – wieder da.

Zu den unbeirrbaren Gegnern unserer Wahlideen gehörte Josef Wirmer. Der kräftige, kämpferische Mann ging über meine Unlust, zum Weimarer System zurückzukehren, brüsk hinweg. Die Auseinandersetzungen der Parteien und der aus Urwahlen hervorgehenden Parlamente müßten hingenommen werden. Der Kampf der Parteien in der offenen politischen Landschaft müsse akzeptiert werden, auch wenn er unschön sei und Opfer koste. Das sei der Preis der Freiheit. Es gefiel mir nicht, aber ich hatte kein rechtes Argument gegen Wirmer.

In einer langen Nachtsitzung in Kreisau ging es um das Debakel, das für unseren streng föderalistischen Staatsaufbau entstehen müsse, wenn er von einer ungebremst zentralistischen Gesellschafts- und Wirtschaftsverfassung überdeckt würde. Kontrovers war dabei vor allem die Gewerkschaftsfrage. Unser Ausweg war die *Betriebsgewerkschaft*. Sie gedachten wir zum Kern der Wirtschafts- und Gewerkschaftsorganisation zu machen. Mierendorff, Haubach und Reichwein stimmten zu. Daß es im Fall der Realisierung zu Schwierigkeiten von Sprengkraft kommen müsse, blieb merkwürdig unberücksichtigt in der Diskussion. Hier zeigte sich im besonderen, daß unsere Vorschläge zur Neuordnung eher Notbehelfe gegen die Ratlosigkeit der ersten Stunde waren als der Grundriß einer Verfassung auf Dauer. Indessen: Wir konnten nicht von einer normalen Situation ausgehen. Wir mußten mit einem Notstand rechnen, der alles Dagewesene übertraf. Der plötzliche Sprung aus der Kriegs- und Zwangswirtschaft eines Jahrzehnts in die freie Wirtschaft wäre eine komplette Illusion gewesen. Es war kein dritter Weg zwischen Kapitalismus und Marxismus, es war nur das Gebot der Stunde, die uns bis auf weiteres an staatliche Wirtschaftsführung denken ließ.

Demgemäß heißt es in den Kreisauer Entwürfen unter der Überschrift ›Grundsätze des Wirtschaftens‹:

»1. Das Grundprinzip der Wirtschaft ist der geordnete Leistungswettbewerb, der sich im Rahmen staatlicher Wirtschaftsführung vollzieht und hinsichtlich seiner Methoden ständiger staatlicher Aufsicht unterliegt.«[9]

Der Begriff der staatlichen Wirtschaftsführung ist in den Kreisauer Dokumenten nicht präzisiert. Obwohl wir mit dem Nationalsozialismus auch seine

Wirtschaftspraxis ablehnten, gab es, soweit ich mich erinnern kann, unter uns niemals einen Streit darüber, daß die Planwirtschaft auch nach dem Sturz Hitlers zunächst weitergeführt werden müsse. Auch Ludwig Erhards wagemutige Entscheidung vom Sommer 1948 fiel schließlich erst drei Jahre nachdem die Waffen schwiegen und die amerikanische Wirtschaftshilfe in Gestalt des Marshallplans sich erheblich auszuwirken begann. Auch ein Ludwig Erhard hätte als Reichswirtschaftsminister in einem Kabinett Goerdeler oder Leber auf Jahre hinaus an der staatlichen Plan- und Zwangswirtschaft festhalten müssen.

Ich will damit darauf hinweisen, daß sich auf das zitierte »Grundprinzip« nicht die Behauptung stellen läßt, daß die Kreisauer Sozialisten waren. Immerhin wirkte sich die Rücksicht auf die Sozialdemokraten in unserem Programm ganz erheblich aus. In dem Absatz 3 der ›Grundsätze‹ heißt es:

»3. Das Gemeinschaftsinteresse der Wirtschaft an den Grundindustrien erfordert im besonderen Maße bei diesen Industriezweigen eine straffe Wirtschaftsführung des Staates. Schlüsselunternehmen des Bergbaues, der eisen- und metallschaffenden Industrie, der Grundchemie und der Energiewirtschaft sind in das Eigentum der öffentlichen Hand zu überführen.«[10]

Kreisauer und Ahlener Programm

Hier wie in den folgenden Abschnitten des Kreisauer Wirtschaftsprogramms finden sich Gedanken und Formulierungen, die an das Ahlener Programm erinnern. Das bis heute umstrittene Programm wurde nur von der CDU in der britischen Zone im Februar 1947 angenommen. Die gesamte CDU konnte sich dazu niemals entschließen. Beide, das Kreisauer wie das Ahlener Programm, streben im Rahmen einer staatlichen Wirtschaftsführung die Selbstverwaltung der Wirtschaft an. Sie soll von Wirtschaftskammern wahrgenommen werden. Beide wollen – mit dem Ahlener Programm zu reden – die »Neugestaltung des Verhältnisses zwischen Arbeitgeber und Arbeitnehmer im Betriebe«. Hier allerdings ist das Kreisauer Konzept fester und weitgehender als das spätere von Ahlen.

Der Betrieb wird in der Kreisauer Erklärung als »Wirtschaftsgemeinschaft der in ihm schaffenden Menschen« beschrieben. Ihre Form, auch ihre Rechtsform, ist die Betriebsgewerkschaft, »die von dem Eigentümer des Betriebes und der Gesamtheit der Belegschaft des Betriebes gebildet wird«.[11]

Die Kreisauer Vorstellungen darüber greifen über das Ahlener Programm weit hinaus. Sie implizieren die Mitbestimmung der Betriebsangehörigen konsequenter als sie Jahre später selbst in der Montanmitbestimmung Wirklichkeit wurde. Hingegen hatten wir im Kreisauer Kreis wenig oder nichts im Sinn mit einer starken zentralen Gewerkschaftsorganisation. Mierendorff und Haubach rangen sich aus Gründen der Konsequenz unseres föderalistischen Gesamtkonzepts dazu durch. Aber ich hatte nie den Eindruck, daß sie dafür die Zustimmung Leuschners und Lebers zu gewinnen vermochten.

Ich unterstützte auch diesen Teil des Kreisauer Programms in der Hoffnung, daß damit ein Anstoß zu einer neuen, gerechteren Sozialordnung gegeben werde. Aber ich hatte Zweifel, ob wir uns mit Modellvorstellungen solcher oder ähnlicher Art wirklich durchsetzen könnten. Die Chancen dafür waren immer gering. Schon bei den anderen Gruppen des deutschen Widerstandes fanden wir kein hinreichendes Verständnis für unsere Motive, geschweige gar ihr Einverständnis mit unserem Modell. »Die Alten« hingen ihren hergebrachten Vorstellungen an. Die Gewerkschaftler trachteten zwar nach der Einheitsgewerkschaft, die es zuvor nicht gegeben hatte. Ihre Vorstellungen waren jedoch weder mit unserer Betriebsgewerkschaft noch mit unserer als Zugeständnis an zentrale Notwendigkeiten allzu knapp skizzierten »Deutschen Gewerkschaft« unter einen Hut zu bringen. Unsere Mitbestimmungs- und Gemeineigentumsvorstellungen wurden von den einen mit vorsichtiger Zustimmung, von den anderen als halbgarer Sozialismus aufgenommen oder abgetan. Für beide standen wir jedoch außerhalb ihrer eigenen, an den Traditionen sich orientierenden, wenn auch weitergebildeten politischen Vorstellungen.

Auf festem Boden befanden wir uns bei jeder Diskussion *außenpolitischer* Vorgänge und *Programme.* Hier hatten die meisten von uns einschlägige, auch berufliche Kenntnisse und Erfahrungen. Es war unsere gemeinsame Überzeugung, daß der souveräne europäische Nationalstaat in diesem Zweiten Weltkrieg an sein Ende gelangt sei, daß die Sicherung des Weltfriedens »die Schaffung einer die einzelnen Staaten umfassenden Ordnung« erfordere. Die europäische Wirtschaft müsse »von den überkommenen nationalstaatlichen Beschränkungen befreit werden«, um das »Zusammenwachsen der einzelnen Volkswirtschaften Europas zu einer organischen und gegliederten Einheit herbeizuführen«.[12] Was wir damals niederschrieben, stimmte bis in die Formulierung hinein mit dem überein, was die deutschen Delegierten einige Jahre später im Straßburger Europarat und im Luxemburger Montanparlament zusammen mit der Blüte Europas zu verwirklichen begannen.

Da zu keinem Zeitpunkt zu erwarten war, daß sich ein kommunistischer Staat wie Sowjetrußland in ein Konzept dieser Art einordnen und den dafür erforderlichen Verzicht auf seine nationale Souveränität erbringen werde, folgte schon aus unserem europäischen Programm die selbstverständliche Option für den Westen, für die Allianz der freien Welt. Ich erinnere mich nicht, daß sie jemals auch nur beiläufig unter uns in Frage gestellt wurde. Das Problem Rußland tauchte natürlich immer wieder auf. Aber noch lange nach dem Fall von Stalingrad gingen wir wie selbstverständlich davon aus, daß die Überlegenheit der westlichen Siegermächte am Ende des Krieges so groß sein werde, daß Stalins Rußland die Integration Mittel-, West- und Südosteuropas nicht ernstlich gefährden könne. Wir haben uns schwer getäuscht.

Im Laufe des Jahres 1943 befaßten wir uns in den Berliner Sitzungen des Kreises oft mit der Frage, wie die Greuel und Verbrechen, die auf deutscher Seite vor und während des Krieges begangen wurden, gesühnt werden sollen. Uns trieb nicht die Rachsucht, wennschon uns der Zorn und die Scham immer von neuem vor die Frage der Vergeltung führten, wenn neue Verbrechen bekannt wurden. Da wir auf Hitlers Terror nicht neuen Terror folgen lassen wollten, mußten wir einen blutigen revolutionären Racheakt an den Repräsentanten des Regimes und ihren Henkersknechten zu verhindern suchen. Wir wollten keine Nacht der langen Messer. Wir wollten Recht. Geordnet gehandhabtes und vollzogenes Recht. Der Entwurf, über den wir lange beraten haben, stammte von Paulus van Husen. Nach Bildung, Beruf und amtlicher Tätigkeit war er dazu berufen. Helmuth von Moltkes dauernder Umgang mit dem internationalen Recht befruchtete das Gespräch. Wir waren entschlossen, an den fundamentalen Grundsätzen des Rechtsstaates festzuhalten, richtiger: sie wieder auf den Leuchter zu stellen. Wir gestatteten uns lediglich eine Ausnahme: die auch zwischen uns umstrittene Notwendigkeit des Staatsstreichs mit dem Attentat auf Hitler.

Der Grundsatz nulla poena sine lege machte uns schwer zu schaffen, vor allem in Verbindung mit dem »Führerbefehl« und dem daraus geltend zu machenden Befehlsnotstand. Husen dachte alternativ. Er entwickelte seine Vorschläge für die »Bestrafung von Rechtsschändern« sowohl für den Fall, daß das Deutsche Reich Herr der Verfahren bleibe, wie für den andern – wahrscheinlicheren – daß die Sieger die Sache an sich zögen. Um den Grundsatz nulla poena sine lege nicht zu verletzen, dachte Husen daran, hinreichend Verdächtige in einem ordnungsmäßigen Gerichtsverfahren deklaratorisch als Rechtsschänder verurteilen zu lassen.[13]

Obwohl wir keinen Zweifel daran hatten, daß im Fall der Niederlage die Drahtzieher des Unheils und der Verbrechen ihrer Strafe keinesfalls entgehen würden, wollten wir doch nachdrücklich vor einer Wiederholung der im Versailler Vertrag (in den Artikeln 227 ff.) beabsichtigten Vergeltungsjustiz mit der Auslieferungspflicht verdächtiger Deutscher warnen. Husen machte deshalb den Vorschlag, einen internationalen Gerichtshof (die Cour) mit den Verfahren zu befassen.[14]

Wir waren der Meinung: »Gelingt dieser Versuch einer gerechten Beseitigung dieses für alle Beteiligten schwer lastenden Friedenshemmnisses, so bedeutet das einen weiteren Schritt zur Verwirklichung der Herrschaft des Rechts zwischen den Völkern, und aus Unheil quillt Segen. Wird die Lösung aber ohne als gerecht anzuerkennendes Gericht rein praktisch politisch vorgenommen, so wird Unrecht mit Unrecht beantwortet und die Gewalt, welche als Rechtsquelle gerade gebrochen werden muß, wird in ihrer Funktion als letzter Schiedsrichter erneut bestätigt.«[15]

So geschah es denn auch zu Nürnberg. Obwohl es auch dort Richter gab, die sich Mühe gaben, vor der Gerechtigkeit zu bestehen.

Unrast im Widerstand

Wir gingen in den dritten Kriegswinter. Der Zustand der Front im Osten war nicht gut. Die Katastrophe von Stalingrad zeichnete sich ab. Die Luftangriffe auf unsere Städte wurden härter, häufiger und schwerer. Und der Zustand der Opposition machte uns bittere Sorgen. Denn weit und breit war keine Spur, kein noch so bescheidener Ansatz für einen gegen Hitler gerichteten Stoß deutscher Militärs zu erkennen. Der Widerstand war zum Wartestand geworden. Helmuth von Moltke begann daraus eine Tugend zu machen. Alles schien seine These zu bestätigen, daß von »den Generälen« nichts zu erwarten sei. Der Krieg müsse eben abrollen »bis zum bitteren Ende«, wie Gisevius ein paar Jahre später über seinen Bericht schrieb. Da wir im Kreisauer Kreis immer weniger Rat und Trost füreinander hatten, suchten wir ungeduldig den weiteren Horizont danach ab, ob und wo sich derlei finden lasse. So entspann sich ein verdecktes, aber lebhaftes Hin und Her zwischen Angehörigen verschiedener Ämter, zwischen Industriellen und Agrariern, ehemaligen Arbeiterführern, Botschaftern und Generalen, sogar zwischen Heimat und Front.

Die Kirchen waren nur mit einigen wenigen ihrer Amtsträger dabei. Zu den Bischöfen, die auf katholischer Seite die Grenze überschritten, die den Kampf der Kirche »um die Freiheit der Verkündigung« von der bewußten, auf den Staatsstreich gerichteten politisch-militärischen Konspiration trennt, gehörte nach meinem Eindruck der damalige Bischof von Berlin, der spätere Kardinal Graf Preysing. Helmuth von Moltke hatte ein Vertrauensverhältnis zu Preysing entwickelt, in dem offensichtlich freier und offener über den Widerstand gesprochen wurde, als das sonst in den Kirchen, auch in ihrer Führung, üblich war. Moltke berichtete im engsten Kreis der Kreisauer über seine Gespräche mit Preysing und über dessen Bemühungen, in der Fuldaer Bischofskonferenz die deutschen Diözesanbischöfe zu gemeinsamen Protestaktionen zum Beispiel gegen die Judenverfolgung und andere offenkundig gewordene Verbrechen zu gewinnen.

In einem Gespräch mit dem Bischof – Moltke war dabei – sah ich, daß es dabei ähnlich herging wie auf evangelischer Seite. Proteste im Klartext stießen, sobald sie sich über Vorgänge im kirchlichen Raum hinausbewegten, auf taktische, mehr aber noch auf prinzipielle Einwände. Sie liefen darauf hinaus, die Kirche müsse sich in dieser Situation auf ihr Opus proprium, auf ihr Eigentliches, beschränken. Sie müsse sich auf das ihr aufgetragene Amt der Seelsorge, der Predigt, der Integrität des innerkirchlichen Lebens konzentrieren. Dazu gehört allerdings die hörbare Warnung vor dem Mord, vor dem großen Verbrechen, vor der Verwirrung und Verführung der Gewissen. Es gab Pfarrer in beiden Kirchen, die ihren Kopf daran wagten – aber die große Mehrheit des Klerus, hoch und nieder, drängte sich natürlich nicht zum Martyrium. Zudem: Die Märtyrer des Dritten Reiches wurden nicht wie im Mittelalter auf den Marktplätzen verbrannt. Sie verschwanden hinter Gefängnis- oder KZ-Mauern und wurden in aller Heimlichkeit umgebracht. Eine Blechbüchse mit Asche war alles, was die Angehörigen zusammen mit einer verlogenen Nachricht über das Hinscheiden des angeblich kranken Märtyrers am Ende besaßen.

Wenn ich mich recht erinnere, hat die Gestapo in den langen Verhören nach dem 20. Juli 1944 auffallend wenig nach dem hohen Klerus geforscht. Preysing blieb ebenso unbehelligt wie Wurm und Meiser. Ich nehme an, daß die Gestapo es mit Absicht vermied, danach viel zu fragen. Bischöfe verhaften – das tat sie nach dem 20. Juli nicht gerne.

Mein Respekt vor dem Generalobersten Ludwig Beck ist auch heute noch so groß, daß ich mich nicht zu seinem Kritiker berufen fühle. Aber es ist nicht zu bestreiten, daß Beck den Auftrag, der ihm kraft seiner Autorität und Integrität im Widerstand der Deutschen zugefallen ist, nur zögernd übernahm und ihn nur zaudernd ausgeführt hat. Der Widerstand verlangte einen klaren, festen, überlegenen Kopf, einen zu allem bereiten Mann.

Nun hat es dem ehemaligen Chef des Generalstabs Ludwig Beck – das ist erwiesen – niemals an moralischem Mut gefehlt. Aber er überlegte dreimal oder öfter, ob ein Gefecht, ob eine Schlacht gewagt werden dürfe.

Einheit im Widerstand

Beck war, was wir damals nicht klar sahen, politisch seit langem mit Goerdeler auf einer Linie. Zwar wird er sich nicht die Illusion Goerdelers geleistet haben, daß man den Staatsstreich auch mit der Gefangensetzung Hitlers einleiten könne und damit um das Attentat herumkomme. Daß der Staatsstreich dennoch ein hochverräterisches Unternehmen sei und keinen seiner Teilnehmer von dem Vorwurf freistelle, den Fahneneid gebrochen zu haben, blieb selbst für den Fall gültig, daß Hitler von einem ordentlichen Gericht abgeurteilt würde. Über all das machte sich Beck keine Illusionen. Er war ein kritischer Kopf und war sich deshalb in jedem Augenblick des außerordentlichen militärischen Wagnisses bewußt, den jeder Staatsstreichversuch darstellte. Auf Goerdelers politische Konzeption nahm er vermutlich wenig Einfluß. Das zeigte sich in einem Gespräch, das am 8. Januar 1943 im Hause Graf Yorcks stattfand. Gegen den Widerstand Moltkes hatten Fritzi Schulenburg und ich wochenlang daran gearbeitet, die führenden Köpfe des Kreises um Goerdeler mit uns Kreisauern zusammenzubringen. In getrennten und gemeinsamen Vorbesprechungen hatte ich im Gespräch mit Johannes Popitz und Ulrich von Hassell versucht, eine Plattform für eine solche Begegnung zu schaffen. Popitz, preußischer Finanzminister und Mitglied des Reichskabinetts, hatte längst erkannt, wohin die Herrschaft Hitlers führen werde.

Ulrich von Hassell, von 1932 bis 1938 Deutscher Botschafter in Rom, war ein Diplomat der großen Klasse. Er war bei Hitler in Ungnade gefallen und zur Disposition gestellt worden. Dem Grandseigneur standen mehrere Möglichkeiten offen, die er aber ausschlug, um in Berlin in der Fronde gegen Hitler mitzuarbeiten. Nach Profession und Herkommen gehörte er zu den Großbürgern um Goerdeler. Er war ein selbständiger politischer Denker mit geschultem, eigenem Urteil.[16] Die Differenz zwischen uns und den Exzellenzen, wie Helmuth Moltke Popitz, Hassell, Goerdeler und die Herren um sie herum zu nennen pflegte, erfaßte Hassell rasch. Er zeigte viel Verständnis für unsere, dem Patriarchalismus Goerdelers abgeneigte sozialpolitische und wirtschaftspolitische Konstruktion. Ich besuchte ihn dann und wann in seinem Büro in der Fasanenstraße in Charlottenburg. Beim letztenmal, als ich dort war, sah ich auch Goerdeler zum letzten Mal. Uns galt Hassell vor Curtius oder Schulenburg, dem letzten Botschafter des Deutschen Reichs in Moskau, als potentieller Außenminister.

Johannes Popitz war eine für mich hochinteressante Mischung von Gelehrtem, Administrator und politischem Denker. Seine finanzpolitischen Meditationen waren für den Nichtfachmann schwer zu beurteilen. Seine Aspirationen waren deutlich. Er dachte nicht daran, sein Schicksal mit dem des ihm längst verhaßten Regimes zu verbinden. Bei dem und jenem von uns stieß er auf Zurückhaltung. Als ich ihn kennenlernte, zählte er zu den entschlossenen Gegnern Hitlers, denen jedes Mittel recht war, ihn zu beseitigen. Er besprach mit mir zum Beispiel mehrfach, ob es gewagt werden könne, Himmler für eine »Ablösung Hitlers« zu gewinnen. Zusammen mit Himmlers ehemaligem Rechtsanwalt Langbehn verwarf er den Gedanken nicht, den Teufel mit Beelzebub auszutreiben. In der Annahme allerdings, Beelzebub alsdann leichter als den Teufel loszuwerden. Geraume Zeit später machte sich Popitz auch tatsächlich auf, das hohe Wagnis zu unternehmen. Einen Tag danach berichtete er mir in seinem Haus in der Brentanostraße in Dahlem von der Begegnung mit Himmler.

Danach hatte Popitz in dem Gespräch zu seiner Sondierung angesetzt, dann aber vorzeitig – oder rechtzeitig, wie man will – den Versuch abgebrochen, weil Himmler sich äußerst lauerig gezeigt habe.[17]

Als wir uns über die Begegnung der Kreisauer und der alten Herren unterhielten, war diese Sache jedoch noch nicht so weit. Popitz hielt es ebenso wie Schulenburg und andere, zum Beispiel Adam von Trott, für nötig, den Generalen eine möglichst geordnete und festgefügte Repräsentanz der zivilen Seite des deutschen Widerstandes vorzuführen. Sie sollten sehen, daß ein hoher politischer und fachlicher Sachverstand zur Ablösung der regierenden Schicht bereit stand. Sie sollten auch sehen, daß wir nicht ein durcheinander redender Haufen von Intellektuellen oder sich streitender künftiger Parteiführer seien, sondern Leute, denen es allein um das Vaterland und das Recht zu tun sei. Durch Geschwätz und Gerüchte war schon bis zum Winter 1942/43 innerhalb der Opposition allerhand Unheil angerichtet worden. Bei uns galt Goerdeler zwar als ein ehrenwerter, aber an vergangenen Verhältnissen orientierter Mann. Er hingegen hielt Moltke für einen anglophilen Pazifisten und uns insgesamt für weltfremde Idealisten, zeitweilig sogar – verärgert – für Salonbolschewisten. Das wirkte nicht gut auf die Militärs, denen wir unablässig mit unseren Mahnungen im Nacken saßen, doch um Gottes Willen »etwas zu tun«. Widerstrebend nur ließ sich Moltke durch Trott und mich dafür gewinnen, an der mit Popitz und Hassell vereinbarten Begegnung der Großkopferten teilzunehmen.

Der Abend begann mit einem Rundgespräch, das sich in den besten Formen drei Stunden lang hinzog, ohne etwas Nennenswertes zu erbringen. Trott sprach zur Außenpolitik, Yorck zu unserer Idee des Staatsaufbaus und Moltke zur Lage der Opposition. Eine eigentlich kontroverse Diskussion schloß sich daran nicht an. Obwohl unsere Ideen sicher weithin im Kontrast zu denen der »Exzellenzen« standen, sprach Goerdeler mit uns wie ein Kanzlerkandidat mit den Vertretern einer kleinen Partei, die er für die von ihm zu führende Koalitionsregierung gewinnen möchte. Er verschleierte – wie Ulrich von Hassell korrekt berichtet[18] – die Gegensätze, die wir, vielleicht mit Ausnahme Moltkes, lieber ausräumen wollten. Goerdeler war dabei liebenswürdig und beherrscht, aber seine Taktik begann uns allmählich zu reizen. Als wir unsere wirtschafts- und sozialpolitischen Vorstellungen vorzuführen begannen, wurden wir von Goerdeler mit soviel väterlicher Nachsicht und soviel pädagogischer Weisheit abserviert, daß es sogar Fritzi Schulenburg unangenehm wurde. Moltkes Schweigen grenzte an Hohn. An Hohn vor allem Trott und mir gegenüber, die wir uns mit dieser Begegnung soviel Mühe gemacht hatten.

Schließlich wurde es mir zuviel. Ich sagte, der Herr Oberbürgermeister möge verstehen, daß es uns mit unseren sozialstaatlichen Vorschlägen nicht darum gehe, nur ein Klima der patriarchalischen Herablassung im zukünftigen Deutschen Reich heraufzuführen. Wir möchten neue Rechtstitel schaffen, Grundrechte, auf die sich jeder Deutsche berufen könne. Die erste Reaktion war Schweigen, betretenes Schweigen. Ich dachte, daß nun ein anderer das Wort nähme. Aber nein. Goerdeler sprach wieder. Es ging auf halb zwölf. Das war für die damalige von Luftalarmen gestörte Schlafenszeit spät. Goerdeler sprach beherrscht, aber endlich präziser und härter. Für sein Verständnis jedoch noch immer entgegenkommend. In seinen Redestrom hinein sagte Moltke halblaut, zu mir gewandt: »Kerenski«.

Ich bin mir nicht sicher, ob Goerdeler die verletzende Bemerkung überhaupt gehört oder aufgenommen hat. Aber die anderen, im Kreis Sitzenden hörten sie. Als Goerdeler fertig war, schien es Moltke doch geraten, wieder zu dem betont höflichen Ton zurückzukehren. Er tat es, indem er sein Bedauern darüber ausdrückte, daß die Diskussion nun eigentlich erst beginnen müßte. Aber dafür sei es jetzt zu spät. Die letzte Frage ging an Beck. Wann könne mit der entscheidenden Tat gerechnet werden? Unsere Augen hingen an dem ruhigen stillen Kopf, an den vergeistigten Zügen. Er könne darauf keine Antwort geben. Er müsse erst sehen, was wirklich aufgebracht werden könne – wie stark die tatsächlich vorhandenen Kräfte seien.

Für uns eine Enttäuschung. Für die andern auch. Die Erbsensuppe, die wir danach zusammen in bester Manier aßen, hat mir auf jeder Jagd besser geschmeckt. Etwas betreten saßen wir hinterher noch zu viert beieinander: Moltke, Yorck, Trott und ich. Das Verhängnis schien unabwendbar.

Ein Brief, der nie ankam

Aber die Gespräche gingen weiter. Das ganze Jahr 1943 über arbeiteten wir an der Verbesserung und Präzisierung unserer »Grundsätze für die Neuordnung«. Sooft wir konnten, versuchten wir auf Auslandsreisen in Kontakt mit den Kriegsgegnern zu kommen, um sie von der Existenz eines anderen Deutschland zu überzeugen. Das Beste, was Helmuth von Moltke außer den berühmten Abschiedsbriefen an seine Frau Freya je geschrieben hat, schrieb er am 29. März 1943 von Stockholm aus an seinen englischen Freund Lionel Curtis.[19] Eine reife und gültige Schilderung unserer Situation und unserer Ansichten vom Kriegs-verlauf und der Notwendigkeit, den Frieden zu einer Wende und großen Hoffnung der Völker zu machen. Ein Brief, der seinen Adressaten nie erreichte.

Es unterlief auch weniger Geglücktes. Dazu zähle ich ein Exposé, das Alexan-der Rüstow und Hans Wilbrandt im Anschluß an einen Besuch Moltkes in Ankara Ende 1943 verfaßten und dem amerikanischen Geheimdienst zuspielten. Es ist ein Beispiel für die zwangsläufige Entfremdung deutscher Emigranten von der deutschen Wirklichkeit. Rüstow und Wilbrandt lebten seit 1934 in der Emigration in der Türkei.[20]

Zu Pfingsten 1943 fuhren wir wieder nach Kreisau. Die vertrauten Gesichter waren da. Nur Theo Haubach und Carlo Mierendorff fehlten. Aus »polizeilichen Gründen«, wie man damals sagte. Trott referierte wieder zur Außenpolitik ohne Kontroverse. Die Frage, die uns beschäftigte, konnte von keinem beantwortet werden: Würde man mit den Sowjets zu besseren Bedingungen kommen können als mit dem Westen? Oder würden sie die sterile Formel von der bedingungslosen Kapitulation noch kategorischer in deutsche Ohren blasen, als es der Westen tagaus tagein inzwischen tat? Die Meinungen gingen auseinander.

Husen trug seinen ersten Entwurf zur Frage der Bestrafung der Rechtsschänder vor. Hier betraten wir zwar ein in juristischer Hinsicht schwieriges, aber für uns und unsere Juristen weit gangbareres Gelände. Konkreter und befriedigender als anderes war auch die Beratung der Entwürfe für die ersten Weisungen an die zu ernennenden Landesverweser am Tage X.

Das Provisorische, das unseren Planungen anhaftete, erscheint auch in den Ämtern, die am Tage X plus 1 geschaffen oder besetzt werden sollten. Ein Vakuum in der Führung wäre nicht zu vertreten gewesen. Es hätte der Panik, der Ratlosigkeit, dem Chaos, vielleicht auch dem Gegenstoß der bisherigen Führungsschicht Tür und Tor geöffnet. An die Stelle des Reichspräsidenten beziehungsweise »des Führers und Reichskanzlers« wären nach unseren Vorschlägen ein Reichsverweser – wir dachten bis zum Schluß an Ludwig Beck – und ein Reichskanzler getreten. Der Reichsverweser, als einstweiliges Staatsoberhaupt, wäre von dem Amt des Reichskanzlers, des Regierungschefs, getrennt gewesen. Die Präsidialdemokratie nach amerikanischem Muster haben wir nie erwogen. Mit Goerdeler als erstem Reichskanzler nach dem geglückten Staatsstreich hätten auch wir uns – wenigstens für eine Übergangszeit – abgefunden. Ob sich danach für Julius Leber eine Chance ergeben hätte, ist schwer zu sagen. An die Stelle der Reichsstatthalter gedachten wir Landesverweser zu setzen.

Wir arbeiteten fast während des ganzen Jahres 1943 bei unseren Berliner Zusammenkünften an der Ausarbeitung von Richtlinien für diese Landesverweser. Hinter dem Kardinalthema, in Deutschland wieder Recht und Ordnung zur Herrschaft zu bringen, traten personelle Erwägungen im Kreisauer Kreis immer zurück. Das unterschied uns von mancher anderen Gruppe des Widerstandes. Je mehr es allerdings dem Ende zuging, desto mehr gab es auch bei uns personalpolitische Erörterungen. Helmuth von Moltke, für seine eigene Person ohne jeden Ehrgeiz – er erschien meines Wissens nie auf einer der nicht eben wenigen »Listen« –, betrieb die Suche nach geeigneten Männern im Norden und Süden Deutschlands während des ganzen Jahres 1943 mit einiger Systematik. Ich war daran nur beiläufig und gelegentlich beteiligt. Für meine eigene Person hatte ich keinen anderen Wunsch als endlich Vorlesungen halten zu dürfen.

171

Eines Tages fragte mich Adam von Trott in allem Ernst, ob man nicht Niemöller, der damals als »Gefangener des Führers« im KZ in Dachau saß, zum Reichspräsidenten machen könne oder solle, wenn der Staatsstreich glücke. Dafür war Beck vorgesehen. Trott meinte jedoch, daß man bei allem Verdienst Becks sich doch fragen müsse, ob es richtig sei, der Welt einen ehemaligen Generalobersten als Staatsoberhaupt Deutschlands zu präsentieren. Die Erinnerung an Hindenburg schrecke. Ich sagte nein. Da mich Trott bedrängte, versprach ich ihm, mich in der Kirche ein wenig umzuhören. Ich fragte Grüber. Er sagte nein. Ich fragte Pressel. Er sagte nein. Meiser ließ ich aus. Aber ich fragte auch Wurm. Er schüttelte den Kopf.

Auch Popitz und Hassell waren mehr und mehr zu der Überzeugung gelangt, daß der übrigens schwerkranke Generaloberst Beck, der bald unter das Messer Sauerbruchs kam, stillschweigend durch einen anderen Spitzenmann ersetzt werden müsse. Popitz kam auf den Kronprinzen Wilhelm. Mir kam der Gedanke fremd und auch etwas abenteuerlich vor. Obwohl ich nichts gegen die Wiederherstellung *einer* deutschen Monarchie in Deutschland gehabt hätte, erschien mir die Wiedererrichtung der Monarchie in der unmittelbaren Verbindung mit dem Staatsstreich und in einer alles anderen als siegreichen Lage unnötig riskant. Dazu kamen Bedenken gegen die Person des Kronprinzen. Sie wurden genährt von dem heftigen Widerspruch Fritzi Schulenburgs, der die Bedenken seines Vaters, eines ehemaligen Flügeladjutanten des Kaisers, geerbt hatte.

Otto John vertrat mit seinem Freund Klaus Bonhoeffer und anderen den Gedanken, zwar nicht den exponierten Kronprinzen, sondern seinen persönlich gar nicht umstrittenen Sohn, den Prinzen Louis Ferdinand, den heutigen Chef des Hauses Preußen, an die Spitze zu stellen. Popitz war dagegen. Er argumentierte, daß sich der Legitimismus nur nach den ihm innewohnenden Gesetzen verhalten dürfe, wenn er sich nicht aufgeben wolle. Für die Legitimisten führe kein Weg an dem Kronprinzen als dem einzig legitimen Anwärter auf die Krone vorbei. Mir schien das ganz müßig. Trott war – trotz seiner sozialistischen Anwandlungen – ein Monarchist. Aber auch er wollte nichts davon wissen, die Wiederherstellung der Monarchie mit dem Wagnis zu verknüpfen, das vor uns stand. Es wurde täglich größer.

Zu den unentwegten Monarchisten in meinem Freundes- und Bekanntenkreis gehörte auch Heinrich Grüber. Er hing ähnlich wie Popitz dem Kronprinzen an. Es war uns natürlich bewußt, daß nach dem Tag X eine breite Koalition aller rechtsstaatlich und freiheitlich denkenden Kräfte angestrebt werden müsse. Innenpolitische Zerwürfnisse und profunde parlamentarische Auseinandersetzungen hätte sich der neue deutsche Rechtsstaat nicht leisten können. Jedenfalls nicht, solange Krieg und der Staatsapparat nicht bis in die Gemeinden hinein »entnazifiziert« war.

Ein Schritt vom Wege

Als einen Schritt von unserem Weg betrachtete ich einen Aufruf, den Carlo Mierendorff verfaßte, während wir anderen an Pfingsten 1943 in Kreisau tagten. Mierendorff war ein ungewöhnlich anregender, auch literarisch begabter Mann von kräftiger Statur und großer Vitalität. Ihm war alle Langeweile ein Greuel. Er litt wohl am meisten von uns unter dem Warten, dem täglich neuen Warten auf den Tag X. Er gehörte zur Elite der jüngeren deutschen Sozialdemokraten. Er war ein politischer Redner, der sein Handwerk verstand, aber seit zehn Jahren keinen Gebrauch davon machen durfte. Fünf Jahre lang war er im Konzentrationslager gewesen. Als er herauskam, mußte er sich auf Schritt und Tritt vorsehen.

Wir standen uns nahe. Vielleicht auch deshalb, weil das geduldige Warten nicht unser beider starke Seite war. Nach heutigen Maßstäben würde ich Carlo Mierendorff zum rechten Flügel der SPD zählen, wennschon sein Temperament und die Vielfalt eigener Ideen ihn nicht gerade zu einem typischen »Kanalarbeiter« in Bonn machen würden. In seinem Wesen war etwas Unstetes, das er zwar beherrschte, das ihn aber von Zeit zu Zeit zu politischen Sprüngen verleitete, die mir verständlich, aber nutzlos erschienen. Ich halte den von ihm an Pfingsten 1943 verfaßten Aufruf zu einer ›Sozialistischen Aktion‹ für einen dieser Sprünge gegen das Gitter, hinter dem die deutsche Opposition damals saß. Der Aufruf zeigt die Variationsbreite politischer Ideen, die in unserem Kreis im Laufe der Jahre artikuliert wurden. Mehr aber auch nicht. Für die Programmatik der Kreisauer blieb Mierendorffs Aufruf bedeutungslos. Mierendorff versuchte auch nicht, ihn in den Sitzungen des Kreises zur Debatte zu stellen. Für uns und die deutsche Sozialdemokratie war sein plötzlicher Tod in Leipzig – er starb am 4. Dezember 1943 bei einem Luftangriff im Keller – ein bitterer Schlag und schwerer Verlust. Theo Haubach, sein engster Freund, bat mich, ihn in Darmstadt kirchlich beizusetzen. Ich sagte zu. Moltke und die anderen fanden jedoch, daß das ein zu großes polizeiliches Risiko für den ganzen Kreis sei. Theo Haubach sah es ein. Er hielt die Grabrede.

Als mich Heinrich Grüber 1943 einige Wochen nach seiner Entlassung aus dem KZ im Kirchlichen Außenamt besuchte, kam er, um sich nach »dem anderen Deutschland« umzusehen. Wir kannten uns schon seit 1938. Er kam von der Dahlemer Bekennenden Kirche. Er war kein rechthaberischer Barthianer, sondern ein Mann der Tat, der gewagten, tapferen Tat. Seine Nichtarierfürsorge gehört zu den makellosen großen Leistungen eines Pfarrers in jenen Jahren. Kurz ehe er Ende 1940 verhaftet wurde, hatte er mich mit Oberst Wilhelm Staehle, dem letzten Kommandanten der Berliner Invalidensiedlung in Berlin-Frohnau zusammengebracht. Er schätzte diesen Mann ganz außerordentlich. Zu Recht. Beide, Grüber und Staehle, waren große männliche Charaktere. Beide waren offen in einer Weise, die in jedem Polizeistaat zur Gefahr werden muß. Und beide waren im Denken und Handeln aus einem Guß. »Was nicht zur Tat wird, hat keinen Wert.« Unser alter Pfadfinderspruch war die Maxime ihres Wesens. Der Oberst starb mit Albrecht Haushofer und Klaus Bonhoeffer unter den letzten Kugeln der Gestapo.

Grüber kannte Goerdeler noch von früher. Von seinem Optimismus hatte er sich einst nur zu gerne anstecken lassen. Jetzt war davon freilich nichts mehr zu spüren. Ein erfahrener, gehärteter Mann fragte mich nach der Lage. Er meinte vor allem die Lage der Opposition. Um ihre Einigung war es ihm schon immer zu tun. Ich sagte ihm die Wahrheit, wie ich sie eben sah. Ich verschonte ihn nach den Gesetzen des Widerstands – nur das wissen, was man wissen *muß* – von Konkreta und Einzelheiten. Grüber verstand. Wir standen am Fenster gegenüber dem Bahnhof Zoo. Der Lärm war so groß, daß uns niemand belauschen konnte. Als er ging, gab er mir die Hand und zitierte: »Mönchlein, Mönchlein, du gehst einen schweren Gang.« Ich wußte es.

Blick auf Beruf und Familie

Die Kriegswirtschaft, die gesteigerte Rüstungsproduktion und schwere Frontverluste hatten die Anwerbung ausländischer Arbeiter in großem Umfang notwendig gemacht. Dabei wurden je länger es ging und je größer der Bedarf wurde, desto mehr auch Druck – ja Zwangsmethoden angewandt. Eines Tages fragte mich Hans von Haeften, ob meine Frau nicht eine junge Russin gebrauchen könne. Wir lehnten ab. Wir wollten keine Zwangsarbeiterin haben. Haeften meinte lakonisch, daß wir dem jungen Mädchen nichts Gutes damit antäten. Sie sei nun zu einer sehr viel schwereren Arbeit in einem Rüstungsbetrieb und zu einer unfreundlichen Unterkunft verurteilt.

Ich wurde dadurch zum erstenmal persönlich und unmittelbar auf die in und um Berlin eingesetzten Fremdarbeiter, wie sie damals genannt wurden, aufmerksam. Gespräche mit ausländischen Geistlichen aus den Balkanländern brachten mir bald etwas mehr Einsicht in ihre Probleme. Viele waren freiwillig gekommen. Sie lebten unter sich und schlugen sich mit Hilfe von kleinen Lebensmittelzubußen aus ihren Heimatländern leidlich durch. Als die Luftangriffe aber auch unter ihnen zunehmend mehr Tote und Verletzte forderten und die Verkehrsverhältnisse schwerer wurden, zeigte sich, daß die wenigen in Deutschland amtierenden orthodoxen Priester den Aufgaben, die an sie schon mit der seelsorgerlichen Betreuung gestellt waren – von Sozialfürsorge war kaum die Rede –, nicht mehr genügen konnten. Ich tat, was ich konnte, um über das Kirchliche

Außenamt und einige ausländische Kirchen eine geordnete kirchliche Versorgung zustande zu bringen.

Die Katholiken unter den Ausländern hatten es einfacher. Sie konnten sich verhältnismäßig mühelos an die nächstgelegene deutsche katholische Gemeinde anschließen. Bei den Orthodoxen aus dem Osten und aus dem Südosten war das anders. Und auch bei den holländischen Calvinisten gab es erhebliche Schwierigkeiten. Bei ihnen waren es weniger sprachliche Hemmungen, die ihnen den Zugang zu den deutschen Gemeinden und Gottesdiensten verbauten, als tiefgegründete politische Abneigungen. Diesen zwangsweise zur Arbeit nach Deutschland gebrachten Niederländern wäre es als Zumutung, als ehrlose Fraternisierung mit einem verhaßten Feind erschienen, wenn sie sich an deutsche Kirchengemeinden angeschlossen hätten. Ich versuchte deshalb, jüngere holländische Theologen und Missionskandidaten – zuweilen noch Studenten – für den kirchlichen Dienst an ihren Landsleuten freistellen zu lassen. Das Kirchliche Außenamt griff ihnen, soweit wir es konnten, unter die Arme. Das ging solange gut, bis das Reichssicherheitshauptamt, der Polizeiapparat Himmlers, dazwischen kam.

Eines Tages wurde ich zu dem Leiter der Abteilung IV im Reichssicherheitshauptamt befohlen. Ein Mann mittleren Alters in der Uniform der Gestapo empfing mich in einem jener älteren Häuser in der Meinekestraße neben dem Kurfürstendamm. Barschen Tons vernahm er mich über meine »unerlaubte Organisation ausländischer Geistlicher«. Ich machte geltend, daß zu den unbestrittenen, von den evangelischen Kirchen Deutschlands für alle Auslands- und Volksdeutschen überall und immer geltend gemachten Rechten das Recht gehöre, in der Muttersprache zu predigen und zu beten. Dasselbe müsse auch jedem Ausländer in Deutschland ohne Ansehen seiner Herkunft zugestanden werden. Das Gespräch mit dem Sturmbannführer verlief unfreundlich. Er zeigte einige Kenntnisse, die ich in diesem Haus nicht vermutet hätte. Laut und drohend verwarnte er mich jedoch und kündigte – brüsk über meine Einwände hinweggehend – ein Verbot der ganzen Sache an.

Den bald darauf veröffentlichten Erlaß des Reichskirchenministers umging ich, wo ich konnte. Mein Chef Theodor Heckel ließ mir in den Fragen meines Referats immer mehr freie Hand. Obwohl er von dem Brief des Gestapochefs Heydrich an Ribbentrop nichts wußte – es hieß darin, Heckel verfolge »lediglich das Ziel, die Stellung der evangelischen Kirche gegenüber dem Nationalsozialismus mit Hilfe seiner Auslandsbeziehungen zu festigen«[21] –, fühlte er sich von dem Staat, dem er soviel Loyalität entgegenbrachte, immer mehr bedrückt, ja bedroht. Mit steigender Sorge kümmerte er sich um seine Auslandsgemeinden und die volksdeutschen Kirchen, und jede freie Minute widmete er dem von ihm gleich bei Kriegsbeginn gegründeten Evangelischen Hilfswerk für Internierte und Kriegsgefangene.

Die ökumenische Bewegung war in jenen Jahren noch nicht bei ihrem Haupt- und Kernthema angelangt: der Überwindung der Konfessionsgrenzen. Auf Europa und Nordamerika noch im wesentlichen beschränkt, war sie hauptsächlich damit beschäftigt, die nationalen Grenzen der konfessionsverwandten protestantischen Kirchen durchlässig zu machen. Die sogenannte Lausanner Bewegung für Glauben und Kirchenverfassung war zwar in ihrem Verhältnis zu den orthodoxen Kirchen schon weiter gediehen. Und die Anglikaner drängten auf das Kernthema: die ökumenische Gemeinschaft mit Rom, mit der Römisch-Katholischen Weltkirche.

In Deutschland, der traditionellen Hochburg des lutherischen Protestantismus, hatte sich bis zum Jahr 1943 eine spürbare klimatische Veränderung in den traditionellen Beziehungen der beiden Großkirchen vollzogen. Sie war die Frucht der Erfahrung, die die beiden Kirchen mit dem Nationalsozialismus hatten machen müssen. Sie war auch in Rom zu spüren.

In dem großzügigen Pfarrhaus unserer deutschen evangelischen Gemeinde in Rom traf ich den Professor an der Gregoriana, Pater Leiber. Der deutsche Jesuit stand Papst Pius XII. nahe. Er war sein Beichtvater und galt als sein persönlicher Berater auch in politischen Fragen. Erich Dahlgrün, unser immerbemühter deutscher evangelischer Pfarrer, pflegte eine kollegiale Beziehung zu ihm, ohne damit eine politische Absicht zu verbinden.

In Dahlgrüns Arbeitszimmer hatte ich ein langes Gespräch mit Leiber. Es lief vorsichtig an, wurde schließlich aber ganz offen. Leiber zeigte sich sowohl in kirchlicher wie in politischer Hinsicht vorzüglich über Deutschland informiert. Er wußte über die deutsche Opposition Bescheid und kannte ihr Drängen auf den Staatsstreich. Obwohl davon nicht ausdrücklich die Rede war – weniger die Vorsicht als der Takt gegenüber seinem Orden verbot mir, darauf einzugehen –, hatte ich den Eindruck, daß der Pater auch hinreichend im Bild war über die Rolle, welche die süddeutsche Ordensprovinz der Jesuiten – Pater Delp gehörte ihr an – unter ihrem Provinzial Pater Rösch dabei spielte. Seine Äußerung über Rösch war jedenfalls auffallend positiv.

Für den kritisch-nüchternen Blick des Paters sprach auch seine Beurteilung Sowjetrußlands und das, was von Stalin zu erwarten sei. Leiber gab zurückhaltend – wie er war – zu erkennen, daß er nicht daran glaube, daß es den angelsächsischen Demokratien gelingen werde, den Stalinismus zu zähmen und einen friedlichen Ausgleich der gegensätzlichen Systeme zu etablieren. Von den damals in Deutschland aufscheinenden Träumen, in der letzten Phase des Krieges Seite an Seite mit den Engländern und Amerikanern die Sowjets zu schlagen, war der scharfsichtige Pater ebenfalls weit entfernt.

Das Ende einer Bleibe

Im Frühjahr 1943 wurde unser erstes Kind, eine Tochter, geboren. Wir tauften sie auf den Namen Cornelia Irene. Meine Frau fürchtete, daß das Kind am Geburtstag »des Führers« kommen könne und atmete auf, als es zwei Tage früher da war. Als ich aus dem Martin-Luther-Krankenhaus im Grunewald angerufen wurde, stürzte ich aus meinem Amt zum Bahnhof Zoo, um Blumen zu kaufen. Es gab keine. Ich rannte rund um den unteren Kurfürstendamm und die Kaiser-Wilhelm-Gedächtniskirche herum – das einzige, was ich finden konnte, war eine leere Blumenvase.

Als wir im Sommer 1943 von einer kurzen Urlaubsreise nach Berlin zurückkamen, fanden wir unsere schöne Wohnung demoliert vor. Die Luftangriffe begannen die Stadt zu zeichnen. Wir wohnten im vierten Stock des Hauses Goethestraße 12 mit hohen, gutgeschnittenen Räumen. Aber der Fahrstuhl, bedient von einer stupiden Blockwaltertype und seinen bösen Weibern, lag meist still. Der Marsch in den Keller mit unserer schreienden Körni, die es gar nicht liebte, im Schlaf gestört zu werden, war lang und mühsam. Unser breitschultriger Luftschutzwart, außer Dienst ein Künstler mit Gemüt, verstand keinen Spaß, wenn er seine Schutzbefohlenen in den Keller treiben mußte. Das wurde etwas besser, als wir schließlich doch noch unsere Russin bekamen.

Hans von Haeften vermochte uns schließlich davon zu überzeugen, daß man alles tun müsse, um die jungen, vielfach gefährdeten Mädchen unter den Zwangsarbeitern so gut als möglich unterzubringen. Wir bekamen unsere Ninuschka, ein dralles Mädchen aus Rostow, und fortan hatten wir eine deutsch-russische Allianz im Haus, von der wir uns zuvor nichts hatten träumen lassen. Meine Frau war auf den Gütern ihres Vaters auf der Insel Oesel von einer estnischen Kinderfrau betreut worden, die sie nie ganz vergaß. Nun kam unser Töchterchen in die Hände von Ninuschka. Ich kann nur annehmen – unter Verzicht auf alle Psychologie – daß die tiefe Zuneigung unserer Tochter zu den Russen, ihrem Wesen, ihrer Sprache, ihrer Kultur mit Ninuschkas Zärtlichkeit, ihrer heimatlichen Sprache und ihren russischen Koseworten einiges zu tun hat. Sie blieb bei uns bis ein nazistischer Schulmeister in dem kleinen mecklenburgischen Dorf, in dem meine Frau Zuflucht gefunden hatte, darauf kam, daß der Familie eines Verbrechers wie mir keine Hilfe zustehe. Ninuschka kam in einen Rüstungsbetrieb. Wir haben nie mehr etwas von ihr gehört.

Bei den schweren Bombenangriffen im November 1943 brannten auch in unserer Gegend rund um das Knie – heute Ernst-Reuter-Platz – ganze Straßenzüge ab. Zwischen die wild schießende Flak dröhnten die fallenden Bomben, die Luftminen und das Pfeifen der Brandbomben. Bald brannte es ringsum. Als das Schlimmste vorbei war, hasteten die Nachbarn auf die Straße, besahen die Dächer und Fassaden ihrer Häuser und versuchten zu retten, was zu retten war.

Das Haus, in dem wir wohnten, schien unversehrt. Aber das Nachbarhaus war von Brandbomben getroffen. Der Dachstuhl fing zu brennen an. Wäre die Feuerwehr zur Stelle gewesen, hätte das Haus samt den Nachbarhäusern leicht gerettet werden können. So währte es nur kurze Zeit, bis der ganze Straßenzug in Flammen stand. In der Morgendämmerung war das Haus eine rauchende Ruine. Seine Bewohner hatten sich zerstreut.

Einige der Wohnungen hatten geraume Zeit leergestanden. Die neben uns auf dem gleichen Flur gelegene Wohnung hatte ein jüdisches Ehepaar bewohnt. Der Mann war gestorben. Die Witwe lebte allein in der Wohnung. Sie zeigte sich sehr selten. Am Weihnachtsabend 1942 fragten wir uns, ob wir die scheue Frau nicht zu uns einladen sollten. Ich läutete an ihrer Tür – keine Antwort. Ich klopfte leise und läutete erneut. Keine Antwort. Nach dem Gottesdienst am anderen Morgen versuchte ich es noch einmal. Schließlich tat sich die Tür einen Spaltbreit auf. Ein bleiches, verhärmtes Gesicht starrte mich furchterfüllt an. Ich machte mich bekannt. Sie kam zu uns herüber und verbrachte den Tag bei uns.

Eines Morgens, es muß Anfang 1943 gewesen sein, standen zwei baumlange SS-Männer vor unserer Tür. Sie hatten Listen in der Hand und fragten mich nach meinem Namen. Ich wies mich aus, und sie zogen wieder ab. Auf der Straße stand ein Möbelwagen. Aus den Häusern rundherum wurden Frauen und Männer mit dem Judenstern herangeführt und in den Wagen gestoßen. Es ging eher still als laut dabei zu. Die Opfer waren wie in Trance. Unsere Nachbarin habe ich unter ihnen nicht erkannt. Wir haben nie mehr eine Spur von ihr gesehen.

Über den Steinplatz ging ich meinen gewöhnlichen Weg in die Jebensstraße zu meinem Amt. Hätte ich je noch den Schatten eines Zweifels daran gehabt, daß Hitler und seine Mörderclique umgebracht werden müssen, an jenem Vormittag wäre er für immer getilgt gewesen. Ich habe mich nie viel mit dem Vorwurf auseinandergesetzt, daß ich damit gegen das apostolische Gebot verstoße: »Ein jeglicher sei untertan der Obrigkeit, die Gewalt über ihn hat« (Römer 13, 1). Ich ging davon aus, daß der Apostel Paulus den römischen Rechtsstaat vor Augen hatte, als er den Satz schrieb. Der von mir verehrte evangelische Bischof von Berlin, Otto Dibelius, wahrscheinlich der bedeutendste Kirchenführer des deutschen Protestantismus in diesem Jahrhundert, geriet später in eine erbitterte Auseinandersetzung, als er darlegte, daß Römer 13 pervertiere, wer es auch für eine pervertierte Obrigkeit gelten lasse. Der konservative Bischof mußte sich gegen die massiven Vorwürfe des Traditionalismus in seiner eigenen Kirche zur Wehr setzen.[22] Vierzehn Jahre zuvor hatte ich in einer Predigt in der schönen alten deutschen Kirche in Stockholm an einem 30. Januar exakt dasselbe gesagt wie er.[23]

Auf dem mecklenburgischen Pfarrhof meines an der Front befindlichen Schwagers fanden die Meinen ein Unterkommen. Bis in den Zusammenbruch hinein bot er uns eine freundliche Zuflucht. Sooft ich konnte, versorgte ich die verwaiste Pfarre nebenher, predigte, traute und taufte – nur für die nicht aufschiebbaren Beisetzungen mußte einer der Nachbarpfarrer herangeholt werden. Meine tüchtige Schwester Hanna erteilte den Religionsunterricht, hielt die Gemeinde zusammen, versorgte das schön gelegene Haus und den großen, ursprünglich mit beträchtlicher Landwirtschaft ausgestatteten Pfarrhof. Wären nicht die Sorgen um die Männer und Brüder gewesen und wären nicht immer öfter die Berlin angreifenden englischen und amerikanischen Luftgeschwader über das alte Kirchlein und seine Pfarre weggebraust – das Ganze wäre eine Insel des Friedens und des ländlichen Glücks inmitten einer wilden brandenden See gewesen.

Hortensienstraße 50

In dem kleinen Reihenhaus in Lichterfelde, neben einer Stadtbahnlinie gelegen, Treffpunkt und Mittelpunkt für uns Kreisauer mehr als Kreisau selbst, boten Peter und Marion Yorck, Helmuth Moltke und mir nach der Ausbombung eine Heimstatt, solange wir noch in Freiheit waren. Gegen sieben Uhr abends, zuweilen auch später, kamen wir aus unseren Ämtern nach Hause, aßen zusammen, tauschten die neuesten Informationen aus und gingen dann der Bearbeitung der noch nicht abgeschlossenen Kreisauer Entwürfe nach. Oft waren Gäste da. Ich erinnere mich an eine Tischrunde im frühen Herbst 1943. Fritzi Schulenburg erschien zusammen mit zwei Offizieren meines Alters. Der eine trug eine schwarze Kappe über dem linken Auge, die rechte Hand fehlte und die linke schien auch mitgenommen zu sein. Der andere war unversehrt, trug die Uniform eines Marineoffiziers und war eine weniger auffallende Erscheinung.

Es waren zwei Vettern Peter Yorcks, die Grafen Claus und Berthold Stauffenberg. Mir stellten sie sich als Landsleute vor. Die Unterhaltung war heiter. Claus, der jüngere der beiden, war lebhaft, Berthold ernster, zurückhaltender. Über Politik fiel bei Tisch kein Wort. Erst als wir nach einem Gang durch den kleinen Garten uns im Wohnzimmer zusammensetzten, wandte sich das Gespräch der Lage an der Ostfront zu. Ich erinnere mich nicht, daß ich bei dieser ersten Begegnung mit Claus Stauffenberg irgendetwas gehört hätte, das auf die entscheidende Rolle schließen ließ, die er in den wenigen Monaten, die uns noch gegeben waren, tatsächlich spielte. Aber ich erinnere mich, daß von ihm etwas ausging, das mich vom ersten Augenblick an aufhorchen ließ. Es war nicht nur der Duktus seiner Sprache. Er kam aus der Jüngerschaft Stefan Georges. Es war auch nicht nur die funkelnde Liebenswürdigkeit, mit der er mich ins Auge faßte.

Es war mehr. Von dem Schwerversehrten ging eine Kraft der Anziehung aus, die ich mit angenehmer Verwunderung empfand und die mich seine Verletzungen völlig vergessen ließ. Ich meine, daß schon damals jener Eindruck geheimer Bestimmung von ihm ausging, den ich erst zu artikulieren vermochte, als uns seine geschichtliche Rolle deutlich zu werden begann.

In den folgenden Monaten sah ich Graf Stauffenberg immer wieder teils im Hause Yorck teils in der Bendlerstraße. Einmal kam er mit dem Grafen Ulrich Wilhelm von Schwerin-Schwanenfeld, der fortan bis zur letzten Stunde um ihn war. Ich will hier nicht davon berichten, obwohl ich es selber sah, wie Stauffenberg unseren Wartestand verhältnismäßig schnell und durchgreifend in eine Aktion Widerstand verwandelt hat. Die Geschichtsschreibung hat diese Phase der deutschen Opposition gegen Hitler ausführlich dargestellt. Der neue Zug, der jetzt in die Sache kam, machte sich auch in unserem Kreis bemerkbar. Fritzi Schulenburg erschien öfter als zuvor bei uns. Er galt neben Peter Yorck als unser Verbindungsmann zu der entschlossenen Gruppe junger Offiziere um Stauffenberg. Moltke beobachtete den Ruck, der in die Sache kam, aus einer eher skeptischen Distanz. Er glaubte, daß doch nichts daraus würde. Die Gründe seiner immer etwas zwiespältigen Ablehnung des Staatsstreichs konnte ich nicht überwinden, sooft ich es auch versuchte. Peter Yorck, beeindruckt von Moltkes Argumenten, aber in diesem Stück nie überzeugt, hielt sich in der Diskussion zurück.

An einem trüben Sonntagnachmittag gingen wir ohne Moltke in dem nahegelegenen Botanischen Garten spazieren. Man konnte sich dabei gut unterhalten, denn über die freien Flächen weg sah man leicht, ob jemand in der Gegend war. Wir sprachen über Moltkes Abneigung gegen das Attentat. Die von Steltzer immer zitierte Gefahr einer neuen Dolchstoßlegende übergingen wir. Yorck stimmte mit mir auch darin überein, daß der Staatsstreich ohnehin so schwierig würde, daß man sich auf die von Goerdeler und einigen seiner Freunde verlangte Verhaftung Hitlers nicht einlassen könne. Yorck ging nachdenklich neben mir. Plötzlich blieb er stehen. Mit gequälter Miene, mir voll in das Gesicht sehend, sagte er: »Aber Meuchelmord ist es doch!« Sein Gewissen, sein kultiviertes, lutherisch erzogenes, preußisches Gewissen rebellierte. Der ganze Sonntagabend – wir waren allein – war ausgefüllt mit einem langen seelsorgerlichen Gespräch. An seinem Ende stand: Es muß sein. Wir können nicht anders. Gott sei uns gnädig.

Bald danach, im Januar 1944, wurde Graf Moltke in seiner Dienststelle in der Abwehr Abt. Ausland verhaftet. Er hatte einen Bekannten gewarnt. Die Zusammenhänge sind vielfach geschildert worden. Mit dem Kreisauer Kreis und unserer Arbeit hatten sie nichts zu tun. Als ich an jenem Januarabend nach Hause kam, saßen Peter und Marion Yorck nahe beieinander und sprachen gedämpften Tons miteinander. Die Gestapo war dagewesen und hatte einiges für

180

Moltke abgeholt, ohne jedoch sein Zimmer oder das Haus weiter zu durchsuchen. Die Zusammenhänge konnten wir erst allmählich erkennen. Wir taten, was man in einem solchen Fall zunächst immer tat, wenn man dazu noch Zeit hatte: Wir überprüften, was im Haus an Schriftstücken vorhanden war, auf seine Unbedenklichkeit. Es fand sich nichts, was auch bei großem Argwohn jemand hätte belasten können.

Als am 21. Juli 1944 die Gestapo zur Hausdurchsuchung erschien, gab es doch einige Papiere, die uns den Hals gebrochen hätten, aber sie waren so gut versteckt, daß ich sie später selber nur mit Mühe wieder an das Tageslicht befördern konnte. Über Freya, Helmuth von Moltkes ganz ungewöhnliche Frau, blieben wir bis in den hohen Sommer hinein mit Helmuth von Moltke in Verbindung. Sie erhielt verhältnismäßig oft Besuchserlaubnis. Die Gestapo behandelte ihn korrekt, ja für ihre Verhältnisse freundlich, und wir rechneten schon mit seiner Freilassung, als die Bombe in der Wolfsschanze auch für ihn zum Signal des Endes wurde. Aus den Büchern, die er sich in der Haft wünschte und die ich ihm durch Freya schickte, erkannte ich, daß er ein geregeltes theologisches Studium aufgenommen hatte.

Auch nach der Verhaftung Moltkes hielt der Kreis – anders als sein niederländischer Biograph van Roon meint –, nach wie vor unentwegt zusammen. Aber der Ausfall Mierendorffs und Moltkes machte sich doch sehr bemerkbar. Schwerer wog jedoch die Tatsache, daß Stauffenberg mit seinen energischen militärischen Vorbereitungen inzwischen soweit fortgeschritten war, daß die Synchronisation der militärischen mit den politischen Erfordernissen des Umsturzes ebenfalls an ihn überging. Wir Kreisauer hatten unsere programmatischen Konzepte im Spätherbst 1943 ohnehin bis zu dem Punkt ausgearbeitet, von dem aus sie ohne Anspruch auf systematische Perfektion und ohne Gefahr der theoretischen Überhäufung in die politische Debatte des Widerstands eingeführt werden konnten. Für die Koalitionsdebatte, die wir erwarteten, waren sie völlig ausreichend.

Der Kriegsverlauf, die Fronten und der Zustand der Heimat wurden immer verhängnisvoller. Wenn nicht bald etwas geschah, war es zwecklos, überhaupt noch »etwas« zu versuchen. Auch unsere Augen richteten sich deshalb unentwegt auf den Bendlerblock, das Oberkommando der Wehrmacht mit dem Dienstsitz General Olbrichts und des Stabschefs des Heimatheeres, Oberst Graf Stauffenberg. Im Kreisauer Kreis war man übereingekommen, Theo Haubach und mich zu bitten, die Kreisauer Entwürfe einer Schlußredaktion zu unterziehen. Die wesentlichen Inhalte, die Systematik des Ganzen und wichtige Details sollten unverändert bleiben. Das übrige aber sollte präzisiert und aktualisiert werden.

Wir machten uns an die Arbeit, kamen aber nicht sehr weit, schon weil sich die Luftalarme und Bombenangriffe so häuften, daß es immer schwieriger wurde, am Abend das Haus zu verlassen. Dennoch saßen wir an manchem Abend zusammen. Dabei lernten wir uns besser kennen als je zuvor. Theo Haubach war seit dem Tod seines engen Freundes Carlo Mierendorff noch mehr nach innen gewandt als zuvor. In Phantasie und Temperament gebändigter als Mierendorff, mit weniger Pathos, dafür aber meditativer als jener, ging er denselben politischen und wohl auch geistig-gedanklichen Weg wie sein Gefährte Mierendorff. Dessen Reaktionen waren emotionaler, stürmischer. Die Haubachs leiser, wahrscheinlich auch tiefer. Ich wußte nicht, daß er eine jüdische Mutter hatte. Aber ich sah, wie der Mann, der sich als junger Frontoffizier im Ersten Weltkrieg hervorragend geschlagen hatte, der als intellektueller Sozialdemokrat in das KZ kam und dort geschunden wurde, unter den Verbrechen litt, die auf den deutschen Namen gehäuft wurden.

Theo Haubach war ein großer Patriot. Schillers »Nänie« und Hölderlins »O heilig Herz der Völker, o Vaterland« wurden ihm zu persönlichen Bekenntnissen. An ihm ist mir am unmittelbarsten der Weg eines gereiften Mannes, der aus weiter Ferne zum christlichen Glauben kommt, vor Augen getreten. Gelegentlich fragte ich ihn, wie es denn in der Weimarer Zeit in einer Partei zugegangen sei. In einer Zeit, in der man jederzeit frei sprechen, ohne Argwohn telefonieren und, wenn man Lust und Zeit hatte, sich offen begegnen konnte. Mir, dem Parteilosen und Parteiunkundigen, fehlte dafür alle Anschauung. Theo Haubach berichtete darüber eher zögernd und zurückhaltend. Er schien sich im Rückblick selbstkritisch Rechenschaft zu geben über Ereignisse, Verhaltensweisen und Gedankengänge, zu denen er inzwischen in erhebliche Distanz, ja teilweise in Ablehnung geraten war.

Peter Yorck – Helmuth Moltke

Merkwürdigerweise haben uns – sehe ich von meinen gelegentlichen Hegelgesprächen mit Adam Trott ab – im Kreisauer Kreis ideengeschichtliche Entwicklungen gar nicht beschäftigt. Ich kann mich zum Beispiel nicht erinnern, daß es je ein Gespräch über den Marxismus unter uns gegeben hätte. Der alte Rauschebart war für uns ebenso tot wie der junge Literat aus dem Romanischen Café am unteren Kurfürstendamm. Wenn ich den frühen Briefwechsel zwischen Helmuth Moltke und Peter Yorck aufblättere, fällt mir immer wieder auf, wie unabhängig von tradierten Ideen, von wissenschaftlichen Lehrmeinungen und bekannten juristischen und theologischen Kontroversen und Begriffsbildungen Moltke seine in das sehr Grundsätzliche gehenden Fragen stellte, und wie wenig auch Yorck dabei auf die ideengeschichtlichen Traditionen zurückgriff. Die ganze Fachliteratur schien für sie gar nicht zu existieren.

Auch für Haubach, einen sehr gebildeten Mann, schien das eine ebenso verlorene Welt zu sein wie die politischen Doktrinen von einst. »Die einen sagen Rasse, die anderen Klasse – was geht das uns an?« sagte er mir eines Abends. Es klang fast verdrossen. Aber er wurde sofort lebendig und intensiv, wenn von Literatur und Dichtung die Rede war. Er pries Thomas Manns Josefsgeschichten, und er kehrte immer wieder zurück zur deutschen Klassik. Ich zweifle, ob Theo Haubach, hätte er überlebt, noch einen nennenswerten Anteil an der Politik genommen hätte. Im Bundestag wäre er jedenfalls nicht glücklich geworden.

Das letztere kann man auch von dem Dr. jur. Peter Graf Yorck von Wartenburg sagen. Er war im Zivilberuf Verwaltungsjurist, Oberregierungsrat und nun Oberleutnant d. R. in einem Wehrmacht-Wirtschaftsstab. Wenn ich auf die breite Literatur über das andere Deutschland blicke, die heute nur noch schwer überschaubar ist, dann muß ich sagen, daß das Bild dieses Edelmannes unangemessen überdeckt ist. Yorcks tatsächlicher Beitrag zum Stoß gegen den Unmenschen ist größer als er auch in der Fachliteratur, selbst in der Literatur über den Kreisauer Kreis erscheint. Helmuth Moltkes bald nach Kriegsende in England und Deutschland publiziertes Märtyrerbild hat Yorck überstrahlt.[24]

Peter Yorck begegnete Helmuth Moltke im Kreis seiner großen Familie. Aber erst nach Kriegsbeginn entwickelte sich zwischen den beiden jener Kontakt, der sich offenbar sogleich auf theoretische Fragen von grundsätzlicher Bedeutung konzentrierte. Ihre Familienbeziehungen wurden daneben belanglos. Ich habe auch später, als ich mit ihnen lebte, nicht beobachtet, daß sie zwischen ihnen eine Rolle spielten. Sie siezten sich. Sie verkehrten miteinander freundschaftlich leger, aber von familiärer Intimität war keine Rede. Die Übereinstimmung in fundamentalen Fragen ihres Denkens und Handelns war groß, aber sie waren ganz unverwechselbar verschieden.

Zwar kamen beide aus der gleichen Landschaft. Sie waren Standesgenossen und Träger großer Namen, aber es schien mir immer, als ob Helmuth Moltke den Ring gesprengt habe, der von Geburt und Herkommen auch ihn umgab. Er war im Vergleich zu Peter Yorck zweischichtig, mindestens facettenreicher. Peter Yorck war der Identischere, der ungebrochen in Übereinstimmung mit sich und seinen Ursprüngen lebte. Man versteht Moltke nicht – und er wurde oft mißverstanden und mißdeutet –, wenn man nicht begreift, daß er offenbar von Kind an, soll heißen schon unbewußt, sich für seine Mutter mehr als für seinen Vater entschied. Sie war die Tochter eines hohen britischen Richters, der in

Südafrika Justizminister geworden war. Die Bilder zeigen die Ähnlichkeit des Sohnes mit seiner Mutter. Sie war eine Frau mit einer eigenwüchsigen geistigen und religiösen Lebendigkeit. Das erwies sich auch in ihrer Hinwendung zur Christian Science, einer in Schlesien freilich exotisch anmutenden Blume. Ich habe nie bemerkt, daß ihr Sohn davon etwas mitbekommen oder angenommen hat, obwohl er auch als Heranwachsender insgeheim eher für die Welt seiner Mutter optierte als für die seines Vaters. Dieser Welt des preußischen Grundbesitzers und Edelmannes brachte er alle schuldige Ehrerbietung entgegen, indem er sich mit preußischem Pflichtbewußtsein den wirtschaftlichen Schwierigkeiten stellte, mit denen sein Vater nicht fertig wurde. Aber er ging darin niemals auf. Im Gegenteil: Schon als Schüler und Student gehörten seine eigenen Interessen einer politisch und geistig anderen Welt.

Von all dem war bei dem Schlesier Peter Yorck wenig zu spüren. Über seiner Jugend, ja über seinem ganzen Leben glänzten die Sterne seiner Ahnen. Als Neunzehnjähriger verlor er den Vater. Aber dieser Verlust ließ ihn eher noch inniger das Erbe ergreifen, in dem er erzogen und herangewachsen war. Es war ein großes Erbe deutscher, preußischer Geschichte und Kultur. Der große Besitz der Familie hatte es den Grafen Yorck ermöglicht, ihren gelehrten Neigungen, ihrer Liebe zu den Künsten und Geisteswissenschaften nachzugehen. Sie taten es in einer Weise, die den Dilettantismus ausschloß.

Peter Yorck gehört zu den wenigen, mit denen ich eng verbunden zu der Höhe meines Lebens stieg. Blicke ich zurück, so erscheint er mir als die Verkörperung dessen, was ich als konservativ anerkannte. Yorck hing nicht eigentlich am Vergangenen. Er war fähig und willens, dem Unwiederholbaren mit der Ehrerbietung zu begegnen, die ihm anerzogen war und die er aus eigener Einsicht aufbrachte. Aber vor leeren Flaschen verneigte er sich nicht, auch wenn sie noch so imposante Etiketten trugen.

Unter seinen Büchern stand Lassalles Doktorarbeit über Heraklit, den Dunklen. Ich sprach ihn darauf an. Er zeigte einen etwas spröden Respekt für den Ahn der deutschen Sozialdemokraten, für Heraklit aber Zuneigung. Peter Yorck war ein nüchterner Mann. Die Distanz, die ihm Fremden gegenüber eigen war, verführte manchen zu dem Schluß, daß er nur über ein mangelhaftes, unterkühltes Temperament verfüge. Das war ein Irrtum. In Wirklichkeit war er ein Mann von warmer Herzlichkeit, von tiefem Gefühl und Gemüt. Teils aus Scheu, teils aus stolzer Bescheidenheit verbarg er jedoch seine Innerlichkeit vor Fremden und erschloß sie auch den Näherstehenden nur bei sich vertiefender Freundschaft.

In den Bereichen des Geistes und der Geisteswissenschaften bewegte er sich gern und mit einer nachdenklichen Sicherheit. Er war weder ein musisch verschwärmter noch ein doktrinärer Gesprächspartner. Je ernster Deutschlands Lage wurde, desto gesammelter richtete sich sein Blick über die uns gestellte

184

Aufgabe hinaus auf die großen Fragen des Glaubens. In der täglich brüchiger und fragwürdiger werdenden Welt der Deutschen begann er mehr und mehr ein Bild der Welt überhaupt zu sehen. Es ging ihm wie vielen anderen damals: Sie begannen Welt und Zeit und ihr eigenes Dasein sub specie aeternitatis zu betrachten.

Vielleicht war sein Verhältnis zu Religion und Kirche immer etwas mehr als nur konventionell gewesen. Aber nun, in den letzten Jahren seines Lebens, war er regelmäßiger Kirchgänger, ein standfester, gläubiger Christ. In den letzten Monaten, in denen wir zusammenlebten, gingen wir meistens zu einer der kleineren Kirchen in unserer Nähe, der Himbeerkirche, wie wir sie ihres roten Anstrichs wegen nannten.

Herangewachsen in der kritischen Distanz des Feudalismus zu Parlament und Demokratie, den Sozialismus als Häresie, die Revolution als Blasphemie betrachtend, erwies sich Peter Yorck in unseren Gesprächen als ein aufgeschlossener Denker. Er war so wenig ein Verfechter des hergebrachten Besitzstandes, er stellte die Interessen, auch die vitalen wirtschaftlichen Interessen seines eigenen Standes, so vorbehaltlos zur Diskussion, daß er dabei mit Helmuth Moltke konkurrieren konnte. Vielleicht ging es Helmuth Moltke im Grunde um eine neue Gesellschaft. Peter Yorck ging es um das schlichte Gebot sozialer Gerechtigkeit. Was er ihr schuldig zu sein glaubte, akzeptierte er, auch wenn es einen tiefen Eingriff, ja eine einschneidende Veränderung des geschichtlich Gewordenen bedeutete. Die Kreisauer mitsamt ihren schlesischen Grafen und Großagrariern haben dabei des Guten eher zuviel als zuwenig getan. Insoweit war die auch innerhalb des Widerstands an uns geübte Kritik nicht ganz aus der Luft gegriffen.

Yorcks Zustimmung zu unserem politischen und wirtschaftlichen Konzept stammte keineswegs aus jenem opportunen schlechten Gewissen, mit dem zum Beispiel nicht wenige evangelische Theologen die Thron- und Altarstimmung vergangener Zeiten korrigieren wollen. Peter Yorcks Konservativismus war in seinem Verhältnis zur Geschichte und in seiner Anerkennung, seiner ehrfürchtigen Anerkennung ewiger Wahrheiten begründet. Es war ihm selbstverständlich, daß im Bereich des politisch und wirtschaftlich Zweckmäßigen so oder auch anders entschieden werden konnte. Die in Gottes Gebot und Ordnung hangende ewige Bestimmung des Menschen durfte darüber jedoch weder vergessen noch mißachtet werden. Ihre Kenntnis und Wahrheit waren ihm durch sein Elternhaus, durch Tradition und Geschichte vermittelt.

Die Herrschaft Hitlers brachte Peter Yorck nicht nur zur entschiedenen Ablehnung des Nationalsozialismus. Sie brachte ihn auch in eine kritische Distanz zu vielem, was durch die Überlieferung und den Lebenszusammenhang, in den er hineingeboren wurde, auf ihn gekommen war. Er zog daraus Konsequenzen, handfeste Konsequenzen. Aber zu dem, was er auch in der Tradition für verpflichtend und verbindlich hielt, stand er ohne Wanken. Das oft überhörte, konservative Bekenntnis der Kreisauer war ihm aus dem Herzen gesprochen: »Die besondere Verantwortung und Treue, die jeder Einzelne seinem nationalen Ursprung, seiner Sprache, der geistigen und geschichtlichen Überlieferung seines Volkes schuldet, muß geachtet und geschützt werden.«[25]

In den Monaten zwischen Moltkes Verhaftung im Januar und dem 20. Juli 1944 verbrachten wir viele Abende und manchen Sonntag zu zweit in seinem oft von Fliegerangriffen mitgenommenen kleinen Haus. Was mir später in den Monaten unserer gemeinsamen Haft im Gefängnis in Tegel mit Helmuth Moltke zuteil wurde, erlebte ich in der ersten Hälfte 1944 in der Gemeinschaft mit Peter Yorck: eine sich stetig vertiefende Freundschaft. Am Nationalsozialismus hat ihn nicht nur dessen Ideologie, die er kaum zur Kenntnis nahm, abgestoßen. Mehr noch verabscheute er die distanzlose, hautnahe Präsenz des Vulgären, seinen teils aufgeblasenen, teils schnöden Sprachstil und die mörderische Brutalität, die dahinter hauste.

Das alles stand in einem unüberbrückbaren, tödlichen Gegensatz zu der Tradition und Geistigkeit, die in seinem Elternhaus gepflegt wurden. Seine beiden jüngeren Brüder waren im Osten gefallen. Sein älterer Bruder Paul stand an der Front. Ein Hauch von Melancholie und Trauer umgab ihn, wenn er die Stirne nachdenklich gesenkt, sich der Vergänglichkeit seiner Welt inne wurde. Aber der Glanz, der von dem Ewigen in ihrer Tradition ausging, erhob ihn über den kummervollen Alltag und erhob ihn über sich selbst. Er gab ihm jene Heiterkeit und Gelassenheit, die den Stil des sensiblen Freundes faszinierend machte. Vorbildlich war er für mich in seiner bis zur Verachtung gehenden Absage an den Ehrgeiz. Er fühlte sich nicht als ein Federkiel Gottes für das nachhitlerische Deutschland. Er wollte nur seine Pflicht tun, hier und heute. Gottesdienst am Vaterland.

In einigem war Peter Yorck für mein Gefühl Helmuth Moltke über. Wenn dieser in der Gefahr stand, sich gelegentlich ganz unenglisch in Systematisierung und Abstraktion zu verlieren, zog Peter Yorck ruhig Grenzen, und die Kirche blieb im Dorf. Dabei hat er die unablässige programmatische politische Arbeit Moltkes unterstützt und gefördert, wo und wie er konnte.

In der politischen Grundstimmung stand mir Yorck meist näher als Moltke. Bei allem Respekt vor Churchills England waren Yorck, Trott und ich Großbritannien gegenüber kritischer als Moltke, der Halbengländer. Wir waren auch keine Puritaner, keine Quäker oder dergleichen. Wir wollten eben, daß in unserem Land wieder die Gerechtigkeit die Oberhand gewinne. Ehe wir in Schande, Schutt und Blut ersticken müßten, wollten wir lieber kämpfend untergehen. So zogen wir brüderlich vereint in unser letztes Gefecht.

Als Fünfundzwanzigjähriger hatte Peter Yorck die Juristin Marion Winter, eine Berlinerin, geheiratet. Es wurde eine glückliche Ehe. Marion Yorck war auch im Widerstand die Gehilfin ihres Mannes im Sinne des biblischen Wortes. Überhaupt: Ohne unsere Frauen und ihren Beistand wäre aus den Kreisauern schwerlich das geworden, was sie bis in den Tod waren und blieben: treuverbrüderte Gefährten.

SIEBENTES KAPITEL

Mit Bibel und Pistole:
Der 20. Juli 1944

Am Vorabend bei Bischof Wurm

Eines Morgens erschien die Gestapo in dem Büro meines Freundes Wilhelm Bachmann im Preußischen Oberkirchenrat. Sie untersuchte seinen Schreibtisch und fand in einem angeblichen Geheimfach unter anderem ein von mir mit Randbemerkungen versehenes Manuskript Dietrich Bonhoeffers.[1] Man nahm Bachmann in Haft und befaßte sich in den folgenden Monaten mit den beschlagnahmten Papieren. Im Juni 1944 erhielt ich die Nachricht, daß er in den Vernehmungen nach dem besagten Papier gefragt worden sei. Er habe sich einstweilen hinausgeredet, glaube aber nicht, das lange durchhalten zu können.

Mir erschien es geraten, für die kurze Zeit, die uns nach der Meinung meiner Freunde noch von einem Staatsstreich trennte, zusammen mit meiner Frau aus Berlin zu verschwinden. Wir gingen für einige Wochen nach Kärnten. Bald bekam ich die indignierte Mitteilung Bischof Heckels, die Gestapo wolle mich vernehmen. Gegen Mitte Juli erhielt ich auf einer offenen Postkarte Yorcks die Nachricht, die Hochzeit werde am 18., spätestens am 20. Juli stattfinden. Wir reisten ab. Am 17. abends und am 18. Juli waren wir in Stuttgart. Ich sah zuerst Pressel, dann führte ich ein langes Gespräch mit dem Bischof unter vier Augen. Ich sagte ihm, er müsse sich unverzüglich an seine Rundfunkrede machen. Es war vereinbart, daß Wurm sogleich nach einem geglückten Staatsstreich um Vertrauen für die neue Reichsregierung werben und dazu über alle deutschen Sender sprechen solle. Der alte Bischof war tiefernst, aber ganz unerschrocken. Er war sich über die Sache im klaren – auch für den Fall, daß sie schief ging. Er machte keinerlei Versuch, mich von dem Vorhaben abzuhalten. Im Gegenteil. Im Rahmen dessen, was ihm zugedacht war, war er voll dabei.[2] Am 19. Juli morgens brachte er meine Frau und mich zusammen mit seiner Frau auf die Bahn. Auf dem Bahnsteig des Stuttgarter Hauptbahnhofs nahmen wir Abschied. Die Würfel waren gefallen. Der Zug war voll. Am Abend sollte er auf dem Anhalter Bahnhof in Berlin sein. Unterwegs blieben wir jedoch stundenlang liegen. Schweinfurt brannte. Fliegerangriff. Zwischen zwei und drei Uhr nachts kamen wir an. Peter und Marion Yorck waren zufälligerweise tatsächlich bei einer Hochzeit in Weimar. Auf einem Zettel teilte mir Peter Yorck mit, der 20. sei der Tag X. Ich möchte mich bis zum Nachmittag im Keller verstecken. Die Gestapo sei hinter mir her. Er begebe sich vom Bahnhof aus direkt zum OKW. Er lasse mir eine Pistole da. Die Parole für das OKW: »Heimat«.

Gegen zehn Uhr läutete es an der Haustüre. Wir rührten uns nicht. Schließlich fiel uns das lange Läuten so auf die Nerven, daß ich nach oben ging, und eine mir bekannte junge Dame vor der Tür stehen sah. Fräulein Bildt, Tochter des Staatsschauspielers Paul Bildt, Mitarbeiterin von Dr. Lilje und Verlobte von Helmut Gollwitzer, trat ein und sagte, daß sie mich seit Tagen zu erreichen versuche. Sie habe einen dringenden Fall, der meiner Hilfe bedürfe. Sie ließ sich nicht abweisen. Als sie anfing mir die Sache darzulegen, verabschiedete ich mich. Verdutzt fragte sie, ob sie morgen wiederkommen könne. Ich sagte ihr, das habe mit großer Wahrscheinlichkeit keinen Sinn mehr. Plötzlich schien sie zu begreifen. Sie sah mich starr und groß an. Dann sagte sie, langsam den Kopf schüttelnd: »nicht mit Wagen und Rossen«. Ich öffnete ihr die Haustür. Als ich ein Jahr später wiederkam, war Fräulein Bildt tot. Sie war den Vergewaltigungen der Rotarmisten nicht gewachsen.

Später im Gefängnis habe ich darüber nachgedacht, ob die Bibelkundige den 20. Psalm zitieren wollte (»Jene verlassen sich auf Wagen und Rosse; wir aber denken an den Namen des Herrn, unseres Gottes«) oder ob sie gar an das 31. Kapitel des Propheten Jesaja dachte: »Weh denen, die sich verlassen auf Rosse und hoffen auf Wagen...« Am 20. Juli habe ich nicht weiter darüber nachgedacht. Aber selbst wenn Fräulein Bildt als Abgesandte Helmuth Moltkes in jener Stunde bei mir erschienen wäre, hätte sie mich mit dem Bibelwort nicht davon abhalten können zu tun, was mir an jenem Tag aufgetragen war.

Ich hatte Peter Yorck und Fritzi Schulenburg schon Monate zuvor gesagt, daß ich bereit sei, in jeder Funktion, die sie für richtig hielten, an dem Staatsstreich teilzunehmen. Ich täte es, um damit, wie es auch gehe, zum Ausdruck zu bringen, daß ich als Zivilist und auch als Mann der Kirche in uneingeschränkter Solidarität zu denen stehe, die wir seit Jahr und Tag zu dieser Tat drängten. Am Morgen des 20. Juli 1944 wußte ich nur, daß Stauffenberg und Olbricht von meiner Bereitschaft Gebrauch machen wollten. Aber ich wußte nicht, was sie mir zugedacht hatten.

Der Tag wurde uns lang. Es wurde drei Uhr, es wurde vier – der Anruf Yorcks blieb aus. Endlich nach fünf Uhr nachmittags hörte ich die Sondermeldung von dem mißglückten Attentat. Gleich darauf rief Peter Yorck an. Wir sprachen offen und ohne Rücksicht auf mögliche Abhörer. Die Sache sei gestiegen, sagte er mir, ich möge gleich kommen. Ich sagte, ich käme sofort, aber offenbar sei das Attentat mißglückt. Das sei eine Lüge von Goebbels, meinte Yorck. Stauffenberg und sein Adjutant, Werner von Haeften, hätten die gewaltige Explosion mit eigenen Augen gesehen.

190

Meine Frau bezweifelte ähnlich wie ich, daß Hitler tot sei. Sie war aber, ohne zu zögern, mit mir der Meinung, daß wir jetzt nur noch nach vorn, auf das Ganze gehen könnten. Ich lud den Browning durch, sicherte ihn und steckte die Pistole griffbereit in meine helle Sommerjacke. In die andere, linke Rocktasche steckte ich meine Taschenbibel. Brigitte geleitete mich zum Händelplatz. Wir waren uns der Schwere der Stunde bewußt. Die Straßenbahn kam. Wir nahmen einen kurzen, unauffälligen Abschied. Ich stellte mich auf die vordere Plattform und fuhr durch den hellen warmen Sommerabend der Bendlerstraße zu.

Die Straßen waren ruhig. Nichts deutete auf Aufstand, Unruhe, Staatsstreich. Wenn die Rundfunknachrichten schon in die Öffentlichkeit gedrungen waren, so zeigte sich im Straßenbild doch keine Reaktion darauf. Auch im Gespräch in der Straßenbahn – nichts. In der Bendlerstraße war es eher ruhiger als sonst. Allerdings, die Tore zum Hof waren geschlossen. Neben den Wachen standen einige junge Offiziere. Als ich auf die Posten zutrat, fragte mich einer der Offiziere, was ich wünsche. Ich sagte ihm, daß ich zu General Olbricht wolle. Er sah mich prüfend an. Ich sagte: »Parole Heimat«. Er salutierte, winkte einen Soldaten des Wachbataillons heran und befahl ihm, mich nach oben zu bringen. Es war der Leutnant Georg Sigismund von Oppen, einer der jungen Ordonnanz-offiziere aus dem Infanterieregiment 9 aus Potsdam, die von Schulenburg für das Unternehmen ausgesucht worden waren. Er überlebte.

In der Bendlerstraße

In dem großen Gebäude war es seltsam still. Auf dem Flur kam mir Fritzi Schulenburg entgegen. Er begrüßte mich herzlich, aber ich sah, daß er sich Mühe gab, unbefangen zu wirken. Er hielt noch an der Version fest, daß Hitler tot sein müsse. Er sprach dabei gegen seine eigenen Zweifel an. Peter Yorck war ernst und wurde im Lauf des Abends immer stiller. Durch die Tür zu Olbrichts Zimmer sah ich Claus Stauffenberg am Schreibtisch sitzen und lebhaft mit mehreren Telefonapparaten hantieren. Er wirkte nicht aufgeregt, aber so ange-spannt und intensiv beim Sprechen, daß ich ihn nicht mit einer Begrüßung stören wollte. Von den vielen Offizieren, die ab und zu gingen, kannte ich nur wenige. Alle schienen beschäftigt, nur Peter Yorck und Fritzi Schulenburg waren eher Zuschauer. Sie setzten mich ein wenig zaudernd ins Bild. In der Verbin-dung mit der Wolfsschanze habe es erhebliche Schwierigkeiten gegeben. Sie seien offenbar noch nicht ganz behoben. Auch im Hause, das heißt im Oberkom-mando in der Bendlerstraße, habe es einige Pannen gegeben. Ich fragte, was geschehen solle, wenn Hitler tatsächlich überlebe. Dann, meinte Schulenburg, komme es ganz darauf an, ob »Walküre«, der Plan des Staatsstreichs, von den Militärbefehlshabern, die auf unserer Seite stünden, durchgezogen werden könne gegen die Gegner und Zauderer. Dafür gebe es Anzeichen. Stauffenberg sei im Augenblick damit beschäftigt, Befehle an die Front abzusetzen mit dem Ziel, dort keine Verwirrung aufkommen zu lassen.

Unser Gespräch wurde von neuen Rundfunkmeldungen unterbrochen. Sie liefen samt und sonders darauf hinaus, der Führer lebe. Ich sagte, es sei mir unverständlich, warum der Deutschlandsender noch nicht von unseren Leuten besetzt sei. Schulenburg meinte, das sei alles vorgesehen. Er wisse nicht, warum noch nichts erfolgt sei. Ich erbot mich, mit einem Kommando in das Rundfunkhaus in der Masurenallee zu gehen. Ich mache mich anheischig, sagte ich, dort für eine uns gewogene Sprachregelung über den Fortgang unseres Unternehmens zu sorgen. Schulenburg ging zu dem zuständigen Generalobersten Hoepner und kam bald wieder mit der Mitteilung, daß die Ankunft der Panzer, die von Zossen im Anmarsch seien, abgewartet werden müsse, dann könne ich mit Panzern vorfahren.

Tatsächlich war das Funkhaus schon seit Stunden von einem Major Jakob mit hinreichenden Kräften besetzt. Aber keiner dieser Soldaten verstand etwas von dem Betrieb, außerdem scheint es ihnen an Informationen und Instruktionen gefehlt zu haben. Gisevius sagte mir ein Jahr später in Genf, daß er sich ebenfalls zum Funkhaus aufgemacht habe, unterwegs aber umgekehrt sei und sich in Sicherheit gebracht habe, weil die ihm zugesagte militärische oder polizeiliche Unterstützung ausgeblieben sei.

Ich berichte das ohne Vorwurf gegen irgendjemand. Auch aus diesem Detail läßt sich entnehmen, daß sich schon am frühen Abend der Fehlschlag abgezeichnet hat. Er resultierte nicht aus Planungsfehlern, sondern aus der Tatsache, daß das Attentat fehlschlug und Hitler lebte. Wie sich die Zweifel und dann die Gewißheit darüber in der Befehlszentrale des Staatsstreichs auswirkten, war das eigentliche Erlebnis des Tages für mich. Es war wie ein Feuer, das infolge Sauerstoffentzug in sich zusammenfällt und dessen letzte, zuckende Flammen ausgetreten werden.

Schulenburg brachte mir eine Bestallung zum Militärbevollmächtigten für die Gebiete des Reichskirchen- und des Reichserziehungsministeriums. Ich studierte das von Generaloberst Hoepner als Inhaber der vollziehenden Gewalt in Berlin unterzeichnete Schriftstück. Man sah ihm an, daß es von ungeübter oder aufgeregter Hand auf der Maschine geschrieben worden war. Ich las es mit Stirnrunzeln. Es übertrug mir zwar die Weisungsbefugnis für die beiden Reichsministerien, aber es enthielt zugleich so nachdrücklich formulierte Gebote beziehungsweise Verbote für den Waffengebrauch, daß ich Yorck und Schulenburg sagte, von der Waffe dürfe ich offenbar erst Gebrauch machen, wenn ich bereits tot sei. Dazu kam, daß ich mit dem Reichskirchenministerium ohnehin nichts im Sinne hatte. Ich wollte es sogleich auflösen und seine Beamten nutzbringenden Arbeiten zuführen. Im Erziehungsministerium kannte ich mich kaum aus. Außer meinem alten Gönner Dr. Schwarz kannte ich dort niemand, und von ihm wußte ich nicht einmal, ob er noch da war. Außerdem hatte ich keine Lust, mich mit den Schulfragen herumzuschlagen. Ich dachte an Reichwein, aber wir wußten an jenem Abend nicht, ob er noch lebe. Peter Yorck hatte mir nur kurz berichtet, daß er von einem Gestapospitzel bei einem Treffen mit Kommunisten verpfiffen und zusammen mit Leber verhaftet worden sei.

Der schöne Sommerabend wurde für uns düster und finster. Dann wurden wir zu Tisch gebeten. An einem runden Tisch servierten Ordonnanzen gebratene Scholle. Wir saßen zu acht oder neun um den Tisch. Links von mir aß Fritzi Schulenburg mit gutem Appetit, rechts von mir saß der Chefrichter des Heeres, Dr. Karl Sack. Wir unterhielten uns ruhig über Fragen, die wir auch bei jeder anderen Gelegenheit hätten besprechen können. Peter Yorck war noch blasser als sonst. Er aß nichts. Ich sah ihm an, wie er sich für den Untergang bereitmachte. Nach Tisch waren die Zweifel, ob Hitler tot sei oder lebe, auch in unserem Kreis geschwunden. Stauffenbergs und Werner von Haeftens Augenzeugenberichte über die Explosion wurden nicht bezweifelt. Inzwischen hatte sich jedoch herumgesprochen, daß die Lagebesprechung nicht wie zunächst angenommen in dem üblichen Bunker, sondern in einer leichten Baracke stattgefunden habe. Daraufhin reimten sich einige sachverständige Offiziere unter uns das Übrige zusammen.

Ich schlug vor, uns ernsthaft zu bewaffnen. Ich sah unter uns nur die am Koppel getragene Pistole. Stauffenberg trug nicht einmal sie. Aber Peter Yorck meinte, das sei zwecklos. Göring werde uns durch die Luftwaffe zusammenbomben. Wir wurden immer schweigsamer. Da ich einstweilen gar nichts tun konnte, hatte ich mich wartend in ein daneben liegendes kleines Zimmer an einen Schreibtisch gesetzt. Die Tür stand weit auf. Ich hatte meine Pistole aus der Tasche genommen und sie vor mich hingelegt, verdeckte sie aber mit einer Zeitung. Plötzlich wurde es unruhig in den Zimmern nebenan. Ich blickte auf und sah Claus Stauffenberg mit zurückgewandtem Kopf in seiner leichten Sommerlitewka eilends dem Flur zugehen. Gleich darauf fiel ein Schuß, dem einige folgten. Wer auf wen schoß, war nicht auszumachen. Ich erkannte nur einen Generalstäbler, den ich früher einmal bei einem Besuch bei Olbricht gesehen hatte. Er hatte mich damals kritisch gemustert, als er beim Durchschreiten des Vorzimmers von Olbricht erklärte: »Ich gehe zur Lage.« Die Terminologie war mir, dem Zivilisten, neu. Deshalb habe ich sie mitsamt dem finsteren Gesellen in Erinnerung behalten. Jetzt sah ich ihn mit der Pistole in der Hand auf Olbrichts Zimmer losgehen. Mein plötzlicher Eindruck war, der will ihm ans Leder. Es geht los. Ich griff nach meiner Pistole unter der Zeitung und brachte sie in Anschlag auf den Oberstleutnant. In diesem Augenblick wandte er den Kopf nach mir um. Mit einem Satz ging er hinter dem Stahlschrank in Deckung, der seitlich links vor ihm im Zimmer stand.

In einem Ermittlungsverfahren, das fünf Jahre später gegen diesen Mann – es war der Oberstleutnant i. G. Bolko von der Heyde – und seinen Komplizen Herber geführt wurde, hat mich der Untersuchungsrichter beim Landgericht Trier vernommen. Heyde sagte aus, ich hätte auf ihn geschossen, und er sei deshalb in Deckung gegangen. Fünfzehn Jahre später wußte er es genauer: Ich hätte viermal auf ihn geschossen, immer daneben. So schrieb er an den ›Spiegel‹[3].

Er schrieb die Unwahrheit. Ich schoß nicht. Vielleicht deshalb, weil in diesem Augenblick General Olbrichts ruhige, kultivierte Stimme ertönte: »Bitte, meine Herren, nicht schießen!« Inzwischen ist längst aktenkundig, daß von der Heyde, Herber und ihre Komplizen sich Waffen beschafften und uns in den Rücken fielen, nachdem sie vorher stundenlang beobachtet hatten, wie die Sache lief. Als sie sahen, daß die Waage gegen uns ausschlug, wußten sie auch wieder, was sie ihrem Führer schuldeten. Er hat sie mit Beförderung belohnt.

Jahre später war Graf Hardenberg, der ehemalige Besitzer von Neuhardenberg, einer unserer Mitverschwörer, noch immer nicht damit zufrieden, daß wir an jenem Abend unser Leben nicht so teuer wie möglich verkauften. Als ich hörte, daß wir nicht erschossen, sondern gehängt werden sollten, war ich der gleichen Meinung.

Ich will in diesem Lebensbericht keine Darstellung des Verlaufs des Staatsstreichs im ganzen geben. Ich will nur von dem berichten, was ich an diesem Tag selber sah und hörte. Vieles von dem, was geschah, habe ich erst Jahre später von den Historikern erfahren. Ich war zum Beispiel nicht zugegen, als der Chef des Ersatzheeres, Generaloberst Fromm von dem Oberleutnant im IR 9, Ewald von Kleist, festgenommen wurde. Im Totenhaus von Tegel lagen wir später Zelle an Zelle. Wir wurden Freunde. Ich war auch nicht zugegen, als der spät am Abend wieder befreite Fromm seine Kameraden Olbricht, Stauffenberg, Haeften und Mertz von Quirnheim standrechtlich erschießen ließ.

Als Heyde, nachdem sich die Waffen auf Olbrichts Befehl gesenkt hatten, den Raum schleunigst verließ und Olbricht sich mit dem Ritter Mertz von Quirnheim zu Beck begab, wurde es bei uns wieder sehr still.

Der Staatsstreich bricht zusammen

Ulrich Wilhelm von Schwerin sichtete Papiere, die er bei sich trug. Er griff nach einem Aschenbecher und zündete sie an. Ich sagte in das große Schweigen hinein: »Die Sache ist aus. Sehen wir, wie wir hinauskommen. Ich schlage vor, daß ich erkunde, ob und wie sich das machen läßt. Finde ich einen Weg, komme ich zurück.«

Der Vorschlag lag darum nahe, weil ich mich als Zivilist vielleicht am ehesten ohne Verdacht aus Stauffenbergs Büro wegbegeben konnte. Die andern nickten. Ich trat unter die Tür und blickte auf den Gang, auf dem die Schießerei stattgefunden hatte. Er war leer. Ich ging nach hinten, um einen Nebenausgang auszumachen. Nach wenigen Schritten wurde ich angehalten. Hinter einem Mauervorsprung vor einer Hintertreppe stand ein Offizier, den ich im Lauf des Abends schon mehrfach gesehen hatte. Er fragte mich nach dem Grund meiner Anwesenheit. Es war ein Major Herber. Da kam von der Heyde hinzu. Er erklärte brüsk: »Der Kerl gehört zum engsten Kreis der Verräter. Er sitzt schon den ganzen Nachmittag hier.« Damit war mein Schicksal einstweilen entschieden. Ich wurde in ein dem Hof zugelegenes Zimmer geführt und dort mehreren Unteroffizieren zur Bewachung übergeben. Sie fragten mich nicht weiter nach Woher und Wohin, sondern ließen ihrer Freude und Schadenfreude über das mißglückte Abenteuer freien Lauf. Plötzlich verstummte das fiese Palaver. Vom Hof herauf hörte man, obwohl die Fenster geschlossen und verdunkelt waren, scharfe Kommandos. Ich bemühte mich, sie zu verstehen. Aber ich hörte nur noch einen einzelnen lauten Ruf. Auch von ihm konnte ich nur das letzte Wort mit Sicherheit ausmachen. Es hieß Deutschland. Es gehörte zu Claus Stauffenbergs letztem Ruf: »Es lebe das heilige Deutschland!« Dann krachte eine Salve. In dem engen Hof zwischen den massiven Wänden hallte sie gewaltig. Darnach ein, zwei Pistolenschüsse. Unsere erste Reihe war tot. Der Generaloberst Ludwig Beck hatte sich selbst zu erschießen versucht.

Kurz darnach wurde ich wieder zu den Freunden gebracht. Unter der Tür nahm mich ein großer breitschultriger SS-Führer in Empfang. Er tastete mich nach Waffen ab und fragte verwundert und aufgeregt, wo ich denn in der Eile Zivil herbekommen habe. Ich erklärte, ich sei Zivilist und nannte meinen Namen. Eine Stimme aus dem Hintergrund: »Was, der Konsistorialrat? Den suchen wir ja seit Wochen!« Ein Gestapooffizier etwas niedrigeren Ranges, mit einem Karabiner bewaffnet, trat auf mich zu, sah mich prüfend an und sagte zu Skorzeny: »Es stimmt, er ist es.« Dreißig Jahre später verglichen Skorzeny und ich, bei Horcher in Madrid sitzend, unsere Erlebnisse an jenem Tag.

Während ich bei den Unteroffizieren saß, hatte ich versucht, heimlich den Ausweis zu vernichten, der mich als zur Verschwörung gehörig auswies. Er war harmlos als Erlaubnisschein zum Betreten der Besatzungsgebiete West aufgemacht. Die Schnipsel wurden gefunden. Am anderen Tag wurden sie mir im Reichssicherheitshauptamt vorgelegt als Beweis, daß ich dazu gehört habe.

Neben Skorzeny auf dem Schreibtisch stand ein umgestülpter Stahlhelm. Er war angefüllt mit Ritterkreuzen, Eisernen Kreuzen und dem Deutschen Kreuz in Gold und Silber. Die Bänder der Ritterkreuze hingen über den Helmrand und ihre ehemaligen Träger standen in einer Reihe aneinandergefesselt quer durch den Raum. Ich wurde als letzter angeschlossen. Auf zwei, drei Schritte Abstand standen uns baumlange, mit Maschinenpistolen bewaffnete SS-Männer gegenüber. Daneben ein General. Er fixierte uns kalt. Dann tat er den Mund auf und erklärte:»Meine Herren, Sie sind verhaftet. Sie werden aus dem Mund des Führers Ihr Urteil hören.«[4]

Als sich der Oberstleutnant i. G. Bernardis, einer von uns und in dieser stolzen Reihe der Vertreter Österreichs, mit der Bitte an ihn wandte, eine Meldung machen zu dürfen, sagte er, kaum die Zähne auseinandernehmend, nur ein knappes Nein! Es war der General Hermann Reinecke.

Wilhelm Bachmann hielt ihn für einen Mann, der dem Evangelischen Hilfswerk für Internierte und Kriegsgefangene Schwierigkeiten machte, wo er konnte, und vor dem er sich deshalb vorsah.

In unserer Reihe stand am anderen Ende ein Mann, der mir unbekannt war, und von dem ich mir nicht denken konnte, daß er mit uns etwas zu tun habe. Tatsächlich erwies sich bald, daß der Rittmeister d. R. von Ramin zwar Ordonnanzoffizier bei General Olbricht gewesen, aber völlig uneingeweiht und unbeteiligt an unserem Unternehmen war. Wir warteten auf den Spruch Hitlers. Seine Rede war angesagt. Ich hielt es für selbstverständlich, daß wir als die nächste Reihe unten im Hof an die Wand gestellt würden. Spät und krächzend kam die Stimme aus dem Lautsprecher. Aug' in Auge mit seiner Garde hörten wir ihn: Bataillone der Wehrmacht seien dabei, die letzten Reste der Verräter auszutilgen. Unser Todesurteil. Wir hörten es unbewegt.

Endlich waren die Fronten offen und klar – so wie sie von Anfang an hätten sein müssen. Ich war eigentlich zufrieden. Wir, die wir hier in Ketten standen, waren den ganzen Schwindel los. An das Land freilich wagte ich kaum mehr zu denken. Daß meine Frau und auch mein Vater und meine Geschwister mein Tun billigen würden, war mir gewiß. In jener Stunde war ich jenseits von Kummer und Schmerz. Es war getan. Es war geschehen. Die Welt konnte es sehen. Es gab ein anderes Deutschland. Das übrige stand in Gottes Hand. Ich blickte die Freunde an. Wir waren noch sieben. Vier davon waren preußische und schwäbische Grafen. Fritz-Dietlof Graf von der Schulenburg, Berthold Graf Schenk von Stauffenberg, Peter Graf Yorck von Wartenburg, Ulrich Wilhelm Graf Schwerin von Schwanenfeld. Dann der Oberstleutnant und Adjutant Olbrichts, Fritz von der Lancken, und wir beiden Bürgerlichen, der Generalstäbler Robert Bernardis und ich. Sechs von den sieben wurden gehängt. Fünfundzwanzig Jahre später sollte der siebente beweisen, daß er nicht in die Reihen der Henker gehörte.

Hitlers Rede war zu Ende. Wir wurden in den Hof geführt. In dem mit grünem Linoleum belegten Gang und auf der Treppe lag eine breite Blutspur. Ich hatte Mühe, aneinandergekettet wie wir waren, über eine große Blutlache zu treten. Im Hof waren allen Verdunklungsvorschriften zum Hohn die Scheinwerfer einiger Autos voll auf uns gerichtet. Aber, siehe da, es ging nicht an die Wand, sondern wir wurden eilig in einige Personenautos verladen und in die Prinz-Albrecht-Straße zum Hauptquartier Himmlers gebracht. Wir wurden in den Keller geführt. Er war voll von Gestapoleuten, Kriminalbeamten und eilig einberufenen Reservisten. Hilfswächter offenbar aus SS-Formationen. Die Fesseln, Rock, Krawatte und Schuhbänder wurden uns abgenommen, dann wurden wir nebeneinander an der Kellerwand aufgestellt. Ich stand zwischen Berthold Stauffenberg und Peter Yorck. Wir wurden einzeln vorgeführt, gefilzt, notiert und in einen im Keller gelegenen Zellenraum geführt. Diese Zellen dienten offenbar für kurzen Aufenthalt bei Verhören. Sie erinnerten an Umkleidekabinen in Badeanstalten. Die Türen gingen nicht bis an den Boden und nicht an die Decke. Gegenüber stand eine Bank, die von einer Gruppe mit Karabinern bewaffneter Wächter besetzt war. Sie trugen Zivil, waren durchweg ältere Leute und machten einen leicht verstörten Eindruck.

Im Hausgefängnis Himmlers

Jedes Wort, das in dem Raum gesprochen wurde, konnte verstanden werden. Für mich wurde das deshalb von Bedeutung, weil nach einer kurzen, unruhigen Nacht, in der ich mich auf der Pritsche herumwälzte, Bewegung in die Schar der Wächter kam. Sie sprangen auf, standen offensichtlich stramm und traten zu meiner Zellentür, als eine Stimme mit österreichischem Akzent fragte: »Wo ist der Zivilist?« Ich sprang von der Liege, als ein Mann in mittleren Jahren in der Uniform und mit den Rangabzeichen eines hohen SS-Führers unter meine Zellentür trat. Ich glaubte in ihm den Obergruppenführer und Chef der Sicherheitspolizei, Kaltenbrunner, zu erkennen. Er fragte mich, wie ich denn zu meiner Zivilkleidung gekommen sei. Ich sagte ihm, was ich Skorzeny schon ein paar Stunden vorher gesagt hatte. Ja, was ich denn in diesen Stunden unter den Militärs gewollt hätte? Meine Antwort war nicht von langer Hand vorbereitet. Ich hatte auch in der Nacht mit nichts anderem gerechnet, als am anderen Morgen erschossen zu werden. Jetzt brachte mich die Frage Kaltenbrunners blitzartig zu dem Entschluß, doch noch den Versuch zu machen, meinen Kopf zu retten. Ich sagte deshalb, daß ich bei Graf Yorck wohne, daß ich nach einem Aufenthalt in Österreich am Tag zuvor nach Berlin zurückgekommen und nach der Nachricht von dem Attentat in die Bendlerstraße gefahren sei, um mich bei meinem Gastgeber zu erkundigen, was eigentlich passiert sei. In den Bendlerblock sei ich zwar unbehindert hineingekommen, aber nur noch in Ketten heraus. Kaltenbrunner lüftete seine Mütze, kratzte sich am Kopf, sah mich nachdenklich an und sagte skeptisch: »Mann, Mann!« Er fragte mich dies und das, belangloses, wie mir schien, alles in einem nicht unfreundlichen Ton.

Von den zusammen mit mir Verhafteten sah ich später nur noch Fritzi Schulenburg. Kaltenbrunner setzte seine Befragung in keiner der anderen Zellen fort. Aber alle hatten meine Einlassung gehört. In den folgenden Wochen der langen Verhöre hatte ich nicht ein einziges Mal einen Anlaß daran zu zweifeln, daß die Gefährten nach mir und meiner Anwesenheit im Bendlerblock befragt, meine mitgehörte Darstellung übernommen haben.

Ich kann nicht sagen, daß ich meiner Ausrede viel Wert beimaß. Aber je mehr der neue Tag heraufzog, desto mehr war ich entschlossen, um meinen Kopf zu kämpfen. Gegen Mittag wurde mein Name aufgerufen. Ich wurde nach oben gebracht und von einem Sturmbannführer der Gestapo in Empfang genommen. Es war Lic. Dr. Neuhaus, Chef der Abteilung IV des Reichssicherheitshauptamtes. Er hatte mich seinerzeit vorgeladen und mir die kirchliche Betreuung der Zwangsarbeiter untersagt. Daß er einmal Theologe, Religionslehrer, gewesen war und seine wissenschaftlichen Sporen als Alttestamentler verdient hatte, das erfuhr ich freilich erst viel später. Er war dem Nationalsozialismus in seiner militanten Form verfallen, war in die SS eingetreten und zur Gestapo gegangen, wo er seiner Kenntnisse der alttestamentlichen und orientalischen Welt wegen anscheinend geschätzt wurde, Karriere machte und die Abteilung in der Berliner Zentrale bekam, die sich mit Juden, Freimaurern, Kirchen – kurz den sogenannten »überstaatlichen Mächten« befaßte. In ihnen sahen die haßblinden, kleinbürgerlichen Rassisten die Polypenarme finsterer Weltmächte, die sich gegen das strahlende Germanentum und seine Lichtgestalten verschworen hatten.

Ich habe nie begriffen, wie dieser Gedankenbrei aus einer mittelalterlich schmuddeligen Alchemistenküche nicht nur von Dilettanten und Dummköpfen, sondern auch von Leuten mit einiger Intelligenz geschluckt werden konnte. Neuhaus war kein Dummkopf. Wir hatten später noch allerhand miteinander zu tun. Verstanden habe ich ihn nicht.

Er schlug eine Akte von mir auf. Auf dem ersten Blatt nach meinen Personalien stand, daß ich 1934 von der Geheimen Staatspolizei in Rostock »wegen Anstiftung zum bewaffneten Aufruhr« in Haft genommen worden sei. Der SS-Führer sagte ruhig: »Nun also, heraus mit der Sprache! Vor zehn Jahren haben Sie es schon einmal versucht!« Ich hätte gerne gesagt, das sei zuviel der Ehre, aber ich blieb bei meiner Kaltenbrunner-Version. Er insistierte und drohte, mich nach Buchenwald in das KZ zu schicken, bis ich es mir besser überlege. Mir bedeutete die Drohung das genaue Gegenteil. Ich entnahm daraus, daß Himmler anders als sein Führer am Abend zuvor nicht an standrechtliche Erschießung, sondern an die Erforschung der Hintergründe dachte. Das aber hieß Zeitgewinn. Langsam glomm in mir der Gedanke auf, daß es vielleicht doch noch eine Chance gebe. Auch wenn sie winzig klein war.

Das Verhör wurde ergebnislos abgebrochen. Ich wurde in eine andere finstere Zelle gesperrt, die ich zeitweilig mit einem neu eingelieferten Oberst Haßel teilte. Wir kannten uns nicht.

Tags darauf nahm ich Abschied von Fritzi Schulenburg. Wir wurden zusammen in das Gefängnis Lehrterstraße gebracht. Ich kam in die Zelle 220, Schulenburg in die übernächste. Unterwegs sprachen wir miteinander. In einem mühsamen, bruchstückhaften Deutsch verbot es uns eine der Wachen. Unter der Tür der Zelle ein letzter Blick. Den Händedruck verwehrten sie uns. Sie drängten sich dazwischen.

In Ketten

Ich sah mich in der Zelle um. Sie war geräumig und hell. Eine alte Schlafstelle, verrostetes Eisen, ein alter Klapptisch, der Kübel in der Ecke und von oben bis unten in mehreren Sprachen bekritzelte Wände – es hätte schlimmer sein können. Als ich mir aber den rissigen Holzboden ansah, ahnte ich, daß dieses Lokal eine üble Wanzenbude sein werde. Ein alter, müder und milder Wachtmeister sah nach mir. Ich fragte ihn nach Wanzen. Er schüttelte langsam und kummervoll den Kopf. Bald darauf meldete sich ein Kalfaktor mit einem Kübel Wasser. Er hieß mich nicht nach Kalfaktorenart den Boden putzen. Er tat es selbst. Offensichtlich hatte sich in seinem Kollegenkreis bereits herumgesprochen, daß jetzt nicht Feldpostmarder und Fahrraddiebe in das alte Loch – es wurde unter Johann Hinrich Wichern gebaut – eingezogen seien, sondern hochfeine Todeskandidaten. Ihnen gegenüber waren die herkömmlichen Zuchthausmanieren nicht am Platz. Vielleicht hatten sich die Kalfaktoren an die besseren Manieren aber auch schon in dem Militärgefängnis gewöhnt, als das die Lehrterstraße zeitweilig diente. Es mag auch sein, daß der Einfluß eines wahren Juwels unter den Kalfaktoren, Theo Baensch, eines Ernsten Bibelforschers, so groß war, daß er sich geltend machte. Die Verpflegung war schlecht, aber noch weit besser als später in dem überfüllten Zuchthaus Bayreuth-St.-Georgen. Die Wanzen waren nicht zu vertilgen. So viele ich auch umbrachte – jeden Tag und jede Nacht rückten neue an.

In den ersten zwei Wochen meiner Haft wurde ich von Neuhaus mit steigender Strenge vernommen. Ich blieb bei meiner Geschichte. Am 5. August – wenn ich mich recht erinnere – wurde mir ein Exemplar der ›Berliner Nachtausgabe‹ oder des Goebbelschen ›Angriffs‹ in die Zelle hereingereicht. Verwundert schlug ich das Blatt auf. Da stand, daß ein Ehrengericht, ein sogenannter Ehrenhof unter dem Vorsitz des Generalfeldmarschalls von Rundstedt, eine Reihe namentlich aufgeführter Angehöriger der Wehrmacht dem Führer zur Ausstoßung aus der

Armee vorgeschlagen habe, und daß ihre Ausstoßung erfolgt sei. Die Namen Witzleben, Yorck, Schulenburg, Hase, Hoepner, Stieff, Bernardis und andere waren genannt. Ich hatte die Nachricht kaum gelesen, als einer der volksdeutschen SS-Männer in meine Zelle stürzte, und mir die Zeitung mit der Begründung wieder entriß, sie sei mir aus Versehen hereingebracht worden. Später stellte sich heraus, daß das die Methode war, um unsere Offiziere vor der Verhandlung vor dem Volksgerichtshof von ihrer Ausstoßung aus der Armee zu unterrichten.

Als ich in den ersten Augusttagen zu einer Vernehmung zu Neuhaus in die Meinekestraße gebracht wurde, mußte ich in seinem Vorzimmer warten. Plötzlich schien es mir, als ob ich den Ton einer vertrauten Stimme gehört hätte. Ich schlängelte mich an die hohe Doppeltüre und lehnte mich so gegen die Wand, daß ich halbwegs hören konnte. Es war die Stimme Peter Yorcks. Er sprach ruhig, aber wie mir schien bedrückt. Die Stimme des vernehmenden Sturmbannführers Dr. Neuhaus klang höflich. Ich konnte aus den Gesprächsfetzen keine Schlüsse ziehen und wurde auch gleich darauf in ein anderes Zimmer geführt, in dem ich von dem Justitiar der Abteilung, dem Oberregierungsrat Hahnenbruch, vernommen wurde. Seine Vernehmungsmethode unterschied sich vorteilhaft von der seines Vorgesetzten.

Peter Yorck sah ich nicht wieder. Seine Stimme durch die Tür war das letzte. Am 8. August wurde er von Freisler zum Tod verurteilt und am gleichen Abend zusammen mit der ersten Gruppe von uns, die diesen Weg gehen mußten, in dem Gefängnisschuppen in Plötzensee gehängt. Harald Poelchau, unser Freund und Kreisauer Gefährte, Gefängnispfarrer in Tegel, sah ihn noch kurz vor dem letzten Gang. Begleiten durfte er ihn nicht. Zwei Tage später starb Fritzi Schulenburg an der gleichen Stelle denselben Tod.

Zwei Wochen lang saß ich in der Zelle, ohne noch einmal zum Verhör gerufen zu werden. Die Schritte der Wächter und der abgeholten oder neu eingelieferten Gefangenen waren das einzige, was bei Tag zu hören war. Bei Nacht war es anders. Da hallten die Rufe aus den Zellenfenstern in den Gefängnishof. In einer Nacht hörte ich einen an seinem Zellenfenster stehenden Mann lange weinen. Es sei der Kaplan Hermann Wehrle gewesen, berichteten meine inzwischen freundlicher gewordenen volksdeutschen SS-Wächter. Er war der Beichtvater des Majors Freiherr von Leonrod, der seinen seelsorgerlichen Rat erbeten hatte. Obwohl Wehrle durch das Beichtgeheimnis geschützt gewesen wäre, wurde er wegen Nichtanzeige hingerichtet. Im Vergleich zu seiner Verurteilung muß das Urteil, das Freisler Monate später gegen mich verhängte, freilich als glattes Fehlurteil bezeichnet werden. Nicht nur Pater Delp, sondern vor allem auch Wehrle sind ein Beispiel dafür, wie sehr Leuten wie Freisler die katholische Kirche und ihr Klerus verhaßt waren. Im Vergleich zu ihm hielten sie den evangelischen Klerus für nationale Trottel – samt Niemöller.

200

Ein anderer Ruf in jenen Sommernächten ist mir unvergeßlich. Die Bombenangriffe wurden schwerer und schwerer. Wenn es Luftalarm gab, wurde in aller Eile noch einmal geprüft, ob unsere Zellentüren auch doppelt verschlossen seien. In einen Luftschutzraum wurde ich jedenfalls weder in dem Gefängnis Lehrterstraße noch später in Tegel geführt. Wenn die Flak zu feuern anfing, fielen meist auch schon die Sprengbomben, die dem nahegelegenen Lehrter Bahnhof und der großen Bahnlinie galten. Eines Nachts, als ringsum die Bomben fielen, hörte ich eine kräftige Stimme rufen:»Näher, näher!« Zuweilen gab es, noch ehe Entwarnung gegeben wurde, auf den Gängen laute Rufe und aufgeregtes Hin und Her. Dann wurde ein halb oder schon ganz Ausgebluteter aus der Zelle geschleift. Die Selbstmordversuche waren während der Luftangriffe am häufigsten.

Während ich dies niederschreibe, liegt eine kleine Fotografie neben mir. Sie zeigt ein Kinderbild unserer Tochter Cornelia auf dem Arm meiner Schwester Maria. Auch heute noch lesbar ist auf dem schmalen Rand des Bildchens eingekritzelt.»Ich werde nicht sterben, sondern leben und des Herrn Werk verkündigen.« Die Geschichte dazu umschreibt die tiefste Erfahrung meines Lebens. Sie berichtet von einem Wunder. Ich zögere darüber zu berichten, weil es mir widerstrebt, ein inneres Erlebnis von solcher persönlichen Bedeutung zu publizieren. Unterließe ich es, müßte ich mir aber den Vorwurf machen, die Geschichte meines Lebens erzählt und vom Wichtigsten geschwiegen zu haben. Dabei ist mir nicht sicher, ob meine Sprache oder Feder ausreichen, den Tatbestand angemessen wiederzugeben.

Am 17. August 1944 saß ich mittags auf dem lottrigen Eisenbett meiner Zelle und sann so vor mich hin. Ich war entspannt und dachte an dies und das. Am Vormittag hatte ich mir die Zeit damit vertrieben, meinen Gedicht- und Liederschatz zu rekapitulieren. Im Lauf der Wochen hatte ich durch angestrengtes Nachdenken die Choräle und Gesangbuchlieder wieder halbwegs zusammengebracht, die ich in der Schule, im Konfirmandenunterricht, in der Familie oder beim sonntäglichen Kirchgang gelernt hatte. Ich begreife nicht, warum neuerdings ihr Auswendiglernen aus der Mode gekommen ist. Es gibt Stunden, in denen sie dem auf die äußersten Klippen des Lebens Gejagten zur großen Hilfe werden.

Dann memorierte ich die Lieder der Jugendbewegung. Der Zupfgeigenhansl und Jödes Musikant fielen mir leicht ein. Auch die Lönslieder und Landsknechtlieder von fragwürdiger Qualität saßen gut und fest. Ich hatte mir außerdem zur Regel gemacht, während meiner Gefängniszeit die Bibel von A bis Z hintereinander durchzulesen. Für einen in der Bibelkritik leidlich Bewanderten geht das weniger flott als das Summen altvertrauter Liedertexte. Das alles hatte ich am Vormittag betrieben. Ich war nicht müde, ich war nur leicht hungrig geblieben – das Mittagessen war dünn. Nun saß ich da und tat gar nichts.

Verheißung

Da ging mir plötzlich ein Bibelwort durch den Kopf. »Ich werde nicht sterben, sondern leben und . . .« Der Schluß war mir abhanden gekommen. Ich begann in meinem Gedächtnis nach ihm zu suchen. Da durchzuckte mich der Gedanke: das gilt ja dir. Ich sprang auf und starrte zu dem Zellenfenster empor. Mein nächster Gedanke war: Bilde dir bloß nichts ein. Verlier die Balance nicht. Nichts dümmer als das Opfer seiner eigenen Wünsche und Vorstellungen zu werden. Vorstellungen, die die Realität, die massive Wirklichkeit geschlossen gegen sich hatten. Aber immer wieder fiel in meine Zweifel und Selbstermahnungen tonrein und sich verstärkend die innere Stimme: »Ich werde nicht sterben, sondern leben.«

Mit meiner Gelassenheit war es vorbei. Meine Ruhe war dahin. Ein Skeptiker, ein kritischer Kopf geriet in Aufruhr gegen sich selbst. Ich hatte zu der Psychologie – soweit sie über die in der Pädagogik, Homiletik und Rhetorik verwertbaren Erkenntnisse hinausgriff – immer in einer skeptischen Distanz gestanden. Als Student hatte ich mich bei Gaupp in Tübingen und bei Bleuler in Zürich um die Grundlagen der Psychiatrie bemüht. Vieles davon hatte ich vergessen, aber soviel war mir geblieben, daß mein Mißtrauen gegen mich selbst noch auf ein wirksames Instrumentarium zurückgreifen konnte.

Ich kann nicht sagen, daß mir in der großen Spannung zwischen Verheißung und Zweifel die Theologie eine nennenswerte Hilfe gewesen wäre. Obwohl ich aus einer konservativ gestimmten theologischen Schule kam und der Richtung auch im ganzen treu geblieben war, nützte mir die theologische Reflexion, in der ich geübt war, wenig. Ein Wunder? Gewiß, warum sollte es das nicht geben? Wo findet sich ein menschliches Gehirn in dieser Welt, das Gottes freies Schalten und Walten mit noch so guten Gründen beschränken könnte oder dürfte? Andererseits: Hatten wir nicht bei der Exegese biblischer Wundergeschichten gesehen, daß der Verdacht »Kultlegende« nicht leichterhand vom Tisch gewischt werden kann? Nein, der fromme Laie hat es in vielem besser als der Theologe, der glauben will, aber das nicht gegen seinen Kopf, sondern mit ihm tun soll und muß.

Am Abend, ehe das letzte Licht aus meiner Zelle schwand, griff ich nach dem Fensterrahmen. Dort hatte ich einen lockeren rostigen Nagel entdeckt. Ich säuberte ihn, nahm das kleine Bild, das mir die Gestapo in meiner Bibel gelassen hatte und grub die Worte in den Bildrand ein. Dann stieg ich auf den Hocker und kratzte sie außerhalb des Fensters rechts unten in die Gefängniswand. Zehn Jahre später konnte ich sie meinen Begleitern bei einer Besichtigung der Zelle vorweisen. Beim Nachdenken war mir eingefallen, daß es ein Psalmwort sein müsse, das für Luther einmal von Bedeutung geworden war. Ich fand es im 17. Vers des 118. Psalms. Es lautet:

»Ich werde nicht sterben, sondern leben und des Herrn Werke verkündigen.«

Der anschließende Vers fährt fort:

»Der Herr züchtigt mich wohl, aber er gibt mich dem Tode nicht.«

Diese Worte wurden mir zu der Erfahrung meines Lebens. Nicht nur weil ich in das Leben zurückkehren durfte, sondern mehr noch weil mir diese Verheißung und ihre Erfüllung zur persönlichen Erfahrung der Wirklichkeit Gottes geworden ist. Ich kann sie nicht beschreiben. Ich ging damit fortan nicht auf Wolken und war auch nicht über alle Zweifel erhaben – im Gegenteil. Die Welt um mich, und ich mit ihr, blieb mir ein Fragment von zweifelhafter Güte, mit Tiefen und Höhen, ein Gewürge von Gut und Böse, von Größe und Elend, von Schönheit und Ekel. Vor allem aber geriet ich in den folgenden Monaten in eine äußerste innere Spannung. Hatte mich ein sublimierter Lebenswille im Fang oder war mir tatsächlich eine Verheißung zuteil geworden, die mir zum Beweis, zum persönlichen Beweis der Wirklichkeit des Gottes der Bibel werden würde? Bislang gründeten mein theologisches Handwerk und mein Glaube im wesentlichen auf zwei von drei Elementen des Glaubens:

1. Notitia – die Kenntnisnahme der geschichtlichen und geschichtlich tradierten Tatbestände der biblischen Botschaft, 2. Assensus – die intellektuelle Zustimmung, für mich ihre Hinnahme.

Jetzt aber wurde von mir Fiducia verlangt – das Vertrauen, der Verlaß darauf auch gegen allen Augenschein.

Verschärfte Vernehmung

Am Tag darnach, am Vormittag des 18. August, hörte ich den lauten Ruf aus der Zentrale an die Posten: »220.« Das war ich. Einige Wochen lang hatte ich ungefragt gesessen. Jetzt wurde ich gefesselt und zur Vernehmung gebracht. Sturmbannführer Dr. Neuhaus nahm mir die Fesseln ab. Dann begann das Verhör. Ich merkte sofort, daß sich die Lage verändert, verschärft hatte. In barschem Ton, mit gellender Stimme machte er mir eine Reihe von Vorhaltungen, die mich erschrecken ließen. Aus den Einlassungen anderer bei zahlreichen Verhören, die inzwischen stattgefunden hatten, waren mir so viele und so schwere Belastungen erwachsen, daß ich Mühe hatte, die Fassung zu bewahren. Ich blieb bei meiner Kaltenbrunner-Version, was meine Anwesenheit bei Stauffenberg am 20. Juli betraf. Aber sie war in den Hintergrund getreten, weil inzwischen unsere Kreisauer Gespräche, unsere häufigen Zusammenkünfte, unsere Kontakte mit den militärischen Führern des Staatsstreiches schon mehr als in Umrissen bekannt geworden waren. Es gab Einzelheiten unter den Vorhaltungen, von denen ich nur annehmen konnte, daß sie aus nächsten Freunden herausgeprügelt worden waren.

Ich konnte und wollte nicht abstreiten, daß ich dem Kreis angehörte. Aber ich stellte ihn als einen evangelisch-katholischen, heute würde man sagen ökumenischen, Gesprächskreis dar, in dem man sich auch Gedanken darüber gemacht habe, wie nach dem Krieg die Neuordnung Europas aussehen könnte. Aber ich wisse doch – warf bei einer dieser Vernehmungen Hahnenbruch ein –, daß nur der Endsieg in Frage komme. Ich sagte, daß ich ja nicht von der Niederlage gesprochen habe. Er wandte sich leicht betreten einem anderen Vorwurf zu.

Die Vernehmung durch Neuhaus war immer härter geworden. Ich hatte mir die Sache inzwischen gründlich überlegt und war entschlossen, mich an keinem Punkt in eine bedenkliche Einlassung treiben zu lassen. Wie schwer dies durchzuhalten war, kam mir freilich erst zu Bewußtsein, als Neuhaus zu anderen Mitteln griff. Nachdem er sich am 18. August zwei oder drei Stunden lang unter Drohen und Gebrüll mit mir beschäftigt hatte, rief er nach seiner Sekretärin, einer in dem Geschäft offensichtlich abgebrühten jungen Stenotypistin namens Holland. Er diktierte ihr ein Fernschreiben an die Gestapoleitstelle Schwerin, in dem es hieß, meine in Schloen befindliche Ehefrau Brigitte sei unverzüglich in Haft zu nehmen und nach Berlin zu überstellen. Das Kleinkind Cornelia sei wegzunehmen und durch die NSV zu versorgen. Er legte mir die ausgeschriebene Anordnung vor und fragte mich, ob ich eher meine Nächsten opfern als die Wahrheit sagen wolle.

Ich blieb bei meiner Version. Er übergab mich einem jüngeren Gestapo-Mann, der mich zwei Stunden lang unbeachtet sitzen ließ, dann ging es bei Neuhaus weiter. In einem Strafverfahren, das einige Jahre später gegen Neuhaus in Siegen stattfand und bei dem ich als Zeuge vernommen wurde, erfuhr ich, daß in der Zwischenzeit offenbar eine Beratung von Neuhaus mit seinem Oberen, dem berüchtigten Stellvertreter Himmlers und Kaltenbrunners, dem SS-Obergruppenführer Heinrich Müller, kurz Gestapo-Müller genannt, stattgefunden hat. Dabei wurde beschlossen, mich »verschärft« zu vernehmen. Ich wurde einem Mann übergeben, der sich Bando, am Telefon gelegentlich auch Rissmann, nannte. Er war ein hagerer, vermutlich magenkranker Mann mittleren Alters mit einem Raubvogelgesicht. Auf einer Hintertreppe führte er mich in den Keller des Hauses in der Meinekestraße. Dort nahm mich ein SS-Untersturmführer namens Steffen oder Steffens in Empfang, ein Mann um die dreißig mit starrem, unbewegtem Gesichtsausdruck, kalten Augen und wenig Worten. Er zog seine Pistole, lud durch und Bando stieß mich über einen langgestreckten niederen Tisch, Gesicht nach unten. Dann hagelte es Prügel. Der Stock war mit Nagelköpfen gespickt. Ich weiß nicht wie lange er schlug. Aber mir scheint, daß ich nicht das Bewußtsein verlor. Die Treppen hinterher konnte ich allerdings nur noch mit großer Anstrengung bezwingen. Bei Neuhaus abgeliefert, wurde ich gefragt, ob ich jetzt endlich reden wolle. Meine Antwort: Ich hätte gesagt, was ich zu sagen habe. Der SS-Führer schlug mir mitten ins Gesicht. Steffen schlug von der anderen Seite. Ich verlor die Balance und sagte im Zorn, daß ich mich eher totschlagen lasse als andere Aussagen zu machen. Es folgten noch einige Hiebe, dann schleppte mich Bando ab und setzte mich in seinem kleinen Büro auf einen Stuhl. Ich blutete. Er zog mir Rock und Hosen aus und untersuchte meine Wunden. Dann sah er mich an, schüttelte den Kopf und fing zu reden an. Mitten im Satz gab er es auf.

Spät am Abend wurde ich in die Lehrterstraße zurückgebracht. Mein volksdeutscher Wächter nahm mich in Empfang. »Um Gottes willen, wie sehen Sie denn aus?« Ich bat ihn um einen Becher Wasser. Es war ein heißer Tag gewesen. In der Meinekestraße gab es keinen Bissen Brot und keinen Tropfen Wasser für mich. Dann sagte ich dem guten Mann, ich sei in die Hände von Teufeln gefallen. Es war nicht sehr klug, aber es erleichterte mich. Er nahm es erschrocken zur Kenntnis und half mir aus den Schuhen. Angekleidet warf ich mich auf die Bettstelle und schlief auf dem Bauch liegend ein. Am anderen Morgen wieder der Ruf aus der Zentrale: »220!« Ich bin von Natur kein ängstlicher Mensch. Die Luftangriffe brachten mich nicht aus der Fassung, auch wenn sie ausgesprochen unangenehm wurden. Jetzt aber erfuhr ich, was Angst ist. Viele Jahre später, wenn ich im Geleit der Berliner Polizei vom »Gehrhus« kommend in den Reichstag fuhr, mußte ich mich in der Gegend der Siegessäule noch immer zusammennehmen, weil mir so etwas wie Angst nach dem Herzen griff.

An jenem 18. August war ich noch meiner fünf Sinne mächtig von der Lehrter- zur Meinekestraße gebracht worden. Jetzt, am 19. August 1944, mußte ich alles aufbieten, um nicht aufzugeben. Die Angst war schlimmer als das was kam. Neuhaus begann zwar wieder im alten Ton. Ich hätte ihn seit Wochen angelogen. Sie hätten Material genug gegen mich in der Hand. Aber sie wollten es von mir selbst wissen. Ich solle reden, oder es gehe wieder in den Keller. Was ich zu sagen habe, hätte ich gesagt, war meine Antwort. Er schlug mich nicht wieder. Er rief nach Steffen, seinem Foltermeister. Steffen meldete sich nicht. Ich bebte und schwieg. Da kam Bando. Zornig herrschte ihn Neuhaus an, wo Steffen sei – die Prozedur müsse wiederholt werden. Steffen – sagte Bando – sei heute nicht da. Er müsse sein Kind beerdigen. Neuhaus schwieg. Er setzte sich an seinen Schreibtisch, legte seine Pistole neben sich, hieß mich an die Wand treten, blätterte in den vor ihm liegenden Papieren und sagte nach einiger Zeit in ruhigerem Ton, er sei es leid mit mir, ich solle schriftlich niederlegen, was ich zu sagen habe. Noch einmal hob er die Stimme zu der eindringlichen Ermahnung, endlich zu gestehen, dann übergab er mich einem jüngeren Beamten, der mich in seinem Büro an einen Tisch setzte und mir Papier und Feder gab.

Das Sitzen fiel mir schwer, außerdem quälte mich der Durst. Aber es gab sowenig wie am Tag zuvor. Ich grübelte lange. Dann begann ich eine breite, auf Verharmlosung angelegte Geschichte unserer »ökumenischen« Gespräche im Kreisauer Kreis niederzuschreiben. Soweit ich es konnte, blieb ich auch dabei der Wahrheit nahe. Ich mußte mit Gegenüberstellungen rechnen. Andererseits war mir bewußt, daß die geringste Unachtsamkeit der Gestapo gegenüber einen Ansatz gegen mich und meine Freunde bieten konnte. Neuhaus hatte mir zum Beispiel vorgehalten, was denn Pläne für eine neue Staatsorganisation mit evangelisch-katholisch zu tun hätten. Ich sagte, das sei von einer gewissen Bedeutung für die Reorganisation der Diözesen und Landeskirchen, die noch in ihren mittelalterlichen Grenzen verwaltet würden. Das bestritt Neuhaus nicht, dennoch fühlte er sich durch die Antwort hinters Licht geführt. Mit Recht. Er mißtraute allem, was ich sagte.

Jahre später wurde er zu zwei Jahren Zuchthaus verurteilt wegen Aussageerpressung. Ich hatte ihn nicht angezeigt, weil ich keine persönliche Rache wollte. Aus einem Wiedereinstellungsverfahren, das er selbst angestrengt hatte, war ein Strafprozeß geworden, in dem aufkam, daß er nicht nur mich, sondern auch Pater Delp verschärft hatte vernehmen lassen. Die Narben auf Delps Rücken, die ich im Gefängnis in Tegel einige Wochen später sah, zeigten mir, daß er noch härter vorgenommen wurde als ich. Ich bin gewiß, daß auch Delp, wäre er in die Freiheit zurückgekehrt, gegen Neuhaus nicht vorgegangen wäre. Nicht nur der Bergpredigt wegen. Wir hatten einfach genug von dem grauenhaften Gesetz von Schlag und Gegenschlag.

Der Gerechtigkeit wegen muß ich nachtragen, daß sich einige Wochen nach jenen heißen Augusttagen zeigte, daß die Gestapo in der Tat handfestes Material gegen mich besaß. Neuhaus hatte die Wahrheit gesagt, als er mir damit drohte. Eine Einlassung von Dr. Goerdeler, die mir Hahnenbruch eines Tages, als meine Vernehmung schon abgeschlossen war, vorlegte, war ausweglos tödlich für mich. Haubach und Steltzer hatten angenommen, ich sei schon am 20. Juli umgekommen. Gerüchte dieser Art gab es. Zu Goerdelers Entschuldigung muß ich sagen, daß er völlig korrekt über mich berichtet hat. Ich kann nur annehmen, daß auch er glaubte, ich sei bereits hingerichtet. Aber auch andere waren weich geworden. Ich mache ihnen nach dem, was mir widerfuhr, daraus keinen Vorwurf. Meine eigene Einlassung jedoch blieb eine einzige Verharmlosung. Ich schrieb sie auf die Gefahr hin, mir damit neue Kellergänge einzuhandeln.

Aber nichts dergleichen geschah. Als mich Neuhaus eines Abends selber in die Lehrterstraße zurückbrachte – es war sehr spät geworden, und ich hatte wieder den ganzen Tag in der Meinekestraße geschmort ohne einen Tropfen Wasser –, wurde mir unterwegs schlecht. Ich bat ihn anzuhalten. Er zog seine Pistole, ließ mich aussteigen, und ich würgte, am Tiergartenrand stehend. Er fragte mich, ob ich im Gefängnis noch etwas zu essen bekäme. Ich sagte nein, aber es gebe in meiner Zelle einen Krug Wasser.

Als er mich ablieferte, sagte er dem humanen Gefängniskommandanten, einem SS-Offizier, er erlaube, daß ich fortan etwas Essen empfangen dürfe von meiner Familie. Ich hörte es, während ich abgeführt wurde. Was für ein Lichtstrahl in meiner Höhle des Elends! Nicht nur des Essens wegen – auch das war wichtig. Aber ich schloß aus der Anordnung, daß meine Frau noch in Freiheit sei, daß sie mich aufgespürt habe und vermutlich bei Neuhaus vorstellig geworden war. Das bestätigte sich später alles. Neuhaus hatte sein Fernschreiben nach Schwerin nicht abgehen lassen, oder er hatte es widerrufen. Er hatte meine Frau mehrfach empfangen. Er hatte sie auch befragt, und sie hatte ihm auf der Linie geantwortet, die ich bei meinen Aussagen über den Kreisauer Kreis einzuhalten versuchte. Als ich mich Jahre später um seine vorzeitige Freilassung bei dem damaligen Justizminister Amelunxen von Nordrhein-Westfalen bemühte, brachte ich das alles zu seiner Entlastung vor. Die Hälfte der Strafe wurde ihm erlassen.

Mit meinem Nagel hatte ich in die Zellenwand gegenüber der Bettstelle eingegraben »Résistez«! Mit der Parole begann mein Tag. Sie war eine Erinnerung an die Hugenottin Marie Durand, die in ihrem beispiellosen Abwehrkampf die Losung in die Gefängnismauer von Aigues Mortes gegraben hatte. Seit jenem 18. August glaube ich jedoch, daß man jeden brechen kann. Es ist nur eine Frage der Zeit und Mittel.

Beim ersten Luftangriff nach dem 18. August gab es im Gefängnis Lehrterstraße wieder Selbstmordversuche und Scherben. Die Zellenfenster waren zersprungen. Ehe am anderen Morgen das große Reinemachen begann, suchte ich mir unter den Glassplittern einige scharfkantige aus und versteckte sie in der unteren Seite meiner rissigen kleinen Tischplatte. Ich war entschlossen, auch bei fortgesetzten verschärften Vernehmungen zu widerstehen, aber es war mir klar, daß ich das nicht lange durchhalten würde. In diesem Fall war ich willens, mir die Pulsadern zu öffnen. Der Gedanke an meinen alten württembergischen Bischof, an Friedrich Brunstäd, den väterlichen Freund, an andere teuere Gefährten wie Wilhelm Bachmann und andere ließ mir keine andere Wahl. Ehe ich sie in Gefahr brachte, ehe ich Helmuth Moltke, Haeften, Trott, Haubach, von deren Schicksal ich noch nichts wußte, belasten müßte, wollte ich lieber aus dieser Welt des Mords und Totschlags in die Ewigkeit fliehen. Ernstliche Bedenken des Glaubens hatte ich dabei nicht. Auf diesem Tiefpunkt bedeutete mir das Erlebnis vom Mittag des 17. August eine große Hilfe. Es drohte zwar zeitweilig von Zweifeln erstickt zu werden, aber es rang sich immer wieder frei.

Am Morgen des 25. August, meinem achtunddreißigsten Geburtstag, tat sich meine Zellentür auf. Mein Volksdeutscher ließ einen Kalfaktor in die Zelle treten, der mir eine Tüte mit Brötchen und Pflaumen übergab. Sie sei für mich abgegeben worden. Ich wollte es nicht glauben. Tränen traten mir in die Augen. Als die beiden wieder draußen waren, griff ich nach einem mit Butter und Wurst belegten Brötchen. Ich biß hinein – und der Herzschlag stockte mir. Ich hatte einen Kassiber zwischen den Zähnen. Meine Frau schrieb mir, wer inzwischen aus unserem nächsten Freundeskreis hingerichtet worden war und wer, wie Adam von Trott, damit unmittelbar rechnen müsse. Das war für meine eigene Einlassung von Bedeutung. Ich konnte die Toten jederzeit als Zeugen für meine Behauptungen benennen, ohne Gegenüberstellung befürchten zu müssen. Aber so wichtig mir diese Nachrichten auch waren und so sehr es mich freute, etwas über die Familie zu hören, so groß war doch mein Wunsch, daß sich meine Frau nicht ein zweitesmal dem großen Risiko eines Kassibers aussetze. Es wäre um uns beide geschehen gewesen. In der Dämmerung dieses Tages rief eine Stimme in den Gefängnishof, Paris sei gefallen. Der Wettlauf mit der Zeit um unseren Kopf hatte begonnen.

Ich unterschrieb ein Protokoll, in dem ich bei meiner Kaltenbrunner-Version und bei meiner Darstellung des ökumenisch-kirchlichen Charakters des Kreisauer Kreises geblieben war. Ich konnte allerdings unter der Last der Vorhaltungen auf keine Weise bestreiten, davon gehört zu haben, daß es Leute gebe, die auf eine Ablösung des Führers drängten. Neuhaus wollte, daß ich Beseitigung schreiben solle. Ich riskierte den Kellergang und blieb bei der »Ablösung«. Ich erklärte, daß ich darüber schon 1942 in ausländischen Zeitungen gelesen hätte. Schließlich räumte ich ein, davon auch in Deutschland gehört zu haben. Später – nach einem Protokoll Goerdelers und Haubachs – mußte ich zugeben, in diesem Zusammenhang auch Goerdelers Namen gehört zu haben. Auf die Frage, warum ich nicht angezeigt hätte, sagte ich, daß die Nachrichten, die mir davon zur Kenntnis gekommen seien, so vage gewesen seien und von mir überhaupt nicht hätten belegt werden können, daß ich zumindest Ehrenhändel oder Duellforderungen riskiert hätte. Zudem sei mir nicht bekannt, daß auch unter solchen Umständen eine Anzeigepflicht bestehe. Graf Moltke und andere hätten alle Gedanken an Gewalt, wenn sie irgendwo auch nur angedeutet wurden, strikt abgelehnt.

Die Linie des bloßen vorsorglichen Denkens einer neuen europäischen und wirtschaftlichen Ordnung für die Zeit nach dem Krieg machten wir auch zur Grundlage unserer Verteidigung in der Hauptverhandlung vor Freisler. Von Ende August bis zum Beginn dieser Verhandlung am 9. Januar 1945 änderte sich daran nichts, obwohl ich noch mehrfach zu neuen Verhören gebracht wurde.

Das eine davon erfolgte durch Hahnenbruch in der Meinekestraße. Als ich vorgeführt wurde, war er düsterer als sonst. Ohne viel Worte gab er mir ein Protokoll in die Hand, das von einer anderen untergeordneten Gestapodienststelle an ihn abgegeben worden war. Es enthielt die Aussage eines mir wohlbekannten jungen Holländers, den ich zur kirchlichen Betreuung holländischer Zwangsarbeiter eingesetzt hatte. Er war ein frommer junger Mann und – was ich leider nicht rechtzeitig erkannt hatte – der seelsorgerlichen Aufgabe, vor die er gestellt wurde –, nicht in jedem Stück gewachsen. Er wußte nicht, wie übrigens auch viele meiner Freunde und Schicksalsgenossen, daß die Lüge – um eine Definition meines Lehrers Brunstäd zu gebrauchen »die bewußte Täuschung eines berechtigten Vertrauens« ist. Mein frommer Holländer war der Meinung, daß er jederzeit und wo auch immer »die Wahrheit« sagen müsse – die Folgen lägen in Gottes Hand. Er war kein subtiler Theologe, er wollte nur Gottes Geboten folgen. Und eines davon hieß nun einmal: Du sollst nicht lügen.

Die Folge war, daß er bei einem Gestapoverhör treuherzig erzählte, ich hätte ihn, als er mich ratsuchend besuchte, davor gewarnt, sich auf Sabotagehandlungen einzulassen. Die hohen Opfer und Risiken stünden nicht für den bescheidenen Effekt. Außerdem sei es Sache der Deutschen, hier Wandel zu schaffen. Das Protokoll gab wahrheitsgemäß ein Gespräch wieder, das ich mit zwei jungen Theologen Hollands in meinem Amtszimmer in der Berliner Jebensstraße einmal geführt hatte. Ich tat dergleichen sonst nicht, aber in diesem Fall riskierte ich es, weil ich sah, in welchen Nöten die beiden Männer steckten und weil ich überzeugt war, ihnen voll vertrauen zu können. Bei dem einen, der später im KZ landete – und überlebte –, traf das nach der charakterlichen und intellektuellen Seite hin völlig zu. Beim anderen reichten die Intelligenz und die Theologie jedoch nicht aus, um mit der Lage fertig zu werden, in die er geraten war.

Ich gab Hahnenbruch das Papier zurück mit der Bemerkung, daß die Einlassung unter der Folter oder der Furcht vor ihr zustande gekommen sei. Die Hexenprozesse des Mittelalters hätten hinreichend bewiesen, daß es ein Irrtum sei zu glauben, damit einen Tatbestand klären zu können. Hahnenbruch sah mich lange an. Schließlich zuckte er die Achseln und beendete die Vernehmung. Ich habe niemals mehr einen Ton davon gehört. In der Verhandlung gegen Neuhaus vor der Strafkammer in Siegen erwähnte ich Jahre später den Vorgang als Beispiel des humanen Verhaltens, das es gelegentlich auch bei der Gestapo gab. Hahnenbruch, als Zeuge geladen und vor mir vernommen, saß im Saal. Er bekam einen roten Kopf und erklärte, davon nichts zu wissen. Später suchte er mich in meinem Amt in Bonn auf – ich war inzwischen Bundestagspräsident. Er bat, ihm sein Kneifen nicht übel zu nehmen, aber ich ahnte nicht, welchen Repressalien er sich ausgesetzt hätte, wenn er mich bestätigt hätte.

Zu einem anderen Verhör wurde ich aus der Strafanstalt Tegel vorgeführt. An einen Gestapomann in Zivil gefesselt, wurde ich zur Gestapo in die Friedrichstraße gebracht. In der U-Bahn, in der wir stehen mußten, drehten sich die Köpfe nach mir um. Neugierige, abweisende Blicke fixierten mich minutenlang. Unrasiert, in wappenden Schuhen – die Bänder waren weg – und schlappenden Hosen – den Gürtel hatte man mir genommen, und für die erkleckliche Gewichtsabnahme hatten Gefängnisküche und Vernehmungen gesorgt – sah ich vermutlich auch so aus, wie sich der von Fernsehkrimis noch nicht aufgeklärte Bürger den Verbrecher vorstellte. Der Gestapobeamte in der Friedrichstraße, Bartoll, wollte mich in Sachen Bachmann vernehmen. Das war mir sehr recht. Ich paukte Bachmann, so weit es überhaupt ging, heraus, ohne mir jedoch sagen zu können, daß es irgendeinen Erfolg haben werde.

Während der Vernehmung wurde der Oberst von der Heyde gemeldet. Die Story, die er an jenem Tag über unsere Begegnung am 20. Juli vortrug, unterschied sich wesentlich von der, die er fünfundzwanzig Jahre später dem ›Spiegel‹ erzählte. Er behauptete, ich hätte mit einer Pistole 08/15 – das gängige Wehrmachtsmodell – auf ihn angelegt, aber nicht geschossen. Dennoch wundere er sich, daß ich noch lebe. Ich sagte, ich hätte eine 08/15 nie in der Hand gehabt. Der Oberst beharrte darauf – auf der 08/15. So kam ein Protokoll zustande, in dem sich alles um die an sich gleichgültige Frage drehte: 08/15 – ja oder nein? Ich hatte in der Tat keine 08/15. Ich hatte Peter Yorcks Browning. Von der Heyde verschwand und Bartoll gab mir zu verstehen, daß er meine Gefährten und mich für das halte, was mir Hahnenbruch schon im August einmal im Klartext gesagt hatte: für Patrioten.

Ich weiß nicht, was aus Bartoll geworden ist. Wilhelm Bachmann kam einige Zeit später frei. [5] Am 27. September 1944 hieß es in der Lehrterstraße plötzlich: räumen, ausziehen! Niemand wußte wohin. Ich steckte meine Bibel und meine Zahnbürste ein und war fertig. In der Zentrale des Gefängnisses gab es ein Wiedersehen. Fast unmittelbar hinter mir stand Pater Delp. Ich wollte ihn begrüßen. Er sah starren Blicks durch mich hindurch als wäre ich Glas. Neben mir stand ein älterer Herr, der das Stuttgarter Schloßschwäbisch sprach, das Schwäbisch der Gebildeten. Es war der Baurat Fischer von der Firma Bosch. [6] Wir standen und standen, bis es Marsch hieß. Es ging in eine Gefährt, in dem ich mich mit Delp wiederfand. Als wir ausgeladen wurden, hörte ich, daß wir in der Strafanstalt von Tegel seien.

Im Totenhaus von Tegel

Fast war es wie eine Rückkehr in unsere alte Welt. In dem großen Aufnahme-raum saßen ringsum vertraute Gestalten. »Was, Sie leben noch?« Mit großer Überraschung begrüßte mich Popitz. Er saß neben Graf von der Schulenburg, nicht Fritzi, sondern dem ehemaligen deutschen Botschafter in Stalins Moskau. Es gab auch unbekannte Gesichter, wie mir schien Offiziere in Zivil. Nur einer war dabei, ein junger Hauptmann, der in voller Uniform mit Sturmgepäck aussah, als ob er eben von der Front käme. Es war Dr. Hans Fritzsche, Reserveoffizier im IR 9, mein späterer persönlicher Referent. Ich hatte ihn am 20. Juli abends in der Bendlerstraße gesehen, aber nicht mit ihm gesprochen. In seiner Nähe saß der Graf Gottfried von Bismarck, Regierungspräsident von Potsdam, ein Enkel des Reichskanzlers. Wir kamen in die Abteilung 8 des Hauses 1 der Anstalt. Es wurde das »Totenhaus« genannt, weil dort die Todes-kandidaten untergebracht wurden. Unsere Zellen lagen unmittelbar unter dem Flachdach, so hoch, daß ein Ausbruch auch dann nicht möglich gewesen wäre, wenn wir nicht von einem seltsamen Aufgebot neu eingekleideter älterer Männer mit Karabinern bewacht worden wären. Sie verstärkten die Justizwachtmeister, die den Betrieb in Tegel in der Hand hatten. Schon bei der Aufnahme merkten wir, daß wir jetzt aus der Hand der Gestapo in die der Justiz und des herkömmli-chen Strafvollzugs gekommen waren.

Dazu paßte freilich die Überraschung nicht, die uns am andern Morgen zuteil wurde. Nach dem Heraustreten und Kübeln erschien ein Aufgebot von Justiz-wachtmeistern, die jeden einzelnen von uns zu fesseln begannen. Das hatte es bislang nur bei dem Transport zu Verhören oder bei verschärften Vernehmun-gen gegeben. Bei einem einarmigen jüngeren Mann, der in Offiziersreithosen und Ziviljacke in meiner Nähe stand, kamen die Beamten in Bedrängnis. Es war der schwerversehrte Graf Blumenthal. Sie berieten sich halblaut, während ihnen hundert Augen kalt und mißbilligend zusahen. Dann verzichteten sie.

Es waren zwei stolze Reihen, die sich an jenem Septembermorgen in Tegel gegenübertraten. Vor jeder Zellentür stand einer von uns. Auf der mir gegen-überliegenden Seite sah ich ganz am Ende einen langen, hochgewachsenen Mann in der gestreiften KZ-Montur. Zunächst fiel mir nur die Kleidung auf. Dann sah ich genauer hin. Es war Helmuth von Moltke. Ich war so erfreut ihn wiederzusehen, daß ich unbekümmert um das Ritual, das Sprechen verbot, laut hallend durch den Gang Helmuth, Helmuth! rief und ihm mit hocherhobenen gefesselten Händen zuwinkte. Eugen! Eugen! schallte es zurück. Den Protest der Wachtmeister beachteten wir gar nicht. Neben ihm stand Erwin Planck, der frühere Staatssekretär, Sohn des berühmten Max Planck. Etwas entfernter sah ich mit einiger Verwunderung Hanns Lilje. Ich hatte nie gehört, daß er sich am politischen Widerstand beteiligte. Später erfuhr ich dann, daß ihn Goerdeler auf der Flucht ratsuchend angegangen hatte. Wir waren noch nicht lange da, als wir einen der schwersten Luftangriffe zu überstehen hatten, die ich erlebte. Die Bomben fielen so dicht und so nahe vor unserem Zellenbau, daß der Sand und die Splitter meine Zelle im vierten Stock so verdunkelten, daß ich glaubte, ich sei verschüttet. Die schwarze Nacht in meiner Zelle – der Angriff erfolgte um die Mittagszeit – wurde schließlich grau und langsam wieder zum Tag. Meine Taschenbibel weist heute noch die Löcher und Spuren des Splitterregens auf, der sich in die Zelle ergoß. Ich blieb unverletzt. Aber nun begann wieder eine große Umverlegung. Viele Zellen waren unbrauchbar geworden. Haubach und Steltzer waren unter dem größeren Teil, der wieder in die Lehrterstraße oder nach Moabit zurückverlegt wurde. Helmuth von Moltke, Alfred Delp, Ewald von Kleist und einige wenige andere aus unserem Kreis blieben in Tegel. Wir blieben da bis zur Aburteilung, Moltke und Delp bis zu ihrer Überführung in das Hinrichtungsgefängnis Plötzensee und ich bis zum Abtransport, der schließlich im Zuchthaus Bayreuth-St.-Georgen endete.

Die dazwischenliegenden Monate wurden für mich die Zeit, in der ich mein Leben wahrscheinlich am dichtesten und intensivsten gelebt habe. In der engen Gemeinschaft mit Helmuth Moltke und Alfred Delp und in der brieflichen Verbundenheit mit meiner Frau wurden sie mir zu einer Höhe des Lebens. Dem Zufall – ich benütze das vage Wort ungern, aber das bessere, Vorsehung, ist mir durch Hitler verhunzt – verdankten wir es, nach Tegel verlegt zu werden, wo es noch Gefängnisseelsorger gab. Unser Freund, Pfarrer Harald Poelchau, war der evangelische, sein Gesinnungsgenosse, Pfarrer Buchholz, der katholische. Sie riskierten für uns Kopf und Kragen. Sie wurden unsere Mittler zur Außenwelt. Sobald wir gelernt hatten, mit gefesselten Händen zu schreiben, hatten wir wieder einen Kontakt zu Familie und Außenwelt, von denen wir so lange abgeschnitten waren. Beiden Geistlichen wurde zwar bald verboten, die Zelle von Delp zu betreten. Aber ich lernte schnell, sogar in Fesseln dem Gefährten die Papiere abzunehmen, die er in seine linke Rocktasche gesteckt hatte. Das geschah in der Regel morgens beim Kübeln oder beim Antreten zur Freistunde. So ging das Manuskript des Bandes »Im Angesicht des Todes« durch meine Hand und manches andere auch, das Delp hauptsächlich bei Nacht in Tegel geschrieben hat. Dies war der einzige Vorteil, den wir von der unhumanen Anordnung hatten, daß in unseren Zellen während der ganzen Nacht das Licht über unseren Bettstellen brennen müsse. Mir wurde das lästiger als die Fesseln. Wenn sie nicht zu drückend aufgesetzt wurden. lernte ich mich bald mit einer Hand herauszuwinden. Delp und Moltke, die kräftigere Hände hatten, gelang das freilich kaum. Der Umgangston war in diesem Gefängnis höflich. Ich habe nur einmal erlebt, daß einem von uns eine erfüllbare Bitte abgeschlagen wurde. Ein des Haareschneidens kundiger Kalfaktor war erschienen. In der mir gegenüberliegenden Zelle saß der Botschafter Graf von der Schulenburg. Er wartete auf die Hinrichtung. Als er darum bat, auch zum Haarschneiden geführt zu werden, meinte der Hilfswachtmeister verlegen, das habe doch keinen Zweck mehr. Anderntags ging der bedeutende Botschafter schweigend zum Galgen.

In der unter uns liegenden Abteilung 7, in der offenbar die »gewöhnlichen« armen Sünder lagen, war das anders. Wir wachten oft am frühen Morgen auf, wenn »Transport« war. Dann rumorte es laut mit Schreien und Stößen unter uns. Die Leute erfaßten, wenn sie gefesselt wurden – im Unterschied zu uns blieben sie im allgemeinen ungefesselt –, was die Stunde geschlagen hatte. Eine makabre Situation.

Ich muß hier ein uneingeschränktes Lob über unsere Wächter niederschreiben. Der Hauptwachtmeister Klaus war ein altgedienter Justizwachtmeister, der Bescheid wußte. Er wußte zwischen Kriminellen, mit denen er es ein Leben lang zu tun gehabt hatte, und seinen neuen Gästen wohl zu unterscheiden. Das wußten zwar auch seine Kollegen, aber Klaus zog daraus am entschiedensten die Konsequenzen. Wo er es gerade noch ermöglichen konnte, half er uns und ging dabei manches Risiko ein. Er wußte, was die Stunde geschlagen hatte, ohne daß wir ihn darüber je hätten belehren müssen. Viele seiner Kollegen, das beobachtete ich auch im Zuchthaus in Bayreuth, wurden unsicher, wenn sie es plötzlich statt der gewohnten Diebe, Räuber oder auch Mörder mit Botschaftern, Professoren, Grafen – oder in Bayreuth gar mit einem richtigen bayerischen Fürsten (Josef Ernst Fürst Fugger von Glött) und einem Konsistorialrat zu tun bekamen.

Dank Poelchau und der Justizwachtmeister funktionierte in Tegel bald auch der Lebensmittelnachschub sehr gut. Er war zwar nicht erlaubt, aber die Gefängnisverwaltung drückte ein Auge zu, wenn Gräfin Moltke schlesische Wurst und meine Frau mecklenburgischen Schinken mitbrachte. So gut wir konnten, beteiligten wir auch unsere weniger mit nahrhafter Verwandtschaft ausgestatteten Mitgefangenen daran. Auf diese Weise hörte ich bei der sogenannten Freistunde – dem Rundgang im Hof – auch etwas von dem Karlsruher Rechtsanwalt Franck, einem Mann aus dem Goerdelerkreis. Er machte mir immer einen ganz besonders vereinsamten Eindruck. Niemand von uns und auch keiner von unseren Militärs kannte ihn. Ich habe nie beobachtet, daß er Besuch bekommen hätte. Er rechnete fest mit seiner Freilassung oder mit einer geringen Strafe. Als er zum Tod verurteilt wurde, war er fassungslos. Das Urteil wurde vollstreckt.

Ein Trost und eine Freude war mir Ewald von Kleist. Am Abend des 20. Juli hatte er im OKW eine rühmliche Rolle gespielt. Jetzt zeigte er eine ebenso feste wie klare Haltung. Er hatte sich auf Bitte von Fritzi Schulenburg einmal bereit erklärt, ein Attentat auf Hitler zu unternehmen, bei dem er sich selber hätte opfern müssen. Er fragte seinen Vater, Kleist-Schmenzin, ob er das tun dürfe. Dieser, ein pommerscher Gutsbesitzer und führender preußischer Konservativer, sagte ja. Er war in den Staatsstreich auch anderweitig verwickelt und wurde hingerichtet. Der Sohn, Ewald von Kleist, lag in der Nachbarzelle, bis er am Jahresende 1944 plötzlich entlassen und an die Front geschickt wurde. Er überlebte.

Am wichtigsten war für unseren so sehr reduzierten Kreis, daß wir uns jeden Tag sahen und daß wir uns von Zelle zu Zelle schreiben und auch mit unseren Frauen und anderen Nächsten korrespondieren konnten. Hier allerdings mußte aufgepaßt werden. Die Justizwachtmeister drückten zwar auch dabei mehr als ein Auge zu, aber der »Herr Inspektor«, der für das ganze Haus zuständige Aufsichtsbeamte, hätte wohl keinen Spaß verstanden. In der Silvesternacht 1944 schrieb mir Pater Delp mit gefesselten Händen seinen Gruß und Wunsch zum anbrechenden neuen Jahr: »Wenn wir wieder draußen sind, wollen wir zeigen, daß mehr damit (d. h. aus der engen Gemeinschaft) gemeint war und ist als eine persönliche Beziehung. Die geschichtliche Last der getrennten Kirchen werden wir als Last und Erbe weitertragen müssen. Aber es soll daraus niemals wieder eine Schande Christi werden...«

Meine Frau hat ein Päckchen der Briefe gerettet, die wir uns in jenen Wochen schrieben. Sie taugen nicht zur Veröffentlichung, aber sie vermitteln mir auch heute noch einen Eindruck von der großen Intensität unseres Lebens- und Gemeinschaftsgefühls, das uns damals erfüllte und verband. Und sie zeigen, ähnlich wie Moltkes Abschiedsbriefe an seine Frau oder – knapper – diejenigen Trotts, welche machtvolle Bedeutung die Bibel und das Gebet für uns gewannen. Daß wir bis zu der Hauptverhandlung vor Freislers erstem Senat des Volksgerichtshofs im Januar 1945 und darüber hinaus, wie ich glaube, keinen Augenblick aus dem Ruder liefen, daß Helmuth Moltke und Alfred Delp von dieser Welt in schlechthin bewunderungswürdiger Haltung Abschied nahmen, kann ich nur unserem gemeinsamen, intensiv sub specie aeternitatis gelebten Leben zuschreiben. Die durchgängige Höhe jener Wochen hat keiner von uns Überlebenden zu halten vermocht, aber keiner hat sie je vergessen, so wenig und so selten wir später im Alltag mit seiner Banalität und Normalität darüber sprachen.

ACHTES KAPITEL

In Zwang und Eisen:
Vor Freislers Volksgericht und in einem
bayerischen Zuchthaus

Bericht von Freislers Volksgericht

Der Termin für die Verhandlung vor dem Volksgericht wurde gerüchtweise immer wieder angekündigt und immer wieder aufgeschoben.

»An Weihnachten sind wir bei Peter«, sagte Helmuth Moltke Mitte Dezember einmal. Er war der Überzeugung, daß unser letzter gemeinsamer Schritt unter den Galgen von Plötzensee führe. Ich hielt es für nicht erlaubt, für meine Person auf seine nüchterne Prognose einzutreten. Mit meinem Freund Poelchau, der im Unterschied zu mir viel auf Psychologie gab, hatte ich deshalb manche in aller Freundschaft ausgetragene Händel zu bestehen. Als ich mich vor der Gerichtsverhandlung weigerte, den amtlich zugelassenen Abschiedsbrief an meine Familie zu schreiben – das Ritual sah vor, daß man sogleich nach der Verurteilung nach Plötzensee gekarrt und gehängt wurde –, begab er sich verzweifelt zu seinem katholischen Kollegen Buchholz. Dieser, ein ungemein gütiger Mann, versuchte mich denn auch zu dem Abschiedsbrief zu bewegen. Vergeblich.

Kurz nach Neujahr hatte meine Frau Sprecherlaubnis bekommen. Sie brachte unsere kleine Tochter mit. Der aufsichtsführende Inspektor spielte mit ihr, während wir miteinander sprachen. Diese Besuche galten bei den Wissenden als der Abschied für immer.

Einige Tage nach der Urteilsverkündung am 11. Januar 1945 schrieb ich meiner Frau einen ausführlichen Bericht. Unter dem Wenigen, was uns blieb, hat sie ihn gerettet. Es sind mehr als vierzig eng beschriebene Blätter. Ich fasse den Bericht zusammen:

Tegel, 13./14. Januar 1945

Am Abend vor dem Verhandlungsbeginn kam die Anklageschrift. Sie begann mit der Generalbeschuldigung des Hoch- und Landesverrats. Im einzelnen waren Moltke und ich inhaltlich, in den Einzelheiten und im Resumée am Schluß am engsten gekoppelt. Moltke wurde vorgeworfen, daß er »seit jeher ein Feind des nationalsozialistischen Staats und ein hemmungsloser Defaitist« gewesen sei, daß er schon 1940 durch Graf Yorck, »den Verräter«, von einem »Kreis mutlos gewordener Offiziere um den früheren Generalobersten Beck« gehört und seit 1941 auf seinem Gut Kreisau Leute der verschiedensten Richtungen um sich versammelt habe, um sie auf eine einheitliche Linie zu bringen und mit ihnen die Übernahme der Macht vorzubereiten für den Fall, daß das Reich oder Reichsteile vom Feind besetzt würden. An die Stelle der das Volksganze tragenden NSDAP sollten in diesem Fall »die Kirchen als neue Ordnungselemente« treten und mit den Besatzungsmächten kooperieren, um angeblich zu retten, was zu retten sei. Zu diesem Zweck habe Moltke Geistliche beider Konfessionen wie den Jesuiten Delp, den Mitangeklagten Gerstenmaier, dann aber auch Marxisten wie Mierendorff, Haubach, Leuschner, Maass, ehemalige Systemgrößen wie Lukaschek und andere um sich gesammelt.

Yorck, Trott, Haeften, Schulenburg, Schwerin hätten ebenfalls zu uns gehört. Wir seien zwar nur eine »Splittergruppe«, aber unsere Zielsetzung sei noch über den Staatsstreichversuch hinausgegangen. Wir hätten Bereitschaft zur Kooperation mit dem Feind gezeigt. Gerstenmaier, mit Moltke in der Ablehnung des Nationalsozialismus einig, habe sich mit ihm, der selber starke kirchliche Bindungen habe, »eng verbunden« und sei rasch »ein recht aktives Mitglied des Kreises geworden«. Im Lauf der Zeit hätte ich erfahren, daß Goerdeler als »der politische Treuhänder oppositioneller Generale« anzusehen sei. Außerdem hätte ich nicht nur an einer Besprechung mit Beck, Goerdeler, Popitz, Hassell teilgenommen, sondern auch eifrig für ein Zusammengehen mit diesen Hochverrätern plädiert. Am 20. Juli sei ich spät abends im OKW verhaftet worden. Indessen solle mein dortiger Aufenthalt angeblich in keinem Zusammenhang mit dem Attentat stehen. Die Anklage gegen Steltzer, Sperr (den ehemaligen bayerischen Gesandten in Berlin), Reisert aus Augsburg und Fürst Fugger gründe sich auf den angeblich erwiesenen Vorwurf hochverräterischer Umtriebe. Mein Eindruck: tödlich für alle bis auf Fugger, vielleicht auch Reisert.

In einem kleinen Saal im zweiten Stock des Gerichtsgebäudes in der Bellevuestraße fand die Verhandlung statt. Die Fenster schlecht mit Packpapier verklebt. Vorn ein breiter Tisch, links der Oberreichsanwalt, vertreten durch den Landgerichtsdirektor Schultze. Anschließend die Anwälte an einem schmalen Tisch. Die übrigen Stühle meist mit Schupos besetzt. Sie nahmen stets einen Gefangenen in die Mitte. Da wir in dem eng besetzten Saal dazwischen fast ganz verschwanden, war mein erster Eindruck: Instruktionsstunde für die Schupo.

Um neun Uhr sollte begonnen werden. Um Viertel vor zehn tat sich die Tür hinter dem Richtertisch auf und in eher roter als brauner Robe erschien Freisler, dahinter der untersuchungsführende Richter, Dr. Koehler, ein harmloses Bürokratengesicht, dann Schultze, mit flachem Schädel, leichenblaß und mit Froschaugen, daneben ein dicker Sack mit feisten Backen in Zivil, ein Stadtrat oder ähnliches, auf den Seiten zwei Kleinbürger wie sie im Buche stehen.

Freisler, ein von Arbeit, Schauspielerei und Leidenschaft gezeichnetes aber nicht ungeistiges Gesicht, begann mit lauter, rollender Stimme. Er rief die Angeklagten auf und gab eine kurze allgemeine Belehrung. Er stellte fest, daß die Verhandlung aus Gründen der Sicherheit des Reiches unter Ausschluß der Öffentlichkeit stattfinde, daß nichts von dem Prozeß jemals in die Öffentlichkeit dringen dürfe.

An die Verlesung der Anklage schloß sich die Vernehmung von Delp an. Zu unserer Überraschung. Freisler, zunächst ruhig und angenehm beginnend, wurde bald höhnisch und ausfällig gegen die Katholische Kirche, besonders aber gegen die Jesuiten. Er hatte sich vorgenommen, mit Delp das richtige Licht auf die ganze »Splittergruppe« zu werfen. »Die infame, offensichtliche Jesuiterei« Delps gehe zum Beispiel daraus hervor, daß Delp bei den Besuchen Steltzers und Mierendorffs in München seine Wohnung zur Besprechung mit Reisert, Sperr und so weiter zur Verfügung stellte, aber nur zur Einleitung da blieb und sich dann zurückzog, um der Verantwortung zu entgehen, wie Freisler höhnisch sagte.

Im übrigen ließ er schon in dieser Verhandlung gegen Delp seine Linie erkennen. Wer auch nur erwäge oder gar in Rechnung stelle, daß der Krieg verlorengehen *könne*, der sei ein Defaitist und mithin des Todes schuldig. Auf eine solche Annahme aber auch noch Pläne zu gründen, sei »Leichenfledderei« am nationalsozialistischen Reich. Denn die Schlachten am Vesuv und bei Aquae Sextiae seien und blieben die einzigen in der Geschichte, in denen das deutsche Volk angetreten und besiegt worden sei.

Weit in seinen Stuhl zurückgelehnt, mit einer majestätischen Gebärde seines rechten Armes eine Welt beschwörend, rief, was sage ich, brüllte Freisler in den Saal, daß der Nationalsozialismus und sein Reich ewig sei und bleibe – oder mit dem letzten Mann und der letzten Frau und dem letzten Kind kämpfend falle! Mit gesenktem Kopf ließ Delp die Raserei über sich hinweggehen. Dann hob er an in der halblauten, gleichbetonten Stimmlage des liturgisch geübten Klerikers seine Linie zu verteidigen. Nicht immer eindrucksvoll, in seiner zähen Beharrlichkeit aber doch ein Bild männlicher Festigkeit. Ein zu verachtender Gegner ist Freisler auch für den nicht, der im kämpferischen Dialog kein Stümper ist. Er verfügt über einen geschliffenen Intellekt, vielleicht ohne wirklichen geistigen Fundus, aber sicher, schnell, einfallsreich, des Wortes mühelos mächtig, mit einer unbändigen Freude und Eitelkeit an der Rede wie an der Mimik. So ist Freisler der Souverän seines Forums, souverän auch gegenüber dem Gesetz.

Es hätte nicht einmal der ausdrücklichen Demonstration dessen bedurft. Er lieferte sie freigiebig am folgenden Tag, als er herablassend, fast wegwerfend nach dem Strafgesetzbuch griff und den Hochverrat definierte wie er, und das heißt das Reich des Nationalsozialismus, ihn versteht.

Ich habe vorgegriffen. Der Jesuit sollte als solcher, das heißt als das, was sich Freisler und seine Welt darunter vorstellen, entlarvt und damit, wie gesagt, der ganze Prozeß ins rechte Licht gesetzt werden. Von Freisler immer weiter und weiter getrieben, erklärte Delp schließlich auf Freislers Frage, aus welcher Vollmacht und im Blick auf wessen oberste Reichsführung das Kreisauer »Aufbau- beziehungsweise Auffangprogramm« gearbeitet sei – »für den Führer«. Da war Schluß. »Eine wahrhaft überdimensionale Verteidigung« nannte der Oberreichsanwalt am Tage danach diese Einlassung.

So polemisch-widerwärtig die Verhandlung gegen Delp von Freisler geführt worden war, so ruhig, ja freundlich die gegen Reisert. Bei Sperr hingegen wurde das Klima wieder eiskalt. Die Verhandlung aber blieb relativ ruhig. Die Frage Freislers, ob Sperr am 21. Juli mit Delp vereinbart habe, ein Gespräch mit Stauffenberg zu verschweigen, bejahte Sperr. Freisler: »Das finde ich ganz furchtbar. Nach Ganovenart. Setzen Sie sich.«

Fürst Fugger, tatbestandsmäßig am wenigsten belastet, brauchte nicht viel aufzuwenden. Er ließ sich ruhig und würdig ein. Um siebzehn Uhr hatte alles genug. Freisler brach ab. Am anderen Morgen wurde mit Moltke begonnen. Freisler, nicht mehr so frisch wie er am Tag zuvor begonnen hatte, fing sachlich an. Er wolle den Komplex in zwei Kapiteln abhandeln: 1. Goerdeler-Beck und unsere Beziehungen zu ihnen. 2. Kreisau und unser Auffangprogramm im Fall der Besetzung.

Freisler trug vor, Helmuth nickte meist bestätigend, dann und wann ein kurzes Ja oder Nein von sich gebend. Er unterbrach Freisler selten, war überaus höflich, bis Freisler nervös wurde und gereizter zu sprechen begann. Es war bald ersichtlich: Die beiden waren äußerste Gegensätze. Helmuth entwickelte kaum etwas im Zusammenhang, sondern stellte, wenn es nicht mit Ja oder Nein zu erledigen war, in abgewogenen Sätzen kurz seinen Standpunkt fest. Aber während es bei der Abwicklung des Goerdeler-Komplexes noch leidlich ging, brach bei Freisler die Raserei durch, als gleich zu Beginn des zweiten Kapitels Helmuths Beziehung zu den Münchner Jesuiten zur Sprache kam. Schon zuvor war Freisler sehr scharf geworden, als Helmuth zu seiner und unser aller Entlastung darauf zu sprechen kam, daß er auf amtlichem Weg erfahren habe, daß die Polizei die Umsturzbemühungen Goerdeler-Becks schon zur Kenntnis genommen gehabt hätte, als wir im Dezember/Januar 42/43 eigene Eindrücke davon gewannen. Freisler verbot ihm scharf weiterzusprechen. Er, Freisler, habe dienstlich festgestellt, daß das unwahr sei. Er wollte offensichtlich mit Gewalt verhindern, daß Helmuth möglicherweise Beweisantrag auf Vernehmung Himmlers oder Kaltenbrunners oder Müllers stellte. Es gelang ihm auch. Helmuth schwieg. Freisler räumte zwar ein, daß Helmuth von Goerdeler abgerückt sei, aber die Anzeigepflicht sei schwer verletzt von Helmuth wie von mir. Die Feststellung war, wie sich tags darauf zeigte, für die Urteilsbegründung allein entscheidend. Wir sind beide auf Grund von §139,2 – Verletzung der Anzeigepflicht in einem besonders schweren Fall – verurteilt worden.

Gegen Ende der Vernehmung Helmuths im Zusammenhang mit den Vorwürfen gegen unseren ganzen Kreis – Defaitismus, Leichenfledderei, Reaktion – erscheint auch das Christentum. »Sie gehören nicht zu uns. Ihr Christentum und wir haben nur eines gemeinsam: Wir verlangen den ganzen Menschen!« Helmuth still und heiter tritt zurück. Freisler verkündigt kurze Pause. »Wir verhandeln anschließend gegen den Angeklagten Gerstenmaier.«

Während der Pause bricht Haubach zusammen. Ein Anfall von Gallenkolik. Er fällt und wird stöhnend aus dem Saal getragen. Dann werde ich aufgerufen. Freisler: »Sind Sie krank?« Ich verneine. »Gut, dann können Sie stehen.« Die Verhandlung beginnt.

Wie ich Moltke kennengelernt habe, wie ich nach Kreisau eingeladen wurde, und so weiter. Ich gab eine kurze Schilderung der Tagung, die ich als ökumenische Studientagung auf der Linie meiner amtlichen Tätigkeit in der ökumenischen Studienarbeit schilderte. Freisler unterbrach mich scharf: Ob ich mich dazu ausgerechnet mit Jesuiten zusammensetzen müsse? Ich sagte, daß ich Delp vorher nicht kannte. Freisler wurde schärfer. Was ich denn zu den Reden gesagt habe, die über Landesverweser, Reichsaufbau und so weiter gehalten worden seien? Ich sagte, das habe mich nicht interessiert. Ich sei kein Verwaltungsjurist. Außerdem hätte ich ebenso wie auf der späteren Kreisauer Tagung angenommen, daß es sich dabei um öffentlich diskutable Erwägungen für die Neuordnung nach dem Krieg gehandelt habe. Versteht sich, nach dem Sieg. Freisler schärfer: »Und das Katastrophengerede?« Ich sagte, das sei Geschwätz. Denn alle unsere Nachkriegsideen hätten auf die Annahme gestellt werden müssen, daß sie eine Chance der Verwirklichung haben. Sie wären aber eine Illusion, wenn andere, wenn die Kriegsgegner und nicht mehr die Deutschen in Deutschland das Heft in der Hand hätten. Ich sah, wie Freisler nachdenklich wurde. Er tat es verdrießlich. Nachdem er mich einigemale angeschrien hatte, ging er aufs Ganze und fragte: »Was haben Sie sich eigentlich bei all dem gedacht?« Ich: »Eigentlich nur das Beste. Ich sei kein Defaitist. Wenn mir vor einem Jahr zum Beispiel einer gesagt hätte, daß die Russen heute in Ostpreußen und die Amerikaner am Rhein stünden, dann hätte ich gesagt: Du spinnst.« Freisler in großer Pose: »Ob die deutschen Truppen an der Wolga oder am Dnjestr kämpfen ist ganz gleichgültig, denn sie siegen.« Ich schwieg. Dann ging er noch einmal ins Detail. Er fragte mich nach Schulenburgs Gebietskarte und nach dem und jenem. Ich sagte, davon hätte ich gelegentlich gehört, mich aber nicht dafür interessiert. Mein Thema sei die ökumenische Studienarbeit.

Freisler brach ab. Voller Verachtung erklärte er, so könne nur ein »weltfremder Kirchenmensch« sprechen. Aber ich hätte zugegeben, gehört zu haben, daß »Goerdeler das Haupt der antinationalsozialistischen Revolution und der Treuhänder oppositioneller Generale« sei. Das hätte ich nicht nur nicht angezeigt, sondern an einer Besprechung mit diesen Leuten teilgenommen. Ich sagte, an jenem Abend sei davon keine Rede gewesen. Ich sei zudem ebenso wie meine Freunde bei jener Begegnung in erhebliche Meinungsverschiedenheiten mit Dr. Goerdeler geraten.

Aber während ich erwartete, daß nun die Sache erst richtig losgehe, daß die Abende bei Peter Yorck, unser gemeinsames Leben und Treiben, Wurm, Stauffenberg und am Schluß die Bendlerstraße am 20. Juli abends drankämen, lehnte sich Freisler zurück und fragte mich, ob ich meine Schuld zugäbe oder sonst etwas zu sagen wünsche. Ich erklärte, daß ich mir der Anzeigenpflicht von Gerüchten nicht bewußt gewesen sei, daß ich mir, hinsichtlich der Kreisauer Gespräche auch heute noch keiner Schuld bewußt sei. Ich sei gewiß, daß Graf Moltke ebensowenig wie ich selbst etwas, ja auch nur das Geringste getan habe, was nicht mit unserer eigenen wie mit der Ehre des Reiches zu vereinbaren sei. Freisler: »An Ihrer Stelle würde ich mich ganz auf die eigene Ehre beschränken und Moltke aus dem Spiel lassen.«

Es war zu Ende. Ich wurde zurückgeführt. Pause. Helmuth sagte sofort: »Es ist gut, sehr gut gegangen.« Grünewald, der Verteidiger, ein frommer Mann: »Ich bin mit Ihrer Verteidigung sehr zufrieden.« Der wohl bedeutendste aus der Schar der Verteidiger in diesem Kreis, der Rechtsanwalt Schwarz, sagte: »Gerstenmaier hat einen guten Eindruck gemacht.«

Dann plädierte Schultze für den Oberreichsanwalt. Zuerst beantragte er gegen Helmuth wegen Verletzung der Anzeigenpflicht, Hochverrat und Feindbegünstigung die Todesstrafe und Einziehung seines Vermögens. Dann gegen mich: »Ein blasser Theoretiker, ganz anders wie Moltke. Ein Kirchenmann, der von den Dingen keine Ahnung hat, in die er sich verwickelt. Wahrscheinlich anerkennenswert in seinem Fach. Von Politik keine Ahnung.« Anklage auf Hochverrat und Feindbegünstigung wird deshalb fallengelassen. Es bleibt aber die Verletzung der Anzeigenpflicht in einem besonders schweren Fall. Dafür wird Todesstrafe beantragt.

Delp, ein mit allen Wassern gewaschener Jesuit. Gerissen, schiebe er andere vor, während er selber im Hintergrund die Drähte ziehe und so weiter. Todesstrafe und Vermögensentzug. Todesstrafe beantragte er auch gegen Sperr und Reisert. Drei Jahre Zuchthaus gegen Fugger.

Haubach war schon vor den Plädoyers der Verteidiger in das Gefängnis zurückgebracht worden. Krankheitshalber. Von Steltzer kann ich mich noch verabschieden. Eine fiebrig heiße Hand, ein unendlich angegriffenes Gesicht. Die Verhandlung gegen ihn soll abgetrennt werden. Ich weiß nicht, warum. Freisler hat es plötzlich eilig. Er hört auf. Die Urteilsverkündung soll am nächsten Tag um vier Uhr nachmittags stattfinden. Ich fühle mich nicht angegriffen. Dennoch, die Dehnung der Frist zwischen Strafantrag und Urteil wird auch mir zur schweren Last.

Vor der Urteilsverkündung in der Bellevuestraße am Tag danach drängt sich alles in dem kleinen Vorraum. Hermes und Genossen seien eben zum Tod verurteilt worden, wird uns zugeflüstert, als wir gefesselt hineingeführt werden. Freisler charakterisiert den Prozeß kurz in seiner Weise. Dann die Urteile: Moltke Tod, Delp Tod. Kurze Atempause: Gerstenmaier sieben Jahre Zuchthaus, sieben Jahre Ehrverlust. Sperr Tod. Reisert fünf Jahre Zuchthaus. Fugger drei Jahre Gefängnis. Alles setzt sich. Freislers Begründung folgt weitgehend der des Oberreichsanwalts. Der Sachverhalt – Moltke und Gerstenmaier lägen gleich. Aber dem weltfremden Kirchenmann könne man gerade noch abnehmen, daß er sich über die Pflicht zur Anzeige nicht klar gewesen sei. Dem internationalen Anwalt Moltke nicht. Einer der Gestapomänner rief nach dem Urteil gegen mich laut in den Saal: »Fehlurteil!« Der Mann hatte recht.

Helmuth Moltke war von Freislers Verhandlungsführung beeindruckt und angewidert. »Der Mann kann etwas« – war sein Urteil am Abend des ersten Verhandlungstags. In Tegel glaubte indessen niemand mehr an unser Leben am Nachmittag des 11. Januar 1945. Klaus, der Hauptwachtmeister, kam, um sich von mir zu verabschieden: »Ich wünsche Ihnen gute Heimfahrt.«

Indessen, die Fahrt ging nicht wie üblich nach Plötzensee. Die Minna lud uns alle wieder in Tegel ab. Die Fahrt bleibt mir unvergeßlich. Moltke war von bezwingender Wärme und Brüderlichkeit. Delp sprudelte vor Witz, geistreich und lachend, als führen wir in die Ferien. Ein Paroxysmus. Fugger war still und zufrieden.

Den Bericht, dem dieser Auszug entnommen ist, schrieb ich mit ungefesselter Hand. Klaus, der Hauptwachtmeister, hatte mir sogleich – vorschriftswidrig – die Fesseln abgenommen, als ihm die anderen von dem Urteil berichteten.

Ich muß nachtragen, daß ich erst im Sommer 1945, nach der Rückkehr zu meiner Familie, von dem Rettungsversuch hörte, den meine Schwester Hanna, die mecklenburgische Pfarrfrau, unternommen hatte. Als Material für die Rationalisten, aber nicht als Widerlegung meiner Erfahrnis berichte ich, daß sie seit ihren schwäbischen Jugendtagen mit der späteren Frau des stellvertretenden Reichspressechefs Sündermann, einer Stuttgarterin, befreundet, diese in Berlin aufsuchte, um sie zu einer Intervention bei Freisler zu bewegen. Über das was darauf geschah, gibt es zwei Versionen.[1]

Der eine Bericht schließt den anderen nicht aus. – Aber wie auch immer: Das Bewußtsein, »wie ein Brand aus dem Feuer gerettet« zu sein, hat mich nie verlassen. Gerhard Ritter berichtet in seinem Buch über Goerdeler: Was aus dessen »erschütternden Dokumenten seiner Seelenqual so laut und echt herausschreit, ist die religiöse Kernfrage unserer Zeit: die Frage nach der Wirklichkeit

Gottes.«[2] Sie war in jenen Monaten auch mir zur Kernfrage geworden, wichtiger als alles andere. Nach jenem Urteil brauchte ich nicht mehr arbeitshypothetisch von Gott zu sprechen. Der Gott der Bibel ist mir Wirklichkeit geworden.

Letztes Gespräch mit Helmuth von Moltke

Einige Tage nach dem Urteil bat ich Klaus, den Hauptwachtmeister, eine Begegnung mit Helmuth Moltke für mich zu arrangieren, bei der wir ungestört miteinander sprechen könnten. Tags darauf wurde ich zu dem Sanitätswachtmeister gerufen und in dessen Behandlungszelle geführt. Da lag Helmuth Moltke splitternackt unter einer altmodischen Bestrahlungsvorrichtung. Er hatte Ischias. Ich setzte mich zu ihm. Der Sanitäter stand eine Stunde lang draußen Wache, und wir führten unser letztes Gespräch auf dieser Welt. Von meiner Seite aus war es ein Versuch, die verbliebenen Unebenheiten und Meinungsverschiedenheiten zwischen uns zu beseitigen. Sie gab es nur im Blick auf die Notwendigkeit und sittliche Zulässigkeit des Attentats und Staatsstreiches.

Ich bat Helmuth Moltke, seine Ablehnung jetzt aufzugeben. Ich jedenfalls sei froh, daß mich Gott gewürdigt habe, daran teilzunehmen, wenn auch nur in bescheidenem Maß. In Demut sage ich, daß ich nichts bereue, daß ich dankbar sei, daß es geschah, und daß ich mich nie von der Tat und den Tätern trennen werde. Das Gespräch ging hin und her. Helmuth Moltke sprach ohne jenen moralischen Rigorismus, der ihm bei ähnlichen Gesprächen in den Jahren zuvor eigen war. Ich sagte, wir seien es mindestens den Hilflosen und Erniedrigten schuldig gewesen, die völlig verloren zu den Gasöfen gekarrt wurden. Eine weiße Weste im bürgerlichen Verstand sei mir angesichts dieser Frevel und Leiden seit Jahren nicht nur verächtlich erschienen, sondern zur Anfechtung geworden. Der Schwindel, den auch wir bis in die letzten Tage hinein hätten mitmachen müssen, unser Taktieren und Irreführen speie mich an. Ich dachte an Freisler, dem wir, auch Moltke, natürlich *nicht* die Wahrheit sagten, auch niemals sagen durften, wenn wir nicht viele andere unglücklich machen wollten. Aber das liege jetzt alles hinter uns. Wir sollten gemeinsam dankbar sein, daß es geschah. Helmuth Moltke widersprach nicht mehr. Er sagte nicht ja. Er sagte auch nicht nein. Wir nahmen brüderlich Abschied.

Wenige Tage später sagte mir der Wachtmeister vom Dienst abends beim Einschließen: »Graf Moltke läßt Sie grüßen. Danke, sagte ich, grüßen Sie ihn wieder!« Der Gedanke, er könnte weggebracht worden sein, kam mir gar nicht. Erst als am späten Vormittag des nächsten Tages Poelchau bleicher als sonst in meine Zelle trat, begriff ich. »Helmuth ist heute hinübergegangen.« Es war der

23. Januar 1945. Alfred Delp war mit ihm weggebracht worden, wurde aber erst zehn Tage später hingerichtet. Er sei schwer gestorben, erzählten sich die Wachtmeister.

Bald darauf hieß es auf der Abt. 8 in Tegel: Los, fertigmachen, abrücken! Ich raffte meine Habseligkeiten in Eile zusammen, trat vor meine Zellentür, sah mich um und war mit Josef Ernst Fürst Fugger allein. Am 28. September 1944 waren wir weit mehr als sechzig gewesen, ich weiß nicht wie viele. Jetzt waren wir zu zweit.

Im Hof faßten wir ein Eßgeschirr, eine dünne Matratze und eine Decke, dann ging es ab zum Hafen. Ein breitbauchiger Kohlenkahn mit Wellblechabdeckung und schmalem Einstieg nahm die von überallher anrückenden jämmerlichen Häuflein von Gefangenen auf. Fugger und ich verzogen uns in einen Winkel des kalten Kahns. Wir hatten zu tun, um uns erst einmal wieder an die Töne der gewöhnlichen Welt und der Gefangenenwelt zu gewöhnen. Die Sprache, die hier gesprochen wurde, die Dinge, von denen die Rede war, muteten uns fremd an. Wir kamen aus einer anderen Welt. Und wir waren allein.

In der Arche Noah nach Bayreuth

Ich weiß nicht, wer den Namen für den alten Kahn aufgebracht hat. Jedenfalls eines Tages hieß er Arche Noah. Zunächst war er nur ein mit wenig Mann zu bewachendes schwimmendes Gefängnis. Für Fugger und mich war es neu und ungewohnt, stunden-, tagelang unter anderen zu sein und frei mit ihnen reden zu können. Ich hörte das Gerücht umlaufen, daß ein Priester da sei, der Beichte höre. Tatsächlich: In dem entgegengesetzten Ende des Schiffsbauchs kniete eine Reihe mitgenommener Gestalten vor einem alten Mann. Es war der Benediktinerpater Athanasius aus dem kleinen Kloster Ziegelhausen bei Heidelberg, der hier seines Amtes waltete. In Bayreuth wurde er mein Zellengenosse. Nicht der Theologie wegen, sondern weil er mit bürgerlichem Namen Gerster hieß und die Zellen im Zellenbau der Anstalt I in Bayreuth-St.-Georgen nach dem Alphabet belegt wurden.

Auch an unserem Ende im Kahn stand die Nacht im Zeichen der Busse. Fugger und ich wurden in ein Gespräch mit einigen Intellektuellen verwickelt. Sie hatten mit dem 20. Juli nichts zu tun, waren aber wegen kritischer politischer Äußerungen zum Teil schon lange in Moabit oder anderen Gefängnissen Berlins eingesperrt. Mit Neugier und Zurückhaltung betrachteten sie Fugger und mich. Sie hatten gehört, wir »seien vom 20. Juli«. Mit einer seltsamen Mischung von Respekt und Kritik begegneten sie uns. Der Respekt: »Gott sei Dank, daß ihr es

223

gewagt habt!« Die Kritik: »Konntet ihr es nicht besser machen?« Wir schwiegen. Wozu Defensive? Aber dann wurde das lange Gespräch doch zu einer Art von Gerichtstag. Ein Gerichtstag, den wir über uns selbst hielten.

Wir fragten uns, wie es möglich war, wie es geschehen konnte, daß ein Demagoge, der sich als hemmungsloser Verbrecher erwies, uns Deutsche so zu verführen und in Fesseln zu schlagen vermochte, daß wir uns wie Schafe in das Schlachthaus führen ließen und daß sich nur eine kleine Schar dazu durchrang, der Herrschaft des Tyrannen auf Gedeih und Verderb ein Ende zu bereiten. An bitteren Vorwürfen fehlte es nicht. Wir schonten uns in jener Nacht auf dem Kahn selber nicht, aber wir schonten die Weimarer Demokratie, ihre Parteien, ihre Parlamentarier und ihre Regierungschefs noch viel weniger. Wir pfiffen auf die hochidealisierte Verfassung von Weimar, und die letzte Spur von Wertschätzung zerstob, die wir den Trägern bedeutender politischer Namen der Weimarer Zeit entgegengebracht hatten. Erschöpft schliefen wir schließlich ein, bis uns der Hunger, die Kälte und die Rufe der Wächter wieder auf die Beine und in die Güterwagen brachten, aus denen wir – waren es Tage oder waren es Stunden danach? – in der Musenstadt Bayreuth wieder ausgeladen wurden.

Der Weg vom Güterbahnhof in Bayreuth zum Zuchthaus in St. Georgen ist nicht kurz. Für unseren Elendszug war es ein weiter und mühsamer Weg. Die Zusammenbrechenden mußten mitgeschleppt werden. Den Normalbürgern glichen wir längst nicht mehr. Wir waren Niedergetretene und Geschlagene. Und so sahen wir auch aus.

Ich lachte laut auf, als ich auf der Kleiderkammer der Anstalt I in einen Originalzuchthäusler verwandelt wurde und meinen Freund Josef Ernst, Träger eines erlauchten Namens der bayerischen, der deutschen Geschichte, neben mir stehen sah. Der Wachtmeister von der Kammer tat sein Bestes, um mit der ungewöhnlichen Aufgabe fertig zu werden, einen bayerischen Fürsten auch in der Zuchthausmontur noch halbwegs adrett erscheinen zu lassen.

Im Bayreuther Zuchthaus war man fortschrittlich. Die Eingelieferten wurden nicht mehr kahlgeschoren. Aber die schwarze barettartige Mütze, die wir zu tragen hatten, gab jedem ein lächerliches Aussehen, der es nicht verstand, sie möglichst verwegen zu tragen. Noch nicht einmal die Zuchthausmontur machte alle gleich.

Auch sonst war alsbald klar, daß in der gleichen Montur nicht Gleiche steckten. Es hat keinen Sinn, die Welt glauben zu machen, daß im Dritten Reich in Deutschlands Zuchthäusern nur die Elite der Nation gesessen habe. Unter unseren deutschen Leidensgenossen waren nicht wenige, die auch heute in das Gefängnis wandern würden. Es gab Räuber und Diebe unter ihnen. Aber die meisten »Kriminellen« gaben sich Mühe, das Wohlgefallen der zwischen ihnen liegenden »Politischen« zu erlangen. Zu den Demütigungen, die sich der Strafvollzug im nationalsozialistischen Deutschland ausgedacht hatte, gehörte, daß die Politischen wie Kriminelle behandelt wurden. In der Unterbringung, im Arbeitseinsatz und in der Verpflegung wurden deshalb auch keinerlei Unterschiede gemacht. Dennoch gab es sie. Wir hatten sie schon in Tegel bemerkt. Im Bayreuther Zuchthaus herrschte ein lauter und rauher Ton. Er wurde merklich leiser und höflicher, wenn es um einen von uns ging. Mit Spiegeleiern und Speck, so ging die Fama durch die weitläufige Anstalt, sei der Fürst Fugger in der Küche willkommen geheißen worden. Ich schätze, daß dies eine Erfindung meiner hungrigen Leidensgenossen war, denn schließlich und endlich ist auch die Küche eines bayerischen Zuchthauses kein Ort der reinen Freude für bayerische Nobilitäten.

Mir jedenfalls fiel ein nicht ganz so heiteres Los zu. Die erste Nacht verbrachte ich mit unserem Pater regelrecht im Loch. Es war weder Strafe noch böse Absicht. Es war einfach keine andere Zelle frei. Ich ertrug die Nächte auf der gemauerten Liegestatt. Die Strafzelle hatte keine Bettstelle, keine »Falle«, sondern nur ein hochgemauertes Steinpodest. Für meinen blasenkranken Zellengenossen wurden die kalten Februarnächte in dieser Klause aber eine schwere Plage. Er wurde ernstlich krank. Mit einigem Spektakel brachte ich es zuwege, daß er schließlich auf die Krankenstation kam. Grimm, unser dritter Mann in der umgebauten Einmannzelle, die wir zugewiesen bekamen, war ebenso froh wie ich, daß der kranke alte Mann ins Spital kam. Aber wer beschreibt unser Erstaunen, als er wenige Tage danach wieder auf seiner Bettstelle bei uns saß. Man hatte ihm einen Katheter gesetzt. Aber er habe ihn nicht ertragen und herausgerissen. Darauf warfen sie ihn kurzerhand aus dem Spital hinaus. Ich meldete mich bei dem Stationswachtmeister und machte ihn dafür verantwortlich, den Pater in eine ordnungsmäßige Pflege zu bringen. Der Mann war im Gespräch unter vier Augen ganz verständig, zeigte sich aber ziemlich ratlos. Die Anstalt sei auf rund tausendzweihundert Gefangene ausgelegt. Sie hätten jetzt aber schon das Vierfache und bekämen noch mehr. Ich riet ihm im eigenen Interesse, dennoch eine angemessene Lösung für den Pater herbeizuführen. Er verstand den Wink. Athanasius kam zu den Invaliden. Hin und wieder besuchte ich ihn. Kurz vor oder unmittelbar nach der Einnahme Bayreuths durch die Amerikaner starb er. Wir legten ihn in ein nasses Grab auf dem von Bomben aufgewühlten Friedhof von St. Georgen.

Unser Oberkapo Podgorny

Trotz der täglich schwieriger werdenden Situation herrschte in dem bayerischen Zuchthaus noch die alte Ordnung. Das lag nicht zuletzt daran, daß die innere

Organisation zum Beispiel der Arbeit in den Händen der Gefangenen selbst lag. Sie war allerdings das ausschließliche Privileg der Tschechen. Podgorny, unser Oberkapo, war, wenn ich recht informiert wurde, ein tschechischer Generalstabsmajor. Er war einer von den vielen tschechischen Offizieren, die ohne nachweisbare Vergehen in dem Bayreuther Zuchthaus eingesperrt worden waren. Eines Tages erschien er bei mir, um sich zu erkundigen, was er »für den Herrn Kameraden« tun könne. Ich sagte ihm, daß ich das sehr freundlich fände, aber ich sei Zivilist. Mit nachsichtigem Lächeln meinte er, es sei ja verständlich, daß ich dem Anstaltsleiter dergleichen sage, aber ihm, einem Kameraden, gegenüber könne ich ruhig von gleich zu gleich sprechen. Er habe zuverlässig gehört, daß ich aus der engsten Umgebung von Graf Stauffenberg käme. Und dort sei, das wisse man ja inzwischen, die Elite des deutschen Offizierskorps gewesen. Podgorny hat mir nie vergeben, daß ich ihm nicht die Wahrheit sagen wollte.

Auch der Anstaltsdirektor, ein jüngerer, nicht mehr kriegsverwendungsfähiger Regierungsrat Meyer, hatte etwas gehört. Er ließ mich vorführen und fragte nach dem Woher und Wohin. Ich sagte ihm, er wisse doch aus meinen Strafakten Bescheid. Sie seien noch nicht da, verriet er mir arglos. Ich setzte darauf, daß die Berliner Justiz in den nächsten Wochen ganz andere Sorgen haben werde, als über die verbombten Verkehrswege Aktenberge zu bewegen. Andererseits schloß ich nicht aus, daß im Zusammenbruch noch Funkbefehle ergehen könnten, Gefangene einer bestimmten Kategorie zu liquidieren. Diesen Risiken gedachte ich auch dadurch zu entgehen, daß ich meiner neuen Bayreuther Obrigkeit meine Herkunft aus dem 20. Juli verheimlichte. Wie ich denn zu einer so hohen Zuchthausstrafe käme? wollte der Herr Direktor wissen. Ich verlief mich in Ausreden. Er wollte sie nicht glauben. Wir werden ja sehen – sagte er abschließend ein wenig resigniert.

Ich kam zum Arbeitseinsatz in die Strickerei der Anstalt. »Das ist ein Fester«, sagte der Boß, ein älterer Hauptwachtmeister, im Blick auf mich, als er seine neuen »Zugänge« musterte. Und in der Tat, man merkte, daß die anderen keine Brigitten mit mecklenburgischen Liebesgaben hinter sich gehabt hatten. Das Geschäft begann mit Strümpfestopfen. Bald wurde ich gewürdigt, eine der wenigen Handstrickmaschinen der Abteilung zu bedienen. Aber kaum hatte ich es dabei zum »Nachschlag« gebracht – der Prämie für gute Leistung –, war damit Schluß, weil die Wolle ausging. Ich wurde an den Handwebstuhl versetzt und lernte Tragegurte weben. Das galt in dem Zuchthaus als Strafe. Das Soll war hoch und unsere Rotkohlsuppe wurde täglich dünner.

Eines Tages wurde ich in die Anstalt II versetzt, ein nahebei gelegenes ehemaliges markgräfliches Schloß. Ich wurde »Schreiber« der in einer anstaltseigenen Schlosserei eingesetzten Gefangenen. Das Sagen hatten dort zwei Mann: ein ziviler Werkmeister und »der Amerikaner« Charly Ruth. Ihn hatte ich schon in der Arche Noah gesehen. Jetzt, Wochen später, wurde in meinem Schlafsaal, in dem viele Franzosen und Elsässer lagen, erzählt, daß Charly ein als Deutscher getarnter Amerikaner sei. Ich hatte davon nichts bemerkt. Er sprach ein Allerweltsdeutsch ohne Dialektfärbung und ohne jeden fremden Akzent. Je näher aber die Amis kamen, je öfter ihre Tiefflieger über unserem Bau erschienen, desto stärker wurde der amerikanische Akzent, den sich Charly etwas plötzlich zugelegt hatte. Obwohl wir wochenlang zusammen waren, habe ich nicht herausgefunden, warum Charly im Zuchthaus war. Jedenfalls war er sehr tätig. Er mußte auch etwas von der Arbeit verstehen, mit der er befaßt war, denn der zurückhaltend spröde Werkmeister hielt etwas auf ihn, und zog ihn heran. Kurz ehe die Amerikaner kamen, verschwand Charly.

In einem Bericht, der dreißig Jahre später über den Untergang des Dritten Reiches in der Musenstadt Richard Wagners erschien[3], wird ausführlich erzählt, wie unser Charly auf einem amerikanischen Panzer in Bayreuth einzog und sich Verdienste um die glimpfliche Behandlung der Stadt durch die Sieger erwarb. Ich habe davon selber nichts bemerkt. Ich saß den ganzen Tag an einem kleinen Tischchen vor einer Liste, in der ich die Namen der zur Arbeit Angetretenen und die Krankenliste festzustellen hatte. Es war todlangweilig.

Eines Tages wurde ich in die »Kanonenfabrik« versetzt. Ein Wachtmeister mit Karabiner brachte mich – ungefesselt – zur Bahn. Wir stiegen in einen vollbesetzten Wagen. Mitleidig sahen mich die Leute an, rückten zusammen und machten uns Platz. Kaum war der Zug angefahren, als eine Frau auf mich zutrat und mir ein mit Butter und Wurst belegtes Brötchen reichte. Ich mußte mir Mühe geben, die Fassung zu behalten. Aber in der Kanonenfabrik wollten sie mich partout nicht haben. »Was, einen Konsistorialrat? Was, um Gottes willen, machen wir mit einem Konsistorialrat?« tönte es dem Justizwachtmeister entgegen. Ich hörte es durch die leichte Bürotür. Zwei Tage später war ich wieder im alten Stall.

Karfreitag 1945

Am Karfreitag 1945 meldete ich mich zum Kirchgang. Es gab eine Gefängniskirche, in der einer der lutherischen Pfarrer Bayreuths hin und wieder Gottesdienst hielt. Der Herr Amtsbruder predigte nicht schlecht. Aber in dem großen Kirchengebet am Schluß betete er wie üblich auch »für unseren Führer und Reichskanzler« und daß Gott es ihm doch gelingen lasse. Das ging mir denn doch zu weit. Ich stand da, ein Zuchthäusler in der schwarzen Uniform mit gelben Streifen, inzwischen wieder halb verhungert unter einer Schar von Leidensgenossen. Die Städte sanken in Schutt und Asche, in Bayreuth gab es überfüllte Lazarette, und wir wurden zum Barrikadenbau kommandiert. Kaum war der Gottesdienst zu Ende, als ich aus der Reihe trat und den diensthabenden Wachtmeister bat, mich zu dem Pfarrer zu führen. Ich nannte Namen und Amtsbezeichnung und bat den Herrn Amtsbruder, uns Zuchthäusler, darunter viele »Politische« nicht mehr ungefragt zur Fürbitte für Hitler mitzunehmen. Wir wünschten ihn nämlich in die Hölle. Der Mann erstarrte. Dann versuchte er eine Art theologische Begründung. Ich sagte, das sei in unseren Ohren nur Blabla. Und die ganze Fürbitte für Hitler und sein Zubehör sei mir schon seit vielen Jahren als sonntägliche politische Loyalitätserklärung der Kirche verhaßt. In der Lehrterstraße und in Tegel seien wir mit derlei wenigstens verschont geblieben. Der Mann war ratlos. Der Wachtmeister wollte abmarschieren. Er drängte.

Einige Wochen später zog ich in meiner schwarzen Zuchthausmontur durch das übel zugerichtete Bayreuth zu der Wohnung des Pfarrers. Ich hatte den Eindruck, daß ich ihn hart angenommen hatte. Er lag im Bett. Mehr seelisch als physisch krank. Er war ein loyaler Pfarrer. Ausgewiesen aus Baden, hatte er während des Kirchenkampfes Aufnahme in Bayern gefunden. Aber in Hitler hatte er gleich den meisten eben doch die uns nach Römer 13 gesetzte Obrigkeit gesehen, der wir Gehorsam schuldig seien.

Inzwischen waren die Amerikaner gekommen. Am 14. April hieß es, um die Mittagszeit würde Bayreuth kapitulieren oder beschossen. Trotz der sechs in der Stadt liegenden Lazarette verweigerte der Gauleiter Wächter die Kapitulation. Dr. Kempfler, der damalige Oberbürgermeister, später mein Kollege in der CDU/CSU-Bundestagsfraktion, versuchte den Bonzen von seinem Wahnsinn abzubringen. Kempfler hat später die Lage geschildert. Der Kommandant in der Stadt, ein General Hagl, ging der Entscheidung aus dem Weg. Als sich der Gauleiter absetzte, vollzog sich die Kapitulation mehr de facto als de iure. Kurz nach der Mittagspause am 14. April 1945 hallte es durch die Gänge und Werkshallen unserer Anstalt: Räumen, alles raus! Binnen weniger Minuten war das große Haus leer bis auf das Krankenrevier. Ich schritt durch die Säle. Es war niemand da. Aber in den Betten des Reviers lagen die Kranken. Soweit sie bei Bewußtsein waren, heulten sie und forderten mitgenommen zu werden. Ich konnte nichts tun, als nach frischem Wasser zu laufen und alle erreichbaren Eimer und Kübel zu füllen und in die Krankensäle zu stellen. Kurz vor zwei Uhr verließ ich als letzter den Bau. Unter dem Tor stolperte ich über einen Zusammengebrochenen. In der gleißenden Sonne hatte ich den im Schatten liegenden nicht gesehen.

Rückkehr in die Freiheit

Der Tag war ein wunderschöner, warmer Frühlingstag. Ich stieg die Wiesen hinan, die sich zu einem bewaldeten Hügelkamm erstreckten. Die Blumen leuchteten. Es war wie an jenem Augusttag 1929, als ich mit Hermann Bruckmann und Maria Eppinger auf die Alb zog, der Langeweile meines Käfigs nach acht Jahren fast nutzloser Arbeit entronnen. Nur, was jetzt hinter mir lag, war mit damals überhaupt nicht zu vergleichen.

In den Wäldern um Bayreuth traf ich auf andere Zuchthausgenossen. Wir taten uns in einem Grüppchen zusammen, erkundeten die Gegend – wir hatten etwas von fliegenden SS-Kommandos gehört – und beschlossen, uns an die erste amerikanische Einheit anzuhängen, der wir begegneten. In einem Dorf bei Bayreuth war es soweit. Ich trat auf einen Leutnant zu, der nach allen Seiten sichernd so langsam vorging, daß ich mich nicht mehr wunderte, warum wir in unseren Berliner Zellen die Hoffnung aufgeben mußten, den Wettlauf mit der Zeit durchzuhalten. Aber ich verstand schließlich, daß auch die Amerikaner nicht erpicht darauf waren, in den letzten Stunden des Krieges den Heldentod zu sterben.

Im Bayreuther Zuchthaus hatte ich einem tschechischen Kommunisten gegen einen erheblichen Teil meiner Brotration eine englische Grammatik abgeschwatzt, die dieser in der Bücherei geklaut hatte. Er wollte sie mir nicht geben. »Du bist ein Kapitalist«, sagte er vorwurfsvoll. Ich belehrte ihn, daß ich gerade deshalb seine Grammatik brauche. Denn ich käme auf die kapitalistische Seite der Welt, wo englisch gesprochen werde. Er auf die kommunistische. Er solle sich eine russische Grammatik beschaffen. »Gibt es nicht. Brauch ich nicht. Kann ich schon.« Nun gut, sagte ich. »Hier ist mein Brot. Her mit dem Buch!« In den leeren Stunden im Zuchthaus suchte ich davon zu profitieren, soviel ich eben konnte.

Dennoch hatte ich allerhand Schwierigkeiten mit meinem siegreichen Leutnant. Where are you coming from? fragte ich ihn. Mäßig interessiert sah er mich in meiner schwarzgelben Montur an und betrachtete das Häuflein der hinter mir stehenden Genossen. Von Texas antwortete er. Entweder spricht man dort ein anderes Englisch, als es in meiner Grammatik stand, oder es lag an dem Kaugummi in seinem Mund – jedenfalls die gegenseitige Verständigung war sehr bescheiden. Immerhin verstand er soviel, daß er uns nicht gefangennahm und einige Zeit mitlaufen ließ. Verwundert sahen uns die Amerikaner zu, wenn wir den breiten Panzerspuren zustrebten. Wir hatten schnell heraus, daß neben ihnen am ehesten das zu finden war, was die gutgenährten Soldaten in ihren Key-rations für entbehrlich hielten und kurzerhand wegwarfen. Dazu gehörten kleine Nescafé-Tüten, Kaugummi, Zigarettenkippen, harte Biskuits und dergleichen. Nach einigen Stunden Marsch waren wir zum Umfallen müde. Ich setzte mich an einen Wegrand, dieweil die Soldaten im Gelände verschwanden und meine Genossen sich verkrümelten.

Wie es geschah, weiß ich nicht mehr. Gegen Abend wachte ich unter einem großen Zeltdach auf. Ich lag auf einem Feldbett, und neben mir saß ein Offizier mit dem Stahlhelm auf dem Kopf. Erst als ich vollends zu mir gekommen war, sah ich das Kreuz auf seinem Helm. Es war ein Chaplain, und er gehörte zu der Missourisynode. Sein Deutsch, mit dem er mich ansprach, war nicht so gut, wie ich es später in der Missourisynode des Mittleren Westens Amerikas oft hörte, aber es war mühelos verständlich. Ich sei von einem den vorgehenden Truppen nachfahrenden Sanka aufgelesen und hier im Feldlazarett abgeliefert worden, meiner komischen Uniform wegen. Ich würde vernommen werden. »What can I do for you?« Da hörte ich sie zum erstenmal, die Frage, die ich in den folgenden Jahren aus amerikanischem Mund, vor allem aus diesem, so oft wieder hören sollte. Als ich dem Feldkaplan in Stichworten meine Geschichte berichtete, sah er mich zuerst etwas zweifelnd an. Dann sagte er, ja, wenn es so sei, daß ich zu den plotters gehöre, die Hitler zu killen versuchten, dann müsse er das doch erst einmal melden.

Er tat es, und fortan war ich in den Händen einiger junger Offiziere, die ebenso gut deutsch sprachen wie ich. Ich wunderte mich immer wieder darüber, daß sie in amerikanischer und nicht in deutscher Uniform steckten. Es waren CIC-Offiziere, Söhne deutscher Emigranten. In ihrem Jeep fuhren sie mich in eine requirierte Villa. Bei dem Essen traf ich noch einige aufgegriffene Zuchthausgefährten. Ich kannte keinen von ihnen. Es war weniger eine Vernehmung als ein angenehmes Gespräch, ein Informationsgespräch, das sich bis weit in die Nacht hinein zog. Ich war müde und dachte, daß dem großartigen Essen ein angemessenes Nachtlager folge. Aber da hatte ich mich geirrt. Ohne Decke lagen wir unter dem Dach des Hauses und froren erbärmlich. Die Fraternisation hatte noch lange nicht begonnen. Am anderen Tag wurden wir ohne weiteres Federlesen in einem großen Anhaltelager der Armee abgeliefert. Da saßen wir zwischen einigen Tausend deutscher Kriegsgefangener unter freiem Himmel und wurden von allen gemieden. Die Landser hatten mit Zuchthäuslern nichts im Sinn, und für die Amerikaner waren wir eine auch fragwürdige Sorte von Germans. Mir begann ein Licht darüber aufzugehen, was auf uns wartete. So hatten wir uns die Sache im Kreisauer Kreis einst nicht vorgestellt, wennschon wir glaubten Realisten zu sein.

Ich weiß nicht mehr, wie unser kleines Grüppchen in den Zuchthausuniformen aus dem Anhaltelager herauskam. Ich weiß nur, daß wir zwei Tage später wieder in unserem Zuchthaus landeten. Wo sollten wir sonst hin? Der Krieg war noch nicht aus. Die Straßen waren für Zivilfahrzeuge, die wir außerdem nicht besaßen, kaum passierbar. Züge fuhren nicht. Als sich für uns die Tore öffneten, waren wir aufgefordert worden, zur regulären Entlassung in das Zuchthaus zurückzukehren. Viele hatten das auch getan. Nur unsere Kriminellen hatten reißaus genommen. Als wir zurückkamen, war das Zuchthaus fest in der Hand der Tschechen. Fugger und ich wurden von den tschechischen Offizieren, die unsere Mitgefangenen gewesen waren, zwar höflich und mit einem gewissen Vorrang behandelt, aber es wurde doch sogleich klar, daß wir nicht mehr die Schicksalsgenossen, sondern eben eine gewisse Spezies von Deutschen waren. Was in den nächsten Jahren mir noch oft zur Erfahrung werden sollte, tat sich schon hier an der alten Stätte gemeinsamer Leiden und gemeinsamen Schicksals kund: Der Krieg war nicht nur von Hitler und seinem Anhang verloren worden. Er war im Namen Deutschlands geführt und von ganz Deutschland – auch von Widerständlern – verloren. Die Fronten im Haus verliefen nun ganz anders als in der Stunde, in der wir es einige Tage zuvor verlassen hatten.

Ich erkundigte mich nach den Justizwachtmeistern. Die meisten seien einge- sperrt, einige flüchtig, mindestens einer habe Selbstmord begangen. Ich ließ mir von den neuen tschechischen Wächtern einige Zellen aufschließen. Protestierend lief ich zu dem neuen Chef, einem kultivierten Tschechen meines Alters. Ich verlangte, daß die zum Teil grausam gefesselten Beamten sofort von ihren Fesseln befreit und ordnungsmäßig versorgt würden. Mein Verlangen wurde kühl aufgenommen und widerspenstig befolgt. Aber immerhin geschah, was ich verlangte. Ein Jahr später trat ich als Entlastungszeuge für den Gefängnisdirek- tor und einige Wachtmeiser vor französischen Militärgerichten in Reutlingen und Rastatt auf.

Sie waren auf Grund der Aussagen ehemaliger französischer Zuchthausinsas- sen verhaftet und verurteilt worden. Die Verfahren – eine bloße Formalität – gingen hopp-hopp. Die Urteile waren ungerecht.

Vor unserem Zuchthaus fuhr eines Tages ein ranker amerikanischer Oberst vor. Er wollte mich sprechen. Es war die Neugier nach dem Attentatsversuch, die ihn herbrachte. Er verließ mich mit dem Rat, ein Buch zu schreiben: I tried to kill Hitler! Seinen tschechischen Alliierten machte das Eindruck.

Am 20. April 1945 standen wir abends auf dem Zuchthaushof zusammen und hörten Goebbels' Geburtstagsrede auf Hitler durch den Lautsprecher. Es war grotesk und makaber in einem. Dann wurde ich gebeten, einen Dank- oder Befreiungsgottesdienst für die auf eine Heimreisegelegenheit Wartenden zu halten. Es waren fast nur Deutsche. Die anderen, die Franzosen, die Tschechen, die Italiener wurden in Lastwagen abgefahren. Wir Deutsche blieben zurück.

Eine Halle war geschmückt worden – die Gefängniskirche wäre zu klein gewesen. Ein liebenswürdiger junger Wiener, der Schriftsetzer Fuchs, ein Kom- munist, druckte die Liturgie in der Gefängnisdruckerei; es gab Helfer aller couleur. Der frühere Pressechef Hindenburgs, Schultze-Pfaeltzer, der mit seiner Frau nach Bayreuth gebracht worden war und lange den Geisteskranken gespielt hatte, um seinen Kopf zu retten, ging mir zur Hand.

Am 29. April, einem Sonntag, predigte ich vor einer großen Gemeinde über einen Text aus dem letzten Kapitel des Buches Hiob:

»Und Hiob antwortete dem Herrn und sprach: Ich erkenne, daß Du alles vermagst, und nichts, das Du Dir vorgenommen, ist Dir zu schwer. Ich hatte von Dir mit den Ohren gehört; aber nun hat mein Auge Dich gesehen. Darum spreche ich mich schuldig und tue Buße in Staub und Asche.«[4]

Fahrt nach Genf

Es war Mai geworden, Deutschland hatte kapituliert. Hitler hatte sich umgebracht, in Bayreuth wurden die Toten aus den verschütteten Kellern geborgen. Über einigen Plätzen der Stadt lag süßlicher Leichengeruch. Amerikanische Großraumgeräte schaufelten anderen Fahrzeugen die Bahn frei durch Trümmer. Ende Mai war ich am Nachmittag von einem Gang zurückgekommen, als ich vor dem Verwaltungsgebäude des Zuchthauses ein Auto mit den Kennzeichen des Internationalen Komitees vom Roten Kreuz stehen sah. Ich fragte die tschechische Wache nach dem Besitzer des Wagens. Ein lebhafter Mann mittleren Alters trat auf mich zu, fragte mich nach Namen und Schicksal, ließ es sich von den Tschechen bestätigen und erklärte dann, daß er mich vom Zuchthaus weg nach Genf bringen werde. Ich war skeptisch. Als ich ihm aber die Konzeption des Hilfswerks in Umrissen darzulegen begann, über die ich nun monatelang nachgedacht hatte, ließ er keinen Einwand mehr gelten, auch nicht den, daß ich erst nach dem Verbleib meiner Familie forschen müsse. Er setzte mich in seinen Wagen, wir fuhren zum Stadtkommandanten im Rathaus, einem gutmütigen und hilfsbereiten Captain Miller, und binnen einer Stunde hatte mein Jean Koester mit der Beredsamkeit des Welschschweizers dem Captain ein Laisserpasser durch die Besatzungszonen und die Genehmigung zum Grenzübertritt abgeschwatzt. Den Ausschlag dabei gab natürlich die Autorität des Internationalen Roten Kreuzes. In Genf setzten sich Visser t'Hooft und Schönfeld dafür ein, daß mich die Schweizer Regierung durch die geschlossene Grenze in St. Margarethen passieren ließ.

Am anderen Tag fuhren wir los. Die Autobahn war leer, die Welt blühte, in den Dörfern hingen noch immer weiße Bettücher – die Zeichen der Unterwerfung –, und als wir nach St. Margarethen kamen, tat sich der Schlagbaum der Schweizer auf. Ich wurde so freundlich empfangen, wie es mir nie zuvor und nie danach passiert ist. Der Krieg war aus. Ich war frei, und am Abend nahm mich Hans Schönfeld in Zürich in Empfang. Sie meinten es gut mit mir, zu gut. Während des Abendessens erlitt ich einen Kollaps, wie ich ihn auch in den härtesten Tagen bei der Gestapo nie erlitt. Am anderen Tag war ich wieder auf den Füßen. Emil Brunner schloß mich in die Arme, musterte mich zusammen mit seiner Frau, führte mich vor seinen Kleiderschrank und sagte: Wähle! So kannst Du hier nicht herumlaufen. Ich trug noch immer meine Zuchthaushosen und eine der Jacken, die die Maiden des Arbeitsdienstes trugen. Anderes hatte sich in der Eile im Bayreuther Zuchthaus nicht auftreiben lassen. Als ich das gastliche Haus in der Hirslanderstraße verließ, sah ich aus wie andere Leute auch, oder wenigstens fast so.

NEUNTES KAPITEL

Hilfswerk

Hat das deutsche Volk das gewußt?

Skeptisch hatte ich in der zweiten Hälfte des Jahres 1942 den Gedanken aufgenommen, Vorbereitungen für ein deutsches Hilfswerk zu treffen. Starten sollte es nach dem letzten Schuß auf dem europäischen Kriegstheater. Der Anstoß dazu kam wie in so vielen anderen Fällen von Hans Schönfeld. In der ökumenischen Zentrale in Genf hatte er Kenntnis von Überlegungen und Initiativen in den amerikanischen protestantischen Kirchen bekommen, die auf gezielte Hilfsaktionen in Europa gerichtet waren. Dabei war an die von Deutschland mit Krieg überzogenen Länder gedacht, an die Opfer der NS-Herrschaft. Aber im Unterschied zu der ein Jahr zuvor von Churchill und Roosevelt proklamierten Atlantik-Charta nahmen diese Kirchen Deutschland aus ihren Hilfsaktionen nicht aus.

Als ich im Juni 1945 nach Genf kam, wurde ich zwar persönlich überall freundlich aufgenommen, aber: »Die Voraussetzungen für eine Hilfe für Deutschland fehlen in der schweizerischen Öffentlichkeit.« Das war das Ergebnis einer Besprechung mit dem Leiter der »Schweizer Spende«. Es war ein freundliches Gespräch. Aber außer einem schwachen Schimmer von späterer Hilfe brachte es nichts. »Unter dem Stichwort ›Nachbarschaftshilfe‹ können wir späterhin vielleicht etwas tun.« Das Verhalten des wohlmeinenden Mannes war für mich betrüblich, aber es war mir auch verständlich.

An einem strahlenden Junisonntag ging ich durch eine heile Genfer Welt zu einem Kino, das in einer Tagesvorstellung Bilder aus deutschen Konzentrationslagern wiedergab. Sie waren von westlichen Kriegsberichterstattern aufgenommen worden. Am Tag darauf wurde ich auf einer Pressekonferenz in Genf gefragt: »Was sagen Sie dazu? Hat das deutsche Volk das alles gewußt?« Ich sagte nein. Ich hätte wahrscheinlich mehr als die meisten gewußt, ich sei durch Gefängnisse und Zuchthäuser gegangen, und ich hätte Berichte von vielen Leidensgenossen aus vielen Lagern gehört: Aber was diese Bilder zeigten, hätte ich nie gesehen. Ich wolle damit nicht sagen, daß sie nicht Tatsachen wiedergäben. Ich wolle damit nur sagen, daß *diese* Tatsachen zum großen Teil nicht bekannt waren und daß sie nicht die ganze Wahrheit wiedergäben. Es habe, fügte ich zurückhaltend hinzu, auch ein anderes Deutschland gegeben. Und die KZ's seien zuerst für Deutsche gebaut worden. Ich merkte, wie sich das Klima veränderte. Es wurde kühl, kritisch, ablehnend. Ganz schnell war ich für viele eben auch nur ein Deutscher, ein gewöhnlicher Deutscher geworden. Und das hieß damals im Schnitt, einem verruchten Volk anzugehören, oder, weniger fein, zu den räudigen Hunden der Weltgeschichte zu zählen.

Auch heute, nach Jahrzehnten, verbinde ich mit diesem Bericht weder Klage noch Anklage. Sie steht uns nicht zu. Das Unglück, das im deutschen Namen über viele Millionen gekommen war, ist so erdrückend, daß dagegen mit Worten nicht aufzukommen ist. Natürlich gab es nicht wenige und zwar gerade in der Schweiz, die etwas davon wußten, daß nicht jeder Deutsche ein Gefolgsmann Hitlers oder ein Scherge Himmlers war. Aber die Erinnerung daran, daß es auch ein anderes Deutschland gab, war nicht populär.

Ich rechnete es deshalb der ›Neuen Zürcher Zeitung‹ hoch an, daß nach jener Pressekonferenz ihr damaliger Auslandchef August Müller auf mich zukam und mir sagte, daß seine Zeitung bereit sei, einen persönlichen Erlebnisbericht von mir im Zusammenhang mit dem 20. Juli 1944 zu veröffentlichen. Aus einem langen Gespräch filterte sich ein Bericht heraus, der zu den frühesten über den deutschen Widerstand gehört. Er wurde in Deutschland, mehr aber noch im Ausland damals vielfach nachgedruckt. Die englische Armee verteilte ihn in den deutschen Kriegsgefangenenlagern und manchem alten Freund Deutschlands im Ausland diente er als Beleg dafür, daß es auch einige Deutsche gegeben hat, die gegen Hitler aufstanden.

Die mit Abstand unfreundlichste Reaktion kam von Karl Barth. Er kannte mich nicht, hatte meinen Namen nie gehört und hielt sich deshalb für hinreichend ermächtigt, diesen Bericht eines Brunnerschülers in Zweifel zu ziehen. Er brachte damit jene Rufmordkampagne ins Rollen, die später von der Propagandazentrale des Pankower Kommunistenregimes aufgenommen und gigantisch überhöht wurde. Ich kann indessen nicht sagen, daß Barths wütender Ausfall meinen damaligen Bemühungen ernstlich geschadet hätte. Emil Brunner, der Freund und Lehrer, trat mit einer ausführlichen Entgegnung ›Mein Zeugnis für Dr. Gerstenmaier‹ wiederum in der ›Neuen Zürcher Zeitung‹ gegen Barth für mich ins Feld. Aber der Zwischenfall war geeignet, mir auch die letzte Illusion darüber zu nehmen, in welche Welt ich zurückgekehrt war.[1]

Mein Besuch bei dem damaligen Präsidenten des Internationalen Komitees vom Roten Kreuz, dem angesehenen Rechtsgelehrten Max Huber, wurde mir zur immensen Hilfe. Sein Mitgefühl und seine Hilfsbereitschaft konnten die Hürden der alliierten Besatzungspolitik damals jedoch auch nicht nehmen. Das Komitee entsandte einen seiner Generalsekretäre zu dem alliierten Oberkommando in Paris, um unserer Bitte entsprechend die Erlaubnis für das Internationale Rote Kreuz zu erlangen, in Deutschland nicht nur für die sogenannten Displaced persons, die in das Reichsgebiet verbrachten Fremdarbeiter und andere Ausländer, sondern auch für die deutschen Flüchtlinge und Vertriebenen wirken zu dürfen. Vergeblich!

Man muß sich diese Lage vergegenwärtigen um zu verstehen, was es damals für Deutschland, gerade für Deutschland, bedeutet hat, daß die Kirchen des Auslands auf den Plan traten. Es dauerte nicht sehr lange, bis auch aus anderen Quellen Bäche und Ströme der Hilfe nach Deutschland flossen. Aber in jenem Frühsommer 1945 waren es buchstäblich die Kirchen, die die Bahn brachen, und an ihrer Spitze wiederum die evangelischen Kirchen der Vereinigten Staaten.

In der Route Malagnou, der ökumenischen Zentrale in Genf, herrschte hoffnungsfrohe Aufbruchstimmung. Neue amerikanische Mitarbeiter verbreiteten viel Optimismus. Visser t'Hooft, der Generalsekretär, war seine Bedrückung los. Sein unterkühltes Temperament war von der Freude des Sieges erwärmt. Er vergaß auch nicht zwischen Deutschen und Nazis einen Unterschied zu machen. Vielleicht lag es daran oder an der Euphorie in seinem Hauptquartier, daß ich bei jenem ersten Genfer Besuch nach dem Krieg nicht erkannte, daß sich auch hier die Folgen der deutschen Niederlage abzuzeichnen begannen. Hans Schönfeld, ausgerechnet Hans Schönfeld, der Getreueste der Getreuen, wurde ihr Opfer. Er habe doch wohl auf beiden Schultern getragen, meinte Dr. Köchlin, der Präsident des Schweizerischen Kirchenbundes. Unbekümmert sagte er es mir, als ich ihn Schönfelds wegen stellte. Im Präsidium des Ökumenischen Rats (damals noch in Process of formation) spielte der angesehene Basler Pfarrer eine große Rolle. Trotz seiner Nähe zu Deutschland konnte oder wollte er nicht begreifen, daß die Treue zu einem ökumenischen Amt oder Mandat keinem Mann, auch keinem Deutschen die Untreue gegen sein Land abverlangen dürfe.

Visser t'Hooft erzählte mir in jenem Sommer, wie er in der Genfer Altstadt während des Krieges ein Büro des holländischen bzw. englischen Geheimdienstes geleitet habe. Ich hatte nichts dagegen, wennschon der Chef der ökumenischen Zentrale gewiß keine geringere Rücksicht auf sein kirchliches Amt zu nehmen hat als einer seiner Abteilungsleiter. Hans Schönfeld eine Hilfestellung für die Nazis nachzusagen war inferior, weil es gegen die erwiesene Wahrheit war. Dr. Köchlin war indes bei weitem nicht der einzige, der davon ausging, daß ein zum Hochverrat entschlossener Deutscher auch den Landesverrat betreiben müsse. Nun, wir waren keine Landesverräter. Unser Hochverrat erfolgte nicht im Dienst einer fünften Kolonne der Kriegsgegner Deutschlands, sondern im Dienst unseres Vaterlands. Weil das für Hans Schönfeld wie für mich galt, war er im Genf jener Nachkriegsjahre nicht mehr tragbar. Die neue deutsche Kirchenleitung, die im August 1945 zustande kam, hat sich nicht mit Ruhm bekränzt, als sie ihn schweigend zurücknahm. Hans Schönfeld brach es das Herz. Indes: In der großen Abrechnung ging derlei unter.

Einstweilen war Schönfeld noch in voller Fahrt. Um ihn hatte sich ein Kreis von Deutschen geschart, die samt und sonders in mehr oder weniger labiler Position einer ungewissen Zukunft entgegenharrten. Da waren Diplomaten wie Gogo von Nostitz, ehemals Konsul in Genf. Und da war Eddy Waetjen, ein Freund Helmuth von Moltkes, der schon in den ersten Anfängen des Kreisauer Kreises mit dabei war. Canaris hatte ihn mit Gisevius für die Abwehr nach Zürich geschickt.

Unterwegs, auf dem Berner Bahnhof, begegnete ich zum erstenmal Georg Federer, dem Stuttgarter Bankierssohn. Er hatte seinem Ribbentrop schon vor dem Ende den Rücken gekehrt, aber er gedachte nicht mit Hilfe seiner amerikanischen Mutter außerhalb Deutschlands ein gemächliches Leben zu führen. Er war der erste von den vielen, die in den nächsten Jahren zu uns kamen, um ohne Lohn mit Hand anzulegen. Georg Federer, von beneidenswerter Gelassenheit und kultivierter Liebenswürdigkeit, wurde der Auslandschef des Hilfswerks in seinen stürmischen Jahren. Als im Sommer 1950 die deutsche Parlamentarierdelegation beim Europarat einen Sekretär brauchte, schlug ich ihn vor. Carlo Schmid unterstützte den Vorschlag und damit kehrte Georg Federer in seine Diplomatenlaufbahn zurück. Jahre später begleitete er mich als deutscher Botschafter in Kairo zu Nasser. Als Personalchef des Auswärtigen Amtes ging er in den Ruhestand.

Allan Dulles

Auf dem Gang, auf dem ich mich bei unserer ersten Begegnung in Bern befand, hat er mich nicht begleitet. Ich war unterwegs zu Allan Dulles. Er hatte einige Deutsche zu sich gebeten. Das Thema: der deutsche Widerstand. Vor dem Krieg war ich bei einer kleineren ökumenischen Konferenz seinem Bruder John Foster Dulles begegnet. Er galt damals als bedeutender amerikanischer Bank- und Industrieanwalt. Von seiner nicht gerade konstruktiven Mitarbeit am Versailler Vertrag hatte ich damals noch nichts gehört. Als engagierter Presbyterianer genoß er in kirchlichen Kreisen über Amerika hinaus Ansehen.

Sein jüngerer Bruder Allan saß als Chef des amerikanischen Geheimdienstes und mit dem Titel eines Gesandten in der amerikanischen Botschaft in Bern. Gisevius und Waetjen hatten Beziehungen zu ihm unterhalten und hatten ihm soviel Einblick in das andere Deutschland vermittelt, daß die Gebrüder Dulles besser als andere wußten, was es damit auf sich hatte. Allan Dulles schrieb schon 1945/46 einen Bericht über ›Germany's Underground‹.[2] Es war deshalb von politischer Bedeutung, weil die Prominenz seines Verfassers und der seriöse, sachliche Überblick, den es über einen damals weithin unbekannten Tatbestand vermittelte, zu einem differenzierteren Urteil über Deutschland gerade in den Kreisen beitrug, von denen Deutschlands Schicksal in jenen Jahren weitgehend abhing.

Allan Dulles hat einen Einfluß auf die amerikanische Deutschland-Politik der Nachkriegsjahre ausgeübt, der viel zur Neuorientierung dieser Politik unter Truman beigetragen hat. Er hat damit auch den warmherzigen Hohen Kommissar Amerikas, John J. McCloy, von dessen großartigem Wirken noch die Rede sein wird, mit diesem Buch ermutigt, es mit Deutschland noch einmal zu wagen.[3]

Die politisch-psychologische Bedeutung solcher und ähnlicher Publikationen sollte auch heute nicht unterschätzt werden. Sie haben zu der Änderung des politischen Klimas viel beigetragen. Und sie wiederum war die Voraussetzung für den Versuch eines Neuanfangs im Umgang mit den Deutschen. Zum Vortrupp dieser noblen Klimaänderer zähle ich auch den englischen Verleger Viktor Gollancz. Mit seinem Bericht ›In darkest Germany‹ hat dieser unerschrockene Mann der charitativen Initiative in der nichtkirchlichen Welt – ich glaube, er war Jude – einen großen Dienst erwiesen.[4] Als ich Gollancz 1947 in London besuchte, hatte ich den Eindruck, einem ganz unvoreingenommenen Mann zu begegnen. Für ihn war nicht weiter wichtig, daß ich aus dem deutschen Widerstand kam. Ihn interessierte die Arbeit des Hilfswerks. Aber damit war er freilich eine Ausnahme. Die damalige psychologische Situation hat Ger van Roon, der niederländische Historiker, nicht für alle, aber für viele zutreffend mit dem Satz gekennzeichnet: »Der deutsche Widerstand machte es nach dem Kriege möglich, wieder mit Deutschland zusammenzuarbeiten.«[5]

Auch wenn man diese Zusammenarbeit mehr der weltpolitischen Veränderung, der bedrohlich werdenden Konfrontation mit der Sowjetunion zuschreiben muß, so ist das Wahrheitsmoment der These van Roons in moralischer und psychologischer Hinsicht nicht zu bestreiten. In den Jahren unmittelbar nach dem Krieg, solange es noch keine bundesrepublikanische Repräsentanz, noch keinen Adenauer, noch keine deutsche Vertretung im Ausland und in der europäischen Bewegung und noch keine deutsche Beteiligung an der NATO gab, habe ich es hundertfach in Europa und in Amerika erlebt, daß ich nur darum empfangen und angehört wurde, weil ich »zum zwanzigsten Juli« gehörte, wie die gängigste Formel lautete. Keine kirchliche Fürsprache, keine charitative Legitimation hat mir soviele Türen im Ausland geöffnet wie die Zugehörigkeit zu denen, die sich selbst gegen Hitler wagten.

Dennoch ist auch mir jene »negative Haltung der Westalliierten« gegenüber dem deutschen Widerstand nicht entgangen, von der van Roon in einer seiner weiteren Doktorthesen spricht. Aber sie ist mir nur selten, eher als Ausnahme, unverhüllt begegnet. Herablassend und bagatellisierend sprach Barth in seiner Polemik gegen mich vom 20. Juli als von einem »mißglückten Tellenschuß«. Vor manchem ausländischen Forum konnte ich mich nicht überwinden, vom »anderen Deutschland« zu sprechen, weil mit Händen zu greifen war, daß die Differenzierung auf brüske Ablehnung gestoßen wäre. Nicht in England, nicht in Dänemark, nein in Schweden geriet ich unterwegs einmal in einen Zustand stiller Verzweiflung. Von früher Jugend an hatte ich das Land Gustaf Adolfs geliebt. Als junger Mann hatte ich im Kreis von Freunden herrliche schwedische Feste erlebt und auch jetzt stieß ich auf tatkräftige, hilfsbereite Freunde Deutschlands. Und doch, nach manchem höflichen Gespräch kam mir ein Vers von Walter Flex aus dem Ersten Weltkrieg wieder in den Sinn: »Wir sind der Haß der Erde, ob Mann, ob Weib, ob Kind.« Es war furchtbar.

Auf jener ersten Schweizer Nachkriegsreise blieb ich von Anwandlungen und Anfechtungen dieser Art verschont. Ich war mit gleichgestimmten Freunden unterwegs und auch dort, wo es Absagen gab, erfolgten sie höflich und nicht ohne glaubhaftes Bedauern. Keine Absage gab es bei Allan Dulles. Wenn wir etwas auf die Beine bringen wollten, das Hand und Fuß hatte, waren wir auf die Hilfe wenigstens einer Besatzungsmacht bitter angewiesen. Es war mir klar, daß wir die erforderlichen Passierscheine für Transporte sowohl von Menschen wie Hilfsgütern nur mit alliierter Hilfe erlangen könnten. Ich mußte Dulles dafür gewinnen, uns einen Offizier seiner Organisation zur Verfügung zu stellen, der uns mit Wagen, Treibstoff und Travelorders zur Hand ging und uns half, über die Zonengrenzen wegzukommen.

Es ist wahrscheinlich, daß die Vereinigten Staaten von Amerika zum Ruhm von Allan Dulles anderes, politisch oder militärisch Gewichtigeres ins Feld führen können. Ich aber kann nur sagen, daß wir ohne die diskrete Hilfe dieses Mannes später, als es den Frankfurter Wirtschaftsrat gab, dies und jenes auch allein hätten auf die Beine bringen können. Daß das Hilfswerk jedoch viel früher und schneller organisiert und zum Funktionieren gebracht werden konnte, haben wir der Hilfe des amtlichen Amerika zu verdanken. Dulles stellte mir einen nahezu permanenten Begleiter mit einem sogenannten Commandcar, einem großen Jeep, mit Fahrer, Treibstoff, Marschverpflegung und Passierscheinen, wochenlang zur Verfügung. Der Leutnant hieß Harry Hermsdorf, war deutscher Abstammung, sprach nahezu fehlerlos Deutsch und gehörte zur Missourisynode, der hochlutherischen, deutschbürtigen Denomination des mittleren Westens. Sie wurde bald einer unserer wichtigsten und wirkungsvollsten Helfer. Selbstverständlich hat es später nicht an Verdächtigungen gefehlt – sie stammten alle aus derselben Giftküche der Pankower Kommunisten –, daß ich eben ein Agent des amerikanischen Geheimdienstes und das Hilfswerk eine seiner Tarnorganisationen sei. Indessen wußten es selbst diese Leute durch ihre eigenen Spionageorganisationen besser. Sie wußten, daß keiner von uns in westlichem Sold stand. Keine der westlichen Besatzungsmächte hat dem Hilfswerk angesonnen, geheimdienstliche Funktionen zu übernehmen.

Ich strebte nach Hause. Die Schweiz war schön und die Bewegung in der Freiheit und in der heilen Welt war wie eine Wiedergeburt. Aber ich wollte die Meinen wiedersehen. Auf Umwegen hatte ich in der Schweiz gehört, daß meine Frau mit unserem Töchterchen nach einer mühseligen Flucht aus Mecklenburg in meinem schwäbischen Elternhaus Zuflucht gefunden habe. Ich wollte sie sehen. Die Amerikaner versprachen mir, mich nach Hause zu fahren. Aber ob ich nicht zuvor noch ein Gespräch mit dem Prosecutor general, Mr. Jackson, dem amerikanischen Ankläger vor dem Nürnberger Tribunal, führen könnte. Ich sagte ungern zu. Wir fuhren nach Wiesbaden. Die nächtliche Autobahn war so leer wie die Sahara.

Der Aufenthalt am Neroberg in Wiesbaden dauerte länger als vorgesehen. Das Gespräch mit Mr. Jackson blieb für ihn und mich belanglos. Ich konnte aus eigener Wahrnehmung wenig oder nichts zu den Nürnberger Prozessen beitragen. Ich kannte keinen der Angeklagten persönlich. Ernst von Weizsäcker war damals noch nicht in Haft. Den später gegen ihn geführten Prozeß (»Wilhelmstraßenprozeß«) hielt ich für unfair.

Eingetreten bin ich unter anderen für den Hohenzollernprinzen August Wilhelm. Auwi war kein bedeutender Mann. Mit der Sammelbüchse des Winterhilfswerks in der Hand sprach er mich einmal auf den Stufen der Kaiser-Wilhelm-Gedächtniskirche in Berlin an, als ich aus dem Gottesdienst kam. Das war unsere einzige Begegnung. Eines Tages suchte uns die Kronprinzessin, aus Hechingen kommend, im Hilfswerk in Stuttgart auf. Prinz Auwi war von den Amerikanern in automatische Haft genommen, er war SA-Gruppenführer. Nun hatten die Polen seine Auslieferung verlangt. Gründe, ihn entsprechend der ›Moskauer Erklärung‹ in Polen hängen zu lassen, gab es nicht. In diesem Fall hatten die Amerikaner ein Einsehen. Die Auslieferung unterblieb. Prinz August Wilhelm war gerettet.

Solche und ähnliche Fälle standen in meinem Gespräch mit Jackson nicht zur Diskussion. Schlabrendorff und Gisevius hatten mehr zu bieten. Aber zumindest Schlabrendorff weigerte sich, als einer der Zeugen der Anklage aufzutreten. Er widersprach Jackson als Zeuge wie als Jurist in einer Weise, die fast zur Konfrontation führte.

Heimkehr

Eines Tages fuhr Harry Hermsdorf mit seinem Commandcar vor und brachte mich in mein Elternhaus. Ein kleines zweijähriges Mädchen, bräunlich und strahlend, lief uns vor dem Haus entgegen. Papa, sagte sie und breitete die Arme aus. Ich war daheim.

Das Haus war voll bis unter das Dach. Meine Brüder und der Schwager hatten sich von ihren aufgelösten Fronten abgesetzt, hatten sich der Gefangennahme entzogen und im Elternhaus wieder zusammengefunden. Nur einer fehlte. Mein Bruder Albrecht, Offizier in einem württembergischen Jägerbataillon. Beim Abfall der Rumänen war er mit seiner Einheit in russische Gefangenschaft geraten. Wir wußten nichts von ihm. Ein Jahr später hörten wir, daß er in einem russischen Gefangenenlager gestorben sei in den Tagen, in denen der Krieg zu Ende ging. Ich hielt ihm den Gedenkgottesdienst in unserer alten Martinskirche.

In Wiesbaden hatte ich die Tage des Wartens dazu genutzt, noch einmal meine Konzeption eines Hilfswerks zu überdenken. Von Schönfelds Genfer Berichten beeinflußt, dachte ich zunächst daran, dem weitverzweigten Werk der Inneren Mission eine neue Fachorganisation anzuhängen. Der Schwerpunkt der Inneren Mission war die Anstaltsdiakonie geworden, während aus der Gemeindediakonie und den zahlreichen Fachverbänden bei weitem nicht das geworden war, was sich Johann Hinrich Wichern hundert Jahre zuvor vorgestellt hatte. Die großen Anstalten der Inneren Mission erschienen mir aber wie feste Burgen, die auch in Fällen einer sich auflösenden öffentlichen Ordnung als Stützpunkte und Rückhalt einer über das ganze Reich zu spannenden Hilfsorganisation dienen konnten.

Schon 1942 fuhr ich nach Bremen, um mit dem Leiter des dortigen Diakonissenhauses, Pastor Constantin Frick, meine Überlegungen zu besprechen. Er war ein alterfahrener, angesehener Mann der Inneren Mission, Präsident ihres Centralausschusses. Ich kannte ihn seit Jahren, aber nicht gut genug, wie sich bald herausstellte. Er empfing mich freundlich. Als ich jedoch zum Thema kam, unterbrach er mich ernst. Er könne und wolle nichts mit einer Sache zu tun haben, die von der Voraussetzung ausgehe, daß Deutschland den Krieg verlieren könne. Das sei Defaitismus und hochstrafbar. Ich hatte einen Fehler gemacht. Ich hätte die Sache mit Pastor Ohl oder Hermann Kunst besprechen sollen. Ohl war der Krankenhausexperte der Inneren Mission und auch darüber hinaus ihr exzellenter Kenner. Als ich auf Moltkes Bitten im Westen Deutschlands einmal sondierte, auf welche kirchlichen Kräfte sich unsere Kreisauer Neuordnung im Ernstfall stützen könne, erwies sich Ohl neben Hermann Kunst als besonders hilfreich. Vielleicht lag es an der bitteren Bremer Erfahrung, daß ich mich im Winter 1942/43 mehr und mehr von dem Gedanken eines spezifisch kirchlichen Hilfswerks zu trennen begann und an ein überkonfessionelles nationales Werk dachte. Im Frühjahr 1943 habe ich dem Leitungsgremium des kirchlichen Einigungswerks um Landesbischof Wurm den Plan vorgelegt, unmittelbar nach dem Zusammenbruch in der Verbindung mit dem römisch-katholischen Episkopat Deutschlands ein Hilfswerk zu organisieren. Es sollte auf dem Gedanken der Selbsthilfe stehen und versuchen, mit allen erreichbaren Mitteln dem Chaos zu begegnen. Wurm, Dibelius, Meiser und Held stimmten zu. Sie ersehnten wie ich das Ende der Tyrannei, aber sie fürchteten ebenso das Chaos. Später habe ich dann vor allem mit Peter Yorck nach der Verhaftung Moltkes an manchem Abend in der Hortensienstraße in Lichterfelde die Vor- und Nachteile einer rein kirchlichen gegen die einer überkonfessionellen nationalen Hilfsorganisation abgewogen. Die Zusammenarbeit der beiden großen Kirchen erschien uns auf diesem Feld aus mehreren Gründen erwünscht. Im übrigen aber müsse abgewartet werden, in welcher Situation wir uns nach dem Ende des Dritten Reiches befänden.

Grundlegung zwischen Trümmern

Jetzt, im Sommer 1945 in Wiesbaden, war die Lage halbwegs überschaubar. Aus dem Osten wälzten sich die endlosen Züge der Vertriebenen heran und bald begann auch die Abstimmung mit den Füßen gegen die Kommunistenherrschaft in der russischen Besatzungszone. Aus dem, was ich bei unseren amerikanischen Siegern aufschnappte, war leicht zu schließen, daß auf die Zusammenarbeit zwischen den westlichen Besatzungsmächten und ihren russischen Kompagnons kein Verlaß war. Der Alliierte Kontrollrat war denn auch eine jener Seifenblasen westlicher Ideologie, die zuerst platzten.

Im Juni 1945 erschien Bischof Wurm zusammen mit Wilhelm Pressel in Wiesbaden. Es war ein bewegtes Wiedersehen. Sie waren unterwegs, um über die Neuordnung der Gesamtkirche eine Verständigung mit den erreichbaren Kirchenleitungen herbeizuführen. Das Ergebnis war die Kirchenkonferenz von Treysa. Sie wurde auf Ende August einberufen. Als Mitglied des Beirats des Kirchlichen Einigungswerks wurde ich dazugeladen. In Tegel hatte ich mir noch Gedanken über die zukünftige Gestalt der Deutschen Evangelischen Kirche und ihre Neuordnung gemacht, aber jetzt stand für mich im Vordergrund die Mobilisierung der ganzen Kirche im Dienst der Hilfe. Wir kamen überein, daß ich den Erzbischof von Köln, Frings, als Vorsitzenden der Fuldaer Bischofskonferenz aufsuchen solle, um noch vor der Treysaer Zusammenkunft eine Klärung herbeizuführen. Zunächst aber richteten wir einen von meinem Freund Helmuth Schreiner verfaßten Aufruf an die evangelische Christenheit Deutschlands:

»Die Christenheit in Deutschland ist zur Selbsthilfe herausgefordert. Es geht um unsere eigenen Brüder und Schwestern. – Es gibt mitten unter uns Ungezählte, die haben fast nichts mehr zu essen. Mütter und Kinder, Alte und Kranke, was wird aus ihnen? Soll dies das Ende sein, daß der Menschen Leichname liegen wie der Mist auf der Straße...? Nimmer mehr!«[6]

Mühselig fuhren wir mit unserem Commandcar unter Harry Hermsdorfs

Führung durch die zerstörten Rheinstädte. Köln war am schlimmsten betroffen. Ebenso wie einige Berliner Stadtteile, das Zentrum von Stuttgart, von Pforzheim und manches nahezu ausradierte Dorf, sah Köln schlechterdings trostlos aus. Vor dem Dom hielten wir. Eddy Waetjen, der mich begleitete – den Homer in der Hand –, sprang ab. Er wollte Adenauer besuchen. Wir anderen fuhren hinaus nach Lindenthal. Frings empfing uns sehr freundlich. Er lud mich samt meinem amerikanischen Offizier und unserem Driver zum Essen ein. Dem Sergeanten schmeckte es nicht, aber er zeigte Haltung. Der ehrwürdige Erzbischof Frings hatte ihn beeindruckt.

Das Gespräch war eingehend und freundschaftlich. Ich kam mit meinen Alternativen heraus und machte kein Hehl daraus, daß ich der überkonfessionellen Organisation den Vorzug geben würde aus Gründen der Effizienz, der Werbung, der zweckmäßigeren Organisation, aber auch als Zeichen dessen, daß wir unter den Heimsuchungen des Nationalsozialismus etwas dazugelernt haben. Der Erzbischof stimmte mir in manchem ausdrücklich zu, widersprach in keinem Punkt, erklärte aber, daß mein Vorschlag doch von solcher Bedeutung sei, daß er ihn der Fuldaer Bischofskonferenz vorlegen müsse. Einen genauen Termin konnte er mir nicht nennen. Ich fuhr nach Stuttgart und entwarf die Beschlußvorlagen für die Gründung des Hilfswerks der Evangelischen Kirche in Deutschland. Mein praktischer Freund Wilhelm Pressel ließ sie von Wurm absegnen, und als er den alten Bischof nach Treysa begleitete, brachte er einen Stapel der gedruckten aber noch nicht beschlossenen Aufrufe gleich mit.

Neubeginn mit der Kirche

Die Freude an der Kirchenpolitik, wenn ich je einen Funken davon besaß, war mir schon vor dem Krieg vergangen. Krieg und Widerstand hatten meine theologischen Interessen nicht verblassen lassen, aber die üblichen Querelen und theologischen Streitfragen langweilten mich immer mehr. Selbst der Zusammenbruch hat sie nicht beendet. Der Treysaer Kirchentag im August 1945 stand im Zeichen großer innerer Spannungen. Die sogenannten intakt gebliebenen Landeskirchen widersetzten sich gesamtkirchlichen Maßnahmen, hinter denen sie eine Gleichschaltung auf die Bekennende Kirche Dahlemer Observanz witterten. Umgekehrt wurde den lutherischen Kirchenführern unterstellt, daß sie mehr an eine einheitliche lutherische Kirche Deutschlands dächten als an den Neubau der Deutschen Evangelischen Kirche.

Ein düsterer Schatten fiel auf die Versammlung, als plötzlich Karl Barth, zur großen Überraschung insbesondere der Lutheraner, erschien. Berggrav hatte ihn einmal »den Dämon des deutschen Protestantismus« genannt. Nun fürchteten nicht wenige, daß statt des ersehnten Friedens und Neubaus eine neue Etappe kirchlicher Auseinandersetzungen beginnen werde. Indessen hielt sich Barth für seine Verhältnisse bemerkenswert zurück.[7]

Mir ging er aus dem Weg. Von seiner Polemik gegen mich war mit keiner Silbe die Rede. Es fiel ihm, obwohl er inzwischen auch aus den Reihen seiner Anhänger eines Besseren belehrt worden war, aber auch nicht ein, sich zu entschuldigen. In seiner Begleitung befand sich überraschenderweise auch Gisevius.

Eines Morgens in Treysa kam Otto Dibelius zu mir. Er sagte mir, daß »man« daran denke, Martin Niemöller das Kirchliche Außenamt zu geben. Dieser habe jedoch Bedenken, weil er glaube, daß man über meine Ansprüche nicht hinweggehen könne. Er, Dibelius, sei der gleichen Meinung. Das Problem war leicht ausgestanden. Ich bat ihn, Meiser und Wurm zu befragen. Sie würden ihm bestätigen, daß ich ihnen gegenüber schon während des Krieges erklärt habe, daß ich die Nachfolge meines Chefs Theodor Heckel nicht erstrebe und nicht annehmen würde. Ich hatte das gesagt, weil ich nicht den Verdacht aufkommen lassen wollte, aus persönlichem Interesse gegen Heckel zu konspirieren, während ich im Dienst der ökumenischen Bewegung und des geplanten Staatsstreiches vieles tun mußte, was im Fall des Mißlingens das Kirchliche Außenamt schwer belasten und Heckel gefährden mußte. Die Bahn war damit frei für Niemöller. Die Art und Weise, wie Heckel gefeuert wurde, mißfiel mir sehr. Sie war ungerecht. Aber sie war in jener Stunde des großen Zusammenbruchs vielleicht nicht zu verhindern. Landesbischof Meiser hat sich ein Verdienst erworben, als er später Heckels Rehabilitierung durchsetzte. Sie war fair und fällig.[8]

Am 30. August 1945 berichtete der Breslauer Theologe Conrad – später Professor in Bonn – über die Zustände in Schlesien während der Vertreibung der Deutschen. Anschließend erhielt ich das Wort. Ich brauchte nicht viel zu sagen. Das Plenum der Kirchenkonferenz stimmte meinen Vorschlägen zu. Das Hilfswerk sollte als ein unmittelbares diakonisches Organ der Gesamtkirche errichtet werden. Es sollte weder der Inneren Mission angegliedert noch der Kirchenkanzlei untergeordnet werden. Mein Organisationsentwurf wurde akzeptiert. Ich wurde zum Leiter des Hilfswerks bestellt. Den Segen der Kirche hatte ich. Sonst nichts.[9]

Am 31. August 1945 wurde in der Gestalt eines Rates der Evangelischen Kirche in Deutschland eine neue Kirchenleitung etabliert. Ihr Vorsitzender wurde Theophil Wurm. Damit war das 1933 eingeführte Episkopalsystem an der Spitze der Gesamtkirche abgelöst durch eine den Vorstellungen der Bruderräte, der Leitungsorgane der Bekennenden Kirche, entsprechende Kollegialleitung. Das hatte Vorzüge und Nachteile. Das Kollegialsystem bot gute Möglichkeiten, die Lutheraner, Unierten und Reformierten in der Repräsentanz und Leitung zur Geltung zu bringen. Der Nachteil war, daß die Kirchenleitung einem Allparteienkabinett glich. Das ging gut, wenn man sich im großen ganzen einig war. Es war lähmend, wenn die Kontroversen nicht auszuräumen waren. Ich nahm dazu keine Stellung. Gerne hätte ich gegen die Namensänderung protestiert. Es war nicht einzusehen, warum der ehrliche Name Deutsche Evangelische Kirche aufgegeben werden sollte. Schließlich hatte ihn Johann Hinrich Wichern schon auf dem Kirchentag von 1848 in Wittenberg proklamiert und die Innere Mission nannte sich auch weiterhin Innere Mission der Deutschen Evangelischen Kirche.

Ich nehme an, daß bei dieser Namensänderung ausländische Einflüsse wirksam waren. Dr. Cockburn, ein schottischer reformierter Kirchenführer, der in jenen Jahren in Genf als Chef der Wiederaufbau-Abteilung der Ökumene eine beachtliche Rolle spielte, pries jedenfalls bei einem späteren Bericht in Genf akkurat diese Namensänderung. Besonders lobenswert fand er, daß sich die Kirche nicht Evangelische Kirche *von* Deutschland genannt habe – wie es bei seiner eigenen, der Kirche von Schottland, bei der anglikanischen, der schwedischen und vielen anderen Nationalkirchen üblich war und ist, sondern *in* Deutschland. Ich hielt das für Krampf und für einen Ausdruck der Anbiederung der Unterworfenen. Aber es schien mir nicht wohlgetan, deshalb Krach zu schlagen und die gerade damals dringend nötige einheitliche Darstellung der Kirche zu gefährden. Ich war mit dem Hilfswerk auf sie angewiesen.

Kaum war der Rat gebildet und sein Vorsitzender gewählt, wurde Hans Asmussen zum Leiter der Kirchenkanzlei, der Verwaltungsstelle der Gesamtkirche, und Martin Niemöller zum Chef des Kirchlichen Außenamts bestellt. Zugleich gab Wurm in seiner neuen Eigenschaft bekannt, daß »die in Treysa anwesenden und dafür bevollmächtigten Vertreter der Landeskirchen den im Rahmen des ökumenischen Aufbauwerkes arbeitenden Nationalen Wiederaufbau-Ausschuß der Evangelischen Kirche in Deutschland konstituiert und Herrn Konsistorialrat Dr. theol. Eugen Gerstenmaier mit der Leitung und Wahrnehmung der Geschäfte des Hilfswerkes beauftragt« haben. Mein »Aufruf zur Selbsthilfe« wurde unverändert übernommen und kirchenamtlich publiziert.[10]

Das Hilfswerk war da. Harald Poelchau, unser Gefängnispfarrer in Tegel, wurde sein erster Generalsekretär. Er war bei den Kämpfen um Berlin nach Bayern verschlagen worden und hatte sich frühzeitig bei uns in Stuttgart eingefunden. In der Gefängniszelle in Tegel hatte ich ihn bei meinen Überlegungen immer wieder zu Rate gezogen. Er war mit mir der Meinung, daß die Situation den unmittelbaren Einsatz der verfaßten Kirche mit ihren Gemeinden und freien Organisationen auf allen Stufen erfordere. Die schon vor Wichern übliche Delegation charitativer Aufgaben an »freie«, das heißt der unmittelbaren Verantwortung der Kirche nicht unterstehende, Organisationen sei der auf uns zukommenden Aufgabe nicht mehr angemessen. Es gab dafür handfeste Gründe,

246

wie sich bald zeigen sollte. Als Selbsthilfe hatte sich das Hilfswerk schon in seinem ersten Aufruf bezeichnet. Wir appellierten damit an die eigene Initiative jeder Gemeinde und jeder kirchlichen Organisation. Wir wollten der Apathie begegnen und auch mancher illusionären Erwartung.

In Treysa waren auch einige Ausländer erschienen. Unter ihnen Stewart Herman von der ökumenischen Zentrale in Genf.[11] Er überbrachte in Treysa einen Brief Dr. S. C. Michelfelders. Dieser Deutsch-Amerikaner, ein Pfarrer aus Toledo/Ohio, war von der amerikanischen Sektion des Lutherischen Weltkonvents nach Genf entsandt worden, um »die Nöte der europäischen Kirchen zu untersuchen« und die Möglichkeiten der Zusammenarbeit mit dem Weltrat der Kirchen zu prüfen.[12]

Der Brief wurde mit Dankbarkeit und Freude aufgenommen. Sein Ton unterschied sich grundlegend von nahezu allem, was in jenen Monaten in unsere Ohren drang. Aber er erweckte in manchem schlichten Gemüt auch einige Illusionen. Das Hilfswerk als Verteiler ausländischer Spenden und weiter nichts – das war eine davon. Ich zielte auf anderes.

Auch eine Begegnung mit Erzbischof Gröber in Freiburg/Br. im späten Herbst 1945 gab mir keine Gewißheit, daß sich ein einheitliches nationales Hilfswerk hätte verwirklichen lassen. Er empfing mich zwar mit dem Wort »Wir müssen zusammenschaffen«, aber er dachte dabei offensichtlich an eine lockere Koordination und an Einzelfälle. Ich zog daraus die Konsequenz, mich definitiv dem zuzuwenden, was ich als das unerledigte Vermächtnis Wicherns verstand: »Die Liebe gehört mir wie der Glaube!« Das sollte sich nach Wicherns Verständnis die ganze Kirche sagen. Das sollte sie verkündigen und mehr noch verwirklichen in ihrer eigenen Form und Gestalt. Jetzt, spätestens jetzt, war die Stunde, das Diakonat auf allen Stufen der verfaßten Kirche Gestalt werden zu lassen.

Das deutsche evangelische Kirchentum hatte im ganzen genommen eine bedeutende geistige und geistliche Leistung vollbracht. Seine Theologie war tonangebend geworden, selbst dort, wo sie fragwürdig war. Seine Kirchenmusik war dank Bach und anderer frommer Genien grandios, seine pädagogische, volkserzieherische Leistung nicht zu bestreiten, und seine Predigttradition hatte trotz schrecklicher Stümpereien ein Niveau erreicht, das in der Welt nicht übertroffen wurde. Nur die diakonische Energie war im Vergleich zu dem allem unterentwickelt. Die evangelische Kirche trug zwar viele große und feste Burgen der Nächstenliebe, aber ihre gemeindliche Diakonie war daneben schwach. Eine Folge der Trennung, der Ausgliederung der meisten diakonischen Einrichtungen aus der verfaßten Kirche und ihrer Basis, den Gemeinden. Diese Fehlentwicklung – begreiflich aus der Behördenkirche des 18. und 19. Jahrhunderts – hatte das Ihre dazu beigetragen, daß unsere kirchliche Existenz weithin eine verbale Existenz wurde. Schon vor 1945 empfand ich mit meinen Freunden die Lage, in der wir steckten, als Herausforderung.

Das Diakonat, das geordnete, in der Gemeinde verwurzelte diakonische Amt der Kirche, sollte die Antwort sein. Ich halte die Richtung, in der meine Mitarbeiter im Hilfswerk und meine Mitstreiter um die neue Kirchenverfassung diese Antwort zu konkretisieren versuchten, auch heute noch für verbindlich. Die Grundordnung der Evangelischen Kirche in Deutschland von 1948 hat sie aufgenommen und in vielen kirchlichen Beschlüssen und Verlautbarungen der nächsten zwei Jahrzehnte wurde sie bestätigt. Dennoch muß ich nach mehr als dreißig Jahren sagen: Das, was wir damals erkannten und erstrebten, ist in der evangelischen Kirche Deutschlands nicht Wirklichkeit geworden.

Dafür gibt es mehrere Gründe, gewichtige Gründe. Die Struktur unseres traditionellen Landeskirchentums wird sich vermutlich erst dann durchgreifend ändern, wenn seine Finanzierung des staatlichen Rückhalts entbehren muß. Ich plädiere nicht für den Wegfall dieses Rückhalts. Er ist heute noch vor allem im staatlichen Kirchensteuereinzug wirksam, beruht aber auch in verfassungsmäßig gesicherten Privilegien der Kirche wie der Mitwirkung in der schulischen Erziehung und anderen Funktionen des öffentlichen Lebens. Sie aus freien Stücken aufzugeben, hielte ich für keinen Fortschritt. Mit größter Wahrscheinlichkeit würden diese traditionellen Positionen der Kirchen von total säkularisierten, glaubensfremden Elementen und Energien besetzt. Was sie für die innere Orientierung eines Volkes zu leisten vermögen, haben wir erlebt. Die Spannung, die das öffentlich verfochtene Ethos der Bibel jedem Volk auferlegt, würde zweifellos noch weiter abgeleiert. Welchen Gewinn hat der auf eine innere Orientierung seines Lebens angewiesene Einzelne, welchen hat ein Kulturvolk davon? Nein, ich plädiere nicht für die »Beseitigung von derlei Restbeständen vergangener Epochen«, wie die besonders »Progressiven« diese tragenden Elemente unseres geistigen, kulturellen, geschichtlichen Werdens denunzieren. Aber ich habe mich auch zeitlebens auf ihnen nicht auszuruhen vermocht. Das Jahr 1945 war zwar – wie sich gezeigt hat – nicht die Stunde Null, aber es bot die Chance einer bis tief in die Gemeinden hineingehenden Wandlung.

Während die gemeindliche Diakonie für uns Hilfswerkleute kein Problem war, habe ich mir jahrelang den Kopf darüber zerbrochen, welche kirchliche Legitimität es mit dem Teil des Wichernschen Programms auf sich habe, den ich »Wichern 2« nannte. In seiner Denkschrift an die deutsche Nation von 1848 hat Wichern im zweiten Teil ein sozialpolitisches Programm entwickelt. Diejenigen, die sich ihm zu stellen bereit waren, mußten unweigerlich über kurz oder lang im weiten Feld der Politik landen. Adolf Stoecker und Friedrich Naumann, beide eng mit der Inneren Mission verbunden, haben das bewiesen. Von beiden hat sich die Kirche distanziert. Jetzt, unmittelbar nach dem Krieg, ging es nicht um sozialpolitische Konzepte. Jetzt ging es um konkrete Hilfe. Nahrung, Kleidung und ein Dach über dem Kopf – das war die Sorge des Tages für Millionen, die auf der Straße oder zwischen Trümmern lagen. Dahinter türmten sich freilich sozialpolitische Fragen ersten Ranges auf. Noch wurde nicht über Lastenausgleich gesprochen. Aber jedem, der über den Tag auch nur ein wenig hinauszudenken vermochte, war klar, daß sich die hergebrachte bürgerliche Besitzordnung binnen kurzem einiges werde gefallen lassen müssen.

Ich stieß nicht nur auf Zustimmung, als ich bei einer großen öffentlichen Veranstaltung des Hilfswerks im württembergischen Staatstheater in Stuttgart am 24. Juli 1947 eine Neuordnung der Besitzverhältnisse forderte. Später sprach ich konkreter von einem »Lastenausgleich nach vorn«. Ich wollte damit sagen, daß die zum großen Teil ohnehin unersetzlichen Verluste der Vertriebenen weniger in der Relation zur materiellen Höhe dieser Verluste ersetzt werden sollten als nach dem, was zur Begründung einer neuen, einigermaßen angemessenen Existenz notwendig sei. Der Lastenausgleich dürfe nicht als Fürsorgemaßnahme, er müsse als Rechtsanspruch verstanden und konzipiert werden. Das setzte sich durch. Fritz Schäffer, unser hervorragender erster Bundesfinanzminister, hat auf die Parole immer wieder zurückgegriffen.[13]

Auch dieser Lastenausgleich schien mir eine Neuordnung der Besitzverhältnisse notwendig zu machen. Es waren nicht sozialistische Anwandlungen und schon gar nicht marxistische, die mich zu derartigen Verlautbarungen brachten. Ich sah nur die Not und den auf weniger als die Hälfte reduzierten und durchlöcherten Kuchen, den wir zu verteilen hatten, wenn wir eine gerechte Politik machen wollten.

Was die produktive Kraft der Freiheit zu einer vertretbaren Lösung des Riesenproblems beitragen würde, hatte ich mir damals allerdings nicht vorgestellt. Ich hatte im Juli 1947 zwar »der Freiheit zum konstruktiven Experiment« das Wort geredet, aber ich hatte nicht vorausgesehen, was sie in der von Ludwig Erhard ein Jahr später entbundenen Gestalt der sozialen Marktwirtschaft binnen kurzem leisten würde. Meine damalige Rede war im übrigen ein Stoß gegen die Besatzungsstatute – zwei Jahre ehe ihre Revision begann. Ich sagte, den Kirchen Deutschlands und den Kirchen der Welt gezieme es, »einen Weg« zu suchen, auf dem die Freiheit der tätigen Mitverantwortung des deutschen Volkes an der Gestaltung seines Schicksals wiedergewonnen werden könne in der Gemeinschaft der Völker.[14]

Das griff in jenen Jahren über die dringlichsten Bedürfnisse des Alltags weit hinaus. Mit der Ernährung war es miserabel bestellt. Die Amerikaner hatten in ihrer Besatzungszone der deutschen Bevölkerung einen Tagessatz von tausendfünfhundertfünfzig Kalorien verordnet. Sie mußten dafür fünfhunderttausend Tonnen Lebensmittel einführen. Sie waren auch deshalb nicht bereit, den Kaloriensatz zu erhöhen, weil die Deutschen nicht mehr zu essen bekommen sollten als die Polen, Tschechen, Franzosen usw. unter deutscher Besatzung erhalten hatten.

In der französischen Zone wurde manches lockerer gehandhabt. Im ganzen war es aber nicht besser. Was Allan Dulles und später Karl Arndt, der für die Kirchen zuständige Beamte in der amerikanischen Militärregierung in Stuttgart uns in der amerikanischen Zone bedeuteten, das wurden der französische Feldbischof Marcel Sturm und seine rechte Hand, der Aumonier Casalis, für uns bei den Franzosen. Marcel Sturm war Elsässer, doppelsprachig, von eleganter Gewandtheit und einer uns beschämenden Hilfsbereitschaft und Liebesfähigkeit. Er residierte in Baden-Baden bei der französischen Militärregierung unter General Koenig, der später mein Kollege im Straßburger Europarat war. Paul Graf Yorck von Wartenburg, der ältere Bruder meines hingerichteten Freundes Peter, hatte das Vergnügen, mit seinen chevaleresken Umgangsformen sich mit den Herren um Koenig herumzuschlagen. Ich hatte ihn gebeten, das Hilfswerk bei der französischen Militärregierung zu vertreten. Yorck wurde seines Amtes erst froh, als der frühere und spätere Botschafter Frankreichs in Deutschland – François-Poncet, in Baden-Baden zu wirken begann.

Die britischen Besatzungsbehörden machten uns kaum Schwierigkeiten. Sie gaben uns großzügige Einfuhrlizenzen, so daß schon Ende Oktober 1945 die schwedischen Frachter ›Saga‹, ›Lena‹ und ›Gladen‹ mit Kartoffeln und anderen Nahrungsmitteln von uns in Hamburg gelöscht werden konnten. Schwierig, aber nicht unmöglich erwies sich unsere Arbeit in der russisch besetzten Zone. Ich hatte Heinrich Grüber gebeten, Hilfswerkbevollmächtigter für Berlin zu werden. Mit dem ihm eigenen Schwung trat er sogleich an. Er schickte uns die ersten Berichte über die Greuel in den letzten Kriegsmonaten beim Siegeszug der Roten Armee, und er berichtete über die Zustände bei der Vertreibung der Deutschen aus ihrer angestammten Heimat östlich der Oder-Neiße. Einige dieser Berichte ließ ich als Dokumentationsmaterial drucken und an alle Hilfswerkstellen verteilen. Sie erwiesen sich hilfreicher als alles andere. Unbeschönigt, unstilisiert, wahrheitsgemäß waren sie von so erschütternder Drastik und Tragik, daß die Bauern zum Beispiel in den Hunsrückdörfern im Nu ganze Kartoffelzüge zusammenbrachten, die wir nach Berlin schickten. Einer unserer tatkräftigsten Helfer war der Superintendent Gillmann von Simmern, ein praktischer Mann, unlackiert und von großer Güte.

Der schwierige Umgang mit den Russen und die besonderen Verhältnisse der Ostzone ließen es mir geraten erscheinen, eine Abteilung unseres Zentralbüros nach Berlin zu verlegen. Ich unterstellte es der Leitung von Robert Tillmanns, meinem späteren Kollegen in der CDU-Fraktion und zu früh verstorbenen Bundesminister. Zusammen mit meinem alten Chef in der Studienstiftung des Deutschen Volkes, Hermann Brüglmann, leitete er das größer werdende Büro.

Unser Anfang in Stuttgart war im Vergleich zu manchem wohletablierten Hauptbüro – den landeskirchlichen Zentralstellen des Hilfswerks – denkbar bescheiden. Zusammen mit meinem Bruder Walter und einem meiner früheren

Pfadfinderfreunde in Kirchheim/Teck, Eberhard Lohrmann, möblierten wir ein Stockwerk eines jener villenartigen älteren Häuser, die leicht beschädigt in der Stuttgarter Stafflenbergstraße den Krieg überstanden hatten. Wilhelm Pressel, der Hilfswerkbevollmächtigte der württembergischen Landeskirche, saß ein Stockwerk höher.

Um Helfer und Helferinnen brauchte ich mir keine Sorgen zu machen. Sie kamen von allen Seiten und aus den verschiedensten Tätigkeiten. Aus meiner Berliner Zeit gab es mehr Bekannte als Freunde. Die Freunde waren zumeist tot. Aber auch unter den Bekannten fanden sich tüchtige Leute, die uns halfen. In Hamburg meldete sich Herr von Twardowski, mein zeitweiliger Chef im alten Auswärtigen Amt. Ein junger Offizier namens Geißel erwies sich als Organisationsgenie. In Bremen bestellte ich den Diplomaten Melchers zum Leiter unserer Transportleitstelle. Kanzleichef in unserem Stuttgarter Zentralbüro wurde Wolfgang von Welck, der ebenfalls aus dem Auswärtigen Dienst kam. Gottfried von Nostitz war inzwischen aus Genf zu uns gekommen. Sie alle standen noch in der Blüte der Jahre. Die meisten von ihnen gingen sechs, sieben Jahre später, als wir das gröbste bestanden hatten, wieder in den öffentlichen Dienst zurück.

Eines Tages stand Wolf von Gersdorff mit dem Rest seiner großen Familie in unserem Büro. Er hatte eine Schwester Peter Yorcks geheiratet und große Güter besessen. Sie hatten alles verloren. Gersdorff war von den Russen eingesperrt worden und hatte die erste Gelegenheit zur Flucht genutzt. Er galt als exzellenter. Jurist. Er wurde unser Justitiar und Finanzchef. Daß wir durch die Strudel der Währungsreform kamen, ohne unsere inzwischen erheblich gewachsenen Arbeitsbereiche nennenswert einschränken oder aufgeben zu müssen, ist zum großen Teil sein Verdienst.

Unsere Stuttgarter Unterkunft war bald viel zu klein. Wir zogen um in das nahegelegene Verbindungshaus der Hilaren. Bald mußten wir anbauen. Im November 1945 war ich wieder in der Schweiz. Der Unterschied zum Frühsommer war beträchtlich. Die feindselige Distanz gegenüber den Deutschen in der Schweizer Öffentlichkeit war überlagert von der Einsicht, man müsse Deutschland wieder eine Chance geben. Auf einer Versammlung der Züricher Studentenschaft hatte Emil Brunner zusammen mit dem Leiter des Schweizer Kriegsernährungsamtes, Muggli, unter dem Beifall der Studenten zur Hilfe für das hungernde Deutschland aufgerufen. Das Hilfswerk der Evangelischen Kirchen der Schweiz ging unter der tatkräftigen und praktischen Führung eines jungen Pfarrers, Heinrich Hellstern, an die Entwicklung einer Nachbarschaftshilfe, die viel für uns bedeutete.

In Genf vollzog sich ein für die damalige Lage charakteristischer Umbau der kirchlichen Hilfsplanung. Ursprünglich sollte ihr Schwerpunkt im Wiederaufbau des teilzerstörten Kirchentums liegen. Das war nicht unberechtigt. Von zweihundertzwanzig Berliner Kirchen waren nach Kriegsende zum Beispiel noch neunzehn unzerstört, in Kiel von sechzehn eine, in Stuttgart von achtundzwanzig eine, in Nürnberg von zweiundvierzig keine.[15] Mit Notkirchen und Gemeindezentren, mit Bibeln und kirchlicher Literatur sollte den mitgenommenen Gemeinden unter die Arme gegriffen werden. Daher die Bezeichnung Wiederaufbauwerk. Wir Deutsche hatten diesen Aspekt in unserer Planung zwar nicht ausgeschlossen, aber er rangierte erheblich hinter dem, was wir die allgemeine Nothilfe nannten. Die Berichte der reisenden Amerikaner, der Schweizer und Engländer von der Situation in Deutschland, aber auch in Polen und Frankreich bewirkte rasch eine Umwidmung bereits gesammelter und für den kirchlichen Wiederaufbau designierter Mittel oder eines großen Teils davon zugunsten der allgemeinen Nothilfe. Die Flüchtlingshilfe und die Kinderspeisung, der Nachschub von Medikamenten und Nahrungsmitteln für Krankenhäuser und Flüchtlingslager trat in den Vordergrund. Auf den kirchlichen Wiederaufbau wollte man aber nicht ganz verzichten.

Als ich auf jener Novembertagung in Genf gefragt wurde, ob ich mit dem Hilfswerk die Verteilung von Bibeln und Gesangbüchern übernehmen könne, sagte ich ja. Aber wo sie denn herkommen sollten? Aus Amerika. Ähnlich sollte es mit Barackenkirchen – wir nannten sie Notkirchen – geschehen. Ich machte unseren Wohltätern den Vorschlag, die von ihnen dafür aufzubringenden Devisen dem Hilfswerk zu geben. Wir würden damit ein Mehrfaches produzieren. Ich wollte nur das einführen, was in Deutschland nicht zu beschaffen war, vor allem also Rohstoffe, die in der Kombination mit deutscher Arbeitskraft und Erfahrung »veredelt« und vervielfältigt werden konnten.

Meinen Amerikanern ging ein Licht auf. Sie waren praktische Leute. Mit einem Betrag von hunderttausend Dollar – damals für Deutsche eine stolze Summe – wurde ein Test gemacht. Wenn ich mich recht erinnere, mit Zellulose zur Papierproduktion. Er verlief über Erwarten befriedigend. Dr. Michelfelder vom Lutherischen Weltbund und Dr. Lawrence Meyer von der Missourisynode, später kurzerhand »unser Lorry« genannt, wurden fortan nicht nur unsere großen Förderer, sondern auch Bahnbrecher der von uns entwickelten Methoden. Mich befriedigte dabei die Zweckmäßigkeit, aber auch die Tatsache, daß es uns auf diese Weise gelang, unseren Willen zur Selbsthilfe mit der Auslandshilfe zu verbinden und zugleich die für kirchliche Zwecke bestimmten Mittel weitgehend der Nothilfe dienstbar zu machen. Die Devisenersparnis war so groß, daß wir nicht nur die Wünsche der Spender befriedigen, sondern auch Mittel erwirtschaften konnten, die wir zur Behebung von besonders schwierigen, aber im Ausland unbekannten Engpässen verwenden konnten.[16]

Ein Jahr später war unsere Wirtschaftsabteilung in voller Fahrt. »Veredlungswirtschaft«, Verwi, wurde sie genannt. Mein Bruder Walter und einer meiner Freunde, Walter Bauer, hatten sie zusammen mit Joachim von Lukowicz und Wolf von Gersdorff in beträchtlichen Schwung gebracht. Walter Bauer, ein schwäbischer Unternehmer von Rang, war mit einigen Freunden Goerdelers, mit Professor von Dietze und dem Justitiar der Dahlemer Bekennenden Kirche, Justus Perels nach dem 20. Juli 1944 verhaftet worden. Kurz ehe die Russen kamen, wurde er zusammen mit Herrn von Dietze, dem späteren Präses der Synode der Evangelischen Kirche in Deutschland, freigelassen. Perels wurde umgebracht.[17]

Wir waren seit langem befreundet. Walter Bauer führte in Berlin ein gepflegtes großes Haus. Bei ihm begegnete ich zum erstenmal Romano Guardini, dem führenden katholischen Kulturphilosophen. Walter Bauer verband seine große wirtschaftliche Begabung mit einem ebenso ausgesprochen kirchlichen Engagement. Er wurde einer unserer wichtigsten Ratgeber im Hilfswerk und ein sehr aktiver Synodaler. Zum Mitglied des Rates der EKiD gewählt, starb er noch in voller Schaffenskraft. Joachim von Lukowicz, mit einer charmanten Schwedin verheiratet, riß in Berlin vor den Russen aus. Er kam aus der deutschen Schwerindustrie, deshalb griffen die Russen nach ihm.

Dieses für die Wirtschaft bei uns zuständige Team knobelte immer neue Methoden aus, um mit den uns zur Verfügung gestellten ausländischen Devisen soviel als möglich anfangen zu können. 1946 schickte uns Pfarrer Hellstern aus der Schweiz den ersten Waggon Baumwolle.[18]

Inzwischen war unsere Stuttgarter Führungsmannschaft um zwei theologische Köpfe gewachsen. Christian Berg kam aus Mecklenburg. Er war schon Jahre zuvor in meine Heimatstadt verschlagen worden, amtierte dort und war ein Freund unserer Familie. Ich hatte ihn schon beim Beginn des Kirchenkampfes in Rostock als mecklenburgischen Pfarrer kennengelernt. Er war einer der ersten, die das neue Regime außer Landes jagte. Jetzt nahm er am Aufbau des Hilfswerks mit seiner ganzen Kraft teil. Die charitative Aktion der Gemeinden war sein unermüdlich verfolgtes Thema. Als Poelchau wieder seinem alten Amt in Berlin zustrebte, wurde Christian Berg Generalsekretär des Hilfswerks. Jahre später übernahm er das Zentralbüro Ost und wurde schließlich der Leiter der Gossnerschen Missionsgesellschaft.

Herbert Krimm kam vom Gustav-Adolf-Werk, dem Verein für das Deutschtum im Ausland der evangelischen Kirchen Deutschlands.[19] Vom Kirchlichen Außenamt her kannte ich ihn. Er war ein Freund Hans von Haeftens, kam als Kriegspfarrer von der Front und übernahm bei uns die Abteilung Kirchlicher Wiederaufbau. Einer seiner wichtigsten Mitarbeiter war Professor Bartning, ein anerkannter Kirchenbauer. In seinem Architekturbüro entwickelte er ebenso rationelle wie interessante Methoden des Notkirchenbaus. Ihre Kosten lagen nur unwesentlich höher als die der uns zugedachten ausländischen Baracken. Dafür hatten sie aber ein dreimal höheres Fassungsvermögen. Wir erstellten an die fünfzig solcher Kirchen.

Spät, beinahe als letzter meiner führenden Mitarbeiter, kam mein alter Freund Paul Collmer nach Hause und zu uns. Himmler hatte die Idee gehabt, das Großgermanische Reich schließlich mit einem Aufgebot seiner KZ-Häftlinge zu retten. Der Dachauer KZ-Häftling Paul Collmer – er hatte Juden geholfen – wurde in eine feldgraue Uniform gesteckt, an die Ostfront geschickt und, ohne einen Schuß abgegeben zu haben, von den Russen gefangengenommen. Es dauerte einige Zeit, bis sie erfaßten, daß mein Paul kein Mann der Gestapo sei. Als sie es erkannten, entließen sie ihn. Er kam nach Hause und wurde unser größter Fürsorger. Sein angestammtes Feld war die Sozialpolitik in der Diakonie. Als Vizepräsident des Diakonischen Werks ist er ihr treu geblieben.[20] Herbert Krimm wurde mein Nachfolger in der Leitung des weitgespannten Werkes. Von seiner Hand stammt unter anderem eine geraffte Geschichte des Hilfswerks unter besonderer Berücksichtigung der Flüchtlingsprobleme.[21]

Zu den großen Helfern unserer Arbeit zählten bald auch schwedische Persönlichkeiten, Kirchenmänner und Industrielle. Ich kann sie hier nicht aufzählen, aber ich muß ein Wort über die Stockholmer Gräfin Lily Hamilton sagen. Sie gehört mit ihren Freunden zu der Minderheit, die Deutschland in guten und bösen Tagen nur Liebe entgegenbrachte. Ähnlich wie viele Auslandsdeutsche sah sie kaum auf die jeweilige deutsche Regierung, sondern auf die Geltung Deutschlands in der Welt. Insgeheim litt sie bitter unter der Schmach, die Hitler Deutschland angetan hat. Sie war kinderlos, mit einem Marineoffizier verheiratet und widmete ihre ganze Kraft der Hilfe für deutsche Kinder. Sie glühte vor Eifer, Initiative und Energie. Von einem Ende der Stadt zum andern war sie von einer Sammelstelle unterwegs zur anderen. Bescheiden wie sie war, benützte die schöne und kraftvolle Frau dabei unentwegt nur ihr Fahrrad. Eines Tages wurde sie in Stockholm von einem Auto überfahren und war tot. Als Bundestagspräsident legte ich Jahre später auf ihrem Grab einen Lorbeerkranz nieder. Er blieb der einzige, wennschon es noch manchen Mann und manche Frau unter meinen Gefährten jener Jahre gab, die ihn verdient hätten.

Eines unserer späteren Verwaltungsgebäude, das Haus unserer hilfswerkeigenen Siedlungsgesellschaft nannten wir Eva-von-Bodelschwingh-Haus. Diese frühverstorbene Schwedin entstammte einer bedeutenden schwedischen Industriellenfamilie. Sie heiratete Heinz von Bodelschwingh. Er war nicht Diakon, sondern Dipl.-Ing., Vorstandsmitglied großer Firmen. Am Kriegsende hatte er sich zu seiner Familie nach Stockholm durchgeschlagen. Dort saß er und wollte helfen, als ich im Sommer 1945 nach Stockholm kam. Ich gab ihm die nötigen

Vollmachten, und er eröffnete mit Hilfe der Familie seiner Frau ein »Tyska Kyrkokontoret«. Einer seiner Freunde, Dr. Kissel, der als Halbemigrant in Stockholm lebte, ging ihm zur Hand. Das Büro erwies sich bald als höchst hilfreich. Es war nicht nur Sammelstelle, sondern auch Transportleitstelle für größere Liebesgabensendungen aus Übersee, die aus irgendwelchen Gründen deutsche Häfen nicht anlaufen konnten. Die Stimmung in Schweden war in jenem Sommer so, daß mich Heinz von Bodelschwingh bat, mit ihm englisch zu sprechen, als wir im Bus vom Flugplatz stadteinwärts fuhren.

Während ich meist allein im Ausland unterwegs war, um Verbindungen anzuknüpfen und Hilfsquellen aufzuspüren, breitete sich das Werk in Deutschland mit großer Schnelligkeit aus. Otto Dibelius, der weitblickende Bischof von Berlin, hatte in Treysa gemeint, es sei nicht sicher, daß aus dem Unternehmen etwas werde. Die Schwierigkeiten seien doch enorm, und ich mute dem traditionellen deutschen Kirchentum am Ende doch zuviel zu. Indessen hatten wir noch ohne durchgebaute Organisation und gegen in der Tat große Schwierigkeiten aller Art nach etwa sechs Monaten dreißig Millionen Reichsmark gesammelt, tausendsechshundert Tonnen Kleidungsstücke und an die zwanzigtausend Tonnen Lebensmittel zusammengebracht. Zweidrittel davon gingen in die Ostzone. Dort stauten sich die Flüchtlingsströme und dort zog die Besatzungsmacht an sich, was sie konnte. Im Lauf der Jahre wurden diese Zahlen weit überboten, aber der Anfang war ermutigend und widerlegte die Zweifel unseres Berliner Bischofs.

Die Reorganisation des staatlichen Lebens steckte in ihren ersten Anfängen. Zwar bestellten die Besatzungsmächte in ihren Zonen verhältnismäßig bald wieder deutsche Landesregierungen, aber sie waren in einem so hohen Maß von den Militärbefehlshabern der Sieger abhängig, daß sie von vielen eher als Handlanger der Besatzungsmächte denn als Interessenvertretung der Deutschen gegenüber den Besatzern angesehen wurden. Ich hielt sie indessen für erwünscht, ja notwendig. Meine Zeit und Kraft reichte aber nicht dafür aus, an ihren politischen Sorgen teilzunehmen.

In unseren Büros wurden damals eher zwölf als zehn Stunden am Tag gearbeitet. Dabei wurde die Arbeitslast immer größer. Ich hatte in Hans von Freyberg einen ungewöhnlich aktiven Flüchtlingskommissar des Hilfswerks bestellt, aber er konnte samt seinen Mitarbeitern in den landeskirchlichen und gemeindlichen Werken bei weitem nicht gegen das drohende Chaos aufkommen. Das wurde besser, als unsere *Hilfskomitees* zu funktionieren begannen. Unserem Selbsthilfeprinzip folgend, organisierten wir mit Hilfe der verdrängten ostdeutschen und volksdeutschen Kirchen landsmannschaftliche Flüchtlingsorganisationen.[22]

Diese »Hilfskomitees« waren auch deshalb wichtig, weil die späteren Landsmannschaften der Flüchtlingsbewegung zunächst an dem Koalitionsverbot der

Besatzungsmächte scheiterten. Zwar stießen auch wir mit unseren Hilfskomitees auf Schwierigkeiten. Wir hatten bei den Besatzungsbehörden jedoch erst gar nicht um ihre Genehmigung nachgesucht. Wir deklarierten sie als Organisationen der Kirche, die keiner Koalitionserlaubnis bedürften. Mit einigen Reibungen setzten wir uns damit durch. Eine Bestätigung für die Richtigkeit des Grundsatzes, die Kirche solle unabweisbare diakonische Funktionen nicht »ausgliedern«, nicht an »freie« eingetragene Vereine delegieren, sondern selber wahrnehmen. Solange ich das Hilfswerk geleitet habe, hatte ich es kaum einmal mit dem Eingriff oder gar Übergriff der Kirchenbehörden in unsere Arbeit zu tun. Die Angst davor wurde zwar oft beschworen. Ich teilte sie nicht. Daß sie dreißig Jahre später obsiegte habe ich mit Bedauern gesehen.

Ein Feld, das ich nicht gerne betrat, das aber viele meiner Mitarbeiter schon im Blick auf unsere Arbeit in der Ostzone und die Breite unserer das ganze Reich überziehenden Gemeindeorganisation für verpflichtend hielten, war der *Suchdienst*.

Ich hätte ihn gerne dem Roten Kreuz allein überlassen. Das Deutsche Rote Kreuz hatte indessen in jener Anfangszeit noch größere Schwierigkeiten als wir. Seine Reorganisation war erschwert durch unterschiedliche Besatzungskontrollen. Einer der früheren Generalsekretäre des DRK, Walter Hartmann, hatte bei uns Zuflucht gesucht. Im Hintergrund standen politische Schwierigkeiten. Ähnlich stand es mit Dr. Karl Silex. Im Reiche Hitlers hatte er sich mit seiner ›Deutschen Allgemeinen Zeitung‹ (DAZ) große Mühe gegeben, ein auch für politisch Andersgläubige noch lesbares Blatt von Niveau am Leben zu erhalten. In Hamburg hatte er dann einen Neuanfang versucht, aber die englische Besatzungsbehörde schaßte ihn und zwang ihn zu einem fluchtartigen Rückzug in die amerikanische Zone. Eberhard Müller nahm ihn in seiner neugegründeten Evangelischen Akademie in Bad Boll auf, meinte aber, daß ich ihn befriedigender einsetzen könne. Er wurde unser Pressechef.

Einige Zeit später standen wir vor dem Problem, einen *Rechtsschutz* zu organisieren, der in der Lage sein würde, in die Bresche zu springen, wo anderes versagte. Das war vor allem bei Strafprozessen der Fall, die vor ausländischen Gerichten, oft Militärtribunalen, gegen deutsche Wehrmachtsangehörige, aber auch gegen manchen deutschen Zivilisten geführt wurden. Nicht in allen Fällen handelte es sich dabei um verfolgte Unschuld. In vielen aber mußten die, die kleinere Posten bekleidet hatten, für das Reich Hitlers und seine Untaten geradestehen, die zufällig noch geschnappt worden waren. Gewöhnlich wurde dabei nicht viel Federlesens gemacht. Meine eigenen Eindrücke als Zeuge vor französischen Militärgerichten hatten mir das bestätigt.

Wir bildeten eine Rechtsschutzstelle des Hilfswerks, übergaben sie der Leitung von Dr. Rinck und dem damals entlassenen Professor Scheuner. Später kamen noch Professor Hans Gerber und andere dazu. Sie sollten sich der bei uns bekannt werdenden Fälle annehmen und für Verteidigung sorgen. Zu meinen besonders schwierigen Aufgaben gehörte es, die dafür im Ausland anfallenden Kosten in Devisen aufzubringen. Auch die tapfersten unter unseren ausländischen Helfern gingen nicht gerne darauf ein. Aber sie taten es schließlich immer wieder.

Die Muna Espelkamp und die
Gemeinnützige Siedlungsgesellschaft

Gar nicht entzückt war ich von Gersdorffs Idee, eine hilfswerkeigene ›Siedlungsgesellschaft‹ zu errichten. Sie hatte sich indes bei den früh einsetzenden Siedlungsversuchen einiger unserer Hilfskomitees als zweckmäßig, wenn nicht notwendig erwiesen. Außerdem laborierten wir im Zusammenhang mit der Verarbeitung der uns geschenkten Rohstoffe an der Schaffung von Arbeitsplätzen herum. Soviel wir auch Material bekamen, es war doch nie genug, um größere Fabriken damit auf längere Zeit zu beschäftigen. Wohnsiedlungen ohne erreichbare Arbeitsplätze, bäuerliche ohne einigermaßen hinreichendes Land anzugehen, schien mir sinnlos. Die Auswanderung kam trotz ökumenischer, insbesondere lutherischer, Hilfen nur langsam in Gang. Wir standen vor einer Wand, vor der wir zurückweichen mußten.

In dieser Situation machte mich Pastor Pawlowski, der Leiter des Johannesstifts in Bielefeld, einer größeren Anstalt der Inneren Mission, auf die ›Muna Espelkamp‹ aufmerksam. Der findige und erfahrene Mann hatte ein zweites Bethel im Sinn. Joachim von Lukowicz und Hermann Kunst dachten aber mit mir an eine Flüchtlingssiedlung mit vielen Arbeitsplätzen. Mit Lukowicz fuhr ich nach Bünde zu den Briten. Es gab keine Schwierigkeiten. Wir besichtigten die Muna, ein im Wald verstecktes altes Munitionslager, Anstalt genannt. Sie war verwahrlost, aber die geteerten Wege waren noch gut. Die Bunker waren gesprengt, über hundert Schuppen und Stollen verschiedener Art und Größe mit etwa fünfzigtausend Quadratmetern Nutzfläche standen noch. Wir bildeten einen besonderen Stab, prüften alle erdenklichen Gesichtspunkte und wurden uns bald darüber klar, daß das Unternehmen zu viel von uns verlangen würde, wenn wir es allein bewältigen sollten. Daß aus der Sache schließlich etwas wurde, daß eine blühende Stadt mit hinreichenden Arbeitsplätzen zustandekam, ist hauptsächlich dem Schweden Birger Forell, Hermann Kunst und seinen Freunden in der Evangelischen Kirche von Westfalen, aber auch Karl Arnold zu verdanken. Als Ministerpräsident von Nordrhein-Westfalen hat er die Muna einmal mit mir zusammen in Augenschein genommen und unsere ersten Aufbauentwürfe studiert. Er versprach mir zu helfen, so gut er könne. Das hat er gehalten. Die Arbeiten wurden gegen große Schwierigkeiten mit einem geradezu erbitterten Fleiß vorangetrieben. Das lag an der ungewöhnlichen, produktiven Arbeitsgemeinschaft von Männern, die sich um Dr. Max Ilgner, einen abgehalfterten Großen der ehemaligen IG-Farben, geschart hatten. Besonderen Dank schulden wir dem ehemaligen schwedischen Botschaftspfarrer in Berlin, Birger Forell, der Espelkamp besonders ins Herz geschlossen hatte. Wenn es Schwierigkeiten mit den doch hin und wieder argwöhnischen Besatzern gab, wenn man Geld brauchte und auch bei uns absolut nichts mehr zu holen war, dann hieß es »Forell to the front«. Und der charismatisch begabte, höchst aktive Mann versagte nie.

Ich erinnere mich nicht, daß wir auch außerhalb solcher Flüchtlingssiedlungen wie Espelkamp und Vilbel, einem ähnlichen Unternehmen unter der Regie Otto Frickes, unsere Idee der gewerblichen Siedlung verfolgen konnten. Die Gemeinnützige Siedlungsgesellschaft des Hilfswerks der Evangelischen Kirche in Deutschland kam 1947 zustande. Auch sie breitete sich rasch aus. Mit meinem Freund und Helfer bei der Gründung des Hilfswerks, dem Frankfurter Pfarrer der bekennenden Kirche Otto Fricke, gab es dabei einige Meinungsverschiedenheiten, weil ich auf seine spezielle Erfindung der »Baugemeinde« nicht eingehen wollte. Sie war mir zu wohlgemeint, zu idealisiert. Wir hatten genug zu verkraften mit der von Wolf von Gersdorff unter Beratung von Hans Wagner konzipierten Gemeinnützigen Siedlungsgesellschaft. Zwar hatte ich erfahren, daß man der Opferkraft unserer evangelischen Gemeinden viel zumuten kann. Aber das gilt eher, solange die Not unmittelbar vor der Türe liegt, als für den sich normalisierenden Alltag. Otto Fricke verfolgte mit dem Segen seiner Hessen-Nassauischen Landeskirche den Gedanken seiner Baugemeinden weiter. Er war schön, auf die Dauer aber nicht zu halten. Noch ehe das offenkundig wurde, starb der großherzige Mann in kräftiger Lebensmitte. Niemöller und ich hielten die Gedenkreden.

Hans Wagner sollte in meinem Leben noch eine Rolle spielen. Damals kam der Schlesier mit seinem einen Bein in unser Zentralbüro gestelzt. Als Achtzehnjähriger hatte er das andere am Annaberg bei der Abwehr der Polen nach dem Ersten Weltkrieg verloren. Er galt als hervorragender Fachmann. Später, im Bundestag, mußte ich ihn in Schutz nehmen. Er habe in Hitler und seinen Leuten das Heil der Nation gesehen. Das stimmte. Aber andererseits hatte ihn Ley gefeuert, weil er einigen seiner Narreteien engagiert widersprach. Nun, wie auch immer, wir waren kein Entnazifizierungsbüro. An ihnen war damals so wenig Mangel, daß ich oft verärgert war über die vielen »Persilscheine«, Zeugnisse der politischen Unbedenklichkeit, die mir für andere abverlangt wurden.

Am 24. April 1950 verabschiedete der Bundestag das erste Wohnbau-Gesetz. Es wurde der Start des sozialen Wohnungsbaus im großen Stil. Das Gesetz

258

befriedigte mich auch deshalb, weil sein Zustandekommen unseren sozialethi-schen Überzeugungen und Methoden entsprach. Einige Tage danach gab die Synode in Berlin-Weißensee ihren feierlichen Segen zu der Siedlungsarbeit des Hilfswerks. In den Jahren zuvor war unsere Arbeit immer weiter gewachsen. Die landeskirchlichen und gemeindlichen Hilfswerke arbeiteten mit Tausenden von Mitarbeitern. Viele davon taten es ehrenamtlich, viele andere verdienten sich bei uns einen bescheidenen Lebensunterhalt. Die Währungsreform Ludwig Erhards wurde für uns zur Existenzprobe. Niemand hatte mehr Geld. Unsere Gehälter und Löhne standen nicht in den kirchlichen Etats. Das Hilfswerk müsse und werde sich selber unterhalten und den angeschlagenen Kirchenverwaltungen nicht zusätzlich auf der Tasche liegen. Das hatte ich vor der Gründung versi-chert. Ich hielt es auch. Aber wir mußten dazu alle Kräfte anspannen. Anderer-seits merkten auch wir bald die segensreichen Folgen einer neuen, stabilen Währung. Viele Engpässe verschwanden. Viele Dinge, um die wir angegangen worden waren, kamen nun auf den Markt.

Vor allem aber begann es wieder mehr Arbeitsplätze zu geben. Meinen Mit-arbeitern und mir war von Anfang an klar, daß wir auch mit einer noch so großen und überlegten Hilfstätigkeit nicht mehr tun konnten, als in einige Breschen zu springen. Die durchgreifende Normalisierung, der große allgemeine Aufbau, die Eingliederung der Millionenmassen der Obdachlosen und Vertriebenen in die volle Fahrt der Wirtschaftsmaschinerie – das konnte nur mit politischen Mitteln und dem Einsatz einer funktionierenden rechtsstaatlichen öffentlichen Verwal-tung zuwege gebracht werden. Wir hielten uns nicht für ihren auch nur teilwei-sen Ersatz. Aber wir hielten uns für verpflichtet, gegen jene Mauer des Schwei-gens anzugehen, die das Ausland weitgehend davon abhielt, zur Kenntnis zu nehmen, was in Deutschland, was in Mitteleuropa nach dem Ende Hitlers eigentlich geschah. Schon geraume Zeit vorher hatte ich mich öffentlich gegen »das Komplott des Schweigens« gewandt und die Ignoranz angegriffen, mit der ein großer Teil der Weltpresse und Weltöffentlichkeit das Elend deutscher Flüchtlinge behandle.[23]

ZEHNTES KAPITEL

Deutschland von außen

Reise in die Vereinigten Staaten

Die Konzepte der alliierten Nachkriegspolitik begannen sich rasch als heillose Illusionen zu erweisen. Roosevelt war gestorben, noch ehe der Krieg ganz zu Ende war. Was man sich von seinem Vize, dem unbekannten Mr. Truman, versprechen dürfe, wußte in Deutschland kein Mensch zu sagen. Bei Licht besehen, waren die deutschen Kirchen, die katholische wie die evangelischen, die einzigen großen Organisationen, die einen Draht und mehr oder weniger öffentliche einsehbare Kanäle in das Ausland besaßen. Wir benützten sie sooft und so gut wir konnten.[1]

Diese Verbindungen führten uns nicht nur materielle Güter zu. Sie wirkten auch mit an der Öffnung des Auslandes für Grundprobleme der deutschen Existenz. In den Militärregierungen des Westens saßen nicht nur Kontrolleure und Umerzieher, sondern auch Menschen mit nüchternem Blick für die Realität und das menschlich Gebotene. Sie begannen die Zweifel an der Vortrefflichkeit der auf den Potsdamer Beschlüssen stehenden alliierten Deutschlandpolitik verhältnismäßig früh ihren Regierungen einzuträufeln. Sie waren zwar auch keine Befürworter der Verbrüderung zwischen Besatzungsmacht und Bevölkerung, aber sie plädierten für eine humane Behandlung der Besiegten.

Ich benützte jede Gelegenheit, die sich mir bot, auf internationalen Konferenzen zum gleichen Thema zu sprechen. Ende Juni 1947 fuhr eine deutsche Delegation aus den lutherischen Kirchen zu der Tagung des Lutherischen Weltbundes nach Lund. Das deutsche Luthertum hatte in ihm lange Zeit eine führende Rolle gespielt. Jetzt lag die Führung praktisch bei den Amerikanern. Sie stellten jedoch keinen ihrer großen Namen heraus, sondern nominierten Anders Nygren, Bischof in Lund, zum Präsidenten. Ich kannte Nygren seit geraumer Zeit. Im Rahmen der ökumenischen Forschungsarbeit hatte ich den bedeutenden Theologen, er war damals Professor in Lund, öfters besucht. Nun bot er mir die Möglichkeit, vor den fast aus der ganzen Welt angereisten Delegierten die Flüchtlingssituation und ihre Folgeprobleme in Deutschland darzulegen.

Ein Jahr zuvor hatte ich in einer öffentlichen Veranstaltung in Stockholm schon dasselbe Thema angesprochen, war aber großer Zurückhaltung begegnet. Ich hatte Bischof Meiser zugesagt, ihn 1946 nach Uppsala zu der vorbereitenden Sitzung der Lunder Konferenz zu bringen. Es war eine mühselige Fahrt. Graf Folke Bernadotte, ein großer Gentleman, der als Wohltäter der Menschheit einige Jahre später zum Märtyrer wurde – eine fanatisierte jüdische Bande ermordete ihn in Jerusalem, als er dort für die UNO als Vermittler arbeitete –, hatte mir zwar einen Wagen von Kiel aus zur Verfügung gestellt. Aber der dänische Fahrer hatte in der Nacht zuvor dem süßen Leben gehuldigt und hatte deshalb das unwiderstehliche Bedürfnis, mitten auf der Strecke einige Stunden lang die Hände über dem Bauch zu falten und zu schlafen. Schließlich lud er uns an der Fähre von Helsingør nach Helsingborg ab. Auf meine Bitte kaufte er uns sogar noch die Fährbillets – wir hatten keinen Pfennig in der Tasche, der hier Wert hatte. Dann setzte ich meinen Bischof in der Halle des Hotels ab, in dem Reisegeld für uns deponiert sein sollte. Ich fragte den Portier. Ich fragte seinen Oberen. Sie bestritten, daß für uns etwas da sei. Borgen wollten sie mir nichts. Ohne Fahrkarte stiegen wir in den Zug. Die Konferenz in Uppsala war am Laufen. Die Verhandlung mit dem Zugkontrolleur war peinlich. Auf dem Stockholmer Hauptbahnhof löste uns Harry Johansson aus. Das Geld war in Helsingborg natürlich ordnungsgemäß hinterlegt. Aber die Deutschen mußten nun einmal bestraft und kleingehalten werden – das dachten offenbar jene Portiers.

Einige Tage später fragte mich die Vertreterin von »Dagens Nyheter« auf einer Pressekonferenz nach den Grundsätzen, nach denen wir unsere Spenden verteilten. Ich sagte, wir stünden dafür gerade, daß die sogenannten designierten Spenden, das heißt solche, die vom Spender einem genau bezeichneten Empfänger zugedacht seien, auch in seine Hände kämen, daß die große Masse aber in die allgemeine Nothilfe ginge. Das heiße, der vordringlichste Notstand werde zuerst bedacht. Wir verteilten ohne Ansehen der Konfessions- oder Parteizugehörigkeit. Wer es am nötigsten brauche, komme zuerst dran. Die Dame zauderte ein wenig. Dann fragte sie, ob das heiße, daß wir auch ehemalige Nazis unterstützten. Ich sagte, danach fragten wir nicht. Wenn sie am Verhungern seien, würden wir helfen. Es ging im Stockholmer Grandhotel wie ein Jahr zuvor in Genf: befremdetes Schweigen. Dann offene Mißbilligung.

In Amerika ging es anders her. Im März 1948 setzte mich Karl Arndt von der Amerikanischen Militärregierung in Stuttgart nach Amerika in Marsch. Die Missourisynode hatte mich in Verbindung mit den anderen lutherischen Kirchen der USA zu einer Amerika-Reise eingeladen. Ich sollte berichten, wie es jetzt um Deutschland stehe, daß es einen Sinn habe zu helfen, und was wir bislang mit dem Geld gemacht hätten, das Kirchen und Hilfsorganisationen für uns gesammelt hätten. Ich fuhr nicht gerne. Der Streß der vergangenen Jahre hatte mich mitgenommen. Unser Mitarbeiterstab in Stuttgart half mir darüber hinweg. Er war so erstklassig, und harmonisierte so ausgezeichnet, wie ich es zuvor und danach in keiner anderen Position erlebte. »Die haben Esprit de corps«, berichtete Stewart Herman von uns in seiner Genfer Umwelt.

Im Jahr 1948 standen große Konferenzen vor uns. Die Weltkonferenz des Ökumenischen Rats der Kirchen sollte in Amsterdam tagen. In Eisenach sollte die verfassunggebende Versammlung der Evangelischen Kirche in Deutschland zusammentreten. Das bedeutete für uns viel zusätzliche Arbeit. Aber ich durfte und wollte die amerikanische Einladung nicht ausschlagen. Nach einer mehr als sechsundzwanzigstündigen Flugreise landete ich an einem frühen Morgen auf dem Laguardia-Feld in New York. Das Flugzeug hatte viel Verspätung. Niemand nahm mich in Empfang. In der leeren Halle des Flughafens saß ein einsamer Mann. Ich kannte ihn. Es war Herr von Herwarth, ein ehemaliger deutscher Diplomat, später einer unserer bekanntesten Staatssekretäre und Botschafter. Die ›Moralische Aufrüstung‹ hatte ihn auf eine Amerika-Reise geschickt. Wir waren beide abgespannt und sahen beide nicht ohne leise Sorge dem entgegen, was auf diesem Kontinent unser harrte. Mit dem ›Red Arrow‹ fuhr ich nach St. Louis, in das Hauptquartier der Missourier. Die Missourisynode gehörte von Anfang an zu unseren größten Geberkirchen. Ihre Diakonie war ebenso praktisch-amerikanisch, wie ihre Theologie fundamentalistisch, prinzipienfest, altdeutsch. Mit einer Mischung von feierlicher Würde und jovialer Unmittelbarkeit wurde ich freundlich empfangen. Aus dem Zug heraus wurde ich in das Concordia-College der Missourisynode gebracht. Auf dem großartig angelegten Campus stand ich unvermutet vor Martin Luther. Das Denkmal, eine Nachbildung des Wormser Reformations-Denkmals ließ mich fast vergessen, daß ich mich auf einem anderen Kontinent und trotz vieler vertrauter Züge und Gemeinsamkeiten in einer anderen Welt befand. Auf jener, meiner ersten Amerika-Reise, bewegte ich mich so oft zwischen sorgfältig bewahrten deutschen Traditionselementen, daß ich an die längst entschwundene heile Welt meiner Kindheit erinnert wurde. Das ergab sich schon daraus, daß ich hauptsächlich die Deutsch-Amerikaner anzusprechen hatte. Sie wollten am meisten wissen, und ihre Hilfsbereitschaft war am leichtesten zu gewinnen. Die Reise war ja auch nicht als Informationsreise für mich gedacht, sondern als ein Informationsangebot an Amerikaner. Daß sie auch für mich zu einer großen Information, ja Instruktion über Amerika wurde, ergab sich von selbst.

Meine Gastgeber, liebenswürdig, hilfsbereit und großzügig, bestanden von der ersten bis zur letzten Stunde dieser fast achtwöchigen Reise auf der Erfüllung ihres dichten Programms. Nichts wurde gestrichen. Es gab keine Marscherleichterung. Das mir gestellte Thema hieß Deutschland, hier und heute. Nach meinem ersten Auftritt mit langer Fragestunde im Concordia-College war ich so fertig, daß ich spät am Abend teilnahmsvoll in das Jefferson, damals das erste

Hotel am Platze, gebracht wurde. Ich kam in den amerikanischen Luxus. Er war sehr angenehm.

Als ein Glück empfand ich es, daß ich nicht nur über das deutsche Elend zu reden brauchte. Die Theologie wurde mir zur Erholung. Damals erschien mir der Fundamentalismus der deutschblütigen Missourilutheraner wie eine Phalanx des kampfbereiten Luthertums. Ihre Intellektualität und ihre Art, theologische Fragen anzugehen, kam mir vor wie eine Verbindung von altprotestantischer Dogmatik und strengem Pietismus. Obwohl ich zum Konfessionalismus, auch zum lutherischen, keine persönliche Beziehung erlangte, hatte ich mich in meiner konservativen lutherischen Fakultät in Rostock doch sehr wohlgefühlt. Im Kirchenkampf und in der Synode sah ich vierzig Jahre lang meine theologische und kirchenpolitische Heimat bei den Lutheranern.

Der Fundamentalismus, der mir im Concordia-College – nicht bei Lorry Meyer und anderen Praktikern seiner Denomination, wohl aber bei ihren führenden Theologen und Kirchenmännern – entgegentrat, begann mir indessen nach einiger Zeit Sorge zu bereiten. Ich begriff ihn aus der Geschichte dieser deutschbürtigen Auswandererkriche. Als strenge Lutheraner hatten sie sich im sogenannten Rationalistenstreit (1838) von ihrer sächsischen Landeskirche getrennt, andere hatten sich den Eingriffen König Friedrich Wilhelms III. von Preußen in die Liturgie- und Kirchenordnung widersetzt. Als es darüber zu ernsten Schwierigkeiten mit der Polizei, beziehungsweise der Krone kam, verließen sie ihre Heimat. Ihr lutherisches Erbe bewahrten sie in Amerika wie in Australien mit so großer Treue, daß es ihnen in der alten Heimat nicht viele gleichtaten. Aber abgeschnitten von der theologischen Entwicklung, unberührt von der Bibelkritik der deutschen historischen Schule, verfochten die Missourier Positionen, die mir vom Pietismus her vertraut waren. Sie konnten jedoch selbst von einem bibelgläubigen und um kritische Wahrheitsfindung bemühten lutherischen Theologen nur schwer vertreten werden. Daß der Liberalismus der historischen Schule bis zu Adolf von Harnack an der Missouritheologie vorbeigegangen war, konnte leicht ertragen werden. Daß aber auch die Schule der bibelgläubigen, wissenschaftlich arbeitenden deutschen Theologie von Martin Kähler bis Adolf Schlatter anscheinend spurlos an ihr vorbeigezogen war, konnte ich nur bedauern. Es war eine Folge der damals noch großen geographischen Distanz und des Ersten Weltkriegs. Eine Hauptschwierigkeit war die Lehre von der Verbalinspiration, das heißt die Theorie, daß jedes Wort in den Schriften des Alten und des Neuen Testaments ihren Verfassern von Gott unmittelbar in die Feder diktiert und deshalb so wie es stehe gültig und verbindlich sei.

Sooft und so taktvoll ich auch versuchte, weniger die unbestreitbaren Ergebnisse der Forschung als die profunden Argumente der Theologie Martin Luthers gegen dieses Mißverständnis ins Feld zu führen: Ich begegnete hier im mittleren Westen Amerikas unentwegt demselben Einwand, den ich von früher Jugend an

kannte: »Wenn Dein Wort nicht mehr soll gelten, worauf soll der Glaube ruhn?«
Zuweilen mußte ich mich selber einer Art Glaubensexamen unterziehen lassen.
Ich trug es mit Geduld, denn die Gottesmänner auf dem Concordia-Campus
dachten sich wohl, daß sie von einem Widerständler gegen Hitler auch einen
brauchbaren Beitrag im Widerstand gegen die theologische Aufweichung erwarten durften. In Deutschland unterstützten sie die kleinen lutherischen Freikirchen mit hohen Zuwendungen. Dem Weltrat der Kirchen traten sie nicht bei,
obwohl er ihnen damals bei weitem nicht die Argumente dafür an die Hand gab,
die er fünfundzwanzig Jahre später freigebig geliefert hat.

Die ungebrochene Herrschaft des theologischen Fundamentalismus in der
Missourisynode hielt sich noch ein Vierteljahrhundert. Dann, zu Beginn der
siebziger Jahre, kam, was kommen mußte. Eine Kirche von solcher Kraft und
Größe, mit so viel Charakter und Opfermut mußte sich der kritischen Forschung
stellen. Sie mußte es im Zeichen der Wahrheit und Wahrhaftigkeit tun. Es kam
zu Zerreißproben. Aus meinen theologischen Exkursionen – ich sprach mehrfach
vor theologischen Fakultäten, kirchlichen Universitäten und anderen Kreisen
über die theologiegeschichtliche Entwicklung im deutschen Sprachraum – wurde ich immer wieder zu meinem eigentlichen Amt und Auftrag zurückgerufen.
Später fragte ich mich gelegentlich bei der Rückschau auf jene Reise, warum ich
damals eigentlich nicht gleich dablieb. Das Interesse an der noch immer
geachteten deutschen Theologie – weniger an der damals noch die Diskussion
bestimmenden Philosophie der Heidegger und Jaspers – war so groß, daß es mich
faszinierte. Ich hätte endlich der von mir so lange angestrebten akademischen
Lehrtätigkeit nachgehen können. Einladungen dieser Art gab es. Aber ich ließ sie
gar nicht erst an mich herankommen. Sie erschienen mir wie eine Versuchung,
eine Verlockung weg von dem, was mir aufgetragen war.

Resigniert stand ich eines Morgens in der Zentrale der Hilfsaktionen der
Missourier und sah mir in dem großen Raum einen Berg von Briefen an. Sie
waren vom Boden bis zur Decke aufgeschüttet, Tausende, Zehntausende. Ich
griff hinein und las eine Stunde lang oder länger. Es waren samt und sonders
Bittbriefe, Bettelbriefe um Liebesgabenpakete. Verschämte und unverschämte.
Beispiel für die letzteren: »Wir haben seit dem Krieg keinen richtigen Kaffee
mehr getrunken. Ihr habt den Krieg gewonnen und seid reich. Schickt uns
Kaffee!« Die verschämten klangen nicht anders als die, die wir aus unserer Arbeit
in Deutschland kannten. Viele hätten Antwort und Hilfe verdient. Mit Tränen in
den Augen berichtete Anna Brauer, eine unserer großen Helferinnen in der
Missourisynode, daß sie der Briefflut nur hätten Herr werden können, wenn sie
soviel zusätzliches Personal dafür angestellt hätten, daß die für die Hilfe in
Deutschland und Skandinavien aufgebrachten Mittel beträchtlich reduziert
worden wären. Mit ihrem kleinen Stab seien sie schließlich nicht mehr in der
Lage gewesen, den täglichen Briefstrom zu lesen.

Ich begann eine Rundreise durch den Mittleren Westen. Ich besuchte Clark Fry, den unbestallten Erzbischof der amerikanischen Lutheraner. Er war ein Mann mit weitem Blick, ein Kirchenführer von Rang, der wohl als Repräsentant des in verschiedenen Kirchen existierenden amerikanischen Luthertums gelten durfte. Er gab mir eine jener in den USA üblichen großen Dinnerparties, bei denen im großen Kreis gegessen, viel geredet und mehr noch gespendet wird. Bei späteren politischen Besuchen wurden sie mir vertraut.

In Philadelphia hatte ich in einer deutschstämmigen Gemeinde zu predigen. Der Pfarrer erzählte mir, daß er vor dem Krieg noch abwechselnd deutsch und englisch gepredigt habe. Während des Kriegs hätte sich aber englisch durchgesetzt. Nur die älteren seiner Gemeindemitglieder würden einer deutschen Predigt noch folgen können. Ich predigte englisch. Anschließend bestürmten mich hundert Fragen. Alle in deutsch.

Anderntags fuhr ich in die Berge Pennsylvaniens, nach Acron zu den Mennoniten. Ich wollte einige ihrer Gemeinden besuchen. Sie gehörten zu unseren frühesten Spendern und Helfern. »In the Name of Christ« stand auf ihren Mehlsäcken und Konservendosen. Ich kam in eine andere Welt und Zeit. So etwa mußte es in der Brüdergemeinde gewesen sein, als der Graf mit seinen Brüdern eine neue Form gemeinsamer christlicher Existenz in einer ganz anders gestimmten Welt zu verwirklichen begann. Es war eine bäuerliche Siedlung, in die ich kam. Obwohl es Werktag war, kamen die fleißigen Leute mitten am Tag zusammen, um mit mir zu sprechen, zu singen und zu beten. Die Männer schlicht, im dunklen Rock. Klare, ruhige Gesichter. Die Frauen fromm, gütig, im weißen Häubchen, wie ich es in den Brüdergemeinden Württembergs beim Gottesdienst gesehen hatte. Die Opferkraft dieser Gemeinden hatte für mich etwas Bezwingendes und Beschämendes. Was sie vor allem für bäuerliche Auswanderer, zum Beispiel in Paraguay, getan haben, die stille Verläßlichkeit, mit der sie diese Siedlungen weiter unterstützten, trug urchristliche Züge. Daß sie eine verschwindende Minderheit in einer völlig anders orientierten Welt waren und sind, schien sie gar nicht zu berühren. Als »Wiedertäufer« verfolgt, hatte ihnen lange Zeit in vielen Ländern der alten Welt die Todesstrafe gedroht. In ihren Genossenschaften und Gemeinschaften übten sie ein Leben nach der Bergpredigt. Als ich nach Haus kam, ließ ich das Grab Menno Simons, ihres Gründervaters und Patriarchen, eines ostfriesischen ehemaligen Priesters der Reformationszeit, wieder instand setzen.

Ich fuhr nach Kanada. In Washington standen die Bäume im jungen Grün. In Winnipeg begannen sie kaum zu knospen. Meine Reden liefen überall auf das Gleiche hinaus: Bericht von unserer Arbeit. Dank für große Hilfe. Am Schluß: Vertrauen auf den amerikanischen Schutzschild an der Zonengrenze. Solange er halte, gäbe es begründete Aussicht auf einen soliden Wiederaufbau und auf eine Ordnung des Friedens in Deutschland, in Europa. Wanke er, dann brächen die Dämme und der Rest Europas gehe unter in der roten Flut. In Kanada sondierte ich Auswanderungsmöglichkeiten für deutsche Bauernfamilien, Vertriebene aus dem Osten Deutschlands und dem Südosten Europas. Kurz ehe ich ankam, waren deutsche Auswanderer in Kanada eingetroffen. Sie hatten nahe Verwandte im Land. Deshalb war ihnen die Einreise gestattet worden. Kanada war damals ähnlich aufnahmewillig wie einige südamerikanische Staaten. Ich sah in jenen Jahren aber keine Möglichkeit, eine Auswanderung und Neuansiedlung in großem Stil zu finanzieren. Das überstieg die Möglichkeiten der durch Hilfen anderer Art ohnehin schon überforderten freien deutschen Hilfsorganisationen. Die UNO-Organisationen hatten Geld – aber nicht für Deutsche.

Washington – Weißes Haus

Als ich nach Washington zurückkam, fand ich eine Einladung des Finanzministers der USA, Mr. Snyder, vor. Er verlor sich nicht in Allgemeinheiten. Wie ich über die amerikanischen Lebensmittelkredite dächte? Wie der Military Food Supply auf die Dauer verrechnet werden solle? Was wir von der Währungsreform erwarteten? Ich antwortete so gut ich konnte, verwies auf den Frankfurter Wirtschaftsrat, auf Dr. Pünder, und den damals auch in Deutschland noch kaum bekannten Ludwig Erhard. Ich hatte zusammen mit einigen meiner Mitarbeiter die Herren einmal in Frankfurt besucht. Ich war von Dr. Pünder, dem damaligen Chef mit dem seltsamen Titel »Oberdirektor«, freundlich empfangen worden, aber herausgekommen war dabei soviel und sowenig wie bei einem gemeinsamen Appell von Caritas, Innerer Mission, Hilfswerk und Arbeiterwohlfahrt zur Währungsreform.[2]

Mr. Snyder verschonte ich mit derlei. Ich zielte auf den Ausbau des Marshallplans. Dann putzte ich einige Tage lang die Klinken aller möglichen für Deutschland zuständigen Büros im State Department und im Pentagon. In den Büros des Marshallplans wurden gerade erst die Schreibtische aufgestellt, als ich dort nach einem zuständigen Gesprächspartner suchte.

Am 21. April 1948 gegen Mittag wurde ich von Präsident Truman im Weißen Haus empfangen. Ich war nicht auf die Idee gekommen, mich direkt oder indirekt um eine Audienz bei dem Präsidenten zu bemühen. Ich war ein Deutscher, und ich hatte kein politisches Mandat. Zudem: Wer konnte damals schon für Deutschland sprechen? Der Frankfurter Wirtschaftsrat konnte schwerlich als gesamtdeutsche Repräsentanz gelten. Das konnten auch wir Kirchenleute nicht. Aber das wußten die Herren im Weißen Haus ja ohnehin.

Wenn mich der Präsident sehen wollte, so ging ich eben hin. In jenem Frühjahr ging die erste der beiden Etappen zu Ende, in denen eine gefährliche Illusion der atlantischen Politik revidiert wurde. War es der Dämon Hitlers oder einfach der Zwang der Situation, welche die westlichen Alliierten dazu gebracht hatte, Stalin zeitweilig für ihresgleichen zu halten? Jedenfalls hatten sie jahrelang in ihre kommunistischen Verbündeten Vorstellungen hineingeträumt, die über kurz oder lang zu einem bösen Erwachen führen mußten.

Die Tinte unter dem Potsdamer Abkommen von 1945 war noch nicht trocken, als Ostpolen – ein Teil Galiziens, das einst zum Zarenreich gehörte – wieder der Sowjetunion einverleibt wurde samt den ehemaligen baltischen Provinzen der Zaren. Die Polen durften sich dafür mit russischer Genehmigung an dem alten deutschen Land bis zur Oder-Neiße schadlos halten. Der erste, der mit dem ihm eigenen Mut und Scharfblick den neuen russischen Imperialismus angriff, war Winston Churchill. Im Beisein des amerikanischen Präsidenten hielt er im März 1946 in Fulton/Missouri eine Rede:

»Von Stettin an der Ostsee bis nach Triest an der Adria hat sich ein eiserner Vorhang über den Kontinent gesenkt... Warschau, Berlin, Prag, Wien, Budapest, Belgrad, Bukarest und Sofia... befinden sich in der Sowjetsphäre... Die von den Russen beherrschte polnische Regierung wurde aufgemuntert, ungeheure und unberechtigte Übergriffe auf deutsches Gebiet zu unternehmen; eine Massenaustreibung von Millionen Deutscher findet statt, in schrecklichem, bisher ungeahntem Ausmaß.«

Die Rede erregte Aufsehen. Hatte Churchill erkannt, wie leichtfertig er mit seinem Eden wenige Jahre zuvor auf Stalins Gebietsansprüche eingetreten war? Als ich durch Amerika reiste, war von diesen Untaten kaum mehr die Rede. Das deutsche Flüchtlingselend wurde wie alles andere dem großen Schuldenkonto der Deutschen zugeschlagen. Und auch dort, wo man das nicht gerne hörte, zum Beispiel bei den Deutsch-Amerikanern, wurde meist darüber hinweggeschwiegen. Die Verschwörung des Schweigens in der Weltöffentlichkeit hatte der tapfere Churchill nicht zu brechen vermocht.

Daß Truman jedoch kein stummer Zuschauer war, zeigte er mit der berühmten Rede seines Außenministers im Herbst 1946. Byrnes Stuttgarter Rede hatte nicht nur die Deutschen zum Aufhorchen gebracht. Der Alliierte Kontrollrat, eine Ausgeburt jener von Roosevelt genährten, von Churchill mitgemachten illusionären Nachkriegspolitik, war gescheitert. »Das amerikanische Volk, sagte Byrnes, will dem deutschen Volk helfen, seinen Weg zurückzufinden zu einem ehrenvollen Platz unter den freien und friedliebenden Nationen der Welt.« Freilich – und das unterscheidet diese erste Phase der großen Trumanschen Revision von der zweiten, die mit der Aufnahme Deutschlands in die NATO ihre Erfüllung fand –: Deutschland dürfe weder Partner von Ost noch West werden. Adenauer fand das damals »voreilig und mißverständlich«.[3]

Ich hörte jene Rede inmitten eines Kreises von Kurgästen in einem bayerischen Gebirgsdorf. Das ist die Wende, war mein erster spontaner Eindruck. Über den Satz von der Partnerschaft hörte ich hinweg. In ihm wurde eine Intention laut, die uns im Bundestag einige Jahre später zu schaffen machte. Inzwischen war sie im Weißen Haus in Washington zum Glück jedoch so vergessen, daß kein deutscher Verfechter der Neutralisierung Deutschlands sich meines Wissens je auf Truman beziehungsweise Byrnes berief. Der düstere Nebel, der sich in der ersten Besatzungszeit über die Erwartungen der besten Deutschen gelegt hatte, begann sich mit jener Rede eines amerikanischen Außenministers zu heben. Eine neue Hoffnung fuhr uns ins Mark. Was folgte, gab ihr recht. Hoover, der ehemalige Präsident der USA, erschien auf dem deutschen Schauplatz. Die letzten Reste der Haßträume Morgenthaus verflogen. Dean Acheson, ein Ritter ohne Furcht und Tadel, damals noch im zweiten Glied der amerikanischen Führung, skizzierte in Cleveland die Umrisse des Marshallplans. Am 5. Juni 1947 hielt Marshall in Harvard seine berühmte Rede über die nach ihm benannte grandiose Hilfsaktion.

Truman hatte die Richtlinien dazu geschrieben: »Ich bin der Ansicht, daß wir den freien Völkern beistehen müssen, ihr eigenes Geschick auf ihre Weise zu bestimmen.«

Die Truman-Doktrin war da. Deutschland war einbezogen. Er sagte es mir nachdrücklich und der Marshallplan lieferte den Beweis.

Im Vorzimmer des Präsidenten nahm mich eine rothaarige Dame lächelnd in Empfang. Sie setzte mich einem anderen Besucher gegenüber. Ich sah ihn an. Er kam mir bekannt vor. Aber ich zergrübelte mir vergeblich den Kopf, wo ich den Mann schon gesehen hatte. Er betrachtete mich gelassen, sprach mich jedoch nicht an. Dann tat sich die Tür zu dem Amtszimmer des mächtigsten Mannes der Welt auf. Einer jener gewandten und wohlerzogenen jungen Männer erschien, der auf Anhieb jener Gattung der Diplomaten zuzurechnen war, von denen ein scharfäugiger Amerikaner gesagt hat, daß sie die Zeichen »geheimen Wissens und höherer Bestimmung« an sich trügen.[4] In vollendeter Form geleitete er mein wartendes Gegenüber in das Allerheiligste des Hauses.

Als ich mit der Rothaarigen allein war, wurde sie gesprächig. Heute sei ein »funny day«. Lauter abgesetzte Könige seien da. Ich sagte, ich sei keiner. Ja, sagte sie, das wisse sie schon. Aber ich hätte ja Hitler umgebracht. Sprach's und sah mich über ihre Schreibmaschine weg prüfenden Blicks an. Nein, sagte ich. Einige meiner Freunde hätten es versucht. Aber es sei daneben gegangen. Ihr Blick wurde wieder freundlich, fast teilnahmsvoll. »Oh ja, ich erinnere mich! Aber es ist so lange her.« Wer aber, fragte ich, seien denn die Könige? Nun, meinte sie: Den einen hätte ich doch gerade gesehen, der alte König von England! Ich griff mir an die Stirn. Es war der Herzog von Windsor. Ich war ihm nie begegnet. Ich kannte ihn nur von der Filmleinwand. Der andere war Michael, der davongejagte junge König von Rumänien. Ihn hatte ich zufällig einmal auf dem Bukarester Flughafen gesehen. Der elegante junge Mann erschien wieder. Er öffnete dem Herzog die Tür. Dieser sah mich an und lächelte. Er wußte, daß ich inzwischen aufgeklärt worden war.

Präsident Truman bat mich an seinen Schreibtisch. Später, als Eisenhower regierte, saß ich wieder auf dem gleichen Stuhl. Aber obwohl ich inzwischen zu einem ordnungsmäßigen polititischen Mandat gekommen war, blieb das Gespräch mit Eisenhower in Gehalt und Niveau weit hinter dem zurück, das Truman nun mit mir zu führen begann. Wie es in Deutschland aussehe, was die Leute so dächten, ob noch gehungert werde, ob es aufwärts gehe und so weiter? Ich hatte Mühe, auf die vielen Fragen knappe Antworten zu geben. Ich sagte, es werde nicht gerade gehungert, das sei einigermaßen vorbei. Aber die Integration der Flüchtlinge sei ein Problem, von dem ich nicht sähe, wie es halbwegs gelöst werden könne. Truman sah auf seine Schreibtischplatte, dann sagte er mir in dürren Worten, sie, die Westmächte, seien hintergangen worden. So sei das alles nicht geplant und nicht gemeint gewesen.

Ich wußte, daß es im Alliierten Kontrollrat in Berlin zu schweren Spannungen mit den Sowjets gekommen war. Ich vermied jede Kritik an der alliierten Politik. Ich trug auch keine Wünsche vor, solange er mich nicht ausdrücklich danach fragte, und so kam ein Gespräch zustande, das ganz unprogrammatisch, unverspannt und freundlich offen verlief. Ob wir glaubten, mit dem Flüchtlingsproblem nicht doch fertig zu werden? Das könne ich noch nicht sagen. Aus der Auswanderung der vertriebenen deutschen Bauern sei nichts Nennenswertes geworden. Die Diskriminierung der Deutschbürtigen sei einer der Gründe. Die Satzung der International Refugee Organisation schließe bislang zum Beispiel deutschstämmige Vertriebene aus. Truman äußerte Bedauern. Die Verantwortung dafür liege jedoch bei der UNO.

Ich merkte, daß er zur allgemeinen Politik kommen wollte. Ob die Europafrage, die europäische Einigung populär sei und wie wir über Amerika dächten? Mit einer leichten Umschreibung fragte er schließlich nach dem deutschen Echo auf seine Politik. Ich erzählte ihm frei heraus, wie die Stuttgarter Rede von Byrnes im September 1946 auf mich und andere Hörer gewirkt habe. Ich sei auch sicher, daß der angelaufene Marshallplan in Deutschland beträchtliche Wirkungen zeigen werde. Wo meine Sorgen lägen? Meine eigentlichen Sorgen? Er fragte direkt. Ich sagte, neben dem, was mein derzeitiges Amt eben so mit sich brächte, könnte ich mich nicht ganz von der Sorge vieler meiner Freunde freimachen, daß die USA eines Tages ihre Position im Herzen Europas räumten und sich dann bis an den Rhein wiederhole, was wir in der Tschechoslowakei, in Ungarn, Rumänien und Bulgarien erlebt hätten. Truman sah mich aufmerksam an. Dann stand er auf und führte mich zu einem Globus, der seinem Schreibtisch gegenüber in dem ovalen Raume stand. Er brachte ihn ein wenig in Bewegung, dann legte er einen Finger auf Japan und sagte, es sei die wohl schwerste Entscheidung seines Lebens gewesen, die Atombomben auf Hiroshima und Nagasaki werfen zu lassen. Aber er habe damals kaum eine andere Wahl gehabt. Der Angriff auf das Inselreich von der See her hätte so hohe Verluste an amerikanischen Soldaten gefordert, daß er sie nicht habe vertreten wollen. Aber es falle ihm auch heute noch nicht leicht, daran zu denken, was daraus geworden sei. Er würde jedoch – und er drehte erneut an seinem Globus – auch vor dem erneuten Einsatz von Atombomben nicht zurückschrecken, wenn die Russen ihre verdammte Eroberungspolitik nicht aufgäben. Er habe sie, und sein Finger lag nun auf Griechenland und dem Balkan, ernstlich davor gewarnt, nach Griechenland zu greifen. Er habe ihnen alle Konsequenzen angedroht. Damit habe er sie gestoppt. Und Deutschland? Furcht, daß die Russen kommen? Er schüttelte den Kopf. Vertrauen Sie uns!

Die Audienz hatte länger gedauert als vorgesehen war. Der Präsident geleitete mich zur Tür. Während ich ihm einen großen Wahlerfolg wünschte, erschien der Elegante mit dem nächsten Besucher. Truman machte mich mit ihm bekannt. Es war der einflußreiche Senator Taft.

Mein Wunsch für Harry Truman ging in Erfüllung. Der Erzvater der modernen Wahrsagerei, Demoskopie genannt, Mr. Gallup, erfuhr einen aufsehenerregenden Reinfall. »Truman is out«, hörte ich in jenem Frühjahr 1948 oft in Amerika und keineswegs nur von seinen politischen Kritikern und Gegnern. Das Wahlergebnis widerlegte sie. Es bestätigte einen Mann in dem hohen Amt, der schlicht und unprätentiös der bedeutendste, jedenfalls der für uns Deutsche wichtigste Präsident der Vereinigten Staaten von Amerika wurde. Harry Truman, der nur durch den Tod Roosevelts in sein Amt gekommen war, der ähnlich wie Ford unter dem noch nicht angeschlagenen Nixon mindestens im Ausland fast anonym geblieben war, wurde der große Präsident, der die schweren politischen Irrtümer seines Vorgängers mit beispielhaftem Mut zu korrigieren begann, der zusammen mit erstklassigen Mitarbeitern wie Dean Acheson, John McCloy und anderen der Sache der Freiheit in der Welt Burgen baute, an die sich der militante Weltkommunismus bis heute nicht ernstlich gewagt hat.

Drei Jahre später begegnete ich Präsident Truman noch einmal, draußen in Lake Success vor New York. Er sprach vor der Vollversammlung der Vereinten Nationen. Damals wurde unsere kleine deutsche Delegation von Eleanor Roosevelt protegiert und John Foster Dulles war der Chef der großen amerikanischen UN-Delegation, die uns Gastrecht gewährte.

In der Nähe von New York gab mir die Missourisynode am Ende meines ersten Amerika-Besuchs ein Farewell-Dinner. Nicht weniger als siebzehn Gerstenmaier waren dabei. Alles Sippengenossen. Ihre Groß- und Urgroßväter waren aus den Dörfern der Schwäbischen Alb zwischen Urach und Münsingen 80 oder 90 Jahre zuvor ausgewandert. Sie hatten es in Amerika zu etwas gebracht. Als ich abflog, konnte ich auf die mir hundertmal gestellte Frage: »Do you like America?« guten Gewissens »ja« sagen.

Erst nach dem Besuch im Weißen Haus kam mir zum Bewußtsein, wie wenig eigentlich die speziellen Fragen des Hilfswerks oder auch der Kirchen in dem Gespräch mit Truman eine Rolle spielten. Aber ich sagte mir, daß die Existenzprobleme, mit denen wir Hilfswerkleute es hauptsächlich zu tun hatten, eben mehr und mehr nach umfassenden politischen Lösungen schrien. Sie waren nicht beliebig zu vertagen. Im Frühsommer 1947 hatten wir in drei Sprachen eine Hilfswerkstudie veröffentlicht: ›Die Lebensverhältnisse in Deutschland 1947‹. Die achtzigseitige Arbeit machte den Versuch, im Ausland eine Übersicht über die Lage in Deutschland aus deutscher Sicht zu geben. Die Studie war im Kreis unserer Rechtsschützer entstanden. Meines Wissens war es der erste Versuch dieser Art.[5]

Dr. Malan (Südafrika) in Frankfurt

Ich war bei einer der damals häufigen Sitzungen des ökumenischen Hilfswerksausschusses in Genf, als ich ein Telegramm erhielt, der neue Regierungschef der Südafrikanischen Union, Dr. Malan, wünsche mich in Frankfurt zu sprechen. Hals über Kopf fuhr ich nach Frankfurt und verfügte mich in das IG-Hochhaus, damals Hauptquartier der westlichen Streitkräfte. »Kein Zutritt für Germans«, sagten die Wachen. Ich bestand darauf, zu dem südafrikanischen Premierminister geführt zu werden. He is in Africa – meinte der Gutmütigere der beiden langen Türwächter. Schließlich wurde ein Offizier herbeigeholt. Er sah mich an, als ob ich eine Laus wäre, geruhte aber mit einer Stelle im Haus zu telefonieren. Ein Mann von der MP brachte mich nach oben. In den Vorzimmern der Engländer war großer Betrieb. Mir fielen die in smarten Uniformen steckenden Bürodamen auf. Als sie mich in meinem etwas ramponierten Zivil erblickten, verstummte ihr Gespräch. Distanzierte, abweisende Blicke geleiteten mich zu Malan.

Wenn ich mich recht erinnere, waren er und ich in jenen Räumen die einzigen, die Zivil trugen. Er bat mich zu einer Tasse Tee. Dann begann ein eher behagliches als angespanntes Gespräch. Er kannte meine Vergangenheit und verschonte mich mit den mir oft lästig werdenden Fragen nach der Berliner Bendlerstraße am 20. Juli oder dem Gestapogefängnis. Eher beiläufig fragte er mich, wie ich Deutschlands Zukunft sähe. Dann kam er zum Hilfswerk und meiner Arbeit. Malan, ein Pykniker, ehemaliger Missionar und Burenführer, fragte, was er und sein Land für uns tun könne. Vorsichtig sagte ich, daß uns südafrikanische Liebesgaben insbesondere auch aus Südwest angekündigt seien, daß es aber offenbar an Transportraum, vielleicht auch an Ausfuhrlizenzen fehle. Er sagte, er wolle sehen, was er tun könne. Ich machte ihn darauf aufmerksam, daß inzwischen wieder deutsche Fabriken, Spinnereien und Webereien in Gang gekommen seien, daß es aber überall an Rohstoffen fehle. Aufmerksam hörte er zu. Einige Zeit später kamen die ersten Ladungen aus Südafrika, vor allem Karakulwolle. Ich brachte die Rede auf die Auswanderung. Die vertriebenen Bauernfamilien aus Schlesien, aus Ost- und Westpreußen, aus Pommern und aus dem Südosten bereiteten uns die größten Sorgen. Es gäbe absolut nicht genug Land, um ihnen auch nur halbwegs die gewohnte Existenz zu ermöglichen. Malan hielt mir keine Werberede für die Einwanderung in sein Land. Aber er winkte auch nicht ab. Als ich ihn verließ, fühlte ich mich ermutigt.

Die Länder in den Besatzungszonen hatten sich zwar inzwischen konsolidiert und der Wirtschaftsrat erbrachte Leistungen, die sich für die Versorgung der Bevölkerung und die Stabilisierung des öffentlichen Lebens als vorteilhaft erwiesen. Aber die Spaltung des Reiches hatte sich vertieft. Der fluchtartige Abzug aus der Ostzone vergrößerte sich, und im Winter 1948/49 kam es zu einer bedrohlichen Zuspitzung um Berlin. Die Russen hatten die Zufahrtswege gesperrt, die zur Versorgung der Stadt unentbehrlich erschienen. Unsere westlichen Beschützer errichteten die Luftbrücke. Sie forderte bittere Opfer, Tote und Verletzte, aber sie erhielt der Welt den Frieden und den Westberlinern die Freiheit.

Kirchenversammlung in Eisenach

Unserer Arbeit in der Ostzone drohte jedoch die Abschnürung von dem Gesamtwerk. Im Juli 1948 fand in Eisenach, einer der Gedenkstätten des Luthertums, die verfassunggebende Kirchenversammlung der in Treysa umgetauften Evangelischen Kirche in Deutschland statt. Trotz der beträchtlichen theologischen und kirchenpolitischen Spannungen gelang die Verabschiedung einer Grundordnung der EKD. Das bedeutende kirchliche Ereignis erregte kaum Aufsehen – von einer Teilung in Ost- und Westzonen war noch nicht die Rede. Die zunächst für Ende Juni einberufene Kirchenversammlung hatte der Währungsreform wegen – 20. Juni 1948 – verschoben werden müssen. Es war keineswegs sicher, ob die Konferenz zu einem Erfolg führen werde. Kaum daß die Not mit ihrem Kampf um Dach und Brot etwas geringer wurde, traten auch die Fragen der Diakonie und Sozialpolitik wieder zurück hinter die Kontroversen der Theologie und Kirchenpolitik. Für einen zehn Jahre lang ökumenisch arbeitenden Mann wie mich war es seltsam und letztlich unverständlich, daß die Lehrunterschiede zwischen den lutherischen und den reformierten Kirchen der Reformation und die Streitigkeiten des 19. Jahrhunderts um die Bekenntnis- oder Verwaltungsunion noch immer soviel Gewicht haben sollten, daß sie die Einheit der deutschen evangelischen Kirchen ernstlich infrage stellen oder gar verhindern konnten. Indessen lebt die Kirche, jede christliche Kirche, in höherem Maße als andere Institutionen von und mit ihrer Tradition.

Die theologischen Kontroversen, die den Protestantismus des 16. und 17. Jahrhunderts zerpflügten und zerrissen, hatten mich als systematischen Theologen, der einen Lehreid auf die lutherischen Bekenntnisschriften abgelegt hatte, einst lebhaft beschäftigt. Sie waren mir nicht Hekuba. Aber sie waren längst überdeckt durch die Streitfragen der Bibelkritik und durch die Frage, welche theologischen und organisatorischen Konsequenzen aus den Erfahrungen des Kirchenkampfes zu ziehen seien. Die Meinungsverschiedenheiten zwischen den Lutheranern und Unierten, mehr aber noch zwischen den alten Bruderräten und den »intakt« gebliebenen Landeskirchen und ihren theologischen Schulen gingen so tief, daß der mühselige hundertjährige Einigungsprozeß der Deutschen Evangelischen Kirche, soll heißen des traditionellen deutschen Landeskirchentums, gefährdet erschien. Die Unionisten – ihre deutschen Wortführer waren vor allem die Freunde Niemöllers – erstrebten eine Einheitskirche, die Lutheraner einen föderativen Zusammenschluß der traditionellen Landeskirchen. Dahinter wurden wieder die alten theologischen Kontroversen lebendig, die auch nach dem Barmer Bekenntnis von 1934 selbst in der Bekennenden Kirche Deutschlands nie aufgehört haben.

In Anbetracht dieser Zustände durfte die Verabschiedung einer neuen einigenden Kirchenverfassung als ein bedeutendes Ereignis für den deutschen Protestantismus betrachtet werden. Mir war es um diese institutionelle Einheit sehr zu tun. Sie war eine Prämisse unserer Hilfswerkarbeit und ihrer kirchlichen Zielstellung. In Artikel 15 der neuen Grundordnung wurde festgestellt, daß das Hilfswerk »von der EKD und den Gliedkirchen getragen« wird. Ein Entwurf des Verfassungsausschusses hatte gesagt, »daß die Arbeit (des Hilfswerks) unter Sicherung der sachlich notwendigen Freiheit von den Gemeinden und Kirchen verantwortlich getragen wird ... und daß die Organe des Hilfswerks in der EKD und in den Gliedkirchen in klarer Zuordnung zu den Organen der Kirche stehen«.

Das entsprach genau unseren Hilfswerkvorstellungen. Das Plenum befand jedoch, daß diese ausführlichere Fassung in ein Kirchengesetz über das Hilfswerk gehöre. Für die Grundordnung genüge die kürzere. Wir fügten uns.

Am 3. Juni 1852 hatten die bis dahin völlig unabhängig nebeneinander herlebenden deutschen Landeskirchen in Eisenach den ersten kleinen Schritt auf der Linie getan,[6] die jetzt zwar keinen idealen, aber immerhin brauchbaren

Zustand ihrer Gemeinsamkeit erreicht hatte. Mehr als zweiundvierzig Millionen deutsche evangelische Christen mit mehr als sechzehntausend Pfarrern waren in der Evangelischen Kirche in Deutschland vereint.

Nach Schluß der Kirchenversammlung gab der russische Militärgouverneur von Thüringen, ein General der Gardekavallerie, einigen Bischöfen unserer Kirche und anderen führenden Amtsträgern ein Essen auf der Wartburg. Ich war dazu eingeladen. Das Fest begann etwas steif. Die Russen waren mehr befangen als wir. Die Überlegenheit von Otto Dibelius, der sich nicht nur als ein großer Bischof und Kirchenführer, sondern auch als ein Mann von Welt erwies, trug viel dazu bei, daß sich die Spannung lockerte und Gespräche zustande kamen. Ich war zwischen zwei russischen Professoren plaziert, die vorzüglich Deutsch sprachen. Ich fragte nach ihrem Woher. Sie sagten, sie kämen von zwei verschiedenen Universitäten, seien Philosophen und zur Zeit der russischen Militärverwaltung in Karlshorst zugeteilt. Noch ehe das lange Diner zu Ende war, befand sich die ganze Gesellschaft in einer so munteren Verfassung, wie ich sie bei den Großkopfeten meiner Kirche selten erlebt habe. Natürlich erholten sie sich an jenem Abend auch von den Anspannungen der nicht gerade erfrischenden Verfassungsdiskussion. Debatten dieser Art werden unter Theologen selten ein beglückendes Erlebnis, wenn auch meist weniger langweilig als unter Juristen. Was der Wodka – er floß in Strömen – zum Glück der Stunde beitrug, lasse ich dahingestellt. Auch die enthaltsamsten unserer geistlichen Herren kamen nicht umhin, zum Glas zu greifen, weil eine Rede um die andere gehalten wurde und auf alle erdenklichen – und auch nicht erdenklichen – Helden und Größen der deutschen und der russischen Geschichte alter und neuer Zeit getoastet wurde. Der Gardegeneral eröffnete mit einer Begrüßung und einem Toast auf D. Wurm, den Ratsvorsitzenden. Dieser antwortete mit einer Erinnerung an die Zeiten friedlich-freundschaftlicher Beziehungen zwischen Deutschland und Rußland und sprach den Wunsch aus, daß die Sowjetmacht das Ihre zur Wiederherstellung Deutschlands in den alten Grenzen beitragen möge. Dann tranken wir auf den Generalissimus Jossif Wissarionowitsh Stalin. Unsere Russen überhörten zwar den frommen Wunsch, aber Wurm hatte ein Thema angeschlagen, das ihnen Stoff für immer neue Reden und Trinksprüche bot. Gegen Ende wurde auf den Kaiser und den Zaren getrunken und man konnte sich fragen, ob hier Waffenbrüder ein fröhliches Gelage abhielten.

Das stundenlange Diner ließ indessen auch Zeit zu langen Gesprächen. Meine beiden Nachbarn zur Rechten und zur Linken erwiesen sich als vortreffliche Kenner der Philosophie des deutschen Idealismus und seiner marxistischen Kritiker. Von Hegel über Feuerbach bis zum jungen Marx parierten sie Hieb und Stich. Mir war es ein Vergnügen, auch wenn ich ihre Hegelinterpretation für grundfalsch hielt und ihnen das auch darlegte. Sie stutzten, dann fragten sie mich ohne jeden Scherz, ob ich denn wirklich zu diesen Popen hier gehöre. Ja, natürlich, sagte ich. Sie meinten, dies sei doch ganz unglaubhaft. Ich sei ja ein gebildeter Mensch, eigentlich einer von ihnen, ein ganz und gar Aufgeklärter. Was ich denn, um Gottes willen, mit diesen Popen hier zu tun habe? Sie hätten ja auch in Rußland noch einige Popen. Aber mit keinem von ihnen könne man ein solches Gespräch führen. Ich versuchte, ihnen einen Eindruck von der Entwicklung der deutschen Universitätstheologie und den ihr verwandten Wissenschaften zu vermitteln. Ihre Mienen wurden immer befremdeter und steifer. Höflich trennten wir uns.

Am Mittag des nächsten Tages saß ich wieder einmal hinter Schloß und Riegel. Die russische Wache an der Zonengrenze hatte mich zusammen mit einigen meiner Mitarbeiter festgenommen. Wir waren mit unseren beiden Wagen versehentlich in Wacha statt in Wartha – oder umgekehrt – angekommen. Die Grenze war zu. Wir saßen einige Zeit neben der Grenzwache, dann holte uns ein russischer Militärlastwagen mit herabgelassenen Planen ab und beförderte uns in ein entferntes Waldtal zu einem kleinen ehemaligen Jagdschlößchen. Dort wurden wir erst einmal eingesperrt. Skeptisch meinte mein erfahrener Freund Collmer: »Hier sind wir ein bißchen zu sehr in Gottes Hand« und begann seine Brieftasche und was er sonst bei sich trug, sorgfältig nach Zetteln und Notizen zu untersuchen. Es war ganz so wie einst bei der Gestapo.

Wir saßen Stunde um Stunde. Unsere Wagen waren weg. Die Stimmung sank. Ich wurde zornig. Wir trommelten solange gegen die Tür des leeren Zimmers, in das wir gesperrt worden waren, bis sich eine Maschinenpistole durch einen Türspalt schob. Der Mann verstand kein Deutsch. Aber er begriff, daß ich vorgeführt werden wolle. Er marschierte ab. Nach geraumer Zeit kam er wieder und brachte mich zu einem streng blickenden Schreibtischoffizier. Er ließ mich vor seinem Schreibtisch stehen, dann begann er mit einem Verhör. Für wen wir spionierten? Warum wir die Grenzwachen provozierten? Und so weiter. Ich erzählte ihm – er sprach ein holpriges aber hinreichendes Deutsch –, woher wir kämen und wohin wir wollten. Ich berichtete, daß ich eigentlich geradewegs von einem Fest bei seinem General käme. Er horchte auf. Der Ton wurde menschlicher. Er zögerte lange. Dann gab er mir meine Papiere zurück und bedeutete mir, ich könne mit meinen Genossen abziehen. Im Abgang rief er mich noch einmal scharf in russischer Sprache an. Meine Reaktion zeigte ihm, daß ich dieser Sprache nicht mächtig bin. Ich ging. Bei den deutschen Hiwis der Russen holten wir unsere Wagen zurück. Ersatzreifen und einiges andere waren abmontiert. Dafür verabschiedete uns der Thüringer mit der Mahnung, Vernunft anzunehmen und uns zum Kommunismus zu bekehren, ehe »wir bei euch drüben nach dem Rechten sehen müssen«. Wir fuhren nie mehr über eine falsche Grenzstation.

276

Am 22. August 1948 trat in Amsterdam die Weltkirchenkonferenz zusammen. Sie kann als die verfassunggebende Versammlung des Weltkirchenrates gelten. In Amsterdam traten die der ökumenischen Bewegung angehörenden Kirchen der Welt zusammen, um den seit langem in Vorbereitung befindlichen Ökumenischen Rat (in der englischsprachigen Welt häufiger World Council of Churches genannt) definitiv zu Stand und Wesen zu bringen. Er wurde schon am zweiten Tag der Weltkonferenz konstituiert unter der Leitung des Erzbischofs Fisher von Canterbury. Damit wurde in der Geschichte der ökumenischen Bewegung ein bedeutender Markstein gesetzt. Was mit dem Weltbund für Freundschaftsarbeit der Kirchen und mit der Bewegung für Glauben und Kirchenverfassung (Faith and Order) begonnen und unter der kraftvollen Führung des schwedischen Erzbischofs Nathan Söderblom 1925 auf der Weltkonferenz für Praktisches Christentum (Life and Work) in Stockholm zu einer ersten wegweisenden Höhe geführt worden war, hatte sich nach langer geduldiger Arbeit und unter der geschickten Führung von Persönlichkeiten wie dem anglikanischen Erzbischof William Temple, dem Lordbischof von Chichester George Bell, dem Generalsekretär Adolph Keller, einem Schweizer, und dem Holländer Visser t'Hooft schon 1937 in Oxford und Edinburgh so formiert, daß daraus nunmehr ein Weltverbund nichtrömischer katholischer Kirchen gebildet werden konnte. Es war bei weitem keine Einheitskirche, aber es war doch mehr als ein Verein ökumenisch denkender Kirchenführer.

Das Ziel war zunächst die Zusammenfassung der ökumenischen Energien, die sich in der Bewegung für Praktisches Christentum und den anderen ökumenisch orientierten Gruppierungen seit langem entfaltet hatten. Mitglied konnte jede Kirche in der Welt werden, die sich »zu Jesus Christus als unserem Herrn und Erlöser«, wie es in dem in Amsterdam angenommenen Statut hieß, bekannte. Die Formel galt schon immer als »Basis« der ökumenischen Glaubensaussage. Sie zielt auf den Kern der drei ökumenischen Glaubensbekenntnisse, ohne diese formell im Statut festzuschreiben. Das war vielen zu wenig. Die Beschränkung hat sich jedoch als richtig erwiesen. Ein Vierteljahrhundert später geriet der Ökumenische Rat nicht deshalb in eine noch immer nicht behobene Krise, weil er unter einem Bekenntnisdefizit zu leiden hätte, sondern weil seine geistliche Kraft und seine theologische Dignität verwässert und überfremdet wurden von säkularen, teils reformistischen, teils revolutionären Heilslehren.

Wir Deutsche waren mit einer großen Delegation in Amsterdam vertreten. Die in vier Sektionen arbeitende Konferenz war für uns Hilfswerkleute vor allem in den Sektionen III und IV interessant. In der dritten Sektion, »Die Kirche und die soziale Unordnung«, kündigte sich in der Auseinandersetzung über Kapitalismus und Kommunismus bereits die Diskussion an, die den Ökumenischen Rat später in seine nicht behobenen Schwierigkeiten stürzte. Die sogenannten »Jungen Kirchen« – zumeist Asiaten, Afrikaner und andere Farbige – meldeten sich dabei vor allem zu Wort. Heraus kam nichts.

In der vierten Sektion, »die Kirche und die internationale Unordnung«, gab es eine scharfe Begegnung zwischen dem frommen Wortführer der freien Welt, John Foster Dulles, und dem tschechischen Theologen Hromadka. Ich hatte später in anderer Stellung mit beiden zu tun. Über die innere Orientierung von Dulles hatte ich dabei niemals einen Zweifel. Über Hromadka kann ich mir kein abschließendes Urteil erlauben. Damals, in Amsterdam, gewann ich den Eindruck, daß der aufrichtig um Frieden bemühte Mann in den Kommunismus etwas hineinlas und zu sehen glaubte, was unmöglich in ihm zu sehen ist. Obwohl Hromadka nicht naiv war, erinnerte er mich an jenen frommen Pietisten, der mir nach einem zugegeben zornigen Gespräch, in dem ich Hitler einen Verbrecher nannte, entsetzt sagte: »Das ist eine Sünde.« Ich hatte damals – Ende 1933 – selbst kein ganz gutes Gewissen dabei, aber der andere war so entschlossen, »an das Gute in Hitler« zu glauben, wie Hromadka an seine Kommunisten. Daß dieser das auch noch nach dem Sturz Dubceks tat, nimmt mir die Sprache. In Amsterdam wurde vor der Unterwerfung der Kirche unter totalitäre Regime gewarnt. Eindrucksvoll war J. F. Dulles Appell an die Europäer zur Einigung Europas. Aber ich hatte das Gefühl, daß dies über die Köpfe der meisten hinwegging.

Etwas besser ging es mit den konkreten Fragen meines Arbeitsgebiets. Die Konferenz ermutigte mich jedenfalls, künftig unbefangener die »Internationalisierung der Flüchtlingsfrage« zu fordern. Wir kämpften immer noch darum, daß die Hilfe des Westens für die ausländischen Verschleppten in Deutschland (die Displaced persons) auch auf ihre verjagten deutschen Leidensgefährten ausgedehnt werde. In Amsterdam setzte sich die Empfehlung durch, *alle* Vertriebenen beziehungsweise »Umgesiedelten« – wie unzutreffend beschönigend gesagt wurde – dem Schutz und der Hilfe *einer* internationalen Organisation zu unterstellen. Die Atmosphäre war alles in allem uns Deutschen gegenüber wesentlich freundlicher und im ganzen normaler als bei den Konferenzen der Jahre 1945 und 1946.

An einem schönen sonnigen Tag fuhren wir – eingeladen über die Konferenzleitung – hinaus zu dem Amsterdamer Stadion. Die alte ehrwürdige Königin Wilhelmine war im Begriff zurückzutreten. Im offenen Wagen fuhr sie mit ihrer Tochter Juliane, der neuen Königin, durch das Stadion. Die Tribünen waren dicht besetzt. Am Schluß wurde die niederländische Nationalhymne, der »Wilhelmus von Nassauen«, angestimmt. Einige von uns Deutschen saßen zwischen den Holländern auf der Tribüne.

Als der Gesang mächtig anschwoll, riß er uns so mit, daß wir mitzusingen begannen – in Deutsch allerdings. Zunächst achtete keiner darauf. Aber schließlich begannen sich die Köpfe der Näherstehenden uns zuzuwenden. Verwunderte Blicke. Als sie uns als Deutsche erkannten, wurden die Blicke freundlich. Man nickte uns zu.

Am Abend saß ich in einer Gesellschaft neben einer jungen Dame, die ich nicht kannte. Wir sprachen englisch. Als sie ins Holländische überging, mußte ich bald passen. Sie entschuldigte sich mit der Bemerkung, daß sie von Fremdsprachen nur Deutsch gut sprechen könne. Ich sagte ihr, ich sei Deutscher. Sie sagte, sie sei eine holländische Jüdin und während des Krieges lange versteckt gewesen. Aber Deutsch sei ja nicht nur die Sprache Hitlers, sondern auch die Goethes, Schillers und Luthers gewesen. Sie sähe nicht ein, warum sie es nicht sprechen sollte.

Mit der Amsterdamer Weltkirchenkonferenz war meine eigene ökumenische Arbeit im wesentlichen beendet. Acht Jahre hindurch habe ich ihr hauptamtlich gedient. Ich verdanke ihr viel. An Kenntnis der Kirchen und der Welt, an historischer Einsicht und menschlicher Begegnung. Die ökumenische Bewegung blieb in jenem Jahrzehnt jedoch noch im Vorfeld. Sie hatte die nationalen Grenzen der alten Volks- und Staatskirchen nicht überwunden, aber durchlässig gemacht. Das Gespräch mit Rom jedoch hatte kaum begonnen.

Der Sommer 1948 stellte meine leitenden Mitarbeiter vor außerordentliche Aufgaben. Die Währungsreform leerte unsere Kassen. Die Geldspenden blieben nicht aus, erlaubten uns aber kaum noch diejenigen unserer Mitarbeiter zu besolden, die davon leben mußten. Auch sonst war in unserer Arbeit nicht alles eitel Freude und Sonnenschein. Im Inland wurde die Arbeit in der Ostzone immer schwieriger. Und mancher eifrige Helfer in den Westzonen fing an, im Ausland für sein eigenes Hilfsunternehmen zu fischen. Die Verteilung der Mittel nach vordringlichen Notständen wurde schwierig. Je breiter und normaler die Kontakte mit dem Ausland wurden, desto mehr nahmen die designierten, die auf bestimmte Empfänger gezielten Spenden zu. Auch ich kam im Ausland zuweilen in Bedrängnis durch spendenfreudige Menschen, die mir alle möglichen und unmöglichen Aktionen ansannen. Wenn ich irgendwo einen Vortrag gehalten hatte, meldeten sich je nach dem Presseecho Fragesteller, Bittsteller und Spendenwillige. Sie kamen, um mir Adressen von Freunden und Angehörigen in die Hand zu drücken, denen wir in Deutschland bevorzugt helfen sollten. Manche kamen auch nur, um mich nach dem Schicksal ihrer Heimatstädtchen oder Dörfer zu fragen, aus denen sie oft vor langer Zeit ausgewandert waren und über die sie nichts in den Zeitungen fanden. Am schwierigsten war das Gespräch mit den Spendenwilligen, die ihre milden Gaben an bestimmte Bedingungen knüpften. Ich sollte ihre Erfüllung fest und schriftlich zusagen, dann komme das Geld. Soweit sich das machen ließ, wurde es gemacht. Wir waren nicht kleinlich. Wenn aber die Errichtung von Denkmälern von mir verlangt wurde, waren wir sehr zurückhaltend. Es gab durchaus unharmonische Abschiede, wenn ich den Kopf zu derlei Wünschen schüttelte. Eines Abends lud mich der »Präsident« des großen Jefferson-Hotels in St. Louis, in dem ich wohnte, zum Abendessen ein. Er war ein alter Herr und auch Karl, der Kellner, der uns bediente, war ein alter Mann. Er zeigte eine Flasche deutschen Rotwein vor. Seit den Jahren vor dem Krieg habe er das nicht mehr getan. Das Etikett war mir fremd. Der Wein war sauer. Mein Jefferson-Präsident war des Weintrinkens indessen so entwöhnt, daß er das gar nicht merkte. Ich ließ ihn bei seinem Glauben, daß er mir etwas ganz Besonderes geboten habe. Es ging mir dabei wie bei vielen anderen Einladungen außerhalb meiner schwäbischen Heimat, wo man mich mit Spätzle besonders glücklich zu machen glaubte.

Dann kam er zur Sache. Er wolle eine Kinderspeisung machen. Ein Memorial für seine verstorbene Frau. Sie stammte aus einem schwäbischen Landstädtchen. Dort floß damals auch nicht Milch und Honig aus dem Stadtbrunnen, aber es lebte sich doch unvergleichlich besser als in den deutschen Industrierevieren. Ich zeigte mich dankbar. Die nächsten zwei Stunden brauchte ich aber dazu, den alten Herrn dazu zu bringen, seine beachtliche Spende umzuwidmen zugunsten einer Kinderspeisung im Ruhr- und Rheingebiet. Schließlich sah er es ein, und ich war auch deshalb erleichtert, weil es mir nun leichter fiel, eine große Speisung durchzuführen, die mir der Ministerpräsident Amelunxen von Nordrhein-Westfalen in einer seiner großen Städte ans Herz gelegt hatte. Derlei gehörte in jenen Jahren zu meiner täglichen Arbeit, wenn ich im Ausland war. Als ich von einer solchen Reise einmal zurückkehrte, war ich so erledigt, daß ich – zum erstenmal in meinem Leben – ins Krankenhaus mußte.

›Christ und Welt‹

Ich saß hinter meinem Schreibtisch im Hilarenhaus, als eines vormittags Klaus Mehnert mein Zimmer betrat. Er kam geradenwegs vom Hohen Asperg. Die alte, hinreichend bekannte, eher berüchtigte als berühmte württembergische Festung, bei Ludwigsburg gelegen, war Anhaltelager, mehr aber noch Gefängnis für viele Auslandsdeutsche, für Diplomaten und Journalisten geworden. Von den Siegern nach Deutschland zurücktransportiert, saßen sie auf dem Asperg und sahen einem ungewissen Schicksal entgegen. Wahrscheinlich dank seiner amerikanischen Frau Enid, die in einem Frauenlager in Ludwigsburg auch erst einmal eingesperrt worden war, kam Klaus Mehnert bald wieder von dem Berg herunter. – Was er tun könne, fragte mich der eiserne Arbeiter. Ich lud ihn ein, bei uns mitzuarbeiten. Wir befaßten uns damals mit dem Plan einer Wochenschrift. Ausgangspunkt waren Bitten um aktuellen Lesestoff, die vor allem aus den Lagern kamen, in denen die zu automatischem Arrest verdammten Männer saßen. Wir hatten zu diesen Lagern kaum einen Zugang. Was dort getan werden konnte, mußte in der Verbindung mit der Lagerseelsorge geschehen. Dafür waren wir nicht zuständig.

Warum aber sollten wir nicht eine Wochenzeitung machen? Unter meinen Mitarbeitern gab es so viele gute Köpfe und Federn, daß mir der Gedanke leicht realisierbar erschien. Ich bat Paul Collmer, zu dessen vielseitigen Neigungen schon immer das Verlagswesen gehörte, einen hilfswerkeigenen Verlag zu gründen: das Evangelische Verlagswerk in Stuttgart. Das Bedürfnis nach seriöser Information und Orientierung war, als sich der Schutt und Staub des Zusammenbruchs zu legen begannen, ungewöhnlich groß. Wir gingen an die Gründung von ›Christ und Welt‹. Da besuchte mich Hans Zehrer. Er kam im Auftrag und mit dem Segen Hanns Liljes. Zehrer, einer der großen deutschen Journalisten, hatte in Liljes Evangelischer Akademie Unterschlupf gefunden, hatte sich dann mit Lilje an die Schaffung des Allgemeinen Deutschen Sonntagsblatts gemacht und strebte nun die Vereinigung der beiden Projekte an. Das war gut und weitblickend. Aber die Verhandlungen erwiesen sich als schwierig. Lilje und ich nahmen zeitweilig daran teil. Geführt wurden sie von Paul Collmer für uns, und Dr. Ruppel, einem Kirchenjuristen und ehemaligen Ministerialrat in Kerrls Kirchenministerium für Dr. Lilje. Ich war durchaus für ein gemeinsames Blatt. Aber schließlich hatte ich den Eindruck – er wurde von Collmer geteilt –, daß sich die andere Seite nicht entschließen könne oder wolle. Sie fürchtete, wie mir Dr. Ruppel später einmal sagte, mit uns »in eine societas leonina zu geraten«, das heißt von uns gefressen zu werden. Die Furcht war töricht.

Es gab noch andere Schwierigkeiten. Die amerikanischen Besatzungsbehörden waren bereit, mir eine Lizenz zu geben, wollten aber vorher mit mir darüber sprechen. Ich fuhr nach Berlin-Dahlem in das Hauptquartier von General Clay. Der zuständige Offizier war alles andere als erfreut, als er unseren geplanten Zeitungstitel hörte. ›Christ und Welt‹ – wozu denn noch ein Kirchenblatt? Sie hätten hunderte solcher Blätter genehmigt. Er dachte an die Diözesan- und ähnliche Kirchenblätter auf evangelischer Seite. Ich versuchte, ihm die Vorstellung auszureden. Wir hätten anderes im Sinn. Wir dächten eher an ein politisches Blatt. Da wurde er erst recht kritisch. Wieso? sagte er, ich sei doch ein Clergyman! Ich sagte, ich wolle die Lizenz auch nicht für mich, sondern für einen untadeligen Layman. Ich nannte Otto Heinrich Fleischer. Paul Collmer war dem Flüchtling begegnet. Er war der Mann, den wir brauchten. Wir bekamen die Lizenz und fingen an.

Infolge des langen Hin und Her mit den Amerikanern und den unentschlossenen Hannoveranern waren wir mit der ersten Ausgabe von ›Christ und Welt‹ erst am 6. Juni 1948 herausgekommen. Zwei Wochen später überfiel uns die Währungsreform, noch ehe das Blatt recht laufen gelernt hatte. Wir waren mit einer Auflage von vierzigtausend gestartet. Jetzt mußten wir auf neunundzwanzigtausend zurückgehen und den Preis von sechzig auf vierzig Pfennig reduzieren.

Reduziert werden mußten auch die Gehälter unserer Hilfswerkmitarbeiter und die Bezüge unserer Redakteure. Wir mußten sehen, uns mit dem über Wasser zu halten, was wir verkauften. Es gelang. Ich hatte für die erste Ausgabe eine Art Programm des Blattes geschrieben. Wir wollten in dieser Zeitung nicht predigen, schrieb ich, sondern Informationen geben, in denen »sich die Weite und Vielfalt der christlichen Wirklichkeitserfahrung abzeichnet.[7] ›Christ und Welt‹ möchte unserer Erfahrung einen Ausdruck geben, daß man mit beiden Füßen in der Welt stehen kann, ohne seine Heimat in der Kirche aufzugeben.« Wir wollten freilich auch nicht nur freundliche Schilderer der Zeitgeschichte sein. Wir wollten eine deutsche Stimme im lauter werdenden deutschen politischen Konzert sein.

Unser erster Chefredakteur war Ernst Hepp. Er war der Sohn eines württembergischen Forstmeisters, war Journalist in den USA und zeitweilig im Auswärtigen Amt gewesen und mit einer schönen Amerikanerin verheiratet.

Die Redaktion arbeitete unter Hepp und Fleischer sehr fleißig und so anspruchslos, wie es heute nicht mehr vorstellbar ist. Wir hatten ihr eine alte Wehrmachtsbaracke zur Verfügung gestellt in der Nähe unserer Hilfswerkzentrale. Von den Redaktionsmitgliedern der ersten Stunde haben Heinrich Stubbe und Wolfgang Hoepker alle Wandlungen und Wanderungen des Blattes bis zu seiner Fusion mit dem ›Rheinischen Merkur‹ mitgemacht.

Zu den attraktivsten Schreibern in der Redaktion gehörte Heinz Bongartz. Er schrieb unter dem Pseudonym Jürgen Thorwald und wurde später mit seinen Büchern ein großer Erfolgsschriftsteller. Als ich Konrad Adenauer einmal am Krankenbett besuchte, hatte er neben sich Thorwalds Buch ›Es begann an der Weichsel‹ liegen. Es war zuerst als Serie in ›Christ und Welt‹ erschienen. Adenauer hatte es aufmerksam gelesen und sagte, daß er vieles erst aus diesem Buch erfahren habe. Das ging den meisten Deutschen so. Die Lücken der deutschen zensierten und tendenziös gelenkten Presse im Dritten Reich verlangten nach Füllung und Korrektur. Die Leute wollten wissen, was und wie eigentlich mit ihnen verfahren, was ihnen alles vorenthalten worden war. Die protegierte journalistische Linke, die damals im Entstehen war, vermochte hier wenig zu helfen. Sie war eine Handlangerin der »Umerzieher«, bewirtschaftete den deutschen Schuldkomplex, berichtete über KZ-Greuel und andere Schandtaten, aber was sonst in der Welt und in Deutschland passiert war, darüber berichtete sie nicht besonders viel. Sie schwieg fast vollständig, wenn es darum ging, die unschönen Seiten der Sieger zu zeigen.

Das war nun zwar auch nicht gerade unsere Sache. Wozu auch? Wir hätten damit nichts gebessert. Aber wir wollten auch nicht unterschlagen, was die Leute wissen wollten und sollten. Zum Beispiel die Geschichte des Untergangs der ›Gustloff‹. Das ehemalige Urlauberschiff war unbewaffnet und überladen mit Tausenden von ostpreußischen Flüchtlingen in der Ostsee mit Mann und Maus versenkt worden. Wir berichteten davon auch mit Zeichnungen. Das erregte

282

Aufsehen. Zu ernsten Verstimmungen führte der erste Bericht über die Ermordung von Feldmarschall Rommel, den wir veröffentlichten. Ich weiß heute noch nicht, was die Besatzungsmacht daran bedenklich fand. Es gab darüber einen Zusammenstoß zwischen Ernst Hepp und einem amerikanischen Oberst. Danach hieß es, General Clay habe ›Christ und Welt‹ ein »militaristisches« Blatt genannt. Mir hatte er das nicht kundgetan, aber das Gerücht lief um.

Ich kann nicht sagen, daß unsere Hilfswerkarbeit darunter gelitten hätte, aber ich bekam doch immer häufiger einen Vorgeschmack von dem, was mir dann nach meinem Übergang in die Politik zur täglichen Erfahrung wurde. Das Segeln in den auch nicht friedfertigen kirchlichen Gewässern ist nicht vergleichbar mit dem, was die öffentliche Kritik dem abverlangt, der in der politischen Auseinandersetzung vor die Front tritt. Ich deckte zwar keine einzelne Formulierung unserer kritischen Redakteure, aber ich billigte ihre Linie. Die schandbare Vertreibung von Millionen, die Nürnberger Prozesse, die alliierte Demontagepolitik: Wir griffen sie auf und nahmen kein Blatt vor den Mund. Die Auflage stieg. Bis 1963 hielt unser Blatt den ersten Platz unter den politischen deutschen Wochenzeitungen. Als sich Hepp einer anderen Aufgabe zuwandte, übernahm Mehnert 1949 die Schriftleitung. Er protegierte Giselher Wirsing, der ihn früher als Chef der ›Münchener Neuesten Nachrichten‹ der Gestapo gegenüber in Schutz genommen hatte.

Als Klaus Mehnert uns nach einigen Jahren verließ, um einen Ruf auf einen Lehrstuhl anzunehmen – der Eros paidagogos hatte ihn schon immer erfüllt –, schlug er Wirsing als Nachfolger vor. Es gab Bedenken. Wirsing hatte sich im Dritten Reich exponiert. Ich setzte mich darüber hinweg. Ich hielt es für sinnlos, Vergebung zu verweigern, wo sie mir angebracht erschien. Schließlich war unser ganzes Volk darauf angewiesen. Und Vergebung heißt jemand eine neue Chance geben.

Daß wir die Währungsreform überlebten, haben wir nicht nur unserer Linie, sondern auch Erwin Haupt zu verdanken. Seine sparsame und umsichtige Führung des Verlags brachte uns über viele Klippen hinweg. Zuzuschießen hatten wir nichts. Was wir mit dem Blatt verdienten, wurde wieder investiert oder floß dem Hilfswerk zu, bis wir gezwungen waren, das Blatt wie alle unsere anderen wirtschaftlichen Unternehmungen aus dem Hilfswerk auszugliedern. Wir wollten das Blatt, das uns inzwischen lieb und wert geworden war, nicht untergehen lassen. Ich tat mich mit einigen meiner Freunde zusammen. Wir machten Schulden, aber wir schlugen uns durch. Als wir in Georg von Holzbrinck einen Mitgesellschafter fanden, der ein erstklassiger Verleger war, fiel uns vieles leichter.

Der Gedanke der Ausgliederung der wirtschaftlichen Unternehmungen aus dem Hilfswerk tauchte schon bald nach der Währungsreform immer wieder auf. Es war nicht immer leicht, wirtschaftliche Notwendigkeiten und Maßnahmen unseren Bischöfen, Präsiden und anderen frommen Leuten klarzumachen. »Beim Wirtschaften bekommt man halt gar zu leicht schmutzige Hände«, so meinte ein schwäbischer Prälat nach einer langen Verwaltungsratssitzung. Ich fragte ihn etwas bissig, ob er diese Einsicht bei uns oder bei den Missionskaufleuten der berühmten Anstalt gewonnen habe, der er jahrelang vorgestanden hatte. Er schwieg.

Auf der ersten der nach der neuen Grundordnung der Evangelischen Kirche in Deutschland gebildeten Synode stand diese Frage noch nicht zur Debatte. Ich hatte einen ausführlichen Bericht erstattet. Die zu Beginn des Jahres 1949 in Bethel zusammengetretene Synode nahm ihn mit Beifall auf, und die Verabschiedung des ersten Kirchengesetzes über das Hilfswerk ging ohne Schwierigkeit über die Bühne.

Das Gesetz sollte ein Provisorium sein. Erst zwei Jahre später wollte man definitiv beschließen, wenn man die Entwicklung der politischen, wirtschaftlichen und kirchlichen Lage besser übersehen könne. Ich hatte nichts dagegen, wennschon diese Betrachtungsweise am Kernthema des Hilfswerks vorbeiging.

Meine Mitarbeiter und ich sahen die Notjahre als den großen Anstoß zur geschichtlich fälligen strukturellen Wandlung unseres Kirchentums. Das Diakonat auf allen Ebenen sollte nur ein Ausdruck dieser Wandlung sein. Das Hilfswerk als zeitbedingte Hilfsorganisation konnte wieder verschwinden, wenn seine Aufgabe erfüllt oder überflüssig geworden war. Die Betheler Beschlüsse schlossen unsere Zielstellung nicht aus, traten aber auch nicht auf sie ein. Sie sahen in einem mittelfristigen Abschnitt die Verbindung von Hilfswerk und Innerer Mission zu einem Diakonischen Werk der Evangelischen Kirche in Deutschland vor.

Was dabei freilich ungelöst blieb und mich hinter der Tagesarbeit immer mehr umtrieb, war die Frage nach ›Wichern II‹. War der Wichernsche Entwurf einer eigenen großen sozialpolitischen und Pressearbeit der evangelischen Kirche überhaupt legitim, kirchlich legitim und verpflichtend? In einer längeren Untersuchung trat ich gegen Uhlhorn, einen früheren Abt von Loccum, und zeitgenössischen Kritiker Wicherns, auf Wicherns Seite.[8] Aber ich hatte doch erhebliche Hemmungen, die Kirche selbst – was in der Konsequenz von Wichern II gelegen hätte – auf das Schlachtfeld der Politik, der Tagespolitik zu führen.

Wichern II und die Synode von Bethel

Nach einer Vormittagssitzung der Betheler Synode im Januar 1949 ging ich zusammen mit Gustav Heinemann und Robert Tillmanns zu Tisch. Sie fragten mich, warum ich mich eigentlich von der Arbeit der CDU beharrlich distanziere. Die CDU sei doch die gegebene Wirkungsstätte für mich und meine sozialpolitischen Vorstellungen. Ich sagte, daß ich bis jetzt einfach keine Zeit dafür gehabt habe. Ich hätte nicht einmal genug Zeit gehabt, richtig darüber nachzudenken. Gegen die CDU hätte ich nichts. Ich hätte ihre Empfehlung durch die Treysaer Kirchenkonferenz im August 1945 mitbeschlossen. Ich hätte sie in den Gemeinde- und Landtagswahlen gewählt, aber eine aktive Parteiarbeit, das könne ich nicht leisten. Außerdem hielte ich die Namensgebung CDU für nicht gut. Was das sei: christlich-demokratisch? Ein Widerspruch in sich selbst, wenn man auf den Kern dringe. Natürlich wisse ich, was damit gemeint sei.

Weder Tillmanns noch Heinemann wollten mir zustimmen. Sie mißbilligten meine Distanz. Etwa zehn Jahre später besuchte mich Gustav Heinemann in meinem Amtszimmer im Bundestag. Er war inzwischen SPD-Abgeordneter geworden. Er komme, um mich zu bitten, eine Änderung des Parteinamens CDU herbeizuführen. Das C der CDU werde zu einem Ärgernis. Ich sagte, daß ich das nicht einsehen könne. Dann müßte alles Mögliche und Unmögliche, das sich christlich nenne, uns beide eingeschlossen, ein Ärgernis sein. Nein, das leuchte mir nicht ein. Ich würde andere Gründe ins Feld zu führen wissen, er kenne sie, aber das sei jetzt alles graue Theorie. Der Name sei längst ein Markenzeichen, besser ein Feldzeichen im politischen Kampffeld geworden. Jedermann sei an ihn gewöhnt. Auch wenn ich es wollte, könnte ich ihn nicht ändern. Aber nun wolle ich es auch nicht. Gustav Heinemann verließ mich enttäuscht.

Eine Enttäuschung war die Betheler Synode nicht für mich, aber für manchen anderen. Der greise Landesbischof Wurm war achtzigjährig zurückgetreten und Otto Dibelius wurde sein Nachfolger als Ratsvorsitzender. Er verkörperte eine respektable Tradition des preußischen Kirchenregiments. Aber er galt nicht als Repräsentant des deutschen Luthertums. Außerdem hatte er das Bruderratssystem der Dahlemer BK eher situationsbedingt als aus freien Stücken mitgemacht. So kam es zu neuen internen Schwierigkeiten auch mit Niemöller und seiner Truppe.

Eine Enttäuschung war die Synode auch für meinen schwäbischen Landsmann Theodor Bäuerle. Er war ein grundsolider, wohlmeinender Mann. Er kam aus der württembergischen Volksbildungsarbeit, stand Goerdeler und Robert Bosch nahe und war württembergischer Kultusminister geworden. Mit Heuss und Simpfendörfer gleichermaßen befreundet, galt er als ein Mann des Ausgleichs. Seine persönliche Beziehung zur Kirche war mehr als konventionell. Er sprach auf dieser ersten ordentlichen Nationalsynode, die nach den Wirren des

Kirchenkampfes gebildet wurde, ein Grußwort für die Regierungen der Länder. Es war denkbar freundlich.

Ich weiß bis heute nicht, was den von mir fast in jeder Lage verehrten Bischof Dibelius bewog, auf dieses Grußwort ungewöhnlich kritisch zu antworten. Er schlug dabei das Thema an, das diesen großen preußischen Konservativen und ebenso großen Patrioten eigentlich durchgehend beschäftigte: die Grenzen des Staates. Mir war es, als stünde einer der Brüder von Gerlach aus Bismarcks Zeiten vor mir, als erhebe einer der Sprecher des ›Anderen Preußen‹, das Hans Joachim Schoeps so brillant geschildert hat,[9] hier seine warnende Stimme gegen Tendenzen, die mit dem totalen Staat Hitlers nicht untergegangen waren, die sich nur »gesellschaftlich« verwandelt hatten. Ich glaube, Otto Dibelius sah in jener Stunde etwas voraus, was unserem Blick damals entzogen war. Er sah hinter dem Raster des sogenannten Pluralismus neue säkulare Konformismen heraufkommen, die den Staat in ihren Dienst zu stellen trachten und eine neue Knechtung, eine neue Chloroformierung des Einzelnen bewirken.

Dagegen erhob Otto Dibelius seine Stimme. Es glückte nicht. Auch seine Freunde verstanden ihn kaum, und Theodor Bäuerle schon gar nicht. Er war am Boden zerstört. In Bonn, meinte er, gebe sich der Parlamentarische Rat die größte Mühe, Deutschland eine neue gerechte und freiheitliche Ordnung zu geben. Und hier, wo man das zuerst würdigen müßte, finde er nicht nur keinen Funken Verständnis, sondern Ablehnung. Hanns Lilje bat mich, vor dem Beginn der Nachmittagsdebatte ein versöhnliches Wort zu sagen. Ich tat es. Es wurde meine erste Würdigung des Parlamentarischen Rates und seiner Arbeit. Bäuerle war dankbar. Dibelius schwieg.

Besuch bei Labour in London

Einige Zeit danach fuhr ich mit Klaus Mehnert zusammen nach London. Die Labourpartei hatte uns eingeladen, an einer ihrer Tagungen teilzunehmen. Wir gingen gerne hin, weil uns die Struktur und Mentalität dieser Arbeiterpartei lebhaft interessierten. War sie sozialistisch? Und wenn, in welcher Weise? Wie wirkte sich ihre Spiritualität, der Einfluß der großen britischen Freikirchen, insbesondere der Methodisten, auf ihre politische Programmatik aus? Anders als die SPD war die Labourpartei vor dem intensiven Einfluß eines doktrinären Atheismus, »Freidenkertum« genannt, bewahrt geblieben. Er hatte viel zu jener gespannten, um nicht zu sagen feindseligen Distanz beigetragen, die die SPD vom deutschen Kirchentum lange trennte.

Beim Lordbischof von Chichester – Gespräch über Dietrich Bonhoeffer

Wir wollten in England sehen, wie eine Arbeiterpartei ohne diesen Ballast lebt. Sir Stafford Cripps und der junge Denis Haely machten mir damals erheblichen Eindruck. Ich hielt sie für Prototypen der Labourpartei. Ich glaube, es war ein Irrtum.

Bei einem früheren Besuch in England, 1947, war ich mit einem meiner jungen Mitarbeiter, Carl Christoph Schweitzer, Gast des Lordbischofs von Chichester in seinem Palace gewesen. Es war ein stiller, etwas wehmütiger Abend geworden, als ich mit dem Bischof und Lady Bell nach dem Dinner die Jahre passieren ließ, die uns von unserer letzten Vorkriegsbegegnung in London 1939 trennten. George Bell fragte mich nach meinem Verhältnis zu Dietrich Bonhoeffer. Ich sagte, daß ich sehr vorsichtig mit diesem Wort sei, aber im Falle Dietrich Bonhoeffers hielte ich es für erlaubt, von einem Märtyrer Jesu Christi zu sprechen. Denn stärker als der humane Konservativismus seines Elternhauses drücke sich in seiner Lebens- und Leidensgeschichte die sehr persönliche, über alles Konventionelle hinausgehende Entscheidung zur Nachfolge Jesu aus. Das könne ich weder von mir noch von meinen eigenen Gefährten im deutschen Widerstand in gleicher Weise sagen. Wir wären vielleicht auch ohne Christen zu sein gegen Hitler aufgestanden. Bonhoeffers zeitweilige Bedenken gegen die Gewalttat hätte ich nie geteilt, auch wenn sie mir zuwider war. Geschmerzt hätte mich, daß er seine an sich verständlichen Vorbehalte gegen das Kirchliche Außenamt unbegründet auch auf mich übertrug. Unsere theologischen Differenzen hätten daneben kaum eine Rolle gespielt, obwohl sie beträchtlich gewesen seien. Ich hätte weder zu Harnack noch zu Barth ein Verhältnis gewinnen können, das dem Bonhoeffers auch nur von ferne entsprach. Aber nicht das, sondern seine kirchenpolitische Intransingenz, mit der er den Riß zwischen der Dahlemer Bekennenden Kirche und den »intakten« lutherischen Kirchen und ihren Bischöfen, auch zu Wurm und Meiser, eher vertiefte, hätten uns getrennt. Diese Intransingenz passe nicht zu der auf das Wesentliche gerichteten, geistig weiträumigen Theologie Bonhoeffers. Ich bewunderte sie in vielem, hielte aber einige seiner Lieblingsvorstellungen für unhaltbar, und zwar sowohl in der rationalen Analyse wie in ihrem theologischen Gehalt.

Die Distanz, die mich dergestalt von Dietrich trenne, hätte ich seinem Bruder Klaus Bonhoeffer gegenüber nie empfunden. Mit ihm sei ich befreundet gewesen. Er sei nicht als Märtyrer gestorben. Ihm sei wie seiner ganzen, schwer heimgesuchten Familie und allen meinen anderen Freunden eben die Brutalität des Regimes auf das äußerste zuwider gewesen. Er sei umgebracht worden, weil er seinen Hals an die Wiederaufrichtung des freiheitlichen Rechtsstaates in Deutschland gewagt habe.[10]

Es war ganz still geworden in dem alten Palace, in dem Dietrich Bonhoeffer so

oft aus- und eingegangen war. Der Lordbischof und Bonhoeffer waren enge
Freunde.[11] George Bell, ein Meister im Zuhören, hörte mich an, als ob ich eine
Beichte ablegte. Es war auch eine. Aber ich verband damit kein Schuldbe-
kenntnis.

Flüchtlingskonferenz in Hamburg 1949

Im Februar 1949 veranstaltete die Flüchtlingskommission des Ökumenischen
Rats der Kirchen zusammen mit dem Hilfswerk eine internationale Konferenz
zur Flüchtlingsfrage in Hamburg. Wir hatten sie mit Henry Carter und Elfan
Rees, den im Ökumenischen Rat dafür zuständigen Männern, schon in Amsterdam verabredet. Der Hamburger Senat stellte sein schönes Rathaus zur Verfügung. Einige Wochen vorher, am 10. Dezember 1948, hatte die Vollversammlung der Vereinten Nationen ihre Menschenrechtscharta feierlich verabschiedet.
Alle Flüchtlinge – und Vertriebenen – sollten danach in den Schutz beziehungsweise Genuß der Menschenrechte gelangen. Unsere Wirklichkeit sah anders
aus. Das deutsche Flüchtlingselend war für die Weltöffentlichkeit noch immer
nahezu unsichtbar. Es steckte in einer Wolke von Vorwürfen und Vorbehalten
gegen »die Deutschen«. Die bewußte Ignoranz der Zustände in Deutschland
wurde als angemessene Folge dessen gerechtfertigt, was Deutschland als Hitlers
Land vor der Welt zu vertreten habe. Gegen diese Verschwörung des Schweigens
hatten wir nun seit 1945 angeredet und angekämpft, ohne einen Durchbruch zu
erzielen. Auf Grund der Stellungnahme der Amsterdamer Weltkirchenkonferenz
erklärte sich das Generalsekretariat des Ökumenischen Rates bereit, uns bei
diesem Durchbruchsversuch zu helfen.

Der Papst und die katholischen Bischöfe Deutschlands arbeiteten tatkräftig an
der gleichen Aufgabe. Sie legten zusammen mit den im ökumenischen Verbund
wirkenden protestantischen Kirchen der Welt die ersten großen Breschen in die
Mauer, die die Weltöffentlichkeit von der Einsicht in das Schicksal von zwölf bis
vierzehn Millionen verjagter und geflüchteter Deutscher trennte. Schon geraume
Zeit zuvor war ich eingeladen worden, an einer von der Kurie veranstalteten
großen Konferenz teilzunehmen. Zusammen mit dem geschäftsführenden Kopf
der deutschen Caritasverbände, Msgr. Müller, fuhr ich nach Rom. Bei der
Papstaudienz verleugnete Pius XII. nicht, daß er auch nach der Niederlage ein
Freund Deutschlands geblieben war.

Die Wirkung der Hamburger Konferenz zeigte sich zuerst in den USA. Der
amerikanische Kongreß beschloß, das deutsche Flüchtlingsproblem durch einen
nach Europa entsandten Kongreßausschuß zu prüfen. Der von diesem Ausschuß

vorgelegte Bericht enthält eine Reihe praktischer Vorschläge. Ein konkreter Vorstoß der Hamburger Konferenz richtete sich auf die Unterstützung der kleinen und mittleren Flüchtlingsbetriebe aus Mitteln des inzwischen angelaufenen Marshallplans. Für meine Mitarbeiter und insbesondere für unsere hilfswerkeigenen Flüchtlingskomitees war die Hamburger Konferenz eine große Ermutigung. Die Ökumene stand in voller Blüte.

Im Januar 1950 veranstaltete der Ökumenische Rat zusammen mit der Katholischen Kirche in Salzburg eine zweite große Flüchtlingskonferenz. Auch sie galt der Mobilisierung der Weltöffentlichkeit. An ihr konnte ich nicht mehr teilnehmen. Ich war inzwischen Mitglied des Bundestags geworden und bei weitem nicht mehr in der Lage, meine bisherigen Verpflichtungen als Hilfswerkchef in alter Breite und Konzentration wahrzunehmen.

Der Besuch bei der Labourpartei hatte mich zwar der Politik nicht näher gebracht. Die von uns organisierten oder zuweilen auch nur mit Lebensmittelhilfen unterstützten politischen Fachtagungen waren überparteiliche Treffen, bei denen sich CDU-Leute wie Robert Tillmanns und Jakob Kaiser mit FDP-Männern wie Thomas Dehler und Theodor Heuss trafen. Aber auch Sozialdemokraten kamen dazu. Im Kreis meiner nächsten Mitarbeiter wurde 1948/49 die Frage erörtert, ob und welche Folgen sich ergeben würden, wenn wir aus ›Wichern II‹ politische Konsequenzen zögen.

Das Ergebnis war negativ. Selbst wenn wir es gewollt hätten, wäre es außerhalb unseres Bewirkens gelegen, das Hilfswerk und damit ein Stück unserer Kirche so zu transformieren, daß daraus eine politisch einsetzbare konkrete Kampforganisation nach den Vorstellungen Wicherns geworden wäre.

Synode in Hamburg 1951

Als auf der Synode in Hamburg 1951 die Frage nach der definitiven Gestalt des Hilfswerks erneut zur Diskussion stand, hatte ich mich schon so tief in die Politik verstrickt, daß ich auf das Kirchengesetz über das Hilfswerk fast keinen Einfluß mehr nahm. Das Protokoll jener Synode gibt eine Diskussionsrede von mir wieder. Sie galt nicht Hilfswerksfragen. Sie war an die Adresse Niemöllers gerichtet und galt der Wiederbewaffnung. Die Reden über das Hilfswerk wurden von anderen gehalten. Sie entsprachen der gewandelten Situation.

Hilfe zur Selbsthilfe wollte und sollte das von mir geleitete Werk bieten. Das hat es getan. Noch war es jedoch nicht überflüssig. – Die Hilfe für die Gemeinden hinter dem Eisernen Vorhang blieb notwendig. Die Bedeutung der Auslandshilfe wurde immer geringer. Das Schwergewicht der Arbeit verlagerte sich mehr und mehr in die Gemeinden und Landeskirchen. Die hilfswerkeigenen wirtschaftlichen Unternehmungen konnten aufgegeben oder ausgegliedert werden. Das Zentralbüro behielt zwar wesentliche Aufgaben, aber sie beanspruchten mich nicht mehr annähernd so stark wie in den Jahren zuvor.

Als Ratsvorsitzender nahm Bischof Dibelius damals auch zu einem Bußbescheid Stellung, den eine deutsche Finanzbehörde einem meiner Mitarbeiter auferlegt hatte. Der Grund war ein formeller Verstoß gegen ein Gesetz der Militärregierung. Ich hatte nach Prüfung des mir nicht bekannten Vorgangs zunächst die Anerkennung des Erlasses abgelehnt. Nach einigem Hin und Her kam die amtliche Feststellung, daß weder eine »persönliche Bereicherung irgend eines Mitarbeiters des Hilfswerks vorliege . . . noch das Staatsinteresse an Bestand und Erhaltung von Wirtschaft und Währung gefährdet« worden sei.[12] Das Bundesfinanzministerium erklärte meine Person in keiner Weise für betroffen.[13] Einige meiner politischen Gegner haben dennoch nie darauf verzichtet, mir den Vorgang persönlich anzulasten. Ich hingegen war erfreut darüber, daß der unangenehme Vorfall der einzige dieser Art blieb, der sich in jener chaotischen Zeit in unserer großen, nach Tausenden zählenden Mitarbeiterschar ereignete. Der Ratsvorsitzende der Evangelischen Kirche in Deutschland nannte in seiner Dankrede das Hilfswerk »ein Ereignis von kirchengeschichtlicher Bedeutung«.[14]

Abschied vom Hilfswerk

Die neue kirchengesetzliche Ordnung und Sicherung des Hilfswerks, angelegt auf das von uns angestrebte Diakonische Amt der Evangelischen Kirche, bot mir den Anlaß, mich von dem Werk zu verabschieden, an das ich manches Jahr mein Herz gehängt hatte. Mein politisches Mandat nahm mich inzwischen weit mehr in Anspruch, als ich 1949 vorausgesehen hatte. Es hatte mich auch in innen- und mehr noch in außenpolitische Kämpfe verwickelt, die für das Hilfswerk nicht gut waren. Bald nach meiner Straßburger Rede zur Wiederbewaffnung war Bischof Dibelius von den Russen in Karlshorst eröffnet worden, ich sei für sie untragbar geworden. Dibelius ignorierte die Mißbilligung. Als jedoch offenkundig wurde, daß ich auch gegen Heinemann an meiner Linie festhielt, drohten die Russen das Hilfswerk in der Ostzone zu verbieten. Nun erst informierte mich Dibelius. Er tat es, ohne den mindesten Druck auf mich auszuüben. Er war bereit, es darauf ankommen zu lassen. Ich sagte ihm jedoch, daß ich nach der Verabschiedung des Hilfswerkgesetzes ohnehin zurücktreten würde, Hilfswerkleitung und politisches Mandat zusammen überfordere nicht nur mich, sondern belaste auch meine Mitarbeiter.

Am 30. September 1951 verabschiedete ich mich. Ich schrieb unter anderem: »Viele von denen, die am Aufbau und der Arbeit des Hilfswerks mitgewirkt haben und denen unsere Kirche immer Dank schulden wird, sind bereits wieder in der Welt zerstreut. Aber keiner ist gegangen oder geblieben, ohne der inneren Schönheit des gemeinsamen Dienstes innegeworden zu sein.« Die neue Hilfswerkordnung hielt ein Vierteljahrhundert. Als im Herbst 1976 in einer Feierstunde in der Stiftskirche in Stuttgart der Bundespräsident das Diakonische Werk würdigte, war das für J. H. Wichern ebenso rühmlich wie für die wenigen aus meiner alten Mitarbeiterschar, die zugegen waren. Die Wandlung der kirchlichen Struktur, die wir einst meinten, war jedoch kaum ein Stückwerk geblieben.

ELFTES KAPITEL

Platzwechsel Politik

Ich beschloß es nicht

Im Frühsommer 1949 steckte ich noch im Studium von Auswanderungsmöglichkeiten für einige hunderttausend vertriebene Bauern, die Land suchten. Unsere Blicke waren auf Südafrika, mehr aber noch auf Südamerika gelenkt worden. Wolf von Gersdorff hatte eine erste Informationsreise, unterstützt vom Flüchtlingskomitee des Ökumenischen Rates, nach Südamerika durchgeführt. Als vertriebener Landwirt und Jurist konnte er am besten beurteilen, was für seine Landsleute am ehesten in Frage kam. Er kam mit Plänen und Vorschlägen zurück, die es geraten erscheinen ließen, daß wir im Herbst 1949 gemeinsam in die aufnahmewilligen Gebiete Südamerikas reisten.

Vorher aber sollte ich Ferien machen. Heinz von Bodelschwingh hatte meine Frau und mich nach Schweden eingeladen. Wir fuhren nach Hemsö im Angermanelf. Mit dem Lachsfischen hatten wir nicht viel Glück, aber wir genossen die unbeschwerten Ferien. Die Herrlichkeit dauerte nicht lange. An einem warmen Julitag lagen wir vor unserem Holzhaus, als ein Soldat der schwedischen Marineinfanterie auf einem Motorrad angerattert kam. Er sollte ein für mich bestimmtes Telegramm abgeben. Es forderte mich auf, schnellstens meine formelle Zustimmung zur Übernahme einer Kandidatur für ein Bundestagsmandat der CDU Württembergs zu geben.

Zwei Tage später hörte ich, daß meine leitenden Mitarbeiter in Stuttgart nach langer Beratung zu dem Ergebnis gekommen seien, ich müsse in den Bundestag gehen. Unsere Arbeit habe in wesentlichen Bereichen den Punkt erreicht, wo sie der Diakonie entwachse und politisch gehandhabt werden müsse. Vieles in der Flüchtlingsarbeit, im Wohnungsbau, in der Sozialpolitik schreie jetzt nach der gesetzlichen Regelung. Ich könnte und dürfte mich dieser Einsicht nicht verweigern, nachdem ich sie in vielen Reden selber vertreten habe. Die CDU Württembergs biete mir die Kandidatur an. Meine Mitarbeiter hätten nach Backnang –Schwäbisch Hall gegriffen. Ich kannte die Städte vom Durchfahren, den landschaftlich schönen Kreis von Wanderungen im Schwäbischen Wald. Von seiner politischen Verfassung und Stimmung hatte ich kaum eine Ahnung. Ich stimmte zu, behielt mir aber das Recht vor, zurückzutreten, wenn mir das bei nochmaligem Überlegen der Lage geraten erscheine. Meine Rückkehr kündigte ich für die nächsten Tage an. Dann begann ich erst einmal in Ruhe über die Veränderung meines Lebens nachzudenken, die ungewollt und unvorbereitet plötzlich vor mich trat.

Ich unterschätzte sie nach der Breite und nach der Tiefe. Das Mandat stellte ich mir als ein Ehrenamt vor, das sich nach einigen organisatorischen Maßnahmen mit meinem bisherigen Amt verbinden lasse. Am Tag darauf kam ein neues Telegramm. Dr. Adenauer bitte mich, ihn auf der Rückreise zu besuchen. Außerdem: Der Wahlkampf sei auf vollen Touren. Ich würde in Backnang und Schwäbisch Hall dringend erwartet.

Im Flugzeug von Stockholm nach Hamburg entwarf ich auf einer Papierserviette der Skandinavian Airlines meine Wahlrede, die erste von hunderten, die ich in den nächsten zwanzig Jahren halten sollte. Dann nahm mich Joachim von Lukowicz in Empfang und begleitete mich zu Konrad Adenauer.

Erste Begegnung mit Adenauer

Er kam aus einer CDU-Sitzung im Düsseldorfer Landtagsgebäude, als wir uns zum ersten Mal sahen. Es muß einigermaßen bewegt dabei zugegangen sein, denn Adenauer meinte, es sei leichter, einen Wahlkampf durchzufechten, als eine Landesliste aufzustellen. Dann führten wir ein Gespräch. Herbert Blankenhorn, damals Generalsekretär der CDU – Britische Zone – und Joachim von Lukowicz waren schweigende Zuhörer.

Herbert Blankenhorn kannte ich aus dem Auswärtigen Amt. Mitten im Krieg sahen wir uns in Bern. Auf einem langen Spaziergang setzte er mir auseinander, daß unser »OSAF«, zu deutsch Oberster SA-Führer, schleunigst wegmüsse. Er habe eine Idee, wie man ihn umbringen könne. Er legte sie mir dar. Ich hatte Zweifel an ihrer Durchführbarkeit. Jetzt war er Adenauer unentbehrlich geworden. Er vermittelte ihm Einsichten in die Methoden und Praktiken der Außenpolitik, die Adenauer bislang unbekannt waren. Der nach meinem Eindruck bedeutende persönliche Anteil Blankenhorns an der Konzeption der Adenauerschen Außenpolitik ist bislang nicht angemessen gewürdigt worden.[1]

Das Gespräch in Düsseldorf diente einer ersten Fühlungnahme. Adenauer war offensichtlich daran gelegen, mir nahezubringen, daß etwa auftauchende Meinungsverschiedenheiten in der Partei und Fraktion intern beigelegt werden sollten. Ich stutzte. Sagte er das nur mir oder gehörte es zum Ritual für Anfänger? Blankenhorn brachte uns zum Wagen. Ich fragte ihn, wie Adenauer und er die

Wahlchancen beurteilten. Völlig offen. Ich plädierte für Opposition im Falle eines sozialdemokratischen Wahlsiegs. Blankenhorn (und Adenauer?) waren in diesem Fall für Koalition, für eine große Koalition. Ein wesentlicher, wenn nicht entscheidender Grund dafür war nach Blankenhorn, daß man die personelle Grundausstattung der zu errichtenden Bundesbehörden nicht der Partei Schumachers allein überlassen dürfe. Dagegen war nichts zu sagen.

Am Tag darauf saßen wir in Georg Federers schönem parkartigen Garten auf einem Kirschbaum. Ich hatte mir eine letzte Rücktrittsmöglichkeit von der Kandidatur noch immer offengehalten. Aber jetzt mußte entschieden werden. Meine nächsten Mitarbeiter waren da. Sie waren längst entschieden. Nur ich zauderte. Ich dachte an mein Gespräch mit Josef Wirmer über die Rückkehr zum Parlamentarismus Weimarer Prägung. Damals – zehn Jahre zuvor – hatte mich der Gedanke abgestoßen. Ich dachte an unsere Abrechnung in der Arche Noah. Auch jetzt liebte ich jenen Parlamentarismus nicht. Aber inzwischen hatte ich einiges dazugelernt. Ich sah ein, daß uns kein anderer Weg blieb, um zu einem freiheitlichen Rechtsstaat der Deutschen zu kommen. Zudem mußte ich zugeben, daß sich der Parlamentarische Rat Mühe gab, Vorkehrungen gegen die Entartung der parlamentarischen Demokratie zu treffen.

Ansonsten war der Kreis meiner Freunde mit den Vätern des Grundgesetzes nicht besonders zufrieden. Die Preisgabe des Namens Deutsches Reich hatte uns geärgert. Gewiß: Die neue Bundesrepublik Deutschland wollte nur ein Provisorium sein und das auch in ihrem Namen zum Ausdruck bringen. Aber wir hegten den Verdacht, daß die Bonner Verfassungsmacher einfach nicht den Mumm aufbrachten, sich zu dem alten, gewiß belasteten Namen zu bekennen. Schließlich war er keine Kreation Hitlers. Mehr als alle anderen Deklarationen hätte er den Anspruch auf ein ungeteiltes Deutschland zum Ausdruck gebracht. Was später mit dem Alleinvertretungsanspruch schwer umkämpft war, hätte der Name ganz von selbst bekundet. Wo das Fähnlein der Freiheit stand, war Deutschland. Wir waren allein berechtigt, für alle Deutschen zu sprechen, solange nicht jeder an einer Wahl teilnehmen durfte, wie sie an jenem 14. August 1949 in den drei westlichen Besatzungszonen nach allen Grundsätzen eines freiheitlichen Rechtsstaates stattfand. Das Deutsche Reich war auch in der bedingungslosen Kapitulation – darin stimmten Staats- und Völkerrechtler überein – als Völkerrechtssubjekt nicht untergegangen. Die Deutschen in der sowjetrussischen Besatzungszone waren durch feindliche Gewalt an der Ausübung ihrer Reichsbürgerrechte gehindert. Kein Grund, sie deshalb fahren zu lassen. Später, in Bonn, hielt ich das in mancher Abendstunde Heuss, Adenauer und anderen Vätern des Grundgesetzes vor. Heuss reagierte auf meine Vorhaltungen immer kleinlaut. Adenauer versuchte darüber wegzureden. Carlo Schmid zuckte die Schultern, und Heinrich von Brentano tröstete mich: Provisorium.

Der Föderalismus, dessen verwegenste Verfechter in der CDU und CSU saßen, erschien uns vom Parlamentarischen Rat überzogen. Wir hatten genug von den Besatzungszonen und ihren Grenzen. Sie hatten unsere Hilfswerkarbeit oft behindert. Daß auf den zentralistischen NS-Staat ein der Vielfalt der deutschen Stämme und Länder Rechnung tragender Bundesstaat folgen sollte, hielten auch wir für richtig. Aber als das Grundgesetz verabschiedet war, erschien uns vor allem der Kulturföderalismus unrealistisch überhöht. Als ich Gebhard Müller, damals Ministerpräsident meines Heimatlandes, diese Kritik einmal vortrug, meinte er, die Bonner Verfassungsmacher hätten eher zu wenig als zu viel für die Kompetenzen der Länder getan. Der hochverdiente Mann glaubte – so sagte er mir –, daß Hitler gegen einen starken Föderalismus nicht hätte aufkommen können. Er übersah, daß die Ländergrenzen für den Rundfunk und die anderen großen Massenmedien kein Hindernis sind. Starke politische, wirtschaftliche und kulturelle Bewegungen können in einer Nation durch Länder- und Verwaltungsgrenzen wenig beeinflußt werden. Es sei denn, man zieht einen eisernen Vorhang hoch, wie es die Russen vor ihrer Besatzungszone taten.

Solcher und ähnlicher Schwächen wegen wollten wir diesem Versuch des Neuanfangs jedoch nicht den Rücken kehren. Ich sagte ja. Es wäre mir sehr viel leichter gefallen, wenn auch nur einer meiner Kreisauer Gefährten dabei gewesen wäre. Aber ich war allein.

Wahlkampf 1949

Eigentlich ging ich als Parteiloser in jenen ersten Wahlkampf. Erst einige Wochen später wurde ich auch formell Mitglied der CDU. Das hinderte die CDU in dem Wahlkreis Backnang-Schwäbisch Hall jedoch nicht, kräftig anzutreten. Die beiden Kreisvorsitzenden kamen aus der alten Christlichen Pfadfinderschaft. Zu den Stützen der Union gehörten in dem Wahlkreis vor allem die Stillen im Lande, die pietistischen Gemeinschaften und der sogenannte gebildete Mittelstand. Schwierig war es mit den Bauern. Theodor Heuss erzählte mir später, daß der Kreis von den alten Liberalen einst zu ihren Hochburgen gezählt wurde und daß er selbst in der Weimarer Zeit mit dem Kütschle von Dorf zu Dorf fahrend dort Wahlreden gehalten habe.

Abgesehen von Backnang und seiner nächsten Umgebung gab es wenig Industrie. Schumacher sagte mir dennoch eines Tages verwundert: »Was, Backnang haben Sie? Zu meiner Zeit gab es dort fast nur Kommunisten!« Das traf nie zu, aber Schumacher hatte die Stadt als eine rote Zelle in Erinnerung. Die Gefahr für mich war indessen nicht die SPD. Sie hatte einen ehrbaren Handwerksmeister aufgestellt, einen redlichen Mann, mit dem ich gut auskam. Sein Wahlkampfleiter führte einen so fairen Wahlkampf, daß ich den Sozialdemokraten im Bundestag mit Sympathie entgegentrat. Der Wahlkampf war bei uns insoweit atypisch, als ich es mit der FDP weit mehr zu tun bekam. Grundsätzliches oder gar Ideologisches spielte dabei keine oder nur eine verklemmte Hintergrundrolle. Von dem »Elternrecht« war nur in den wenigen katholischen Gemeinden meines Kreises die Rede, und unsere Sozis dachten nicht von Ferne daran, ihre Backnanger »Fabrikanten«, die Adolff, Kaes und Kaelble, zu »sozialisieren«. Wer den Besatzungsmächten gegenüber der erhabenere Verfechter deutscher Würde gewesen sei – Schumacher oder Adenauer –, dafür wollten sie auch nicht in den Kampf. Und sonst? Nein, im Wahlkreis Backnang--Schwäbisch Hall ging es um anderes. »Was machet mir mit einem Missionar?« Das war die zugkräftigste Parole meiner bäuerlichen Widersacher. Mit dem Oberkonsistorialrat tat sich eine schwäbische Zunge schwer. Außerdem: Was ist das eigentlich? Also Missionar.

Die FDP hatte einen Bauern aufgestellt. Das war richtig, soweit sie damit die damals noch mehrheitlich bäuerliche Bevölkerung des Kreises ansprach. Im übrigen war sie verfehlt. Mit einem etwas intelligenteren Redner und einem mit weniger Scheuklappen geführten Wahlkampf hätte die FDP damals Chancen gehabt, den Wahlkreis zu gewinnen. Karl Georg Pfleiderer, der ehemalige und spätere Diplomat, gewann seinen ähnlich strukturierten heimatlichen Nachbarwahlkreis Waiblingen für die FDP.

Als am 14. August 1949 abends die Stimmen ausgezählt wurden, zeigte sich, daß ich mit knapper Not vor der FDP das Rennen gemacht hatte. Der Kreis war weit überwiegend evangelisch, aber im Bühlertal bei Schwäbisch Hall gab es zwei katholische konservative Bauerndörfer. Sie brachten die Entscheidung. Ich hatte sechshundertsiebzehn Stimmen mehr als der Bauer Schuster von der FDP. Abbruch getan hatte mir die Gruppe, für die ich mich in den Jahren zuvor im In- und Ausland am meisten eingesetzt hatte, die Flüchtlinge und Vertriebenen. Sie hatten eine eigene Partei aufgemacht, die in diesem Kreis stärker als die SPD wurde und der CDU viele Stimmen wegnahm. Das Ergebnis wäre noch bescheidener gewesen, wenn nicht an die hundert meiner Mitarbeiter mit einem Bus in den Wahlkreis gefahren wären und dort – was man damals konnte – gewählt hätten. Meine drei Haupthelfer hatten das zum Schluß organisiert. Der eine war Dr. Maurer, ein hingebungsvoller Mann, mit einem romantischen, aber durchgebildeten Geschichtsbewußtsein und tiefer Heimatliebe. Der andere war Klaus Harpprecht, Sohn eines von mir besonders geschätzten Kirchheimer Stadtpfarrers und späteren Nürtinger Dekans. Klaus kannte ich von frühester Kindheit an. Der Hochbegabte wollte Journalist werden und ging damals in der ›Christ-und-Welt‹-Redaktion in die Lehre. Erwin Haupt, der Verlagsdirektor von ›Christ und Welt‹, war der unermüdliche Organisator in diesem Trio.

Im ›Storchen‹ in Backnang gab es eine Siegesfeier. Wäre ich durchgefallen, wäre meine politische Laufbahn beendet gewesen. Ich war auf der Landesliste nicht abgesichert. Später war ich das, brauchte es aber nie.

Am Tag nach der Wahl schrieb ich an den Vorsitzenden des Rates der Evangelischen Kirche in Deutschland, Bischof Dibelius, einen formellen Brief. Ich erklärte, während der Zeit, in der ich ein politisches Mandat von Bedeutung ausübe, mich aller geistlichen Amtshandlungen enthalten zu wollen. Auf die sogenannten ›Rechte des geistlichen Standes‹ wolle ich jedoch nicht verzichten und hoffe, einstweilen auch Leiter des Hilfswerks bleiben zu können. Ich bäte um Einverständnis. Es erfolgte.

Als der Bundestag 1951 das Gesetz über die Rechtsstellung der in den Bundestag gewählten Beamten, das heißt ihre Versetzung in den Ruhestand mit den entsprechenden Bezügen beschloß, übernahm die Kirche diese Regelung auch für ihre Pfarrer und Kirchenbeamten. Ich war damit nicht einverstanden. Die Evangelische Kirche in Deutschland respektierte meinen Standpunkt. Sie hat mich, als ich 1951 die Leitung des Hilfswerks niederlegte, bis zu meiner Pensionierung wunschgemäß ohne Bezüge beurlaubt. Viel wichtiger als die Versteuerung der Diäten erschien mir die Klarstellung, daß Beamte und andere Angehörige des öffentlichen Dienstes, wenn sie in den Bundestag einziehen, allein auf ihre Diäten gestellt sein sollten. Der Gedanke war im Parlament nicht populär. Er hätte auch einige Schwierigkeiten mit sich gebracht. Die Diäten hätten höher angesetzt werden müssen. Aber wir wären davor bewahrt geblieben, einen unverhältnismäßig hohen Anteil von Beamten im Parlament zu haben. Aus mehreren Gründen ist das nicht gut.

Der Angehörige des öffentlichen Dienstes bringt zwar eine in der Regel sehr viel bessere Kenntnis der öffentlichen Verwaltung und eine Summe von Fachkenntnissen mit, die dem schlichten Volksboten, dem Arbeiter, Handwerker, Bauern, aber auch dem Arzt und Wirtschaftsführer abgehen. Nun kann man zwar sagen, daß die Kontrolle des Staates, die dem Parlament obliegt, um so besser sei als sie von kundigen Leuten ausgeübt werde. Dagegen ist nichts einzuwenden außer der Tatsache, daß die parlamentarische Demokratie die Staatsmacht in den Händen einer Vertretung des *Volkes* wissen will und das heißt von Repräsentanten, die alle Schichten und Lebensbereiche des Volkes angemessen vertreten. Dieser urdemokratische Grundsatz, Leitidee der repräsentativen parlamentarischen Demokratie, rangiert vor dem auch legitimen Bedürfnis nach hinreichendem Sachverstand des Parlamentariers.

Aus dem Bundestag ist auch deshalb ein exzessives Ausschußparlament geworden, weil der Mann aus der öffentlichen Verwaltung als Parlamentarier nur allzu leicht dazu neigt, die Vorlagen seiner Kollegen und Zunftgenossen in den Ministerien bis in das kleinste Detail, auf Komma und Punkt, Einleitung und Überschrift, zu überarbeiten. Die *Methode* der Einlassung ist dabei im allgemeinen durchgängig dieselbe. Sie ist fachmännisch, aber sie ersetzt nicht den Sachverstand im eigentlichen Sinne. Ein Jurist aus dem Verteidigungsministerium ist so wenig wie ein MdB aus der öffentlichen Verwaltung oder ein Bauer, Gewerkschaftsfunktionär oder Arzt kompetent, zum Beispiel über die zweckmäßigste Legierung von U-Bootmänteln zu entscheiden. Hier sind schließlich alle auf die nicht selten riskanten Sachverständigengutachten angewiesen. Nichts gegen Angehörige des öffentlichen Dienstes im Parlament. Ihr Überhang ist jedoch von Übel – auch wenn dieses Übel geringer ist als der Überhang von Gewerkschaftsfunktionären, Vertretern der grünen Front und ähnlichen Interessengruppen. Das Urteil des Bundesverfassungsgerichts hat 1975 zu spät in diese Entwicklung korrigierend eingegriffen.

Das Bundestagsmandat wuchs sich, das merkte ich bald, zu einer hauptberuflichen Tätigkeit aus. Daß ein Geistlicher, wenn er hauptamtlich das politische Kampffeld betritt, auf die Ausübung geistlicher Amtshandlungen zu verzichten hat, sollte selbstverständlich sein. Es ist nicht fair, dem politisch Andersdenkenden Predigten zuzumuten, denen dieser mit Argwohn begegnet. Außerdem sollten sich alle Parteien hüten, die Kirchen zur Parteiwerbung zu mißbrauchen. Das ist eine Mißachtung der Kirche Jesu Christi, und die Parteien verkaufen sich damit unter Preis. Christen, die nicht schlafen, wissen auch ohne derlei Aktionen, was sie am Wahltag zu tun haben.

Andererseits muß es den Kirchen unbenommen bleiben, zu politischen Fragen von Bedeutung Stellung zu nehmen. Das kann auch zu einer mehr oder weniger offenen Wahlempfehlung führen. Daß eine christliche Kirche politisch strikt neutral zu sein habe, läßt sich weder aus der Bibel noch aus einem christlichen Fundamentalbekenntnis ableiten. Das Kriterium, das jede Kirchenleitung, jede Synode, jeder Bischof, jeder Prediger dabei allerdings gelten lassen muß, ist der unbedingte Vorrang der biblischen Botschaft vor allen politischen Sympathien. Das heißt nicht, daß es politische, genauer politisch wirksame Verlautbarungen der Kirchen nicht geben dürfe. Eine christliche, an der Bibel orientierte Kirche muß zum Beispiel für den freiheitlichen Rechtsstaat optieren. Sie kann den Unrechtsstaat, den Zwangsstaat – gleich ob kommunistisch oder faschistisch – nur erleiden, wie die junge Christenheit das heidnische Imperium erlitt. In der politischen Ermessensentscheidung, auch in der von großem Gewicht, ist den Kirchen aber nur große Zurückhaltung anzuraten.

Die Kirchen, vor allem meine eigene Kirche, haben sich mit ihren wohlgemeinten, oft jedoch überflüssigen »Worten« oder auch mit ihren Kammergutachten zu allen möglichen politischen Fragen oft übernommmen. Je öfter sie derartige Verlautbarungen von sich gaben, desto weniger wurde im politischen Leben darauf geachtet. Die Parteien benutzten sie je nach Lage allenfalls zur Rechtfertigung ihrer unabhängig von derlei Mahnungen erfolgten Entscheidung. Im Bundestag wurde es immer peinlich, wenn – was Gott sei Dank selten vorkam – mit Bibelsprüchen und halbgaren Katechismusweisheiten politische Gegner aufeinander losgingen.

Weniger peinlich, aber mehr als unbehaglich war mir der politische Gegensatz, der sich in der Synode der EKD seit den Auseinandersetzungen um die Wiederbewaffnung geltend machte. Er trat einmal mehr, einmal weniger zutage, aber er war eigentlich immer da. Die kaum verdeckte Politisierung der Synode und ihre nicht erfreulichen Reaktionen führten dazu, daß ich der offenen politischen Auseinandersetzung des Bundestages weit den Vorzug gab vor den nicht selten theologisch verballhornten, im Grunde politischen Diskussionen der Synode. Im allgemeinen fand ich auch den menschlichen Umgang mit dem Gegner im Bundestag unbefangener und freier als in der Synode. Obwohl es in ihr keine Fraktionen gab, war die Gruppenbildung in ihr schließlich kaum weniger ausgebildet als in den weltlichen Parlamenten. Dabei spielten freilich nicht politische, sondern theologische und kirchenpolitische Motive die Hauptrollen. Aber in der Regel verbanden sich damit auch bestimmte politische Neigungen und Sympathien.

Als der erste Bundestag zusammentrat und seine Fraktionen in den Kampf gingen, hatte das auf die Synode der EKD noch keinen Einfluß. Gustav Heinemann war Präses der Synode und Bundesminister des Innern. Niemand nahm daran Anstoß. Niemand in der Kirche hat auch mir einen Vorhalt gemacht, weil ich in die Politik gegangen war. Das wurde erst anders, als der Rücktritt Heinemanns aus dem ersten Kabinett Adenauer sich mit der Sachfrage verband: Wiederbewaffnung ja oder nein? Daß die Frage auch eine deutsche Synode, eine deutsche Kirchenleitung beschäftigen durfte, muß zugestanden werden.

Einzug in Bonn

Soweit war es indessen noch nicht, als wir im September 1949 in einer als Bauwerk völlig reizlosen Pädagogischen Akademie in Bonn den ersten Bundestag konstituierten. Ich hatte nach der Wahl alle Hände voll damit zu tun, die Leitung des Hilfswerks so umzuorganisieren, daß ich den größten Teil meiner Zeit meinem politischen Mandat widmen konnte. Als ich zusammen mit meiner Frau – wir gingen erst einmal auf Zimmersuche – nach Bonn kam, lagen hinter dem Eingang I des Bundeshauses – damals der einzige Hauptzugang – Hobelspäne und Bretterverschalungen. Die Treppe zum ersten Stock war noch nicht fertig.

Ich meldete mich bei Konrad Adenauer. Als ehemaliger Präsident des Parlamentarischen Rates galt er noch als Hausherr. Die Begrüßung war freundlich. Der Alte war aufgeräumt. »Wir wollen die Regierung bilden.« Er sprach im plural modestiae von sich selbst. Ich sah mich in dem Gebäude ein wenig um. Es gefiel mir nicht. Ich fragte eine Sekretärin in dem kleinen CDU-Büro, wo man hier arbeiten könne. Sie sah mich etwas ratlos an, dann meinte sie, die Abgeordneten könnten sich dazu ja in den Fraktionssaal setzen. Der Plenarsaal solle nur für Plenarsitzungen geöffnet werden. An beiden wurde noch gearbeitet.

Wir fuhren in der Stadt herum. Es gab viele Ruinen. Am meisten störten mich die der Koblenzer Straße, der heutigen Adenauer-Allee, zugekehrten verwilderten Hausgärten vor schäbigen Fassaden, mit Hasenställen und Hühnerhöfen verunziert. In Godesberg tat meine Frau eine Bleibe für mich auf. Der Weg zum Bundeshaus führte durch unbebautes Feld und baumbestandene Schrebergärten auf die Bundesstraße 9, die die beiden Städte miteinander verbindet. Sie hatte einen schönen alten Baumbestand, wie überhaupt der Baumbestand von Bonn und Godesberg neben dem Blick auf den Rhein und das Siebengebirge zum Besten gehört, was die beiden Städte zu bieten hatten.

Die erste Fraktionssitzung

Die erste Fraktionssitzung der CDU/CSU konnte noch nicht im Bundeshaus stattfinden. Wir tagten im großen Saal des Bürgervereins, in dem abends Theater gespielt wurde. Von den vierhundertzwei Abgeordnetenmandaten des Ersten Bundestages waren auf uns hundertneununddreißig, auf die SPD hunderteinunddreißig, auf die FDP zweiundfünfzig entfallen. In den Rest teilten sich acht kleinere Parteien, darunter die Kommunisten mit fünfzehn Sitzen.

Adenauer eröffnete und leitete die Fraktionssitzung. Er war unumstritten. Die

Stimmung im Saal war frisch und wohlgemut. Viele kannten sich untereinander. Die Union hatte immerhin an die vier Jahre politischer Arbeit in den Ländern und im Frankfurter Wirtschaftsrat hinter sich. Ich kannte nur wenige. Da war Robert Tillmanns, von Berlin delegiert, und da war zu meiner Überraschung auch Hermann Ehlers, Hilfswerkbevollmächtigter in Oldenburg. Er hatte sich Verdienste erworben beim Zustandekommen der Grundordnung der EKD. Er kam aus den Schülerbibelkreisen, war Jurist, hatte für die bekennende Kirche einiges Ungemach getragen und war in Oldenburg Oberkirchenrat geworden.

Die Stimmung in der munteren Versammlung sank schnell, als Adenauer in seiner Eröffnungsrede plötzlich in heftigen Tadel verfiel. Die Ursache war ein Treffen süddeutscher CDU-Abgeordneter. Wir waren von einem der CDU-Vorsitzenden Württembergs und dem Präsidenten des kleinen Landtags von Süd-Württemberg, Gengler, nach Bebenhausen eingeladen worden. Ich war der Einladung gefolgt und hatte mich in dem Kreis meiner künftigen Kollegen fremd gefühlt. Sie redeten eine Sprache, die nicht die meine war, und sie erörterten Fragen, an die ich noch nie einen Gedanken verschwendet hatte. Da wurde offen von interessanten »Positionen« – gemeint waren Posten und Pöstchen – gesprochen und von der Wachsamkeit, die man aufwenden müsse, damit sie nicht alle an »die Norddeutschen« vergeben würden. Heinrich von Brentano saß mit seinem älteren Bruder, dem späteren Botschafter, dazwischen. Ich erinnere mich nicht, daß er ein Wort gesprochen hätte.

Die Begegnung von Bebenhausen hat mir weder gefallen noch mißfallen. Die Rüge, die Adenauer ihr in jener Eröffnungsrede zuteil werden ließ, hat sie jedoch nicht verdient. Er verurteilte sie als Sonderbündelei. So könne man nicht miteinander leben und arbeiten. Die Stärke der Partei und der Fraktion sei ihre Einheit. Er ließ durchblicken, daß er jeden Verstoß dagegen als eine Inferiorität betrachte. Ich hörte mir die Philippika mit steigender Verwunderung an. Dann wartete ich darauf, daß einer der Initiatoren des Bebenhausener Treffens das Wort nehme und Adenauer zurechtweise. Aber siehe da, keiner der Helden sagte ein Wort. Ich bin mir nicht sicher, ob Heinrich von Brentano in seiner Rede darauf zurückkam, aber ich erinnere mich, daß mir Tillmanns, als ich ihm meine Verwunderung darüber kundtat, ungerührt sagte, es habe keinen Zweck, mit dem Alten in solchen Fällen Händel anzufangen.

Dann wurde ein Fraktionsvorstand gewählt. Dabei sah man, daß einzelne Landesgruppen mit präzisen Vorstellungen und Abreden in das Rennen gingen. Die auf die Landesgruppen entfallenden Vorschläge wurden verlesen. Mein Name fiel dabei nicht. Als die Zurufe kamen »Gerstenmaier«, gab es eine gewisse Ratlosigkeit. Die Plätze waren vergeben. Da erhob sich ein rotwangiger Rundkopf, jung und kräftig, und sagte, der CSU stehe noch ein Platz zu. Sie schlage mich vor. Es war Franz Josef Strauß. Ich kannte ihn nicht. So rückte ich auf einem Platz der CSU in den Fraktionsvorstand der CDU/CSU ein.

Als Kandidat für den Bundestagspräsidenten wurde Dr. Köhler benannt. Er hatte das kleine Parlament des Wirtschaftsrats geleitet. Für mich war er kein Begriff.

Die erste Regierungsbildung

Zu den ersten Beschlüssen des Fraktionsvorstandes gehörte die Bildung einer kleinen Kommission, die den zum Bundeskanzlerkandidaten gekürten Adenauer beraten sollte bei der Bildung seiner Regierung. Ich wurde in die Kommission berufen. Die Benennung Adenauers war gänzlich undramatisch über die Bühne gegangen. Als sein Name genannt wurde, gab es keinen Gegenvorschlag, jedenfalls wurde ein solcher fraktionsöffentlich nicht gemacht. Hinter den Kulissen wurden, wenn auch verhalten, jedoch auch andere Pläne erörtert. Sie kamen nicht von den Süddeutschen, sondern aus Nordrhein-Westfalen. Der Fraktionsführer der CDU/CSU im Frankfurter Wirtschaftsrat, Dr. Friedrich Wilhelm Holzapfel, war durchaus nicht geneigt, auf Adenauers personelles Konzept einzutreten. Er wollte den Bundespräsidenten nicht der FDP überlassen. Mit der Kirchlichkeit von Heuss sei es nicht sonderlich bestellt. Adenauer solle Staatsoberhaupt werden. Sofort wurde gemunkelt, weil er, Holzapfel, Bundeskanzler werden wolle. Auch Adenauers Hinweis auf das kirchliche Engagement von Frau Elly Heuss vermochte nicht, den aus der christlich-sozialen Bewegung stammenden Westfalen anderen Sinnes zu machen.

Holzapfel hatte nach dem Krieg schon früh in der CDU – Britische Zone – eine respektable Rolle gespielt. Aber er hatte diese Rolle erheblich überschätzt. Die neue Bundestagsfraktion wies eine solche Vielfalt beachtlicher Persönlichkeiten auf, daß sich Holzapfel einer sehr viel breiteren und gewichtigeren Konkurrenz gegenübersah als bislang. Auch die Abneigung unserer schwäbischen Pietisten mit Paul Bausch an der Spitze und der Widerstand altgedienter Zentrumspolitiker wie Johannes Albers gegen den »Liberalen« (Heuss) vermochte Adenauers Konzept nicht zu ändern.

Die FDP sollte danach den Bundespräsidenten stellen und dafür Adenauers Kanzlerschaft sichern. Damit waren alle anderen Träume, die sich vielleicht um Karl Arnold oder einen seiner Geistesverwandten rankten, ausgeträumt. Nach allem, was ich in jenen Wochen und Monaten hörte, gab es für eine Kanzlerschaft Arnolds ohnehin keine solide, soll heißen annähernd hinreichende Basis in der Partei und Fraktion. Ich habe Grund zu der Annahme, daß Adenauer im Fall eines Wahlsieges der SPD vermutlich eine Große Koalition angestrebt hätte, unter einem Kanzler Schumacher aber schwerlich Mitglied der Bundesregierung geworden wäre. Im Unterschied zu meinem Wahlkreis hatte der Wahlkampf im Bundesgebiet die Gegensätze zwischen CDU und SPD, insbesondere zwischen Adenauer und Schumacher, so verschärft, daß eine Zusammenarbeit zwischen beiden kaum möglich schien. Adenauer hätte in diesem Fall am ehesten nach dem Fraktionsvorsitz gegriffen – und er hätte ihn bekommen.

Von all dem war indessen keine Rede, als wir uns mit Adenauer über die Bildung seines ersten Kabinetts besprachen. Die Entscheidung über sein Konzept der Kleinen Koalition war dank der Mithilfe des jungen Franz Josef Strauß schon eine Woche nach der Wahl in Adenauers Rhöndorfer Haus gefallen.[2]

Als die CDU/CSU-Fraktion am 1. September 1949 zu ihrer konstituierenden Sitzung in Bonn zusammentrat, war die Debatte darüber so kurz und einvernehmlich, daß sie auf mich keinen Eindruck machte.

Ich war für eine Kleine Koalition, weil ich als Hilfswerkchef die Erfahrung gemacht hatte, daß die Entbindung der freien Leistung, der unternehmerischen Initiative weit wichtiger sei als jede Art Planwirtschaft staatlicher Wirtschaftslenkung. Obwohl Erhards kühner Entschluß noch nicht lange zurücklag, hatten wir doch schon seine ersten Ergebnisse vor Augen. Ich setzte auf Erhards Wirtschaftspolitik, weil ich der produktiven Kraft der Freiheit mehr zutraute als der Kunst der Bürokraten. Ich verzichtete deshalb auch auf jeden Versuch, die einschlägigen Passagen unserer Kreisauer Entwürfe zu aktualisieren. Sie waren unter anderen Voraussetzungen verfaßt. Mit dem erbitterten Widerstand der SPD gegen unsere Außenpolitik habe ich in jenen Herbstwochen 1949 allerdings nicht gerechnet. Schließlich wollten ja auch die Sozialdemokraten möglichst bald das Besatzungsregime beendet sehen. Ich nahm an, daß man sich deshalb auch auf die wesentlichen Schritte dazu einigen werde. Das erwies sich bald als Irrtum.

Wir kamen mehrfach mit Adenauer zur Besprechung seiner Kabinettslisten zusammen. Dabei ging es friedlich zu. Heinrich von Brentano, zum Fraktionsvorsitzenden gewählt, besaß eine sehr viel bessere Kenntnis der zur Debatte stehenden Persönlichkeiten als ich. Er hatte schon bald nach dem Krieg an der Arbeit der Partei teilgenommen. Adenauer zog bei diesen Besprechungen meist einige Zettel aus seiner Rocktasche, auf denen er seine Vorstellungen notiert hatte. Mit einer gewissen Zurückhaltung las er dann den einen oder anderen Namen vor, zum Beispiel Jakob Kaiser. Andere hielt er für unvermeidlich, zum Beispiel Thomas Dehler von der FDP und Hans-Christoph Seebohm von der DP. Sie wurden von ihren Fraktionen gewünscht. Keine Diskussion gab es über Namen wie Fritz Schäffer von der CSU und natürlich Ludwig Erhard.

Einen schweren Stand hatte Anton Storch. Der ehemalige Schreiner war über die christlichen Gewerkschaften in die Politik gekommen. Ich kannte ihn nicht. In dem kleinen Kreis wurden jedoch Bedenken laut, ob er das Zeug zum Bundesminister für Arbeit habe. Adenauer war unschlüssig. Dann wurde beschlossen, ihn vor den Kreis zu laden. Der Eindruck, den seine Darlegungen über die von ihm angestrebte Politik machten, war nicht eindeutig. Er redete so weitschweifig, daß Adenauer ihn schließlich unterbrach. Storch verließ den Raum wie ein seines Schicksals ungewisser Examenskandidat. Ich gab zu bedenken, daß der brave Mann vielleicht besser geworden wäre, wenn man ihn hätte reden lassen. Adenauer schüttelte den Kopf und meinte, dann hätte er sich um alle Chancen gebracht. Zögernd ernannte er ihn. Der Fuldaer Arbeitersohn wurde ein guter Arbeitsminister. Theo Blank, sein Nachfolger nach acht Jahren, war freilich der ungleich Begabtere.

Auf einem seiner Zettel hatte Adenauer auch meinen Namen notiert. Er zeigte ihn mir. Zu meinem Schrecken sah ich, daß er, was er in vielen Fällen tat, hinter meinem Namen keinen zweiten als Alternative geschrieben hatte. Er hatte mir das Vertriebenenministerium zugedacht. Danach stand mir der Sinn jedoch gar nicht. Ich war noch Leiter des Hilfswerks, hatte mich als solcher seit Jahren mit diesem schrecklichsten unserer damaligen politischen und menschlichen Probleme herumgeschlagen und erhoffte von Bundestag und Bundesregierung eine Entlastung des Hilfswerks gerade in diesem Stück. Brentano und die anderen Ratgeber außer mir unterstützten Adenauers Absicht. Ich machte hingegen geltend, daß es doch viel besser wäre, einen Vertriebenen, einen Ostpreußen oder Schlesier in dieses Amt zu berufen. Ich benannte den früheren Oberpräsidenten von Schlesien, Hans Lukaschek. Von ihm hatte ich im Kreisauer Kreis immer nur Gutes gehört. Er war einer unserer Gesinnungsgenossen in der Opposition gegen Hitler gewesen. Zögernd trat Adenauer auf den Vorschlag ein. Er dachte an den Konfessionsproporz, der nun gestört war. Lukaschek wurde unser erster Vertriebenenminister.

An die Spitze des breiten Aufgabenkatalogs, den der mit Ach und Krach gewählte Bundeskanzler in seiner ersten Regierungserklärung entfaltete, hatte Adenauer die Vertriebenenfrage und den Wohnungsbau gestellt. In zwei Gesprächen hatte ich ihm zuvor den Gedanken nahegebracht, das Vertriebenenproblem von Anfang an in einen außenpolitischen, internationalen Zusammenhang zu stellen. Auch wenn man den Anteil der deutschen Schuld im Begründungszusammenhang voll anerkenne, müsse die Verantwortung für den Bruch beziehungsweise die Verletzung des Potsdamer Abkommens und die alliierte Kapitulationsdeklaration vom 5. Juni 1945 in diesem Stück voll den Siegermächten angelastet werden. Die Austreibung der Deutschen aus ihren jahrhundertealten Siedlungsgebieten sei nicht nur in moralischer Hinsicht ein Skandal von hitlerischem Format. Er schreie nach unmittelbarer Mitwirkung der Siegermächte bei der Behebung seiner Folgen.

Adenauer enthielt sich aller aggressiven Töne. Einige Monate zuvor hatte er in Bern eine Rede gehalten zur deutschen Situation. Es war eine tapfere, ungeschminkte Rede. Aber sie war dazu angetan, dem Redner Verdruß bei den

Besatzungsmächten einzutragen. Die Aufrüttelung des schlechten Gewissens ist für keinen vergnüglich.

Internationalisierung der Flüchtlingsfrage

Die Internationalisierung der Flüchtlingsfrage, auf die ich drängte, war auch deshalb berechtigt, weil es im Europa der damaligen Jahre auch noch andere als deutsche Flüchtlingsgruppen gab. Der Bundeskanzler stimmte meinem Vorschlag zu, war aber der Meinung, daß es wirkungsvoller sein würde, wenn diese Internationalisierung nicht unmittelbar von der Bundesregierung betrieben werde. Ich war zwar anderer Meinung, wollte darüber aber nicht streiten. Ich solle mich der Sache annehmen. Mehr durch Zufall kam ich darüber mit Fritz Erler ins Gespräch. Der scharfsinnige Mann erfaßte die Sache sofort und vertrat sie auch bei den Haushaltsberatungen und anderwärts. Wir lernten uns darüber etwas näher kennen. Später, im Auswärtigen Ausschuß, lernte ich Erler schätzen. Aus der Internationalisierung der Flüchtlingsfrage ist nicht das geworden, was wir uns seinerzeit vorstellten, aber es gab schließlich für uns Deutsche später einige Hilfen. Sie kamen mehr vom Europarat als von der UNO.

Bei einem Besuch von J. F. Dulles, dem damaligen Außenminister der USA, in Bonn schnitt Adenauer am 5. Februar 1953 auf mein Betreiben hin auch die Vertriebenenfrage an. Wir hatten seit geraumer Zeit sondiert, ob sich nicht eine zinsgünstige internationale Anleihe auflegen lasse. Sie sollte uns ermöglichen, den Lastenausgleich zum Teil wenigstens vorzufinanzieren. Nun legte Adenauer dem mächtigen Mann dar, daß die Bundesrepublik von 1945 bis 1952 aus eigenen Mitteln fünfundzwanzig Milliarden Mark dafür aufgebracht habe. Wir brauchten für die Eingliederung der Flüchtlinge jährlich drei Milliarden und siebenhundert Millionen Mark, konnten davon eine Milliarde und eine Million aber nicht decken. Mr. Sonne, ein deutscher Emigrant, der im State Department in eine beachtliche Position gelangt war und später ein enger Mitarbeiter von Außenminister Kissinger wurde, hatte zusammen mit amerikanischen und deutschen Sachverständigen schon 1951 einen Plan ausgearbeitet zur Eingliederung der Vertriebenen in die deutsche Wirtschaft. Obwohl Adenauer einige Monate später bei seinem Besuch in Washington die Frage erneut und mit Hinweis auf die auch von Sonne angeregte internationale Flüchtlingsanleihe anschnitt und seine amerikanischen Gesprächspartner freundlich darauf reagierten, wurde nichts daraus. Hingegen wirkte sich der Marshallplan erheblich auch auf die Finanzierung unserer Flüchtlingslast aus.

Daß die Bundesrepublik mit der Integration der vielen Millionen Vertriebener und Flüchtlinge – Ulbricht und seine Schergen vermehrten sie noch – schließlich allein fertig wurde, ist dem wirtschaftlichen Aufschwung zuzuschreiben. Weder die freien Hilfsorganisationen noch die Behörden haben ihn damals in seiner vollen Wirkung vorausgesehen. Der wirtschaftliche Wiederaufbau vollzog sich in einem solchen Tempo, mit einer so hohen Produktionsleistung und mit so viel Konzentration und Vitalität, daß das Ausland anfing, von einem deutschen Wirtschaftswunder zu sprechen. Es wäre ohne die Arbeitskraft der Vertriebenen und dem alle Resignation brechenden Willen, sich der Not zu entringen, nicht denkbar gewesen.

Erste parlamentarische Gänge

In dem sich rasch organisierenden Bundestag meldete ich mich für den Wohnbau-Ausschuß. Unter zeitgemäß kümmerlichen äußeren Bedingungen arbeiteten wir fleißig an dem ersten Bundesgesetz für den sozialen Wohnungsbau. Die Sache war so dringlich, die Not so groß und die von Bund und Ländern zur Verfügung stehenden Mittel waren noch so gering, daß unsere Aufgabe von sachfremden politischen Erwägungen und Prestigebedürfnissen freigehalten werden mußte. Zuständiger Ressortminister war der von der FDP gestellte Schwabe Eberhard Wildermuth. Er galt als Fachmann, außerdem hing ihm der Ruf an, ein hervorragender Offizier gewesen zu sein. Wir verstanden uns persönlich recht gut, dennoch kamen wir bald übers Kreuz. Er beklagte sich bei Adenauer, daß ich das erste Wohnbau-Gesetz zusammen mit der SPD machen wolle. Das hielt er aus taktischen politischen Gründen für falsch. Nun lag mir nichts daran, das Gesetz um jeden Preis einstimmig über die Bühne zu bringen, aber die Mitarbeit der in dem Ausschuß vertretenen Sozialdemokraten war so konstruktiv, daß ich es für Unsinn hielt, davon keinen Gebrauch zu machen. Unter ihnen befanden sich erfahrene Städtebauer wie der Oberbürgermeister von Reutlingen, Oskar Kalbfell. Auf der Seite der CDU fiel mir besonders ein junger, kriegsversehrter Abgeordneter auf: Paul Lücke. Adenauer sprach mich denn auch auf Wildermuths Klagen an, denen er sich mit einiger Zurückhaltung anschloß. Da mich nichts davon überzeugte – ich sagte es Adenauer –, blieb ich bei meiner Linie. Als das Gesetz im Bundestag dann mit wenigen Stimmenthaltungen angenommen wurde, steckten sich die Herren, die über mich Klage geführt hatten, die Feder an den Hut.

Nach dem Besatzungsstatut waren die auswärtigen Beziehungen der Bundesrepublik Deutschland Sache der Alliierten Hohen Kommission. Adenauer hatte deshalb auch kein Bundesministerium für auswärtige Angelegenheiten errichtet, sondern für die einschlägigen Fragen ein Staatssekretariat im Bundeskanzleramt vorgesehen. Der Mann, der das Geschäft in der Hand hielt, war der ihm eng attachierte Ministerialdirektor Herbert Blankenhorn. Aber offenbar hielt Adenauer ihn für zu jung zum Staatssekretär, oder er wollte auf diesem Platz nicht mit einem Mann des ehemaligen Auswärtigen Amtes starten. Seine Wahl fiel im Sommer 1950 auf Walter Hallstein. Er war Ordinarius in Frankfurt/Main, zeitweiliger Rektor der Universität und kein Mann vom Fach. Die Wahl erwies sich dennoch als glücklich. Obwohl ich Hallstein seit meinen bewegten Rostocker Studententagen kannte und sehr schätzte, hörte ich von der Entscheidung des Bundeskanzlers erst, als die Sache perfekt war.

Am 29. September 1949 beschloß der Bundestag einen Ausschuß für das Besatzungsstatut und auswärtige Angelegenheiten. Schon vor dem formellen Plenarbeschluß gab es eine fraktionsinterne Diskussion darüber, wer den Vorsitzenden stellen solle. In der CDU/CSU vertrat ein größerer Teil die Meinung, der Ausschuß sei so bedeutungsvoll, daß wir den Vorsitzenden stellen sollten. Nach den Organisationsgrundsätzen stand er uns auch zu. Es gab dafür mehrere Bewerber. Mir war unangenehm, daß Herr Schlange-Schöningen sich um das Amt bewarb. Ich wollte nicht gerne gegen den alten Konservativen kandidieren. Er war unter Brüning Reichsminister für Ernährung und Landwirtschaft gewesen. Helmuth von Moltke hatte ihn geschätzt und sich mit ihm besprochen, als wir im Kreisauer Kreis eine Auffangorganisation zu bilden versuchten. Ich bedauerte, daß Adenauer ihn nicht zum Bundesminister für Ernährung und Landwirtschaft gemacht hatte. Der Platz war der CSU zugefallen. Offensichtlich war der verdiente Mann darüber verprellt. In der Abstimmung über den Ausschußvorsitz unterlag er mir. Einige Monate später legte er sein Mandat nieder. Er wurde unser erster Botschafter in London.

Die Sache zwischen mir und Schlange-Schöningen war kaum entschieden, als Carlo Schmid zu mir kam, um mir zu sagen, daß es der Wunsch seiner Fraktion und sein eigener sei, den Vorsitz im Auswärtigen Ausschuß zu bekommen. Er stellte mir vor, daß es auch im Interesse der Bundesregierung liege, in wichtigen außenpolitischen Entscheidungen auf eine breite parlamentarische Unterstützung zählen zu können. Wir würden vor Entscheidungen gestellt, in denen über das Schema Regierung–Opposition hinweg zusammengearbeitet werden müsse im nationalen Interesse. Mir war die angelsächsische bipartisanship in auswärtigen Angelegenheiten, wie sie während des Krieges in England und in den USA die Regel war, nicht nur vernünftig, sondern geboten erschienen. Der erste Bundestag sah sich noch lange einer alles anderen als normalen Situation in der Außenpolitik gegenüber. Carlo Schmid brauchte sich deshalb mit mir nicht viel Mühe zu geben. Schwieriger wurde die Sache erst, als ich Heinrich von Brentano dafür zu gewinnen suchte. Er zeigte Verständnis für meine beziehungsweise Carlo Schmids Argumente, wollte aber nicht ohne Adenauer ja dazu sagen. Ich suchte ihn auf. Er war im Museum König eingezogen. Ein wenig seltsam war es schon, wenn man bei jedem Besuch beim Bundeskanzler erst einmal an dem ausgestopften Großwild vorbeizog. Es war nicht eben das, was der Jäger »einen guten Anblick« nennt (womit ich nichts gegen das berühmte Museum sagen will).

Adenauers Arbeitszimmer war mit langwallenden grauen Stoffbahnen verhängt. Ich mußte mich jedesmal erst an den seltsamen Anblick gewöhnen. Adenauer war von meinem Vorschlag nicht angetan. Aber achselzuckend meinte er, wenn ich mich mit dem stellvertretenden Vorsitz zufriedengeben wolle, müsse man es eben so versuchen. Ich verzichtete zugunsten von Carlo Schmid. Es wurde der Anfang einer persönlichen Zusammenarbeit, die zwanzig Jahre währte und über die ich niemals zu klagen hatte. In der zweiten Legislaturperiode fiel der Vorsitz in dem angesehenen Ausschuß mir zu. Das lag nicht an Carlo Schmid, sondern an seinem Parteivorsitzenden Dr. Schumacher und an seiner Fraktion. Sie hatten schon einige Monate nach unserem Gespräch alle meine Träume von einer möglichen bipartisanship in wichtigen außenpolitischen Fragen gründlich zerstört. Die großen, das Parlament schwer erschütternden Auseinandersetzungen fanden in den Fragen der Besatzungspolitik statt, für uns also in der Außenpolitik.

Es begann mit dem Streit um das Petersberg-Abkommen. Anfang November 1949 waren in Paris die Außenminister der USA, Großbritanniens und Frankreichs zusammengetreten, um sich hauptsächlich mit Fragen ihrer Besatzungspolitik in Deutschland zu befassen. Anschließend kam Dean Acheson, der amerikanische Außenminister, nach Bonn. Es war der erste große Staatsbesuch bei der Bundesregierung. Das Protokoll war noch durchaus bescheiden. Arbeitsessen oder dergleichen, hätte man später gesagt. Dennoch war der Besuch weit wichtiger als die meisten der späteren, groß aufgemachten Veranstaltungen dieser Art. Dean Acheson erwies sich als ein großer Gentleman. Er entsprach den Vorstellungen, die wir von ihm seit den Tagen hatten, als er unter Marshall im State Department an der grundlegenden Änderung der amerikanischen Deutschlandpolitik beteiligt war.

Das Petersberg-Abkommen

Nach seinen Gesprächen mit dem amerikanischen Außenminister erstattete der Bundeskanzler am 15. November 1949 dem Bundestag einen Bericht über das bisherige Ergebnis seiner Bemühungen, die Demontagen deutscher Industriebetriebe einzustellen. Seit dem Anlaufen des Marshallplans waren sie zum offenkundigen Unsinn geworden. Aber in der englischen und auch in der französischen Besatzungszone waren sie noch immer nicht beendet. Sie vermehrten die ohnehin große Arbeitslosenzahl. Alle Vorstellungen Adenauers bei den Hohen Kommissaren auf dem Petersberg hatten aber nichts bewirkt, bis der Bundeskanzler – einem Tip des britischen Hochkommissars folgend – die Sache als ein alliiertes Sicherheitsproblem ansprach. Adenauer tat seine ersten großen Schritte auf der Linie und unter dem Horizont, der für seine ganze Epoche charakteristisch wurde. Er erklärte in Übereinstimmung mit dem Grundgesetz unsere Bereitschaft, die Bundesrepublik in die europäische Gemeinschaft einzubringen, unseren Willen, in internationalen Organisationen – auch in der Ruhrbehörde – voll mitzuarbeiten und dem Europarat beizutreten. In einem Brief an den geschäftsführenden Vorsitzenden der Alliierten Hohen Kommission hatte Adenauer die Bereitschaft zu einer solchen Politik mehr als angedeutet.

Nachdem Adenauer berichtet hatte, verurteilte Schumacher das Vorgehen des Bundeskanzlers als eine »Geheimpolitik« mit großem politischen Risiko und verwarf sie auch inhaltlich.

Auch Historiker von Rang datieren Adenauers angebliche Geheimpolitik seit jenen Novembertagen. Der »Kanzler der einsamen Entschlüsse« – das Wort kam in Umlauf. Ein Jahr später im Zusammenhang mit der Heinemann-Affäre wurde es zum geflügelten Wort. Es enthielt immer den Ton der Mißbilligung, der Verurteilung eines fatalen demokratischen Defizits. Nach Schumachers Rede widersprach ich ihm im Bundestag mit Nachdruck. Es sei, sagte ich, nicht nur das Recht, sondern die Pflicht des Bundeskanzlers, initiativ zu werden. Das gelte erst recht dann, wenn es um Fragen gehe, die von vitaler Bedeutung für Deutschland seien.

Es verstand sich von selbst, daß er dafür nicht erst die Zustimmung des Bundestages einholen oder das ganze Haus an den Verhandlungen beteiligen konnte. Aus der alten Reichsverfassung hatte der Parlamentarische Rat wohlweislich den Satz übernommen: »Der Bundeskanzler bestimmt die Richtlinien der Politik und trägt dafür die Verantwortung« (Artikel 65 GG). Der Bundeskanzler dieses Staates ist mehr als ein Funktionär seines Parlaments. Leute, die vom sogenannten imperativen Mandat träumen, werden sich freilich auch nicht mit dem Artikel 65 des Grundgesetzes abfinden. Schon mit Rücksicht auf die Verhandlungspartner ist in vielen Fällen bei Sondierungen und Verhandlungen Geheimhaltung geboten. Das galt in diesem Fall ohne jeden Zweifel. Schon deshalb war Schumachers Vorwurf der Geheimpolitik nicht am Platz.

Sicher, es gab Situationen, wo die Geheimhaltung unangebracht, weil gänzlich unnötig war und wo es besser gewesen wäre, das Parlament oder wenigstens seine führenden Köpfe auch bei der Opposition in das Vertrauen zu ziehen. Gar nicht ganz selten tat Adenauer das auch.

Immerhin: Ich gebe zu, daß ich mich bei mancher Ratifizierungsvorlage der

Bundesregierung darüber geärgert habe, daß dem Parlament nur das Ja oder Nein dazu blieb. Auch berechtigte Änderungen, die im Haus vermutlich eine Mehrheit gefunden hätten, mußten unterbleiben, weil die Verweigerung der Ratifizierung mehr außenpolitischen Schaden angerichtet hätte, als die Änderung schließlich wert gewesen wäre.

In dieser Situation befanden sich häufig auch diejenigen meiner parlamentarischen Kollegen, die über die Grundzüge und oft auch über wichtige Einzelfragen solcher Verträge verhältnismäßig gut informiert waren. Es ist einfach nicht wahr, daß Adenauer derartige Informationen nahezu grundsätzlich oder aus Überheblichkeit gegenüber dem Parlament unterlassen habe. Ich habe erkannt, daß er mit seiner Zurückhaltung im ganzen eher richtig als falsch lag. Er war ein argwöhnischer Mann. Aber er war kein Dummkopf, und er glaubte schon deshalb nicht an seine Allwissenheit. Er war von einer mir oft zu weit gehenden Hartnäckigkeit bei der Verfechtung seiner Auffassung, aber er war kein professioneller Besserwisser. Er war imstande, der nüchtern und mit fester Überzeugung vertretenen anderen Auffassung auch zuzustimmen, wenn er ihre Berechtigung erkannte oder einsah, daß er dagegen nicht aufkommen könne.

Ein Beispiel bietet seine Einigung mit Vertretern der damaligen Koalitionsfraktionen im April 1963 in Cadenabbia. In diesen Fraktionen hielt man es für nötig, ausdrücklich festzustellen, daß der Deutsch-Französische Vertrag vom 23. Januar 1963 sich nicht gegen eine weitergehende Integration in Europa richte. Das sollte in einer Präambel zum Ratifizierungsgesetz ausdrücklich gesagt werden. Ich hielt das für ebenso überflüssig wie Adenauer. Die Redaktion von ›Christ und Welt‹ hatte sich mit einem Protest an mich gewandt, weil sie den Verdacht hegte, daß mit dem Vertrag zumindest eine deutsch-französische Dominanz in der europäischen Integration etabliert werde. Dies könne die anderen Partner kopfscheu machen. Ich hielt das für unbegründet, forderte aber Mehnert und Wirsing auf, meine Interpretation zum Inhalt eines Leitartikels zu machen. Ich garantierte, daß Konrad Adenauer ihn billige. Wirsing schrieb den Artikel. Ich legte ihn anderntags ohne weitere Erklärung Adenauer vor. Er zeichnete ihn ab, und der Artikel erschien ohne die mindeste Änderung als Namensartikel von Adenauer.[3] Ich hatte Adenauers Frankreichpolitik verstanden, und ich war mit ihr von Grund auf einverstanden. Daher die Übereinstimmung bis in die Nuance.

Im November 1949 hatte Adenauer den Fraktionsvorstand der CDU/CSU von seinen Gesprächen mit Dean Acheson unterrichtet. Wir wußten, worauf der Bundeskanzler in dem von ihm angestrebten Petersberg-Abkommen hinauswollte. Wir waren damit völlig einverstanden. Ihm und uns kam es nicht allein, aber vordringlich darauf an, mit der Demontage deutscher Werke die Vernichtung von Arbeitsplätzen zu stoppen. Wir mußten dafür einige Auflagen hinnehmen, die uns tragbar, zum Teil sogar erwünscht waren. So der Eintritt in den

Europarat. Die SPD machte Schwierigkeiten. Sie sah in unseren Kompromissen sinnlose Vorleistungen an die Besatzungsmächte. Wir gingen darüber hinweg. Die Beendigung der Demontagen war uns wichtiger.

Carlo Schmid und Kurt Schumacher

Bei den Sozialdemokraten war die Front nicht ganz so eisern, wie sie in dem Wort und der Geste ihres Parteichefs erschien. Carlo Schmid zum Beispiel wußte, daß wir in diesen Verhandlungen nicht hinterher den Krieg gewinnen konnten. Als loyaler Mann versuchte er aber auch im Auswärtigen Ausschuß die nach Lage der Dinge häufig unmögliche Position seiner Fraktion zu vertreten. Er tat es immer dort mit Überzeugung, wo sich seine eigene Einsicht in das vielleicht doch Erreichbare mit seinem wachen, aber gezügelten nationalen Bewußtsein verband. Den Ausschuß führte er objektiv und gerecht, wie er auch als Vizepräsident des Bundestages ein loyaler Diener des Amtes war.

Von Kurt Schumachers leidenschaftlichem Pathos war ich oft beeindruckt. So wenig ich seiner politischen Strategie zu folgen vermochte und sooft er sich auch taktisch vergaloppierte – dieser Mann war entschlossen, sich und seine Partei niemals mehr in die Ecke des »vaterlandslosen Gesellen« drücken zu lassen. Er war deshalb noch kein »Nationalist« alten Schlags, aber seine Rhetorik und seine Reaktion auf die Politik der Besatzungsmächte erweckte nicht selten diesen Eindruck. Hin und wieder unterhielten wir uns unter vier Augen. Von einer seiner Reden war ich so beeindruckt, daß ich von meinem Platz in der ersten Reihe des Bundestages aufstand und auf ihn zutrat, um ihm die Hand zu reichen. Stumm sah meine Fraktion zu. Die Deutsche Partei beschwerte sich darüber im Routinegespräch der Koalitionspartner.

Eine totale und über Jahre fortwirkende politische Fehlleistung war die geharnischte Ablehnung des Petersberg-Abkommens durch Schumacher und die SPD. Ich konnte sie mir nur so erklären, daß Schumacher seine außenpolitische Einlassung der Oppositionsrolle unterordnete. Seine Politik, seine Außenpolitik wurde eine Funktion seiner – zufälligen – Oppositionsrolle im Parlament. Er versuchte ihr jeweils eine programmatische Deutung zu unterlegen, aber das überzeugte nicht. Die SPD hat dafür bitter bezahlt.

Den Streit, ob das Abkommen der Zustimmung des Bundestags bedürfe, hielt ich für müßig. Ich hätte sie wahrscheinlich in ähnlicher Weise beantragt, wie der Bundeskanzler um die Zustimmung des Bundestags zu der Aufnahme diplomatischer Beziehungen mit Sowjetrußland einige Jahre später nachsuchte. Auch dafür bestand keine verfassungsmäßige Notwendigkeit.

In der Plenardebatte über das geglückte und markante Abkommen kam es dann zu jener bösen Entgleisung Schumachers: »Der Bundeskanzler der Alliierten!« Das Haus geriet außer Rand und Band. Erich Ollenhauer sprach mich am Tag danach auf den Zwischenfall an. Er bat mich um Vermittlung. Ich sagte, daß sich Herr Dr. Schumacher schleunigst schriftlich entschuldigen müsse. Vorher sei gar nichts zu machen. Erich Ollenhauer ging bedrückt von dannen. In seiner Fraktion war die Meinung geteilt. Als sich Schumacher einige Tage danach bei Adenauer schriftlich entschuldigte, galt der Vorfall als bereinigt, aber eine gewisse Betretenheit blieb zurück.

Ich habe mich später gefragt, ob sich der Bundestagspräsident bei dem Zwischenfall korrekt verhielt. Erich Köhler war kein selbstsicherer Mann. In diesem Fall hatte er Dr. Schumacher sogleich zur Ordnung gerufen. Das ist ein parlamentarischer Verweis, eine Strafe. Als die Mehrheit des Hauses diese Sühne stürmisch für ganz unangemessen erklärte, forderte er Schumacher auf, sich bei Adenauer zu entschuldigen.

Als der Oppositionschef dem Verlangen nicht sogleich nachkam, schloß er ihn für zwanzig Sitzungstage aus. Damals zerbrach ich mir darüber nicht den Kopf. Ich war an Geschäftsordnungsfragen nicht interessiert und dachte nicht im Traum daran, einmal Bundestagspräsident zu werden. Später aber fragte ich mich, ob Köhler nicht mindestens gegen den Rechtsgrundsatz verstoßen habe: Ne bis in idem? Ich kam zu dem Ergebnis, daß sich der Bundestagspräsident damals dem Verlangen der Mehrheit fügte – was er nicht tun darf, wenn es rechtswidrig ist oder wenn er dabei seine Kompetenzen überschreitet.

Aufbruch nach Europa

Der Gedanke der Einigung Europas hatte im deutschen Widerstand, jedenfalls bei uns im Kreisauer Kreis, von Anfang an eine bedeutende Rolle gespielt. Wir hatten uns damit zwar nicht programmatisch und schon gar nicht organisatorisch befaßt. Das Thema wäre am Tage X plus 1 nicht aktuell gewesen, und eine offene deutsche Initiative dafür wäre möglicherweise in dem Argwohn unserer Kriegsgegner erstickt, daß wir nun auf diesem Weg eine deutsche Hegemonie in Europa anstrebten. Ein solcher Verdacht war zwar völlig unbegründet, aber wir mußten ihn in Rechnung stellen. Niemand konnte uns jedoch daran hindern, die europäische Integration als langfristige Leitidee in unseren Vorstellungen von einer dauerhaften europäischen Friedensordnung wirksam werden zu lassen.

Nach dem Krieg sahen auch viele, die davon bislang nichts gehalten hatten, in der Einigung Europas eine Verheißung, mit einer in Blut und Tränen erstickten

Vergangenheit fertig zu werden und gleichberechtigt mit den anderen Völkern in eine gesicherte Zukunft zu gehen. Das Bedürfnis nach Sicherheit vor der bis in die Mitte Europas gerückten Roten Armee gab dem, was einst als Coudenhove-Kalergis »Paneuropa« für Spinnerei gehalten wurde, eine unmittelbare existentielle Note. Der Bundeskanzler konnte deshalb sicher sein, daß er mit seiner programmatischen Bejahung und Betreibung der europäischen Einigung weit über seine eigene Partei hinaus Zustimmung finden werde.

Am 5. Mai 1949 war der Europarat gegründet worden. Daran hatten nicht nur die westeuropäischen Kontinentalmächte teilgenommen, sondern auch die Skandinavier und Großbritannien, später auch Griechenland und die Türkei. Der Gedanke, daß Deutschland dabei sein sollte, war nicht populär. Die realpolitische Einsicht setzte sich aber durch.

Auf der Anfang November 1949 in Paris stattgefundenen Konferenz der drei westlichen Außenminister war unter anderem beschlossen worden, »die Eingliederung des deutschen Volkes in die europäische Völkergemeinschaft zu fördern«.[4]

Schon im Komplex des Petersberg-Abkommens hatte die Europaidee eine gewisse Rolle gespielt. In der Diskussion des Abkommens war aber auch schon die Saarfrage als Sperre in Erscheinung getreten.

Jetzt, im Januar 1950, kam der französische Außenminister Robert Schuman zu einem Besuch nach Bonn. Ähnlich wie bei dem Besuch von Dean Acheson ging es dabei noch protokollarisch bescheiden zu. Im Palais Schaumburg begegnete ich dem in Luxemburg geborenen christlichen Demokraten und ehemaligen deutschen Offizier zum erstenmal. Der gütige Mann hatte nichts von der spirituellen und rhetorischen Eleganz seines Botschafters François-Poncet. Wir sprachen kein Wort über Glaube und Kirche, aber ich hatte den Eindruck, einem frommen Mann gegenüberzustehen. Adenauer war – soweit es seine zuweilen spröde Art zuließ – von ihm ungewöhnlich eingenommen. Sie verständigten sich natürlich auch deshalb so mühelos bis in die Nuance, weil der ehemalige Bonner Student Robert Schuman vollendet deutsch sprach.

Bei seinem damaligen Besuch in Bonn spielte die Saarfrage deshalb eine große Rolle, weil wir kurz zuvor gehört hatten, daß Frankreich dem Saargebiet Autonomie geben wolle, das heißt, im Begriffe sei, einen nicht nur wirtschaftlich eng an Frankreich gebundenen Satellitenstaat zu schaffen. Die USA und Großbritannien hatten dagegen nichts einzuwenden. Für uns aber hätte das, abgesehen von allem anderen, eine weitere schwere Verletzung der Reichsgrenze bedeutet. Ihre Festlegung war nach einer von uns Deutschen in keiner Weise beeinflußbaren Übereinkunft der Siegermächte einem künftigen Friedensvertrag vorbehalten.

Die Sowjets hatten mit ihren Satelliten diese Übereinkunft im Osten Deutschlands schon gebrochen, als sie den Polen das deutsche Land bis zur Oder–Neiße überließen. Es war die Pflicht der Bundesrepublik Deutschland als Rechtsnach-folgerin des Deutschen Reiches, jeder weiteren Wegnahme deutschen Landes entschieden zu widerstehen. Die Saarfrage war für uns deshalb keineswegs nur eine Streitfrage um die Ausbeutung der Saargruben beziehungsweise welche Wirtschaftsinteressen man Frankreich an der Saar konzedieren dürfe oder müsse. Es ging um unsere Pflicht, die Integrität des verbliebenen deutschen Volksbodens überhaupt zu verteidigen. Als unsere beste, ja einzige Waffe erwiesen sich dabei eben jene grundlegenden Kapitulations-Deklarationen der Alliierten vom 5. Juni 1945. Sie verfügten, daß »Deutschland innerhalb seiner Grenzen von 1937 in vier Zonen eingeteilt wird« und daß »die vier alliierten Regierungen später die Grenzen Deutschlands oder irgendeines Teiles Deutsch-lands oder die rechtliche Stellung Deutschlands oder irgendeines Gebietes, das gegenwärtig ein Teil des deutschen Territoriums darstellt, festlegen«.[5] Daran war auch Frankreich gebunden.

Die Franzosen bewiesen, daß sie den Sowjets in der politischen Moral unvergleichlich über waren. Sie verzichteten auf eine rechtswidrige Annexion, wie sie die Russen und die Polen in Ostdeutschland gehandhabt hatten. Aber sie versuchten immerhin unter äußerster Ausnutzung des ihnen wie sie meinten zustehenden Rechtsraums, die Saar an Frankreich zu binden, die Wirtschaft des Saargebietes in die Frankreichs zu integrieren und einen Zustand zu schaffen, der von einem künftigen Friedensvertrag nur noch bestätigt werden konnte.

1947 hatte sich das Saarland eine Verfassung gegeben, die der Abspaltung von Deutschland gleichkam. An der Saar rollte der französische Franc, die Lebens-haltung war im Durchschnitt besser als in der Bundesrepublik, aber von einer wirklich freien politischen Entfaltung der Bevölkerung konnte nicht gesprochen werden. Der französische Militärgouverneur Grandval und Johannes Hoffmann, der Chef der frankophilen Christlichen Volkspartei, arbeiteten Hand in Hand. Im Oktober 1947 wurden 91,6 % der gültigen Stimmen für den wirtschaftlichen Anschluß an Frankreich abgegeben. In der Präambel der Saarverfassung von 1947 wurde darüber hinaus »die politische Unabhängigkeit des Saarlandes vom Deutschen Reich« proklamiert. Die Landesverteidigung und die Vertretung der saarländischen Interessen im Ausland solle bei Frankreich liegen. Mit Frank-reich bestand auch eine Währungs- und Zolleinheit. Grandval, der Linksgaul-list, und Hoffmann, der Hitlerverfolgte, gedachten diese Festlegungen auch dadurch unangreifbar zu machen, daß sie »Anträge auf Verfassungsänderung, die dem Grundgedanken der Verfassung widersprechen«, für unzulässig erklä-ren ließen (Artikel 103). Angriffe auf die »verfassungsmäßige demokratische Grundlage« sollten den Entzug der Freiheitsrechte zur Folge haben (Artikel 10). Die Saarregierung verstand darunter vor allem Bestrebungen, die sich gegen die Zuordnung des Saarlandes zu Frankreich richteten. Infolgedessen blieben alle Parteien verboten, die für die Rückkehr nach Deutschland eintraten.

315

Was Johannes Hoffmann und seine Leute für die Sicherung ihrer Politik hielten, hat sich als starke Waffe gegen sie gekehrt. Denn bei allem Respekt vor den außenpolitischen Leistungen Adenauers und der schließlichen Einsicht der französischen Regierung: Der von Grandval und Hoffmann mit der Saarverfassung von 1947 zementierte Zustand an der Saar ist weniger von der Bonner Außenpolitik als von dem in der Beratenden Versammlung des Europarates mobilisierten und politisch konkretisierten Protest gegen die Beschränkung der Freiheitsrechte an der Saar aufgebrochen worden. Die Weltöffentlichkeit begünstigte in jenen Jahren Frankreichs Saarpolitik. Selbst Dean Acheson, ein wahrer Freund Deutschlands, hatte Adenauer schon früh zu erkennen gegeben, daß seine Regierung Frankreichs Verlangen nach der Saar im großen und ganzen unterstütze. Und der auf Versöhnung gestimmte französische Außenminister Robert Schuman ließ schon bei jenem ersten Besuch in Bonn im Januar 1950 deutlich werden, wo in Sachen Saar die Grenzen seiner Macht lägen.

Es gibt keinen Grund, den Bericht anzuzweifeln, den Adenauer von jenem Saargespräch mit Robert Schuman gegeben hat. Es fand unter vier Augen statt.[6] Das Ergebnis war gleich Null. Am 10. März 1950 trat Adenauer vor den Bundestag und legte feierlich Verwahrung ein gegen die zwischen der französischen und der Saarregierung am 3. März 1950 abgeschlossenen Verträge. Er erklärte sie für rechtswidrig, und er fügte hinzu, daß im Saargebiet weder Freiheit noch Demokratie herrsche. Sein Argument: das Verbot der deutschorientierten Parteien. Der Protest bewirkte nichts. Aber es zeigte sich, daß die Saarfrage zu einer scharfen Bremse der Integrationsbestrebungen wurde.

Deutsch-Französische Union?

Adenauer versuchte mit einem Zug weiterzukommen, der in jenem Augenblick befremdlich verfrüht erschien. Er kam mit dem Vorschlag heraus, zwischen Deutschland und Frankreich eine vollständige Union zu bilden. Damit würde auch das Saarproblem erledigt sein, und der Grundstein für die Vereinigten Staaten von Europa wäre gelegt. Sowjetrussische Expansionsabsichten würden zurückgedämmt, die wirtschaftliche und militärische Sicherheit erheblich erhöht.[7]

Es war ein kühner Wurf. Ich verfocht ihn, obwohl er auch mir verfrüht erschien. Adenauer hatte in Männern wie Dean Acheson und Robert Schuman zu unreflektiert Sprecher der öffentlichen Meinung ihrer Länder gesehen. Er hatte sich nicht hinreichend vergegenwärtigt, daß sie ihren Völkern in vielem beträchtlich voraus waren. Das galt von Robert Schuman noch mehr als von

Dean Acheson. Erst General de Gaulle hat mit seinen bildkräftigen gemeinsamen Auftritten mit Adenauer – man denke an die Kathedrale von Reims oder an seine deutsche Rede im Ludwigsburger Schloß – dann jene breite Übereinstimmung zwischen Regierungspolitik und öffentlicher Meinung herbeigeführt. Im März 1950 war es noch nicht soweit. Die Antwort Schumans auf Adenauers kühne an den politischen Horizont geworfene Skizze war realistisch. Noch sei die allgemeine politische Verständigung zwischen den beiden Völkern nicht bereit dafür. Von programmatischer Bedeutung wurde seine Hinzufügung: Das deutsch-französische Problem solle im Rahmen der europäischen Integration gelöst werden.

Konrad Adenauer hat diese Antwort Schumans – damals des amtlichen Frankreich – in seinen Erinnerungen nicht erwähnt. Er berichtet jedoch über das Echo Charles de Gaulles, der damals nicht regierte. Der General hatte tief in die Geschichte gegriffen. Er erinnerte an die Katalaunischen Felder, auf denen die Gallier, Germanen und Römer einst Attila, den Hunnenkönig, schlugen. Die deutsch-französische Union, von der Adenauer gesprochen habe, würde das Werk Karls des Großen fortsetzen. Das gefiel uns in der CDU/CSU natürlich besser. Die Beschwörung des christlichen Abendlandes durch den mächtigen Barden änderte zwar nichts an der kühlen Feststellung des regierenden französischen Außenministers, aber unsere Opposition war um einige zugkräftige Parolen reicher. So sei es also! Das meinten wir in Wirklichkeit: die Wiederherstellung des Reichs Karls des Großen! Das christliche Abendland! Mit dem deutschen Osten, mit Berlin, mit den Nordeuropäern und den Briten hätten wir demnach nichts im Sinn! Europa solle noch einmal geteilt werden! Eine Legende war geboren. Unsere Europaideen wurden suspekt gemacht. Die christlichen Demokraten wollten sich zu den Herren Europas machen! Das hätte noch gefehlt. Schumachers böses Wort aus dem Wahlkampf 1949 klang in der Erinnerung auf: »Wir respektieren die Kirche, wir denken aber nicht daran, das deutsche Volk einer fünften Besatzungsmacht zu unterwerfen.«[8]

Im Auswärtigen Ausschuß des Bundestags und in den Gesprächen, die außerhalb der Sitzungen zwischen den einzelnen Abgeordneten über die Fraktions- und Koalitionsgrenzen hinweg geführt wurden, begann die Erörterung unseres Beitritts zum Europarat. Der Bundeskanzler informierte im kleinen Kreis – auch Vertreter der SPD nahmen daran teil – über die infolge der Saarfrage kompliziert gewordene Gesprächslage mit den Hohen Kommissaren. Die Sozialdemokraten wollten nicht hinnehmen, daß das Saarland mit einer eigenen Delegation dem Europarat angehören sollte. Das wollten zwar auch wir nicht, aber schließlich war uns der Fortgang der europäischen Integration so wichtig, daß wir mit einer Formel, die uns gerade noch das Gesicht ließ, darüber wegsahen. In einem Briefwechsel mit den Hohen Kommissaren hatte der Bundeskanzler festgestellt, daß der Saarstatus unter dem Vorbehalt eines künftigen Friedensvertrages stehe, insofern also ein Provisorium sei. Das wurde zwar von dem »dicken« Hoffmann an der Saar lebhaft bestritten, amtlich blieb es aber dabei.

Aber auch wenn es kein Saarproblem gegeben hätte, wäre die Lage im Parlament nicht einfach gewesen. Die SPD wollte die Bundesrepublik von Anfang an als Vollmitglied sehen. Eingeladen waren wir nur als »assoziiertes« Mitglied, das heißt, wir sollten weder Sitz noch Stimme im Ministerrat der Europäer haben. Das paßte auch uns nicht. Aber es war uns von so zuständigen Leuten, wie dem damaligen Präsidenten der Beratenden Versammlung, Paul H. Spaak, versichert worden, daß das nur für eine kurze Anfangszeit gelte. Wir könnten darauf zählen, bald Vollmitglied zu sein. Der angesehene belgische Sozialist war sogar nach Dortmund gekommen und hatte auf einer Großkundgebung erklärt, daß es ein schwerer Schlag für den Europagedanken wäre, wenn Deutschland nicht beitreten würde.[9] Er hatte sich damit direkt an seine sozialdemokratischen Freunde gewandt. Das blieb ebenso vergeblich, wie unsere Argumente im Auswärtigen Ausschuß. Die deutschen Sozialdemokraten sagten nein. Schumacher sah in der bloßen Assoziierung eine Diskriminierung der Deutschen. Mit 220 gegen 152 Stimmen beschloß der Bundestag, nach Straßburg zu gehen.

Besonders kurios war ein Beschluß, den die vom Bundestag gewählte Parlamentarier-Delegation zur Beratenden Versammlung auf sozialdemokratischen Antrag hin faßte. Man kam überein – eine Trutzgeste gegen »Diskriminierung« –, daß wir in den amtlichen Sitzungen in Straßburg nur deutsch sprechen sollten. Die Amtssprachen waren englisch und französisch. Wer eine andere Sprache sprechen wollte, konnte das tun, hatte aber für die Übersetzung in eine der beiden Amtssprachen selbst zu sorgen. Für die Delegierten der CDU war der Beschluß angenehmer als für die deutschen Sozialdemokraten. Unter ihnen befanden sich so viele sprachkundige ehemalige Emigranten oder Doppelsprachige wie Carlo Schmid, daß sie, schon bald nachdem wir die Straßburger Wirklichkeit aufgenommen hatten, ihren eigenen Antrag vergaßen und in fremder Zunge glänzten.

Beginn in Straßburg

Für die Entscheidung, nach Straßburg zu gehen, waren nicht nur unsere bessere Einsicht in die Lage Deutschlands und die Notwendigkeit der europäischen Integration maßgebend, sondern auch der überraschende Vorschlag des französischen Außenministers, eine deutsch-französische Gemeinschaft für die Kohle-,

Eisen- und Stahlerzeugung zu schaffen. Wir waren auf den Vorschlag nicht vorbereitet. Er erreichte Adenauer während der Kabinettsitzung, in der über den deutschen Aufnahmeantrag zum Europarat Beschluß gefaßt werden sollte, am 9. Mai 1950.

Wir in der CDU/CSU sahen in dem Plan Schumans zunächst eine etwas verspätete positive Reaktion auf Adenauers Vorschlag einer deutsch-französischen Union. Sie war zwar nur partiell, aber wir hatten damit nicht mehr gerechnet. Mit beiden Händen griffen wir zu. Die Franzosen, die Deutschen, die Europäer hatten das Glück, die Montanunion unter dem Beistand des großen Europäers Jean Monnet rasch verwirklicht zu sehen.

Mit Robert Schuman zu sprechen, war, selbst wenn es dabei um die Saar ging, für mich eine Freude. Ihn umgab eine Atmosphäre des Friedens und des geduldigen Weitblicks, die mich fast vergessen ließ, daß er ja auch Chef des Quai d'Orsay war. Jean Monnet war ein exemplarischer Europäer. In ihm war die leidvolle Geschichte Europas, insbesondere Frankreichs und Deutschlands, geläutert präsent. In seiner Mentalität und in der Art und Weise, wie er auch schwierige europäische Sachfragen anging, sah ich ein Beispiel der Geisteshaltung, in der die künftige Europäische Gemeinschaft denken und zusammenarbeiten sollte.

Als wir im Sommer 1950 nach Straßburg kamen, war uns vieles fremd, und wir waren anderen fremd. Seit dem Austritt des Deutschen Reiches aus dem Völkerbund waren vierzehn Jahre vergangen. Jetzt betraten wir Deutsche zum erstenmal wieder amtlich internationales Terrain. Leicht distanziert, aber taktvoll begegnete man sich von beiden Seiten. Zuweilen gab es auch emotionale Demonstrationen. Aber sie richteten sich nicht gegen uns. Sie galten der raschen Einigung Europas. So, wenn Scharen Jugendlicher vor dem Gebäude des Europarates in Straßburg aufzogen und einen abmontierten Schlagbaum mit sich führten. Wesentlich gedämpfter klangen die halbblauen Fragen unserer Zollbeamten auf der Kehler Rheinbrücke, was denn aus ihnen werde, wenn es keine Grenzen mehr gäbe. Ich tröstete sie. Ihnen winke eine befriedigendere Arbeit in den Vereinigten Staaten von Europa. Aber noch werde einiges Wasser rheinab fließen, ehe es soweit sei. Ich war nie ein großer Optimist. Die Welt ist nicht danach. Wenn ich aber unsere Vorstellungen und Erwartungen von damals mit dem vergleiche, was heute Wirklichkeit ist, überkommt mich der Gram.

ZWÖLFTES KAPITEL

Wiederbewaffnung

Bei Churchill

Am 8. August 1950 hatte Winston Churchill einige von uns Deutschen zum Abendessen eingeladen. Er bewohnte eine kleine Villa in einem ruhigen Viertel Straßburgs. Zu seiner Rechten saß Luise Schröder, die SPD-Abgeordnete, die 1947/48 amtierende Oberbürgermeisterin von Berlin gewesen war. Ich saß an der anderen Seite des Tisches neben einer Tochter Churchills, der damaligen Mrs. Duncan Sandys. Neben der gehoben würdevollen Frau Schröder wirkte Churchill noch unkonventioneller als sonst. Auch Pünder, in der Nähe Churchills sitzend, wollte nur Bedeutendes sagen. Die Engländer taten ihr Bestes, um eine ungezwungene Atmosphäre aufkommen zu lassen. Wir Deutsche fühlten uns natürlich sehr geehrt, von dem großen Sieger – und Verlierer – in einer so persönlichen Form eingeladen zu werden. Aber wir wollten das nicht erkennen lassen. Während des Essens kam es dann aber doch zu einer leidlich ungezwungenen Unterhaltung.

Ich hatte mich mit der rotblonden Churchilltochter angeregt unterhalten, als mir plötzlich einfiel, daß es der Abend des 8. August war. Sechs Jahre zuvor war zur selben Stunde die erste Gruppe meiner Freunde und Gefährten vom 20. Juli in Plötzensee gehängt worden. Ich wurde einsilbig. Meine Tischdame fragte mich schließlich, ob mir schlecht geworden sei. Nein, sagte ich, und begann ihr zögernd zu berichten, woran ich den Tag über noch gar nicht gedacht hatte. Nun aber überfiel mich – das sagte ich ihr nicht – wieder jenes Gefühl der Einsamkeit und Vergeblichkeit, das mich auch im Trubel lauter Tage und strenger Arbeit immer wieder überkam.

Ich hörte wieder Peter Yorcks traurig gedämpfte Stimme bei der Gestapo in der Berliner Meineckestraße. Er starb an jenem Augustabend. Mit der Erinnerung an ihn stieg wieder die Frage in mir auf, die wir so oft im kleinen Kreis erörtert hatten: Warum antwortet Churchill nicht? Er wußte auch von uns, daß es ein anderes Deutschland gab. Er wußte, daß wir zum Wagnis, zum schweren Wagnis, entschlossen waren. Wir hatten ihn nicht um Unzumutbares gebeten. Wir hatten nur gehofft, daß er das Seine dafür tue, um dem Krieg ein Ende zu machen. Wir waren willens, uns daran zu wagen. Aber noch standen die deutschen Armeen tief in fremden Ländern. Wie sollten deutsche Generale dazu gebracht werden, ihren Fahneneid zu brechen, ihren Oberfehlshaber zu ermorden, um dann bedingungslos zu kapitulieren?

Churchill, der Mann, der mir jetzt gegenübersaß, hatte geschwiegen. Er hatte keinen Finger gerührt, um einen Versuch zu ermutigen oder zu ermöglichen, der, wäre er geglückt, Hunderttausenden auch auf seiner Seite das Leben bewahrt hätte, vom Geschichtsverlauf abgesehen.[1] Ich sagte Mrs. Sandys wenig davon. Aber das Wenige genügte.

Als die Tafel aufgehoben wurde, steuerte sie auf ihren Vater zu. Ihr Mann trat hinzu. Das Thema des kurzen Gesprächs konnte ich mir denken. Dann kam Duncan Sandys zu mir. Sein Schwiegervater würde gern mit mir sprechen. Wir saßen in einer Ecke des biederen Salons. Churchill sprach sofort zur Sache, zum Kern der Sache. Er wolle sich nicht entschuldigen. Er habe sich in einer Zwangslage befunden. Außerdem: Die Informationen über die deutsche Opposition seien nie eindeutig gewesen. Und später, ja später sei es zu spät gewesen. I'm sorry, wirklich, es tut mir leid. Ich sagte gar nichts. Wir standen auf. Churchill starrte einen Augenblick auf den Boden, dann drehte er sich um und griff nach seiner martialischen Zigarrenkiste. Er präsentierte mir seine Leibzigarre. Ich sagte danke. Ich sei Nichtraucher. Da fiel mir ein, daß dies dem Augenblick nicht gerecht werde. Ich sagte, wenn er meinem Vater eine Freude machen wolle, wäre es mir eine Ehre. Er lachte, griff zu und drückte mir eine Handvoll seiner dicken Zigarren in die Hände.

In der Absicht, den großen Mann seinen anderen Gästen zu überlassen, wollte ich mich abwenden. Aber er meinte, wir müßten uns noch ein wenig unterhalten. Kaum hatten wir uns wieder gesetzt, als er die Rede auf die im Plenum der Beratenden Versammlung des Europarats laufende allgemeine politische Aussprache brachte. Was ich davon hielte? Wie wir Deutschen uns einzulassen gedächten? Ob wir uns nur als Zuhörer betätigen wollten? Ich sagte, daß ich nicht wisse, ob unsere Oppositionsvertreter sich beteiligen würden, aber ich nähme das an. Unsere Gruppe habe jedenfalls beschlossen, daß ich für die CDU/ CSU sprechen solle. Ich wollte aber noch ein wenig warten, wie die Generaldebatte weiter verlaufe.

Churchill schüttelte den Kopf. Das habe keinen Zweck. Die Versammlung wolle wissen, was die Deutschen dächten. Ich sagte, »*die* Deutschen«, das sei für mich in diesem Augenblick ein zu weiter Begriff. Ich wisse, was ich sagen wolle. Aber ich hätte zum Beispiel keine Möglichkeit gehabt, mich darüber bislang mit meinem Parteivorsitzenden und Regierungschef zu besprechen. »Well«, sagte Churchill, »aber worauf wollen *Sie* hinaus?« Ich sagte, mir sei es von Anfang an selbstverständlich gewesen, unseren vollen Beitrag zu leisten, wenn es um die Sicherung unserer Freiheit gehe. Ich hielte es für dumm und ehrlos dazu, wenn wir verlangen würden, daß die anderen etwas für uns täten, was wir selbst nicht zu tun bereit seien. Churchill hatte mit gespannter Aufmerksamkeit zugehört. Dann griff er nach meiner Hand. »Sprechen Sie bitte morgen!« Ich dankte ihm. »Tomorrow«, sagte er noch einmal und nickte mir zu. Das Gespräch war zu Ende.

In dem kleinen Hotel in der Innenstadt hatte ich ein dem Garten zu gelegenes Zimmer. Es war eine stille Sommernacht. Ich setzte mich an den Tisch neben den offenen Fenstern und entwarf meine Rede. Ich brauchte die Nacht, weil ich mich bei jedem Satz fragen mußte: Wie sag ich's meinem Kinde? Ich machte mir trotz der höflichen, da und dort sogar liebenswürdigen Aufnahme in Straßburg keine Illusion darüber, daß wir Deutsche mit jedem Wort über weite Distanzen hinweg und gegen hohe Barrieren und Vorbehalte ansprechen müßten.

Über die allgemeine Linie unserer Politik auch in der Verteidigungsfrage glaubte ich mir mit Konrad Adenauer einig zu sein. Wir hatten uns darüber zwar nicht besonders abgesprochen. Aber schließlich ergab es sich von selbst aus der ganzen Anlage der von uns angestrebten Politik. Als ich fertig war, begann es zu tagen. Im Vogelkonzert hatte ich die Rede heruntergeschrieben. Nun fragte ich mich, ob die Loyalität nicht doch gebiete, sie mit dem die Verantwortung für unsere Politik tragenden Bundeskanzler abzustimmen. Ich kam davon ab, weil ich mir nicht sicher war, wie diese erste Deklaration der deutschen Verteidigungsbereitschaft in Deutschland und im Europarat aufgenommen würde. Es hätte immerhin sein können, daß es Adenauer ratsam erschien, aus diesem oder jenem Grund, wegen dieser oder jener Formulierung sich von meiner Rede zu distanzieren. Kurz, es schien mir besser, das Risiko allein einzugehen.

Die erste deutsche Rede in Straßburg

Die Rednerliste war lang. Die den Briten heilige Teezeit war noch nicht beendet, als Spaak, der Präsident, mir das Wort gab. Während ich mich erhob, taten sich die Türen auf und aus der Lobby eilten die Abgeordneten an ihre Plätze. Ich sehe noch Churchill hereinkommen und quer durch den Saal zu seinem Sitz in der ersten Reihe streben. Ich wartete ein wenig. Dann begann ich. Zum erstenmal wurde hier deutsch gesprochen. Es war eine Verlegenheit. Denn es wurde nicht übersetzt. Die Anlage für die Simultandolmetscherei blieb stumm. Die meisten Mitglieder der Versammlung drehten vergeblich an ihren Apparaten, dann sahen sie verdutzt auf mich.

Monsieur Kaminker, der bewunderte Chefdolmetscher des Europarates, war mit sich selber übereingekommen, mein rauhes Deutsch in sein elegantes

Französisch zu übertragen. Aber das konnte damals offenbar auch aus technischen Gründen erst geschehen, wenn die Rede in der nichtamtlichen Sprache gehalten war. Eine unbefriedigende, um nicht zu sagen blöde Situation. Zum Glück war die Rede nicht lang. Ich setzte mich, und dann brillierte Monsieur Kaminker. Er war ein russischer Emigrant, naturalisierter Franzose. Duncan Sandys, dessen englische Rede er einmal ins Französische übertragen hatte, rief ihm am Schluß quer durch den Saal zu: »Thank you, very much improved!«

Mindestens Monsieur Kaminker war, als er mich den Europäern verständlich machte, davon ebenso überzeugt. Tatsächlich lieferte er eine französische und englische Übersetzung, die ich nur bewundern konnte. Als er fertig war, kehrten nicht wenige an ihren Teetisch zurück, und Großkopfete wie Guy Mollet, Struy von Belgien und Paul Reynaud gingen bedächtigen Schritts im Meinungsaustausch durch die Lobby.

Die Aufnahme der Rede war geteilt. Von unserer geschätzten Opposition hörte ich kein Wort. Weder Pro noch Contra. Rechenberg von der FDP kam auf mich zu und sagte frank und frei: »Bravo!« Meine CDUler drückten mir die Hand; Brentano nicht ohne Sorge. Noch war er nicht sicher, wie das zu Straßburg vereinte Europa dieses deutsche Bekenntnis aufnehmen werde. Immerhin brauchte auch der französische Sozialistenchef Guy Mollet bis zum nächsten Vormittag, um mir dann allerdings zu sagen, daß er die Rede für ganz besonders geglückt und mehr noch »für sehr geschickt« halte »im deutschen Interesse«.

Harold Macmillan, der englische Konservative, der in Straßburg Churchill vertrat, wenn dieser einmal nicht da war, notiert: »Die wichtigste Rede war vielleicht diejenige des ersten Deutschen, der das Wort an die Versammlung richtete, Eugen Gerstenmaier . . . Während er jeden Wunsch der Deutschen nach einer deutschen Armee in Abrede stellte, akzeptierte er die Notwendigkeit eines deutschen Beitrags zur europäischen Verteidigung. Das ist die Meinung der CDU und anderer Parteien der Rechten und der Mitte. Es ist, fürchte ich, nicht die Meinung der Sozialdemokraten . . . Nun, wenn die Deutschen nicht kämpfen wollen, dann werden sie sich im Niemandsland befinden; das bedeutet, sie werden ›atom-bombardiert‹.[2] Macmillan war, als wir bei Churchill waren, noch nach Tisch erschienen. Aber wir hatten uns nicht gesprochen. Ich lernte den besonnenen, kraftvollen Mann erst im Laufe der Straßburger Verhandlungen etwas näher kennen.

Es war ein Wirrwarr widersprüchlicher Gefühle, in den ich an jenem Nachmittag hineinsprach. Es gab europäische Sozialisten und Konservative, die es für hoch an der Zeit hielten, die Deutschen wieder zu den Waffen zu bringen. Und es gab wahrscheinlich nicht weniger Sozialisten und Konservative, die sich nicht oder nur mit schwerer Mühe dazu durchringen konnten, Deutschland wiederzubewaffnen. Über das was wir selber wollten, waren sich die meisten unklar. »Das beherrschende Motiv in Europa ist heute ganz klar die Furcht.« Macmillan notierte es in jenen Tagen.[3]

Ich sagte in meiner Rede, ich ginge davon aus, daß das Leitmotiv der freien Völker Europas nach dem Zweiten Weltkrieg die Schaffung einer verfassungsmäßigen politischen und wirtschaftlichen Gemeinschaft sei. Die Rekonstruktion Europas auf den überlebten Voraussetzungen der nationalen Souveränität würde zu nichts Gutem, sondern in neue Gefahren führen. Im nationalen Bewußtsein der Deutschen habe sich unter dem Erlebnis der jüngsten Vergangenheit eine Wandlung vollzogen. Wir betrachteten die Vereinigung Europas keineswegs unter dem Gesichtspunkt unseres nationalen Vorteils, sondern der historischen Notwendigkeit.

Mit Dankbarkeit hätte ich in einigen Reden die Hinweise auf das deutsche Vertriebenenproblem vernommen. Es könne kein Zweifel daran bestehen, daß dieses Problem der internationalen wie der europäischen Hilfe bedürfe. Es bedrohe den sozialen Frieden in Zentraleuropa.

Beunruhigt sei das deutsche Volk aber auch seit einiger Zeit durch die Gerüchte und Debatten über die deutsche Wiederbewaffnung. Nicht der uns immer nachgesagte Hang zu Wehr und Waffen, sondern die nüchterne Einsicht in das Gebot der Stunde sei es, die uns einen deutschen Verteidigungsbeitrag bejahen lasse. Die Mehrheit des deutschen Volkes wünsche die Wiederbewaffnung nicht. Meine Landsleute, besonders die deutsche Jugend, verabscheuten den Krieg. Wir hätten auch nicht den Wunsch, an Experimenten teilzunehmen. Die beste Garantie für die Erhaltung des Friedens sähen wir in der raschen, entschlossenen und wirksamen Vereinigung der freien Völker Europas. Unseren vollen Anteil bei der Sicherung des Friedens wollten wir übernehmen. »Wir erwarten nicht, daß andere uns verteidigen, ohne daß wir selber bereit sind, an dieser Verteidigung teilzunehmen auf der Grundlage der Gleichberechtigung.« Zum Schluß erinnerte ich an eine einstimmig angenommene Entschließung des Bundestages, an der europäischen Integration voll teilzunehmen.

Aus den Reden, die an diesem Tag gehalten wurden, ragte die von Paul Reynaud weit heraus. Mit ihm zusammen zu sein, zu reden, zu disputieren, war mir immer ein Genuß. Er war präzis, als Redner meisterhaft, witzig, humorvoll. Er besaß einen weiten freien Blick und ließ uns Deutsche nicht fühlen, was er auf der Höhe seiner Macht von Deutschen an Ungemach erlitten hatte. Er war Ministerpräsident in Frankreich gewesen, als er mit seiner Regierung vor den deutschen Truppen von Paris nach Bordeaux fliehen mußte. Er wurde, weil er nicht aufgeben wollte, in ein KZ gebracht. Die Debatte des ersten Tages war auch noch durch die Rede eines anderen Franzosen, des Sozialisten André Philip mit geprägt. Dieser Protestant, ein Rechtssozialist, hatte den nicht nur für unsere Ohren kulissensprengenden Vorschlag gemacht, eine europäische Armee mit einem deutschen Kontingent aufzustellen.

In der nächsten Sitzung, am 11. August, sprach Churchill. Er wolle die Aufmerksamkeit auf die gegenwärtige Schwäche des Westens lenken. Außerdem wolle er jetzt, nachdem zum erstenmal eine offizielle deutsche Delegation an einer Konferenz der alliierten und neutralen Länder teilnehme, feststellen, daß es eine zwingende Notwendigkeit sei, »das neue Deutschland nicht nur in das wirtschaftliche und kulturelle Leben der westlichen Zivilisation einzubeziehen, sondern auch in ihre aktive Verteidigung«. Eine effektive Verteidigungsfront müsse in der kürzest möglichen Zeit in Europa aufgebaut werden. »Wir sollten uns für die unverzügliche Schaffung einer europäischen Armee unter einem vereinigten Kommando erklären.«[4]

Der Grund für diesen Ruf zu den Waffen war der kommunistische Angriff auf Südkorea. Er hatte am 25. Juni 1950 begonnen. Als die Nachricht durchkam, tagte in Bonn gerade der Auswärtige Ausschuß. Dr. Gerhard Lütkens, ein sozialdemokratischer Abgeordneter, der dem auswärtigen Dienst in der Weimarer Republik angehört hatte, war nicht bereit, dem Ereignis eine nennenswerte Bedeutung zuzumessen. Wir anderen waren jedoch ziemlich aufgeregt. Mit der friedlichen Koexistenz war es – das signalisierte der Koreakrieg von neuem – miserabel bestellt.

Obwohl wir den Zerfall des Alliierten Kontrollrates und die Zuspitzung des Ost-West-Konflikts in der Blockade Berlins mit angespannter Aufmerksamkeit verfolgt hatten, zeigte erst der Koreakrieg handgreiflich, zu welchen Konsequenzen der Konflikt auch in Europa jederzeit führen könnte. Dennoch waren wir – ein kleiner Kreis von CDU/CSU-Abgeordneten – fast sprachlos, als Amerikas Hoher Kommissar John McCloy uns schon drei Tage später bei einer Einladung in seinem Haus fragte, wie wir denn über die Aufstellung deutscher Streitkräfte denken würden. Auch F. J. Strauß war überrascht, Kiesinger schweigsam. Mir war die Frage unbequem, aber ich zögerte nicht, positiv auf sie einzutreten. Hin und wieder fragte ich mich später, warum ich der Frage nicht mit größerer Reserve begegnete. Auch ich hatte mehr als genug vom Krieg. Aber es wäre mir wie ein Verrat an mir selbst und meinen toten Freunden erschienen, wenn ich gepaßt hätte. Wozu hatten wir Hitler widerstanden? Um uns nun Stalin und seinen Kumpanen zu beugen?

Bei aller Ablehnung des kommunistischen Terrors fühlte ich mich nicht verpflichtet, gegen die Sowjetunion oder andere kommunistische Staaten aufzutreten. Aber auf deutschem Boden war und bin ich nicht bereit, mich mit dem Terror des Kommunismus abzufinden. Ich war – wir kommen noch darauf zurück – durchaus für die Aufnahme diplomatischer Beziehungen, für eine Politik der »friedlichen Koexistenz« mit der Sowjetunion. Aber ich war und blieb ein Gegner der Anerkennung der Ostberliner Satellitenregierung. Zwei Jahrzehnte später wurde das in einer bitteren Stunde meines Lebens für mich von persönlicher Bedeutung.

Als wir in Bonn anfingen, durfte man davon ausgehen, daß sich Regierung und Opposition, Adenauer und Schumacher, über Moskau und Ostberlin insoweit einig waren. Sie waren es auch – damals. Unsere Hinwendung zum Westen ist keine einsame Erfindung Konrad Adenauers. Er hat nur mit Konsequenz gestaltet und vollzogen, was viele von uns auch ohne Konrad Adenauer mit Entschiedenheit getan hätten. Auch in seinen frühen informellen Gesprächen mit McCloy konnte er sich einer breiten Zustimmung sicher sein.

Als wir im August 1950 nach Straßburg kamen, war die Aufregung noch größer geworden. Die nordkoreanischen Kommunisten hatten inzwischen fast ganz Südkorea unterworfen. Der von den Amerikanern unter der Fahne der UNO geführte Gegenstoß hatte noch nicht beginnen können, weil es an hinreichenden Vorbereitungen gefehlt hatte. Unter den Europäern ging die Frage um: Was wäre, wenn der kommunistische Stoß aus Mitteldeutschland und der Tschechoslowakei heraus gen Westen entwickelt worden wäre?

»Wir wollen nicht noch einmal befreit werden!« hatte André Philip unter dem brausenden Beifall der in Straßburg versammelten Europäer ausgerufen.

Churchill wollte Nägel mit Köpfen machen. Seine Rede war als Begründung seines Antrags – Bildung einer Europaarmee – gedacht. Durch ihn wurde die Versammlung zum Entschluß gezwungen. Die Meinungen bei den einzelnen Delegationen gingen durcheinander. Bis zur Abstimmung gegen einundzwanzig Uhr schien es möglich, daß Churchill der Verlierer des Tages sein werde. Indessen: neunundachtzig Mitglieder stimmten für Churchills Antrag. Fünf waren dagegen. Siebenundzwanzig – offenbar viele Skandinavier darunter – enthielten sich der Stimme. Macmillan notierte:»Die Tatsache, daß alle Franzosen und eine große Zahl der Deutschen für den Antrag gestimmt hatten, machte die wahre Bedeutung dieser Abstimmung aus.«[5]

Carlo Schmid hatte am gleichen Tag gesprochen. Er war in keiner beneidenswerten Lage. Er sollte das Nein der deutschen Sozialdemokraten nicht nur gegen Europas Konservative und Liberale, sondern auch gegen die meisten europäischen Sozialisten argumentieren. Er tat es in einer – französisch gehaltenen – Rede. Die stumme Isolierung unserer Sozialdemokraten konnte er jedoch nicht überwinden.

Mitten in dem heftigen Straßburger Betrieb – ich habe keine lebendigere und politisch bedeutsamere Tagung in Straßburg erlebt – erreichte mich die dringliche Aufforderung des Kirchentagspräsidenten Reinhold von Thadden, auf dem bevorstehenden Evangelischen Kirchentag in Essen zur Frage der Wiederbewaffnung zu sprechen.

Die Sache gefiel mir nicht. Sollte sich der Kirchentag mit derlei überhaupt befassen? Zudem: Den Tag über mußte man in den Sitzungen in Straßburg präsent sein. In jeder freien und oft auch in den unfreien Minuten hatte man die Presse auf dem Hals, am Abend gab es gesellschaftliche Verpflichtungen, die wahrgenommen werden mußten. Wir mußten unsere europäischen Partner persönlich kennenlernen, etwas vom Wichtigsten und Nützlichsten in Straßburg. In den Nächten noch lange Vorträge schreiben zu müssen, mißfiel mir. Viele Jahre lang wurde es dennoch mein Schicksal. Der Kirchentagspräsident ließ nicht locker.

Einige Monate zuvor, Ende April 1950, hatte die im Ostsektor von Berlin, in Weißensee tagende gesamtdeutsche Synode eine Botschaft verabschiedet: »Was kann die Kirche für den Frieden tun?« Sie entsprang dem Gefühl, daß sich der Gegensatz der Weltmächte gefährlich vertiefe und Deutschland immer mehr zerreiße. Die Synode hatte sich große Mühe gegeben. In ihrer Botschaft kam der nahezu einhellige Wunsch der Deutschen nach Einheit klar und unverfälscht zum Ausdruck. Die Synodalen aus der Ostzone hatten keine Rücksicht auf sich selber genommen. Sie sprachen offen und mutig. Ich sehe noch den tapferen Präses der Synode der Sächsischen Landeskirche, Rainer Mager, einen Arbeiter, vor mir. Er schonte sich keinen Augenblick.

»Beseitigt endlich die Zonengrenzen zwischen Ost und West!« Dieser Ruf nach der Einheit der Nation wurde nur noch übertönt von dem Willen zum Frieden. Der Krieg lag erst wenige Jahre hinter uns. Zehntausende von deutschen Kriegsgefangenen saßen noch in den Lagern. Die Friedensbotschaft von Berlin-Weißensee war der überwältigenden Mehrheit nicht nur der Synode, sondern des deutschen Volkes aus dem Herzen gesprochen. Diesen Ton verstand jeder. Was anders klang, war unpopulär, ja verdächtig.

Ich fuhr nach Essen. Zunächst wurde ich in eine Sitzung des Rates der EKD gebeten. Ich sollte Auskunft darüber geben, ob denn ein deutscher Verteidigungsbeitrag wirklich unerläßlich sei. Ich sagte ja. Ob wir uns über die Folgen für das geteilte Deutschland im klaren seien? Ich sagte, daß die Teilung des Reiches dadurch vielleicht vertieft würde. Aber dieser Prozeß sei ohnehin nicht aufzuhalten, es sei denn, wir bezahlten dafür mit einem hohen Maß an Sicherheit und Freiheit. Das aber könnten und wollten wir nicht. Unserem Volk in der Ostzone sei nicht damit geholfen, wenn wir im Westen über kurz oder lang in der gleichen Situation seien. So wie die Dinge lägen, sei es nicht nur unsere vorrangige Pflicht, die Freiheit in der westlichen Hälfte Deutschlands zu sichern, sondern sie in der Welt überhaupt mitzuverteidigen.

Ich erinnere mich nicht, daß es in jener Sitzung darüber eine grundlegende Kontroverse gegeben hätte. Aber es gab betretenes Schweigen. Man nahm zur

Kenntnis, was ich zu sagen hatte, aber gerne hörte man es nicht. Ich wurde gebeten, einige Passagen meiner Rede zu mildern. Ich tat es auch. Aber es half wenig. »Wie ein Pistolenschuß in der Liturgie«, berichtete ein Kritiker. Dabei hatte ich mir damals noch selbst einzureden versucht, daß wir mit unserem Verteidigungsbeitrag um eine regelrechte »Wiederaufrüstung« herumkommen könnten. Ich dachte damals eher an ein Freiwilligen-Korps als an ein Volksheer mit allgemeiner Wehrpflicht und allem Zubehör. Das war, wie ich bald erkennen mußte, unhaltbar, und es nützte mir auch an jenem Abend in der überfüllten großen Halle nichts. Die Rede war ein Schock für viele. In die Stimmung des Kirchentags paßte sie wie die Faust aufs Auge. Die Reaktion war denn auch danach. Vielleicht war es sogar eine Mehrheit, die meinen Schlußfolgerungen und meiner Analyse der Situation zustimmte. Aber sie war kleinlaut und schweigsam. Reinhold von Thadden verschwand ohne Abschied. Und mancher andere brave Mann ging diskret auf Abstand. So ähnlich, stellte ich mir vor, hätte in den Jahren 1933/34 ein gut kirchlich-bürgerliches Publikum sich verhalten, wenn bei einer Veranstaltung etwa der bekennenden Kirche nicht nur die »Freiheit der Verkündigung«, sondern der Sturz des Tyrannen gefordert worden wäre.[6]

Gustav Heinemann

Ich erhielt an jenem Nachmittag und Abend einen Eindruck davon, mit welchen Widerständen und Abneigungen wir im evangelischen Kirchentum Deutschlands bei der Durchführung der Wiederbewaffnung und beim Eintritt in die Nato rechnen müßten. Im Fall Heinemann wurden sie bald darauf personifiziert und sichtbar. Er gehörte zu den Mitbegründern der CDU in der britischen Zone. Er war 1949 Schulter an Schulter mit Adenauer in den Wahlkampf gegangen, war Bundesinnenminister geworden und in der Partei ebenso angesehen wie in der Kirche. Es mag sein, daß das persönliche Verhältnis zwischen Adenauer und Heinemann nie so unbelastet war, wie es vielen, auch mir, erschienen war. Jetzt, im Herbst 1950, protestierte Heinemann mit Nachdruck dagegen, daß Adenauer den Westmächten Offerten und Zusagen über einen künftigen deutschen Verteidigungsbeitrag gemacht habe, ohne vorher das Kabinett damit zu befassen. Insoweit stand ich auf Heinemanns Seite und sagte das auch dem Bundeskanzler. Dieser aber bestritt mit Nachdruck, daß es in seinen Gesprächen (hauptsächlich mit dem amerikanischen Hohen Kommissar, John McCloy) um mehr als um erste Sondierungen gegangen sei. Dafür seien Kabinettsbeschlüsse nicht erforderlich. Es mag sein, daß die Auseinandersetzung zwischen dem Kanzler und seinem Innenminister ein rechtlich nicht entscheidbarer Streit zwischen dem Regierungsstil Adenauers und seinem Minister war.

Aber bald zeigte sich bei den Vermittlungsversuchen, an denen ich zeitweilig beteiligt war, daß dahinter ein profunder Widerspruch in der Sache stand. Gustav Heinemann, langjähriger Präses der Synode der Evangelischen Kirche Deutschlands, wurde die Verkörperung – und Hoffnung – jener, für die zum Beispiel meine Essener Rede ein Schock gewesen war. Als er sein Amt niederlegte, sahen ihn nicht wenige fromme und auch einige unfromme Leute im Märtyrerschein. »Ein Mann des Friedens, der, anders als der Gewalthammel Adenauer oder Sie,« – so ein schwäbischer Pietist damals zu mir – »Politik unter den Augen Gottes treibt.« Ein Mann, der die einzig mögliche christliche Konsequenz aus den verlorenen Kriegen zu ziehen willens sei und der darüber ausgerechnet mit seiner eigenen »christlichen« Partei die größten Schwierigkeiten bekomme.

Mein theologisches Unbehagen über die Namensgebung der Union, die Heinemann eineinhalb Jahre früher noch gegen meine Bedenken verteidigt hatte, erfuhr damals seine erste Bestätigung. Heinemanns politische Begabung und Einsicht verboten ihm indes, sich einfach als doktrinärer Pazifist festschreiben zu lassen. Er motivierte seinen unüberbrückbaren Gegensatz zu unserer Politik schließlich weniger christlich-pazifistisch als rational-politisch mit den Folgen für die Wiedervereinigung Deutschlands. Als er sich 1952 auch formell von der CDU trennte, gründete er mit einem Kreis treuer Anhänger – Martin Niemöller und seine Freunde gehörten dazu – eine »Gesamtdeutsche Volkspartei«. Ihr wandten sich nicht wenige bisherige CDU-Anhänger zu. Gegen die Erwartungen nicht nur ihrer Anhänger unterlag sie in den Bundestagswahlen 1953 empfindlich. Die politische Karriere Heinemanns schien beendet.

Die Wahlniederlage seiner Partei war mir ein Beispiel dafür, wie sehr ein Kirchenmann geneigt ist, die politische Bedeutung einer prinzipienfesten Protestgruppe zu überschätzen. Ich konnte mit dem faktischen Pazifismus der Leute um Heinemann nichts anfangen, mochte er sich nun fundamental christlich oder taktisch politisch begründen. Seinen politischen Effekt hatte ich aber wesentlich höher eingeschätzt. Ich hatte deshalb auch größere Hemmungen als zum Beispiel mein Landsmann Kurt Georg Kiesinger und andere bei der Einführung der allgemeinen Wehrpflicht. Ich hätte andere Lösungen vorgezogen, weil ich damit rechnete, daß die Wehrpflicht auf einen weit größeren Widerstand stoßen würde, als er sich dann in den Wahlergebnissen von 1953 und 1957 niederschlug. Der Koreakrieg hatte inzwischen auch in der Bevölkerung weithin jene Einsicht und Haltung hervorgerufen, wie im Sommer 1950 im Europarat.

Meine Einschätzung der »Ohne-mich«-Welle, das heißt der Verweigerung der Wiederbewaffnung, war auch eine Folge der Tatsache, daß ich in jenen Jahren nicht nur in der politischen Öffentlichkeit, sondern auch in der innerkirchlichen

Diskussion unablässig unsere Verteidigungspolitik vertreten mußte. Mehr als alles andere führte sie im evangelischen Kirchentum zu einer Distanzierung von der CDU. In den Jahren 1945 bis 1949 war diese kritische, oft feindselige Distanz undenkbar. Auf dem Treysaer Kirchentag im August 1945 war zum Beispiel eine formelle Entschließung angenommen worden, in der es heißt, daß »die Kirche, ihrem Wesen nach nie Partei, die Bildung einer politischen Partei, die sich selbst auf christliche Grundsätze verpflichtet, mit Wohlwollen aufnimmt«.[7]

Dieses Wohlwollen war im Schwinden, ja es begann sich da und dort innerhalb der Kirche in das Gegenteil zu verkehren. Die Synoden wurden zu Kampfstätten, in denen die Gegner unserer Politik eine stärkere Position hatten als in der Öffentlichkeit.

Theodor Blanks Grundriß der Bundeswehr

Am 27. Oktober 1950 berief der Bundeskanzler den Abgeordneten Theodor Blank zum »Beauftragten für die mit der Vermehrung der alliierten Truppen zusammenhängenden Fragen«. Die umständliche Bezeichnung zeigt, welchen Wert auch die Regierung auf ein psychologisch vorsichtiges Vorgehen in der Frage der Wiederbewaffnung legte. Natürlich war die eigentliche Aufgabe des neuen »Amtes Blank« die Vorbereitung der Errichtung der Bundeswehr. Sie war als Volksheer gedacht.

Am Tag vor Blanks Berufung hatte der französische Ministerpräsident Pleven seinen Plan einer Europäischen Verteidigungsgemeinschaft verkündet. Er zog damit konkrete Schlüsse aus der Augusttagung des Europarats. Pleven war mit seinem Kabinett zu dem Ergebnis gekommen, daß der von Churchill, von den »Europäern« in Straßburg und mittlerweile auch von de Gaulle geforderte deutsche Verteidigungsbeitrag tatsächlich unumgehbar sei, wenn Europa vor einem Schlag wie in Korea geschützt werden solle. Außerdem hatte er erkannt, daß sich damit auch die europäische Vereinigung ein Stück vorwärts bringen lasse. Sein Plan sah die Anwendung des Schumanplans auf den Bereich der Verteidigung vor, und wurde von uns aus beiden Gründen begrüßt. Ein, wenn nicht *das* entscheidende Motiv der französischen Regierung war es, mit dem Plevenplan die Entstehung einer deutschen Nationalarmee zu verhindern. Das deutsche Kontingent in der Verteidigungsgemeinschaft sollte ebenso wie andere Kontingente »in den kleinstmöglichen Einheiten« in die Divisionen der Gemeinschaft integriert werden.

Als wir im November 1950 zum zweitenmal in jenem Jahr im Europarat zusammentraten, schien es, als ob wir den Rubikon zur gemeinsamen Verteidigung Europas überschritten hätten. Am Plevenplan war zwar inzwischen Kritik laut geworden. Sie wurde von Churchill genährt, der in Plevens Integration der kleinstmöglichen Einheiten eine falsche und undurchführbare Behandlung der militärischen Integrationsidee sah. Churchill stellte sich die Integration so vor, wie sie in der Kriegsallianz von 1939 bis 1945 vorgebildet war. Unter einem gemeinsamen Oberbefehlshaber sollten nationale Verbände in Divisions- ja Armeekorpsstärke vereint sein. Der Nachschub sollte zentralisiert, Waffen und Munition genormt werden. Plevens Pläne liefen nach Churchill und Macmillan auf eine »riesige Fremdenlegion, ein breiiges Amalgam« hinaus.[8]

Wir beteiligten uns wohlweislich an dieser Kritik nicht, wenngleich sie nicht nur mir einleuchtete. Uns war wichtiger, daß die Franzosen in der noch immer unpopulären Frage der deutschen Wiederbewaffnung vorangingen. Wir beschränkten uns darauf, die Gleichberechtigung der Deutschen in dieser Armee zu fordern. Mit Verdruß hörte ich mir die Ergüsse einiger unserer besorgten deutschen Superdemokraten an, die von den Gefahren sprachen, die den jungen deutschen demokratischen Institutionen möglicherweise durch die neue Militärmacht erwüchsen.

Inzwischen war Theo Blank still am Werk. Adenauer hatte uns im kleinen Kreis der Fraktionsführung erklärt, warum er auf ihn gekommen sei. Er sei ein gescheiter Mann mit vernünftigen Ansichten und politischer Erfahrung. Als Gewerkschaftler hänge ihm nicht der Verdacht an, reaktionäre Gewaltpolitik betreiben zu wollen oder ein Militarist zu sein. Mit seiner Person könnten viele Einwände und Verdächtigungen von vornherein abgefangen werden. Das war alles richtig. Wichtig aber war, daß Blank erstklassige militärische Berater erhielt. Er hatte Glück. Die Generale Heusinger und Speidel bestätigten es.

Am 8. November 1950 trat der Bundeskanzler erstmals mit einer offiziellen Regierungserklärung über einen deutschen Verteidigungsbeitrag vor den Bundestag. Er tat es in Form einer positiven Stellungnahme zum Plevenplan. Ein Vierteljahrhundert später hat F. J. Strauß in einer Würdigung Konrad Adenauers und seines Werks[9] gesagt, daß es ohne Konrad Adenauer keine Bundeswehr gäbe. Die Schatten Moskaus über Europa hätten ihre Aufstellung »wesentlich später« unmöglich gemacht. Man kann das bezweifeln, aber es ist gewiß, daß die weltpolitische Situation im Sommer 1950 für eine neue deutsche Armee günstiger war als alle Jahre danach. Ich bin kein Militär. Auch deshalb war ich vielleicht am politischen Effekt der Bundeswehr, den F. J. Strauß in jener Würdigung zutreffend beschreibt, noch mehr interessiert als an ihrem militärischen.

Die nationalen Armeen galten spätestens seit der Französischen Revolution als die Zitadellen der nationalen Souveränität. Eine supranationale Armee, eine integrierte Europaarmee, mußte deshalb den Durchbruch durch diese Zitadellen bedeuten. Gelang er – davon waren wir in jenen Sommermonaten in Straßburg überzeugt –, dann besaß das vielfach gefährdete Europa nicht nur einen neuen starken militärischen Schutz, sondern dann waren auch die Barrieren vor dem europäischen Bundesstaat in der Hauptsache bezwungen.

Die Sowjetregierung hatte inzwischen vorgeschlagen, eine Außenministerkonferenz der vier Siegermächte einzuberufen. Sie sollte die Demilitarisierung Deutschlands erneut bestätigen.

Obwohl sich das Ost-Westverhältnis so entwickelt hatte, daß Churchills Forderung nach einer Europaarmee noch ebenso aktuell war wie bei seiner Straßburger Rede, hielten wir es für richtig, von deutscher Seite die politische Integrationswirkung des Plevenplans seiner militärischen Bedeutung voranzustellen. Adenauers Erklärung war dementsprechend angelegt. Aber er kam rasch zum militärischen Kern der Sache.

»Die Bundesregierung«, sagte er, »ist der Auffassung, daß eine allgemeine Befriedung auf dem Wege der Verhandlung mit der Sowjetunion herbeigeführt werden muß, daß diese Verhandlung aber nur dann Erfolg haben wird, wenn gegenüber der sowjetrussischen Bedrohung eine Abwehrfront der westlichen Mächte aufgebaut wird, die mindestens so stark ist wie jene.«[10]

Die »Politik der Stärke« war geboren. Sie ist Jahre lang Gegenstand der Mißdeutung und einer verblasenen Kritik gewesen. Diese vermochte keine glaubwürdige realistische Alternative zu bieten. Wenn die Bundesregierung, fuhr Adenauer fort, von den westlichen Mächten dazu aufgefordert werde, müsse sie bereit sein, »einen angemessenen Beitrag zu dem Aufbau dieser Abwehrfront zu leisten«. Damit war meine drei Monate früher vor dem Europarat abgegebene Erklärung regierungsamtlich bestätigt.

Den stärksten Eindruck in der anschließenden Bundestagsdebatte machte auf mich die Rede Schumachers. Er sagte zwar auch dieses Mal wieder nein zu Adenauers Erklärung. Aber er tat es mit einer Begründung, die der von Adenauer proklamierten Politik der Stärke nicht zuwiderlief, sondern sie bestätigte, ja überhöhte.

»Nur – das ist die Meinung der Sozialdemokraten – wenn die demokratischen Streitkräfte hier in Deutschland so stark sind, daß sie die Kraft haben, bei einem Angriff aus dem Osten im sofortigen Gegenstoß die Kriegsentscheidung außerhalb der deutschen Grenzen zu tragen, nur dann kann das deutsche Volk seinen militärischen Beitrag für die Verteidigung der Freiheit in der Welt leisten.«[11]

Das war kein Bekenntnis zum Pazifismus. Das lag nicht auf der Linie Heinemanns. Aber Schumachers Einlassung war deshalb nicht recht überzeugend, weil sie nicht logisch war. Schließlich war der Plevenplan alles in allem ein Zugeständnis an die Forderungen Churchills und des Europarates. Sie drängten ja eben auf die Schaffung der Voraussetzungen, von denen Schumacher sprach. Diese konnten jedoch nur mit uns Deutschen und nicht ohne uns geschaffen werden. Wäre –, was Schumacher verlangte, ohne uns zu erreichen gewesen, hätte es einer überall unpopulären deutschen Wiederbewaffnung nicht bedurft.

Zu den schwersten Hindernissen, die einem deutschen Verteidigungsbeitrag entgegenstanden, gehörte die Tatsache, daß noch keineswegs alle Kriegsgefangenen des Zweiten Weltkrieges zurückgekehrt waren. Am 4. März 1950 hatte TASS gemeldet, daß sich noch 890 532 deutsche Kriegsgefangene in russischer Hand befänden. Wir befaßten uns in dem zuständigen, von mir geleiteten Unterausschuß des Auswärtigen Ausschusses mit der Meldung. Die Prüfung ergab, daß drei Jahre zuvor TASS genau die gleiche Zahl gemeldet hatte. Anfang Mai 1950 rechnete Adenauer vor dem Bundestag den Sowjets vor, daß sie 1945, nach der deutschen Kapitulation, die in ihrer Hand befindlichen deutschen Soldaten mit dreieinhalb Millionen angegeben hatten. Wo, fragte er, sind die mindestens eineinhalb Millionen Mann geblieben, die nach diesen Meldungen verschwunden sind? Der Bundestag verband damit die Forderung nach der Bekanntgabe der Namen der noch in den Lagern Gefangenen, die Bekanntgabe der in Kriegsgefangenschaft Verstorbenen und die Nachforschung nach den Verschollenen. Von russischer Seite kam weder Stimme noch Antwort.

Wir zerbrachen uns in unserem Ausschuß zusammen mit der Regierung den Kopf, was wir tun könnten. Wir kamen auf die Vereinten Nationen und ihre Menschenrechtsdeklaration.

Ich schreibe es vor allem John McCloy, dem damaligen Hohen Kommissar der Vereinigten Staaten, zu, daß die Bundesregierung eingeladen wurde, einen deutschen Beobachter und Berater in die amerikanische Delegation bei den Vereinten Nationen zu entsenden. Ich wurde Gastdelegierter in der amerikanischen Delegation. John Foster Dulles war damals ihr Vorsitzender. Mrs. Eleanor Roosevelt, die Witwe des Präsidenten, gehörte der Delegation ebenfalls an. Sie war besonders in der Kommission III aktiv, der ich zugeteilt wurde. Sie nahm mich etwas unter ihre Fittiche, und ich war dankbar dafür. John McCloy und auch John Foster Dulles hatten damals die Hoffnung noch nicht aufgegeben, daß auch die kommunistischen Mitgliedstaaten der UNO wenigstens einige Konsequenzen aus den Grundsätzen ziehen würden, die sie bei der Gründung der UNO im Sommer 1945 mitunterzeichnet hatten.

Daß dies ein Irrtum war, hat der bedeutende Jurist Dulles schon in Paris zur Kenntnis nehmen müssen. Der polnischem Adel entstammende ehemalige sowjetrussische Generalstaatsanwalt Wyschinskij, der die großen Säuberungen in der Epoche Stalins dirigierte, hatte in der Pariser UNO-Vollversammlung 1948 die Allgemeine Erklärung der Menschenrechte scharf zurückgewiesen. Er tat es mit der reaktionärsten Argumentation, die sich denken läßt, nämlich im Namen der nationalen Souveränität. Hätte er zu Bismarcks Zeiten, etwa auf dem Berliner Kongreß, damit argumentiert, wäre es schon ärgerlich gewesen, aber es hätte noch leidlich in die Zeit gepaßt. Jetzt, nach dem Zweiten Weltkrieg und der gnadenlosen Unterwerfung der an Sowjetrußland angrenzenden »souveränen« Nationen durch die Sowjets, war Wyschinskijs Rede eine Provokation. Dulles hat sie zu milde »eine lange philosophische Attacke auf die Menschenrechte« genannt.[12] In Wirklichkeit war sie eine Demonstration der Staatshybris über die dem Staat und seinem positiven Recht vorgegebenen unaufhebbaren, von Gott gesetzten Urrechte des Menschen.

Bei der UNO

In den Kommissionssitzungen der Vereinten Nationen draußen in Lake Success vor New York, wo damals die UN tagten, hatte ich vor Augen, was aus einer Verhandlung auch angeblich kultivierter Menschen wird, wenn die Urdaten des Menschseins so radikal geleugnet werden, wie ich es dort bei den Delegierten erlebte, die dem Kommando des Kreml unterstanden. Alle Beschwörungen, jede Bezugnahme auf vor- oder überstaatliche Rechtsgrundsätze, sittliche Normen und Verhaltensweisen waren in den Wind gesprochen. Aber auch das Völkerrecht, die Haager Landkriegsordnung, ja sogar die Internationale Rotkreuz-Konvention galten in den kommunistischen Staaten damals wenig oder nichts, zumindest wenn es um Deutsche ging.

Es war ein saures Geschäft, und ich war immer wieder nahe am Verzweifeln. John Foster Dulles und Mrs. Roosevelt behandelten mich zwar sehr freundlich, aber die Aussichten, zu den praktischen Ergebnissen zu kommen, die ich anstreben mußte, waren denkbar gering. Dazu war ich allein. Ich war der einzige Deutsche weit und breit. Ich war mein eigener Delegierter, Sekretär, Schreiber und Protokollchef. Ich fehlte bei keiner Sitzung, schlug keine Besprechung und Einladung aus und kämpfte am späten Abend, wenn ich zu mir selber kam, in meinem seelenlosen Hotelzimmer mit der Resignation.

Die allgemeineren politischen Gespräche mit den amerikanischen Delegierten und dem und jenem anderen waren noch das Nützlichste. Vielleicht lag es an der Europaferne New Yorks, vielleicht an der Thematik eines Weltforums, jedenfalls Deutschland spielte hier weder als Problem noch als Realität auch nicht annähernd die Rolle wie in Straßburg. Von einem deutschen Verteidigungsbeitrag sprach selbst Dulles in jenem Herbst noch gar nicht oder nur am Rande. Die Russen und ihr Gefolge wollten sich auf keinen Vorstoß einlassen, der von amerikanischer, gelegentlich auch von englischer Seite in der Kommission zugunsten der Freilassung deutscher Kriegsgefangener und Internierter gemacht wurde. Das seien verurteilte Kriegsverbrecher – auf dieser Linie standen die Antworten aus dem Osten. Zum 5. Jahrestag des Inkrafttretens der UN-

335

Satzung am 24. Oktober 1950 sprach Präsident Truman vor der Vollversammlung. Trotz Korea war es eine Rede voller Hoffnung auf die Weltsendung der UN. Ich hörte sie mit gemischten Gefühlen, dann flog ich nach Hause. Ich wollte dem Bundeskanzler und dem für diese Fragen zuständigen Ausschuß des Bundestages, dem ich vorsaß, berichten und beim Wiederbeginn der Verhandlungen zurückkommen.

Ich lasse dahingestellt, ob es unsere rechtlichen und humanitären Bemühungen oder der Ruf nach einer deutschen Beteiligung an der Europaarmee waren, welche die amerikanische und britische Regierung veranlaßten, die Überprüfung beziehungsweise Aufhebung einer Vielzahl von Urteilen vorzunehmen, die gegen deutsche Kriegsgefangene in ihrem Machtbereich ergangen waren. Ende Oktober dankte der Bundeskanzler vor dem Bundestag beiden Staaten und appellierte an Frankreich, dasselbe zu tun. »Entsetzlich aber«, sagte er, »ist das Schicksal der Deutschen..., die in Sowjetrußland noch zurückgehalten werden... Es handelt sich hier um eine Maßnahme kalter Grausamkeit.«[13]

Die Bemühungen von Parlament und Regierung in der Kriegsgefangenenfrage hatten in Frankreich zunächst wenig Erfolg. Allmählich aber gelang es auch, Soldaten zurückzuholen, gegen die in Frankreich massive Vorwürfe oder gravierende Schuldvermutungen laut geworden waren. Zäh und geduldig arbeitete vor allem der Staatssekretär im Bundesjustizministerium, Walter Strauss, an ihrer Freilassung. Eines Tages berichtete er mir, daß es endlich auch gelungen sei, den General der Fallschirmjäger, Ramcke, freizubekommen. Einige Zeit später sprach Ramcke auf einem Treffen von ehemaligen Angehörigen der Waffen-SS. Die Rede war dazu angetan, unseren Bemühungen um seine noch in Haft befindlichen Schicksalsgenossen erheblichen Abbruch zu tun. Einige Jahre danach führte sie mich in einen Prozeß mit schweren Folgen.

Herbert Blankenhorn hatte die Idee, für die zweite Konferenzhälfte in Lake Success noch einen Abgeordneten der Opposition einzuladen. Er dachte, es mache sich gut, wenn wir so zur Darstellung brächten, daß wir in diesen Fragen des Menschenrechts über die parlamentarischen Fronten hinweg einig seien. In Amerika hatte ich mich inzwischen ein wenig mit der politischen Denkweise von John Foster Dulles beschäftigt. Ich kannte ihn zwar schon lange, aber nur als Kirchenmann in der ökumenischen Bewegung. Jetzt sah ich, daß er ein Bahnbrecher der amerikanischen Bipartisanship in den Fragen der Außenpolitik war. Als ich im Herbst 1949 in den Bundestag kam, hatte ich mit ähnlichen Vorstellungen mehr als geliebäugelt. Ich litt unter der Enttäuschung, die mir der scharfe Kampf in Bonn gerade in der Außenpolitik bereitete. Wir kamen auf Herbert Wehner. Er spielte damals in seiner Fraktion noch bei weitem nicht die führende Rolle der späteren Jahre, aber er war auch kein Hinterbänkler. Ich sprach zunächst mit Dr. Schumacher. Was er davon halte, wenn ich Herrn Wehner bäte mitzukommen. Er stutzte einen Augenblick, sagte aber, er sei damit einverstanden.

Wir fuhren los. Ich hatte gebeten, mir meinen alten Freund und Mitarbeiter Georg Federer, einen Diplomaten aus der Schule Weizsäckers, mitzugeben. Der zweite Termin wurde für mich wesentlich leichter als der erste. Aber ich kann nicht sagen, daß wir im Ergebnis mehr Glück und Erfolg gehabt hätten als im ersten. Als das neue Auswärtige Amt allmählich Wirklichkeit wurde, übernahm Herr von Trützschler-Falkenstein, ebenfalls ein Mann des alten auswärtigen Dienstes, die Aufgabe. Ich war mit dem einsichtig fleißigen Diplomaten sehr zufrieden. Der große Erfolg kam jedoch erst Jahre später, als Konrad Adenauer nach Moskau fuhr und die deutschen Gefangenen nach Hause brachte.

Hermann Ehlers Bundestagspräsident

Während meines Aufenthaltes in New York war in Bonn der Bundestagspräsident Dr. Köhler durch Dr. Hermann Ehlers abgelöst worden. Dr. Köhler war die Übernahme in den diplomatischen Dienst in Aussicht gestellt worden. Der Bundespräsident aber weigerte sich, dabei mitzuspielen. Er bat mich eines Abends zu sich. Hinter den Kulissen war es in jenen Anfangsjahren gelegentlich zu Meinungsverschiedenheiten zwischen Bundespräsident und Bundeskanzler gekommen. Im Parlament war davon wenig oder nichts zu bemerken. Die Herren wahrten die Form und die Diskretion. Aber am späten Abend, wenn wir in der Villa Hammerschmidt von unserem schwäbischen Rotwein – meist waren es die minderen Sorten – genügend »verkostet« hatten, kam im vertrauten landsmännischen Gespräch doch dies oder jenes an den Tag. Heuss war sensibler als seine joviale Geste und sein schwäbischer Akzent erkennen ließen. Er wich der Meinungsverschiedenheit nicht aus, aber er war sehr darauf bedacht, es nicht zu Kampf und Reiberei kommen zu lassen. Mit Recht glaubte er das auch seinem Amt schuldig zu sein. Wo es aber um seine Unterschrift in fundamental wichtigen Staatsangelegenheiten ging, wie zum Beispiel beim Deutschland- und EVG-Vertrag, war er sehr darum bemüht, sich ein eigenes Urteil zu bilden und sich nicht einfach damit abzufinden, daß die Beschlüsse formell ordnungsgemäß zustandegekommen waren. Ich wollte ihm an jenem Abend in Sachen Dr. Köhler nicht widersprechen.

Als Chef des Hilfswerks war ich viel unterwegs gewesen. Das gehörte zu der Arbeit. Seitdem ich im Bundestag und im Europarat war, wurde ich zu Hause noch seltener gesehen. Im allgemeinen fuhr ich in der Nacht vom Freitag zum Samstag von Bonn oder Straßburg nach Stuttgart, saß am anderen Morgen in meinem Stuttgarter Hilfswerkbüro und bemühte mich mit meinen leitenden Mitarbeitern, die wichtigsten Entscheidungen zu treffen. Am Samstagnachmittag und -abend mußte ich dann den Aktenberg auf meinem Schreibtisch abtragen. Zum Glück waren die Ansprüche, die mein weitläufiger Wahlkreis an mich stellte, wesentlich bescheidener, als sie zehn oder fünfzehn Jahre später überall waren. Aber es war immerhin notwendig, sich in geregelten Abständen zu Reden und Diskussionen im eigenen Wahlkreis zu stellen. Ich tat es, sooft ich konnte.

Das wurde um so notwendiger, je mehr die Frage der Wiederbewaffnung die Gemüter bewegte. In Backnang, Murrhardt und in den kleineren Städten meines Wahlkreises hatte ich damit weit weniger Schwierigkeiten als in dem alten reichsstädtischen Schwäbisch Hall. Die traditionsbewußte Stadt pflegte ein eigenes kulturelles Bewußtsein. Sie besaß gute Schulen, eine angesehene Diakonie mit großem Krankenhaus und jungen Ärzten, einen gebildeten Mittelstand und einen politisch wachen Klerus. Als die Ohne-mich-Wogen zu steigen anfingen und ich sie im Neubau in Schwäbisch Hall – einem schönen mittelalterlichen Bau – zu besänftigen versuchte, stand einer meiner Wähler, der evangelische Pfarrer Rückert, auf und legte ein Bekenntnis der Reue ab. Er zitierte gegen sich selber:

»Nur die allergrößten Kälber wählen ihre Metzger selber!« Der Metzger war ich. Es gab lange und heiße Debatten. Gustav Heinemann gewann Freunde. Der Zuzug zu seiner Gesamtdeutschen Volkspartei blieb zwar in meinem Wahlkreis als ganzem gering. In Schwäbisch Hall jedoch nahm ich ihn ernst. Ein Glück war, daß der CDU-Kreisverband in jenen Jahren unter Gerhard Storz, dem späteren baden-württembergischen Kultusminister, und dann unter Karl Hüfner, einem in der Christlichen Pfadfinderschaft herangewachsenen Gesinnungsfreund, eine ganz ausgezeichnete Führung besaß. Was ihr Verlust für mich bedeutete, sollte ich viele Jahre später erfahren.

Der Streit um die Wiederbewaffnung trug mir nicht nur die Drohung der sowjetrussischen Militäradministration in Karlshorst gegen meine Hilfswerktätigkeit ein, sondern auch eine unangenehme persönliche Auseinandersetzung. Ich hatte an einem späten Abend in Oppenweiler, einer Ortschaft bei Backnang, in einem geschlossenen Kreis der CDU ein Informationsgespräch über die von uns angestrebte Aufhebung des Besatzungsstatuts geführt und hatte dargelegt, daß sich das meines Erachtens nur im Junktim mit einem deutschen Verteidigungsbeitrag in absehbarer Zeit erreichen lasse. In der Diskussion war darauf hingewiesen worden, daß Reinhold Meier (FDP), damals baden-württembergischer Ministerpräsident in einer Koalition mit der SPD, einen solchen Verteidigungsbeitrag entschieden ablehne. Ich sagte, daß ich an solche Ablehnungen durch die Opposition in Bonn gewöhnt sei. Der Ministerpräsident eines großen Bundeslandes aber habe nach anderen Gesichtspunkten zu entscheiden. Ich hielte es für unverantwortlich, wenn Herr Meier sich weigere, die notwendigen Konsequenzen aus der internationalen Entwicklung zu ziehen, und wenn er es ablehne, die Maßnahmen zu unterstützen, die uns vom Besatzungsstatut befreiten. Zwei Tage später las ich in der Zeitung, daß der Ministerpräsident vor dem Landtag erklärt habe, er gebe mir eine Bedenkfrist, meinen Vorwurf gegen ihn zurückzunehmen, andernfalls werde er dies oder das gegen mich unternehmen. Da er zugleich die Leitung des Hilfswerks angriff, unterließ ich es, die Erklärung abzugeben, daß ich vor einem geschlossenen Kreis in nichtöffentlicher Sitzung gesprochen habe. Ein junger ehrgeiziger CDU-Journalist hatte ohne mein Wissen und meine Genehmigung aus meiner Antwort in jener Sitzung eine Meldung gemacht. Ich nahm Meiers Fehdehandschuh auf, blieb bei meinem Vorwurf, und so klopften wir uns einige Zeit herum. Später entschuldigte sich Reinhold Meier, und fortan lebten wir schiedlich-friedlich miteinander, wie es sich für schwäbische Abgeordnete in der Stuttgarter Kollegialität und im Bonner Elend gehört.

Über all dem kam meine Familie viel zu kurz. Wir hatten inzwischen zwei Söhne zu unserem Töchterchen hinzubekommen. Den jüngeren der beiden nannten wir Yorck im Gedenken an meinen Freund Peter Yorck von Wartenburg.

Wiedererrichtung des Auswärtigen Amtes

Bei einer der kleineren Revisionen des Besatzungsstatuts wurde der Bundesrepublik die Genehmigung zur Errichtung eines normalen Auswärtigen Dienstes erteilt. Adenauer wurde am 15. März 1951 auch Außenminister. Er dachte gar nicht daran, das ihm besonders ans Herz gewachsene Ressort einem anderen zu überlassen. Brentano hatte mir mehrfach gesagt, daß er Außenminister werden möchte, und er hatte entsprechende Wünsche auch bei Adenauer angemeldet. Dieser vertröstete ihn jedoch auf spätere Zeiten. Er halte es für geboten, die projektierten großen Verträge und die Beendigung des Besatzungsregimes selber zu betreiben. Brentano fügte sich. Ich hatte mich in keiner Weise um das Amt bemüht, obwohl es das einzige war, das mich wirklich interessierte.

Für Adenauers Wunsch, die auswärtige Politik selber zu betreiben, sprach in jenen Monaten ziemlich viel. Die Vorverhandlungen für eine Viermächtekonferenz hatten in Paris begonnen. Die Deutschlandfrage war wieder in den Vordergrund der Ost-West-Debatte gerückt. Je mehr die Sowjets mit der Bewaffnung der Bundesrepublik und ihrer Einbeziehung in einen atlantischen Waffenverbund rechnen mußten, desto munterer wurden sie. Ihre Einwürfe, Proteste, Erklärungen und schließlich ihre Vorschläge zur Lösung der Deutschlandfrage wurden immer lebhafter. Sie gipfelten in den beiden Noten von 1952, die bis heute grundverschieden beurteilt werden.

Am 27. September 1951 erklärte der Bundeskanzler vor dem Bundestag, daß die Sowjetregierung auf alle Vorschläge und Aufforderungen der Bundesregierung zur Abhaltung freier gesamtdeutscher Wahlen nicht geantwortet habe. Aber nunmehr habe Grotewohl, der Regierungschef der Sowjetzone, Erklärungen abgegeben, die sich den Vorschlägen der Bundesregierung zu nähern schienen. Die Bundesregierung werde den Entwurf einer Wahlordnung vorlegen für freie Wahlen unter internationaler Kontrolle in allen vier Besatzungszonen und in Berlin. Wehner begrüßte Adenauers Erklärung. Im Auswärtigen Ausschuß keimte schüchterne Hoffnung. Aus der Sache wurde aber damals wie später nichts, gar nichts. Der Kreml dachte nicht daran, sich auf ein solches Wagnis einzulassen.

Eine noch viel größere Enttäuschung – weil auf realen Erwartungen und seriöseren Voraussetzungen beruhend – wurde für uns die Entwicklung im Europarat, überhaupt im Bereich der europäischen Integration. Die Herbsttagung 1951 der Beratenden Versammlung war der französischen und britischen Wahlen wegen tief in den Winter gerückt worden. Zuvor hatten wir in Straßburg amerikanischen Besuch. Es gab ein amerikanisch-europäisches Gespräch, das zwar in den Formen internationaler Höflichkeit verlief, für uns Europäer aber ziemlich jämmerlich ausging. Wir hatten nichts Handfestes der amerikanischen Vorhaltung entgegenzusetzen, daß wir zwar allenthalben von Einigung sprächen, aber beschämend wenig dafür täten. Wir Deutsche standen dabei mehr als insgeheim auf der Seite der Amerikaner, aber wir hielten uns zurück, weil wir nicht als Ankläger auftreten wollten. Wir waren Deutsche und noch immer zwar nicht gerade zum Mundhalten, aber doch zur Zurückhaltung verurteilt.

Unter uns CDU/CSU-Abgeordneten in der deutschen Delegation herrschte überdies Bedrückung, ja Verbitterung über das, was wir nur für einen Umfall Churchills halten konnten. Wir hatten noch seine Rede vom August 1950 in den Ohren. Jetzt, nach seiner Wiederwahl zum Premier, setzte uns sein Innenminister, Sir David Maxwell-Fyfe, behutsam auseinander, daß Churchill in Sachen der europäischen Föderation auch nicht viel mehr oder viel anderes tun könne als sein Labour-Vorgänger in der Downing-Street, Mr. Attlee. England könne einer Europäischen Verteidigungsgemeinschaft nicht beitreten. War das eine Folge der Kontinentferne seiner Insulaner? Oder hinderte das marode Commonwealth die Genesung Europas? Churchill, der altgewordene Löwe, konnte oder wollte er nicht wahrhaben, was sich seit dem Krieg in der Welt, insbesondere in seiner alten Welt des britischen Commonwealth, begeben hatte?

Die schlimmste Folge der britischen Entscheidung war, daß mit der gesamteuropäischen Föderation auch die kontinentaleuropäische Vereinigung bis auf weiteres gestoppt wurde. Der französische Protestant de Félice faßte in Straßburg den Stier bei den Hörnern, als er den Antrag einbrachte, dann eben in Gottes Namen auf eine kontinentaleuropäische Föderation loszugehen. Die den

Koalitionsparteien Adenauers angehörenden Delegationsmitglieder unterstützten den Antrag. Unsere Sozialdemokraten paßten. Der Antrag de Félice fiel durch. Er brauchte eine Zweidrittelmehrheit, erhielt aber nur eine einfache. Die Skandinavier, insbesondere die Norweger, waren nicht dafür zu gewinnen. Sie hatten sich auch einem Antrag des englischen Labour-Abgeordneten Robert Mackay widersetzt. Er hatte den Hauptpunkt und die Hauptmisere des Straßburger Parlaments im Auge, als er bei der Reform seines Statuts dem Europarat eine zwar begrenzte aber echte gesetzgeberische Kompetenz verschaffen wollte. Die Franzosen de Menthon und Teitgen, beide Parteifreunde Robert Schumans, hatten Mackays Antrag nachhaltig unterstützt. Wir von der CDU/CSU waren ohnehin entschieden dafür. Auch Spaaks entschlossener Einsatz nützte nichts. Wir blieben auf der Strecke. Spaak trat als Präsident der Versammlung zurück.

Der Europarat verfällt in Siechtum

Der Europarat hat sich von dieser Niederlage nie mehr erholt. Auch die Vertröstung, daß seine Zukunft in dem Zusammenhang der heranwachsenden »Sonderbehörden« – gemeint waren Montanunion und EVG – liege, erwies sich als Irrtum. Der Europarat verfiel in Siechtum. Bis zum Scheitern der EVG im August 1954 erhielt und verarbeitete er zwar noch hin und wieder kräftige politische Impulse. Aber er blieb fortan angesiedelt im politischen Niemandsland, soll heißen dort, wo ein parlamentarischer Expertenkreis – bald etwas abschätzig Berufseuropäer genannt – klug diskutierte, aber mangels Macht nichts bewirken konnte. »Ihr Europarat ist tot«, rief mir Konrad Adenauer einige Jahre später über den Tisch zu. Wir saßen im Palais Schaumburg und frühstückten mit Charles de Gaulle. Zustimmend nahm dieser die Feststellung auf. Ich konnte nicht widersprechen.

Der Europarat starb nicht von heute auf morgen. In zwei verschiedenen Bereichen erlebte ich zeitweilig noch etwas von der Vitalität, die ihm in der Plenarsitzung im Sommer 1950 zu eigen war. Europarat und Montanparlament, dem ich ebenfalls angehörte, hatten eine Ad-hoc-Versammlung gebildet. Ihre einzige Aufgabe war die Ausarbeitung eines Vertragsentwurfs für die Gründung einer Europäischen Gemeinschaft. Unter dem Vorsitz Brentanos arbeiteten wir recht intensiv an dem Satzungsentwurf dieser Politischen Gemeinschaft. Wir entschieden uns für ein Zweikammersystem. Die direkt zu wählende Völkerkammer sollte für fünf Jahre gewählt, der Senat von den nationalen Parlamenten bestimmt werden. Die Völkerkammer sollte zweihundertachtundsechzig Abgeordnete haben, der Senat aus siebenundachtzig Mitgliedern bestehen. Die

Regierung der Gemeinschaft sollte von einem Europäischen Exekutivrat wahrgenommen werden. Sein Präsident sollte von dem Senat (unserem Bundesrat vergleichbar) gewählt werden. Über die Kompetenzen dieser Europäischen Gemeinschaft sagt der Artikel 6 jenes Satzungsentwurfs salomonisch: »Die Gemeinschaft übt diejenigen Zuständigkeiten aus, die ihr aufgrund dieser Satzung oder weiterer Akte übertragen werden.« Das war wenig und nicht konkret.

Als die EVG scheiterte, geriet auch diese Fleißarbeit guter Europäer in Vergessenheit. Fünfundzwanzig Jahre später sahen viele in den Direktwahlen zu einem europäischen Parlament die Überwindung der Lähmung, die sich damals in der europäischen Integration ausbreitete. Daß ein Parlament ohne begrenzte, aber hinreichende echte Befugnisse zum Vertrocknen, zum Scheitern verurteilt ist, wurde über der Vorstellung von bislang noch nie stattgefundenen direkten Wahlen zu einer europäischen Körperschaft verdrängt. Ich weiß nicht, worauf sich die Hoffnung von der Zauberwirkung der Direktwahl gründet. Natürlich ist sie ein Fortschritt. Aber wie weit wird er tragen? Vergessen ist, was wir ein Vierteljahrhundert vorher erlebten.

Die Saarfrage

Erfolgreicher als unser Vertragsentwurf war die Aktivität der Straßburger Versammlung in der Saarfrage. Die Sozialistische Internationale hatte auf ihrem Kongreß in Kopenhagen 1952 den Europarat aufgefordert, in der Saarfrage zu schlichten. Die Folge war ein Antrag, der von dem Holländer Marinus van der Goes van Naters eingebracht wurde. Der Baron van der Goes, ein gemäßigter Sozialist, war während des Krieges in einem deutschen Konzentrationslager eingesperrt. Seine Sympathien gehörten schon deshalb nicht von vornherein Deutschland und seinen Interessen an der Saar. Der Antrag war mitunterzeichnet von sozialistischen Delegierten aus allen Mitgliedsländern des Europarates. Darunter von Guy Mollet, dem französischen Sozialistenführer und Vorsitzenden des Allgemeinen (politischen) Ausschusses des Europarats, von Spaak, aber auch von deutschen Delegierten wie Erler und Carlo Schmid und sogar von saarländischen Sozialdemokraten. Man muß daran erinnern, um zu erkennen, welche politische Bedeutung dem Antrag von Anfang an zukam. Er wurde dem Allgemeinen Ausschuß des Europarats überwiesen. Von deutscher Seite gehörten ihm Karl Mommer, SPD, Karl-Georg Pfleiderer, FDP, und ich für die CDU/ CSU an. Abgesehen davon, daß sich die Saarfrage inzwischen zu einer zusätzlichen Blockade der europäischen Integration auszuwachsen begann, mußte die mit ihrem europäischen Verfassungsentwurf beschäftigte Ad-hoc-Versammlung auf eine Lösung, zumindest auf eine hinreichende Klarstellung dringen. Man mußte schließlich wissen, wie die Saar in einem europäischen Verfassungsentwurf behandelt werden solle. Als französisches Protektorat, als deutsches Reichsgebiet mit besonderem französischen Besatzungsstatus, als ein autonomer Kleinstaat oder am Ende doch als ein Teil der Bundesrepublik Deutschland?

Der Allgemeine Ausschuß trat unter Guy Mollets Führung vorsichtig und taktvoll auf die Behandlung des Antrags ein. Herr van der Goes wurde zum Berichterstatter bestellt. Er sollte einen Entschließungsentwurf vorlegen. Er tat weit mehr. Er arbeitete binnen kurzer Zeit mit Hilfe des Generalsekretariats des Europarats ein in sich geschlossenes Saarstatut aus. Mommer protestierte. Der Ausschuß trat dennoch in die Beratung ein. Um die Debatte zusammenzuhalten und ihre Ergebnisse rechtzeitig der Vollversammlung in Straßburg vorlegen zu können, wurde Geheimhaltung beschlossen. Wir hätten ebensogut beschließen können, der Mond habe ein Viereck zu sein. In der saarländischen Presse erschienen alsbald die geheimzuhaltenden Texte. Und damit begann die öffentliche Kritik. Am schärfsten in Deutschland. Der holländische Jurist hatte es keinem ganz recht machen können. Auch in Frankreich gab es ähnlich wie in Deutschland scharfe Kritik, wenn sie auch weniger breit war.

Der Plan des Holländers begann lapidar mit der Feststellung: »Die Saar wird europäisches Territorium.« Der Schutz ihrer Interessen in allen Fragen der Außenpolitik und der Verteidigung solle von Frankreich auf einen europäischen Kommissar übergehen.

Mein sogleich angemeldeter Einwand: Was geschieht, wenn die Europäische Gemeinschaft gar nicht zustande kommt? Seit dem Rücktritt Spaaks war ich skeptisch geworden. Mommer lehnte ohnehin den ganzen Plan ab. Er betrieb eine Politik, die stets darauf hinauslief: Die Saar ist deutsch. Sie hat deutsch zu sein. Sie muß zurück nach Deutschland. Das gefiel auch mir und Karl-Georg Pfleiderer natürlich am besten. Thomas Dehler überhöhte Mommers Forderung noch mit seinem scharfen Einwand gegen die Europäisierung und auch gegen die Volksabstimmung an der Saar. Es stehe keinem deutschen Volksteil zu, über seine Zugehörigkeit zum angestammten Land zu befinden.[14] Die FDP werde aus der Regierung ausscheiden, wenn Adenauer auf der Europäisierung bestehe.[15]

Ich mußte mir den Luxus versagen, mit derlei Maximalismen aufzutrumpfen. Ich hielt es für ratsam, auf den Plan des fairen Holländers zwar kritisch, aber positiv einzutreten. Adenauer sah in ihm zunächst nur einen Helfershelfer der Franzosen. Er tat damit dem sozialdemokratischen Baron Unrecht. Ich schlug eine Begegnung vor. Das Gespräch fand im Palais Schaumburg statt. Es verlief so positiv, daß der Bundeskanzler seine Vorbehalte gegen Herrn van der Goes van Naters fallen ließ.

Die Verhandlungen des Ausschusses in Straßburg waren eingehend, nuanciert und von vorbildlichem parlamentarischen Niveau.[16] Diese Zusammenarbeit politischer europäischer Köpfe hat in unseren Nachbarländern, ihren Parlamenten und vermutlich auch bei ihren Regierungen erst die psychologischen Voraussetzungen für die schließliche Lösung der Saarfrage geschaffen.

Die meisten Änderungsanträge zu dem Natersplan kamen von unserer, von deutscher, Seite. Ich beantragte, den Fundamentalsatz, daß die Saar europäisches Territorium werde, mit dem Zusatz zu versehen, wenn die Europäische Gemeinschaft zustande kommt. Eine Vorabeuropäisierung lehnte ich ab. Mein Ergänzungsantrag war lange umstritten. Dann setzte er sich durch. Mommer sagte auch dazu nein. Pfleiderer schwankte. Gemeinsam forderten wir die rasche Zulassung der Parteien, die sich mit der Loslösung der Saar von Deutschland nicht abfinden wollten. Mit ihrem Verbot hatte sich die Saarregierung Hoffmann tiefer ins eigene Fleisch geschnitten, als sie erkennen konnte. Natürlich waren die oft gezogenen Vergleiche mit den Terrorsystemen hinter dem Eisernen Vorhang nicht gerecht. Aber der Regierungschef Hoffmann und seine Mannen befanden sich mit ihrem Verbot dieser Parteien eben doch in einem eklatanten Widerspruch zur Praxis der freiheitlichen Demokratien. Wir drei Deutschen verlangten die alsbaldige Aufhebung dieses Verbots. Die Reaktion darauf war in unserem Ausschuß geteilt. Schließlich wurde der Antrag abgelehnt. Schlechten Gewissens – um das Ganze zu retten, wie mir der dänische Sozialist Jakobsen bedauernd erklärte.

Die Mehrheit, die große Mehrheit des Ausschusses wollte nicht Hoffmann, sondern Frankreich schonen. Das entsprach ungefähr der damaligen öffentlichen Meinung in der Welt, soweit sie die Saarfrage überhaupt zur Kenntnis nahm. Für kategorische Forderungen à la Mommer gab es keinerlei Aussicht auf Realisierung. Frankreich dachte nicht an Kapitulation. Und niemand in dem Ausschuß zeigte sich bereit, ein solches Verlangen zu unterstützen. Mehr Erfolg hatten wir mit der Wirtschaftsordnung. Pfleiderer gelang es, die Wirtschaftsparagraphen des Natersplanes im dafür gebildeten Unterausschuß abzuändern. Deutschland sollte die wirtschaftliche Gleichberechtigung mit Frankreich erhalten.[17] Voraussetzung auch dafür freilich: ein europäisches Saarstatut.

Während in den Wirtschaftsfragen vertretbare Kompromisse erzielt wurden, gab es die härtesten Auseinandersetzungen an einem Punkt, der zwischen Frankreich und Deutschland buchstäblich bis zur letzten Minute kontrovers blieb. Wir Deutsche sollten der definitiven Abtrennung des Saargebiets von Deutschland in einem künftigen Friedensvertrag zustimmen. Dazu hatten London und Washington dem Quai d'Orsay ihren Segen gegeben. Wir sagten nein. Im Europarat spielte die Forderung deshalb keine entscheidende Rolle, weil wir davon ausgehen konnten, daß der Natersplan nur dann Wirklichkeit werde, wenn die auch durch Friedensverträge nicht mehr auflösbar sein sollende politische Gemeinschaft der Europäer bereits zustande gekommen war.

Bei den Regierungen – auch der deutschen – sah die Sache ein wenig anders aus. Zwar wäre die Europäisierung der Saar im Rahmen einer supranationalen Gemeinschaft von der Präambel und dem Artikel 24 des Grundgesetzes gedeckt gewesen. Nur wer das und die grundlegend andere Beziehung zu unseren Partnern im Westen ignorierte, konnte von so etwas wie Parallelität zwischen Saar und Oder-Neiße reden.[18] Ich wandte mich auch im Bundestag gegen den ständigen Vergleich der Saarfrage mit dem Oder-Neiße-Problem. In der Polemik wurde immer wieder gegen uns eingewandt, daß ein Verzicht auf die Saar in welcher Form auch immer den Landraub im Osten legalisieren würde. Das war Unsinn. Diese Legalisierung erfolgte viele Jahre später durch die sogenannten Ostverträge. Der Natersplan in seiner durch unser Begehren modifizierten Endgestalt bot keinerlei begründeten Anlaß zu derartigen Vorwürfen. Auf einer zuweilen dramatischen Sitzung des Allgemeinen Ausschusses in Paris am 5. und 6. Februar 1954 traten vor allem die englischen Konservativen mit Julian Amery auf unsere Seite. Andere schlossen sich ihnen an. Der Ausschuß wollte zum Schluß kommen.

Die Ungeduld wuchs. Die kaschierte Kraftprobe der geschlagenen Deutschen mit den siegreichen Franzosen um die Saar begann den Europäern, die weiterkommen wollten, lästig zu werden. Der Streit unter den Deutschen erzeugte Unmut. Solche Situationen hatte ich befürchtet. Unsere Interessen geboten ein möglichst einheitliches, geschlossenes Auftreten der Deutschen auch gegenüber unseren westlichen Partnern. Das war der Grund, weshalb ich mehrfach in der zu Ende gehenden ersten Wahlperiode des Bundestags für eine Bipartisanship, eine gemeinsame Außenpolitik der großen Parteien, eintrat. Zeitweilig schien sie mir nur möglich in einer großen Koalition, die ich für die Zeit nach den Bundestagswahlen im Herbst 1953 zur Diskussion stellte. Der Wahlausgang 1953 wischte jeden Gedanken daran vom Tisch.[19]

Etwas düster hatte Robert Schuman schon geraume Zeit zuvor gesagt, daß die befriedigende Lösung der Saarfrage von Bedeutung sein werde für das Schicksal der geplanten Europäischen Verteidigungsgemeinschaft. Sie war das Ergebnis der Diskussionen und Entschlüsse des Europarats in den Jahren 1950 und 1951. Nicht jeder von uns hatte Schumans Warnung ernst genug genommen. Eine Rede, die der damalige Staatssekretär im französischen Außenministerium, Maurice Schumann, gehalten hatte, verstärkte Adenauers Befürchtungen so, daß er mich bat, nach Paris zu fahren und mit Maurice Schumann zu sprechen.

Der Zufall wollte es, daß ich auf dem Weg zum Quai d'Orsay dem ehemaligen Außenminister Robert Schuman begegnete. Ich fragte ihn nach seiner Beurteilung der Lage, welche Aussicht er der Vorlage des Europarats zur Saarfrage, also dem mehrfach veränderten und nun zur Schlußabstimmung anstehenden Natersplan, gebe. Robert Schuman war zurückhaltend. Ich hatte Mühe, eine klare Äußerung zu bekommen. Schließlich aber meinte der wohlwollende Europäer, daß er den – stark zu unseren Gunsten veränderten Plan – »als Grundlage« für annehmbar halte. Wenn die EVG ratifiziert werden solle, bedürfe es jedoch darüber hinaus einer »Grundsatzübereinstimmung« zwischen der französischen und deutschen Regierung in Sachen Saar.

Wie dieser Akkord nach französischer Auffassung aussehen müsse, setzte mir Maurice Schumann eine halbe Stunde später auseinander. Der Natersplan gut und schön – für Frankreich aber unannehmbar, wenn das Junktim zwischen dem neuen Status der Saar und der Europäischen Politischen Gemeinschaft nicht aufgelöst werde. Ich sagte, das sei für uns ganz unannehmbar. Das Gespräch, höflich und kühl (Maurice Schumann hat nach meinem Eindruck auch mit »dem anderen Deutschland« nie etwas im Sinn gehabt), zeigte auf der ganzen Linie, was auf dem Spiel stand. Der Staatssekretär bestätigte Adenauers dunkelste Befürchtungen. Ohne Saarlösung keine EVG. Scheitere die EVG, komme es auch zu keiner Europäischen Politischen Gemeinschaft. Umgekehrt, komme es zur EVG, könne auch binnen kurzer Frist (»binnen weniger Monate«) mit der Ratifizierung der Gemeinschaft, also mit dem Europäischen Bundesstaat gerechnet werden. Ich machte einen Vermittlungsvorschlag, aber es wurde nichts daraus. Skeptisch, ja pessimistisch gestimmt fuhr ich nach Hause.

Es war am 9. April 1954. Zwei Wochen später nahm der Politische Ausschuß des Europarates den Natersplan an. Die Saar solle europäisches Territorium werden, »sobald die Europäische Politische Gemeinschaft Europas errichtet ist«. Freie Zulassung aller Parteien und Zeitungen. Freie Volksabstimmung. Pfleiderer enthielt sich der Stimme. Mommer sagte nein. Ich stimmte mit einer ablehnenden Stellungnahme zur Friedensvertragsklausel zu. Mein Argument zum ganzen: der Plan dient dem deutschen Interesse an der Saar.

Er ist geeignet, den Status quo aufzubrechen und die Herstellung der vollen demokratischen Freiheit und die Volksabstimmung zu ermöglichen.

Schließlich: auch wir Deutsche dürfen in Sachen der europäischen Integration nicht nur die Lippen spitzen und passen, wenn uns einmal nicht alles gefällt.

Einige Tage später vertrat ich diese Linie vor dem Bundestag. Daß wir in der Frage der sofortigen Herstellung der politischen Freiheit an der Saar überstimmt wurden, nannte ich einen Skandal. Zur Charakterisierung der Arbeit des Allgemeinen Ausschusses des Europarats zitierte ich einen französischen Journalisten. Der Plan trage heute »viel mehr und viel stärker den deutschen Gesichtspunkten... Rechnung als den Erfordernissen, von denen der Quai d'Orsay bis jetzt ausgegangen sei«.[20] Der Bundestag faßte gegen die Stimmen der SPD eine Entschließung. Per Fischer hält sie zu Recht für »die stärkste Unterstützung« des Plans.[21] Jetzt hatten die beiden Regierungen die Karten wieder in der Hand. Würden sie zu dem Grundakkord kommen, von dem mir die beiden Schuman gesprochen hatten?

Im Zusammenhang mit der Ministerratstagung des Europarats fand am

19. Mai 1954 im Maison Rouge, der Nobelherberge Straßburgs, ein Saargespräch mit den Vertretern beider Regierungen statt. Bidault, der Außenminister Frankreichs, war durch eine Indochinakonferenz in Genf festgehalten. Das war unser Glück und Unglück. An seiner Stelle erschien Pierre-Henri Teitgen, ein großer, in die Zukunft gerichteter Europäer. Wir ließen die von den Regierungschefs mitgebrachten Experten sitzen und setzten uns in einem abgeschlossenen Raum zusammen: Adenauer, Teitgen, van der Goes, Brentano, Hallstein und ich. Spaak und Monnet nahmen gewissermaßen als Mittler und Treuhänder der europäischen Leitidee daran teil.

Anders als am Quai d'Orsay war es eine angenehme, beinahe entspannte Atmosphäre, in der das mehrstündige Gespräch geführt wurde. Teitgen war sich klar darüber, daß das Regime Hoffmann-Grandval nicht beliebig zu verlängern war. Spaak und Monnet erwiesen sich auch deshalb als hilfreiche Vermittler, weil sie taktvoll daran zu erinnern wußten, daß die Saarfrage zwar wichtig für die weitere Entwicklung, aber doch nicht der Nabel der Welt sei. Adenauer war erneut gegen die Volksabstimmung, während ich sie für unverzichtbar hielt. Die Saarländer sollten selber frei sagen können, was sie nun wollten.

In der Friedensvertragsklausel waren wir Deutsche uns hingegen so einig, wir vertraten Adenauers Auffassung dazu so entschieden, daß van der Goes den Vorschlag machte, auf die Bindung Deutschlands für die Zeit nach dem Friedensvertrag zu verzichten. Teitgen war konziliant. Er blickte auf den europäischen Horizont, und so kam schließlich ein Kompromiß zustande, den alle für gut hielten. Adenauer war bei dem anschließenden Essen denn auch sehr aufgeräumt. Felix von Eckardt, damals Bundespressechef, war das Opfer seiner Witze.

Einige Tage später war uns freilich nicht mehr zum Lachen. Bidault und sein Anhang weigerten sich, dem mit Teitgen ausgehandelten Kompromiß zuzustimmen. Auch in Deutschland war die Stimmung gedämpft. Die Angriffe kamen von allen Seiten. Ernstzunehmendes und Mumpitz. Wir konnten unsere Verhandlungserfolge mit Rücksicht auf den französischen Partner nicht in die Welt trompeten. Außerdem war die ganze Geschichte inzwischen auch für den politisch Interessierten schwer überschaubar geworden. Als die Regierung Bidault den Bundeskanzler amtlich wissen ließ, daß sie sich an das Straßburger Protokoll aus dem Maison Rouge nicht gebunden fühle, gab es auch im Palais Schaumburg Betretenheit. Wir fragten uns zögernd, ob wir mit unseren Forderungen an den Natersplan unsere, die deutsche, Position überzogen und die Integration unvertretbar gefährdet hätten?

Abgesehen von der taktischen Frage des Volksentscheids dachte Adenauer in der ganzen Sache kein Jota anders als ich. Er sah in der Europäisierung einen vertretbaren Kompromiß, war jedoch ebenso wie ich darauf bedacht, sich nicht dem Vorwurf auszusetzen, einen zwielichtigen Verzicht auf deutsches Land erbracht zu haben. Das bewegte ihn so stark, daß er sich mit der Frage der Volksabstimmung kaum mehr beschäftigte. Vielleicht traute er ihrem Ergebnis nicht. Sicher aber fürchtete er die Aufwühlung nationaler Leidenschaften und eine Verstimmung der Franzosen, die seiner Verteidigungs- und Außenpolitik im ganzen schweren Schaden hätte zufügen können. Ich war geraume Zeit uneins mit mir selber, ob wir die Volksabstimmung gegen das bestehende Saarstatut würden wagen können. Das Volk an der Saar, schwer enttäuscht von dem, was ihm seine Option für Deutschland am 13. Januar 1935 einbrachte, und benommen von der Wucht und Düsternis der über Deutschland hereingebrochenen Katastrophe, verlangte nach Ruhe und Frieden. Frankreich bot in den Jahren nach dem Krieg mehr, als das geschlagene Deutschland und die erst in Umrissen aus dem Schutt der Niederlage auftauchende Bundesrepublik zu bieten hatten.

Seit den Bundestagswahlen von 1953 begann ich jedoch eine freie Volksabstimmung an der Saar für ein vertretbares Risiko zu halten. Zudem: Wir verfochten unentwegt das Selbstbestimmungsrecht für die russisch besetzten Mitteldeutschen. Warum sollten wir es den Saarländern verweigern? Würde es gegen Deutschland ausschlagen, müßte es eben getragen werden. Risiko der Demokratie. Adenauer hingegen dachte an das Risiko für die europäische Integration.

Die eigentliche Entscheidung fiel in jener Oktobernacht 1954 in der amerikanischen Botschaft in Paris, in der sich der deutsche Bundeskanzler mit dem französischen Ministerpräsidenten (Mendès-France) darauf einigte, die Friedensvertragsklausel im Saarabkommen fallen und das Volk an der Saar frei darüber befinden zu lassen, ob es dem Abkommen zustimmen oder es verwerfen wolle. Es war ein guter Kompromiß. Adenauer war andern Tags zwar noch immer bedenklich, aber ich gratulierte ihm uneingeschränkt. Die Kritik im eigenen Land hätte meinen Glückwunsch für unangemessen, ja für frivol gehalten. An den Pariser Verträgen, die uns vom Besatzungszustand befreien und zu Verbündeten des Westens machen sollten – wir kommen noch darauf – wurde in Deutschland jedenfalls nichts heftiger kritisiert als der Kompromiß in der Saarfrage. Ich hielt und halte diese Kritik auch im Rückblick noch für das Symptom einer seltsamen Mischung von mangelndem Wagemut und Illusionismus. Das Plebiszit riskieren? Das wollten auch wackere Demokraten nicht. Die sofortige Rückgabe der Saar an Deutschland ohne Wenn und Aber? Die Leute kannten die Franzosen – und ihre Sympathisanten in der Welt – schlecht.

Am 23. Oktober 1955 lehnten die Saarländer in freier Abstimmung das Europäische Statut für das Saarland ab. 67,7 Prozent sagten nein. Das Nein bedeutete – von Frankreich nicht in Frage gestellt –, das Saarland will zu Deutschland. Nur ein Terrorregime hätte sich darüber hinwegsetzen können.

Die Entscheidungen an der Saar haben keine erkennbar nachteiligen Folgen

für das Verhältnis Frankreichs zu Deutschland gehabt. Die Europäische Verteidigungsgemeinschaft war schon zuvor, am 30. August 1954, in der Französischen
Nationalversammlung gescheitert. Um diese Zeit stand fest, daß Frankreich die
Saarrunde des Europarats im wesentlichen verloren hat. Das mag den Verdruß
in Paris gesteigert und alte Vorbehalte erneuert haben. Ein hinreichender Grund
für die Verweigerung der Zustimmung zur EVG im französischen Parlament
war dieser Verdruß jedoch nicht. Die britische Absage an die EVG wog
schwerer.

Die EVG scheitert

Das Scheitern der in Bonn bereits ratifizierten EVG war eine Katastrophe. Mein
Freund Walter Hallstein beurteilte die Lage zwar kühler als sein damaliger Chef.
Hallstein begrüßte den Rettungsversuch, den Englands Außenminister Eden zur
Aufrechterhaltung des atlantischen Sicherheitssystems in Europa machte. Die
Bundesrepublik sollte nun eben nicht über eine EVG, sondern mit ihren zwölf
Divisionen der NATO direkt einverleibt werden. Ich verkannte den Sicherheits-
wert der Edenschen Vorschläge nicht. Eine zum europäischen Bundesstaat
führende integrierende Wirkung vermochte ich ihnen jedoch nicht zuzu-
schreiben.

Hallstein hingegen schätzte die Integrationskraft eines gemeinsamen Marktes
so hoch ein, daß er glaubte, damit sei das Scheitern der EVG schließlich
auszugleichen. Die Hoffnung trog.

Die Lage war schon vor jenem Unglückstag so verdüstert, daß auch Nichtpes-
simisten sich ernsthaft Gedanken machten, wie denn Europas Sicherheit ohne
EVG dauerhaft gewährleistet werden könne. Nur die Gedankenlosen hielten das
für überflüssig. Die Russen seien saturiert, und im übrigen seien die Amerikaner
immer noch da.

Am 25. Juni 1954 schrieb ich dem Bundeskanzler einen Brief, in dem ich
dringend davon abriet, im Fall des Scheiterns der EVG eine deutsche Nationalarmee unmittelbar in die NATO zu führen. Blank solle zwar weiter an der
Errichtung der Bundeswehr arbeiten, man könne auch den Bundesgrenzschutz
erweitern, aber wir sollten keine perfekte Ersatzlösung präsentieren. Das Wie
eines deutschen Verteidigungsbeitrags zu der Abwehrfront des Westens solle
einstweilen offenbleiben und zwar durchaus beunruhigend offenbleiben.»Wenn
wir uns auf eine deutsche Nationalarmee nicht einlassen, wird Frankreich
gezwungen, sich auch in Zukunft mit dem Integrationsproblem auseinanderzusetzen. Es bleibt in Paris und damit in allen anderen Hauptstädten auf dem

Tisch.« Für eine begrenzte Zeit hielt ich das für vertretbar. In meiner letzten Rede vor dem Europarat in Straßburg begründete ich mein Votum.

Als im Frühjahr 1952 die Sowjets ihre beiden berüchtigten Deutschland-Noten schrieben und dabei den Vorschlag machten, eine deutsche nationale Armee zuzulassen – sie taten es, um die Beteiligung Deutschlands an der europäischen Integration und an der NATO für immer unmöglich zu machen –, erklärte ich mich gegen eine solche Verteidigungsorganisation. Adenauer war ebenso dagegen. Er wollte jedoch nicht auf meinen Vorschlag eintreten, der deutschen und der Weltöffentlichkeit den Sinn der russischen Noten in befristeten Verhandlungen mit der Sowjetregierung zu demonstrieren. Jetzt, im Sommer 1954, fand ich Adenauer geneigt, auf meinen Vorschlag einzutreten. Er antwortete auf Churchills Frage, wie er über einen direkten NATO-Beitritt der Bundesrepublik denke oder was er von einer EVG ohne supranationalen Charakter halte, zurückhaltend bis ablehnend. Churchill hatte in Aussicht stellen lassen, daß England einer solchen EVG beitreten könne. In seinen Erinnerungen berichtet Adenauer, daß er dem britischen Botschafter, Sir Hoyer-Miller, gesagt habe, »vielleicht gebe es noch eine Alternative, ohne daß Deutschland in die NATO eintrete. Ob es diese Alternative gebe, werde von der deutschen Regierung geprüft. Man erwarte Anregungen und Vorschläge.«[22]

Die Londoner Neunmächtekonferenz

Meinen Vorschlag hatte ich inzwischen dem kritischen Urteil zweier Männer unterworfen, die beide Sozialdemokraten aber auch bewährte Europäer waren: Paul Spaak und Guy Mollet. Beide hatten mir zugesagt, daß sie einen entsprechenden Vorschlag Adenauers auf der bevorstehenden Londoner Neunmächtekonferenz unterstützen würden. Kurz vor der Abreise Adenauers bat er mich noch einmal zu einem Gespräch in das Palais Schaumburg. Es ging um meine Ablehnung der Edenschen Vorschläge. Adenauer zauderte. Ob die Lücke in der Abwehrfront nicht doch zu riskant sei? Ich sagte, nicht nur ich, sondern auch Spaak und Mollet hielten sie für einige Zeit für vertretbar. Frankreich gewinne damit eine Überlegungsfrist. Hallstein war dagegen. Er war für Eden. Adenauer war skeptisch. Ich schied jedoch von ihm mit dem Eindruck, daß er sich auf der · Linie meines Vorschlags bewegen werde.

Ich täuschte mich. Im kleinen Kabinettsaal des Palais Schaumburg erwartete ihn bei der Rückkehr eine Gästeschar, die zu einem Essen für den damaligen türkischen Ministerpräsidenten Menderes gebeten war. Der Hausherr und Gastgeber ließ auf sich warten. Die Konferenz hatte sich länger als angenommen hingezogen. Meine Begrüßung des Kanzlers fiel knapp aus. Er merkte es sofort, blieb stehen und erklärte vor den Ohren der Umstehenden, daß meine »Freunde«, er meinte Spaak und Mollet, ihn hätten sitzen lassen. Sie hätten kein Wort von unserer Absprache erwähnt. Den verabredeten Antrag hätten sie nicht vorgebracht. Ich sagte, daß das doch gar nicht verabredet gewesen sei. Er, der deutsche Bundeskanzler, hätte selbstverständlich den Antrag vorbringen müssen. Spaak habe nur seine nachdrückliche Unterstützung zugesagt. Mollet desgleichen. Das Klima wurde kühl. Man ging zu Tisch. In Frack und Orden, wie es unter dem strengen Zepter von Frau Pappritz vom Protokoll üblich geworden war.

Auf der Londoner Neunmächtekonferenz war alles schließlich so gelaufen, wie Eden es zuvor mit den meisten beteiligten Regierungen vereinbart hatte. Die Bundesrepublik tritt unmittelbar der NATO bei. Es bleibt bei den für die EVG vorgesehenen zwölf deutschen Divisionen. Das Besatzungsregime wird beendet. Deutschland, soweit es frei ist, wird souverän.

Im Rahmen des revidierten Brüsseler Paktes erlangt die Bundesrepublik erneut eine Sicherheitsgarantie auch für Berlin. Die politische Unterstützung des deutschen Wiedervereinigungsverlangens durch unsere Vertragspartner wird vertraglich zugesichert.

Schwierigkeiten machte auch in London vor allem Mendès-France. Er konnte sich offensichtlich nur mühsam dazu durchringen, uns Deutschen in der NATO eine nichtdiskriminierende, gleichberechtigte Position zuzugestehen.

Statt in dieser Situation nun mit meiner Alternative herauszurücken, faßte Adenauer den einsamen Entschluß, für Deutschland eine Verzichterklärung abzugeben auf die Herstellung der sogenannten ABC-Waffen im eigenen Lande und auch auf eine Reihe weiterer schwerer Waffen zu verzichten. In seinen Erinnerungen nennt Adenauer die Abgabe – offenbar die unvorbereitete Abgabe – dieser Erklärung den einzigen »einsamen Entschluß« seines politischen Wirkens.[23] Ich habe ihn für verfehlt gehalten. Das Urteil, daß Adenauer eben ein Mann der einsamen Entschlüsse gewesen sei, ist jedoch mindestens ebenso falsch. Dafür war er viel zu überlegsam bis hin zum zuweilen gefährlichen Zaudern. Gegen meine Kritik an jenem einsamen Entschluß in London machte er geltend, daß die Konferenz unbedingt hätte gerettet werden müssen. Nach dem Reinfall der EVG wäre ihr Scheitern nicht zu vertreten gewesen. Und außerdem: Herr Dulles habe ihm sofort gesagt, vor Zeugen, die Erklärung gelte nur rebus sic stantibus. Sooft wir später darauf zu sprechen kamen, und das geschah öfters, blieb Adenauer bei diesem rebus sic stantibus.[24]

Mir war diese Hintertür kein Trost. Wir waren im Wort. Ich war an der Produktion jenes Teufelszeugs in Deutschland nicht interessiert, auf die der Bundeskanzler in London verzichtet hatte. Aber ich war daran interessiert, daß Deutschland nicht zur weichen Stelle in der Abwehrfront gegen den roten Osten werde. Wenn wir schon in den sauren Apfel beißen mußten, mit allgemeiner Wehrpflicht und allem Zubehör, dann mußten wir und unsere Verbündeten dafür auch eine erstklassige Abwehr- und Abschreckungskapazität in Mitteleuropa erhalten. Deshalb sollten wir uns ja in die nicht nur finanziellen Unkosten stürzen.

Auf den Synodaltagungen der Evangelischen Kirche in Deutschland hatte ich in jenen und den folgenden Jahren manchen Strauß dafür zu bestehen. Die »Atomtod-Gegner« wurden nicht müde, uns auch auf den Synoden in einem Mischmasch theologischer und politischer Appelle vor der atomaren Bewaffnung der Bundeswehr zu warnen. Die wohlmeinendsten von ihnen rangen sich ein zurückhaltendes Ja zu einer Art Schutztruppe ab. Ich irritierte sie mit der Frage, ob diese mit Pfeil und Bogen ausgerüstet werden solle.

Ich muß dahingestellt lassen, ob jener einsame Entschluß des Bundeskanzlers wirklich unvermeidlich war. Ob Frankreich sich damals zu den Pariser Verträgen auch ohne diese deutsche Verzichtserklärung durchgerungen hätte, ist nicht feststellbar. Darüber zu rätseln, ist Theorie. Wirklichkeit wurde hingegen die schon für die zweite Oktoberhälfte 1954 in Paris angesetzte Unterzeichnung der Verträge, die der Londoner »Schlußakte« staats- und völkerrechtliche Geltung verleihen sollten.

Am 19. oder 20. Oktober fuhr ich mit nach Paris. Der Bundeskanzler hielt es für geraten, einige Parlamentarier zu der Pariser Konferenz einzuladen. Ein noch immer offener Streitpunkt war die Saar. Seit dem französischen Widerruf jenes Kompromisses, den der stellvertretende Ministerpräsident Frankreichs im Maison Rouge in Straßburg mit uns zusammen zustande gebracht hatte, war in der Sache auf Regierungsebene nichts weiter geschehen. Daß in Paris jetzt auch die Saarfrage geklärt werden müsse, war jedermann klar. Der »Grundakkord« war fällig.

Der französische Ministerpräsident machte ihn zur Voraussetzung seiner Zustimmung zu allen anderen Verträgen. Es zeigte sich bald, daß es dabei hart auf hart gehen werde. Brentano und ich waren, da wir keine Regierungsämter innehatten, wesentlich freier als der Bundeskanzler und seine Mitarbeiter. Wir diskutierten die Friedensvertragsklausel noch einmal nach allen Seiten durch und kamen zu dem Ergebnis, daß wir Adenauer nicht empfehlen könnten, in diesem Punkt von seiner bisherigen Einlassung abzugehen. Es war uns bewußt, daß wir damit ein hohes Risiko eingingen. Wir wollten von dem Besatzungsstatut herunter, auch wenn es in den letzten Jahren liberal und großzügig gehandhabt wurde. Wir wollten heraus aus dem Zwielicht, in dem wir bei allen Verhandlungen mit Ausländern standen: halb Subjekt, halb Objekt zu sein. Wir wollten gleichberechtigte Partner in einem verläßlichen Sicherheitssystem der freien Welt sein. Wir gedachten trotz der Niederlagen und Enttäuschungen in diesem Feld die Leitidee der europäischen Integration nicht aufzugeben.

Das alles aber stand auf dem Spiel, wurde in ein graues, undurchsichtiges Feld geschoben, wenn die Verträge scheiterten. Daß die Franzosen nicht bluefften, hatten sie am 30. August 1954 gezeigt. Paul Reynaud – um nur eine Stimme aus dem Kreis führender Europäer wiederzugeben – schrieb mir:

»Je crois, en effet, comme vous, que nous devons lutter malgré le coup très dur qui a été porté, le 30 août dernier, à l'idée européenne.«[25] Die Situation mußte ernst genommen werden. Wir kamen mit dem Bundeskanzler überein, auch den Fraktionsvorsitzenden der oppositionellen SPD nach Paris zu bitten. Ich empfahl nicht nur Erich Ollenhauer einzuladen, sondern auch Fritz Erler. Tags darauf erschienen beide. Adenauer legte die Lage dar. Die Stimmung war ernst. Kraftsprüche, wie ich sie in den Monaten zuvor insbesondere zum Thema Saar oft gehört hatte, fehlten vollständig. Auch sonst war es still geworden um die alten Maximalismen. Die Opposition zeigte so wenig Lust wie Dehler, die Verantwortung für das mögliche Scheitern der Verträge zu übernehmen. Aber keiner war auch bereit, einen Verzicht auf das Saargebiet zu erbringen. Auch nicht im Rahmen eines einstweilen noch ganz hypothetischen Friedensvertrags. Wir einigten uns darauf, daß der Bundeskanzler seinen alten Standpunkt in Sachen Friedensvertragsklausel weiter vertreten solle. Was allerdings geschehen solle, wenn Mendès-France daraufhin die Verhandlung abbrechen würde, darüber wurde nicht gesprochen. Wir hatten dafür kein Rezept. Keiner von uns war bei dem Gespräch zugegen, das Adenauer mit Mendès-France in der Nacht vor der Unterzeichnung führte. Daß Mendès-France gegen Adenauer auf der Volksabstimmung bestand, ist rückblickend betrachtet ein Witz der Geschichte. Am nächsten Tag wurden die Verträge unterzeichnet. Unter dem Sammelbegriff »Pariser Verträge« setzten sie einen Punkt hinter die unheilvollste Epoche der neueren deutschen Geschichte. Sie eröffneten eine glücklichere und großzügigere Epoche Deutschlands in der Gemeinschaft der freien Welt.

Wir bestiegen unsere kleine Maschine und flogen heim. Während dieses Rückflugs machte ich den Fraktionsvorsitzenden den Vorschlag, eine gemeinsame Äußerung zu den Pariser Verträgen abzugeben.[26] Aus der Tatsache, daß ein solcher Vorschlag überhaupt gemacht werden konnte, ersehe ich auch heute noch, daß die Aufnahme des Vertragswerks im ganzen bei der Regierungskoalition und bei der Opposition zunächst jedenfalls nur in Nuancen verschieden war. Wir hatten alle das Gefühl, daß wir zufrieden sein konnten.

Zu meinem Vorschlag sagte Ollenhauer, er müsse erst sehen, ob sein Fraktionsvorstand damit einverstanden sei. Wir kamen überein, mit der Erklärung ein oder zwei Tage zu warten, in der Zwischenzeit aber keine Einzelerklärung abzugeben. Schon am Tag darauf hörte ich im Radio eine Verlautbarung von Thomas Dehler. Aus der gemeinsamen Stellungnahme wurde nichts. Der Grund dafür lag allerdings nicht nur im Vorprellen Dehlers, sondern mehr noch darin, daß zu Hause allzuviele eifrig bemüht waren, nach den Haaren in der Pariser

Suppe zu fischen. Sie fanden sie auch. Die meisten in dem Saarabkommen.

Ich will nicht sagen, daß mich diese Reaktion auf das im ganzen mühsame, aber geglückte Werk enttäuschte. Aber sie hat meinen nie ganz getilgten Argwohn gegen das politische Urteil eines Teils des deutschen Volkes und seiner Medien wieder bestärkt. Wir mußten neuen schweren innenpolitischen Auseinandersetzungen entgegensehen. Im Unterschied zu den Ohne-mich-Wellen, die mehr die Öffentlichkeit als das Parlament erregten, mußte die Auseinandersetzung über die Pariser Verträge der Natur der Sache nach in aller Breite und Tiefe im Parlament ausgetragen werden. Die Verträge bedurften der Ratifikation. Wurde sie verweigert, waren sie samt dem Saarabkommen gestorben. An der Auseinandersetzung sollte ich völlig unerwartet jedoch von einer anderen Position aus teilnehmen.

Am 28. Oktober 1954 hatte ich abends in dem überfüllten Saal des Deutschen Museums in München über die Verträge zu sprechen. Meine Frau begleitete mich. Während des anschließenden Essens kam mein alter Freund Josef Müller, der »Ochsensepp«, auf mich zu und flüsterte mir ins Ohr, daß Hermann Ehlers, der Bundestagspräsident, lebensgefährlich erkrankt sei. Man befürchte das Schlimmste. Er starb in derselben Nacht.

DREIZEHNTES KAPITEL

Deutscher Parlamentarismus

Wahl zum Bundestagspräsidenten

Der freiheitliche Rechtsstaat hat in Deutschland erst verhältnismäßig spät die Gestalt der parlamentarischen Demokratie angenommen. Selbst nach der revolutionären Erschütterung des Jahres 1848 hatten es deutsche Länderparlamente schwer, in der überlieferten monarchisch-ständischen Ordnung Fuß zu fassen. Bis ins 20. Jahrhundert wurde die Institution einer gewählten Volksvertretung vielfach als Fremdkörper in einem Staatswesen empfunden, als dessen traditioneller Mittelpunkt die Krone galt. Der Deutsche Reichstag bildete keine Ausnahme von dieser Regel. Bismarck hatte das Reich als einen Fürsten- und Städtebund gegründet, dessen Souveränität ursprünglich im Bundesrat, aber nicht im Reichstag verkörpert war. Der Reichstag war in jener Zeit ein politisch-verfassungstechnisches Mittel, um die bürgerliche Gesellschaft an den jungen deutschen Nationalstaat zu binden und um partikularistischen Strömungen aus den Reihen der Bundesstaaten entgegenzuwirken.

Die Wandlung des Reichs zur parlamentarischen Demokratie am 28. Oktober 1918 stand im Schatten des Zusammenbruchs. Sie kam zu spät, um die drohende Katastrophe noch im letzten Augenblick abzuwenden.

Die Ausarbeitung der Weimarer Verfassung vom 11. August 1919 war eine Bewährungsprobe der jungen deutschen Demokratie. Die Handhabung dieser Verfassung jedoch endete im Bankrott. Daran trug die Ungunst der Verhältnisse, besonders die Wirtschaftskrise zu Beginn der dreißiger Jahre, ein gerüttelt Maß Mitschuld. Sie traf ein Volk, das weder den Schock des nationalen Zusammenbruchs überwunden, noch mit der parlamentarischen Demokratie und ihren Spielregeln sich inzwischen so vertraut gemacht hatte, daß es imstande gewesen wäre, auch kritischen Situationen mit den von der Verfassung dargebotenen Mitteln zu begegnen. So konnte es schließlich geschehen, daß der Reichstag vom Träger der nationalen Souveränität in der Weimarer Republik zum verachteten Ja-Sager der nationalsozialistischen Diktatur herabsank.

Es lag weniger an dieser Verwahrlosung des Parlamentarismus in der Hitlerzeit, es lag mehr an der überragenden Persönlichkeit des ersten deutschen

Bundeskanzlers nach dem Zweiten Weltkrieg, daß die Bedeutung der Bundesregierung höher eingeschätzt wurde als die des Parlaments.

Ich weiß nicht, warum es meine Fraktionsführung unterlassen hat, nach dem Tod meines Vorgängers im Amt die anderen Fraktionen des Hauses angemessen davon zu unterrichten, daß sie mich zur Wahl vorzuschlagen gedenke. Das hatte Ärger gemacht. Dazu kam der Verdacht, daß Adenauer mit mir so etwas wie einen Gleichschaltungsversuch des Parlaments im Schilde führe. Ich galt immerhin nicht ohne Grund als einer seiner nächsten Parteigänger. Daß das nur bedingt richtig war, begann das Haus erst in den folgenden Jahren zu erkennen. Meine Einlassungen in der Saarfrage und mein Eintreten für einen deutschen Verteidigungsbeitrag hatten mir aber ein entsprechendes Air gegeben. Die Vorgänge um die Wahl ärgerten mich auch deshalb, weil ich das Amt in keiner Weise begehrte. Ich sträubte mich dagegen. Es war mir klar, daß es den Verzicht auf vier fünftel meiner bisherigen politischen Arbeit zur Folge haben müsse. Aus Loyalität hatte ich endlich ja gesagt! Aus Loyalität gegen meine Partei und ihren Vorsitzenden. Im dritten Wahlgang schafften wir es schließlich. Tags darauf schickte mir Konrad Adenauer ein Dankschreiben (siehe Seite 357–359).

»Lieber Herr Gerstenmaier!   17. November 54
Es drängt mich, Ihnen in erster Linie dafür zu danken, daß Sie trotz der gestrigen unsympathischen Atmosphäre sich entschlossen haben, die Wahl anzunehmen.
Wenn auch gewisse Versäumnisse gegenüber den anderen Fraktionen manchen verstimmt haben, diese Versäumnisse waren sicher anderen ein willkommener Vorwand, die Wahl eines führenden evangelischen Mannes zu verhindern, um dadurch Differenzen und Verstimmungen im evangelischen Lager gegen die CDU hervorzurufen.
Als Vorsitzender der CDU danke ich Ihnen daher besonders herzlich, daß Sie durch Ihre Haltung dieses Manöver zunichte gemacht haben. Den Vorsitz im Außenpolitischen Ausschuß werden Sie nunmehr ja abgeben, leider, leider! – Aber ich hoffe doch sehr, daß ein Weg gefunden werden möge, Ihre Erfahrungen und Ihre Kraft in irgendeiner Form unserer außenpolitischen Arbeit nutzbar zu machen.
Ich danke Ihnen von Herzen für Ihre bisherige Arbeit und für das Opfer, das Sie gestern brachten, und bin mit recht herzlichen Grüßen wie immer
Ihr Adenauer.«

Ich bin mir heute noch nicht klar darüber, ob Adenauer die konfessionelle Optik der CDU nicht überschätzte. Mir war es nicht so wichtig, ob der Bundeskanzler *und* der Bundestagspräsident evangelisch oder katholisch waren. Mir kam es auf den Mann an. Adenauer dachte ähnlich. Als Parteivorsitzender war er aber doch sehr darauf bedacht, auch optisch dem Vorwurf zu begegnen, seine Partei

17. 11. 54

Handschreiben Konrad Adenauers vom 17. November 1954

[...] andere ein willkommener [...] Anlaß, die Stelle eines führenden evangelischen [...] zu verhindern, um [...] durch [...] und [...] im evangelischen Lager gegen die CDU [...]

Als Vorsitzender der CDU wende ich Ihnen [...] das [...], daß die Kirche [...] dieses [...] zu [...] gemacht haben.

Der [...] im [...]

protegiere den Katholizismus und weise den Protestanten nur eine untergeord-
nete Position zu. Nun war die CDU schon in ihren Ursprüngen ein ökumenisches
Element hohen Ranges. Aber die Katholiken waren in der Mehrzahl. Sie hatten
sich gegen die Neubildung des Zentrums entschieden und waren in einem sehr
viel festeren inneren Zusammenhang als die Evangelischen der CDU beigetre-
ten. Die Partei mußte darum demonstrativ bekunden, daß sie es nicht darauf
angelegt habe, den Protestantismus zu majorisieren. Der Konfessionsproporz
spielte deshalb in jenen Jahren eine Rolle, die für die Jüngeren kaum mehr
verständlich ist.

Der Berechtigung der Adenauerschen Überlegungen konnte ich mich nicht
entziehen. Aber ich verzichtete höchst ungern auf meine inzwischen eingeübte
parlamentarische Arbeit im Bereich der Außenpoltitik. Obwohl es keine entsprechende Vorschrift gab, war mir klar, daß ich die Führung des Auswärtigen
Ausschusses abgeben und aus dem Europarat und Montanparlament ausscheiden müsse. In vielen Gesprächen mit Adenauer und seinem Freund Robert
Pferdmenges machte ich Gegenvorschläge. Aber mein bester Kandidat, Kurt
Georg Kiesinger, war Katholik – und das wollte der Bundeskanzler absolut
nicht.

Verhältnis Bundeskanzler – Bundestag

Ich studierte die Geschäftsordnung und warf einen Blick auf die Parlamentsver-
fassung dieses und jenes unserer Nachbarländer. Aber wichtiger und durchdrin-
gender als alles, was ich dabei lernte, war für mich der Rat und die zurückhaltende Mahnung meines alten Vaters: Sei gerecht! Sonst nichts. Die Autorität des
Amtes, die damals größer war als heute, erschien mir voll gerechtfertigt – und
notwendig –, soweit sie dem Mann an der Spitze die Möglichkeit gab durchzusetzen, was ihm von Amt und Sache und nicht von Opportunität und Parteirück-
sicht her geboten erschien. Er konnte wie jeder sterbliche Mensch auch dabei
irren, aber man mußte schließlich merken, daß es ihm um Gerechtigkeit zu tun
sei.

Daß ich entschlossen war, mich dem Anspruch des neuen Amtes konsequent
zu unterwerfen, mußte als einer der ersten der Bundeskanzler erfahren. Während
einer erregten Debatte war das Haus etwas unruhig geworden. Der am Rednerpult stehende Kanzler beschwerte sich bei mir und forderte mich auf, ihm Gehör
zu verschaffen. Er tat es mit einiger Schroffheit. Ich bat um Ruhe und Aufmerksamkeit, fügte aber hinzu, daß das Haus kaum über das übliche Verhalten
hinausgegangen sei. Ich wollte damit sagen und so wurde es auch verstanden,
daß ich die Beschwerde des Bundeskanzlers für nicht oder nicht hinreichend

berechtigt hielt. Totenstille. Ungläubig sahen die Fraktionen zu mir empor. Eine Beschwerde des Bundeskanzlers zurückweisen? – Das hatte es auf dem Präsidentenstuhl offenbar bislang nicht gegeben. Nach der Sitzung kam Carlo Schmid: »Wir haben uns in Ihnen geirrt.« Der Verdacht »gleichgeschaltet« zu werden, war für immer ausgeräumt.

Man versteht die Situation heute nur noch, wenn man sich vergegenwärtigt, daß Adenauer, damals auf der Höhe seiner Macht und seines Ansehens, im politischen und überhaupt im öffentlichen Leben Deutschlands so dominant geworden war, daß das Wort von der »Kanzlerdemokratie« breite Aufnahme gefunden hatte. Arnulf Baring brachte es später in Schwang. Es entsprach indes Eindrücken und Empfindungen, die sich schon bald zu bilden begannen, nachdem Konrad Adenauer zu regieren angefangen hatte.[1] Es lag weniger an seinem Stil, der oft und leichthin als der eines Oberbürgermeisters vergangener Zeiten geschildert wurde, als an dem Mann selbst, an der Substanz seiner Person und der Art, wie er Erfahrungen verarbeitete. Stilbildend wirkte vor allem seine große, von mir stets bewunderte Selbstbeherrschung. Oberflächliche Beobachter, Leute, die ihn nicht kannten, sprachen vom dicken Fell des Alten. Tatsächlich war er so empfindsam, daß er damit seiner eigenen Menschenkenntnis und seiner nüchternen Weltbetrachtung zuweilen in den Weg trat. Ich habe mich manchesmal gefragt, ob er überhaupt in einem letzten Sinn die Fähigkeit besaß, persönlich zu vergeben. In seiner Politik spielte die Versöhnung eine große Rolle. Und auch mit seinen Gegnern wußte er – selbst nach harten Kämpfen – ein tragbares, oft unbekümmert aussehendes Verhältnis herzustellen. Ich habe einige Zeit gebraucht, um zu erkennen, daß solche Beziehungen mehr oder weniger tiefe Vorbehalte überspielten und überbrückten, aber sehr selten ausräumten.

Es war nicht leicht, sein Vertrauen zu gewinnen. Sein Mißtrauen auszuräumen, war noch viel schwerer. Adenauer war ein durch und durch unsentimentaler Mann. Aber daraus zu schließen, daß er gefühlsarm war, ist einer der vielen Irrtümer in der Deutung seiner Person. Mir begegnete er am Anfang weniger mit Mißtrauen als mit Vorsicht. Wahrscheinlich interessierten ihn meine Person und mein Schicksal nicht weiter. Über meinen politischen Nutzwert hingegen hat er schon vor unserer ersten Begegnung im Düsseldorfer Landtag nachgedacht. Als wir uns dann einige Wochen später im Bundestag wieder trafen, begegneten wir uns in einem unbelasteten, leicht distanzierten Verhältnis. Noch Jahre danach hatte er nicht realisiert, daß ich ein ordinierter Geistlicher bin. Er hielt mich für einen kirchlichen Funktionär in beachtlicher Position, für einen Manager, der sich das Leben dadurch erschwerte, daß er auch noch ein Intellektueller sei. Meine Herkunft aus dem Widerstand zählte – das war mein bleibender Eindruck – bei ihm wenig oder nichts. Es waren nicht nur Goerdeler und Jakob Kaiser: Adenauer hielt unser Unternehmen im ganzen für unklug. Achtzehn Jahre lang sprach er mit mir kein Wort darüber. Wir lebten, solange wir uns kannten, in wechselnden Beziehungen. Persönlich nahe, durchgängig nahe und vertraut standen wir einander erst in seinen letzten Lebensjahren.

Ich muß diese persönliche Bemerkung dem folgenden Bericht über den Parlamentarismus in der Ära Adenauer vorausschicken. Ich möchte damit andeuten, daß es auch in meinem persönlichen Verhältnis zu dem Bundeskanzler Adenauer niemals auch nur einen Schatten von Hörigkeit gab. Es ist auch eine Legende, daß das Parlament Adenauer jemals hörig gewesen sei. Der Parlamentarismus in der Ära Adenauer war in seinem Alltag und auf seinen Höhepunkten das, was er nach dem Willen des Grundgesetzes, nach dem Willen der gegebenen Verfassung sein konnte und sein durfte. Noch ehe ich Bundestagspräsident wurde, hatte ich mich nicht selten in Gesprächen mit Journalisten und anderen aufmerksamen Zeitgenossen eines larmoyanten Mitleids zu erwehren. Es galt dem angeblich im Schatten des mächtigen Bundeskanzlers dahinlebenden, um nicht zu sagen vegetierenden Parlament. Das Wort von der »Kanzlerdemokratie« ist ein höflicher Ausdruck dafür.

Dieses Mitleid war für den Bundestag niemals eine Hilfe. Ich empfand es als demütigend. Dahinter stand auch keine klare Einsicht, jedenfalls keine nüchterne Bejahung der spezifischen Struktur unserer Verfassung, sondern ein eher qualliges Demokratieverständnis. Ich hatte niemals – auch dann, wenn ich in irgendeiner Sache gegen den Kanzler stand – den Wunsch, einem weniger kraftvollen und entschlossenen Regierungschef gegenüberzustehen. Ich hatte nur den Wunsch, einem Parlament anzugehören, das ihm gewachsen war. Der Parlamentarische Rat legte eine bemerkenswerte Weisheit an den Tag, als er sich dazu entschloß, auf den Führerstaat Hitlers nicht mit der Demontage staatlicher Führung zu reagieren, sondern mit einer wehrhafteren und kraftvolleren Regierungsführung, als sie die idealisierte Weimarer Verfassung zugestand. Adenauer machte nur von dem Gebrauch, was ihm das Grundgesetz zuerkannte. Es war unfair, ja verfassungswidrig, ihn dafür zu schelten oder für suspekt zu erklären.

Vielleicht hat mir an Konrad Adenauer am besten gefallen, daß er sich im steten Kampf um parlamentarische Zustimmung auf das ganze gesehen dennoch nicht zum Funktionär seiner Partei oder Fraktion machen ließ. Er hat sie nicht kommandieren können. Er wußte das auch. Daß er sie oft, auch wenn es zunächst anders aussah, zu gewinnen, zu überreden wußte, zeigt ein entscheidendes Element seines politischen Könnens. Daß auf der anderen Seite seine Partei und Fraktion seine verfassungsmäßigen Kompetenzen respektierten, halte ich für ein Indiz ihres soliden rechtsstaatlichen Niveaus.

Wie groß, wie durchgreifend der Rollenunterschied zwischen dem Regierenden und dem Parlamentarier, zwischen Exekutive und Parlament – keineswegs nur zwischen Regierung und parlamentarischer Opposition – indessen ist und bleibt, trat mir am unmittelbarsten entgegen in einem Gespräch mit Konrad

Adenauer. Als er auf seinem Altenteil im Bundesratsflügel des Bundeshauses saß, besuchte er mich hin und wieder in den Räumen des Bundestagspräsidenten. Meist kam er vom Memoirenschreiben und war meditativ gestimmt.

An jenem Abend war er aber eher aggressiv. »Herr Bundestagspräsident« – so formell fing er gewöhnlich an, wenn er Beschwerde führen wollte –, »was hat eigentlich ein Abgeordneter in diesem Haus zu bestellen? Wie kann er Einfluß auf die Politik nehmen? Was kann er überhaupt tun?« Ich hörte ihn nicht ohne Vergnügen an. Dann sagte ich ihm, ich freue mich, daß er wenigstens noch am Abend seines politischen Wirkens eine unmittelbare Einsicht in die existentielle Situation eines Bundestagsabgeordneten gewinne. Ich bin kein rachsüchtiger Mann. Wenn ich damals aber schon gewußt hätte, was ich später in seinen »Erinnerungen« las, hätte ich ihm die Stelle vorgelesen. Sie heißt:

»Der Bundestag war ein sehr junges Parlament, und viele seiner Mitglieder bemühten sich, überall in der Exekutive etwas zu tun, wo sie nichts verloren hatten. Die Bundesregierung mußte nach unserer Überzeugung strikt darauf achten, daß Exekutive und Legislative getrennt blieben.«[2] Das ist schön und gut. Ich habe als Parlamentspräsident auf diese Trennung geachtet. Aber ich kannte ihre Realität. Auch ein beträchtlicher Teil des deutschen und des ausländischen Journalismus hat in seiner Beurteilung der »Bonner Demokratie« nie hinreichend der Tatsache Rechnung getragen, daß die Gewaltenteilung Montesquieus in der parlamentarischen Demokratie der Gegenwart weniger formell als substantiell erhebliche Verschiebungen ertragen muß. Seit dem 15. September 1949, dem Tag der ersten Kanzlerwahl, konnte jeder halbwegs aufmerksame Zeitgenosse wissen, daß die Fronten in der deutschen Politik bei weitem nicht zwischen Regierung und Parlament verlaufen, sondern zwischen einer Regierungskoalition und einer Opposition.

Der Eindruck – sehr von außen, aber deshalb auch im Kern nicht falsch – zeigt die Koalitionsfraktionen als Schutztruppe der Regierung und die Opposition als die eigentliche Kontrollkraft im Staat. Das gilt zwar nicht ausnahmslos, weil es auch heute noch Situationen und Interessenlagen gibt, in denen sich Regierung und Parlament – idealtypisch nach Montesquieu – gegenübertreten. Aber das ist nicht die Regel, sondern die Ausnahme. Ohne seine parlamentarische Mehrheit ist ein Bundeskanzler nur dann und dort etwas, wo er sie nicht braucht. Wenn es zum Schwur kommt, ist er ohne sie ein verlorener Mann. Das wußte Konrad Adenauer auch noch im Schlaf. Deshalb dachte er zum Beispiel nie daran, sich von dem Vorsitz seiner Partei zu trennen. Eine Partei oder Fraktion kann ihrem Kanzler die Zähne zeigen. Wenn sie aber zubeißt, beißt sie sich selbst – unter Umständen ins Leben.

Die Frontstellung im Parlament verdeckte insbesondere in der Ära Adenauer die Tatsache, daß sich die Regierung oft einschneidende Abänderungen ihrer Vorlagen, ihrer Gesetzentwürfe auch durch ihre eigenen Fraktionen gefallen lassen muß. Wenn ich recht sehe, geschah das zu Adenauers Zeiten auch nicht seltener als danach. Es ging nur weniger spektakulär über die Bühne als in den Jahren, in denen sozialdemokratische Bundeskanzler ihre widerspenstige Fraktion gewinnen mußten.

Die Freiheit des Parlaments, die ihm zugeleiteten Vorlagen anzunehmen, zu ändern oder zu verwerfen, ist in der parlamentarischen Demokratie das notwendige Gegenstück zu dem Recht des Bundeskanzlers, die Richtlinien der Politik zu bestimmen.

Thomas Dehler neigte – nach seinem Ausscheiden aus der Bundesregierung – nicht selten zu der Auffassung, daß die Regierung in unserer Demokratie kaum etwas anderes sei als ein mit bestimmten Exekutivaufgaben betrauter Parlamentsausschuß. Ich habe ihm darin stets widersprochen. Auch wenn der Chef der Bundesregierung vom Bundestag gewählt wird, bleibt er mit seinem Kabinett eine Größe sui generis. Das Parlament macht eben nicht die Politik. Es ist der Irrtum manches Neulings im Bundestag, daß er nun an den Drücker komme und »Politik machen« könne. Ein Fehlschluß aus der allerdings gravierenden Tatsache, daß der Bundeskanzler letztlich auch nicht gegen das Parlament, gegen eine Parlamentsmehrheit regieren kann.

Die Ausschußarbeit im Bundestag hat sich von Anfang an mit allen Details der vorgelegten Gesetzentwürfe befaßt. Die dergestalt ausgeübte Kontrolle der Vorlagen der Ministerien ist so intensiv, daß man jedenfalls in diesem Stück dem Bundestag nicht vorhalten kann, er nehme seine Kontrollrechte nicht hinreichend wahr. Mit der inneren Kontrolle der Bundesministerien, dem Einblick in den Verwaltungsapparat war und ist es im Parlament hingegen immer sehr viel bescheidener bestellt. Das hat seine berechtigten Vorteile. Ein komplizierter Apparat verträgt die jederzeit zu gewärtigende Einmischung und Einrede parlamentarischer Organe nur schwer oder gar nicht. Die verfassungsmäßig garantierte Selbständigkeit der Bundesminister in der Leitung ihrer Ressorts (Artikel 65 GG) gilt nicht nur dem Bundeskanzler, sondern auch dem Parlament gegenüber. Andererseits sind die Ministerien bei der Schaffung jeder neuen Etatstelle vom Bundestag abhängig, und sie sind verpflichtet, auf jede ordnungsgemäß im Bundestag eingebrachte Frage und Anfrage wahrheitsgemäß und erschöpfend Auskunft zu geben, es sei denn, daß es sich um geheimhaltungsbedürftige Tatbestände handelt. Die gesetzgebende Arbeit des Parlaments greift zudem weit über die Kontrolle hinaus. Sie ist Staatsgestaltung in einem fundamentaleren Sinn als die Arbeit der Exekutive. Mit einer Vorlage oder gar mit einem Ratifizierungsgesetz im Parlament hängenzubleiben, ging Adenauer unter die Haut. Er bot eine Kunst, List und Geduld der Überredung auf, die größer waren als die jedes anderen Mannes, dem ich begegnet bin. Die CDU/CSU verstand sich zwar nicht als Staatspartei, wohl aber als Verfassungspartei. Ich will damit sagen, daß in ihr der Legalismus des traditionellen deutschen

Bürgertums ungebrochen, ja nahezu unreflektiert lebendig war. Wichtiger aber war, daß das Grundgesetz bei uns niemals heteronom, sondern immer autonom akzeptiert wurde. Wir identifizierten uns mit ihm auch dort, wo es uns nicht aus der Seele geschrieben war. Wir waren eine Partei des Law and Order. Und wir blieben es, als viele auch von uns nicht mehr den Mut hatten, sich offen dazu zu bekennen. Auch das ist ein Charakteristikum bürgerlicher Opportunität.

Konrad Adenauer hat ihr mehr Tribut gezollt als gemeinhin angenommen wird. Sein persönliches Verhältnis zur Demokratie stand im Grunde mehr auf der Hinnahme der Organisationsgrundsätze der Demokratie als auf einer festgegründeten persönlichen Überzeugung. Wenn Adenauer von Demokratie sprach, meinte er gleich vielen anderen damit den Rechtsstaat, den freiheitlichen Rechtsstaat. Von ihm und seiner Notwendigkeit und Aufgabe war er allezeit überzeugt. Von der Vortrefflichkeit seiner Organisation in der parlamentarischen Demokratie war er hingegen keineswegs durchdrungen. Das Grundgesetz hielt er für einen vertretbaren Kompromiß. Für die Zeit und die Verhältnisse, unter denen es zustande kam, in mancher Hinsicht optimal. Die plebiszitäre Demokratie hielt er im Groß-Staat für unmöglich. Weniger aus theoretischen als aus praktischen Gründen. Über die Präsidialdemokratie hörte ich ihn niemals philosophieren. Er tat das im politischen Bereich ohnehin weniger als im theologischen. Aber ich habe Grund zu der Annahme, daß er ihr nicht nur aus Sympathie für seine Freunde de Gaulle und Dulles am meisten zuneigte.

Den liberalen Prämissen der Demokratie und der Entscheidungsfähigkeit, der politischen Mündigkeit des Stimmbürgers stand er ebenso skeptisch gegenüber wie dem Glauben an den Wert der Diskussion. Er wich ihr nicht aus, er suchte sie sogar. Aber er suchte sie weniger als Stätte der Ideenproduktion, denn als Prüfstätte seiner eigenen Gedanken, vor allem aber als das gegebene Feld der Verwirklichung seiner Gedanken. Öfters als allgemein angenommen trat Adenauer auf diesem politischen Feld auch Rückzüge an. Ich hatte das Glück, hauptsächlich im Bereich der Außen- und Sicherheitspolitik zu arbeiten, in dem Adenauer am unnachgiebigsten an seinem politischen Konzept festhielt und in dem er seine größten Erfolge erzielte. Unsere politische Übereinstimmung in diesem Bereich war auch nach meiner Wahl zum Bundestagspräsidenten so groß und so spontan, daß gelegentliche Meinungsverschiedenheiten in der Taktik keine trennende Bedeutung erlangten.

Wir stimmten im Grunde aber auch in den Grundsätzen und Leitlinien der Sozialpolitik und anderem überein. Hier jedoch war auf Adenauer nur beschränkter Verlaß. Ich konnte ihm nie vergeben, daß auch er seinen Arbeits- und Sozialminister Theo Blank – er war Nachfolger Storchs geworden – mit seinem Sozialpaket, einer schon damals notwendigen systematischen Remedur der Sozialgesetzgebung, im Stich ließ, als die Sozialausschüsse der Partei und die Hasenfüße der Mitte den nüchtern denkenden ehemaligen Arbeiter und Gewerkschafter Blank in der Fraktion und im Parlament aufsitzen ließen. Das Verhalten, von verbohrten Verbandsfunktionären – insbesondere der Ärzte – angezettelt, hatte böse Folgen. Zehn, fünfzehn Jahre später, in der Rezession der siebziger Jahre, wurden sie offenkundig.[3]

Als Fritz Schäffer, damals Bundesjustizminister, auch mit seinem zweiten Entwurf des Ehrenschutzgesetzes in dem ängstlich gewordenen CDU/CSU-Fraktionsvorstand hängenblieb, hielt sich sein Regierungschef, der in der Sache ebenso dachte wie sein Ressortminister, diskret zurück. Schäffers Entwurf blieb auf der Strecke, noch ehe er das Fraktionsplenum erreichte. Die lange erbittert umkämpften Notstandsgesetze wurden schließlich – ohne Adenauers Veto – in einer Form verabschiedet, von der mir der als Innenminister dafür lange zuständige Gerhard Schröder sagte, sie seien jetzt keinen Schuß Pulver mehr wert. Der damalige Experte der SPD, Martin Hirsch, hatte kein Wort zuviel gesagt, als er seiner Partei vor dem Plenum des Bundestages auseinandersetzte, daß alle nennenswerten Einwände der SPD gegen die Gesetze ausgeräumt seien.[4]

In den Würdigungen Adenauers – in seiner »Verklärung«, wie die gescheite Elisabeth Noelle-Neumann sagte – sind solche und ähnliche parlamentarischen Niederlagen seiner Regierung größtenteils zum Verschwinden gebracht.[5] Ohne sie kommt der Parlamentarismus in der Ära Adenauer jedoch nicht hinreichend ins Bild.

Stilwandel im Bundestag

Einige Wochen nach meinem Amtsantritt gab der Bundeskanzler dem Präsidium des Bundestags ein Essen. Das war ungewöhnlich. Der Abend im Palais Schaumburg wurde für das Parlament von einiger Bedeutung. Für mich war er deshalb lehrreich, weil sich das offen geführte Gespräch mit dem Parlamentarismus der Weimarer Zeit und den Erfahrungen im Bundestag und in den Landtagen der Nachkriegsjahre befaßte. Es war eine erste über die Fraktionsgrenzen und -rücksichten hinaus geführte kritische Auseinandersetzung mit dem deutschen Parlamentsstil. Er fand keinen einzigen Verteidiger. Der englische Parlamentarismus wurde über den grünen Klee gelobt. Auch Stilelemente einzelner kontinentaler Parlamente wurden gerühmt.

Carlo Schmid, seit dem Beginn des Bundestags sein erster Vizepräsident, sprach aus einer Erfahrung, die mir abging. Thomas Dehler, tief getroffen von der Mißachtung und Mißhandlung des Reichstags durch Nationalsozialisten und Kommunisten, verlangte kategorisch nach einem strengen, würdevollen Stil der parlamentarischen Selbstdarstellung. Kritisiert wurden vor allem die formlose Eröffnung der Parlamentssitzungen und die Dienstkleidung der im Plenarsaal beschäftigten Amtsgehilfen. Es zieme sich nicht, wenn der Präsident erst einen in lauter Unterhaltung begriffenen durcheinanderlaufenden Haufen mit seiner Glocke zum Aufmerken bringen müsse. Er sei schließlich nicht der Lehrer einer Grundschulklasse. Mir wurde es ungemütlich, als Carlo Schmid die Eröffnungszeremonie in der französischen Nationalversammlung schilderte und ein anderer die des englischen Parlaments. Aber ich sah die Berechtigung der Kritik ein. Sie wurde übrigens auch von Adenauer geteilt. Nach einigem Hin und Her wurde beschlossen, den Fraktionen vorzuschlagen, daß beim Eintritt des amtierenden Präsidenten nach einem Glockenschlag und Ankündigungsruf das Haus sich erheben und stehen bleiben solle, bis der amtierende Präsident Platz genommen habe. Der Bundeskanzler erklärte, daß sich die Regierungsbank dementsprechend verhalten werde. Die Herren vom Bundesrat schlossen sich stillschweigend an.

Der Feierlichkeit dieses Aufzugs war der schlichte Tagesanzug des Präsidenten nicht angemessen. Deshalb wurde am gleichen Abend vereinbart, daß der amtierende Präsident und der ihn beim Einzug begleitende Direktor des Bundestages – dieser mit dem Grundgesetz in der Hand – vor dem Haus im Cut mit schwarzer Weste erscheinen sollten. Die im Saal diensttuenden Amtsgehilfen sollten ihre Schaffnermonturen gegen Fräcke tauschen. Das Modell dafür fanden wir – samt der roten Weste – in der Residenz des französischen Botschafters auf Schloß Ernich.

Selbstverständlich fanden sich spitze Federn, die das alles karikierten. Der Bundestag nahm es jedoch mit Zustimmung auf, und bald hatte man sich daran gewöhnt.

Nicht berührt wurde in dem langen Gespräch an jenem Abend im Palais Schaumburg eine heikle Protokollfrage. Der amtierende Präsident – es war Carlo Schmid – hatte mich nach meiner Wahl zum Bundestagspräsidenten mit Feierlichkeit aufgefordert, den Präsidentenstuhl, den Stuhl »des zweiten Mannes im Staat«, einzunehmen. Damit war ein Protokollanspruch angemeldet, der zwar nicht neu war, der formell und öffentlich aber bislang nicht erhoben worden war. Ich erinnere mich nicht, daß darüber zuvor innerhalb meiner Fraktion gesprochen worden wäre. Auch hinterher gab es darüber keine Debatte. Der Bundestag nahm in der Person seines Sprechers für sich den protokollarischen Vorrang vor Bundeskanzler und Regierung in Anspruch. Dagegen konnte ein auf das Grundgesetz gestützter Einwand nicht erhoben werden. Dennoch wurde Carlo Schmids »Platzanweisung« nicht nur in der CDU, sondern auch darüber hinaus als ein kühler Vorbehalt gegenüber der damals schon hohen Autorität des alten Bundeskanzlers empfunden. Dieser sagte dazu niemals ein Wort. Mich brachte die Geschichte jedoch nicht selten in Verlegenheit. Denn die Protokollabteilungen hatten eine begreifliche Scheu, den sehr viel älteren und politisch gewichtigeren Bundeskanzler hinter den Bundestagspräsidenten zu plazieren. Meine Vorgänger im Amt hatten zudem vermieden, entsprechende Klarstellungen zu treffen. Ich erklärte, daß ich für meine Person dem Bundeskanzler Adenauer – mit Rücksicht auf sein hohes Alter – den Vortritt lasse, grundsätzlich aber an dem Anspruch des Parlaments festzuhalten gewillt sei. Zuweilen wurden mir deshalb Vorwürfe gemacht. Sie waren zu ertragen.

Zu viele Abgeordnete

Der Bundestag, dessen Vorsitz ich übernahm, war ein Parlament von fünfhundertneun Mitgliedern. Der im ganzen ausgezeichnete erste Bundestag hatte zum Schluß die Torheit begangen, die Mitgliederzahl um an die hundert Abgeordnete zu erhöhen. Die Gründe, die dafür vorgebracht wurden, waren schon damals fragwürdig. Immerhin, der Hinweis, daß der Bundestag für die verschiedenen europäischen Gremien eine wachsende Zahl von Delegierten stellen müsse, hörte sich nicht übel an. Dennoch war die Erhöhung verfehlt. Ein Bundestag mit dreihundert Mitgliedern wäre schon 1949 besser gewesen als die vierhundertzwei (und acht Berliner) des ersten Bundestages. Schon in diesem ungemein leistungswilligen und leistungsstarken Parlament zeigte sich, daß die Mehrheit der Abgeordneten wenig Chancen hatte, im Plenum so zu Wort zu kommen, daß sie einer breiteren Öffentlichkeit auch nur einigermaßen bekannt wurden.

Aus der Anonymität herauszukommen, ist ein durchaus berechtigtes Verlangen eines Mitglieds des Bundestags. Der gegebene Platz dafür ist das Rednerpult des Parlaments. Die legitimen Mittel sind die parlamentarischen Möglichkeiten, die grundsätzlich jedem Mitglied des Hauses zur Verfügung stehen müssen. Je größer das Parlament, desto weniger wird es einer Mehrheit von Abgeordneten gelingen, sich der Anonymität zu entwinden und über ihren Wahlkreis hinaus für die Öffentlichkeit ein Begriff zu werden. Es hilft ihnen – in diesem Stück – nicht viel, daß sie zumeist auf eine mehr oder weniger angestrengte Ausschußarbeit hinweisen können. Sie erfolgt unter Ausschluß der Öffentlichkeit. Formell kennt das Parlament nur das gleichberechtigte Nebeneinander aller seiner Mitglieder. Tatsächlich aber besteht eine erhebliche Ungleichheit seiner Angehörigen. Sie ergibt sich weniger aus dem ungleichen politischen Gewicht der verschiedenen Ausschüsse und Arbeitsgebiete des Parlaments, obwohl auch das von Bedeutung ist. Sie resultiert mehr aus der Hierarchie innerhalb der Fraktionen und Parteien. Diese ist von größerer Bedeutung als die offiziellen Stufungen innerhalb des Parlaments. Die Zugehörigkeit zum ehemaligen Vorstand des Deutschen Bundestages zum Beispiel besagte politisch nicht viel, während ein Sitz in einem

Fraktionsvorstand von erheblichem politischen Gewicht sein kann. Dabei kann nicht behauptet werden, daß diese beachtlichen Unterschiede der politischen Position sich durchgängig aus der individuellen politischen oder intellektuellen Begabung ihrer Inhaber erklären lassen. Der politische Besitzstand und die Rücksicht auf landsmannschaftliche oder berufständische Gruppierungen rangieren nicht selten vor der persönlichen Begabung. So mächtig diese Gruppen auch sein mögen, so wenig werden sie freilich einem produktiven politischen Kopf den Aufstieg auf die Dauer verwehren können.

Der Polarstern des freiheitlichen Parlamentarismus

Dabei kann es zu beträchtlichen Spannungen kommen zwischen dem Abgeordneten und seiner Fraktion. Der strikte Personalismus, der in dem ›Artikel 38 des Grundgesetzes‹[6] zum Ausdruck kommt, kann zu Spannungen führen zwischen der Gewissensentscheidung des einzelnen Abgeordneten und den Notwendigkeiten, denen sich das Haus als Ganzes und seine Fraktionen und Gruppen ständig gegenübersehen. Die parlamentarische Debatte ist keine akademische Diskussion. Sie mündet im allgemeinen in einer Entscheidung, die akademischen oder Fernsehdiskussionen (Pro und Contra ausgenommen) nicht abverlangt werden. Weil dazu immer Mehrheiten erforderlich sind, müssen persönliche oder Gruppenwünsche und -auffassungen soweit zurücktreten, daß eine Mehrheit zustande kommen kann. Der Artikel 38 GG gibt jedem Mitglied des Bundestags das Recht, auch vor dem Haus seine ganz persönliche Meinung zu einer zur Debatte stehenden Sache vorzutragen. Der Artikel hebt aber in keiner Weise den Zwang auf, darüber hinweg zu einem vertretbaren Kompromiß zu kommen. In diesem Zwang zum Kompromiß ist der vielbeschriene *Fraktionszwang* begründet. Formell und rechtlich zwingend gibt es ihn nicht. Er wäre verfassungswidrig. Die Grundregel der parlamentarischen Demokratie, nur das mit der jeweils erforderlichen Mehrheit Beschlossene als verbindlich gelten zu lassen, führt zu dem, was oft gedankenlos als moralisch dubioser Fraktionszwang bezeichnet wird.

Der nahezu permanente Kampf um die Macht zwingt die Parteien und Fraktionen, in sich zusammenzuhalten, so schwer ihnen das oft wird. Der Artikel 38 GG kann den Abgeordneten vor dem dabei oft unausweichlichen Loyalitätskonflikt nicht bewahren. Er zwingt gerade den Gewissenhaften in eine Güterabwägung zwischen der Loyalität gegen seine Fraktion und Partei und dem von ihm persönlich für besser oder notwendig Erkannten. Der Artikel 38 setzt für diesen Konflikt eine Orientierung, die für den Abgeordneten von großer persönlicher Bedeutung ist und die zugleich das Grundverständnis unserer repräsentativen Demokratie und ihren freiheitlichen Charakter demonstriert.

Daß auch im Parlament jeder sagen kann, was er für richtig hält, ergibt sich schließlich schon aus dem für alle geltenden Artikel 5 GG (Meinungsfreiheit). Der Artikel 46 GG (Immunität) befreit die Abgeordneten noch dazuhin von ihren gelegentlichen Risiken. Ich habe mich nie gescheut, auch vor dem Plenum des Bundestags mich persönlich auf jenen Artikel 38 zu berufen.[7] Von größter Wichtigkeit für unseren freiheitlichen Staat und seinen Parlamentarismus bleibt aber die Feststellung des Artikels 38 GG, daß Abgeordnete »Vertreter des *ganzen* Volkes, an Aufträge und Weisungen nicht gebunden und nur ihrem Gewissen unterworfen« sind. Als verbindliche, kritisch normative Vorschrift mit Verfassungsrang ist und bleibt der Artikel zu jeder Stunde hoch aktuell. Man wird nicht verhindern können, daß Interessengruppen, mächtige Verbände und nur an sich selber denkende Einzelne den Weg in das Parlament suchen. Wenn sie aber einen Parlamentssitz erlangen, treten sie unter einen anderen Horizont. Sie müssen von Stund an wissen, daß sie sich in ihren politisch-parlamentarischen Entscheidungen fortan eben nicht mehr in erster Linie an den Forderungen und Wünschen der Interessenhaufen orientieren dürfen, denen sie oft ihr Mandat verdanken. Ich weiß, daß das vielfach als politische Lyrik belächelt und häufig brutal mißachtet wird.

Um so notwendiger ist die gewissenschärfende stetige Erinnerung an seinen Sinn. Ein Freibrief für Sturheit und Eigenbrötelei ist der Artikel bei weitem nicht. Denn längst nicht alle parlamentarischen Fragen und Entscheidungen sind Gewissensfragen. Die meisten sind kühle Fach-, Sach- und Ermessensentscheidungen. Ein Mann, der sich ihnen mit der Berufung auf sein Gewissen versagt, wird bald unglaubhaft und hat nichts mehr zu bestellen.

Der Personalismus des Artikels 38 GG einerseits und die unbestreitbare Notwendigkeit der parteilichen Geschlossenheit andererseits haben mich jahrelang beschäftigt. Als mein fruchtbarster und scharfsinnigster Gesprächspartner erwies sich dabei Gerhard Leibholz, langjähriger Bundesverfassungsrichter und Autor einschlägiger Werke zum Problem der repräsentativen Demokratie. Er gab der parteienstaatlichen Demokratie unter Berufung auf den Artikel 21 GG den Vorrang vor Artikel 38. Ich vermochte mich jedoch auch unter der eindrucksvollen Argumentation von Gerhard Leibholz nicht den Konsequenzen anzuschließen, die er daraus zog. Wir unterschieden uns schon in der Bewertung der Prämisse. Ich konnte mich nie dazu entschließen, die Feststellung des Artikels 21 GG, »die Parteien wirken bei der politischen Willensbildung des Volkes mit«, für mehr als eine – eher untertreibende – Tatbestandsbeschreibung zu halten. Aber gerade weil Leibholz zwar nicht das verfassungsrechtliche, wohl aber das *faktische* Gewicht der Parteien *weitgehend* für sich hat, erschien es mir als Pflicht – auch als Amtspflicht –, das Leitbild des Abgeordneten zu verfechten, wie es im Licht von Artikel 38 GG, dem Polarstern des freiheitlichen Parlamentarismus, erscheint.

Erst nach meiner Parlamentszeit kam der Ruf nach dem sogenannten imperativen Mandat auf. Es besagt, daß die Partei, genauer irgendwelche Parteigremien, die sich dazu für befugt halten, beschließen, wie sich »ihr« Abgeordneter im Parlament zu verhalten habe. Das dreiste Verlangen hat dem Artikel 38 GG eine neue Aktualität und richtungweisende Bedeutung gegeben. Würde er obsolet oder gar aus der Verfassung eliminiert, verlöre unser Parlamentarismus vollends allen Glanz. Das Parlament würde ein fader Haufen von weisungsgebundenen Funktionären. Der Hauch der Freiheit wäre weg. Ich war dem Parlamentarischen Rat immer dankbar für diesen glänzend formulierten Artikel 38 GG.[8]

Die Wahlrechtsfrage

Von weit größerer praktischer Bedeutung wurde für den deutschen Parlamentarismus jedoch eine andere Entscheidung, die dem Bundestag ebenfalls vorgegeben war, nämlich die Rückkehr zum alten deutschen *Verhältniswahlrecht*. So sehr es Mode war, den englischen Parlamentarismus zu loben und zu preisen, die ersten deutschen Landtage, die nach dem Zweiten Weltkrieg gewählt wurden, kamen nach dem Verhältniswahlrecht zustande. Der Streit, ob das – unklar – Mehrheits- oder Persönlichkeitswahlrecht genannte Verfahren nicht das zweckmäßigere, vielleicht sogar demokratisch legitimere sei, kam erst später im Bundestag auf. Der Gedanke, das sogenannte Verhältniswahlrecht bzw. die Listenwahl abzuschaffen und nur den mit der höchsten Stimmenzahl oder mit absoluter Mehrheit in einem Wahlkreis Gewählten in den Bundestag einziehen zu lassen, war in allen Parteien umstritten. Die FDP lehnte ihn natürlich radikal ab. Das Mehrheitswahlrecht wäre ihr parlamentarisches Ende. Die CDU bekannte sich schon 1953 auf ihrem Hamburger Parteitag dazu, während die SPD-Spitze sich erst in der Koalition mit der CDU/CSU halbherzig dazu verstand, dem Mehrheitswahlrecht zum Sieg zu verhelfen.

Ich konnte mir von diesem Wahlrecht nie das versprechen, was die Vorkämpfer des Gedankens in meiner eigenen Fraktion, die Herren Kiesinger, Lücke und Baron Guttenberg, davon erwarteten. Als mich Adenauer als Parteichef darauf ansprach, sagte ich ihm, daß mir nicht sicher sei, ob unsere Partei davon ausgehen könne, die Mehrheit der traditionellen FDP-Wähler zu gewinnen. Dabei war die FDP in jenen Jahren noch bei weitem nicht so weit nach links gerückt wie in der zweiten Hälfte der sechziger und zu Beginn der siebziger Jahre. Ich wäre, sagte ich Adenauer, dennoch sofort für die Wahlrechtsänderung, wenn damit der Bundestag zugleich auf seine Wahlkreisabgeordneten zurückgeschnitten werden könnte. Das waren nach der Rückkehr des Saarlandes 248. Nach meiner Vorstellung eine ideale Größe für unser Parlament. Adenauer wurde schweigsam ... Wie durchsetzen? Es hätte zwar nur einer Änderung des Wahlgesetzes, keiner Verfassungsänderung bedurft, aber auch innerhalb unserer eigenen Partei hätte eine so einschneidende Änderung der inzwischen erworbenen Besitztitel zu schwer kalkulierbaren Auseinandersetzungen geführt. Außerdem: Wie sollte eine Mehrheit im Bundestag dazu gebracht werden, in freier Abstimmung ihren Parlamentssitz abzuschaffen, mindestens ernstlich infrage zu stellen? Auch mein Vermittlungsvorschlag, auf den Landeslisten nur die Hälfte von zweihundertachtundvierzig (Wahlkreis-)Abgeordneten wählen zu lassen, also den Zustand von 1949 ungefähr wieder herzustellen, hatte aus dem gleichen Grund keine Chance. Als meine Fraktion sich dann entschloß, mit den Sozialdemokraten zusammen das Mehrheitswahlrecht durchzusetzen (und damit die parlamentarische Existenz der FDP zu beenden), war keine Rede mehr davon, den Bundestag auf zweihundertachtundvierzig oder höchstens dreihundertzweiundsiebzig Mandate zurückzuschneiden.

Nach der Bundestagswahl von 1969 zeigte sich, daß die SPD nicht daran dachte, die Regierungsbildung mit der FDP auszuschlagen, um mit der CDU/CSU das Mehrheitswahlrecht einzuführen. So war und blieb die Struktur des Parlamentarismus im Deutschland der Nachkriegszeit dem Bundestag und den Länderparlamenten vorgegeben. Vor, während und nach meiner Amtszeit als Bundestagspräsident ist viel unter dem zum wirren Schlagwort gewordenen Begriff der Parlamentsreform über die Frage geschrieben worden, welche Änderungen, Verbesserungen und sonstige Maßnahmen vorgenommen werden sollten oder müßten, um dem deutschen Parlamentarismus eine optimale Gestalt zu geben. Das Motiv ist anerkennenswert, das Ergebnis denkbar bescheiden. Die Parlamentsreform wurde zur Spielwiese von Theoretikern und auch von einigen Abgeordneten, die sich beharrlich weigerten, die Prämissen einer solchen Reform auch nur anzureflektieren. Dennoch: bislang gibt es eine stattliche Reihe von technischen – und auch einige rechtliche, geschäftsordnungsmäßige und organisatorische – Verbesserungen der parlamentarischen Tagesarbeit. Eine Parlamentsreform, die den Namen verdient, steht aus. Ohne die ernsthafte Verringerung der Abgeordnetenzahl und die Begrenzung der ausgewucherten Wahlkämpfe (samt der übertriebenen »Wahlkreisarbeit«) lohnt es sich kaum noch, davon zu sprechen. Denn hier, in diesen verfassungsrechtlich *und* wahlgesetzlich zu regelnden Grundfragen liegen die Kernprobleme unseres Parlamentarismus. Meine geheimen Zweifel, daß ohne diese durchgreifenden Reformen der Parlamentarismus und damit der freiheitliche Rechtsstaat der Deutschen sicher in das nächste Jahrhundert zu bringen seien, wachsen noch immer.

Ich will nicht soweit gehen wie ein bekannter Journalist, der acht Jahre lang im Bundestag saß und der mir bei seinem Ausscheiden lapidar mitteilte: Das

Parlament ist tot. Die Schuld schrieb er den Fraktionsbürokratien zu, ihrem Management, ihrem Gekungel und der von ihnen betriebenen Domestizierung der Abgeordneten. Was daran auch wahr ist: Wesentlich für die tatsächlich bestehende Selbstgefährdung unseres Parlamentarismus sind Fehlorganisationen wie die vielen nicht aufeinander abgestimmten Wahltermine in den Ländern und auch Gemeinden mit der Folge der ewigen Wahl- und Machtkämpfe in den Wahlkreisen, ferner die relativ kurzen Wahlperioden und die dargelegte Überbesetzung der Parlamente.

Bonn und Bundeshaus

Wenn ich in den fünfziger Jahren Fragen der Parlamentsreform im parlamentarischen Umkreis ansprach, scheiterte die Vertiefung des Gesprächs zumeist schon an der Vorstellung vom »Provisorium«, als das die Bundesrepublik samt ihrem Parlament begriffen werden müsse. Was wir in Bonn auch täten, es müsse den Charakter des Provisoriums tragen. Das ging vom Großen bis zum Kleinen und erwies sich als eine ernste Barriere selbst bei der Beschlußfassung über unabweisbar gewordene Arbeitsmöglichkeiten. Vor allem bei baulichen Maßnahmen trat mir der Hinweis auf den provisorischen Charakter unseres Bonner Unternehmens so lange und so beharrlich in den Weg, daß es mir zuweilen schwerfiel, meinen Zorn über die mangelnde Einsicht in das vom Tag Gebotene zu zügeln. Selbst den mühsam herbeigeführten Beschluß des Bundestagsvorstands, endlich ein Bürohochhaus für die Abgeordneten und bessere Ausschußräume zu schaffen, mußte ich inner- und außerhalb des Hauses mit der entschuldigenden Begründung garnieren, daß der Bau nach der Wiedervereinigung der Bonner Universität zur Verfügung gestellt werden könne. Der sachliche Hinweis auf die Tagesarbeit des Parlaments, die den Bau dringlich mache, genügte nicht, die Vorbehalte zu überwinden. Dabei hatte sich schon sehr bald nach dem Beginn unserer Arbeit gezeigt, daß die in Bonn dafür gebotenen Möglichkeiten ganz unzureichend waren. Das fiel bei der Entscheidung Bonn oder Frankfurt indessen nicht ins Gewicht. Die Wahl des Universitätsstädtchens Bonn bringe das Provisorische im Provisorium Bundesrepublik stärker heraus als die alte Kaiserstadt am Main. Bonn war keine Konkurrenz zu der Reichshauptstadt Berlin. Frankfurt hätte es werden können.

Bei der Abstimmung im Bundestag saßen Ludwig Erhard und ich nebeneinander. Schon aus Gründen der Bequemlichkeit hätte ich lieber für Frankfurt gestimmt. Die Reise von Stuttgart her war einfacher. Etwas gequält versagte ich es mir jedoch, danach zu entscheiden. Was kommt den Staat billiger zu stehen?

Danach gedachte ich mich zu entscheiden. Ich sagte es Ludwig Erhard. Er meinte, Bonn sei entschieden billiger. »Frankfurt können wir kaum verkraften.« Was das denn koste, fragte ich. »Mindestens sechzig Millionen.« Konrad Adenauer hatte die Kosten in Bonn auf »dreißig, allerhöchstens sechsunddreißig Millionen« beziffert.[9] Ich stimmte für Bonn.*

Die Bundestagsverwaltung

Die Arbeitsbedingungen in dem faden Schulbau waren selbst für damalige Verhältnisse eine Zumutung. Eher zaudernd als entschlossen ging man an ihre Verbesserung. Jahrelang war es jedenfalls in meiner Fraktion verpönt, an so etwas wie an eine Hauptstadtkonzeption Bonn zu denken. Ein angesehener Kollege aus einer anderen Fraktion meinte, wir müßten ein Zelt- oder Barackenlager an der Zonengrenze als provisorischen Regierungssitz errichten. Die notwendigsten Verwaltungs- und Regierungsbauten wurden von der wachsenden Arbeitslast erzwungen. Im Bundestag galt lange die Parole, das Parlament habe vor allem darüber zu wachen, daß alle Zeichen und Zeugnisse unseres Wirkens in Bonn den Charakter des Provisorischen behielten. Das Ergebnis war denn auch danach. Es blieb architektonisches und funktionelles Stückwerk. In diesem und jenem Detail dennoch leidlich geglückt. Im ganzen aber blieb es hinter dem sachlich Gebotenen im Laufe der Jahre eher weit als wenig zurück.

Der Bundestag ist ein offenes Haus. Davon ist auch seine Verwaltung betroffen. Die Distanz der Ministerien vom Publikumsverkehr aller Art schirmt ihre Arbeit in weit höherem Maße ab als das bei der Verwaltung des Bundestages der Fall ist. Obwohl während meiner Amtszeit der Bundestag nicht wie heute eine Kollegialverfassung (das Präsidium), sondern eine Präsidialverfassung (den Präsidenten) besaß, stand ein beträchtlicher Teil unserer Verwaltung zur Verfügung der Ausschußvorsitzenden. Sie gehörten nach guter deutscher Praxis den verschiedenen im Bundestag vertretenen Parteien an. Dennoch hatte ich kaum einmal einen Anlaß, mich über mangelhafte Integration, geschweige über problematische Integrität meiner Verwaltung zu beklagen. Der Mitarbeiterstab, den ich übernahm, war von unterschiedlicher Qualität, er besaß aber auf allen Ebenen hervorragende Leute. Die Traditionen des deutschen Berufsbeamtentums lernte ich an ihnen von der besten Seite kennen. Nachteilig war, daß es in der verhältnismäßig kleinen Verwaltung wenig Bewegungsmöglichkeiten gab.

* Dreißig Jahre später kam dann der Gegenschlag. Der Minimalismus der ersten dreißig Jahre überschlug sich in einen Gigantismus der Neubauplanung, der, käme er zum Zuge, ein Mißverständnis des Parlaments mit sich selber würde.

Dem Außen- oder auch dem Innenminister des Bundes stehen weit mehr Möglichkeiten zur Verfügung, die Begabungen und Neigungen seiner Mitarbeiter zweckmäßig einzusetzen als dem Bundestagspräsidenten.

Mein nächster Mitarbeiter in der Verwaltung des Parlaments war ihr Direktor, Hans Trossmann. Er erwies sich als ein erstklassiger Verwaltungsjurist. Der katholische Franke – Sohn eines Reichstagsabgeordneten der Weimarer Zeit – hatte schon unter meinen Vorgängern gedient. Er galt – zu Recht – als *der* Experte der Geschäftsordnung und des Parlamentsrechts überhaupt. Auf seinen Rat und sein Urteil konnte man sich verlassen. Sein Kommentar zum Parlamentsrecht des Deutschen Bundestags ist *das* einschlägige Standardwerk geworden. Mit seiner fachlichen Kompetenz verband er hohen Fleiß und große Loyalität. Auch seinen Präsidenten gegenüber insistierte er auf der strikten Anwendung der Geschäftsordnung und ihrer juristisch einwandfreien Auslegung. Er hätte sich das Leben als Direktor der Bundestagsverwaltung oft wesentlich angenehmer machen können, wenn er fragwürdigen Wünschen, die an ihn herangebracht wurden, zugänglicher gewesen wäre. Er besaß meine Zustimmung, wenn er sie ablehnte.

Sogleich nach der Übernahme meines Amtes hatte ich die Weisung gegeben, daß Bewerber um einen Platz in unserer Verwaltung nicht nach ihrer politischen und konfessionellen Einstellung ausgeforscht werden dürften. Undenkbar war in jenen Jahren ein Parteienproporz in der Bundestagsverwaltung. Ich entsinne mich nicht, daß in den vierzehn Jahren, in denen ich das Amt wahrnahm, eine Fraktion auf mich Einfluß zu nehmen versuchte, wenn es um eine Stellenbesetzung ging.

Nicht nur meine eigene Neigung, sondern auch die vielen Reden und Vorträge, die ich zu halten hatte – ich sprach im Laufe der Jahre fast an allen damaligen deutschen Universitäten und Hochschulen und auf vielen kulturellen Veranstaltungen –, brachten es mit sich, daß ich zu dem wissenschaftlichen Dienst des Parlaments eine persönliche Beziehung gewann. Er verfügte über einige ausgezeichnete Juristen und Historiker, mit denen ich besonders gerne arbeitete. Ihre Fachbildung war profund, ihre Allgemeinbildung bewundernswert. Sie sorgten dafür, daß ich in einigen Bereichen der wissenschaftlichen Entwicklung, die mich, sei es aus dienstlichen, sei es aus persönlichen Gründen, besonders interessierten, auf dem laufenden blieb. Für meine Reden und Aufsätze stellten sie mir regelmäßig soviel umfassendes Material zusammen, daß ich nächtelang zu tun hatte, um es zu bewältigen.

Man muß verstehen, daß ein Mann im leitenden Staatsamt nur selten dazu kommt, eine Rede oder einen Vortrag über ein oft nicht einfaches Thema und vor einem anspruchsvollen Auditorium vom ersten bis zum letzten Satz selber auszuarbeiten. Auch der Bedeutendste darf sich dabei nicht auf den Einfall des Augenblicks verlassen. Das kann einmal gelingen. Sich darauf zu verlassen, wäre jedoch purer Leichtsinn. Man kann deshalb nichts gegen die Ghostwriter sagen. Ihr Handwerk ist voller Entsagung. Liefern sie gute oder gar erstklassige Produkte, fällt der Ruhm dem von ihnen Belieferten zu. Liefern sie Durchschnitt oder gar Unterdurchschnitt, wird es allerdings auch zuerst ihrem Boß angekreidet. Und das mit Recht. Denn schließlich muß erwartet werden, daß der Redner dem gewachsen ist, was er sagt. Andernfalls wird sein Vortrag zur intellektuellen Hochstapelei.

Ich habe mich auch im größten Arbeitsdruck nie dazu entschließen können, von anderen ausgearbeitete Reden zu übernehmen. Nicht nur meine Stilempfindlichkeit, sondern die Formulierung der Nuancen und die Individualität der Stellungnahme machten es mir unmöglich. Meine Mitarbeiter erkannten, daß darin nicht eine Geringschätzung ihrer Entwürfe zum Ausdruck kam, sondern meine Unfähigkeit, in fremden Worten zu sprechen.

Die Information

Zusammen mit einer erstklassigen Bibliothek stellte unsere wissenschaftliche Abteilung einen leistungsstarken Informations- und Beratungsdienst für die Mitglieder des Hauses und seine Fachausschüsse dar. Dennoch hörte die Diskussion um ihre Ausgestaltung und definitive Zielstellung nie auf. Nicht nur aus der Opposition kam immer wieder die Forderung, dem tiefgestaffelten Fach- und Sachapparat der Bundesministerien und ihrer Institute einen annähernd gleichwertigen parlamentseigenen Apparat entgegenzustellen. Die Befürworter solcher Wünsche verbanden damit die Vorstellung, daß das Parlament in der Lage sein müsse, zu den Voten der Bundesregierung im Plenum und vor allem in den Ausschüssen Stellung zu nehmen. Diese sollte aus ebenbürtigen parlamentseigenen Quellen gespeist werden. Ich hielt diese Tendenzen für grundverfehlt. Aus mehreren Gründen. Anders als zu der Zeit des Barons Montesquieu hat das Parlament in der parlamentarischen Demokratie von heute eine viel stärkere und unmittelbarere Zugriffsmöglichkeit auf die Regierung und ihre Apparatur. In dem Artikel 65 GG heißt es zwar, daß im Rahmen der vom Bundeskanzler (allein) zu bestimmenden Richtlinien der Politik »jeder Bundesminister seinen Geschäftsbereich selbständig und unter eigener Verantwortung leitet«. Aber der Satz hebt die kontrollierende Einsicht des Parlaments in diese Geschäftsbereiche nicht auf. Vor allem aber widerstrebte mir das über jedes vernünftige (kontrollierende) Maß hinausgehende profunde Mißtrauen, das in jenen Vorstellungen zum Ausdruck kam. Auch der Fachminister muß schließlich seinen sachverständigen Mitarbeitern vertrauen. Und ein Parlamentsausschuß darf das gesunde

Maß von Mißtrauen nicht so übertreiben, daß er in jeder Sachäußerung von Regierungsseite eine absichtliche oder zumindest fahrlässige Irreführung des Parlaments befürchtet. Die Ratio unseres Staates erträgt das nicht.

Selbstverständlich hätte die Aufnahme jener Wünsche eine gewaltige Vergrößerung der Parlamentsbürokratie zur Folge haben müssen mit dem Ergebnis, daß der zur Entscheidung aufgerufene Parlamentarier nur die Wahl gehabt hätte, sich von dem Sachverstand des Regierungs- oder des Parlamentsapparates abhängig zu machen. Die große und noch immer größer werdende Abhängigkeit des Parlamentariers von den sogenannten Sachverständigen in einem Staat, dessen Zuständigkeiten sich in immer weitere Lebensbereiche erstrecken, hat ohnehin beängstigende Ausmaße angenommen. Schon in der ersten Wahlperiode, in den Jahren 1949 bis 1953, bekamen die Mitglieder des Bundestages allein 4767 amtliche »Drucksachen«, das heißt Gesetzentwürfe, Anträge, Entschließungen und so weiter in die Hand. Dabei war diese erste Wahlperiode nach dem, was ich später erlebte, nicht die papierreichste. Das Verlangen nach weiterer und besserer Information war in jenen Jahren groß. Und es war berechtigt. Schon das von Amts wegen zur Verfügung gestellte Informationsmaterial wuchs jedoch von Jahr zu Jahr. Zusammen mit dem Nichtamtlichen, aber auch nicht Ignorierbaren gewann es einen Umfang, der auch von einem durchschnittlich beanspruchten Abgeordneten längst nicht mehr zu bewältigen ist. Der Bedarf an wirklich qualifizierter seriöser Information wird von der täglichen Papierflut dennoch in vielen Fällen nicht gedeckt. Wer sich auf die Bewältigung der Papierflut verläßt, steht eher in der Gefahr, der Desinformation zu verfallen. Die bequeme Lektüre raubt außerdem vielen die Zeit, die sie zum eigenen Denken dringend brauchen.

Aber auch der um qualifizierte Information Bemühte ist in der Position des Benachteiligten, wenn es ihm nicht gelingt, wenigstens in Teilbereichen in den Kreis derer vorzudringen, die die Richtung bestimmen. Die ungedruckte Quelle, die Teilnahme an der Entscheidungsfindung im kleinen oder kleinsten Kreis, das Gespräch mit dem Bundeskanzler oder dem Ressortminister ist für die eigene Orientierung zuweilen unverzichtbar. Das gilt nicht nur in der Beziehung zu der Regierung, sondern auch innerhalb der Fraktionen. Die Mitglieder der Fraktionsvorstände besitzen vor den anderen Fraktionsmitgliedern nach meiner Beobachtung in zwanzig Jahren nicht nur einen beträchtlichen quantitativen, sondern auch einen qualitativen Informationsvorsprung. Das liegt nicht an irgendwelchen unlauteren Vorbehalten oder versteckten Herrschaftsbedürfnissen einer Oligarchie, sondern an Organisationsnotwendigkeiten des Parlaments. Die hochgradige Arbeitsteilung, die unvermeidlich ist, schafft hier einen gewissen Ausgleich, weil sie auch dem durchschnittlichen Abgeordneten die Möglichkeit bietet, in seinem Fach- oder Interessenbereich an der Einlassung oder Entscheidungsfindung einschlägiger Vorlagen, Initiativen und anderer parlamentarischer Aktionen teilzunehmen.

Nahezu machtlos steht der Bundestagspräsident den sich unaufhaltsam vergrößernden Fraktionsbürokratien gegenüber. Sie werden über den Bundeshaushalt subventioniert. Auf ihre Planstellen hat der Haushaltsausschuß des Bundestags keinen Einfluß. Er könnte allerdings die Erhöhung der jährlichen Subventionen an die Fraktionen verweigern. Das habe ich nie erlebt. Vielleicht auch deshalb, weil solche Entschlüsse im Plenum leicht wieder aufgehoben würden.

Zusammengefaßt: der moderne Parlamentarismus bedarf der durchgreifenden Arbeitsteilung. Heute ist er jedoch eher über- als unterorganisiert. Wenn die Verwirrung nicht noch größer werden soll, muß der parlamentarische Apparat wenigstens in den Grenzen gehalten werden, denen das Parlament gerade noch gewachsen ist. Mit einer Reihe Kollegen insbesondere aus dem Haushaltsausschuß war ich stets der Meinung, daß der Bundestag mit gutem Beispiel gegen die oft gewissenlos betriebene Aufblähung des öffentlichen Dienstes angehen müsse. Die gesunde Folge war, daß die rationelle und sparsame Gestaltung unserer Verwaltung ein Dauerthema blieb. Wir zählten während meiner vierzehnjährigen Amtszeit, alles zusammengenommen – vom Direktor bis zu den Putzfrauen –, rund tausend Köpfe. Das hat indessen wenig Anerkennung gefunden. Als ich das Amt verließ, gab es einen Dammbruch. Binnen kurzem wuchs die Bundestagsverwaltung auf mehr als fünfzehnhundert Köpfe an. Dazu konnte ich nur sagen: ohne mich.

Zu zurückhaltend war ich im Bereich der sogenannten Öffentlichkeitsarbeit. Von meinem Vorgänger hatte ich die Übung übernommen, den persönlichen Referenten nebenher auch noch als Pressereferenten zu beschäftigen. Das war unhaltbar. Unsere Sondierungen, das weitläufige Presse- und Informationsamt der Bundesregierung auch mit den Informationsaufgaben des Bundestages zu befassen, führten zu nichts. Als ich mich um einen hochqualifizierten Journalisten bemühte, zeigte sich, daß der Bundestag auf dessen Bezüge nicht eintreten konnte ohne unseren Besoldungsrahmen zu sprengen. Den modischen Ideen, eine eigene Propagandafirma des Bundestages zu betreiben, stand ich distanziert gegenüber. Ich sah in gutbesuchten Plenarsitzungen mit lebendigen Debatten die beste Werbung für den Bundestag. Was vernünftigerweise darüber hinaus noch mit hinreichendem Effekt getan werden konnte, war nach meinem Urteil nicht viel. Die beste »Öffentlichkeitsarbeit« kann nicht aufkommen gegen die Fernsehbilder von schlechtbesuchten Plenarsitzungen mit zeitunglesenden Abgeordneten.

Der Ältestenrat

Das für seinen Präsidenten wichtigste Organ des Bundestags war der *Ältestenrat*. Der Name ist alt und irreführend. In der Frühzeit des deutschen Parlamentarismus saßen in ihm wirklich die nach Jahren ältesten Mitglieder zusammen, um die Fragen zu verhandeln, die der Ältestenrat auch heute noch zu diskutieren hat. Sie reichen von den Vereinbarungen über die Sitzungstermine, die Tagesordnung und die Geschäftsordnung bis zu der Bereinigung von Verstößen und Ehrenhändeln. Alle diese Fragen werden aber schon lange nicht mehr von den Ältesten, sondern von den dafür hauptsächlich zuständigen parlamentarischen Geschäftsführern der Fraktionen wahrgenommen. Der Ältestenrat war zu meiner Zeit noch ein reines Beratungsorgan des Präsidenten. In ihm gab es deshalb auch keine Abstimmung wie in den Ausschüssen des Parlaments. Daneben gab es noch den sogenannten Vorstand des Bundestages. Er war mit verschiedenen internen Organisationsaufgaben befaßt, hatte aber auch Fragen zu behandeln, die in der Öffentlichkeit wie im Haus in schöner Regelmäßigkeit zu einiger Aufregung führten. Beispiele: den Haushaltsplan des Bundestags, die Diäten, die Reisekosten, die Altersversorgung und die Bauprobleme des Parlaments.

Dieser Vorstand ist mit dem Präsidium des Hauses und dreiundzwanzig weiteren von den Fraktionen entsandten Mitgliedern inzwischen im Ältestenrat vereint. Ich habe diese Vereinfachung angestrebt, obwohl der Ältestenrat seinen Charakter als reines Beratungsorgan des Präsidenten damit verlieren mußte.

Von Anfang an habe ich dem Ältestenrat große Bedeutung zugemessen. Es kam mir deshalb auch nicht darauf an, seine Sitzungen möglichst rasch und formell abrollen zu lassen. Ich machte sie zur »Stätte der Begegnung« und der freimütigen Aussprache zwischen den Fraktionen über die parlamentstechnischen Probleme hinaus. Als Abgeordnetem waren mir die langen Geschäftsordnungsdebatten im Plenum lästig gewesen. Sie verzögerten die Sachdebatten oft über Gebühr. »Geschäftsordnung ist Waffe.« Die drei Worte geben nicht gerade idealtypisch den Sinn der Geschäftsordnung wieder, wohl aber die parlamentarische Praxis. Ich wollte die damit bezeichnete kämpferische Auseinandersetzung aus dem Plenum in den Ältestenrat verlegen, weil sie dort sachlicher und nuancierter ausgefochten und die Plenardebatten entlastet werden konnten. Das ist weitgehend geglückt. Sobald nicht mehr zum Fenster hinausgesprochen werden kann – wie im Plenum – verändern sich Klangfarbe und Sachgehalt der Debatte meist recht bedeutend und in der Regel vorteilhaft.

Der Ältestenrat wurde im Lauf der Jahre ein unentbehrliches Integrationsorgan des Parlaments. Das Wort führten die parlamentarischen Geschäftsführer der Fraktionen. Trotz der Offenheit, in der gesprochen wurde, gab es kaum einmal ernstlichen Verdruß. Das Klima war so kollegial und sachgerecht, daß ich oft bedauert habe, daß die Öffentlichkeit davon keinen Eindruck gewinnen konnte. Sie hätte Grund gehabt, sich über dieses Juwel des deutschen Parlamentarismus zu freuen. Zu den Hauptsprechern im Ältestenrat gehörten zu meiner Zeit Will Rasner für die CDU, ein unentwegt fleißiger und heller Kopf. Sein sozialdemokratisches Pendant war geraume Zeit Karl Mommer, der spätere Vizepräsident. Die parlamentarischen Geschäftsführer waren oft in keiner beneidenswerten Situation, wenn sie die Vereinbarungen oder die Entscheidungen des Präsidenten in ihren Fraktionen vertreten sollten. Denn sie fielen nicht immer zum Wohlgefallen aller aus. Dennoch hatte ich kaum einmal Anlaß, mich über mangelhafte Loyalität dieser für die Arbeit des Hauses so wichtigen Kollegen zu beklagen. Will Rasner starb einen zu frühen Tod. Die CDU verlor mit ihm einen Mann, der sich ganz ihrem Dienst hingegeben hatte.

Zu früh starb auch Walter Menzel, ein Schwiegersohn des ehemaligen preußischen Innenministers Severing in der Weimarer Republik und gleich ihm ein freiheitsliebender, aufrechter Sozialdemokrat. Die Fairneß Menzels war mir besonders in der schwierigen Zeit meiner Einübung im Präsidentenamt eine beträchtliche Hilfe. Zwischen Juristen wie Carlo Schmid, Richard Jaeger und Thomas Dehler, den Vizepräsidenten des Hauses, sitzend, holte ich in diesen Ältestenratssitzungen im Lauf der Jahre einen staats- und verwaltungsrechtlichen Unterricht nach, den ich, der juristische Laie, für einen bleibenden Gewinn halte.

Zu den von der FDP gestellten ausgezeichneten Köpfen im Ältestenrat gehörten jahrelang Ewald Bucher, der spätere Bundesjustizminister, und Hans-Dietrich Genscher, später Innen- und Außenminister der SPD/FDP-Koalition. Nach dem Tod von Thomas Dehler wurde Walter Scheel Vizepräsident des Bundestages. Alles in allem ein Präsidium, mit dem ich vorzüglich arbeiten konnte.

Zu der Produktivität der Diskussion im Ältestenrat trug bei, daß nicht abgestimmt wurde. Anders als in vielen Fernsehdebatten verlief sich die Diskussion dennoch nicht im Nichts. Das Gewicht der Argumente, nicht die Stimmenzahl entschied, soweit wie überhaupt möglich. Das letzte Wort blieb beim Präsidenten.

Die Ausschüsse

In der einschlägigen Literatur ist der Streit noch nicht ausgefochten, ob es dem deutschen Parlamentarismus fromme oder schade, daß der Bundestag in hohem Maße ein Ausschußparlament ist. Als ich Bundestagspräsident wurde, hatte die fünfjährige Routine des Parlamentsalltags dafür gesorgt, daß sich darüber nur einige Soziologen und Politologen stritten. So oft die damit zusammenhängenden Fragen auch im Ältestenrat, Vorstand und Geschäftsordnungsausschuß angeschnitten wurden, die Fraktionen zeigten durchweg wenig Neigung, sich damit zu befassen. Deshalb vermutlich unterblieb auch ein formeller Initiativantrag an das Plenum.

In der ersten Wahlperiode gab es im Bundestag (ohne Untersuchungsausschüsse) zweiundvierzig ordentliche Ausschüsse. In der fünften waren es noch dreiundzwanzig. Das war eine Verbesserung. Je größer die Zahl der Ausschüsse, desto größer wird die Gefahr der doppelten und dreifachen Arbeit, weil oft mehrere Ausschüsse Anspruch auf federführende oder wenigstens mitberatende Behandlung einer Vorlage erheben. Die Ansprüche der sehr verschieden ausgelasteten Ausschüsse an ihre Mitglieder sind und bleiben auch bei einer noch so griffigen Rationalisierung der Ausschußarbeit sehr unterschiedlich. Der Haushaltsausschuß zum Beispiel muß seine Mitglieder unvergleichlich viel öfter in Anspruch nehmen als zum Beispiel der Geschäftsordnungs- oder sogar der Auswärtige Ausschuß. Ausschuß ist also nicht gleich Ausschuß, weder hinsichtlich seiner Inanspruchnahme noch hinsichtlich seiner politischen Bedeutung. Die durchschnittliche Mitgliederzahl der (verschieden starken) Ausschüsse war, den Haushaltsausschuß ausgenommen, von der Sache her überhöht. In den mittleren und großen Ausschüssen mit ihren (damals) einundzwanzig beziehungsweise siebenundzwanzig Mitgliedern gab es regelmäßig so viele gleichgeartete Einlassungen aus den einzelnen Fraktionen, daß sie mehr zur Ermüdung und unnötigen Verlängerung der Sitzungen beitrugen als zur sachlichen Förderung. Es zeigte sich, daß schon in den (kleinsten) Fünfzehner-Ausschüssen alle für das parlamentarische Schicksal einer Vorlage und ihre Plenardiskussion wesentlichen Argumente im Pro und Kontra vorgetragen wurden. Die individuellen Diskussionsbeiträge, die davon abwichen, konnten nur selten politisches Gewicht erlangen. Das wurde noch seltener, nachdem die Fraktionen ihre eigenen Arbeitskreise eingerichtet hatten (1954). Sie dienten nicht nur der sachlichen Vorklärung der in den Ausschüssen anstehenden Fragen, sondern auch der fraktionsinternen politischen Einlassung dazu.

Die Frage, ob der Bundestag nicht zu viel Zeit und Gewicht seinen Ausschüssen zuteile, war nicht unberechtigt. Aber der Streit darüber war müßig. Eher wäre noch eine Änderung des Wahlgesetzes vom Verhältnis- zum Mehrheitswahlrecht durchzusetzen gewesen als die durchgreifende Änderung des Ausschußwesens, die sich einige Theoretiker vorstellten. Im Bundestag spielten sie keine Rolle. Der Bundestag war von Anfang an ein Parlament, in dem sich die Plenardiskussion und die Ausschußarbeit verbanden und mischten. Es gab Vorlagen, die nicht selten mehrere bedeutende Ausschüsse beschäftigten, für die aber die Plenardebatte dennoch vorrangig blieb. Das gilt besonders für die Gesetzentwürfe aus dem Bereich der Außen- und Verteidigungspolitik, und zwar nicht nur deshalb, weil es sich bei ihnen vielfach um Ratifizierungsgesetze handelte. Der politische Gehalt dieser Gesetze ist meist von der Art, daß ihre entscheidenden Fragen auch dem Nichtfachmann verständlich sind und er sich mit ihnen schließlich auch ohne den Beistand von Fachleuten auseinandersetzen konnte. Das war und ist unmöglich bei den Sozialgesetzen, Steuergesetzen und der Masse anderer Fachvorlagen – einschließlich der mir besonders verhaßten »Zunftgesetze«. Jede Berufsgruppe schrie allmählich nach dem Staat, der ihre berufsständischen Wünsche gesetzlich absegnen sollte. Die Misere des Bundestages liegt nicht wie viele Kritiker meinen, an seinem tatsächlich schwergewichtigen Ausschußwesen und dessen fatalem Hang zur Regelung zu vieler Details. Sie liegt an der Sucht, zu viele Bereiche, die auch ohne gesetzliche Ordnung auskommen könnten, einer solchen zu unterwerfen.

In einer langen Praxis lernte ich die Weisheit der Geschäftsordnungsvorschrift kennen: »In der ersten Beratung... werden nur die Grundsätze der Vorlagen besprochen« (§ 78 GO). Eine extensive Plenardiskussion ohne Ausschußberatung würde in den meisten Fällen entweder zu einer die große Mehrheit ermüdenden Debatte der parlamentarischen Fachleute führen oder in Dilettantismus enden.

Der Auswärtige Ausschuß

Zumindest in den beiden ersten Legislaturperioden war der *Auswärtige Ausschuß* eine politisch-parlamentarische Plattform ersten Ranges. Die außenpolitischen Entscheidungen, die dem ersten und zweiten Bundestag abverlangt wurden, waren anders als die meisten anderen Gesetzentwürfe von grundlegender Bedeutung für die gesamte zukünftige Orientierung der Bundesrepublik, ja Gesamtdeutschlands. Der Komplex der sogenannten Bonner und Pariser Verträge hielt den Auswärtigen Ausschuß der beiden ersten Legislaturperioden bis in das Frühjahr 1955 hinein in Atem. Daneben gab es viele Fragen, die der Stellungnahme des Ausschusses bedurften, von der Kriegsgefangenenfrage angefangen bis zur Organisation und Ausstattung des neu zu errichtenden Auswärtigen Amtes.

Der Auswärtige Ausschuß hielt bis zum 11. August 1953, dem Ende der ersten Legislaturperiode, hundertdreißig Sitzungen ab. Er besaß daneben neunzehn Unterausschüsse von verschiedener Bedeutung, die insgesamt in siebenundsiebzig Sitzungen tagten. Wenn man bedenkt, daß seit August 1950 viele Mitglieder des Auswärtigen Ausschusses gleichzeitig dem Europarat und seinen Ausschüssen angehörten, so läßt sich schon daraus auf die Intensität der parlamentarischen Arbeit in jenen ersten Jahren des Bundestages schließen.

Die Routinesitzungen des Auswärtigen Ausschusses begannen im allgemeinen mit ausführlichen Berichten der Bundesregierung. In besonders wichtigen Sitzungen trug der Bundeskanzler, solange er das Auswärtige mitverwaltete, selbst vor. Vertreten wurde er in der Regel von Staatssekretär Hallstein. Die Sitzungen waren nur für die ordentlichen Mitglieder des Ausschusses und ihre Stellvertreter zugänglich. Zu meiner Zeit aber waren sie meist von so vielen Regierungsbeamten und vor allem von Vertretern der im Bundesrat etablierten Landesregierungen besucht, daß wir gelegentlich gegen diese Aufblähung des Hörerkreises angehen mußten. An die Vertraulichkeit der Verhandlung wurde zwar immer wieder erinnert, aber damit war bei dem zu großen Zuhörerkreis nicht viel zu erreichen. Die Bevollmächtigten der Landesregierungen, die nicht ausgeschlossen werden können, sind zudem zur Berichterstattung an ihre Regierungen verpflichtet.

Der Bundeskanzler, ohnehin mißtrauisch, kam bei seinen Berichten oder Stellungnahmen denn auch selten in die Nähe dessen, was seiner Meinung nach der Geheimhaltung wirklich bedurfte. Allmählich machte sich dennoch der Unfug bemerkbar, daß ängstliche oder gedankenlose Beamte zu häufig von ihrem Geheimstempel Gebrauch machten. Er zierte zuweilen Schriftstücke, deren Inhalt ausführlicher zuvor in der Presse jedermann zugänglich gemacht war.

Der Ton im Auswärtigen Ausschuß war in der Zeit, von der ich hier berichte, durchweg kollegial vornehm. Auch wenn es bei der Diskussion derselben Vorlage im Plenum noch so stürmisch herging, im Auswärtigen Ausschuß ging es gemessen höflich zu. Die sachlichen Gegensätze traten ohne Schärfe zutage. In großen Fragen wurden sie allerdings in der Regel auch nicht überwunden.

Diplomaten

Von Belang, zuweilen sogar von erheblicher Bedeutung für unsere Beratungen im Auswärtigen Ausschuß waren die Kontakte mit den Botschaften der in Bonn akkreditierten Mächte. Sie vollzogen sich nahezu ausschließlich im gesellschaftlichen Rahmen und unterschieden sich schon dadurch von den offiziellen der Regierung.

Ich erinnere mich an manchen Abend, an dem wir in der Residenz des amerikanischen Hohen Kommissars McCloy strittige Fragen der Vertragsentwürfe diskutierten. Der immer humorvoll freundliche Amerikaner hat mit seiner Geduld, mit seiner Fairneß und seinem Entgegenkommen auch die Widerborstigsten von uns Parlamentariern wenn nicht zum Einlenken, so doch zur Einsicht gebracht.

Bald nach seinem Amtsantritt in Deutschland lud mich der mächtige Mann einmal zum Abendessen in sein Haus nach Bad Homburg. Er war nicht nur daran interessiert, meine Ansichten über die Linie einer zukünftigen deutschen Politik kennenzulernen. Er war mindestens ebenso an einem Bericht über den deutschen Widerstand gegen Hitler interessiert. Mrs. McCloy, einer deutschbürtigen Familie entstammend, teilte dieses Interesse. Sie war eine liebenswürdige Gastgeberin, eine warmherzige Frau großen Formats. Shepard Stone unterstützte seinen Chef McCloy in jener lockeren verständigen Art, die ihn immer zu einem geschätzten Gesprächspartner und Mittler machte. Draußen, vor den Fenstern des McCloyschen Hauses, hörte ich den Schritt der hin und her gehenden Wachen, während ich im Verlauf des Gesprächs immer stärker von dem glückhaften Gefühl durchdrungen wurde, daß Deutschland endlich einmal auf der richtigen Seite stehe.

Unter den ausländischen Diplomaten, die von Amts wegen Beziehungen zum Bundestag zu pflegen hatten, war Lance Pope ein reiner Glücksfall. Er entstammt dem auswärtigen Dienst Englands, war während des Kriegs in deutscher Kriegsgefangenschaft, riß mehrfach aus, spricht perfekt Deutsch und ist mit einer charmanten Österreicherin verheiratet. Es spricht für die Weisheit des Foreign Office, daß es diesen Gentleman, Diplomaten, Sänger und Ziehharmonikaspieler, Waidmann und verläßlichen Freund auf seinem Platz in Bonn beließ. Botschafter, große Botschafter kamen und gingen, das Diplomatenkarussell drehte sich unentwegt – Lance und Ilse Pope blieben. Ein fester, freundlicher, ruhender Pol in dem Bonner Umtrieb.

In den zwanzig Jahren meiner parlamentarischen Arbeit bin ich einer nicht geringen Anzahl bedeutender ausländischer Diplomaten begegnet. Ich möchte hier die Botschafter Frankreichs, François-Poncet und Couve de Murville nennen. Sie haben die lange Reihe großer französischer Diplomaten in Deutschland höchst eindrucksvoll repräsentiert. François-Poncet gelang es, zu dem im Grunde distanzierten Bundeskanzler Adenauer – die Eigenschaften des Rheinländers milderten und verdeckten diese Distanz, hoben sie aber nicht auf – ein von gegenseitigem Respekt und später auch von Freundschaftlichkeit geprägtes persönliches Verhältnis herzustellen. Unvergeßlich ist mir das Abschiedsessen, das Adenauer im kleinen Kreis für François-Poncet im Palais Schaumburg gab. Adenauer hielt eine für seine Verhältnisse besonders freundliche kurze Rede auf den Botschafter Frankreichs, der viele Jahre in Berlin und Bonn sein Land vertreten hatte. Dann stand der Goethekenner François-Poncet auf – er war überhaupt ein Homme de lettre – und sagte: »Unvorbereitet wie ich mich habe«, griff in seine Brusttasche und zog das Manuskript einer Rede hervor, die in makellosem Deutsch eine Würdigung Adenauers – und Deutschlands – darstellte, die uns ergriff. Der Bundeskanzler Adenauer habe es »schon verstanden, die Wertschätzung und den Respekt der ganzen Welt zu erringen ... eine künftige

Zeit wird Sie als den Befreier und Erbauer Ihres Landes feiern«. Es war am Abend des 30. September 1955. Noch lange vor der »Verklärung« Adenauers. Unser zumeist unbewegt kühler »Alter«, an dem runden Tisch mir gerade gegenüber, saß starr, um seine Rührung nicht zu verraten.

Aus der Reihe der britischen Botschafter will ich hier Sir Frank Roberts hervorheben. Eine brillante Intelligenz und ein ebenso großer Takt ermöglichten ihm die heimgesuchte und noch reichlich verworrene deutsche Seele besser zu verstehen als es viele Deutsche in jenen Jahren konnten. Auch die beiden russischen Botschafter Sorin und Smirnow möchte ich nennen. Sorin kam als erster russischer Botschafter nach Bonn. Er hatte keinen leichten Einstand und verließ uns schon nach einem halben Jahr. Auch mit seinem Nachfolger Smirnow verstand ich mich gut. Wir sahen uns auch außerhalb der üblichen gesellschaftlichen Gelegenheiten. Ein besonderer Gewinn für den Botschafter war seine Frau, Madame Smirnowa, eine große Dame mit kraftvoller Intelligenz und Ausdrucksfähigkeit, mit Charme und Humor. »Wir stehen nicht für das Lumpenproletariat«, sagte sie mir eines Tages stolz. Sie entfachte die alten, im weiblichen Teil meiner Familie gepflegten Neigungen zu Rußland und den Russen so, daß ich erst dadurch vieles an den Deutschbalten, denen meine Frau entstammt, und der Slawophilie meiner Tochter Cornelia zu begreifen begann. Mit dem Erscheinen des Botschafters Zarapkin in Bonn änderte sich das freilich schlagartig. Ihn umgab nichts von dem Charme und Goodwill der Smirnows.

Die Wahl der Bundesverfassungsrichter

Die Geschäftsordnung gibt dem Bundestagspräsidenten beratende Stimme in allen Ausschüssen. Selbstverständlich kann er davon nur dann und wann, in dem einen oder anderen Ausschuß Gebrauch machen. Und auch dann sollte er das nur tun, wenn sein Amt als Präsident des Hauses es ratsam erscheinen läßt. Zur Durchsetzung seiner persönlichen Überzeugung oder zur Verstärkung des politischen Einflusses seiner Fraktion sollte er von diesem Recht keinen Gebrauch machen.

Ich nahm deshalb als Präsident nur selten an einer Ausschuß-Sitzung teil. Eine Ausnahme bildete der Wahlmänner-Ausschuß, der die Bundesverfassungsrichter zu wählen hat. Die Errichtung des Bundesverfassungsgerichts im Jahr 1951 habe ich uneingeschränkt begrüßt. Die Väter des Grundgesetzes sahen in ihm offenbar vor allem eine oberste Schlichtungsinstanz in den Streitfällen zwischen Bund und Ländern. Diese blieben indessen weit seltener und weniger gewichtig als die verfassungsrechtlichen Streit- und Zweifelsfragen, die sich aus weitgreifenden politischen Entscheidungen ergaben.

Ähnlich wie die Geschäftsordnung im innerparlamentarischen wird das Grundgesetz zur Waffe im politischen Streit. Dagegen kann nur dann etwas eingewandt werden, wenn es im offenkundigen Mißbrauch geschieht. Dieser kann nicht ausgeschlossen werden. Ein Argument gegen das Bundesverfassungsgericht als Institution ist das nicht. Ich sah und sehe in ihm den festen Willen unseres Staates, sich selber dem Recht zu unterwerfen. Ähnlich wie den frommen Laien die Skepsis des kritischen Theologen befremdet, hat mich in den Diskussionen um das Bundesverfassungsgericht ein Einschlag von Skepsis und Resignation berührt, auf den ich nicht selten im Gespräch vor allem mit forensisch erfahrenen juristischen Parlamentariern stieß. Über dem und jenem Urteil, und noch öfters über dieser oder jener Urteilsbegründung wurde mir ihr Skeptizismus zwar verständlicher. Ihre kühle Distanz zu der Institution Bundesverfassungsgericht habe ich mir aber niemals zu eigen machen können. Ich wollte es auch nicht. Die souveräne Herrschaft des Rechts in einem Volk, das sich ihm aus freier Einsicht zu unterwerfen bereit ist, das erschien mir seit meiner Jugend als das, was die Würde des Staates ausmacht. Zu den unvergeßlichen Erinnerungen an mein Elternhaus gehört die scharfe Kritik meines Vaters an Preußens König Friedrich Wilhelm I. In mancher Hinsicht bewunderte auch mein Vater den Herrscher. Aber auch bei Würdigung der Motive des Königs verletzte es das Rechtsgefühl meines Vaters tief, daß er den jungen Katte härter bestrafte als den schuldigeren Kronprinzen.

Die Majestät des Rechts war mir schon in meinem pietistischen Elternhaus politisch relevanter als das Liebesgebot des Neuen Testaments. Gott und den Nächsten mit aller Kraft zu lieben, das übersteigt bei weitem das Gebot, das Rechte zu tun. Dieses fordert den eigenen Willen und ist in seine Kraft gestellt. Jenes aber ist schließlich ein Werk der Gnade. Es zu bewirken steht nicht in der Macht des Staates. Das Grundverständnis des Staates als eines strikten Rechtsstaates, der seine Rechtssetzungen vor einem ihm vorgegebenen Sittengesetz zu vertreten hat, das konnten mir weder die Ideologen des Klassenkampfs noch des Volkstums oder der Rasse verbiegen oder rauben. Deshalb war der 30. Juni 1934 für mich das Ende des deutschen Rechtsstaates.

Aber auch die Berufung auf die Bergpredigt Jesu konnte mich nicht darin beirren, daß der Staat nicht in der Liebe, sondern im Recht gründet und daß ihm zur Durchsetzung des Rechts Macht zukommt. Dafür steht ihm auch der Einsatz von Gewalt zu. Luthers Zwei-Reiche-Lehre hat zu der theologischen Durchbildung dieses meines Staatsverständnisses wesentlich beigetragen. Es hat mein Rechtsdenken immer ermutigt, daß das Alte Testament die im Dienst des Rechts ausgeübte Macht anerkennt und daß die Seligpreisungen der Bergpredigt als einzige der dort genannten Tugenden die Gerechtigkeit gleich zweimal nennen (Matthäus 5,6 und 5,10). Dem theologischen und politischen Fehlschluß habe ich widerstanden, die Bergpredigt als ein Grundgesetz der Gemeinde Jesu auch zum Urgesetz des Staates zu machen. Das darf zumindest einem Lutheraner nicht passieren. Aus demselben Grund habe ich auch stets abgelehnt, die Kirche als solche auf das politische Kampffeld zu führen. Der Gehorsam gegen die Gebote Gottes und der Kampf um die Freiheit ihrer Verkündigung mag sie gelegentlich auch auf das politische Feld drängen; ihr Platz aber ist – Wächteramt hin oder her – die Politik nicht. In jenem ökumenischen Kirchenschutz – und Trutzbund, den ich 1936 der Ökumene nahebringen wollte, sah ich mehr eine durchgreifende internationale kirchliche Hilfsorganisation als ein politisches Angriffsinstrument auf Hitlers Herrschaft, wennschon mein Trutzbund nicht nur von Hitler und seinen Leuten so empfunden worden wäre. Die innerhalb des Ökumenischen Rats der Kirchen vierzig Jahre später üblich gewordenen politischen Attacken sind zumeist nicht nur fragwürdige, einseitige politische Einlassungen, sondern auch Beispiele schlechter Theologie.

Mit der Wiederbewaffnung Deutschlands traten die in der Christenheit latent immer vorhandenen Bedenken gegen den bewaffneten Machteinsatz des Staates in den Vordergrund des kirchlichen, aber auch des ganzen öffentlichen Bewußtseins. Sie sind noch immer aktuell, auch wenn sie inzwischen wieder hinter anderem zurückgetreten sind. Als sie noch so heiß umstritten waren, daß es unsere damalige Opposition, die SPD, für richtig hielt, damit das Bundesverfassungsgericht zu befassen, begann ich mich mit der Frage der Besetzung dieses obersten Gerichts zu beschäftigen. Als ein Verfechter der Gewaltenteilung hatte ich keine Freude an dem Artikel 94, 1 GG, der die Auswahl der Richter an diesem Gericht dem Bundestag und Bundesrat überläßt. Ich hätte es lieber gesehen, wenn eine andere, dem politischen Kampf entrücktere Instanz diese Aufgabe übernommen hätte. Aber anscheinend erschien es dem Parlamentarischen Rat zu gewagt, das dem Bundespräsidenten oder gar einem Konzil von Universitätsrektoren, juristischen Fakultäten oder Ähnlichem zu überlassen. So kam der Wahlmänner-Ausschuß zustande, ein Gremium, das aus zwölf Mitgliedern des Bundestages besteht. Die Fraktionen sind nach dem Maß ihrer zahlenmäßigen Stärke beteiligt. Der Bundesrat ist an der Besetzung des Gerichts ebenfalls beteiligt.

Da das Gesetz vorschreibt, daß zum Richter gewählt ist, »wer mindestens neun Stimmen auf sich vereinigt«, ist der Zwang zur Einigung beträchtlich. Die Erfahrung, die ich als Bundestagspräsident im Lauf der Jahre mit unserem obersten Gericht machte, veranlaßte mich, meiner Fraktion vorzuschlagen, mich als ordentliches Mitglied in den Ausschuß zu entsenden. Er wurde zu meiner Zeit nicht ausschließlich, aber hauptsächlich mit führenden Juristen der Bundestagsfraktionen besetzt. Die Beratungen in den Gremien waren bemerkenswert sachlich. Die fachlichen und persönlichen Ansprüche, die an die zu Wählenden gestellt wurden, waren hoch. Dennoch waren in den Wahlen des Ausschusses politische, auch parteipolitische Interessen immer spürbar und wirksam. Die positiven Entscheidungen fielen zuweilen rasch, zuweilen kamen sie aber auch erst als mühsame Kompromisse zustande. Die Persönlichkeit und die richterliche Qualität eines Kandidaten waren nicht selten so anerkannt, daß andere, parteipolitische Erwägungen dahinter zurücktraten.

Aber auch Kandidaten mit einem ausgeprägten politischen, ja parteipolitischen Profil hatten dann ihre Chance, wenn sie den Erfordernissen des Amtes entsprachen. Freilich ging es dann in der Regel nach dem Do ut des, nach Kompromissen, die oft erst in langen Gesprächen über die Parteifronten hinweg zustande kamen.

Obwohl ich immer dazu neigte, in gewichtigeren Streitfragen verfassungsrechtlicher Art, auch wenn sie hochkarätig politisch waren, Karlsruhe entscheiden zu lassen, hatte ich zuweilen doch ernste Bedenken, ob das Gericht damit nicht politisch überfordert würde. Die Justifizierung der Politik beziehungsweise der politischen Entscheidung ist mir durchaus zuwider. Aber ich halte sie für weniger gefährlich als ihr Gegenstück, die Politisierung der Justiz.

Auch das objektivste Gericht ist der Manipulation des öffentlichen und individuellen Bewußtseins durch mächtige Massenmedien nicht entzogen. Und auch parteipolitische Interessen bleiben spürbar. Um so höher ist der geistige und moralische Rang der um ihre Unabhängigkeit ringenden, allein auf das Recht bedachten Richter zu veranschlagen. Auch ihnen kann einmal ein Fehlurteil unterlaufen. Das aber ist in dieser fehlsamen Welt kein hinreichender Einwand gegen die Institution. Der allein an das Gesetz und seine eigene gewissenhaft verantwortete Erkenntnis gebundene Richter hat einen zwingenden Anspruch darauf, daß sich seinem Urteil andere öffentliche Gewalten, auch der Gesetzgeber selbst unterwerfen. Obwohl ich aus eigener Erfahrung an unserer Rechtspflege manches auszusetzen habe: Die bei uns durchgängige Selbstunterwerfung auch der staatlichen Gewalt unter das Urteil letzter Instanz halte ich für den unwiderlegbaren Beweis, daß wir in einem Rechtsstaat leben. Er verdient nicht in Zweifel gezogen oder geschmäht zu werden, wie es Narren oder die Gegner jeder Rechtsstaatlichkeit tun.

Es gibt Urteile auch des Bundesverfassungsgerichts, die an Überzeugung gewinnen würden, wenn sie zurückhaltender wären, wenn sich das Gericht den Wunsch versagte, über den konkret zur Entscheidung gestandenen Fall hinaus dem Gesetzgeber Richtlinien oder Maßstäbe vorzuschreiben für die Verbesserung seiner einschlägigen zukünftigen gesetzlichen Entscheidungen (Beispiel: das Diätenurteil des BVG von 1976). Solche Maßstäbe müssen sich aus dem Urteil selbst erheben lassen, sonst droht die Gefahr, daß das Gericht sich in »materiale Überinterpretation«[10] verliert und der Richter zum Schulmeister wird. Das wiederum verträgt sich nicht mit der Würde des Gesetzgebers und auch nicht mit der des Staatsbürgers.

Das Plenum

Für Vorträge, Staatsakte und andere Veranstaltungen, die nicht auf Diskussion angelegt sind, ist der Plenarsaal des Bundestags kein übler Raum. Für die politische Debatte ist er wenig geeignet. Der Anmarsch zur Rostra bremst die Spontaneität des Debattenablaufs und verleitet dazu, auch kurze Diskussionsbemerkungen zu Ansprachen auszuweiten. Die Ansprache ist denn auch die vorherrschende Redeweise in diesem Saal. Zu meiner Zeit gab es in jeder Legislaturperiode kürzere oder längere Diskussionen darüber, was dagegen getan werden könne.

Immer wieder wurde der Präsident aufgefordert, dem Paragraphen 37 der Geschäftsordnung Nachachtung zu verschaffen. In diesem ebenso schönen wie wirklichkeitsfremden Paragraphen heißt es: »Die Redner sprechen grundsätzlich in freiem Vortrag.« Das ist eine Sollvorschrift. Dem Druck, aus ihr eine Mußvorschrift zu machen – ein Versuch, der immer wieder angestellt wurde – habe ich mich während meiner ganzen Amtszeit widersetzt. Mit Erfolg. Erst nach meinem Rücktritt vom Amt hat der Bundestag (am 18. Juni 1969) dem amtierenden Präsidenten die Pflicht auferlegt, »den Redner zu mahnen, wenn dieser ohne seine Einwilligung eine im Wortlaut vorbereitete Rede vorliest. Nach einer weiteren Mahnung soll er ihm das Wort entziehen.« (Die unhaltbare Vorschrift ist inzwischen aufgehoben.) Solche und ähnliche Vorschläge mißfielen mir nicht deshalb, weil mir die üblichen Vorlesungen im Plenum gefallen hätten. Sie waren mir meist lästig, weil sie die Lebendigkeit der Debatte ruinierten und sich als wirkungsvolle Saalräumer erwiesen. Mit dem Instrumentarium der Zwischenfragen habe ich schon wenige Wochen nach meinem Amtsantritt darauf hingewirkt, daß kürzere oder längere Reden beziehungsweise Vorlesungen durch Zwischenfragen unterbrochen, aufgelockert und aktualisiert werden konnten. Das hatte es zuvor im deutschen Parlamentarismus nicht gegeben. Diese Zwischenfragen sind etwas anderes als der immer übliche, geduldete Zwischenruf. Zwar kann es der Redner ablehnen, Zwischenfragen zuzulassen, aber er kann nicht ablehnen, daß ihn der amtierende Präsident immer wieder unterbricht, wenn ihn ein Mitglied des Hauses bittet, eine Frage stellen zu dürfen.

Sosehr ich also die freie und möglichst kurze Rede bevorzugte, so entschieden widersetzte ich mich allem, was mir nach Manipulation, nach Bevormundung der individuellen Rede aussah. Der Parlamentarier ist allein auf das Wort gestellt. Von der Kraft und Wahrheit seiner Rede hängt oder soll seine politische Wirkung abhängen. Sein Wort ist das Mittel, mit dem und in dem er sein Mandat verwirklicht. Der Präsident des Hauses hat auf vielerlei zur gleichen Zeit Rücksicht zu nehmen. Auf die Sitzungsdauer – daß sie nicht überdehnt wird und verkraftet werden kann. Auf das Thema der Debatte – daß sie bei der Sache bleibt. Auf das Niveau – daß sie sich nicht in Polemik verliert. Für vorrangig verpflichtend hielt ich es jedoch, die Freiheit des Wortes zu schützen. Immer wieder erinnerte ich mich an jenen Vormittag in der Dozentenakademie in Tännich. So wie damals in Tännich ging es mir nun im Bundestag. Obwohl ich ein Feind der Langeweile auch im Parlament bin, nahm ich die Verlesung einer sorgfältig vorbereiteten, in Stil und Gehalt wesentlichen Rede bei weitem lieber auf als die unkonzise, überemotionalisierte und sprachlich oft unsaubere freie Rede. Ich dachte gar nicht daran, einen Redner deshalb mit Ermahnungen zu stören oder ihm gar das Wort zu entziehen. Ich hielt die Änderung der GO von 1969 in diesem Punkt für einen auch verfassungsrechtlich unerlaubten Übergriff. Er verletzte zudem den Gleichheitsgrundsatz. Denn nicht nur die Regierungserklärungen, sondern auch die Reden der Fraktionssprecher dazu werden vorgelesen. Warum soll das dem schlichten Abgeordneten unter Strafandrohung verboten sein? Ich war mit meiner Auffassung nicht allein. Ein bedeutender Parlamentarier wie der Kronjurist der SPD, Adolf Arndt, empfahl mir eines Tages den Paragraphen 37 der Geschäftsordnung einfach zu vergessen. Etwas erstaunt fragte ich, warum? Arndt: Er ziehe die sorgfältig schriftlich niedergelegte Rede jederzeit »dem freien Stuß« vor. Dabei rechnete ich Arndt zu jenen, die auch die unvorbereitete freie Rede wagen konnten. Otto Hahn, unser großer, weiser Nobelpreisträger, sagte mir eines Abends, er könnte niemals Parlamentarier werden. Es sei ihm unmöglich, in freier Rede in eine öffentliche Debatte einzutreten. Ich berichte gewiß nicht davon, um etwas gegen die freie Rede zu sagen. Ich wende mich lediglich dagegen, aus einer nicht entscheidenden Formfrage eine ernste Beeinträchtigung der parlamentarischen Äußerung zu machen.

Die Pflicht des Präsidenten ist es auch, die Unbefangenheit der Rede zu schützen. Einer der wenigen Ordnungsrufe, die ich in vierzehn Jahren gegeben habe, galt einem der deutschen Hochsprache durchaus mächtigen hannoverschen Abgeordneten. Er hatte einem bekannten Abgeordneten anderer Couleur, der seinen bayerischen Zungenschlag nie zu verleugnen vermochte, zugerufen, er solle erst einmal deutsch lernen, ehe er am Rednerpult des Bundestages erscheine. Das war kein Verbaldelikt. Ich benützte die Gelegenheit jedoch, um mit einem Ordnungsruf darauf hinzuweisen, daß die sprachliche Individualität eines Abgeordneten im Bundestag am wenigsten verunglimpft werden dürfe. Sein politisches Wirken stehe darauf. Man muß zwar verlangen, daß im Bundestag das für alle verständliche Hochdeutsch und nicht Dialekt gesprochen wird. Den unbewußten Dialektanklang zu verketzern, verstößt jedoch gegen die Unbefangenheit und damit gegen die Freiheit der Sprache. Der Gerügte sah es ein. Andere raunten hingegen: »Der Schwabe schützt sich selbst.«

Eine andere Sache ist die generelle Beschränkung der Redezeit. Sie war bei großen Themen unerläßlich. Der Drang zum Rednerpult steigerte sich noch erheblich, seitdem Plenarsitzungen mehr oder weniger vollständig vom Fernsehen übertragen wurden. Wichtiger als das Bedürfnis vieler Abgeordneter, bei solchen Gelegenheiten für die breite Öffentlichkeit ein Begriff zu werden, ist jedoch die Notwendigkeit, die Debatte zusammenzuhalten und in vertretbarer Zeit zu einem Ergebnis zu bringen. Wenn aber ein Abgeordneter auch gegen den Willen seiner Fraktion das Wort wünschte, dann gab ich es ihm. Zu den vornehmsten Pflichten des Bundestagspräsidenten gehört schließlich der Schutz der Minderheiten auch gegen den Unmut der großen Mehrheit. Es passierte, daß ich das Recht eines Einzelnen gegen den zumeist verständlichen Unwillen des ganzen Hauses durchsetzen mußte.

Ein Ärgernis war und blieb die an normalen Sitzungstagen mit »gewöhnlicher« Tagesordnung oft miserable Besetzung des Hauses. Es gibt dafür eine Reihe von Gründen. Der wichtigste: Die Hauptarbeit des Bundestags in der Routine des parlamentarischen Alltags besteht in der Beratung von Gesetzentwürfen. Sie gelten so vielfältigen und unterschiedlichen Materien, daß ein einzelner Abgeordneter unmöglich in ihnen allen so beschlagen sein kann, daß er zu jeder etwas Nennenswertes beizutragen vermag. Die jeweiligen Fachleute führen natürlicherweise das Wort. Die andern sitzen dabei oder wenden sich anderen Dingen und Besprechungen außerhalb des Plenums zu. Das ist zwar amtlich verpönt und wird vom Präsidium auch hin und wieder gerügt. Aber selbst solche Rügen müssen unterbleiben, wenn der Präsident des Hauses keine andere Wahl hat, als dem Gesuch eines Ausschußvorsitzenden zu entsprechen, während des Plenums mit seinem Ausschuß zu einer Sitzung zusammentreten zu dürfen. Das war zu meiner Zeit in der Schlußphase der Haushaltsberatungen des Haushaltsausschusses so oft der Fall, daß es mich verdroß. Aber es war nicht dagegen aufzukommen.

Ein Argument, das ich nie anerkannte, war die Wahlkreisverpflichtung eines Abgeordneten an Sitzungstagen. Für diese Pflichten sind die sitzungsfreien Wochen da. Je älter der Bundestag wurde, desto übler wirkte sich die zu jeder Zeit erhobene, oft haarsträubende Inanspruchnahme vieler Abgeordneter durch ihre Wahlkreise aus. Daß der Mann schließlich ein Abgeordneter, das heißt ein nach Bonn geschickter ist und deshalb seine Pflichten in Bonn vorgehen, ging unter in dem inzwischen martialisch entwickelten Anspruch aller möglichen Gruppen eines Wahlkreises auf »ihren Mann«. Dieser Zustand ist auch eine Folge des permanenten Kampfes um die Macht im regionalen oder lokalen Verbund. Nicht wenige werden damit bis zum physischen Ruin überfordert oder überfordern sich selbst im stillen Ringen mit dem Kollegen von der Gegenseite oder mit potentiellen Nachfolgern aus den eigenen Reihen.

Die Fragestunde nach dem Vorbild des englischen Unterhauses, schon 1952 im Bundestag eingeführt, wurde zu meiner Zeit erheblich ausgebaut. Wir gaben ihr auch einen anderen Charakter. Zuvor auf lokale Fragen begrenzt, öffneten wir sie für die Fragen der Politik schlechthin. Das führte uns schließlich zu der Erweiterung um eine aktuelle Stunde (1965). Sie sollte dem Parlament die Möglichkeit bieten, auf besonders aktuelle politische Ereignisse einzugehen, ohne daß eine Erklärung der Bundesregierung oder eine schriftliche Vorlage dazu da war. Die Einrichtung hat sich bewährt. Sie ist dem Bedürfnis entsprungen, die parlamentarische Einlassung nicht weit hinter die Ereignisse treten und sie damit hoffnungslos unaktuell werden zu lassen. Wir wollten uns von der Bundesregierung auch nicht erst über die Presse informieren lassen, und wir wollten die meinungsbildenden Stellungnahmen zu wichtigen politischen Ereignissen auch nicht dem Journalismus allein überlassen.

Ein Ärgernis besonderer Art war nicht nur mir die herkömmliche Behandlung der großen Anfragen. Die Regierung legte eine schriftliche Antwort vor, ehe sie die mündliche Begründung der Frage überhaupt hören konnte. Ein zeitraubender und überflüssiger Zopf. Wir schnitten ihn ab.

Die Bundesversammlung oder kleiner Beitrag zur Berlin-Frage

Obwohl die politischen Fronten, wie gesagt, im allgemeinen zwischen der Regierung und den sie tragenden Parteien einerseits und der Opposition andererseits verlaufen, gab es gelegentlich doch auch Situationen, in denen die Bundesregierung damit rechnen mußte, auf die wenigstens halbwegs geschlossene Front des ganzen Parlaments zu stoßen. Das war zum Beispiel der Fall, als ich die Bundesversammlung 1959 nach Berlin einberief.

Mein Vorgänger im Amt, Hermann Ehlers, hatte die Bundesversammlung 1954, die zur Wiederwahl von Theodor Heuss führte, nach Berlin einberufen. Ich wollte auf der einvernehmlichen politischen Gesamtlinie – Berlin ist die Hauptstadt Deutschlands – 1959 dasselbe tun. Im Bundestag gab es von keiner Seite Widerstand oder Kritik. Merkwürdigerweise aber fand Heinrich von Brentano, neuer Außenminister, keinen Gefallen an meiner Absicht. Einen Aufenthalt in Genf im Sommer 1959 benützte er dazu, offensichtlich nach einer entsprechenden Absprache mit dem Bundeskanzler, und teilweise in Gegenwart des Regierenden Bürgermeisters von Berlin, Willy Brandt, mit den drei westlichen Außenministern darüber zu sprechen. In einem Brief (vom 12. Juni 1959) informierte mich Brentano über das Ergebnis. Es war negativ. Die drei Herren waren gegen meine Absicht, nach Berlin zu gehen. Sie wollten das aber beileibe nicht offiziell sagen. Sie lehnten es ab, auch mir selber gegenüber eine entsprechende Andeutung zu machen. Brentano hingegen riet klar ab. Er brachte freilich dafür keine anderen Gründe als die, daß seine drei Kollegen amtlich weder Ja noch Nein sagen wollten. Demgemäß berichtete er seinem Kanzler. Mir teilte er noch mit, daß seine Darlegungen auch auf »Herrn Brandt nicht ohne Eindruck blieben«.[11]

Adenauer kam in Begleitung seines damaligen Ministerialdirektors Karl Carstens zu mir, um mir vorzustellen, daß meine Absicht von unseren Bundesgenossen, den Westberliner Schutzmächten, mit Unbehagen aufgenommen würde. Ich möchte deshalb die Bundesversammlung nach Bonn einberufen. Ich hatte einigen Grund, seine Befürchtungen zu teilen, kam aber bei gewissenhafter Überlegung, auch nachdem ich den Chef des Bundesnachrichtendienstes, General Gehlen, angehört hatte – er lieferte Material, das Adenauers Befürchtungen stützte –, zu dem Ergebnis, daß es gefährlicher für unsere politische Linie im ganzen und für unser Verhältnis zu Berlin im besonderen werden würde, wenn ich von Berlin abginge. Ich wollte unter keinen Umständen damit auf eine Rutschbahn kommen. Den Sowjets Zugeständnisse machen, für nichts? Zwei Jahre später warnte mich Brentano in einem leidenschaftlichen Brief vor »dem Diktat der Sowjetunion, über deren Ziele wir doch sicherlich keine Zweifel haben«.[12]

Jetzt war davon keine Rede. Adenauer – und Carstens – waren hartnäckig. Schließlich sagte ich dem Bundeskanzler unverblümt, seine immer neuen Appelle in dieser Sache seien zwecklos. Ich hätte seine Argumente gewogen, mich für Berlin entschieden und werde bei meinem Entschluß bleiben, es sei denn, unsere Verbündeten würden ihm oder mir formell mitteilen, daß sie Bedenken dagegen hätten.

Nichts erfolgte. Wir gingen nach Berlin. Adenauer, damals nicht nur Bundeskanzler, sondern auch Chef der stärksten Partei, rechnete sich aus, daß es mir gelänge, in diesem Fall eine hinreichend geschlossene Front des Parlaments für Berlin zustande zu bringen. Solche Fälle also gab es, aber sie waren selten. Der Alltag war eben nicht gekennzeichnet von den Fronten Parlament – Regierung, sondern Regierungskoalition – Opposition.

Der Kampf hinter den Kulissen um den Tagungsort Berlin hat sich 1968 übrigens ziemlich exakt wiederholt, nur daß Kiesinger, damals Bundeskanzler, weniger hart insistierte als Adenauer 1959 und daß die Führungsmannschaft der SPD in sich gespalten war. Egon Franke war zum Beispiel für, Wehner gegen die Bundesversammlung in Berlin. Brandts Einlassung war vorsichtig für Berlin.

Eine kritische Situation hatte sich 1964 ergeben, als Willy Brandt, damals Regierender Bürgermeister, einige Stunden vor der Eröffnung der Bundesversammlung um eine dringliche Besprechung mit mir bat. Ich wohnte in dem Gästehaus des Berliner Senats, der alten Villa Tietz, im Grunewald. Willi Brandt erschien in Begleitung von Egon Bahr, seinem damaligen Pressereferenten. Brandt teilte mir mit, daß ihn am Vormittag ein Major der britischen Schutzmacht aufgesucht und der Bundesversammlung wegen ernste Besorgnis geäußert habe. Ob ich in Anbetracht dessen die für den Nachmittag einberufene

Versammlung nicht doch lieber nach Bonn umladen wolle? Ich sagte dem Regierenden Bürgermeister, daß ich die Lage zuvor sorgsam geprüft hätte. Die Loyalität gegen die Verbündeten würde mir selbstverständlich gebieten, in dieser Sache auf die Wünsche der Schutzmächte einzutreten. Da ich aber von alliierter Seite bislang keine Äußerung gehört hätte, wolle ich bei meiner Entscheidung bleiben. Ich sei jedoch bereit, die Bundesversammlung nach Bonn umzuladen, wenn *mir* bis zu ihrer Eröffnung, also bis spätestens fünfzehn Uhr, eine entsprechende *amtliche* Mitteilung der einen oder anderen Schutzmacht vorliege. Hörte ich nichts, würde die Versammlung mit der Wahl des Bundespräsidenten ordnungsgemäß durchgeführt. Besorgt verließen mich die Herren. Ich hörte nichts weiter. Die Bundesversammlung lief ordnungsgemäß ab. Heinrich Lübke wurde gewählt.

1968 war ich von Anfang an entschlossen, in gleicher Weise zu verfahren. Kurt Georg Kiesinger zeigte Verständnis für meine Haltung, bat mich jedoch immer wieder, meine Entscheidung für Berlin nicht, noch nicht bekannt zu geben. Wir seien es unseren Verbündeten, insbesondere den im Wahlkampf liegenden Amerikanern schuldig, ihnen solange wie möglich die Chance zu lassen, sich zu äußern: Berlin ja oder nein. Ob ich nicht sondieren wolle, was sie meinten. Ich sagte, ich sei willens, alles zu tun, was die Fairneß gegen die Verbündeten gebiete. Aber sondieren oder gar anfragen wollte ich nicht. Die Verbündeten hätten bei der Genehmigung des Grundgesetzes auch für die Bundesversammlung gewisse Vorbehaltsrechte geltend machen können. Das hätten sie nicht getan. Dem Bundestagspräsidenten könne nicht zugemutet werden, daß er deutsche Hoheitsrechte restriktiv auslege oder seinerseits – zum Nachteil Berlins – nachhole, was die Juristen der damaligen westlichen Besatzungsmächte wahrscheinlich schlicht vergessen hätten.

Das galt auch für meine Entscheidung, den Berliner Abgeordneten in der Bundesversammlung das volle Stimmrecht einzuräumen. Wo dies nicht durch Besatzungsauflage ausdrücklich verweigert worden ist, muß, der Ratio des Grundgesetzes folgend, das »Groß-Berlin« in seinen Geltungsbereich einbezogen hat (Artikel 23 GG), den Berlinern die gleichberechtigte Mitwirkung unweigerlich zugestanden werden. Das ist keine Ermessensfrage, wie mancher meinte. Ich lehnte jedenfalls ab, auf die Bundesversammlung die Vorbehalte anzuwenden, die die Schutzmächte den Berlinern im Bundestag auferlegt haben. Das wäre zwar logisch gewesen. Aber was ging mich das an. Von der Bundesversammlung stand jedenfalls kein Wort in jenen Auflagen.

Der Bundeskanzler Kiesinger wollte so wenig wie einst Adenauer wegen des Tagungsortes der Bundesversammlung ein möglicherweise ernstes Risiko eingehen. Ich bin mir nicht sicher, ob er ein alliiertes Veto gegen meine Absicht, nach Berlin zu gehen, erwartete. Aus Konzilianz versuchte ich, so lange es ging, die Verkündung meiner von Anfang an feststehenden Berlinentscheidung zu verzögern. Als es aber Beunruhigung gab, erklärte ich öffentlich: Berlin. Es war nicht Sturheit. Aber ich jedenfalls war nicht bereit, in der Verteidigung unseres schwer reduzierten legitimen deutschen Besitzstandes auch nur einen Zentimeter zurückzugehen. Dafür fand ich Unterstützung in allen Fraktionen, wenn es auch schon damals in allen Fraktionen Leute gab, die dem Druck nachzugeben bereit waren.

Die Frage selbst wurde weder in einem Parlamentsausschuß noch im Plenum verhandelt. Das Grundgesetz bestimmt, daß die Bundesversammlung von dem Präsidenten des Bundestages einberufen wird (Artikel 54, 4 GG). Damit fällt ihm auch das Recht zu, über den Ort der Bundesversammlung zu befinden. Ich entschied 1968 für Berlin in dem Bewußtsein, daß es wahrscheinlich das letztemal sei. Es war das letztemal.

Parlamentsbauten

Obwohl in Bonn schon während der ersten Legislaturperiode des Bundestags kräftig gebaut wurde, blieb der Bundestag in seinem Schulhaus äußerst zurückhaltend. Er tat im Kleinen, was die Bundesregierung im Großen tat. Sie improvisierte. Sie verwandelte alle Kasernen in und um Bonn herum in Ministerien. Das war nicht immer das Zweckmäßigste, aber es entsprach der Leitidee: Provisorium. Unter dem Druck der im Anfang selbst für die damaligen Verhältnisse unmöglichen Arbeitsbedingungen hatte mein Amtsvorgänger einen Bürobau für Abgeordnete errichten lassen. Er war von Anfang an zu klein und knauserig angelegt. Nach der Erhöhung der Mitgliederzahl des Bundestags war er noch unzureichender geworden.

Ich hatte deshalb bald nach meinem Amtsantritt Gespräche mit den Fraktionen aufgenommen. Sie zielten erstens auf ein für mindestens fünfhundert Abgeordnete ausreichendes Bürohaus, zweitens auf einen nach englischem Muster umgebauten Plenarsaal und drittens auf einen in sich geschlossenen Parlamentskomplex, der diese Zweckbauten mit ausreichenden Ausschußsälen, Fraktionsräumen, Verwaltungsanlagen einschließlich Bibliothek, Archiv und Diensträumen für den Wehrbeauftragten des Bundestags schön und zweckmäßig vereinen sollte. Die Diskussionen zogen sich über Jahre hin. Was werde man »draußen«, soll heißen im Wählervolk, dazu sagen? Aus Angst vor der unpopulären Frage drohte die Diskussion zu versickern. Da kam mir der Bundesrat zu Hilfe. Sein Präsidium hatte beschlossen, im Haushaltsplan des Bundesrats einen Betrag für einen Neubau des Bundesrats auszubringen. Der Auszug des Bundesrats aus unserem Schulhaus hätte unsere Probleme jedoch nicht gelöst.

Eines Tages stand ich mit einer kleinen Gruppe von Kollegen aus allen Fraktionen vor dem Parlament von Malaysia in Kuala Lumpur. Es war eine schöne und zweckmäßige Neuanlage. Wir schauten stumm. Ohne alle Diskussion sagten wir dann einmütig:»Schluß mit dem Zaudern. Was sein muß, muß sein.« In der Sitzung des Bundestagsvorstands vom 20. Juni 1961 stellte ich die Baufrage erneut dringlich zur Debatte. Ich fand einhellige Unterstützung.[13] Beschluß: Für jedes Mitglied des Hauses ein Arbeitszimmer.

Als der Abgeordnete Klepsch sieben Jahre später[14] die Erweiterung des weit fortgeschrittenen Hochhauses um Arbeitszimmer für die Mitarbeiter der Abgeordneten beantragte, konnte das nicht mehr berücksichtigt werden. Wäre ein solcher Antrag 1961 eingebracht worden, hätte er den ganzen Plan gefährdet. Das Bauvolumen und die Kosten hätten sich so erhöht, daß der damals immer noch erbittert kritisierte Bauplan erneut steckengeblieben wäre. So wurde als erstes das Bürohaus beschlossen, im Unterschied zu mir, dem kurzen,»der lange Eugen« genannt. Die Bauführung lag bei der Bundesbaudirektion. Sie hatte in Professor Eiermann einen Architekten gefunden, mit dem ich mich gut verstand. Als der Bundestag am 27. März 1969 den Beschluß faßte, jedem Abgeordneten die Anstellung eines besoldeten Mitarbeiters oder einer Sekretärin zu finanzieren, begann alsbald die Kritik an dem inzwischen vollendeten Neubau. Er reichte natürlich nicht aus, diese Mitarbeiterschar in dem Hochhaus mitunterzubringen.

Noch mehr Mühe als auf das Hochhaus verwandten wir auf den Umbau des Plenarsaals. Auch hier gab es Bedenken der verschiedensten Art. Schließlich faßte das Plenum aber doch den Beschluß (in einer Haushaltsdebatte),»den Plenarsaal in Anlehnung an das englische Parlament umzubauen«.[15] Als auf Grund dieses Beschlusses an die Verwirklichung gegangen wurde, zeigte sich jedoch, daß wir dabei mit den Abmessungen des bisherigen Plenarsaals, der nur in seinem Inneren umgewandelt werden sollte, in ernste Bedrängnis gerieten. Der Saal war nicht hoch genug für das englische Modell. Wir standen vor der Frage, ob wir uns auf einige kleinere Verbesserungen (zum Beispiel die Tieferlegung der Regierungs- und der Bundesratsbank samt des Präsidiums) beschränken oder entschieden auf den Neubau eines Plenarsaals zusteuern sollten. Da es mir um einen Saal mit einer Sitzordnung ging, die dem Hörsaal grundsätzlich absagte und in jeder Hinsicht die Debatte bevorzugte, hielt ich den Augenblick für gekommen, auf den von Ministerialdirektor Rossig, damals Chef der Bundesbaudirektion, vorgelegten sehr guten Gesamtplan einer neuen Parlamentsanlage zurückzugreifen und in diesem Rahmen den Neubau eines Plenarsaals anzugehen. Die technischen Voraussetzungen dafür waren schwierig, aber lösbar. Sie kosteten Zeit und Geld, aber wir verständigten uns mit der Stadt Bonn unter tragbaren Bedingungen.

Als ich mein Amt verließ, waren die Dinge so weit gediehen, daß ein

Bundestagsbeschluß über das Gesamtkonzept hätte gefaßt werden können. Aber wieder einmal standen Bundestagswahlen vor der Tür. Und wieder befanden die Bosse der Fraktionen, es sei zweckmäßiger, die Entscheidung dem nächsten Bundestag zu überlassen.

Einem vergleichsweise kleinen Wunsch hatten sie jedoch noch ihren Segen gegeben. In Kalkutta war einer unserer Besuchergruppen das Parlament von Bengalen gezeigt worden. Das Haus steht merkwürdigerweise nicht in der Nachfolge des englischen Unterhauses. Es ist ein luftiger Hörsaal, dem unseren nicht unähnlich. Stolz zeigte man uns die hochmoderne Abstimmungsanlage. Das sollten wir auch haben, sagte der und jener meiner Begleiter. Ich stellte kritische Fragen. Die Apparatur schien gut zu funktionieren. Dennoch war ich nicht davon überzeugt, daß ihr Nutzen in einem vertretbaren Verhältnis zu den Kosten stehe. Ich war gegen die Anschaffung. Mein Amtsnachfolger dachte anders. Es wurde ein kostspieliger Reinfall.

Der Wiederaufbau des Reichstages

Der Wiederaufbau des Reichstages wurde im Vergleich zu den Bauproblemen des Bundestags in Bonn eine einfache Sache. Wenigstens nach der parlamentarischen Seite. Schon am 23. Februar 1955, einige Wochen nach meinem Amtsantritt, berichtete der Vizepräsident des Hauses, Carlo Schmid, in einer Sitzung des Bundestagsvorstands von einer Unterredung mit dem Regierenden Bürgermeister von Berlin, Dr. Suhr, über die eventuelle Einrichtung eines Hauses des Deutschen Bundestages in Berlin. Es solle die Abhaltung von Ausschußsitzungen des Bundestags in einem bundeseigenen Gebäude möglich machen. Es ging wie immer: Die Vertreter aller Fraktionen hielten ein solches Projekt nicht für entscheidungsreif. Erst sollten sich die Fraktionen selbst und der Ältestenrat äußern.

Politisch bedeutsam wurde jedoch die Hinzufügung, daß dabei auch die Abhaltung von Plenarsitzungen in Berlin geprüft werden solle. Der Beschluß wurde zum Start der Debatte um die Reichstagsruine. Schon auf der Berliner Maikundgebung 1959 hatte Jakob Kaiser den Wiederaufbau des Reichstages gefordert. Paul Löbe sprach sich dagegen aus. Er wollte eine Gedenkstätte daraus machen. Ich war von Anfang an für die Wiederherstellung des Reichstags. Ich war es aus Trotz. »Dem Deutschen Volk« stand noch immer lesbar über dem ehemaligen großen Haupteingang. Ich sagte mir: Hier ist der deutsche Parlamentarismus zweimal geschlagen worden. 1933 von seinem inneren Feind. 1945 von seinen Kriegsgegnern. Hier nehmen wir unseren Fuß nicht weg. Hier treten wir wieder an. Auch im Ringen um unsere nationale Einheit. Um Löbes Einwände, der Bau sei für ein modernes Parlament ungeeignet, zu umgehen, verlangte ich im Oktober 1956, daß »der Bau grundsätzlich, unabhängig von seiner späteren Verwendung, wiederhergestellt werden müsse, da das deutsche Volk arm an sichtbaren Symbolen geworden sei«.[16] Ein halbes Jahr später wurden die ersten Fünfhunderttausend Mark für die Erhaltung der Substanz des Baues bewilligt. Das Eis war gebrochen. Schritt um Schritt kamen wir nun zu dem Schluß, den Reichstag mit der Zielsetzung gesamtdeutsches Parlament wieder aufzubauen. Es fiel mir nicht besonders schwer, die Einwände zu beseitigen, daß der mächtige Bau modernen Parlamentsbedürfnissen nicht genügen könne. Ich hielt dem entgegen, daß es, im Unterschied zu unserem Bonner Gelände, um den Reichstag herum genug Platz gebe für einen nach der Wiedervereinigung aufzuführenden Zweckbau.

Als wir soweit waren, daß wir nicht nur Ausschuß- und Fraktionssitzungen, sondern auch das Plenum im Reichstag hätten tagen lassen können, waren »die Verhältnisse« verändert. Die Bundesregierung und mit ihr die Mehrheit des Bundestags versprachen sich inzwischen, ich weiß nicht was alles von einer neuen Phase der Entspannung zwischen Ost und West. Unsere Schutzmächte in Washington, Paris und London hielten den Augenblick für gekommen, nachzuholen was sie in den Auflagen, mit denen sie einst das Grundgesetz genehmigten, vergessen oder unterlassen hatten. Das Haus stand da. Seiner Bestimmung durfte es aber nur noch andeutungsweise dienen. Es reut mich dennoch nicht, den stolzen Bau wiederhergestellt zu haben. Er ist eine Dokumentation deutschen Geschichtsbewußtseins, des Willens zu unserer Geschichte.

Die Altersversorgung der Abgeordneten

Schon 1949, im ersten Bundestag, lag das Durchschnittsalter der Abgeordneten um die fünfzig herum. Dabei ist es lange geblieben. Es sind die Jahre, in denen ein Mann sich Gedanken zu machen beginnt über die materielle Sicherung seines Lebensabends und seiner Familie. Die äußeren Umstände, in denen die Mitglieder des Hauses leben, waren von Anfang an sehr verschieden. Es konnte nicht die Aufgabe des Parlaments sein, das zu ändern. Das Haus darf auch die materielle Verschiedenartigkeit der Schichten, Gruppen, Individualitäten des Volkes, das es repräsentiert, widerspiegeln. Eine andere Einstellung hätte die Bundestagsabgeordneten samt und sonders zu einer beamtenähnlichen Gruppe mit gleichem Gehalt und entsprechenden Staatspensionen machen müssen. Das wollten wir in den zuständigen Beschlußorganen des Bundestags damals durchaus nicht.

Andererseits war nicht zu bestreiten, daß eine Altersversorgung, wie sie auch immer sein mochte, zur Konsequenz der verfassungsrechtlichen Vorschrift gehört:»Die Abgeordneten haben Anspruch auf eine angemessene, ihre Unabhängigkeit sichernde Entschädigung« (Artikel 48, 3 GG). Ein Mann, der sich ernstliche Sorgen darum machen muß, wovon er zehn Jahre später leben soll, ist nicht mehr unabhängig im Sinne dieser Verfassungsbestimmung. Da dem Bundestag daran liegen muß, nicht nur Angehörige des öffentlichen Dienstes und ähnliche Pensionsberechtigte, sondern auch Handwerker und andere Vertreter der freien Berufe in seinen Reihen zu haben, stellte sich das Problem der Altersversorgung unter strukturellen mehr noch als unter sozialen Gesichtspunkten.

In der Diskussion standen zwei Vorschläge gegeneinander. Eine der Beamtenpension ähnliche Lösung oder aber eine Zwangsversicherung, welche die Dauer der Mitgliedschaft im Parlament und das Lebensalter des versicherten Abgeordneten berücksichtigt. Die Meinungen gingen hin und her. Ich war von Anfang an für die versicherungsrechtliche Lösung. Sie wurde beschlossen. Sie erforderte zwar einen hohen Eigenbeitrag, aber sie ergab eine Lösung, die dem Abgeordneten, dem Wesen des Parlamentarismus und dem Niveau des Hauses angemessener war als jene, zu der sich der Bundestag nach dem Diätenurteil des Bundesverfassungsgerichts von 1976 (Versteuerung) dann entschloß.

Beim Rückblick nach dreißig Jahren erscheinen mir die ersten zehn Jahre des Deutschen Bundestags als die fruchtbarsten. Trotz der Härte der politischen Auseinandersetzung bildete sich in ihnen eine verläßliche Kollegialität aus. Sie trug auch über ernsthaftere Zusammenstöße weg und ermöglichte fast zu jeder Zeit eine hinreichend disziplinierte parlamentarische Arbeit. Die Ansprüche der Abgeordneten waren gemäßigt und vertretbar. Ich mußte sie nie gegen eine ernsthafte Kritik aus der Öffentlichkeit verteidigen. Bei der Vertretung auch berechtigter Wünsche und mancher Notwendigkeiten war das Parlament eher zu öffentlichkeitsscheu als zu anspruchsvoll. Das hat sich später geändert.

An dem Streit einiger Theoretiker, ob die Bundesrepublik nicht eher von der Gesellschaft als vom Staat her aufgebaut wurde, habe ich mich nicht beteiligt. Ich halte ihn für nutzlos. Was heißt Gesellschaft? Wenn präzis von der Wirtschaft dabei geredet würde, wäre die Diskussion interessanter. Aber im Gegensatz geführt, nützte sie auch nichts. Zu den Grundthesen meiner vielen Reden in den Jahren des Wiederaufbaus gehörte der Satz von der produktiven Kraft der Freiheit. Anders als alle anderen Parolen, Vorschriften und Reglementierungen, entbindet die persönliche Freiheit die persönliche Leistungskraft. Kein auf »Vergesellschaftung« gestelltes Staatssystem kann damit ernstlich konkurrieren. Der Wiederaufbau vollzog sich im großen ganzen in dem Bewußtsein, daß es wieder einen Sinn habe, Hand anzulegen, sich anzustrengen und etwas zustande zu bringen. Unsere Sicherheitspolitik war dafür ebenso wichtig wie die fortschreitende Kraft unserer Währung. Ein naher, kenntnisreicher und kritischer Beobachter – ein Nichtparlamentarier – hat über den Bundestag jener Jahre geurteilt:

»Man darf ohne Übertreibung sagen, daß hier ein Parlament einen Staat wiederaufbaute... Wie immer man zu den Einzelheiten stehen mag, im ganzen hat der Bundestag als Gesetzgeber in jenen Jahren eine bewunderungswürdige Leistung vollbracht, die Rekonstruktions-, Restitutions- und Integrations-Gesetzgebung gewesen ist... Man muß den Parteien, die damals die Gesetzgebung des Bundestages trugen, und das waren sowohl die Parteien der Koalition wie die SPD... einen gesetzgeberischen Mut zusprechen, der höchsten Respekt verlangt.«[17]

Von der politischen Rede

Mein Vorgänger im Amt, Hermann Ehlers, hat – für mein Gefühl eher zu oft – seinen Präsidentenstuhl zuweilen verlassen und sich als Redner an der Parlamentsdebatte beteiligt. Nun war ich kein Anhänger des englischen Speaker-Systems, aber ich hielt es meist für gewagt und dem Amt nicht zuträglich, wenn der Präsident des Hauses sich plötzlich in einen Kampfredner verwandelt. Grundsätzlich mochte aber auch ich nicht darauf verzichten. Ich legte mir jedoch Zurückhaltung auf. Oft fiel mir das bitter schwer. Allmählich übte ich mich darin ein. Im Lauf der Zeit kam ich zu der Erkenntnis, daß der Bundestag seinem Präsidenten einen sehr viel breiteren Spielraum läßt für die Vertretung seiner politischen Meinung als die meisten anderen Parlamente. Überall, wo der angelsächsische Parlamentarismus Schule gemacht hat – also in Nordamerika, Asien, Afrika und Australien –, schließt die Vorstellung vom Speaker eine nennenswerte politische Tätigkeit des Parlamentspräsidenten aus. Aber auch in Parlamenten, die von den Angelsachsen wenig beeinflußt sind, stieß ich oft auf Verwunderung über die weite Bandbreite, die der Bundestag der politischen Äußerung und dem parteipolitischen Engagement seines Präsidenten gewährt.

Diese Großzügigkeit – heute allerdings qualitativ gemindert durch die nach meiner Amtszeit eingeführte Kollegialverfassung des Präsidiums des Bundestags – stellte empfindliche Ansprüche an den politischen Takt des Präsidenten. Nach meiner ersten Wahl zum Bundestagspräsidenten habe ich zweieinhalb Jahre lang nicht mehr als Redner an der Plenardiskussion teilgenommen. Als ich es am 10. Mai 1957 wieder tat, sprach ich offen von meinen Bedenken dagegen.

Das Thema jener Debatte beschäftigte mich indessen seit langem. Es galt in mehrfacher Hinsicht als explosiv. Die Frage der atomaren Bewaffnung der

Bundeswehr führte zu einer kritischen Überprüfung unseres Natobeitritts und seiner Konsequenzen im Verteidigungsfall. Carlo Schmid hatte von einer Frage um Sein oder Nichtsein gesprochen. Ich stimmte ihm zu. Mir ging es jedoch nicht nur um das Thema. Nachdem ich lange nur zugehört hatte, wollte ich einen Versuch mit einem Redestil machen, der im Hause höchst selten war. Ich benützte zwar auch Aufzeichnungen, aber ich sprach frei, dem Hause und nicht dem Manuskript zugewandt. Ich ließ jede Zusatzfrage zu, ja,ich provozierte sie wo ich konnte. Schließlich wurde aus der Rede eine Art Gespräch mit der Opposition, ein Dialog zumeist mit Fritz Erler. Anderntags berichtete die »Stuttgarter Zeitung« unter der Schlagzeile »Der Bundestag im Banne Eugen Gerstenmaiers«. Niemand machte dem Bundestagspräsidenten einen Vorwurf.

Politisch verstummt war ich in jenen zweieinhalb Jahren freilich nicht. Ich sprach auf zahlreichen meist anspruchsvollen Veranstaltungen, vor Kongressen und Universitäten im In- und Ausland und auf vielen Parteiveranstaltungen. Schon allein die Reden in den ewigen Wahlkämpfen gingen in die Hunderte. Außerdem verpflichtet das Amt seinen Träger bei sehr verschiedenen Anlässen, bei Staatsakten und dergleichen, für das Parlament zu sprechen. Das kann ebenso reizvoll wie gefährlich sein. Der Reiz beruht darin, den hinter den politischen Kontroversen und dem »Parteiengezänk« liegenden nationalen Konsens überzeugend in das öffentliche Bewußtsein zu bringen. Die Gefahr liegt darin, dabei in Allgemeinheiten oder wohltönende Phrasen zu verfallen. Beide erzeugen jene fade Langeweile, die nicht wenigen feierlichen Reden jede Wirkung nimmt und oft auch noch das Wahrheitsbewußtsein der Zuhörer provoziert.

Wer auch bei Festakten und Gedenkreden bei der Wahrheit bleiben und doch taktvoll und präzise sprechen will, der muß sich ebenso peinlich vor Überzeichnungen, wie psychologischen Analysen oder erhabenen Pauschalurteilen hüten. Es ist keine Verletzung der Wahrheit, wenn bei der Würdigung Toter Allzumenschliches unerwähnt bleibt. Ihr Personkern, das Entscheidende ihres Werdens und ihres Schicksals, ihrer Hoffnungen und Ideen sollte jedoch mit denkbar genauen Strichen dargestellt werden. Auch dabei ist nicht Beschönigung, sondern Takt geboten. Die schlichte Rede kann Wirkung haben. Das Abschweifen vom Thema oder die Verwendung herkömmlicher Klischees und Floskeln aber bringt mit Sicherheit auch jede sonst noch so brave Rede um allen Rang. Man braucht, ja man darf zuweilen nicht alles sagen, was dem eigenen Wahrheitsbewußtsein standhält. Ein Redner aber darf niemals – aus welchem Grund auch immer – etwas sagen, was von seinem eigenen Wahrheitsbewußtsein nicht gedeckt wird. Er ruiniert damit mehr als seine Rede.

Außerdem sollte er sich fragen, ob seine Zuhörer auch »etwas sehen«. Ich denke dabei nicht an rhetorische Malerei, sondern an die Absage an lange Abstraktionen und andere Darlegungen, die Goethe »nur mental« genannt hätte. Gerade der an Abstraktionen gewöhnte Wissenschaftler, der Systematiker eher als der Historiker, leistet sich derlei oft, ohne zu bedenken, daß seine Hörer nicht nur mit ihrem Denkapparat, sondern auch mit ihrem Vorstellungsvermögen folgen wollen. In Reden, die an die Nation, an das Volk gerichtet sind, muß das bei jedem Satz bedacht werden. Bei der Würdigung des toten Konrad Adenauer im Staatsakt im Bundestag und bei anderen Anlässen habe ich versucht, danach zu verfahren.

Ein besonderes Kapitel waren die Reden zum 17. Juni. Auf einem der damals noch lange von der Bundesregierung am »Tag der deutschen Einheit« im Plenarsaal des Bundestages veranstalteten Staatsakte sprach ich trotzig gegen meinen eigenen Kleinglauben an. Der Tag X, der Tag der Wiedervereinigung, kommt doch! Es war 1956, drei Jahre nach dem Aufstand.[18] Die Erinnerung war noch frisch. Inzwischen ist sie verblaßt. Das war vorauszusehen. Ich fand meine alten Bedenken gegen den nationalen Feiertag bestätigt, als ich in den Jahren danach im Hubschrauber nach Karlsruhe oder in andere Städte flog, um die Rede des Tages zu halten. Die Bundesbürger waren unterwegs. Mit Kind und Kegel, »im Wald und auf der Heide«, wie unsere mecklenburgische Fee zu sagen pflegte. Mit der Feierstunde wurde es von Jahr zu Jahr weniger.

Ich hielt und halte an dem Einheitsverlangen der Nation fest, dem der Tag gewidmet ist. Inzwischen wissen wir aber, daß es sich an weit größere Zeiträume gewöhnen und das öffentliche Bewußtsein willenshart darauf gerichtet werden muß. »Was sind fünfundzwanzig Jahre? Ein kurzer Seufzer in der Geschichte«, wie Axel Springer in einer denkwürdigen Rede sagte. Der ehemalige Bundesminister Oberländer, ein Mann, dem Unrecht getan worden war, versuchte zäh in jenen Jahren aus dem bezahlten Feiertag einen Opfertag für die Niedergehaltenen hinter dem Eisernen Vorhang zu machen. Es sollte gearbeitet werden und dafür auch der Lohn bezahlt werden. Die Summe aber, die für den arbeitsfreien Tag hätte bezahlt werden müssen, sollte zusätzlich von den Unternehmern an einen nationalen Hilfsfond abgeführt werden. Ich unterstützte Oberländer. Ich sprach mit den Gewerkschaften und mit den Arbeitgeberverbänden. Die Gewerkschaften sagten nein.

Einen überwältigenden Eindruck von der politischen Lebendigkeit und Wachheit der Berliner empfing ich auf einer Kundgebung am 1. Mai 1960. Ich war eingeladen worden, zusammen mit Willy Brandt, dem Regierenden Bürgermeister, vor dem Reichstagsgebäude zu sprechen. Wir kletterten auf ein turmähnliches Holzgerüst und blickten auf eine für mich nicht mehr überschaubare Menge. Die Polizei schätzte sie auf siebenhunderttausend Menschen. Sie waren gekommen, um ihre Zugehörigkeit zum freien Teil Deutschlands zu bekunden. Es war die Zeit, in der der Kreml und seine Satelliten mit der Parole von »der freien Stadt Berlin« die Köpfe verwirrten. Sie meinten damit ein von der Bundesrepublik Deutschland vollständig gelöstes Westberlin. »Wir wollen nicht vogelfrei sein!« schallte es mir aus den Hunderttausenden entgegen, als ich an das Rednerpult trat.

Die Fraktion und die Partei

Kein Mitglied des Parlaments kann auf die Dauer etwas ausrichten, ohne ein positives Verhältnis zu seiner Fraktion zu pflegen. Auch der Bundestagspräsident muß in seiner Fraktion zu Hause sein. Er kann nicht über allen Wassern schweben, jedenfalls nicht im deutschen Bundestag. Der Präsident sollte allerdings auch soviel Statur haben, daß seine Fraktion nicht auf den Gedanken kommt, ihn als ihren Arm in der Führung seines Amtes zu gebrauchen. Ich gehörte, fast solange ich im Bundestag war, dem Fraktionsvorstand der CDU an. Wer dort keinen Sitz hatte, war insofern entschieden benachteiligt, als er an der eigentlichen Willens*bildung* zwar nicht prinzipiell, wohl aber faktisch weitgehend nicht teilnehmen konnte. Mit dem Aufkommen der fraktionellen Arbeitskreise besserte sich das, weil die Sach- und Fachfragen, mit denen sie befaßt wurden, oft auch in ihnen entschieden wurden.

Im Fraktionsvorstand wurden zu meiner Zeit die anstehenden politischen Entscheidungen weit eingehender besprochen, als das in der Regel in der Fraktionssitzung möglich war. Der Bundeskanzler erschien nahezu regelmäßig. Die ersten Damen des Fraktionssekretariats hatten das Vorrecht, ihm ehrfürchtig eine Tasse Kaffee zu kredenzen. Ihm allein. Dennoch war der Gang in die Fraktion oder ihren Vorstand für den großen Alten kein pures Vergnügen. Unterwegs zu einer dieser Sitzungen begegneten wir uns in den Fluren des Bundeshauses. Halb schalkhaft, halb mißmutig fragte mich der Bundeskanzler: »Wissen Sie, was das Fegefeuer ist?« Ich antwortete, das sei kein Lehrgegenstand der evangelischen Theologie. Ich sei mithin nicht zuständig. Adenauer: »Das Fegefeuer ist für mich, wenn ich in die Fraktion muß.« Dabei war die Kritik, der die Kanzler – auch Adenauer – dort begegneten, durchaus zu ertragen. Die Beseitigung politischer Meinungsverschiedenheiten oder persönlicher Mißhelligkeiten gelang nicht immer. Dann blieb nur der Appell an die Gesamtfraktion. In der Regel fand sich ein Kompromiß. Er war nicht immer leicht. Ich erinnere mich an einen tiefverletzten Ludwig Erhard, der Klage gegen seinen Kanzler vor der ganzen Fraktion führte. Oder an Jakob Kaiser, der in Sachen Sozial- oder Deutschlandpolitik kritische Einwände erhob.

Die Vorstandssitzungen waren weniger als die Fraktionssitzungen Routine. Aber auch diese konnten sich zuweilen in ein Forum leidenschaftlicher Auseinandersetzung verwandeln, in der die Vielgestaltigkeit der großen Volkspartei mit ihren unterschiedlichen Interessen und Denktraditionen plastisch vor Augen trat. Mit einer scharfen Rede zugunsten der deutsch-französischen Zusammenarbeit brachte ich die Fraktion in der Ära Erhard einmal zu dem geradezu furiosen Verlangen, an der Linie Adenauers festzuhalten. In der ersten Legislaturperiode war die innere Geschlossenheit meiner Fraktion am größten. Der Zwang, uns mit einem sehr knappen Vorsprung vor der SPD-Fraktion zu behaupten, trug dazu natürlich viel bei. Hilfreich, wenn nicht entscheidend war vor allem in kontroversen innenpolitischen Fragen – sie gab es nicht selten – der Appell an die Grundorientierung der Partei, an das »hohe C«. Er versagte damals nie. Dennoch wundere ich mich im Rückblick, daß die grundsätzliche Orientierung unserer Sozialpolitik in meiner Fraktion auch damals nicht zu größeren Auseinandersetzungen führte. Die kontroversen Debatten galten einer Reihe konkreter Einzelheiten. Die Linie im ganzen war jedoch kaum kontrovers.

In einer dieser Debatten hatte ich mich – neben dem mit mir befreundeten Franz Etzel, dem späteren Bundesfinanzminister, sitzend – im Herbst 1949 auf der Linie meiner Hilfswerkreden zur Neuordnung der Besitzverhältnisse so grundsätzlich geäußert, daß mich Jakob Kaiser laut lobte. Ludwig Erhard hingegen hielt es für notwendig, meinen Darlegungen sehr kritisch entgegenzutreten. Sie gingen ihm zu weit. Es war die Zeit meiner größten Beziehungsnähe zu den Sozialausschüssen. Ich erinnere mich nicht, daß es in jenen Debatten eine nennenswerte Berufung auf das Ahlener Programm gab. Die »Düsseldorfer Leitsätze« galten als die bestimmende wirtschafts- und sozialpolitische Norm.

Das lag nicht nur an Erhards und Etzels dominierendem Einfluß, sondern auch an Theo Blank. Er war ein wortmächtiger Interpret der sozialen Seite unserer Marktwirtschaft. Blank kannte Erhard vom Frankfurter Wirtschaftsrat her. Er hatte ihn dort kräftig unterstützt. Mit dem nüchternen Blick eines Mannes, der weiß, wo das Brot herkommt, verband Theo Blank hohe Begabung, Mut und Leistungskraft. Seine Sozialpolitik war auf Solidarität gestimmt. Aber er war kein Sozialromantiker und war deshalb auch nie bereit, in unserem Sozialsystem auf die gemessene und angemessene Leistung des Einzelnen zu verzichten. Der aus der katholischen Soziallehre stammende Leitsatz der Subsidiarität stand für Theo Blank nicht im Gegensatz zur Solidarität. Erst ein Vierteljahrhundert später kam der Unsinn auf, die Solidarität als die höhere, die eigentliche Norm der Sozialpolitik zu preisen. Ich hielt – und wußte mich dabei in Übereinstimmung mit Blank – die Solidarität für die Entelechie, die treibende Zielkraft der Subsidiarität. Ich sehe nicht, wie auf dem Boden des Rechtsstaats, unseres Verfassungsstaats jedenfalls, die Solidarität der Volksgemeinschaft auch in der Generationenfolge anders als nach den Grundsätzen der Subsidiarität zu verwirklichen wäre. Wo die Solidarität nach dem Grundsatz der materiellen Gleichheit, der Gleichmacherei, zwangsweise verwirklicht wird, verliert sie sofort ihren sittlichen Wert, ihre auf Einsicht gegründete Bejahung.

In der Zeit Adenauers hatte es in den Grundfragen der Außen- und Verteidigungspolitik innerhalb der Fraktion – sieht man von dem Fall Heinemann ab – nur einige wenige Abweichungen gegeben. Sie artikulierten sich relativ vorsichtig und zurückhaltend. Ein Beispiel dafür ist der Fraktionswechsel Peter Nellens von der CDU zur SPD. Zu Gruppen- oder Flügelbildungen kam es nicht. Vielleicht hätte sich hinter Jakob Kaiser eine kleine Gruppe Andersgestimmter formieren können. Der gewissenhafte, sozial und national gesinnte Mann unterschied sich in mehrfacher Hinsicht von Konrad Adenauer. Was diesem die Westintegration der Bundesrepublik war, das war für Jakob Kaiser die Wiederherstellung des Deutschen Reiches als dem einheitlichen Dach über der Nation. Daß das geeinte Deutschland sich einem engen europäischen Verbund anschließen sollte, das war jedoch auch für Jakob Kaiser unstrittig. Der geborene Franke war Jahrzehnte in Berlin tätig. Er hatte ein anderes gefühlsmäßiges Verhältnis zu Berlin und dem deutschen Osten als der Rheinländer Adenauer. Aber man kann daraus keinen hinreichenden Gegensatz ihres politischen Denkens herleiten.

Von großer politischer und organisatorischer Bedeutung ist in unserem parlamentarischen System der Fraktionsführer. Er ist weit mehr als ein Manager, er ist der Boß seiner Fraktion. In einer Koalitionspartei hängt das notwendige Zusammenspiel von Bundeskanzler, Regierung und ihren parlamentarischen Schutztruppen in hohem Maß von den Fraktionsführern ab. In der Opposition wird von einem Fraktionschef noch mehr verlangt. Er muß eine Mannschaft, Fraktion und Partei, zusammenhalten, er ist ihr erster Sprecher, und er sollte ihr produktivster politischer Kopf, ihr Ideenspender Nr. 1 sein. Ich habe die CDU/CSU-Fraktion nur als Regierungsfraktion, die den Bundeskanzler stellte, erlebt. Auch in dieser Stellung spielten ihre Fraktionsführer eine große Rolle.

Heinrich von Brentano, nach der Wahl Adenauers zum Bundeskanzler als Fraktionsführer gewählt, war ein begabter Jurist aus einer hessischen Zentrumsfamilie, ein Mann mit besten Manieren, mit großem politischen Engagement, ein Mann, der sich permanent selbst überforderte, der sich keine Schonung erlaubte, ein vornehmer Charakter mit verschwiegenen Hemmungen. Als Fraktionschef war er aus Pflicht und aus Neigung zum Vermittler bestimmt. Er leitete locker und berichtete oft weitschweifig. Als Außenminister mangelten ihm Phantasie und Flexibilität. Das, was er für notwendig hielt, vertrat er beharrlich. Von Adenauer ließ er sich zu viel gefallen. Er war ihm ungemein ergeben, aber er war kein Opportunist.

Heinrich Krone, der hochgewachsene Niedersachse, ein treuer Sohn seiner katholischen Kirche, ehemals Generalsekretär des Zentrums, Mitglied des Reichstags und Führer des Windthorstbundes (Jugend-Organisation des Zentrums), war im Gegensatz zu Brentano eher wortkarg. Obwohl er immer wußte, was er wollte – meist hatte er sich mit seinem Freund Konrad Adenauer vorher sorgfältig abgesprochen – vermied er es, seine Meinung dem Fraktionsvorstand zu oktroyieren. Er führte die Fraktion nahezu lautlos, fast diskret. Er war im Parlament immer mehr als die rechte Hand seines Kanzlers. Solange er die Fraktion führte, war jedoch der Zusammenklang zwischen Bundeskanzler und Fraktion ein harmonischer Grundakkord. Für den alternden Bundeskanzler ein Glück und eine große Hilfe. Heinrich Krone hatte nicht den Ehrgeiz, in jeder Debatte von einiger Bedeutung auf der Rostra des Bundestags zu erscheinen. Er kannte seine Grenzen. Er delegierte gerne, war aber im Unterschied zu seinem Vorgänger und Nachfolger jederzeit in Bonn zur Stelle. An Reisen war ihm nichts gelegen. Auch sonst war er von allen Fraktionsführern, die ich erlebte, neben Erich Ollenhauer, am wenigsten prätentiös. Zu ihm, später auch zu Herbert Wehner, pflegte er ein diskretes Verhältnis distanzierter, aber respektvoller Kollegialität.

Rainer Barzel, der spätere Fraktionschef, war wiederum das Gegenteil von Heinrich Krone. War dieser in allen seinen Reaktionen bedachtsam stetig, so jener ungemein wendig, rasch reagierend und formulierend. War Krone zurückhaltend und oft bereit zurückzustehen, so war Barzel immer darauf bedacht, sich und den Platz, den er einnahm, in das beste Licht zu setzen. Man kann den in der Demokratie unentwegt um Stimmen kämpfenden Politikern daraus keinen Vorwurf machen. Nur: Da das Licht wechselt, war auch unser Rainer zuweilen am Rotieren. Das hat einiges für sich, auf die Dauer wirkt es auf eine große und schwierige Fraktion aber eher irritierend als stabilisierend. Dennoch: In vielem war Rainer Barzel der begabteste Fraktionsführer der CDU/CSU in meiner Zeit. Vielleicht war er nicht der tiefste, unzweifelhaft aber der gewandteste.

Die Partei

Auf dem Stuttgarter Parteitag von 1956 sollte ich auf Wunsch des Parteipräsidiums eine Rede halten zum zehnjährigen Bestehen der CDU. Ich hielt sie und wurde daraufhin spontan in das gerade zur Neuwahl anstehende Parteipräsidium gewählt.[19] Diese Rede, die mir später eines einzigen Wortes wegen zum Schicksal wurde, war die erste einer Reihe von Grundsatzreden, die ich in den Jahren zuvor und danach auf den Parteitagen und Kongressen meiner Partei zu halten hatte. Niemand nahm darauf jemals Einfluß. Es blieb mir allein überlassen. was ich sagen wollte.

1957 sprach ich auf dem Hamburger Parteitag der CDU die Gefahr an, daß wir mit unseren rasch steigenden Sozialverpflichtungen eines Tages das Gleichgewicht verlieren könnten zwischen Sozialprodukt und Soziallast. Ich wollte zur

Vorsicht mahnen. Ich tat es mit einiger Besorgnis und ohne Wirkung. Als ich ein Jahr darauf wieder gebeten wurde, auf dem Parteitag in Kiel über das Thema ›Staatsordnung und Gesellschaftsbild‹ zu sprechen, erklärte ich meiner Parteiführung, daß unsere Partei einem entschiedenen Personalismus verpflichtet sei. Ich sprach pointierter, grundsätzlicher, härter als in Hamburg: »Ich sage noch einmal, was ich vor dem Parteitag in Hamburg letztes Jahr gesagt habe, daß wir in allem Wesentlichen die Grenzen des sozialen Rechtsstaates erreicht haben. Wir haben keinen großen Spielraum mehr. Treten wir über ihn hinaus, so besteht die Gefahr, daß wir kopfüber in das Gesellschaftskonzept des modernen Sozialismus stürzen. Er weiß nichts anders, als durch die weitere Ausdehnung der Staatskompetenzen die egalitäre Massengesellschaft zu organisieren, die persönliche Leistung zu belasten durch die Wegnahme des größeren Teils ihres materiellen Ertrags zugunsten der Staatsgesellschaft. So wird die soziale Existenz des Bürgers im wesentlichen auf den Staat gegründet. Es ist nur konsequent, daß der so gesicherte Bürger dann auch vom Staat kontrolliert und abhängig wird. Selbstverständlich kann man diesen Text auch verführerisch vertonen. Aber dadurch ändert sich am Tatbestand selbst nicht das mindeste. Wir haben es hundertmal gesagt, daß und warum wir das nicht wollen. Ich fasse es in den einen Satz zusammen: Wir von der CDU glauben, daß, weil der Mensch zur Freiheit berufen, mit eigenem Gewissen und eigener Verantwortung ausgestattet ist, er weder vom Staat noch von der Gesellschaft mediatisiert und bewirtschaftet werden darf. Das apostolische Gebot: »Einer trage des anderen Last«, ist ein verpflichtender Anspruch an unsere Gesinnung und unser Gewissen, aber es ist keine Zwangsparole, mit deren Hilfe aus einer Vielfalt von Begabungen, Leistungen und Charakteren eine uniforme, von staatlichen Befehlsständen aus dirigierte unfreie Masse gemacht werden darf.«[20]

Anders als im Jahr zuvor reagierten der Parteitag, die Partei, die Presse und vor allem die sozialdemokratische Opposition. Noch fünfzehn Jahre später, als die Folgen schon sichtbar wurden, die ich vorausgesagt hatte, wurde meine Rede der CDU als reaktionäres Manifest vorgehalten. Erst als die Zuwachsraten der deutschen Wirtschaft noch deutlicher absackten, als die Arbeitslosenziffern stiegen und die inzwischen an die Macht gelangte SPD von ihren Reform- und Beglückungsillusionen Abschied nehmen mußte, begann die Kritik zu verstummen, und nicht nur in der CDU erinnerte sich dieser und jener an die Kieler Rede. Adenauer hatte sie mit steigender Aufmerksamkeit angehört, dann trat er auf mich zu, schüttelte mir die Hand und meinte: »Eigentlich sollten wir jetzt unser Finanz- und Wirtschaftsministerium in einer Art Schatzamt vereinigen. Wollen Sie das nicht machen?« Lachend sagte ich, daß ich nie auf eine solche Idee gekommen wäre. Ich besäße dafür weder Neigung noch Eignung. Außerdem sei ich mit Ludwig Erhard befreundet. Der Bundeskanzler kam nie mehr darauf zurück.

Meine Mitarbeit in der Parteiführung wurde mir zu einer selbstverständlichen Pflicht. Die politische Willensbildung erfolgte in der Ära Adenauer weit mehr von oben nach unten als umgekehrt. Aber es gab in der Partei auch immer Grundströmungen, die von der Basis her über Parteigremien – Landesorganisationen und Parteiausschüsse – nach oben drängten. Sie wurden dort reflektiert, zuweilen allerdings auch ignoriert.

Als Adenauer schon weit über achtzig war, hielten wir es für notwendig, ihm einen geschäftsführenden Parteivorsitzenden zur Seite zu stellen. Der ehemalige Innenminister von Nordrhein-Westfalen, Josef Hermann Dufhues, stellte sich zur Verfügung. Es war eine undankbare Aufgabe. Der Alte wollte ihn nicht haben. Er wollte überhaupt keinen, der ihm die Parteiführung mehr oder weniger aus der Hand nahm. Dufhues arbeitete mit Selbstverleugnung und höchst loyal. Aber Adenauer wollte es nicht wahrhaben. In seinem neunzigsten Lebensjahr schrieb er seinem geschäftsführenden Mitvorsitzenden: »Die klare Absicht, mich aus für die Partei entscheidenden Fragen auszuschalten, macht mir eine weitere Zusammenarbeit mit Ihnen nicht mehr möglich. Da ich von einer Niederlegung meines Amtes als Vorsitzender der CDU jetzt vor den Wahlen einen Schaden für diese befürchte, spreche ich diese jetzt nicht aus. Ich werde mich aber jeder Tätigkeit in diesem Amte enthalten.«[21] Das tat er indessen nicht. Außerdem war der Vorwurf unbegründet. Es kostete mich Mühe, den alten Mann wieder halbwegs zum Einlenken zu bringen.

Dufhues starb früh. Die CDU verlor mit ihm einen ihrer besten Köpfe und ich einen nahen Freund. In seinem Umkreis fand sich ein hochgewachsener junger Pfälzer, Helmut Kohl. Er war der Führer der Jungen Union in Rheinland-Pfalz. Dufhues: »Er ist eine politische Begabung von Format. Sie werden sehen, aus dem wird etwas.« Dufhues behielt auch damit recht.

Auf die Organisation unserer Partei nahm ich nie Einfluß. Ich wußte sie in der Hand eines anderen Freundes, meines schwäbischen Landsmannes Bruno Heck, denkbar gut und verläßlich aufgehoben. Mein Feld in der Partei waren Grundsatzfragen und ihre Verfechtung gegen die heftiger werdende Kritik linksgestimmter Intellektueller. Seit dem Streit um die Wiederbewaffnung und die Trennung von Heinemann hatte sich auch im evangelischen Kirchentum eine deutliche Absetzbewegung von der zunächst wohlgelittenen CDU vollzogen. Es gab heftige Attacken auf ihren Namen und die christliche Legitimität ihres Selbstverständnisses. Die CDU habe »die Verschleuderung des christlichen Namens« betrieben, warf uns Helmut Gollwitzer vor. Der enge Freund Heinemanns wurde zu einem Wortführer der zuweilen maßlosen Kritik an den geistigen Grundlagen der Unionsparteien, darüber hinaus aber auch an der Bundesrepublik. Ich war unentwegt gefordert.[22]

Das »hohe C« wurde allmählich aber auch dem und jenem in der Union zur Verlegenheit.[23] Zu einem Antrag auf Namensänderung der Partei verdichtete sich derlei Gemoser nicht. Die parteiinterne Diskussion blieb jedoch jahrelang dem Grundsätzlichen verhaftet. Auf dem Dortmunder Parteitag 1962 sollte ich mich dazu wieder programmatisch äußern. Mir wurde das Thema gestellt:»Was sind die künftigen Aufgaben der CDU?« Ich antwortete darauf:

»1. Die freiheitliche Existenz aller Deutschen zu ermöglichen, 2. den sozialen Rechtsstaat zu verwirklichen, 3. eine Kulturpolitik zu treiben, die den Personkern vor den Gewalten der Zeit schützt und produktiv erhält, 4. der Mehrheit der Deutschen eine politische Heimat zu sein.«

Ich interpretierte jeden Satz. Ich war in Übereinstimmung mit Dufhues. Er wurde gegen Adenauers Sträuben zum geschäftsführenden Parteivorsitzenden gewählt. Adenauer wurde bestätigt. Aber das Wahlergebnis war bezeichnend. Der alte Kanzler erhielt dreihunderteinundneunzig von vierhunderteinundsechzig, Dufhues vierhundertsechsundzwanzig von vierhundertneunundvierzig Stimmen. Es half alles nichts: Der lange Abschied von unserem greisen Bundeskanzler hatte begonnen. »Es war vielleicht die menschlich bewegendste Minute dieses Parteitages – so berichtete eine Zeitung – als Bundestagspräsident Dr. Gerstenmaier ... in Gegenwart des Kanzlers den Satz aussprach: ›Die CDU wird vor die Aufgabe gestellt, den auf sie zukommenden Wechsel in ihrer Spitze so präzis und reibungslos zu vollziehen, daß ihre Aktionskraft, ihre Geschlossenheit und ihre politische Geltung im Inland und Ausland davon nicht ernstlich betroffen werden. Wir dürfen uns keine Illusionen darüber machen, daß das um so schwerer wird, je größer die Autorität, ja der geschichtliche Rang des ersten deutschen Bundeskanzlers ist.‹«[24]

Auslandsreisen

Zu den am wenigsten vergnüglichen Aufgaben des Bundestagspräsidenten gehörte – zu meiner Zeit wenigstens – die Bewirtschaftung der dem Bundestag zur Verfügung stehenden Reisefonds. Soweit es um die für Dienstreisen ausgewiesenen Titel ging, zum Beispiel Europarat und dergleichen, gab es kaum Probleme. Sie fingen erst mit den sogenannten Informationsreisen an. Die Wünsche gingen nicht gerade ins Ungemessene, aber immer weit über die dafür ausgeworfenen Mittel hinaus. Die meisten Anträge ließen sich hören, aber es gab auch solche, die rundheraus abgelehnt werden mußten. Klaus Mehnert, mit dem ich manches Stück der Welt zusammen bereist habe, war ein entschiedener Befürworter der Abgeordneten-Informationsreisen. Der unersättlich Weltneugierige hielt es für ein Stück Elementarbildung, die Welt, in der wir leben, nicht nur im Buch und im Bild aufzunehmen, sondern mit allen Sinnen und allerdings auch mit strenger gedanklicher Konzentration. Soweit es unsere begrenzten Mittel und die parlamentarische Arbeit erlaubten, war ich gerne bereit, ihm zu folgen.

Im Oktober 1956 befanden wir uns auf der Reise nach Bangkok. Ich leitete eine große Delegation von sechzehn Mitgliedern aller Fraktionen. Der Bundestag umfaßte damals weniger Mitglieder als heute, die über eine hinreichende Weltkenntnis verfügten. Die Auslandsreisen der Abgeordneten beschränkten sich auf unsere Nachbarländer und waren zumeist durch die Organe des Europarats initiiert. Als ich in den Parlamentsferien 1955 mit Wolfgang Pohle, einem befreundeten Abgeordneten und Vorstandsmitglied von Mannesmann, eine Informationsreise in den Sudan und nach Kenia und Tanganjika unternahm – ich ließ sie nicht vom Bundestag finanzieren –, gab es darob großes Aufsehen. In den Augen deutscher Spießbürger war das ein Abenteuer, das einem Parlamentspräsidenten übel anstehe. Afrika! Kriegstänze, Schlangen, Löwen, Menschenfresser! Ich komme darauf zurück. Die Reisen zu den Konferenzen der Interparlamentarischen Union galten im Vergleich dazu als hochseriöse parlamentarische Unternehmungen. Wir waren ordentliches Mitglied in der noch aus dem letzten Jahrhundert stammenden internationalen Organisation. Sie hatte zwar in der realen Politik auf der ganzen Welt nichts mehr zu bestellen seitdem es die UNO gab, aber für Wichtigtuer und Ahnungslose war sie »das Parlament der Parlamente«. Einige Jahre lang kamen mir ihre Veranstaltungen gerade gelegen, um wenigstens einem Kern des Bundestags eine Anschauung von fremden Kontinenten und einen Blick auf ihre Parlamente zu vermitteln. Je zugänglicher aber die Welt für uns Deutsche allgemein wurde, desto mehr verloren die führenden Köpfe des Bundestags das Interesse an den belanglosen Veranstaltungen der Interparlamentarischen Union.

Ich hatte beabsichtigt, mit der Bangkokreise den ersten Besuch deutscher Parlamentarier in Israel zu verbinden. Mein Freund Felix Shinnar, der erfolgreiche Bevollmächtigte Israels in Bonn (wir hatten noch lange keine diplomatischen Beziehungen), hatte sich mit der Vorbereitung des Besuchs große Mühe gegeben. Das Suezabenteuer der Engländer unter Eden und der Franzosen unter Guy Mollet machte die Absicht zunichte. Wir flogen über Bagdad, Teheran, Kabul und Neu Delhi nach Bangkok. In Bagdad gab es große Empfänge, an denen auch die ersten Repräsentanten der alten christlichen Minderheiten in farbenprächtigen Ornaten teilnahmen. Einmal hatten wir Schwierigkeiten. Einige unserer Delegierten waren eifrige Fotografen. In der Altstadt wurden sie von Polizisten festgehalten. Sie sollten ihre Fotoapparate abliefern. Ich fragte den englisch radebrechenden Polizeioffizier, warum? Sie hätten nur »misery-Bilder« gemacht. Mißtrauisch hörte der Mann meine Erklärung. Nicht misery, Folklore sei das Motiv. Die Apparate kamen zurück.

König Faisal empfing mich allein in seiner bescheidenen Residenz. Ein schmaler, höflich-schüchterner junger Mann. Hinter ihm hing ein großes Gemälde an der Wand. Eine Kavallerie-Attacke im Wüstensand. Vor der Front auf edlem Pferd ein imposanter Kavallerieführer mit geschwungenem Säbel. My father – sagte der Jüngling vor mir stolz. Einige Jahre später wurde er von den politischen Banditen seines Landes umgebracht.

In einem seiner älteren Paläste empfing uns der Schah in Teheran. Wir kannten uns seit seinem ersten Staatsbesuch in Bonn. Hermann Pünder und Fritz Erler begleiteten mich. In das Gespräch hinein flöteten die bunten Vögel, die in einer großen Volière in der Halle gehalten wurden. Der Schah war ernst wie immer. Ich sah ihn mehrfach. Auch später in seinem neuen Palais außerhalb der Stadt. Damals, 1956, erschien mir seine Kritik an der Entwicklungspolitik des Westens am eindrucksvollsten. Sie war ein nüchterner Protest gegen die im Westen üblich gewordenen Formen der Entwicklungshilfe. Was helfe es ihm, was helfe es seinem Land mit den vielen Möglichkeiten, wenn die jungen Perser in Scharen akademischen Berufen zustrebten, beziehungsweise »white collarworkers« jeder Sparte werden wollten, solange dem Land der erfahrene Facharbeiter fehle! Er könne und wolle nicht mit Gewalt dazwischen greifen. Dabei komme nichts heraus. Die Entwicklungshilfsprogramme des Westens begünstigten jedoch in unvertretbarer Weise die Akademisierung. Viele Stipendiaten kämen schon gar nicht mehr nach Persien zurück. Sie räsonierten im Ausland.

Was ich in Neu Delhis Lok Sabha, dem indischen Parlament, sah, machte mich besorgt. Englischer Parlamentarismus ohne seine Voraussetzungen. Besorgt wirkte auch Nehru. Das Gespräch verlief höflich distanziert. Es brachte weit weniger an individuellen Eindrücken und politischem Hintergrund als die Gespräche, die ich bei seinem Bonner Besuch mit ihm und seiner Tochter Indira Gandhi führte. Auf jener Bangkok-Reise machte ich trotz des vorzüglichen kollegialen Zusammenhalts und Zusammenspiels die Erfahrung, daß solche Delegationsreisen politisch um so weniger bringen, je größer die Gruppen sind. Ich zog daraus die Konsequenz und reiste fortan allein oder mit möglichst kleinen Delegationen.

Der unauslöschlichste, stärkste Eindruck jener Reise war für mich indessen kein politisches Ereignis, sondern das Tadsch Mahal. Es greift mir heute noch ans Herz: die zauberhafte Harmonie dieses fast überirdischen Bauwerks. Ich sah viele berühmte Baudenkmäler in der ganzen Welt. Ich kenne keines, dessen Wirkung auf mich der dieses indischen Grabmals gleichkommt.[25]

Das schrillste Gegenstück zu der majestätisch-holden Ruhe dieses Totenmals erlebte ich nicht in den überlaufenen Gassen des heiligen Benares, sondern in dem großen Stadion von Kalkutta. Nehru hatte mich eingeladen, einem seiner Massenauftritte beizuwohnen. Er stand auf einer turmähnlichen Plattform in dem gewaltigen Oval. Es war überladen mit Menschen. Ich konnte die Masse nicht schätzen. Nehru, weiß und würdevoll, stand auf der hohen Tribüne, das

Mikrofon vor sich. Der Beifallssturm bei seinem Erscheinen wollte sich nicht legen. Schließlich ebbte er ab und Nehru begann in Englisch. Ein kurzes, erstauntes Schweigen der Massen. Dann ohrenbetäubender Protest. Nehru brauchte viel Zeit und Geduld, bis er die Unruhe mit seinem Mikrofon übertönen konnte. Er sagte, er könne nicht in ihrer Umgangsprache sprechen, er spreche Hindi oder Englisch, er könne kein Bengali. Damit war die Riesenveranstaltung zu Ende. Der Protest ließ ihm keine Chance, auch nur noch einen einzigen Satz von seinem Turm herab zu sprechen. Still, würdevoll ging er, von seinen Leibwächtern umringt, zu seinem Wagen.

Wir waren noch nicht oder kaum in Bangkok angekommen, als sich die Frage stellte, ob wir nicht nach Hause zurück müßten, ohne auch nur an der Eröffnung der Konferenz teilnehmen zu können. Ich erhielt aufgeregte Telegramme aus Bonn: der Aufstand der Ungarn gegen ihre kommunistischen Unterdrücker hatte bedrohliche Formen angenommen. Man bitte Rückkehr zu erwägen. Wir schwankten. Auch unter uns rief die Intervention der Sowjets den lebhaften Wunsch nach einem Eingreifen der USA beziehungsweise der NATO hervor. Aber auch unter uns stand diesem Wunsch die noch größere Sorge vor einem kriegerischen Zusammenstoß der beiden Weltmächte entgegen. Sie überwog auch in unserer Delegation wie in ganz Europa die leidenschaftliche Anteilnahme an dem Schicksal der tapferen Ungarn und die Sympathien, die sich ihnen zuwandten.

Im Vergleich zu Deutschland war das Echo auf das bestürzende Ereignis um uns herum sehr gedämpft. Ich hatte nirgends den Eindruck, daß sich die Parlamente und Regierungen Asiens, die wir unterwegs besuchten, durch den Aufstand aus der Ruhe bringen ließen. Und die breiten Massen wußten ohnehin nicht, wo Ungarn liegt. In unserer Delegation berieten wir eingehend, was zu tun sei. Der Gedanke, den Bundestagspräsidenten allein zurückkehren zu lassen, war keinem behaglich. Umkehr der ganzen Delegation? War das notwendig? War es auch nur sinnvoll? Bald zeigte sich, daß die NATO nicht an Eingreifen dachte. In Bonn aber sollte zumindest der Auswärtige Ausschuß des Bundestags zur Prüfung der Lage zusammentreten – das war der Wunsch aller Fraktionen.

Das ganze Parlament aus den Ferien zurückholen? Dafür wollte sich niemand so recht stark machen, und auch ich fragte mich, welchen tieferen Sinn es haben könnte. Keiner in der großen Delegation wollte dazu raten. So blieb die Sache an Kurt Georg Kiesinger hängen. Er war mein Nachfolger im Vorsitz des Auswärtigen Ausschusses. Eigentlich sollte er mich nach Tokio begleiten. Nun mußte er umkehren und seinen Ausschuß einberufen. Es war eine Geste, eine nützliche Geste, aber nicht mehr.

In unseren Aufenthalt in Bangkok fiel der deutsche Volkstrauertag. Unsere Botschaft hatte die Deutschen im Land zu einer Feier eingeladen. Ich hatte die Rede zu halten. Die Deutschen kamen aus dem ganzen Land angereist. Vielleicht erwarteten sie, einem Querschnitt durch die Bundestagsparteien zu begegnen. Sie wurden enttäuscht. Carlo Schmid und die pflichtbewußte Frau Rehling hatten sich zwar von sich aus bereit gefunden, mich zu jener Feierstunde zu begleiten. Die große Mehrheit der Delegation aber wollte den tagungsfreien Sonntag unter Erlers Führung zu einem Ausflug nach Angkor Vat benützen. Ich wollte nichts dagegen sagen. Am frühen Sonntagmorgen wurde ich von meinem persönlichen Referenten, Dr. Fritzsche, geweckt. Bestürzt meldete er, daß Carlo Schmid offenbar schwer erkrankt sei. Ich eilte an sein Bett und mobilisierte die beiden in Bangkok praktizierenden deutschen Ärzte. Sie diagnostizierten Herzinfarkt. Als mein erster Vizepräsident nach Wochen wieder reisefähig war, wurde er zu dem hervorragenden Internisten Professor Martini auf den Bonner Venusberg überführt. Ich nahm an, daß mein Freund Carlo damit aus aller Gefahr sei. Aber Martini belehrte mich eines andern.

Nach der Konferenz flog ich nach Tokio zu einem Besuch bei dem japanischen Parlament. Das ungarische Trauerspiel war zu Ende. In Tokio traf ich mit Erich Ollenhauer, dem SPD-Fraktionschef und damaligen Oppositionsführer, zusammen. Wir verstanden uns gut – zur Verwunderung unseres Botschafters Dr. H. Kroll. Dieser, ein Diplomat mit sehr eigener Note, hatte keine tieferen parlamentarischen Kenntnisse, sonst hätte er gewußt, daß die politische Gegnerschaft und Meinungsverschiedenheit normale, ja freundschaftliche Beziehungen über die Parteigrenzen hinweg keineswegs ausschließt.

Mit einer kleinen Parlamentarierdelegation folgte ich im Sommer 1966 einer Einladung des Speakers des englischen Unterhauses. Wir – in der Bewunderung des britischen Parlamentarismus Geübten – empfanden diese Einladung als eine besondere Ehre. Wie aber, fragte ich, ehe ich die Einladung annahm, steht es mit der Gegeneinladung? Der Speaker des Unterhauses verläßt nicht das Land. Ich hatte eine vage Erinnerung daran. Dazu wollte ich nichts sagen, aber ich wollte vor allen geheiligten Bräuchen der Briten auch nicht einfach verstummen, wenn sie uns irgendwo mitbetrafen. Deshalb bestand ich darauf, daß vor unserem Besuch ein Einverständnis mit dem Unterhaus darüber herbeigeführt wurde, daß der Speaker meiner Gegeneinladung folgen werde. Nach einigem Hin und Her kam es zustande. Wir reisten.

Unter den vielen Parlamentsbesuchen, die ich gemacht habe, wurde dieser in England für mich der eindrucksvollste und angenehmste. Mein Kollege Horace King tat, was er konnte, um den Besuch für uns erfreulich zu gestalten. Es gab keine pompösen Sonderveranstaltungen, sondern fast nur kollegiale Begegnungen, die zeitweilig in einer nahezu familiären Atmosphäre stattfanden. Die Gespräche waren freimütig und freundschaftlich. Alte Bekanntschaften kamen ihnen zustatten. Das Wiedersehen mit Bekannten und Freunden aus den guten Jahren des alten Europarats wie Duncan Sandys, Harold Mcmillan, aber auch Labourleuten wie Healey, de Freitas und dem beschwingten George Brown, zeitweilig Außenminister Ihrer britischen Majestät, war erfreulich und hilfreich. Nur das Gespräch mit dem Primeminister Wilson blieb dürr und belanglos. Wir hatten uns nichts zu sagen, obwohl wir uns persönlich schon geraume Zeit kannten.

Anders die Begegnung mit Edward Heath, dem damaligen konservativen Oppositionsführer. Er besuchte mich in unserer Botschaft, wo ich wohnte. Herbert Blankenhorn war damals unser Botschafter in London. Wir verstanden uns wie immer. Ich schätze Edward Heath sehr. Sein gepflegtes Englisch, seine sensible Kultur, seine Musikalität und sein Blick für das Notwendige kennzeichnen ein Stück konservative Existenz in unserer Zeit, die auf mich ungemein anziehend wirkt. Sein politisches Schicksal – unabgeschlossen wie es ist – fand ich unbillig, um nicht zu sagen ungerecht.

Lance Pope führte uns nach Stratford. Es war mein Wunsch. Ich wollte bei diesem ersten offiziellen Besuch deutscher Parlamentarier in England dem größten Dichter des Landes – vielleicht der Welt – diskret huldigen. In dem Royal Shakespeare Theater sahen wir ›Heinrich IV.‹ Ich mußte die glänzende Aufführung unentwegt mit der vergleichen, die ich während des Krieges mit Heinrich George im Berliner Schillertheater gesehen habe. Sie war vergleichbar.

Nach der Rückkehr aus der Shakespeare-Stadt empfing mich die Königin während ihrer Gartenparty. Wir unterhielten uns in ihrem Zelt. Es war nicht das erstemal. Sie war auch jetzt wie immer: gelassen, freundlich, nüchtern, eher small talk als große Politik. Eden, der in Englands Politik während des zweiten Weltkriegs und danach eine bedeutende Rolle gespielt hatte, stand unter der höfischen Prominenz. Immer noch ein exzellent aussehender Gentleman, wenn inzwischen auch in eine ergraute Lordschaft verwandelt. Gar nicht verwandelt und soweit ich sehen konnte als einziger in unhöfischem Gewand – man trug Cut und grauen Zylinder –, erschien plötzlich auch George Brown. Er kam eilenden Schritts auf mich zu, verbeugte sich knapp vor seiner Königin und umarmte mich stürmisch. Steif sah der Hof von St. James zu.

Ein wenig steif verlief auch mein Besuch bei dem Erzbischof von Canterbury. Als ich den Wunsch äußerte ihn zu besuchen, dachte ich eigentlich an William Temple, den von mir verehrten und geliebten Erzbischof von York und späterem von Canterbury. Mit seinem Humor und seiner Liebe zu Plato hatte er einst mein Herz gewonnen. Er war nun schon zweiundzwanzig Jahre tot, aber ich hing noch immer an ihm. Nun empfing mich ein anderer Canterbury in seinem Londoner Amtssitz, dem Lambethpalast. Die Thematik des Gesprächs hatte sich geändert. Die Sach- und Fachfragen des ökumenischen Ringens meiner jungen Jahre hatten sich gewandelt, die Brückenfunktion des Anglikanismus zum römischen Katholizismus hatte ihren in der Vorkriegszeit nahezu singulären Charakter verloren, und der Primas von »all England« wußte nicht so recht, was er mit dem ihm gegenüber sitzenden deutschen Parlamentarier und dem deutschen Botschafter eigentlich machen sollte. So tranken wir Tee und führten ein höfliches, leidlich interessantes Gespräch.

VIERZEHNTES KAPITEL

Ost- und Deutschlandpolitik

Kampf um die Pariser Verträge

Als ich Bundestagspräsident wurde, stand Konrad Adenauer in seinem neun-undsiebzigsten Lebensjahr. Seine Kraft war ungebrochen, seine Lebenserfah-rung und politische Kunst gaben seiner Amtsführung jene Autorität, die von den einen bewundert, von den anderen als Herrschsucht denunziert wurde.

Was sich schon wenige Tage nach unserer Rückkehr von den Pariser Konfe-renzen in der Öffentlichkeit anzuzeigen begann, eine neue scharfe Kontroverse um die Grundlinien und die bislang vorliegenden Ergebnisse unserer Außen- und Sicherheitspolitik, bestimmte bald nach meinem Amtsantritt wieder das Bild des Bundestages. Waren die Verträge in den Jahren 1952/53 (EVG- und Deutschlandvertrag) im Bundestag zwar auch kontrovers, aber jedenfalls im Auswärtigen Ausschuß kollegial, fleißig und zügig verhandelt worden, so wurde die parlamentarische Debatte der Pariser Verträge schwieriger, verhärteter und sehr polemisch.

Die Landtagswahlen in Hessen hatten Ende November 1954 der SPD einen beachtlichen Zuwachs gebracht. Es zeigte sich, daß die sowjetrussische Propa-ganda der letzten Jahre, die mit der Londoner Neunmächtekonferenz wieder aktiver wurde, nicht ohne Wirkung auf viele Deutsche geblieben war. Vor allem die Drohung, daß mit der Ratifizierung der Pariser Verträge die Wiedervereini-gung Deutschlands definitiv unmöglich werde, übte auf die parlamentarische Opposition starke Wirkung aus. Selbst Fritz Erler und Carlo Schmid, die wir nicht zu den linken Ideologen rechneten, sprachen von der Notwendigkeit deutscher Bündnislosigkeit. Die SPD hatte ein kollektives Sicherheitssystem entworfen, das von Ollenhauer etwas undeutlich vorgetragen, von Erler und Carlo Schmid im Bundestag gegen unsere Kritik verteidigt wurde. Dieter Cycon gab in der ›Stuttgarter Zeitung‹ eine Beschreibung der Situation, in die die SPD damit geraten war. »Wären nicht Erler ... und der ›Intellektuelle‹ Carlo Schmid gewesen – die SPD wäre in ihrer entscheidenden Stunde von dem glänzend zusammenarbeitenden Team Adenauer–Ehlers–Gerstenmaier auf offenem Feld massakriert worden.«[1] In der FDP und auch in einigen Teilen der CDU wurde dennoch mancher kleinlaut, der bislang auf unserer Linie gestanden hatte. Ende Januar 1955 machte die SPD den Versuch, mit einer Kundgebung in der Frankfurter Paulskirche über ihre Parteigrenzen hinaus eine »Volksbewegung« gegen die parlamentarische Bestätigung der Verträge in Gang zu bringen. Daraus wurde zwar trotz der Beteiligung des DGB-Vorsitzenden so gut wie nichts. Aber der betonte Protest gegen das Saarabkommen, das mit den Verträgen verbunden war, vertiefte auch in der CDU das Unbehagen.

Der Kanzler ließ sich jedoch weder davon noch von den außerparlamentarischen Protesten beeindrucken. Er drängte auf vertretbar rasche Ratifizierung. Den Ausschußberatungen der Verträge konnte auch ich nach Lage der Dinge nicht mehr die Bedeutung abgewinnen, die ich ihnen 1952/53 beigemessen habe. Es ging nicht mehr um dieses oder jenes Detail – auch nicht mehr um so Gewichtiges wie es zum Beispiel die Bindungsklausel in Artikel 7 des alten Deutschlandvertrags gewesen war. Es ging um das Ja oder Nein zu einer in sich geschlossenen, großen politischen Konzeption, für deren Verwirklichung wir nun fünf Jahre gearbeitet und gerungen hatten. Die Abstimmung erbrachte eine hohe Mehrheit für die Verträge (324 gegen 151 Nein- beziehungsweise 314 gegen 157 Neinstimmen). Das Ja zum Saarabkommen fiel gedämpfter aus (264 Ja-gegen 201 Neinstimmen bei neun Enthaltungen).

Die Verträge wurden am 26. und 27. Februar 1955 ratifiziert. Schon gegen die alten Verträge war immer wieder eingewandt worden, daß sie die Wiedervereinigung unmöglich machen, zumindest aber sehr erschweren würden. Die leidenschaftlichen Debatten liefen damals nicht selten darauf hinaus, ob wir der Vereinigung Europas den Vorrang vor der Wiedervereinigung Deutschlands geben müßten oder umgekehrt. Bei der Diskussion der Pariser Verträge hatte sich diese theoretische Fragestellung in die wesentlich realere verwandelt: Aufnahme in den Sicherheitsverbund des Westens und Beendigung der Besatzung oder Bündnislosigkeit im Vertrauen darauf, daß wir für die Sowjets tabu bleiben.

Es sieht auch heute noch so aus, als ob die Beschwörungen des Kremls von den damaligen Regierungsparteien wirkungslos abfielen. In Tat und Wahrheit bereiteten sie uns zuweilen erhebliches Kopfzerbrechen. In den Fraktions- und Parteisitzungen der Union war es zwar verpönt, davon etwas merken zu lassen. Aber es gab gar nicht so wenige, die im persönlichen Gespräch Unsicherheit, Besorgnis und die Furcht verspüren ließen, daß wir möglicherweise die letzte Chance, immer wieder die letzte Chance zur Wiederherstellung ganz Deutschlands ausschlagen könnten. Die geradezu liturgische Wiederholung der vom ganzen Bundestag approbierten Formel, daß die Wiedervereinigung Deutschlands die erste Aufgabe deutscher Politik sei, vernebelte die vor Augen liegende Tatsache, daß unsere Politik vorrangig darauf gerichtet war, den Millionen Deutscher, die in dem Provisorium Bundesrepublik leben, Existenzsicherheit

418

und Freiheit zu verbürgen. Das war die Nummer eins unserer Politik. Die Sozialdemokraten und alle andern mußten verlieren, solange sie im Ungewissen ließen, ob ihnen anderes, noch so Ideales und Wünschenswertes wichtiger sei.

Adenauer seinerseits ließ in öffentlichen oder halböffentlichen Verlautbarungen niemals erkennen, daß die sowjetrussischen Noten auch nur den mindesten Eindruck auf ihn machten.[2] Im persönlichen Gespräch gab der Kanzler jedoch zu verstehen, daß er sich Sorgen mache, ob die Aktivität des Kremls bei unseren Verbündeten nicht zu Folgen führen könnte, die für uns durchaus unangenehm werden würden. Mir stellte er mehrfach die Frage, ob die Unionsparteien seinen Kurs ohne zu fackeln durchhalten würden. Die Frage galt, das merkte ich bald, nicht meiner Person, sondern dem evangelischen Kirchenmann. Der Bundeskanzler hatte ein deutliches Empfinden für die Reserven, die sich in jenen Jahren im evangelischen Bereich gegen seine Außenpolitik zu bilden begannen. Hermann Kunst, der Bevollmächtigte der Evangelischen Kirche in Bonn, hatte ihm zu derlei Befürchtungen zwar keinen Anlaß gegeben. Im Gegenteil. Aber der Alte wußte auch so Bescheid.

Direkte Beziehungen zu Moskau

Eines Tages bat er mich zu sich, es war im Frühjahr 1954. Er kam auf die ungewisse Situation im Westen. Was aus der EVG, was aus der europäischen Integration, was aus der friedensdurstigen deutschen Seele werde, wenn die Neutralisten schließlich in dem politisch labilen deutschen Volk die Oberhand behielten?

Es war ein für mich denkwürdiges Gespräch. Adenauers Sorgen schienen mir übersteigert. Ich sagte, daß wir mit unseren westlichen Besatzungsmächten nun allerdings bald zu einem Ergebnis gelangen und vom Besatzungsstatut herunterkommen müßten. Sobald das geschehen sei, müßten wir aus unserer einseitig defensiven politisch-diplomatischen Position gegenüber den Sowjets heraus und den Versuch einer auf den Westen gestützten eigenen aktiven Ostpolitik machen. Ich erinnerte den Kanzler an unser Gespräch vom 2. Dezember 1952 und den anschließenden Briefwechsel (siehe Seite 420 und 421).

In diesem Gespräch hatte mir Adenauer zugestimmt, als ich sagte, daß unser neuer Status es unvermeidlich mache, mit den Russen fortan auch direkt und nicht nur durch den Trichter unserer westlichen Bundesgenossen zu sprechen. Um diese Zustimmung schriftlich niederzulegen, schrieb ich ihm anderntags (am 3. Dezember 1952) einen Brief, in dem ich unser Gespräch festhielt. Es habe dem Wunsch gedient, »mit der Übernahme der Rechte und Pflichten aus dem

419

Oeffentlicher Notar
Julius M ü l l e r
Stuttgart.
Marktplatz 12.
Tel. 95160.

Stuttgart, den 8. Dezember 1952.

Notarielle Bestätigung.

Herr Oberkonsistorialrat D.Dr. Eugen G e r s t e n m a i e r
in Stuttgart, Stafflenbergstrasse 66, Mitglied des Bundestags, übergab mir heute zur notariellen Verwahrung folgende Schriftstücke
über einen Briefwechsel zwischen ihm und dem Herrn Bundeskanzler
Dr. Adenauer in Bonn:

a) einen Brief des Herrn Bundeskanzlers Dr. Adenauer an ihn
vom 5. Dezember 1952 in Original,

b) die Durchschrift seines Briefes an den Herrn Bundeskanzler vom
3. Dezember 1952.

Die Schriftstücke lauten wie folgt:

a.

Bundesrepublik Deutschland   Bonn, den 5. Dezember 1952
Der Bundeskanzler

Herrn

Abg. Dr. G e r s t e n m a i e r

B o n n

Bundeshaus.

Sehr geehrter Herr Gerstenmaier!

Jm Sinne Jhres Briefes vom 3. Dezember möchte ich Jhnen mein
schon mündlich erklärtes Einverständnis mit Jhren Anregungen   noch
einmal bestätigen.

Mit besten Grüssen

Jhr ergebener

(gez.) A d e n a u e r

(Adenauer).

./.

Briefwechsel über direkte Beziehungen zu Moskau vom 3. und 5. Dezember 1952

b.

Deutscher Bundestag

   Abgeordneter
D.Dr.Eugen Gerstenmaier·

Bonn, 3. Dezember 1952
Dr.G./Ke.

Herrn
Bundeskanzler Dr. Adenauer
    B o n n   am Rhein.

Sehr verehrter Herr Bundeskanzler!

    Jm Anschluss an die Fraktionssitzung der CDU/CSU vom 2.Dezember
1952 hatte ich die Ehre, Jhnen den Wunsch vorzutragen, mit der Ueber-
nahme der Rechte· und Pflichten aus dem Deutschland- und dem EVG-Vertrag die Aufnahme von Beziehungen zur Regierung der Sowjetunion
einzuleiten mit dem Ziel:

    1. Viermächte-Besprechungen über die Wiederherstellung· der Einheit
       Deutschlands herbeizuführen und zu einem positiven Ergebnis zu
       bringen.

    2. Einen Beitrag zu leisten zur Befriedung und Normalisierung der
       Beziehungen zwischen Deutschland, der Sowjetunion und den anderen
       Völkern Europas, zu denen diplomatische Beziehungen bis jetzt
       noch nicht aufgenommen werden konnten.

    Jn der weiteren Begründung habe ich dargelegt, dass dieser Wunsch
allein darin begründet ist, alles, aber auch alles zu tun was
denkbar und möglich ist, um, vor, während und nach der Ratifizierung
der Verträge unseren ausschliesslich auf die Befriedung Europas und
die Vereinigung Deutschlands gerichteten politischen Willen immer
erneut zum Ausdruck zu bringen.

    Jch habe mit dankbarer Zustimmung Kenntnis genommen von Jhrer
grundsätzlichen Bereitschaft, diesem Wunsch auch mit der Aufnahme der
vorstehenden Vorschläge Rechnung zu tragen. Jch habe weiter von den
Erwägungen Kenntnis genommen, die Sie bestimmen für die Verwirklichung
dieser Vorschläge weiterhin Voraussetzungen zu schaffen, die ihre
Missdeutung ausschliessen und die Bundesrepublik vor einer etwaigen
Zurückweisung eines entsprechenden Schrittes durch die Sowjetunion
bewahren. Jch habe diesen Jhren Darlegungen voll zugestimmt. Jch
möchte jedoch Wert legen auf die Feststellung, dass noch·vor Beginn
der zweiten Lesung der Verträge auch diese Vorschläge nach allen
Seiten hin sowohl von Jhrer Seite, wie innerhalb der Fraktion positiv
erwogen worden sind.

    Bis zu einer anderweitigen gemeinsamen Uebereinkunft werde ich
den Jnhalt dieser Besprechung streng vertraulich behandeln.

       Mit angelegentlichen Empfehlungen bin ich

           Jhr sehr ergebener

             G e r s t e n m a i e r .

       ------------   ./.

Deutschland- und dem EVG-Vertrag die Aufnahme von Beziehungen zur Regierung der Sowjetunion einzuleiten mit dem Ziel:

1. Viermächtebesprechungen über die Wiederherstellung der Einheit Deutschlands herbeizuführen und zu einem positiven Ergebnis zu bringen,

2. einen Beitrag zu leisten zur Befriedung und Normalisierung der Beziehungen zwischen Deutschland, der Sowjetunion und den anderen Völkern Europas, zu denen diplomatische Beziehungen bis jetzt noch nicht aufgenommen werden konnten.«

Sogleich, am 5. Dezember 1952, bestätigte mir der Kanzler, »mein schon mündlich erklärtes Einverständnis mit Ihren Anregungen noch einmal«.

Rangordnung der Werte

Adenauer widersprach auch jetzt, eineinhalb Jahre später, nicht. Er meinte aber, daß wir noch nicht soweit seien und zunächst erst einmal gewissen Anfälligkeiten und Unsicherheiten in der eigenen Partei begegnen müßten. Es fehle an einer grundsätzlichen, einfachen und nicht widerlegbaren Orientierung unserer Politik. Ob ich nicht auf dem nächsten Parteitag in Köln eine entsprechende Rede halten könne? Ich sagte zu. Unsere Politik folge und müsse folgen – so legte ich dar – einer festen Rangordnung der Werte. In ihr müsse

die Freiheit den ersten,

der Friede den zweiten und

die Einheit den dritten Platz einnehmen.[3]

Die Kritik an dieser Rangordnung begann schon auf dem Parteitag. Die Wiedervereinigung sei die erste Aufgabe der deutschen Politik. Also müsse die Einheit an die erste Stelle. Die Einwände waren nicht sehr scharfsinnig, aber sie waren kennzeichnend für die damalige Denk- und Gesprächslage. Ich antwortete, daß unser Beitritt zur EVG besage, daß wir im Fall des Angriffs auf unsere Freiheit mit der NATO zu den Waffen griffen, daß wir aber für die Wiederherstellung der deutschen Einheit dem Einsatz von Waffen feierlich entsagt hätten. Die Rangordnung sei also zwangsläufig und von allen unseren bisherigen Entschlüssen gedeckt. Ich sagte klipp und klar: »Ohne Freiheit oder bei einem unvorstellbar hohen Risiko für Deutschlands Freiheit gibt es eben keine Wiedervereinigung.« Es dauerte einige Zeit, bis das verstanden und akzeptiert war.[4]

Der Vorrang legitimer Sicherheitsbedürfnisse, wie er in unserem NATO-Beitritt zum Ausdruck kam, sollte aber keinesfalls unsere Deutschland-Politik lähmen. Im Deutschland-Vertrag hatten sich unsere Verbündeten verpflichtet, unser Wiedervereinigungsverlangen zu ihrer eigenen Sache zu machen. Was aber konnte damit erreicht werden, solange wir selber noch nicht einmal die Möglichkeit hatten, mit den Sowjets geordnet zu sprechen?

Ich wollte damit nicht für deutsche Extratouren neben dem Bündnis plädieren, ich wollte auch keinen »zweiten Verhandlungsweg«, ich wollte nur, daß die souverän werdende Bundesrepublik in und mit Moskau in eigener Sache auch mit eigener Stimme sprechen könne. Außerdem hielt ich es für nötig, aus der eher passiven als aktiven Containment-(Eindämmungs)Politik George Kennans herauszukommen. Der Westen war ihr im großen ganzen in den vergangenen Jahren gefolgt, während Kennan selbst inzwischen darüber hinausgegangen war. Dies allerdings in einer Richtung, in der ich ihm nicht folgen wollte. Aus seinem Konzept der Eindämmung der sowjetrussischen Aggression der ersten Nachkriegsjahre war der Entwurf eines Disengagements, des Auseinanderrückens der Blöcke, geworden.

Eines Tages besuchte mich der geistreiche Mann zusammen mit Klaus Mehnert, mit dem er seit seiner Studentenzeit befreundet ist. Er legte vorsichtig dar, daß durch die Einbeziehung Deutschlands in einen neutralisierten Staatengürtel Mittel- und Osteuropas vielleicht die Wiedervereinigung zu erreichen sei. Ein Gedanke, der in jenen Jahren heftig diskutiert wurde. Er wurde von Eden und von Rapacki, dem polnischen Außenminister, in verschiedener Weise variiert, von uns aber aus Sicherheitsgründen nicht akzeptiert.

Die Pariser Verträge, zumindest die Qualität von Sicherheit, die sie uns brachten, konnten alle anderen damals diskutierten Konstruktionen bei weitem nicht erreichen. Die Verträge traten am 5. Mai 1955 in Kraft. Die Bundesrepublik war souverän, das heißt sie war das Besatzungsstatut los. Auch wenn es in den letzten Jahren kaum mehr als eine Fessel empfunden werden konnte, die staats- und völkerrechtliche Position der Bundesrepublik Deutschland erfuhr mit seiner Beendigung eine erhebliche qualitative Veränderung. Das mußten auch die erkennen, die mit der nationalen Souveränität bei weitem nicht mehr das anzufangen wußten wie frühere Generationen. Dem souveränen Nationalstaat des 19. und der ersten Hälfte des 20. Jahrhunderts hatten wir schon im Kreisauer Kreis abgesagt. Inzwischen war die Interdependenz der freien Welt angesichts des militanten Weltkommunismus, aber auch in wirtschaftlicher Hinsicht so gewachsen, daß von Souveränität im alten Sinn nicht mehr die Rede sein konnte. Im Zeichen der europäischen Integration empfingen wir unsere Souveränität in der Bereitschaft, sie an supranationale Organe stückweise weiterzugeben.

Dennoch war jener 5. Mai ein großer Tag für Deutschland. Um so bedrückender war für mich der Streit um seine Gestaltung. Die parlamentarischen und außerparlamentarischen Auseinandersetzungen hatten zu einer solchen Verhärtung der politischen Fronten geführt, daß es mir trotz aller Bemühungen nicht gelang, zwischen den Fraktionen des Bundestages ein Einvernehmen über eine angemessene Feier des Ereignisses herbeizuführen. Die Opposition sah in den Verträgen noch immer ein Verhängnis. Sie wollte die mit ihnen erlangte Souveränität nicht feiern. Ich hatte Mühe zu verhindern, daß an dem Tag statt einer Feier eine neue Kampfdebatte im Bundestag stattfand. Sie wäre geschäftsordnungsmäßig nicht zu verhindern gewesen, wenn der Bundeskanzler, was er wollte, eine Regierungserklärung im Parlament abgegeben hätte. So einigten wir uns darauf, daß er durch einen Brief an mich das Haus von der neuerworbenen Souveränität unterrichte. Ich verlas den Brief und die Fraktionschefs gaben kurze Erklärungen ab. Damit war die Sache erledigt.

Im Kampf um die Ratifizierung der Verträge war von ihren deutschen Gegnern der Eindruck erweckt worden, daß mit ihrer Annahme nicht nur die Aussichten auf die Wiedervereinigung Deutschlands für immer entschwänden, sondern auch das politische Klima zwischen Bonn und Moskau, ja zwischen Ost und West so feindselig werden würde, daß sich daraus akute Gefahren ergäben. Die Leute kannten die Russen schlecht. Die Sache nahm einen anderen Verlauf.

Vier Wochen nach der Ratifizierung schlugen sie der Bundesregierung die Aufnahme diplomatischer Beziehungen vor und regten einen Besuch des Bundeskanzlers in Moskau an. Das war für uns nicht nur von erheblicher außenpolitischer, sondern auch von großer innenpolitischer Bedeutung. Es hätte nicht einmal der nach wie vor geltenden Zusage Adenauers an mich bedurft: Die öffentliche Stimmung ließ eine Ablehnung dieser russischen Einladung einfach nicht zu. Das war dem Bundeskanzler von Anfang an klar, und selbst Brentano und seine nächsten Freunde getrauten sich nicht, gegen den Besuch zu votieren. Sie erklärten aber, daß es in Moskau zu keinerlei Beschlüssen kommen dürfe. Sie sahen in dem Besuch eine Erkundungsfahrt, bei der alles offenbleiben müsse. Adenauer hingegen hatte mehr im Sinn. In zwei Gesprächen mit mir sagte er unumwunden, der Besuch müsse gemacht werden, seine nächstliegende Sorge aber sei, bei unseren westlichen Verbündeten kein Mißtrauen aufkommen zu lassen. Ich hielt seine Besorgnis zwar auch jetzt für übertrieben, meinte aber, daß es nichts schaden könne, wenn er die Reise mit den Verbündeten sorgfältig abstimme. Wir wollten damit ja schließlich unsererseits einen Beitrag leisten zu dem in jenem Sommer besonders aktuellen Thema der Entspannung und Normalisierung.

Am Horizont stand eine Genfer Gipfelkonferenz unserer Verbündeten mit den Sowjets. Die als »Konferenz des Lächelns« gut charakterisierte Konferenz brachte zwar in der Sache nichts, sie vermittelte aber den Eindruck, daß die Eiszeit zwischen Ost und West dem Ende zugehe. Es wäre nicht nur der Sache, sondern auch der Stimmung nach falsch gewesen, die russische Einladung auszuschlagen. Die Stimmung in führenden Gruppen der Union war nicht eindeutig. Ich war deshalb um so erfreuter, den Bundeskanzler trotz seiner Besorgnisse zur Annahme der Einladung entschlossen zu sehen.

Als wir 1952 darüber sprachen, hatte weder der Kanzler noch ich bedacht, daß wir bei der Aufnahme diplomatischer Beziehungen zu Moskau eines Tages uns selbst mit der sogenannten Hallsteindoktrin in Schwierigkeiten bringen würden. Brentano stilisierte sie im Dezember 1955 ins Offizielle. Unnötigerweise. Die vielzitierte und noch mehr kritisierte Doktrin ist zu Unrecht einseitig dem einstigen Staatssekretär im Bundeskanzleramt zugeschrieben worden. Sie besagte, daß wir zu keinem Staat diplomatische Beziehungen aufnehmen oder unterhalten würden, der gleichzeitig auch mit Ostberlin diplomatische Beziehungen unterhalte. Im Dezember 1952 war das noch nicht aktuell. Die Voraussetzung der Doktrin war aber damals schon gegeben. Sie bestand in dem von allen Parteien mit Ausnahme der Kommunisten gebilligten *Alleinvertretungsanspruch.* Bundestag und Bundesregierung nahmen in Anspruch – gestützt auf die Präambel des Grundgesetzes –, nicht nur für die Deutschen in der Bundesrepublik, sondern auch für die in der Ostzone solange zu sprechen, bis dort eine aus freien Wahlen hervorgegangene Regierung zustande gekommen sei. Die diplomatische Anerkennung der Ostberliner Satellitenregierung betrachteten wir – die SPD uneingeschränkt eingeschlossen – als einen wenn nicht geradezu feindlichen, so doch unfreundlichen Akt gegen uns, die einzige legitime Vertretung des deutschen Volkes.

Moskaubesuch Adenauers

In den Gesprächen zwischen Adenauer und mir vor dem Antritt der Moskaureise spielte die Problematik der Hallsteindoktrin überhaupt keine Rolle, und auch von den Kommunisten in Ostberlin war kaum die Rede. Es war uns selbstverständlich, daß die Normalisierung unserer Beziehungen zum Kreml in keiner Weise als Vorbereitung oder Vorstufe einer Anerkennung dieser Satellitenregierung betrachtet werden dürfe. Hingegen bat ich den Bundeskanzler vor allem im zweiten Gespräch –, eingedenk meiner ehemaligen Bemühungen bei der UNO die Kriegsgefangenenfrage in Moskau entschieden zur Sprache zu bringen. Noch während der Vorbereitung der Reise und definitiv während der Verhandlungen in Moskau wurde daraus dann ein zwingendes Junktim. Auch hierzu fand ich den Bundeskanzler bereits entschlossen.

Ich war in Moskau nicht dabei. Die Berichte, die ich über die Verhandlungsführung Adenauers und seinen Umgang mit Bulganin und Chruschtschow hörte, zeigten übereinstimmend sein großartiges politisches und staatsmännisches Format. Als der Rundfunk den Abschluß der Verhandlungen und die Freilassung der Kriegsgefangenen und Verurteilten meldete, tat ich etwas, was ich weder zuvor noch danach getan habe. Ich fuhr zum Flughafen Wahn, um den Bundeskanzler zu empfangen und ihm namens des Deutschen Bundestages und des deutschen Volkes den Dank auszusprechen. Dann fuhren wir zusammen – er bat mich, ihn zu begleiten – über die Dörfer nach Rhöndorf. An den Straßen strömten die Menschen zusammen und jubelten Adenauer zu. Der Alte war erfreut und zufrieden. Er zeigte keine Spur von Erschöpfung, kaum Müdigkeit. »Jetzt müßten wir Wahlen haben« – das war sein erstes Wort, als wir allein waren. Dann begann er unaufgefordert zu berichten. Das erste war eine Klage über seinen neuen Außenminister von Brentano und seinen alten Staatssekretär Hallstein. Sie hätten ihm mehr Schwierigkeiten gemacht als die Russen. Wieso das? fragte ich verdutzt. Er erzählte, daß beide sich absolut nicht dazu verstehen wollten, den Sowjets die Aufnahme diplomatischer Beziehungen verbindlich zuzusagen, auch dann noch nicht, als die Russen ihm ihr Wort gegeben hätten, die von ihnen festgehaltenen Deutschen freizugeben.

Von der Reserve, die der überlegene Taktiker in diese Abmachung eingebaut hatte, schwieg er mir gegenüber. Er wußte, daß mir ihre Problematik wohl bewußt war. Weder Bulganin noch Chruschtschow hatten sich in Moskau dazu verstehen wollen, die Zusage der Entlassung der Kriegsgefangenen schriftlich zu bestätigen. Sie wollten – offenbar um vor ihren Genossen keinen Gesichtsverlust zu erleiden – damit auch am Ende der Begegnung nicht öffentlich herauskommen. Adenauer war schließlich einverstanden, aber er erklärte seinen Partnern, daß er die Zustimmung des Bundestages brauche für die vereinbarte Aufnahme diplomatischer Beziehungen. Das war zwar unrichtig, aber der Vorbehalt hätte dem Kanzler die Möglichkeit gegeben, von der Moskauer Vereinbarung zurückzutreten, wenn die Russen ihre Zusage nicht eingehalten hätten. Die Sowjetmenschen aber standen voll zu ihrem Wort, und Adenauer bat den Bundestag um Zustimmung.

Thomas Dehler hatte in der Sache noch mehr Haare gefunden als die Herren von Brentano und Hallstein. Er kam zu mir, um seinen Widerspruch anzumelden.[5] Da ich ihn nicht anderen Sinnes machen konnte, sagte ich ihm, daß er dann eben gegen die nachgesuchte Zustimmung der Bundesregierung stimmen müsse. Er werde nach meiner Schätzung der Einzige sein, aber das müsse er eben hinnehmen. Bei der Abstimmung achtete ich sorgfältig auf die Neinstimmen. Es gab keine. Auch Thomas Dehlers Hand sah ich nicht.

Bald machte mir Botschafter Sorin seinen Antrittsbesuch. Der Russe sprach gut Deutsch und zeigte sich auch sonst umsichtig und bemüht. Er vertrat selbstverständlich den Standpunkt seiner Regierung, und das hieß, daß wir insbesondere in den Fragen der Deutschlandpolitik denkbar kontrovers blieben. Dennoch war das Gespräch mit Sorin niemals stur, sondern eher differenziert. Ich sprach gern mit ihm. Eines Tages kam er zu mir und führte bewegte Klage darüber, daß er bei unserer Regierung »und auch sonst« kaum einmal eine offene

Tür fände; ein Gespräch fände nicht statt. Ich sprach mit Brentano. Es kam nichts dabei heraus. Schließlich lud ich zu einem Abendessen mit Sorin ein. Ich hatte einen größeren Kreis geladen, um den führenden Leuten der Fraktionen und einigen Bundesministern eine Gelegenheit zu geben, mit dem neuen russischen Botschafter in Kontakt zu kommen. Ich lud auf den Petersberg ein. Die Fraktionen und die Bundesministerien waren gut vertreten. Der Außenminister aber fehlte. Hallstein vertrat ihn – zugegeben, frisch und unbefangen.

Sorin nahm in der Frage der Wiedervereinigung die spätere Argumentation Chruschtschows vorweg. Er verwies uns an Ostberlin. Ollenhauers Miene – er war bei dem Petersberg-Gespräch dabei – verdüsterte sich.[6] Bald darauf rief mich Sorin eines Abends zu Hause an. Etwas betreten, wie mir schien. Er sei soeben abberufen worden. Ich fragte, wieso, wohin? Er habe keine Ahnung. Er müsse nach Moskau zurück. Sorin wurde einer der stellvertretenden Außenminister der Sowjetunion. Sich selbst entschuldigend hat Adenauer der politisch törichten Behandlung Sorins wegen das Auswärtige Amt in seinen Erinnerungen mit Recht kritisiert.[7] Ich frage mich jedoch, warum er nicht rechtzeitig eingegriffen hat. Ich hatte ihn auf das Versagen des Amtes in diesem Fall aufmerksam gemacht.

Wechsel in der Leitung des Auswärtigen Amts

Adenauer war schon seit geraumer Zeit einem gewissen Druck ausgesetzt gewesen, sein Amt als Außenminister abzugeben. Man kann nicht sagen, daß dieser Druck aus seiner Partei kam. Er kam aus einer gewissen Ecke der Unions-Fraktion. Man tritt Brentano nicht zu nahe, wenn man sagt, daß der Druck von ihm, dem Fraktionschef, gebilligt wurde. Er war auch nicht unberechtigt. Der Bundeskanzler ging auf die achtzig, und wir standen nach dem Inkrafttreten der Verträge vor der Aufgabe, dem auswärtigen Dienst der Bundesrepublik eine angemessene Gestalt zu geben. Ich wußte, daß Adenauer das Amt des Außenministers nicht gerne abgab. Er zauderte, ob er es überhaupt tun solle, und er war sich trotz Brentanos nahezu offen erklärter Anwartschaft lange nicht schlüssig, ob er ihn berufen solle.

Eines Abends bat er mich in das Palais Schaumburg. Er war nicht allein. Sein Freund Robert Pferdmenges war bei ihm. Adenauer kam ohne Umschweife zur Sache. Er müsse ja nun doch wohl einen Außenminister bestellen. Er habe auch an andere gedacht – er blickte mich an –, aber er werde wohl an Herrn von Brentano nicht vorbeikommen. »Die Fraktion erwartet das, wie es scheint.« Ich mußte ihm recht geben, auch wenn von der Fraktion als ganzer dabei kaum gesprochen werden konnte. Es gab darüber niemals Abstimmungen, nicht einmal eine formelle Aussprache. Das hätte in unseren Stil und in unser Verfassungsverständnis von den Befugnissen des Bundeskanzlers auch nicht gepaßt. Adenauer schwieg, noch immer zaudernd. Robert Pferdmenges bestätigte meine Einschätzung der Situation. Man müsse es wohl mit Brentano wagen. Er rühmte seine gentlemanliken Formen. »Er sitzt gut zu Tisch« – meinte er abschließend. Adenauer schwieg. Dann sprach er von anderem. Kein Wort war über Hermann Abs gefallen. Ich wußte, daß Konrad Adenauer große Stücke auf ihn hielt. Daß er auf seiner kleinen Liste möglicher Außenminister stand, habe ich jedoch nicht bemerkt.

Herbert Blankenhorn hatte während Adenauers Moskaubesuch die Verbindung zu den dortigen Botschaftern unserer westlichen Verbündeten zu halten. Er berichtete, daß sie die Aufnahme diplomatischer Beziehungen zwischen uns und Moskau zu jener Zeit ablehnten. Andererseits schreibt Adenauer, daß Eisenhower und Dulles keinerlei Einwände erhoben hätten. Ich erinnere mich nicht, in den vielen Gesprächen jener Zeit etwas anderes gehört zu haben. Vorsichtig, ja mißtrauisch, wie der alte Kanzler nun einmal war, scheinen ihm nachträglich aber doch Bedenken gekommen zu sein. Es ist sonst kaum zu verstehen, daß nach der Rückkehr aus Moskau erst einmal Funkstille zwischen Bonn und Moskau eintrat. Der russische Botschafter Sorin erschien zwar nach kurzer Zeit in Bonn. Bis zum Eintreffen unseres Botschafters in Moskau (W. Haas) verging jedoch ein halbes Jahr. Die Russen mußten den Eindruck gewinnen, daß unsere Regierung die mit viel Mühe zustande gebrachten Beziehungen lässig zu handhaben gedenke. Ein der Dramatisierung so abholder Mann wie Felix von Eckardt, damals Ständiger Beobachter der Bundesrepublik bei den Vereinten Nationen in New York, sprach immerhin von einer »gewissen Schockwirkung der Moskauer Übereinkunft« in den USA.[8] Mir machte derlei keinen Eindruck. Wohl aber Brentano und auch Adenauer. Das allgemeine Interesse lag in jenem Sommer und Herbst 1955 indessen ohnehin weniger bei den bilateralen als bei den multilateralen weltpolitischen Beziehungen, die auf den großen Konferenzen zur Diskussion standen.

Die Genfer Gipfelkonferenz von 1955 hatte mit ihren Direktiven an die Außenminister der vier Mächte auch bei uns große Hoffnungen geweckt. Das Junktim zwischen der Wiedervereinigung Deutschlands und einem europäischen Sicherheitssystem war durchaus sachgerecht. Adenauer berichtet,[9] daß es »uns gelungen« sei, nach der gescheiterten Berliner Außenministerkonferenz von 1954 die Westmächte »davon zu überzeugen, daß die Wiedervereinigung Deutschlands und ein europäisches Sicherheitssystem in einem inneren Zusammenhang ständen. Die Westmächte hatten erkannt, daß ohne die Wiedervereinigung Deutschlands die ernste Gefahr drohte, daß eines Tages die Bundesrepublik um der Wiedervereinigung willen ihren bisherigen Anschluß an den Westen aufgeben könnte.« Diese Furcht hat den alten Kanzler in der Tat nie ganz verlassen. Sie gesellte sich zu der andern, die Westmächte könnten sich über unsere Köpfe hinweg mit den Russen zum Nachteil Deutschlands arrangieren. Das waren nicht nur Angstträume. Aber weder die eine noch die andere Befürchtung wurde zu Adenauers Lebzeiten Realität. Wirklichkeit blieb die Teilung Deutschlands, der Status quo. Im November 1955 ging die Genfer Außenministerkonferenz zu Ende mit einer schmetternden Absage Molotows an alle Hoffnungen und Erwartungen. Das Junktim Wiedervereinigung und europäische Sicherheit wurde mit der neuen russischen Parole vom Tisch gewischt: Die beiden deutschen Staaten sollten sich erst einmal untereinander verständigen. Von freien Wahlen war keine Rede mehr. Harold MacMillan, mein alter Straßburger Freund, war inzwischen britischer Außenminister geworden. In öffentlicher Rede stellte er in Genf fest:»Die brutale Wirklichkeit ist, daß für die Sowjetregierung die einzige annehmbare Garantie für die Wiedervereinigung Deutschlands die Bolschewisierung des ganzen Landes ist.«[10] Was auch in der Ära Adenauer noch geschah und was auch sozialdemokratische Bundeskanzler mit ihren FDP-Außenministern danach unternahmen, dieses Urteil MacMillans blieb unwiderlegt.

Das Jahr 1955 wurde kein Jahr der Wende, sondern der großen Enttäuschung. Nur borniere Voreingenommenheit kann die Schuld daran – wie es lange üblich war –»der Sturheit des Alten« zuschreiben. Seine Versuche, Vorschläge und Erwägungen, mit den Sowjets in der Deutschlandfrage einen Schritt weiterzukommen, sind zum Teil erst nach seinem Tod bekanntgeworden. Sein Vorschlag, der sowjetisch besetzten Zone –»DDR« genannt – bis auf weiteres einen Status zu geben, der dem Österreichs gleiche, fiel ebenso unter den Tisch wie der andere, im Interesse der Entspannung in der Deutschlandfrage zu einem etwa zehnjährigen »Burgfrieden« zu kommen. Der Sinn: das Drängen auf Wiedervereinigung sollte zurückgestellt und dafür der Druck auf die Bevölkerung Mitteldeutschlands zurückgenommen oder wenigstens spürbar gemildert werden. »Die Humanisierung« der Lebensverhältnisse in »der Zone« war durchaus schon ein Thema der Adenauerschen Außenpolitik. Der Alte hatte damit sowenig wie seine damaligen Kritiker und späteren Amtsinhaber einen durchschlagenden Erfolg. Aber er dachte im Unterschied zu ihnen nie daran, staatsrechtlich verbindliche Zugeständnisse zu machen, wie sie die jüngeren und späteren Herren in der Ära Brandt-Bahr-Scheel dann gemacht haben. Ich erinnere mich an kein Gespräch in der Ära Adenauer-Erhard, in dem solche Ideen auch nur angedeutet worden wären. Der formelle Rechtsverzicht auf ein Viertel des deutschen Volksbodens stand für uns außerhalb jeder Möglichkeit. Es sei denn die Wiedervereinigung wäre damit erkauft worden. Aber so? Abgesehen von politischen Klimaunterschieden, möglicherweise auch nur zeitweisen, für nichts?

An den späteren Warschauer Vertrag dachte mit Sicherheit auch Heinrich von Brentano nicht, als er im November 1956 daran ging, unsere Beziehungen zu Polen zu normalisieren. So sehr er sich ein Jahr zuvor in Moskau gesträubt hatte, Polen gegenüber ergriff er die Initiative. Er tat es so geheim, daß auch im engsten Kreis der Parteiführung der CDU/CSU davon nichts Nennenswertes bekannt wurde. Die Andeutungen, mehr war es nicht, die ich darüber hörte, stammten von Albrecht (Teddy) von Kessel, damals Gesandter an unserer Botschaft in Washington. Ich kannte ihn aus dem alten Auswärtigen Amt. Er war seinem Staatssekretär Ernst von Weizsäcker treu ergeben. Von ihm abgeschirmt, überstand Kessel, den wir im Widerstand zu uns zählten, die Kriegsjahre unversehrt. Seine schlesische Heimat war verloren. Dennoch erstrebte Kessel nichts sehnlicher, als deutscher Botschafter in Warschau zu werden. Sein Wunsch ging nicht in Erfüllung. Seine auch erst nach seinem Tod bekanntgewordenen Sondierungen bei den Polen waren zweifellos gedeckt durch seinen Außenminister. Über einen anderen Polenkenner, den Journalisten Walter Günzel, ließ Brentano gleichzeitig sondieren, ob sich die Polen zu direkten Kontakten mit Bonn bereit fänden. Sie erteilten sowohl Kessel wie Günzel eine glatte Abfuhr.[11]

Ich gehe davon aus, daß Brentanos Polensondierungen von Adenauer gebilligt waren. Da sie ihm kaum verborgen geblieben wären, hätte Brentano andernfalls mit ernsten Vorhaltungen seines Kanzlers rechnen müssen. Die gab es ohnehin genug. Wäre Brentano mit Zustimmung des Kanzlers vor der CDU/CSU-Fraktion erschienen, um sein Polenvorhaben absegnen zu lassen, wäre er auf Überraschung, aber sicher nicht auf eine Ablehnung der Mehrheit gestoßen. Ich hätte seine Absicht jedenfalls begrüßt und unterstützt. Er habe seine (damaligen) Überlegungen nicht in die Öffentlichkeit getragen, weil er der Meinung sei, daß das nur schädlich sein könne...[12] Damit hatte Brentano recht. Aber ich frage mich, warum er im gleichen Zusammenhang über die Sabotage seiner Bemühungen offenbar auf deutscher Seite klagt. Meinte er die Vertriebenenverbände? Soviel Macht besaßen sie nie. Außerdem: Welches Interesse hätten sie daran gehabt?

Ich erwähne den Vorgang deshalb, weil ich jahrelang unter dem Eindruck stand, daß mein Freund Heinrich von Brentano die meisten meiner Anregungen, die auf eine aktive Ostpolitik und die Auflockerung der erstarrten Fronten abzielten, nicht nur mit Vorsicht, sondern zuweilen mit Unmut aufnahm. In all den Jahren hatte ich das Gefühl, im Gespräch mit Adenauer größere Aufgeschlossenheit zu finden. Arnulf Baring vermittelt in seiner Veröffentlichung des Briefwechsels Brentano-Adenauer einen gegenteiligen Eindruck.[13] In Wirklichkeit aber kamen damals alle nennenswerten alternativen Ideen von Adenauer (und vielleicht von Globke), von der Österreichidee für die Zone bis zu dem sogenannten Globkeplan.[14] Vielleicht hat sich der loyale Brentano einfach nicht getraut, seinem mißtrauischen Kanzler mit derartigen Einfällen unter die Augen zu treten. Dessen Zuchtrute traf ihn zu oft auch unverdient. Eine Erfahrung, welche meine Neigung zur Leitung des Auswärtigen Amts in jenen Jahren reduzierte.

Parlamentarische Einladung nach Moskau

Am 4. Juli 1956 übersandten mir der Präsident des Unionsrates und der Präsident des Nationalitätenrates des Obersten Sowjets eine telegrafische Einladung für den Besuch einer Delegation des Bundestags und des Bundesrats in die Sowjetunion. Ich besprach mich noch am gleichen Tag mit den Fraktionsführern. Das Echo war gemischt. Das Parlament war im Begriff in die Ferien zu gehen. Im Spätherbst sollte eine größere Delegation des Bundestags an der Weltkonferenz der Interparlamentarischen Union in Bangkok teilnehmen. Ich plädierte dennoch für die sofortige Annahme der Einladung, wennschon auch ich noch immer unter dem Eindruck der geplatzten Genfer Konferenzen von 1955 stand. Die Verantwortung dafür lag allein bei den Sowjets. Da mir daran liegen mußte, es der Einladung wegen nicht zum offenen Streit im Parlament kommen zu lassen, einigten wir uns darauf, die Einladung zunächst nur zu bestätigen und eine Entscheidung über die Reise nach der Sommerpause in Aussicht zu stellen. Ich verständigte mich mit dem Bundesratspräsidenten und sagte am 22. Oktober 1956 die definitive Annahme der Einladung zu.

Es war eine mühsame Geburt. Die Schwierigkeiten kamen verdeckt von der Bundesregierung (Bundeskanzler und Auswärtiges Amt) und offen von seiten meiner eigenen Fraktion. Der Bundeskanzler wollte in jenem Sommer aus Gründen, die ich verstand, aber nicht billigen wollte, keine neuen Gespräche mit Moskau. Und er wollte sie schon gar nicht von Nichtmitgliedern der Regierung geführt wissen. Die sozialdemokratische Opposition hingegen drängte darauf. Die Moskaureise der Parlamentarier hätte ihr dafür eine Gelegenheit geboten. In der einschlägigen Sitzung der CDU/CSU-Fraktion vom 25. September 1956 führte nicht der Kanzler, sondern sein Staatssekretär Otto Lenz das Wort. Er war scharf gegen die Annahme der Einladung. Ich widersprach ihm nachdrücklich. Schließlich kam folgender Beschluß zustande:

»Die Fraktion der CDU/CSU hat nach eingehender Beratung ihre Vertreter im Ältestenrat beauftragt, dem Präsidenten des Deutschen Bundestages die Annahme der Einladung des Obersten Sowjets zu empfehlen. Sie faßte diesen Beschluß in dem Willen, jede Gelegenheit zu nutzen, die die Möglichkeit bietet,

431

dem russischen Volk die Auffassung des deutschen Volkes zu der nationalen Schicksalsfrage der deutschen Wiedervereinigung darzulegen und in der Erwartung, daß die Antwort der Regierung der UdSSR auf die Note und das Memorandum der deutschen Bundesregierung vom 2. September die Einleitung jenes Gedankenaustausches ermöglichen wird, der eine Einigung der vier Mächte über eine Wiedervereinigung zu fördern vermag.«

Lakonisch notierte Heinrich Krone dazu: »Ein Ja unter Voraussetzungen. Für dieses Ja sprachen sich u. a. aus: Gerstenmaier [ich hatte die Entschließung formuliert] Kiesinger, Krone; dagegen: Otto Lenz. Ich glaube nicht, daß es noch in diesem Jahr zu einem Besuche kommt.«[15]

Er fand siebzehn Jahre später statt unter wesentlich veränderten innen- und außenpolitischen Verhältnissen. Alle Bemühungen in den Jahren meines Bundestagspräsidiums, den Besuch durchzuführen, scheiterten, zumeist am Widerspruch meiner Fraktion, aber auch an der Ungunst der bilateralen oder der weltpolitischen Situation.[16]

Die zurückhaltende, um nicht zu sagen kritische Aufnahme der russischen Einladung war auch eine Folge der Ernüchterung oder Enttäuschung über den politischen Effekt von Adenauers Moskaubesuch. Die Reise war im Blick auf die Kriegsgefangenen ein großer Erfolg gewesen. Darüber hinaus hatte sich das Bild Adenauers mit Bulganin und Chruschtschow im Bolschoitheater ähnlich dem späteren, Adenauer mit de Gaulle in der Kathedrale von Reims, tief und symbolstark in viele deutsche Seelen gegraben, und nicht nur in sie. Es wurde als Ausdruck der Entspannung, ja als Bild der Versöhnung begriffen. Bald aber zeigte sich, daß die alten Gegensätze in der Deutschlandfrage davon kaum berührt worden waren. Die Sowjets wollten unsere rechtsverbindliche Annahme des Status quo – ungefähr das, was die Regierung Brandt–Scheel Jahre später vollzog. Wir hingegen wollten den Status quo aufbrechen, wir wollten Wiedervereinigung und europäische Sicherheit. Eine Brücke gab es nicht. Was hieß da schon Entspannung? – Einstimmig lehnte es der Bundestag zum Beispiel ab, im Zeichen des Moskaubesuchs der Ost-Berliner Satellitenregierung ein Zugeständnis durch die Aufgabe des Alleinvertretungsanspruchs zu machen. Überhaupt: Mit Ost-Berlin reden? – Nein! Die sogenannte DDR sei nicht befugt, im Namen der Bevölkerung dieses Gebiets oder gar des deutschen Volkes zu sprechen.« Das sagte nicht nur die CDU/CSU, das sagten auch die Sozialdemokraten und die FDP. Sie sagten es in derselben Sitzung, in welcher der Bundestag der Aufnahme diplomatischer Beziehungen zur Sowjetunion zustimmte. In der gleichen Sitzung hatte Adenauer warnend gesagt, daß »die Bundesregierung auch künftig die Aufnahme diplomatischer Beziehungen mit der ›DDR‹ durch dritte Staaten, mit denen sie offizielle Beziehungen unterhält, als einen unfreundlichen Akt ansehen würde, der geeignet wäre, die Spaltung Deutschlands zu vertiefen«. Die Erklärung enthält die Basis der Hallsteindoktrin.

Sie forderte im Oktober 1957 ein schmerzliches Opfer. Karl Georg Pfleiderer, mein schwäbischer Landsmann, ein Angehöriger des alten Auswärtigen Amtes, fühlte sich im Bundestag nicht besonders glücklich. Er war einfallsreich, sachkundig in Fragen der Außenpolitik und von großem Fleiß. Wahlreden und auch Parlamentsreden waren weniger seine Sache. Er strebte zurück in seinen angestammten beruflichen Bereich. Als deutscher Botschafter ging er nach Belgrad. Kurz vor seiner Abreise gab der jugoslawische Botschafter in Bonn, ein eleganter, französisch wirkender Herr, den ich auf allen Gesellschaftsjagden traf, für Pfleiderer ein Diner. Dieser überraschte seinen jugoslawischen Kollegen und uns, seine ehemaligen Parlamentskollegen, mit einer, wie hernach versichert wurde, in bestem Serbokroatisch vorgetragenen Rede. In Belgrad gab sich Pfleiderer große Mühe, die seit dem Krieg schwer belasteten Beziehungen unserer Länder zu verbessern. Mit Erfolg. Die Jugoslawen wollten sich jedoch durch unsere Hallsteindoktrin nicht davon abhalten lassen, zu ihren kommunistischen Genossen in Ostberlin ebenfalls diplomatische Beziehungen aufzunehmen. Während einer Jagd warnte ich den jugoslawischen Botschafter. Ich sagte ihm, er müsse seine Regierung darauf hinweisen, daß, so wie die Dinge ständen, der Bundesregierung gar nichts übrig bleibe, als ihre Beziehungen zu Belgrad dann abzubrechen. Es half nichts. Pfleiderer wurde das Opfer. Er kam nach Bonn zurück. Er hat den Schlag nie verwunden. Er starb früh.

Rapacki – Dehler – Heinemann

In der Bundestagswahl von 1957 gewann die CDU/CSU die absolute Mehrheit. Adenauer koalierte mit der kleinen Deutschen Partei, die später in der CDU aufging. Sie hatte ihren festen Rückhalt in Niedersachsen. Ihre gelegentlichen Versuche, wesentlich darüber hinaus zu kommen, sind gescheitert. Mit Hans-Christoph Seebohm stellte sie seit 1949 einen Verkehrsminister, der zu einem nie übertroffenen Fachmann seines Ressorts wurde. Seine Sonntagsreden wurden eher berüchtigt als berühmt. Der chevalereske Hans Joachim von Merkatz war im Parlamentarischen Rat sein sehr aktiver Gehilfe gewesen. Später gehörte er in verschiedenen Ressorts der Bundesregierung an. Er war der Programmatiker der Partei. Seine Kraft wurde von ihr häufig überfordert. Sie hatte keine Auswahl an Köpfen wie die großen Parteien. Heinrich Hellwege verkörperte in seiner Person, in Gestalt und Charakter am unmittelbarsten das Wesen seiner niedersächsisch geprägten Partei. Statiös, stabil, verläßlich, intellektuellen Kapriolen durchaus abgeneigt, war der aufrechte Konservative der gegebene Vorsitzende seiner bäuerlich-mittelständischen Gesinnungsfreunde. Zu ihm hatten sie Vertrauen.

Sein Wort galt, auch wenn seine Reden des rhetorischen Glanzes entbehrten. Zuweilen war er beleidigt, wenn er sich von Adenauer allzusehr zurückgesetzt fühlte. Aber das gab sich immer wieder.

Die FDP hatte sich zur Opposition geschlagen. In ihr hatte es schon geraume Zeit rumort. Thomas Dehler, ein leidenschaftlicher Geist, war ein Mann, dessen Gerechtigkeitswille und nationales Bewußtsein in meiner eigenen Partei nie recht erkannt wurden. Daß er als Richter eine bedeutende Karriere gemacht hatte, verschwand aus dem Bewußtsein, als Adenauer ihn nach der Bundestagswahl von 1953 nicht mehr zum Bundesjustizminister machte. Dehler hat es nie verwunden. Er blieb Adenauer in einer seltsamen Haßliebe verbunden. Politisch, insbesondere außenpolitisch, fand ich Thomas Dehler immer anregend, zuweilen aber auch spinnig. So mit seiner These, daß es der Bevölkerung des Saarlandes nicht zustehe, über ihre Zugehörigkeit zu Deutschland allein zu entscheiden. Das in der These steckende Wahrheitsmoment war in der geschichtlichen Situation jener Jahre einfach obsolet geworden. Dehler wollte es nicht wahrhaben. So erschien er zuweilen nicht wenigen auch in seiner eigenen Partei als ein nicht ganz ernstzunehmender Don Quichote der deutschen Politik. In einer heftigen Polemik hatte Adolf Arndt, damals der Kronjurist der SPD, den Bundesjustizminister Dehler »ein nationales Unglück« genannt. Das war ungerecht. Ich hatte zu dem reichsbewußten Franken meist ein gutes persönliches Verhältnis. Bald nachdem die FDP in die Opposition gegangen war, wurde es jedoch ernstlich, wenn auch nicht auf die Dauer, getrübt.

Die Sowjets hatten unter Bulganin und Chruschtschow 1957 ihrer unveränderten Deutschlandpolitik einen New look gegeben mit dem Vorschlag, die beiden deutschen Staaten, angeblich zur Vorbereitung der Wiedervereinigung, in einer Konföderation zusammenzufassen. Auf diese Weise gedachten sie, ihrer »DDR« zur völkerrechtlichen Anerkennung zu verhelfen. Sie unterstützten – oder lancierten? – zugleich einen Vorschlag des polnischen Außenministers Rapacki, der auf die Schaffung eines neutralisierten mitteleuropäischen Gebiets hinauslief. Die Sowjets befürchteten, daß die junge Bundeswehr, mit amerikanischen Atomwaffen ausgerüstet, zur Speerspitze einer auf Angriff trainierten deutschen Armee werden würde. Im Bundestag und in der Synode der Evangelischen Kirche in Deutschland zeigte die russische Polemik Wirkung. In der Bevölkerung nicht. Die Bundestagswahl im Herbst 1957 bewies es.

Damit war die Sache aber nicht erledigt. Die erste außenpolitische Debatte des neugewählten Bundestags zeigte es. Im Wahlkampf 1957 hatte ich mich in allen Reden mit den Ideen Gustav Heinemanns und seinen Neutralisierungsvorstellungen auseinanderzusetzen. Ich machte Brentano vor der Bundestagsdebatte am 23. Januar 1958 nachdrücklich darauf aufmerksam, daß der Neutralisierungskomplex nicht ausgeräumt sei und auch die sowjetrussischen Noten von 1952 noch herumspukten. Brentano gab die Erklärung der Bundesregierung zur außenpolitischen Lage ab. Solide und sachlich zeigte er die Pferdefüße der sogenannten Konföderation auf. Begründet und berechtigt waren seine Kritik an den einseitigen russischen Abrüstungsvorschlägen und seine Rückkehr zu der Verbindung von Wiedervereinigung und europäischem Sicherheitssystem. Erich Mende, Führer der damals oppositionellen FDP, hielt eine bemerkenswerte Rede. Er brachte sie jedoch um ihre Wirkung, weil er »die militärische Verklammerung des wiedervereinigten Deutschland« sehen wollte »in einem Bündnissystem, dem sowohl die Vereinigten Staaten wie die Sowjetunion angehören müßten«. Die grundstürzende Veränderung der weltpolitischen Prämissen, die er damit ansprach, war irreal. Real war hingegen die Einsicht, daß die gesamtdeutschen »freien Wahlen« doch wohl ohne eine Verständigung der Siegermächte über den militärischen Status und – wie ich meinte – über die Integrationsfreiheit des wiedervereinigten Deutschland nicht zustande kommen würden. Das eigentlich Neue in der Debatte war die Rede des Berliner CDU-Abgeordneten Johann Baptist Gradl. Er brachte zum Ausdruck, daß auch in der CDU über die alte Parole »freie Wahlen zuerst« inzwischen kritisch nachgedacht wurde. Die Parole wurde zum Thema des Tages, jedoch erst durch eine ungewöhnliche Rede Gustav Heinemanns.

Das Plenum war nur noch mäßig besetzt, als Thomas Dehler am Abend das Wort ergriff und in einem furiosen Angriff auf den Bundeskanzler die Behauptung aufstellte, daß die Männer, »die oben stehen«, die Wiedervereinigung Deutschlands gar nicht wollten, sondern auf einen Kreuzzug, auf einen Krieg mit der Sowjetunion hinsteuerten. Ungeprüft habe Adenauer die Märznoten Stalins von 1952 übergangen und die vermutlich darin liegenden Chancen vertan. Stalin habe damals ernstlich Entspannung gesucht. Er sei in einer bösen innenpolitischen Situation gewesen. Adenauers Entscheidungen seien an Kabinett und Parlament gleichermaßen vorbeigegangen.

Die Regierungsparteien waren empört. Es hagelte Zwischenrufe. Völlig vergeblich versuchte ich Dehler zu bremsen. Er hörte weder meine Glocke noch meine eindringlichen Mahnungen, sich zu mäßigen. Es war die Eruption eines gewaltigen Temperaments. Brentano nahm das Wort. Er war entrüstet, aber seine kurze Rede war keine Widerlegung Dehlers. Dann kam Gustav Heinemann. Er war kein Feuerspeier. Er sprach gebändigt und messerscharf. Sein Material entsprach dem Dehlers. Er »erachte es für die historische Schuld der CDU, daß sie bis zum Jahre 1954 in leichtsinniger Weise die damaligen Möglichkeiten für die Wiedervereinigung Deutschlands ausgeschlagen« habe. Sie habe »zuerst freie Wahlen« statt der Lösung der militärisch-strategischen Fragen gefordert. Adenauers ehemaliger Innenminister hatte ganz vergessen, daß er selbst jenen Appell an die vier Besatzungsmächte und an die Weltöffentlichkeit mit verfaßt hatte, in dem die Bundesregierung am 22. März 1950 die Herstellung der deutschen Einheit durch freie gesamtdeutsche Wahlen forderte.

Der amerikanische Hochkommissar McCloy hatte einige Wochen zuvor – soviel ich sehe als erster – gesamtdeutsche, freie und geheime Wahlen vorgeschlagen. Sie sollten am 15. Oktober 1950 stattfinden und die rechtliche und organisatorische Grundlage für die Friedensverhandlungen schaffen. Die Sowjets gingen jedoch weder auf McCloys noch auf die deutschen Vorschläge ein. Die SPD stimmte mit den Unionsparteien darin überein: »Freie Wahlen zuerst.«[17]

Antwort an Dehler und Heinemann

Über Dehlers wilde Anklagen wäre vielleicht mit Brentanos Entrüstung gerade noch hinwegzukommen gewesen. Die wohlüberlegten Vorwürfe Heinemanns aber forderten eine hieb- und stichfeste Antwort. Ich sah in den Saal. Brentano saß neben Adenauer. Während Dehlers Rede hatte sich im Haus herumgesprochen, daß sich ein Eklat vorbereitete. Wer noch nicht weg war, blieb da, kam in das Plenum zurück. Als Heinemann fertig war, saß meine Fraktion da, sprachlos. Ich blickte Brentano an in der Erwartung, daß er sich melde. Er schwieg. Der Bundeskanzler sah vor sich hin – halberstarrt. Noch ehe Heinemann das Rednerpult verlassen hatte, war mein Fraktionskollege Cillien, ein hannoverscher Oberkirchenrat, zu mir gekommen, um mich zu bitten, das Präsidium abzugeben und in die Debatte einzugreifen. Ich solle namens der Fraktion Dehler und Heinemann in die Schranken weisen. Ich sah mich um. Keiner der Vizepräsidenten war noch im Hause. Ich suchte nach einem der früheren Reichstagsabgeordneten. Gelegentlich, wenn ich abgelöst werden mußte und kein Vizepräsident zur Stelle war, hatte ich einen der ehemaligen Reichstagsabgeordneten gebeten, die Sitzungsleitung zu übernehmen. Bei ruhigen Sitzungen ging das. Bei umständlichen Abstimmungen oder in erregten Debatten ließ ich es nicht zu.

In jener Stunde war niemand da, schlechterdings niemand, den ich bitten konnte, das Präsidium zu übernehmen. Heinrich Krone, der Fraktionschef der CDU/CSU, beschränkte sich auf eine Zurückweisung Dehlers, der schlimmer als ein Kommunist gesprochen habe, und auf einige eher nebensächliche Passagen Heinemanns. Eine Antwort in der Sache war es nicht. Sie versuchte Hermann Höcherl von der CSU. Seine Rede, tapfer, angriffig, extemporiert, war jedoch mit Heinemanns kaltem Schliff nicht zu vergleichen. Immerhin sagte Höcherl in jener Nacht etwas, das der Zertrümmerung eines rhetorischen Tabus gleichkam. Er stieß zornig – und unwidersprochen – die von allen Parteien im Bundestag seit Jahren wiederholte These weg, daß die Wiedervereinigung die erste Aufgabe der deutschen Politik sei. Das sei die Sicherung der freiheitlichen

Existenz der fünfzig Millionen in der Bundesrepublik Deutschland. Er hatte recht. Niemand ging darauf ein. Schließlich trat auch Cillien noch in die Debatte. Er wandte sich gegen Heinemanns Vermischung von politischer Polemik und geistlich-religiöser Rede. Ich bat das Haus, nicht mit religiösen Bekenntnissen aufeinander loszugehen. Heinemann hatte seine Rede unter anderem auch geziert mit einer Erklärung der Synode der Evangelischen Kirche des Rheinlands. Sie hatte lapidar verkündet: »Es ist Illusion, von den Massenvernichtungsmitteln die Erhaltung von Frieden und Freiheit zu erwarten.« Nun, gerade sie, und nicht der Pazifismus solcher vollmundiger Reden, hatten einstweilen den Krieg verhindert. Um 1.24 Uhr in der Nacht schloß ich die Sitzung.

Ich ergriff die erste Gelegenheit zur öffentlichen Antwort in der Sache. Sie kam schon einige Tage später. Vor dem Landesparteitag der CDU Württembergs in Stuttgart setzte ich mich eingehend sowohl mit Dehlers als auch mit Heinemanns Bundestagsrede auseinander.[18] Am wichtigsten erschien mir Heinemanns Kritik an der Methode unserer Außenpolitik. »Freie Wahlen zuerst?« Hatte Heinemann nicht recht damit, daß das eine illusionäre Forderung sei? War den Sowjets nicht ebenso klar wie uns, daß freie Wahlen in ganz Deutschland das Ende der russischen Herrschaft, das Ende des Kommunismus in Mitteldeutschland einläuten würden? War zu erwarten, daß sie dem Abmarsch ganz Deutschlands in die NATO tatenlos zusehen würden? Oder ließen sie, wenn das durch ein befriedigendes europäisches Sicherheitssystem zu verhindern wäre, das vereinigte Deutschland ungehindert einem freiheitlichen vereinten Europa zustreben?

Zu den Todsünden, die Dehler dem Bundeskanzler vorgehalten hatte, gehörte wieder einmal dessen Zustimmung zu dem Artikel 7 c des alten Deutschlandvertrags vom 26. Mai 1952. Ich hielt Dehler vor, daß zu den Kritikern jener Bindungsklausel zwar Jakob Kaiser, Heinrich von Brentano und ich gehört hätten, nicht aber der damalige Bundesjustizminister. Die Klausel war ohne Dehlers Zutun (aber allerdings mit Blüchers Hilfe) gefallen. Das Problem freilich war geblieben. Aber war es unsere Sache, unseren ehemaligen Kriegsgegnern in West und Ost vorzuschreiben, ob und wie sie das legitime Sicherheitsbedürfnis eines vereinigten Deutschland befriedigen und welchen Status militärischer *und* politischer Art sie ihm zubilligen wollten? Unser legitimes Interesse gebot, für Deutschland als ganzes Entscheidungsfreiheit, Sicherheit und die Beteiligungsmöglichkeit an der europäischen Integration zu verfechten. Sache unserer Kriegsgegner und Vertragspartner in einem künftigen Friedensvertrag war es, diesem Verlangen *die* Grenzen zu setzen, die sie für erforderlich hielten, unter welchem Gesichtspunkt auch immer. Daß wir dazu gehört werden müßten, ergab sich nicht nur aus der inzwischen eingetretenen allgemeinen politischen Lage, sondern auch aus der Natur des erstrebten Friedensvertrags. Wenn dieser mehr und besser sein sollte als das unheilvolle Versailler Friedensdiktat, dann mußte darüber mit den Besiegten gesprochen werden.

Heinemanns Vorwurf war an die falsche Adresse gerichtet. Die ehemaligen Alliierten hatten sich über die Vorstellungen zu einigen, mit denen sie an einen Friedensvertrag herangehen wollten. Die Frage des militärischen Status des wiedervereinigten Deutschland war zunächst Sache der ehemaligen Alliierten. Unsere Wünsche dazu waren klar. Das alles konnte auch Gustav Heinemann wissen. Er warf uns, er warf der Sache nach Adenauer vor, daß *wir* die Einigung der alten, längst geplatzten Kriegsallianz gegen das Deutsche Reich nicht zustande gebracht hätten. Er machte *uns* darob bittere Vorwürfe, und er blieb taub und blind dafür, daß er unser Vermögen damit hemmungslos überforderte. Unsere Außenpolitik implizierte, auch wenn von dem Status des vereinigten Deutschland nicht stets und überall gesprochen wurde, von Anfang an das Verlangen danach. Die Ablehnung der Bindungsklausel bedeutete unsere erklärte Bereitschaft, die Statusfrage Gesamtdeutschlands offen zu halten bis zu der von uns angestrebten friedensvertraglichen Regelung. Sie stand selbstverständlich immer unter dem Horizont der Weltpolitik. Und diese war bis in die Grundfesten bestimmt und bedingt von dem unüberbrückbaren Gegensatz zwischen freiheitlicher und kommunistischer Weltordnung. Unsere Deutschlandpolitik kapitulierte und resignierte nicht vor ihm. Aber nur Narren konnten sich mit Gedankengespinsten über ihn wegheben.

Deutschland war auch nicht Österreich. Mein Freund Figl – ein passionierter Jäger – stand in der besonderen Gnade Gottes, als es ihm als österreichischem Bundeskanzler vergönnt war, mit den Russen zu einem Staatsvertrag zu kommen. Die Größe und Lage Österreichs war dabei allerdings ein Teil jener Gnade. Deutschland damit zu parallelisieren, war gedankenlos.

Vorschlag Friedensvertrag

Während wir uns im Bundestag und in der deutschen Öffentlichkeit dergestalt herumstritten, schickte Bulganin eine neue Botschaft an Eisenhower. Eine neue Gipfelkonferenz solle sich mit einem Katalog von neun Punkten befassen, die Deutschlandfrage aber ausklammern und sie Bonn und Pankow überlassen. Da sich der Kreml von dieser Linie nicht abbringen lassen wollte, machte ich den Vorschlag, die neun Punkte Bulganins um einen zehnten zu ergänzen: Friedensvertrag mit Deutschland. »Es schlüge allem ins Gesicht, sagte ich ironisch in jener Stuttgarter Rede, wenn die Sowjets ihre momentane Formel von der Einigung zwischen Bonn und Pankow auch noch so überspannen würden, daß sie uns aufgäben, den Friedensvertrag Deutschlands statt mit den Siegermächten von 1945 mit den Pankower Satelliten auszuhandeln.[19]

Der Vorschlag fand erst öffentliche Beachtung, als ich einige Tage später der ›Stuttgarter Zeitung‹ das gleiche sagte. Reinhard Appel, damals Vertreter der Zeitung in Bonn, rief mich ein wenig aufgeregt an. Was ich dazu sage, daß die Deutschlandfrage aus der internationalen Diskussion ausgeklammert werden solle? Ich antwortete, daß sie dann eben unter dem ohnehin fälligen Titel Friedensvertrag mit Deutschland doch auf die Tagesordnung müsse.

Thomas Dehler kam daraufhin zu mir. Er protestierte laut gegen »die Abfuhr«, die ich ihm in Stuttgart erteilt hätte. Er sei außerdem schwer mißverstanden worden. Im gleichen Atemzug aber lobte er mich für meine »Friedensvertragsidee«. Das sei »genial«. Ich fand es nur logisch. Von Gustav Heinemann hörte ich nichts, obwohl ich mich auch mit seinem Stil und einigen seiner theologischen Kategorien in der Rede befaßt hatte. Unserer ohnehin distanzierten Freundschaft hat der Zwischenfall indessen nicht weiter geschadet.

Dehler brauchte ich nicht erst auseinanderzusetzen, daß in meinem Friedensvertragsvorschlag das Wahrheitsmoment der Heinemannschen Kritik voll aufgenommen sei. Das hatte er ohnehin erfaßt. Weniger Glück hatte ich damit bei Adenauer und Brentano. Sie waren nach jener parlamentarischen Nacht vom 23. zum 24. Januar 1959 recht schweigsam. Die Entrüstung in der Partei und Fraktion – nicht nur über Dehler und Heinemann – war groß. Am 15. März 1959 gab der Bundeskanzler eine Erklärung ab. Die Wiedervereinigung Deutschlands müsse auf die Tagesordnung einer neuen Gipfelkonferenz. Adenauer sprach dabei von der »deutschen Frage«, die behandelt werden müsse.[20] War die Formulierung ein Zufall oder ein Reflex der Status-Diskussion? Überhaupt kein Glück hatte ich mit meinem Vorschlag bei den Sowjets. Sie benützten Adenauers kurze Erklärung zu einem langen Sermon, in dem sie sich des langen und breiten zur Frage eines Friedensvertrages äußerten. Die Sowjetregierung habe »mit Verständnis und Sympathie die in Deutschland geäußerten Wünsche aufgenommen und als Ergänzung zu dem ursprünglich genannten Kreis von Fragen... den Vorschlag gemacht, daß auf die Tagesordnung der Konferenz die Frage der Ausarbeitung und des Abschlusses des deutschen Friedensvertrags gesetzt wird.«[21]

Die Sowjetregierung gehe auch davon aus, daß dabei »klare Perspektiven der künftigen Entwicklung Deutschlands zu gewinnen« seien. War damit nicht die Frage des militärischen *und* politischen Status eines wiedervereinigten Deutschland angesprochen? Nicht nur in meinen Ohren klang das gut. Aber das russische Schreiben (Aide-mémoire vom 19. März 1958) war nutzlos. Denn mit der Versicherung, daß auch der Kreml nur *einen* Friedensvertrag mit Deutschland wolle und nicht zwei (mit Bonn und Ost-Berlin), griffen die Sowjets die naheliegende Frage auf, wer denn deutscher Vertragspartner sein solle. Ihre Antwort: die deutsche Konföderation, der von ihr seit den Genfer Konferenzen von 1955 angestrebte völkerrechtliche Verbund von Bonn und Ostberlin. Darauf konnte sich nun freilich auch die in der Ostpolitik inzwischen weitgehend vereinte SPD- und FDP-Opposition nicht einlassen.

Die Enttäuschung, insbesondere der FDP, schlug sich einige Tage später nieder, als der Bundestag mit zweihunderteinundsiebzig gegen hundertfünfundsechzig Stimmen bei sechsundzwanzig FDP-Enthaltungen der atomaren Bewaffnung der Bundeswehr zustimmte. Mein seit Oktober 1956 als Bundesminister für Verteidigung amtierender Freund Franz Josef Strauß hatte mit seiner Rede für die atomare Bewaffnung der Bundeswehr, einer Rede von unabweisbarer Konsequenz, eine große Stunde im Parlament. Fritz Erler stand mit seinem Ruf nach dem Vorrang der »politischen Lösung« der Deutschlandfrage – als ob es eine andere gäbe! – auf verlorenem Posten. Er scheiterte nicht an uns, er scheiterte an den Sowjets. Da halfen auch keine Proteste der APO, der außerparlamentarischen Opposition. »Kampf dem Atomtod« – der DGB hatte die Parole erfunden, die SPD übernahm sie. Die Welle von Versammlungen lief ab wie die Ohne-Mich-Welle einige Jahre zuvor. Völlig sinn- und nutzlos. Daß die Atomsprengköpfe auch nach unserem Willen in der Hand der in Deutschland stationierten amerikanischen Streitkräfte bleiben sollten, wurde in den emotionalen Reaktionen ignoriert. Selbstverständlich protestierten auch die Sowjets. Aber sie brachten nichts, was Erlers beziehungsweise der SPD-Position hätte nützen können.

Für einen Augenblick blitzte auch in mir in jenen Monaten ein Schimmer von Hoffnung auf. Axel Springer hatte, begleitet von seinem Freund und Mitarbeiter Hans Zehrer, dem Chefredakteur der ›Welt‹, einen Besuch in Moskau gemacht. Sie waren von Chruschtschow empfangen worden. Er hatte ihnen ein langes Interview gegeben.[22]

Nun besuchten sie mich in Bonn. Beide waren erstaunlich optimistisch. Axel Springer weniger als Zehrer. Dieser meinte auf meine ungläubige Frage, daß die Wiedervereinigung binnen kurzem, »noch in diesem Jahr«, zu erlangen sei. Das allerdings, sagte mir Springer, glaube er keinen Augenblick.

Besuch Mikojans in Bonn

Derlei Hoffnungen erweckte ein anderer, ein russischer Besucher, auch nicht. Anastas Mikojan, Erster Stellvertreter des Vorsitzenden des Ministerrats der UdSSR, war nach Bonn gekommen, um ein Abkommen zwischen Bonn und Moskau über Warenverkehr, Konsularvertretung und Repatriierung zu unterzeichnen. Vor allem über die Repatriierung Deutscher war lange und mühsam verhandelt worden. Dennoch war das Abkommen nur der äußere Anlaß für die hochpolitische Bonnreise des seit Lenins Zeiten prominenten Bolschewiken.

Ehe er zum Bundeskanzler ging, erschien er am 26. April 1958 morgens um neun Uhr bei mir in Begleitung Smirnows. Es sollte ein formeller Höflichkeitsbesuch sein – so hatte ich jedenfalls verstanden. In Wirklichkeit waren wir im Nu in einem politischen Sachgespräch. Er freue sich, sagte Mikojan, daß ich mit einer besonders repräsentativen Delegation nach Moskau kommen wolle. Ich kam rasch zur Frage der Wiedervereinigung. Offen klagte ich Ulbricht und seine Zonenregierung an, daß sie mit ihren Maßnahmen die Verständigung zwischen Bonn und Moskau schwer behindere. Wir wünschten ein gutes Verhältnis zur Sowjetunion, während die »DDR« das anscheinend verhindern wolle. Ob seine Regierung der Ulbrichtregierung deshalb nicht einen deutlichen Wink geben wolle, die Beziehungen nicht dergestalt zu belasten? Es sei nicht ihre Sache, antwortete Mikojan, in diesen Angelegenheiten – ich hatte vom Interzonenverkehr und von der Religions- und Gewissensfreiheit gesprochen – zwischen den beiden deutschen Staaten zu vermitteln. Er sehe auch kein Fehlverhalten der Ulbricht-Regierung, und er verstehe nicht, warum sich die Bundesregierung dauernd weigere, mit Pankow direkt zu sprechen. Überhaupt sei es falsch, daß die Bundesrepublik, statt Verhandlungen zu führen, sich für die atomare Aufrüstung entschieden habe. Damit war Mikojan bei seinem eigentlichen Thema. Ich sagte dazu, den Vertretern des deutschen Volkes sei es nicht leichtgefallen, für die atomare Bewaffnung zu votieren. Der Beschluß erlange auch nur dann Bedeutung, wenn aus der von uns nachdrücklichst angestrebten allgemeinen kontrollierten Abrüstung nichts werde. Die Entscheidung darüber liege allein bei »den Großen«, nicht bei uns. Trotzdem sei der Parlamentsbeschluß, meinte Mikojan, »ein großer Fehler« gewesen, zumal eine neue Gipfelkonferenz bevorstehe.

Ich kam auf meine Beschwerde über die Pankow-Regierung zurück. Mikojan lehnte erneut ab, den »Dolmetsch« zu machen. Außerdem meinte der ehemalige armenische theologische Seminarist und nunmehrige erklärte Atheist, wenn der Religionsunterricht in der »DDR« in den Schulen verboten sei, könnten die Schüler ja zu Hause Religionsunterricht erhalten, falls die Eltern das für notwendig hielten. Zudem könne Herr Ulbricht meine Fragen besser beantworten als er, Mikojan. Er könne nur immer wiederholen: Deutsche an einen Tisch! Außerdem habe Herr Grotewohl einen sehr ausführlichen und wohldurchdachten Plan für eine föderative Vereinigung der beiden Teile Deutschlands ausgearbeitet. Er könne von uns durchaus als Verhandlungsbasis in Erwägung gezogen werden. »Die Deutschen können ein halbes, ja sogar ein Jahr verhandeln; das ist immer noch besser als atomare Aufrüstung.«

Er war wieder bei seinem Kernthema. Ich lehnte ab. Moskau, nicht Pankow, sei unser Partner. Die Sowjetunion, nicht die »DDR« sei die einzige Macht, die eine Wiedervereinigung Deutschlands ermöglichen könne, wenn sie nur wolle. Mikojan – jetzt gab er sich erstaunt und unzufrieden: Nein, erst müßten durch gesamtdeutsche Verhandlungen die wesentlichsten Voraussetzungen dafür geschaffen werden. Wir drehten uns im Kreis. Das Gespräch war offen und temperamentvoll geführt worden. Zum Schluß erinnerte ich ihn: Nicht der Bundestagspräsident, sondern die Bundesregierung mache bei uns die Politik. Ich würde ihr anheimgeben, solche Gespräche in Erwägung zu ziehen, wennschon ich sie nach Lage der Dinge für nutzlos hielte.

Smirnow, der Botschafter, drängte zum Aufbruch. Der Bundeskanzler warte.

Wir begegneten uns während Mikojans Bonner Aufenthalt noch mehrfach bei den üblichen gesellschaftlichen Anlässen. Unser Gespräch wurde dabei fortgesetzt, zusammen mit Adenauer. Heraus kam nichts. Ich wunderte mich, wie wenig in diesen Gesprächen Brentano ins Spiel kam. Er saß höchst distanziert dabei. Bei einem Essen, das Brentano dem russischen Gast gegeben hatte, war Mikojan unserem sensiblen Außenminister zu aggressiv gekommen. Mir gegenüber verhielt er sich ganz friedlich, fast kollegial. Er wandte sich immer wieder an mich, was Adenauer veranlaßte, sich über mich lustig zu machen. Als ich dem Alten jedoch die Zähne zeigte, schaltete er sogleich um. Mir war der listige, intelligente Armenier nicht unsympathisch. Adenauer hat seine offiziellen Gespräche mit ihm ausführlich geschildert.[23] Sein Resumée: »Mikojan wurde geschickt, um den Versuch zu machen, mich davon zu überzeugen, daß es in unserem Interesse sei, nicht nuklear aufzurüsten. Als er sah, daß das vergeblich sei, gab er die Versicherung ab, daß Rußland keinen Krieg wolle und daß es zur kontrollierten Abrüstung bereit sei.«[24]

Ich teilte Adenauers Eindruck. Man mußte Mikojans Erklärungen ernst nehmen. Das galt leider auch von dem, was er zur Deutschlandfrage gesagt und nicht gesagt hatte. Trotz einiger Kunstfehler – zum Beispiel hielt er auch im Palais Schaumburg eine Tischrede, die den gastgebenden Bundeskanzler zu einer Antwort nötigte, auf die Mikojan wiederum replizierte – war sein Auftreten in Bonn so, daß alte Hoffnungen und Träume von einer schließlichen Verständigung eher wieder belebt als zerstört wurden. Die Sozialdemokraten hielten daran fest, daß man die Neutralisierungspläne Rapackis ernstlich mit ihren Erfindern und Lobrednern prüfen müsse. Gaitskell, der englische Labour-Oppositionsführer, hatte sich in Deutschland für Rapacki ausgesprochen und Heinemanns Rede wirkte noch immer nach. Statt von der Wiedervereinigung und freien Wahlen wurde nun mehr und mehr von der »deutschen Frage« gesprochen. In einer einstimmigen Entschließung forderte der Bundestag im Sommer 1958 die Bildung eines Viermächtegremiums, »das gemeinsame Vorschläge zur Lösung der deutschen Frage erarbeiten solle«.[25] Die Sowjets lehnten ab, der Westen stimmte zu – wir drehten uns unablässig im Kreis.

War das Aide-mémoire der Sowjetregierung vom 19. März 1958 zur Frage des Friedensvertrags eine Enttäuschung gewesen, so wurde der Entwurf eines Friedensvertrags, den sie am 10. Januar 1959 den Kriegsgegnern Deutschlands und Bonn und Ostberlin übersandte, nahezu eine Provokation. Brentanos Antwort war zutreffend: »Nach den sowjetischen Vorschlägen soll die Freiheit des deutschen Volkes auf allen Gebieten des politischen und wirtschaftlichen Lebens in einem unerträglichen Maße begrenzt werden.«[26] Ich war mit Brentano in der Kritik des Entwurfs einig. Ich warf jedoch die Frage auf, die ich schon zuvor öffentlich noch einmal angesprochen hatte, ob wir in dieser Situation nicht doch zu einer gemeinsamen Deutschlandpolitik der im Bundestag vertretenen Parteien kommen könnten.[27]

Der Weg dahin war weit und steinig. Der Ost-Westdialog, ein zu freundliches Wort für ein mühsames Gewürge, ging weiter. Der »Deutschlandplan« der SPD vom 18. März 1959 war noch getragen von Entspannungstheorien à la Rapacki und der Idee, die beiden Teile Deutschlands in drei Stufen politisch und wirtschaftlich zusammenzufügen. Wir lehnten den Plan ab, weil er »die Wiedervereinigung, ihre Form, ihr Ausmaß und ihr Tempo« völlig in das Belieben Pankows stelle, die »gleichberechtigte Anerkennung der Pankower Regierung« bringe und »wirklich freie gesamtdeutsche Wahlen« erst zu einem Zeitpunkt kämen – wenn überhaupt –, an dem sie nichts mehr bewirken, nichts mehr ändern könnten. Auch in einer Erklärung der Bundesregierung, die schon zwei Tage danach herauskam, wurde der Plan abgelehnt.[28] Er war so schwach, daß es selbst unter meinen in der Deutschland- und Ostpolitik gleichdenkenden Freunden mit großer Bandbreite keine weitere Erörterung darüber gab. Die ungewöhnlich freundliche Aufnahme des Planes in Moskau war so fatal, daß auch bei der SPD bald kaum mehr die Rede davon war. Am verwunderlichsten war mir, daß der Plan nach einem kurz zuvor stattgefundenen Gespräch Erich Ollenhauers mit Chruschtschow und einem ebenfalls kurz davor liegenden Informationsbesuch von Fritz Erler und Carlo Schmid in Moskau überhaupt zustande kommen konnte.

Von Dulles zu Herter

Es dauerte noch länger als ein Jahr, bis sich die SPD zur Trennung von ihren lange gehegten Illusionen in der Außenpolitik entschloß. Ende Mai 1959 war John Foster Dulles gestorben. Ich hatte ihn zum letztenmal bei seinem Besuch im Februar gesehen. Bei den üblichen gesellschaftlichen Gelegenheiten machte er einen so angegriffenen und überaus ernsten Eindruck – ernst war er schon immer gewesen, der amerikanische Calvinist –, daß ich mich scheute, ihn in ein politisches Gespräch zu verwickeln. Der Bundeskanzler war rührend um ihn besorgt. Die etwas scheue Distanz, die Adenauer in den folgenden Jahren von

443

seinem anderen Großen Freund de Gaulle trennte, hatte ihn Dulles gegenüber seit geraumer Zeit verlassen. Beide behandelten sich sehr respektvoll. Für mich, den eine Generation Jüngeren, hatte es etwas seltsam Intimes, zu beobachten, wie sich dieser Respekt von beiden Seiten zur Liebe wandelte. Als ich von Adenauer hörte, daß sich Dulles einer Operation unterziehen müsse, sagte ich ihm, er müsse sich auf einen neuen amerikanischen Außenminister einstellen. Adenauer sah mich aufmerksam an. Dann sagte er: »Krebs ist es nicht. Er hat es mir selber gesagt.« John Foster Dulles hatte sich täuschen lassen. Als die Todesnachricht kam, war Adenauer, sonst recht unsentimental, denn auch wirklich bewegt.

Dulles' Nachfolger Christian Herter verstand sich gut mit Heinrich von Brentano. Der von einer Kinderlähmung gezeichnete liebenswürdige Mann suchte einerseits in den Fußstapfen seines bedeutenden Vorgängers zu wandeln, andererseits aber eigenen, »neuen« Ideen zu folgen. Er gab sich um uns redliche Mühe. An die Stelle des Gesprächs Adenauer–Dulles trat ein freundschaftlich gepflegter Dialog Herter–Brentano.

Zur Vorbereitung einer neuen Gipfelkonferenz traten die vier Außenminister wieder in Genf zusammen. Von Anfang Mai bis Mitte August 1959 diskutierten sie einen von Herter vorgelegten Friedensplan und die von Gromyko gemachten Gegenvorstellungen. Am Katzentisch saßen zum erstenmal auch die Deutschen dabei. Botschafter Wilhelm Grewe, der, Hallsteins Professorenteam entstammend, zu einem unserer Spitzendiplomaten aufgestiegen war, mußte sich wohl oder übel an den Anblick des Pankower Außenministers Lothar Bolz gewöhnen. Aber nicht nur dessen physische Anwesenheit, sondern auch diese und jene Überlegung der westlichen Minister zeigten, daß die Sowjets in den Jahren zuvor nicht ganz umsonst getrommelt und gepfiffen hatten. Sein Plan enthalte, sagte Herter einleitend, »eine Reihe neuer Elemente, die den von der sowjetischen Regierung geäußerten Auffassungen Rechnung tragen«. Das taten sie in der Tat, aber den Sowjets war das noch bei weitem nicht genug. Sie verfochten ihren Friedensvertragsentwurf. Zwischen beiden gab es keine Brücke, sosehr sich der Westen auch darum Mühe gab. Ein Konsens zwischen den beiden Welten war nicht herzustellen. Nur die Angst vor dem Krieg, dem großen, dem atomaren Krieg, saß beiden in den Knochen.

Die beabsichtigte Gipfelkonferenz in Paris platzte noch vor ihrem Beginn. Ende August 1959 besuchte der einstige Oberbefehlshaber im besiegten Deutschland, General Eisenhower, nunmehr Präsident der USA, Bonn. Die Bevölkerung begrüßte ihn ungewöhnlich herzlich. Über den Jubel fiel in meiner Familie ein Schatten. Unser jüngster Sohn Yorck, ein Büblein von neun Jahren, war in der Jubelschar. Er wurde überfahren. Im Krankenhaus fanden wir ihn wieder. Der Unfall blieb ohne Folgen.

Im Februar 1960 zeigte sich in einer außenpolitischen Debatte des Bundestages so etwas wie eine allgemeine Einsicht in die Verdammnis unserer nationalen Situation. Die oppositionelle FDP hatte wieder einmal die Einigung Deutschlands in Frieden und Freiheit gefordert. Brentano stimmte ihr zu mit dem Bemerken, daß die Bundesregierung jede Politik ablehne, die »geeignet wäre, die freiheitliche Ordnung in der Bundesrepublik Deutschland zu gefährden«.[29] Von Dehlers Klage, daß die Regierung Adenauer eben nicht gewillt sei, das Notwendigste zu riskieren, um mit der Wiedervereinigung weiterzukommen, war keine Rede mehr. Hingegen kam Adenauer unerwartet damit heraus, daß er die Argumente der Opposition sehr ernst nehme. Wenn es gelingen könnte, in den entscheidenden Lebensfragen des deutschen Volkes im großen und ganzen einig zu sein, dann würde das ein großer Vorteil für die Sache des deutschen Volkes in der ganzen Welt sein.[30]

Die Stunde kam. Am 30. Juni 1960 hielt Wehner seine berühmte Rede über den Kurswechsel der SPD in der Außenpolitik. Die Partei korrigierte die Fehlentscheidungen Schumachers aus den Jahren 1949/50 und den darin angelegten Kurs. Sie gab den Kampf gegen den Anschluß der Bundesrepublik an den Westen und sein Sicherheitssystem auf und »bekennt sich in Wort und Tat zur Verteidigung der freiheitlichen demokratischen Grundrechte und Grundordnung und bejaht die Landesverteidigung«.[31]

Zusammenstoß mit Bundeskanzler und Außenminister

Ich hörte mir die Rede gleich meiner Fraktion mit zunehmendem Erstaunen an. Einige Tage zuvor hatte der alte Bundeskanzler unsere Fraktion vor einer gemeinsamen Außenpolitik mit der SPD gewarnt. Trotz seiner goldenen Worte vom Februar über den nationalen Vorteil einer Übereinstimmung im Wesentlichen konnte er sich nicht vorstellen, daß die SPD eine so schwerwiegende Abkehr von Grundpositionen ihrer bisherigen Außen- und Verteidigungspolitik vollziehen würde. Wehner hatte kaum geendet, als Baron Guttenberg zu mir kam und mich fragte, ob dieser Rede Realität beizumessen sei. Ich sagte ja. Die SPD vollzog ihre Wendung in einer Weise, die sie nicht das Gesicht gekostet hat. Außenpolitisch veränderte sich damit nichts. Innenpolitisch führte sie neben anderem zum Verlust der absoluten Mehrheit der CDU/CSU.

Auf den Tag genau ein Jahr später hatte ich die übliche Schlußrede am Ende einer Legislaturperiode zu halten. Der Bundestag ging in die Ferien beziehungsweise in den Wahlkampf. Die Wahl war für den 17. September 1961 ausgeschrieben. Ich fühlte mich in Übereinstimmung mit dem ganzen Haus, als ich in meiner Ansprache erneut zur Frage eines Friedensvertrags Stellung nahm. Ich folgte damit einer einstimmigen Bitte des Gesamtdeutschen Ausschusses.[32] Dort hatte der Minister für Gesamtdeutsche Fragen, Ernst Lemmer, es als notwendig bezeichnet, »daß unsere Gedanken um den Friedensvertrag stärker von der politischen Seite offensiv herausgestellt werden müssen«. Das Protokoll des Ausschusses vermerkt dazu:

»Abg. Dr. Gradl (CDU/CSU): Ist der Ausschuß nicht der Meinung, daß es gut wäre, wenn der Herr Vorsitzende beauftragt würde, in diesem Sinne mit dem Präsidenten zu sprechen? (Zustimmung.) Vors. Wehner: Wenn Sie einverstanden sind, ja.«

Die Herren Wehner und Gradl besuchten mich, um mir den Wunsch ihres Ausschusses vorzutragen. Um sicherzugehen, daß ich für das ganze Haus sprechen würde, brachte ich die Sache auch noch im Ältestenrat zur Sprache. Allgemeines Einverständnis. Der aktuelle politische Anlaß oder Hintergrund war die Anfang Juni erfolgte Begegnung zwischen Kennedy und Chruschtschow in Wien, bei der Chruschtschow dem amerikanischen Präsidenten eine Denkschrift zur Deutschlandfrage übergab. Binnen sechs Monaten, so wollten es die Russen, sollten sich die beiden deutschen Staaten »in jeder für sie annehmbaren Form über Fragen einigen, die eine Friedensregelung mit Deutschland und die Wiedervereinigung betreffen«.[33] Vor meiner Rede war der Bundeskanzler darauf öffentlich nicht eingegangen. Diese Situation muß man vor Augen haben, wenn man den Schritt des Gesamtdeutschen Ausschusses und des zuständigen Ressortministers verstehen will.

Kontroverse und Bundestagsrede vom 30. Juni 1961

Am Schluß einer Legislaturperiode ist der Bundestagspräsident in der Regel mit Geschäften überhäuft. Ich kam deshalb erst kurz vor der letzten Sitzung dazu, meine Rede zu konzipieren. Was ich sonst nie tat, im Hinblick auf das jüngste Memorandum Chruschtschows hielt ich es für geraten, mich nicht nur auf den Wunsch des zuständigen Ministers zu verlassen, sondern mit dem Bundeskanzler selbst über meine beabsichtigte Einlassung dazu zu sprechen. Ich telefonierte mit ihm. Er war einverstanden. Als ich mit Brentano zu sprechen versuchte, wurde mir gesagt, er sei verreist. Ich telefonierte hinter ihm her. Vergeblich. Er war nicht zu erreichen. In meiner Rede wies ich Chruschtschows Drohung mit einem Separatfrieden mit Pankow zurück. »Es ist nicht mehr als billig, daß in *einem* Vertrag mit dem *einen* Deutschland Frieden geschlossen wird, mit dem auch Krieg geführt wurde.« Ich wolle jetzt nicht die Modalitäten erörtern, die dazu führen könnten. Es sei aber das Gebot der Stunde, »daß über das *Verfahren* zu

einem Friedensvertrag mit Deutschland eine Einigung zwischen den Westmächten und Sowjetrußland herbeigeführt wird. Die Friedensverhandlungen selbst müssen Klarheit schaffen:
Erstens über den militärischen und politischen Status des zukünftigen Gesamtdeutschlands.

Zweitens ist es selbstverständlich, daß ein Friedensvertrag die definitive Bereinigung der materiellen und rechtlichen Fragen bringen muß, die sich aus dem Zweiten Weltkrieg ergeben. Dazu gehört auch die Frage der Reichsgrenzen.

Drittens ist es unerläßlich, daß dem ganzen deutschen Volke die Möglichkeit verbürgt wird – ich sage: verbürgt wird –, Gebrauch zu machen von ›dem Grundsatz der gleichen Rechte und der Selbstbestimmung der Völker‹, wie er verankert ist in dem Artikel 1 der Charta der Vereinten Nationen.«[34]

Ich hatte vor einem höchst aufmerksamen, vollen Haus gesprochen. Das amtliche Protokoll verzeichnet am Schluß: »Anhaltender lebhafter Beifall im ganzen Hause.« Der Bundeskanzler kam auf mich zu, schüttelte mir die Hand und dankte für »die sehr interessante Rede«. Ich gab den obligaten Schlußempfang, und die Parlamentsferien – und der Wahlkampf – begannen. Indessen: Die Rede hatte großes Aufsehen erregt.

Ich erntete mehr Lob als Tadel. »Die ›Stimme der Nation‹, über die es nichts zu diskutieren gäbe« (›Frankfurter Allgemeine Zeitung‹), ein »Manifest« (›Die Welt‹), »eine zeitgerechte, in ihrem Wert kaum zu überschätzende staatsmännische Tat« (›Stuttgarter Nachrichten‹). In der ›Zeit‹ schrieb Marion Gräfin Dönhoff – mit der mich über manche politische Meinungsverschiedenheit hinweg die Liebe zu den Gefährten vom 20. Juli 1944 verbindet: »Bundestagspräsident Gerstenmaier ist der einzige, der sich offenbar im klaren darüber ist, wo wir stehen, oder mindestens der einzige, der den Mut hat, dies auszusprechen.«[35] Solchen Stimmen gegenüber blieben die eher negativen in der Minderheit. Zu ihnen zählte merkwürdigerweise der ›Rheinische Merkur‹ mit einer langen, mir unverständlichen Abhandlung. Er schien anzunehmen, daß ich nunmehr in das Zwielicht des Neutralismus treten und die CDU/CSU dazu verführen wolle. Die ›Times‹ sah in der Rede »einen neuen konstruktiven approach« unserer Politik, meine Kandidatur als etwaiger neuer Bundestagspräsident hielt sie aber für gefährdet. Sie sprach von einem »Sturm« innerhalb der CDU. Hinter den Kulissen hatte es tatsächlich zu rumoren begonnen in der Führungsschicht der Partei. Weniger für als gegen mich.

In der Sitzung des Parteivorstands der CDU am 5. Juli 1961 sah ich mich einer zeitweilig heftigen und ungerechtfertigten, weil nicht durchdachten Kritik gegenüber. Ich wurde energisch. Schließlich einigten wir uns auf eine gemeinsame Erklärung, die ich mitformulierte. Adenauer und Brentano waren zugegen. Sie stimmten zu. Meine Überraschung war deshalb nicht gering, als ich wenige Tage später einen vom 8. Juli 1961 datierten Brief des Bundeskanzlers erhielt, in dem er mir im direkten Gegensatz zu seiner unmittelbaren Einlassung und der gemeinsamen Erklärung vom 5. Juli mitteilte, daß meine Ausführungen »in weiten Kreisen als nicht übereinstimmend mit der Entscheidung des Bundestages vom 1. Oktober 1958 und der darauf fußenden Politik der Bundesregierung verstanden werden« mußten. Vor allem beschwerte er sich darüber, daß die Bundesregierung keine Möglichkeit gehabt habe darauf einzugehen, da ich am Ende meiner Rede das Haus vertagt hätte. »Wenn der Präsident des Bundestages, wie Sie es getan haben, in einer Schlußansprache derartige, sehr wichtige politische Ausführungen macht, ohne daß der Bundestag einen entsprechenden Beschluß gefaßt hat, und ohne daß die Bundesregierung ihre Stellung zu solch wichtigen Themen vor dem Parlament und damit vor der Öffentlichkeit klarlegen kann, so steht dieses Verfahren nach der Auffassung der Bundesregierung und auch nach meiner persönlichen Auffassung nicht mit dem Grundgesetz und der sich darauf aufbauenden Geschäftsordnung des Bundestages in Einklang. Ich bedaure sehr, daß hierdurch innen- und außenpolitische Schwierigkeiten entstanden sind.«

Es war der schwerste Vorwurf, den ich in meiner mehr als vierzehnjährigen Amtszeit erhielt. Ich empfand ihn als ungerecht und war deshalb nicht gewillt, ihn hinzunehmen. Ich schrieb dem Kanzler, daß ich mich durchaus in Übereinstimmung mit dem Haus gewußt und weder die Absicht gehabt noch den Eindruck erweckt hätte, mich dabei gegen die Politik der Bundesregierung zu wenden. Der entscheidende Absatz V jener Bundestagsentschließung vom 1. Oktober 1958 lautete:

»Der Bundestag bekennt sich erneut zu seinem einmütigen Vorschlag eines Viermächte-Gremiums, das gemeinsam Vorschläge zur Lösung der deutschen Frage vorbereiten soll. Die Bundesregierung wird beauftragt, sich bei den vier Mächten weiterhin für die Realisierung des Vorschlags nachdrücklich einzusetzen.«[36]

Worin verstieß meine Rede gegen diesen Beschluß? Ich bot dem Kanzler an, das Parlament aus den Ferien zurückzurufen und ihm damit eine Erwiderung vor dem Bundestag zu ermöglichen. Davon machte Konrad Adenauer keinen Gebrauch.

Heinrich von Brentano schickte mir ein ebenfalls vom 8. Juli 1961 datiertes, als Privatbrief erscheinendes (»Lieber Eugen«) Schreiben.[37] Er machte mir bittere Vorwürfe, daß ich »eine Abstimmung mit ihm weder versucht noch herbeigeführt« habe. Zur Sache: Es sei gefährlich, Übereinstimmungen festzustellen, die nicht bestünden. Die SPD sei nicht überzeugt auf unsere Außenpolitik umgestiegen, sondern aus Opportunismus. Im Grunde stehe sie noch auf ihren alten Positionen, ihrem Deutschlandplan usw. Brentano mutete mir damit zu, daß ich mich gegen meine eigene Überzeugung auf den Standpunkt stellen solle, die Rede Wehners – parteioffiziell für die SPD ein Jahr zuvor abgegeben – sei

Täuschung. Für diesen Verdacht hatte die SPD zumindest in der Zwischenzeit weder Grund noch Anlaß geliefert. Daß sie *auch* an die Wahlen dachte, war selbstverständlich. Mit ihrer Schumacherlinie von 1949 war sie von Niederlage zu Niederlage gestolpert. Diese Erkenntnis machte ihre außenpolitische Wendung nur glaubwürdiger. Brentanos zweites Argument gegen mich:

Er habe »die ernste Sorge, daß wir damit die Sowjetunion und auch gewisse Kreise des Westens geradezu auffordern, die Diskussion über den sogenannten militärischen und politischen Status Gesamtdeutschlands nach vorne zu rücken. Und hier gibt es nur eine klare Alternative: Entweder konzediert man Deutschland wie jedem anderen Land die Freiheit der innen- und außenpolitischen Entscheidungen, oder wir finden uns ab mit einer uns auferlegten Neutralität im Sinne der sowjetrussischen Vorschläge. Das letztere ist für mich allerdings unannehmbar. Das Selbstbestimmungsrecht, das wir fordern, verträgt keine Einschränkungen; die Freiheit, die wir erwarten, verträgt keine Begrenzung.« . . .

Ein Kompromiß sei »nur denkbar auf Kosten der Freiheit und auf Kosten der Unabhängigkeit. Damit zerstören wir unsere eigene Zukunft, damit gefährden wir die Zukunft der mit uns verbündeten freien Völker« und so weiter.[38]

Das mochte sich ja da oder dort ganz gut anhören, aber es lag jenseits der Realität. Mit derlei »Alternativen« war nicht weiterzukommen. Außerdem: Welche Vorstellung hatte denn der Außenminister von dem vom Bundestag geforderten und von Adenauer mir nun vorgehaltenen Viermächte-Gremium? Für das barsche Entweder-Oder, das mir Brentano entgegensetzte, brauchte man es nicht.

Kurz: Wäre ich gezwungen worden, auf die Angriffe meiner Parteifreunde Adenauer und Brentano im Parlament zu antworten, dann hätten wir am Ende gar nicht mehr in die Wahl zu gehen brauchen.

Harold MacMillan sagte mir einige Wochen später, er stimme mir in allem zu, was ich gesagt habe. Aber es wäre in England undenkbar, daß der Speaker dergestalt in die Politik gehe. Das wußte ich. Meine Antwort: Nicht einmal Adenauer, den ich nach wie vor verehre, hätte mich – bei allem Respekt – zum Speaker machen können.

Axel Springer schrieb mir einen ausführlichen Brief aus St. Moritz.[39] In einem für ihn ausgearbeiteten Memorandum von Sebastian Haffner machte dieser den interessanten Vorschlag, der jüngsten Drohung Chruschtschows gegen Berlin mit der Einberufung eines Friedenskongresses durch die USA nach Berlin zu begegnen. Eingeladen werden sollten die fünfzig Mitglieder der alliierten Kriegskoalition. Ihnen sollten der Entwurf eines Friedensvertrags mit einem wiedervereinigten Deutschland und ein Plan für die Wiedervereinigung vorgelegt werden. In ihrem Kommentar zu meiner Rede hatte auch Gräfin Dönhoff nach einer Friedenskonferenz gerufen.[40] Haffner rechnete vielleicht selbst nicht damit, daß sein Vorschlag von den Westmächten unmittelbar aufgenommen würde. Er paßte aber in die Linie Axel Springers, der, unzufrieden mit der Passivität des Westens, eine offensive Deutschland- und Ostpolitik für notwendig hielt. Sie sollte mit friedlichen Mitteln auch der »selbstverständlichen Pflicht, Berlin offen zu halten«, gerecht werden. Haffner hatte dargelegt, daß »stumme Festigkeit in der Verteidigungsstellung« nicht genüge. »Sie muß ergänzt werden durch eine positive Politik des Angriffs, durch die es möglich ist, den Sowjets die Initiative auf dem Felde der Propaganda und Diplomatie zu entreißen.«

Das gefiel mir um so mehr, als mich einige Zeit vor jenem 30. Juni 1961 Haffners Kollege Walter Lippmann besucht hatte. Ich sah den berühmten amerikanischen Publizisten regelmäßig, wenn er in Deutschland war. Nun hatte er mit Chruschtschow ein langes Gespräch über die deutsche Frage geführt. Er war zu dem Ergebnis gekommen, daß dieser die Wiedervereinigung Deutschlands nicht wolle, daß aber auch die Leute im Westen nichts mit ihr im Sinne hätten. »Niemand will die Einheit Deutschlands« – so die Schlagzeile über seinem jüngsten Bericht.[41]

Was, fragte ich mich, nützt uns in einer solchen Situation Brentanos letzte Weisheit, »die Nerven behalten und nötigenfalls auch weiter warten«.[42] War ihm denn nicht klar, daß die Zeit eher gegen als für uns gearbeitet hatte? Ich brauchte seine Stählung meines Widerstandswillens nicht. Ich war auch nicht blind oder halbblind, und ich bildete mir auch nicht ein, daß die von mir vorgeschlagene Methode uns mit Sicherheit ans Ziel bringe. Ich machte mir gar keine Illusionen, aber ich weigerte mich, einfach in alten Gräben sitzenzubleiben. Ich wollte unsere Außenpolitik aus der Defensive herausbringen, und ich wollte die von Lippmann geschilderte zunehmende Ignoranz gegenüber der deutschen Frage in der westlichen, in der internationalen politischen Welt nicht tatenlos hinnehmen. Mit meinem Wort vom Friedensvertrag, der fällig sei, hatte ich 1958 nur Bulganin daran hindern wollen, die deutsche Frage auf seiner Gipfelkonferenz auszuklammern. Der Stein, den ich damit in die westöstlichen Gewässer geworfen hatte, zog indessen Kreise mit immer weiteren Ringen. Als wir in die Bundestagswahl von 1961 gingen, waren sie noch lange nicht verebbt.

Arnulf Baring, der sich zu den Sozialdemokraten zählt, hat Brentano verteidigt, so gut er konnte. Mir unterstellte er jedoch, daß ich mich mit jener Rede als Kanzler einer Allparteien-Regierung nach der Wahl habe empfehlen wollen. Davon konnte keine Rede sein. Ich hatte nur zwölf Jahre Deutschlandpolitik im Kopf und die Erkenntnis, daß alle unsere Mühen und Anstrengungen vergeblich waren. Es sei denn, man betrachtete diese Anstrengungen als einen effektiven Beitrag zur Erhaltung des Friedens und unserer Sicherheit – gegen die Finnlandisierung! – und als Vorkehrung dagegen, daß die Deutschlandfrage weder bei uns noch in der Welt als »Kriegsergebnis« zum alten Eisen der Weltgeschichte geworfen wurde. In dieser Hinsicht war sie gewiß nicht vergeblich, und Heinrich von Brentano hat daran einen ehrenvollen Anteil.

Außerdem: Der Außenminister hatte in jenen Wochen besondere Gründe zur Sorge. Sie hätten auch jeden anderen Mann nervös machen können. Wie wir heute wissen, war Brentano schon damals von seiner tödlichen Krankheit befallen. Die Berlinfrage spitzte sich wieder einmal zu und der amerikanische Präsident kündigte Ende Juli eine Beschleunigung und Verstärkung der amerikanischen Rüstungsanstrengungen an. Brentano schreckte den in Cadenabbia urlaubenden Kanzler mit der Idee hoch, jetzt seien auch deutsche Notstandsregelungen erforderlich (die Notstandsgesetze gab es noch nicht, sie wären auch wertlos gewesen). Der alte Herr wollte sich von Brentanos Panik jedoch nicht anstecken lassen, und selbst Heinrich Krone, der geduldigste Freund Brentanos, schrieb am 31. Juli 1961 in sein Tagebuch: »Ich begreife Brentano nicht. Die letzte Entscheidung kann in der Politik nicht bei ihm liegen.«[43]

Der 13. August 1961 – die Berliner Mauer

Ich kam mit meiner Familie aus der Hottenbacher Kirche zurück in unseren geliebten Vierherrenwald, als mir unsere Kindertante aufgeregt entgegenkam. Der Herr Außenminister habe angerufen. Es sei sehr dringend. Irgend etwas sei mit Berlin los. Wir telefonierten. Heinrich von Brentano berichtete nüchtern, die östliche Kommunistenregierung sei dabei, durch Berlin Zäune zu ziehen, vielleicht wolle sie sich sogar einmauern. Ich sagte, darauf hätte ich seit langem gewartet. Tatsächlich war die Lage für Pankow allmählich unhaltbar geworden. In jener Schlußrede vom 30. Juni 1961 hatte ich der Öffentlichkeit vorgerechnet, daß seit dem Bestehen des Bundestags bis zum 28. Juni 1961, »also bis vorgestern, 2 633 103 Flüchtlinge Haus und Heimat, Verwandte und Freunde in der sowjetisch besetzten Zone Deutschlands verlassen mußten... und der Strom geht unaufhaltsam weiter. Eine Abstimmung mit den Füßen, voll stummer Aussagekraft auch für die, die nicht mehr aus der Zone weggehen können.«[44] Das Schlupfloch für die meisten war Berlin. Es war zu erwarten, daß es gestopft würde. Aber niemand, weder bei uns in Bonn noch bei den Westberliner Schutzmächten, war darauf im mindesten vorbereitet. Das zeigte sich an jenem Sonntagmorgen sofort.

Was die Bundesregierung, was die Schutzmächte täten? Brentano tat mir kund, daß er davon bislang keine Ahnung habe. Ich schlug vor, sogleich nach Berlin zu fliegen. Er möge den Bundeskanzler dazu veranlassen. Ich würde mich um die Fraktionschefs des Bundestages kümmern. Treffpunkt gegen Abend: das Bundeshaus in Berlin. Der erste, der steckenblieb, war ich selbst. Es gab weder von Frankfurt noch von Bonn aus eine Maschine, die ich noch rechtzeitig hätte erreichen können. Erst gegen Mittag am nächsten Tag war ich da. Ich traf Erich Ollenhauer und Willy Brandt an der Sektorengrenze vor dem Brandenburger Tor. Auch Heinrich Krone und Erich Mende, damals FDP-Chef, waren inzwischen eingetroffen. Aber ich sah weder Heinrich von Brentano noch Konrad Adenauer. Am Montag abend konnte ich noch immer nicht erfahren, wann diese Herren nach Berlin zu kommen gedachten. Ich sah nur, wie Pankows Volkspolizisten große Stacheldrahtrollen auf die Sektorengrenze rollten und Meter um Meter unbehelligt aufzustellen begannen. Von Bonn hörte ich nichts. Ich schlug Ollenhauer vor, den Bundestag zu einer Plenarsitzung – Demonstration unserer Solidarität – nach Berlin einzuberufen. Aber siehe da: Auch die Opposition war angesichts dessen, was einige Meter vor uns geschah, kleinlaut geworden. Weder Ollenhauer noch Brandt wollten mir spontan zustimmen. Das müsse überlegt werden. Man sollte wissen, was die Amerikaner, was die anderen Schutzmächte dazu meinten. Heinrich Krone schwieg. Die Stimmung war eher timid als protestierend! Ich bedauere, nichts Großartiges berichten zu können.

Die erheblichen Stimmeneinbußen der CDU/CSU in der Bundestagswahl vier Wochen später waren unzweifelhaft *auch* der Tatsache zuzuschreiben, daß sich der alte Bundeskanzler nicht rechtzeitig entschließen konnte, nach Berlin zu fahren. Als ich fragte, warum denn die Stacheldrahtverhaue nicht mit Westpanzern niedergefahren würden, blieb ich ohne Antwort. Der Bundeskanzler hat später, als seine Haltung offene Kritik hervorgerufen hatte, einiges zu der damaligen Situation gesagt, und etwas mehr hörte ich viel später von seinem Staatssekretär und Vertrauten Hans Globke. Es ließ sich hören, aber es befriedigte mich nicht. Schließlich berief ich den Bundestag ein für den 18. August nach Bonn. Ich konnte keine Zustimmung erreichen für Berlin. Adenauer nannte den Mauerbau eine Bankrotterklärung einer sechzehnjährigen Gewaltherrschaft. Moskau sei dafür mitverantwortlich. Dennoch sei die Bundesregierung bereit, jeden Ansatz für Verhandlungen zwischen den vier für Berlin und Gesamtdeutschland zuständigen Mächten zu unterstützen. Anderntags erschien Lyndon B. Johnson, der Vizepräsident der USA, in Berlin. Erneute Bestätigung der amerikanischen Sicherheitsgarantie für Berlin. Herzlicher Empfang. Noch begeisterter wurde die neu entsandte amerikanische Kampfgruppe aufgenommen. Schließlich – am 22. August 1961 – erscheint auch Bundeskanzler Adenauer in Berlin. Nachdem »die Katz bachab ist«, wie meine Landsleute zu sagen pflegen. Die Quittung erhielten wir am 17. September 1961 in der Bundestagswahl. Sicher: Adenauer hatte einige gute Gründe für dieses Verhalten. Die besten aber waren es nicht. Der Wahlkampf und die Loyalität geboten jedoch auch mir, meine Kritik und meinen Ärger hinunterzuschlucken.

Für die Koalitionsverhandlungen mit der FDP hatte Außenminister von Brentano dem amtierenden Bundeskanzler am 30. September 1961 eine Ausarbeitung zur Verfügung gestellt, über die er sich mit mir besprochen hatte. Brentano wollte auch jetzt nicht auf meine Verfahrensvorschläge in der Deutschlandpolitik eintreten. Er wollte aber auch nicht länger dawider reden. So beschloß er, zu den Forderungen der FDP, die meine Vorschläge vom 30. Juni zu einem Kernstück ihrer Koalitionsforderung gemacht hatte, gar nichts zu sagen. Adenauer hatte sich in den Wochen zuvor wieder mehr und mehr Brentanos Auffassungen genähert. »Nach einem Friedensvertrag mit Sowjetrußland zu rufen, halte ich für einen Fehler allererstens Ranges. Es ermutigt nur die Russen zum Aufrüsten!« Ich hatte mir diesen Satz Adenauers – seiner seltsamen Logik wegen – in den Juligesprächen 1961 notiert. Jetzt, in den Koalitionsverhandlungen, zögerte er dennoch nicht, meine Formulierungen vom 30. Juni 1961 in den Koalitionsvertrag mit der FDP aufzunehmen.[45]

Die Verhandlungen waren hart und zäh. Der alte Bundeskanzler mußte viel hinnehmen. Für mein Gefühl zuweilen zu viel. Ergrimmt rief ich den FDP-Unterhändlern einmal zu: »Sie können ihm vielleicht den Kopf nehmen. Nicht aber das Gesicht!« Der Alte saß dabei und schwieg. In die Stille hinein die Stimme Siegfried Zoglmanns, der sich damals noch nicht von der FDP getrennt hatte: »Wir nehmen, was wir kriegen!«

Für Heinrich von Brentano waren Adenauers Zugeständnisse in Sachen Außenpolitik natürlich ein harter Schlag.

Der Grund für seinen Rücktritt wurden sie nicht. Der noble Mann gab auf, weil es ihm die Selbstachtung gebot. Adenauer hat das nie ganz verstanden. Er berief seinen bisherigen Innenminister Gerhard Schröder zum Nachfolger Brentanos. Man kann nicht sagen, daß sie glücklich miteinander wurden. Ich zählte Gerhard Schröder stets zu den ergebenen Gefolgsleuten Adenauers. An den Kontroversen um taktische Fragen der Außenpolitik hatte er sich meines Wissens nie beteiligt. Adenauer sah in ihm einen gewandten, vielleicht etwas härteren Nachfolger Brentanos.

Ich war deshalb überrascht, als mir Gerhard Schröder schon bald nach seinem Umzug in das Auswärtige Amt freimütig sagte, er verstehe mich jetzt sehr viel besser als früher. Er sei mit mir der Meinung, daß unsere Außenpolitik aktiver, »eine Politik der Bewegung« werden müsse. Das Gespräch, in den Wandelgängen des Bundeshauses geführt, wurde nicht vertieft.

Die USA hatten inzwischen in Moskau die Frage der Errichtung einer internationalen Zugangsbehörde für Berlin sondiert. Adenauer hielt das für verlorene Liebesmüh und behielt recht. Aber auch er hatte kein Glück mit den Sowjets. Auf seinen Vorschlag, einen zehnjährigen Burgfrieden in der Deutschlandfrage zu schließen, die Lebensbedingungen in der Zone aber zu humanisieren, gingen sie nicht ein. Indessen begann dieses unserer Deutschlandpolitik immer inhärente Motiv mehr und mehr in den Vordergrund unserer Politik zu treten.[46] Aber je mehr wir darauf drängten, desto kühler wurde das Klima unserer Beziehungen.

Die kubanische Raketenkrise begann und wurde von Kennedy entschlossen gemeistert. Eine neue Phase zwischen Ost und West begann. Sie führte auch uns in einen zweiten Abschnitt unserer Ost- und Deutschlandpolitik. Durch die Herstellung offizieller Beziehungen zumeist in der Form von Handelsvertretungen zu den östlichen Satellitenstaaten versuchte Schröder die erstarrten Fronten aufzulockern und in Bewegung zu bringen. Man konnte in dieser Politik im Unterschied von der Brentanos eine Form des »peaceful engagement« sehen, von der Professor Brzczinski, der spätere Sicherheitsberater Präsident Carters, gesprochen hatte.

Ich brachte diesen Versuchen Schröders Sympathie entgegen, wenn ich auch von ihrer taktischen Anlage nicht unbedingt überzeugt war. Mußte er mit seinen Bemühungen um leidlich normale Beziehungen zu den Satelliten nicht die Herren im Kreml argwöhnisch machen? Wollten wir ihre Herrschaft im östlichen und südöstlichen Vorland der Sowjetunion unterlaufen? Hätten wir nicht besser daran getan, mit unseren Handelsabkommen mit Polen, Ungarn, Rumänien, der Tschechoslowakei und Bulgarien kürzer zu treten und eine weitgespannte wirtschaftliche Zusammenarbeit zuerst mit Moskau anzugehen? Hätte sie am Ende nicht auch etwas Brauchbares abgeworfen für die Arbeit jenes Viermächtegremiums, das sich mit der Deutschlandfrage befassen sollte und auf das wir nicht verzichten wollten? Es ist müßig darüber zu spekulieren und unmöglich, darauf Vermutungen, geschweige gar Vorwürfe zu gründen. Die Ära Adenauer ging zu Ende, ohne daß es gelungen wäre, mit den Sowjets zu einem Ausgleich zu kommen, der auch nur entfernt mit dem vergleichbar ist, der uns mit unseren westlichen Kriegsgegnern geglückt, angemessener gesagt, zuteil geworden ist. Er blieb bislang auch jeder der nachfolgenden Regierungen versagt.

Das lag nicht daran, daß Adenauer dem Westen gegenüber eben eine glücklichere Hand gehabt hätte. Es lag und liegt vielmehr an dem profunden Unterschied der beiden Welten, an dem Gegensatz ihrer geistigen, seelischen, religiösen Grundorientierung und ihrer darin begründeten Interessenunterschiede. Schon der westliche Agnostizismus und der östliche Atheismus sind nicht zu einem Akkord zu bringen, wenn es ernstlich darauf ankommt. Die Welt der Sowjets, die Welt des kommunistischen Staatstotalitarismus ist mit den christlichen Traditionen des Westens auch dort nicht auf einen Nenner zu bringen, wo diese in agnostische Libertät abgesunken sind.

Das schließt indessen nicht aus, daß es im rational kalkulierbaren Bereich der

Politik, der Wirtschaft und der Wissenschaft Gemeinsamkeiten geben kann. Sie können die urgesetzte Spannung zwischen den beiden Welten mildern, stückweise humanisieren, so daß aus dem gespannten Neben- oder Gegeneinander tatsächlich so etwas wie eine friedliche, wenn auch wachsame Koexistenz werden kann. Mehr ist nicht zu erwarten.

Der weitere Verlauf der West-Ostbeziehungen, insbesondere die deutsche Ost- und Deutschlandpolitik, hat das bestätigt. Das frühe Ende der Bundeskanzlerschaft von Ludwig Erhard hat mit der Ostpolitik nichts zu tun. Es lag nicht an ihm oder seinem Außenminister, daß die Welt, auch die mit uns verbündete Welt, der immer neuen Versuche, die deutsche Frage zu einer Lösung zu bringen, müder und müder wurde. Die Wiedervereinigung Deutschlands und ein europäisches Sicherheitssystem zustande zu bringen, war mit keiner der für uns gerade noch möglichen Varianten geglückt.

Schröders Deutschland- und Ostpolitik war ein Schritt hin zur Normalität staatlicher Beziehungen mit dem Osten. Trotz der stillschweigenden Aufgabe der Hallsteindoktrin verließ sie nicht die Grundlagen der tradierten Adenauerschen Ostpolitik. Das hätte auch kein von den Unionsparteien getragener Außenminister riskieren dürfen. Darüber gab es keine Dispute in der CDU/CSU. Schröder war sowenig wie die Union bereit, etwa auf eine Anerkennung der »DDR« oder der Oder-Neiße-Grenze hinzuhalten. Er ist mißdeutet, wenn er als Vorläufer oder Wegbereiter jener dritten Epoche deutscher Außenpolitik nach dem Zweiten Weltkrieg beschrieben wird, die unter der Großen Koalition begann und von der sozialliberalen Koalition verwirklicht wurde.

Mit dem Bedürfnis der USA, ihren unglücklich-halbherzig geführten Vietnamkrieg zu einem vertretbaren Ende zu bringen, führte die weltpolitische Entwicklung in der Zeit der Regierung Erhard–Schröder zu einem »Entspannungswettlauf« gen Moskau. Zum erstenmal seit den Pariser Verträgen erschien am politischen Horizont die Gefahr der Isolierung der Bundesrepublik Deutschland. Der seinem ermordeten Vorgänger in keiner Weise ebenbürtige Präsident der USA, Johnson, verstärkte diese Gefahr so, daß die Regierung Erhard am 25. März 1966 an die meisten Staaten der Welt eine ›Note zur Abrüstung und Sicherung des Friedens‹ richtete.

Die Deutschlandfrage war in der internationalen Politik nicht mehr an sich und aus sich heraus zu aktualisieren, sondern nur noch in ihrer Bedeutung und Auswirkung auf die Weltpolitik. Richard Löwenthal hat nicht zuviel gesagt, wenn er das »ostpolitische Programm der Großen Koalition Kiesingers weitgehend von den sozialdemokratischen Vorschlägen beeinflußt« sieht.[47]

Tatsächlich verlor die in ihren Grundlagen und in ihrer Zielstellung trotz aller Differenzierung einheitliche Ost- und Deutschlandpolitik der Unionsparteien und der Kabinette Adenauer und Erhard unter dem starken Einfluß von Brandt und Wehner schon in der Großen Koalition mehr und mehr die Balance.

Der auf Ausgleich bedachte, den Konzeptionen und Grundsätzen der Ära Adenauer durchaus ergebene Bundeskanzler Kurt Georg Kiesinger vermochte diesen Einfluß nicht hinreichend einzudämmen.

Absprache mit Kiesinger

Zwischen Kiesinger und mir war es eine ausgemachte Sache, daß wir an den Leitlinien und Grundsätzen der Adenauerschen Außenpolitik festhalten wollten, auch wenn wir uns die Freiheit zu jeder von der jeweiligen Situation erforderlichen Abwandlung selbstverständlich vorbehalten mußten.

Nicht meinetwegen, sondern der Entwicklung der Deutschland- und der Ostpolitik wegen habe ich später ernstlich bedauert, auf das mir von Kiesinger 1966 angebotene Auswärtige Amt verzichtet zu haben. Ich tat es nicht aus freien Stücken.[48] Ich bin sicher, daß unter meiner Leitung die neue Ostpolitik ein anderes Gesicht bekommen hätte als unter der Dramaturgie Bahrs in der Außenpolitik Brandts.

Auch ich hätte mit Kiesinger zusammen versucht, die Lebensverhältnisse in Mitteldeutschland zu humanisieren, aber ich war nie bereit, einer Politik zuzustimmen, die in der Anerkennung der Pankower Satellitenregierung enden mußte. Ich empfand schon Kiesingers Brief an Stoph – »Sehr geehrter Herr Ministerpräsident« – vom 13. Juni 1967, als die Öffnung eines fatalen Weges. Kiesingers Vorbehalte in seiner Regierungserklärung vom 14. Juni 1967 konnten mein Unbehagen daran nicht beseitigen. Die für uns zuständige Adresse in gesamtdeutschen Fragen waren nun einmal die vier Siegermächte, und unter ihnen vor allem der Kreml. Alles andere war doch nur ein Einschwenken auf die Bulganin-Chruschtschowlinie der »Verständigung der beiden deutschen Staaten untereinander«. Was war davon Positives zu erwarten? Nichts in der Methode, nichts in der Zielstellung! Das Ergebnis war denn auch exakt das, was der Bundestag unisono zwanzig Jahre lang feierlich abgelehnt hatte, die staatliche Anerkennung eines Terrorsystems ohne Legitimität auf deutschem Boden. Gewiß, es gibt noch mehr und schlimmere Terrorsysteme auf dieser Welt. Für uns aber macht es einen Unterschied, ob sie auf deutschem Boden liegen oder außerhalb Deutschlands und außerhalb unserer Mitverantwortung. Auch deshalb befanden wir uns dem Kreml gegenüber in einer grundsätzlich anderen Position als Ostberlin gegenüber.

Ostverträge und Grundlagenvertrag

Die von der Regierung Brandt–Scheel angestrebte Politik des Ausgleichs oder, höher gegriffen, der Versöhnung mit den Oststaaten unterschied sich in ihrer Zielstellung ebensowenig von der der Ära Adenauer wie deren Humanisierungsversuche zugunsten der mitteldeutschen Bevölkerung. Der Preis, den die sozialliberale Regierung dafür glaubte entrichten zu dürfen, stand jedoch nach meinem Urteil – und doch wohl auch nach dem der Mehrheit der Unionsparteien – in keinem vertretbaren Verhältnis zu den bald erkennbar werdenden Ergebnissen. Die Ostregierungen erlangten ohne eine nennenswerte Gegenleistung die völkerrechtliche Anerkennung des Status quo. Ist es zuviel gesagt, daß um diesen Preis die Kabinette Adenauer und Erhard jederzeit dieselben »Erfolge« im Osten hätten erzielen können? Vorausgesetzt, daß sich für solche Verträge zu jener Zeit eine Mehrheit im Bundestag hätte finden lassen. Was ich bezweifle.

Zu Beginn der siebziger Jahre jagte ich mit meinem ehemaligen Vizepräsidenten, dem nunmehrigen Außenminister Walter Scheel, zusammen in dem herrlichen Gebirgsrevier unseres gemeinsamen Freundes Albert Löhr am Langbathsee in Österreich. Ich fragte Scheel, warum er sich zu so weitgehenden Entschlüssen wie dem Verzicht auf die hinter der Oder-Neiße-Linie liegenden deutschen Gebiete einlasse? Warum er den Friedensvertragsvorbehalt zur leeren Formel werden lasse, statt in einem großzügigen Konzept wirtschaftlicher Zusammenarbeit einen vertretbaren Vergleich zu suchen? Scheel meinte, dies sei weder den Russen noch den Polen genug. Ich fragte, was die Bundesregierung dann zwinge jetzt aufzugeben? Der Außenminister antwortete, daß die dadurch bewirkte Entspannung, der erhoffte Ausgleich mit Sowjetrußland und Polen, den Verzicht auf obsolet gewordene Ansprüche wert sei. Ich war – aus mehreren Gründen – anderer Meinung.

Es war ein Stück tätiger Reue, als ich im Jahr 1972 nach einem Gespräch mit einem rechtskundigen Freund im letzten Augenblick aus meiner politischen Reserve heraustrat und einige Ministerpräsidenten der von der Union geführten Länder mit dem dringenden Ersuchen anging, beim Bundesverfassungsgericht gegen den sogenannten Grundlagenvertrag mit der »DDR« zu klagen. Ich hatte kein Glück. Selbst der zu einem Wagnis bereite Ministerpräsident Hans Filbinger in Stuttgart wollte nicht an die Sache heran. Sein Kabinett habe bereits dagegen entschieden. Als letzter blieb mir nur der CSU-Chef. Auch Franz Josef Strauß zögerte. Das bayerische Kabinett habe sich zwar noch nicht formell, aber der Sache nach so gut wie gegen eine Klage entschieden. Außerdem: Worauf ich meine Hoffnung gründe, damit zu einem halbwegs brauchbaren Ergebnis zu kommen? Ich legte ihm meine Gründe dar. Ausführlich und eindringlich. Leichten Herzens tat er es nicht, aber schließlich meinte der CSU-Chef, von Richard Stücklen kräftig unterstützt, in Gottes Namen wolle er es in München versuchen. Der umsichtige Landesvater Goppel hatte ein Einsehen. Mit der nachdrücklichen Hilfe von Franz Josef Strauß brachte er sein Kabinett zu dem Gang nach Karlsruhe. Das Urteil des Bundesverfassungsgerichts vom 31. Juli 1973 hat zwar festgestellt, daß der Grundlagenvertrag vom 21. Dezember 1972 nicht im Widerspruch zur Verfassung steht, es hat in der Urteilsbegründung jedoch das von der bayerischen Regierung – und von der CDU – vertretene Verfassungsverständnis in der Deutschlandfrage so nachdrücklich bestätigt, daß der Gang der Bayern der Sache nach ein Erfolg war.[49]

Mich befriedigte vor allem, daß das Bundesverfassungsgericht, an seiner herkömmlichen Rechtsprechung festhaltend, erneut lapidar feststellte: »Das Deutsche Reich existiert fort.« Schon die damit verbundene beziehungsweise daraus abgeleitete, weitere Feststellung war den Gang nach Karlsruhe wert: »Mit der Errichtung der Bundesrepublik Deutschland wurde nicht ein neuer westdeutscher Staat gegründet, sondern ein Teil Deutschlands neu organisiert... Die Bundesrepublik Deutschland ist also nicht ›Rechtsnachfolger‹ des Deutschen Reiches, sondern als Staat identisch mit dem Staat ›Deutsches Reich‹, in bezug auf seine räumliche Ausdehnung allerdings ›teilidentisch‹, so daß insoweit die Identität keine Ausschließlichkeit beansprucht.«

Wennschon es (als Gesamtstaat) »mangels institutionalisierter Organe selbst nicht handlungsfähig« sei, besitze es doch »nach wie vor Rechtsfähigkeit«. Das Wiedervereinigungsgebot des GG darf nach diesem Urteil nicht angetastet und durch keinen noch so edel motivierten Vertrag obsolet gemacht werden. Und: »Das Wiedervereinigungsgebot des GG setzt der Gestaltungsfreiheit der Staatsorgane verfassungsrechtliche Grenzen...«

Ich war in meinen Gesprächen mit F. J. Strauß nicht davon ausgegangen, daß das Bundesverfassungsgericht den Grundlagenvertrag in Bausch und Bogen verwerfen werde. Wir waren uns darüber klar, daß das von uns angestrebte Urteil eine Interpretation des Vertrags jedoch ausschließen könne, die sich in politischer und in staats- und völkerrechtlicher Hinsicht ebenso wie für das Nationalbewußtsein der Deutschen insgesamt verhängnisvoll auswirken müßte. Wir wollten ein Urteil, das der Anpassungsbeflissenheit emsiger Konformisten an Zeit- und Weltmeinungen entgegenwirken, das dem Ausverkauf des deutschen Geschichtserbes keinen Vorschub leisten, dem Nationalbewußtsein eine kräftige rechtliche Stütze geben und einem auf Volksfront über die Grenzen hinweg gestimmten politischen Denken und Handeln größtmögliche Schwierigkeiten bereiten sollte. Das ist mit diesem Urteil des Bundesverfassungsgerichts erreicht worden, soweit es mit rechtlichen Mitteln überhaupt erreicht werden kann.

Es ist nicht befriedigend, aber es ist auch keine Ausrede, wenn auf die Frage, wie über diese Verträge hinaus die staatliche Einheit der Nation verwirklicht werden könne, mit dem Verweis auf die verwandelnde Kraft der Geschichte geantwortet wird. Die staatliche Einheit der Deutschen kann nur als eine Folge weitgreifender Veränderungen in der europäischen, wahrscheinlicher noch in der Weltpolitik erhofft werden. Sie soll und darf nicht erhofft werden als Wiederkehr eines souveränen Nationalstaats des 19. Jahrhunderts. Ihm haben wir im Zeichen der politischen Einigung Europas entsagt. Aber sie soll und darf erhofft werden als freier Verbund der vereinten Deutschen in einer europäischen Staatengemeinschaft. Ein Verzicht darauf käme der Selbstaufgabe Deutschlands als eines der großen Geschichtselemente Europas gleich. Dieser Verzicht wäre zudem nicht das Ergebnis einer Läuterung unseres nationalen Charakters. Es wäre sein trostloser Verfall.

FÜNFZEHNTES KAPITEL

A. Begegnungen und Abschiede

Charles de Gaulle

Zu Beginn der fünfziger Jahre fuhr ich mit meinem Vater und meinem Bruder Walther von Straßburg aus im Wagen nach Paris. Wir fuhren über die Schlachtfelder dreier Kriege, in denen meine Großväter, mein Vater, meine Onkel und meine Brüder gegen Frankreich gekämpft haben. Die verfallenden Grabmäler auf den Schlachtfeldern von 1870 erinnerten mich an meine frühen Schuljahre, in denen Mars-La-Tour, Gravelotte und Sedan von kriegerischem Ruhm überglänzte Legenden waren. Jetzt wirkte, was wir vor Augen hatten, nur verlassen, glanzlos, ein vergessener Friedhof. Je näher wir Verdun kamen, desto stiller wurde mein Vater. Etwas ratlos blickte er über das Gelände, leise schüttelte er den Kopf, er erkannte es nicht mehr. Hier hatte er mit seinem württembergischen Infanterieregiment in der Erde gelegen. Vom Gelände habe er nur das aufgenommen, was unmittelbar vor seinem Grabenstück lag. Die Ablösung sei bei Nacht erfolgt und beim Sturm habe es keine Landschaft, sondern nur Granattrichter und Drahtverhaue gegeben. In Douaumont verstummte er ganz. Auch meinem Bruder war nicht nach Reden zumute. Als junger Offizier war er zu Pferd durch die Landschaft gezogen, ein unwirklicher, siegreicher Frühling. Der Krieg, der eigentliche Krieg, hatte für ihn in Rußland stattgefunden.

Ich hörte wieder die Stimme des jungen französischen Pfadfinderführers am Lagerfeuer zwischen Belchen und Hartmannsweilerkopf beim Blick über den mondbeschienenen Cimetière du Silberloch: »Nicht wahr, mon camarade, dies nie mehr.« Es war zwanzig Jahre vor unserem Besuch in Verdun. Wir waren völlig gleicher Meinung gewesen. Es war dennoch umsonst. Jetzt mußte es ein Ende haben. Jetzt endgültig. Sonst vergeudeten wir unsere Zeit und unseren Atem.

Auch wenn wir im parlamentarischen Kreis nicht oder nur ganz selten davon sprachen: Unsere Politik in Straßburg, die Motive unserer Bemühungen in Bonn und Paris, in Brüssel und in London entstammten diesen Erfahrungen. Sie waren mächtiger als unsere auch nicht schwachen, handfesten, rationalen Erwägungen zum gemeinsamen europäischen Markt und zur politischen Union. Ende Mai

1958 hatte *Charles de Gaulle* das Steuer in der moribunden Vierten Republik Frankreichs in die Hand genommen. Neugierig, eher in abwartender Distanz als mit großen Erwartungen hatten viele meiner politischen Freunde aufgenommen, was der General unternahm. Uns galt er als ein Nationalist alten Schlags, der den Ideen der europäischen Integration so skeptisch gegenüberstehe wie den Deutschen.

Mit Respekt hatte ich während des Kriegs seinen Widerstand beobachtet, so gut und schlecht er eben von Berlin aus zu verfolgen war. Was aber dann, nach der Rückkehr de Gaulles, in Frankreich, sicher nur bruchstückhaft über die »Reinigung« Frankreichs durch die Résistance bekannt wurde, nahm meinem Freundeskreis und mir den Wunsch, mit ihren führenden Köpfen in Kontakt zu kommen. Georges Bidault, einst ihr Chef, spielte auch im Europarat der Jahre 1950/52 eine bedeutende Rolle. Der deutschen Delegation gegenüber verhielt er sich stets höflich-korrekt und weniger distanziert als Michel Debré. Dieser war neben Jacques Chaban-Delmas der führende Kopf der Gaullisten. Aber im Unterschied zu Paul Reynaud oder auch Guy Mollet kam es in jener Zeit zwischen uns und Bidault oder einem anderen hervorragenden Mitglied der Résistance zu keinem persönlicheren Kontakt. Niemals sprach mich Bidault zum Beispiel auf den deutschen Widerstand an. Als es um die Europäische Verteidigungsgemeinschaft 1954 in Paris zu Auseinandersetzungen kam, gehörte de Gaulle zu den einflußreichen Köpfen, die sich gegen sie erklärten.

Auch in der CDU gab es nicht ganz wenige, denen die demokratischen Qualitäten des Generals verdächtig waren. Zu ihnen gehörte ich nicht. Ich sah vielmehr, zunächst mit Verwunderung, dann aber mit zunehmender Bewunderung, wie der General die untauglich gewordene Vierte Republik mit durchaus rechtsstaatlichen Mitteln durch seine Fünfte Republik ersetzte. In späteren Gesprächen mit ihm brachte ich meine Bewunderung dafür zum Ausdruck. Er zeigte sich darüber leicht erstaunt und meinte, daß wir eine ähnliche Verfassungsänderung auch durchführen könnten. Als ich den Kopf schüttelte, fragte er: »Auch Adenauer nicht?« Nein, sagte ich, auch Adenauer nicht. Allerdings hätten wir auch nicht den Wunsch und ständen nicht vor der Notwendigkeit, dergleichen anzustreben.

Mit einer Mischung von Verwunderung und Bewunderung hatte ich auch die Afrikapolitik de Gaulles verfolgt. Er war unter dem Druck eben der Kreise und Militärs aus seinem lothringischen Ruhesitz an die Macht zurückgerufen worden, die von ihm in der Verteidigung der französischen Position in Afrika dieselbe Widerstandsfähigkeit und Härte erwarteten, die er im Krieg an den Tag gelegt hatte. Sie wurden bitter enttäuscht. Bidault wurde erneut zum Résistance-Chef, diesesmal aber gegen seinen General. Noch tief im afrikanischen Busch riskierte ich Flüche auf Frankreichs Staatschef, wenn ich den General in Schutz zu nehmen versuchte. Vielen weißen Siedlern und ihren militärischen Beschützern in France d'outre-mer galt de Gaulle in jenen Jahren nicht nur als ein Unglück, sondern als ein Verräter. »De Gaulle an der Macht läßt Franzosen gegen Franzosen zur Waffe greifen.« Ein französischer Major sagte es mir in Äquatorial-Afrika.

»Es löset sich der Fluch«

Konrad Adenauer begegnete Charles de Gaulle von Anfang bis zu Ende – soweit ich es erkennen konnte – nie ohne eine gewisse innere Spannung und Anspannung. Er sah in ihm eine Respektsperson ersten Ranges. Seine rheinische Gelassenheit war kaum zu erkennen, wenn er mit dem General zusammenkam. Ich will nicht sagen, daß der Kanzler immer auf der Hut war, wenn er mit de Gaulle sprach, aber ich habe ihn dabei nie ganz unbefangen erlebt. Das war ungewöhnlich. Adenauer trat seinen sonstigen hochgestellten ausländischen Gästen zwar oft mit Vorsicht gegenüber, aber eigentlich nie mit Befangenheit. Im Tête-à-tête mit de Gaulle erschien bei Konrad Adenauer, der damals schon einen Weltruf besaß, ein Reflex von Ehrfurcht, wie ich ihn zwischen Erwachsenen eigentlich nur in meiner Kindheit im Kaiserreich beobachtet habe.

General de Gaulle ist das nicht entgangen. Er quittierte mit mehr als seiner üblichen Höflichkeit. Mit ihr begegnete er uns allen. Dem Kanzler gegenüber aber legte er eine auszeichnende Aufmerksamkeit, ein persönliches Bemühtsein an den Tag, das dem alten Herrn sichtlich schmeichelte. Seiner heimlichen Befangenheit entriß es ihn aber keineswegs. Nichts dergleichen in seinem Verhältnis zum Beispiel zu John Foster Dulles. Zu Kennedy konnte sich eine ähnlich persönliche Beziehung aus mehreren Gründen gar nicht entwickeln. Und Eisenhower blieb für ihn eben ein General, der politisch aus zweiter Hand lebte.

Karl Carstens, damals Ministerialdirektor im Auswärtigen Amt, begleitete Adenauer zusammen mit seinem Außenminister von Brentano auf Adenauers erster Reise zu de Gaulle nach Colombey-les-deux-Églises. Es war Mitte September 1958. Geplant war offenbar ein erster persönlicher Kontakt ohne schwierige Tagesordnung. Adenauer erzählte mir nach seiner Rückkehr nachdenklich von seinen Eindrücken von de Gaulle, seinem Haus und dem Ernst der Landschaft, in der es liegt. Er sagte aber kein Wort davon, daß er mit Beklemmungen nach Lothringen gefahren war. Carstens berichtete noch zwanzig Jahre später, wie nervös der Kanzler während der ganzen Fahrt von Baden-Baden nach Colombey gewesen sei. Das war sonst seine Art nicht. »Ich war von großer Sorge erfüllt, denn ich befürchtete, die Denkweise von de Gaulle wäre von der meinigen so grundverschieden, daß eine Verständigung zwischen uns beiden außerordentlich schwierig wäre.«

Dieser Bericht Adenauers[1] gibt ohne Zweifel seine damalige Gemütsverfassung wieder. Seine Sorgen waren auch begründet, wenn man in Betracht zieht, daß die beiden zwei lange intim verfeindete Nationen mit hautnaher Geschichte vertraten, daß sie zwei gänzlich verschiedenen beruflichen Welten entstammten, die sich in ihrem persönlichen Stil spiegelten – der Militär und der Zivilist – und daß auch ihre Sicht der politischen Zukunft keineswegs identisch war. Aber nicht nur Adenauer, sondern wohl auch de Gaulle war am Anfang ihres Zusammenwirkens kaum bewußt, wie dominant hinter all diesen Verschiedenheiten ihr gemeinsames spezifisch konservatives Seinsverständnis war. Es artikulierte sich vorwiegend historisch. Auf philosophische Analysen des Zeitbewußtseins waren beide nicht gestimmt. Nur soweit es unmittelbar politisch relevant war, gingen sie darauf ein. De Gaulle, der Historiker, griff in seiner Artikulation voller in die Saiten der Geschichte als Adenauer. Die Beschwörung der Schlacht auf den Katalaunischen Feldern konnte von de Gaulle kommen, von Adenauer nicht. Von Europa sprachen sie oft und viel gemeinsam, vielfach mit den gleichen Worten. Aber diesen fehlte oft die begriffliche Schärfe. Ihre Europagespräche kamen nicht aus einer strengen systematischen Übereinstimmung und führten auch nicht dazu. Der Wunsch, ja das Bewußtsein, dazu berufen zu sein, über Europa eine neue Epoche heraufzuführen und der Wiederkehr der Dämonen eherne Riegel vorzuschieben, hat hinter der Diskussion aktueller politischer Notwendigkeiten und Verhaltensweisen ihren Gesprächen beides zugleich gegeben: den Charakter des gemeinsamen großen Wurfes und der politischen Konkretion. Die durchgeklärte Systematik und exakte Programmatik aber ging ihnen ab. Das ließ Raum für das Mythische, dem sich auch der gar nicht so rationale Alte von Rhöndorf mit einiger Vorsicht dann ergab, wenn die Sache Stil hatte. Konrad Adenauer wußte ganz gut, daß der Mensch – auch in der Politik – nicht nur vom Brot allein lebt. Er hatte ein Gespür für die Wirkung einer Geste, einer historischen Stunde im Gemüt der Völker. Seine Kritiker, die ihm nur rationale, wahlwirksame Erwägungen und Absichten zutrauten, haben seinen kühlen Skeptizismus nicht durchschaut. Er war kein dürrer Rationalist, auch wenn er bei großen Auftritten wie in Reims nicht die Regie führte. Vielleicht hat er das – halbbewußt – mit Bulganin und Chruschtschow damals im Moskauer Bolschoitheater getan.

Beide Bilder, das von Moskau und das von Reims, haben sich vielen Völkern eingegraben. Mit beiden wurden Hoffnungen an den Horizont der Zeit projiziert, die von vielen inbrünstig ergriffen und für bereits bestehende Realitäten genommen wurden. Das führte zu bitteren Enttäuschungen. Das von Moskau mehr, weit mehr, als das von Reims. Dieses wurde vor den Augen von Millionen Deutscher und Franzosen schon zwei Monate später noch überhöht durch die Deutschlandreise des französischen Staatschefs Anfang September 1962. Als Bundespräsident Lübke im Juni 1961 den ersten Staatsbesuch eines deutschen Staatsoberhauptes in Frankreich machte, wurde er mit Höflichkeit, ja Freundlichkeit von den Franzosen aufgenommen. Der Besuch war aber nicht zu vergleichen mit dem Adenauers ein Jahr später und schon gar nicht mit dem, was de Gaulle im Herbst 1962 in Deutschland widerfuhr. Bei dem Vergleich muß natürlich bedacht werden, daß in beiden Nationen ein Bewußtsein für das politische Gewicht ihrer Repräsentanten vorhanden war und ist. Es muß aber auch berücksichtigt werden, wie sich die politischen Beziehungen zwischen Frankreich und Deutschland von der Mitte des Jahres 1961 bis zum Herbst 1962 entwickelt haben. Beim Rückblick will mir scheinen, als ob sich beide Nationen in dieser Zeit politisch gefühlsmäßig am nächsten standen. »Deutschland und Frankreich sind nunmehr, glaube ich, für immer vereint«, hatte der Staatschef Frankreichs bei Adenauers Besuch im Juli 1962 ausgerufen. Er hatte »den alten Traum von der Einheit, der seit zwanzig Jahrhunderten die Geister auf unserem Kontinent nicht ruhen läßt«, beschworen. Er sprach von den »grandiosen Erinnerungen an die Cäsaren, an die Christenheit, an Karl den Großen ... Am Ursprung dieser Flamme, die immer noch über den Ruinen der Imperien brennt, gibt es eine machtvolle und beständige Realität. Die Union Europas ist demnach und auf jeden Fall, für Deutschland und für Frankreich, ein grundlegendes Ziel.«[2]

Adenauer antwortete zwei Monate später, bei de Gaulles Staatsbesuch in Bonn: »Das Rückgrat aller Entwicklungen in Europa ist das deutsch-französische Verhältnis.«[3] Damit sprach er dem großen Charles aus dem Herzen. Dessen Pathos konnte und wollte er sich nicht entziehen, auch wenn es nicht das Seine war. Er kam mit praktischen Vorschlägen. Die regelmäßige politische Abstimmung, die gegenseitige Konsultation, Abmachungen über das Verhalten in wichtigen Fragen der Europapolitik, aber auch darüber hinaus – das alles lag auf der Linie de Gaulles.

Rückblickend frage ich mich freilich, was mehr bewirkt hat, der Deutsch-Französische Vertrag, der jenen Vorschlägen entsprungen ist, oder die feierliche Diktion der Reden de Gaulles. In ihnen wurde die Versöhnung zwischen Deutschland und Frankreich Millionen glaubhaft. In seiner Gestalt und Geste wurde sie ihnen zur sichtbaren Realität. Ich erlebte es am eindringlichsten, als wir mit de Gaulle in jenem Herbst von Stuttgart nach Ludwigsburg fuhren. Meine schwäbischen Landsleute säumten die Straßen in dichten Ketten. Sie sind keine geborenen Jubler und Freudenspringer. Aber ihr Beifall und Zuruf hatte etwas tief Bewegendes.

De Gaulle hatte seinen Auftritt in dem Versailles nachgebauten Ludwigsburger Schloß nicht dem Zufall überlassen. Ich stand mit seinem Dolmetscher Jean Meyer ganz in seiner Nähe, als er seine Rede an die deutsche Jugend hielt. Er sprach deutsch. Er hatte – ich sah es – die nicht kurze Rede auswendig gelernt. Er sprach fließend, klar und fest. Nur ein einziges Mal strauchelte er über zwei Worte. Ich fürchtete, er bleibe stecken. Jean Meyer soufflierte, kaum bemerkbar, mit größter Präzision. Hatte er die Rede mit seinem Meister auswendig gelernt? Welche Mühe hatte sich der Zweiundsiebzigjährige allein damit gegeben! Das Echo war dasselbe wie auf seinem ganzen Deutschlandbesuch: Dankbarkeit und Befreiung. Mir fiel Orest am Schluß von Goethes Iphigenie ein: »Es löset sich der Fluch, mir sagt's das Herz!« Eine neue Epoche in der Geschichte unserer Nationen hatte begonnen. Glückhaft, verheißungsvoll! War das eine Überschätzung des Augenblicks? Eine Verkennung der politischen Realität – und der Person Charles de Gaulles?

Meinungsverschiedenheiten hatte es auch in den Gesprächen gegeben, die nach Adenauers Berichten den Eindruck der prästabilierten Harmonie mit Frankreichs Staatschef vermitteln. Sie gab es auch weiterhin. Sie wurden oft überdeckt durch gleichlautende Vokabeln, mit denen sich aber bei jedem der beiden zum Teil sehr unterschiedliche Vorstellungen verbanden. Das »Europa der Vaterländer«, wie de Gaulle seine europäische Leitidee schließlich bezeichnete, war zum Beispiel gerade das nicht, was wir – auch Adenauer – von Anfang an mit der Integration meinten. Unsere Vorstellung war die eines »supranationalen« Gebildes, eines europäischen Bundesstaats mit einer integrierten Armee, einer Wirtschafts- und Währungsgemeinschaft, durchgängig organisierten Verkehrswegen, einer in den Grundzügen gemeinsamen Sozial- und Innenpolitik und einer strikt gemeinsamen Außenpolitik.

Selbstverständlich sollte, ja mußte nach unserer Vorstellung England dabei mit von der Partie sein. Das aber wollte der große Franzose absolut nicht. Dies war die eine der Ursachen für das Scheitern der engeren politischen Zusammenarbeit, welche die Chefs der EG-Staaten am 10./11. Februar 1961 beschlossen hatten. Dennoch frage ich mich, ob man de Gaulle die Alleinschuld dafür geben darf. In unseren ehemaligen Straßburger Verfassungsgesprächen Anfang der fünfziger Jahre hatten wir schon des langen und breiten über eine solche politische Union verhandelt. Die Widerstände waren jedoch auch damals, auf einem Höhepunkt europäischen Denkens und Wollens, so groß, daß wir uns nicht getrauten, konkrete Kompetenzforderungen in unseren Verfassungsentwurf einer Europäischen Politischen Gemeinschaft aufzunehmen. Damals war noch kein de Gaulle am Werk. Jetzt freilich wurde immer deutlicher, daß de Gaulle, wenn er von einer europäischen Union sprach, kein Gebilde meinte und wollte, das durch einen auch nur teilweisen Souveränitätsverzicht seiner Mitgliedstaaten zustande kam. Selbst zu einem durchgebildeten staatenbündischen Entwurf kam es nicht. De Gaulle erschien unserer europäischen Avantgarde als ein Rückschrittler. Er galt ihr nicht nur als Bremser. Er war in ihren Augen ein Reaktionär.

Ich wollte dieser völligen Verdammung seiner Europa-Politik nicht folgen. Ich war schließlich Kummer gewöhnt seit den Tagen, in denen Paul Henri Spaak als Präsident der Beratenden Versammlung des Europarats 1952 aus Protest zurückgetreten war und unsere auf die Briten gesetzten europäischen Hoffnungen in Rauch aufgegangen waren. Aber ich mußte mir oft große Mühe geben, an meinen Sympathien für de Gaulle *und* meinen Hoffnungen auf eine mit hinreichenden Machtbefugnissen ausgestattete politische Gemeinschaft Europas festzuhalten. Am schwersten wurde mir das, als de Gaulle Frankreich im Frühjahr 1966 zwar nicht aus der formellen Mitgliedschaft in der NATO, wohl aber aus ihren integrierten Waffenverbänden zurückzog. Ich sprach ihn mehrfach darauf an. Er betonte stets, daß Frankreich NATO-Mitglied bleibe, die derzeitige militärische Integration aber ablehne. Warum eigentlich? fragte ich. Vergeblich.

Das harte Profil, das de Gaulle der deutsch-französischen Gemeinsamkeit zu geben suchte, rief nicht nur bei unseren westlichen Verbündeten, sondern auch bei uns in Deutschland Vorsicht, ja Mißtrauen wach. Es reichte bis in die CDU hinein. Es bildeten sich Fronten, die zwar beweglich und diffus waren, aber »die Atlantiker« und »die Frankophilen« (oder kurzerhand auch die Gaullisten genannt) begannen sich doch voneinander abzuheben. Gerhard Schröder, der Außenminister, galt als das heimliche Haupt der Atlantiker. Adenauer sah es mit Zorn. Sein Freund de Gaulle – sagen wir – mit Befremden.

Als es an die Ratifizierung des Deutsch-Französischen Vertrags ging, hielten es nicht nur unsere Atlantiker für erforderlich, dem Vertrag eine Präambel zu geben, die ihn als einen Schritt in unserer herkömmlichen Integrationspolitik deklarierten. Der Verdacht, daß es ein Exklusivabkommen zwischen Frankreich und Deutschland darstelle, das dieser europäischen Union im Wege stehe, hatte sich keineswegs auf Klaus Mehnert und einige andere beschränkt. Gerhard Schröder lieh diesen Bedenken ein williges Ohr. Die Präambel bezeichnete den Vertrag als einen Schritt zur politischen Gemeinschaft Europas und zur engen Partnerschaft zwischen Europa und den USA. Ich fand die Präambel, wie gesagt, unnötig. Der französische Außenminister Couve de Murville – ich hatte ihn als französischen Botschafter in Bonn besonders schätzen gelernt – hatte am Tag vor der Ratifizierung im Bundestag in einer Rede vor dem Außenpolitischen Ausschuß des französischen Parlaments erklärt, daß Frankreich mit dem Vertrag die Bildung einer politischen Union der westeuropäischen Staaten insgesamt anstrebe. Er hatte sie zum Beitritt zu dem Vertrag eingeladen. Fast einstimmig wurde er vom Bundestag ratifiziert. Aber es schien mir, als ob das Licht, das über jenen Septembertagen 1962 lag, bereits wieder etwas von seiner Leuchtkraft verloren habe. Der Wert der Präambel stand nicht dafür. Die Franzosen um de Gaulle sahen in ihr eine Distanzierung. Wasser in den Wein.

Nach einigen Jahren, als der harte Alltag der Politik die Stimmung jenes deutsch-französischen Frühlings verfliegen hatte lassen, reduzierte Adenauer –

467

auf dem Altenteil sitzend – die Motive seiner Politik mit de Gaulle auf die Befürchtung, dieser »könne sich eines Tages wieder mit Moskau einlassen. Das zu verhindern und auch den Deutschen den Weg nach Moskau zu versperren, sei sein wichtigstes Motiv für den deutsch-französischen Pakt gewesen«.[4] Ich halte diese rationale Reduktion mehr für den Ausdruck der düsteren Stimmung in der unser alter verehrter Freund Konrad Adenauer dem Verlauf der Dinge zusah.

Inzwischen hatten innenpolitische Ereignisse sowohl in Frankreich wie in Deutschland die Regierungschefs recht nachdrücklich an ihre innenpolitischen Schwierigkeiten erinnert. Die über de Gaulles Afrikapolitik enttäuschten wütenden Opponenten hatten sich zu terroristischen Ausfällen gegen ihren Staatchef hinreißen lassen. Mit imposanter Geradlinigkeit hatte der General sein auch für ihn bitteres Afrikaprogramm – die Entlassung Französisch-Afrikas in die Unabhängigkeit – durchgeführt. Am 18. Oktober 1962 stimmten dennoch zweiundsechzig Prozent der Wähler Frankreichs für die von de Gaulle vorgeschlagene Verfassungsreform, und das hieß für de Gaulle. Damit war die Fünfte Republik etabliert. Ihre Verfassung war auf den General zugeschnitten. Aber warum sollte sie nicht auch unter Nachfolgern funktionieren, die ihr gewachsen waren? Nachdenklich, ein wenig melancholisch, meditierten wir im Kreis meiner Freunde über Gottes Liebe zu Frankreich. Als die Weimarer Republik am Ende war, fiel Deutschland in die Hand Hitlers. Als es mit der Vierten Republik soweit war, erhielt Frankreich seinen Charles de Gaulle.

John F. Kennedy

Die Welt, und wir mit ihr, hielt den Atem an, als es zwischen »de junge Herr Kennedy«, wie Adenauer im engeren Kreis zu sagen pflegte, und dem damaligen Herrscher aller Reußen, Chruschtschow, zu einer Kraft- und Machtprobe ersten Ranges kam. Anlaß und Ursache war der russische Raketentransport nach Kuba. Mit einem Schlag war John F. Kennedy hinfort im Palais Schaumburg und bei uns im Fraktionsvorstand der Union nicht mehr »de junge Herr K.«, sondern der mit Respekt bedachte Mann an der Spitze der ersten Weltmacht.

Das trat vor aller Augen bei seinem Besuch im Juni 1963. Aus Gründen des Stils und in dem Bedürfnis, diesem bedeutenden Ereignis so etwas wie historische Tiefe zu geben, einigten wir uns mit der Bundesregierung und dem Bundesrat, nicht in die Bonner Beethovenhalle auszuweichen – der Plenarsaal des Bundestags war zu klein –, sondern in die Frankfurter Paulskirche zu gehen. Ich hielt dort die Begrüßungsrede. Mir war sie ein willkommener Anlaß, dem ersten Repräsentanten der Vereinigten Staaten von Amerika auf deutschem

Grund und Boden einen Eindruck von der Dankbarkeit zu vermitteln, die wir gegen Volk und Staat Amerikas empfinden.

Meine Rede wurde von der stürmischen Anteilnahme des Volkes in den Straßen und Plätzen der deutschen Städte überboten. Kennedy, frisch, wach, in jedem Augenblick ganz präsent, war sichtlich angerührt, in Berlin ergriffen von der gewaltigen Woge des Vertrauens und der Zuversicht auf den überlegenen Schutz Amerikas. Anders als de Gaulle sprach Kennedy eher nüchtern, mit wenig Emotion, vielleicht mit Ausnahme des berühmt gewordenen Ausrufs:»Ich bin ein Berliner!« Jeden Angriff auf die Bundesrepublik setze er einem Angriff auf amerikanisches Territorium gleich. Die Wiedervereinigung sei nicht schnell oder leicht zu verwirklichen. Die Großmächte müßten zusammenarbeiten und die Verbindung zum Osten müsse gehalten werden.

Im »Golden Ghetto«, der großzügigen amerikanischen Siedlung in Godesberg, hatte Kennedy uns eines Abends zum Dinner eingeladen. Ich saß ihm in dem überfüllten Kasino bei Tisch gegenüber. Adenauer saß neben ihm. Die Unterhaltung war mühsam. In dem dicht besetzten Raum hatten die Dolmetscher alle Mühe, gegen das Gewirr und Gesumse der vielen Stimmen anzukommen, die sich da unterhielten. Über die Tafel hinweg fragte mich Kennedy, warum ich ihn denn nicht besucht habe, als ich am 17. Juni desselben Jahres die Rede zum Tag der Deutschen Einheit in New York gehalten habe. Ich sagte, ich hätte mich nicht in die stattliche Reihe der regierenden, zuweilen auch nicht regierenden deutschen Persönlichkeiten einfügen wollen, über deren erfolgreiches politisches Wirken in Washington – auch wenn es nur ein paar Stunden währte – in Deutschland regelmäßig die amtliche Erklärung zu lesen sei, daß von nun an alle Probleme zwischen den USA und Deutschland glücklich gelöst seien. Kennedy lachte, drückte ein Auge zu und fragte, was ich denn nach meinem Auftritt im Waldorf-Astoria in New York gemacht habe.

Ich erzählte, wie ich mit meinen wenigen Begleitern über den Broadway ging und wie uns eine Filmreklame angezogen habe. Welche? fragte Kennedy. »How the West was won«, eine geraffte Geschichte der Erschließung des goldenen Westens. Die Geschichte wird am Schicksal einer niederländischen bäuerlichen Einwandererfamilie erzählt. Zwei hübsche Töchter spielen dabei eine Rolle. Die blonde, fülligere, die sich für die Fortsetzung ihrer bäuerlichen Existenz entscheidet, und die dunkle, zierlichere, die sich zur Kabarettistin mausert. »Welche ziehen Sie vor?« Kennedy fragte interessiert. Im Vertrauen darauf, daß uns die inzwischen noch stärker gewordene Geräuschkulisse vor Mithörern schütze entwickelten wir vergnügt die Vorzüge der einen und der andern.

Es mag sein, daß unser total unpolitisches Gespräch etwas länger dauerte als uns bewußt war. Erst ein Seitenblick auf meinen Kanzler belehrte mich, daß es hohe Zeit sei, den mächtigsten Mann der Welt an den deutschen Bundeskanzler zurückzugeben. Dieser saß da, wortlos, streng, mißbilligend. Kennedy hatte sich, als die Tafel aufgehoben wurde, noch nicht ganz aus dem für ihn mitgeführten Flugzeugsessel emporgewunden, als auch schon der alte Herr auf mich zustrebte um zu erkunden, welche politische Unterhaltung ich soeben mit dem Präsidenten geführt habe. Als ich ihm inmitten des Gedränges lachend eine Andeutung über das Gespräch machte, wurde er wütend. Er glaubte, ich wolle ihn auf den Arm nehmen. Ich hatte anderntags noch einiges zu tun, um ihm die Wahrheit zu verkaufen. Es blieb zweifelhaft, ob mir das glückte. Jedenfalls hielt ich es für ratsam, nicht zu berichten, daß mich Kennedy eingeladen hatte, ihn bei erster Gelegenheit in Washington zu besuchen. Es kam nicht dazu. Fünf Monate später war John F. Kennedy tot.

Ich saß in meinem Stuttgarter Büro am Schreibtisch, es ging auf zwanzig Uhr als ich von einem aufgeregten Mitarbeiter des Stuttgarter Rundfunks angerufen wurde. Sie suchten mich dringlich. Kennedy sei ermordet worden. Ich müsse unbedingt noch in der Tagesschau gleich zu Beginn der Nachrichten einen Nachruf auf ihn sprechen. Es war keine Zeit mehr, meine Bestürzung zu artikulieren. Ich rief nach einer schwarzen Krawatte, ließ meinen Wagen vorfahren und notierte während der kurzen Fahrt zwei, drei Stichworte. Es war 19.58 Uhr, als ich bei dem Sender eintraf. Anderntags auf dem Militärflughafen in Köln-Wahn sagten die diensttuenden Offiziere: »Sie haben uns aus dem Herzen gesprochen!« Erst in den Tagen darnach kamen mir das schreckliche Ereignis und das Schicksal dieses jungen, kraftvollen und hochbegabten Mannes ganz zu Bewußtsein.

Johannes XXIII.

Jetzt, beim Durchblättern meiner Notizen, fällt mir auf, wieviele Männer der ersten Reihe der Tod im Jahr 1963 gefordert hat. In der Mitte des Jahres war Papst Johannes XXIII. gestorben. Einige Monate zuvor – ich war bei einer Konferenz der EWG-Parlamentspräsidenten in Rom – hatte mich unser Botschafter beim Vatikan, Herr van Scherpenberg, angerufen. Er sei soeben vom Vatikan gefragt worden, ob ich nicht dem Papst einen Besuch machen würde. Am Abend zuvor hatte ein römisches Fest stattgefunden, zu dem ich eingeladen war. In Frack und Orden. Scherpenberg bat mich – wie es im damaligen Protokoll üblich war –, in Frack und Orden, aber nicht mit der weißen, sondern der am Vatikan üblichen schwarzen Weste beim Papst zu erscheinen. Der Besuch solle am anderen Vormittag stattfinden. Ein Schneider erschien, nahm Maß, und am nächsten Morgen war die Weste da. Wir fuhren in den Vatikan, der Botschafter begleitete mich. Zuerst sollte ich dem Kardinalstaatssekretär einen Höflichkeitsbesuch machen. Das Gespräch verlief denkbar freundlich, ließ aber nicht erkennen, was das Thema des Gesprächs sei, das der Papst mit mir führen wollte.

Wir wandelten durch Gänge und Säle. Glänzende Uniformen von Nobelgarden und Kammerherren, sorgfältig befrackte Besucher und würdige Matronen in kostbaren Roben mit schwarzem Schleier füllten die schönen Räume. Dann taten sich die Türen zu der Bibliothek des Papstes auf. Johannes XXIII. kam ungemein liebenswürdig auf mich zu, hinter ihm als Dolmetscher Prälat Wüstenberg, den ich schon aus seiner Kölner beziehungsweise Bonner Zeit kannte und der nun im Vatikan wirkte. Ich habe eine große Zahl von Staatsoberhäuptern, Regierungschefs und Kirchenfürsten aus allen Teilen der Welt kennengelernt, viele nur flüchtig, einige davon aber auch ganz gut. Zuweilen kam es dabei zu Gesprächen, an die ich jetzt noch denke, weil sie des Themas oder des Partners wegen mir noch immer nachdenkenswert erscheinen. Die Begegnung und das Gespräch, das ich in jener Stunde mit dem Papst führen konnte, gehören zu den für mich selber bewegendsten Erlebnissen jener Art.

Als der Papst auf seinem leicht erhöhten Sitz zwischen dem Botschafter und mir Platz genommen hatte, wurde auch der eigentliche amtliche Anlaß der Begegnung klar. Er wandte sich mir zu und gab eine förmliche Erklärung ab. Er wolle die Bistumsgrenzen im Osten nicht ändern, solange über die von Polen und der Tschechoslowakei in Anspruch genommenen Gebiete nicht völkerrechtlich verbindliche Verfügungen getroffen seien.

Ich erinnerte mich: Es hatte darüber, auch in Rom, einige Zeit zuvor Verlautbarungen gegeben, welche die Patrioten unter den deutschen Katholiken beunruhigten. So hatte Heinrich Krone zum Beispiel ernstlich darüber geklagt. Ich begrüßte auch deshalb die Erklärung des Papstes. Sicher, antwortete ich, werde diese Erklärung Seiner Heiligkeit in Deutschland dankbar aufgenommen werden. Ich werde mich gerne zum Übermittler an die Bundesregierung machen.

Der Papst war, ich sah es, erleichtert, daß er diesen Teil hinter sich hatte. Offenbar waren ihm die Befürchtungen deutscher Katholiken, daß der bestehende Schwebezustand zum Nachteil der Deutschen beendet werde, zur Kenntnis gebracht worden. Jedenfalls lag ihm daran, sein Wohlwollen für Deutschland spüren zu lassen.

Dann gab es ein langes, im Grunde ökumenisches Gespräch. Er sprach immer freier, persönlicher und unmittelbarer. Am meisten berührten mich seine warme Menschlichkeit und Offenherzigkeit, als er mir von seinen Sorgen und Ängsten erzählte, mit denen er das zweite vatikanische Konzil bei sich selbst lange erwogen habe. Er habe befürchtet, mit diesem Plan auf die Gegnerschaft seiner nächsten Mitarbeiter zu stoßen und auch darüber hinaus keine Geneigtheit dafür zu finden. Eines Tages habe sich diese Furcht, die ihn lange gequält habe, wie von selbst in nichts aufgelöst. Er sei mit seinem Plan auf eine spontane

Bereitschaft gestoßen und sei dafür Gott noch immer dankbar. Wir kamen – von mir angesprochen – auf seine Enzyklika ›Mater et Magistra‹ (1961). Johannes XXIII. versicherte, daß es trotz ihrer Abweichungen zum Beispiel von der berühmten Enzyklika ›Quadragesimo anno‹ des Papstes Pius XI. dabei bleibe, daß es zwischen der Soziallehre der katholischen Kirche, welche die Freiheit und Selbstverantwortung des einzelnen voraussetze und anstrebe, und dem dirigistischen Sozialismus keine Verbindung gebe. Das schließe eine gelegentliche Zusammenarbeit im sozialen Bereich nicht aus, vorausgesetzt christliche Grundsätze würden dabei nicht verletzt.

Dann kamen wir auf das Zweite Vaticanum zurück. Der Papst fragte mich nicht direkt, was ich vom Verlauf und den Ergebnissen des Vaticanums halte, aber ich merkte, daß ihm an einer Äußerung dazu lag. Ich sagte, er wisse ja, daß ich einen Lehreid auf die Bekenntnisschriften der lutherischen Kirche abgelegt hätte. Sie hinderten mich jedoch nicht, es als eine besondere Gnade Gottes zu empfinden, daß die großen Konfessionen in Deutschland vor allem während der Hitlerzeit eine grundlegende Verwandlung ihrer traditionellen Beziehungen erfahren hätten. Ich dächte an meinen Freund, den Jesuitenpater Delp, und an tiefgreifende religiöse Übereinstimmungen mit meinen katholischen Freunden in den deutschen Unionsparteien. Ohne sie hätte ich mir zum Beispiel unsere gemeinsame politische Arbeit nicht vorstellen können. Ich glaubte, daß ich, der Lutheraner, im Blick auf sein Bemühen im Vaticanum und um den weiteren Weg der Christenheit nicht nur für mich spräche, wenn ich sagte: »Wir sehen in Ew. Heiligkeit den Vormann der Christenheit.«

Wüstenberg mußte eingreifen, in Italienisch. Er fand den adäquaten italienischen Begriff für den Vormann. Das Gespräch war über weite Strecken in Französisch, zuweilen auch in Englisch gegangen. Im zweiten Teil, als es immer bewegter und persönlicher wurde, verfiel der Papst jedoch in sein heimatliches Italienisch. Mein »Vormann« war nicht vorbereitet. Ich hatte nicht damit gerechnet, daß das Gespräch diese Intensität, Wärme und Farbe gewinnen würde. Ich wollte nicht zuviel, aber ich wollte auch nicht weniger sagen, als ich gerade noch meinte sagen zu dürfen. So sagte ich Vormann. Anderntags schickte mir Johannes XXIII. sein Bild – als Zeichen des Dankes.

Kurz nach meiner Rückkehr ging ich in das Palais Schaumburg. Im Anschluß an eine für den Tag ohnehin einberufene Sitzung des CDU-Präsidiums wollte ich dem Bundeskanzler berichten. Aber siehe da: Scherpenbergs Bericht an das Auswärtige Amt war bereits auf Adenauers Schreibtisch gelandet. Brentano hatte ihn gelesen und sogleich an den Kanzler weitergegeben. Ich kam in bester Stimmung in die Sitzung. Es fiel mir kaum auf, daß der Bundeskanzler und Parteivorsitzende ganz anders gestimmt war.

Er habe Scherpenbergs Bericht gelesen. Danach habe zwischen mir und dem Papst ja ein ganz ungewöhnliches Gespräch stattgefunden. »Da muß ich mich doch sehr über Sie wundern, Herr G.« Warum, fragte ich, noch immer arglos. Wie ich dazu käme, einem Mann, der zu einer Gefahr werde, dergestalt zu begegnen! Verblüfft fragte ich: Wieso? Adenauer: Ob ich noch nicht bemerkt hätte, daß dieser Papst im Begriff sei, die Abwehrfront gegen den Kommunismus, gegen die Volksfrontspezialisten und dergleichen aufzureißen und das christliche Europa damit auf das schwerste zu gefährden? Ich sagte, von Politik sei zwischen uns nicht eigentlich gesprochen worden. Der Papst habe mir gegenüber in politischer Hinsicht nur eindeutig deutschfreundliche Erklärungen abgegeben und auch sonst nichts gesagt, womit er, Adenauer, nicht zufrieden sein könnte. Das andere sei Theologie, Ökumene, Kirchengeschichte gewesen. Der Alte zeigte sich unversöhnlich. Wie ich, ein Oberkonsistorialrat, so überhaupt mit dem Papst reden könne?

Die Sache wurde ernst. Ich sagte dies und das, um Adenauer zu besänftigen. Es half nichts, gar nichts. Schließlich sagte ich kurz und bündig, ich erwarte als Christ und Mann der Kirche, daß in unserer Partei zumindest jedem Geistlichen zugestanden werde, daß sein missionarischer Auftrag seinem politischen Interesse vorgeordnet bleibe, wenn es darauf ankomme. Und: Was jedem Priester, was jedem ordinierten Diener einer christlichen Kirche von einer christlich orientierten Partei zugestanden werden müsse, müsse erst recht für den Papst gelten. Unwirsch schüttelte Adenauer den Kopf. »Sie können sagen, was Sie wollen, der Mann sieht mich nicht mehr.« Ich fühlte mich inzwischen so provoziert, daß ich – neben ihm sitzend – halblaut vor mich hinsagte: »Der hält es aus.« Adenauer hörte es. Er reagierte nicht mehr. Er blieb der Feind jeder apertura ad sinistra, auch wenn sie der Papst betrieb.

Heinrich von Brentano und Josef Hermann Dufhues, beide treue Söhne der katholischen Kirche, hatten – uns gegenübersitzend – mit geweiteten Augen dem Dialog zugehört. Sie sagten kein Wort. Auch die anderen schwiegen. Stunden danach, am Schluß der Sitzung, standen sie auf dem Flur vor der Tür zu dem Kleinen Kabinettssaal, wo wir getagt hatten. Beide reichten mir beide Hände.

Theodor Heuss

Im Dezember 1963 starb Theodor Heuss in Stuttgart, zwei Tage darauf Erich Ollenhauer in Bonn. Heuss hatte ich in seinem vierjährigen Ruhestand öfter gesehen. Ich besuchte ihn in seinem »Häusle« in der Nähe des Killesbergs und auch im Krankenhaus. Je länger er von Bonn weg war, desto mehr entschwand ihm die Politik des Alltags mit ihrem Gerenne und Gezerre, desto deutlicher trat dem Besucher die geistige Gestalt des Mannes entgegen, der sich vom Beginn der

Bundesrepublik an in der Distanz zum Lärm und Umtrieb des politischen Tages geübt hatte, ohne ihn zu verurteilen und sich dem zu entziehen, was in ihm geschah und ihn immer wieder beanspruchte.

Auch für Theodor Heuss war diese Distanz nicht eitel Glück und Freude. Er hätte gerne eingegriffen, wenn die Vernunft es ihm nahelegte. Zuweilen tat er es auch. Im ganzen aber übte er, der Homo politicus, der er war, eine eher asketische Zurückhaltung. Sie schien ihm von seinem hohen Amt gefordert. Deshalb unterwarf er sich ihr unlarmoyant und im ganzen konsequent. Daß ihn Polemik störte, daß sie ihm, je länger er amtierte, persönlich lästig war, daß er sich selber immer weniger gern der Kritik aussetzte, je älter er wurde, braucht dabei nicht verschwiegen zu werden. Daß er ein Homme de lettre war und immer blieb, war das Glück seines Lebens. Er war einer der zu wenigen Politiker und Parlamentarier, die nicht zappeln wie Fische auf dem Trockenen, wenn sie aus Macht und Mandat getragen werden. Er wußte seine eigene Feder sicher, ja kunstvoll zu führen. Ihm stand die Welt des Geistes, des Buches, der Geschichte offen, und er bewegte sich in ihr unabhängig, besonnen und keineswegs nur als ein Nehmender, sondern auch als ein Schaffender.

In der Villa Hammerschmidt erlebte ich im Gespräch mit Theodor Heuss und Carlo Schmid ungemein behagliche Stunden, wenn das Gewühl des Tages verebbt war, die Staatsgäste uns verlassen hatten und wir bei schwäbischem Rotwein gemachsam, freundschaftlich und locker uns in dem oder jenem Gefilde der Geistesgeschichte ergingen. An seinem Sterbebett in Stuttgart nahmen wir Abschied voneinander. Frau Toni Stolper, die große Hilfe seiner letzten Jahre, machte die Stunde auch für mich tragbar.[5]

Erich Ollenhauer

Auch von Erich Ollenhauer mußte ich am Sterbebett Abschied nehmen. Ich war darauf nicht vorbereitet. Der Bundespräsident hatte mich gebeten, dem altgedienten Sozialdemokraten, Parteivorsitzenden und Fraktionschef das Großkreuz des Bundesverdienstordens zu überreichen. Ich fuhr in die Klinik. Frau Ollenhauer empfing mich, freundlich und ernst. Beim ersten Blick auf den Kranken mußte ich mir Mühe geben, meine Unbefangenheit zu bewahren. Abgezehrt, den Blick auf mich gerichtet, mühsam die Hand hebend – so sah ich den Mann wieder, der in sich ruhend so viele Jahre unter uns gewirkt hat. In der Zeit der Jugendbewegung hatte ich oft von Erich Ollenhauer gehört und gelesen. Im Reichsverband der deutschen Jugendverbände hatte er eine führende Rolle gespielt. Im Reich Hitlers war ihm nur die Emigration nach England geblieben.

Er stand manches Jahr im Schatten Kurt Schumachers. Für mich war er die Gestalt gewordene Loyalität zu seiner Sache und seinen Freunden. Ohne ätzende Schärfe, ohne den beißenden Ehrgeiz vieler Intellektueller, diente er in der hundertjährigen Tradition der deutschen Sozialdemokraten seiner Partei und dem Land hingebungsvoll, nahezu anspruchslos, vernünftig und kollegial auch im Umgang mit uns anderen, bis er unauffällig aus seinem Parlamentssitz in das Krankenbett wechselte. Als ich ihm das Band des Großkreuzes auf die Brust legte, befühlte er es zaghaft, dann verlor er die Fassung und weinte. Ich griff nach seiner Hand; es war der Abschied.

Welche Dummheit, zu meinen, daß der politische Gegensatz, die zuweilen auch tiefgreifende Meinungsverschiedenheit in den Gestaltungsfragen dieser Welt die persönliche Zuneigung und den gegenseitigen Respekt ausschlössen! Seine Freunde baten mich, ihm die Gedenkrede vor dem Bundestag zu halten. Ich tat es.[6]

B. Das Ende der Ära Adenauer

Die Bundespräsidentenwahl 1959

Man kann nicht ausschließen, daß zu dem nicht glücklichen Wahlergebnis der Union 1961 auch die zurückgenommene Kandidatur Konrad Adenauers für die Wahl des Bundespräsidenten beigetragen hat. Diejenigen meiner Parteifreunde, die ihr Teil dazu getan haben, wollten das zwar nie hören. Auch Adenauer selbst hat sich darüber schwer getäuscht. Als er mir nach seiner Rückkehr aus Cadenabbia unter vier Augen die Zurücknahme seiner Kandidatur mitteilte und ich ihn auf die Folgen hinwies, meinte er leichthin:»In vierzehn Tagen vergessen.« Zwei Jahre später zeigte die Sache noch Fernwirkungen in der Bundestagswahl.

Über die Kandidatur und ihr Zustandekommen ist exakt, wenn auch nicht vollständig berichtet worden.[7] Ich trage hier nur nach, was sich auch aus Adenauers Bericht zu diesem Ereignis nicht entnehmen läßt:[8]

1. Erst als der Bundeskanzler eine Ausarbeitung über die politischen Einwirkungsmöglichkeiten des Bundespräsidenten vortrug (in der Sitzung des Wahlmännergremiums der Partei am 7. April 1959), kam mir – neben ihm sitzend – der Gedanke, daß der Vortrag nur darauf abzielen könne, sein Interesse am Amt des Bundespräsidenten erkennen zu lassen. In der Sache beurteilte ich die vorgetragenen Möglichkeiten wesentlich zurückhaltender.

2. Nachdem sich der Bundeskanzler aus der weitergehenden Sitzung in sein Arbeitszimmer zurückgezogen hatte, plädierte ich nachdrücklich dafür, ihm namens der Unionsparteien die Kandidatur sogleich anzutragen und den Beschluß darüber nicht erst wieder zu vertagen. Das geschah einstimmig. Ich wurde gebeten, als Sprecher des Gremiums dies dem Kanzler mitzuteilen.

3. In dem folgenden Gespräch unter vier Augen zeigte sich der alte Herr zunächst spröde. Höcherl und Krone hatten mich gefragt, wie ich mich verhalten würde, wenn während der Bundesversammlung die SPD (oder andere) mich als

Kompromißkandidaten im dritten Wahlgang nominieren würden. Ich hatte – wie Adenauer berichtet – den beiden gesagt, daß es an ihnen liege, eine solche Situation zu verhindern.

Wenn aber die von ihnen befürchtete Lage einträte, könne kein davon Betroffener ablehnen. Das vertrage der Respekt vor dem höchsten Staatsamt nicht.

4. Das Gespräch mit Konrad Adenauer wurde schwierig. Er wolle auch als Bundespräsident weiter Parteivorsitzender bleiben. Und er wolle das Recht haben, an allen Kabinettssitzungen teilzunehmen. Ich sagte, beides sei so unmöglich, daß ich vorschlüge, wir wollten davon vor dem Wahlmännergremium kein Wort sagen. Es schlage sonst zu seinem Nachteil aus. Die Berichte über die Kabinettssitzungen erhalte er ohnehin durch seinen Staatssekretär, der an den Sitzungen zur Information des Bundespräsidenten teilnehme. Aber wie er, Adenauer, sich das vorstelle: vielleicht ohne das Recht, an der Beratung teilzunehmen, sicher aber ohne Stimmrecht, einfach dabeizusitzen? Der Alte schwieg. Die Idee war gestorben. Um den Parteivorsitz hingegen kämpfte er so zäh, daß ich ihm danach vor dem im Kabinettssaal versammelten Gremium tröstliche Worte zu dem unerläßlichen Verzicht sagen mußte.[9] Nicht eine gesetzliche Vorschrift, sondern der Stil des Amtes schließt aus, daß der Bundespräsident Parteiführer ist.

Mit der Begründung, daß er mit Ludwig Erhard als Nachfolger im Amt keinesfalls einverstanden sein könne und er nur zugesagt habe unter der Voraussetzung, daß Franz Etzel sein Nachfolger werde, zog er dann einige Wochen später seine Kandidatur zurück. Hatte sie weites Aufsehen erregt, ihr Widerruf wurde zu einem Spektakel. Als wir im August 1959 zusammen zum Flughafen Wahn fuhren, um Eisenhower abzuholen, fragte ich den Alten, was er jetzt zu seinem Rücktritt von der Kandidatur sage? Düster meinte er, es sei schlimmer gekommen als er es sich vorgestellt habe.

Heinrich Lübke wurde gewählt. Ich hatte in dem zuständigen Parteigremium erklärt, daß ich nicht kandidiere. Ich begehrte das Amt in keiner Weise. Der Bundestagspräsident, sagte ich, hänge im silbernen Käfig über der Kampfbahn der Politik. Das falle mir oft genug bitter schwer. Im goldenen Käfig von der Kampfbahn entfernt zu werden – das Schicksal des Bundespräsidenten –, dazu sei ich nicht in die Politik gegangen.

Zwei Jahre später, mitten im Wahlkampf 1961, bat mich Herr Rubin, der Bundesschatzmeister der FDP, um ein Gespräch im Auftrag seines Parteivorstandes. Wir trafen uns in meinem Stuttgarter Büro. Die Frage, die er an mich zu richten hatte: Ob ich nicht bereit wäre, nach der Wahl Bundeskanzler zu werden? Die FDP gehe davon aus, daß die Union ihre absolute Mehrheit verliere. Der im sechsundachtzigsten Lebensjahr stehende Dr. Adenauer sei der Aufgabe je länger desto weniger gewachsen. Die FDP sei zu einer neuen

Koalition bereit. Mit mir würde sie sich verständigen können, nicht aber mit Herrn von Brentano und kaum mit Dr. Adenauer. Gegenüber Ludwig Erhards Fähigkeiten als Bundeskanzler bestünden insbesondere in außenpolitischer Hinsicht Bedenken.

Ich dankte Herrn Rubin für das Vertrauen und lehnte ab. Ich sagte ihm, daß ich seine Erwägungen verstünde und würdigte, daß es mir aber unmöglich sei, gegen meine Parteiführung und ohne ihre Zustimmung sein Angebot anzunehmen. Ich sei davon überzeugt, daß Konrad Adenauer für sein Amt erneut kandidieren wolle und daß ihn davon derzeit niemand abbringen könne. Ich wolle meine Hand nicht dazu reichen, daß der alte Herr am Ende seines Wirkens mit Bitterkeit ein Amt verlassen müsse, in dem er seit Bismarcks Zeiten erfolgreicher als irgendein anderer gewesen sei. Ob ich mich denn von diesem Bundeskanzler gut oder auch nur gerecht behandelt fühle, fragte mich Herr Rubin. Nicht immer, sagte ich offen. Das beruhe auf Mißverständnissen. So wie die Dinge stünden, müßte die Bundestagswahl für die Union schon sehr schlecht ausgehen, wenn man Adenauer nicht wenigstens für eine kurze Zeit noch einmal wählen werde. Die ganze Legislaturperiode hindurch werde er nach meiner Schätzung mit Sicherheit nicht amtieren.

Das Gespräch war offen und von Rubins Seite mit großer Liebenswürdigkeit geführt worden. Mit Bedauern verabschiedete er sich.

Das Ergebnis der Bundestagswahl von 1961 verzeichnete den erwarteten Rückgang der Stimmen für die CDU/CSU. Wir verloren die absolute Mehrheit mit 45,3 Prozent. Die FDP mit Erich Mende an der Spitze gewann mehr als fünf Prozent hinzu, sie erreichte das für sie stolze Ergebnis von 12,8 Prozent. Die Koalition mit der SPD, die sie zur bassen Verwunderung Kiesingers acht Jahre später einging, hätte sie rechnerisch schon 1961 machen können. Politisch hätte sie das jedoch nicht vermocht, weil die FDP-Basis damals die Wendung nach links noch lange nicht vollzogen hatte. Die parteiamtliche Parole der FDP vor der Wahl hieß: »Mit der CDU – ohne Adenauer.« Mir war in einer Folge von Gesprächen auch mit Ollenhauer und Brandt nahegelegt worden, für eine Koalition mit der SPD oder für eine Allparteienregierung einzutreten. Es war dabei deutlich geworden, daß eine solche weder von Adenauer noch von Erhard geführt werden sollte, sondern von mir. Ich berichtete darüber an den Fraktionsvorsitzenden Krone.[10]

Der neue, vierte Deutsche Bundestag trat am 17. Oktober 1961 zusammen. Ich wurde zum drittenmal zum Präsidenten gewählt mit vierhundertdreiundsechzig Stimmen bei sechsunddreißig Enthaltungen. Bei meiner Nominierung durch die Fraktion gab es keine Schwierigkeiten.

Die Verhandlungen zur Regierungsbildung waren umständlicher, um nicht zu sagen schwieriger als gedacht. Zwar zeigte sich die FDP koalitionsbereit, aber sie hatte sich auf ihre Parole »ohne Adenauer« so festgelegt, daß sie nur mit großer

Mühe davon herunterkam. Ich war nicht der einzige in der CDU/CSU, der es für richtig gehalten hatte, wenn Adenauer nach der Wahl gegangen wäre. Ich war auch nicht der einzige, der deutlich werden ließ, daß er zwar Adenauer die Treue zu halten gedenke, daß wir uns darüber jedoch nicht aus der Macht zu bringen gedächten. Als in der Nacht nach der Wahl Erich Mende vor dem Fernsehen, nach der Koalitionsbereitschaft der FDP mit Adenauer befragt, eine sehr zurückhaltende Antwort gab, erklärte ich auf die Frage des Fernsehens, ob eine Koalition mit der FDP nur unter Adenauer oder auch mit einem anderen Kanzler »denkbar« sei, »selbstverständlich auch unter einem anderen Kanzler«.[11]

Die Bundeskanzlerwahl 1961

Innerhalb der Unionsparteien wurde der alte Kanzler mit Bedenken, aber ohne Einwände wieder benannt. Aber erst nachdem er die Erklärung abgegeben hatte, daß er nicht während der ganzen Legislaturperiode Bundeskanzler bleiben wolle, wurde er mit Ach und Krach auch für die FDP wählbar. Erich Mende, der Parteivorsitzende, ging nicht in die Regierung. Er fühlte sich im Wort. Heinrich von Brentano trat am 28. Oktober zurück. Er erklärte dazu, daß die öffentliche Auseinandersetzung um die Person des Außenministers unerträglich und schädlich sei. »Hinter der Forderung nach einem Wechsel in der Person steht in Wahrheit die Forderung nach einem Wechsel in der Politik.« Außerdem lehnte Brentano mit Entschiedenheit ab, daß dem Außenminister ein Staatsminister (aus der FDP) mit Kabinettsrang beigegeben werde. Das sei mit »der verfassungsrechtlichen Verantwortlichkeit eines Bundesministers unvereinbar«. Darin gab ich Brentano recht. Der amtierende Bundeskanzler erklärte sein Bedauern und ließ Heinrich von Brentano ziehen. Er wurde wieder Fraktionsführer und Heinrich Krone Bundesminister für besondere Aufgaben.

Während der Koalitionsverhandlungen bat mich der Bundespräsident zu sich. Er wußte nichts von den Vorschlägen, die mir die FDP und die SPD gemacht hatten. Die Sache war geheim geblieben. Das gab es damals noch. Nun fragte mich der Bundespräsident, ob ich nicht bereit wäre, die Nachfolge Adenauers anzutreten. Jetzt müsse eine starke Regierung her. Er dachte an eine Koalition mit der SPD. Ich sagte ihm, die Ära Adenauer gehe jetzt rasch zu Ende. In der CDU/CSU wolle man das aber immer noch nicht wahrhaben. Und Adenauer selbst sei davon überzeugt, daß nur er bis auf weiteres Deutschland regieren könne. Ohne zwingende Not wolle ich ihm nicht das Zepter entreißen. Diese Not könne kommen – nun, dann müsse man es um des Landes willen tun.

Noch aber sei es nicht soweit. Deshalb würde nach meiner Schätzung eine Kampfkandidatur gegen Adenauer die Partei zerreißen, jedenfalls zur Zeit. Außerdem hätte ich Bedenken gegen eine Koalition mit der SPD. Diese seien nicht grundsätzlicher, sie seien politischer Art. Nach meiner Überzeugung sei es ein schwerer Fehler der Union und der Regierung gewesen, Theo Blank mit seinen Plänen zu Krankenhaus- und anderen Sozialreformen sitzenzulassen. Mit der SPD seien diese unvermeidlichen Korrekturen wahrscheinlich erst recht nicht durchzubringen. Außerdem habe uns Blank soeben vorgerechnet, daß eine Koalition mit der SPD zwar bequem wäre; die SPD würde sich auch »nobel« geben, der Effekt aber wäre, daß die SPD 1965 fünfundfünfzig Prozent und die Union fünfunddreißig Prozent hätten. »Die Arbeitnehmer in der CDU sind nicht dafür!« Die Zeit für eine Allparteienregierung, fügte ich hinzu, sei nicht, noch nicht gekommen. Sie sei eigentlich nur in Zeiten des Notstandes denkbar. Den aber gebe es zur Zeit nicht. Bundespräsident Lübke zeigte sich nicht überzeugt. Er war für eine Allparteienregierung, wenn ich nicht an eine große Koalition heranwolle. Ich blieb bei meinem Nein auch deshalb, weil die FDP dafür nicht zu gewinnen gewesen wäre.

Bald darauf bat er mich wieder zu sich. Er wolle den ihm zur Ernennung als Bundesernährungsminister vorgeschlagenen Werner Schwarz nicht ernennen. Er habe Adenauer wissen lassen, daß er Schwarz nicht akzeptieren könne. Es gab wieder einmal jenen meist diskreten Zank hinter den Kulissen, den es auch zur Zeit von Heuss gelegentlich gegeben hatte. Adenauer blieb natürlich der, der er war – und siegte. Nur war Lübke härter als Heuss. Er wollte es notfalls auch zum offenen Streit kommen lassen. Ich riet dringend ab. Er müsse dabei verlieren. Tief verletzt drehte er bei.

Die Spiegel-Affäre und die Regierungsumbildung im Herbst 1962

Es war nicht sein letztes, es war sein vorletztes Kabinett, das Konrad Adenauer im Herbst 1961 gebildet hat. Conrad Ahlers, der stellvertretende Chefredakteur des ›Spiegel‹, hatte einen Bericht veröffentlicht über die NATO-Übung Fallex, der landesverräterische Passagen enthalten habe. Das war jedenfalls die Meinung sachverständiger Leute. Gegen den ›Spiegel‹ wurde Strafanzeige erstattet, es gab Hausdurchsuchungen, Ahlers und sein Boß Augstein kamen in Untersuchungshaft. Ahlers wurde auf Veranlassung des Bundesverteidigungsministers während eines Ferienaufenthaltes in Spanien verhaftet. Das Aufsehen war gewaltig. Adenauer sprach vor dem Bundestag von »einem Abgrund von Verrat«, der sich aufgetan habe. Aber entweder war der Bundeskanzler unhaltbaren Gerüchten aufgesessen oder der Generalbundesanwalt geriet trotz der nie widerlegten Schuldvermutung in Beweisnot. Jedenfalls ging der Schuß nach hinten los und kostete den Bundesverteidigungsminister sein Amt. Ich kann und will mich zu dem schwer durchschaubaren Vorgang nicht weiter äußern, da ich an keiner Stelle mit ihm befaßt war. Dennoch ging mir das hochgestochene Theater unter die Haut. Es war der erste große konzentrische Angriff auf Franz Josef Strauß. Die FDP machte daraus eine Regierungskrise, die sich gewaschen hatte.

Ihre wahre Bedeutung lag dennoch nicht darin, daß Strauß dem Druck weichen mußte. Er war jung und konnte wiederkommen. Er kam auch wieder. In Wirklichkeit ging es in jener Kabinettskrise mehr um den alten Bundeskanzler als um den jungen Verteidigungsminister.

An einem trüben Novemberabend des Jahres 1962 stieg ich wieder einmal die vielen Stufen zu Konrad Adenauers Rhöndorfer Haus hinauf. Er hatte mich um ein Gespräch unter vier Augen gebeten. Ich dachte an dies und jenes, aber ich war doch höchst überrascht, als er mich auf das Sofa seines Wohnzimmers setzte und mir in jenem vertraulich gedämpften, fast intimen Ton, über den er, wenn er wollte, ausgezeichnet verfügte, seine Mitteilungen machte. Die SPD, sagte er, sei bereit, mit uns zu koalieren. Und: sie wünsche ihn als Bundeskanzler. Was ich dazu meine?

Zuerst, sagte ich, möchte ich gerne wissen, wie seriös diese Nachricht sei. Woher er sie habe? Ich bäte um Verständnis für meine Zweifel, aber ich hätte bislang keine Andeutung darüber gehört. Etwas vage verwies er auf Guttenberg und Lücke. Sie spielten einige Jahre später bei der Bildung der Großen Koalition unter Kiesinger in der Tat eine gewichtige Rolle. Aber damals? Adenauer ging in die Sache. Es sei der Verdruß über die FDP, der gemeinsame Verdruß bei Unionsleuten und Sozialdemokraten, der zu der Absicht geführt habe.

Ich widerriet. Der Kanzler wisse, daß ich mir immer ein unabhängiges Urteil über die SPD bewahrt habe. Ich halte Erhards Parole, »niemals mit der SPD«, für fahrlässig und gedankenlos. Aber ich fragte mich, ob der Verdruß über die FDP *jetzt* dazu zwinge, ein neues Regierungsprogramm mit weiß Gott welchen Konsequenzen aufzustellen. Außerdem, wenn man das unbedingt tun müsse, möchte ich ihm nicht zumuten, ein solches Programm, das doch zumindest in einigen wesentlichen Positionen von seiner bisherigen Politik abweichen müsse, selber zu verfechten. Auch für einen sehr viel jüngeren Mann mit Profil wäre das nicht einfach. Er, Adenauer, aber werde weit über Deutschland hinaus mit einer im ganzen sehr erfolgreichen politischen Programmatik identifiziert. Diese Identität zerstören? Man müsse in der Politik ja flexibel sein, aber was zuviel sei, sei zuviel. Und das alles auch noch ohne Not? Die FDP sei ja doch erneut koalitionswillig. Mit ihr brauche man kein neues Regierungsprogramm.

Der alte Herr hörte mich aufmerksam an. Er reagierte mühsam. Ich merkte ihm an, wie seine Hoffnung schwand. Er brachte kein einziges Argument gegen meine Darlegung vor. Die Stille und die Einsamkeit um ihn griffen mir ans Herz. Er entwuchs unaufhaltsam dem Ring der Tätigen. Er schritt in einen Bereich des kreatürlichen Daseins, in dem sich die vitale Gemeinsamkeit mit uns, seinen Kampf- und Weggefährten, zu verflüchtigen begann. Die Zäsur wurde immer härter. Bald war er siebenundachtzig. Wir waren durchweg eine Generation jünger. Für den im leitenden Staatsamt Stehenden bedeutet das mehr und noch etwas anderes als für den seiner Amtspflichten Ledigen. Ich fühlte mit ihm, aber ich verstand mich zu keinem jener billigen, wenn auch wohlgemeinten Worte, die ich im Parteikreis – nicht immer, aber auch nicht selten – zu hören bekam, wenn von dem herannahenden Abschied Konrad Adenauers von seinem Amt die Rede war.

Im Hintergrund seiner Aussprache mit mir stand an jenem Abend das Drängen der FDP auf diesen Abschied. Ihre Vorbehalte – mit der CDU, aber ohne Adenauer – waren in den Koalitionsverhandlungen 1961 gerade noch einmal überwunden worden. Sie hatten sich vertieft. Die FDP – keineswegs nur ihr Vorsitzender Erich Mende – hatte den Rücktritt Adenauers anzumahnen begonnen.

Dieser rang um die optimale Sicherung seines Alterswerkes, das sein Lebenswerk geworden war. Gewiß: er trennte sich auch sonst nicht gern von der Macht. Er reflektierte sie, er kannte ihre Vergänglichkeit. Aber er konnte noch immer seines Geistes sicher sein. Nicht zu bemerken schien er jedoch, daß sein Sichtfeld langsam enger wurde. Das blieb nicht ohne Wirkung auf seine Amtsführung.

Von all dem sprachen wir an jenem Abend nicht. Ich riet klipp und klar zur Fortsetzung der Koalition mit der FDP und dem dafür unumgänglichen Kompromiß. Er wußte, was ich meinte. Es hatte schon zuvor Gespräche darüber zwischen uns gegeben. Ich vertrat dabei stets die Notwendigkeit, seinem Nachfolger, wer es auch sei, zwei Regierungsjahre vor der nächsten Bundestagswahl zuzubilligen. Der Mann mußte *als Kanzler* für die Massen ein positiver Begriff werden, wenn wir mit ihm die Wahlen 1965 gewinnen wollten. Der alte Kanzler sagte nichts dagegen. Aber niemals einigten wir uns auf Ludwig Erhard. Ich konnte Adenauers Einwände gegen dessen politische Kompetenz nicht übergehen. Ich empfand ihr Wahrheitsmoment. Andererseits aber hatte Ludwig Erhard eine so hohe und dazuhin wagemutige politische Leistung erbracht, daß ich es nicht nur aus Gründen der Fairness, sondern auch der Werbewirkung seines Namens wegen, für nahezu ausgeschlossen hielt, ihm die Chance zu verweigern, auch als Bundeskanzler zu zeigen, was er könne.

Aber das alles paßte Konrad Adenauer überhaupt nicht. Wenn es schon mit Franz Etzel nichts werden sollte, dann wollte er wenigstens einem Mann seines persönlichen Vertrauens sein Lebenswerk in die Hand legen. Im Kreis der Parlamentarier des vordersten Ranges stand ihm niemand näher als Heinrich

Krone. Dieser aber verweigerte sich ebenso weise wie beharrlich diesem Ansinnen. Wir waren uns einig. Über Erhard war nicht hinwegzukommen. Krone notiert unter dem 11. September 1962: »Warum der Bundeskanzler dem Finanzminister Starke (damals FDP) gesagt hat, daß er bis 1964 bleiben wolle und daß dann Erhard Bundespräsident werden solle und ich [Krone] Kanzler, ist mir unverständlich.«

In jenem Gespräch in Adenauers Haus war von derlei keine Rede mehr. Ich verließ – das war mein Eindruck – einen depressiv gestimmten schwankenden Bundeskanzler. Die Große Koalition fand – wie sich in den folgenden Tagen herausstellte – mehr Fürsprecher in der CDU/CSU-Fraktion, als ich angenommen hatte. Brentano, Dufhues, Strauß traten für sie ein. In der Fraktionssitzung vom 3. Dezember 1962 kritisierte ich das Hauptargument dieser – überraschenden – Fürsprecher: das sogenannte Mehrheitswahlrecht. Neben meiner alten Erwägung, daß die CDU dafür eigentlich erst dann guten Gewissens eintreten könne, wenn sie der großen Mehrheit der FDP-Wähler eine verläßliche politische Heimat böte, beschäftigten mich auch die Chancen der Protestanten in der Union im Falle eines solchen Eingriffs in das bisherige Wahlrecht. Die Evangelischen waren in der Union noch immer eine Minderheit. Das wirkte sich bei der Kandidatenwahl in den Wahlkreisen naturgemäß aus. Obwohl ich auf das Ganze gesehen nichts zu klagen hatte – die katholische Mehrheit verhielt sich im allgemeinen rücksichtsvoll und entgegenkommend –, waren im Interesse der Partei Korrekturen beziehungsweise Ergänzungen oft unumgänglich. Sie erfolgten über die Listen. Diese aber würden bei der Mehrheitswahl wegfallen.

Am Abend des 4. Dezember 1962 besuchten mich Ewald Bucher, der ausgezeichnete parlamentarische Geschäftsführer der FDP, und Siegfried Zoglmann. Sie suchten mich für die Kandidatur in einem konstruktiven Mißtrauensvotum gegen Adenauer zu gewinnen. Dazu wollte ich meine Hand aber auch jetzt nicht bieten.[12] Die FDP hatte die Geduld verloren. Sie versuchte auch Erhard für dasselbe Vorhaben zu gewinnen. In der SPD gingen die Meinungen über eine Große Koalition auseinander. Sie diskutierten tagelang.[13] Schließlich sagten sie ab. Erich Ollenhauer erklärte, daß sich seine Fraktion weder auf das Mehrheitswahlrecht noch auf den von ihr viele Jahre lang bekämpften Bundeskanzler Konrad Adenauer festlegen wolle. Adenauer zog alsbald die Konsequenz. Er wolle im Herbst 1963 gehen. Der Weg für die erneute Koalition mit der FDP wurde frei. Erich Mende wurde Vizekanzler. Weitblickend notierte Heinrich Krone (am 12./13. Dezember 1962): »Die Gemüter beruhigen sich. Doch gibt man dem Kabinett keine lange Lebensdauer. Dann kommt Erhard und dann die große Koalition, aber ohne das neue Wahlrecht.« Wie treffend!

Der Beifall für dieses letzte Kabinett Adenauer war auch sonst nicht groß, und ich bekam auch von Leuten, die ich nicht gerade zu meinem Freundeskreis rechnete, ernste Vorhaltungen zu hören. Mit einigem Grund. Mein alter Freund

Georg Federer, nunmehr Generalkonsul in New York, hatte mir am 2. Dezember 1962 geschrieben: »Das Bild, das wir nach außen bieten, ist kläglich. Die Wirklichkeit wird noch ärger sein... Haben uns alle guten Geister verlassen? Denkt die CDU-Führung *nur* an die nächste Wahl? Glaubt man im Ernst, daß Erhard die Kraft haben wird, die CDU sicher in den Hafen der nächsten Wahl zu retten?... Wenn jetzt nach der Opferung von Strauß nur ein kleines ›Stühlchen wechsel dich‹ stattfindet, dann bleibt das Regiment so schwach wie es ist, wird die Luft aber immer schwüler. Darum schauen nun viele auf Sie. Ich kenne Ihren Einwand: ich stoße den Alten nicht herunter. Aber könnten Sie ihm dabei nicht zu einem großen Abgang verhelfen und ihm die Selbstzerstörung in den nächsten zwei Jahren ersparen? Wo liegt die größere Grausamkeit?«

Der Mitbegründer und langjährige Vorsitzende der württembergischen CDU, der alte Christlich-Soziale Wilhelm Simpfendörfer, hatte mir schon im Frühjahr 1962 geschrieben, Erhard habe »in der öffentlichen Meinung unseres Volkes und auch bei führenden Politikern – auch unter seinen Freunden – sehr starke Zweifel hervorgerufen, ob er den Posten eines Bundeskanzlers ausfüllen könnte. Ich selbst muß – zu meinem Bedauern – diesen Zweiflern recht geben. »Die Berufung« des jetzigen Herrn Außenministers (Schröder) würde ein Unglück bedeuten. Ihre Freunde wünschen um der Zukunft unseres Volkes willen, daß Sie sich nicht dem an Sie ergehenden Ruf entziehen.«

Das Wort des kritisch abwägenden Mannes ehrte mich, aber der Ruf blieb aus. Es gab zwar nicht wenige Aufforderungen dieser Art, aber sie kamen in der Hauptsache von außen. Aus der Fraktionsführung hörte ich nichts dergleichen, und auch Adenauer ließ kein in dieser Richtung liegendes Wort vernehmen. Wenn es schon sein mußte, dann hatte er andere Kandidaten. Später, beim Memoirenschreiben und im häufig reuevollen Rückblick, als wir uns einer nicht mehr von politischen Meinungsverschiedenheiten belasteten Freundschaft erfreuten, sah die Sache dann anders aus. Ich hätte eben »kein Verhältnis zur Macht«, sagten lakonisch meine nächsten Freunde. Es war nicht einmal halb-richtig. Aber in der Tegeler Gefängniszelle hatte ich mir, den Galgen vor Augen, das Wort gegeben, meinem Ehrgeiz in den Weg zu treten. Jetzt im Herbst 1962, fühlte ich mich auch Ludwig Erhard gegenüber im Wort. Er sollte seine Chance haben. Es war eine ehrbare, aber falsche Entscheidung.

Der Rücktritt Konrad Adenauers 1963

Am 24. April 1963 nominierte die CDU/CSU-Fraktion des Bundestages Ludwig Erhard als Nachfolger des Bundeskanzlers. Der Vorgang hatte das Gute, daß er dem langweilig gewordenen Gerede und Pressegeschwätz über die Nachfolge ein Ende setzte. Politisch änderte sich nichts.

Im Sommer 1963 machte der alte Bundeskanzler noch eine Reihe von Abschiedsreisen, während sein designierter Nachfolger still und taktvoll dem Tag seines Regierungsantritts entgegenharrte. Am 15. Oktober 1963 verabschiedete ich den Bundeskanzler Konrad Adenauer vor dem Bundestag. Formell fügte sich die Stunde bewußt in den kargen parlamentarischen Stil. Es sei, sagte ich, »in einer parlamentarischen Demokratie kein ungewöhnlicher Vorgang, wenn ein Regierungschef sein Amt verläßt und auf seinen Abgeordnetensitz zurückkehrt. Der Deutsche Bundestag beabsichtigt auch nicht, mit dieser Sitzung einen Vorgang zu schaffen, der unbedingt zur Regel werden soll«. Jedoch: »Der geschichtliche Rang dieser Stunde wird, wie mir scheint, schon daran deutlich, daß Sie, Herr Bundeskanzler, in hundert Jahren sturmbewegter deutscher Geschichte der einzige sind, der nach langer Regierungszeit unbesiegt und im Frieden von einem vergleichbaren Stuhl steigt und gelassen auf den Sitz zurückkehrt, von dem Sie hier am 15. September 1949 aufgestanden sind. Bismarck, in dessen Regierungszeit Sie geboren sind, und der wahrscheinlich auch der einzige ist, mit dem der Vergleich lohnt, hat unter unvergleichlich viel günstigeren Bedingungen als Sie die Kanzlerschaft übernommen. Er regierte länger als Sie, und ihm wurde – allerdings wiederum unter günstigeren Bedingungen – das zuteil, was Ihnen und uns bisher versagt blieb: die Einheit des Deutschen Reiches. Aber im Unterschied zu Ihnen schied er im Unfrieden aus seinem Amt, so glanzvoll sein Abschied auch aussah ... Sie, Herr Bundeskanzler, haben in mindestens zweifacher Hinsicht der Nation ein Vorbild gegeben. Sie haben uns vorgelebt, wie man sich selber persönlich engagieren muß in einem freiheitlichen Staat und wieviel Standhaftigkeit eine große politische Aufgabe verlangt. Sie haben damit zugleich ein großes Beispiel dafür gesetzt, daß der Dienst der Freiheit auch in unserer Zeit ein strenger Dienst ist und daß die verbürgten Rechte auch ernste Pflichterfüllung verlangen.

Am 15. September 1949 haben Sie sich hier von Ihrem Abgeordnetensitz erhoben, um den Platz des Bundeskanzlers der Bundesrepublik Deutschland einzunehmen. Heute verlassen Sie ihn wieder mit einer geschichtlichen Leistung, ungebeugt und in Ehren. Damals standen Sie auf und traten vor das Haus. Heute steht der Deutsche Bundestag vor Ihnen auf, Herr Bundeskanzler, um für das deutsche Volk dankbar zu bekunden: Konrad Adenauer hat sich um das Vaterland verdient gemacht.«[14]

SECHZEHNTES KAPITEL

Friede mit dem Volke Israel

Das Luxemburger Abkommen

Zu Adenauers politischer Hinterlassenschaft gehörten die ungeklärten Beziehungen zu Israel. Ihrem tatsächlichen Gehalt nach konnten sie seit der Ratifizierung des Luxemburger Abkommens durch den Bundestag am 18. März 1953 als befriedigend gelten, wenn man sie vor dem historischen Hintergrund sieht. Das Abkommen enthielt die erste offizielle Abmachung sowohl mit dem neuen Staat Israel wie mit dem von Nahum Goldmann geführten Weltjudentum, der sogenannten Claims Conference. Nach nahezu einjährigen Verhandlungen in Wassenaar bei Den Haag war es den beiden Delegationen unter Führung von Dr. Felix Shinnar, dem späteren israelischen Botschafter in Bonn, und Professor Franz Böhm, dem späteren langjährigen Mitglied des Bundestags gelungen, zu einem Einvernehmen zu kommen über eine Wiedergutmachungsleistung an Israel (drei Milliarden) und an die Claims Conference (vierhundertfünfzig Millionen).[1]

Das Abkommen war, wie sich zeigen sollte, bei weitem keine abschließende Regelung der Wiedergutmachung, die wir den Juden ohne jeden Zweifel schuldig waren. Die Bundesregierung hatte jedoch erkannt, daß so schnell als möglich und nach dem Maße unseres Leistungsvermögens ein Anfang gemacht werden müsse. Die Greuel der Hitler, Himmler, Streicher und ihres Anhangs hatten sich inzwischen bis in die letzten Winkel der Welt herumgesprochen. Sie belasteten unsere Bemühungen, normale Beziehungen zu den Völkern der Welt herzustellen, und rückten uns überall in ein düsteres Zwielicht. Wir waren noch immer, sieben, acht Jahre nach der Kapitulation und den Hinrichtungen in Nürnberg, die räudigen Hunde der Weltgeschichte, und wir waren es natürlicherweise nirgends so sehr wie in Israel und in anderen jüdischen Zentren der Welt.

Als die drei Westmächte wissen ließen, daß sie den Kriegszustand mit Deutschland zu beenden gedächten, widersprach Israel mit dem Hinweis auf »die außergewöhnlichen Umstände in den Beziehungen zwischen Israel und Deutschland«. Am 12. März 1951 richtete der Außenminister Israels eine formelle Note an die vier Besatzungsmächte, in der die besondere Entschädi-

gungsansprüche Israels für die von ihm aufgenommenen Opfer der nationalsozialistischen Judenverfolgung begründet wurden. Das in Deutschland kaum
bekanntgewordene Schriftstück gehört auch heute noch zu den ergreifendsten
Stücken diplomatischer Korrespondenz.[2]

Bei der Diskussion des zur Ratifizierung anstehenden Luxemburger Abkommens hatte ich angenommen, daß außer den Kommunisten und der Deutschen
Reichspartei alle Fraktionen das Abkommen einhellig ratifizieren würden. Ich
hatte mich getäuscht. Die Gegner und Kritiker hatten sich nur nicht recht an das
Tageslicht getraut. Als aber schon vor der Ratifizierungsdebatte die Vorbehalte
und Ablehnungen spürbar wurden – sie reichten bis in die CDU/CSU-Fraktion
hinein –, meldete ich mich zu Wort. Ich sprach für meine Fraktion und legte dar,
daß wir mit dieser Globalzahlung an Israel individuelle Wiedergutmachungslei-
stungen nicht ausschließen wollten. Die Zahlung gelte denen, die keine individuelle Wiedergutmachung mehr geltend machen können, denen das »Dritte Reich«
Existenz und Leben geraubt habe, den »ausgemordeten Sippen und Dörfern«.[3]

Unsere Verpflichtungen aus dem Abkommen wurden vor der Zeit erfüllt, aber
das Verhältnis Israels zu uns blieb kühl und distanziert. In der Knesset, dem
israelischen Parlament, hatte es vor dem Verhandlungsbeginn stürmische Auseinandersetzungen darüber gegeben, ob mit Deutschland überhaupt verhandelt
werden solle oder dürfe. Jetzt, nach der Ratifizierung, wurde das Abkommen,
das den jungen Staat aus einer bedrohlichen finanziellen Klemme riß, zwar
anerkannt – die Zurückhaltung aber blieb bestehen. Das begann sich erst zu
ändern, als die unermüdliche Arbeit Felix Shinnars und seiner Mitarbeiter von
Ben Gurion, dem führenden Staatsmann Israels, und von Nahum Goldmann
öffentlich anerkannt und kräftig unterstützt wurde. Im Frühjahr 1960 kam es zu
der denkwürdigen Begegnung Adenauers mit Ben Gurion in New York.

Adenauer und Ben Gurion in New York

Als sich die beiden Granden im Waldorf Astoria trafen, war eine neue Aufregung
in Israel am Verebben. Sie hatte die Labilität der Beziehungen wieder gezeigt.
Der Anlaß war ein wütender Protest der Rechten in der Knesset gegen die
Lieferung von Waffen an die Bundesrepublik. Wir hatten für die in Aufstellung
begriffene Bundeswehr auf ein israelisches Angebot hin leichte Waffen gekauft.
Der Protest dagegen versteht sich nur aus der alles anderen als »normalen«
Beziehung zwischen Juden und Deutschen. Ben Gurion hingegen trat weitblik-
kend und unentwegt für die Normalisierung der Beziehungen ein. Er stand damit
noch lange gegen die große Mehrheit in Israel, auch gegen die Mehrheit der

488

Juden in der übrigen Welt. Daß Nahum Goldmann in diesem Punkt – er war sonst in vieler Hinsicht ein intimer Kritiker Ben Gurions – mit Ben Gurion übereinstimmte, habe ich in vielen Gesprächen erfahren.[4]

Adenauers Aufzeichnung über die Begegnung mit Ben Gurion in New York zeigt, daß sich beide verstanden. Aber sie verrät mit keinem Wort, daß es dabei um sehr handfeste Dinge ging.[5] Ben Gurion wollte Waffen. Sein junger Staat war zweifellos hochgefährdet. Adenauer sah es ein. Im Einvernehmen mit seinem Verteidigungsminister F. J. Strauß schloß er mit Ben Gurions Israel ein Abkommen, in dem sich die Bundesrepublik – strikt geheim – zu Waffenlieferungen an Israel verpflichtete.[6]

Diese Waffenlieferungen sollten uns jedoch nicht nur Nasser und den Arabern, sondern auch Israel gegenüber in große Schwierigkeiten bringen.

Israelreise: David Ben Gurion – Martin Buber

Im Sommer 1962 kam der Botschafter Israels, Dr. Shinnar, zu mir, um zu sondieren, ob ich einer Einladung nach Israel folgen würde. Das Gespräch mit meinem ehemaligen schwäbischen Landsmann war eingehend und offen. Felix Shinnar stammte aus Stuttgart; er besuchte das Dillmann-Realgymnasium, das meinem Eberhard-Ludwig-Gymnasium gegenüberlag. Ich hatte zuweilen Mühe, mir im Gespräch mit dem Botschafter bewußt zu bleiben, daß ich es ja nicht mit einem Stuttgarter Altersgenossen, sondern mit dem Vertreter eines andern Landes zu tun habe.

Felix Shinnar war der Meinung, daß die Anstrengung Ben Gurions um die Normalisierung der Beziehungen zwischen Deutschland und Israel – soweit dies eben möglich sei – eine Unterstützung im Land verdiene. Er denke an eine Einladung durch den Präsidenten der Knesset, an einen Vortrag von mir zum Beispiel in der Hebräischen Universität in Jerusalem und an eine Reihe von Gesprächen mit führenden Persönlichkeiten der Politik und des Geisteslebens. Er bat, daß mich meine Frau begleite. Sie war schon zuvor in Israel gewesen. Sie bewunderte Ben Gurion und war eine unentwegte Fürsprecherin des Landes.

Wir willigten ein. Die Reise wurde sorgfältig vorbereitet, aber es war nicht zu verhindern, daß mein Kollege in Jerusalem, Kadish Luz, kurz vor unserer Abreise in der Knesset unter beträchtlichen Druck gesetzt wurde. Er solle und dürfe mich nicht im Parlament empfangen, und ich solle und dürfe nicht in der Hebräischen Universität auftreten. Die Proteste dagegen verdichteten sich in Israel so, daß ich mich fragte, ob es unter solchen Umständen noch mit der Würde des von mir vertretenen Parlaments in Einklang zu bringen sei, der Einladung zu folgen.

Wir sollten am 19. November reisen. Am 15. November schickte mir der parlamentarische Geschäftsführer der SPD-Fraktion, Dr. Karl Mommer, eine UPI-Meldung über die zunehmenden Proteste in Jerusalem. »Wenn sie zuträfe, müßten Sie überlegen, ob Sie sich einem Affront aussetzen können. Schließlich hat man Sie eingeladen, und Sie drängen sich niemand auf.« Ich berief den Ältestenrat ein. Die Aussprache war präzis, offen und hilfreich. Sie endete mit einer klaren, uneingeschränkten Empfehlung, die Reise anzutreten und den Vortrag zu halten.

Auf dem Flughafen in Lod landeten wir am fortgeschrittenen Abend. Der Empfang der Offiziellen, Felix Shinnar unter ihnen, war freundlich, aber nicht ganz unbefangen. Wir wurden durch einen Seitenausgang geführt, in einen Wagen gesetzt und einige Autos begleiteten uns auf der Fahrt nach Jerusalem. Ich hatte kaum etwas von den umfangreichen Sicherheitsvorkehrungen und den etwa hundert Demonstranten bemerkt, die sechs Stunden lang mit ihren Plakaten auf uns gewartet hatten. »Gerstenmaier go home and tell your government: call back your rocket-experts from Egypt!« Das war der zu ertragende Schlachtruf, mit dem ich empfangen werden sollte. Ich bekam ihn nicht vor Augen, aber ich merkte bald, daß die kurz zuvor bekanntgewordene Tatsache der Mitarbeit deutscher Spezialisten an einem ehrgeizigen Raketenprogramm Nassers von den Israelis als Bedrohung empfunden wurde. Nun sah ich mich neben den Wiedergutmachungsfragen und dem Problem der diplomatischen Beziehungen auch noch mit dieser üblen Geschichte konfrontiert. Daß weder die Bundesregierung noch der Bundestag eine durchschlagende rechtliche Möglichkeit hatten, diese das deutsche Ansehen schädigenden Raketenbauer an der Ausreise zu hindern oder sie mit wirksamen Mitteln zurückzurufen, zeigte sich in den folgenden Monaten. In Israel wurde es mir damals aber denkbar skeptisch abgenommen.

Als wir am nächsten Tag aus unseren Fenstern im Hotel King David blickten, sahen wir auf die Mauer der Altstadt. Jerusalem, »die hochgebaute Stadt«, und der Berg Zion lagen vor uns im Morgenlicht. Unsere Gespräche begannen im Außenministerium. Frau Golda Meir war auf Reisen. Mit ihrem Staatssekretär, Dr. Ch. Yachil, waren wir sogleich bei den Kernpunkten. Er kannte mich. Während der Ratifizierungsdebatte des Luxemburger Abkommens hatte er auf der Diplomatentribüne des Bundestages gesessen.

Dann machte ich zusammen mit meiner Frau dem Staatspräsidenten Yischak Ben Zwi den üblichen Höflichkeitsbesuch. Es war die erste offizielle Begegnung des Staatspräsidenten mit einem amtlichen Vertreter Deutschlands. Eine wie immer geartete Vertretung Deutschlands gab es nicht, es sei denn man sah sie in dem dpa-Vertreter Rudolf Küstermeier. Er erwies sich als ein freundwilliger Berater und Helfer.

Vom Haus des Staatspräsidenten aus – damals ein schlichtes und würdiges Wohnhaus – fuhren wir zu Ben Gurion. Er gehört zu den maßgebenden

490

Gründervätern Israels. In seinem einfachen Büro – vor den Fenstern damals noch eine Steinwüste – empfing er uns, weißhaarig, gedrungen, scharfäugig, im Schillerkragen, wie wir ihn in der Zeit der Jugendbewegung zu tragen pflegten. Felix Shinnar stellte uns vor. Er war damit noch nicht zu Ende, als Ben Gurion schon bei der Sache war. Er freue sich über unseren Besuch. Es werde nicht alles glatt und einfach gehen, aber das wisse ich ja ohnehin. Ein neuer Anfang zwischen Juden und Deutschen sei fällig. Er müsse gewagt und gemacht werden. Adenauer denke ebenso. Ich sagte: »I too.« Die ägyptischen Raketen wurden nicht angesprochen. In Sachen Wiedergutmachung würde ich sicher mit seinem Finanzminister Levi Eshkol ausführlicher sprechen. Dann kam ich auf die diplomatischen Beziehungen. Ob es noch einen Sinn habe, über eine Zwischenlösung zu sprechen? Deutsche Wirtschaftsvertretungen in Israel, etwa in Parallele zu der in Köln sitzenden israelischen Vertretung? Ben Gurion schüttelte seinen weißen Kopf. Das sei vorbei. Ich fragte nicht, warum er denn nicht schon bei der Begegnung mit Adenauer in New York normale diplomatische Beziehungen vereinbart habe. Ich wußte, welche verschiedenartigen Bedenken die beiden Regierungschefs davon abgehalten hatten. Adenauer dachte an die Reaktion der Araber, vielleicht der Bantung-Staaten überhaupt. Wenn sie mit uns brächen und Pankow anerkennen würden, wäre das in der Tat eine schwere Schlappe für die ganze Konstruktion unserer damaligen Deutschlandpolitik gewesen. Ben Gurion brauchte – anders als Adenauer – die Zustimmung seines Parlaments. Damals war ihm noch nicht sicher, daß er sie bekommen werde. Er hätte sich damit eine böse Niederlage holen können.

Inzwischen aber hatte sich einiges geändert. Ben Gurion glaubte, daß er es wagen könne. Aber die Initiative dazu müsse von uns ausgehen. »Gut«, sagte ich.

Auf seinem Schreibtisch sah ich eine dicke Biblia Hebraica. Es war keine Kittel-Bibel, mit der wir deutschen evangelischen Theologen zu arbeiten gewohnt sind. Es war der alte durchgängig unvokalisierte Text. Für Ben Gurion Geschichte und nationales Vermächtnis der Ahnen. Er sagte es. Ich merkte bald, daß er über ihren religiösen Gehalt zurückhaltender dachte. Warum, fragte ich. Er legte mir den Hauptpunkt seines Einwandes dar. Er glaube daran, daß das Volk Israel ein auserwähltes Volk sei. Aber nicht deshalb, weil es vor anderen Völkern von Gott erwählt wurde, sondern deshalb, weil es selbst sich diesen Gott erwählt habe. Das könnten andere Völker auch tun. Es sei ja sonst nicht einzusehen, weshalb das Volk der Juden als einziges unter allen anderen Völkern von Gott vorgezogen worden sei.

Ich antwortete – gut biblisch – nicht seiner besonderen Verdienste oder seines moralischen Ranges wegen, sondern allein durch Gottes freie Erwählung. Ben Gurion schüttelte den Kopf. Nein, sagte er, das wäre ungerecht. Ich: »Was heißt hier ungerecht?« Zudem könnte ich nicht aus eigenem mitreden. Ich könne mich nur auf die biblische Aussage beziehen; sie spreche für einen souveränen Akt

Gottes. – Es ging wie fünf Jahre später, als wir am Abend nach der Beisetzung Adenauers im Bierkeller meines Amtshauses nebeneinander auf der Bank saßen, die Bibel vor uns, und unter der gespannten Aufmerksamkeit meiner israelischen und deutschen Gäste dieselbe Frage energisch disputierend erneut verhandelten. Keiner brachte den andern von seinem Standpunkt ab. Aber merkwürdig: Wir stritten uns darüber nicht in eine persönliche Distanz hinein, sondern wir kamen uns näher und näher. Es war in einer ähnlichen Weise beglückend, wie zwei Monate später bei Johannes XXIII.

Nicht oft, aber zuweilen habe ich im harten, im großen ganzen harten, Geschäft der Politik die Erfahrung gemacht, welches Glück es bedeuten kann, wenn man sich mit dem oft auf ganz anderen Positionen stehenden politischen Gesprächspartner in einem völlig anderen Feld vertraut und verstehend bewegen kann.

Am Nachmittag tranken wir mit Martin Buber Tee. Alle Wände des kleinen Hauses waren mit Büchern bedeckt. Ich kannte Buber aus der Zeit der Jugendbewegung. Bei vielen Älteren in den Bünden galt er schon damals als ein großer Weiser. Mir, dem Siebzehnjährigen, erschien die Verehrung, die ihm gezollt wurde, damals etwas esoterisch. Erst die verehrungsvolle Hinneigung, die ihm einige Jahre später mein in Frankfurt studierender Freund Paul Collmer entgegenbrachte, veranlaßte mich – und diesmal mit mehr Verstand –, einiges von Martin Buber zu lesen. Jetzt saßen wir am runden Tisch nebeneinander.

Zu der ungewöhnlichen geistigen Kraft Bubers gehörte eine scharfe, hochrangige Differenzierungsfähigkeit. Er war über die Vorgänge in der deutschen Seelenlandschaft nach der Hitlerzeit zudem so gut informiert, daß ich keine langen Erklärungen abzugeben brauchte. Seine blauen Augen begannen jedoch zu blitzen, als ich ihm von meinem abgebrochenen Streitgespräch mit Ben Gurion berichtete. Offenbar war ihm dessen Erwählungsthese Israels bislang unbekannt. Er wies sie schärfer zurück als ich erwartet hatte. Er wollte auch nicht gelten lassen, daß ich für Ben Gurion diese und jene alttestamentliche Bibelstelle ins Feld führte. Ben Gurion hatte das selber nicht getan. Mir aber war inzwischen wieder einiges eingefallen, zum Beispiel Josua 24. Martin Buber zeigte sich ungerührt. Er hielt Ben Gurions These für häretisch.

Als ich Jahre später aus Anlaß der Einweihung des neuen Parlaments wieder nach Jerusalem kam, war Ben Gurion zurückgetreten und Martin Buber tot. Ich fuhr zu dem schön gelegenen Friedhof. Auf der schlichten Grabplatte stand ein Vers aus dem 73. Psalm. Wir entzifferten ihn mit einiger Mühe. Buber hatte ihn gewählt. »Dennoch bleibe ich stets an Dir«. Sein ganzes Leben, seine ganze geistige Existenz sind in diesem »Dennoch« zusammengefaßt. Damals aber, im späten Herbst 1962, waren beide noch nahezu auf der Höhe ihres Wirkens.

492

Rede vor der Hebräischen Universität

Ich hielt den umstrittenen Vortrag in der Hebräischen Universität. Auf dem Campus gab es Demonstranten mit Plakaten. »Wir haben nichts gegen Gerstenmaier – aber er ist ein Deutscher. Deshalb muß er weg.« Das war die Linie des Angriffs. Niemand achtete darauf. Die Plakatträger schienen selbst betreten zu sein. Das Ganze war sehr viel zurückhaltender, verschämter als die unverschämten Spektakel, die einige Jahre danach an deutschen Universitäten üblich wurden. Der große Saal war so überbesetzt, daß wir Schwierigkeiten hatten, nach vorn, in die erste Reihe zu kommen. Der Staatspräsident hatte hebräisch gesprochen. Mein altes Hebraicum half mir nichts. Ich brauchte einen Dolmetscher. Ben Gurion sprach englisch – wir brauchten keinen Dolmetscher. Hier aber sollte deutsch gesprochen werden. Für den größten Teil meiner Hörer war es hilfreich. Sie waren zumeist deutsche Juden. Von Hamburg bis Wien, von Wilna bis Straßburg waren sie einst zu Hause.

Die Kernfrage, der ich mich mit meinem Thema zu stellen habe, sei ob es eine Wandlung der Deutschen gegeben habe. Es gehe, sagte ich, nicht darum, ob es in Deutschland überhaupt eine Wandlung gegeben habe – natürlich gab es sie –, sondern es gehe darum, ob diese Wandlung bewirkt wurde von einer ernsten und kritischen Einkehr der Deutschen, von welchen Kräften sie gesteuert werde und worauf sie hinauswolle. Die politische Wandlung Deutschlands beruhe auf der programmatischen Absage der deutschen Politik an die nationalstaatliche Souveränitätspolitik. Darin vereinten sich politischer Verstand und umkehrwillige sittliche Einsicht. Das deutsche Nationalbewußtsein, so glaube ich, sei von seiner pervertiert nationalistischen Zielstellung und dem Rassenwahn des Nationalsozialismus gründlich befreit. Nicht nur das Pathos des alten nationalen Stils sei heute in Deutschland unmöglich, auch sein Ethos sei nicht mehr selbstverständlich. Die Loyalitäten hätten sich gewandelt. Ansprüchen des Staates, auch durchaus begründeten, werde vielfach mit Zurückhaltung, oft mit Ablehnung begegnet. Der Landesverrat zum Beispiel – ich exemplifizierte an der damals aktuellen Diskussion der Spiegelaffaire – gelte manchem als Kavaliersdelikt, wenn nicht als tolerable Überzeugungstat. Die Gefahren solcher Orientierungslosigkeit und inneren Leere seien sehr viel größer als die unmittelbare Gefährdung der Demokratie.

Etwas generalisierend könne man sagen, daß an die Stelle des ehemaligen Antisemitismus ein ernst bemühter Philosemitismus getreten sei. »Er ist deshalb nicht problemlos, weil es wahrscheinlich wünschenswert wäre« – ich sprach zum Problem Deutsche und Juden –, »wenn es zu jenem ganz selbstverständlichen und unbefangenen Verhältnis käme, in dem rassische Gefühle, Ressentiments und Tabus spontan als Verrücktheit abgelehnt werden...« Ob es die ältere Generation in Deutschland freilich noch zu dieser Unbefangenheit bringen werde, käme mir fraglich vor. »Die Qual der Last und Schuld, die wir tragen müssen, ist zu groß, als daß sie in unserer Generation Unbefangenheit zulassen würde.« Ich lehnte die These von der Kollektivschuld ab und setzte mich mit dem Wort von der »Vergangenheitsbewältigung« kritisch auseinander. Die alte, quälende Frage jedoch bleibe: Wie war es möglich? Wie haben wir es zulassen können? Haben wir wirklich nichts davon gewußt? »Diese Fragen und die Bilder der Vergangenheit genügen, um uns Deutsche zum Schweigen zu bringen. Es ist das Schweigen der Scham und des Herzeleids ungezählter Menschen meines Volkes vor dem Volke Israel.«

Als wir begrüßt wurden, rührten sich nur wenige Hände. Als ich sprach, sah ich auf ein Publikum, das mir wie erstarrt erschien. Man hörte keinen Atemzug. Erst als ich meine kritische Einlassung zum Philosemitismus vortrug, setzte ein zunächst zögernder, dann stärkerer Beifall ein. Am Schluß erhob sich ein so dankbarer und bewegender Beifall, daß er mich verwirrte. Jetzt erst merkte ich, wie mich diese Rede angestrengt, unter welcher inneren Spannung ich gestanden hatte. In der israelischen Presse gab es, wie mir gesagt wurde, kein böses Wort. Das Bulletin der Bundesregierung, der Congressional Record in Washington und andere, druckten die Rede nach.[7] Vielfach luden mich Organisationen des Auslandes ein, auf ihren Veranstaltungen zu sprechen. In Rom und Tokio, in Oslo, Paris und Madrid folgte ich diesen Einladungen.

Wiedergutmachungsgespräche

Nach der Veranstaltung in der Hebräischen Universität traf ich mich mit dem Finanzminister und späteren Nachfolger Ben Gurions, Levi Eshkol, zum Abendessen. Die für die Finanzen des Staates verantwortlichen führenden Köpfe Israels nahmen daran teil. Es ging um das sogenannte Wiedergutmachungsschlußgesetz. Kurz vor unserer Abreise von Bonn war Dr. Nahum Goldmann bei mir gewesen. Er und Dr. Shinnar hatten die Vorlage eines entsprechenden Gesetzentwurfs vor allem betrieben. Franz Böhm von der CDU/CSU und Martin Hirsch von der SPD hatten die Initiative führend unterstützt. Hinter ihnen stand eine beachtliche Gruppe von Abgeordneten aus allen Fraktionen. Am guten Willen fehlte es auch sonst nicht im Bundestag. Aber es bestand nicht die mindeste Aussicht, neue, nicht hinreichend absehbare Verpflichtungen gesetzlich durchzubringen. Nahum Goldmann hatte sie mir gegenüber immerhin auf neun Milliarden und zwei Millionen Mark beziffert. Das war damals viel Geld.

Ich hielt nichts davon, das nur deshalb zu verschweigen, um die noch immer aufgewühlte, aber versöhnungswillige Stimmung an jenem Abend in Jerusalem nicht weiter zu belasten. Der anwesende Präsident der Staatsbank von Israel kam mit einem Vorschlag heraus, der die Zahlung in dieser Höhe für uns realisierbar machen sollte. Die Idee hatte er von meinem Freund Goldmann. Sie konnte mich nicht überzeugen. Wir wollten, sagte ich, völlig offen und freimütig die Sache erörtern, sonst kämen wir gleich gar nicht weiter. Der Gesetzentwurf solle im Februar 1963 im Bundestag eingebracht werden. Er werde, falls es überhaupt dazu komme, scheitern, wenn wir uns nicht auf ein Limit einigen könnten, das für uns gerade noch tragbar und also zu verantworten sei. Das Gespräch wurde äußerst lebhaft. Wo dieses Limit liege? Ich antwortete etwa bei der Hälfte der neun Milliarden, zwei Millionen Mark. Das sei meine aufrichtige persönliche Überzeugung. Es könne auch nicht im israelischen Interesse sein, durch übermäßige Forderungen die ganze Widergutmachung in Verruf zu bringen. Sie sei ohnehin nicht populär. Ich hielte jedoch daran fest, daß sie eine Ehrenpflicht des deutschen Volkes sei. Dennoch müßten die Zahlungen überschaubar und vertretbar bleiben.

Das beste Augenmaß zeigte an jenem Abend der Finanzminister Israels. Eshkol legte soviel Einsicht auch in unsere politischen und finanziellen Zwänge an den Tag, daß wir nach vielen Stunden bei einem leidlichen Einvernehmen über ein Limit um die vier bis fünf Milliarden standen. Es war eine inoffizielle Absprache, aber sie trug viel dazu bei, daß das Wiedergutmachungsschlußgesetz, wenn auch später als ich angenommen hatte, zu einem passablen Ergebnis führte.*

Unsere Gastgeber waren bemüht, uns so viel als möglich von Land und Leuten zu zeigen. In Nazareth trafen wir auch mit der arabischen Minderheit zusammen. Es war eine der wenigen biblischen Stätten von denen, die der Christenheit teuer sind, die wir sehen konnten. Die anderen lagen hinter der Trennungslinie, die inzwischen gefallen ist.

Das Presseecho stützte sich hauptsächlich auf die Berichte der großen Agenturen wie der Deutschen Presse-Agentur (dpa), United Press International (UPI)

---

* Der spätere Bundesfinanzminister Alex Möller hat in seiner Autobiographie ›Genosse Generaldirektor‹[8] einen Überblick über die inzwischen erfolgten und noch ausstehenden Gesamtleistungen (Stand und Schätzung 1. Juli 1977) an Israel gegeben. Sie übertreffen unsere damaligen Schätzungen in Bonn und Jerusalem bei weitem. Sie werden sich auf mehr als dreißig Milliarden Mark belaufen. Den weitaus größten Betrag davon machen die damals nicht zu übersehenden Leistungen an Einzelpersonen, nicht an den Staat in Israel aus. In dem Gespräch mit Eshkol in Jerusalem mußte die Zahl offen bleiben. Ich bestand entgegen dem israelischen Wunsch jedoch darauf, daß die Wiedergutmachungsberechtigten auch in Israel die unmittelbaren Empfänger unserer Wiedergutmachung sein sollten. Die Israelis wünschten aus naheliegenden Gründen die Zahlung in einen von Israel verwalteten Gesamtfonds. Dem wollte ich nicht zustimmen.

und Assossiated Press (AP). Sie waren durchweg positiv.[9] Unser Besuch sei »ein bedeutsamer Beitrag zur Klärung des deutsch-israelischen Verhältnisses geworden«.

Auch in Deutschland hielten selbst Blätter, die mir sonst nicht grün waren, nicht mit Lob zurück. Der Tadel kam erst Jahre später, als mir nicht nur einige Rechtsradikale vorhielten, ich hätte mit »meinem« Wiedergutmachungsschlußgesetz viereinhalb Milliarden »Steuergelder verschleudert«.

Normalisierungsbemühungen

Im Parlament in Bonn wurden insbesondere in der ersten Hälfte 1963 unsere Beziehungen zu Israel vielfach und zuweilen mit Leidenschaft diskutiert. Neben der Wiedergutmachungsdiskussion zog sich durch alle Fraktionen der Protest gegen die Tätigkeit jener Raketenspezialisten in Ägypten. Dabei zogen fast alle am gleichen Strang.

Noch heißer wurde die Diskussion über die diplomatischen Beziehungen. Auch sie lief quer durch die Fraktionen. In einem Brief an mich nahm Franz Böhm – der Tapferste der Tapferen – dazu Stellung. Er war entschieden für die diplomatischen Beziehungen, aber er setzte sich auch recht genau mit den Argumenten der Gegenseite auseinander. Wenig schmeichelhaft, aber zutreffend beschrieb er die damalige Situation in unserer eigenen Fraktion. Auch Böhm rechnete, wenn wir die Beziehungen mit Israel aufnahmen, mit ernsthaften politischen und wirtschaftlichen Störungen von Seiten der Araber und ihrer Sympathisanten. Er schrieb mir am 6. Februar 1963:

> »Da ich leider davon überzeugt bin, daß wir in den Belastungsproben, die nach Herstellung der Beziehungen außen- und innenpolitisch bei uns eintreten können, Angst vor der eigenen Courage bekommen und eine wenig rühmliche Figur spielen werden, so halte ich es für richtiger, daß ich der Versuchung widerstehe, in der Rolle des charakterfesten Rufers im Streit um die Israel-Beziehungen zu brillieren und die Regierung aufzufordern, sich in ein Unternehmen zu verstricken, dessen konsequente, honorige und politisch segensreiche Durchführung ich ihr nicht zutraue.«

Ich antwortete am 8. Februar 1963: »Ich sehe die Schwierigkeiten genau so wie Sie, aber es würde mir nichts ausmachen, die Sache doch durchzuführen, wenn ich mir sicher sein könnte, daß sich die Fraktionen mit großer Mehrheit durchgängig dabei engagieren.«

Von der FDP hätte ich bereits eine entsprechende Zusage; von der SPD hoffte ich sie in den nächsten Tagen zu bekommen. Mit dem DGB hätte ich offen gesprochen; mit dem BDI sei ich bereit, das gleiche zu tun.

Der Widerstand, der eigentliche Widerstand, kam weder vom BDI noch aus der breiten Öffentlichkeit. Er kam aus der Führung meiner eigenen Fraktion und von dem Außenminister. Konrad Adenauer war nicht mehr kräftig genug, sich darüber hinwegzusetzen. So kam die Sache unbereinigt auf seinen Nachfolger Ludwig Erhard. Wo sich eine Gelegenheit dazu bot, im Inland wie im Ausland, vertrat ich in den folgenden zwei Jahren öffentlich und nichtöffentlich die Forderung, die Bundesregierung solle Israel die Normalisierung unserer Beziehungen anbieten.

Nicht weniger als die Gegner des Gedankens war ich mir der Risiken dabei durchaus bewußt. David Ben Gurion war schon Mitte 1963 »aus persönlichen Gründen« zurückgetreten. Vor seinem Rückzug in seinen Kibbutz Sde Boker in der Negevwüste beschwor er das Volk von Israel noch einmal:»die nationalsozialistische Vergangenheit des deutschen Volkes zu vergeben und zu vergessen, denn Deutschland habe sich geändert«.[10] Ein solches Wort war auch zwei Jahre später für die Denkweise in Israel atypisch. Ich hielt es jedoch für schäbig, hinter einer solchen Gesinnung auf deutscher Seite zurückzubleiben. Deshalb war ich stets bereit, die damit verbundenen Risiken zu bejahen. Was wir zu ihrer Minderung tun könnten, sollten wir natürlich tun.

Die Pressenachrichten über die Waffenlieferungen an Israel – sie hatten großes Aufsehen erregt, vor allem nachdem bekannt geworden war, daß es sich nicht nur um überschüssiges Bundeswehrmaterial, sondern auch um Panzer handelte – führten der eher auf schwacher Flamme dahinflackernden Diskussion um die Normalisierung der Beziehungen neuen Sauerstoff zu. Zunächst aber gab es innerhalb des Parlaments nicht wenig Erstaunen und noch mehr Protest. Das Kuriose daran war, daß er weit weniger der Waffenlieferung selbst als der Geheimhaltung auch vor den zuständigen Ausschüssen des Bundestags – und seinem Präsidenten – galt.[11] Als die Sache in der Presse aufkam, erfuhr ich zum Beispiel erstmals davon. Ich ging ihr nach. Dabei stellte sich heraus, daß die Bundesregierung einige wenige Abgeordnete einigermaßen ins Bild gesetzt, aber vermieden hatte, das Präsidium des Bundestags oder ein anderes amtliches Organ des Hauses zu informieren. Dagegen wäre kaum etwas einzuwenden gewesen in Anbetracht der Rechtslage und der Natur der Sache. Nur: Eine hinreichende parlamentarische Deckung, geschweige gar Billigung, war auf dem von der Regierung gewählten Weg nicht zu erlangen. Als die Debatte um das gesetzliche Verbot von Waffenlieferungen in das Ausland auf einem Höhepunkt stand, erklärte Adenauer vor der Bundestagsfraktion der CDU/CSU, bei seiner Begegnung mit Ben Gurion in New York 1960 habe er nicht von Waffenlieferungen gesprochen, und über das erst 1962 mit Israel abgeschlossene Abkommen der deutschen Waffenhilfe habe er die damaligen Fraktionschefs und je zwei andere Vertreter der drei Fraktionen unterrichtet. Einen Widerspruch habe es dabei nicht gegeben.*

Am 12. November 1964 schrieb ich an den Bundeskanzler Erhard, einem Wunsch des Auswärtigen Amts folgend hätte ich eine Einladung des Präsidenten der Vereinigten Arabischen Republik zu einem Besuch in Kairo angenommen. Ich möchte mich dabei aber nicht noch einmal einer Situation aussetzen wie bei meinem Besuch in Israel. In den Gesprächen mit den Mitgliedern der israelischen Regierung hätte ich keine Ahnung davon gehabt, daß es einen Militärhilfe-Vertrag meines Landes mit Israel gäbe. »Hätte ich den Vertrag gekannt, dann bin ich überzeugt, daß wir heute nicht mehr vor den Schwierigkeiten stünden, die sich aus der Frage der diplomatischen Beziehungen ergeben, weil ich dann seinerzeit mit an Sicherheit grenzender Wahrscheinlichkeit das Einverständnis der Israelis zu der Errichtung von Handelsvertretungen erreicht hätte, wie Sie sie selber zur Zeit erwägen.« Nun werde mich Nasser zweifellos auf den Militärhilfevertrag ansprechen.

Ich bäte deshalb, mir von dem Vertrag Kenntnis zu geben und mir zu sagen, ob die Bundesregierung unter Umständen auch an seine vorzeitige Auflösung denke oder ob sie sich, was ich verstehen würde, auf jeden Fall an die termingerechte und vollständige Einhaltung des Vertrags gebunden fühle. Ich ginge außerdem davon aus, daß die Bundesregierung Verträge dieser Art nicht mehr zu schließen beabsichtige. Das entspräche jedenfalls der Stimmung des Parlaments, das jetzt dazu neige, militärische Hilfeleistungen an Staaten außerhalb der NATO gesetzlich zu untersagen. Ich möchte außerdem wissen, ob die Bundesregierung im Rahmen ihrer Entwicklungshilfe Ägypten gewisse Hilfeleistungen anzubieten gedenke. Aus dem Auswärtigen Amt hatte ich gehört, daß man dort daran denke, Nasser zum Beispiel eine Meerwasserentsalzungsanlage auf atomarer Basis anzubieten. Es sei nicht meine Absicht, dazu Stellung zu nehmen. Für meine Gesprächsführung sei es aber von Bedeutung, zu wissen, ob die Bundesregierung an Angebote dieser Art denke.

Der Bundeskanzler antwortete umgehend. Die Bundesregierung sehe – ich möchte Herrn Nasser das sagen – seinem Besuch in Deutschland »mit großer Erwartung« entgegen. Der Verteidigungsminister sei gebeten worden, mich

* Adenauers Mitteilung erfolgte zu einer Zeit, in der er nicht mehr im Amt war, in der Fraktionssitzung vom 16. Februar 1965. Das Abkommen sei übrigens »auf Wunsch einer befreundeten Macht« zustande gekommen. Welcher sagte er nicht. Es war auch nicht nötig. Die Panzer stammten von den Amerikanern. Präsident Johnson – so wurde mir danach berichtet – habe Bundeskanzler Erhard bei dessen Besuch in Texas »bekniet«, ihre Lieferung an die Israelis zu übernehmen. Dadurch könnten die amerikanischen Waffenlieferungen an Jordanien kompensiert werden. Für die Ägypter aber waren es deutsche Panzer. Und diesen hing gerade in Ägypten seit Rommels Vorstoß nach El Alamein ein legendärer Ruf an.

»über die deutsch-israelischen Abmachungen, soweit sie sein Ressort betreffen«, zu informieren.

Herrn Nasser solle ich davon nicht unterrichten. »Ich bitte Sie vielmehr, ihn darauf hinzuweisen, daß es sich um die Abwicklung von Vereinbarungen handelt, die schon vor längerer Zeit abgeschlossen wurden. Insofern fühlt sich die Bundesregierung an eine Einhaltung der Abmachungen gebunden.« Sie sei jedoch der Auffassung, daß »ihre ursprüngliche Entscheidung, in Spannungsgebiete keine Waffen zu liefern, nach wie vor die beste Verhaltensweise« darstelle. Die Normalisierung der diplomatischen Beziehungen zwischen Deutschland und Israel sei im Grundsatz notwendig, sei aber eine Frage des Wann. Mit einem Sondergesetz wolle die Bundesregierung die deutschen Raketenspezialisten aus Ägypten nicht zurückführen. Tatsächlich hatten sich dagegen erhebliche rechtliche, nicht politische Bedenken erhoben. Nasser solle aus freien Stücken auf ihre Weiterbeschäftigung verzichten. Die Bundesregierung werde ihrerseits bemüht sein, auf dem Wege der Kapitalhilfe und so weiter der Vereinigten Arabischen Republik bei ihrem industriellen Aufbau »weiterhin nach Kräften zu helfen«. Zu der Entsalzungsanlage könne noch keine Stellung genommen werden.

Erhards Brief war seiner Natur entsprechend höflich bemüht, ja freundlich. Nur: Den Militärhilfevertrag bekam ich nicht zu Gesicht. Ich habe ihn bis heute nicht gesehen. Der Ministerialdirektor Dr. Mercker hatte eine schwere, ja unmögliche Aufgabe, als ihn seine Obrigkeit zu mir schickte, um mich über den Vertrag zu informieren. Ich schickte ihn wieder fort, als er mir – etwas bedrückt – mitteilte, den Vertrag habe er nicht mitgebracht. Mit Franz Josef Strauß hatte ich danach ein um so ernsteres und instruktiveres Gespräch.

Im Reich Gamal Abdel Nassers

Ich hatte der Bundesregierung mitgeteilt, ich wolle in Kairo so wenig wie möglich offiziell in Erscheinung treten. In Afrika, im Fernen Osten und anderwärts war ich öfters im Kostüm des kulturbeflissenen Redners oder des jagdlich Interessierten aufgetreten, wenn ich nicht einfach als Parlamentspräsident einen der üblichen Besuche zu machen hatte. Ein solches Mimikry wäre in jener Lage in Kairo lächerlich gewesen. Jedermann wußte, worum es ging. Zum Empfang auf dem Flughafen stand neben dem deutschen Botschafter in Kairo, meinem Freund und alten Hilfswerkmitarbeiter Georg Federer, der Präsident des ägyptischen Parlaments, ein damals in der Weltöffentlichkeit kaum bekannter Mann namens Anwar as Sadat. Er galt als besonders deutschfreundlich. Beim Vorstoß Rommels nach El Alamein habe er als ägyptischer, antibritisch gestimmter

Offizier mit Rommel Fühlung zu nehmen versucht und sei daraufhin in einem Straflager der Briten gelandet. Mir gegenüber war Sadat von gewinnender Freundlichkeit.

Auch Präsident Nasser empfing mich in seiner Residenz sehr liebenswürdig. Wir trafen uns zum zweiten Mal. Im Sommer 1955 hatte mich Heinrich von Brentano, damals Außenminister, während einer Informationsreise in Ostafrika gebeten, auf der Rückreise Nasser zu besuchen. Ich tat es und gewann dabei den Eindruck, einen Mann vor mir zu haben, der sich nicht nur eine schwere, sondern eine überspannte Aufgabe vorgenommen hatte. Mit Erbitterung berichtete er damals von der Situation der ägyptischen Armee, die im Krieg gegen Israel 1948/49 mit ihrer unzureichenden Ausrüstung, unzulänglichen Organisation und Führung sehr gelitten hatte. Als Hauptmann war Nasser schwer verwundet worden, hatte sich aber dennoch ausgezeichnet geschlagen. Er gehörte zu dem geheimen, zahlenmäßig kleinen Offiziersverbund der »Freien Offiziere«, die den abgewirtschafteten König Faruk 1952 gefangennahmen und absetzten. Nasser hatte ein Gespür für Ägyptens innere Notwendigkeiten, für die soziale Misere der lawinenhaft wachsenden Bevölkerung. »Aber Nasser will zuviel, er will alles auf einmal verwirklichen: Industrialisierung und Wohlstand durch Sozialismus, politische und militärische Großmacht zwischen Nil und Euphrat... Nasser verlangt zuviel. Ägypten ist überfordert.«[12]

Jetzt, am 22. November 1964, saßen wir uns wieder gegenüber. Unser Botschafter begleitete mich. Nach einem kurzen Gespräch über die Entwicklung Afrikas kamen wir auf unsere Beziehungen zu sprechen. Es sei an der Zeit, sagte ich, unter die Vergangenheit einen Strich zu ziehen und eine neue Ära unserer Beziehungen zu eröffnen. Dazu gehöre, daß wir von dem Anwurf herunterkämen, Israel normale Beziehungen zu verweigern und uns von den Arabern erpressen zu lassen. Nasser folgte mit offensichtlichem Interesse, reagierte aber ausschließlich mit dem Hinweis auf die deutsche Militärhilfe an Israel. Sein Nachrichtendienst habe ihn zwar schon lange darauf hingewiesen, aber er habe es nicht glauben wollen.

Höchst vorwurfsvoll hielt er mir vor, daß zwar auch andere Länder Israel mit Waffen belieferten, aber wenigstens gegen Bezahlung. Wir hingegen machten sie Israel zum Geschenk. Sein Ton reizte mich. Deshalb warf ich ein, daß er sich noch mehr Waffen aus dem Ostblock kommen lasse. Ja, antwortete er zornig, aber er müsse sie bezahlen. Ich fragte, womit denn? »With my best cotton«, schrie er.

Zu seiner Beruhigung sagte ich wahrheitsgemäß, daß ich von diesen Waffenlieferungen bis vor wenigen Wochen keine Ahnung gehabt habe. Der größere Teil des Bundestags sei mit mir der Meinung, daß wir in Zukunft Waffenlieferungen an Länder außerhalb der NATO notfalls gesetzlich verbieten würden. Außerdem: Diese Waffenarsenale nützten ihm doch nichts. Doch, sagte Nasser,

Israels Aggressionspolitik zwinge ihn dazu. Er könne nach den kriegerischen Zusammenstößen von 1948 und 1956 sich nur noch auf seine eigene Stärke verlassen. Israelischen Versicherungen könne er nicht mehr trauen. Israel habe schließlich eine Million zweihunderttausend Palästinenser verjagt, und bei jeder für Israel günstigen Gelegenheit müsse mit neuen Angriffen gerechnet werden. Ich antwortete, ganz ähnliches hätte ich erst kürzlich auch von dem Vertreter Israels in Bonn gehört – nur umgekehrt. Wir fühlten uns indessen nicht berufen, darüber ein Urteil abzugeben. Um so weniger, als wir bislang keinerlei Möglichkeiten hätten, uns in Israel selbst ein Urteil zu bilden. Diese Beschränkung nütze Ägypten gar nichts. Schon deshalb schlage sie vielmehr gegen sein Land aus, weil die Verweigerung der Normalisierung Israel immer wieder veranlassen könne, finanzielle »Ausgleichsleistungen« in die Diskussion zu bringen. Nasser stutzte. Darauf war er nicht vorbereitet.

Ich fuhr fort – jetzt mit dringlichem Nachdruck – mit dem Vorschlag, unsere Beziehungen auf eine neue Grundlage zu stellen und sich mit den fälligen »Normalisierungen« zu Israel vertraut zu machen. Ich hoffe, sagte ich, daß am Ende von einschlägigen Gesprächen mit seiner Regierung ein Übereinkommen stehe, das er, Nasser, bei einem Besuch in der Bundesrepublik selbst abschließend verhandeln und unterzeichnen könne.

Der Botschafter griff ein. Er unterrichtete Präsident Nasser offiziell von der Einladung des Bundespräsidenten und der Botschaft des Bundeskanzlers, der hoffe, Nasser bald in Bonn zu sehen. Dieser fragte nach Terminen. Ich schlug vor, daß Nasser seinen Termin so wähle, daß er auf der nächsten »Afrika-Woche« der Deutschen Afrika-Gesellschaft, deren Gründer und Vorsitzender ich war, die Hauptrede halten könne. Das schien ihm zu gefallen. Er machte jedoch geltend, daß er sich Ende März zur Wiederwahl stellen müsse. Ich warf scherzhaft ein, sie könne doch nicht zweifelhaft sein. Das nicht, meinte Ägyptens Staatspräsident. Aber ob er die Wahl annehmen könne, sei eine andere Frage. Mancher sei plötzlich von einem Herzinfarkt dahingerafft worden. Ich nahm das nicht weiter ernst. Ahnte er, welch frühes und plötzliches Ende ihm beschieden war? Ich sah Nasser nicht wieder.

Die Gespräche mit meinem Kollegen Sadat waren weit weniger anstrengend. Er zeigte sich verständnisvoller als sein Staatspräsident, auch wenn er sich von dessen Positionen nirgends trennte.[13]

Auch Sadat war nach seinen Gesprächen mit Nasser über meinen Besuch derselben Meinung wie Botschafter Federer und ich, daß Nasser die Einladung nach Bonn angenommen und dem damit verbundenen weiteren Modus procedendi zugestimmt habe. Der Fortgang der Geschichte war für uns um so bestürzender und ist mir mindestens in einer Hinsicht bis zum heutigen Tag ein Rätsel.

Am 7. Dezember 1964 besprach ich mit Bundeskanzler Erhard noch einmal meinen Besuch in Kairo und meine Vorschläge für das weitere Vorgehen der Bundesregierung. Erhard schwankte, ob er auch ohne israelische Zustimmung die Waffenlieferungen sogleich beenden und den Israelis dafür Geld oder anderes anbieten solle. Ich plädierte, obwohl mir das mit Rücksicht auf die Araber unangenehm war, dafür, den Vertrag korrekt zu erfüllen, falls Eshkol ernste Schwierigkeiten mache, womit gerechnet werden mußte. Schröder hatte sich für einen Stop ausgesprochen. Mir war nicht klar, ob das die definitive Beendigung der Waffenlieferungen bedeuten solle. Meinen sonstigen Vorschlägen stimmte Erhard uneingeschränkt zu.

Ich war deshalb des Glaubens, daß alles auf dem besten Wege sei, bis mich der Bundespräsident bei Gelegenheit des Neujahrsempfangs 1965 um eine Besprechung bat, bei der die Einladung des ägyptischen Präsidenten erörtert werden solle. Daraus mußte ich entnehmen, daß die formelle Einladung an Nasser noch gar nicht ergangen war, obwohl Botschafter Dr. Federer sie schon am 22. November 1964 auf Weisung der Bundesregierung Nasser mündlich übermittelt hatte.

Ich schrieb sogleich an Dr. Schröder, daß »zu meinem großen und schmerzlichen Bedauern, seit meinem Besuch bei Nasser in dieser Sache überhaupt nichts mehr erfolgt sei«. An den Bundeskanzler schrieb ich gleichzeitig: »Ich muß Sie auf das inständigste bitten, auch Ihrerseits der völligen Untätigkeit des Auswärtigen Amts in dieser Sache ein Ende zu setzen.«

Schröder antwortete eine Woche später, meine Schreiben seien für ihn »von großem Wert«. Sie deckten sich in der Analyse und den Schlußfolgerungen weitgehend mit seinen Auffassungen. Zur Frage einer generellen gesetzlichen Regelung unserer »Ausrüstungshilfe« möchte er sich allerdings eine abschließende Stellungnahme vorbehalten. Die Unterstellung einer Untätigkeit seines Amtes wolle er jedoch nicht unwidersprochen lassen. Die Entscheidungen, die unsere Nahost-Politik verlangten, bedürften der Zustimmung des Kabinetts, und die Fragen der wirtschaftlichen Kompensationen müßten mit anderen Ressorts abgestimmt werden. Die schriftliche Einladung an Nasser könne zudem erst hinausgehen, wenn das Datum des Besuchs feststehe.

Der Brief des höflichen Außenministers befriedigte mich in keiner Weise. Der betroffenen Bürokratie hätte ich gerne zugerufen: Schlaft schneller Genossen! Daß sie gut informiert war, dafür hatte nicht nur unser Botschafter in Kairo, sondern auch der Vortragende Legationsrat Dr. Schirmer gesorgt. Er hatte mich nach Kairo begleitet und hatte sich dabei als ein sachverständiger Ratgeber erwiesen. Noch ehe der Januar 1965 vergangen war, hatten wir die Folgen dieser trotz Schröders Erklärungen unbegreiflichen Zeitvergeudung vor uns. Gegen

Ende des Monats meldete sich der Bundestagsabgeordnete Werner von einer Nahostreise bei mir zurück. Der Kaufmann unterhielt im Orient vielfältige geschäftliche Beziehungen. In Kairo hatte er den Vizepräsidenten der VAR, Marschall Amer, gesprochen, und dieser hatte beiläufig erzählt, daß Ulbricht aus Pankow demnächst in Ägypten erwartet werde. Fünf Tage danach – Werner hatte den Marschall zusammen mit Federer aufgesucht und sogleich den Bundesaußenminister informiert – brachte die Regierungszeitung ›Al Ahram‹ in Kairo die erste Mitteilung über den bevorstehenden Besuch.

Jetzt kam Bewegung in die Ressorts, aber nun war es zu spät. Die gemach- und überlegsamen Herren hatten das Temperament – und die Empfindsamkeit – Nassers zu unserem großen Nachteil erheblich verkannt. Es war geglückt, mit Nasser zu einem Arrangement zu kommen. Aber auch wir waren ihm gegenüber im Wort. Als er jedoch wochenlang nichts mehr aus Bonn hörte und noch nicht einmal die schriftliche Bestätigung der Einladung des Bundespräsidenten erfolgte, reagierte Nasser verletzt und gab dem ewigen Drängen der Sowjets und ihrer Satelliten nach: Er ließ Ulbricht kommen. Jetzt nützte es nichts mehr, daß wir die ägyptische Führung dringlich und düster auf die unweigerlichen Folgen ihrer etwaigen Aufnahme diplomatischer Beziehungen zu Pankow aufmerksam machten. Nasser reagierte nur um so verbissener. In Kairo wurde der rote Teppich ausgerollt, und »der Spitzbart«, wie wir ihn nannten, schritt einem seiner beachtlichsten Erfolge entgegen. Wir kamen mit unserer Hallsteindoktrin in Bedrängnis. Ich plädierte dafür, die Beziehungen zu Ägypten nicht abzubrechen und Israel Verhandlungen zur Normalisierung der Beziehungen anzutragen.

Durchbruch – Diplomatische Beziehungen mit Israel

Die Dinge hatten sich so zugespitzt, daß die Bundesregierung an ihrer Absicht, die Frage der diplomatischen Beziehungen mit Israel bis nach den Bundestagswahlen im Herbst zu vertagen, nicht mehr festhalten konnte. Auch in der Fraktionsführung der CDU/CSU hatte sich ein Wandel vollzogen. Rainer Barzel, der Fraktionsführer, kam von einer Reise in die USA zurück mit der Erkenntnis, daß der Entscheidung nicht länger ausgewichen werden dürfe. In nahezu ultimativer Weise stellte er den noch immer zaudernden Bundeskanzler vor die Entscheidung. Die Sache müsse jetzt zu Ende gebracht werden. Und sie wurde zu Ende gebracht.

Der Bundestagsabgeordnete Dr. Birrenbach, ein dafür hervorragend geeigneter Mann aus den Reihen der CDU, wurde nach Jerusalem entsandt, jedoch nicht ermächtigt, über die Normalisierung unseres Verhältnisses offizielle Verhandlungen aufzunehmen.[14] Dort erfuhr Birrenbach, daß sich der Bundeskanzler abrupt dazu entschlossen habe, Israel diplomatische Beziehungen anzutragen. Ich war damit nicht mehr befaßt. Mit beachtlicher Mehrheit stimmte die Knesset der Aufnahme diplomatischer Beziehungen am 16. März 1965 zu. An die Stelle der Waffenlieferung trat einvernehmlich eine ausgehandelte Wirtschaftshilfe.[15] Für Israel kein Nachteil und für die Klarstellung der deutschen Position in der Welt von grundsätzlicher Bedeutung.

Die bei entsprechender Behandlung wahrscheinlich zu verhindernde Reaktion der Araber trat im weiteren Verlauf der Dinge ein. Außer mit der Vereinigten Arabischen Republik kam es noch mit weiteren neun Staaten zum Abbruch der diplomatischen Beziehungen. Später wurden sie zwar alle wieder aufgenommen. Dies aber war die Folge der Revision unserer Deutschlandpolitik mit dem Verzicht auf die Hallsteindoktrin. Damals jedoch wurde daran noch nicht entfernt gedacht. Erhard und Schröder baten mich, der Abbruchwelle entgegenzutreten. Marokko, Tunesien und Libyen hatten sich ihr noch nicht angeschlossen. Marokko kam dabei eine Schlüsselstellung zu. Ob ich nicht mit dem König von Marokko sprechen würde? In jenen Tagen war der marokkanische Botschafter bei mir erschienen. Ohne Zurückhaltung legte er dar, daß Ägyptens Staatspräsident schließlich nur für sein eigenes Land, aber gewiß nicht für alle arabischen oder gar für alle islamischen Länder sprechen könne. Dennoch sympathisiere auch Marokko mit der von Nasser in der Israelfrage bezogenen Position. Kurzum, er hatte mir mehr als deutlich gemacht, daß es an der Zeit sei, darüber auch mit seinem König zu sprechen.

Besuch bei König Hassan II.

Ich flog nach Rabat. Der König empfing mich in seinem weitläufigen Palast, jung, elegant, in grauem Flanell, sehr liebenswürdig. Das Gespräch kam schnell zur Sache. Ich berichtete von meinen Besuchen in Israel, vor allem aber von meinem Gespräch mit Nasser.

So angreifend dieses gelaufen war, so ruhig und vernünftig lief es mit dem jungen Monarchen. Zwar schenkte auch er mir nichts an Vorbehalten gegen unsere Israelpolitik. Aber anders als Nasser war er sogleich bereit zuzugestehen, daß wir Deutsche uns in der Israel- und in der Judenfrage überhaupt in einer anderen Lage befänden als andere Staaten. Ich unterstrich vor allem die moralische Seite der Sache und fand dabei sein volles Verständnis. Ich hatte noch nicht lange geredet, als er mich – überraschend – fragte, wenn wir so gute Gründe für die Normalisierung unserer Beziehungen zu Israel hätten, warum in aller Welt wir sie denn dann nicht schon lange hergestellt hätten? Ich sagte, weil wir einen Bruch mit anderen Staaten, gegen die wir von uns aus gar nichts auf dem Herzen hätten, vermeiden wollten. Der König: Nun gut, von uns haben Sie nichts zu befürchten. Ich präzisierte: Unsere beiderseitigen Beziehungen bleiben also ungetrübt und ungestört? Der König bejahte – frei und ohne Vorbehalt.

Als Hassan II. einige Zeit später zum Staatsbesuch in Bonn erschien, begrüßte er mich wie einen bevorzugten Freund.

Im Jahr darauf war ich mit einer Reihe von Parlamentspräsidenten aus aller Welt zur Einweihung des Neubaus der Knesset wieder in Jerusalem. Als in einem feierlichen Zeremoniell Deutschland und mein Name aufgerufen wurden, gab es einen mehr als freundlichen Beifall aus der großen israelischen Teilnehmerschar.

Rede vor dem Jüdischen Weltkongreß

Einige Wochen vorher hatte ich auf der Vollversammlung des Jüdischen Welt-kongresses in Brüssel zu dem Thema Deutsche und Juden zu sprechen. Es war zum erstenmal, daß auf einer der großen Tagungen dieser jüdischen Weltorgani-sation ein Deutscher zu Wort kam. Nahum Goldmann hatte den kühnen Gedanken, dieses Thema auf dem Kongreß zur Diskussion zu stellen. Für das ehemalige deutsche Judentum sprach Gersholm Scholem, einer der großen Gelehrten der Hebräischen Universität von Jerusalem. Für die deutschen jüdi-schen Emigranten sprach Golo Mann und für die »gewöhnlichen« Deutschen ich. Nahum Goldmann hatte beträchtliche interne Schwierigkeiten zu überwin-den, um einem Deutschen eine Möglichkeit des Auftretens zu verschaffen.

Als ich in Brüssel ankam, waren sich Dr. Goldmann und Dr. Shinnar keines-wegs sicher, ob es überhaupt gelingen werde, mich zu Wort kommen zu lassen. Es gelang. Ich sprach nach Scholem und Golo Mann. Goldmann führte mich mit einer Wertung meiner Bemühungen um die Wiedergutmachung an den Juden und die Normalisierung zu Israel ein. Leider war Scholems historisierender Vortrag für einen erheblichen Teil der aus der ganzen Welt angereisten Hörer zu sehr auf das deutsche Judentum und seine Geschichte insbesondere im 19. Jahr-hundert ausgerichtet. Vor einem deutsch-jüdischen Auditorium wäre es ein exzellenter Vortrag gewesen, hier aber langweilten sich nicht wenige. Die Liebe zwischen den Juden und Deutschland, meinte Scholem, sei alles in allem unglücklich gewesen. Auch die gemeinsame Verehrung etwa Friedrich Schillers habe daran nichts geändert. Und nun nach Hitler? Nein, nun sei Liebe nicht mehr aufbringbar. Und Vergessen sei unmöglich. Schwermut und Melancholie sprach aus des feinsinnigen Scholem herzzerreißender Enttäuschung.

Meine Rede wurde mit großer Aufmerksamkeit ohne jede Störung angehört und am Schluß mit Beifall bedacht. Durchaus kritisch setzte sich der Zentralrat der Juden in Deutschland mit dem Kongreß auseinander.[16] Am Abend saßen wir im kleinen Kreis in einem Brüsseler Hotel zusammen. Die Stimmung war gedämpft. Jeder hing in seiner Weise dem alten dahingegangenen Deutschland nach.[17]

Juden und Araber

Inzwischen hatte sich das aktuellste Konfliktsthema Israels immer mehr auch in unsere persönlichen Gespräche geschoben. Felix Shinnar erklärte mir, die Führung Israels lebe in dem Bewußtsein, daß die Verständigung Israels mit den Arabern für Israel eine Frage auf Leben und Tod sei, daß es aber auch für die Araber von großer Bedeutung sein werde, mit den Israelis an den Verhandlungstisch zu kommen.

Shinnar sagte damit, was ich zuvor von Ben Gurion klar, von seinem Nachfolger Eshkol andeutungsweise immer wieder gehört habe. Nicht nur Nahum Goldmann, auch die führenden Köpfe unter seinen israelischen Kritikern hatten eine durchaus nüchterne Erkenntnis der Lage Israels. Ich fühlte mich nicht zum Ratgeber berufen. Ich hätte mich nicht dazu überwinden können, dem schwer geprüften und noch immer gefährdeten Staat anzuraten, zur Teilung Jerusalems und zur alten Wespentaille des Landes zurückzukehren.

SIEBZEHNTES KAPITEL

Verständigungen und Mißerfolge

In Spanien: Castiellas Reform der Kultgesetze

Der spanische Außenminister, Fernando M. de Castiella, war Spaniens Botschafter beim Heiligen Stuhl gewesen. Mit Aufgeschlossenheit hatte er die innere Bewegung in der Katholischen Kirche, die zum Zweiten Vaticanum führte, verfolgt. Er war ein geschichtskundiger Freund Deutschlands. Er hatte in der Blauen Division gedient, jenem spanischen Freiwilligenkontingent, das auf deutscher Seite in Rußland kämpfte und sich dabei auszeichnete.

Eines Tages, im Spätherbst 1963, meldete sich Marqués de Bolarque, der spanische Botschafter in Bonn, bei mir, um im Auftrag seines Außenministers zu sondieren, ob ich bereit wäre, einer Einladung der spanischen Regierung zu folgen. Señor de Castiella liege viel daran, mit mir ein Reformprogramm zu besprechen, an dem er seit einiger Zeit arbeite und das er verwirklichen wolle, solange Spaniens Klerus und Regierung noch unter dem unmittelbaren Eindruck des Zweiten Vatikanischen Konzils stünden.

Die kirchlichen Verhältnisse Spaniens waren mir aus meiner Arbeit im Außenamt der Deutschen Evangelischen Kirche bekannt. Ich hatte unsere deutschen evangelischen Gemeinden in Madrid und Barcelona besucht und hatte auch einen Eindruck von der Fliednerschen Arbeit gewonnen.[1] Die Protestanten Spaniens waren eine kleine Minderheit, die unter dem Druck der katholischen Staatsreligion zeitweilig empfindlich gelitten hatte. Sie durfte ihre Toten zum Beispiel nicht auf den allgemeinen Friedhöfen Spaniens beisetzen, da sie Katholiken vorbehalten waren.

Castiella war entschlossen, diese und ähnliche Restbestände des Mittelalters zu beseitigen. Er wollte seinen Protestanten eine Möglichkeit bieten, sich zu seinem Reformprojekt zu äußern. Nicht ohne Grund nahm er an, daß sie sich gegenüber einem Lutheraner und »Widerständler« wie mir unbefangener äußern würden als ihm gegenüber. Spaniens Regierung garantiere mir völlige Aktionsfreiheit und den von mir Anzuhörenden vollen Schutz, auch wenn sich Personen darunter befänden, die im Exil (Frankreich) lebten und polizeilich gesucht würden. Ich nahm an. Nach außen lief ein von der Presse groß herausgestelltes Besuchsprogramm ab. Vom eigentlichen Thema sprach ich im Einvernehmen mit Castiella erst in einer Pressekonferenz am Schluß meines fünftägigen Aufenthaltes. Castiella wollte die gesetzlich verbürgte Religionsfreiheit, das heißt die Zulassung des öffentlichen Kultus auch der nichtkatholischen Religionsgemeinschaften in Spanien. Er erreichte nicht alles, was er wollte, aber er brach einer neuen Entwicklung Bahn.

Die spanischen Protestanten, darunter Methodisten und amerikanisch missionierte Baptisten, waren keine lauten Protestierer. Um mich herum saß ein scheues Häufchen, das sich nur schwer zum Reden entschloß. Sie kamen mir geduckt vor und ließen sich ähnlich vorsichtig und zurückhaltend ein, wie ich es im Reich Hitlers erlebt hatte, wenn sich Leute begegneten, die mit dem Nationalsozialismus nichts im Sinne hatten, sich aber nicht recht kannten. Der Kern der Gruppe bestand wohl aus Mitgliedern der Comisión de Defensa Evangélica, die sich in Spanien schon geraume Zeit zuvor gebildet hatte. Es dauerte einige Zeit, bis sie Vertrauen faßten, aber dann kam eine brauchbare Aussprache zustande. In ihr traten – für mich überraschend schnell – die eigentlich kirchlichen Fragen hinter den politischen zurück. Sie begrüßten Castiellas Absichten, ohne – wie es in einem entsprechenden deutschen Gremium geschehen wäre – sich auch nur einigermaßen zu den damit aufgeworfenen staats- und staatskirchenrechtlichen Fragen zu äußern. Das entsprach der beruflichen Zusammensetzung des Kreises. Akademiker und Intellektuelle waren – so schien es mir – nicht vertreten. Wohl aber politisch Bewanderte, durchweg Oppositionelle. Ich fragte nach ihrer Einstellung zum Regime Francos. Einhellige Antwort: Wir tolerieren ihn. Niemand will einen zweiten Bürgerkrieg riskieren. Aber wenn er stirbt, stirbt das Regime mit ihm. Darauf warten wir. Die Regierung hielt Wort, niemandem wurde ein Haar gekrümmt. Meine Gespräche mit Castiella waren in jeder Hinsicht fruchtbar und erfreulich. Seine Reformversuche sind nicht vergeblich geblieben. Er verstand es, den Staatschef für seine Ideen zu gewinnen. Sein Gesetz über religiöse Freiheit kam durch. Jahre danach erhielt ich noch Dankbriefe von deutschen evangelischen Witwen, deren pensionierte Männer an der Costa del Sol gestorben waren. Sie hätten sie »christlich auf dem katholischen Friedhof« beisetzen können.

In seinem mit den kostbarsten Gobelins ausgestatteten Schlößchen El Pardo empfing mich Franco am Ende unserer Gespräche. Ich merkte, daß er Castiellas Absichten wohlwollend gegenüberstand. Das Gespräch galt jedoch hauptsächlich der europäischen Integration. Von Europa sprach er wie von einem anderen Kontinent. Düster, aber gelassen sprach er von der permanenten Bedrohung durch die Sowjets. Am Schluß erhob er sich, um mir den Orden der Isabella Catholica zu überreichen. Einen Augenblick lang hatte die Königin ihr Wohlwollen einem Ketzer zugewandt.

Das japanische Parlament hatte 1962 eine Delegation des Bundestags eingeladen. Wir besichtigten den japanischen Reichstag, dessen Plenarsaal einst dem in der Hitlerzeit ausgebrannten alten deutschen Reichstagsplenum exakt nachgebaut worden war. Mich interessierte vor allem die Frage, welche Wirkungen der verlorene Krieg auf das japanische Nationalbewußtsein und den Lebensstil Japans hatte. Die philosophische und die juristische Fakultät der alten Kaiserlichen Universität in Kyoto luden mich einige Zeit später, im Frühjahr 1964, ein, in Vorlesungen und Kolloquien über die Wandlungen des Nationalbewußtseins in Deutschland zu berichten und Vergleiche über die innere Entwicklung Deutschlands und Japans seit dem Zweiten Weltkrieg anzustellen.

Das erwies sich als nicht einfach. Die Ausgangslage war zu verschieden. Weniger in politischer als in psychologischer und historischer Hinsicht. Am ehesten ließen sich der militärische Zusammenbruch Japans und seine geistigseelischen Folgen für das monarchisch-verfassungsmäßige Gefüge des Landes mit dem Ende der deutschen Monarchien 1918 vergleichen. Daß General MacArthur, der Befehlshaber der amerikanischen Besatzungsarmee, ein Glücksfall für das zusammengebrochene Japan war, fand ich in jeder Hinsicht bestätigt. Die japanische Verfassung von 1947 hingegen schien mir ein übereiltes Werk zu sein. Wäre sie auch nur ein oder zwei Jahre später, also etwa gleichzeitig mit unserem Grundgesetz, zustande gekommen, wäre vermutlich zumindest ihr Artikel 9 mit dem rigoros pazifistischen Verbot japanischer Streitkräfte anders ausgefallen. Er ist längst überholt. Im ganzen zeigt diese Verfassung, daß Japans Nationalbewußtsein von der Niederlage im Zweiten Weltkrieg noch stärker getroffen worden war als das deutsche. Die Erinnerung an die Achse Berlin––Rom–Tokio war schon bald nach dem Krieg in Deutschland verblaßt. In Japan war sie, wenn nicht vergessen, so doch taktvoll verdrängt. Man sprach von dem ehemaligen Waffenbündnis vielleicht noch bei dem buddhistischen Abt von Nara, einem großen Verehrer Deutschlands. Aber sonst war keine Rede davon. Eher verband uns die Niederlage. Aus dem Rang von Weltmächten waren wir gleichermaßen in Niederungen gestürzt, in denen die innere Orientierung unserer Völker nahezu verlorengegangen, ihr nationales Bei-sich-selber-Sein diffus geworden war.

Unter meinen Zuhörern in Kyoto saßen so viele akademische Lehrer, Professoren und Assistenten, daß ich mich danach erkundigte, ob denn auch noch hinreichend Platz für Studenten geblieben sei.[2]

In Tokio hatte ich vor der Gesellschaft für Auswärtige Politik einen Vortrag zu halten. Ich sprach dabei auch von der Notwendigkeit einer Reform der NATO. Das Thema hatte spätestens durch die Kritik de Gaulles an der NATO eine allgemeine politische Bedeutung erlangt, die jeden Parlamentarier beschäftigen mußte. Dazu kamen einige Einsichten, zu denen mich die Gespräche in Kyoto und mein veränderter Standort gebracht hatten. Kurz vor mir war mein Gesprächspartner von ehedem, Mikojan, mit einer sowjetischen Delegation in Tokio eingetroffen. Eine englischsprachige japanische Zeitung berichtete darüber, daß »sweet talks« geführt worden seien. Nun, sagte ich, sweet sei es nicht, was ich hier zu sagen habe. Die Verteidigungsfähigkeit der freien Welt sei immer noch notwendig. Ihr Sicherheitssystem, einschließlich der NATO, bedürfe der Überholung. Danach entwickelte ich mein ›Konzept der NATO-Reform‹: vom Kreis zur Ellipse. Bislang könne man sich die NATO als einen Kreis vorstellen, dessen Mittelpunkt in Washington liege. Schon die Konzentration der großen Atomwaffen in den USA lege dieses Bild nahe. Als Weltmacht Nummer eins müßten die USA neben dem europäisch-atlantischen Bereich aber auch den amerikanisch-pazifischen im Auge behalten, und die Europäer hätten über kurz oder lang mehr für die Verteidigung des europäisch-atlantischen aufzubringen. Deshalb empfehle es sich, bei der NATO-Reform von der Vorstellung des Kreises abzugehen und sich mit der einer Ellipse zu befreunden. In ihrem einen Brennpunkt werde zweifellos Washington, in ihrem anderen aber Paris oder Brüssel stehen müssen.

Den Anstoß zu diesem Modellwechsel hatten mir nicht nur die Gespräche mit de Gaulle in Bonn gegeben, sondern auch ein Meinungsaustausch mit dem damaligen Ministerpräsidenten Japans, Hayato Ikeda. Er hatte mich eingeladen und war auch mein Gast in Bonn gewesen. Wir verstanden uns gut. Außerdem hatten wir in Herrn Kurokawa einen exzellenten japanischen Dolmetscher, wie ich ihn besser nie mehr traf.

Ikeda hatte mir gegenüber Japan als »die dritte Säule der freien Welt« bezeichnet. Er war sich offensichtlich bewußt, was dieses Bild für sein Land und was es für ein globales Sicherheits-System der freien Welt bedeuten konnte. Für mich wurde es der Anstoß, meine Ideen zur NATO-Reform weiterzubilden zu einem Sicherheitssystem der ganzen freien Welt.

Ehe ich Japan verließ, fragte mich Ikeda, ob ich nicht bereit wäre, dem Staatschef Südkoreas, General Park, ein persönliches Wort von ihm zu übermitteln. Ich hätte, sagte er, an der Versöhnung zwischen Deutschland und Frankreich teilgenommen. Ob ich nicht etwas zu tun bereit wäre, um Japans Verhältnis zu Korea in Ordnung zu bringen? »Wir hielten das Land vierzig Jahre lang besetzt und haben ihm viel Böses angetan. Meine Regierung strebt eine Verstän-

510

digung, eine Versöhnung an.« Ich sagte, ich sei gern bereit, dazu beizutragen, was immer ich könne. Aber welche Vorstellungen er habe? Der Ministerpräsident dachte – neben und unabhängig von den damals laufenden Entschädigungsverhandlungen Japans mit Korea – an eine nachhaltige Kredithilfe, eine Art japanischen Marschallplan, zum wirtschaftlichen Aufbau Südkoreas. In welcher ungefähren Höhe, fragte ich. Er denke an fünfhundert Millionen Dollar, antwortete Ikeda. Ob die Sache publik werden dürfe, fragte ich weiter. Er wolle das mir überlassen. Ich sagte zu. Es war mein letztes Gespräch mit diesem von mir hochgeschätzten Japaner. Er starb noch im gleichen Jahr.

In Südkorea

Auf dem Flughafen von Seoul wurde ich mit einem großen militärischen Zeremoniell empfangen. Wir hatten schon eine Botschaft in Südkorea, aber ich war der erste politische Repräsentant Deutschlands, der offiziell in Seoul erschien. Es war auch sonst gelegentlich passiert, daß ich als Bundestagspräsident mit eindrucksvollen militärischen Ehren empfangen wurde. Aber das hatte sich mehr in afrikanischen oder in südamerikanischen Staaten ereignet. In besonders lebendiger Erinnerung ist mir ein Empfang in Santiago/Chile – lange vor Allende. Dort sah ich Preußens Gloria, wie sie vor dem Ersten Weltkrieg, zu Kaisers Zeiten ausgesehen haben muß, in denselben Uniformen, im gleichen Paradedrill und Schliff.

Hier in Seoul war es der Drill der amerikanischen Armee, in dem paradiert wurde. Der Parlamentspräsident sprach freundliche Worte des Empfangs und bald war ich bei General Park Chung Hee, dem Staatschef. Ich hatte sein Buch gelesen[3] mit dem enthusiastischen Lobpreis Deutschlands und seines »Wirtschaftswunders«. Ich dankte dem General für sein Wohlwollen meinem Land gegenüber, sagte ihm aber auch, daß seine Darstellung Deutschland idealisiere. Er antwortete, daß es nicht nur die wirtschaftlichen Leistungen, sondern auch die soldatischen Tugenden der Deutschen seien, die er bewundere. Dann kam ich zu Ikedas Botschaft. Sie verschlug ihm die Sprache. Er sah mich ungläubig an und schwieg lange. Dann sagte er, was ich da gesagt habe, sei für sein Land von so großer Bedeutung, daß er mich bitten möchte, nach dem anschließenden Mittagessen Ikedas Äußerungen auch seinen Landsleuten vorzutragen.

Es war ein Essen im engsten Kreis. Außer dem Gastgeber waren der Ministerpräsident, der Außenminister, der Parlamentspräsident und zwei der Opposition angehörige Vizepräsidenten der Nationalversammlung zugegen neben unserem Botschafter Bünger, meinen Begleitern und mir. Als ich gesprochen hatte, wurde es in dem Speiseraum von Blue House, der schönen Residenz des Staatspräsidenten, totenstill. Ikedas »Schuldbekenntnis« erschien den Koreanern nahezu unglaublich. Die erste Reaktion darauf war Verwirrung, dann innere Bewegung. Die Höhe der mir von Ikeda genannten Wirtschaftshilfe von fünfhundert Millionen Dollar steigerte die Verwirrung. Der Präsident hob die Tafel auf in dem lauten Durcheinander der koreanischen Einlassungen. Zu zweit gingen wir durch den Park hinter dem Blue House. Die Reaktion des Staatspräsidenten war die gleiche wie die seiner Minister und Parlamentsvertreter. Einerseits Bewegung, andererseits Mißtrauen. Sie hatten es mir schon zuvor, noch bei Tisch gesagt, daß hinter diesem von ihnen als enorm hoch empfundenen Angebot vielleicht doch nur ein neuer Versuch Japans stecke, Korea wieder zu unterwerfen und in kolonialer Abhängigkeit zu halten. Nur daß er diesesmal nicht mit Waffen, sondern mit Geld unternommen werde.

Ich hatte stundenlang zu tun, um Koreas Führung nahezubringen, daß ich selber fest davon überzeugt sei, ihr Mißtrauen sei unbegründet und Ikedas Schuldbekenntnis redlich. Ich argumentierte mit dem Hinweis auf Amerikas Marshallplan und seine Bedeutung für den deutschen Wiederaufbau, und ich wurde nicht müde darzutun, daß die Kluft zwischen Deutschland und Frankreich noch viel älter und tiefer gewesen sei als die zwischen Korea und Japan. Ich appellierte an ihr Selbstbewußtsein und Selbstvertrauen. Es müsse eingesetzt werden, konstruktiv, um Vertrauen zwischen den beiden Völkern zu schaffen.

General Park meinte, daß ihre Zweifel rascher verschwänden, wenn Korea auch von europäischer Seite auf Wirtschaftshilfe hoffen dürfte. Dann wäre die Gefahr der weitgehenden Abhängigkeit von Japan gebannt. Ich sprach vor Parlament und Nationaluniversität, flog nach Pan Munjon zu Koreas »Zonengrenze«, gab Pressekonferenzen und berichtete nach der Rückkehr nach Bonn an Japans Ministerpräsident Ikeda:

»Der Eindruck Ihrer Worte, die ich mich bemüht habe exakt so wiederzugeben, wie ich sie durch Ihren Dolmetscher aufgenommen habe, war außerordentlich groß. Präsident Park Chung Hee versicherte, daß die Bekundung einer solchen Gesinnung gegenüber Korea, wie Sie sie mir gegenüber zum Ausdruck gebracht haben, von grundlegender Bedeutung für die Wandlung des alten verhärteten Verhältnisses zwischen Korea und Japan sei. Auch die Oppositionsführer waren außergewöhnlich beeindruckt von Ihren Äußerungen...

Bei meinen öffentlichen Reden habe ich mich nicht entschließen können, Ihre Äußerungen wiederzugeben, weil ich das Gefühl hatte, daß es unvergleichlich wirkungsvoller ist, wenn eine Erklärung von solcher Bedeutung unmittelbar von Ihnen kommt. In der Pressekonferenz, in der ich darauf angesprochen wurde, habe ich jedoch offen und mit Nachdruck unter direkter Wendung an Koreas akademische Jugend für die Verständigung und Aussöhnung mit Japan plädiert.«[4]

Fünfzehn Jahre später besuchte mich ein führender japanischer Journalist, ein kritischer Kopf, der meine damaligen Bemühungen aufmerksam verfolgte. Ich fragte ihn, ob er das Verhältnis der beiden Länder heute als normal betrachte. »Mehr«, sagte er, »es ist freundschaftlich.«

Einige Zeit nach meinem Besuch war Staatspräsident Park unser Gast in Bonn. Bundespräsident Lübke war von seinem Deutschlandkapitel so beeindruckt, daß ich nicht viel zu tun brauchte, um ihn zur Einladung des Generals zu bewegen. Er brachte seine junge, schöne Frau mit. Jahre später wurde sie bei einem Anschlag auf ihren Mann erschossen. 1979 wurde er selber das Opfer. Er war ein großer Patriot. Was immer gegen den Ermordeten gesagt wird – er hat sein Land dem wirtschaftlichen Elend entrissen.

Paris im Herbst 1964

Höchst vorwurfsvoll berichtete mir Adenauer (am 4. Juli 1964) vor einem Essen auf Schloß Ernich, der Residenz des französischen Botschafters, de Gaulle habe ihm soeben tief enttäuscht gesagt, »die Ehe ist nicht vollzogen worden«. Der General war mit mehreren seiner Minister zu einer jener regelmäßigen Arbeitskonferenzen nach Bonn gekommen, die in dem Deutsch-Französischen Freundschaftsvertrag vereinbart worden waren. Diesen Vertrag hatte de Gaulle mit der »Ehe« gemeint. Nach Tisch bat mich Konrad Adenauer, dem französischen Staatschef doch nach Möglichkeit einen positiveren Eindruck zu vermitteln. Wir traten auf die Terrasse mit dem herrlichen Blick auf das Rheintal, und ich versuchte, dem heiklen Wunsch Adenauers zu entprechen, ohne illoyal gegenüber unserer eigenen Regierung zu werden. Ich hatte nicht den Eindruck, daß ich die Unzufriedenheit des Generals zu überwinden vermochte. Er war zwar sehr aufmerksam, seine steife Miene wurde auch lockerer, aber er gab mir doch zu verstehen, daß Adenauer und sein Kreis inzwischen deutlich in die Minderheit geraten seien. Bedrückt fuhr ich den Berg hinab in das Rheintal.

Ich machte dem Bundeskanzler Ludwig Erhard keinen Vorwurf. Es war vorauszusehen, daß er mit der Übernahme von Adenauers Amt nicht auch dessen persönliche Beziehungen einfach übernehmen konnte. Er war gutwillig, unsagbar gutwillig. Aber mit de Gaulle – und einigen anderen – reden, wie Adenauer es getan hatte, das war ihm nicht gegeben.

Dazu kam eine andere, nicht in der Person Erhards liegende große Schwierigkeit. Adenauers Neigung, den Bundesgenossen zu schonen, wo er konnte, hatte zwar viel zu der Erhaltung des guten Klimas beigetragen, aber der begrifflichen Klarheit und politischen Systematik hatte es, wie gesagt, nicht gedient. Adenauer hat unsere deutschen, jedenfalls unsere CDU/CSU-Vorstellungen von der Integration Europas niemals aufgegeben, und er ist auch nie von der Überzeugung gewichen, daß die NATO mit ihren integrierten Waffenverbänden unter im wesentlichen amerikanischer Führung für die deutsche wie für die europäische Sicherheit unverzichtbar sei. Aber er hat sich nicht nur innerlich, sondern zuweilen auch in seiner Argumentation geweigert, zur Kenntnis zu nehmen, daß sein bewunderter Freund Charles de Gaulle gerade in diesen Hauptstücken unserer Politik anders dachte als wir. Die große sprachliche Kraft de Gaulles und seine Wendigkeit haben Adenauer immer wieder bezaubert und ihn von der vollen Erkenntnis der erheblichen Differenz abgehalten. Ich konnte und wollte mir das nicht leisten. Dennoch habe ich, wo ich konnte, Adenauers Verständigungsversuche mit de Gaulle unterstützt, selbst dann, wenn mir die systematische Unvereinbarkeit der beiden europäischen Konzepte bewußt war.

Es gab dafür zwei Gründe. 1. Zu welcher Form der Integration wir schließlich auch kommen würden: Ohne Frankreich war keine denkbar. 2. Das vereinte Europa war eine Baustelle, die in Gefahr stand, eine Bauruine zu werden. Über die definitiven Baupläne gab es nicht nur Meinungsverschiedenheiten mit Frankreichs de Gaulle und seinen Gaullisten, sondern auch unter den andern Beteiligten. Worauf man schließlich hinauskommen würde, war in jenen Jahren mit Gewißheit nicht abzusehen. Der Alltag mußte inzwischen aber bestanden werden. Ich hielt deshalb – obwohl ich gelernter Systematiker bin – nicht viel von Auseinandersetzungen, die einstweilen ziemlich abstrakter Art waren. Über de Gaulles »Europa der Vaterländer« stritt ich nicht. Er hielt es für eine realisierbare Vorstellung, während ihm alles »Supranationale« – zu Unrecht – ein Einheitsbrei, ein amerikanischer Melting pot – ein Schmelztiegel – und mithin ein Greuel war. Den wollte ich allerdings auch nicht.[5]

Anders als in der vage gewordenen Integrationspolitik der Europäer lagen die Dinge bei der NATO. Hier war es mit taktisch-taktvollem Schweigen nicht getan. Hier ging es auch nicht um einen unbestimmt fernen Tag X. Hier ging es um die Sicherheit des europäischen Lebens im Heute, Morgen und Übermorgen. Spätestens im Lauf des Jahres 1963 sind mir Bedenken gekommen an de Gaulles Verteidigungspolitik, soweit es sich dabei um die NATO handelte. Zu Frankreichs Atomstreitmacht, zur Force de Frappe, habe ich mich ebenso verhalten wie zum »Europa der Vaterländer«. Das heißt, ich setzte mich damit nicht auseinander. Ich verstand die kostspielige Waffe mehr als Statussymbol des auf Großmachtrang bedachten Frankreich denn als eine auch für unsere Verteidigung entscheidende Waffe. Immerhin: Sie konnte uns eher nützen als schaden. Es gab für uns keinen Grund, gegen sie zu polemisieren. Welche Bedeutung ihr General de Gaulle indessen zumaß, erkannte ich in einem Gespräch, das wir unter vier Augen im Kabinettsaal des Palais Schaumburg führten.

514

»Glaubt Ihr Freund, der Kanzler, wirklich daran, daß die Amerikaner bei einem Angriff auf Berlin oder auf die Bundesrepublik ihre eigenen großen Städte riskieren und zurückschlagen würden?« Der General sprach vom Einsatz der amerikanischen Atomwaffe. Ich sagte, daß dieser »Glaube« zu den Prämissen unserer Sicherheits-, unserer Verteidigungspolitik gehöre. Wir hätten, fügte ich hinzu, gar keine andere Wahl als davon auszugehen, daß die USA mobilisieren und kämpfen würden. Ob mit oder ohne A-Waffen hänge von der Situation ab. Wenn wir davon nicht oder nicht mehr ausgehen dürften, fiele der ganze auf Abschreckung gerichtete Effekt der NATO in sich zusammen. Adenauer werde nach meiner Kenntnis seiner Person keinen Zweifel darein setzen. Zumindest sei das eine unerschütterte Arbeitshypothese seiner, unserer Politik. Frankreichs Staatspräsident sah mich schweigend an. Dann neigte er langsam das Haupt zur Seite. Es war mir nicht klar, ob es eine Geste des Zweifels oder ein verhaltener Ausdruck der Verwunderung über unsere Naivität war. Später wurden unsere Gespräche handfester, konkreter, jedenfalls was die NATO und ihren europäischen Flügel anbetraf.

Im Frühjahr 1964 hatte mich mein Kollege Chaban-Delmas, der Präsident der Französischen Nationalversammlung, zu einem Besuch in Paris eingeladen. Die Termine waren festgelegt, mußten aber auf den Herbst verschoben werden, weil sich Staatspräsident de Gaulle einer Operation unterziehen mußte. Er hatte den Wunsch geäußert, mich zu sprechen. Als ich in der zweiten Oktoberhälfte nach Paris kam, hatte sich das politische Klima zwischen Paris und Bonn empfindlich abgekühlt. Konrad Adenauer machte dafür, wenn auch nur im engsten Kreis, vor allem Gerhard Schröder verantwortlich, den er ja selbst zum Außenminister gemacht und den Ludwig Erhard, ohne zu zaudern, übernommen hatte. Der alte Herr verfolgte von seinem Büro im Bundesratsflügel des Bundeshauses aus alles, was sein Amtsnachfolger tat, mit Aufmerksamkeit und nicht ohne Mißtrauen. Das galt vor allem für die Beziehungen der Regierung Erhard zu Frankreich.

Ich machte kein Hehl daraus, daß ich im großen ganzen auf Adenauers Linie stand. Aber er sträubte sich gegen die Einsicht, daß es nicht allein an Schröders anglo-amerikanischen Vorlieben und an Erhards außenpolitischer Insuffizienz lag, daß sich diese Beziehungen mehr und mehr unbefriedigend entwickelten.

De Gaulle hatte ganz offenkundig mit der Ratifizierung des deutsch-französischen Freundschaftsvertrags die Erwartung verbunden, daß Regierung und Parlament der Bundesrepublik damit den Beziehungen zu Frankreich den entschiedenen Vorrang vor denen zu den USA zu geben willens seien. Das aber hatte noch nicht einmal Adenauer im Sinn gehabt. Uns lag ein Konkurrenzdenken dieser Art gänzlich fern. Wir sahen in der Verbindung mit Frankreich gefühlsmäßig vor allem einen Strich unter die Vergangenheit, eine Bereinigung der Historie. Politisch-konstruktiv sahen wir darin – etwa im Sinn der Züricher Rede Churchills von 1946 – den festen Kern der in Gang gekommenen europäischen Integration. Jetzt, vor, während und nach der Begegnung mit de Gaulle im Sommer und Herbst 1964, mußte ich mehr und mehr erkennen, daß Frankreichs Staatschef in einem Dualismus dachte, der uns im Grunde völlig fremd war. Er fühlte sich in dem militärischen Verbund der NATO als ein Unterworfener, zumindest als ein von den USA Gegängelter, in seiner souveränen nationalen Entschlußfreiheit Gehemmter. Für uns sah sich das vollständig anders an. Wir waren unter den Fittichen der Amerikaner wieder zu einem Aufstieg und zu einem Sicherheitsbewußtsein gelangt, die uns lange gefehlt hatten. Wir fühlten uns endlich einmal auf der richtigen Seite. Wir wollten gerne mit allen unseren neuen Verbündeten in Freundschaft leben, und wir waren General de Gaulle auch deshalb aufrichtig dankbar, weil er die Aussöhnung mit Frankreich der Welt und uns selbst wie kein anderer vor Augen geführt hatte. Aber wir wollten deshalb nun doch nicht in eine innere oder äußere Distanz zu der Weltmacht Nummer eins geraten oder getrieben werden, die unsere Sicherheit zwar nicht allein, aber entscheidend verbürgte und verbürgen konnte.

Unsere Ausgangsbasis war das Vertrauen auf die Sicherheitsgarantie der USA. Daran hat auch Adenauers Zustimmung zu de Gaulles NATO-Kritik nichts geändert. Sie tritt in Adenauers Bericht über sein Gespräch mit dem General am 4. Juli 1962 klar zutage.[6] Das Gespräch ist höchst charakteristisch. Die beiden Staatsmänner sprachen recht offen miteinander. Das gilt insbesondere von den Zweifeln de Gaulles am amerikanischen Einsatz, während sich Adenauer der Forderung nach einer NATO-Reform eher angeschlossen als sie selbständig produziert zu haben scheint. Von Bedeutung erscheint mir, daß er sich gerade bei dieser Gelegenheit von seinem einsamen Londoner Entschluß von 1954 – dem deutschen Verzicht auf ABC-Waffen – distanziert hat, unter Berufung auf Dulles' »lediglich rebus sic stantibus«. Adenauer fügte in jenem Gespräch kommentierend hinzu: Eine darüber hinausgehende Verpflichtung habe die Bundesregierung nicht. De Gaulle scheint sich dazu nicht geäußert zu haben, und beide zusammen haben darauf verzichtet, aus ihren Analysen und Verteidigungsaspekten konkrete Schlüsse zu ziehen. Adenauer noch eher als de Gaulle. Was später im Streit um die MLF Deutschland und Frankreich trennte, hat Adenauer in jenem Gespräch gefordert. Er werde »selbstverständlich bei den Amerikanern weiter darauf drängen, daß sie der NATO Atomwaffen zur Verfügung stellten«.[7] De Gaulle hielt das zwar für eine Fiktion, aber damals widersprach er nicht.

Von den USA war inzwischen die Idee ausgegangen, eine gemeinsame NATO-Atomstreitmacht (MLF) zu schaffen.[8] Ich war mit Adenauer ganz einig, als wir noch vor der Unterzeichnung des Deutsch-Französischen Vertrags dieser MLF-Planung zustimmten. Sowenig wie er und sein Kabinett sah ich darin eine

Beeinträchtigung der deutsch-französischen Beziehungen. Im Rahmen meines Reformkonzeptes der NATO hätte diese MLF schon deshalb nur nützen können, weil sie dem Atomwaffentransfer in den europäischen NATO-Brennpunkt förderlich gewesen wäre. Aus den Gesprächen de Gaulle–Adenauer im Jahr 1962 hatte sich konkret nur der deutsch-französische Konsultationsvertrag entwikkelt. Das war besser als nichts, aber es war nicht genug. De Gaulle hatte sich eine konkrete deutsche Unterstützung seiner Force de Frappe erhofft. Adenauer dachte an eine politische Verdichtung unserer gemeinsamen Beziehungen.

Nichts daran war indessen von der Art, daß jener Brief gerechtfertigt gewesen wäre, den Kennedy am 25. Januar 1963 an Adenauer zu schreiben für richtig hielt. Der Brief wurde durch einen beschwörenden Appell unseres alten verehrten Freundes John McCloy unterstützt. Ich weiß nicht, wer dem jungen Herrn im Weißen Haus eingeredet hat, wir seien anfällig für de Gaulles Versuche, uns von Washington zu distanzieren. Jedenfalls war Kennedys damaliger Brief deplaziert. Er verärgerte nicht nur den Bundeskanzler. Krone, der Zurückhaltende, nannte den Brief »schulmeisterlich und arrogant. Wer denkt denn an eine Option? Bei uns gibt es in unserer Politik nichts zu optieren.« Heinrich Krone hatte recht.

Unabhängig von diesem Schreiben ließen wir fast gleichzeitig Washington wissen, daß wir dem Gedanken der MLF zustimmten. Es war für uns keine Option und wurde es auch nicht, als uns de Gaulle geraume Zeit danach, im Sommer 1964, wissen ließ, daß er den Gedanken an sich und nicht nur seine halbherzige Verfolgung durch die Amerikaner ablehne. Das Kabinett Erhard/Schröder vermochte nicht – wie Heinrich Krones Tagebuch zu entnehmen ist –, der eindringlichen Rede de Gaulles im Palais Schaumburg im Juli 1964 Argumente entgegenzusetzen, die de Gaulle vor seiner Verhärtung und den Deutsch-Französischen Vertrag vor seinem Verblassen hätten bewahren können.

In dem Besuchsprogramm, das im Oktober 1964 für mich in Paris entworfen wurde, waren eine Vorlesung in der Sorbonne und ein Vortrag vor dem Centre d'Études de Politique Étrangère vorgesehen. Stolze Köpfe des politischen Frankreichs, unter ihnen Paul Reynaud und André François-Poncet, saßen in der ersten Reihe des überfüllten Auditoriums, der Salle Richelieu, als ich über den mächtigen Einfluß Frankreichs auf das deutsche Nationalbewußtsein sprach.

Seit den Befreiungskriegen gegen Napoleon habe es sich am Kampf mit Frankreich entzündet. In ihm habe es bedenkliche Schärfen gewonnen und leidvolle Folgen gehabt. Vor diesem düsteren Hintergrund müsse die neue Gemeinschaft der Deutschen und Franzosen gesehen und verteidigt werden. Ich nannte sie eine edle Blume, gewachsen auf den Hängen großer Leiden. Für die innere Neuorientierung der Deutschen sei sie unersetzlich. Im nüchternen politischen Alltag mit seinen bleibenden Querelen müsse sie ebenso taktvoll wie entschlossen gehegt und geschützt werden. Alfred Grosser übersetzte großartig, keine Nuance auslassend. Der Beifall der mehr als tausend Studenten war groß und herzlich. ›Le Monde‹ brachte anderntags vor allem die Passagen, in denen ich auf die aktuellen Kalamitäten und Mißverständnisse unseres politischen Handwerks eingegangen war. ›Le Monde‹ zitierte: »Zu der gleichermaßen fatalen wie banalen Intellektualisierung unserer gemeinsamen politischen Arbeit gehört nicht nur die eilfertige Dogmatisierung der politischen Begrifflichkeit. Noch gefährlicher sind jene schnell in die Welt gesetzten unwirklichen Alternativen, wie die von der Wahl Deutschlands zwischen Frankreich und USA. Sie sind gefährlich, weil sie nicht klären, sondern verwirren. Und sie sind gefährlich, weil sie unwahr sind, aber dennoch an die existentiellen Schichten des deutschen nationalen Bewußtseins rühren. Im Vergleich dazu bleiben Schlagworte wie zum Beispiel die von der Hegemonie für uns belanglos. Die Führung in Europa steht der stärksten geistigen und der politisch konstruktivsten Kraft zu. Hier entscheiden nicht Prätentionen, sondern allein die Leistung. Es ist kein minderwertiges nationales Selbstbewußtsein, das in unserer Absage an alte Prätentionen zum Ausdruck kommt, es ist nur die Einsicht in das, was wirklich fruchtbar ist und zählt im Gange der Geschichte.«[9]

Am Tag darauf nahm ich mein Thema von Tokio vor einem stattlichen Kreis von Parlamentariern, Diplomaten und Journalisten wieder auf.

Als ich einige Monate zuvor in Tokio gesprochen hatte, erbat Frankreichs Botschafter mein Manuskript für seinen Staatschef. Unser Botschafter in Paris, Manfred Klaiber, ein Stuttgarter Landsmann, berichtete kurz darauf an das Auswärtige Amt, de Gaulle habe »die Rede mit großer Aufmerksamkeit gelesen«. Die Auffassung von der Reform der NATO und einer besseren Verteilung der Gewichte zwischen den USA und Europa im atlantischen Verteidigungsbündnis gewinne auch in Washington an Boden. Allerdings seien ernste politische Gespräche darüber vor den amerikanischen und britischen Wahlen nicht möglich. Der Wunsch nach einer Reform der NATO bedeute keineswegs eine Beeinträchtigung der Solidarität Frankreichs gegenüber seinen westlichen Verbündeten. Diese Solidarität stehe nach wie vor außer jeder Frage.

Meine Fernost-Eindrücke hatten mich inzwischen zu der Einsicht gebracht, daß die von Europa aus eher vage als präzis und konstruktiv angestrebte Reform der NATO zur Erörterung des gesamten Sicherheitssystems der freien Welt führen müsse. De Gaulle und die Europäer dachten jedoch vor allem an die Stärkung ihrer eigenen Position im NATO-Bündnis und das hieß gegenüber den USA. Von dem – wie mir schien – inzwischen problematisch gewordenen Zustand der Seato und des Centopaktes und den schwierig gewordenen Verhandlungen der USA über die Sicherung Japans war bei uns kaum je die Rede.[10] Ich war indessen immer mehr davon überzeugt, daß die militärische Überlegenheit der freien Welt über die gewaltig rüstende Sowjetunion auf die Dauer nur erhalten werden könne, wenn sich diese Überlegenheit auf ein durchorganisiertes Verteidigungssystem der freien Welt gründe, das global dicht und verläßlich sein müsse. In meiner Pariser Rede zur NATO-Reform kam es mir deshalb nicht mehr allein auf die NATO – als Nordatlantikpaktsystem – an, sondern auf jenes globale Sicherheitssystem der freien Völker. Ich stelle mir, sagte ich, »die Entwicklung in beiden Bereichen, im nordatlantischen und im pazifischen, in einer Form vor, die sich am einfachsten in Gestalt zweier miteinander verbundener Ellipsen zur Darstellung bringen« lasse. Die Verbindung beider Ellipsen läge in Washington, das dabei als einer der Brennpunkte in beiden Ellipsen zu denken sei. Tokio–Washington–Paris.[11]

Ich hatte gehofft, Frankreichs Staatschef an dieser Konzeption eines neuen globalen Sicherheitssystems und der damit verbundenen NATO-Reform wenigstens insoweit interessieren zu können, als sie eine hohe Verselbständigung der europäischen Sicherheitsstruktur zu Folge gehabt hätte. Aber hatte der General die Bedeutung eines Weltsicherheitssystems nicht schon längst erkannt? Hatte er nicht am 17. September 1958 in einer vertraulichen Note an Washington und London ein globales Sicherheitssystem selber vorgeschlagen, »eine Organisation auf weltweiter politischer und strategischer Ebene, welche die Vereinigten Staaten, England und Frankreich umfassen müßte«.[12] Aus mehreren Gründen erwähnte ich in Paris jene Note nicht. In ihr war von uns nicht die Rede gewesen. Als ich tags darauf bei de Gaulle war – am 23. Oktober 1964 im Élysée-Palast, hatten sich die Dinge soweit zum Unbefriedigenden, ja Besorgniserregenden hin entwickelt, daß ich meine Hoffnung auf ein globales Sicherheitssystem mit de Gaulles Teilnahme aufgeben mußte. Er ging kaum mehr auf die NATO-Reform ein. Er verschwieg mir sogar seinen Einspruch gegen die MLF-Planung. Er hatte seinen Außenminister Couve de Murville angewiesen, den Staatssekretär des Auswärtigen Amtes, Karl Carstens, am Tag nach meinem Besuch formell davon zu unterrichten. Carstens kam, als ich aus Paris abreiste. Wir trafen uns noch im Hotel Bristol.

Zum Schwerpunkt meines Gesprächs mit de Gaulle wurde ein anderer, sehr konkreter Punkt der damaligen Europapolitik: der Getreidepreis im europäischen Agrarmarkt.

Erhard paßt

Kurz zuvor hatte im Fraktionsvorstand der CDU/CSU Ludwig Erhard die feste Hand gezeigt, die wir ihm wünschten. Es ging um die zahlreichen Wünsche der einzelnen Ressorts an den Bundeshaushalt 1965. Im September 1965 standen die nächsten Bundestagswahlen an. Nicht wenige Bundesminister gedachten sich wie üblich vorher als Beglücker ihres Wählervolkes einen Namen zu machen. Jene Sitzung ist mir deshalb in so guter Erinnerung, weil in ihr etwas geschah, was auch bei uns in der Union eher zur Seltenheit geworden ist. Nach langem und zeitweilig heftigem Hin und Her einigte man sich darauf, an die zwanzig Positionen, kostspielige Ausgabenwünsche, zu streichen. Das Fallgatter ging rasselnd herunter; derlei Ausgabenwünsche sollten in der zu Ende gehenden Legislaturperiode abgewiesen werden. Das war auch im Blick auf unsere Praxis – nicht nur die der SPD – ein geradezu heroischer Entschluß. Er war richtig und notwendig. Bald darauf drohte er jedoch zunichte zu werden.

Walter Hallstein hatte als Präsident der EWG schon Anfang Juni 1964 an die Regierungen der EWG-Staaten appelliert, den zur Regelung anstehenden Getreidepreis im europäischen Agrarmarkt nunmehr beschleunigt zu ordnen. Letzter Termin dafür – so hatte die zuständige EWG-Kommission beschlossen – sollte der 15. Dezember 1964 sein. Frankreichs Staatschef hatte auf der Einhaltung dieses Termins bestanden und andernfalls ernste Folgen angekündigt. Für uns hätte der Termin jedoch die unangenehme Folge gehabt, die Agrarsubventionen wesentlich zu erhöhen oder eine Wahlniederlage zu riskieren. Da wir das nicht wollten, hätten wir das Fallgatter wieder hochziehen und damit riskieren müssen, daß auch alle anderen bereits abgeschmetterten Forderungen von neuem erhoben worden wären.

Dies war der Grund, weshalb ich es unternahm, bei de Gaulle zu sondieren, ob er über die Vertagung des Getreidepreistermins doch noch mit sich reden lasse. Ich legte ihm unser Problem dar. Meine Bitte war, den Termin bis nach der Bundestagswahl 1965 zu vertagen. Verwundert fragte mich de Gaulle, warum ihm diese Zusammenhänge bislang niemand offen dargelegt habe. Wenn das für uns so wichtig sei, dann müsse damit eben gewartet werden. Wir vereinbarten, daß der Bundeskanzler über Frankreichs Bereitschaft von mir unterrichtet und die Vertagung sogleich beantragt werde.[13]

Als ich tags darauf – an einem Samstag – in Bonn Erhard anrief, zeigte er sich höchst überrascht. Wie ich das zustande gebracht habe? De Gaulle sei doch bislang in dieser Sache steinhart gewesen. Er könne seine Schwenkung kaum glauben. Ich fragte präzis: »Werden Sie den französischen Botschafter am Montag vormittag davon unterrichten, daß Sie de Gaulles Einverständnis mit der Terminverschiebung begrüßen und sie sogleich beantragen werden?« Erhard: »Selbstverständlich, ja.« Ich will es kurz machen: Erhard tat nichts. Fünf Anrufe und zwei Gespräche brachten ihn nicht dazu, sein mir gegebenes Wort einzulösen. Botschafter Roland de Margerie, von Paris bedrängt, rief mich mehrfach an und besuchte mich. Ich stand da wie ein begossener Pudel. Wenn ich Erhard anrief, wagte er zwar nicht, sich verleugnen zu lassen. Er hatte auch keine Ausrede. Sein Verhalten war mir ein Rätsel. Schließlich verlangte ich schriftlich und mündlich von dem Parteivorsitzenden Adenauer eine Präsidiumssitzung der CDU. Sie fand tags darauf bei Erhard im Palais Schaumburg statt. Erhard berichtete korrekt. Aber kein Wort davon was er zu tun gedenke. Dann sprach Rainer Barzel. In seiner Eigenschaft als amtierender Fraktionsvorsitzender. Was er sagte, lag völlig neben der Sache. Heinrich Krone schwieg bekümmert. Schließlich begann Adenauer: Man dürfe Herrn de Gaulle nicht weiter verstimmen. Er, Adenauer, müsse in den nächsten Tagen nach Paris. Er sollte in die Académie française aufgenommen werden. Aber er wisse noch immer nicht, ob de Gaulle ihn empfangen werde. Kein Wort zur Sache. Ich protestierte. Erhard sah mich ratlos an und schwieg. Er brauchte mehr als vier Wochen, um zu einem Entschluß zu kommen. Dann geschah, was wir verhindern wollten. Am 5. Dezember 1964 notierte Heinrich Krone: »Das hat Erhard erreicht, und das will anerkannt sein. In Brüssel haben wir erklärt, daß wir den Getreidepreis Juli 1967 europäisch regeln wollen.«

Der wohlmeinende Heinrich Krone hielt dieses Resultat für einen Erfolg. Allerdings notiert er dazu: »Unsere Bauern lassen sich das Zugeständnis überhoch abkaufen.«[14] Langsam begann ich die Zusammenhänge zu erkennen. Rasner und Krone erklärten mir später den Rest. Ludwig Erhard, von einigen unserer Bauern mit Vorbehalt betrachtet, scheint vor seiner Wahl zum Kanzlerkandidaten in der Fraktion mit den Bauern eine Art Wahlkapitulation geschlossen zu haben: keine einschlägige Entscheidung ohne oder gegen sie. Ich hielt das für weit unter dem Rang Erhards. Er aber fühlte sich gebunden. Deshalb sein unverständliches Verhalten zu de Gaulles Entgegenkommen. Die Folge: Rasner, ein Freund und Landsmann unseres Bauernführers und stellvertretenden Fraktionsvorsitzenden Struve, berichtete an Krone, Gerstenmaier komme als Kanzler nicht in Betracht, den würden die Bauern nicht wählen, und diese seien eine Macht in der Fraktion.[15] Die Verallgemeinerung entsprach zwar nicht dem Tatbestand, aber seit meinen Hamburger und Kieler Parteitagsreden hatte ich der charakterlosen Ausweitung des Wohlfahrts- zum Gefälligkeitsstaat nicht nur im Bereich der Sozialpolitik, sondern auch der sonstigen, immer übler werdenden Subventionswirtschaft widerstanden. Das hatte einigen Subventionsverfechtern mißfallen. Der erste, der mir seiner ganzen Anlage nach dabei hätte zur Seite treten müssen, wäre Ludwig Erhard gewesen.

Während einer harten einschlägigen Diskussion schrieb er mir einmal: »Ich brauche Ihnen nicht zu versichern, wie vollständig ich mit Ihnen übereinstimme.«

Aber er wollte unbedingt Bundeskanzler werden. Nach jenem Gespräch im Palais Schaumburg Ende Oktober 1964 blieb mir nichts übrig, als dem französischen Botschafter mein Bedauern über das Verhalten unseres Bundeskanzlers auszuprechen und mich bei seinem Staatschef dafür zu entschuldigen, daß ich ihm ein Entgegenkommen abgerungen hatte, das unsere Regierung für nichts achtete. Es war nicht der einzige Fehler im Umgang mit de Gaulle und dem, was er zu Recht für einen freundschaftlichen Akt gegenüber Bonn hielt.

Die Reaktion unserer Regierung auf seine Deutschlandpolitik entsprach einerseits – ich sage es noch einmal – unseren vordringlichen Sicherheitsbedürfnissen. Andererseits aber war sie auch bar aller Phantasie. Dem Auswärtigen Amt Schröders wurde von Adenauer zum Beispiel der Vorwurf gemacht, daß es sich mit der NATO-Reform nicht auseinandersetze.[16]

In jenem Herbst 1964 drohte die von Adenauer und de Gaulle konzipierte gemeinsame Politik ein unerwartet rasches Ende zu finden. Trotz der alles in allem unzureichenden Information durch die Regierung stand die CDU/CSU-Fraktion allmählich unter dem sich verstärkenden Eindruck, daß Gefahr im Verzuge sei. Am Dienstag, den 3. November 1964, kam es während der Fraktionssitzung zu einer Diskussion, in der sich der Unmut entlud. Ich berichtete über meine Gespräche mit Außenminister Couve de Murville, der in Paris mein steter Begleiter und Gesprächspartner gewesen war, und auch über meinen Besuch bei de Gaulle. Ich schwieg über das Getreidepreis-Gespräch. Ich schämte mich weniger für mich als für Erhard. Mit Verve aber sprach ich für die Treue zu unserer Frankreichpolitik aus der Zeit Adenauers. Der Beifall war überraschend stürmisch. Wer es darauf angelegt gehabt hätte, die Regierung Erhard–Schröder zu stürzen, hätte es jetzt tun können. Aber: Mit einer gespaltenen Fraktion in den Wahlkampf gehen?

522

In der Presse ging es in den Tagen danach einigermaßen bewegt her. Ich gab der
›Bild-Zeitung‹ ein langes Interview. Sie brachte es in einer aufsehenerregenden
Aufmachung.[17] Ich war gefragt worden, ob de Gaulle aus der EWG austreten
würde, wenn bis zum 15. Dezember 1964 keine passable Lösung in der Getreidepreisfrage zustande gekommen sei. Im Unterschied zu vielen anderen nahm ich
derartige Verlautbarungen ernst. De Gaulle hatte in jener Élysée-Besprechung
jedoch nicht gedroht. Ich sagte, er habe lediglich feststellen wollen, daß ein
Stillstand in der EWG ihr Ende bedeuten würde.

›Bild‹: »Weiß de Gaulle, daß Erhard eine Wahlniederlage riskiert, wenn er den
deutschen Bauern niedrigere Getreidepreise aufzwingt?«

Gerstenmaier: »De Gaulle kennt diese Schwierigkeiten.«

Die Fragen gingen weiter. Ich konnte mich jedoch nicht entschließen, mehr zu
sagen, als daß sich die Bundesregierung bemühe, mit Frankreich zu einer
Verständigung über die weitere Behandlung der Frage zu kommen.

Dann ging es um die MLF und die NATO-Mitgliedschaft Frankreichs. Ich
hatte de Gaulle mehrfach darauf angesprochen. Schon beim erstenmal, im
Sommer 1964, hatte er mir sofort gesagt, er denke nicht daran, aus der NATO
auszutreten. Der eventuelle Rückzug Frankreichs aus den integrierten NATO-
Verbänden hingegen sei eine andere Sache. Als er ihn im Frühjahr 1966
wahrmachte, hatte ich kaum mehr damit gerechnet. Eine einleuchtende Erklärung dafür habe ich von ihm selber nie gehört.

Sein Bonner Botschafter François Seydoux hingegen kommentierte Jahre
später:

»De Gaulle hielt dem Bündnis die Treue, aber das brachte ihn keineswegs von
seinem festen Vorhaben ab, die französische Armee aus einer Organisation
zurückzuziehen, die praktisch mit einer amerikanischen Vormachtstellung identisch war. Die politische Allianz brauchte keine Ergänzung durch diese militärische Unterordnung. Sie war sich selbst genug.«[18]

Gerade davon aber waren wir, war jedenfalls ich, nicht überzeugt. Wir
glaubten nicht mehr an die Waffenbündnisse alter Art. Mit ihnen konnte man
Kriege gewinnen. Wir aber mußten mehr verlangen: nämlich Kriege zu verhindern. Und dazu erschien uns die hochgerüstete, geschlossene und also »integrierte« Front in vorderster Linie notwendig. François Seydoux über ein Gespräch
mit seinem Außenminister Couve de Murville: »Der General«, bemerkte ich,
»verabscheut die Integration, auf welchem Gebiet auch immer.« – »Es ist nicht
so sehr die Integration, die er nicht mag«, erwiderte der Außenminister, »als die
Unterordnung. Wenn die Integration nicht stets zugunsten der Vereinigten
Staaten und zuungunsten Frankreichs vor sich ginge, würde er sie gern in Kauf
nehmen.«[19]

Das Gespräch gibt meine eigenen Eindrücke von de Gaulles Einstellung exakt wieder. Sie hatte mich mit zu dem Reformmodell von der Ellipse gebracht. Es hätte de Gaulles Wünschen und Ansprüchen gerecht zu werden vermocht, ohne das Sicherheitsverlangen der Europäer zu vernachlässigen. Niemals habe ich im Gespräch mit de Gaulle dabei etwas anderes beobachtet als nachdenkliche Einlassung, auch wenn sein Konzept ein anderes blieb. Er dachte im Bündnissystem der Vorkriegszeit. In Frankreich – schon als alleinigem Atomwaffenbesitzer des Westens auf dem europäischen Festland – sah er die Hegemonialmacht des freien Teils Europas. In diesem Rahmen war er bereit, seinen Partnern Solidarität zu bieten.

Bei meiner eigenen Regierung fand ich wenig Echo. Erhard hatte dazu keine Meinung. Franz Josef Strauß hingegen erfaßte meinen Vorschlag sogleich. Er war damals jedoch ein angeschlagener Mann außerhalb der Regierung. Adenauer hörte aufmerksam zu, äußerte sich aber wie zu einer ihm fernliegenden Sach- und Fachfrage. Er war damit ebenso überfordert wie von der weitergehenden Diskussion über die MLF. Diese lehnte de Gaulle ab, weil er darin eine übermächtige Konkurrenz zu seiner Force de Frappe sah.

»Warum aber sollten *wir* ablehnen«, sagte ich in jenem Interview, wenn wir von den USA – der stärksten Macht – eingeladen werden, an der Zielplanung, an der Apparatur der atomaren Verteidigung und vielleicht auch am Einsatzbefehl mitzuwirken?«

›Bild‹: »Ist der Einsatzbefehl nicht gerade der wunde Punkt? Was geschieht, wenn die USA eines Tages in anderen Teilen der Welt so engagiert sind, daß sie ihren Atomschutz für Europa vernachlässigen müssen? Ist das nicht gerade die Befürchtung de Gaulles?«

Gerstenmaier: »Ich glaube nicht, daß die Amerikaner uns den Atomschutz jemals verweigern würden ... Aber bei der heutigen technischen Entwicklung muß man sich die Frage stellen: Werden die Amerikaner rechtzeitig genug den Einsatzbefehl geben können? De Gaulle, daran habe ich keinen Zweifel, würde, wenn wir angegriffen werden, sofort schießen. Mit allem, was er hat.«

Hier freilich lag das Problem. Übrigens nicht nur für uns Deutsche. Was hatte er? Die französische Atomstreitmacht war nach allem, was wir wußten, bei weitem nicht stark genug, einem russischen atomar gedeckten Angriff zu trotzen oder gar eine hinreichende Abschreckung darzustellen. Das wußte de Gaulle und das war für ihn ein anderer Grund, unsere Mithilfe bei der Weiterentwicklung der Force de Frappe anzustreben. De Gaulle sagte es unumwunden. Er bot uns eine Mitbeteiligung an, und er hielt uns auch moralisch für nahezu verpflichtet – auf Grund des Deutsch-Französischen Vertrags –, darauf einzutreten. Ich erinnere mich an mindestens zwei Gespräche darüber. Ich wäre – sagte ich – vielleicht bereit, darauf einzutreten, und ich sei sicher, daß ich nicht der einzige unter uns Deutschen sei, der so denke. Aber wir müßten Klarheit, ganze

Klarheit, haben, was das für uns bedeute. Ob es heiße, daß wir auch dann im integrierten NATO-Verbund blieben und daß dann auch ein zweiter, ein deutscher Finger mit am Abzug liege? De Gaulle schwieg.[20] Er schwieg auch bei einem zweiten Gespräch auf dieselbe von mir direkt gestellte Frage. Inzwischen wissen wir, daß auch Adenauers großer Freund, Charles de Gaulle, zu den entschiedenen Gegnern eines deutschen Fingers an *jedem* A-Waffen-Abzug gehörte, ob MLF oder Force de Frappe. Keine Atomwaffen in deutscher Hand! Auch keine letztentscheidende Mitbeteiligung! Darüber herrschte Einigkeit auch zwischen Paris und London.

Es mag sein, daß die umstrittene MLF nicht nur in den Augen der Franzosen als »trügerisch und gefährlich« galt – so Seydoux.[21] Aber es war sicher, daß sie auf ihren ersten Diskussionsstufen bei George Ball (damals zweiter Mann im Statedepartment in Washington) unseren berechtigten deutschen Ansprüchen weit gerechter wurde als die Force de Frappe. Das wußte am Ende auch der General im Élysée. Seydoux: »De Gaulle selber gab es ironisch, illusionslos und aufrichtig zu: Frankreich und Deutschland befanden sich in verschiedenen Interessenlagen.«[22] Ist das wahr? Wir konnten es drehen und wenden, wie wir wollten. Das gaullistische Frankreich zumindest sah es so.

Einige Wochen nach meinem Besuch bei de Gaulle lud mich der General nach Rambouillet ein. Ich wußte die Ehre zu schätzen, konnte mich aber trotz der diskreten Mahnung seines Botschafters nicht entschließen, die Einladung anzunehmen. Meine Enttäuschung über Erhards Verhalten nach meinem Besuch bei de Gaulle war zu groß, um mich ohne Not ähnlichen Risiken auszusetzen. Der Vorgang hatte mir die Grenzen meines politischen Bewirkens wieder einmal in ärgerlicher Weise zu Bewußtsein gebracht. Auch wenn es nicht dem des britischen Speakers nachgebildet ist, zwingt sein Amt dem Bundestagspräsidenten Grenzen auf, die eingehalten werden müssen. Ich wollte bei allem Engagement nicht in eine Situation geraten, die meinem politischen Einfluß unangemessen war und meine Loyalität gegenüber Parlament und Regierung hätte in Zweifel bringen können.

Dennoch hätte ich dieses Risiko hingenommen, wenn ich mir hätte sagen dürfen, daß de Gaulle für die NATO-Reform im großen Stil und ihre Weiterbildung zu einem globalen Sicherheitssystem am Ende doch zu gewinnen gewesen wäre. Nach dem Gespräch im Élysée schwand meine Hoffnung darauf jedoch mehr und mehr. Seine Vorbehalte gegen die Teilnahme Großbritanniens an der Europäischen Politischen Gemeinschaft wurden nicht schwächer und sein Interesse an der NATO-Reform konzentrierte sich immer ausschließlicher auf die Zurückdrängung des amerikanischen Einflusses. Er blieb nicht ohne Blick für die strategische Situation der freien Welt. Ihren Notwendigkeiten gegenüber blieb er aber geradezu apathisch.

In diesem Verhalten war ein Ressentiment am Werk, das nicht nur aus seiner

Abneigung gegen alles stammte, was er für amerikanische Hegemonie hielt. Nach meinem Gefühl nährte es sich auch aus der Niederlage Frankreichs in Indochina. Nicht in Argumenten, sondern in bitteren Nebenbemerkungen wies er mich mehrfach darauf hin, daß Frankreich von den USA, ja von der freien Welt insgesamt in seinem Kampf um Indochina fallengelassen worden sei. Die Niederlage von Dien-Bien-Phu hat dieser General nie verwunden.

Daß die MLF nicht zustande kam ist nach meinem Eindruck dennoch nicht in erster Linie de Gaulle zuzuschreiben. Die Illusion einer durchgreifenden Entspannung zwischen Ost und West hat sie erstickt. Diese angebliche Entspannung wurde nicht von den Atommächten, weder den großen noch den kleinen, bezahlt. Die atomaren Habenichtse mußten ihr in dem späteren Atomsperrvertrag einen Hauch von Wirklichkeit geben.

Fünfzehn Jahre später, nachdem mein Ellipsen- und NATO-Reformkonzept aus der Diskussion verschwunden war, schrieb der ehemalige britische Abrüstungs- und spätere Europaminister Lord Chalfont, ein Labourmann:

»Die Zukunft der NATO sollte darin bestehen, ein Brennpunkt für eine weltweite Verteidigungsgemeinschaft aus allen Ländern zu sein, die ein gemeinsames Interesse daran haben, der sowjetischen Bedrohung zu widerstehen.«[23]

Sein Urteil deckt sich mit der Feststellung, die der ehemalige Oberbefehlshaber der NATO, der amerikanische General Haig, bei seinem Ausscheiden getroffen hat. Er hat die Lage, der sich die freie Welt zehn, fünfzehn Jahre später gegenübersah, in dem Satz zusammengefaßt:

»In den letzten Jahren ist die sowjetische Militärmacht in ihrem Ausmaß global und in ihrem Charakter immer offensiver geworden . . . Aus diesem Grund müssen wir einsehen, daß der neue Brennpunkt der westlichen Sicherheit darin liegt, die globale, nicht die kontinentale sowjetische Militärmacht in den Griff zu bekommen.«[24]

Eine treffliche Einsicht. Der russische Stoß gegen Afghanistan hat sie voll bestätigt. Aber die Taten stehen aus.

Ich rechnete es Erhard und seinem Verteidigungsminister Kai-Uwe von Hassel hoch an, daß sie sich ernste Mühe gegeben haben, die MLF zustande zu bringen. In dieser Sache ging ich mit ihnen über die zaudernden Einwände meines Freundes Heinrich Krone hinweg, der als Vorsitzender des Bundesverteidigungsrats zusammen mit Adenauer dem Staatschef Frankreichs entgegenkommen wollte. Dazu war auch ich bereit. Aber schließlich mußten auch meine beiden Freunde einsehen, daß unsere redliche Absicht auf unübersteigbare Grenzen stieß. Im übrigen stimme ich dem Urteil Grewes, unseres langjährigen Botschafters bei der NATO, zu:

»Es wäre ein besonderes Kapitel für sich, darzustellen, wie ein wichtiges, ernsthaftes, wenn natürlich auch nicht unproblematisches Vorhaben der deutschen Politik zerredet, lächerlich gemacht und aus Unkenntnis, Vorurteil und

Überheblichkeit diskreditiert wurde ... Diesen Teil der Verantwortung müssen die Deutschen selbst tragen, die Öffentlichkeit sowohl wie die Parteien (Oppositions- sowohl wie Regierungsparteien), die Medien, die Regierung.«[25]

Am 15. Mai 1968 besuchte mich Frankreichs Botschafter Seydoux. Zwei Tage zuvor war es in Paris zu schweren Unruhen gekommen. Wir beobachteten sie mit Besorgnis. Studenten und Arbeiter hatten sich verbündet. Das war neu. Die deutsche Arbeiterschaft stand den krakeelenden Studikern bei uns mit Abneigung, um nicht zu sagen mit zorniger Verachtung gegenüber. Für arbeitsscheue Spinner hatte sie nichts übrig. Würde das Ereignis in Frankreich auch bei uns Schule machen? Der politische Schwerpunkt des Gesprächs lag jedoch in der Behandlung des Atomsperrvertrags. Ich bedauerte, daß von französischer Seite der Bundesregierung bislang offensichtlich kein konstruktiver Vorschlag für die gemeinsame Behandlung des Vertrags gemacht worden sei. Ob sich der Quai d'Orsay nicht etwas Konstruktives einfallen lassen könne, um einen neuen französisch-deutschen Ansatz für gemeinsame politische Entwicklungen zu schaffen? Es müßte sich dabei allerdings um mehr handeln, als nur um eine Façon de parler. Ich persönlich stünde dem Vertrag einstweilen ablehnend gegenüber.

Der Botschafter war – das war mein Eindruck – gekommen, um zu sondieren. Seiner Art nach war er zwar witzig wie immer, aber sehr vorsichtig als er zu erkennen gab, daß es in dieser Frage Unterschiede gäbe zwischen dem französischen Außenministerium, vielleicht auch zwischen Georges Pompidou, dem damaligen Ministerpräsidenten, und seinem Staatschef, General de Gaulle. Als dieser uns im Herbst wieder besuchte, sah ich klarer.

ACHTZEHNTES KAPITEL

Mit Kirchenglocken in die Kehre

Erhards letzter Sieg

»Wann werden Sie denn nun in das Auswärtige Amt übersiedeln?« Ungeniert fragte mich Karl Mommer – damals parlamentarischer Geschäftsführer der SPD-Fraktion – im Ältestenrat. Es lag nahe, daß unsere parteiinternen Meinungsverschiedenheiten von der Opposition und von der Presse aufgenommen und ausgeschlachtet wurden. In einer Fragestunde geriet ich zwischen die Feuer. Ihre Prozedur gibt dem Abgeordneten nur geringe Chancen, zu argumentieren. In einer Reihe von Zeitungen waren Regierungsveränderungen noch vor den Bundestagswahlen 1965 angekündigt worden. Ich widersprach öffentlich. Ein Eingriff in das Kabinett Erhard erschien mir so kurz vor den Wahlen untunlich. Die damit verbundenen Reibereien hätten die Einsatzfähigkeit der Unionsfraktion im Wahlkampf gemindert, ohne eine durchgreifende Besserung zu bringen. Denn inzwischen ging es nicht mehr um diesen oder jenen personellen Wechsel im Kabinett. Es ging um den Kanzler selbst.

Am Beginn des Wahljahres 1965 notierte der Bundesminister Heinrich Krone besorgt in sein Tagebuch:»Ob Erhard es durchhält? Wo er sich in die Politik begibt, merkt man, daß er kein Politiker ist. Es war heute peinlich.« Die Klagen über Unsicherheit in der Führung, ja über Führungslosigkeit häuften sich. Dennoch fand sich die vielschichtige Partei nicht bereit, mit einem anderen Kanzlerkandidaten in die Wahl zu gehen. Daß Erhard danach als Bundeskanzler wiedergewählt wurde, war nahezu selbstverständlich. In den Unionsparteien und weit darüber hinaus galt er bei der großen Mehrheit noch immer als ein erfolgreicher Staatsmann. Der Vater des Wirtschaftswunders! Wir gewannen mit ihm 1965 zwar keine absolute Mehrheit, aber er konnte sich mit der FDP mühelos eine solide Regierungsmehrheit beschaffen. So sah es wenigstens aus.

Erhebliche Schwierigkeiten machte wieder einmal Bundespräsident Lübke. Er wollte Schröder keinesfalls mehr als Außenminister sehen. Er erwog sogar, das Bundesverfassungsgericht in der Sache anzurufen. Ich riet davon ab. Dringend. Lübke fühlte sich jedoch bestärkt durch die Schröder ablehnende Kritik gewichtiger bisheriger Kabinettsmitglieder. Schließlich aber mußte er erneut einsehen, daß bei derlei Streit der Bundeskanzler am längeren Hebel sitzt. Stoisch, nahezu lautlos ließ Adenauer es geschehen. Er stand in seinem neunzigsten Lebensjahr. Ich war mit ihm einig, daß wir Erhard guten Gewissens nicht noch einmal zum Bundeskanzler machen könnten. Aber wir blieben damit in einer verschwindenden Minderheit. Und Erhard selber dachte nicht im Traum daran, auf eine erneute Kandidatur zu verzichten. Im Konflikt mit mir selbst, zwischen der Loyalität zu meiner Partei und meiner eigenen Erkenntnis wählte ich meinen herzensguten Freund Ludwig Erhard nicht mehr. Die Frage, in sein neues, sein zweites Kabinett einzutreten, stellte sich für mich überhaupt nicht. So wurde ich mehr unwillig als willig zum viertenmal Bundestagspräsident.

Die Regierungserklärung des wiedergewählten Bundeskanzlers hörte ich mit Sympathie. Sie war nicht aufregend, aber ich begann mir Vorwürfe zu machen, als ich Ludwig Erhard so vernünftige Sachen sagen hörte wie seine Kritik an der Subventionspolitik und seine Forderung, die wöchentliche Arbeitszeit um eine Stunde zu erhöhen. Fritz Erler, Fraktionsvorsitzender der oppositionellen SPD, nannte das zwar irreal – und er behielt damit recht –, aber Erhard bewies den größeren Weitblick. Er sah mit Besorgnis auf den wachsenden Zustrom von Gastarbeitern.

Wäre es dem amtierenden Präsidenten gestattet, die Plenardebatte mit Gesten zu verfolgen, dann hätte ich entschieden den Kopf geschüttelt zu Helmut Schmidts Auslassungen über die MLF oder andere Ideen, die einen deutschen Mitbesitz an Atomwaffen vorsahen oder zur Folge haben würden. Der nicht gerade ängstliche Wehrexperte seiner Partei sagte allen Gedanken dieser Art rundheraus ab. Das entsprach der Stimmung in der SPD seit den ersten Wehrdebatten. Zur Begründung brachte Schmidt aber nur die Sorge vor, »eines Tages völlig isoliert bei unseren Freunden dazustehen«.[1] Die SPD kämpfe »mit Watte gegen die Wolken« schrieb eine Zeitung dazu.[2]

Einige Wochen danach erklärte Gerhard Schröder als Außenminister nüchtern vor dem Bundestag, daß auch die neue Regierung Erhard an ihren alten Forderungen nach einer unmittelbaren deutschen Beteiligung am Atomwaffeneinsatz festhalte. Ich begrüßte die Erklärung. Schließlich geht es dabei ja auch um unsere Haut.[3]

In jenen Plenardebatten des Bundestages spielte die sogenannte Ostdenkschrift der Evangelischen Kirche in Deutschland keine Rolle.[4] Sie war Mitte Oktober 1965 erschienen und hatte einen erheblichen Wirbel ausgelöst. Wenn man die unter Bundeskanzler Kiesinger und seiner Regierung der Großen Koalition einsetzende Wendung unserer Ost- und Deutschlandpolitik betrachtet, kann man an dieser Denkschrift kaum vorbeigehen. Gedacht und konzipiert war sie als eine seelsorgerliche Hilfe für »die Lage der Vertriebenen und das Verhältnis des Deutschen Volkes zu seinen östlichen Nachbarn«. In Wirklichkeit wurde sie ein politisches Geschoß beachtlichen Kalibers. Es zog einen bislang tabuisierten Konsens der im Bundestag vertretenen Parteien in Mitleidenschaft.

Vorausgegangen war eine harsche Kontroverse kirchlicher Vertriebenenkreise mit dem »Bielefelder Arbeitskreis der kirchlichen Bruderschaften«. Dieser hatte gefordert, die Oder-Neiße-Linie als »Grenze des Friedens« anzuerkennen und mit dem bewußten Verzicht auf das »Recht auf Heimat« sich Gottes Strafgericht zu beugen. Im Bundestag war derlei bis dato unisono abgelehnt worden. Die ›Warschauer Deklaration‹, eine Verlautbarung der Pankower Kommunisten und der polnischen Regierung vom 6. Juni 1950 über die »Friedensgrenze« an der Oder-Neiße, galt als landesverräterisch und zwar bei den Bonner Regierungs- wie bei den Oppositionsparteien.

Obwohl sich die Denkschrift in Wesentlichem von den Bruderrätlern abgrenzte, die Vertreibung als völkerrechtswidrig bezeichnete und von den deutschen Ostgebieten als nur unter polnischer Verwaltung stehenden Reichsteilen sprach, betrachteten die Kritiker dies nur als Wasser in den Bielefelder Essig.

Ich sah mich zwar nicht öffentlich, wohl aber parteiintern als Kirchenmann und Synodaler einer unguten Situation gegenüber. Der gängigen Verdammung der Denkschrift wollte ich nicht zustimmen. Man durfte nicht übersehen, daß sie sich um Ausgewogenheit bemüht hatte. Andererseits hatte sie mit ihrer Forderung nach Gewaltverzicht offene Türen eingerannt, mit ihrem Ruf nach Friedens- und Versöhnungsbereitschaft oft Gesagtes wiederholt und mit ihrer Infragestellung der völkerrechtlichen Qualität des Rechts auf Heimat und die Zugehörigkeit der deutschen Ostgebiete Ärgernis erregt.

Vielleicht wäre die Diskussion der Denkschrift sachlicher verlaufen, wenn sie nicht einem lange zurückgestauten Unmut innerhalb der Evangelischen Kirche Deutschlands ein Ventil geöffnet hätte. Der tapfere westfälische Pfarrer Evertz, ein Evangelikaler, hatte ein kleines Buch veröffentlicht unter dem Titel »Der Abfall der Evangelischen Kirche vom Vaterland«. Es wandte sich gegen Gedankengänge, wie sie zum Beispiel von einem Präses der evangelischen Kirche des Rheinlands geäußert worden waren. Dieser hatte es für verhängnisvoll erklärt, wenn die Kirche »wieder ein Hort vaterländischer Gedankengänge würde«. Mit dieser Tradition müsse gebrochen werden. Provozierend hatte er gesagt, man solle vom Vaterland so wenig reden »wie ein anständiger Mensch von seiner Krawatte«.

Auf die Bitte der Hamburgischen Kirchenleitung hatte ich im Dezember 1965 die Rede zum zwanzigsten Jahrestag der ersten Versammlung der hamburgischen Synode gehalten. Die Feier fand im Plenarsaal der Hamburger Bürgerschaft statt. Unter dem Titel »Gilt das Vaterland nichts mehr?« wurde die Rede vielfach nachgedruckt.[5] Ich nahm in ihr nicht nur die Denkschrift, sondern auch die oft kritisierte Stuttgarter Schulderklärung des Rates der EKD von 1945 in Schutz. Ihre Problematik war auch mir bewußt. Aber jetzt hielt ich es doch für geboten, darauf hinzuweisen, daß sich die evangelische Christenheit in Deutschland auch damit in einem so hohen Maße mit ihrem Volk und Land solidarisch erklärte, »daß ich darin nicht nur einen Akt der Buße, sondern auch ein christliches Bekenntnis zum Vaterland sehe«. Dem Hang einiger Instanzen unserer Kirche, sich mehr als Gottes Staatsanwälte, denn als priesterliche Gestalten zu fühlen, stellte ich den kurz zuvor erfolgten bewegenden Briefwechsel der deutschen katholischen Bischöfe mit ihren polnischen Amtsbrüdern gegenüber. Gegen die Denkschrift machte ich geltend, daß sie zwar ein zu bejahendes partnerschaftliches Verhältnis zwischen den Deutschen und den Polen anstrebe, aber keinen Ton darüber sage, »daß ein solches Verhältnis die nationale Integrität der Partner, in diesem Fall also ein vereintes Deutschland, zwingend erforderlich macht«.

Was überhaupt, fragte ich an die Adresse jenes Präses gerichtet, dagegen eingewandt werden sollte, daß wir »das eigene Volk und Land nicht als ein mit Disteln bewachsenes Exerzierfeld theologischer Erkenntnisse und Grundsätze verstehen, sondern als das uns im besonderen von Gott gegebene Stück einer von Herzen und mit allen Sinnen geliebten Welt begreifen und dementsprechend auch behandeln«.

Zum Schluß wandte ich mich gegen die gefährliche Indifferenz, die sich gerade in der politischen Diskussion meiner eigenen Kirche in jenen Jahren auszubreiten begann und in den Jahren danach auch über die Kirche hinaus verbreitet wurde. »Das System im Osten, auch die Herrschaft Ulbrichts, sei zwar unbequemer als das bei uns. In seinem sittlichen Rang und Wert stehe es dem Westen aber wenig nach, und deshalb sei es auch nicht gerechtfertigt, darüber viel Aufhebens zu machen. Diesem Gerede muß nicht etwa zum Ruhme westlicher Zustände begegnet werden – sie verdienen Kritik –, sondern deshalb, weil die Kirchen sich über den durchgreifenden Unterschied zwischen einem freiheitlichen Rechtsstaat und einem seine Bürger äußerlich und innerlich verknechtenden Zwangsstaat um der Wahrheit willen nicht hinwegsetzen dürfen.«

Die Diskriminierung des Antikommunismus als einer geschmacklosen Verirrung hatte in jenen Jahren begonnen. Als die Ostpolitik der Herren Brandt,

Scheel und Bahr zum Thema der Jahre wurde und die Illusion von der Konvergenz der aufeinanderzulaufenden Systeme von Ost und West die Gehirne vernebelte, fand diese Verunglimpfung des Antikommunismus die Zustimmung derer, die der »Verständigung« zu dienen meinten oder anderer, die sich damit einfach progressiv und liberal fanden.

Der öffentliche Widerspruch gegen die Denkschrift wurde so heftig, daß sich die Synode der EKD im März 1966 ausführlich damit beschäftigen mußte. Das Ergebnis war eine ausgewogene, nunmehr amtliche Verlautbarung der Synode zur Sache. Ihr folgten die kirchenamtlichen Äußerungen der Landeskirchen. Mit ihrer Zustimmung zu der Synodalerklärung kam die Debatte wieder in die politische Balance, um nicht zu sagen in die Übereinstimmung mit der bisherigen politischen Linie von Bundesregierung und Bundestag.[6]

Daß mit der Wiederwahl Erhards zum Bundeskanzler und mit seinem alt-neuen Kabinett noch kein Problem gelöst war, weder ein partei- noch ein staatspolitisches, zeigte sich schon bald nach den ersten großen Plenardebatten im neugewählten Bundestag. Das Rumoren hinter den Kulissen der Unionspartei kam nicht zu Ende. Adenauer, jetzt im einundneunzigsten Lebensjahr, war als Parteivorsitzender zurückgetreten. Der Abzug der Franzosen aus dem militärischen Verbund der NATO war für ihn ein dumpfer Schlag und eine persönliche Enttäuschung. Krone und ich widersprachen mit Adenauer jedoch dem von Schröder und Erhard beabsichtigten öffentlichen Protest. Die beiden sahen in der Maßnahme de Gaulles einen Vertragsbruch und wollten das auch amtlich verlautbaren. Die Franzosen hatten uns jedoch wissen lassen, daß sie ihre in Deutschland stationierten Truppen stehen lassen und an ihrer Beistandspflicht festhalten würden, wenn wir nichts dagegen hätten. Mit einem öffentlichen Protest der Bundesregierung wäre die Lage und besonders das deutsch-französische Verhältnis nur noch schlimmer geworden. Erhard sah es ein.

Der Parteitag der CDU, er fand im März in Bonn statt, brachte außer der Wahl Erhards zum Parteivorsitzenden nichts Neues. Rainer Barzel war gegen Erhard angetreten. Für beide wurden weit weniger Stimmen abgegeben als erwartet werden durfte. Keiner von beiden fand eine überzeugte und überzeugende Gefolgschaft. Josef Hermann Dufhues, der verdiente ehemalige geschäftsführende Vorsitzende, wäre mit großer Mehrheit gewählt worden. Er hatte abgelehnt. Die Krankheit, die ihn früh dahinraffte, hatte sich gemeldet. Der einzige, der auf dem glanzlosen Parteitag brillierte und im Dunst der üblichen Geschäftigkeit noch Kontur zeigte, war Bruno Heck, der Generalsekretär der Partei. Er machte die Arbeit ohne Aufhebens. Neben dem Rennen Erhard–Barzel gelang es nur Konrad Adenauer, noch einmal die öffentliche Aufmerksamkeit zu gewinnen. Die Sowjetunion sei friedliebend, konstatierte der alte Kämpe zur nicht geringen Überraschung seiner Freunde und Feinde. Tags darauf kommentierte er: Die Sowjets brauchen den Frieden. Kommentar von Krone: Das ist wahr. Dennoch bleibt der sowjetische Kommunismus für Adenauer der Weltfeind.

Vor der Presse in London nahm ich im Sommer 1966 zu den damals aktuellen außenpolitischen Fragen Stellung. Ich sagte, kein ernsthafter Kopf in der Union sei bereit oder bereit gewesen, »die gedankenlose Alternative Paris oder Washington auch nur in Erwägung zu ziehen«. An de Gaulles Gedanken des »Europa der Vaterländer«, und das heiße an de Gaulles Politik könnten wir nicht vorbeigehen. Wir sähen aber in dem Schumanschen Entwurf eines vereinten Europa die bessere Konstruktion. Wir hofften, daß England ihr nicht nur sein Wohlwollen, sondern »auch seine durchgreifende Mitwirkung zuwende«.[7] Tags darauf kam der General wieder nach Bonn. Er sagte nichts dazu. Im Herbst machte der englische Speaker seinen Gegenbesuch bei uns. Es war eine ähnlich erfreuliche Begegnung, wie bei unserem Besuch in Westminster. Mein Kollege King redete mir zu, Erhard abzulösen. Dieser sei ein braver Mann. Aber Deutschland regieren, das könne er nicht.

Der kritische Vergleich – auch in vielen Einzelheiten – zwischen unserem und dem britischen Parlamentarismus war das fortdauernde Gespräch zwischen uns und den englischen Kollegen. Im Lauf der Jahre hatten wir im Bundestag Beachtliches von dem Londoner Unterhaus übernommen. Zum Beipiel die Fragestunde. Auch für die Umgestaltung des Bonner Plenarsaals, die ich mühsam durchgesetzt hatte, aus der dann aber doch nichts wurde, war das Unterhaus Vorbild. Dem oft unkritischen Lobpreis des englischen Systems in Deutschland folgte ich jedoch nicht. Schon beim britischen Wahlrecht begannen meine Einwände.

Der damalige Premierminister Wilson wollte mich allein empfangen. Als Wilson bald danach Bundeskanzler Kiesinger in Bonn besuchte, führten wir im Palais Schaumburg ein wesentlich interessanteres Gespräch. Vielleicht lag es an dem guten Weinkeller des Kanzleramtes. Globke hatte ihn immer sorgfältig gepflegt, ohne freilich Adenauers Hang zu den schweren Weinen brechen zu können. Jedenfalls sprach Wilson im mehr privaten Teil jenes Abends freier und offener als ich ihn je gehört hatte. Er war im Begriff, mir seine Commonwealth-Bedenken zu unserer Europapolitik auseinanderzusetzen, als sich Franz Josef Strauß zu uns setzte. Fast schlagartig änderte sich das Thema. Wilson sprach von seinen militärischen Sorgen. Seine größte: Eines Tages würden sich die Deutschen mit dem Kreml auf einen neuen Rapallovertrag einigen.[8]

Auf meine Frage, warum wir das tun sollten, meinte Wilson, weil die dann kommende wirtschaftlich-organisatorische Kooperation zwischen Deutschland und Sowjetrußland die Sowjets zu überlegenen Konkurrenten der USA und der ganzen freien Welt machen könnte und uns Deutschen die Wiedervereinigung bringen würde. Weder Strauß noch mir gelang es, dem britischen Premier und Labourführer diese Ängste an jenem Abend auszureden. Für die fundamental

534

geänderte, mit Rapallo überhaupt nicht mehr vergleichbare Lage zeigte er kaum Verständnis.

Weniger gut als unsere Englandreise verlief in jenem Sommer 1966 die USA-Reise des Fraktionsführers Rainer Barzel. Er hatte in New York die Rede zum 17. Juni gehalten. Sie rief zumindest in der CDU/CSU-Fraktion heftige Entrüstung hervor. Barzel meinte in jener Rede, wir Deutsche wären bereit, unter Umständen auch nach der Wiedervereinigung russische Truppen auf deutschem Gebiet hinzunehmen und außerdem wirtschaftliche Leistungen (Reparationen?) für Sowjetrußland aufzubringen.[9]

Ich wurde gedrängt, Barzels Vorschläge öffentlich zurückzuweisen. Weil ich mich an der Demütigung des Empfindsamen nicht beteiligen und die mißglückte Rede nicht weiter hochspielen wollte, lehnte ich ab. Krone war der gleichen Meinung. Seine Selbstüberschätzung habe Barzel einen Streich gespielt.[10]

Die Kehre

Am 10. Juli 1966 notierte Heinrich Krone:»Die Wahl in Nordrhein-Westfalen haushoch verloren. Die SPD ist der Sieger. Nur zwei Sitze fehlen ihr an der absoluten Mehrheit. Bonn, der Kanzler, ist der Verlierer. Die Sozialdemokraten sind in katholische Gebiete eingedrungen.« Innerhalb des Kabinetts Erhard und der Parteiführung wurde darüber kaum gesprochen. Man wollte nicht wahrhaben, daß diese Wahl der Anfang vom Ende für den Bundeskanzler Ludwig Erhard war. Das kaum mehr getarnte Gespräch über seinen Nachfolger dauerte monatelang. Die meistgenannten Namen: Schröder, Gerstenmaier, Barzel und, am Ende – von Klaus Scheufelen über den Landesverband Württemberg in die Debatte geworfen –, Kiesinger. Notiz Krones vom 19. Juli und 24. September 1966:»Der alte Herr geht auf Erhards Abgang los; doch dürfte Barzel nicht sein Nachfolger werden. Gerstenmaier?!«»Er, und nur er, müßte Bundeskanzler werden.« Schröder hatte keinerlei Chance, Adenauers Segen für seine Kandidatur zu erlangen.

Ich erinnere mich nicht, daß Adenauer mich aufgefordert hätte, dafür zu kandidieren. Erst zehn Jahre später erfuhr ich zuverlässig, daß er mit Globke, Krone, Heck und anderen der Meinung war, ich müsse Erhard schleunigst ablösen.[11] F. J. Strauß legte mir mit Nachdruck nahe zu kandidieren. Ich war auch bereit anzutreten, fragte mich aber unentwegt, wo ich denn die parlamentarische Mehrheit finden solle für das, was mir am Herzen lag: die Krisenfestigung unseres Sozialetats, die Korrektur eines überzogenen Subventionswesens und die methodische Um- und Weiterbildung unserer Ostpolitik. Das letztere wäre noch am leichtesten gewesen, wennschon die Lage im Vergleich zum Herbst 1961, in dem ich meine Vorschläge dafür gemacht hatte, nicht einfacher geworden war. Selbst Bruno Heck, der unerschrockene und zähkämpfende Generalsekretär der Union, vermochte mir als wahrheitsliebender Mann keine optimistische Sicht zu eröffnen, und Rasner meinte, die Union gerate mit meinem »Programm« in die Minderheit. Krone: »Gerstenmaier zögert. Ich verstehe ihn.«

Mit dem anderen Schwaben, Kiesinger, hatten unsere »Nordlichter« um Rasner offenbar noch weniger im Sinn. Er dürfe »Bonner Boden nicht wieder betreten.«[12] Mir sagte Rasner dergleichen freilich nicht. Er kannte meine landsmännisch-freundschaftliche Verbundenheit mit Kiesinger. Barzels Chancen hatten sich seit seinem Kampf gegen Erhard um den Parteivorsitz und auch seiner Amerikareden wegen so verschlechtert, daß ihm keine reellen Chancen mehr zugebilligt wurden, und mit Schröder mußte es eben zu einer Kampfabstimmung kommen. F. J. Strauß stellte mir die geschlossene Unterstützung seiner CSU immer wieder in Aussicht.

Ich selber beabsichtigte nicht, den Koalitionspartner zu wechseln. Mit Erich Mende und dem Freiherrn von Kühlmann-Stumm hatte ich weder innen- noch außenpolitische Schwierigkeiten, und der Wahlrechtsänderung stand ich unverändert kritisch gegenüber. Für Kiesinger wie für mich ging es um die Ablösung Erhards und Schröders. Obwohl Schröders Frankreichpolitik – er riskiere den »totalen Bruch mit Frankreich«, klagten Krone und Adenauer – in der Fraktion unbeliebt war, hatte ihm de Gaulles Truppenabzug aus der NATO wieder Sympathien verschafft. Wie groß sein tatsächlicher Rückhalt in der Union damals war, ließ sich nicht leicht beurteilen. Zu der Wahlrechtsfrage schwieg er, während Kiesinger die Argumente Guttenbergs und Lückes kräftig unterstützte.

Damit rückte die Möglichkeit einer Großen Koalition ernsthaft in das Blickfeld. Schon nach den Wahlen von 1965 war darüber wieder gesprochen worden. Angeblich soll Adenauer damals erneut dafür gewesen sein. Ich hörte darüber nichts von ihm. In der CDU wurde unterderhand nicht nur der Wahlrechtshandel mit der SPD diskutiert. Es wurde auch verlangt, die SPD solle erst die Notstandsgesetze akzeptieren.

Aus alldem war nichts geworden. Jetzt aber wurde es plötzlich ernst. Am wirtschaftlichen Horizont waren seit einiger Zeit Wolken aufgetaucht, an die das Wirtschaftswunderland nicht mehr gewöhnt war. Der Bundeshaushalt wurde davon mitbetroffen. Bei der ersten Lesung des Stabilitätsgesetzes, das die Bundesregierung für notwendig hielt, kam es zu heftigen Auseinandersetzungen im Parlament. Der Koalitionspartner FDP hatte dabei die Regierung gegen die Attacken der SPD zunächst mitverteidigt. Aber jetzt, sechs Wochen später, kündigte die FDP, für mich überraschend, die Koalition auf mit der Begründung, daß mit den vom Bundeskanzler vorgesehenen Maßnahmen eine hinreichende, dauerhafte Stabilität nicht zu erreichen sei. Fundamentale Gegensätze in der CDU/CSU verhinderten nach Meinung der FDP »einschneidende und unpopuläre Entscheidungen«. Gerade solche aber seien die Voraussetzungen für einen Haushalt der Stabilität. Damit hatte Kühlmann-Stumm recht. Das schönste war jedoch, daß die SPD diese Kritik aufnahm, während die CDU den FDP-Vorwurf als unsoziale Zumutung abwies.

Die FDP hatte ihren Vorsitzenden mit ihrer Mehrheitsentscheidung überfahren. Erich Mende hatte eine Witterung für die weittragenden Folgen. Daß in einer Großen Koalition der Kampf gegen Subventionsunwesen und Sozialromantik erfolgreicher geführt werden könne – davon konnte er so wenig wie Herr von Kühlmann-Stumm überzeugt sein. Ihr Argwohn wurde denn auch bestätigt.

Gegen Erhards natürlich unhaltbare Minderheitsregierung brachte die SPD schon zehn Tage später den Antrag ein, der Bundeskanzler solle die Vertrauensfrage stellen. Er wurde gegen die CDU/CSU von der SPD und der FDP angenommen. Die Koalition vom Herbst 1969 kündigte sich an.

Kanzlerkandidatur

Im Parteivorstand der CDU wurde noch am gleichen Tag erstmals offen über die Nachfolge Erhards gesprochen. Erhard selber nannte vier Namen: Barzel, Gerstenmaier, Kiesinger, Schröder. Krone notiert.: »Gerstenmaier und Kiesinger bewerben sich nicht um Amt und Aufgabe; doch sind sie bereit, wobei ich glaube, daß es Kiesinger mehr noch auf diese Position zieht als Gerstenmaier. Schröder und Barzel erklären, daß sie sich der Abstimmung in der Fraktion stellen.«

Kiesinger besuchte mich. Ihn ziehe es nicht auf den Kanzlerstuhl, aber – noch einmal – ob er nicht bei mir Außenminister werden könne. Meine Antwort: Eine neue Koalition mit der FDP komme offensichtlich zur Zeit nicht in Frage. Von der SPD und einem Teil der CDU könne ich aber keine hinreichende Unterstützung für das erwarten, was ich innenpolitisch für unabweisbar halte. Zudem: Die Folgen einer Großen Koalition könnten für uns auch recht bedenklich werden. Dennoch wolle ich nicht immer nein sagen. Ich würde antreten, wenn Strauß die mir zugesagte Unterstützung der CSU tatsächlich beibringe. Ohne sie würde ich nicht kandidieren. Dann werde er, Kiesinger, Bundeskanzler. Ich aber wäre bereit, bei ihm Außenminister zu werden. In einer Koalition mit der SPD erschiene mir die grundsatztreue Weiterbildung unserer großen, zumeist gegen die SPD erfochtenen Entscheidungen von besonderer Wichtigkeit. Kiesinger trat sofort darauf ein. Wir versprachen uns, wenn der eine von uns Bundeskanzler werde, solle der andere sein Außenminister werden.

Die Entscheidung fiel nicht in der Bonner CDU/CSU-Fraktion. Sie fiel in München. Ich saß an meinem Schreibtisch im Bundestag, als der Rundfunk meldete, daß der bayerische Finanzminister Huber vor Rundfunk und Fernsehen soeben verkündet habe, die CSU werde die Wahl Kiesingers zum Bundeskanzler unterstützen. Von Strauß war kein Wort zu hören. Angeblich habe er an der Sitzung seines Landesvorstandes erst gegen Schluß teilnehmen können, weil er noch auf der Fahrt nach München gewesen sei. Huber, das hatte ich schon früher gehört, sah mit einigen anderen Bayern in mir eher einen »Zentralisten« als einen Föderalisten. Vor die Wahl gestellt, würde sich das föderalistische Bayern immer für einen erprobten Föderalisten entscheiden, wie es der langjährige Ministerpräsident des Nachbarlandes sei. Der Bundestagspräsident hingegen habe sich immer nur zentralistisch betätigt. Das war natürlich dummes Zeug. Aber noch viele Jahre später hielten es mir auch enge Freunde vor, daß ich den bayerischen Verheißungen gegenüber zu unkritisch gewesen bin. Zudem habe mir einfach der »Biß« gefehlt. So Bruno Heck.

Am kräftigen Biß fehlte es mir in der Tat. Tegel fiel mir immer wieder ein. Und mein wiederholt angestelltes Kalkül brachte mich stets zu dem Schluß, daß ich für die von mir für notwendig gehaltenen einschneidenden politischen Korrekturen keine hinreichende Mehrheit finden würde. Wozu dann regieren? Mir hatte schon Adenauers Rückzug von Blank in hohem Maß mißfallen. Ich hatte gesehen, daß Erhard auch in seinem ureigenen Sachbereich trotz bester Vorsätze damit nicht fertig wurde. Er hatte nicht einmal bescheidene Annäherungswerte erzielt und war paradoxerweise über eine Kritik gestürzt, die weithin seine eigene hätte sein können. Ich ließ Kiesinger den Vortritt, und die Fraktion wählte ihn. Wir saßen bei der Abstimmung in der Fraktion nebeneinander. Ehe das Ergebnis verkündet wurde, schob man ihm einen Zettel zu. »Lieber Gott«, sagte er leise, und zeigte mir das Abstimmungsergebnis.

Das Angebot: Auswärtiges Amt

Die Koalitionsverhandlungen mit der SPD führten rasch zu einem Ergebnis. Ich war an ihnen nicht beteiligt. Als mich der designierte Kanzler anrief, um mir zu sagen, daß ich Außenminister werden solle fragte ich nur: Und Brandt? Man habe sich für ihn auf das Wissenschaftsministerium geeinigt. Er habe es selber gewünscht, um als Parteivorsitzender Zeit für seine Parteiarbeit zu haben. Gut, sagte ich, ich nähme an. Über unsere Außenpolitik – in der großen Linie in der Kontinuität der Adenauerschen – seien wir uns ja einig. Ich wolle nur noch Adenauer unterrichten und seinen Segen für das Unternehmen einholen. Der alte Herr stimmte zu. Kiesinger schrieb mir einen formellen Brief, eine Bestätigung seiner Einladung an mich. Ich antwortete zusagend. Die Sache war gelaufen.

Das jedoch erwies sich als Irrtum. Zwei Tage später rief mich Kiesinger wieder an. Bedrückt teilte er mir mit, Wehner sei bei ihm gewesen und habe ihn davon in Kenntnis gesetzt, daß die SPD für ihren Vorsitzenden in der neuen Regierung nunmehr doch das Auswärtige Amt und den Vizekanzler verlange. Ich sagte, ich hätte nichts gegen den Vizekanzler, aber ich sei uninteressiert an einem anderen Ministerium. Ob die neue Forderung zur Koalitionsfrage gemacht werde? Kiesinger bejahte. Was wollen Sie nun tun, fragte ich ihn. Deprimiert meinte Kiesinger, daß dann aus der ganzen Sache nichts werde. Das wolle ich weder ihm noch sonst jemanden zumuten, sagte ich. Wenn es anders nicht gehe, entließe ich ihn aus seinem Wort. Ich merkte, wie ihm ein Stein vom Herzen fiel.

Auch heute, nach einem aus meiner Sicht nicht glücklichen Verlauf der weiteren politischen Entwicklung, kann ich nicht erkennen, was ich in jener Situation anderes hätte tun können. Vielleicht gehört jener Verzicht aber dennoch zu den großen Fehlentscheidungen meines Lebens. Wahrscheinlich wäre es besser gewesen, jene Regierungsbildung hart in Frage zu stellen. Schließlich wurde damit eine Entwicklung eingeleitet, die zu weittragenden Konsequenzen führte. Sie lagen nicht auf der Linie unserer bisherigen Unionspolitik und brachten Deutschland bei weitem nicht das ein, was wir anstreben mußten. Und schließlich begann die Zusammenarbeit der Koalitionspartner mit dem Bruch einer festen Vereinbarung. Ihr folgte der Bruch einer anderen. Daß aus der Wahlrechtsänderung nichts werden würde, war im Dezember 1966 in der Union nicht vorauszusehen. Zudem: Der designierte Bundeskanzler war nicht auf Kampf gestimmt, und bis in die Kernzellen der Union hinein hielt man damals die Große Koalition für geboten. Auch viele von denen waren dabei, die mir später darüber Vorwürfe machten. Krones Tagebuch enthält bemerkenswerte Beispiele.

Um in dieser Lage eine Krise von nicht zu übersehendem Ausmaß zu veranstalten, fehlten mir Selbstbewußtsein und Ehrgeiz. Außerdem: Die damalige Position der Unionspartei war weit heikler als den meisten meiner Parteifreunde bewußt war. Die SPD-FDP-Koalition, die drei Jahre später Wirklichkeit wurde, hätte schon 1966 zustande kommen können. Zwar hatte sich die FDP-Basis (und schon gar nicht die FDP-Führung unter Mende und Kühlmann-Stumm) noch nicht so weit nach links verschoben, wie 1969. Aber gegen das Versprechen der SPD, das sogenannte Mehrheits-Wahlrecht zu verhindern und damit die parlamentarische Zukunft der FDP beinahe zu garantieren, wäre die FDP schon 1966 auch gegen das Sträuben ihrer damals führenden Köpfe eine Koalition mit der SPD eingegangen. Kiesingers Möglichkeiten waren also begrenzt. So blieb ich wo ich war. Aber es gefiel mir nicht mehr. Ich wurde die

Sache leid. Ein Zustand, den ich seit meiner Zeit als kaufmännischer Angestellter nie mehr kannte, überkam mich mehr und mehr: Frustration. Ich mag die Vokabel nicht. Aber sie traf zu.

Die Abschiedsrede auf Ludwig Erhard vor dem Bundestag fiel mir nicht leicht. Ich wollte jeden unwahren Ton vermeiden. Erhard war, schlicht gesagt, gescheitert. Dennoch wollte ich dem um Deutschland hochverdienten Mann einen würdigen Abgang vor dem Parlament und der Öffentlichkeit bereiten. Als er sich nach vielen Monaten bitterer Kritik in meiner Rede wieder verstanden und gewürdigt sah, kamen ihm die Tränen.[13]

Die Große Koalition

Die Große Koalition ließ sich nicht schlecht an. Kiesinger wurde mit dreihundertvierzig von vierhundertdreiundsiebzig Stimmen gewählt. In seiner Regierung saßen zehn CDU/CSU- und neun SPD-Minister. Hassel hatte sein geliebtes Verteidigungsministerium an Schröder abgeben müssen. Er gehörte dem Kabinett – eine Zumutung für ihn – noch als Vertriebenenminister an. Karl Schiller, mein alter Kumpan aus der Studentenzeit und Studienstiftung, war Wirtschaftsminister und F. J. Strauß Finanzminister geworden. Zwischen beiden ging es gut. Kiesinger kündigte in seiner Regierungserklärung Mitte Dezember drastische Maßnahmen zur Balance des Haushalts an. Man sei den Interessengruppen gegenüber zu nachsichtig gewesen. Außerdem suche man ein neues Verhältnis zum Osten. Ich hörte beides mit gespannter Aufmerksamkeit. Interessant war die Einlassung des neuen Fraktionschefs der SPD, Helmut Schmidt: Die Regierungserklärung biete eine gute Grundlage für die Fortsetzung der siebzehnjährigen Arbeit seiner Partei in diesem Hause. Es war die Arbeit der Opposition gewesen. Nun schien sie zufrieden.

In der CDU/CSU gab es verschwiegene Vorbehalte. In der SPD große Erwartungen, auch wenn man wußte, daß nun nicht alles, alles anders werde. Aber das sei ja erst der Anfang. Die Leute behielten recht. Die Popularität des neuen Bundeskanzlers stieg. Seine Kurve überragte bald diejenige Adenauers in seinen besten Zeiten. Die Zusammenarbeit der lange verfehdeten großen Parteien behagte der deutschen Sehnsucht nach Entspannung, Frieden und Freundschaft.

Die Große Koalition war ein halbes Jahr alt, als der Fraktionschef der SPD, Helmut Schmidt, Kiesingers Haushaltsrede als eine taktische Meisterleistung pries. Zu Recht. Der Bundeskanzler hatte die ihn tragenden großen Parteien beschworen, der mittelfristigen Finanzplanung mit ihrer notwendig gewordenen

Milliardenstreichung nicht in die Arme zu fallen. Wieder überkam mich eine Woge von Hoffnung, daß aus der von mir seit langem für unerläßlich gehaltenen Straffung und Absicherung unserer wirtschaftlichen und sozialen Leistung im Sinne meiner Kieler Rede schließlich doch noch etwas werden könne. Der weitere Verlauf der Haushaltsdebatte 1967 dämpfte diese Hoffnung freilich sehr. Der Mann, der mir damals aus dem Herzen sprach, gehörte zur Opposition. Kurt Spitzmüller, FDP, hielt eine eindringliche, nüchterne Rede gegen die »sozialpolitischen Schönredner«.[14] Was mir an ihm gefiel, war der Mut mit dem er gegen den teils gedanken-, teils gewissenlosen Illusionismus und Opportunismus anging. In allen Fraktionen des Hauses gab es einsichtige Abgeordnete, die ihm darin freilich mehr insgeheim zustimmten. Hansjörg Häfele, der schwäbische Abgeordnete, tat es noch beharrlicher öffentlich. Kiesinger dachte in der Sache kein Haar anders als ich. Er gab sich auch redliche Mühe, dem hergebrachten Trend zu widerstehen, ja ihn umzukehren. Aber schließlich trat doch ein, was ich befürchtet hatte: Der mächtige Sog der Interessenhaufen, Subventionsverfechter und Sozialromantiker war nicht zu wenden. Er floß, einer tiefen gewaltigen Strömung gleich, durch alle Parteien. Der Versuch, sie zu stoppen, erschien mir zuweilen, als wollte ich die Strömung des Rheins vor meinen Fenstern aufhalten. Eine depressiv stimmende Selbstgefährdung der Demokratie.

Kiesinger hatte von einer Herkulesarbeit gesprochen, die der Regierung abverlangt werde. Helmut Schmidt konkretisierte: »Die Ställe des Augias in bezug auf die finanzielle Lage!«[15] Keiner aus den Reihen der Erhard-Kabinette widersprach. Gewiß: Meine Partei hatte Kritik, auch harte Kritik, verdient. Einen Augiasstall hatten ihre Kanzler der neuen Koalition jedoch nicht hinterlassen.

Wenn schon die großen Richtungskämpfe der deutschen Außen- und Verteidigungspolitik als entschieden gelten konnten, war Kiesinger ebenso klar wie mir, daß immer neue Anstrengungen persönlicher und sachlicher Art gemacht werden mußten, um das Miteinander der großen, so lange verfehdeten Parteien auch in der Deutschland- und Ostpolitik zu gewährleisten. Kiesinger gab sich redliche Mühe, unserer Absprache gemäß in der Kontinuität der von uns seit 1949 verfochtenen Politik weiterzuarbeiten. Es war uns aber auch gleichermaßen bewußt, das uns der neue Tag neue Entscheidungen abverlangen werde, die nicht einfach nach alten Rezepten gefällt werden konnten. Wir waren bereit, in der Deutschlandpolitik, und das hieß auch im Verhalten zu Ost-Berlin, genau erwogene neue Schritte zu tun, und wir waren darauf bedacht, auch mit dem Kreml zu neuen Gesprächen und Verhaltensweisen zu kommen. Kiesinger hatte dabei in Wehner, mehr noch als in Brandt, einen Gesprächspartner von Rang. Wehner war Gesamtdeutscher Minister geworden. Er hatte damit eine staatliche Position erlangt, die ihm in Verbindung mit der hohen Autorität, die er innerhalb seiner Partei genoß, einen Einfluß sicherte, den ich bei einem Inhaber dieses Ministeriums vorher und nachher nie erlebte. Nach meinem Eindruck suchte der neue Bundeskanzler vor allem mit ihm das Gespräch, wenn es darum ging, Spannungen zwischen den Koalitionspartnern zu beseitigen. »Meine Regierung ist keine Regierung des illusionären Verzichts!« Der Bundeskanzler Kiesinger sagte das stolze Wort, und es gefiel uns wohl.[16]

Dennoch, je länger die Große Koalition währte, desto mehr wurde »die neue Handschrift« in den Regierungserklärungen deutlich.[17]

Der Bundeskanzler weigerte sich zwar standhaft, von zwei deutschen Staaten zu sprechen. Von der sogenannten DDR sprach er einmal als von »einem Phänomen, mit dem ich in einen Briefwechsel getreten bin«.[18] Nach meiner Schätzung von Wehner beredet, hatte er sich dazu bereit gefunden, dem Chef der Zonenregierung einen formellen Brief zu schreiben: »Sehr geehrter Herr Ministerpräsident.« In den Augen derer, die sich einst geweigert hatten, Delegationen Pankows oder auch nur ihre Briefe zu empfangen, kein erfreuliches Ereignis. Immerhin: Noch war und blieb die Zweistaatentheorie eine Entgleisung, noch folgte der Bundestag, wenn auch zaudernder, seinem ursprünglichen Konsens in den Grundfragen der Deutschlandpolitik. In der Aussprache über den Bericht zur Lage der Nation im Frühjahr 1968 aber sprach der Vorsitzende der SPD-Fraktion, Helmut Schmidt, dann doch davon, »daß die DDR ein Staat ist, mit dessen ungeliebter Regierung wir gleichwohl geordnete Verbindungen herstellen müssen ...«. Eine Fundamentalthese unserer Deutschlandpolitik von ehedem löste sich unaufhaltsam auf. Das Nein zu dem Pankower Kommunistenregime reduzierte sich auf die Verweigerung seiner völkerrechtlichen Anerkennung. Walter Scheel, damals Oppositionssprecher der FDP, war Helmut Schmidt dabei entschieden voraus. Neben der Bundesrepublik sei »ein zweiter deutscher Staat entstanden«, hatte er schon ein Jahr zuvor im Bundestag gesagt.[19] Der Bundestag nahm es hin.

Hingegen lag es wieder ganz auf unserer, auf der Linie Kiesingers, als sein Außenminister Willy Brandt im Mai 1969 der Weltöffentlichkeit mitteilte, »die Bundesregierung werde die Anerkennung der DDR als unfreundlichen Akt betrachten«. Aber das war nur noch eine Erinnerung an die Jahre der Hallsteindoktrin.

Reflexionen zum Atomsperrvertrag

Gerüchtweise hatten wir davon gehört, daß Egon Bahr, der Intimus Brandts, über Italiens Kommunistenpartei den Kreml habe wissen lassen, daß die von Brandt angepeilte neue deutsche Ostpolitik kein Aufguß der Adenauerschen

Ostpolitik sein werde. Von Kiesinger hörte ich darüber nichts. Ich wollte auch nicht fragen. Schließlich hätte auch ich nicht einfach wiederholt, was zur Zeit Brentanos darunter verstanden wurde. Dennoch: Egon Bahr peilte anderes an als ich – und sein Bundeskanzler.

Die parlamentarische Situation war unbefriedigend. Die Fronten stimmten bald in Wesentlichem nicht mehr. SPD und FDP liefen aufeinander zu. Nicht nur in ihrer Deutschland-Politik, sondern auch in der Frage der atomaren Bewaffnung. Ein Koalitionswechsel verbot sich uns in dieser Lage. Sachlich-politisch hätte er nichts gebessert. Und die Union hätte das Scheitern bezahlen müssen. Nein, Kiesinger mußte zu einem Erfolg gebracht werden. Mit einer gestörten oder zerstörten Koalition war das aussichtslos. Mit einiger Mühe konnte die Verabschiedung der Notstandsgesetze als ein Erfolg der Großen Koalition gelten. Ich hatte und habe meine schweren Zweifel daran, daß sie im Ernstfall leisten, was sie leisten müssen. Zunächst lag ihr einziger Wert darin, daß mit ihrer Verabschiedung die Vorbehaltsrechte der westlichen Besatzungsmächte, die nun schon längst unsere Verbündeten geworden waren, verschwanden. Für Paul Lücke, den von der CDU gestellten Innenminister – er war ressortmäßig zuständig –, konnte dies jedoch kaum als Erfolg gelten.[20]

Für einen Erfolg durfte der an einer Wahlrechtsänderung vor allem interessierte Mann den Beschluß eines engeren, nichtoffiziellen Führungskreises der Koalition halten, das Mehrheitswahlrecht für die Bundestagswahlen 1973 einzuführen. Ich fragte mich, warum nicht schon für die im Herbst 1969 anstehenden Wahlen, wenn man sich der grundätzlichen Entscheidung sicher sei. An dem war es, wie sich zeigen sollte, jedoch keineswegs. Die Unionsvertreter waren 1966 mit dem Auftrag in die Koalitionsverhandlungen gegangen, »die Wahlrechtsreform für unbedingt erforderlich« zu erklären. Eine formelle Conditio sine qua non war daraus jedoch nicht gemacht worden. Vielleicht wurde das nicht mehr für notwendig gehalten, nachdem Wehner in jenen Verhandlungen die Erklärung abgegeben hatte, die SPD sei zur Einführung des Mehrheitswahlrechts bereit.[21]

Vorsichtig sprach Helmut Schmidt in seiner Rede zur Regierungserklärung Kiesingers einige Wochen später von der Wahlrechtsreform als einer »neuen großen Aufgabe«. Der SPD-Parteitag in Nürnberg kehrte sich nicht daran. Er verschob die Entscheidung auf 1970. Das hieß, die SPD behielt für die Regierungsbildung 1969 alle Trümpfe in der Hand. Paul Lücke, der redliche Mann, fühlte sich dadurch so hinters Licht geführt, daß er im April 1968 bitter enttäuscht zurücktrat. Obwohl ich mich in meinen Zweifeln bestätigt fühlte, mißfiel auch mir dieser Verlauf der Sache. Ich begann an der Fortsetzung der Großen Koalition über die Wahlen von 1969 hinaus zu zweifeln.

Im Herbst 1968 berichtete Rasner, »die Koalition kracht in allen Fugen«. Kiesinger schwieg. Er kämpfte um sein politisches Konzept. Ihm, dem Empfindsamen, konnten die drohenden Gefahren noch weniger verborgen bleiben als mir, dem im Umtrieb des Bundeshauses Stehenden.

Wichtiger als die Notstandsgesetze erschien mir seit 1967 die Atomfrage. Ich war nie davon abgegangen, daß von der unmittelbaren atomaren Bewaffnung der Bundeswehr nur so lange abgesehen werden könne, als wir des unbedingten Schutzes der atomar bewaffneten Nato beziehungsweise ihrer atomar bewaffneten Mitglieder sicher sein können. Die Gespräche mit de Gaulle, die Argumente für die MLF und ihre britische Variante haben diese Überzeugung in mir stetig vertieft. Dem Gedanken eines Atomsperrvertrags stand ich deshalb von Anfang an zwiespältig gegenüber. Einerseits hätte ich gerne alles unterstützt, was die Weiterverbreitung der Atomwaffen unmöglich machen würde. Andererseits fühlte ich mich verpflichtet, den Zugang zu Atomwaffen auch uns offenzuhalten, zumindest für den Fall, daß der Atomschutz der NATO unzuverlässig werden würde. Adenauers ABC-Verzicht hätte ich dann für obsolet erklärt – eingedenk J. F. Dulles' Wort. An dem projektierten Atomsperrvertrag hatte ich immer bezweifelt, daß er sein Ziel überhaupt erreichen könne. Wer will Staaten mit hinreichenden technischen Voraussetzungen daran hindern, A-Bomben zu bauen, wenn sie das für nützlich oder notwendig halten? Nicht nur große (und labile) Mächte wie Indien, sondern auch Staaten wie Pakistan, die wir zu den Entwicklungsländern rechnen, oder auch Israel in seiner gefährdeten Lage machten die Wirkung des Vertrags löcherig, selbst wenn sie seine Motivation anerkannten. Ein Land wie die Republik Südafrika, bedrängt und beschimpft von der ganzen Welt, werde – so schien es mir – geradezu getrieben, sich mit der Frage auseinanderzusetzen, ob es A-Bomben bauen müsse. Ich entschied mich gegen den Vertrag. Nicht die Erkenntnis, daß sein eigentliches Ziel doch nicht erreicht werde, veranlaßte mich dazu, sondern allein der Wille, auf eine Ultima ratio nicht zu verzichten. Vergangenheit hin, Vergangenheit her – jedes Volk hat einen legitimen Anspruch auf vernünftigen Schutz. Der unsere besteht in der Kriegsverhinderung durch Abschreckung, hohe Abschreckung. Unsere Ultima ratio besteht in dem Willen, wenn es unerläßlich ist, uns mit *allen* Mitteln zu wehren. Waren, sind wir nicht gehalten, auch den Fall in Erwägung zu ziehen, daß die NATO labil oder brüchig werden würde?

Für meine Argumente konnte ich zwar Kiesingers Verständnis finden, nicht aber seine Zustimmung. Karl Carstens, damals Staatssekretär im Bundeskanzleramt, sagte gegen meine Einwände, die Ablehnung des Vertrags würde uns völlig isolieren. Das war nicht von der Hand zu weisen. Ich hielt das jedoch für einen vorübergehenden Nachteil, während ich den Vertrag trotz seines Revisionsartikels 10 für eine schwere Benachteiligung Deutschlands hielt. Die vorgeschobene geographische Position und die damit verbundene besondere Gefährdung ganz Deutschlands begründeten unseren deutschen Anspruch auf qualifizierten Schutz beziehungsweise auf gleichrangige Verteidigung. Wann und solange es immer die Lage erlaubte, würde ich gern auf A-Waffen verzichten. Für mich waren und sind sie kein nationales Prestigeobjekt. Für mich sind sie eine Notwendigkeit unserer Gleichberechtigung, die ich 1950 in jener ersten Straßburger Rede als Voraussetzung jeder deutschen Beteiligung an dem westlichen Verteidigungsbündnis gefordert hatte. Ich verlange die Teufelswaffen – die für die Verhinderung des großen Krieges inzwischen allerdings mehr geleistet haben als alle Kriegsdienstverweigerer zusammen – auch nicht jetzt. Ich wolle lediglich, sagte ich, daß uns der Zugang zu ihnen für den Fall der größten Not nicht auch noch rechtlich verstellt und verweigert werden könne.

Im Bundeskabinett gab es Gleichgesinnte. Meine Freunde Bruno Heck und Franz Josef Strauß stimmten am 14. März 1968 im Kabinett gegen den Vertrag. Der Bundeskanzler und eine Mehrheit in der Regierung wollten ihn annehmen. Die Frage solle nicht zur Koalitionsfrage gemacht werden. Das war weise. Denn auch in der Unionsfraktion standen die Meinungen hart gegeneinander. Der Fraktionsvorstand entschied, der Vertrag sei nicht, noch nicht unterschriftsreif. Notiz Krones vom 18. September 1968: Die CSU wolle den Vertrag ablehnen. »Auch Gerstenmaier meint, man solle mit seinem Nein nicht zurückhalten.« Die USA hatten inzwischen auf unsere Ratifizierung gedrängt. Was für mich vielleicht zur Koalitionsfrage und zum Ende meiner Regierung geworden wäre, wurde für die Regierung Kiesinger–Brandt zwar zu einer Belastung, nicht aber zur Existenzfrage. Die SPD gab auch in der Großen Koalition zwar schonungsvoll, aber doch deutlich zu erkennen, daß sie ihre alten Reserven gegen unsere Sicherheits- und Verteidigungspolitik keineswegs völlig abgebaut habe.

Die Russen in Prag

In der Nacht zum 21. August 1968 riß mich die Wache in meinem Amtshaus aus dem Schlaf. Der Bundeskanzler sei am Telefon. Kurt Georg Kiesinger teilte mir mit, daß sowjetrussische Divisionen in die Tschechoslowakei einrückten. Die Invasion sei noch im Gange. Ob unsere Grenzen verletzt seien und was das zuständige NATO-Kommando tue oder beabsichtige, fragte ich. Ruhig, aber bedrückt sagte mir Kiesinger, daß er das noch nicht wisse. Was ich meine? Für uns sei entscheidend, sagte ich, ob die Sowjets bei ihrer vermutlich gegen das Dubček-Regime gerichteten Aktion unsere Grenzen verletzen oder ob erkennbar werde, daß ein Stoß gegen sie beabsichtigt sei. Ich empfehle, die Grenzabschnitte im Osten und Südosten einer verstärkten Kontrolle zu unterwerfen und dazu den Bundesgrenzschutz zu alarmieren. Ansonsten raschen Kontakt mit den zuständigen NATO-Dienststellen und Verbindung mit den verbündeten Regierungen. Kiesinger war der gleichen Meinung.

Ich hatte den Eindruck, daß er sich in dieser Stunde der hochgradigen Spannung unserer totalen Abhängigkeit von der militärischen Kraft und moralischen Qualität der NATO ebenso bewußt war wie ich. Für mich war dieses Bewußtsein der vollständigen Abhängigkeit in jener Nacht noch erschreckender als die Gefahr selbst. Natürlich hatte ich mir niemals eine Illusion darüber gemacht, wie sehr wir auf den militärischen Schutz der sofort handelnden NATO angewiesen wären. Das war ja der Grund meines politischen Verhaltens, seitdem es eine Bundesrepublik Deutschland gab. Aber es ist ein anderes, so etwas theoretisch zu wissen, als es von einem Augenblick zum anderen existentiell zu erfahren. Wir wissen schon lange, daß in jener Nacht die Gefahren, die wir ins Auge faßten, für uns nicht bestanden. Aber es hat sich inzwischen auch nichts ereignet, was uns für immer von der Sorge befreien könnte.

Die Lage, in der wir uns befanden und befinden, hatte ihren grimmigen Ernst gezeigt. Hart und ungestüm kritisierte Helmut Schmidt in einer Sitzung des ›Kreßbronner Kreises‹, zu der ich eingeladen worden war, die interne Koalitionsdiskussion und ihre Führung. Ich weiß nicht mehr, worum es ging. Aber ich erinnere mich, wie geduldig der Bundeskanzler die Philippika anhörte und wie milde er ihr begegnete. Da jeder wußte, daß diese Große Koalition zwar kein besonders kunstvolles, aber doch recht künstliches Gebilde war, benahmen sich die Partner gegenseitig im allgemeinen eher vorsichtig und höflich als laut und kritisch. Einen besonderen Stil des Umgangs pflegten die beiden Fraktionsvorsitzenden Barzel und Schmidt untereinander. Er war von einer artifiziellen Freundschaftlichkeit, von wenig Spontaneität und von höflicher Perfektion. Die kollegiale Zuneigung, das absichtslose, unmittelbare menschliche Gespräch, das es zu meiner Zeit auch über die Grenzen der eigenen Fraktion hinaus gab, konnte ich in dem Miteinander der beiden partnerschaftlich verbundenen Fraktionschefs hingegen nicht beobachten.

Die langen Schatten der heraufdämmernden Wahlen fielen früh schon über Kurt Georg Kiesingers ernsten und für die Entwicklung unseres Staates durchaus wichtigen Versuch. Er hat gezeigt, daß in unserer Demokratie auch die großen, oft grimmig verfeindeten Parteien sich im Dienst des Landes zu verbünden vermögen. Der parteiinterne Einwand, die Union habe damit der SPD den Weg an die Macht geöffnet, wäre nur dann stichhaltig, wenn wir am Ende Erhards, im Dezember 1966 noch eine reale andere Möglichkeit gehabt hätten. Das aber war nicht der Fall. Eine andere selbstkritische Frage ist freilich, ob die Kehre in der Deutschlandpolitik tatsächlich nicht zu verhindern war und ob sie eines Tages nicht zur Abkehr, zur totalen Abkehr von der Außen- und Sicherheitspolitik der Ära Adenauer werden wird.

Als Konrad Adenauer am 19. April 1967 starb, konnte er die Kehre der bundesdeutschen Politik kaum wahrgenommen haben. Dennoch lag mehr als ein Hauch von Resignation über der letzten Phase seines langen Lebens. Im Königshof in Bonn hatten wir noch seinen einundneunzigsten Geburtstag gefeiert. Ich gab ihm ein Abendessen im engeren Kreis. Er wollte die vielen Leute ähnlicher Anlässe an jenem Abend nicht um sich haben. So blieben wir bei den getreuen Gefährten seiner kämpferischen Jahre. Ich hielt die letzte Rede auf ihn, die er noch gehört hat – es sei denn, die Toten hören von einem anderen Stern mit.

Ende Februar aßen wir noch einmal zu zweit bei mir. Er aß fast nichts, zeigte aber keine Erschöpfung. Er wolle mich bitten, ihn nach München zu begleiten. Die Deutschlandstiftung vergab ihre ersten Adenauerpreise. Einige Journalisten hielten sich für berufen, Konrad Adenauer davor zu warnen, »sich in die Hand Kurt Ziesels zu begeben«. Seiner freimütigen Bekenntnisse wie seiner gegen den Zeitgeist gerichteten, kämpferischen Bücher wegen fürchteten und haßten sie ihn. Konrad Adenauer weigerte sich, solcherlei Warnungen auch nur zur Kenntnis zu nehmen. Als ich ihn vor der Münchner Reise auf den erhobenen Zeigefinger eines ihm ansonsten ergebenen, bekannten Zeitungsmannes aufmerksam machte, meinte er nur, »der Mann soll besser arbeiten«.

Auch auf dieser Reise bemerkte ich nichts von Kräfteverfall. Er berichtete durchaus nicht müde von seiner kurz zuvor durchgeführten Reise nach Madrid und Paris. Castiella, mein alter Freund, hatte ihn eingeladen, vor einem illustren Gremium in Madrid zu sprechen, vor dem auch ich einmal geredet hatte. Von Franco, mit dem er ein längeres Gespräch geführt hatte, war er beeindruckt. Kein Wort über dessen demokratisches »Manko«. Wenig auch über den letzten, privaten Besuch, den er General de Gaulle auf der Rückreise in Paris abgestattet hatte. Der Festakt in der Aula der Münchener Universität verlief würdig und ungestört. Wir trennten uns dort. Ich hatte zusammen mit Prinz Bernhard der Niederlande, dem Vorsitzenden des Internationalen World Wildlife Fonds, dessen deutschen Zweig ich gegründet hatte, auf der Premiere des berühmt gewordenen Schuhmacherfilms »Die letzten Paradiese« zu sprechen.

Vielleicht sahen wir uns im Bundeshaus in Bonn danach noch einmal. Der Gedanke aber, daß es das letzte Mal sein könne, kam mir nicht. Im Sarg sah ich ihn wieder. Kiesinger war dabei. Der Schwiegersohn Wehrhan hielt, als wir kamen, die Totenwache. Dann war ich mit dem Alten allein. Ich saß neben seinem Sarg, wie ich in früheren Jahren gelegentlich neben seinem Bett gesessen hatte, wenn er krank war. In den gefalteten Händen hielt er einen Rosenkranz. Der Abschied wurde mir schwer. In dem großen Wohnzimmer seines Rhöndorfer Hauses fand ich die Söhne und Töchter. Ich brauchte sie nicht zu trösten. Sie trösteten mich. In der Nacht schrieb ich die Gedenkrede, die ich bei dem Staatsakt im Bundeshaus auf ihn hielt. Vor mir saß die erste Reihe der führenden Köpfe der freien Welt. Ben Gurion, an dem mein Herz hing, war darunter. Niemand hatte mir gesagt, daß er kommen werde, daß er da sei. Das Protokoll war überlenkt. Aber es meisterte den großen Tag. Als wir den Kölner Dom verließen, reichte mir Julius Kardinal Döpfner die Hand: »Das Land hielt den Atem an. Es hat sich über Liebe und Haß hinweg heute in ihm geeint. Ich danke Ihnen.« Gegen Abend zog das Boot mit dem in die Bundesflagge gehüllten Sarg still stromauf dem Familiengrab entgegen, das er sich selbst bereitet hatte.

»Wir Toten, wir Toten sind größere Heere ...«

Der Abschied von Konrad Adenauer war bei weitem nicht der einzige Abschied, den wir in jenem Jahr nehmen mußten. Ende Februar hatten wir schon *Fritz Erler* zu Grabe geleitet. Die Krankheit währte lange, und immer wieder wurde mir gesagt, er hoffe, demnächst wieder nach Bonn kommen zu können. Als ich unruhig wurde und ihn in Pforzheim besuchen wollte, wurde mir bedeutet, daß der Hoffnungsfreudige damit wohl überfordert wäre. Kurz darauf starb er. In langem Zug schritten wir hinter seinem Sarg durch Pforzheim. Bundeskanzler Kiesinger würdigte am offenen Grab den in vieler Hinsicht brillanten Gegner von einst und nunmehrigen Koalitionsgefährten in einer noblen Rede. Der scharfsinnige Mann war immer bereit gewesen, »das Feld gemeinsamer Überzeugungen« zu beschreiten.[22]

Fritz Schäffer starb einen Monat später. Ich würdigte den verdienten Mann im Bundestag, und ich tat es nicht nur, weil es das Amt gebot. Fritz Schäffer war ein strikter Gegner der Verschwendung und der Ausplünderung des Staatsbürgers durch den steuererhebenden Staat. Er ließ sich durch schöne Worte nicht blenden. Seine Unbeugsamkeit wurde schließlich als Halsstarrigkeit verschrien. Seiner eigenen Fraktion war er am Ende nicht wendig – sprich opportunistisch genug. Sie ließ ihn fallen. Der wahrscheinlich bislang verdienteste Finanzminister der Bundesrepublik erntete mehr Undank als Dank. Es war mir deshalb eine Freude, ihm in meiner Gedenkrede das höchste Lob zuzuerkennen, das unser Staat zu vergeben hat: »Er hat sich um das Vaterland verdient gemacht.«

Im Sommer desselben Jahres begruben wir *Thomas Dehler* in seiner fränkischen Heimat Lichtenfels. Ich hatte mit ihm zuweilen den Degen gekreuzt, daß die Funken stoben. Aber niemals wohnte unserer politischen Gegnerschaft auch nur ein Hauch von Feindschaft inne. Thomas Dehler war ein heißblütiger und warmherziger Mann, höchst empfindsam, geschichtsbewußt und Deutschland tief ergeben. Die Schändung des Vaterlandes durch Hitler und seine Mordgesellen hat er nie verwunden. Auch deshalb war er ein leidenschaftlicher Wächter über dem Recht in der jungen Bundesrepublik. Seine Worte legte er nie auf die Goldwaage, und nie verstand er, warum sie andere zuweilen schwer verletzen konnten.

Am Beginn des Jahres mußten wir Abschied nehmen von *Otto Dibelius*, dem ehemaligen Bischof von Berlin und Brandenburg. Mit ihm brach ein tragender Pfeiler der Brücke, die mich mit einer großen, und wie ich immer noch glaube, gesegneten Epoche des deutschen evangelischen Volkskirchentums verbindet. Ich halte Otto Dibelius für die bedeutendste Gestalt in der nicht kleinen Gruppe beachtlicher, ja großer Kirchenführer des deutschen Protestantismus in diesem Jahrhundert. Neben den lutherischen Bischöfen des Südens, Wurm und Meiser, vertrat Otto Dibelius Preußens große Tradition im Kirchentum dieses Jahrhunderts. Er zählt zu den ersten Köpfen der Evangelischen Kirche der Altpreußischen Union, er lebte in ihrer Tradition, er hatte den Mut, sie zu verfechten, er war ein Theologe von Rang, ein begnadeter Prediger, ein überlegener Kirchenführer und ein großherziger Konservativer mit einem scharfen Blick für den Wandel der Zeit.

Mein württembergischer Landesbischof und väterlicher Freund Wurm hat in einem autobiographischen Abriß einmal gesagt, sein Leben sei nicht um den Mittelpunkt eines Kreises gezogen, sondern um die beiden Brennpunkte einer Ellipse: Gott und das Vaterland. Dasselbe gilt für Otto Dibelius. Er hat sein Land Preußen mit seiner Geschichte, seinen Stämmen und Menschen, seiner Landschaft und seinen Kirchen geliebt wie nur einer. Und er ertrug seinen Untergang mit der geläuterten Einsicht und Ergebung des Christen, der diese Welt mit ihrem Glanz und Elend, ihrer Größe und Vergänglichkeit in Gottes Händen weiß. Der Abschied von Otto Dibelius ging mir ähnlich nahe wie der von Konrad Adenauer.

Im hohen Sommer hielt ich in der Villa Hügel in Essen die Gedenkrede für *Alfried Krupp* von Bohlen-Halbach, den letzten Herrn des weltbekannten Imperiums. Berthold Beitz, sein getreuer Majordomus, hatte mich darum gebeten. Nicht des mächtigen Konzerns wegen sagte ich zu, sondern als späten Dank für die noble Haltung, mit der der junge Krupp die Strafe des Alliierten Militärgerichtshofs in Nürnberg, die seinem kranken Vater galt, auf sich genommen hatte.

In Berlin standen wir wenige Tage darnach vor dem Sarg des uralten Reichstagspräsidenten *Paul Löbe*. Für die deutschen Sozialdemokraten war er zu Recht zum Patriarchen geworden. Für mich war und blieb er eine ehrwürdige Erinnerung eines Stücks deutscher Parlamentsgeschichte, das ich freilich für weniger respektgebietend hielt.

Ich saß im Reichstag in Berlin, als mir der Tod meines Freundes *Walter Bauer* mitgeteilt wurde. Wir kannten uns aus der Zeit des Widerstandes in Berlin.

Zusammen mit einigen seiner Freunde aus dem Freiburger Kreis um Walter Eucken und Gerhard Ritter wurde er nach dem 20. Juli 1944 verhaftet. Mit Franz Böhm, Constantin von Dietze und einigen anderen hat dieser Kreis Grundlegendes für die soziale Marktwirtschaft der Nachkriegszeit geleistet. Ludwig Erhard stellte mit Alfred Müller-Armack auf das energisch durchdachte und wohlgegründete geistige Fundament,[23] das in diesem Kreis noch in der Zeit des Terrors gelegt wurde, sein Programm der sozialen Marktwirtschaft. Walter Bauer gehörte zu meinen frühen Helfern bei der Schaffung des Hilfswerks der evangelischen Kirchen. Als Wissenschaftler und Industrieller gleichermaßen begabt, mit Ludwig Erhard und Walter Hallstein befreundet, war er auch vielfach politisch tätig. In all dem war Walter Bauer ein Mann der Kirche. Einflüsse des schwäbischen Pietismus verbanden sich bei ihm mit den liberalen Traditionen der Neckar- und Weinbaulandschaft um Heilbronn. Mich zogen seine große unternehmerische Begabung und seine enge persönliche Verbindung mit der Kirche und den Zeitfragen der Theologie immer an. In der Synode der Evangelischen Kirche Deutschlands gehörte er zu meinen getreuesten Gefährten. Kaum zum Ratsmitglied der EKD gewählt, starb er.

Zu einer würdigen, dem Abendländer jedoch fremden Totenfeier flog ich nach Japan. Die Bundesregierung hatte mich gebeten, Deutschland auf der Gedenkfeier für *Yoshida Shigeru*, »dem Adenauer Japans«, zu vertreten. Der alte Konservative hatte mich schon bei meinem ersten Japanbesuch in seinem Haus zum Tee empfangen. Er hatte Japan aus der amerikanischen Besetzung geführt. Wir sprachen lange vergleichend über den Wiederaufstieg unserer Länder nach dem Zweiten Weltkrieg. Seine Beurteilung der Weltlage hatte mich in unserer Bündnispolitik bestärkt und mich zu jenen Reflexionen inspiriert, die in meinen Vorlesungen in Kyoto ihren Niederschlag fanden.

Der vom Shintoismus geprägte Stil der Trauerfeier in Tokio schrieb die persönliche Ehrenbezeugung für den Toten vor. Die ausländischen Gäste wurden aufgerufen für ihr Land. Man erhob sich, schritt nach vorn vor die Mitte einer blumengeschmückten Ballustrade mit dem Bild des Toten, legte ein paar Blumen nieder und verneigte sich tief nach japanischer Sitte . . .

NEUNZEHNTES KAPITEL

Ost und westliches Gelände

Beim Schah – Ministerpräsident Hoveida

Auf jener Japanreise wurden politische Gespräche nur am Rande geführt. Anders hingegen verlief mein Besuch in Persien und Pakistan im Mai 1967. Als ich 1956 auf der Reise nach Bangkok zur Interparlamentarischen Union mit einer Delegation von Abgeordneten in Teheran Station machte, hatten wir von dem Parlament wenig bemerkt. Jetzt war mein Programm in seiner Hand. Das Gespräch griff auch hier über die üblichen parlamentarischen Fragen hinaus in den Bereich des Politischen. Ich hatte nicht das Gefühl, es mit timiden Parlamentariern zu tun zu haben, sondern mit einer Oberschicht, die zumeist französisch sprach. Eine Differenzierung oder Distanzierung zum Schah war nicht erkennbar, schon gar nicht, wenn das Gespräch offiziell wurde und vielleicht in die Nähe unbequemer innenpolitischer Fragen geriet. Zum Abschied wurde mir im Parlament eine Prachtausgabe des Korans überreicht. Erst später hörte ich, daß strenge, konfessionsbewußte Schiiten das nur Glaubensverwandten gegenüber tun sollen. Meine Gesprächspartner standen sichtbar nicht unter dem Kommando der Mullahs und Ayatollas.

Der Schah, für mich protokollgemäß Seine Kaiserliche Majestät, empfing mich zum zweitenmal. Diesmal in seinem neuen, etwas außerhalb der Stadt gelegenen Palast. Im Unterschied zu 1956 drehte sich unser Gespräch in keiner Nuance mehr um das alte Thema, die Nöte eines Entwicklungslandes. Es ging um Politik. Zentralasien, Ostasien. Vor allem um die Spannungen zwischen Indien und Pakistan und um den bevorstehenden Besuch des Schahs in Bonn. Er unterstützte die Wünsche Ayub Khans nach westlicher, nach deutscher Waffenhilfe. Trotz seiner Hinwendung an Maos China sei Ayub Khan ein Freund des Westens. Ich argumentierte mit unserer These: In Spannungsgebiete keine Waffen! Der Iran jedoch sei kein Spannungsgebiet. Er gehöre dem CENTO-Pakt[1] an. Und der Schah könne mit seinen Waffen schließlich tun, was er für richtig halte. Wenn ihm das Thema wichtig sei, empfehle ich, bei seinem Besuch in Bonn darüber zu sprechen. In Gesprächen dieser Art wurde mir immer wieder bewußt, wieviel Zurückhaltung einem Mann abverlangt wird, der wie der

Parlamentspräsident in seinem Land zwar eine hervorgehobene Position einnimmt, der in der Regel aber nicht für seine Regierung sprechen kann und den überparteilichen Charakter seines Amtes wahren muß. Wer in dieser Lage über das protokollarische Blabla hinaus zu einem Gespräch mit Hand und Fuß kommen will, hat einiges zu tun.

In jenem Gespräch und auch später bei dem zweiten Besuch des Schahs in Bonn kamen religiöse Fragen oder Probleme der tradierten Volkskulturen nicht im mindesten in Sicht. Reza Pahlevi machte mir, wann ich ihm auch begegnete, den Eindruck eines intelligenten, historisch und technisch interessierten Mannes. An die Demokratie westlichen Musters glaubte er offensichtlich so wenig wie an die tiefere Realität religiöser Traditionen. Er stellte mir ein Flugzeug zur Verfügung, ich müsse Persepolis sehen. Er sprach flüchtig von der jahrtausendealten Geschichte Persiens, aber es war doch deutlich, daß sich dieser Herrscher von dem flachen Jetset der internationalen Gesellschaft, in dem er sonst verkehrte, unterschied. Er pflegte ein historisches Bewußtsein, das seinem Thron und seiner Person – etwas widersprüchlich – mythische Tiefe verleihen sollte. Als ich dann zwischen den Ruinen von Persepolis stand, konnte ich dem Mann auf dem Pfauenthron einiges nachfühlen. Er war kein Playboy. Er war ein ernster, in seiner Weise unentwegt bemühter Mann. Er wurde ein Opfer seiner eigenen Säkularisierung und der Welt, mit der er sein Land auf gleich und gleich bringen wollte.

Hoveida, seinen Regierungschef und ersten Ratgeber kannte ich aus den Nachkriegsjahren in Stuttgart. Er war damals ein junger Konsul, der mit uns Deutschen unbefangen verkehrte, freundlich, gefällig, ohne nach dem Beifall und Mißfallen der Besatzungsmacht zu fragen. Jetzt aßen wir zu zweit und sprachen recht offen. Er hatte eine spürbare Zuneigung zu Franz Josef Strauß. Er verabscheute die Teilung Deutschlands und sprach mit einer kühlen, einer Art rationalen Bewunderung von Adenauer, und er verschwieg nicht – wie es die persischen Parlamentarier mir gegenüber taten – die gewaltigen Probleme der inneren Gestaltung des Iran. Hoveida empfand unter den führenden Köpfen des Landes, die ich sprechen konnte, am deutlichsten die Diskrepanz, ja den Widersatz zwischen der technischen und politischen Rationalität der Staatsführung und der mächtigen vorrationalen Gebundenheit der bäuerlichen und kleinstädtischen Bevölkerung. Dennoch hat er zwölf Jahre später die Gefahr verkannt, die der Sturz des Schahs auch für ihn, der sich keiner Schuld bewußt war, mit sich brachte. Seine Hinrichtung – F. J. Strauß und ich gehörten zu denen, die sie zu verhindern versuchten – war ein brutaler Mord.

Der Schah hatte mich zur Jagd eingeladen. Als erstes lief mir ein starker Braunbär vor die Büchse. Ich paßte. In dem buschig-bergigen Gelände Chorassans konnte ich ihn nicht sicher ansprechen. Ein weibliches Stück wollte ich nicht schießen. Beim Steinbock war es einfacher.

Der Besuch des Schahs Ende Mai in Deutschland wäre nicht nur glatt, sondern glanzvoll verlaufen, wenn es nicht im Zusammenhang mit Demonstrationen gegen den Schah in Berlin zum Tod eines deutschen Studenten gekommen wäre. Er wurde zum Märtyrer der außerparlamentarischen Opposition. Und Heinrich Albertz, der Pastor auf dem Stuhl des Berliner Regierenden Bürgermeisters – eine Fehlentscheidung Brandts –, hatte seinen Schock weg.

Die Brüder Daud in Afghanistan

Auf einer früheren Reise machte ich in Kabul Station. Ich wollte mir einen persönlichen Eindruck verschaffen von dem das Land regierenden Prinzen Daud, einem Vetter des Königs. Ich hatte kein klares Bild von ihm und seiner Politik. Das mir zur Verfügung gestellte Material des Auswärtigen Amtes hatte mir keine hinreichende Vorstellung vermittelt, und auch der Bericht meines meistens hervorragend informierten und informierenden Freundes Klaus Mehnert brachte das nicht recht zuwege. Er hatte mich mit Nachdruck auf die Nedjat-Oberrealschule in Kabul aufmerksam gemacht. Sie wurde in mein knappes Programm einbezogen. Ich besuchte sie und gab in der Oberprima eine Deutschstunde. Die Schule stand unter deutscher Leitung. Unterrichtssprache Deutsch. Ich fand alles, was mir Klaus Mehnert an dieser Schule gerühmt hatte, bestätigt. Mein erster Eindruck von der vor mir sitzenden Klasse: Hier hast du gestandene Männer vor dir. Die im Schnitt breitschultrigen Gestalten mit mächtigen Schnauzbärten boten ein anderes Bild als die jünglingshaften deutschen Primaner.

In der Nacht zuvor hatte ein Erdbeben die an derlei gewöhnten Bewohner der Stadt aufgeschreckt. Ich hatte es übermüdet verschlafen. Der Ministerpräsident und sein jüngerer Bruder, der Außenminister des Landes, empfingen mich zu getrennten Gesprächen. Der Ministerpräsident, eine kräftige Gestalt, machte auf mich einen düsteren Eindruck. Er schien Wert darauf zu legen, mich ohne jeden Schnörkel erkennen zu lassen, daß er zu Sowjetrußland eine prinzipiell andere Stellung einnehme als wir und der Westen. Ohne viel Worte gab er mir zu verstehen, daß die parlamentarische Demokratie westlicher Prägung für sein Land nicht in Betracht komme. Tatsächlich ließ er 1965 zwar auf Grund allgemeiner Wahlen eine Volksvertretung wählen (mit Frauenstimmrecht). Wir nahmen Beziehungen zu ihr auf. Ich lud ihren Präsidenten zu einem Besuch ein. Er folgte. Aber ich hatte stets den Eindruck, daß dieses Parlament dem autokratischen Regiment damals wenig anzuhaben vermochte.

Instruktiv wurde das Gespräch, als Daud mir klarzumachen begann, daß die geographische und geopolitische Lage seines Landes ihm einfach nicht erlaube, Sowjetrußland gegenüber eine andere als freundschaftlich-vorsichtige Politik zu treiben. Zudem könne er es sich nicht leisten, beachtliche Beiträge Moskaus zur Infrastruktur Afghanistans, zum Beispiel zum Straßenbau, auszuschlagen. Ob nicht militärische Absichten damit verbunden seien? fragte ich. Finster sah mich der ohnehin nicht strahlende Mann an. Dann ignorierte er die Frage. Die Straßen seien von hoher wirtschaftlicher Bedeutung.

Es war deutlich, daß Daud die Umklammerung seines Landes durch zwei CENTO-Staaten (Iran und Pakistan) unbehaglich war. Das nicht kurze Gespräch ergab wenig Übereinstimmung.

Etwas weicher verlief meine Unterhaltung mit seinem Bruder, dem Außenminister. Er war auch der weichere und – sogleich erkennbar – der weit weniger gewichtige der beiden Prinzen. Von dem König des Landes wurde nicht gesprochen. Der Ministerpräsident hatte ihn keinen Augenblick erwähnt. Der Außenminister sagte nur kurz, er sei nicht da. Einige Jahre später stürzten sie ihn und schickten ihr Parlament wieder nach Hause (1973). Wenn in den Darlegungen des Außenministers das Wort auf den Westen kam, dann zumeist höflich-distanziert. NATO, CENTO? Die stille Infragestellung war unüberhörbar. Von Sowjetrußland sprach er nur, wenn es das Gespräch unvermeidlich machte. Von Deutschland sprach er freundlich. Die Beziehungen seien gut. Auf Erweiterung unserer Entwicklungshilfe – bei ähnlichen Besuchen ein breites Thema – sprach er mich meiner Erinnerung nach nicht an. Mein Gesamteindruck: ein auf sich selbst zurückgezogenes Land, das seine Selbständigkeit und Unabhängigkeit nicht ohne ernste, aber unterdrückte Besorgnis nach allen Seiten zu wahren sucht. Welche Gefahren ihm von dem gewalttätigen Nachbarn im Norden mittel- oder langfristig drohten, das war diesen beiden ohne Zweifel bewußt. Ich sprach sie offen an. Der Außenminister wollte sie jedoch nicht wahrhaben. Jahre später endete Daud ähnlich wie Hoveida – durch Mord. Das stolze, wilde Afghanistan fiel in russische Hand.

Alexander nachgezogen

Im Wagen fuhren wir, die Kamelkarawanen der Nomaden überholend, zu einer großen, von dem Trümmerbeseitiger Stuttgarts geleiteten Baustelle im Kabultal. Die Anfechtung meiner schwäbischen Landsleute: Sie hatten Schubkarren beschafft. Als sie beladen waren, traten vier Wüstensöhne an jede Karre und trugen sie weg. Die Reaktion der Schwaben: Wir gehen heim. Die lernen es nie. Der Stuttgarter Ingenieur wurde zum Seelenarzt seiner deutschen Mitarbeiter.

Habt Geduld! Wir fuhren zum Khyberpaß, vorbei an Jalalabad. Warum, fragte ich mich, mußte das sieggewohnte britische Imperium nach drei blutigen Versuchen, dieses Land zu unterwerfen, sich geschlagen geben? Sind seine Völker und Stämme so unvergleichlich viel kriegerischer und widerstandsfähiger als die des indischen Subkontinents?

Ich sah an den Felswänden im Lande der Pahtanen empor, fuhr über den Paß, versuchte mir Alexanders Indienzug vorzustellen, sah mich – vergeblich – nach Wild um und war am Abend Gast in dem ehemaligen Gouverneurspalast in Peshaware. Die Residenz aus der Zeit der ungebrochenen britischen Kolonialherrschaft war in ihrer Größe und Ausstattung nicht zu vergleichen mit den Herrschaftssitzen, die das Meere und Kontinente beherrschende Britannien einst seinen Gouverneuren und Vizekönigen erbaut hat. Neu-Delhi oder Lahores aus den Mogulzeiten stammender Herrschersitz, aber auch Nairobi, Khartum und andere Stätten, über denen einst die britische Flagge wehte, zeigten stolzere Residenzen. Die in Peshaware ließ mich jedoch anders und besser als jene größeren Paläste noch etwas davon ahnen, wie old England seinen hohen Repräsentanten das Leben auch dort erträglich zu machen wußte, wo Klima, Umwelt und zuweilen auch beträchtliche Gefahren den Dienst nicht nur anziehend und reizvoll machten. Ich hatte es in Afrika erlebt, ehe ringsum der Ruf nach Uhuru[2] ertönte. Ich hatte mit farbigen Askaris gejagt, die aus berühmten afrikanischen Regimentern wie den Kings Rifles Ostafrikas stammten. Mit ihrer Disziplin und Verläßlichkeit machten sie der soldatischen Erziehung Englands alle Ehre. Aber hier in Peshaware umgab mich eine Dienerschar, die in ihrem farbigen Gewand und turbanartigem roten Kopfputz darin geübt war, der Herrschaft oder ihren Gästen leise und diskret fast jeden Handgriff abzunehmen.

In der kurzen Zeit, in der ich da war, konnte ich mich nicht so recht dareinfinden. Es ging mir wie bei meiner ersten Rikschafahrt. Es genierte mich, von einem barfüßigen Menschen durch die Straßen gezogen zu werden. Indessen: Ich habe die Annehmlichkeiten, die das Kolonialzeitalter für den Bwana oder gar den Bwana Kuba (großen Herrn) bereithielt, in vielen Ländern kennengelernt oder beobachtet. Aber es scheint mir, daß sie mir hier, in der alten britischen Residenz Peshaware, am angenehmsten zuteil wurden. Oder war es in dem unkolonialen und bodenständigen Japan vielleicht noch besser?

Auf Schritt und Tritt begleitete mich auf jenen Reisen im Nahen, Mittleren und Fernen Osten ein Bewußtsein, das sich schließlich auch des Gefühls bemächtigte und das mich in Schwarzafrika nur gelegentlich ergriff: das Bewußtsein, durch geschichtsbeladene, weite Räume zu ziehen. In Afrika hat mich zeitlebens die Natur fasziniert, die Landschaft und was ihr ursprünglich zugehört. Sie war mir immer wichtiger als der Zauber der Folklore. Ich kann die meist billigen und häufig verkitschten Fernsehstreifen mit der angeblichen Folklore Afrikas nicht mehr sehen. Der verschminkte Schwindel, der ihnen anhaftet, verdrießt mich weniger als der Mangel an Respekt und Liebe zu der weltabgewandten Persönlichkeit des ländlichen Afrikaners auf seiner Shamba.

Wann immer ich konnte, versuchte ich den großen Städten Afrikas, ihren Haupt- und Handelsplätzen zu entfliehen und hinauszukommen in die stille Weite ihrer Steppen-, Seen- und Gebirgslandschaft. Die Abenteuer der Jagd, die mühsam erjagte, anständige Trophäe haben mich immer, wo ich auch war, auf die Beine gebracht. Und doch war es weniger die Jagd als die Landschaft. Der Schuß war mir nicht annähernd so wichtig wie die Streife durch den Busch und die Steppe, wie die Wildfährte, die Pirsch, der Anblick, die waidmännische »Ansprache«. Wo ich auch war: Die Jagd war für mich nahezu die einzige Möglichkeit, den Boden eines fremden Landes unter die eigenen Füße zu bringen, seiner Eigentlichkeit nahezukommen und auch einen Blick dorthin zu tun, wo es nicht städtisch repräsentativ oder touristisch aufgeputzt ist.

Den Jäger interessieren nicht nur das Wild, sondern auch die Jagdmethoden eines fremden Landes. Man kann nicht auf der ganzen Welt nach der Weise des deutschen Waidwerks jagen. Aber man kann, ja man muß nach seinen Grundsätzen verfahren. Der eingeborene Führer versteht das nicht immer. Mir klingt das leise, drängende »shoot it, shoot it!« meiner dunkelhäutigen Gefährten noch immer im Ohr. Es war nicht nur die möglichst genaue Ansprache des vor meiner Büchse verhoffenden oder ziehenden Wildes, die sie irritierte. Ich habe Ortega y Gassets ›Meditationen über die Jagd‹ immer bewundert. Hier hat ein scharfäugiger Nichtjäger nicht nur die Jagd, sondern auch den Jäger beschrieben. Wie er zum Beispiel jene letzte Hemmung vor dem todbringenden Schuß schildert, die auch den altgedienten humanen Waidmann nicht verläßt, fand ich zumeist bestätigt.

Ayub Khan, der Staatschef Pakistans, lud mich zur Jagd ein. Ich wußte es zu schätzen, aber wie so oft mußte ich darauf verzichten. Mir fehlte die Zeit. Die Hochgebirgsjagd im Hindukusch mit den langen An- und Rückmärschen ist nichts für Leute, die in knappe, feste Termine gezwängt sind. Aber ich wollte etwas von Land und Leuten sehen. Ein Marinekommando zeigte mir unter der Führung eines liebenswürdigen Marineoffiziers den Hafen von Karachi. Ich besichtigte Islamabad mit seinem neuen Regierungsviertel, ein Werk westlicher Architektur und Technik. Dann flogen wir zwischen den Achttausendern des Karakorumgebirges nach Gilgit. Was landesüblich und attraktiv ist, wurde von dem Repräsentanten der Regierung aufgeboten, um es meinen Begleitern und mir vorzuführen. Am meisten interessierte mich dabei ein Polospiel, vielleicht weil es zu den unerläßlichen Requisiten der einschlägigen Literatur gehört. Auch diese Hinterlassenschaft der Engländer wurde uns mit größter Vehemenz und entsprechendem Stimmaufwand vorgeführt.

Den mit Abstand stärksten Eindruck auf dieser an mächtigen Eindrücken reichen Reise brachte mir die Fahrt nach Hunza. Ich weiß nicht, ob inzwischen die Gebirgswege von damals ausgebauten Straßen gewichen sind. Jedenfalls, als ich im Mai 1967 einer Einladung des Mir von Hunza folgte, erschien mir diese Fahrt im Jeep als eine der Reisen, die gute Nerven verlangen. Ich konnte den neben mir sitzenden Fahrer, einen Unteroffizier der in Gilgit stationierten Armeeinheit nur bewundern. Er fuhr notgedrungen bis auf den Zentimeter genau in vollendeter Sicherheit am Rand eines ungesicherten Abgrunds, der in ein tiefes Felstal abstürzte. Als ein kleines Seitental eine Halte- und Ausweichmöglichkeit bot, kletterte ich aus meinem Jeep und wurde alsbald von deutschen Stimmen begrüßt. Einige Damen reiferen Alters, angetan, als ob sie hinter Garmisch auf einer Wanderung wären, saßen malerisch auf den Felsbrocken. Woher des Wegs und wohin, fragte ich. Von Hunza nach Gilgit, erzählten sie lachend. Keine Spur von Furcht. Der Rückweg erschien freilich auch mir wesentlich weniger anstrengend als die Fahrt nordwärts den Gipfeln zu, an denen die russische, indische, chinesische und pakistanische Grenze zusammenlaufen.

Nach einiger Zeit öffnet sich die breite Felsschlucht in ein weites grünes Tal. Wo eine Handvoll Erde Platz hat, ist es terrassenförmig bebaut und trägt Früchte. Durch das wogende Grün ziehen sich Wasseradern, kleine sorgfältig gepflegte Kanäle, denen das Tal seine Fruchtbarkeit und der Mir von Hunza eine fleißige, homogene bäuerliche Bevölkerung verdankt. Bei der Durchfahrt durch die kleinen Dörfer mit ihren Steinhäusern und Mauern mußte unsere Kolonne in der Regel halten. Die Männer und Kinder waren zusammengekommen, um uns aus einer scheuen Distanz zu begrüßen. Wenn ich dann auf die Männer zuging und ihnen die Hand reichte, griffen sie nach meinen beiden Händen und küßten sie. Frauen wurden dabei nicht gesehen. Hin und wieder sah ich im Vorbeifahren eine Frau, die sich schnell in ein Haus zurückzog.

Der Mir von Hunza, der angestammte Fürst und Herr seines kleinen Landes[3], empfing uns in einem eher behäbig auf einen Felsstock gesetzten bequemen Landhaus als in einem Palast. Er war ein weltkundiger, gewandter Gentleman, der einem landsässigen alten Herrschergeschlecht entstammte und dessen halbabsolutistisches Regiment von seinem Völkchen offenkundig als selbstverständlich und gottgegeben nicht nur hingenommen, sondern bejaht wird. Ich fragte ihn, wo seine politischen Probleme lägen. Nun, meinte er, für die Außenpolitik sei Islamabad (soll heißen die Zentralregierung Pakistans) zuständig. Sein innenpolitisches Hauptproblem sei die gerechte Handhabung der Wasserwirtschaft. In meiner Jugend hatte ich Heers ›An heiligen Wassern‹ gelesen. Hier, unter den Gipfeln der gewaltigsten Berge dieser Erde fiel mir das vergessene

Buch wieder ein. Wasser ist für das Volk von Hunza die Voraussetzung allen Lebens. Wasser und der Umgang mit Wasser ist darum auch die Grundlage des sittlichen Lebens. Denn jeder darf nur soviel und solange von dem glasklar und eiskalt in das Tal sprudelnden Wasser nehmen, wie alle davon leben können.

Wir blickten auf das Gebirgsmassiv, das in Eis und Schnee gehüllt, das glückliche Tal nach drei Seiten abschließt und schützt. Jenseits, im Norden regieren die Sowjets, weiter im Osten die Chinesen. Den Fürsten schien dies nicht zu bedrücken. Welches Menschen Fuß kann diese Berge überwinden! Ob es Kriminalität in seinem Reiche gebe? Kaum, antwortete der Aristokrat neben mir. Vielleicht einmal eine Affekthandlung. Die Rechtspflege konzentriert sich auf das Wasserrecht und seine Kontrolle.

Dann forderte er mich zur Jagd auf. Ob ich nicht mit ihm auf Marco-Polo-Schafe jagen wolle? Wir blickten an den Felshängen hoch. Er zeigte auf den Fuß dieser oder jener Wand und meinte, dort müßten in dieser Jahreszeit einige der großartigen Wildtiere zu finden sein. Abgesehen davon, daß mir dazu die Zeit fehlte, es wäre mir, dem Landfremden, frevelhaft erschienen, mich an der Reduzierung dieser sehr selten gewordenen Wildschafe zu beteiligen. Der Mir führte mich auf den Dachboden seines Hauses. Da lagen die gewaltigen Gehörne von zwei oder drei der mächtigen Tiere. Im Wildpret und im Gehörn erschien mir der Unterschied zwischen unserem Wildschaf, dem Mufflon und dem Marco-Polo-Schaf wesentlich bedeutender als der zwischen unserem deutschen Hirsch und dem kanadischen Wapiti.

Nach dem, was ich während dreier Jahrzehnte in Afrika sah, kann ich dem Mir und seinem Völkchen nur wünschen, daß sie von dem technischen Allotria, von Fernsehen, Tourismus und dergleichen verschont bleiben. Ein frommer Wunsch?

Bei Ayub Khan ohne Waffen

Am 18. Mai 1967 besuchte ich den damaligen Herrn Pakistans, den Feldmarschall Ayub Khan. Wir kannten uns. Während eines Essens in der Godesberger Redoute hatte ich dem ermüdenden alten Bundeskanzler einmal die Last des Gesprächs abgenommen. Es hatte dem Leibthema Ayub Khans gegolten, Indien. Und seinem Gegner Nehru.

Von einem gewissen Augenblick an ließ dieser hochgewachsene, gutaussehende, von den Engländern in Sandhurst erzogene Offizier die Regeln der diplomatischen Höflichkeit hinter sich. Als ich der Verdammung Nehrus durch den Pakistani vorsichtig entgegentrat und Nehrus bedeutende Leistung für Indien erwähnte, verlangte der General kurz und bündig: Forget it, he is a lyer! Ich sah darin den Ausdruck einer tiefen persönlichen Enttäuschung.[4]

Jetzt empfing er mich in Islamabad. Seine Fragen nach meinen Eindrücken von Land und Leuten waren mehr höfliche Routinefragen. Das Schneedach der Welt, von dem ich gerade kam, interessierte ihn überhaupt nicht. Erst als ich seine freundliche Kriegsmarine in Karachi lobte, wurde er aufmerksam. Ihm ging es um Indien, genauer um deutsche Waffen gegen Indien.

Walter Scheel war während seiner fröhlichen politischen Laufbahn auch einmal Entwicklungshilfe-Minister gewesen (in unserem Amtsdeutsch »Bundesminister für wirtschaftliche Zusammenarbeit«). Auf seinen Reisen hatte er auch Pakistan besucht. Der nicht nur hellhäutige, sondern auch ansonsten helle General hatte unseren gebefreudigen E-Minister dafür gewonnen, Pakistan tausende alter Maschinengewehre zu liefern, die nach dem Zweiten Weltkrieg von den Franzosen beschlagnahmt, bei der Aufstellung der Bundeswehr dem neuen Verbündeten als Morgengabe zurückgegeben, von unseren Militärs aber als veraltet zur Verschrottung bestimmt worden waren.

Da ich mit Ludwig Erhard wegen allerdings gewichtigerer Waffengaben an die Israelis die besagten Händel bekommen hatte, hielt es die Bundesregierung für besser, ihr in solchen Künsten erfahrenes Kabinettsmitglied zu dem Bundestagspräsidenten zu schicken und dessen Zustimmung zu der Schenkung einzuholen. Das war zwar in keiner Weise erforderlich, aber man ging damit möglichen Scherereien aus dem Weg. Walter Scheel tat, was er konnte, aber ich sah nicht ein, weshalb wir den politischen Effekt unserer sehr hohen Entwicklungshilfe an Indien durch diese Gabe an den pakistanischen Marschall zunichte machen sollten. Ich hatte darüber hinaus eine ausgesprochene Abneigung dagegen, in diesem Teil der Welt noch mehr Waffen zu wissen. Knapp zwei Jahre vor unserem Gespräch waren Ayub Khans Panzerdivisionen bei dem Streit um Kaschmir von den Indern geschlagen worden. Die Pakistani hatten die Hälfte ihrer guten amerikanischen Panzer dabei verloren. Die Spannung zwischen West- und Ostpakistan wuchs, und ein Bürgerkrieg stand drohend am Horizont. Die nicht geglückte Teilung des indischen Subkontinents zwischen den Hindus und den Moslems war eine zusätzliche dauernde Gefahr für den Frieden. – Nein, bei aller Sympathie für den auch um Vernunft bemühten General: Für deutsche Waffenlieferungen wollte ich nicht eintreten.

Mit dem Höchstaufgebot von Charme und Liebenswürdigkeit ging Ayub Khan auf sein Ziel los. Das vorangegangene Essen zu zweit war schwer und vorzüglich gewesen. Beim Trinken in fremden Kontinenten war ich ohnehin an Vorsicht und Zurückhaltung gewöhnt. Der Marschall kämpfte bei diesem Unternehmen vergeblich. Jedenfalls soweit es um Waffen ging. Der politische Rundblick war interessant. Ich lernte einiges hinzu. Auch als Theologe. Ayub Khans Äußerungen über die moslemische Orthodoxie seines Landes – dunkel und weltfremd – und über die hinduistischen Völkerschaften Indiens waren mir gegenüber vermutlich noch gezähmt. Seiner Abneigung, nein, seinem Haß auf die Sippe Jawaharlal Nehrus aber ließ er freien Lauf. Dennoch wurde mir dieser Patriot, Gentleman und General immer sympathischer.

Als mich Frau Pandit Nehru, die Schwester des indischen Regierungschefs, einmal besuchte, stellte sie mir vor Augen, wie sehr Indien auf deutsche Waffen angewiesen sei, um dem Druck von Maos Heerscharen zu widerstehen. Die Gefahr eines chinesischen Angriffs sei groß. Über Pakistan, Ayub Khan kein Wort. Was sie denn erwarte, fragte ich. Panzer und Kanonen, sagte sie. Ich: Von mehr als Lastwagen könne keine Rede sein. Zudem habe ich gar nichts zu entscheiden. Das sei Sache der Regierung. Nun, meinte sie, es ginge ihr ja auch nur um meine Fürsprache. Aber ich konnte und wollte mich auch nicht für Waffenlieferungen an Gandhis Indien verwenden. Zudem: Der Mahatma war längst umgebracht. Der weise Mann des Friedens in einer heillosen Welt. Und die Indira gleichen Namens zeigte keinen Hauch seines Geistes. Wenige Jahre später (1971) knallten die Kanonen. Nicht die Chinesen, nicht die Russen schossen auf die Inder, sondern die Westpakistani schossen auf die Brüder im Osten. Indien griff ein. Die Pakistanis verloren Bangladesch und den Krieg. Ayub Khan war schon zwei Jahre zuvor zurückgetreten.

Afrika

Je trockener unser Schulunterricht in Geographie war, desto mehr verschlang ich Sven Hedins Reiseberichte. Wenn er seine Notizbücher über die Durchquerung der Wüste Gobi aufschlage, fielen ihm noch immer Sandkörner in die Hand. Wenn ich meine Berichte und Reflexionen über Afrika in die Hand nehme, überkommt mich die melancholische Erinnerung an die Träume meiner Jugend, an die Bilder und Gestalten der afrikanischen Landschaft und an viele Begegnungen und Bemühungen meiner besten Jahre. Jene dunkel lockende Welt, die Tania Blixen und viele andere beschrieben haben, hat einiges von ihrer Anziehungskraft auf mich verloren. Geschwunden ist sie nicht.

Von Angesicht zu Angesicht habe ich das »alte« Afrika erst kennengelernt, als der Untergang der europäischen Kolonialreiche auch in Afrika schon unabwendbar geworden war. André François-Poncet, Frankreichs Botschafter in Berlin und Bonn, hatte Klaus Mehnert und mir im Frühjahr 1952 die Reiseerlaubnis in Französisch-Westafrika vermittelt. Er hatte es mit einiger Verwunderung getan. »Was interessiert Sie nur daran?« Als ich zurückkam, erzählte ich seinem damaligen Außenminister Robert Schuman von dem Eindruck, den

Land und Leute auf mich gemacht hatten. Mit Bewunderung sprach ich Schuman gegenüber von der französischen Kolonialleistung, insbesondere im Sahelgürtel, von dem Office du Niger, von dem Staudamm von Sansanding am Niger und ähnlichem. Mit verwundertem Blick hörte mir Schuman zu. Er war nie da gewesen, und jetzt hatte er anderes im Kopf. Zum Beispiel den ersten Entwurf des Deutschlandvertrags, über den er mit Adenauer, Acheson und Eden in Bonn verhandelte. Das Interesse eines Deutschen für ein Stück Afrika, von dem die weiterblickenden politischen Köpfe Frankreichs vielleicht schon diskret Abschied zu nehmen begannen, ließ Robert Schuman aufhorchen. Er fragte nach meinen Motiven. Ich hatte nichts geltend zu machen als mein altes persönliches Interesse an Afrika als Afrika, dem undurchschaubaren gewaltigen Nachbarkontinent Europas.

Von dem flüchtigen Interesse, das mich einige Jahre zuvor als Hilfswerkchef beschäftigte, hatte ich wohlweislich weder Robert Schuman noch seinem Bonner Botschafter gegenüber etwas verlauten lassen. Anton Zischka hatte in seinem Afrikabuch die Meinung vertreten, im Sahelgürtel ließen sich weite Siedlungsbereiche mit hohen Ernteerträgen für bäuerliche Zuwanderer erschließen. Warum nicht auch für die aus dem europäischen Osten und Südosten vertriebenen deutschen Bauern, fragte ich mich. Politische Gründe hinderten mich daran, der Sache nachzugehen. Den Franzosen mit deutschen Bauernfamilien kommen? Nein. Sie wollten ja nicht in die Fremdenlegion. Außerdem: Je mehr ich mich mit Zischkas afrikanischen Vorstellungen beschäftigte, desto zweifelhafter wurden sie mir.

Als ich in einer feucht-schwülen Nacht mit Klaus Mehnert in Dakar landete, und wir von Bamako bis Niamey den Niger entlang durch den Sahelgürtel streiften, fand ich meine Zweifel bestätigt. Das war kein Siedlungsland für europäische, für deutsche Bauern. Zischka hatte sich über den immer wieder von schrecklichen Dürrekatastrophen heimgesuchten Sahelgürtel getäuscht.

Sein Irrtum wog geringer als die Hoffnungen und Illusionen, denen sich das offizielle Frankreich in jenen Jahren noch über sein afrikanisches Kolonialreich, über France d'outre mer hingab. Bei einer eher akademischen als politischen Veranstaltung hatte mir im Frühjahr 1947 ein Professor in Oxford vor Augen gestellt, es sei schlimm, was wir Deutschen in diesem halben Jahrhundert alles angestellt hätten. »Das Schlimmste, das Allerschlimmste, was ihr gemacht habt, aber ist, daß ihr der Kolonialepoche den Todesstoß versetzt habt. Ihr seid schuld, wenn Indien ins Chaos stürzt!« In Oxford hatte ich geschwiegen. In Afrika wurde ich darauf nicht angesprochen.

»In fünfzehn Jahren wird mir hier nichts mehr gehören, alles wird verloren sein!« sagte Monsieur de Longeval und warf einen nachdenklichen Blick über die weite Sisalpflanzung und ihre Aufbereitungsanlagen. Es war im Sommer 1955. Ich war mit zwei Begleitern auf meiner ersten Ostafrikareise. Wir hatten die Farm in der Nähe Nairobis besichtigt. Der deutsche Geschäftsführer hatte mich geführt, und der französische Eigentümer hatte uns begleitet. Er machte nicht den Eindruck eines ängstlich resignierenden Mannes. Der Mau-Mau-Aufstand war am Erlöschen. Die Greueltaten waren selten geworden. Die Colts verschwanden allmählich wieder von den Gürteln der Weißen. Zurückgeblieben aber war eine skeptische Beurteilung ihrer Zukunft. Was kommt? Was wird die Kolonialepoche ablösen? Daß sie zu Ende gehe, begann auch denen zu dämmern, die aus den Ereignissen in Asien nichts hatten lernen wollen. Wie werden sich die Beziehungen zwischen Weißen und Schwarzen, zwischen Europäern und Afrikanern gestalten? »Sie wollen weder unsere Schulen noch unsere Kirchen, weder unsere Technik noch unser Radio, ja nicht einmal unsere Medizin. Sie wollen uns nur los sein!« Der Franzose brachte damit seine Meinung über die britische Kolonialpolitik zum Ausdruck. Sie war ihm zu optimistisch.

In dem schönen Palast der Gouverneure von Kenia waren wir zu Tisch gebeten. Sir Frederick Crawford stand mir vor Augen, als einige Wochen später Bundeskanzler Adenauer von mir wissen wollte, mit welchem Typ von Leuten die Briten ihre wichtigeren Kolonialposten besetzten. Der alte Kanzler schien anzunehmen, daß das weite Kolonialreich eine vorzügliche Möglichkeit biete, die Zweitklassigen, die auch versorgt werden müßten, in ferne Lande zu schikken. An dem Eindruck, den Crawford auf mich gemacht hatte, aber auch an einer Reihe anderer, demonstrierte ich dem Bundeskanzler, daß er damit schief liege. Gelegentlich traf man freilich auch ein paar andere. Aber sie waren die Ausnahme. Sir Frederick meinte damals, die Zukunft Afrikas liege in dem Multiracial government, in der gemeinsamen, gleichberechtigten Teilnahme aller in Afrika lebenden Rassen an der Regierung und Verwaltung des Landes. Kurz darauf führte mir der Gouverneur von Uganda, gewissermaßen als Modell dafür, seine nach dieser Vorstellung gebildete Uganda-Regierung vor. Sir Andrew Cohen, ein kritischer, nachdenklicher Mann, hatte sein Kabinett aus Afrikanern, Engländern und Indern gebildet. Es schien ausgezeichnet zu funktionieren. Jedenfalls versicherten es mir alle Kabinettsmitglieder jener glücklichen Uganda-Regierung während eines ausgedehnten Abendessens, das ich als Gegeneinladung in dem Lake-Victoria-Hotel in Entebbe für Sir Andrew gab. Es war ein ungemein anregender Abend. Mag sein, daß dazu der Rheinwein ein wenig beitrug, den der ehemals im Berliner »Adlon« tätige Manager des Seehotels in seinem Keller ausgegraben hatte.

Ein großer Gentleman war auch der damalige Gouverneur Ihrer Britischen Majestät in Tanganjika. Ich hatte Hemmungen, nach Daressalam zu gehen. Wir hatten seit einigen Monaten unsere Souveränität wiedererlangt und waren Verbündete der Briten. Aber ich wollte Mißdeutungen verhindern. Ich war inzwischen Bundestagspräsident geworden und mußte darauf Rücksicht nehmen, auch wenn ich mich eher auf einer privaten, als auf einer offiziellen Informationsreise befand. In einem Zentrum des ehemaligen Deutsch-Ostafrika wollte ich nicht erscheinen. Aber ich wollte wenigstens einen Blick auf den großartigen Norden des Landes um den Meru und Kilimandscharo herum werfen.

In Nairobi erreichte unsere kleine Gruppe eine Einladung des Gouverneurs aus Daressalam. Wenn ich ihn nicht in seiner Residenz besuchen wolle, komme er gerne nach Arusha, um mich dort zu sehen. Wir begegneten uns in seiner Lounge in der Nähe einer alten deutschen Schutztruppenkaserne. Vor der Einfahrt zu dem gepflegten Park nahm mich eine Gruppe dunkelhäutiger Greise in Empfang. Sie traten militärisch in einer Linie an. Unsere Wagen hielten und unser englischer Begleiter erklärte mir, es seien ehemalige Askaris in deutschen Diensten. Sie hätten im Ersten Weltkrieg unter Lettow-Vorbeck gekämpft und wollten mich nun begrüßen.

Ich kann nicht behaupten, daß ich diese Begrüßung völlig unbefangen hingenommen hätte. Ein barfüßiger Weißhaariger in dem rostroten Umhang der Masai trat vor die Front seiner Kameraden. Ein guttural gekrächztes Hurra ertönte, dann schob der Alte seinen Umhang zur Seite, nahm sein Simi, das kurzschwertartige Haumesser der Masai, von der nackten Haut, überreichte es mir mit der Erklärung, er habe es als Moro (Jungkrieger) von seinem Vater bekommen, ein Leben lang geführt und nun solle ich es weitertragen. Um diese Widmung für mich verständlich zu machen, mußte sie aus dem stoßartigen Suaheli des Alten übersetzt werden. Ob sie denn auch noch etwas Deutsch könnten, fragte ich die ehrwürdigen Veteranen. Ja, hieß es. Sie standen still. Dann ertönte der Befehl: »Leg an! Geb' Feuer!« Ich beeilte mich, ihre Sprachkenntnisse zu loben, um ähnliche Kostproben zu verhindern.

Mit dem Gouverneur sprach ich über ihr Schicksal und ihre Lebensweise. Darüber fiel mir ein, daß es dem Deutschen Reich im Versailler Friedensvertrag untersagt worden war, seinen eingeborenen schwarzen Helfern die übliche Abfindung zu bezahlen. Was er meine, wie er und seine Regierung darauf reagieren würden, wenn wir dies jetzt mit einer Art Ehrensold nachholten, fragte ich den Gentleman aus Daressalam. Er würde es begrüßen, antwortete dieser ohne Umschweife. Noch immer stand der General von Lettow-Vorbeck, der Unbesiegte, seines »gallant fight« wegen bei seinen fairen Gegnern von ehedem in Ansehen. Inzwischen waren wir Bundesgenossen. Was denen aus Deutsch-Ost damals recht, war denen in Togo einige Jahre später billig. Ein Staatssekretär im Auswärtigen Amt, nicht in London, nicht in Paris, sondern in Bonn murrte darüber.

Ob ich nicht mit ihm auf Safari gehen wolle, fragte mich der Engländer. Er würde mir sehenswerte Teile des Landes zeigen können, und die Jagd käme dabei auch zu ihrem Recht. Wieviel Tage, fragte ich. Drei Wochen, meinte er, müßten wir dafür haben. Ich mußte passen. Drei Wochen! Nein, ich war kein freier Mann. Zu einem Wochenend-Ausflug an den Maniarasee reichte es dennoch. Es wurde eine traumhafte, wenn auch zu kurze Safari. Mayor Milton, der Gameward in einem der schönsten und wildreichsten Gebiete der Erde, führte uns. Er hatte als englischer Offizier im Dschungel Burmas gegen die Japaner gekämpft. Er war ein ausgezeichneter Waldläufer, hatte seine Askaris in der Hand, handhabe die Ordnung in der Wildnis locker und perfekt, aber an den Abenden am Feuer zeigte er sich eher melancholisch. Es sei seine letzte Safari. Er warf einen langen Blick auf den von hunderttausend Flamingos in ein rot-weißes Wellenbad verwandelten See. Dann berichtete er zögernd, seine amerikanische Braut wolle nicht länger mit der Hochzeit und Übersiedlung nach den USA warten.

Ich schoß meinen ersten Büffel. Einen alten, von der Herde abgeschlagenen starken Kaffer-Kaffer. Heute ist das Gebiet um den See und den berühmten Ngoro-Ngorokrater längst unter Naturschutz gestellt. Zu Recht.

Die Massai fordern den Schutz des Kaisers

An einem frühen Morgen weckte mich unser Generalkonsul in Nairobi. Er war verlegen. Seit dem Morgengrauen stehe eine Massaigruppe in voller Pracht und mit einem feierlichen Papier ausgewiesen vor dem Konsulat. Sie kämen von ihrem Paramountchief, ihrem Oberhäuptling, und verlangten mich zu sprechen. Ich fuhr hin. Mein intelligenter schwarzer Fahrer, ein Kikuyu, übersetzte. Der stattlichste der schmalköpfigen, auf einem Bein stehenden Krieger zog unter seinem Umhang ein abgegriffenes Papier hervor. Es war ein Schutzbrief Kaiser Wilhelms II., in dem den Massai der Schutz des Deutschen Reiches zugesagt, sie aber auch verpflichtet wurden, von Raubzügen und anderen Missetaten an ihren Nachbarn Abstand zu nehmen. Nun, meinten sie, sei die Zeit gekommen, diesen Schutz in Anspruch zu nehmen. Die Engländer zögen demnächst ab und würden ihre Waffen den alten Gegnern der Massai, den Kikuyu, hinterlassen. Die Ungleichheit der Waffen, nichts anderes, werde die Massai zu Sklaven der armseligen Kikuyu machen. Nun müßten wir Deutsche auf den Plan. Wir seien Verbündete. Es wurde ein langes, für mich wenig gemütliches Palaver. Meine

Massai waren keineswegs gewillt, meinen Nachhilfeunterricht in neuerer Geschichte widerspruchslos hinzunehmen.

Zudem: so friedlich wie die Welt zwischen Nairobi und Arusha aussah, war sie damals auch dort nicht. In der Nähe der Massaisteppe waren wir an einem Lager vorbeigefahren, um das herum sich schwarze Frauen in langen schlafhemdenähnlichen Gewändern bewegten. Die Tore standen auf, Wächter waren nicht zu sehen. Es sei ein Anhalte- und Gefangenenlager für Kikuyufrauen, die ihren Mau-Mau-Männern in gefährlicher Weise Beistand geleistet hätten. Ja, wo denn dann die Wachen seien? Sie seien auf ein Minimum reduziert, denn Fluchtversuche gäbe es kaum. Die Flüchtlinge fielen mit größter Wahrscheinlichkeit in die Hände der ewig ziehenden Massai. Diesem Schicksal zögen sie ihr KZ vor.

Dr. Beye, unser Generalkonsul, führte uns in die White Highlands. Wir besuchten die Farm eines von ihm geschätzten jungen deutschen Landsmannes, Peter Becker. Er hatte mit den Engländern bei der Niederschlagung des Mau-Mau-Aufstands zusammengearbeitet, war ausgezeichnet worden und zeigte uns nun seine Farm. Am Abend zogen wir zusammen auf die Pirsch. Wild kam uns nicht vor die Büchse. Plötzlich aber standen wir vor einem erschrockenen Schwarzen. Er ließ seinen Karabiner fallen, als er unsere Gewehre sah. Die Engländer schenkten mir die sehenswerte Waffe. Der Schaft kunstlos zurechtgeschnitzt, der Lauf aus einem Fahrradrahmen herausgeschnitten, das Schloß mit einem Gummiband gespannt. Lebensgefährlich, mehr für den Schützen als für den Beschossenen. Aber: In den Schaft stolz und rührend eingeschnitzt, die Regiments-, Bataillons- und Kompanienummer einer Armee, die es nie gab. Noch war Moskau nicht präsent. Und als die Engländer gingen, hatte Kenia das Glück, unter die Herrschaft eines Mannes zu geraten, dem man im Mau-Mau-Aufstand eine führende Rolle zuschrieb, der sich hernach jedoch als ein Afrikaner von staatsmännischem Rang erwies: Jomo Kenyatta.

Quer durch den Kongo

Ich kenne die Vorwürfe, die gegen die belgische Kolonialpolitik erhoben worden sind. Aber ich war bei weitem nicht lange genug da, um dieses gewaltige Herz Schwarzafrikas beurteilen zu können. Was ich damals sah, hat auf mich großen Eindruck gemacht. Die Erwägungen und Absichten, die M. Pétillon, der in Léopoldville residierende Generalgouverneur äußerte, schlossen zwar einen Wandel der kolonialen Abhängigkeit von Belgien nicht aus, schoben ihn aber in weite Ferne. Einige Monate zuvor hatte der junge König der Belgier das Land besucht. Er war von seinen schwarzen Untertanen frenetisch bejubelt worden.

Wie wenig sich auf derlei Emotionen stellen läßt, zeigte der abrupte politische Wandel fünf Jahre später. Als ich bei einem Essen, das mir meine Kollegen im belgischen Parlament 1957 gaben, dazu riet, beschleunigte Vorkehrungen für das unvermeidbare Ende des Kolonialstatus zu treffen, stieß ich auf kühles Schweigen. Auf lange Sicht dachten wohl auch die Belgier an multiracial government.

1955 aber hörte ich im Kongo keine Stimme wie die M. de Longevals. Auf der Pressekonferenz in Léopoldville wurde ich nach dem deutschen Investitionsplan für Afrika gefragt. Meine Antwort, daß es einen solchen nicht gäbe, stieß auf Unglauben. Im Zentrum Katangas, in Elizabethville, besuchte mich, kaum daß ich angekommen war, der Vorsitzende des Kolonistenbundes, um mich für die tatkräftige Förderung der Einwanderung deutscher Handwerker, Kaufleute und Techniker zu gewinnen. Es wundert mich nicht, daß ich nach der Rückkehr davon sprach, mit ihrer Politik könnten die Belgier auch auf eine breite Zustimmung der eingeborenen Bevölkerung rechnen. Zu diesem Urteil brachten mich vor allem meine Eindrücke von der Arbeit der Union Minière, dem belgischen Bergbau-, Kupfer- und Uranunternehmen. Was ich von seiner gewiß patriarchalischen, aber höchst effizienten Sozialversorgung wahrnam, was ich von seiner Arbeiterbetreuung und Familienversorgung, von den Schulen und Kliniken bis zu den großzügig angelegten neuen Städten sah, war Spitze im damaligen schwarzen Afrika.[5]

Mit dem Geigerzähler in der Hand gingen wir in Kolwezi über uranhaltiges Gestein. Von den Urangruben Shingolobwes hatte der leitende Mann der Union Minière, der uns in Elizabethville empfangen und informiert hatte, vorsichtshalber nicht gesprochen. Sie galten anscheinend als »geheime Reichssache.« Wir sahen sie nicht. Aber von dem, was wir sahen, war mein Begleiter auf jener Reise, Wolfgang Pohle, ein Kollege aus dem Bundestag und damals Vorstandsmitglied von Mannesmann, höchst beeindruckt. Im Vergleich zu mir war er ein Fachmann.

Wenn ich an Katanga zurückdenke, kommt mir auch Moise Tschombé wieder in den Sinn. Damals traf ich ihn nicht. Ich sah ihn später erst in Bonn. Er war ein begabter, kraftvoller Afrikaner, ein Antikommunist mit einem realistischen Urteil und einer freundschaftlichen Hinneigung zu den Europäern, wie ich sie bei Senghor oder Houphouet-Boigny erlebte. Ich kann mir kein Urteil erlauben über seine Maßnahmen im politischen Dschungel des unabhängig gewordenen Kongo. Als er nach Bonn kam, galt er vielen als verfemt. Ich empfing ihn im Bundestag und führte mit ihm ein Gespräch, in dem sich der entschlossene Gegner Lumumbas als ein Mann erwies, der nicht aufgehört hatte, seine Hoffnung auf den freien Teil Europas zu setzen. In einer Gangsteraktion wurde er in algerische Gefängnisse verschleppt. Er starb dort, noch auf der Höhe seiner Jahre, angeblich »unter ungeklärten Umständen«. Ich schätze, es war Mord.

Leere Kassen im Sudan

Als Schüler hatte ich Rudolph Slatin Paschas ›Feuer und Schwert im Sudan‹ gelesen, einen gegen Ende des letzten Jahrhunderts berühmt gewordenen Bericht über den Mahdi-Aufstand. Jetzt blickte ich auf den Blauen Nil. Er war nichts weniger als blau. Wie ein großer, in Bewegung geratener brauner Lehmacker wälzte sich der Strom an den Regierungsgebäuden von Khartum vorbei. Nahe bei dem Palast der britischen Gouverneure, in dem einst General Gordon durch die Krieger des Mahdi den Tod fand, empfing mich der Ministerpräsident des Sudan, Izmael El Azhari inmitten seines Kabinetts. Die Briten waren abgezogen, der Anschluß an Ägypten war abgelehnt und die Staatskasse war leer. Der Araber, ein Pykniker, war dem Weinen nahe. Ich zeigte einige Anteilnahme, hielt mich jedoch zurück. Was die Briten täten? Abweisendes Schweigen. Schließlich erbat ich hinreichende Unterlagen, versprach Prüfung, wohlwollende Prüfung, und landete zum Schluß damit bei meinem Freund Franz Etzel, damals Bundesfinanzminister in Bonn. Er war nicht gerade erfreut, als er schließlich mit einem Kassenkredit in zweistelliger Millionenhöhe den neuen Herren am Nil unter die Arme greifen durfte. Im Unterschied zu mancher anderen späteren Entwicklungshilfe erscheint mir jener Wurf in den sudanesischen Opferstock indessen nicht nur bescheiden, sondern auch vertretbar.

Als ich Jahre danach wiederkehrte, war Azhari gestürzt. Im Südsudan bei den Niloten und Bantus hatte es blutige Aufstände gegen den arabischen Norden gegeben. Man sprach von einer halben Million Toter. Die alten Vorbehalte und Ängste gegen die früheren Sklavenjäger aus dem Norden rumorten noch immer. Ein Begleitschutzkommando war mir beigegeben. Ich merkte indessen bald, daß es eher ein Agitproptrupp für die Regierung in Khartum war. Mit Flüstertüten und Lautsprechern wurde in jedem Dorf, durch das wir kamen, eine Botschaft verkündet. Nach der Meinung eines meiner Begleiter lief sie stets darauf hinaus: »Keine Angst! Die Engländer sind zwar fort, aber dafür halten jetzt die Deutschen ihre Augen über euch!« Anya Nya, der Befreiungsarmee des Südens, durfte derlei freilich nicht viel bedeuten. Erst zu Beginn der Siebziger Jahre kam es zu einem Friedensabkommen.

Erste Begegnung mit Nasser

Während meines ersten Besuchs in Khartum, im Sommer 1955, telegrafierte mir unser Außenminister Heinrich von Brentano, ich möchte auf jeden Fall Nasser in Kairo besuchen. Dieser hatte meine harmlose Reise durch Ostafrika mit mehr als

Neugier beobachtet. Das Gespräch, das ich nun von Khartum kommend mit ihm führte, war das einzige auf jener Reise, in dem ein weltpolitischer Aspekt angesprochen wurde. Nasser sprach von der Konferenz von Bandung. Sie hatte im Frühjahr desselben Jahres stattgefunden. Der junge Regierungschef war erfüllt von ihr. In Bandung habe sich *eine* Linie der Völker ergeben, die den Kolonialismus abgeworfen hätten. Auch die roten Asiaten hätten sie bejaht. Der Wunsch und Entschluß, der weißen Führung und Bevormundung sich für immer zu entziehen, sei allgemein. Deshalb lehnten es die asiatisch-afrikanischen Völker auch ab, in den einen oder anderen der beiden Machtblöcke der Welt einzutreten. Herr von Holzhausen, unser Botschafter in Kairo, hörte halb mit Bewunderung, halb erschreckt der temperamentvollen Rede zu. Es war eine Rede auf die Geburt der dritten Welt. Ich trat mit dem visionären Regenten in keine Diskussion ein.

Die Zukunft des dunklen Kontinents sah auch ich nach jener Reise und nach dem Studium der vielen amtlichen Entwürfe nicht nur in der Koexistenz, sondern in der aktiven Zusammenarbeit von Schwarz und Weiß im Multiracial government. Die erfahrensten Köpfe hatten sie immer wieder als Grundlage einer besseren Zukunft gepriesen. Wenig oder nichts davon wurde Wirklichkeit. Die Woge des Nationalismus, eines gewaltigen, den ganzen Kontinent ergreifenden und aufwühlenden Gefühlsausbruchs begrub nahezu alle jene in unendlichen Verhandlungen und Palavern diskutierten Unionsversuche der Schwarzen mit ihren europäischen Erziehern, Ausbeutern und Helfern unter sich. Die Woge kam früher als erwartet. Der Franzose in Nairobi hatte mit fünfzehn Jahren gerechnet. Es währte knapp halb so lange und Kenia war eine unabhängige Republik (1963). Mit Uganda ging es noch etwas schneller. Selbst für die besorgten Beobachter des Belgischen Kongo kamen die Aufstände in Léopold-ville 1959, und die überraschende Aufgabe durch Belgien, 1960, bestürzend schnell. Der Kongo war darauf nicht vorbereitet. Leute wie Tschombé glaubten – vermutlich nicht zu Unrecht – daß Lumumba, der Schützling Moskaus, den ganzen Kongo und damit schließlich ganz Schwarzafrika unter die Herrschaft Moskaus führen werde. Es kam zum Bürgerkrieg. Die Vereinten Nationen griffen ein. Sie verschlimmerten die Situation. Tschombé wurde 1964 zum Ministerpräsidenten der Zentralregierung berufen. Mäßigend versuchte er die Ordnung wiederherzustellen. Intrigen und Chaos brachten auch ihn zum Scheitern.

Die Deutsche Afrika-Gesellschaft

Meine erste Ostafrikareise 1955 erhielt mehr Publizität als alle meine anderen Afrikareisen zusammen. Nicht nur in der deutschen Presse, auch in der französischen, belgischen und englischen wurde davon berichtet und damit natürlich manche, auch groteske Vermutung verknüpft. Nur in den dümmsten Kommentaren klang die Frage an, ob wir als Verbündete des Westens uns nun auch wieder für Kolonien interessierten. Ernsthaft war hingegen die Frage, ob wir uns an Erschließungs- und Industrieprojekten beteiligen wollten, oder ob wir aus der Auflösung der Kolonialreiche weiß Gott welche Vorteile zu ziehen beabsichtigten.

Die Wahrheit war viel einfacher. Ich reiste ohne Auftrag. Ich wollte Afrika sehen, wie es war, und ich wollte einen Beitrag dazu leisten, den großen Nachbarkontinent meinen Landsleuten näherzubringen. Ich wollte dem Wust von Kinokitsch, Negerfremdheit und Kolonialsentimentalität ein Bild Afrikas entgegenstellen, das unserer Zeit angemessen und politisch hilfreich war. Ich machte mich daran, dafür in Reden und Artikeln zu werben. Vor allem aber suchte ich zusammen mit Wolfgang Pohle und einigen Afrikafreunden eine Organisation zu schaffen, die sich dieser Aufgabe ausschließlich verpflichtet wußte. Es gab zwar einen deutschen Afrikaverein. Er hatte seinen Sitz in Hamburg und wurde von Importeuren und Exporteuren geschätzt. Er war auf das Afrikageschäft begrenzt und nicht für das geschaffen, was meinen Freunden und mir politisch und publizistisch geboten erschien. Wir gründeten die Deutsche Afrika-Gesellschaft. Allmählich merkten dann auch jene Nachtwächter, die mich zum größten deutschen Löwenjäger ernannt hatten, worum es ging.*

Die Arbeit der Deutschen Afrika-Gesellschaft schritt zügig voran. Je heißer es in Afrika herging, je mehr sich unsere Verbündeten in Paris und London mit ihren afrikanischen Gebieten beschäftigen mußten, je mehr die Nachrichten darüber in die deutsche Presse drangen, desto größer wurde auch das Interesse der deutschen Öffentlichkeit an dem neuen, im Umbruch begriffenen Afrika. Unsere Afrika-Wochen fanden im Inland und Ausland, vor allem in Afrika selbst, steigende Aufmerksamkeit und Beteiligung. Im Jahr 1960, in dem allein achtzehn westafrikanische Staaten aus dem ehemaligen französischen Kolonialreich selbständig wurden, veranstalteten wir in Bonn unsere erste Afrikawoche. Achtundzwanzig afrikanische Staaten waren auf ihr vertreten, und die Spitzen unseres Staates erwiesen ihnen ihre Reverenz.[6] Der Afrikakitsch vieler Jahre

---

* Der Nachruhm als solcher hat sich freilich lange gehalten, obwohl ich bislang niemals auf Löwen zu Schuß gekommen bin. Ein bekannter deutscher Hofpoet hat noch ein Vierteljahrhundert später in seinem ohnehin etwas krausen Jägerlatein davon zu berichten gewußt.

zerstob. Die Deutsche Afrika-Gesellschaft wurde zu einem eigenständigen Gehilfen und Partner der neuen deutschen Afrikapolitik. Auf unserer zweiten Afrikawoche im Oktober 1962 waren sechsunddreißig afrikanische Länder vertreten. In fünfundsiebzig deutschen Städten fanden hundertzweiunddreißig Veranstaltungen statt.

Als Präsident der Afrika-Gesellschaft fuhr ich im Frühjahr 1966 nach Dakar um Léopold Senghor unseren Respekt zu bezeugen für seine Bemühungen um die autochthone Kultur der Afrikaner und ihre Verbundenheit mit der des Abendlands. Er hatte zu einer großen kulturellen Begegnung der Afrikaner, ihrer Stämme und Staaten eingeladen. Erschienen waren hauptsächlich die frankophonen Westafrikaner, darunter mancher meiner schwarzen Freunde aus dem alten Afrika. Der Star war indes Frankreichs Kultusminister André Malraux. Das für mich interessanteste Thema war Senghors Idee der Négritude. Aber so sehr ich mir damit auch Mühe gab und sooft ich mit dem ehemaligen Kollegen aus dem Europarat, dem inzwischen zum Staatschef des unabhängigen Staates Senegal aufgestiegenen Léopold Senghor, darüber sprach: Ein fester, präzis zu handhabender Begriff wurde für mich nicht daraus. Senghors nachdrückliche intellektuelle Bemühung erschien mir als ein Versuch, afrikanische Seinsweisen und vorrationale Lebenselemente mit europäischer Begrifflichkeit rational verständlich und den Afrikanern bewußt zu machen. Als Dichter verstand ich ihn besser.

Salazars afrikanischer Wille: der Assimilado

Das Afrikabild der Deutschen hatte sich gewandelt. So oft ich konnte, versuchte ich dem afrikanischen Geschehen an Ort und Stelle nahezukommen. Die Fachliteratur schwoll an. Aber ich konnte und wollte nicht auf den eigenen Augenschein und die unmittelbare Begegnung mit den Afrikanern verzichten. Nordafrika kannte ich von früheren Reisen, aber West- und Ostafrika gaben mir auch im Umbruch immer neue Rätsel auf. Und fast ganz unbekannt waren mir bislang Portugiesisch-Afrika und das südliche Afrika geblieben. Ich fuhr nach Lissabon und besuchte Salazar.

Er empfing mich in seinem eher bescheidenen Haus inmitten eines großen stillen Gartens. Eine ältere Frau öffnete. Wachen, Diener – nichts. Die Fensterläden in dem kleinen Salon waren geschlossen. Ein Deckenlicht brannte. Draußen war es heller Tag. Fast leise begann das Gespräch. Er war informiert. Von Parlament und dergleichen kein Wort. Salazar, der Ökonom, hielt es für unnötig, teuer, störend. Er regierte per Dekret. Die todkranke portugiesische Währung hatte er gesund und hart gemacht. Hätten die Demokraten der NATO auf ihn verzichten können, sie hätten es getan. Doch die Verhältnisse, sie waren nicht so.

Ich war mit der Vorstellung gekommen, einem zwar südländischen, aber hochrationalen Finanzwissenschaftler, einem kühlen Handhaber von Staatsmacht zu begegnen. Schon der Raum um mich herum sprach dagegen. Er war mit schweren dunklen Möbeln überfüllt. Und der Professor vor mir las mir ein Privatissimum, das nicht viele Einwürfe und Fragen zuließ. Salazar ließ an Zweierlei nicht den mindesten Zweifel:

1. Angola und Moçambique seien keine Kolonien, wie es der Besitz der Engländer, Franzosen und Belgier in Afrika gewesen sei. Es seien überseeische Provinzen Portugals. Deshalb schon gäbe es hier gar nichts zu befreien. Angola, Moçambique sei Portugal. Seine Bürger seien Portugiesen, jedenfalls soweit sie einen hinreichenden Bildungsgrad erreicht hätten.

2. Das Verhältnis Schwarz-Weiß löse sich in diesen Provinzen schließlich von selbst, weil der »Assimilado« angestrebt werde. Er sei das Ziel der portugiesischen Politik.

Kein Wort über Südafrika und dessen entgegengesetzte Zielsetzung der Apartheid. Salazar sprach dezent, aber mit solcher Bestimmtheit, daß mir die Diskussionslust verging. Sicher hatte er auch mit einem Parlamentspräsidenten wenig im Sinn.

Moçambique und Angola

Dennoch: er war sehr höflich gewesen. Und so war auch meine Aufnahme in Moçambique –. Kai-Uwe von Hassel hatte mich nach Kenia und Tanganjika begleitet. In den White Highlands war er aus dem Jeep gesprungen, um uns eine Kaffepflanzung zu zeigen. Als Sohn eines Schutztruppenoffiziers war er in Deutsch-Ost geboren und groß geworden. Er hatte das Handwerk des Farmers von der Pike auf gelernt. Er sprach vorzüglich Suaheli. Wenn er über die Erde Ostafrikas ging, erschien er mir in seiner Beschwingtheit fast als ein anderer Mensch. In Tanganjika hatten wir uns getrennt. Ich war nach Laurenço Marques, dem heutigen Maputo, weitergereist. Vom Gouverneur bis zum Erzbischof absolvierte ich ein lästiges Protokoll und durchfuhr dann das Land von Süd nach Nord bis zu der Insel, die dem Land den Namen gegeben hatte.

In Beira waren die Deutschen zusammengekommen, mit Weib und Kind. Zum großen Teil waren sie, nach den Kriegen aus dem ehemaligen Deutsch-Ost ausgewiesen, nach Moçambique und Angola gezogen. Sie hatten dort wieder begonnen und sich erneut durchgesetzt. Wir besuchten einige dieser deutschen

Farmen und fanden nur zufriedene Leute. Kennzeichend die Tischrede, mit der mich Herr Woermann in seinem schönen, behäbigen Wohnhaus inmitten seiner großen Sisalfarm begrüßte. Der Repräsentant der altangesehenen Familie sagte: »Die Haltung der hiesigen portugiesischen Behörden gegenüber uns Deutschen während des Krieges ist trotz stärkstem alliiertem Druck vorbildlich gewesen. Ich habe das Gefühl, daß diese Haltung der Portugiesen nicht genug Anerkennung finden kann.«

Für uns, die wir »von daheim« kamen, war der Besuch auf jener Farm mit ihrer Ordnung und Frömmigkeit der Schritt in eine heile Welt.

Auf der Fahrt zur Gorongoza, einem Schutzpark, der mich auch als Naturschützer interessierte, sah ich die größten Wildtierherden meines Lebens. Die Büffel standen in freier Wildbahn. Ich stieg auf eine Akazie und begann zu zählen. Als ich einige hundert gezählt hatte, gab ich es auf. War es die Hälfte oder nur ein Drittel? Für den deutschen Jäger ein unglaublicher Anblick. In der flachen Gorongoza lagen Löwenrudel auf den Dächern verlassener Bungalows in der Sonne. Die Jeeps fuhren unter ihnen durch. Die Löwen blinzelten träge.

Der Generalgouverneur von Angola empfing uns in Luanda. Ich halte seinen Palast für eines der schönsten Häuser, die ich in Afrika sah. Und ich sah viele. Das Protokoll war iberisch steif. Es erinnerte mich an meine Reisen in Südamerika. Der Generalgouverneur gab sich jedoch viel Mühe mit uns. Er zeigte uns, was immer wir sehen wollten, und er ging in einer für seine Position durchaus freimütigen Weise auf meine vielen kritischen Fragen ein. Es sei noch viel zu tun, sehr viel in Portugiesisch-Afrika. Aber daß das Ziel der portugiesischen Überseepolitik, der Assimilado, zu erreichen sei, daran schien auch dieser redlich bemühte Mann nicht zu zweifeln. Indessen schrieb mir Holden Roberto, damals der erste Mann des angolanischen Widerstands, vorwurfsvolle Briefe. Ob Portugal, das Heimatland, in der Lage sein werde, weiterhin mehr als vierzig Prozent seines Staatshaushalts für seinen afrikanischen Besitz auszugeben? Aus Takt fragte ich danach nicht. In dem Gespräch mit Salazar wunderte mich am meisten, daß dieser bedeutende Volkswirt, dieser rationale Kopf, die Kosten-Nutzenfrage seiner Afrikapolitik anscheinend verdrängte.

So gefährdet sie wurde: Die Herrschaft der Portugiesen im schwarzen Afrika überdauerte die der Engländer, Belgier und Franzosen um nahezu anderthalb Jahrzehnte. Sie wurde auch nicht durch einen Sieg der sogenannten Befreiungsarmeen beendet, sondern durch den politisch-militärischen Umsturz in Portugal selbst. Zweifellos hat dazu die Erkenntnis beigetragen, daß der Kolonialkrieg in Afrika nicht zu gewinnen sei. Vor allem aber die Einsicht, daß der Kolonialismus in diesem Jahrhundert eine immer teuerer werdende Sache sei. Was an dem Vorwurf der Ausbeutung – er wurde mir gegenüber in Afrika nur selten erhoben – auch wahr sein mochte: Auf das Ganze gesehen, zahlten die Kolonialmächte in ihren Kolonien erheblich drauf.

Dankbarkeit

Das wußten die hellsten Köpfe der eingeborenen Führungsschicht ganz gut. Es gab auch Dankbarkeit unter ihnen. Sie galt nach meinem Eindruck indessen weniger der Wirtschaftshilfe als der Vermittlung europäischen Kulturguts, der Zivilisation. Philibert Tsiranana, der neue Regent Madagaskars, ein liebenswerter, kluger Mann – er war unser Gast in Bonn –, brachte diesen Dank dem Ministerpräsidenten Frankreichs, Debré, gegenüber bewegend zum Ausdruck. Als ich einige Jahre später Zentralafrika und Kamerun bereiste, wurde ich Zeuge einer tiefen inneren Beziehung zu Frankreich. Einige junge Politiker in Jaunde, der Hauptstadt Kameruns, hatten ihre Unzufriedenheit mit der wirtschaftlichen Abhängigkeit von Europa ungeschminkt geäußert und dabei auch ihre alte Kolonialmacht Frankreich unsanft behandelt. Aber, welche Überraschung! Am Ende rief der Wortführer: »Mais, Monsieur le Président, je suis Français, je reste Français!« Er sprach mit Inbrunst.

Während eines Abendessens, das mir die Regierung des Landes in der ehemaligen deutschen Gouverneursresidenz in Douala gab, erhob sich der grauköpfige Ministerpräsident, ein alter, schweigsamer Mann und sagte mit sichtlicher Bewegung, das Lesen und Schreiben habe er in einer deutschen Schule gelernt und anderes dazu. Er sei glücklich, einem Vertreter Deutschlands noch am Abend seines Lebens dafür danken zu können, daß es ihm und vielen seiner Landsleute den Weg »in die Kultur, zum wahren menschlichen Dasein« geöffnet habe. Houphouët-Boigny, der weise Herrscher an der Elfenbeinküste, sagte melancholisch: »Als die Unabhängigkeit kam, fühlte ich mich wie eine verlassene Braut vor der Kirche, mit den verwelkten Blumen der Föderation im Arm.« Er war über sein Land hinaus der Sprecher vieler. Tombalbaye, damals Herr des Tschad – später ermordet –, sagte mir von ihm in Fort Lamy: »Er ist unser Vater!«

Sylvanus Olympio, Regierungschef in Togo, hatte mich zu einem Besuch in Lomé eingeladen. Die Straßen vom Flugplatz bis in die Stadt waren dicht gesäumt mit Menschen. Olympio hatte mich abgeholt. Wir wurden mit stürmischen Zurufen begrüßt. Eine Vokabel – Uhuru – kehrte dabei immer wieder. Ich fragte den Regierungschef, was sie bedeute. »Unabhängigkeit«, sagte er. »Sie haben sie doch seit Jahren. Was soll der Schrei?« fragte ich. Die Leute hätten sich eben daran gewöhnt, meinte mein heiterer Gastgeber.

Im übrigen ging es in Togo besonnen her. Ich fand, von Südwestafrika abgesehen, kein Land auf dem ganzen Kontinent, in dem die Erinnerung an die deutsche Kolonialepoche sorgsamer gepflegt wurde. Eine Gruppe von »Togo-Deutschen« begleitete mich, wo ich ging und stand. Auf einem Friedhof mit vielen Gräbern deutscher Missionare und Kolonialbeamter sangen sie: »Harre meine Seele«. Mancher hatte die vielen Strophen des Chorals besser im Kopf als ich. Es waren vor allem die Ewes, ein Volk mit vielen Talenten, die dabei vertreten waren.

In Palimé, nördlich von Lomé, luden sie mich zur großen Feier. Die Stadt wirkte wie ausgestorben, als unsere Autokolonne einfuhr. Alles, Mann, Frau und Kind, Alt und Jung, war auf dem großen Platz versammelt. Die Begrüßung erfolgte in makellosem Deutsch. Einst gelernt auf deutschen Seminaren. Ein besonderer Kummer verbindet die Ewe heute noch mit uns. Sie sind ein großer, lebenskräftiger Stamm, dreigeteilt. Die alten Kolonialgrenzen sind die Grenzen der unabhängig gewordenen Staaten geblieben. Im Osten lebt das Volk der Ewe in Dahomey, im Westen siedelt es in Ghana. Dennoch hatte mein Freund Sylvanus Olympio, so schien es mir wenigstens damals und auch noch, als er unser Gast in Bonn war, einige Sorgen weniger als seine Kollegen von nebenan. Aber es schien nur so. Nicht lange danach wurde er schmählich ermordet.

Träume, die der Busch nicht kennt

Jahre später wurde auch ein anderer bedeutender Afrikaner ermordet, mit dem ich mich befreundet hatte. Tom Mboya, ebenfalls eine der großen politischen Begabungen Afrikas. Fast jedermann hatte angenommen, daß er, die Stütze des greisen Kenyatta, die relative Stabilität Kenias über dessen Abgang hinaus gewährleisten und neue Formen des politischen Zusammenlebens ermöglichen würde.

Dazu gehörten insbesondere die Vorstellungen von afrikanischen Föderationen. Europa hatte zwar seine ersten Enttäuschungen mit der politischen Vereinigung Europas hinter sich. Aber die Europäische Wirtschaftsgemeinschaft hatte eine, wenn auch nicht ganz unproblematische, Gestalt gewonnen. Die klügsten Afrikaner, sowohl in West- wie in Ostafrika, wußten schon seit Jahren, daß auch die Vielzahl der selbständig gewordenen Staaten Afrikas einer großräumigen Wirtschaftsgemeinschaft bedurfte, wenn auch nur ein Bruchteil von dem Wirklichkeit werden sollte, was sich ihre Völker von der neugewonnenen Souveränität erhofften. Aber diese Föderationen erwiesen sich als Träume, die der Busch nicht kennt. So mußte ich nach jeder Afrikareise in jenen Jahren berichten. In einer Mischung von Melancholie und Zorn sah Julius Nyerere zu, wie die von ihm initiierte Ostafrikanische Föderation (Tanganjika, Kenia, Uganda) verdorrte, ehe sie auch nur zum ersten Blühen ansetzen konnte. Félix Houphouet-Boigny sprach an der Westküste von verwelkten Blumen, und zu den ersten Enttäuschungen von Léopold Senghor gehörte das Scheitern der Föderation des Senegal mit Mali.

574

Der später häufig gehörte Vorwurf, die Kolonien seien verfrüht und überstürzt in die Unabhängigkeit entlassen worden, berücksichtigt nicht, daß die Kolonialmächte sich jahrelang um Lösungen bemüht hatten, die zumindest als Übergangslösungen viel Unheil verhindert hätten. Aber ein glühender Nationalismus, vermischt mit der rücksichtslosen Eigensucht kurzsichtiger schwarzer Führer und alten Stammesgegensätzen machte es unmöglich, in vertretbarer Zeit den Widerspruch zu mildern oder abzubauen, der zwischen den Uhuru-Erwartungen der Stämme und Völker und der politischen und wirtschaftlichen Situation der meisten afrikanischen Staaten lag. Das Selbstbewußtsein der endlich an die Macht gekommenen Afrikaner schloß das gemeinsame Regieren von Schwarz und Weiß aus. Wo sich überlegene Köpfe der langfristigen Mitarbeit weißer Experten in wichtigen Bereichen ihrer Staatsverwaltung und Wirtschaft zu bedienen wußten, wie an der Elfenbeinküste und in Kenia, ging es vorwärts. Aber sonst war der Abzug der weißen Verwaltung und Wirtschaftsführung für die meisten souverän gewordenen Staaten Afrikas alles andere als ein Glücksfall. Die steigende Einwirkung weltpolitischer Gegensätze, die Überfremdung der afrikanischen Traditionen und wirtschaftlichen Notwendigkeiten mit zeitgenössischen Ideologien, zumeist in der Gestalt eines »afrikanischen Sozialismus« schuf oft unerträgliche, zusätzliche Schwierigkeiten. Afrika, von der weißen Welt, auch den Amerikanern, viele Jahre lang sträflich vernachlässigt, wurde zu einem Feld, auf dem der europäische Parlamentarismus Niederlage um Niederlage erlitt. Die europäisch-amerikanische Demokratie bedarf einiger Voraussetzungen, deren Nichtexistenz im größten Teil Afrikas von gedankenlosen Europäern und Amerikanern verblendet ignoriert wurde. Immer größere Teile des schwarzen Afrika wurden zum Operationsfeld des militanten Kommunismus unter sowjetrussischer Führung.

Ströme von Blut

Den Europäern, den Weißen überhaupt, steht es nicht gut an, den Afrikanern, den Farbigen ihre Kriege und Mordbrennereien vorzuhalten. Nicht nur wir Deutschen sitzen dabei im Glashaus. Es steht uns aber auch nicht zu, die geschichtliche Wahrheit aus Gründen des Taktes zu unterdrücken. Sie ist traurig. Die Unabhängigkeit in Afrika kostete viel Blut. Es floß zum geringeren Teil im Kampf zwischen Kolonialmächten und »Befreiungsarmeen«. Es begann erst zum Blutstrom zu werden, als die Unabhängigkeit da, als Uhuru Ereignis geworden war.

Im Süden des Sudan, am Nil, fing es an, die Bantu und Niloten gegen die

Araber des Nordens. In Ruanda-Urundi standen die Hutu gegen ihre alten Herren, die Watussi, auf. Es starben Hunderttausende. In Nigeria kam es zum Krieg um Biafra. In Uganda kam Idi Amin, ein aufgeblasener Verbrecher, an die Macht. Im Tschad, einem unmöglichen Kolonialgebilde, waren der arabisierte Norden und die Bantu im Süden nur mit blutiger Gewalt zusammenzuhalten.

Auf einer Reise im Norden Guineas hatte mich der ehrsame Stamm der Coniagi durch seinen Häuptling, einen freundlichen alten Mann, einmal als »Verbündeten gegen die Franzosen« feierlich begrüßt. Sie hätten – er habe noch als Junge dabei mitgekämpft – das erste Expeditionskorps der Franzosen auf diesem Feld vernichtet. Und wir Deutschen hätten die Franzosen ja auch geschlagen. Französische Kolonialoffiziere standen dabei. Mir war die Rede peinlich. Aber die Franzosen lächelten nur. Sie kannten ihre Schwarzen. Einige Jahre später war Sékou Touré Staatsgast in Bonn. Bei Tisch fragte ich ihn beiläufig nach meinen Freunden im Norden seines Landes. »Sie sind nicht mehr da.« Es war dieselbe Antwort, die unsere Wachtmeister im Totenhaus von Tegel gaben, wenn wir nach dem und jenem fragten, den wir nicht mehr sahen, weil er inzwischen in Plötzensee gehängt worden war. Die Todesart, die Sékou Touré für seine Gegner oder für die, die er dafür hielt, bereit hatte, mochte eine andere sein. Ihr Schicksal war dasselbe.

Dr. Banda von Malawi und Dr. Muller von Südafrika

Im südlichen Afrika, in Rhodesien, war es in jenen Jahren noch ruhig. Aber die lange Lunte brannte auch schon. Ein Mann, den ich für seine Weisheit ähnlich der des alten Kenyatta nur loben kann, ist Dr. Banda. Ich habe Nyassaland, das heutige Malawi, nie gesehen. Ich kenne es nur aus der Literatur, aus den Büchern Laurens van der Posts. Er war ein hervorragender britischer Offizier, und er ist ein Schriftsteller von dichterischem Rang. Mit seinem »Vorstoß ins Innere« und seinen Büchern über die Buschmänner gewann er mein Herz.

Am Kamin im Vierherrenwald saß mir Dr. Banda gegenüber. Weise, energisch, ohne Komplexe regierte er nach vierzigjährigem ärztlichen Praktizieren in London sein nicht großes, übervölkertes Land. Der zartgliedrige Mann wußte es aus dem Streit zu halten. Malawi blieb eine Insel des Friedens in einem heimgesuchten großen Kontinent.

Im selben Kaminstuhl saß eines Tages auch der südafrikanische Außenminister Muller. Noch war sein weites Land dem Kampf und der Beschimpfung entrückt, dem es sich einige Jahre später gegenüber sah. Und noch stand diese Begegnung im Zeichen des Dankes, den der Hilfswerkchef von einst Südafrika und Südwest schuldig ist.

Die Deutsche Afrika-Stiftung

Sooft ich es auch versuchte, nie wollte es mir gelingen, das südliche Afrika zu besuchen. Ich lernte es erst am Ende der siebziger Jahre einigermaßen kennen. Und dann im Dienst einer neugebildeten deutschen Afrikaorganisation. Zu Beginn der siebziger Jahre brach unsere alte gute Deutsche Afrika-Gesellschaft zusammen. Genau gesagt: Sie wurde umgebracht. Als unser Bonner Sekretariat von beträchtlich steigenden Mitgliederzahlen berichtete, war das Präsidium der Gesellschaft natürlich erfreut. Als der Zustrom anhielt, fragte ich mich aber doch, was die Ursache dafür sei. Weder in Afrika noch in Deutschland war etwas geschehen, was der Grund dieses neuen Interesses hätte sein können. Die jährliche Mitgliederversammlung war plötzlich doppelt so stark besucht wie in den Jahren zuvor. Viele unbekannte Gesichter waren da. Die Versammlung begann wie üblich. Vieler Wortmeldung wegen zog sie sich jedoch weit länger hin als sonst. Der alte Stamm verließ nach und nach den Saal. Die Parlamentarier hatten andere Termine. Die auswärtigen Besucher drängten zur Bahn. Im Saal wurde weiterdiskutiert. Ich drängte auf Schluß der Diskussion und Abstimmung. Ein Antrag zur Geschäftsordnung, den ich für statutenwidrig hielt, wurde angenommen. Ich trat aus Protest dagegen zurück. Es ging auf Mitternacht. Und es ging, wie es in den Versammlungen mancher SPD-Ortsgruppen gegangen war, von denen mir ältere sozialdemokratische Kollegen wutentbrannt berichtet hatten: Die alten Mitglieder waren nicht mehr im Saal, eine neue, unbekannte Gruppe führte das Wort. Die Schleier fielen. Superlinke Forderungen erinnerten mich an Sprüche Gadhafis. Der alte Vorstand trat zurück. Der Kern der ehemaligen Gesellschaft trat aus. Selbst Scheels geduldiges Auswärtiges Amt konnte die Gesellschaft nicht vor ihren neuen Wortführern retten. Sie machten jämmerlich Pleite, in jeder Hinsicht. Erst Jahre darnach stellten wir – vorsichtig geworden – eine neue Gesellschaft auf die Beine, die Deutsche Afrika-Stiftung. So bedauerlich das Ende der alten Gesellschaft war: Eine Katastrophe war es nicht. Die Hauptaufgabe war gelöst: Die Deutschen hatten ein anderes, angemessenes Afrikabild. Und in Afrika hatten wir ein Deutschlandbild vermitteln können, das sich sehen ließ.

ZWANZIGSTES KAPITEL

»Gestern noch auf stolzen Rossen . . .«

Katholikentag in Essen 1966

Im Sommer 1968 sprach ich in Essen zum zweitenmal auf einem großen Kirchentag. Diesesmal auf dem der Katholiken. Ich hatte ein dankbareres Thema als achtzehn Jahre zuvor. Es ging nicht mehr um die Wiederbewaffnung, überhaupt nicht um Politik. Ich sprach als evangelischer Christ. Ich dankte der Mutterkirche für viel Einsicht, für viel guten Willen auf dem trotz allem nicht leichten Weg zur Gemeinsamkeit. Ich dankte vor allem denen, die in der Öffentlichkeit nur selten genannt und kaum gesehen werden, den stillen Betern und Dienern in den weltabgeschiedenen Klöstern, den Klosterfrauen und Ordensbrüdern, die für die andern in der Welt anspruchslos etwas tun, was in unserer Zeit kaum noch verstanden wird: beten. Die Antwort aus vielen Klöstern beschämte mich.

Sie stand vielfach im Gegensatz zu dem, was ich auf dem Kirchentag sah und hörte. Es soll ein Katholikentag der Rekorde gewesen sein. Zweitausend Fragen und mehr. Der kritische Grundton war auch mir wahrnehmbar. Er richtete sich hauptsächlich gegen die ›Enzyklika Humanae vitae‹. Sie war kurz zuvor ergangen und enthielt Forderungen zur Geburtenregelung, die mir für das alternde Abendland zwar diskutabel, als Verhaltensmuster einer Weltkirche jedoch problematisch erschienen. Die Kirche muß sich auch mit den Folgen der gewaltig wachsenden Menschenlawine auseinandersetzen. Dennoch wollte mir die allzu smarte Rede des Vertreters der katholischen Laien – eines Arztes – in der großen Schlußkundgebung nicht gefallen. Ich sagte Kardinal Döpfner, es liege wahrscheinlich an mir, wenn ich diesen Kirchentag zwar nicht ganz so zwiespältig verließe, wie manchen evangelischen, daß ich seines Trostes aber doch bedürftig sei. Der Kardinal: »Was glauben Sie, wie sehr ich erst des Trostes bedürftig bin!«

Das Gesetz unterstellt den Wehrbeauftragten der Dienstaufsicht des Präsidenten des Bundestags. Sosehr ich mich für das Zustandekommen der Bundeswehr eingesetzt hatte, sowenig hatte ich mit ihr zu tun. Aus den Berichten und regelmäßigen Vorträgen des Wehrbeauftragten lernte ich manches hinzu, aber wo ich konnte, ergriff ich gerne die Gelegenheit, einen Blick auf die neue Armee zu werfen.

Im Herbst 1966 geriet der Verteidigungsminister Kai-Uwe von Hassel unter stärkeren Beschuß in der deutschen Presse. Innerhalb seines Ministeriums gab es Schwierigkeiten, die sich der sachgerechten Beurteilung durch Außenstehende entzogen. Häufige Starfighterabstürze erregten hingegen die Öffentlichkeit. Die ›Bild-Zeitung‹ und andere heizten den Protest kräftig an und machten Hassel, der seinen eigenen Sohn bei einem der Abstürze verlor, unmittelbar verantwortlich. Das hielt ich für unbillig. Ich folgte deshalb gern einer Einladung des Verteidigungsministers zur Besichtigung eines Fliegerhorstes. Wir flogen zusammen nach Büchel. Ein Probealarm des dort liegenden Starfightergeschwaders machte auf mich großen Eindruck. Die Präzision der aus ihren Hangars zur Startbahn rollenden Flugzeuge, die männliche Sicherheit und soldatische Festigkeit ihrer Besatzungen war mitreißend.

Im Sommer 1968 folgte ich einer Einladung der Bundeswehr zu dem Manöver ›Schwarzer Löwe‹. Es erfaßte meinen Wahlkreis, lief über das Hohenlohische weit hinaus und endete auf dem Münsinger Truppenübungsplatz. Der Generalinspekteur Moll, ein schwäbischer Landsmann, hatte mir Offiziere beigegeben, deren Erklärungen für mich um so wichtiger waren, als es auf dem Gefechtsfeld nicht eben viel zu sehen gab. Nur bei den Flußübergängen größerer Verbände mit schweren Waffen war es anders. Ich sehe noch den Feldwebel einer Pioniereinheit vor mir. Er legte mächtig Hand an und feuerte seine jungen Soldaten in bestem Schwäbisch an: »Schaffet, Buaba, schaffet!« Und sie schafften. Was ich sah und hörte, gefiel mir. Es gefiel mir sogar ausnehmend. Die Soldaten waren bei der Sache, und die Generalstäbler vor ihren Karten repräsentierten mit ihren Erwägungen und Entschlüssen einen Typus, der mir sehr sympathisch erschien: eine Verbindung von disziplinierter Intellektualität und lockerer soldatischer Bestimmtheit.

Als es Herbst wurde in jenem Jahr, wurde mir zur Gewißheit, daß wir uns im Herbst, im Abgang einer großen Phase deutscher, vielleicht europäischer, Politik befanden.

Das Ja oder Nein zum Atomsperrvertrag hing über der deutschen Politik. Die Neigung zur Entscheidung war gering, am geringsten in der CDU/CSU. Die Auseinandersetzung mit dem russischen Einmarsch in Prag war im Bundestag noch nicht erfolgt, als ich mit dem sowjetischen Botschafter Zarapkin bei einer eher gesellschaftlichen als politischen Gelegenheit hart aneinandergeriet. Wir saßen im »Königshof« in Bonn nebeneinander, als das Gespräch auf den Atomsperrvertrag kam. »Wann werden Sie ratifizieren?« fragte mich der Botschafter. Wenn es nach mir ginge, überhaupt nicht, antwortete ich. Zarapkin furchte die Stirn und sagte mir in drohendem Ton: »Sie werden, denn Sie müssen!« Ich fragte, ob er uns mit Prag drohen wolle? Barsch erwiderte er nur: »Sie müssen!« Langsam sagte ich ihm, wenn mich etwas darin bestärken könne, diesen Vertrag abzulehnen, dann seien es dieser Ton und die russischen Panzer in Prag. Ich stand auf.

Es war und blieb das einzige persönlich unfreundliche Gespräch, das ich mit russischen Diplomaten und Ministern geführt habe. Im Vergleich zu Zarapkin waren seine Vorgänger in Bonn Gentlemen, mit denen wir in der Regel auf gutem Fuße standen, auch wenn uns große Meinungsverschiedenheiten trennten. Indessen lag Zarapkins ungehobelte Aggressivität wohl doch nicht nur in seinem Charakter. Die Politik der Wiedervereinigung sei eine Intervention in den sowjetischen Machtbereich – derlei Sprüche Zarapkins mußten vom Kreml gedeckt sein.

Die südosteuropäischen Regierungen wurden nervös. Der rumänische Botschafter erschien bei mir. Er konnte seine schweren Sorgen nicht unterdrücken. Ob ich nicht eine Delegation des rumänischen Parlaments einladen würde. Natürlich, sagte ich. Heinrich Krone rief mich an: Tito rechne mit dem Einmarsch der Sowjetrussen in Rumänien. Auch in Jugoslawien? fragte ich. Vielleicht. Das aber hieße Krieg. Tito werde schießen. Die Nervosität war groß.

De Gaulles letzter Besuch in Bonn

Außer dem Einmarsch der Sowjets in Prag hatte noch ein anderes Ereignis in jenem Jahr 1968 zu einer Verdüsterung der politischen Atmosphäre geführt: die Maiunruhen in Frankreich. Das revolutionäre Bündnis der sogenannten Studenten mit jungen Arbeitern und der folgende Generalstreik hatten den Staatspräsidenten Frankreichs mehr betroffen, als wir zunächst erkennen konnten. In die Kampfparolen hatten sich Töne gemischt, die wir bislang aus Frankreich kaum gehört hatten. Es waren Proteste gegen den französischen Zentralismus. An den innenpolitischen Kampf und das Geschrei unserer Außerparlamentarischen Opposition (APO) gewöhnt, hatte ich nicht weiter darauf geachtet. Jetzt, Ende September 1968, sah ich den General wieder. Er war mit einer stattlichen Begleitung gekommen. Am Tag zuvor hatte im Bundestag die Aussprache über eine Regierungserklärung Kiesingers stattgefunden. Sie galt den Konsequenzen, die aus dem Einfall in die Tschechoslowakei von uns und den Westmächten zu ziehen seien. Was Kiesinger sagte, war ungemein friedfertig, fast timid. Wenn die Russen nicht wieder abzögen, sei »eine Überprüfung der NATO-Truppenstärke in Europa unvermeidlich«. Keine Erhöhung des Verteidigungshaushalts. Der Rückschlag in den Beziehungen zum Osten sei »von uns wahrscheinlich nicht verschuldet«. Die »gefährliche Stagnation« der europäischen Einigung müsse überwunden werden und so weiter. Die Herren im Kreml brauchten nur gelangweilt zu lächeln.

Ich fragte mich, ob ich nicht die Leitung der Sitzung anderntags abgeben und mit einer geharnischten Rede in die Debatte eingreifen solle. Was jedoch wäre damit in jenem Augenblick zu erreichen gewesen? An der Vorbereitung der Gespräche mit de Gaulle war ich nicht beteiligt worden. Das war amtlich auch nicht üblich. Zu Adenauers Zeiten geschah es aber immer wieder im persönlichen Kontakt. Jetzt lebten wir in einer Großen Koalition. Da war es anders. Ich wollte der Regierung nicht in den Rücken fallen, und ich wollte vor allem Kiesinger nicht zusätzliche Schwierigkeiten bereiten. Voller Zorn schrieb Heinrich Krone in sein Tagebuch: »Ein Versagen auf der ganzen Linie. Mehr noch. Die neue Linie der Ostpolitik.«

Am interessantesten erschien mir in jener Debatte der Fraktionschef der SPD, Helmut Schmidt. Er forderte in Übereinstimmung mit Richard Stücklen (CSU) eine neue deutsch-französische Anstrengung, um mit Frankreich auch auf konventionell-militärischem und rüstungstechnischem Gebiet zu einer engen bilateralen Zusammenarbeit zu kommen. Wo waren die Zeiten, in denen wir Leute der Union wegen derlei als »Karolinger« abgetan wurden!

Indessen stand de Gaulle vor unserer Tür. Bei Tisch im Palais Schaumburg saßen wir uns wie gewöhnlich gegenüber. Mir schien er etwas umschattet. Sein Blick war noch angestrengter als früher. Ich schrieb es der Überanstrengung zu. Aber als die Tafel aufgehoben wurde, kam er wieder wie zu Adenauers Zeiten auf mich zu. Diskret fragte er mich, wie die Große Koalition laufe. »Sind Sie zufrieden?« Er meinte die Union. Ich sagte, es sei mühsam geworden. Aber bis zum Herbst 1969, bis zu den Neuwahlen, werde die Koalition halten, wenn nichts Besonderes geschähe. Aber, fragte ich ihn, was *er* tun werde, welche Folgerungen er aus den Ereignissen im Frühjahr ziehen werde? Man werde sich, antwortete er, doch wohl zu einer Verfassungsreform entschließen müssen. In welcher Richtung, verriet er nicht. Ob sie durch das Parlament verabschiedet werden könne, oder ob ein Volksentscheid notwendig sei, fragte ich. Ein Plebiszit, antwortete er. Sein eigenes Schicksal wolle er damit verbinden. Viel zu leichthin sagte ich, dann könne die Sache ja nicht schiefgehen. Ich dachte an seinen großen Erfolg bei der Ablösung der Vierten Republik. Er wußte, daß ich diesen Erfolg immer bewundert habe.

Kaum hatte sich der General wieder unserem Bundeskanzler zugewandt, als

Georges Pompidou auf mich zutrat, um sich ohne alle Flausen danach zu erkundigen, was mir der General denn kundgetan habe. Ich nahm an, daß ich ihm nichts Neues zu sagen habe und berichtete. Es war für mich die Verwunderung des Abends und des ganzen Besuchs überhaupt, als mir Pompidou sagte, man müsse nach Bonn kommen um zu erfahren, was sein General im Sinne habe. Er ließ dabei keine Spur von Bewunderung für seinen Staatschef erkennen. Ich stutzte. Ich hatte angenommen, daß darüber am Kabinettstisch in Paris längst ausgiebig diskutiert worden war. Weder an jenem Abend noch anderntags bei dem Essen, das de Gaulle auf Schloß Ernich für uns gab, sprach ich mit jemand noch einmal darüber. Im Kreis meiner engsten Freunde in Bonn interessierte sich in jenem Herbst ohnehin niemand sonderlich dafür. Im Frühjahr 1969 rollte das Schauspiel dann in Frankreich ab. Daß ich mich mit meiner viel zu optimistischen Voraussage de Gaulle gegenüber getäuscht habe, war belanglos. Daß sich der General jedoch, wie ich noch immer glaube, täuschte, war sein politisches Ende. Stolz und ungebeugt, jedenfalls nach außen, zog er sich – diesesmal für immer – zurück in sein lothringisches Haus. Ein Jahr danach trug man ihn zu Grabe.

Die Große Koalition wird müde

Müde ging das Jahr 1968 zu Ende. Ohne hinreichende Befriedigung sahen die beiden großen Parteien auf die Ergebnisse ihres gemeinsamen Wirkens. Im Unterschied zu seinen Vorgängern Adenauer und Erhard hatte der neue Kanzler gezeigt, daß er aus dem Parlament kam. Er gab weit öfter Regierungserklärungen ab, mit der Folge, daß sich ausführliche Parlamentsdebatten anschlossen. Auch sonst konnte man ihm nicht vorwerfen – wie es bei Adenauer geschah –, daß er am Parlament vorbei Geheimpolitik treibe. Dennoch zeigten sich in der Regierung und im Parlament Symptome von Müdigkeit. Koalitionsmüdigkeit? Heinrich Krone sprach davon, die Große Koalition sei sterbensmüde. Will Rasner meinte, sie krache in allen Fugen. Als sich schon aller Augen auf die große Kraftprobe in der Bundesversammlung richteten, sprach der Kanzler davon, daß er trotz großer Schwierigkeiten noch eine Änderung des Wahlrechts wünsche. Daß dieser am 16. Oktober 1968 vor dem Bundestag geäußerte Wunsch ohne jede Folge blieb, hätte meinem wohlmeinenden Freund Kiesinger ein unüberhörbarer Hinweis darauf sein müssen, was er in der Bundesversammlung, spätestens aber nach der Bundestagswahl 1969 zu gewärtigen habe.

Der Ärger in der Union über die mit Bestimmtheit erwartete und unterbliebene Wahlrechtsreform wurde nach dem Rücktritt Paul Lückes nicht geringer. Das

Unbehagen an der von Brandt betriebenen Ost- und Deutschlandpolitik wuchs. Einem Teil der SPD ging sie nicht rasch und nicht weit genug, und mit der Entwicklung der sozialpolitischen Leistung waren dieselben Leute auch nicht zufrieden. Mir wurde hinter den Kulissen ein kritischer, aber zutreffender Artikel in ›Christ und Welt‹ (vom 26. Juli 1968) angelastet, in dem Brandts Moskauer Verhandlungen auseinandergenommen wurden. Ich hatte den Artikel nicht inspiriert, mochte mich aber auch nicht von ihm distanzieren. In Heinemanns Benennung für die Nachfolge Lübkes als Bundespräsident sahen nicht unbeträchtliche Teile der Union eine gezielte Herausforderung. Seine Trennung von der CDU war vergeben. Sein wütender Angriff auf Adenauer in jener Nachtsitzung des Bundestags im Januar 1958 jedoch nicht. Nach einigem Hin und Her begann man sich in der Union auf Gerhard Schröder als Gegenkandidaten in der Bundesversammlung zu einigen.

Streit- und Sprengstoff genug. Dennoch blieb das äußere Bild, das die Große Koalition am Jahresende 1968 bot, passabel. Rainer Barzel und Helmut Schmidt, die beiden Fraktionschefs, spielten gut und clever zusammen und Kiesinger bemühte sich unentwegt um Wehner. Mein politischer Alltag war mehr oder weniger Routine, bis mich – nicht gerade aus heiterem Himmel[1], aber völlig ahnungslos – jenes Unwetter überraschte, das meinen Abschied vom Parlament einleitete.

»Nur alte Geigen« – Eine Parteitagsrede

Die Führung der CDU hatte mich aufgefordert, auf ihrem 6. Bundesparteitag im Frühjahr 1956 in Stuttgart die Rede zu ihrem zehnjährigen Bestehen zu halten. In dem kritischen Rück- und Ausblick konnte und wollte ich nicht daran vorbeigehen, daß sich in der deutschen Öffentlichkeit inzwischen wieder Stimmen zu Wort gemeldet hatten, die ich als »das Wiederlautwerden alter ungeläuterter Hitleranhänger« bezeichnete. »Ich warne davor«, sagte ich, an meine Partei gewandt, »auf diese Provokationen mit der stillen Überlegung zu reagieren, daß auch diese Leute wahlberechtigt sind und daß ihre Stimmen so gut seien wie die eines anderen. Die CDU jedenfalls verrät sich selbst mit einem solchen Kalkül, denn die CDU ist eine Frucht der Läuterung und Wandlung Deutschlands und der Deutschen. Im Kampf mit den Sünder- und Naumanns, mit den Remer und Ramckes geht es uns nicht um Ressentiment und Rache. Nein, es geht um die Lauterkeit und zukünftige Geltung des vielleicht tiefsten inneren Erlebnisses der deutschen Geschichte seit den Freiheitskriegen.«[2]

Die Rede wurde mit stürmischem Beifall aufgenommen. Der Parteitag wählte mich neben Karl Arnold, Jakob Kaiser und Kai-Uwe von Hassel zum stellvertretenden Parteivorsitzenden, obwohl ich dafür nicht kandidiert hatte. Auf den schärfsten Protest stieß die Rede hingegen bei dem ehemaligen General der Fallschirmjäger Ramcke. Die drei anderen ließen nichts von sich hören. Sie traten in dem jahrelangen Prozeß, den ich gegen Ramcke zu führen gezwungen war, auch nicht auf seine Seite. Ramcke ist inzwischen lange tot. Ich will mich auch deshalb hier damit begnügen, auf den ausführlichen Prozeßbericht zu verweisen, den mein ehemaliger Gefährte im Widerstand und damaliger Anwalt, der spätere Bundesverfassungsrichter Fabian von Schlabrendorff, veröffentlicht hat.[3]

Später habe ich oft bedauert, daß ich in jener Rede auch den ehemaligen stellvertretenden Reichspressechef unter Hitler, Helmut Sündermann, genannt habe. Nach allem, was ich jetzt weiß, hat sich Sündermann vermutlich wirkungsvoll bei Freisler für mich verwendet. Und dies, obwohl ich ihm nie – weder vorher noch nachher – persönlich begegnet bin. Es war offensichtlich nicht nur der Einfluß seiner damaligen Frau, die ihn dazu veranlaßte.[4]

Der schließliche Vergleich mit Ramcke ist mir hingegen bitter schwer gefallen. Als Vorsitzender eines einschlägigen parlamentarischen Gremiums[5] hatte ich mir mit meinen Kollegen redliche Mühe gegeben, die lange nach Kriegsende auch im Westen noch festgehaltenen Kriegsgefangenen nach Hause zu bringen. Als Leiter des Hilfswerks hatte ich schon die größten Schwierigkeiten gehabt, die Devisen aufzubringen für die von uns gestellten Verteidiger deutscher Soldaten in ausländischen Kriegsverbrecherprozessen. Bei der UNO in New York – ich habe darüber berichtet – rangen wir um ihre Entlassung. In Bonn waren wir bitter darauf angewiesen, die Fürsprache insbesondere der französischen Diplomaten zu gewinnen. Diesen war es vor allem zu verdanken, daß der General Ramcke entlassen worden war. Der Staatssekretär im Bundesjustizministerium, Walter Strauß, hatte sich unablässig für ihn bemüht. Er bat mich, ihn zu unterstützen. Ich tat es und gab ihm fünfhundert Mark, Ramcke solle sich damit neu einkleiden. Dazu reichte der Betrag damals durchaus.

Meine Überraschung war nicht gering, als mir bei dem Hohen Kommissar Frankreichs in Bonn eines Tages mit Unmut vorgehalten wurde, der freigelassene General habe bei einem Treffen der Waffen-SS eine Rede gehalten, die das große Mißfallen der Franzosen erregen müsse. Diese Rede mache unsere zukünftigen Bemühungen nutzlos.

Den Ärger darüber hatte ich noch nicht verwunden, als ich jene Stuttgarter Rede schrieb. Ramckes Aufforderung zum Widerruf lehnte ich ab. Er verklagte mich. Die Klage wurde abgewiesen. Auf seine an die Synode der Evangelischen

Kirche in Deutschland gerichteten anklagenden Schriftsätze ging ich erst ein, als er im vierten dieser von seinem Anwalt verfaßten Pamphlete mir unterstellen ließ, meine Freunde im Widerstand verraten zu haben, um damit meinen eigenen Kopf zu retten.[6]

Ich verklagte Ramcke und seinen Anwalt nach § 187 a StGB. Die penibel geführten Ermittlungen des Oberstaatsanwalts in Kiel dauerten Jahre. Die Anklageschrift umfaßte hunderteinundzwanzig Seiten. Je deutlicher wurde, daß Ramcke eine empfindliche Strafe zu gewärtigen habe, desto mehr verstärkte sich der Druck, der auf mich ausgeübt wurde. Ich solle die Klage um Gottes willen zurücknehmen. Andernfalls würde ich den inzwischen alt gewordenen General, einen verdienten Soldaten ohne ernstzunehmendes politisches Urteil, in großes Unglück bringen. Ich lehnte ab. Als sich jedoch meinen kirchlichen auch noch meine politischen Freunde mit großem Nachdruck anschlossen, überließ ich es meinem Anwalt, unter ehrenhaften Bedingungen einem Vergleich zuzustimmen. Die Union befürchtete erhebliche Stimmenverluste in Schleswig-Holstein, wenn der alte General am Ende seines Lebens im Gefängnis landen würde. Die Rechnung war vermutlich nicht falsch. Aber weit mehr bewegte mich die Frage, ob die christliche Pflicht zur Vergebung mir auferlege, auf den unsympathischen Vergleich einzutreten. Die gemeine Unterstellung hatte mich zu tief verletzt. Kurz vor der Hauptverhandlung kam ein Vergleich zustande, in dem sich Ramcke zum Widerruf und zu einer Geldbuße verpflichtete. Wichtiger war mir jedoch, daß seine Unterstellungen in der Anklageschrift der Kieler Staatsanwaltschaft einwandfrei widerlegt wurden.[7]

»Wiedergutmachung«

Schon während der Ermittlungen gegen Ramcke und seinen Anwalt Maßmann äußerten einige meiner Mitarbeier den Verdacht, daß sich die Propagandazentralen des Ostzonenregimes lebhaft für den Prozeß interessierten und den Beklagten unter die Arme greifen möchten. Das wurde vor allem geschlossen aus einer Strafanzeige, die Ramckes Anwalt im Sommer 1963 gegen mich erstattet hatte. Er bezichtigte mich, meine akademischen Grade zu Unrecht zu führen und eine uneidliche Falschaussage gemacht zu haben. Auch diese Bezichtigung wurde vollständig widerlegt. Aber hängen blieb der aus Ost-Berlin genährte Verdacht, daß meine Habilitation nicht ordnungsgemäß erfolgt sei. Das veranlaßte mich – nachdem einige Zeitungen in der Bundesrepublik darüber berichtet hatten –, meinen Anwalt zu beauftragen, eine formelle Feststellung meiner akademischen Grade und Rechte bei der zuständigen Behörde der Bundesrepublik herbeizuführen. Schlabrendorff wandte sich an das Bundesverwaltungsgericht. Es erklärte sich für unzuständig und verwies auf das Bundesinnenministerium, dessen Wiedergutmachungsbehörde nach dem Gesetz dafür allein zuständig sei. Auf diese Weise kam eine Prozedur in Gang, in der zwar meine akademischen Grade und Rechte bestätigt, in der aber auch die damit gesetzlich verbundenen finanziellen Leistungen festgestellt wurden. Ich hatte es zu keinem Augenblick auf eine finanzielle Wiedergutmachung der mir allerdings erwachsenen Schäden abgesehen. Hätte ich es gewollt, dann hätte ich lange zuvor schon meine Ansprüche geltend machen können.*

Mir kam es allein darauf an, festgestellt zu wissen und zwar in unangreifbarer Form, daß ich trotz Erfüllung aller Vorschriften *allein* aus politischen Gründen von der Universität gefeuert worden sei. Mir lag noch nicht einmal daran, damit eine ordentliche Professur zu erwerben, obwohl mir das zugestanden hätte. Und an Geld hatte ich keinen Augenblick gedacht. Kein Pfennig davon blieb in meiner Hand. Den größeren Teil der unverzichtbaren Bezüge hatte ich schon verschenkt, ehe ich sie erhielt.

Ich wußte, wovon ich sprach, wenn ich auf die rechtsförmige Bestätigung meiner akademischen Rechte drang. Nahezu zehn Jahre lang war ich direkt und indirekt darüber informiert worden, daß die Pankower Kommunistenregierung nach Material suche, um auch mich zu denunzieren. Mit Pamphleten gegen Franz Josef Strauß hatte sie es versucht. Mit den niedrigsten Anwürfen gegen General Heusinger (Verrat seiner Kameraden) hatte sie ihren schmutzigen Krieg fortgesetzt. Den Bundespräsidenten Dr. Lübke hatte sie als »KZ-Baumeister« in Verruf zu bringen gesucht, und mich hatten sie der Reihe nach als »Kolonialisten«, »Kriegshetzer«, CIA-Agenten (Gehilfe von Allan Dulles) verunglimpfen lassen. Die Beschuldigungen waren so dämlich, daß ich mit keinem Wort darauf einging. Da es in jenen Jahren noch nicht als anrüchig galt, ein »Antikommunist« zu sein, stellten sich auch die Rundfunkanstalten in der Bundesrepublik und in West-Berlin der kritischen Auseinandersetzung mit dem Pankower Zwangsstaat. Sie brachten Sendefolgen wie »Wir sprechen zur Zone« (Westdeutscher Rundfunk), in denen ich relativ häufig zu Wort kam. Mit der

---

* Ich war zwar mehrfach in Sachen Wiedergutmachung aktiv geworden, aber das bezog sich durchweg auf Israel und die Witwen meiner im Widerstand gefallenen Gefährten. Als durch zwei Urteile des Bundesverfassungsgerichts die Novellierung des ›Gesetzes zur Regelung der Wiedergutmachung nationalsozialistischen Unrechts für Angehörige des öffentlichen Dienstes‹ (BWGöD) erzwungen wurde, sprach ich mich dafür aus, bei dieser Gelegenheit die seltsamerweise noch bestehende Reichshabilitationsordnung von 1934 auch formell zu beseitigen. Im übrigen aber beteiligte ich mich nicht an der Beratung des von der Bundesregierung vorgelegten Entwurfs, noch nahm ich an der Abstimmung darüber teil. Ich präsidierte nicht einmal der Sitzung, in der die einstimmig angenommene Novelle verabschiedet wurde.

Pflege des gesamtdeutschen Gedankens verbanden diese Sendungen die Kritik an der Diktatur und Inhumanität der kommunistischen Herrschaft. Ich gebe zu, daß ich sie in meinen Reden nicht schonte. Das wäre mir wie ein Verrat an meiner eigenen Vergangenheit erschienen. In meinen politischen Einlassungen habe ich jedoch, soweit das möglich ist, zwar keinen grundsätzlichen, wohl aber einen taktischen, politischen Unterschied zwischen dem sowjetrussischen Staatssystem und der Kommunistenherrschaft auf deutschem Boden gemacht. Ich fühlte mich nie dazu berufen, Kreuzzugsideologien gegen Sowjetrußland das Wort zu reden. Aber ich erlaubte mir, seinem Satelliten auf deutschem Boden Paroli zu bieten.

Unseren Gesprächspartner in der Deutschlandfrage – ich berichtete es – sah ich nie in Ost-Berlin, sondern in Übereinstimmung mit dem Bundestag jener Jahre, allein in der Sowjetregierung. Ich bin mir keineswegs sicher, daß ich mich zu der Wandlung hätte durchringen können, die in der Zeit der Großen Koalition begann. Ulbricht lag insofern nicht daneben, wenn er in mir einen Mann sah, der ihm und seinem System gegenüber im Widerstand verharrte. »Gefährlicher als Strauß«, sagte er einem Kirchenführer Mitteldeutschlands, der es mir besorgt berichten ließ.

Ein Pankower Pamphlet

General Gehlen, der Chef des Bundesnachrichtendienstes, meldete, daß die Propagandazentrale Pankows einen neuen Stoß gegen mich vorbereite. Er erfolgte in der Gestalt eines Pamphlets, das nahezu gleichzeitig mit einem aggressiven Artikel der ›Frankfurter Rundschau‹ über meine Wiedergutmachungsangelegenheit erschien. Der Artikel war eine jener hypermoralischen Anklagen, die weder sachlich noch sittlich begründet sind. Die Speere wurden auf mich allein gerichtet, obwohl es nicht wenige gleichgeartete Fälle gab, denen indes mein Motiv fehlte.

Das Pamphlet der Pankower Kommunisten ›Vom SD-Agenten P 38/546 zum Bundestagspräsidenten‹ zog seinen Saft aus den Archiven des ehemaligen Reichskirchenministeriums, des alten Auswärtigen Amtes und vielleicht auch aus Beständen der Gestapo. Das Ganze war ein schwindelhaftes Mixtum compositum, aufgehängt an einer dreisten Fälschung: einer Karteikarte, die nichts enthielt als meinen Namen, meine Anschrift und eine Nummer. Nach der Ansicht sachverständiger Leute stammte sie vermutlich aus einer Kartei der bei Aus- und Einreisen besonders zu kontrollierenden Leute, der Telefonüberwachung oder dergleichen. In der Schmähschrift wurde sie ohne jede weitere

Begründung, ohne den bescheidensten Hinweis – von Beweis nicht zu reden – als Indiz meiner angeblichen Zugehörigkeit zum SD ausgegeben.

Die impertinente Beschuldigung sollte unterbaut werden durch Reiseberichte, die ich nach jeder Auslandsreise während des Kriegs dem Auswärtigen Amt, dem ich zeitweilig kriegsdienstverpflichtet war, zu erstatten hatte. Daß diese Berichte, zurückhaltend gesagt, samt und sonders gefärbt waren, ja, daß sie bewußte Irreführungen darstellten, bedarf keiner weiteren Begründung. Sie dienten in erster Linie der Tarnung dessen, was wir im Widerstand betrieben. Sie verdeckten unsere Intentionen. Sie mußten es. Hätte ich wahrheitsgemäß berichtet, so hätte das nicht nur Selbstmord bedeutet, sondern auch viele meiner Freunde in Not und Tod getrieben. Was sagte mein Lehrer Brunstäd? »Die Lüge ist die bewußte Täuschung eines berechtigten Vertrauens.« Hatte der Unrechtsstaat Anspruch auf unser Vertrauen? Nein, was ich tat, was meine Freunde taten, was der deutsche Widerstand tat bis zum bitteren Ende – das war keine Lüge. Das gebot die Lage, das gehörte zum Einmaleins eines Kampfes auf Tod und Leben. Die Irreführung der Tyrannen war dabei so selbstverständlich und notwendig wie der Tarnanzug des Frontsoldaten. Eberhard Bethge hat in seiner Bonhoeffer-Biographie etwas schüchtern begreiflich zu machen versucht, daß auch der fromme Dietrich Bonhoeffer diesen Geboten des Kampfes gehorchen mußte. Auf derselben Linie lagen und nach dem gleichen Schlüssel zu lesen sind viele jener braungefärbten Beurteilungen, die sich Freunde erteilten, wenn der eine oder andere in Schwierigkeiten geriet. Sie sind keine Enthüllungen. Sie sind Verschleierungen.[8]

Daß man sich damit hinterher, in einer Zeit, die keine hinreichende Erfahrung vom Leben, geschweige vom Kampf in einem Staat des Unrechts und der Unfreiheit hat, jeder Mißdeutung aussetzt, muß hingenommen werden. Der sogenannte Dokumentarbericht des ›Nationalrats der Nationalen Front des demokratischen Deutschland‹[9] enthält indessen auch einige Feststellungen, die richtig sind. Zum Beispiel, daß ich schon vor, während und nach der Hitlerzeit die kommunistische Herrschaft nicht weniger bekämpfte als die Hitlers, oder daß ich mit Entschiedenheit die Wiederbewaffnung verfocht.

Das Pamphlet wurde von der Presse der Bundesrepublik ignoriert. Dennoch beeinflußte es die »Hexenjagd« (›Die Welt‹), die sich nach jenem Artikel der ›Frankfurter Rundschau‹ erhob. Ein Teil der Massenmedien heizte die Hetze unentwegt an.

Ich sah es mit Verwunderung, dann mit steigender Erbitterung. In grimmigen Zorn versetzte mich die brutale Unterdrückung des Begründungszusammenhangs. Geld- und Habgier seien mein Motiv gewesen. Zum Zweck der persönlichen Bereicherung hätte ich auf die einschlägige Gesetzgebung Einfluß genommen und so weiter. Eine Lawine hoher Entrüstung, moralischer Selbstgefälligkeit, fluchwürdiger Verdammung raste auf mich zu.

Ich bedauere tief, daß ich darauf jemals anders reagierte als mit schweigender Verachtung. Ich hielt nicht an mich. Das war mein Fehler. Der Rückblick im Zorn. Im Bundestag herrschte Betretenheit. Ich veranlaßte die vorbehaltlose Information der Fraktionen über die Hintergründe und Zusammenhänge des Verfahrens. Weitverbreitete Meinung im Parlament: Nicht der Präsident, die Gesetze sind schuld!

Nun, sie waren einstimmig angenommen worden. Ich fragte, ob die Fraktionen bereit seien, sie zu ändern und erklärte, in diesem Fall meinen rechtens ergangenen Wiedergutmachungsbescheid zurückzugeben. Die Antwort: Das sei unmöglich. Denn dann würden die Verfolger von ehedem besser gestellt sein als die Verfolgten. Martin Hirsch, stellvertretender Vorsitzender der SPD-Fraktion und anerkannter Sachverständiger, sagte es. Andere verwiesen darauf, daß dann auch die Gesetze zur Regelung der Rechtsansprüche der Beamten des Dritten Reichs, der sogenannten 131er, grundlegend geändert werden müßten. In meiner eigenen Fraktion rief der bloße Gedanke daran bei nicht wenigen Entsetzen hervor. Die Wahlen seien dann hoffnungslos verloren! Erst allmählich dämmerte dem und jenem ein Licht auf über den politischen Zusammenhang. Das Bundestagswahljahr 1969 hatte begonnen!

Aber auch ich habe geraume Zeit gebraucht, bis ich jenen wütenden Ausbruch begriff. Natürlich trug dazu auch meine gar nicht glatte Individualität bei, meine kritische Distanz zu Zeitströmungen, die ich für so erbärmlich hielt, daß ich ihnen keine Konzession machen wollte. Und schließlich haßte ich den schlauen Opportunismus auch im Bereich meines Amtes. Ich war nicht dazu da, allen zu gefallen und Gefälligkeitsentscheidungen am laufenden Band zu fällen. Auch im Bereich meines Amtes gab es Wünsche, die mir unvertretbar erschienen und die gegen erheblichen Druck abgelehnt werden mußten. Ich war dazu da, meine oft recht unbequeme Pflicht zu tun und das auch anderen zuzumuten. Und schließlich war ich eben auch ein fehlerhaftes, nicht selten ungeduldiges und unbequemes Mannsbild.

Daß ein Mann in einer Spitzenstellung des Staates mehr Pflichten habe als ein anderer, akzeptierte ich jederzeit. Aber niemals verband ich damit jene charakterlose Vorstellung, daß er auch weniger Rechte habe als jeder andere, oder sie nicht wahrnehmen dürfe, wenn es darauf ankomme. Der Glaube an das Recht, das keiner Entschuldigung bedarf, war mir so selbstverständlich, daß ich vor jener Attacke keinen Augenblick auf den Gedanken kam, in meiner Wiedergutmachungsgeschichte könnte ein Haar zu finden sein.

Natürlich wußte auch ich, daß man im Rechtsstaat Prozesse gewinnen oder verlieren kann. Dennoch hing ich dem Glauben an, daß man in ihm auf das Recht, auch auf sein eigenes Recht, müsse trauen und bauen können.

Erst allmählich dämmerte mir, daß sich in jenen Angriffen ein Ventil geöffnet hatte, das dem Unmut über alles, was Wiedergutmachung, Entnazifizierung und ähnlich hieß, einen Ausbruch verschaffte. Aus anonymen Zuschriften, zumeist schmierigen Haßtiraden, mußte ich erfahren, daß in den vergammelten Seelenwinkeln unseres heimgesuchten Volkes neben dem simplen Neid auch noch antisemitische Reste hausen, die sich mit einer ohnmächtig-rabiaten Wut auf den Widerstand gegen Hitler verbinden.

Im Juli 1969 schrieb mir Dr. H. C. van Dam, der Vertreter des Zentralrats der Juden in Deutschland, einen Brief, in dem er von einer Tagung jüdischer Organisationen aus aller Welt berichtete. Sie waren in Genf zusammengekommen und hatten sich dabei auch mit meiner Angelegenheit befaßt. »Die Angriffe auf die Widerstandsbewegung und die Verfolgten des Dritten Reiches haben einen Ausgangspunkt in der Offensive gegen Sie gefunden.«

Der Rücktritt

Niemand hätte mich stürzen können. Ich war für die ganze Legislaturperiode gewählt. Aber ich war spätestens seit der Regierungsbildung der Großen Koalition im Dezember 1966 entschlossen, für mein Amt nicht mehr zu kandidieren. Jetzt, im Januar 1969, hielt ich es für die angemessenste Antwort auf die mir zugefügte Unbill, das Amt zu verlassen, dem ich nun im fünfzehnten Jahr diente. Geschmerzt hat mich nur der Abschied von meinen getreuen Mitarbeitern und Mitarbeiterinnen. Kiesinger war gegen den Verzicht. Er hatte jedoch Mühe genug, insbesondere meine Frau von ihrer Forderung abzubringen, auch mein Bundestagsmandat sogleich niederzulegen. Ich verstand meine empfindsame Frau, aber ich versuchte ihr klarzumachen, daß ein Politiker in unserer Zeit mit derlei Ungemach rechnen müsse. Wir kamen überein, daß ich in den kommenden Wahlen nicht mehr kandidiere. Ungern lenkte sie ein.

Die Parteien hatten ihre sachverständigsten und vertrauenswürdigsten Mitarbeiter an die Prüfung der Zusammenhänge gesetzt. Für die Unionsparteien hatte der ehemalige angesehene Generalbundesanwalt Dr. Güde eine ausführliche, einwandfreie Stellungnahme abgegeben und die Fraktion hatte sie akzeptiert. Der einzige, der nicht zustimmte, kam Jahre später zu mir und bat um Verzeihung.

Die Sozialdemokraten äußerten sich ehrenhaft. Unter den vielen eiligen, oft gehässigen Verurteilungen und den selteneren Inschutznahmen in jenen Wochen bewegten mich am meisten die kantig-entschlossene Verteidigung und vorbehaltlose Ehrenerklärung der ehedem verfolgten Sozialdemokraten und die brillante Stellungnahme des Historikers und Publizisten Emil Franzel.[10] Für die FDP kamen Walter Scheel und Hans-Dietrich Genscher zu mir. Sie sprachen sich in nobler Weise aus. Willy Brandt: »Ich schreibe in erster Linie, um Sie wissen zu lassen, daß sich an meiner Wertschätzung dessen, was Sie gegen Hitler und für Deutschland und was Sie im Dienst an unserer Bundesrepublik geleistet haben, nichts geändert hat.« Josef Klaus, der österreichische Bundeskanzler, schrieb mir, daß »Ihre österreichischen Freunde mit mir Ihrer gedenken und fest an Ihrer Seite stehen. Mein persönlicher Ausdruck des Mitgefühls und der uneingeschränkten Hochachtung gilt Ihnen.« Der Ratsvorsitzende der Evangelischen Kirche in Deutschland, mein alter Freund Bischof Scharf, mit dem ich politisch oft kontrovers war, sprach von »satanischen« Mächten. Aber: »Seien Sie dennoch getrosten Mutes.«

Das knappe Urteil Martin Hirschs, des späteren Bundesverfassungsrichters gab meinen eigenen Eindruck am genauesten wieder: »Dem Mann ist schweres Unrecht geschehen.« Mein Rücktritt verschaffte jener Schmähschrift des Pankower Denunzianten-Regimes eine gewisse Publizität. Vierzehn Leute fielen so sehr darauf herein, daß sie mich des Betrugs bezichtigten. Wiedergutmachung für einen Gestapisten!

Sie gingen zum Staatsanwalt. Das Ermittlungsverfahren lief über Jahre. Es mißfiel mir, aber ich konnte mir nur die bündige Widerlegung der Pankower Bezichtigungen davon versprechen. Das erwies sich als richtig. Der Erste Staatsanwalt, Zädow, in Bonn, der die Sache bearbeitete, scheute weder Zeit noch Mühe, um nach dreißig Jahren auch den letzten Einzelheiten nachzugehen. Er war ein höflicher und streng bemühter Mann. Er las, was immer ich geschrieben hatte, einschließlich Dissertation und Habilitationsschrift. Er vernahm jeden noch lebenden ehemaligen Angehörigen des Reichssicherheitshauptamts, der obersten Behörde des Himmlerschen SD. Es waren an die fünfhundert. Alles was der Ramcke-Prozeß zutage gebracht hatte, wurde bestätigt und noch mehr dazu. Als sich gar nichts mehr finden ließ, tat die Staatsanwaltschaft ein übriges. Sie informierte den Generalstaatsanwalt der sogenannten DDR von dem Ergebnis und fragte nach weiterem, nach anderem Belastungsmaterial. Der Herr ließ sich Zeit, viel Zeit. Ergebnis gleich null. Die Bonner Staatsanwälte, so schien es meinem Anwalt und mir, waren im Begriff, die Pankower Böcke zu den Gärtnern, sprich zu den Herren des Verfahrens, werden zu lassen. Wir protestierten. An dem redlichen Zädow lag es sicher nicht. Ich wurde den Eindruck lange nicht los, daß das Justizministerium der Regierung meines ehemaligen Bundestagskollegen Kühn, nunmehr sozialdemokratischer Ministerpräsident in Düsseldorf, keinen Gefallen daran finden wollte, mich hochamtlich von den Bezichtigungen der Pankower Kommunisten freizustellen. Aber schließlich fand sich doch ein anständiger Mann, der das Unvermeidliche tat. »Eugen Gerstenmaier rehabilitiert«, verkündeten nach Jahr und Tag einige Schlagzeilen. Die meisten hielten die Sache indes kaum mehr für einige Zeilen wert. Die CDU erklärte:

»Durch die Entscheidung der Staatsanwaltschaft ist nun vor aller Welt klar, was in der CDU nie zweifelhaft war: ein Ehrenmann, der dem Nationalsozialismus bis zur Gefährdung seines Lebens widerstand, der die Narben der erfahrenen Mißhandlungen noch heute trägt, wurde dem allzu willfährigen Zeitgeist geopfert. Kaum versteht man 1974 noch die Mentalität von 1969. Die CDU bekennt aus dem gegebenen Anlaß noch einmal: Sie ist stolz auf Eugen Gerstenmaier und auf das, was er vielfach für unser Land und unser Volk geleistet hat.«[11]

Mit diesem Ergebnis war die Ehrenerklärung des Bundeskanzlers und Parteivorsitzenden Kiesinger bestätigt, die er 1969 als erster abgegeben hatte. Sie konnte mich damals nicht von dem Entschluß abbringen zurückzutreten.

Während der Auseinandersetzungen stand mir ein nicht kleiner Kreis getreuer Freunde zur Seite. Aber es gab auch die üblichen Enttäuschungen. Die Furchtsamkeit, um nicht zu sagen Feigheit einiger Gestalten, die ich anders eingeschätzt hatte, überraschte mich. Aber sie waren zu verschmerzen. Im Kreis meiner Freunde war ein vielerörtertes Thema in jenen Wochen die geradezu bestürzende Ungleichheit der Waffen gegenüber den Massenmedien. Vor allem gegenüber Rundfunk und Fernsehen. Nicht nur, daß sie immer das letzte Wort hatten. Berichtigungen, Gegenreden waren nur mit Mühe durchzusetzen und erfolgten oft erst dann, wenn die Luft, sprich die Aktualität aus der Sache heraus war. Aus purem Opportunismus waren die Entwürfe Brentanos und Schäffers zu gesetzlichen Regelung des Ehrenschutzes einst schon im Fraktionsvorstand der Unionsparteien hängengeblieben. Jetzt erwogen wir Beleidigungs- oder Verleumdungsklagen. Vermutlich wäre ich in jedem Fall der Gewinner gewesen. Aber was hätte es mir genützt? Hatte ich nicht in den vorangegangenen Verfahren erlebt, daß sie sich über Jahre erstreckten und die Ergebnisse danach kaum mehr zur Kenntnis genommen wurden? Nur alte Geigen! Nein, mit dieser Art von politischem Kampf war ich fertig.

Ein anderes kam hinzu. Seit meinen Studienjahren liebäugelte ich mit der Vita contemplativa des Gelehrten. Auf einer internationalen Studententagung im Sommersemester 1934 in Genf hatte ich mich mit Fichtes Einsicht – ausgerechnet Fichtes – auseinandergesetzt, wonach schließlich die das bessere Teil erwählten, die sich den Wissenschaften widmen »in diesem in Nichts endenden Treiben der Welt«. Es war nicht Resignation, es war die Spannung, der Zwiespalt zwischen der vita activa und der vita contemplativa, der mich durch mein ganzes Leben begleitet hat.[12]

Jetzt gedachte ich mich den Büchern und Themen zuzuwenden, auf die ich Jahre hindurch ein Auge geworfen hatte, ohne Zeit für sie zu finden. Ich begann, einschlägig, mit Boëthius. Die Politik war ihm, schuldlos, zum Unheil geraten. Im Gefängnis Theoderichs schrieb er sein berühmt gewordenes ›De consolatione philosophiae‹. Im Unterschied zu ihm hatte ich wenigstens meinen Kopf behalten. Ich gedachte ihn zu nützen.

Machtwechsel

Am 31. Januar 1969 trat ich von meinem Amt zurück. Am 15. März eröffnete mein Nachfolger im Amt des Bundestagspräsidenten, Kai-Uwe von Hassel, die Bundesversammlung nach dem üblichen Ritual in der Deutschlandhalle in Berlin. Mit fünfhundertzwölf Stimmen wurde Gustav Heinemann gewählt. Gerhard Schröder erhielt fünfhundertsechs. Die SPD hatte mit Hilfe der FDP obsiegt. Es war der Auftakt der Ereignisse, die sich im Herbst vollzogen. Die Unionsparteien schnitten in jener Bundestagswahl nicht schlecht ab. Die absolute Mehrheit erreichten sie jedoch nicht.

Ich beteiligte mich in den letzten Monaten der zu Ende gehenden Legislaturperiode nicht mehr viel an der Politik. Es war weniger Resignation als Krankheit, die mich zum erstenmal in meinem Leben inaktiv machte. Eine unsichere Diagnose legte einen operativen Eingriff nahe. In den letzten Sitzungstagen wechselte ich aus meinem Abgeordnetensitz in das Krankenbett der Chirurgischen Universitätsklinik. Die Wochen waren für mich interessant. Professor Gütgemann hatte eine über die Fachwelt hinaus aufsehenerregende Lebertransplantation durchgeführt. Wir erörterten die Probleme der Organübertragung, mit denen sich der berühmte Chirurg nicht nur praktisch am Operationstisch, sondern auch theoretisch in seinen Vorträgen befaßte. Es war in vieler Hinsicht Neuland, auf dem er sich bewegte, und es war nicht nur erfreulich.

Fehleinschätzung in der Union

Der bevorstehenden Wahl sah ich besorgter entgegen als die meisten meiner Freunde aus der Führung der Union. Sie hielten meine Skepsis für einen Ausdruck meiner damaligen Stimmung. Sie war jedoch nur das Ergebnis nüchterner Betrachtung.

Die Absage der SPD an die Änderung des Wahlrechts, mehr aber noch das Gefälle, das die Ostpolitik eigentlich gegen Kiesingers Absicht in der zweiten Hälfte seiner Regierungszeit unter seinem Außenminister Willy Brandt gewonnen hatte, mußten zur Auflösung der Großen Koalition führen. Die FDP fühlte sich durch die beabsichtigte Wahlrechtsänderung von der Union so bedroht, daß sie selbst dann, wenn sie mit der SPD im Bereich der Außenpolitik größere Differenzen gehabt hätte, sich eher mit ihr als mit der Union verbunden hätte. Es zeigte sich jedoch bald, daß von nennenswerten außenpolitischen Meinungsverschiedenheiten zwischen Brandt und Scheel keine Rede sein konnte.

Die Große Koalition unter Kiesinger hatte sich als ein Experiment erwiesen, das im wesentlichen dem Übergang aus der Ära Adenauer in eine grundlegend anders gestimmte Epoche der deutschen Politik diente. Es hat die führende Beteiligung der CDU/CSU an der Bundesregierung um einige Jahre verlängert. Sie hätte schon drei Jahre früher, vermutlich nicht nur rechnerisch, in die Opposition geschickt werden können. In der Union glaubten indessen auch noch im Sommer 1969 viele, daß, was der Union möglich geworden war, nämlich die Koalition mit der SPD, der FDP schlicht unmöglich sein würde. Im Bundestag saß die FDP zwar noch immer wie zwanzig Jahre zuvor rechts von der CSU. Aber diese Optik stimmte auch im Herbst 1966 nicht mehr mit der Mentalität und politischen Programmatik der FDP überein.

In einem Vortrag vor einer Hamburger Akademie hatte ich mich mit dem Ideenwandel in den politischen Parteien befaßt. Ich konnte mich nie dazu entschließen, den mit großem Interesse aufgenommenen Vortrag zu veröffentlichen. Bei genauerem Hinsehen waren die Dinge schon damals so sehr in Fluß, daß ich glaubte, nur eine Momentaufnahme liefern zu können, die morgen schon in wesentlichen Partien überholt sein würde.

SPD-FDP: Die neue Konstellation

Dazu kamen erhebliche Bewertungsunterschiede neuerer Ereignisse. Als ich auf dem Bundesparteitag der CDU in Karlsruhe 1960 mit einigem Nachdruck auf das nicht lange zuvor verabschiedete Godesberger Programm der SPD und seine Konsequenzen auch für die Argumentation der Union hinwies, widersprach mir Konrad Adenauer öffentlich. Das sei doch belanglos. Ich überschätze diese Godesberger Beschlüsse. Ich überschätzte sie nicht. Einige Monate später hielt Wehner die Absagerede an die bisherige Außenpolitik der SPD. Es war nicht leicht für den Außenstehenden, die innerparteiliche und gesamtpolitische Bedeutung des Godesberger Programms zu prognostizieren. Aber es war noch viel schwieriger, die innerparteiliche Entwicklung der FDP, die Wandlung ihrer Mentalität einigermaßen sicher zu erfassen und zu beschreiben. Hinter der oszillierenden Begrifflichkeit der SPD-Programmatik stand schließlich eine hundertjährige Partei, deren Tradition eine Homogenität spiegelte, die zwar bedroht, aber immerhin real war. Die sehr allgemeine Berufung auf den Liberalismus vermochte eine solche Homogenität in der FDP nicht zu schaffen. Die herkömmliche bürgerliche Homogenität der FDP litt unter rebellischen Einbrüchen. Sie deklarierten sich zumeist als »progressiv«, sie erschütterten die bürgerliche Substanz der Partei, aber ihre politisch-programmatische Kraft war gering und bewirkte eher Absplitterungen als Integration. Ehemals führende Teile der

Partei trennten sich von der FDP aus Protest gegen ihre Linkstendenzen. So der langjährige Vorsitzende Erich Mende, der Fraktionschef Freiherr von Kühlmann-Stumm, Siegfried Zoglmann und andere. Beachtlich blieb dabei allerdings, daß diese Linkstendenzen die Wirtschaftspolitik der Partei zwar in Frage stellen aber nicht brechen konnten. Dieser Tatsache und ihr allein hat es die FDP zuzuschreiben, daß sie bis heute ihre Funktion als Korrektiv in wechselnden Koalitionen einigermaßen erfüllen konnte. Es war jedoch unverständlich, wie man innerhalb der Union auch noch im Sommer 1969 annehmen konnte, daß diese FDP im Ernstfall nur mit uns koalieren könne.

Die Große Koalition hatte gezeigt, daß man sich über eine Politik der Marktwirtschaft mit den Sozialdemokraten verständigen kann. In Sachen Ostpolitik stand die FDP Walter Scheels der SPD Willy Brandts ohnehin viel näher als der Union mit jedem bei ihr möglichen führenden Kopf. Und das Versprechen des ewigen Lebens tat bei der sich ernstlich bedroht fühlenden FDP alles weitere. Kurzum: Die Aussicht auf die Macht im Staat stand bei der Union im Herbst 1969 nur noch auf der Erlangung der absoluten Mehrheit. An dieser Situation hat sich bis zum Abschluß dieses Buches nichts geändert. Heinemanns Feststellung des Machtwechsels, mit dem er seine Wahl gedeutet hatte, stand zwar dem Bundespräsidenten nicht zu. Aber sie entsprach der Wirklichkeit. Am 28. September 1969 schrieb Heinrich Krone in sein Tagebuch: »Dieses Wahlergebnis ist das Ende der Politik der letzten zwanzig Jahre.« Auch das wurde wahr. Die vermutlich fruchtbarsten und insofern glücklichsten zwei Jahrzehnte der deutschen Geschichte in diesem blutig katastrophalen Jahrhundert waren zu Ende.

Epilog

Mit diesem Jahrhundert der Weltkriege geht das zweite Jahrtausend nach Christus zu Ende. Der Glaube an seine Wiederkehr und seine Verwandlung der Welt ist vielen entschwunden. Anderen wurde er zur Orientierung in chaotischer Finsternis. Als ich jung war, sprach man vom Untergang des Abendlandes. Es ging nicht unter. Es hörte nur auf, die beherrschende Mitte der Welt zu sein. An die Stelle des hochgemuten Selbstbewußtseins Europas ist nach den zwei Weltkriegen und den Enttäuschungen danach die angefochtene Hoffnung auf eine erträgliche Existenz in einer leidlich befriedeten Welt getreten. Selbst darin sind, wenn auch kaum bewußt, die geistigen und religiösen Wurzeln des alten Abendlandes wirksam. Sie sind noch immer stärker als die Risiken der in diesem Jahrhundert in Menschenhand gegebenen Atomkraft.

Die Furcht davor hat den Erdkreis bislang vor einem dritten Weltkrieg bewahrt. Darin erscheint vielleicht am unmittelbarsten die Kraft der geschichtlichen Erinnerung in einer sonst nicht eben mit Geschichtsbewußtsein ausgestatteten Zeit.

Dieses Buch ist von der ersten bis zur letzten Zeile geschrieben in der Überzeugung, daß der Mensch, sterblich wie er ist, eine Ahnung, ein Bewußtsein seiner Geschichte, seiner Wurzeln und der Kräfte braucht, die ihn getragen und geformt haben, in denen er erfährt, was es heißt, ein Mensch zu sein. Biologische, soziologische und andere bloß rationale Einsichten reichen dafür nicht aus.

Die geschichtlichen Themen, von denen in diesem Buch die Rede ist, werden im Strom der Geschichte in das nächste Jahrhundert, Jahrtausend getragen. Sub specie aeternitatis, unter den Augen und nach den Maßen der Ewigkeit ist vieles davon unwichtig und dem Vergessen verfallen. In dem Zusammenhang des gelebten und erlittenen Lebens der Generationen und der deutschen Nation hat anderes jedoch einen so hohen menschlichen Gehalt, daß es Hoffnungen und Wünsche rechtfertigt.

Ich zähle dazu die Einheit unseres Volkes, die Hinneigung zur Gerechtigkeit, die Wertschätzung der ernsten persönlichen Leistung, den Willen zur Vollendung der europäischen Einheit, vor allem aber die in Frieden blühende Freiheit des Vaterlandes.

Anmerkungen

ERSTES KAPITEL

Heimat und Jugend

1 Paul Bausch, Lebenserinnerungen und Erkenntnisse eines schwäbischen Abgeordneten, Korntal 1970, S. 74.
Das Buch dokumentiert zutreffend die Geschichte und Motive des Christlichen Volksdienstes in seiner nicht nur schwäbischen Ausprägung. Bausch vertrat mit einem Kreis evangelischer Abgeordneter in der CDU/CSU-Bundestagsfraktion der frühen Legislaturperioden mit großem Nachdruck den Vorrang der biblischen Orientierung vor der politischen Opportunität.
2 Wilhelm Stählin, Fieber und Heil in der Jugendbewegung, Hamburg 1921.
3 Leopold Cordiers dreibändige ›Evangelische Jugendkunde‹, Schwerin 1925, 1926 und 1929, bleibt die gültige Darstellung jener breiten und tiefgehenden Auseinandersetzung zwischen der Tradition und der Jugendbewegung im Bereich des deutschen Protestantismus.
4 Den ›Christdeutschen Bund‹ hat Leopold Cordier 1924 gegründet. Wohl zu unterscheiden von den späteren ›Deutschen Christen‹, einer nationalsozialistischen Kirchenpartei, gegründet 1932.
5 August Winnig, Frührot, Stuttgart 1924.
6 August Winnig, Vom Proletariat zum Arbeitertum, Hamburg 1930.
7 Das Wort »präparieren« war ein Schulbegriff. Präparieren wurde bei uns die Vorbereitung zur Übersetzung eines fremdsprachigen, meist lateinischen Textes genannt.
8 Nach dem bekannten Satz von Karl Marx, er habe den auf dem Kopf stehenden Hegel allererst auf die Füße gestellt.
9 Paul Collmer, Stuttgart 1972, S. 10 ff. – Zum Gedenken, Stuttgart 1979, S. 19 f.
10 Zum Beispiel ich selbst in einem Artikel unserer Heimatzeitung, dem ›Teckboten‹, vom 16. September 1931.
11 Walther G., Bruder des Autors: Brief vom 30. Juni 1933.
12 Die Strophe endet: »Wenn der finstre Orkus dich verschlingt.« Friedrich von Schiller, Hektors Abschied.
13 Friedrich Brunstäd, Reformation und Idealismus, München 1925.
14 Friedrich Brunstäd, Gesammelte Aufsätze und kleinere Schriften, hrsg. von Eugen Gerstenmaier und Karl Günther Schweitzer, Berlin 1957.

ZWEITES KAPITEL

Studium und Kirchenkampf

1 Helmuth Schreiner, Der Nationalsozialismus vor der Gottesfrage, Tübingen 1931. Ein unbestechlicher Kopf, der Erlanger Alttestamentler Friedrich Baumgärtel, hat die Schrift »seherisch« genannt.

2 Der Chef des Sicherheitshauptamtes Heydrich hat in einem Schnellbrief an das Auswärtige Amt am 4. April 1941 über mich korrekt festgestellt: »Der NSDAP, einer ihrer Gliederungen oder einem ihr angeschlossenen Verband, mit Ausnahme der NSV, gehört er nicht an.« Dasselbe ergibt sich aus den Unterlagen des Document Centers in Berlin. Vgl. Fabian von Schlabrendorff, Eugen Gerstenmaier im Dritten Reich, Eine Dokumentation, Stuttgart 1965, S. 14.

3 Otto Dibelius, Obrigkeit, Stuttgart, 1963, S. 51.

4 Am 22. Juni 1933 erschien die erste Nummer der ›Jungen Kirche, Mitteilungsblatt der Jungreformatorischen Bewegung‹. Sie enthielt einen programmatischen Artikel des Berliner Privatdozenten Lic Dr. Walter Künneth gegen alle Eingriffe des Staates in die Kirche. Die folgende Nummer vom 30. Juni 1933 brachte den Aufruf der altpreußischen Generalsuperintendenten: ›Das innerste Leben unserer Kirche steht auf dem Spiel!‹ Bald folgte im gleichen Blatt am 17. Juli 1933 die Parole gegen die Gleichschaltung: ›Kirche muß Kirche bleiben!‹ Und die von Künneth, Martin Niemöller und Hans Lilje unterzeichnete ›Kundgebung‹ zum »Kampf für die Reinheit und Freiheit der Kirche« gegen die nationalsozialistische Kirchenpartei.

5 Oskar Söhngen, Wie es anfing, in: Gestalten und Wege der Kirche im Osten, Ulm 1958, und in: Zur Geschichte des Kirchenkampfes, hrsg. von Heinz Brunotte und Ernst Wolf, Bd. 2, Göttingen 1971, 35 ff., insbesondere aber Klaus Scholder, Die Kirchen und das Dritte Reich, Berlin (Propyläen) 1977.

6 Otto Dibelius in: Junge Kirche vom 30. Juni 1933.

7 Theophil Wurm, Erinnerungen aus meinem Leben, 2. Auflage, Stuttgart 1953, S. 94.

8 Emil Brunner, Natur und Gnade – Zum Gespräch mit Karl Barth, 1. Aufl. Tübingen 1934 (2. Aufl. 1935).

9 Friedrich Baumgärtel, Wider die Kirchenkampf-Legenden, 2. Auflage, Neuendettelsau in Mainfranken 1959.

10 Emil Brunner, Natur und Gnade... (wie Anm. 8).

11 Bulletin der Neuen Zürcher Zeitung vom 30. Juni 1933, 17 Uhr.

12 Theophil Wurm, Erinnerungen aus meinem Leben, 2. Aufl., Stuttgart 1953, S. 94.

13 Zunächst hatte ich mich mit ihm in der Rostocker Universitäts-Zeitung auseinandergesetzt: 19. Februar 1934, S. 9 ff.

DRITTES KAPITEL

Heißer Sommer

1 Vgl. meine Würdigung Hans Schönfelds in: Reden und Aufsätze, Bd. 2, Stuttgart 1962, S. 421 ff.; vgl. außerdem meinen Beitrag, Das kirchliche Außenamt im Reiche Hitlers, in: Kirche im Spannungsfeld der Politik, Festschrift für D. Hermann Kunst zum 70. Geburtstag, hrsg. von Paul Collmer, Göttingen, 1977, S. 307 ff.

2 Theophil Wurm, Erinnerungen aus meinem Leben, 2. Auflage, Stuttgart 1953, S. 133.

3 Hans Schönfelds Bericht ›Deutsche Evangelische Kirche und ökumenische Bewegung 1925–1948‹, in: Die Ordnung Gottes und die Unordnung der Welt – Deutsche Beiträge zum Amsterdamer ökumenischen Gespräch 1948, Stuttgart 1948, S. 228, nimmt darauf unmittelbar Bezug.

4 Vgl. Zitat Böhm bei Armin Boyens, Kirchenkampf und Ökumene, Darstellung und Dokumentation, Bd. 1, München 1969, S. 349. Die Darstellung von Boyens folgt vorbehaltlos der einseitigen Verurteilung Heckels und seines Amtes, wie sie damals in der Dahlemer BK und im außerdeutschen Barthianismus üblich war. Der Verfasser ist dazuhin so naiv, daß er das damalige Tarnmaterial und seine Terminologie für bare Münze hält und sich nicht scheut, die »wissenschaftliche« Qualität seiner Abhandlung auch damit zu begründen.

5 Ich sagte mir, so ungefähr wie unter diesen frommen Leuten müssen zur Zeit Jesu die Bewohner Samariens unter den frommen Juden herumgelaufen sein.

6 Der Band über die ökumenische Konferenz in Chamby erschien 1937 im Furche-Verlag, Berlin. Abgesehen davon, daß zehn Jahre später, als Hitler tot und die Situation eine andere war, Karl Barth in Basel den Band als ein Werk von »Schlangenkünstlern« verhöhnte, regte sich niemand weiter darüber auf.

7 Das Auswärtige Amt, das die politischen Hintergründe kennen mußte, hatte August Marahrens daran erinnert, daß er dem Amt am 14. Mai 1937 habe erklären können, »daß wir bereit und in der Lage seien, eine einheitliche deutsche Delegation für die anstehenden Weltkonferenzen... zu benennen.« Der Lutherische Rat habe jedoch soeben beschlossen, »von einer Delegation Abstand zu nehmen, da die Entsendung einer einheitlichen deutschen Delegation... unmöglich gemacht sei«. Vgl. Armin Boyens, Kirchenkampf und Ökumene, Bd. 1, München 1969, S. 353.

8 Vgl. ibid. S. 252.

9 An der Schwelle zum gespaltenen Europa, Der Briefwechsel zwischen George Bell und Gerhard Leibholz 1939–1951, hrsg. von Eberhard Bethge und Ronald C. D. Jaspers, Stuttgart 1974.

FÜNFTES KAPITEL

Krieg

1 Wenn es zutrifft, was Peter W. Ludlow, ein englischer Historiker, berichtet, daß Eivind Berggrav schon seit dem 6. September 1939 an einer »Verschwörung für den Frieden« beteiligt war, so hat er mich das jedenfalls nicht erkennen lassen. Peter W. Ludlow, Bischof Berggrav zum deutschen Kirchenkampf, in: Zur Geschichte des Kirchenkampfes, hrsg. von Heinz Brunnotte und Ernst Wolf, Bd. 2, Göttingen 1971.

2 Das ist der Hauptgrund, warum in der einschlägigen Literatur bislang wenig hieb- und stichfeste Berichte über den Ausgangspunkt der Berggravschen Friedensinitiative erschienen sind. Noch am ehesten zutreffend berichtet meines Wissens Peter W. Ludlow darüber: Ibid. S. 221 ff.

3 In den Akten William Patons findet sich eine lange Aufzeichnung über seine Gespräche in Kopenhagen. Ihr beigefügt ist ein persönlicher und vertraulicher Vermerk über mich, aus dem sich der Tatbestand der fortgesetzten Verleumdung durch Friedrich Siegmund-Schultze ohne Angabe von nachprüfbaren Vorwürfen ergibt. Berggrav habe, berichtet Paton, »ziemlich scharf« der Verdächtigung meiner Person widersprochen (Bericht von Peter W. Ludlow ibidem).

Das ehrt Berggrav, aber nach dem Gespräch, das wenige Tage zuvor zwischen uns stattgefunden hatte, konnte er auch nichts anderes tun. Nils Ehrenströms und Hans Schönfelds Ehrenerklärungen taten das ihre, aber sie alle konnten die permanente Belastung nicht beseitigen, die mir aus meiner Zugehörigkeit zu Theodor Heckels Außenamt und neuerdings auch aus meinen Beziehungen zum Auswärtigen Amt eines Ribbentrop erwuchsen.

4 Ernst von Weizsäcker, Erinnerungen, München, Leipzig und Freiburg 1950, S. 264. Der letzte Satz gilt zwar, wie die vergangenen fünfundzwanzig Jahre zeigen, auch nur im Glücksfall, aber im übrigen kann ich die Feststellung des damaligen Staatssekretärs im Auswärtigen Amt nur bestätigen.

5 Leider hat der frühe Bericht Erich Kordts ›Nicht aus den Akten‹, Stuttgart 1950, über die Kriegsverhinderungsversuche und Friedensbemühungen oppositioneller deutscher Diplomaten nicht die Aufmerksamkeit und Aufnahme gefunden, die er verdient.

6 Jules Crawford Silber, Die anderen Waffen, Breslau 1932.

7 Fabian von Schlabrendorff, Eugen Gerstenmaier im Dritten Reich, Eine Dokumentation, Stuttgart 1965, S. 27.

8 Ibid. S. 30.

9 An der Schwelle zum gespaltenen Europa, Der Briefwechsel zwischen George Bell und Gerhard Leibholz 1939–1951, hrsg. von Eberhard Bethge und Ronald C. D. Jaspers, Stuttgart 1974.

10 Einige schwedische Historiker, beispielsweise Henrik Lindgren, haben darüber gearbeitet und interessantes Material zutage gefördert, das besonders die europäische und internationale Denkweise des Kreisauer Kreises dokumentiert.

11 Eugen Gerstenmaier, Hilfe für Deutschland, Frankfurt am Main 1946.

12 Eine Abschrift des Entwurfs, den sich meine Schwester Maria bei einem Besuch in Berlin handschriftlich machte, blieb bei ihren Papieren erhalten. Daraus ist der vorstehende Auszug wiedergegeben.

SECHSTES KAPITEL

Im Kreisauer Kreis

1 Gerhard Ritter, Carl Goerdeler und die deutsche Widerstandsbewegung, Stuttgart 1954.

2 Ibid. S. 136.

3 Vgl. Grundsatzerklärungen des Kreisauer Kreises nach dem abschließend vereinbarten Text vom 18. Oktober 1942 bei Ger van Roon, Neuordnung im Widerstand, Der Kreisauer Kreis innerhalb der Widerstandsbewegung, München 1967, S. 547.

4 Ibid. S. 542.

5 Ibid. S. 561.

6 Ibid. S. 543.

7 Ibid. S. 545.

8 Ibid. S. 545.

9 Ibid. S. 546.

10 Ibid. S. 548.

11 »Die Betriebsgewerkschaft betreibt ihr wirtschaftliches Unternehmen gemeinschaftlich ... Die Rechte und Pflichten der Mitglieder der Betriebsgewerkschaft, insbesondere der Anteil der Belegschaft an Gewinn und Wertzuwachs des Betriebes, wird

vertraglich zwischen dem Eigentümer des Betriebes und der Vertretung der Beleg-schaft festgelegt.« Ibid. S. 548/49.

12 Ibid. S. 552.

13 Paulus van Husen meinte: »Diese Anwendung der neuen Bestimmung als Lex imper-fecta ist eine wertvolle Stütze für die Wiedererweckung des Rechtsbewußtseins und wird als gewisse Sühne empfunden werden. Die Mehrzahl der Rechtsschänder des Dritten Reichs ist so mit gemeinen Verbrechen, insbesondere wegen Mittäterschaft belastet, daß das Strafmaß für die Rechtsschändung auch so erreicht werden wird.« Ibid. S. 557.

14 Der Gerichtshof solle zur Hälfte mit Vertretern der Siegermächte (3), zur anderen Hälfte mit Neutralen (2) und Deutschen (1) besetzt werden. Auch dieser Gerichtshof solle sich dem nulla poena sine lege beugen und darum nur zu deklaratorischen Urteilen kommen können. Soweit die Straftaten allerdings positives Recht verletzen, solle die Cour »die Strafe aus dem zur Zeit der Tat geltenden Strafrecht des Landes, dem der Täter damals angehörte«, finden. Ibid. S. 560.

15 Ibid. S. 560.

16 Ulrich von Hassell, Vom anderen Deutschland, Zürich 1946; das Buch enthält Tagebuch-Aufzeichnungen, die eine hervorragende Quelle zum Verständnis für jeden Bericht über den deutschen Widerstand darstellen.

17 Auf einer Gauleitertagung habe Himmler am 3. August 1944 im Führerhauptquartier »ironisch vermerkt, daß die Putschisten durch den inzwischen verhafteten Minister Popitz auch zu ihm Verbindung gesucht haben«. Helmut Sündermann, Deutsche Notizen 1945 1965, Erlebnis, Widerspruch, Erwartung, Leoni am Starnberger See 1965, S. 89.

18 Ulrich von Hassell, Vom anderen Deutschland, Zürich 1946, S. 295.

19 Vgl. Freya von Moltke, Michael Balfour und Julian Frisby, Helmuth James von Moltke, Stuttgart 1975, S. 312 ff. Ein zur Person und zum Verständnis auch des politischen Denkens Helmuth von Moltkes unentbehrliches Buch.

20 Ibid. S. 264 ff. Die Berufung auf Moltke für dieses Elaborat ist unhaltbar.

21 Fabian von Schlabrendorff, Eugen Gerstenmaier im Dritten Reich, Eine Dokumenta-tion, Stuttgart 1965, S. 30.

22 Otto Dibelius, Obrigkeit, Stuttgart 1963, S. 51.

23 Eugen Gerstenmaier, Reden und Aufsätze, Bd. 1, Stuttgart 1956, S. 35 ff.

24 Auch Ger van Roons gewichtiges Buch über uns Kreisauer, ›Neuordnung im Wider-stand, Der Kreisauer Kreis innerhalb der Widerstandsbewegung‹, München 1967, hat das kaum korrigiert. Van Roon wäre seinen eigentlichen Intentionen gerechter gewor-den, wenn er sich auf die Biographie des Grafen Moltke konzentriert hätte. Sie beherrscht sein Buch. Daß es dennoch zu einer grundlegenden Arbeit über den Kreisauer Kreis wurde, liegt an dem Fleiß und der Umsicht des niederländischen Historikers. Vgl. meine Besprechung des Buches in: Vierteljahrshefte für Zeitgeschich-te, 15, 1967, S. 221–246.

25 Ger van Roon ibid. S. 562.

SIEBENTES KAPITEL

Mit Bibel und Pistole: Der 20. Juli 1944

1 Wenn man Eberhard Bethges Darstellung folgt, war es der vierte Entwurf von Bonhoeffers Ethik: E. Bethge, Dietrich Bonhoeffer, Theologe, Christ, Zeitgenosse, München 1967, S. 808 ff.

2 Ich bin mit Otto Dibelius der Meinung, daß es nicht Sache der Kirche sein kann und darf, den Staatsstreich zu betreiben oder Revolution zu machen. Aber er irrte sich, als er meinte, daß uns kein Mann der Kirche zugeraten habe. Vgl. Obrigkeit, Stuttgart 1963, S. 107. Zumindest die Bischöfe Theophil Wurm und Hans Meiser haben uns nachdrücklich ermutigt, die unvermeidliche Tat zu wagen.
3 Leserbrief des Bolko von der Heyde in: Der Spiegel vom 27. Januar 1969, S. 10.
4 Vgl. Eberhard Zeller, Geist der Freiheit, 4. Auflage, München 1963, S. 400.
5 Wilhelm Bachmanns Bericht in: Christ und Welt vom 30. Januar 1970.
6 Die Fachliteratur hat ausführlich über die Unterstützung Carl Goerdelers durch Robert Bosch und seine engsten Mitarbeiter berichtet. Zu dem Stuttgarter Kreis des Widerstands gehörten darüber hinaus insbesondere der Direktor der Staatsbibliothek, Wilhelm Hoffmann, der frühere Stuttgarter Oberbürgermeister Strölin, und der spätere Staatssekretär Paul Binder, Vgl. Eugen Gerstenmaier, Von Bolz bis zu Rommel und Wurm, Stuttgart 1978.

ACHTES KAPITEL

In Zwang und Eisen:
Vor Freislers Volksgericht und in einem bayerischen Zuchthaus

1 Die eine stammt von Frau Sündermann, geb. Palmer; vgl. Fabian von Schlabrendorff, Eugen Gerstenmaier im Dritten Reich, Eine Dokumentation, Stuttgart 1965, S. 36. Die andere von ihrem damaligen Mann. Die von ihm ist die zurückhaltendere. Aber beide stimmen darin überein, daß Freisler auf mich angesprochen wurde offenbar kurz vor dem Gerichtstermin. Er habe auf seine, Sündermanns, vorsichtige Intervention weder positiv noch negativ reagiert, berichtete mir viele Jahre später Herr Sündermann brieflich. Vgl. S. 585.
2 Gerhard Ritter, Carl Goerdeler und die deutsche Widerstandsbewegung, Stuttgart 1954, S. 434/35.
3 Werner Meyer, Götterdämmerung, April 1945 in Bayreuth, Percha 1975.
4 Eugen Gerstenmaier, Reden und Aufsätze, Bd. 1, Stuttgart 1956, S. 25–34.

NEUNTES KAPITEL

Hilfswerk

1 Mein Bericht in: Neue Zürcher Zeitung vom 23. und 24. Juni 1945. Karl Barths Artikel in: Kirchenblatt für die Reformierte Schweiz vom 12. Juli 1945. Replik Emil Brunners, Zum Zeugnis für Dr. Gerstenmaier, in: Neue Zürcher Zeitung, 22. Juli 1945.
2 Allan Dulles, Germany's Underground, New York, 1947 (deutsche Ausgabe: Verschwörung in Deutschland, Kassel 1948).
3 Der Sohn des Hohen Kommissars, John J. McCloy II., ist in seinem Elternhaus so sehr mit dem Bild des anderen Deutschland vertraut gemacht worden, daß er aus eigener Initiative historische Forschungen anstellte. Fünfzehn Jahre nach dem Buch von Allan Dulles legte er seine Ergebnisse vor, »A Gift to Germany's Future«, auf deutsch erschienen: Die Verschwörung gegen Hitler, Stuttgart 1963.

4 Victor Gollancz In darkest Germany, London 1946. Welche Wirkung seine freimütige Kritik der damaligen alliierten Besatzungspolitik, insbesondere der britischen Besatzungspraxis gehabt hat, entzieht sich meinem Urteil.

5 Es ist die erste These der Disputation Ger van Roons vor der Freien Universität Amsterdam 1967.

6 Helmuth Schreiner in: Zehn Jahre Hilfswerk, Stuttgart 1955, S. 48.

7 Paul Bausch berichtet in seinen ›Lebenserinnerungen‹, Korntal 1970, S. 144, daß Barth im Herbst 1945 bei einer Versammlung evangelischer CDU-Gründer im Stuttgarter Furtbachhaus (CVJM) erschienen sei, um ihnen »den Plan, mit den Katholiken zusammenzuarbeiten, mit der Begründung auszureden, die Katholiken richteten sich nicht am Evangelium, sondern am Naturrecht aus ... Wir traten ihm sehr nachdrücklich entgegen ...«.

8 Eugen Gerstenmaier, Das Kirchliche Außenamt im Reiche Hitlers, in: Kirche im Spannungsfeld der Politik, Festschrift für Bischof D. Hermann Kunst zum 70. Geburtstag, hrsg. von Paul Collmer, Göttingen 1977, S. 307 ff.

9 Als oberstes Organ des Hilfswerks sah mein Organisationsentwurf einen Wiederaufbau-Ausschuß der evangelischen Kirchen Deutschlands vor. Dieser hatte einen Leiter des Hilfswerks zu bestellen. Der Entwurf knüpfte an die Organisationsvorstellungen der Genfer Ökumene an und übernahm die föderalistische Struktur der deutschen Gesamtkirche. Jede Landeskirche sollte einen Bevollmächtigten bestellen für das unter ihre Verantwortung gestellte landeskirchliche Hilfswerk. Das Instrument des Leiters des Gesamtwerks sollte das Zentralbüro mit seinen Außenstellen sein.

10 Herbert Krimm, Quellen zur Geschichte der Diakonie, Bd. 3, Stuttgart 1966, S. 181 ff.

11 Er war lange amerikanischer Pfarrer in Berlin gewesen, war während des Krieges in die Dienste der amerikanischen Botschrift getreten und galt mit Recht als ein guter Kenner der deutschen kirchlichen Verhältnisse.

12 In seinem Brief an die Treysaer Kirchenkonferenz schrieb S. C. Michelfelder: »Eure lutherischen Brüder in Amerika versuchen, euch mit den bestmöglichen Mitteln zu helfen. Jetzt sind uns von den Besatzungsarmeen Beschränkungen auferlegt. Im Augenblick gibt es vieles, was wir tun möchten und nicht tun können. Die amerikanische Abteilung des Lutherischen Weltkonventes, die ich vertrete, hat umfangreiche Pläne zu eurer Hilfe ausgearbeitet. Millionen Dollar werden zusammenkommen, wenn wir die Bruderschaft im Glauben wiedererwecken können, die einst so stark war.« Zitiert nach Richard W. Solberg, Also sind wir viele ein Leib, Berlin 1960, S. 32.

13 Vgl. den Bericht von Klaus Mehnert, Am Rande der Politik, in: Für Freiheit und Recht, hrsg. von Hermann Kunst, Stuttgart 1966, S. 143.

14 Eugen Gerstenmaier, Reden und Aufsätze, Bd. 1, Stuttgart 1956, S. 74 ff.

15 Zehn Jahre Hilfswerk, Stuttgart 1955, S. 53.

16 Ein Beispiel: Man kann nicht gut von Glühbirnen reden, wenn man für Hungernde, Frierende, Obdachlose helfende Hände in Bewegung bringen will. Indes, sie gehören auch zum Leben. Wir merkten es, als wir von vielen unserer Hauptbüros nach Glühbirnen gefragt wurden. Sie baten nie um Luxus oder Firlefanz. Die Glühbirnen wurden wirklich gebraucht. Georg Federer war noch in der Schweiz. Ich bat ihn, Wolframdraht für uns zu beschaffen. Das sei der Engpaß, hatte man uns gesagt. Der Wolframdraht kam. Wir verteilten 75 600 Glühbirnen.

17 Constantin von Dietze, Pflicht im Widerstreit der Verpflichtungen, Würzburg 1980, und vor allem: In der Stunde Null, hrsg. von Helmut Thielicke, Tübingen 1979.

18 Walter Bauer und Constantin von Dietze. Vgl. auch den Bericht von Helmut Thielicke, In der Stunde Null, Tübingen 1979.

19 VDA – Verein für das Deutschtum im Ausland – war die große, unabhängige, aber auch staatlich stark geförderte Hilfsorganisation für das Auslandsdeutschtum.

20 Eugen Gerstenmaier, Paul Collmer – Skizze einer Freundschaft, Stuttgart 1972.

21 Herbert Krimm, Beistand, Stuttgart 1974.

22 Herbert Krimm hat in seinem Buch ›Beistand‹ darüber berichtet. Unsere Hilfskomitees entsprachen einer Idee von Johann Hinrich Wichern. In seiner berühmten Denkschrift von 1848 hatte er die Bildung von »Assoziationen der Hilfsbedürftigen für deren eigene Zwecke« gefordert. Das im letzten Jahrhundert entstandene Genossenschaftswesen um Hermann Schulze-Delitzsch wurde davon befruchtet.

23 Eugen Gerstenmaier, Reden und Aufsätze, Bd. 1, Stuttgart 1956, S. 79.

ZEHNTES KAPITEL

Deutschland von außen

1 Das meiste dabei taten allerdings nicht wir, sondern die Delegierten der ausländischen, insbesondere der amerikanischen Kirchen und Hilfsorganisationen, wie Cralog, die allmählich in Deutschland ihre Zelte aufschlugen. Die Pastoren Dietrich, zwei Brüder und Scherzer, die Professoren Bodensieck und Carl Schneider und immer wieder Dr. Michelfelder und Lorry Meyer – um nur einige aus der großen Zahl zu nennen.

2 Es war nicht gerade profund, was wir Ludwig Erhard und seinen Mannen damals vortrugen. Wir gaben Weisheiten von uns, wie die: »Eine unglückliche Währungsregelung wird die Mißordnung der Gesellschaft vermehren; eine gesunde Währungsregelung muß aus der Vermassung zur wohlgeordneten Gesellschaft führen.« Zitiert nach: Das Hilfswerk, Bethel, Stuttgart April 1948, S. 263. Das Gesündeste an derlei Kundgaben war unser Widerstand gegen jede weitere Kollektivierung.

3 Konrad Adenauer, Erinnerungen, Stuttgart 1965, S. 106.

4 Allan Drury, Advice and Consent, New York 1959.

5 Vgl. den Bericht von Klaus Mehnert, in: Für Freiheit und Recht, hrsg. von Hermann Kunst, Stuttgart 1966, S. 134 ff.

6 Heinz Brunotte, Die Grundordnung der EKD, Berlin 1954, und Die Evangelische Kirche in Deutschland, Hannover 1959.

7 Vgl. zum Folgenden Ulrich Frank-Planitz, Die Zeit, die wir beschrieben haben, in: Widerstand, Kirche, Staat, Eugen Gerstenmaier zum 70. Geburtstag, hrsg. von Bruno Heck, Berlin (Propyläen) 1976, S. 146 ff.

8 Wichern Zwei, Zum Verhältnis von Diakonie und Sozialpolitik, in: Das diakonische Amt der Kirche, hrsg. von Herbert Krimm, 2. Aufl., Stuttgart 1965, S. 467–518.

9 Hans Joachim Schoeps, Das andere Preußen, Stuttgart 1972.

10 Nach den zahlreichen von Eberhard Bethge inzwischen veröffentlichten Dokumenten muß man davon ausgehen, daß auch Dietrich Bonhoeffer um die Staatsstreichpläne Bescheid wußte und daß er sie mehr als stillschweigend gebilligt hat. Seine Verhaftung stand zwar in einem anderen Zusammenhang, aber der Kontakt mit seinem Schwager Hans von Dohnanyi, der bei Wilhelm Canaris auf den Staatsstreich hinarbeitete, und vor allem der Bericht von George Bell über seine Begegnung mit Bonhoeffer und Schönfeld in Schweden während des Krieges lassen keinen anderen Schluß zu.

11 Vgl. An der Schwelle zum gespaltenen Europa, Der Briefwechsel zwischen George Bell und Gerhard Leibholz 1939–1951, hrsg. von Eberhard Bethge und Ronald C. D. Jasper, Stuttgart 1974.

12 Erklärung des Ratsvorsitzenden vor der Synode in: Bericht über die dritte Tagung der ersten Synode der Evangelischen Kirche in Deutschland vom 1.–5. April 1951, Hannover 1953, S. 209.
13 Das Hilfswerk, Mitteilungen aus dem Hilfswerk, Bethel, Stuttgart März 1951, Nr. 48, S. 7.
14 Rede des Ratsvorsitzenden in: ... (wie Anmerkung 12), S. 260.

ELFTES KAPITEL

Platzwechsel Politik

1 Auch Herbert Blankenhorns eigene Darstellung in seinem Buch ›Verständnis und Verständigung‹, Berlin (Propyläen) 1980, ist zwar vornehm, aber gerade in diesem Punkt zu zurückhaltend.
2 Entgegen den neuerdings aufgetauchten Mutmaßungen war Kurt Schumachers angebliche Ablehnung einer Koalition mit der CDU/CSU dafür ganz unerheblich.
3 Christ und Welt vom 14. September 1962.
4 Archiv der Gegenwart, 1948/49, S. 2128 J.
5 Archiv der Gegenwart, 1945, S. 257 A.
6 Ausführlicher Bericht bei Konrad Adenauer, Erinnerungen, Bd. 1, Stuttgart 1965, S. 299 ff.
7 Interview Adenauers mit Kingsbury-Smith vom 7. und 23. März 1950, ibid. S. 350 ff.
8 Bericht der ›Kölnischen Rundschau‹ zitiert ibid. S. 216.
9 Ibid. S. 339.

ZWÖLFTES KAPITEL

Wiederbewaffnung

1 Siehe dazu den Bericht von George K. A. Bell, Bischof von Chichester, in: Evangelische Verantwortung, Heft 7, Juli 1957.
2 Harold Macmillan, Erinnerungen, Berlin (Propyläen) 1972, S. 87.
3 Ibid. S. 85.
4 Ibid. S. 88.
5 Ibid. S. 89.
6 Der Rat der Evangelischen Kirche in Deutschland beschloß in jener Sitzung in Essen eine Erklärung »zur Wiederaufrüstung«. In ihr heißt es: »Einer Remilitarisierung Deutschlands können wir das Wort nicht reden, weder was den Westen noch was den Osten anbelangt. Daß Deutsche jemals auf Deutsche schießen, muß undenkbar bleiben!« In: Kundgebungen, Worte und Erklärungen der Evangelischen Kirche in Deutschland 1949–1959, hrsg. von Friedrich Merzyn Hannover (um 1960), S. 104/05.
7 Ibid. S. 4.
8 Harold Macmillan, Erinnerungen, Berlin (Propyläen) 1972, S. 90.
9 Franz Joseph Strauß, Konrad Adenauer und sein Werk, in: Konrad Adenauer und seine Zeit, Bd. 1, Stuttgart 1976, S. 94 ff.
10 Verhandlungen des Deutschen Bundestages, Stenographischer Bericht der Sitzung vom 8. November 1950.

11 Ibid.

12 John Forster Dulles, War or Peace, New York 1950, S. 203.

13 Verhandlungen des Deutschen Bundestages, Stenographischer Bericht der Sitzung vom 26. Oktober 1950.

14 Ibid. Sitzung vom 27. Februar 1955. Dehler verkündete das – unter dem Beifall der SPD – freilich erst nach der Unterzeichnung der Pariser Verträge.

15 Per Fischer, Die Saar zwischen Deutschland und Frankreich, Politische Entwicklung von 1945–1959. Frankfurt am Main, Berlin 1959.

16 Per Fischer, der damalige Sekretär des Ausschusses, hat darüber in seinem ausgezeichneten Buch (vgl. Anm. 15) ausführlich berichtet.

17 Ibid. S. 167.

18 Verhandlungen des Deutschen Bundestages, Stenographischer Bericht der Sitzung vom 28. Oktober 1953.

19 Am 9. Januar 1953 sprach ich beispielsweise darüber im Süddeutschen Rundfunk; am 6. Februar 1953 diskutierte ich dort auf der gleichen Linie mit Fritz Erler und Karl Georg Pfleiderer. Vgl. auch Hartmut Soell, Fritz Erler, Eine politische Biographie, Bd. 1, Berlin, Bonn-Bad Godesberg 1976, S. 157 und 577.

20 Ibid. und Per Fischer, Die Saar zwischen Deutschland und Frankreich, Politische Entwicklung von 1945–1959, Frankfurt am Main, Berlin 1959.

21 Per Fischer, ibid. S. 191/92.

22 Konrad Adenauer, Erinnerungen, Bd. 2, Stuttgart 1967, S. 307.

24 Ibid.

23 Ibid. S. 367.

25 Der vollständige Brief lautet:
    »Mon cher Président,
    Je vous remercie de votre aimable lettre du 18 avril. C'est très volontiers que, comme vous voulez bien me le demander, j'assisterai à la réunion des 30 septembre et 1er octobre prochains.
    Je crois, en effet, comme vous, que nous devons lutter malgré le coup très dur qui a été porté, le 30 août dernier, à l'idée européenne.
    Veuillez croire, mon cher Président, à l'expression de mes sentiments de haute considération et à mes amicaux souvenirs.   Paul REYNAUD.«

26 Ich stützte mich dabei auf eine von mir formulierte Interpretation des Saarabkommens, die in einer Koalitionsbesprechung in der deutschen Botschaft zu Paris am 23. März 1954 mit Zustimmung Dehlers aufgenommen wurde. Vgl. Eugen Gerstenmaier, Deutschland in der weltpolitischen Situation der Gegenwart, Bonn 1958, S. 10.

DREIZEHNTES KAPITEL

Deutscher Parlamentarismus

1 Zum Folgenden vgl. Eugen Gerstenmaier, Adenauer und die Macht, in: Konrad Adenauer und seine Zeit, Bd. 1, Stuttgart 1976, S. 29–44.

2 Ibid. S. 284.

3 Vgl. – hart, aber völlig zutreffend – Fritz Ullrich Fack, Ein historisches Versagen, in: Frankfurter Allgemeine Zeitung vom 3. März 1977, S. 1.

4 Eugen Gerstenmaier Eine Parlamentsrede Martin Hirschs in: Festschrift für Martin Hirsch, Stuttgart 1981. Der lange umstrittene Kernpunkt der Gesetze war die Frage,

ob im Notstand die Exekutive (so Schröder) oder das Parlament (so die SPD und der spätere CDU-Innenminister Benda) das Heft in der Hand haben soll. Das Streikrecht und ähnliches sollte auch im Notstand gewährleistet bleiben.

5 Elisabeth Noelle-Neumann, Die Verklärung, in: Konrad Adenauer und seine Zeit, Bd. 2, 523 ff.

6 Die Abgeordneten... »sind Vertreter des ganzen Volkes, an Aufträge und Weisungen nicht gebunden und nur ihrem Gewissen unterworfen« (Art. 38, Abs. 1 GG).

7 Zum Beispiel in der großen Plenardebatte vom 10. Mai 1957 über die atomare Bewaffnung oder in meiner Antrittsrede vom 18. Oktober 1957 und in der Plenarrede vom 18. April 1958.

8 Siehe dazu meine Darlegungen in Christ und Welt/Rheinischer Merkur vom 2. April 1980.

9 Hermann J. Abs hat die Ziffern bestätigt. Er hat darüber hinaus auf Gründe hingewiesen, die Adenauers Votum für Bonn – über dessen Person hinaus – bestimmt haben sollen. Ich halte sie für zutreffend. (Adenauers Abneigung gegen den Filz zwischen Direktoren der bizonalen Verwaltung und der amerikanischen Militärregierung in Frankfurt). Vgl. Rhöndorfer Gespräche, Bd. 3, Bonn 1979, S. 73. Ich stimmte für Bonn.

10 Rudolf Weber-Fas.

11 Der Brief ist veröffentlicht bei Arnulf Baring, Sehr verehrter Herr Bundeskanzler! Heinrich von Brentano im Briefwechsel mit Konrad Adenauer 1949–1964, Hamburg 1974, S. 256.

12 Ibid. S. 326.

13 Kurzprotokoll Bundestagsvorstand Nr. 3, 20. Juni 1961, S. 616.

14 Verhandlungen des Deutschen Bundestages, Stenographischer Bericht der Sitzung vom 3. April 1968.

15 Ibid., Sitzung vom 8. März 1961.

16 Vgl. Jürgen Schmädeke, Der Deutsche Reichstag, Berlin 1970, S. 114 ff., und den Baubericht von Peter Mayer, Das Reichstagshaus in Berlin, Verwaltung des Deutschen Bundestages, 1979.

17 Wilhelm Hennis, in: Die zweite Republik, 25 Jahre Bundesrepublik Deutschland – Eine Bilanz, hrsg. von Richard Löwenthal und Hans Peter Schwarz, Stuttgart 1974, S. 220/21.

18 Eugen Gerstenmaier, Reden und Aufsätze, Bd. 1, Stuttgart 1956, S. 239 ff.

19 Ibid.S. 206 ff.

20 Ibid., Bd. 2, Stuttgart 1962, S. 148.

21 Konrad Adenauer an Josef Hermann Dufhues, Brief vom 22. Juni 1965. Durchschrift an mich und an Franz Joseph Strauß.

22 Ein Beispiel ist meine Antwort an Helmut Gollwitzer, in: Frankfurter Allgemeine Zeitung vom 17. November 1960.

23 Vgl. Eugen Gerstenmaier, Ärgernis, Ballast und Auftrag, in: Das Elend der Christdemokraten, Freiburg 1977.

24 Deutsche Post vom 25. Juli 1962.

25 Carlo Schmid, der dabei war, hat unseren gemeinsamen Eindruck in seinen ›Erinnerungen‹ wiedergegeben. Die Passage gehört zu den Glanzstücken seines Buches.

VIERZEHNTES KAPITEL

Ost- und Deutschlandpolitik

1 Dieter Cycon, in: Stuttgarter Zeitung vom 9. Oktober 1954.
2 Kennzeichnend die Notiz Heinrich Krones vom 25. September 1954: »Nur keine Alternativpläne aufstellen . . . Nur jetzt keine Diskussion über Pläne, mit der östlichen Welt ins Gespräch zu kommen. Das würde unsere Position schwächen. Diesen Darlegungen des Kanzlers in einer Koalitionsbesprechung stimmte auch Dehler zu.« Zitiert nach Klaus Gotto: Untersuchungen und Dokumente zur Ostpolitik, Mainz 1974, S. 134.
3 Meine Rede auf dem 5. CDU-Parteitag in Köln am 29. Mai 1954: Die politische Weltlage und Deutschland.
4 Ludwig Dehio, der Marburger Historiker, veröffentlichte ein Jahr später seine Begründung dieser in sich einleuchtenden Rangordnung. Vgl. Die deutsche Politik an der Wegegabel, in: Außenpolitik, 6 (August), 1955, S. 489–494.
5 Thomas Dehler: »Es gibt keine Normalisierung der Beziehungen der Bundesrepublik; die Bundesrepublik ist immer das Anormale; es gibt nur die Beziehungen zwischen einem wiedervereinigten Gesamtdeutschland und der Sowjetunion.« Verhandlungen des Deutschen Bundestages, Stenographischer Bericht der Sitzung vom 23. Januar 1958, S. 399/B.
6 Vgl. auch Tagebuchnotiz von Heinrich Krone bei Klaus Gotto, Untersuchungen und Dokumente zur Ostpolitik, Mainz 1974, S. 134.
7 Konrad Adenauer, Erinnerungen, Bd. 3, Stuttgart 1968, S. 351 f.
8 Arnulf Baring, Sehr verehrter Herr Bundeskanzler! Heinrich von Brentano im Briefwechsel mit Konrad Adenauer 1949–1964, Hamburg 1974, S. 179.
9 Konrad Adenauer, Erinnerungen, Bd. 3, S. 32.
10 Ibid. S. 55.
11 Bericht Walter Günzels, in: Die Welt vom 26. Mai 1978.
12 Ibid.
13 Arnulf Baring, Sehr verehrter Herr Bundeskanzler, Hamburg 1974.
14 Vgl. Deutsche Zeitung / Christ und Welt vom 3. Mai 1974.
15 Vgl. Klaus Gotto, Untersuchungen und Dokumente zur Ostpolitik, Mainz 1974, S. 141.
16 Ibid. S. 174 berichtet Heinrich Krone beispielsweise, daß ich bei einem Essen, das ich am 1. März 1963 dem neuen britischen Botschafter Sir Frank Roberts gab, auf die Einladung zu sprechen kam. Krone mokierte sich darüber. Interessant war der Grund, warum er sich mit Bruno Heck und Theo Blank damals gegen die Reise aussprach, während Erler, Dehler, Bucher, Zoglmann und ich dafür waren. »Es gäbe genügend Kräfte im Westen, die uns mit von der Partie haben möchten, wenn sie für Berlin einen neuen Status aushandelten.« »Sie meinen also«, fragte mich Gerstenmaier, »daß man Komplizen der Nachgiebigkeit suche.« Ich antwortete, das sei es, was ich meinte. Ein Beispiel dafür, daß selbst meinen nahen Freunden nicht immer deutlich war, daß meine stete Bereitschaft zur Aktivität, zu einem Schritt vorwärts, etwas anderes als Aufweichung oder Anfälligkeit dafür bedeutete.
17 Vgl. zum Beispiel die Bundestagsentschließung vom 27. Februar 1951.
18 Meine Rede wurde in großen Auflagen publiziert: ›Antwort an die Herren Dr. Dehler und Dr. Heinemann‹, Bonn 1958.
19 Ibid. S. 23.
20 Boris Meissner, Moskau und Bonn, Dokumentation, Köln 1975, S. 356.

21 Ibid. S. 360.
22 Die Welt vom 7. Februar 1958; bei Boris Meissner, Moskau und Bonn, Dokumentation, Köln 1975, S. 336 ff.
23 Konrad Adenauer, Erinnerungen, Bd. 3, Stuttgart 1968, 380 ff.
24 Ibid. S. 394.
25 Verhandlungen des Deutschen Bundestages, Stenographischer Bericht der Sitzung vom 2. Juli 1958.
26 Boris Meissner, Moskau und Bonn, Dokumentation, Köln 1975, S. 504/05.
27 Meine Rede im Hessischen Rundfunk am 1. Oktober 1958; zitiert bei Boris Meissner, Moskau und Bonn, Dokumentation, Köln 1975, S. 435.
28 Bei Boris Meissner, Moskau und Bonn, Dokumentation, Köln 1975, S. 532 ff.
29 Paul Reichelt und Hans Ulrich Behn, Deutsche Chronik, 1945–1970. Daten und Fakten aus beiden Teilen Deutschlands, Bd. 2: 1958–1970, Freudenstadt 1971, S. 348.
30 Ibid.
31 Verhandlungen des Deutschen Bundestages, Stenographische Berichte der Sitzung vom 30. Juni 1960.
32 Ibid., Sitzung vom 21. Juni 1961.
33 Paul Reichelt und Hans Ulrich Behn, Deutsche Chronik: 1945–1970, Daten und Fakten aus beiden Teilen Deutschlands, Bd. 2: 1958–1970, Freudenstadt 1971, S. 363–365.
34 Verhandlungen des Deutschen Bundestages, Stenographische Berichte der Sitzung vom 30. Juni 1961 und Eugen Gerstenmaier, Reden und Aufsätze, Bd. 2, Stuttgart 1962, S. 400.
35 Marion Gräfin Dönhoff, in: Die Zeit vom 7. Juli 1961.
36 Verhandlungen des Deutschen Bundestages. Stenographischer Bericht der 41. Sitzung vom 1. Oktober 1958.
37 Arnulf Baring hat den Brief als amtliches Schreiben Brentanos an den Bundestagspräsidenten veröffentlicht, in: Sehr verehrter Herr Bundeskanzler, Hamburg 1974, S. 319/326.
38 Ibid. S. 319–326.
39 Axel Springer an mich, Brief vom 10. Juli 1961.
40 Marion Gräfin Dönhoff, in: Die Zeit vom 7. Juli 1961.
41 Zum Beispiel in: Stuttgarter Nachrichten vom 3. Juni 1961.
42 Arnulf Baring, Sehr verehrter Herr Bundeskanzler, Hamburg 1974, S. 326.
43 Ibid. S. 329.
44 Verhandlungen des Deutschen Bundestages, Stenographischer Bericht der Sitzung vom 30. Juni 1961.
45 Der Vertrag wurde von der Frankfurter Allgemeinen Zeitung am 4. November 1961 nahezu vollständig veröffentlicht.
46 In den Deutschlandgesprächen der Bundestagsfraktionen, die beim Bundeskanzler mehrfach stattfanden, wurde zum Beispiel am 28. Juni 1966 vereinbart, die innerdeutschen Kontakte bis an die Grenzen des Vertretbaren auszuweiten. Vgl. Paul Reichelt und Ulrich Behm, Deutsche Chronik, Bd. 2, Freudenstadt 1971, S. 90.
47 Richard Löwenthal, Vom Kalten Krieg zur Ostpolitik, in: Die zweite Republik, 25 Jahre Bundesrepublik Deutschland, eine Bilanz, hrsg. von Richard Löwenthal und Hans-Peter Schwarz, Stuttgart 1974, S. 673.
48 Ibid. S. 525.
49 Vgl. Dieter Blumenwitz, Grundvertrag und Verfassungsklage, in: Anspruch und Leistung, Widmungen für Franz Joseph Strauß, hrsg. von Friedrich Zimmermann, Kurt Biedenkopf u. a., Stuttgart 1980, S. 151 ff.

FÜNFZEHNTES KAPITEL

Begegnungen und Abschiede – Das Ende der Ära Adenauer

1 Konrad Adenauer, Erinnerungen, Bd. 3, Stuttgart 1968, S. 425.
2 Zitiert nach Alfons Dalma, De Gaulle, die Deutschen, Europa, Im Spiegel der kommentierten Texte, Dokumente und Zitate, Karlsruhe 1962, S. 69.
3 Konrad Adenauer, Erinnerungen, Bd. 4, Stuttgart 1968, S. 178.
4 Bericht Heinrich Krones, Tagebuchnotiz vom 29. November 1964.
5 Einen Eindruck ihrer Persönlichkeit vermitteln die 1970 veröffentlichten ›Tagebuchbriefe‹, die Theodor Heuss von 1955 bis kurz vor seinem Tod an Frau Toni Stolper geschrieben hat (hrsg. und eingel. von Eberhard Pikart, Tübingen 1970). Man kann darüber streiten, ob die Veröffentlichung dem vertrauten Miteinander angemessen ist.
6 Verhandlungen des Deutschen Bundestages, Stenographischer Bericht der Sitzung vom 19. Dezember 1963.
7 Am besten berichtet Wolfgang Wagner, Die Bundespräsidentenwahl 1959, in: Adenauer Studien, hrsg. von Rudolf Morsay und Konrad Rapgen, Bd. 2, Mainz 1962.
8 Konrad Adenauer, Erinnerungen, Bd. 3, Stuttgart 1968, S. 483 ff.
9 Die Rede ist von Adenauer wiedergegeben: Ibid. S. 510–512.
10 Heinrich Krone, Tagebuchnotiz vom 30. September 1961.
11 Karl Moersch, Kursrevision, Frankfurt 1978, S. 24/25.
12 Hartmut Soell, Fritz Erler, Eine politische Biographie, Bd. 2, Bonn-Bad Godesberg 1976, S. 1044.
13 Ibid. S. 754.
14 Verhandlungen des Deutschen Bundestages, Stenographischer Bericht der Sitzung vom 15. Oktober 1963 und Eugen Gerstenmaier, Konrad Adenauer, Ehrung und Gedenken, Stuttgart 1967.

SECHZEHNTES KAPITEL

Friede mit dem Volke Israel

1 Zum Folgenden vgl. Felix Shinnar, Bericht eines Beauftragten, Tübingen 1967.
2 Ibid. S. 203 ff.
3 Der Vertrag wurde mit 254 Ja- gegen 34 Neinstimmen bei 89 Enthaltungen angenommen. Verhandlungen des Deutschen Bundestages, Stenographischer Bericht der Sitzung vom 18. März 1953.
4 Nahum Goldmann, Staatsmann ohne Staat, Köln 1970.
5 Konrad Adenauer, Erinnerungen, Bd. 4, Stuttgart 1968, S. 32.
6 Nahezu vier Jahre lang blieben die Vereinbarungen geheim. Dann, am 26. Oktober 1964, bekam die ›Frankfurter Rundschau‹ Wind von der Sache. Der weiteren Welt wurde sie durch die ›New York Times‹ vom 31. Oktober 1964 verkündet.
7 Bulletin des Presse- und Informationsamtes der Bundesregierung Nr. 216 vom 23. November 1962.
8 Alex Möller, ›Genosse Generaldirektor‹, München 1978.
9 Am 23. November 1962 berichtete zum Beispiel dpa: »Von der Presse ist dieser Vortrag als ein Dokument aufgenommen worden, das für die künftige Diskussion der deutsch-israelischen Beziehungen als wichtige Grundlage zu gelten hat.«

10 Nach einem Bericht von Wolfgang Bretholz in: Die politische Meinung, Heft 8, 1963, S. 44.

11 Mein Freund Felix Shinnar irrt, wenn er in seinem ›Bericht‹ (vgl. Anm. 1), S. 144, meint, daß »die im Bundestag vertretenen Parteien und die zuständigen Ausschüsse« über diese Lieferungen informiert waren.

12 So Peter Meyer-Rancke zutreffend in: Der rote Pharao, Ägypten und die arabische Wirklichkeit, Hamburg 1964, S. 62.

13 Zuweilen war auch der Chef der Zeitung ›Al Ahram‹ zugegen, Mohammed Heikal. Er galt zu Nassers Lebzeiten als dessen enger Vertrauter. Sein Buch ›Das Kairo-Dossier, Aus den Geheimpapieren des Gamal Abdel Nasser‹, München 1972, beschreibt in einem Kapitel ›Erhard, der ungewollte Konflikt‹ auch meinen Besuch in Kairo. Die Beschreibung ist oberflächlich und vielfach falsch. Vgl. dazu die ausführliche Besprechung des Buches durch Georg Federer in: Stuttgarter Zeitung vom 1. April 1972, S. 5.

14 Vgl. Kurt Birrenbach, Die Aufnahme der diplomatischen Beziehungen zwischen der Bundesrepublik Deutschland und Israel, in: Festschrift für Ludwig Erhard, Berlin (Propyläen) 1971, S. 363 ff. und Felix Shinnar, Bericht eines Beauftragten, Tübingen 1967, S. 127 ff.

15 Festgehalten in einem offiziellen Briefwechsel zwischen Bundeskanzler Erhard und Ministerpräsident Eshkol. Vgl. Felix Shinnar, ibid. S. 68/69.

16 Der ›Jüdische Pressedienst‹, Nr. 11, 1966 des Zentralrats der Juden in Deutschland berichtete: »Allgemeine Anerkennung fand das Auftreten des Bundestagspräsidenten Dr. Eugen Gerstenmaier, dessen Rede allerdings die Einführung zu einer Diskussion darstellte, die bedauerlicherweise nicht stattgefunden hat.«

17 Die Reden und Diskussionen des Kongresses sind wiedergegeben in: Proceedings of the fifth Plenary Assembly of the World Jewish Congress, Genf 1966.

SIEBZEHNTES KAPITEL

Verständigungen und Mißerfolge

1 Der evangelische Theologe Fritz Fliedner begründete gegen Ende des 19. Jahrhunderts an zahlreichen Orten Spaniens evangelische Gemeinden und Schulen und organisierte den Zusammenschluß der spanischen Protestanten in der Iglesia Evangelica Espanola.

2 Die Vorlesungen sind veröffentlicht in: Mitteilungen des Deutsch-Japanischen Kulturinstituts, Nr. 16/17, Januar 1965. Einen Niederschlag gefunden haben sie in meinem Buch ›Neuer Nationalismus?‹, Stuttgart 1965. Es erschien auch in Japan.

3 Eine Art Biographie: Park Chung Hee, The Country, the Revolution and I, Seoul 1963.

4 Mein Brief an Hayato Ikeda vom 9. Juni 1964.

5 In einer Fernsehrede vom 27. April 1965 ignorierte de Gaulle beispielsweise völlig, daß in der ganzen Integrationsdebatte an der Eigenart der »Völker und Staaten« festgehalten wurde. Ein frühes Beispiel dafür bietet der Statutenentwurf der Europäischen Politischen Gemeinschaft von 1953.

6 Konrad Adenauer, Erinnerungen, Bd. 4, Stuttgart 1968, S. 167 ff.

7 Ibid. S. 171.

8 Zum Folgenden vgl. Wilhelm G. Grewe, Rückblenden 1976–1951, Berlin (Propyläen) 1979. Grewe war von 1962 bis 1971 Vertreter der Bundesrepublik im NATO-Rat.

9 Über den Vortrag hat Heinz Barth in einem gedankenreichen Aufsatz berichtet, in: Die Welt vom 27. Februar 1965.

10 Erst aus Adenauers unvollendetem vierten Band seiner ›Erinnerungen‹ entnahm ich später, daß es zwischen ihm und de Gaulle zu einem ernsthaften Gespräch über das Sicherheitsproblem im globalen Rahmen gekommen ist (S. 182).

11 Eugen Gerstenmaier, Die NATO-Reform im Sicherheitssystem der freien Welt, hrsg. vom Presse- und Informationsamt der Bundesregierung, Bonn 1964.

12 Ernst Weisenfeld, ein langjähriger exakter Beobachter der Pariser Szene, hat in seiner Darstellung ›Frankreichs Geschichte seit dem Krieg‹, München 1980, daran ebenso zutreffend erinnert wie an das eigentliche Motiv des großen Franzosen für seine Force de frappe: der Rang, der weltpolitische Rang Frankreichs.

13 Am Tag bevor ich von de Gaulle empfangen wurde, notierte Heinrich Krone in sein Tagebuch: »Frankreich droht und drängt hart auf eine Regelung des Getreidepreises bis Ende Dezember im Rahmen der EWG; er würde sonst Konsequenzen in seinem Verhalten zur EWG ziehen. Wenn wir mit dem Getreidepreis heruntergehen, verlieren wir die Wahl 1965. Ich habe das schon in diesen Tagen Jean Monnet gesagt, der mir gesagt hatte, daß de Gaulle die Getreidepreisfrage ganz hart aufgreifen werde. Mit Konrad Adenauer hier völlig einig.« 22. Oktober 1964.

14 Das Bulletin des Presse- und Informationsamtes der Bundesregierung vom 4. Dezember 1964 berichtet: »Die Bundestagsfraktionen begrüßen die Getreidepreis-Entscheidung«. Den deutschen Bauern wurde »gute Gesinnung« und »europäischer Geist« nachgerühmt, und von »echten Opfern« war die Rede.

15 Heinrich Krone, Tagebuchnotiz vom 16. Juni 1965.

16 Wilhelm G. Grewe, Rückblenden 1976–1951, Berlin (Propyläen) 1979, S. 639 ff.

17 Bild-Zeitung vom 7. November 1964.

18 François Seydoux, Meine zweite Mission 1965–1970, Frankfurt am Main 1978, S. 23 (französische Originalausgabe: Dans l'intimité franco-allemande, Une mission diplomatique, Paris 1977).

19 Ibid. S. 28.

20 Ich muß das sowohl im Blick auf den Bericht unseres Vertreters im NATO-Rat, Botschafter Grewe, wie im Blick auf das Tagebuch des Vorsitzenden des Bundesverteidigungsrates, des Bundesministers Heinrich Krone, ausdrücklich feststellen. Letzterer notiert mehrfach, Globke habe – von Carstens bestätigt – berichtet, daß de Gaulle im Juli 1964 bei seinem Besuch in Bonn uns atomaren Mitbesitz angeboten habe. Tagebuchnotizen vom 28. September und 1. November 1965. Vgl. hingegen Ernst Weisenfeld, Frankreichs Geschichte seit dem Kriege, München 1980, S. 170.

21 François Seydoux, Meine zweite Mission, 1965–1970, Frankfurt am Main 1978, S. 29.

22 Ibid. S. 30.

23 Deutsche Zeitung / Christ und Welt vom 30. März 1979.

24 Zitiert nach: Zeitbühne, Juni 1979, S. 13/14.

25 Wilhelm G. Grewe, Rückblenden 1976–1951, Berlin (Propyläen) 1979, S. 628.

ACHTZEHNTES KAPITEL

Mit Kirchenglocken in die Kehre

1 Verhandlungen des Deutschen Bundestages, Stenogaphischer Bericht der Sitzung vom 30. November 1965.

2 Darmstädter Echo vom 1. Dezember 1965.

3 Verhandlungen des Deutschen Bundestages, Stenographischer Bericht der Sitzung vom 12. Januar 1966.

4 Fritz Erler monierte zwar, daß die Regierungserklärung sie nicht einmal erwähnte, aber auch er und Herbert Wehner, der das tat, gingen nicht weiter darauf ein.

5 Zum Beispiel in: Die Welt vom 24./25. Dezember 1965, S. 3.

6 Der kirchenamtliche Bericht über die Vierte Tagung der Dritten Synode der EDK 1966, Hannover 1970, gibt die in politischer wie in kirchlicher Hinsicht bemerkenswerte Diskussion wieder. Besonders instruktiv ist die Stellungnahme der Evangelischen Kirche in Hessen und Nassau (S. 498 ff.)

7 Bulletin des Presse- und Informationsamtes der Bundesregierung vom 20. Juli 1966, S. 759 f.

8 Am 16. April 1922 schlossen Deutschland und Rußland in Rapallo einen von den Außenministern beider Staaten, Walter Rathenau und Georgij W. Tschitscherin, ausgehandelten Vertrag über die Bereinigung der gegenseitigen Kriegsfolgen. Er schuf die Basis auch für geheime militärische Absprachen.

9 Daraufhin gestellt – unter anderem von dem CDU-Abgeordneten Karl Hahn – meinte Rainer Barzel, daß seine Ausführungen auf der Linie des Herterplanes von 1959 lägen. Der amerikanische Außenminister Christian Herter hatte auf der Genfer Konferenz von 1959 Ideen entwickelt, die zu nichts geführt hatten. Barzel berief sich insbesondere auf Ziffer 27 jenes Planes.

10 Heinrich Krone, Tagebuchnotiz vom 9. Juli 1966.

11 Unter dem 30. Oktober 1966 notierte Krone, der alte Herr habe an Barzel geschrieben – Krone habe den Brief gelesen – er, Adenauer, sei für Gerstenmaier, doch wenn dieser sich so passiv verhalte, denke er jetzt mehr an Barzel.

12 Heinrich Krone, Tagebuchnotiz vom 14. Januar 1966.

13 Verhandlungen des Deutschen Bundestages, Stenographischer Bericht der Sitzung vom 1. Dezember 1966; Bulletin des Presse- und Informationsamtes der Bundesregierung vom 3. Dezember 1966, S. 1231 f.

14 Verhandlungen des Deutschen Bundestages, Stenographischer Bericht der Sitzung vom 26. Oktober 1967.

15 Ibid., Sitzung vom 14. Juni 1967.

16 Kurt Georg Kiesinger am 29. April 1967 vor dem Kongreß Ostdeutscher Landesvertretungen in Bonn.

17 So Alex Möller, der spätere sozialdemokratische Bundesfinanzminister.

18 Verhandlungen des Deutschen Bundestages, Stenographischer Bericht der Sitzung vom 13. Oktober 1967.

19 Ibid., Sitzung vom 2. April 1967.

20 Einige Wochen vor der Verabschiedung der Notstandsgesetze war Paul Lücke zurückgetreten. Der Grund: seine Enttäuschung über die im Sand verlaufende Änderung des Wahlrechts. Indessen wäre schon die Verfremdung der Notstandsgesetze durch Illusionen dafür Grund genug gewesen.

21 Heinrich Krone, Tagebuchnotiz vom 25./26. November 1966: Rasner habe berichtet, daß mit der SPD in den Sachfragen Einigung erzielt wurde einschl. der Änderung des Wahlrechts. Wehner habe »mit seiner Autorität gegen Zögernde auf seiner Seite die Frage der Wahlrechtsreform entschieden.«

22 Hartmut Soelle, Fritz Erler, Eine politische Biographie, Bd. 1, Bonn-Bad Godesberg 1976, S. 388.

23 Helmut Thielicke hat die Denkschrift des Kreises ›In der Stunde Null‹ der Öffentlichkeit 1979 neu zugänglich gemacht (Tübingen 1979).

NEUNZEHNTES KAPITEL

Ost und westliches Gelände

1 CENTO, Central Treaty Organization: der nach dem Ausscheiden des Irak aus dem Bagdad-Pakt 1959 so getaufte lockere Schutzverbund, der zusammen mit der NATO globale Sicherheit bieten sollte.
2 Uhuru bedeutet Autonomie, Souveränität, Ende der Kolonialherrschaft.
3 Das Fürstentum Hunza umfaßt etwa 8000 Quadratkilometer mit 10 000 bis 15 000 Einwohnern: ein hart arbeitendes, hellhäutiges, kerngesundes Bauernvolk mit eigener Sprache und Kultur.
4 Zu den Gründen dafür vgl. unter anderem Giselher Wirsing, Indien, Asiens gefährliche Jahre, Düsseldorf-Köln 1968, S. 123/129.
5 Vgl. zum Beispiel meinen Bericht ›Afrika baut neue Städte‹ über die neue Stadt Bariga am Kiwusee, in: Christ und Welt vom 15. September 1955.
6 ›Afrika heute‹, Köln 1960, das Jahrbuch der Deutschen Afrika-Gesellschaft, vermittelt einen instruktiven Einblick in die schon damals weitgespannten und dichten Beziehungen der jungen Gesellschaft.

ZWANZIGSTES KAPITEL

»Gestern noch auf stolzen Rossen . . .«

1 Eine Auseinandersetzung mit dem damaligen Oberbürgermeister von Stuttgart hatte mich in den Jahren zuvor verdrossen. 1958 hatte ich auf Anregung jenes OB beantragt, mir ein Baugrundstück »zu den bei der Stadt Stuttgart üblichen Preisbedingungen zu überlassen« (Brief vom 6. Dezember 1958). Die Bebauung mit einem Einfamilienhaus hatte sich verzögert. Inzwischen war der Bebauungsplan so geändert worden, daß ich meinen ursprünglichen Plan nicht mehr ausführen konnte. Darüber kam es zu Diskussionen zwischen meinem Bevollmächtigten und dem zuständigen Stuttgarter Amt. Ich gab das Grundstück zurück. Presseäußerungen verschärften die Situation. Es gab Vorwürfe nach beiden Seiten. Am 3. August 1967 wurde die Auseinandersetzung mit einer Erklärung des OB beigelegt, in der es heißt: »Dr. Dr. Gerstenmaier hat das Grundstück erworben in der Überzeugung, daß er behandelt werde wie jeder andere Bürger auch. Er hat sich dabei einwandfrei verhalten.«
2 Eugen Gerstenmaier, Reden und Aufsätze, Bd. 2, Stuttgart 1962, S. 216.
3 Fabian von Schlabrendorff, Eugen Gerstenmaier im Dritten Reich, Eine Dokumentation, Stuttgart 1965.
4 Ich schließe das aus Briefen vom 21. und 26. Oktober 1965, die mir Helmut Sündermann nach der Veröffentlichung der Dokumentation von Schlabrendorff schrieb. Vgl. Ibid. S. 288.
5 Ich war in der ersten und zweiten Legislaturperiode des Bundestages Vorsitzender des Kriegsgefangenenausschusses, eines Unterausschusses des Auswärtigen Ausschusses.
6 Helmut Sündermann schrieb dazu am 21. Oktober 1965 an einen H. Lenz: »Der Deutung, das verhältnismäßig milde Urteil sei durch Aussagebereitschaft Dr. Gerstenmaiers bewirkt worden, messe ich wenig Überzeugungswert bei. Dr. Freisler war gegen Denunzianten besonders kritisch eingestellt, und Dr. Gerstenmaier hätte durch solches Verhalten seine eigene Verteidigungslinie ad absurdum geführt.«

7 Fabian von Schlabrendorff, Eugen Gerstenmaier im Dritten Reich, Eine Dokumentation, Stuttgart 1965, S. 50 ff.

8 Auch dafür Beispiele bei Eberhard Bethge, Dietrich Bonhoeffer, Theologe, Christ, Zeitgenosse, München 1967, S. 880 ff. und 920 f.

9 Dokumentarbericht des Nationalrats der Nationalen Front des demokratischen Deutschlands, Berlin (Staatsverlag der Deutschen Demokratischen Republik).

10 Emil Franzel, in: Die Gemeinschaft und Deutsche Tagespost Nr. 1/1969.

11 Deutschland-Union-Dienst Nr. 213 vom 8. November 1974.

12 In einem Fernsehgespräch ›Zur Person‹ hatte ich Jahre zuvor Günter Gaus gegenüber davon gesprochen: Gaus, Zur Person, München 1964, S. 117 ff.

Personenregister

Abs, Hermann J. 428
Acheson, Dean 269, 271, 309, 311, 314, 316 f., 561
Adenauer, Konrad 52, 99, 115, 153, 239, 244, 268, 282, 294 f., 297, 300–314, 316 f., 319, 323, 327, 329–334, 336 f., 339–341, 343, 345–348, 350–352, 356–368, 371 f., 374, 383–385, 392–394, 402 f., 405–409, 417–422, 424–439, 441–449, 451–454, 462–470, 472 f., 477–486, 488 f., 491 f., 497 f., 513–517, 520–522, 524, 526, 530, 533–536, 538 f., 544, 547–549, 552, 561 f., 583 f., 592
Ahlers, Conrad 481
Albers, Johannes 156, 303
Albertz, Heinrich 63, 65, 553
Alexeiev 129
Allende Gossens, Salvador 511
Altenburg, Günther 127, 129, 131, 142
Althaus, Paul 81
Amelunxen, Rudolf 207, 280
Amer, Mohamed Abdul Hakim 503
Amery, Julian 345
Amin, Idi Dada 576
Ammundsen, John 80 f.
Amsberg, Heinz von 40
Andersson, Ivar 142
Appel, Reinhard 439
Arndt, Adolf 390, 434
Arndt, Karl 250, 262
Arnold, Karl 257 f., 303, 585
Asmussen, Hans 37, 52, 246
Athanasius (Gerster), Pater 223, 225
Attlee, Clement Richard 340
Augstein, Rudolf 481

August Wilhelm, Prinz von Preußen 241
Augustin, Aurelius 35 f.
Ayub Khan, Mohammed 551, 556, 558–560

Baatz 130
Bachmann, Wilhelm 42, 77, 81–83, 97, 189, 196, 207, 210
Baensch, Theo 199
Bäuerle, Theodor 285 f.
Bäumler 102 f., 105
Bahr, Egon 390 f., 533, 542 f.
Ball, George 525
Banda, Hastings Kamuzu 576
Baring, Arnulf 361, 430, 450
Barth, Karl 35, 45, 52, 54–56, 73, 79, 85 f., 159, 236, 239, 244 f., 287
Bartning, Otto 253 f.
Bartoll 210
Barzel, Rainer 406, 503, 518, 533, 535–537, 546, 584
Baudouin, König der Belgier 559
Bauer, Walter 253, 543 f.
Bausch, Paul 21, 303
Beck, Ludwig 113, 155, 167 f., 170–172, 194 f., 216, 218
Becker, Peter 565
Beitz, Berthold 549
Bell, George 91, 93 f., 141, 277, 287 f.
Bengel, Albrecht 23
Ben Gurion, David 488–493, 497, 506, 548
Ben Zwi, Yischak 490
Berdjajew, Nikolai Alexandrowitsch 129

624

628

© 1981 by Verlag Ullstein GmbH, Frankfurt/Main · Berlin · Wien
Propyläen Verlag
Alle Rechte vorbehalten
Satz   Süddeutsche Verlagsanstalt, Ludwigsburg
Druck und Einband   May & Co., Darmstadt
Mit sechs Schriftdokumenten (Seite 41, 57, 137, 357–359,
420–421, 522) aus dem Archiv des Verfassers
Printed in Germany 1981

CIP-Kurztitelaufnahme der Deutschen Bibliothek

Gerstenmaier, Eugen:
Streit und Friede hat seine Zeit/Eugen
Gerstenmaier. – Frankfurt/M.; Berlin; Wien:
Propyläen, 1981.
    ISBN 3-549-07621-5